Collins easy learning

Irish
Dictionary

Published by Collins
An imprint of HarperCollins Publishers
Westerhill Road
Bishopbriggs
Glasgow G64 2QT

HarperCollins Publishers
1st Floor, Watermarque Building
Ringsend Road, Dublin 4, Ireland

Second Edition 2016

10 9 8

© HarperCollins Publishers 2009, 2016

ISBN 978-0-00-815030-3

collins.co.uk/languagesupport

Typeset by Davidson Publishing
Solutions, Glasgow

Printed in Italy by Grafica Veneta S.p.A.

A catalogue record for this book is
available from the British Library.

If you would like to comment on any
aspect of this book, please contact us
at the given address or online.
E-mail: dictionaries@harpercollins.co.uk
 facebook.com/collinsdictionary
 @collinsdict

Acknowledgements

We would like to thank those authors and publishers
who kindly gave permission for copyright material
to be used in the Collins Corpus. We would also like to
thank Times Newspapers Ltd for providing valuable data.

EDITOR
Susie Beattie

CONTRIBUTORS
Gráinne Duffin

FOR THE PUBLISHER
Janice McNeillie
Sarah Woods
Gerry Breslin

FOR THE PREVIOUS EDITION
Neil Comer
Daphne Day
Diarmuid de Brún
Malachy Duffin
Máire Nic Mhaoláin
Cathal Ó Manacháin
Malachy Ó Néill
Peter Race
Maggie Seaton

Contents

Introduction

Collins Easy Learning Irish Dictionary is an innovative dictionary designed specifically for anyone starting to learn Irish. We are grateful to everyone who has contributed to the development of the Easy Learning series, and acknowledge the help of the examining boards in providing us with word lists and exam papers, which we carefully studied when compiling this dictionary.

Free downloadable resources are now available for teachers and learners of Irish at **collins.co.uk/languagesupport**.

Note on trademarks

Words which we have reason to believe constitute trademarks have been designated as such. However, neither the presence nor the absence of such designation should be regarded as affecting the legal status of any trademark.

Dictionary skills

Using a dictionary is a skill you can improve with practice and by following some basic guidelines. This section gives you a detailed explanation of how to use the dictionary to ensure you get the most out of it.

The answers to the questions in this section are on page 18.

Make sure you look on the right side of the dictionary

The Irish-English side comes first. You look there to find the meaning of an Irish word. The second part is English-Irish. That's what you need for translating into Irish. At the side of every page you, you will see a tab with either **Irish-English** or **English-Irish**. The **Irish-English** side has a blue tab and the **English-Irish** has a black tab, so you can see immediately if you've got the side you want.

1 **Which side of the dictionary would you need to look up to translate 'rothar'?**

Finding the word you want

When you are looking for a word, for example **dearg**, look at the first letter – **d** – and find the **D** section in the Irish-English side. Look at page 68. At the top of the page you'll find the words **dealbh** and **deich**. These are the first and last words on that page. Remember that even if a letter has an accent on it, it makes no difference to the alphabetical order.

2 **Which comes first – 'teas' or 'tonn'?**
3 **Does 'dún' come before or after 'duais'?**
4 **Does 'beartaigh' come before or after 'bearbóir'?**

To help you expand your vocabulary, we have also suggested possible alternatives in the WORD POWER features at the most common adjectives in English – try looking up **great** on page 353 and learning some of the words you could use.

Make sure you look at the right entry

An entry is made up of a **word**, its translations and, often, example phrases to show you how to use the translations. If there is more than one entry for the same word, then there is a note to tell you so. Look at the following example entries:

flat ADJECTIVE
  ▷ *see also* **flat** NOUN
  cothrom
  □ a flat roof díon cothrom □ flat shoes bróga cothroma
  ■ **I've got a flat tyre.** Tá roth pollta agam.

flat NOUN
  ▷ *see also* **flat** ADJECTIVE
  árasán *masc1*
  □ She lives in a flat. Tá sí ina cónaí in árasán.

5 **Which of the entries above will help you translate the phrase 'My car has a flat tyre'? Look for the two clues which are there to help you:**
  > **an example similar to what you want to say**
  > **the word ADJECTIVE**

Look out for information notes which have this symbol on the left-hand side. They will give you guidance on grammatical points, and tell you interesting things about certain words.

Choosing the right translation

The main translation of a word is shown on a new line and is underlined to make it stand out from the rest of the entry. If there is more than one main translation for a word, each one is numbered.

Often you will see phrases in light blue, preceded by a white square □. These show how the translation they follow can be used. They also help you choose the translation you want because they give you examples of the context in which it can be used.

6 **Use the dictionary to translate 'That question is very hard'.**

Words often have more than one meaning and more than one translation: if you don't *get* to the station on time, you don't arrive on time, but if you say 'I don't *get* it', you mean you don't understand. When you are translating from English, be careful to choose the Irish word that has the particular meaning you want. The dictionary offers you a lot of help with this. Look at the following entry:

pool NOUN
1 slodán *masc1 (puddle)*
2 linn *fem2 (pond)*
3 linn snámha *fem2 (for swimming)*
4 púl *masc4 (game)*

A **pool** can be a puddle, a pond or a swimming pool; **pool** can also be a game. Underlining highlights all the main translations, the numbers tell you that there is more than one possible translation and the words in bracket in *italics* after the translation help you choose the translation you want.

7 **How would you translate 'I like playing pool'?**

Never take the first translation you see without looking at the others. Always look to see if there is more than one translation underlined.

Phrases in **bold type** preceded by a blue or black square ■/■ are phrases which are particularly common or important. Sometimes the phrases have a completely different translation from the main translation; sometimes the translation is the same. For example:

banna MASC NOUN4
1 bond *(financial)*
 □ bannaí cúig bliana a five-year bond
 ■ **Mise i mbannaí ort go mbuafaidh siad!**
 I guarantee you they'll win!
2 bail *(legal)*
 □ Ligeadh amach ar bhannaí é. He was released on bail.
3 band *(musicians)*
 □ banna práis a brass band

to **hand** VERB
 ▷ *see also* **hand** NOUN
tabhair do
 □ He handed me the book. Thug sé an leabhar dom.
 ■ **to hand something in** rud a thabhairt isteach □ He handed his exam paper in. Thug sé a pháipéar scrúdaithe isteach.
 ■ **to hand something out** rud a thabhairt amach □ The teacher handed out the books. Thug an múinteoir na leabhair amach.

When you look up a word, make sure you look beyond the main translations to see if the entry includes any **bold phrases**.

**8 In a job advert you see that applicants are required to have
'céim onóracha'. What must they hold?**

**Look up 'céim' and find the answer as quickly as possible by
skimming down the *bold phrases*.**

Making use of phrases in the dictionary

Sometimes when you look up a word you will find not only the word,
but the exact phrase you were looking for. For example you might
want to say '*What's the date today?*' Look up **date** and you will find:

date NOUN
1 dáta *masc4*
   □ my date of birth mo dháta breithe
   ■ **What's the date today?** Cén dáta
   é inniu?

Sometimes you have to adapt what you find in the dictionary. If you
want to say '*I play darts*' and look up **dart** you will find:

dart NOUN
   ga *masc4*
   ■ **to play darts** dairteanna a imirt

You have to substitute **imrím** '*I play*' for the verbal noun form **imirt**,
and change the order of the two Irish words as well. You will often
have to adapt verbal forms in this way, adding the correct ending for
the person of the verb, and choosing the present, past or other tense
as needed. Verbs are subject to lenition and eclipsis in certain cases.
For help with this, look at the verb tables and the guide to lenition
and eclipsis in the middle section of the dictionary.

9 How would you say '*We played football*'?

Phrases containing nouns and adjectives also need to be adapted.
You may need to make the noun plural, or use a different grammatical
form, or it may need leniting or eclipsing. An adjective may need to
be plural, or changed in grammatical form, or lenited. Remember that
some nouns and adjectives have irregular forms, and these are given
with entries in the Irish–English side.

10 How would you say '*She sold the beautiful jewels*'?

Don't overuse the dictionary

It takes time to look up words, so try to avoid using the dictionary unnecessarily, especially in exams. Think carefully about what you want to say and see if you can put it another way, using words you already know. To rephrase things you can:

> Use a word with a similar meaning. This is particularly easy with adjectives, as there are a lot of words which mean *good*, *bad*, *big* etc., and you're sure to know at least one.

> Use negatives: if the cake you made was a total disaster, you could just say it wasn't very good.

> Use particular examples instead of general terms. If you are asked to describe the sports facilities in your area, and time is short, don't look up *facilities* – say something like *'In our town there is a swimming pool and a football ground.'*

11 **You want to ask *'Have you got any pets?'*. How could you avoid using the word *'pet'* if you don't know it?**

12 **How could you say *'Croke Park is huge'*, without looking up the word *'huge'*?**

You can often guess the meaning of an Irish word by using others to give you a clue. If you see the sentence *'Éistim le ceol rac'*, you may not know the meaning of the word **éistim**, but you know it's a verb because it's at the beginning of the sentence, and it ends in **-im**, so it's the first person singular. You know that **ceol** is music. Therefore it must be something you can do to music: **listen**. So the translation is *I listen to rock music*.

13 **In a description of a holiday centre you see a picture of bikes and read 'Is féidir rothar a fháil ar cíos: €10 sa lá'. You may not know the meaning of 'cíos' but you can see that you have to pay 10 euro per day, which gives a clue as to what it could mean. What can you do – ride bikes, borrow bikes or hire bikes?**

Parts of speech

There are three entries for **present** because this word can be a noun or an adjective or a verb. It helps to choose correctly if you know how to recognize these different types of words.

Nouns and pronouns

Nouns often appear in English with words like *a, the, this, that, my, your* and *his*. They can be singular (abbreviated to SING in the dictionary):

his **dog**   her **cat**   a **street**

or plural (abbreviated to PL in the dictionary):

the **facts**   those **people**   his **shoes**   our **holidays**

They can be the subject of a verb:
Vegetables are good for you.

or the object of a verb:
I play **tennis**.

Words like *I, me, you, he, she, him, her* and *they* are pronouns in English. They can be used instead of nouns. You can refer to a person as *he* or *she* and to a thing as *it*.

> ***I bought my mother a box of chocolates.***
> **14 Which three words are nouns in this sentence?**
> **15 Which of the nouns is plural?**
> **16 Which word is a pronoun?**

All Irish nouns are either masculine or feminine. There is no indefinite article in Irish.

There are four major groups of nouns. All regular Irish nouns are assigned a number (*1, 2, 3* or *4*) in this dictionary, and their gender is indicated by the abbreviations *masc* for masculine and *fem* for feminine.

The tables on pages 18-19 in the middle section of the dictionary show examples of the various grammatical forms in each group. There are a few other nouns which are not completely regular and their irregular forms are given in the entry in the Irish side. Such nouns have no number in the dictionary.

> **Tá pictiúir an-deas sa leabhar seo.**

17 Two words in this sentence are nouns. Which ones?

18 Are they singular or plural?

Adjectives

Flat can be an adjective as well as a noun. Adjectives describe nouns: your tyre can be **flat**, you can have a pair of **flat** shoes. In Irish adjectives normally follow nouns.

19 *'Dark'* is an adjective in one of these sentences and a noun in the other. Which is which?
> *I'm not afraid of the dark.*
> *She's got dark hair.*

In Irish, adjectives can be singular or plural or in the genitive case, depending on the noun they describe. They may also be subject to lenition:

gasúr beag	a little boy (MASC SING)
girseach bheag	a little girl (FEM SING)
gasúir bheaga	little boys (MASC PL)
girseacha beaga	little girls (FEM PL)
peann an ghasúir bhig	the little boy's pen (GEN SING MASC)
peann na girsí bige	the little girls's pen (GEN SING FEM)

The tables on pages 20-21 in the middle section of the dictionary will help you choose the correct forms, and the notes on pages 22-24 will help you decide if you need to lenite an adjective.

Verbs

She's going to record the programme for me.
His time in the race was a new world record.

Record in the first sentence is a verb. In the second it is a noun.
A verb may be recognized in English because it frequently follows a
pronoun such as **I**, **you** or **she**, or somebody's name. Verbs can relate
to the present, past or future. They have a number of different forms
to show this: **I'm going** (present), **he will go** (future), and **Nicola
went by herself** (past). Often verbs appear with **to**: **They promised
to go**. This basic form of the verb in English is called the infinitive.
In English entries, verbs are preceded by 'to' so you can identify them
at a glance. No matter which of the four previous examples you want
to translate, you should look up 'to **go**', not '**going**' or '**went**'. If you
want to translate '**I thought**', look up 'to **think**'.

**20 What would you look up to translate the verbs in these
phrases?**

I went	*she's crying*	*he was lying*
I did it	*he's out*	*they've gone*

Verbs are easy to recognize in Irish because they generally come first
in a sentence. They have different endings depending on who you are
talking about, as well as having different forms for the present, future,
past, etc: **brisim** (*I break* = present), **bhriseamar** (*we broke* = past).
In Irish entries, verbs are listed under the root, which in this case
is **bris**.

Sometimes the verb changes completely between its various forms.
For example *I go* is **téim** in Irish, but *I am going* is **tá mé ag dul**, and
I went is **chuaigh mé**. **Déanaimid** (*we do*) is present tense, but this
becomes **rinneamar** (*we did*) in the past.

In the middle section of the dictionary you will find tables setting
out the forms of the most important verbs in Irish. These have been
assigned numbers, and all verbs in the Irish side have a number
corresponding to the verb pattern they follow.

This will help you work out which is the correct form you need, whether the verb is regular or irregular.

21 Which verb form does the verb mothaigh follow?

Adverbs

An adverb is a word that describes a verb or an adjective:

Write **soon**. Check your work **carefully**.
They arrived **late**. The film was **very** good.

In the sentence 'The swimming pool is open daily', **daily** is an adverb describing the adjective **open**. In the phrase 'my daily routine', **daily** is an adjective describing the noun **routine**. We use the same word in English but to get the right Irish translation, it is important to know if it's being used as an adjective or an adverb. When you look up **daily** you find:

> **daily** ADJECTIVE, ADVERB
> **1** laethúil
> □ It's part of my daily routine. Tá sé mar chuid de mo ghnáthamh laethúil.
> **2** gach lá
> □ The pool is open daily. Tá an linn snámha oscailte gach lá.

The examples will help you choose the correct Irish translation.

Take the sentence 'The menu changes daily'.
22 Does 'daily' go with the noun 'menu' or the verb 'changes'?
23 Is it an adverb or an adjective?
24 How would you translate 'daily' in this sentence?

Prepositions

Prepositions are words like **for**, **with** and **across** which are followed in English by nouns or pronouns:
I've got a present **for** David. Come **with** me. He ran **across** the road.

The party's over.
The shop's just over the road.

25 In one of these sentences 'over' is an adjective describing
a noun, in the other it is a preposition followed by a noun.
Which is which?

Answers

1 the Irish side
2 **teas**
3 **dún** comes after **duais**
4 **beartaigh** comes after **bearbóir**
5 the first entry (the ADJECTIVE entry)
6 **Tá an cheist sin an-deacair.**
7 **Is maith liom púl a imirt.**
8 they must all hold an **honours degree**
9 **D'imríomar peil.**
10 **Dhíol sí na seoda áille.**
11 you could ask 'Have you got a cat or a dog?'
12 you could say 'very big'
13 you can **hire** bikes
14 **mother**, **box** and **chocolates** are nouns
15 **chocolates** is plural
16 **I** is a pronoun
17 **pictiúir** and **leabhar** are nouns
18 **pictiúir** is plural, **leabhar** is singular
19 **dark** in the first sentence is a noun and in the second it's an
   adjective
20 to **go**, to **cry**, to **lie**, to **do**, to **be**, to **go**
21 **mothaigh** follows the same verb form as **beannaigh**
22 **daily** goes with the verb **changes**
23 it is an adverb
24 **gach lá**
25 in the first sentence, **over** is an adjective, and in the second it's
   a preposition

Aa

a PRONOUN, CONJUNCTION
▷ *see also* **a** ADJECTIVE
1 which
  □ an bord atá sa choirnéal the table which
  is in the corner □ an bord a bhfuil leabhar
  air the table on which there is a book
2 who
  □ an bhean a thagann liom gach lá the
  woman who comes with me every day
  □ an fear a chaill a chóta the man who lost
  his coat
3 whose
  □ an fear a bhfuil a chóta caillte the man
  whose coat has been lost
  ■ **a Sheáin, a chara** Dear John
  ■ **a haon, a dó, a trí** *(with numbers)* one,
  two, three

a ADJECTIVE
▷ *see also* **a** PRONOUN, CONJUNCTION
1 his
  □ a bhagáiste his luggage □ a athair his
  father
2 her
  □ a bagáiste her luggage □ a hathair her
  father
3 their
  □ a mbagáiste their luggage □ a n-athair
  their father

á ADJECTIVE
1 him
  □ Bhí siad á bhualadh. They were hitting
  him.
2 her
  □ Bhí siad á bualadh. They were hitting her.
3 them
  □ Bhí siad á mbualadh. They were hitting
  them.

ab MASC NOUN3
  abbot

abair VERB [1]
1 to say
  □ Cuir amach do theanga agus abair 'ah'.

Stick your tongue out and say 'ah'.
  □ Abair sin arís. You can say that again.
2 to sing
  □ Abair amhrán. Sing a song.

abairt FEM NOUN2
  sentence
  □ Cad é an chiall atá leis an abairt seo?
  What does this sentence mean?

ábalta ADJECTIVE
  able
  □ Ádhúil go leor, bhí siad ábalta an carr a
  dheisiú ar an láthair. Luckily they were able
  to mend the car on the spot.

abar MASC NOUN1
  ■ **dul in abar** to get into difficulties
  □ Chuaigh sí in abar leis an scrúdú scríofa.
  She got into difficulties with the written
  exam.

abhaile ADVERB
  home
  □ Téigh abhaile. Go home. □ Is dócha go
  ndeachaigh sé abhaile. I suppose he went
  home.
  ■ **rud a chur abhaile ar dhuine** to impress
  something on somebody

abhainn (GEN SING **abhann**, PL **aibhneacha**)
FEM NOUN
  river
  □ Chuaigh sé ag iascaireacht san abhainn.
  We went fishing in the river. □ Tá an
  abhainn sínte leis an chanáil. The river runs
  alongside the canal.
  ■ **ar bhruach na habhann** on the river
  bank

ábhar MASC NOUN1
1 cause
  □ ábhar imní cause for concern
2 subject *(at school)*
  □ Déanaim staidéar ar ocht n-ábhar ar scoil.
  I study eight subjects at school. □ Cad é an
  t-ábhar is fearr leat? What's your favourite
  subject?

■ **Is saineolaí ar an ábhar seo é.** He's an expert in this field.

■ **Ní bhaineann sé le hábhar.** It's irrelevant.

■ **ar an ábhar seo** for this reason

■ **ábhar machnaimh** food for thought

abhcóide MASC NOUN4
barrister

abhus ADVERB
here

□ **abhus anseo** over here □ **thall agus abhus** here and there

acadamh MASC NOUN1
academy

□ **acadamh míleata** a military academy

■ **Acadamh Ríoga na hÉireann** the Royal Irish Academy

acadúil ADJECTIVE
academic

ach CONJUNCTION

1 but

□ **Tá sé mór ach níl sé láidir.** He's big but he's not strong.

2 only (with negative)

□ **Níl mé ach ag magadh.** I'm only joking.

achainí (PL **achainíocha**) FEM NOUN4
request

achar MASC NOUN1

■ **Cén t-achar é go Corcaigh?** How far is it to Cork?

■ **Bhí sé achar fada anseo.** He was here a long time.

■ **Tá achar 1500m² sa pháirc.** The field has an area of 1500m².

achomharc MASC NOUN1
appeal (in court)

■ **Rinne siad achomarc in aghaidh na breithe.** They appealed against the judgement.

achrann MASC NOUN1
difficulty

■ **bheith ag achrann le chéile** to be squabbling

■ **Stadaigí den achrann!** Stop squabbling!

acht (PL **achtanna**) MASC NOUN3
act (of parliament)

aclaí ADJECTIVE
fit

□ **Is maith leis a bheith aclaí.** He likes to stay fit. □ **Déanann sí aeróbaic le coinneáil aclaí.** She does aerobics to keep fit.

aclaíocht FEM NOUN3
keep-fit (exercise)

acmhainn FEM NOUN2
means (way, money)

□ **Déanfaidh sé é trí acmhainn éigin.**
He'll do it by any possible means.

■ **acmhainn grinn** sense of humour

■ **Níl acmhainn agam ar fhuacht.** I can't stand the cold.

acra MASC NOUN4
acre

adamhach ADJECTIVE
atomic

□ **buama adamhach** an atomic bomb

□ **cumhacht adamhach** atomic power

ádh MASC NOUN1
luck

□ **Ní raibh mórán áidh uirthi.** She hasn't had much luck.

■ **an t-ádh a bheith ort** to be lucky

■ **Ádh mór ort!** Good luck!

■ **le barr áidh** by mere chance

adhairt (PL **adhairteanna**) FEM NOUN2
pillow

adharc FEM NOUN2
horn (of animal)

□ **in adharca a chéile** at loggerheads

adhlacadh (GEN SING **adhlactha**, PL **adhlacthaí**) MASC NOUN
burial

adhlacóir MASC NOUN3
undertaker

adhmad MASC NOUN1
wood

□ **Tá sé déanta d'adhmad.** It's made of wood.

adhmadóireacht FEM NOUN3
woodwork

□ **Is í an adhmadóireacht an caitheamh aimsire atá agam.** My hobby is woodwork.

ádhúil ADJECTIVE
lucky

■ **Ní raibh sé ag cur báistí, ádhúil go leor.** Fortunately, it wasn't raining.

admhaigh VERB [12, VN **admháil**]

1 to admit

□ **D'admhaigh sé go raibh an ceart agam.** He admitted that I was right.

2 to confess

□ **D'admhaigh sé a choir sa deireadh.** He finally confessed his crime.

admháil FEM NOUN3
receipt (for parcel, payment)

aduaidh ADJECTIVE
from the north (wind)

■ **an ghaoth aduaidh** the north wind

ae (PL **aenna**) MASC NOUN4
liver

aer MASC NOUN1
air
□ Tá aer úr de dhíth orm. I need some fresh air.
■ **faoin aer** outdoors

aeráid FEM NOUN2
climate

aerárthach (PL **aerárthaí**) MASC NOUN1
aircraft

aerasól MASC NOUN1
aerosol

aerfhórsa MASC NOUN4
air force

aerfort MASC NOUN1
airport
□ Tá an t-óstán áisiúil don aerfort.
The hotel's convenient for the airport.

aerghunna MASC NOUN4
air gun

aerlíne FEM NOUN4
airline

aerlínéar MASC NOUN1
airliner

aeróbaíocht FEM NOUN3
aerobics

aeróg FEM NOUN2
aerial

aeroiriúnú MASC NOUN
air conditioning

aeróstach MASC NOUN1
flight attendant
□ Tá sí ina haeróstach. She's a flight attendant.

aerphíobán MASC NOUN1
snorkel

aerphost MASC NOUN1
airmail

aer-ruathar MASC NOUN1
air raid

áfach ADVERB
however

Afraic FEM NOUN2
■ **an Afraic** Africa □ san Afraic in Africa
■ **an Afraic Theas** South Africa

ag PREPOSITION
> LANGUAGE TIP Prepositional pronouns are **agam**, **agat**, **aige**, **aici**, **againn**, **agaibh**, **acu**.

at (position, time)
□ ag an bhaile at home □ ag an scoil at school □ ag a trí a chlog at three o'clock
> LANGUAGE TIP **ag** can be used with verbal nouns for continuous activity.

□ ag obair working □ ag caint talking
> LANGUAGE TIP **ag** can be used to show possession.

□ Tá deich euro agam. I have ten euros.
□ an teach s'againne our house
> LANGUAGE TIP **ag** can be used to describe people.

□ Tá súile gorma ag Caitríona. Catherine has blue eyes.
> LANGUAGE TIP **ag** can be used to say what someone can do.

□ Tá tiomáint ag Deirdre. Deirdre is able to drive. □ Tá snámh ag Rachel. Rachel can swim. □ Tá Gaeilge agam. I can speak Irish.
■ **Tá agam leis an dinnéar a dhéanamh réidh.** I have to make the dinner.
■ **Tá cúig euro agam air.** He owes me five euros.
■ **Tá dhá orlach agam ar Bhríd.** I'm two inches taller than Brigit.
■ **gach duine acu** every one of them
■ **Tá cion agam air.** I like him.

agallamh MASC NOUN1
interview
□ Craoladh an t-agallamh inné. The interview was broadcast yesterday.

aghaidh (PL **aghaidheanna**) FEM NOUN2
1 face
□ aghaidh aithnidiúil a familiar face □ Nigh mé m'aghaidh ar maidin. I washed my face this morning. □ Bhí m'aghaidh dóite ón ngrian. My face was sunburnt.
■ **Las sí san aghaidh.** She blushed.
2 front (of building)
□ aghaidh an tí the front of the house
■ **Ar aghaidh libh!** Go on!
■ **in aghaidh** against □ Caithfimid troid ina n-aghaidh. We must fight against them.
■ **in aghaidh na bliana** per annum
■ **3 chúl in aghaidh a 2** 3 goals to 2

agóid FEM NOUN2
protest
■ **agóid a dhéanamh in éadan ruda** to protest against something

aguisín MASC NOUN4
appendix (in book)

agus CONJUNCTION
1 and
□ Tá Seán agus Áine ag an doras. John and Ann are at the door. □ Tháinig sé isteach agus shuigh sé síos. He came in and sat down.
2 as
□ Chonaic mé é agus mé ag teacht abhaile. I saw him as I was coming home.
■ **Bhí sé ina sheasamh ansin agus a dhroim leis an mballa.** He stood there with his back to the wall.

■ **Tháinig mé abhaile agus mé tuirseach cloíte.** I came home exhausted.

áibhéil FEM NOUN2
exaggeration

■ **áibhéil a dhéanamh** to exaggerate
■ **gan bhréag gan áibhéil** in plain fact

aibhinne MASC NOUN4
avenue

aibhléis FEM NOUN2
electricity

aibí ADJECTIVE
ripe

□ **Tá an t-úll aibí.** The apple is ripe.
■ **mac léinn aibí** a mature student

aibítir (GEN SING **aibítre**, PL **aibítrí**) FEM NOUN2
alphabet

■ **in ord aibítre** in alphabetical order

Aibreán MASC NOUN1
April

□ **An t-ochtú lá is fiche d'Aibreáin atá ann.** It's the 28th of April.
■ **in mí Aibreán** in April

aice FEM NOUN4

■ **in aice le** beside □ **Tá Seán in aice leis an doras.** Sean is beside the door. □ **in aice leis an teilifíseán** beside the television □ **an teach in aice leis an scoil** the house beside the school
■ **An bhfuil peann in aice láimhe agat?** Have you got a pen handy?

aicearra MASC NOUN4
shortcut

□ **Ghearr mé aicearra tríd an pháirc.** I took a shortcut through the park.

aicíd FEM NOUN2
disease

aicme FEM NOUN4
1 group
2 class

□ **aicme shóisialta** a social class

Aidbhint FEM NOUN2

■ **an Aidbhint** Advent

aidhm (PL **aidhmeanna**) FEM NOUN2
1 aim

□ **Tá sé mar aidhm ag an bhféile airgead a thógáil.** The aim of the festival is to raise money.
2 goal

□ **Is é an aidhm atá aige ná a bheith ina churadh domhanda.** His goal is to become the world champion.

aidiacht FEM NOUN3
adjective

aidréanailín MASC NOUN4
adrenaline

aiféala MASC NOUN4
regret

□ **Níl lá aiféala orm.** I've got no regrets.
■ **Beidh aiféala ort.** You'll regret it.

Aifreann MASC NOUN1
Mass

□ **Bhí mé ar Aifreann.** I was at Mass.

aigéan MASC NOUN1
ocean

■ **an tAigéan Antartach** the Antarctic Ocean
■ **an tAigéan Artach** the Arctic Ocean
■ **an tAigéan Atlantach** the Atlantic Ocean
■ **an tAigéan Ciúin** the Pacific

aigne FEM NOUN4
mind

□ **Cad é atá ar d'aigne?** What's on your mind?

áiléar MASC NOUN1
attic

□ **Tá an t-áiléar lán de sheanmhangarae.** The attic's full of junk.

aill (PL **aillte**) FEM NOUN2
cliff

áilleacht FEM NOUN3
beauty

ailléirge FEM NOUN4
allergy

■ **ailléirge a bheith ar dhuine le rud** to be allergic to something □ **Tá ailléirge orm le fionnadh cait.** I'm allergic to cat hair.

ailse FEM NOUN4
cancer

□ **ailse chraicinn** skin cancer □ **Tá ailse air.** He's got cancer.

ailtire MASC NOUN4
architect

□ **Tá sí ina hailtire.** She's an architect.

aimplitheoir MASC NOUN3
amplifier

aimsigh VERB [11]
1 to find (locate)

□ **D'aimsigh siad roinnt óir.** They found some gold.
2 to hit (target)

□ **D'aimsigh an tsaighead an sprioc.** The arrow hit the target.
3 to aim (gun)

aimsir FEM NOUN2
1 weather

□ **Cad é mar a bhí an aimsir?** What was the weather like? □ **Tá an aimsir galánta.** The weather is lovely.
2 time

□ **Is maith an scéalaí an aimsir.** Time will tell.
■ **caitheamh aimsire** a hobby □ **Is í an**

tseoltóireacht an caitheamh aimsire s'aige.
His hobby is sailing.

aineolach ADJECTIVE
ignorant

■ **bheith aineolach ar rud** to be unaware
of something

aineolas MASC NOUN1
ignorance

■ **bheith ar an aineolas** to be in the dark

aingeal MASC NOUN1
angel

aingíne FEM NOUN4
angina

ainm (PL **ainmneacha**) MASC NOUN4
name

□ Cén t-ainm atá ort? What's your name?
□ Seán Pádraig Ó Néill an t-ainm iomlán atá
orm. My full name is John Patrick O'Neill.
□ Ní thig liom cuimhneamh ar a ainm.
I can't remember his name.

■ **In ainm Dé!** For goodness sake!

■ **ainm baiste** Christian name

■ **ainm úsáideora** username

ainmfhocal MASC NOUN1
noun

ainmhí MASC NOUN4
animal

□ ainmhí baineann a female animal
□ ainmhí fiáin a wild animal

ainneoin NOUN

■ **d'ainneoin** in spite of □ d'ainneoin na
ndeacrachtaí uile in spite of all the difficulties
□ In ainneoin na stailce, tá na haerfoirt ag
feidhmiú mar is gnách. In spite of the strike,
the airports are working normally.

aintín FEM NOUN4
aunt

□ Rinne m'aintín comhghairdeas liom faoi
mo chuid torthaí. My aunt congratulated
me on my results.

aip FEM NOUN2
app (in computing)

aipindicíteas MASC NOUN1
appendicitis

aird FEM NOUN2
1 attention

■ **aird a thabhairt ar** to pay attention to
□ Ní raibh aird aige ar an méid a bhí mé a
rá. He didn't pay attention to what I was
saying. □ Tabhair aird ar an múinteoir.
Pay attention to the teacher.

■ **Níl a dhath eile ar a aird.** He thinks of
nothing else.

2 direction

□ as gach aird from all directions

airde FEM NOUN4
height

□ Is féidir leat airde na cathaoireach a athrú.
You can adjust the height of the chair.

■ **Cén airde atá ionat?** How tall are you?

■ **... ar airde** ... high □ Tá an sliabh sin
5000 troigh ar airde. That mountain is
5000 feet high.

aire FEM NOUN4
▷ see also **aire** MASC NOUN4
care

□ le haire with care

■ **aire a thabhairt do dhuine** to take care
of someone □ Tugaim aire do na páistí ar
an Satharn. I take care of the children on
Saturdays.

■ **Aire!** Danger!

aire MASC NOUN4
▷ see also **aire** FEM NOUN4
minister (in government)

□ an tAire Spóirt the Sports Minister

áireamh MASC NOUN1

■ **rud a chur san áireamh** to include
something □ Beidh 200 euro air, cáin san
áireamh. It will be 200 euros, including tax.

■ **Níl seirbhís san áireamh.** Service is not
included.

áireamhán MASC NOUN1
calculator

airéine FEM NOUN4
arena

airgead (GEN SING, PL **airgid**) MASC NOUN1
1 money

□ Níl aon airgead agam. I have no money.
□ Tá airgead á bhailiú ag an scoil le haghaidh
giomnáisiam nua. The school is raising
money for a new gym. □ Chuir sí an t-airgead
sa taisceadán. She put the money in the safe.

■ **airgead póca** pocket money

2 cash

□ £2000 in airgead tirim £2000 in cash

■ **airgead tirim a íoc** to pay cash

3 silver

□ fáinne airgid a silver ring

airgeadra MASC NOUN4
currency

□ airgeadra eachtrach foreign currency

airíoch MASC NOUN1
janitor

□ Is airíoch é. He's a janitor.

áirithe ADJECTIVE
▷ see also **áirithe** FEM NOUN4
certain

□ ceisteanna áirithe certain issues □ duine
áirithe a certain person

Irish-English

a

- **i gcásanna áirithe** in some cases
- **Tá méid áirithe agam.** I've got some.
- **go háirithe** especially

áirithe FEM NOUN4
▷ *see also* **áirithe** ADJECTIVE
- **tábla a chur in áirithe** to book a table
  □ Chuir mé tábla in áirithe. I booked a table.
- **Níor chuireamar seomra in áirithe.** We haven't booked a room.

áirse FEM NOUN4
arch

airtríteas MASC NOUN1
arthritis

ais FEM NOUN2
- **ar ais** back □ Scríobhfaidh mé ar ais chugat. I will write back to you. □ Fuair sé a chuid airgid ar ais. He got his money back. □ Cén t-am a tháinig tú ar ais? What time did you get back?
- **droim ar ais** back to front
- **ar ais nó ar éigean** at all costs

áis (PL **áiseanna**) FEM NOUN2
aid
□ áis éisteachta a hearing aid
- **áiseanna** facilities □ Tá cuid mhór áiseanna sa cheantar seo. There are a lot of facilities in this area.

aisce FEM NOUN4
- **in aisce** free □ íoslódail saor in aisce a free download □ bróisiúr saor in aisce a free brochure
- **turas in aisce** a wasted journey

aiseolas MASC NOUN1
feedback *(information)*

áisiúil ADJECTIVE
1 useful
□ Bhí an leabhar sin an-áisiúil. That book was very useful.
2 convenient
□ Tá an t-óstán áisiúil don aerfort. The hotel's convenient for the airport. □ An mbeadh an Luan áisiúil duit? Would Monday be convenient for you?

aisling FEM NOUN2
dream

aiste FEM NOUN4
essay
- **aiste bia** a diet

aisteach ADJECTIVE
strange
□ Thug sí amharc aisteach orm. She looked at me in a strange way. □ Tá sé sin aisteach! That's strange!
- **aisteach go leor** oddly enough

aistear MASC NOUN1
journey

aisteoir MASC NOUN3
actor
□ Tá Brad Pitt ina aisteoir iomráiteach. Brad Pitt is a well-known actor. □ an duais don aisteoir is fearr the award for the best actor
- **aisteoir breise** *(in film)* an extra

aisteoireacht FEM NOUN3
acting

aistrigh VERB [11]
1 to move *(house)*
2 to translate
□ Aistrigh an abairt seo go Béarla. Translate this sentence into English.

aistritheoir MASC NOUN3
translator

aistriúchán MASC NOUN1
translation

ait ADJECTIVE
strange
□ duine ait a strange person □ Is ait an mac an saol. Life is strange.

áit (PL **áiteanna**) FEM NOUN2
1 place *(position)*
- **Fuair sí an dara háit.** She came second.
2 room *(space)*
□ Déan áit dom. Make room for me.
- **áit ar bith 1** anywhere □ An bhfaca tú mo chóta áit ar bith? Have you seen my coat anywhere? **2** *(with negative)* nowhere □ Níl sé le feiceáil áit ar bith. He is nowhere to be seen.
- **gach áit** everywhere
- **áit éigin** somewhere
- **in áit na mbonn** immediately

aithin VERB [21]
to recognize
□ Aithneoidh tú mo ghruaig rua. You'll recognize me by my red hair.
- **D'aithin muid go raibh rug éigin cearr.** We realized that something was wrong.

aithne (PL **aitheanta**) FEM NOUN4
1 recognition
- **aithne a bheith agat ar dhuine** to know someone □ Tá aithne agam ar Mháire. I know Mary.
2 commandment
□ na Deich nAithne the Ten Commandments

aithris VERB [19, 3RD PRES aithrisíonn, VN aithris]
to recite *(poetry)*
- **aithris a dhéanamh ar dhuine** to imitate somebody

a

áitiúil ADJECTIVE
local
  □ Is í an comhairleoir áitiúil í. She's the local councillor.

áitritheoir MASC NOUN3
inhabitant

ál (PL **álta**) MASC NOUN1
litter (of animals)

álainn (GEN SING FEM, PL, COMPAR **áille**) ADJECTIVE
beautiful
  □ Tá sí sárálainn. She's beautiful! □ ostán atá suite in áit álainn a hotel in beautiful surroundings
  ▪ Bhí an aimsir go hálainn. The weather was lovely.

aláram MASC NOUN1
alarm
  □ D'fheistigh sé aláram ina charr. He fitted an alarm in his car. □ Shocraigh mé an t-aláram faoi choinne 7 a chlog. I set the alarm for 7 o'clock.
  ▪ aláram dóiteáin a fire alarm
  ▪ clog aláraim an alarm clock

Albain FEM NOUN
Scotland
  □ Tá Dún Éideann in Albain. Edinburgh is in Scotland. □ Cuireann sé Albain i gcuimhne dom. It reminds me of Scotland.

albam MASC NOUN1
album
  □ Tá siad díreach tar éis a n-albam nua a thaifeadadh. They've just recorded their new album.
  ▪ albam stampaí a stamp album

alcól MASC NOUN1
alcohol
  ▪ faoi thionchar an alcóil under the influence of alcohol

alcólach ADJECTIVE, MASC NOUN1
alcoholic
  □ Is alcólaí é. He's an alcoholic.

allas MASC NOUN1
sweat
  □ Tháinig allas fuar leis. He broke into a cold sweat.
  ▪ bheith ag cur allais to be sweating

allta ADJECTIVE
wild (animal)

alp VERB [23, VA alptha]
to swallow
  ▪ D'alp sé a chuid bia. He bolted his food.
  ▪ D'alp mo dheartháir na ceapairí ar fad. My brother scoffed all the sandwiches.

Alpa (GEN PL **Alp**) PL NOUN
  ▪ na hAlpa the Alps

alsáiseach MASC NOUN1
Alsatian (dog)

alt MASC NOUN1
joint (of body)
  ▪ as alt dislocated □ Tá mo ghualainn as alt. I have dislocated my shoulder

altaigh VERB [12]
  ▪ altú le bia (before meals) to say grace

altóir FEM NOUN3
altar

altram MASC NOUN3
  ▪ athair altrama foster father

alúmanam MASC NOUN1
aluminium

am (PL **amanna**) MASC NOUN3
time
  □ Cén t-am é? What time is it? □ am tae tea time □ am luí bedtime
  ▪ ó am go ham occasionally
  ▪ thar am overdue
  ▪ am crua a thabhairt do dhuine to give somebody a hard time
  ▪ san am céanna nonetheless

amach ADVERB
out
  □ Thug sé na páipéir scrúdaithe amach. He gave out the exam papers. □ Théadh sí amach go minic lena cairde. She often went out with her friends.
  ▪ Labhair amach. Speak up.
  ▪ as seo amach from now on
  ▪ amach anseo in future □ Bí níos cúramaí as seo amach. Be more careful in future.
  ▪ amach agus amach through and through
  ▪ 'Amach' 'Way Out'
  ▪ Amach leat! Get out!
  ▪ amach agus isteach le approximately

amadán MASC NOUN1
1 fool
  ▪ amadán Aibreáin April Fool
2 idiot
  □ D'iompair sé é féin mar a bheadh amadán ann. He behaved like an idiot.

amaideach ADJECTIVE
foolish
  □ Ní bí amaideach. Don't be foolish.

amaidí FEM NOUN4
nonsense
  □ Níl ann ach amaidí. It's nothing but nonsense.

amaitéarach ADJECTIVE, MASC NOUN1
amateur

amárach ADVERB, NOUN
tomorrow

a

□ **maidin amárach** tomorrow morning
□ **Amárach an Aoine.** It's Friday tomorrow.
□ **Tabhair cuairt uirthi amárach.** Visit her tomorrow.

ambasadóir MASC NOUN3
ambassador

ambasáid FEM NOUN2
embassy

□ **Ambasáid Mheiriceá** the American Embassy

amchlár MASC NOUN1
timetable

ámh ADVERB
however

amháin ADVERB
only

□ **Ag Seán amháin a bhí a fhios.** Only John knew.

■ **uair amháin eile** once more
■ **d'aon iarracht amháin** in one go

amharc MASC NOUN1
▷ *see also* **amharc** VERB
sight

□ **as amharc** out of sight
■ **dul as amharc** to disappear

amharc VERB [23, VA amhartha, VN amharc]
▷ *see also* **amharc** MASC NOUN1
to watch

□ **D'amharc mé ar an teilifís aréir.** I watched TV last night.

■ **amharc thart** to look around

amharclann FEM NOUN2
theatre

□ **Thóg sé amach chuig an amharclann í.** He took her out to the theatre.

amhlaidh ADVERB
1 so

□ **Bíodh amhlaidh.** So be it. □ **Rinne mé amhlaidh.** I did so.
2 the same

□ **Gurab amhlaidh duitse!** The same to you!
■ **más amhlaidh** if so □ **Más amhlaidh atá, níor chóir dó teacht.** If so, he shouldn't come.
■ **is amhlaidh is fearr** all the better

amhrán MASC NOUN1
song

□ **D'fhéach mé le hamhrán a chumadh.** I tried to write a song.

■ **an tAmhrán Náisiúnta** the National Anthem

amhránaí MASC NOUN4
singer

□ **Is í Emma an t-amhránaí is fearr.** Emma is the best singer.

amhránaíocht FEM NOUN3
singing

■ **comórtas amhránaíochta** a singing competition

amhras MASC NOUN1
doubt

□ **gan amhras** without doubt □ **Tá amhras orm.** I have my doubts.
■ **amhras a chaitheamh ar dhuine** to cast suspicion on somebody

amhrasach ADJECTIVE
doubtful

□ **Tá sé amhrasach.** It's doubtful.
■ **bheith amhrasach faoi rud** to be dubious about something □ **Bhí mo thuismitheoirí rud beag amhrasach faoi.** My parents were a bit dubious about it.

amú ADVERB
■ **Ní maith liom airgead a chur amú.** I don't like wasting money.
■ **am a chur amú** to waste time □ **Níl am ar bith le cur amú.** There's no time to waste.

amuigh ADJECTIVE, PREPOSITION
out

□ **Bhí mé amuigh aréir.** I was out last night.
□ **Tá sé fuar amuigh ansin.** It's cold out there.
■ **taobh amuigh** outside □ **Thug sí ordú dúinn fanacht taobh amuigh.** She told us to wait outside.
■ **amuigh faoin aer** outdoor □ **linn snámha amuigh faoin aer** an outdoor swimming pool
■ **bliain amuigh** a gap year □ **Tá mo dheirfiúr san Astráil ar a bliain amuigh.** My sister's in Australia on her gap year.

an (GEN SING FEM, PL **na**) ARTICLE
□ **an buachaill** the boy □ **an ghirseach** the girl □ **an sagart** the priest □ **an tsráid** the street □ **an t-am** the time □ **an aimsir** the weather

■ **cúig euro an ceann** five euros each

> **LANGUAGE TIP an** is used in expressions of time, but is not translated.

□ **An Domhnach** Sunday □ **ar an Aoine** on Fridays □ **an Cháisc** Easter □ **i gceann na gcúpla lá** in a couple of days □ **an eagla** fear

> **LANGUAGE TIP an** is used in titles and in names, but is not translated.

□ **an tUasal Ó Laoire** Mr. O'Leary □ **an Dochtúir de Brún** Dr. Brown □ **an Daingean** Dingle □ **an Ghearmáin** Germany □ **an Eoraip** Europe

> **LANGUAGE TIP an** is used for languages, but is not translated.

□ an Ghearmáinis German □ an Iodáilis Italian

> **LANGUAGE TIP an** is used for illnesses, but is not translated.

□ an fliú flu □ an déideadh toothache

> **LANGUAGE TIP an** is used instead of 'my', 'his', 'her' etc.

□ Tá an chos briste agam. My leg is broken.
□ Tá an lámh nimhneach aici. Her hand is sore.

> **LANGUAGE TIP an** is also used for emphasis.

□ Bhí na mílte acu ann. There were thousands of them. □ Chaith sé na blianta ann. He spent years there. □ Is aige atá an eagna chinn. He is really intelligent.

■ **an ceann seo** this one

an- PREFIX

1 very

□ an-mhaith very good

2 really

□ an-deacair really hard

■ **an-fhear** a great man

anaemach ADJECTIVE
anaemic

anáil FEM NOUN3
breath

□ anáil throm a tharraingt to take a deep breath

■ **as anáil** out of breath

■ **anáil a tharraingt** to breathe

anailís FEM NOUN2
analysis

anam (PL **anamacha**) MASC NOUN3
soul

■ **M'anam!** Dear me!

anann MASC NOUN1
pineapple

anarac MASC NOUN1
anorak

ancaire MASC NOUN4
anchor

andúil FEM NOUN2
addiction

■ **Tá andúil sa hearóin aici.** She's addicted to heroin.

andúileach MASC NOUN1
addict

□ Is andúileach drugaí í. She's a drug addict.

aneas ADJECTIVE
from the south (wind)

■ **an ghaoth aneas** the south wind

anfa MASC NOUN4
storm

Anglacánach ADJECTIVE, MASC NOUN1
Anglican

Angla-Éireannach ADJECTIVE
Anglo-Irish

aniar ADJECTIVE
from the west (wind)

■ **an ghaoth aniar** the west wind

aníos ADVERB, PREPOSITION
up (from below)

□ Tar aníos anseo! Come up here!

anlann MASC NOUN1

1 dressing

□ anlann sailéid salad dressing

2 sauce

□ Cad iad na luibheanna a úsáideann tú san anlann seo? What herbs do you use in this sauce?

ann ADVERB
there

□ Bhí sé ann. He was there.

■ **bheith in ann** to be able to □ Níl mé in ann an carr a fheiceáil. I can't see the car. □ Ní raibh mé in ann é a dhéanamh agus mar sin ghéill mé. I couldn't do it, so I gave up.

annamh ADJECTIVE
rare

□ planda annamh a rare plant

anocht ADVERB, NOUN
tonight

□ Tá mé ag dul amach anocht. I'm going out tonight. □ Tá dhá thicéad agam don oíche anocht. I've got two tickets for tonight. □ Cad é atá tú a dhéanamh anocht? What are you doing this evening?

anoir ADJECTIVE
from the east (wind)

■ **an ghaoth anoir** the east wind

anoireicse FEM NOUN4
anorexia

anois ADVERB
now

□ Cad é atá tú a dhéanamh anois? What are you doing now? □ Tá tú sábháilte anois. You're safe now.

■ **anois díreach** right now

■ **anois agus arís** now and then

anonn ADVERB
over

□ An dtiocfadh leat bogadh anonn rud beag? Could you move over a bit? □ Tá mé díreach ag sciorradh anonn tigh John. I'm just popping over to John's. □ Chuamar annon go hAlbain. We went over to Scotland.

■ **dul anonn agus anall** to go back and forth

■ **anonn sa lá** late in the day

a

anraith MASC NOUN4
soup
  □ Théigh sé an t-anraith. He heated the soup up. □ anraith glasraí vegetable soup

anseo ADVERB
here
  □ Cá fhad atá tú anseo? How long have you been here? □ Tá mé i mo chónaí anseo. I live here.
  ■ istigh anseo in here
  ■ abhus anseo over here
  ■ anseo is ansiúd here and there

ansin ADVERB
there
  □ An dtabharfaidh tú ansin mé? Will you take me there? □ Ní rachaidh mé ansin arís. I won't go there again.
  ■ thall ansin over there
  ■ istigh ansin in there

antaiseipteach ADJECTIVE
antiseptic

antaiseipteán MASC NOUN1
antiseptic

antalóp MASC NOUN1
antelope

Antartach ADJECTIVE, MASC NOUN1
  ■ an tAntartach the Antarctic
  ■ an tAigéan Antartach the Antarctic Ocean

anuas ADVERB
down (from above)
  □ Anuas leat! Come down here!
  ■ le blianta beaga anuas for the past few years

anuraidh ADVERB, NOUN
last year
  □ Tháinig Uncail Seán abhaile anuraidh. Uncle Sean came home last year.

aoi (PL aíonna) MASC NOUN4
guest
  □ Tá aíonna ag fanacht againn. We have guests staying with us.

aoibh FEM NOUN2
smile
  ■ Tá aoibh an gháire air. He's smiling.
  ■ Tháinig aoibh air. His face lit up.
  ■ aoibh mhaith a bheith ort to be in good spirits

Aoine (PL Aointe) FEM NOUN4
  ■ An Aoine Friday
  ■ Dé hAoine on Friday
  ■ ar an Aoine on Fridays □ Bailíonn siad an bruscar ar an Aoine. They collect the rubbish on Fridays.
  ■ Aoine an Chéasta Good Friday

aoire MASC NOUN4
shepherd

aois (PL aoiseanna) FEM NOUN2
1 age
  □ ag aois a 16 at the age of 16
  ■ Cá haois tú? How old are you?
  ■ Tá sé 10 mbliana d'aois. He's 10 years old
2 century
  □ an fichiú haois the twentieth century

aoisghrúpa MASC NOUN4
age group

aon MASC NOUN1
  ▷ see also **aon** ADJECTIVE
1 one
  □ aon phunt one pound
  ■ fiche a haon twenty one
  ■ a haon a chlog one o'clock
  ■ gach aon acu every one of them
  ■ aon … déag eleven
    ⟡ LANGUAGE TIP aon is usually followed by a singular noun.
  □ aon chileagram déag eleven kilos
  ■ Tá sí aon bhliain déag d'aois. She's eleven.
  ■ aon uair amháin once
2 ace (in cards)
  □ an t-aon spéireata the ace of spades

aon ADJECTIVE
  ▷ see also **aon** MASC NOUN1
1 any
  □ An bhfuil aon dea-rúin agat don Athbhliain? Have you made any New Year's resolutions? □ Níl aon airgead agam. I haven't any money. □ Níl aon chreidmheas fágtha agam ar mo ghuthán. I haven't any credit left on my phone.
2 only
  □ An Luan an t-aon lá a bhím saor. Monday is the only day I'm free. □ Gaeilge an t-aon ábhar a bhfuil dúil agam ann. Irish is the only subject I like.
3 same
  □ san aon teach in the same house
  ■ gach aon every □ gach aon choiscéim den bhealach every step of the way
  ■ d'aon turas deliberately □ Rinne sí d'aon turas é. She did it deliberately.

aonach (PL aontaí) MASC NOUN1
fair
  □ Chuaigh siad ar an aonach. They went to the fair.

aonad MASC NOUN1
unit
  □ aonad tomhais a unit of measurement

aonair ADJECTIVE
1 only
  □ páiste aonair an only child
2 individual
  □ scileanna aonair individual skills
  ■ **ruathar aonair ar an ngiotár** a guitar solo
aonar MASC NOUN 1
  ■ **bheith i d'aonar** to be alone □ Tá sí ina haonar She's all alone.
Aontachtaí MASC NOUN 4
  Unionist
aontaigh VERB [12]
  to agree
  □ An aontaíonn tú? — Ní aontaím. Do you agree? — No, I don't. □ Tá amhras orm an aontóidh sé. I doubt he'll agree. □ Aontaím go bhfuil sé deacair. I agree that it's difficult.
  ■ **aontú le** to agree with □ Aontaím le Máire. I agree with Mary.
aontaithe ADJECTIVE
  united
  ■ **na Stáit Aontaithe** the United States
aontas MASC NOUN 1
  union
  ■ **Aontas na hEorpa** the European Union
aontíos MASC NOUN 1
  ■ **bheith in aontíos** to live together
Aontroim MASC NOUN 3
  Antrim
aos MASC NOUN 3
  people
  ■ **an t-aos óg** the young
  ■ **aos ceoil** musicians
aosta ADJECTIVE
  old
  □ na daoine aosta the old people
  ■ **óg agus aosta** young and old
ar PREPOSITION
  LANGUAGE TIP Prepositional pronouns are **orm, ort, air, uirthi, orainn, oraibh, orthu.**
1 on
  □ ar an mbord on the table □ ar an mballa on the wall
2 in
  □ ar an gClochán Liath in Dungloe
3 at
  □ ar thosach an tslua at the front of the crowd □ ar bhainis Mháire at Mary's wedding □ ar scoil at school □ ar a trí a chlog at 3 o'clock
4 for
  □ Cheannaigh mé ar dhá euro é. I bought it for two euros. □ Dhíol mé ar euro an ceann iad. I sold them for a euro each.

  ■ **ar maidin** this morning
  ■ **ar ball** soon
  ■ **méadar ar airde** a meter high
  ■ **Tá slaghdán orm.** I have a cold.
  ■ **Tá moill éisteachta uirthi.** She is hard of hearing.
  ■ **Tá tart orm.** I'm thirsty.
  ■ **Cad é atá ort?** What's wrong with you?
  ■ **Tá bród mór orm as.** I'm really proud of him.
  ■ **Beidh ort fanacht.** You will have to wait.
  ■ **Tá báisteach air.** It's going to rain.
  ■ **Tá cosa móra fada air.** He has long legs.
ár ADJECTIVE
1 our
  □ ár dteach our house
2 us
  □ Tá siad ina gcónaí os ár gcomhair amach. They live opposite us.
araile PRONOUN
  ■ **agus araile** et cetera
Árainn FEM NOUN
  Aran
  ■ **Oileáin Árann** the Aran Islands
arán MASC NOUN 1
  bread
  □ arán bán white bread □ arán donn brown bread □ arán agus im bread and butter
araon ADJECTIVE, ADVERB
  both
  □ Tá sibh araon contráilte. You are both wrong. □ sibh araon both of you
áras MASC NOUN 1
  ■ **Áras an Uachtaráin** the President's Residence
árasán MASC NOUN 1
  flat
  □ Tá sí ina cónaí in árasán. She lives in a flat. □ an t-árasán thuas the flat above
arbhar MASC NOUN 1
  cereal
  □ Ithim arbhar le haghaidh an bhricfeasta. I have cereal for breakfast.
ard (PL **arda**) MASC NOUN 1
  ▷ see also **ard** ADJECTIVE
  height (high ground)
  ■ **in ard a chinn** at the top of his voice
ard ADJECTIVE
  ▷ see also **ard** MASC NOUN 1
1 high
  □ Tá sé ró-ard. It's too high. □ teocht ard a high temperature □ Bhí an ráta úis ar a chárta creidmheasa iontach ard. The interest rate on his credit card was very high.
2 tall (person)

□ fear ard a tall man

■ **os ard** out loud □ Léigh an téacs amach os ard. Read the text out loud.

ardaigh VERB [12]
to raise

□ D'ardaigh Peter a lámh. Peter raised his hand.

ardaitheoir MASC NOUN3
lift (elevator)

ardán MASC NOUN1
1 platform (at station)

□ ar ardán 7 on platform 7
2 stage (in theatre)
3 stand (at sports ground)
4 terrace (in street names)

ardeaglais FEM NOUN2
cathedral

ardeaspag MASC NOUN1
archbishop

Ard Mhacha MASC NOUN
Armagh

ardmháistir (PL **ardmháistrí**) MASC NOUN4
headmaster

ardmháistreás FEM NOUN3
headmistress

ardoifig FEM NOUN2
head office

ardscoil FEM NOUN2
high school

ardteicneolaíochta ADJECTIVE
hi-tech

□ scoil ardteicneolaíochta a hi-tech school

ardteistiméireacht FEM NOUN3
leaving certificate (school)

ardú MASC NOUN
1 rise

□ ardú pá a pay rise □ ardú teochta a rise in temperature □ Léiríonn an chairt an t-ardú sa dífhostaíocht. The chart shows the rise in unemployment.
2 increase

□ ardú ar líon na dtimpistí bóthair an increase in road accidents

■ **ardú céime** promotion

aréir ADVERB, NOUN
last night

□ Níor chodail mé aréir. I didn't sleep last night.

■ **arú aréir** the night before last

argóint FEM NOUN2
argument

□ D'éirigh an argóint an-teasaí. The argument became heated.

■ **Ní stadann siad ach ag argóint.** They never stop arguing.

arís ADVERB
again

□ Tá siad mór le chéile arís. They're friends again. □ Ní rachaidh mé ansin arís. I won't go there again.

■ **arís eile** once again

■ **anois agus arís** now and then

■ **choíche arís** never again

■ **arís is arís eile** over and over again

arm MASC NOUN1
1 arm (weapon)

□ arm tine a firearm
2 army

□ Tá sé san arm. He's in the army.

■ **Arm an tSlánaithe** the Salvation Army

armlón MASC NOUN1
ammunition

arsa VERB

> **LANGUAGE TIP arsa** means 'says' or 'said' in direct speech.

□ 'Amach leat,' arsa Seán. 'Get out,' said John.

ársa ADJECTIVE
ancient

Artach ADJECTIVE, MASC NOUN1

■ **an tArtach** the Arctic

■ **an tAigéan Artach** the Arctic Ocean

artola FEM NOUN4
petrol

arú ADVERB

■ **arú aréir** the night before last

■ **arú inné** the day before yesterday

as PREPOSITION

> **LANGUAGE TIP** Prepositional pronouns are **asam, asat, as, aisti, asainn, asaibh, astu**.

1 from

□ Is as Baile Átha Cliath é. He's from Dublin.
2 out of

□ as an gcosán out of the way □ D'éirigh mé as an gcarr. I got out of the car.

■ **as Gaeilge** in Irish

■ **Go raibh maith agat as ...** Thank you for ...

■ **go maith as** well off

■ **as a chéile** gradually

asal MASC NOUN1
donkey

ascaill FEM NOUN2
1 armpit

■ **faoi d'ascaill** under one's arm
2 avenue (in street names)

aschur MASC NOUN1
output (computing)

asma MASC NOUN4
asthma
□ Tá asma orm. I've got asthma.

aspairín MASC NOUN4
aspirin

asphrionta MASC NOUN4
print-out (computer)

Astráil FEM NOUN2
■ an Astráil Australia □ san Astráil in
Australia □ go dtí an Astráil to Australia

astralaíocht FEM NOUN3
astrology

ateangaire MASC NOUN4
interpreter
□ Tá sí mar ateangaire aige. She acts as his
interpreter.

athair (GEN SING **athar**, PL **aithreacha**)
MASC NOUN
father
□ m'athair my father
■ athair baiste godfather
■ athair céile father-in-law
■ athair mór grandfather
■ an tAthair Micheál (priest) Father
Michael

áthas MASC NOUN1
happiness
■ Tá áthas air. He's happy.
■ Beidh áthas air tú a fheiceáil. He'll be
delighted to see you.

athbhliain FEM NOUN3
■ an Athbhliain the New Year □ san
Athbhliain in the New Year □ An bhfuil
aon dea-rúin agat don Athbhliain?
Have you made any New Year's
resolutions?

athchraoladh MASC NOUN
repeat (on radio, TV)

athchúrsáil VERB [25]
to recycle (materials)

athimirt FEM NOUN3
replay
□ Beidh athimirt ann Dé hAoine. There will
be a replay on Friday.

athlá MASC NOUN
■ rud a chur ar athlá to postpone
something □ Cuireadh an cluiche ar athlá.
The game was postponed.

athrach MASC NOUN1
change
□ athrach aeráide a change of climate
■ chomh dócha lena athrach as likely
as not
■ Tá a athrach le déanamh agam. I have
better things to do.

athraigh VERB [12]
to change
□ Is mór a d'athraigh sé. He's changed a lot.
□ D'athraigh muid páirtnéirí We changed
partners. □ D'athraigh sí le dul ar an chóisir.
She changed for the party.
■ éadach a athrú to change clothes

athrú MASC NOUN
change
□ Tá athrú plean ann. There's been a
change of plan. □ Imrímis leadóg mar athrú.
Let's play tennis for a change.

athuair ADVERB
■ an athuair again □ Phós sí an athuair.
She got married again.

Atlantach MASC NOUN1
■ an tAigeán Atlantach the Atlantic

atlas MASC NOUN1
atlas

aturnae MASC NOUN4
solicitor
□ Is aturnae é. He's a solicitor.

atvuíteáil VERB [25]
to retweet (on Twitter)

Bb

ba ▷ see **is, bó**

bá (PL **bánna**) FEM NOUN4
1 bay (of sea)
2 sympathy (for person)
 ■ **Tá bá agam leis.** I like him.
 ■ **Bhí bá aige leis an eite chlé.**
 He sympathized with the Left.

báb FEM NOUN2
1 baby
2 babe (informal: woman)

babaí MASC NOUN4
baby

babhla MASC NOUN4
bowl

babhlaer MASC NOUN1
bowler hat

babhlálaí MASC NOUN4
bowler (in cricket)

babhta MASC NOUN4
1 occasion
 ■ **Scaoilfidh mé leat an babhta
 seo.**
 I'll let you off this time.
2 round (in sport)
 □ Tá súil againn an babhta ceannais a
 bhaint amach. We hope to reach the final
 round.

babhtáil VERB [25]
to exchange
 ■ **Babhtálfaidh mé leat!** I'll swop you!

bábóg FEM NOUN2
doll
 □ bábóg éadaigh a rag doll

bac MASC NOUN1
 ▷ see also **bac** VERB
barrier
 ■ **Níl aon duine ag cur baic ort.**
 Nobody's stopping you.

bac VERB [14]
 ▷ see also **bac** MASC NOUN1
to block (sport)
 ■ **Ná bac leis.** Don't bother with it.

bacach MASC NOUN1
 ▷ see also **bacach** ADJECTIVE
beggar

bacach ADJECTIVE
 ▷ see also **bacach** MASC NOUN1
lame
 ■ **bheith bacach** to have a limp

bácáil VERB [25]
 ▷ see also **bácáil** FEM NOUN3
to bake
 □ Bhácáil sí na prátaí ar dtús. First she
 baked the potatoes.
 ■ **pónairí bácáilte** baked beans

bácáil FEM NOUN3
 ▷ see also **bácáil** VERB
baking

bacainn FEM NOUN2
barrier
 ■ **bacainn bhóthair** a roadblock

bacán MASC NOUN1
arm (forearm)
 □ Bhí a chóta leis ar bhacán a láimhe.
 He was carrying his coat over his arm.

bachlóg FEM NOUN2
sprout
 ■ **bachlóga Bruiséile** Brussels sprouts
 ■ **Tá bachlóg ar a theanga.** He's slurring
 his speech.

bácús MASC NOUN1
bakery

bád MASC NOUN1
boat
 □ bád iascaigh a fishing boat □ bád
 iomartha a rowing boat □ bád tarrthála
 a lifeboat
 ■ **bád farantóireachta** a ferry

bád MASC NOUN4
baud (computing)

badhbh FEM NOUN2
vulture

badhró MASC NOUN4
ballpoint pen

badmantan MASC NOUN1
badminton
□ Imrím badmantan ar an Déardaoin. I play badminton on Tuesdays.

bádóireacht FEM NOUN3
boating

bagair VERB [19, VA bagartha]
to threaten
□ Bhagair sé an dlí orm. He threatened to sue me.

bagairt (PL bagairtí, GEN SING bagartha)
FEM NOUN3
threat

bagáiste MASC NOUN4
luggage
□ bagáiste láimhe hand luggage
■ bagáiste breise excess baggage

bagún MASC NOUN1
bacon
□ bagún agus uibheacha bacon and eggs

báicéir MASC NOUN3
baker
□ Is báicéir é. He's a baker.

báicéireacht FEM NOUN3
baking

báigh VERB [24]
1 to drown
□ Bádh buachaill anseo inné. A boy drowned here yesterday.
2 to sink
□ Is iomaí long a bádh sa stoirm sin. A lot of ships sank in that storm.

bail FEM NOUN2
condition
■ Féach an bhail atá ort! Look at the state of you!
■ Chuir sé bail ar an rothar dom. He mended the bicycle for me.

baile MASC NOUN4
▷ see also baile ADJECTIVE
1 home
□ Cén t-am a bhain sé an baile amach? What time did he get home?
■ ag baile at home
2 town
□ baile beag suaimhneach a quiet little town □ Tá an baile 2 chiliméadar ar shiúl. The town is 2 kilometres away.

baile ADJECTIVE
▷ see also baile MASC NOUN4
1 home
□ Cén seoladh baile atá agat? What's your home address?
■ obair bhaile homework
2 home-made

□ arán baile home-made bread

bailé (PL bailéanna) MASC NOUN4
ballet
□ Chuamar chuig an mbailé. We went to the ballet. □ ceachtanna bailé ballet lessons

baileach ADJECTIVE
exact
■ go baileach exactly □ Ní cuimhin liom go baileach. I don't remember exactly.

bailéad MASC NOUN1
ballad

Baile Átha Cliath MASC NOUN4
Dublin
□ Ní raibh mé riamh i mBaile Átha Cliath. I've never been to Dublin.

bailí ADJECTIVE
valid
□ Tá an ticéad seo bailí ar feadh trí mhí. This ticket is valid for three months.

bailigh VERB [11]
1 to collect
□ Bailíonn sé stamapaí. He collects stamps.
2 to gather
□ Bhailigh slua taobh amuigh den halla. A crowd gathered outside the hall. □ Bailigh na seanéadaí sin le chéile. Gather those old clothes up.
3 to pick up
□ Baileoidh mé ón stáisiún thú. I'll pick you up from the station.

bailitheoir MASC NOUN3
collector

bailiú MASC NOUN
collection
□ bailiú bruscair refuse collection

bailiúchán MASC NOUN1
collection
□ bailiúchán stampaí a stamp collection

bain VERB [15, VN baint]
1 to take
□ Bain giota eile de. Take another bit off it.
□ Bain anuas den tseilf é. Take it down from the shelf. □ Bainfear as do phá é. It will be taken out of your wages.
2 to win (game, prize)
□ Bhain mé céad punt. I won a hundred pounds. □ Bhaineamar an cluiche. We won the game.
3 to touch
□ Ná bain don cheamara sin. Don't touch that camera.

bain amach VERB
1 to remove (stain)
2 to reach (destination)

bain as VERB
to run off
□ Bhaineamar as chomh gasta agus a bhí ionainn. We ran off as fast as we could.

bain de VERB
to take off *(clothes)*
□ Bain díot na héadaí fliucha sin. Take off those wet clothes.
■ Bhí me díreach ag baint díom san am. I was just getting undressed at the time.

bain do VERB
1 to touch
□ Ná bain dó. Don't touch it.
2 to happen
□ Cad é a bhain dó? What happened to him?

bain faoi VERB
to settle
□ Bhain sí fúithi i gCorcaigh. She settled in Cork.

bain le VERB
1 to meddle with
■ Ná bain leis an gclog. Don't meddle with the clock.
2 to concern
□ Ní bhaineann sé leat. It doesn't concern you.
■ Baineann an litir sin le cúrsaí árachais. That letter relates to insurance.

bain ó VERB
to subtract from
□ Bain 3 ó 5. Subtract 3 from 5.

baincéir MASC NOUN3
banker

baincéireacht FEM NOUN3
banking

baineann ADJECTIVE
female
□ ainmhí baineann a female animal

baineannach MASC NOUN1
female

baininscneach ADJECTIVE
feminine *(grammar)*

bainis (PL **bainiseacha**) FEM NOUN2
wedding
□ Cheannaigh sí feisteas nua don bhainis. She bought a new outfit for the wedding.

bainisteoir MASC NOUN3
manager
□ Tá mé ag dul a dhéanamh gearáin leis an mbainisteoir. I'm going to complain to the manager.

bainistíocht FEM NOUN3
management
□ bainistíocht shinsearach senior management □ Tá sé freagrach as

bainistíocht an chomhlachta. He's responsible for the management of the company.
■ 'faoi bhainistíocht nua' 'under new management'

bainistreás FEM NOUN3
manageress

bainne MASC NOUN4
milk
□ bainne milis fresh milk

bainseó (PL **bainseónna**) MASC NOUN4
banjo

baint FEM NOUN2
connection
■ Níl aon bhaint agam leo. I have nothing to do with them.

baintreach FEM NOUN2
widow
■ baintreach fir a widower

báire MASC NOUN4
1 goal
□ Eisean a scóráil an cúl a bhuaigh an cluiche dóibh. He scored the winning goal.
■ cúl báire a goalkeeper
2 hurling *(game)*
■ Bhí an báire linn. We won the day.
■ i lár báire in the middle
■ i dtús báire first of all

bairéad MASC NOUN1
beret

bairille MASC NOUN4
barrel

báirse MASC NOUN4
barge

báisín MASC NOUN4
basin

báisteach FEM NOUN2
rain
□ Bhí báisteach throm ann aréir. There was heavy rain last night.
■ Bhí sé ag báisteach ar feadh an lae. It was raining all day.

baisteadh (GEN SING **baiste**, PL **baistí**)
MASC NOUN
christening
■ ainm baiste Christian name

baistí ADJECTIVE
■ athair baistí godfather
■ máthair bhaistí godmother

báite ADJECTIVE
soaking
□ Bhíomar fliuch báite. We were soaking wet.

baithis FEM NOUN2
forehead
■ ó bhaithis go bonn from top to toe

baitsiléir MASC NOUN 3
bachelor

bál MASC NOUN 1
ball

balbh ADJECTIVE
1 with a speech impairment
□ Tá sí bodhar balbh. She has a hearing and speech impairment.
2 silent *(letter)*

balcais FEM NOUN 2
garment
■ **balcaisí** clothes □ Bhuail mé orm mo chuid balcaisí. I threw on my clothes.

balcóin FEM NOUN 2
balcony

ball MASC NOUN 1
1 member *(of organization)*
□ Ní ball den chumann é, go fiú. He's not even a member of the club.
2 part *(of machine)*
3 item
□ ball éadaigh an item of clothing
4 mark *(stain)*
□ Tá ball ar do léine. There's a mark on your shirt.
■ **ball broinne** a birthmark
■ **ball dobhráin** *(on skin)* a mole
■ **ball te** *(for Wi-Fi)* hotspot
■ **ball troscáin** a piece of furniture
■ **Tá sé thart anseo i mball éigin.** It's around here somewhere.
■ **Bhí gach aon bhall díom brúite.** I was bruised all over.
■ **i lár baill** in the middle
■ **ar ball** later □ Glaofaidh mé ar ais ar ball. I'll ring back later.

balla MASC NOUN 4
wall
□ ar an mballa on the wall □ balla cloiche a stone wall □ na ballaí seachtracha the outside walls

ballóid FEM NOUN 2
ballot

ballraíocht FEM NOUN 3
membership

bálseomra MASC NOUN 4
ballroom

balún MASC NOUN 1
balloon
□ Phléasc an balún. The balloon burst.
■ **balún d'aer te** a hot-air balloon

bambú (PL **bambúnna**) MASC NOUN 4
bamboo

ban ▷ *see* **bean**

ban- PREFIX
female
□ banchointóir a female offender

bán ADJECTIVE
▷ *see also* **bán** MASC NOUN 1
1 white
□ gúna dearg agus spotaí bána air a red dress with white spots □ Tá dath bán ar an teach. The house is white.
2 blank *(page)*
□ seic bán a blank cheque
3 empty *(place)*

bán MASC NOUN 1
▷ *see also* **bán** ADJECTIVE
white
□ Ní théann an bán go maith leis. The white doesn't go well with it.

bán- PREFIX
pale
□ léine bhánghorm a pale blue shirt

bánaigh VERB [12]
to empty
□ Bánaíodh an halla in achar gearr. The hall quickly emptied.

banaisteoir MASC NOUN 3
actress
□ Is bainaisteoir iomráiteach í Julia Roberts. Julia Roberts is a well-known actress.

banaltra FEM NOUN 4
nurse
□ Tá sí ina banaltra. She's a nurse. □ Chuir an bhanaltra bindealán ar a lámh. The nurse bandaged his arm. □ banaltra fir a male nurse

banaltracht FEM NOUN 3
nursing *(profession)*

banana MASC NOUN 4
banana
□ craiceann banana a banana skin

bánbhuí ADJECTIVE
cream *(colour)*

banc MASC NOUN 1
bank
□ Tá an banc druidte. The bank's closed.
■ **banc taisce** a savings bank
■ **robáil bainc** a bank robbery

banchara MASC NOUN 4
girlfriend

banchliamhain (PL **banchliamhaineacha**) MASC NOUN 4
daughter-in-law

bánchorcra ADJECTIVE
mauve

banda MASC NOUN 4
band

bándearg – barraicín

□ **banda rubair** a rubber band
■ **banda leathan** broadband □ An bhfuil banda leathan agat? Do you have broadband?

bándearg ADJECTIVE, MASC NOUN1
pink

bandiúc MASC NOUN1
duchess

banéigean MASC NOUN1
rape

bang (PL **banganna**) MASC NOUN3
stroke (in swimming)
□ Níl bang agam. I can't swim a stroke.

bangharda MASC NOUN4
police officer
□ Is bangharda í. She's a police officer.

bánghnéitheach ADJECTIVE
pallid

banlaoch MASC NOUN1
heroine

banna MASC NOUN4
1 bond (financial)
□ bannaí cúig bliana a five-year bond
■ Mise i mbannaí ort go mbuafaidh siad! I guarantee you they'll win!
2 bail (legal)
□ Ligeadh amach ar bhannaí é. He was released on bail.
3 band (musicians)
□ banna práis a brass band

bánna ▷ see **bá**

banphóilín MASC NOUN4
police officer
□ Is banphóilín i. She's a police officer.

banphrionsa MASC NOUN4
princess

banríon (PL **banríonacha**) FEM NOUN3
queen
□ Banríon na Spáinne the Queen of Spain
□ an bhanríon hart the queen of hearts

bantiarna FEM NOUN4
lady (title)

> **LANGUAGE TIP** Note that bantiarna is a feminine noun. Most words formed with ban plus a masculine noun are also masculine.

bánú MASC NOUN
■ le bánú an lae at daybreak

baoi (PL **baoithe**) MASC NOUN4
buoy

baoite MASC NOUN4
bait

baol MASC NOUN1
danger
□ Tá a bheatha i mbaol. His life is in danger.

■ Ní baol duit! You needn't worry!
■ Beag an baol! Not likely!
■ Níl sé baol ar chomh hard leatsa. He's not nearly as tall as you.

baolach ADJECTIVE
dangerous
■ Is baolach nach bhfuil a fhios agam. I'm afraid I don't know.

baoth ADJECTIVE
foolish (behaviour)

bara MASC NOUN4
■ bara rotha a wheelbarrow

baracáid FEM NOUN2
barricade

baraiméadar MASC NOUN1
barometer

barántas MASC NOUN1
warrant (to arrest, search)
□ barántas cuardaigh a search warrant

barántúil ADJECTIVE
authentic

barbaiciú MASC NOUN4
barbecue

bard MASC NOUN1
bard

barda MASC NOUN4
ward (in hospital)

bardach MASC NOUN1
warden
□ bardach eaglaise a church warden

barr (PL **barra**) MASC NOUN1
1 top
□ Bhain sí an barr den bhuidéal. She took the top off the bottle. □ ó bhun go barr from top to bottom □ Shroicheamar barr an tsléibhe faoi dheireadh. We finally reached the top of the mountain.
■ ar bharr an uisce on the surface of the water
■ teacht ar barr to come to the surface
2 tip
□ barr méire a fingertip
3 crop
□ barr maith úll a good crop of apples
■ thar barr excellent □ Bhí an ceol thar barr. The music was excellent.
■ dá bharr sin consequently

barra MASC NOUN4
bar
□ barra iarainn an iron bar
■ barra uirlisí (computer) toolbar

barrachód MASC NOUN1
bar code

barraicín MASC NOUN4
■ ar do bharraicíní on tiptoe

barraíocht FEM NOUN3
1 too much
□ Thug tú barraíocht dom. You've given me too much. □ Tá barraíocht le rá aici. She has too much to say. □ barraíocht airgid too much money
■ **Gearr siad barraíocht orainn as an mbéile.** They overcharged us for the meal.
2 too many
□ Bíonn barraíocht athchraoltaí ar an teilifís. There are too many repeats on TV. □ Bhí barraíocht daoine ann. There were too many people there.

barrchóir FEM NOUN3
top (garment)

barriall (GEN SING **barréille**, PL **barriallacha**) FEM NOUN2
shoelace

barróg FEM NOUN2
hug
□ Rug sí barróg orthu. She gave them a hug.

barúil (PL **barúlacha**) FEM NOUN3
idea
□ Tá barúil mhaith agam. I have a fair idea.
■ **Cad é do bharúil orthu?** What do you think of them?
■ **Níl barúil agam.** I haven't a clue.

bás (PL **básanna**) MASC NOUN1
death
■ **bás a fháil** to die □ Fuair sé bás anuraidh. He died last year.

básaigh VERB [12]
1 to die
□ Bhásaigh sé. He died.
2 to execute
□ Básaíodh na céadta faoin réimeas sin. Hundreds were executed under that regime.

basal MASC NOUN4
basil

basc VERB [23, VA basctha]
to crush
□ Bascadh a lán daoine nuair a thit an balla. Many people were crushed when the wall collapsed.

Bascach ADJECTIVE, MASC NOUN1
Basque
□ Tír na mBascach the Basque Country

bascaed MASC NOUN1
basket

básta MASC NOUN4
waist

bástcóta MASC NOUN4
waistcoat

basún MASC NOUN1
bassoon
□ Seinnim ar an basún. I play the bassoon.

bata MASC NOUN4
stick
□ bata siúil a walking stick
■ **Tugadh bata is bóthar dó.** He was sacked.

bataire MASC NOUN4
battery

báúil ADJECTIVE
sympathetic
■ **Tá sí báúil leis an gcúis.** She sympathizes with the cause.

BCE ABBREVIATION (= Banc Ceannais na hEorpa)
ECB (= European Central Bank)

beacán MASC NOUN1
mushroom
■ **beacán bearaigh** a toadstool

beach FEM NOUN2
bee
■ **beach chapaill** a wasp

beacht ADJECTIVE
exact
□ tomhas beacht an exact measure

beag (PL **beaganna**) MASC NOUN1
▷ see also **beag** ADJECTIVE
small amount
■ **Tá an bóthar díreach, a bheag nó a mhór.** The road is straight, more or less.
■ **Déan a bheag nó a mhór de.** Make what you like of it.

beag (COMPAR **lú**) ADJECTIVE
▷ see also **beag** MASC NOUN1
1 small
□ Carr beag a bhí ann, ach d'éirigh linn brú isteach. It was a small car, but we managed to squeeze in.
2 slight
□ fadhb bheag a slight problem
■ **Tháinig feabhas beag air i rith na hoíche.** He improved slightly during the night.
■ **Is beag nár thit mé.** I nearly fell.
■ **le blianta beaga anuas** in the last few years

beagán MASC NOUN1
▷ see also **beagán** ADVERB
a little (small amount)
□ Tabhair beagán eile dom. Give me a little more.
■ **Is buí le bocht an beagán.** Beggars can't be choosers.
■ **i mbeagán focal** in short

b

beagán ADVERB

rather

□ Tá sé beagán fuar inniu. It's rather cold today.

> see also **beagán** MASC NOUN 1

beagnach ADVERB

almost

□ Is féidir stampaí a cheannach beagnach áit ar bith. You can buy stamps almost anywhere. □ Bhíomar beagnach marbh leis an teas. We were almost dead with the heat.

■ **beagnach trí mhíle ó bhaile** nearly three miles from home

beairic FEM NOUN 2

barracks

béal MASC NOUN 1

1 mouth (of person, animal)

□ Bhí milseán ina béal ag Máire. Mary had a sweet in her mouth.

■ **Ná lig thar do bhéal é.** Don't breathe a word of it.

■ **Labhair siad as béal a chéile.** They all spoke at once.

■ **Abair suas lena bhéal é.** Say it to his face.

2 edge

□ i mbéal na trá at the water's edge

■ **Bhí sé ina chónaí i mbéal an dorais againn.** He lived right next door to us.

■ **Rachaidh mé ann ar béal maidine.** I'll go first thing in the morning.

■ **Thiontaigh an bád béal fúithi.** The boat capsized.

bealach (PL **bealaí**) MASC NOUN 1

1 way

□ Cén bealach? — An bealach seo. Which way? — This way. □ Stadamar ar an mbealach. We stopped on the way. □ bealach níos fearr chun é a dhéanamh a better way to do it

2 channel (on TV)

3 road

□ bealach mór a main road

4 route

□ an bealach is dírí the most direct route

■ **Chuamar bealach Dhoire.** We went via Derry.

■ **bealach amach** exit □ Ní féidir liom an bealach amach a fháil. I can't find the exit.

■ **ar bhealach** in a way

■ **bheith sa bhealach ar dhuine** to be in somebody's way

bealaí > see **bealach**

bealaithe ADJECTIVE

greasy

□ Tá gruaig bhealaithe air. He has greasy hair.

béaldath (PL **béaldathanna**) MASC NOUN 3

lipstick

Béal Feirste MASC NOUN

Belfast

□ Tháinig sé as Béal Feirste leis an traein. He came from Belfast by train.

Bealtaine FEM NOUN 4

May

□ Is é an 2ú lá de Bhealtaine an spriocdháta. The deadline is May 2nd.

■ **i mí Bhealtaine** in May

■ **bheith idir dhá thine Bhealtaine** to be in a quandary

bean (GEN SING, PL **mná**, GEN PL **ban**) FEM NOUN

1 woman

□ Bhí bean éigin ar do lorg. Some woman was looking for you.

2 wife

□ Seán agus a bhean John and his wife

■ **Is bean tí í.** She's a housewife.

■ **Bean Mhic Gabhann** Mrs Smith

■ **bean rialta** a nun

■ **'Mná'** (sign) 'Ladies'

beannacht FEM NOUN 3

benediction (religious)

■ **Beannacht Dé ort.** God bless you.

■ **Beir mo bheannacht chuige.** Give him my regards.

beannaigh VERB [12]

to bless

□ Bheannaigh an Pápa an slua. The Pope blessed the crowd.

■ **Bheannaigh sí dom ag dul thart di.** She greeted me as she passed.

■ **Ní bheannaíonn siad dá chéile.** They don't speak.

beannaithe ADJECTIVE

holy

beannú MASC NOUN

greeting

beár MASC NOUN 1

bar (in pub)

béar MASC NOUN 1

bear

□ béar bán a polar bear

beara > see **bior**

bearbóir MASC NOUN 3

barber

Béarla MASC NOUN 4

English (language)

□ Is cor cainte Béarla é. It's an English expression. □ céim i mBéarla a degree in English

Béarlóir MASC NOUN3
English speaker

bearna FEM NOUN4
gap
□ Tá bearna san fhál. There's a gap in the hedge. □ bearna ceithre bliana a gap of four years
■ Líon isteach na bearnaí. Fill in the blanks.

bearnach ADJECTIVE
incomplete

bearnas MASC NOUN1
pass (in mountains)

bearr VERB [14]
1 to clip (hair, nails)
2 to shave (beard)

bearradh MASC NOUN
shave
■ bearradh gruaige a haircut □ Tá mé díreach tar éis bearradh gruaige a fháil. I've just had a haircut.
■ bearradh agus séideadh tirim a cut and blow-dry

beart (PL **bearta**) MASC NOUN1
1 parcel
□ Fuair mé beart sa phost. I got a parcel in the post.
2 plan
□ Níor cuireadh an beart i gcrích riamh. The plan didn't work out.
3 byte (computing)
■ B'amaideach an beart aige é. It was a silly thing for him to do.
■ Déanfaidh sé sin an beart i gceart. That will do nicely.
■ i mbearta crua in dire straits

beartaigh VERB [12]
1 to plot
□ Bhí siad ag beartú in aghaidh an rialtais. They were plotting against the government.
2 to decide
□ Bheartaigh sí imeacht. She decided to go.
■ Sin an rud a bhí beartaithe acu. That's what they intended to do.

beartaíocht FEM NOUN3
tactics

béas (GEN SING, PL **béasa**, GEN PL **béas**) MASC NOUN3
1 habit
□ Rinne siad béas de bheith ag teacht an bealach seo. They got into the habit of coming this way.
2 manners
□ Bíodh béasa ort! Mind your manners!

■ Ní maith an béas é sin agat. That's no way to behave.

béasach ADJECTIVE
polite

beatha FEM NOUN4
1 life
■ Tá an fear sin ina bheatha fós. That man is still alive.
2 living
□ Bhain sé a bheatha as an iascaireacht. He made his living from fishing. □ Cad é a dhéanann sí lena beatha a thabhairt i dtír? What does she do for a living?
3 food
□ Tá an bheatha daor ar na saolta seo. Food is expensive these days.
■ Thug sí beatha do na cearca. She fed the hens.
■ beatha dhuine a thoil each to his own

beathaigh VERB [12]
to feed (person, animal)

beathaithe ADJECTIVE
fat (person, animal)

béic VERB [13]
▷ see also **béic** FEM NOUN2
to yell

béic FEM NOUN2
▷ see also **béic** VERB
yell
■ Lig se béic orainn. He yelled at us.

béil ADJECTIVE
oral
□ an traidisiún béil the oral tradition

béile MASC NOUN4
meal
□ béile den chéad scoth a first-class meal

Beilg FEM NOUN2
■ an Bheilg Belgium □ sa Bheilg in Belgium

Beilgeach ADJECTIVE, MASC NOUN1
Belgian
□ seacláid Bheilgeach Belgian chocolate
□ Is Beilgeach í. She's Belgian.
■ na Beilgigh (people) the Belgians

beilt (PL **beilteanna**) FEM NOUN2
belt

béim (PL **béimeanna**) FEM NOUN2
1 stress
□ Tá an bhéim ar an gcéad siolla. The stress is on the first syllable.
■ Cuireadh béim ar an bpointe sin. That point was emphasized.
2 blow
■ béim ghréine sunstroke

b

beir VERB [2]
1 to give birth to
  □ Rugadh mac di. She gave birth to a son.
  ■ **Cár rugadh í?** Where was she born?
2 to lay *(egg)*
  □ Tá na cearca ag breith. The hens are laying.
3 to take
  □ Beir leat an mála sin. Take that bag with you. □ Bhí an chuideachta ag breith buntáiste ar na fostaithe. The company was taking advantage of the employees.
4 to catch
  □ Rug sé ar an liathróid. He caught the ball.

beirigh VERB [11]
1 to boil
2 to bake *(bread)*

béirín MASC NOUN4
teddy bear

beiriste MASC NOUN4
bridge
  □ Bhí siad ag imirt beiriste. They were playing bridge.

beirt (PL **beirteanna**) FEM NOUN2
1 two *(people)*
  □ Tá iníon agus beirt mhac acu. They've got a girl and two boys. □ Chuaigh beirt phóilíní thart. Two policemen went by.
  ■ **ina mbeirteanna** in twos
2 both
  □ Is múinteoirí muid beirt. We are both teachers. □ D'fhág siad beirt. Both of them left.

beithíoch MASC NOUN1
animal
  ■ **beithíoch allta** a wild beast

beo MASC NOUN4
  ▷ *see also* **beo** ADJECTIVE
1 life
  □ Shábháil na fir dhóiteáin a bheo. The firefighters saved his life. □ Ní rachainn ar ais dá mbeadh mo bheo i ngeall air. I wouldn't go back if my life depended on it.
2 living
  □ Tá a mbeo ar an iascaireacht. They make their living from fishing.

beo ADJECTIVE
  ▷ *see also* **beo** MASC NOUN4
alive
  □ Tá a n-athair beo beathach go fóill. Their father is still alive and well.
  ■ **Bhí an baile beo le daoine.** The town was full of people.
  ■ **bolcán beo** an active volcano
  ■ **sreang bheo** *(electrical)* a live wire
  ■ **Tar anseo go beo!** Come here quick!

beoga ADJECTIVE
1 lively
  □ ceol beoga lively music
2 vivid
  □ cuntas beoga a vivid account

beoir (GEN SING **beorach**, PL **beoracha**) FEM NOUN
beer
  □ canna beorach a can of beer

bh *(remove "h")*

bhur ADJECTIVE
your *(plural)*
  □ bhur gcarr your car □ bhur mála your bag
  □ bhur n-uncail your uncle

bí VERB [3]
to be
  □ Ba mhaith liom bheith i mo dhochtúir. I'd like to be a doctor. □ Ná bí dalba! Don't be cheeky!
  ■ **bheith go maith** to be well

bia (PL **bianna**) MASC NOUN4
1 food
  □ An maith leat bia Síneach? Do you like Chinese food?
  ■ **bia beagmhaitheasa** junk food
  ■ **bia folláin** health food
  ■ **bia mara** seafood
2 meal
  □ Réitigh Emma bia dúinn. Emma prepared a meal for us.
  ■ **bia agus leaba** board and lodging

biabhóg FEM NOUN2
rhubarb
  □ toirtín biabhóige a rhubarb tart

biachlár MASC NOUN1
menu
  □ biachlár socraithe a set menu

bialann FEM NOUN2
restaurant
  □ bialann Shíneach a Chinese restaurant

biatas MASC NOUN1
beetroot
  ■ **biatas siúcra** sugar beet

bibe MASC NOUN4
bib

bicíní MASC NOUN4
bikini

bídeach ADJECTIVE
tiny
  □ rud beag bídeach a little tiny thing

bileog FEM NOUN2
leaflet
  □ Bhí daoine ag tabhairt amach bileog ag an gcruinniu. People were distributing leaflets at the meeting.
  ■ **bileog pháipéir** a sheet of paper
  ■ **bileog nuachta** a newsletter

■ **bileog oibre** a worksheet

bille MASC NOUN4
bill
□ An bille, le do thoil. The bill, please.

billéardaí PL NOUN
□ D'imríomar billéardaí aréir. We played billiards last night.

billiún MASC NOUN1
billion
□ billiún euro a billion euros

bindealán MASC NOUN1
bandage
□ Chuir an bhanaltra bindealán ar a lámh. The nurse put a bandage on his arm.

binn (PL **beanna**, GEN PL **beann**) FEM NOUN2
▷ see also **binn** ADJECTIVE
1 cliff
□ Thit an carr le binn. The car fell down the cliff.
2 gable (of house)

binn ADJECTIVE
▷ see also **binn** FEM NOUN2
sweet (sound)
□ glór binn a sweet voice

binse MASC NOUN4
bench
■ **binse oibre** a workbench

Bíobla MASC NOUN4
Bible

biocáire MASC NOUN4
vicar

bíogúil ADJECTIVE
lively (music)

biongó MASC NOUN4
bingo

bior (GEN SING **beara**, PL **bioranna**) MASC NOUN3
point
□ peann luaidhe le bior géar a pencil with a sharp point
■ **bior a chur ar pheann luaidhe** to sharpen a pencil
■ **bior fiacla** a toothpick
■ **bior seaca** an icicle
■ **bheith ar bior le rud a dhéanamh** to be dying to do something

biorán MASC NOUN1
pin
□ biorán dúnta a safety pin □ biorán gruaige a hairpin
■ **biorán cniotála** a knitting needle
■ **rud a bheith ar na bioráin agat** to have something in hand

bioróir MASC NOUN3
■ **bioróir peann luaidhe** pencil sharpener

biotáille FEM NOUN4
spirits

□ Ní ólaim biotáille. I don't drink spirits.
■ **biotáille mheitileach** methylated spirit

bís FEM NOUN2
1 spiral
□ staighre bíse a spiral staircase
2 vice (tool)
■ **Bhíomar ar bís leis an mbabhta ceannais a fheiceáil.** We couldn't wait to see the final.

biseach MASC NOUN1
improvement (in health)
■ **Tá biseach orm.** I'm better.
■ **Fuair sé biseach.** He recovered.
■ **bliain bhisigh** a leap year

bisigh VERB [11]
to improve (health)

bith MASC NOUN3
■ **ar bith** 1 any □ An bhfuil im ar bith agat? Have you any butter? □ An bhfuil clann ar bith agat? Have you any children? 2 (with negative) no □ Níl am ar bith le cur amú. There's no time to waste.
■ **ar scor ar bith** anyway
■ **ar chor ar bith** at all
■ **áit ar bith** anywhere □ Ní fheicim áit ar bith é. I don't see him anywhere. □ Is féidir stampaí a cheannach beagnach áit ar bith. You can buy stamps almost anywhere.
■ **duine ar bith** 1 anybody □ Is féidir le duine ar bith snámh a fhoghlaim. Anybody can learn to swim. □ Ní fheicim duine ar bith. I don't see anybody. 2 nobody □ Níor tháinig duine ar bith. Nobody came.
■ **rud ar bith** 1 anything □ Ní chluinim rud ar bith. I don't hear anything. □ Ar mhaith leat rud ar bith le hithe? Would you like anything to eat? 2 nothing □ Níl rud ar bith cosúil leis. There's nothing like it.

bithbhreosla MASC NOUN4
biofuel

bitheolaíocht FEM NOUN3
biology

bladhaire MASC NOUN4
flame

bladhm (PL **bladhmanna**) FEM NOUN3
flame

blagadach ADJECTIVE
bald

blagaid FEM NOUN2
bald head
■ **Tá blagaid ann.** He's bald.

blagálaí MASC NOUN4
blogger

blaincéad MASC NOUN1
blanket
□ blaincéad leictreach an electric blanket

blais – bodhar

blais VERB [15]
to taste *(food, wine)*

blaistigh VERB [11]
to season *(food)*

blaistiú MASC NOUN
seasoning *(of food)*

blaosc FEM NOUN2
1 skull *(of person, animal)*
2 shell *(of egg, nut, crab)*

blár MASC NOUN1
field
▪ **blár catha** a battlefield

blas (PL **blasanna**) MASC NOUN1
1 flavour
□ Tá blas iontach láidir air. It has a very strong flavour. □ Cén blas d'uachtar reoite ba mhaith leat? Which flavour of ice cream would you like?
▪ **Cad é an blas atá air?** What does it taste like?
▪ **Tá blas an éisc air.** It tastes of fish.
2 accent
□ blas Albanach a Scottish accent □ Tá blas coimhthíoch ar a chuid cainte. He has a foreign accent.

blastán MASC NOUN1
seasoning

bláth (PL **bláthanna**) MASC NOUN3
flower

bláthadóir MASC NOUN3
florist

bleachtaire MASC NOUN4
detective
□ Is bleachtaire príobháideach é. He's a private detective.

bleachtaireacht FEM NOUN3
▪ **úrscéal bleachtaireachta** a detective novel

bléasar MASC NOUN1
blazer

bliain (PL **blianta**) FEM NOUN3
year
□ Tá sé dífhostaithe le bliain. He's been unemployed for a year. □ Tá mo dheirfiúr san Astráil ar a bliain amuigh. My sister's in Australia on her gap year.
▪ **an bhliain seo chugainn** next year
▪ **An Bhliain Úr** the New Year
▪ **bliain bhisigh** a leap year
▪ **in aghaidh na bliana** per annum

> LANGUAGE TIP Numbers in Irish are usually followed by a singular noun, but to translate 'years' after numbers 3 to 10 use the plural form **bliana**.

□ trí bliana three years □ ocht mbliana eight years □ deich mbliana ten years

▪ **fiche bliain ó shin** 20 years ago

bliantúil ADJECTIVE
annual
□ cruinniú bliantúil an annual meeting

bliosán MASC NOUN1
artichoke

blípire MASC NOUN4
bleeper

bloc MASC NOUN1
block
□ Tá sí ina cónaí i mbloc s'againne. She lives in our block.

bloclitreacha FEM PL NOUN
block capitals

blogh FEM NOUN3
fragment

blúire MASC NOUN4
scrap
□ blúire páipéir a scrap of paper

blús (PL **blúsanna**) MASC NOUN1
blouse

bó (PL **ba**, GEN PL **bó**) FEM NOUN
cow

bob (PL **bobanna**) MASC NOUN4
trick
▪ **bob a bhualadh ar dhuine** to play a trick on somebody

bobghaiste MASC NOUN4
booby trap

boc MASC NOUN1
buck *(male deer)*
▪ **boc mór** a big shot
▪ **an boc mór** the big fellow

bocáil VERB [25]
1 to toss
□ Bhí an bád á bocáil ar na tonnta. The boat was being tossed about on the waves.
2 to bounce
□ Bhocáil sé an liathróid in aghaidh an bhalla He bounced the ball against the wall.

bocaire MASC NOUN4
muffin *(cake)*

bocht ADJECTIVE
poor
□ Bhí a mhuintir bocht. His family were poor. □ An diabhal bocht! The poor devil!
▪ **Tá oíche bhocht ann.** It's an awful night.

bochtaineacht FEM NOUN3
poverty

bod MASC NOUN1
penis

bodhar (PL **bodhra**) ADJECTIVE
with a hearing impairment
□ Tá sí bodhar balbh. She has a hearing and speech impairment.

bodhraigh VERB [12]
1 to deafen
□ Bhodhródh an gleo san áit seo thú.
The noise in this place would deafen you.
2 to bother
□ Ná bodhraigh mé leis. Don't bother me
with it.

bodhrán MASC NOUN1
hand drum (in traditional music)

bog VERB [14]
▷ see also bog ADJECTIVE
to move
□ Ní thiocfadh liom mo chos a bhogadh.
I couldn't move my leg. □ Caithfimid na
málaí a bhogadh. We have to move the
bags. □ Níor bhog sé ó shin. He hasn't
moved since.
■ D'fhanamar gan bogadh. We remained
perfectly still.
■ Bog leat! Clear off!

bog ADJECTIVE
▷ see also bog VERB
1 soft
□ leaba bhog a soft bed □ éadach bog soft
material □ croí bog a soft heart
2 tender
□ feoil bhog tender meat
3 easy (life, work)
■ bheith bog le duine to go easy on
somebody

bogadh (GEN SING bogtha) MASC NOUN
movement
■ Níl bogadh ann. He can't move.

bogearraí MASC PL NOUN4
software (computing)
□ bogearraí frithvíreas antivirus software

bogha (PL boghanna) MASC NOUN4
bow (weapon, for musical instrument)
□ bogha agus saighead a bow and arrows
■ bogha báistí a rainbow

bogshodar MASC NOUN1
jogging
□ Téim ag bogshodar gach maidin. I go
jogging every morning.

bogtha ▷ see bogadh

bogthe ADJECTIVE
lukewarm

boilgeog FEM NOUN2
bubble

boilsciú MASC NOUN
inflation (financial)

bóín FEM NOUN4
■ bóín Dé a ladybird

boiseog FEM NOUN2
slap

■ boiseog a thabhairt do dhuine to slap
somebody

Boisnia FEM NOUN4
Bosnia

bóitheach MASC NOUN1
byre

bóithre ▷ see bóthar

bóithrín MASC NOUN4
lane

bólacht FEM NOUN3
cattle

boladh (PL bolaithe) MASC NOUN1
smell
□ boladh bréan a nasty smell

bolaigh VERB [12]
to smell

bolb MASC NOUN1
caterpillar

bolcán MASC NOUN1
volcano

bolg MASC NOUN1
1 stomach (abdomen)
2 hold (of ship)

bolgán MASC NOUN1
bubble
■ bolgán solais a light bulb

bolgóid FEM NOUN2
bubble

bollaí MASC PL NOUN4
bowls
□ Imríonn siad bollaí ar an Domhnach.
They play bowls on Sundays.

bollán MASC NOUN1
boulder

bolscaire MASC NOUN4
announcer

bolscaireacht FEM NOUN3
1 commercial (on TV, radio)
2 publicity
□ Ní raibh sé ach ag déanamh
bolscaireachta dá chomhlacht féin. He was
only creating publicity for his own company.

bolta MASC NOUN4
bolt (on door)

bomaite MASC NOUN4
minute
□ idir 15 agus 20 bomaite between 15 and
20 minutes □ An dtiocfadh leat fanacht cúpla
bomaite? Could you wait a couple of minutes?
□ Tharraing siad siar ag an mbomaite
deiridh. They backed out at the last minute.

bómánta ADJECTIVE
stupid
□ Rud bómánta ar fad a rinne mé! That was
a really stupid thing I did!

25

■ **go bómánta** stupidly □ D'amharc sé orm go bómánta. He looked at me stupidly.

bóna MASC NOUN4
collar

bónas MASC NOUN1
bonus

bonn MASC NOUN1
1 sole (of shoe, foot)
■ **bonn istigh** an insole
■ **dul ar do cheithre boinn** to go on all fours
■ **ar aon bhonn** on equal footing
2 basis
□ An bhfuil bonn ar bith leis an scéal sin? Is there any basis for that story?
3 medal
□ an bonn cré-umha the bronze medal
4 coin
□ bonn 2 euro a 2 euro coin
■ **bonn deich bpingine** a ten-pence piece
■ **gan phingin gan bhonn** penniless
■ **láithreach bonn** immediately
□ Féachaidh mé chuige láithreach bonn. I'll see to it immediately.

bonnán MASC NOUN1
1 horn (of car)
2 siren (of police car, ambulance)

bonnóg FEM NOUN2
scone

bonsach FEM NOUN2
javelin

borb ADJECTIVE
1 harsh (voice)
2 rich
□ bia borb rich food

bord MASC NOUN1
1 table
□ bord darach an oak table
2 board
□ bord iarnála an ironing board
■ **bord bainstíochta** (of company) board
3 deck (of ship)
■ **ar bord loinge** on board
■ **thar bord** overboard

borradh (GEN SING **borrtha**) MASC NOUN
surge (of electricity)
■ **Tá borradh faoin eacnamaíocht i láthair na huaire.** The economy is expanding at present.

borróg FEM NOUN2
bun (small cake)

borrtha ADJECTIVE
swollen
■ **féitheacha borrtha** varicose veins

bos FEM NOUN2
palm (of hand)
■ **bualadh bos** a round of applause
■ **bos go cos** (Gaelic football) hand-to-toe
■ **airgead boise** ready cash
■ **ar iompú boise** instantly

bosca MASC NOUN4
box
□ bosca seacláidí a box of chocolates
□ bosca cairtchláir a cardboard box
■ **bosca bruscair** a bin
■ **bosca ceoil** an accordion
■ **bosca gutháin** a phone box
■ **bosca litreach** a postbox

both (PL **bothanna**) FEM NOUN3
1 hut
2 kiosk
□ both nuachtán a news kiosk

bothán MASC NOUN1
1 cabin
2 shed
■ **bothán na gcearc** a henhouse

bóthar (PL **bóithre**) MASC NOUN1
road
□ bóthar leathan a wide road □ An é seo an bóthar ceart chun na Gaillimhe? Is this the right road for Galway?
■ **Tugadh an bóthar dó.** He was sacked.

bothóg FEM NOUN2
cabin

botún MASC NOUN1
mistake
□ botún litrithe a spelling mistake
■ **botún a dhéanamh** to make a mistake
□ Tá brón orm, rinne mé botún. I'm sorry, I made a mistake.

brabach MASC NOUN1
profit
■ **brabach a bhreith ar dhuine** to take advantage of somebody

brabhsálaí MASC NOUN4
browser
□ brabhsálaí gréasáin a web browser

brabús MASC NOUN1
profit
□ Shocraigh siad ar an mbrabús a roinnt. They decided to split the profits.

brabúsach ADJECTIVE
profitable

brac MASC NOUN1
bracket (for shelf)

brách NOUN
■ **go brách 1** for ever □ Beidh cuimhne orthu go brách. They'll be remembered for ever. **2** never □ Ní thiocfaidh sí ar ais go

brách. She'll never come back. □ Is fearr go mall ná go brách. Better late than never.
■ **As go brách leo!** Off they went!

brachán MASC NOUN1
porridge
■ **brachán a dhéanamh de rud** to make a mess of something

brád ▷ see **bráid**

bradán MASC NOUN1
salmon

brádán MASC NOUN1
drizzle

bráid (GEN SING **brád**, PL **bráide**) FEM NOUN
neck
■ **dealbh bhrád** (sculpture) a bust

braillín FEM NOUN2
sheet (on bed)

brainse MASC NOUN4
branch

bráisléad MASC NOUN1
bracelet

braith VERB [16]
1 to feel
 □ pian a bhrath to feel pain
 ■ **Bhraith mé go raibh duine éigin ag breathnú orm.** I sensed somebody was watching me.
2 to intend
 □ Tá mé ag brath fanacht. I intend to stay.
3 to depend
 □ Braitheann sé! That depends! □ ag brath ar an toradh depending on the result □ Ná bí ag brath air. Don't depend on him.

bráithre ▷ see **bráthair**

branda MASC NOUN4
1 brand
 □ branda caifé atá i mbéal an phobail a well-known brand of coffee
2 brandy

braon (PL **braonta**) MASC NOUN1
drop
 □ braon uisce a drop of water □ braon beag eile a little drop more

Brasaíl FEM NOUN2
■ **an Bhrasaíl** Brazil □ sa Bhrasaíl in Brazil

brat MASC NOUN1
1 cloak
2 curtain (in theatre)
3 coat
 □ brat péinte a coat of paint
4 layer
 □ brat réidh sneachta an even layer of snow □ an brat ózóin the ozone layer
 ■ **brat deataigh** a smoke screen
 ■ **brat urláir** a carpet

bratach FEM NOUN2
flag (banner)

brathadóir MASC NOUN3
■ **brathadóir miotail** a metal detector

bráthair (GEN SING **bráthar**, PL **bráithre**) MASC NOUN
brother
 □ an Bráthair Pádraig Brother Patrick

breá (GEN SING MASC **breá**, GEN SING FEM, PL, COMPAR **breátha**) ADJECTIVE
1 excellent
 □ Is breá an ceoltóir é. He's an excellent musician.
2 grand
 □ Tá Síle ina cónaí i dteach an-bhreá. Sheila lives in a very grand house.
3 fine
 □ lá breá a fine day □ Tá sé go breá anois. He's fine now.
 ■ **Ba bhreá liom dul.** I'd love to go.
 ■ **Is breá liom seacláid.** I love chocolate.

breacadh MASC NOUN
■ **le breacadh an lae** at daybreak

breacán NOUN MASC NOUN1
tartan
 □ ruga breacáin a tartan rug

bréag FEM NOUN2
lie
 □ Bréag atá an! That's a lie! □ Ní insím bréaga riamh. I never tell lies.

bréagach ADJECTIVE
false

bréagadóir MASC NOUN3
liar

bréagán MASC NOUN1
toy

bréagéide FEM NOUN4
fancy dress

bréagfholt MASC NOUN1
wig

bréagriocht (GEN SING **bréagreachta**) MASC NOUN3
disguise

breall FEM NOUN2
blemish
 ■ **Tá breall ort.** You are badly mistaken.

breallán MASC NOUN1
fool

bréan ADJECTIVE
smelly
 ■ **Tá boladh bréan as.** It smells terrible.
 ■ **bheith bréan de rud** to be tired of something □ Tá mé bréan bailithe de. I'm really tired of it.

Breatain - brídeach

Breatain FEM NOUN2
- ■ **an Bhreatain** Britain □ **sa Bhreatain** in Britain
- ■ **an Bhreatain Mhór** Great Britain
- ■ **an Bhreatain Bheag** Wales

breátha ▷ *see* **breá**

breáthacht FEM NOUN3
beauty

breathnaigh VERB [12]
1 to look
  - □ **Tá tú ag breathnú go maith.** You are looking well.
2 to watch
  - □ **Bhíomar ag breathnú ar chlár spóirt.** We were watching a sports programme.
3 to look at
  - □ **Breathnaigh a bhfuil de charranna ann!** Look at all the cars!
4 to look after
  - □ **Bhí Sorcha ag breathnú i ndiaidh an tseanduine.** Sarah was looking after the old man.
5 to review
  - □ **Breathnófar an cás arís i gceann bliana.** The case will be reviewed after a year.

breathnóir MASC NOUN3
1 spectator *(at event)*
2 viewer *(TV)*

Breatnach ADJECTIVE
  ▷ *see also* **Breatnach** MASC NOUN1
Welsh

Breatnach MASC NOUN1
  ▷ *see also* **Breatnach** ADJECTIVE
Welshman
- ■ **Breatnach mná** a Welshwoman

Breatnais FEM NOUN2
Welsh *(language)*

bréid (PL **bréideanna**) MASC NOUN4
bandage
  - □ **Chuir sí bréid ar mo mhéar.** She put a bandage on my finger.

bréidín MASC NOUN4
tweed

bréige ADJECTIVE
false
  - □ **ainm bréige** a false name
  - ■ **deora bréige** crocodile tears

breis (PL **breiseanna**) FEM NOUN2
top-up *(for mobile phone)*
  - □ **Glaoigh ar an uimhir seo chun breis a fháil.** Phone this number to get a top-up.
  - ■ **breis agus** more than □ **Tá breis agus bliain ó bhí sé anseo.** It's more than a year since he was here.

breise ADJECTIVE
extra
  - □ **blaincéad breise** an extra blanket
  - ■ **am breise** *(in game)* extra time

breith (PL **breitheanna**) FEM NOUN2
1 sentence
  - □ **breith an bháis** a death sentence
2 verdict *(of jury)*
3 birth
  - □ **dáta breithe** date of birth
  - ■ **lá breithe** birthday

breitheamh (PL **breithiúna**) MASC NOUN1
judge

breitheanna ▷ *see* **breith**

breithiúnas MASC NOUN1
judgement
  - ■ **Fágfaidh mé ar do bhreithiúnas féin é.** I'll leave it up to you to decide.
  - ■ **breithiúnas aithrí** penance

breithlá MASC NOUN
birthday
  - □ **Cá huair a bhíonn do bhreithlá ann?** When's your birthday?

breoite ADJECTIVE
ill

breoiteacht FEM NOUN3
illness

breosla MASC NOUN4
fuel

brí (PL **bríonna**) FEM NOUN4
1 strength
  - ■ **bheith in ísle brí** to be run down
2 meaning
  - □ **Cad is brí don fhocal sin?** What's the meaning of that word?
  - ■ **Sin an bhrí a bhain mé as.** That's what I understood by it.
  - ■ **de bhrí go** because
  - ■ **dá bhrí sin** therefore

briathar (PL **briathra**) MASC NOUN1
verb
  - □ **briathar rialta** a regular verb

bríce MASC NOUN4
brick
  - □ **balla bríce** a brick wall

bríceadóir MASC NOUN3
bricklayer

bricfeasta MASC NOUN4
breakfast
  - □ **Cad é ba mhaith leat le haghaidh bricfeasta?** What would you like for breakfast?

bricín MASC NOUN4
freckle

brídeach FEM NOUN2
bride

Brídíní FEM PL NOUN4
Brownies

briocht MASC NOUN3
charm *(object)*
□ briocht óir a gold charm

briogáid FEM NOUN2
brigade
□ briogáid dóiteáin fire brigade

brionglóid FEM NOUN2
dream
□ Ní raibh ann ach brionglóid. It was just a
dream.
■ **Rinneadh brionglóid dom go raibh mé
sa Róimh.** I dreamt I was in Rome.

brionglóideach FEM NOUN2
dreaming
■ **bheith ag brionglóideach ar rud** to be
dreaming of something

bríonna ▷ *see* **brí**

briosca MASC NOUN4
biscuit
□ Thum sé an briosca ina chuid tae.
He dipped the biscuit into his tea.

brioscán MASC NOUN1
crisp
□ brioscáin phrátaí potato crisps □ mála
brioscán a bag of crisps

brioscarán MASC NOUN1
shortbread

Briotanach ADJECTIVE
British
■ **na Briotanaigh** *(people)* the British
■ **na hOileáin Bhriotanacha** the British
Isles

bris VERB [15]
▷ *see also* **bris** FEM NOUN2
to break
□ Bí cúramach, brisfidh tú rud éigin!
Careful, you'll break something! □ Bhris mé
mo chos. I broke my leg.
■ **Briseadh an ghloine.** The glass was
smashed.
■ **d'fhocal a bhriseadh** to break one's
word
■ **bris isteach** *(burglar)* to break in
■ **Briseadh as a phost é.** He was dismissed
from his post.
■ **seic a bhriseadh** to cash a cheque

bris FEM NOUN2
▷ *see also* **bris** VERB
loss
□ Ní maith liom do bhris. My condolences
on your loss.

briseadh (GEN SING **briste**, PL **bristeacha**)
MASC NOUN

1 break
□ Bhí briseadh sa chlár. There was a break
in the programme.

2 fracture
□ briseadh simplí a simple fracture

3 defeat
□ briseadh Eachroma the defeat at Aughrim

4 change
□ briseadh puint change of a pound

briste ADJECTIVE
broken
□ Tá sé briste. It's broken. □ cos bhriste
a broken leg
■ **Tá a croí briste.** She's heartbroken.

bríste MASC NOUN4
trousers
□ Dhoirt sé caifé ar a bhríste. He spilled
coffee on his trousers.
■ **bríste deinim** denims
■ **bríste géine** jeans
■ **bríste snámha** swimming trunks

bristeacha ▷ *see* **briseadh**

brístín MASC NOUN4
pants *(women's)*

broc MASC NOUN1
badger

brocailí MASC NOUN4
broccoli

brocamas MASC NOUN1
dirt

bród MASC NOUN1
pride
■ **Tá bród orm as.** I'm proud of it.

bródúil ADJECTIVE
proud

bróg FEM NOUN2
shoe
□ bróga cothroma flat shoes □ bróga
faoi shála arda high-heeled shoes
□ Roghnaigh sí na bróga dearga faoi
dheireadh. She finally chose the red
shoes.
■ **bróga gleacaíochta** gym shoes
■ **bróga móra** boots
■ **bróga peile** football boots
■ **bróga siúil** walking shoes
■ **bróga traenála** trainers

broghach ADJECTIVE
dirty

broidiúil ADJECTIVE
busy

bróidnéireacht FEM NOUN3
embroidery

broidtráth MASC NOUN3
rush hour

broincíteas MASC NOUN1
bronchitis

broinn (PL **broinnte**) FEM NOUN2
womb

bróisiúr MASC NOUN1
brochure

bróiste MASC NOUN4
brooch

brollach MASC NOUN1
1 breast
  □ brollach sicín a chicken breast
2 foreword (in book)

brón MASC NOUN1
sadness
  ■ Tá brón uirthi. She's sad.
  ■ Tá brón orm cur isteach ort. I'm sorry to disturb you.

brónach ADJECTIVE
sad

bronnadh (GEN SING **bronnta**, PL **bronntaí**)
MASC NOUN
presentation
  ■ bronnadh na gcéimeanna graduation
  ■ bronnadh duaiseanna prizegiving

bronntanas MASC NOUN1
present
  □ Fuair mé cuid mhaith bronntanas. I got lots of presents. □ Bhaineamar na clúdaigh de na bronntanais Nollag. We unwrapped the Christmas presents.

bronntóir MASC NOUN3
donor

brostaigh VERB [12]
to hurry
  □ Brostaigh ort! Hurry up!

brú MASC NOUN4
1 bruise
2 pressure
  □ brú fola blood pressure □ brú boinn tyre pressure
  ■ bheith faoi bhrú to be under pressure
  ■ brú tráchta a traffic jam □ Bhíomar gafa i mbrú tráchta. We got stuck in a traffic jam.
3 hostel
  □ Tá brú na hóige gar don stáisiún. The youth hostel is close to the station.

bruach MASC NOUN1
1 bank (of river, lake)
  ■ cur thar bruach (river) to overflow
2 shore (of sea)

bruachbhaile (PL **bruachbhailte**) MASC NOUN4
suburb
  □ bruachbhaile de chuid Bhaile Átha Cliath a suburb of Dublin

brúcht VERB [25, VA brúchta]
to erupt (volcano)

brúchtadh (GEN SING **brúchta**) MASC NOUN
eruption (of volcano)

brúigh VERB [24]
1 to crush
  □ Brúdh cuid mhór daoine nuair a thit an díon. Many people were crushed when the roof collapsed.
2 to push
  □ Brúigh an cnaipe. Push the button.
3 to mash (potatoes)

bruíon (PL **bruíonta**) FEM NOUN2
1 fight (physical)
2 quarrel (argument)

Bruiséil FEM NOUN2
  ■ an Bhruiséil Brussels □ sa Bhruiséil in Brussels

bruite ADJECTIVE
boiled
  □ ubh bhruite a boiled egg □ prátaí bruite boiled potatoes

brúite ADJECTIVE
mashed (potatoes)

bruith VERB [16, VN bruith]
1 to bake (cake)
2 to boil (egg)
3 to burn
  □ Bhruith mé mo mhéara. I burned my fingers.

brúitín MASC NOUN4
mashed potatoes
  ■ brúitín a dhéanamh de rud to crush something

bruitíneach FEM NOUN2
measles
  ■ bruitíneach dhearg German measles

bruscar MASC NOUN1
rubbish
  □ Bailítear an bruscar ar an Aoine. The rubbish is collected on Fridays.

bruth MASC NOUN3
1 surf (waves)
2 rash (on skin)

bruthaire MASC NOUN4
cooker

bua (PL **buanna**) MASC NOUN4
1 victory
  ■ an bua a fháil i gcluiche to win a game
  ■ Tá sé dóchasach go mbeidh an bua aige. He's hopeful of winning.
2 talent
  □ Tá bua an cheoil ag Dave. Dave has a talent for singing.

buacach ADJECTIVE
cheerful (person)

□ Tá sí go buacach inniu. She's very cheerful today.

buacaire MASC NOUN4
tap

buachaill MASC NOUN3
1 boy
□ Imríonn na buachaillí peil sa gharraí. The boys play football in the garden.
■ **buachaill bó** a cowboy
2 boyfriend
□ Tá buachaill nua aici anois. She has a new boyfriend now.

buaf FEM NOUN2
toad

buaigh VERB [24, VN buachan]
to win
□ Bhuamar an cluiche. We won the game.
□ Bhuaigh Áine an duais. Anne won the prize.
■ **buaigh ar** to defeat □ Buadh orainn sa chluiche ceannais. We were defeated in the final.

buail VERB [15, VN bualadh]
1 to hit
□ Bhuail sé an liathróid. He hit the ball.
□ Bualadh sa cheann é. He was hit on the head.
2 to beat
□ Buaileadh sa chluiche muid. We were beaten in the match.
3 to play
□ Buaileann sí ar an bpianó. She plays the piano.
4 to ring (bell)
5 to strike
□ Chuala mé an clog ag bualadh a deich. I heard the clock strike ten.
6 to knock
□ Bhí duine eigin ag bualadh ar an doras. Somebody was knocking at the door.
■ **buail isteach 1** to call in □ Buail isteach ar do bhealach abhaile. Call in on your way home. **2** (on computer) to key in
■ **bualadh le duine** to meet somebody

buaile (PL buailte) FEM NOUN4
■ **Níl an dara suí sa bhuaile agat.** You've no alternative.

buailte ADJECTIVE
defeated

buair VERB [13, VN buaireamh, VA buartha]
1 to bother
□ Ná buair mé leis! Don't bother me with it!
2 to worry
□ Ná buair do cheann faoi. Don't worry about it.

buairt (GEN SING **buartha**, PL **buarthaí**)
FEM NOUN3
worry

buaiteoir MASC NOUN3
winner

bualadh (GEN SING, PL **buailte**) MASC NOUN
beating
□ Fuair sé bualadh millteanach. He got an awful beating.
■ **bualadh bos** a round of applause

buama MASC NOUN4
bomb
□ buama adamhach an atomic bomb

buamadóir MASC NOUN3
bomber

buamáil VERB [25]
▷ see also **buamáil** FEM NOUN3
to bomb

buamáil FEM NOUN3
▷ see also **buamáil** VERB
bombing

buan ADJECTIVE
lasting
■ **cara buan** a firm friend

buanna ▷ see bua

buanordú MASC NOUN
standing order

buanseasmhach ADJECTIVE
reliable

buartha ADJECTIVE
sorry
□ Tá mé iontach buartha. I'm really sorry.
■ **Ná bí buartha.** Don't worry.

buatais FEM NOUN2
boot
■ **buataisí rubair** wellingtons

búcla MASC NOUN4
1 buckle
2 ringlet (in hair)

Búdachas MASC NOUN1
Buddhism

Búdaí MASC NOUN4
Buddhist

Búdaíoch ADJECTIVE
Buddhist

budragár MASC NOUN1
budgerigar

buí MASC NOUN4, ADJECTIVE
yellow
■ **Fear Buí** (informal) an Orangeman

buicéad MASC NOUN1
bucket

buidéal MASC NOUN1
bottle
□ buidéal fíona a bottle of wine

□ Coinníonn an buidéal seo lítear.
This bottle holds one litre.

buifé MASC NOUN4
buffet

buile FEM NOUN4
- **dul ar buile** to go mad
- **bheith ar buile le duine** to be furious with somebody
- **fear buile** a madman
- **buile bóthair** road rage

builín MASC NOUN4
loaf
□ builín aráin a loaf of bread

buille MASC NOUN4
blow
- **buille ar an gcloigeann** a bang on the head
- **buille faoi thuairim** a guess □ Tabhair buille faoi thuairim! Have a guess!
- **buille scoir** (in boxing) a knockout
- **ar bhuille a trí** on the stroke of three

buimpéis FEM NOUN2
pump (shoe)

buinneach FEM NOUN2
diarrhoea

buíocán MASC NOUN1
yolk (of egg)

buíoch ADJECTIVE
grateful

buíochas MASC NOUN1
thanks
- **buíochas a ghabháil le duine** to thank somebody □ Ná déan dearmad scríobh agus buíochas a ghabháil leo. Don't forget to write and thank them.
- **Buíochas le Dia!** Thank God!
- **Níl a bhuíochas ort!** (reply to thanks) Don't mention it!

buíon (PL buíonta) FEM NOUN2
gang (of workmen)
- **buíon cheoil** (musicians) a band

búir VERB [13, VN búireach]
▷ see also **búir** FEM NOUN2
to roar (person, animal)

búir (PL búireanna) FEM NOUN2
▷ see also **búir** VERB
roar
□ Lig an leon búir ard as. The lion gave a loud roar.

buirgléir MASC NOUN3
burglar
□ D'éalaigh duine de na buirgléirí. One of the burglars got away.

buirgléireacht FEM NOUN3
burglary

buiséad MASC NOUN1
budget

búiste MASC NOUN4
stuffing

búistéir MASC NOUN3
butcher
□ Is búistéir é. He's a butcher.

búit MASC NOUN4
boot (of car)

buitléir MASC NOUN3
butler

bulaí MASC NOUN4
bully
□ Is bulaí mór é. He's a big bully.

bulba MASC NOUN4
bulb

Bulgáir FEM NOUN2
- **an Bhulgáir** Bulgaria

bulla MASC NOUN4
buoy

bullán MASC NOUN1
bullock

bultúr MASC NOUN1
vulture

bumbóg FEM NOUN2
bumble bee

bun (PL bunanna) MASC NOUN1
1 bottom (of container, sea)
□ ag bun an tsléibhe at the bottom of the mountain
- **bun na spéire** the horizon
2 end
□ Tá teach s'againne ag bun na sráide. Our house is at the end of the road.
- **bun toitín** a cigarette butt
3 basis
□ bun scéil a basis for a story
- **Tá bun ar an aimsir.** The weather is settled.
- **dul i mbun oibre** to set to work
- **Céard atá ar bun agat?** What are you doing?
- **fanacht i mbun duine** to stay with somebody

bunachar MASC NOUN1
base (foundation)
- **bunachar sonraí** (computing) database

bunadh MASC NOUN1
people
- **bunadh an tí** the household
- **bunadh na háite** the locals

bunaigh VERB [12]
to establish

bunaíocht FEM NOUN3
establishment

bunáit (PL **bunáiteanna**) FEM NOUN2
base (*military*)

bunaitheoir MASC NOUN3
founder

bunanna ▷ *see* **bun**

bunc MASC NOUN4
bunk
□ leaba bunc a bunk bed

bunchóip FEM NOUN2
original (*book, picture*)

bundúchasach MASC NOUN1
aborigine

bundún MASC NOUN1
bottom (*of person*)
■ siar go bundún to the bitter end
■ Tá bundún ort. You're talking nonsense.

bungaló (PL **bungalónna**) MASC NOUN4
bungalow

bunóc FEM NOUN2
infant

bunoideachas MASC NOUN1
primary education

bunoscionn ADJECTIVE
upside down
□ Tá an phéinteáil sin bunoscionn.
That painting is upside down.
■ Tá rud eigin bunoscionn leis.
There's something wrong with it.

bunscoil (PL **bunscoileanna**) FEM NOUN2
primary school
□ Tá sí ar an mbunscoil go fóill. She's still
at primary school.

buntáiste MASC NOUN4
1 advantage
□ Tá mórán buntáistí ag baint le saol na
hOllscoile. University life has many
advantages.
■ buntáiste a bhreith ar dhuine to take
advantage of somebody □ Bhí an
chuideachta ag breith buntáiste ar a cuid
fostaithe. The company was taking
advantage of its employees.
2 handicap (*in golf*)

bunús MASC NOUN1
1 origin
■ Is Ciarraíoch ó bhunús é. He's originally
from Kerry.
2 most
□ Bhí a mbunús ann. Most of them were
there. □ bunús an ama most of the time

bunúsach ADJECTIVE
basic
□ Is sampla bunúsach é. It's a basic
example. □ Tá an lóistín bunúsach go
maith. The accommodation is pretty
basic.
■ go bunúsach basically □ Go bunúsach,
ní maith liom é. Basically, I just don't like
him.

burla MASC NOUN4
bundle

bus (PL **busanna**) MASC NOUN4
bus
□ Tá sé níos saoire dul ar an mbus.
It's cheaper by bus.
■ bus dhá urlár a double-decker

busáras MASC NOUN1
central bus station

Cc

c

cá PRONOUN
1 where
  □ Cá dtéann tú ar laethanta saoire?
  Where do you go on holidays? □ Cá bhfuil
  tú i do chónaí? Where do you live?
  ■ **Cá bhfuair tú é?** Where did you get
  it?

  ○ **LANGUAGE TIP** The form **cár** is used
  with the past tense of regular verbs.
  □ Cár chuir tú é? Where did you put it?
  □ Cár fhág tú an carr? Where did you leave
  the car?

  ○ **LANGUAGE TIP** The forms **cárb** and
  cárbh are also used.
  □ Cárb as tú? Where do you come from?
  □ Cárbh as é? Where was he from?
2 what
  □ Cá air a bhfuil tú ag caint? What are you
  talking about?
3 how
  □ Cá mhinice a thagann sé? How often does
  he come? □ Cá mhéad atá air? How much
  does it cost?
  ■ **cár bith** whatever □ cár bith is maith leat
  whatever you like

cabaireacht FEM NOUN3
  chatter
  ■ **bheith ag cabaireacht** to chatter

cabáiste MASC NOUN4
  cabbage

cábán MASC NOUN1
  cab (of lorry)
  ■ **cábán píolóta** (of plane) cockpit

cabaret MASC NOUN4
  cabaret

cabhair (GEN SING **cabhrach**) FEM NOUN
  help
  □ An bhfuil cabhair de dhíth ort? Do you
  need any help?
  ■ **cabhair a fháil ó dhuine** to get help from
  somebody
  ■ **cabhair airgid** a subsidy

Cabhán MASC NOUN1
  Cavan

cabhlach MASC NOUN1
  navy

cabhraigh VERB [12]
  to help
  □ Chabhraigh mé le Seán. I helped John.

cabhsa MASC NOUN4
  lane

cábla MASC NOUN4
  cable

cáca MASC NOUN4
  cake
  □ Ar mhaith leat píosa eile cáca? Would you
  like another piece of cake?
  ■ **cácaí milse** pastries

cách MASC NOUN4
  everybody

cachtas MASC NOUN1
  cactus

cad PRONOUN
1 what
  □ Cad é atá tú a dhéanamh? What are you
  doing? □ Cad é atá do do bhuaireamh?
  What's bothering you? □ Cad é an t-am é?
  What time is it? □ Cad is ainm duit?
  What's your name? □ Cad é an dath atá air?
  What colour is it?
2 why
  □ Cad chuige ar bhris tú é? Why did you
  break it? □ Cad ina thaobh ar tháinig tú?
  Why did you come?
  ■ **cad é mar** how □ Cad é mar a tháinig tú?
  How did you come? □ Cad é mar atá tú?
  How are you?
  ■ **cad eile** what else □ Cad eile céard a
  déarfá? What else would you say?

cadás MASC NOUN1
  cotton
  □ léine chadáis a cotton shirt

cadhnra MASC NOUN4
  battery

cadóg FEM NOUN2
haddock
□ cadóg dheataithe **smoked haddock**

cadránta ADJECTIVE
stubborn
□ fear cadránta **a stubborn man**

caibidil (GEN SING **caibidle**, PL **caibidlí**)
FEM NOUN2
chapter
□ leath bealaigh tríd an gcaibidil **halfway through the chapter**
■ **faoi chaibidil** under discussion

caibinéad MASC NOUN1
cabinet
□ caibinéad comhad **a filing cabinet**

caid (PL **caideanna**) FEM NOUN2
football

caidéal MASC NOUN1
pump
□ caidéal peitril **a petrol pump**

cáidheach ADJECTIVE
filthy
□ Tá an t-urlár seo cáidheach. **This floor is filthy.**

caidhp (PL **caidhpeanna**) FEM NOUN2
cap

caidreamh MASC NOUN1
relationship
□ Tá caidreamh maith eadrainn. **We have a good relationship.**
■ **caidreamh poiblí** public relations

caife MASC NOUN4
1 coffee
□ caife bán **white coffee** □ Cupán caife, le do thoil. **A cup of coffee, please.**
2 café
□ caife idirlín **an internet café**

caifitéire MASC NOUN4
cafeteria

caighdeán MASC NOUN1
standard
□ Tá an caighdeán iontach ard. **The standard is very high.** □ caighdeán maireachtála **standard of living**

cáil (PL **cáileanna**) FEM NOUN2
fame

cailc FEM NOUN2
chalk

cáiligh VERB [11]
to qualify
□ Cháiligh muid don bhabhta ceannais. **We qualified for the final.**

cailín MASC NOUN4
1 girl

□ cailín cúig bliana d'aois **a five-year-old girl**
□ cailín Éireannach **an Irish girl**
2 girlfriend
□ Siobhán an t-ainm atá ar chailín Eoin. **Ian's girlfriend is called Susan.**
■ **cailín beáir** a barmaid □ Is cailín beáir í. **She's a barmaid.**
■ **cailín freastail** a waitress
■ **cailín coimhdeachta** a bridesmaid

cáilíocht FEM NOUN3
1 quality
□ Tá a lán cáilíochtaí maithe aici. **She's got lots of good qualities.**
2 qualification
□ D'fhág sí an scoil gan cáilíochtaí ar bith aici. **She left school without any qualifications.**

cailís FEM NOUN2
chalice

cáiliúil ADJECTIVE
famous
□ Is údar cáiliúil í. **She's a famous author.**

caill (PL **cailleanna**) FEM NOUN2
▷ see also **caill** VERB
loss
□ Is mór an chaill dó é. **It's a great loss to him.**

caill VERB [15]
▷ see also **caill** FEM NOUN2
1 to lose
□ Chaill Seán a chuid airgid. **John lost his money.**
2 to miss
□ Chaill mé an bus. **I missed the bus.**
■ **Ná caill do mhisneach!** Don't give up hope!
■ **Níl caill air.** It's not bad.

caille FEM NOUN4
veil

cailleach FEM NOUN2
witch
■ **cailleach feasa** a fortune teller

caillte ADJECTIVE
1 lost
□ Tá an cat caillte. **The cat is lost.**
2 perished
□ Tá mé caillte leis an bhfuacht. **I'm perished with the cold.**

caimiléir MASC NOUN3
crook

caimiléireacht FEM NOUN3
dishonesty

cáin (GEN SING **cánach**, PL **cánacha**) FEM NOUN
▷ see also **cáin** VERB
tax

□ Beidh 200 euro air, cáin san áireamh.
It will be 200 euros, including tax.

■ **cáin ioncaim** income tax

■ **saor ó cháin** tax-free

cáin VERB [15]

▷ *see also* **cáin** FEM NOUN
to criticize

□ Cháin sé an réiteoir. He criticized the referee.

cainéal MASC NOUN1
channel *(on TV)*

□ Tá peil ar an gcainéal eile. There's football on the other channel.

cainneann FEM NOUN2
leek

cainneon MASC NOUN1
canyon

cainníocht FEM NOUN3
quantity

caint (PL **cainteanna**) FEM NOUN2

1 speech

□ Dhírigh sé a chuid cainte orm. He aimed his speech at me.

2 language

□ droch-chaint bad language

■ **leagan cainte** an expression □ Is leagan cainte Béarla é. It's an English expression.

■ **bheith ag caint seafóide** to talk nonsense

■ **Lean sí uirthi ag caint** She carried on talking.

■ **Cad é an chaint atá ort?** What are you talking about?

cainte ADJECTIVE
oral

□ scrúdú cainte an oral examination

cainteach ADJECTIVE
talkative

□ Tá an rang seo iontach cainteach. This class is very talkative.

cainteoir MASC NOUN3
speaker

□ cainteoir dúchais Gaeilge a native speaker of Irish

cáipéis FEM NOUN2
document

□ cáipéis HTML an HTML document

caipín MASC NOUN4
cap

□ caipín snámha a swimming cap

■ **caipín glúine** a kneecap

■ **caipín súile** an eyelid

cairde MASC NOUN4
credit

■ **ar cairde** on credit □ Cheannaigh mé an carr ar cairde. I bought the car on credit.

cairdeagan MASC NOUN1
cardigan

cairdeas MASC NOUN1
friendship

■ **cairdeas a dhéanamh le duine** to make friends with somebody

cairdín MASC NOUN4
accordion

cairdinéal MASC NOUN1
cardinal

cairdiúil ADJECTIVE

1 friendly

□ Tá sí iontach cairdiúil. She's really friendly.

2 user-friendly *(computer, website)*

cairéad MASC NOUN1
carrot

cairéal MASC NOUN1
quarry *(for stone)*

cairpéad MASC NOUN1
carpet

cairt (PL **cairteacha**) FEM NOUN2
chart

□ Tá an t-albam seo ar uimhir a haon sna cairteacha. This album is number one in the charts.

cairtchlár MASC NOUN1
cardboard

□ bosca cairtchláir a cardboard box

cáis (PL **cáiseanna**) FEM NOUN2
cheese

□ ceapaire cáise a cheese sandwich

Cáisc FEM NOUN3
Easter

□ Chuamar go teach mo sheantuismitheoirí don Cháisc. We went to my grandparents' for Easter.

■ **Domhnach Cásca** Easter Sunday

caisearbhán MASC NOUN1
dandelion

caisleán MASC NOUN1
castle

□ Thaispeáin an treoraí an caisleán dúinn. The guide showed us round the castle. □ caisleán gainimh a sand castle

caismír FEM NOUN2
cashmere

caite ADJECTIVE
worn

□ Tá an brat urláir rud beag caite. The carpet is a bit worn.

■ **seo caite** last □ an tseachtain seo caite last week □ Dé hAoine seo caite last Friday

■ **Cad é atá ag cur caite ort?** What's troubling you?

caiteoir MASC NOUN3
consumer
- **caiteoir tobac** a smoker

caith VERB [16]
1 to throw
□ Chaith Máire a cóta ar an gcathaoir.
Mary threw her coat on the chair.
2 to wear
□ Caitheann Peadar spéaclaí. Peter wears
glasses. □ Caith rud éigin te. Wear
something warm.
3 to wear out
□ Tá na bróga seo caite. These shoes are
worn out.
4 to spend (money, time)
□ Chaith sé a cuid airgid ar éadaí. He spent
his money on clothes. □ Caitheann muid an
Domhnach sa bhaile. We spend Sunday at
home.
5 to take
□ An gcaitheann tú siúcra? Do you take
sugar?
6 to smoke (cigarettes)
□ Caitheann sé fiche sa lá. He smokes
twenty a day. □ Ní chaithim. I don't smoke.
- **Caithfidh tú é a dhéanamh.** You've got
to do it.
- **Caithfidh sé go bhfuil sé ann faoi seo.**
He must be there by now.

caith amach VERB
to throw out
□ Chaith sé amach an t-uisce. He threw out
the water.

caith aníos VERB
to throw up
□ Caith aníos chugam é. Throw it up to me.
□ Chaith sé aníos an bia. He threw up the
food.

caith anuas VERB
to throw down
□ Caith anuas chugam é. Throw it down to me.

caith le VERB
1 to throw at
□ Chaith sé cloch léi. He threw a stone at
her.
2 to treat (behave towards)
□ Caitheann siad go maith liom. They treat
me well.

caitheamh MASC NOUN1
throw
- **i gcaitheamh na seachtaine** during the
week
- **caitheamh aimsire** a hobby □ Júdó an
caitheamh aimsire atá agam. My hobby is
judo.

- **caitheamh an oird** hammer-throwing

Caitliceach ADJECTIVE, MASC NOUN1
Catholic
□ an creideamh Caitliceach the Catholic
faith □ Is Caitliceach mé. I'm a Catholic.
- **Caitliceach Rómhánach** Roman Catholic

cál MASC NOUN1
cabbage
- **cál faiche** nettles

caladh (PL **calaí**) MASC NOUN1
harbour

calafort MASC NOUN1
port

calaois FEM NOUN2
foul (in sport)

call MASC NOUN4
need
□ Níl call leis sin. There's no need for that.

callaire MASC NOUN4
loudspeaker

callán MASC NOUN1
noise
□ Cad é an callán é sin? What's that noise?
□ Ní féidir liom cur suas leis an gcallán seo.
I can't stand all this noise.

callánach ADJECTIVE
noisy

calma ADJECTIVE
brave

calóg FEM NOUN2
flake
□ calóg shneachta a snowflake □ calóga
arbhair cornflakes

calra MASC NOUN4
calorie

cálslá MASC NOUN4
coleslaw

cam ADJECTIVE
dishonest
□ duine cam a dishonest person

camall MASC NOUN1
camel

camán MASC NOUN1
hurling stick
- **idir chamáin** under discussion

camchosach ADJECTIVE
bandy-legged

camchuairt FEM NOUN2
tour
□ Thug muid camchuairt na hÉireann
anuraidh. We went on a tour of Ireland last
year.

camóg FEM NOUN2
1 comma (punctuation)
2 camogie stick (sport)

camógaíocht FEM NOUN 3
camogie

campa MASC NOUN 4
camp
  □ campa saoire a holiday camp

campáil VERB [25]
to camp
  ■ Chuamar a champáil i nGaillimh.
  We went camping in Galway.

campálaí MASC NOUN 4
camper

campas MASC NOUN 1
campus

can VERB [23]
to sing
  □ Canfaidh Síle amhrán anois. Sheila will
  sing a song now.

cána MASC NOUN 4
cane
  ■ cána siúcra sugar cane

canáil FEM NOUN 3
canal

canáraí MASC NOUN 4
canary

canbhás MASC NOUN 1
canvas

candaí MASC NOUN 4
candy
  ■ candaí cadáis candy floss

cangarú MASC NOUN 4
kangaroo

canna MASC NOUN 4
can
  □ canna pónairí a can of beans

cannabas MASC NOUN 1
cannabis

cantalach ADJECTIVE
grumpy
  □ Bíonn sé iontach cantalach ar maidin.
  He's very grumpy in the morning.

canú (PL **canúnna**) MASC NOUN 4
canoe

caoch (PL **caocha**) MASC NOUN 1
  ▷ see also **caoch** ADJECTIVE, VERB
blind person

caoch (GEN SING MASC **caoch**) ADJECTIVE
  ▷ see also **caoch** MASC NOUN 1, VERB
blind
  ■ chomh caoch le cloch as blind as a bat

caoch VERB [23]
  ▷ see also **caoch** MASC NOUN 1, ADJECTIVE
to wink
  □ Chaoch sé orm. He winked at me.

caoga (GEN SING **caogad**, PL **caogaidí**, DAT SING
caogaid) MASC NOUN

fifty

  LANGUAGE TIP caoga is followed by a
  singular noun.
  □ caoga duine fifty people
  ■ Tá sé caoga bliain d'aois. He's fifty.

caoi (PL **caíonna**) FEM NOUN 4
1 way
  ■ Cén chaoi a bhfuil tú? How are you?
  ■ ar chaoi éigin somehow
2 opportunity
  □ Déan é má bhíonn caoi agat. Do it if you
  get the opportunity.
3 condition
  □ Tá caoi mhaith air. It's in good
  condition.

caoin ADJECTIVE
  ▷ see also **caoin** VERB
1 gentle
  □ glór caoin a gentle voice
2 mild
  □ aimsir chaoin mild weather

caoin VERB [15]
  ▷ see also **caoin** ADJECTIVE
to cry
  □ Tá an leanbh ag caoineadh. The baby's
  crying. □ Chaoin sí uisce a cinn. She cried
  her eyes out.

caoireoil FEM NOUN 3
mutton

caol ADJECTIVE
  ▷ see also **caol** MASC NOUN 1
1 thin (person)
2 slim
  □ coim chaol a slim waist
3 narrow
  □ bóthar caol a narrow road
  ■ Tar caol díreach abhaile. Come straight
  home.

caol (PL **caolta**) MASC NOUN 1
  ▷ see also **caol** ADJECTIVE
  ■ caol na láimhe wrist
  ■ caol na coise an ankle

caolaigeanta ADJECTIVE
narrow-minded

caolsráid (PL **caolsráideanna**) FEM NOUN 2
alley

caomhnaigh VERB [12]
to preserve
  □ Ní mór dúinn ár gcultúr a chaomhnú.
  We must preserve our culture.

caonach MASC NOUN 1
moss
  □ caonach móna peat moss

caor FEM NOUN 2
berry

■ **caor fíniúna** a grape
■ **caor thine** a meteor

caora (GEN SING, GEN PL **caorach**, PL **caoirigh**) FEM NOUN
sheep
□ tréad caorach a flock of sheep

caorán MASC NOUN1
bog

capaillín MASC NOUN4
pony

capall MASC NOUN1
horse
□ Ní thiocfadh liom an capall a smachtú.
I couldn't control the horse.
■ **ar mhuin capaill** on horseback

capán MASC NOUN1
■ **capán glúine** a kneecap

capsúl MASC NOUN1
capsule

captaen MASC NOUN1
captain

cár MASC NOUN1
teeth
□ Tá mo chár ag greadadh ar a chéile.
My teeth are chattering.
■ **Chuir sé cár air féin liom.** He grimaced at me.

cara (GEN SING, GEN PL **carad**, PL **cairde**) MASC NOUN
friend
□ An féidir liom cara a thabhairt liom? Can I bring a friend? □ Tá sé ag imirt lena chairde.
He's playing with his friends.
■ **cara Críost** a godparent
■ **a Chara** Dear Sir/Madam

carachtar MASC NOUN1
character

caramal MASC NOUN1
caramel

carbhán MASC NOUN1
caravan
□ Tá an carbhán trealmhaithe faoi choinne ceathrair. The caravan is equipped for four people. □ láithreán carbhán a caravan site

carbhat MASC NOUN1
tie
■ **carbhat cuachóige** a bow tie

carcair (GEN SING **carcrach**, PL **carcracha**) FEM NOUN
jail

Carghas MASC NOUN1
■ **an Carghas** Lent □ Rinne mé an Carghas ar na milseáin. I gave up sweets for Lent.

carn MASC NOUN1
▷ see also **carn** VERB

1 heap
□ carn cloch a heap of stones
■ **ar an gcarn aoiligh** on the scrapheap
2 pile
□ carn leabhar a pile of books
■ **carn fuílligh** a dump

carn VERB [14]
▷ see also **carn** MASC NOUN1
to pile up
■ **Tá sé ag carnadh airgid.** He is making piles of money.

carnabhal MASC NOUN1
carnival

carr (PL **carranna**) MASC NOUN1
car
□ Tá carr nua agam. I have a new car.
□ Chuaigh Sharon isteach sa charr.
Sharon got into the car.
■ **sa charr** by car □ Chuamar sa charr.
We went by car.
■ **carr cábla** a cable car
■ **carr campála** (vehicle) a camper
■ **carr sleamhnáin** a sledge

carraig (PL **carraigeacha**) FEM NOUN2
rock

carráiste MASC NOUN4
carriage

carrbhealach MASC NOUN1
■ **carrbhealach dúbailte** a dual carriageway

carrchlós MASC NOUN1
car park
□ carrchlós faoi thalamh an underground car park

carrfholcadh (GEN SING **carrfholctha**)
MASC NOUN
car wash

carrfón MASC NOUN1
car phone

carrghlanadh (GEN SING **carrghlanta**)
MASC NOUN
car wash

carria MASC NOUN4
deer

carróstlann FEM NOUN2
motel

cárta MASC NOUN4
card
□ Chuir sí cárta lá breithe chugam. She sent me a card for my birthday.
■ **cluiche cártaí** a game of cards
■ **cárta airgid** a cash card
■ **cárta bordála** (for plane) a boarding card
■ **cárta breisithe** (for mobile phone) a top-up card

- **cárta creidmheasa** a credit card
- **cárta cuimhne** *(for computer)* a memory card
- **cárta gutháin** a phonecard
- **cárta Nollag** a Christmas card
- **cárta SIM** *(for mobile phone)* a SIM card

cártafón MASC NOUN 1
cardphone

cartán MASC NOUN 1
carton

carthanacht FEM NOUN
charity

□ Tá siad ag bailiú ar son na carthanachta. They're collecting for charity.

cartlann FEM NOUN 2
archives

cartún MASC NOUN 1
cartoon

cartús MASC NOUN 1
cartridge

□ cartús caoch a blank cartridge

cas VERB [23]

1 to twist

□ Chas mé mo mhurnán. I twisted my ankle.

2 to wind *(clock)*

3 to sing *(song)*

□ Casfaidh mé amhrán. I'll sing a song.

- **cas le** to meet □ Casadh Seán liom. I met John.
- **cas ar ais** *(person, vehicle)* to turn back
- **'Ná castar ar clé'** 'No left turn'

cás (PL **cásanna**) MASC NOUN 1
case

□ i naoi gcás as deich gcinn in 9 cases out of 10 □ i gcásanna áirithe in some cases □ i gcás ar bith in any case □ sa chás sin in that case

- **cás cúirte** a court case
- **cás pacála** a packing case
- **cuir i gcás** for instance
- **Is trua liom do chás.** I'm sorry for your trouble.
- **Nach bocht an cás é?** Aren't things in a bad way?

casacht FEM NOUN 3
cough

□ Tá casacht orm. I've got a cough.

- **Rinne mé casacht.** I coughed.

casaoid FEM NOUN 2
complaint

- **Rinne Máire casaoid leis an múinteoir.** Mary complained to the teacher.

casaról MASC NOUN 1
casserole

□ Tá mé ag dul a dhéanamh casaróil. I'm going to make a casserole.

casino MASC NOUN 4
casino

casóg FEM NOUN 2
jacket

□ casóg dheinim a denim jacket □ Tá an chasóg ag cur leis an mbríste. The jacket matches the trousers. □ Croch do chasóg ar an gcrúca. Hang your jacket on the hook.

- **casóg dinnéir** a dinner jacket

casta ADJECTIVE

1 complicated

□ Tá an cheist seo iontach casta. This question is very complicated.

2 winding *(road, river)*

□ Tá an bóthar sin casta. That road is winding.

castán MASC NOUN 1
chestnut

casúr MASC NOUN 1
hammer

cat MASC NOUN 1
cat

□ Ar chothaigh tú an cat? Have you fed the cat? □ cat strae a stray cat

catach ADJECTIVE
curly *(hair)*

□ Tá gruaig chatach air. He has curly hair.

catalóg FEM NOUN 2
catalogue

cath (PL **cathanna**) MASC NOUN 3
battle

cathain ADVERB
when

□ Cathain a tháinig sé? When did he come?

cathair (GEN SING **cathrach**, PL **cathracha**) FEM NOUN
city

□ Is cathair dheas í an tIúr. Newry is a nice city.

- **lár na cathrach** the city centre

cathaoir (GEN SING **cathaoireach**, PL **cathaoireacha**) FEM NOUN
chair

□ cathaoir adhmaid a wooden chair □ Choinnigh sé greim ar an gcathaoir. He held on to the chair.

- **cathaoir deice** a deckchair
- **cathaoir rothaí** a wheelchair
- **cathaoir uilleach** an armchair
- **cathaoir luascáin** a rocking chair

cathaoirleach MASC NOUN 1
chairperson

cathú MASC NOUN
  temptation
  ■ **cathú a chur ar dhuine** to tempt
  somebody

cé PRONOUN
  ▷ see also **cé** CONJUNCTION, FEM NOUN4

1 who
  □ Cé hé? Who is he? □ Cé a rinne é?
  Who did it? □ Cé aige a bhfuil an t-airgead?
  Who has the money? □ Cérbh iad na fir sin?
  Who were those men?

2 whom
  □ Cé leis a raibh tú ag caint? With whom
  were you talking? □ Cé dó ar thug tú é? To
  whom did you give it? □ Cé uaidh a bhfuair
  tú é? From whom did you get it?

3 what
  LANGUAGE TIP **cé** becomes **cén** or **cé**
  na with a noun.
  □ Cén t-am é? What time is it? □ Cén aois
  tú? What age are you? □ Cé na leabhair a
  scríobh sí? What books did she write?

4 whose
  □ Cé leis an leabhar seo? Whose is this
  book?
  ■ **cén uair** when □ Cén uair a tháinig sí?
  When did she come?
  ■ **cén fáth** why □ Cén fáth ar tháinig sí?
  Why did she come?
  ■ **cén áit** where □ Cén áit a bhfuil tú?
  Where are you?
  ■ **cén chaoi** how □ Cén chaoi a bhfuil tú?
  How are you?
  ■ **cé acu** which □ Cé acu peann a thóg sé?
  Which pen did he take? □ Cé acu ceann is
  fearr leat? Which do you prefer?

cé CONJUNCTION
  ▷ see also **cé** PRONOUN, FEM NOUN4
  ■ **cé go** although □ Cé go raibh tuirse
  uirthi, d'fhan sí ina suí go mall. Although
  she was tired, she stayed up late.

cé (PL **céanna**) FEM NOUN4
  ▷ see also **cé** PRONOUN, CONJUNCTION
  quay

ceacht (PL **ceachtanna**) MASC NOUN3
  lesson
  □ Tá sí ag glacadh ceachtanna tiomána.
  She's taking driving lessons. □ ceachtanna
  bailé ballet lessons

céachta MASC NOUN4
  plough
  ■ **céachta sneachta** a snowplough

ceachtar PRONOUN

1 either
  □ Tóg ceachtar acu. Take either of them.

2 neither
  □ Ní raibh ceachtar den bheirt ann.
  Neither of the two was there.

cead MASC NOUN3
  permission
  □ le do chead with your permission
  ■ **cead pleanála** planning permission
  ■ **An bhfuil cead agam ceist a chur?**
  Can I ask a question?
  ■ **cead isteach** admission □ Cead isteach
  saor in aisce. Free admission.

céad (PL **céadta**) MASC NOUN1
  ▷ see also **céad** ADJECTIVE

1 hundred
  LANGUAGE TIP **céad** is followed by a
  singular noun.
  □ céad euro a hundred euros □ Bhí céad
  iarratasóir ar an bpost. There were a
  hundred applicants for the job.
  ■ **céad go leith** one hundred and fifty

2 century
  □ an t-aonú céad is fiche the twenty-first
  century

céad ADJECTIVE
  ▷ see also **céad** MASC NOUN1
  first
  □ an chéad doras ar dheis the first door on
  the right □ Tá a oifig thíos ar an gcéad urlár.
  His office is down on the first floor. □ an
  chéad ghiar first gear
  ■ **an chéad duine eile** the next person

ceadaigh VERB [12]
  to allow
  □ Cheadaigh a mháthair dó dul amach.
  His mum allowed him to go out.

Céadaoin (PL **Céadaoineacha**) FEM NOUN4
  ■ **An Chéadaoin** Wednesday
  ■ **Dé Céadaoin** on Wednesday
  ■ **ar an gCéadaoin** on Wednesdays
  □ Tagann sé ar an gCéadaoin. He comes on
  Wednesdays.
  ■ **Céadaoin an Luaithrigh** Ash Wednesday

céadfa MASC NOUN4
  sense
  □ na cúig chéadfaí the five senses

céaduair ADVERB
  ■ **a chéaduair** at first □ Shíl mé a
  chéaduair gur ag magadh a bhí tú. I thought
  at first you were joking.

ceadúnas MASC NOUN1
  licence
  ■ **ceadúnas tiomána** a driving licence
  ■ **ceadúnas teilifíse** a TV licence

ceaintín MASC NOUN4
  canteen

ceal MASC NOUN4
- **cuir ar ceal** to cancel □ Cuireadh an cluiche ar ceal. The match was cancelled.

cealg VERB [14]
▷ *see also* **cealg** FEM NOUN2
to sting *(insect)*

cealg FEM NOUN2
▷ *see also* **cealg** VERB
sting
□ cealg ó bheach a bee sting

cealú, cealúchán MASC NOUN1
cancellation

ceamara MASC NOUN4
camera
□ An mbeidh tú ag glacadh do cheamara nua leat? Are you taking your new camera? □ Ná fág do cheamara sa charr. Don't leave your camera in the car.
- **ceamara digiteach** a digital camera
- **ceamara gréasáin** a webcam

ceamaradóir MASC NOUN3
cameraman

ceamthaifeadán MASC NOUN1
camcorder

Ceanada MASC NOUN4
Canada
□ i gCeanada in Canada □ go Ceanada to Canada

ceangail VERB [19, VN ceangal, VA ceangailte]
1 to tie
□ Cheangail mé an an dá leabhar le chéile. I tied the two books together.
2 to attach
□ Níl eolas aige ar an dóigh le grianghraf a cheangal de r-phost. He doesn't know how to attach a photo to an email.
- **Bhí Seán le ceangal.** *(very angry)* John was fit to be tied.

ceangaltán MASC NOUN1
attachment *(to email)*

ceann (GEN SING, PL **cinn**, GEN PL **ceann**, DAT SING **cionn**) MASC NOUN1
1 head
□ Tá pian i mo cheann. I have a sore head.
2 end
□ thíos ag ceann an bhealaigh down at the end of the road
3 one
□ an chéad cheann the first one □ Is doiligh ceann a roghnú. It's difficult to choose one. □ ceann ar cheann one by one □ na cinn mhóra the big ones
4 roof
- **teach ceann tuí** a thatched cottage

- **ó cheann ceann na bliana** all the year round
- **faoi cheann seachtaine** in a week's time □ Beidh mé ar ais faoi cheann seachtaine. I will be back in a week's time.
- **os cionn 1** above □ os cionn na fuinneoige above the window **2** more than □ os cionn fiche more than twenty
- **thar ceann** on behalf of □ thar ceann an aire on behalf of the minister

céanna ADJECTIVE
same
□ an leabhar céanna the same book □ san am céanna at the same time

ceannadhairt (PL **ceannadhairteanna**) FEM NOUN2
pillow

ceannaigh VERB [12, VN ceannach]
to buy
□ Cheannaigh muid bróga nua. We bought new shoes.

ceannaire MASC NOUN4
leader

ceannaitheoir MASC NOUN3
buyer

ceannann ADJECTIVE
- **an fear ceannann céanna** the very same man

ceannáras MASC NOUN1
headquarters

ceannas MASC NOUN1
command
- **bheith i gceannas ar rud** to be in charge of something □ Bhí Iníon Uí Néill i gceannas ar an ngrúpa. Ms O'Neill was in charge of the group.

ceannasaí MASC NOUN4
commander

ceanncheathrú (GEN SING **ceanncheathrún**, PL **ceanncheathrúna**) FEM NOUN
headquarters
□ ceanncheathrú na Náisiún Aontaithe the headquarters of the United Nations

ceanndána ADJECTIVE
stubborn
□ Tá Liam iontach ceanndána. Liam is very stubborn.

ceannfort MASC NOUN1
1 commander *(army)*
2 superintendent *(police)*

ceannlíne (PL **ceannlínte**) FEM NOUN4
headline
□ ceannlínte na nuachta the news headlines

ceannlitir (GEN SING **ceannlitreach**, PL **ceannlitreacha**) FEM NOUN
capital letter

ceannsolas MASC NOUN1
headlight

ceannteideal MASC NOUN1
heading

ceant (PL **ceantanna**) MASC NOUN4
auction
- **rud a chur ar ceant** to auction something

ceantálaí MASC NOUN4
auctioneer

ceantar MASC NOUN1
1 district
□ ceantar cónaithe a residential district
2 region
□ Níl mé i mo chónaí sa cheantar seo. I don't live in this region.
- **an ceantar máguaird** the surrounding area

ceanúil ADJECTIVE
loving
- **Tá sí ceanúil air.** She's fond of him.

ceap (PL **ceapa**) MASC NOUN1
▷ see also **ceap** VERB
1 block
□ ceap oifigí an office block
2 pad
□ ceap nótaí a notepad
- **Rinne siad ceap magaidh de.** They made fun of him.

ceap VERB [14]
▷ see also **ceap** MASC NOUN1
1 to think
□ Ceapaim go ndearna tú an rud ceart. I think you did the right thing.
2 to catch
□ Cheap Seán an sliotar. John caught the sliotar.
3 to compose
□ Cheap Máire dán nua. Mary composed a new poem.
- **Ceapaim go mbeidh sé fliuch amárach.** I reckon that it will be wet tomorrow.

ceapaire MASC NOUN4
sandwich
□ ceapaire cáise a cheese sandwich

cearc (GEN SING **circe**) FEM NOUN2
hen
- **cearc fhraoigh** a grouse
- **cearc cholgach** a shuttlecock

céard PRONOUN
what
□ Céard atá ar siúl agat? What are you doing? □ Céard fúmsa? What about me?

ceardchumann MASC NOUN1
trade union

ceardscoil (PL **ceardscoileanna**) FEM NOUN2
technical school

cearn FEM NOUN3
corner
- **Beidh daoine ann as gach cearn den tír.** There will be people there from all over the country.

cearnóg FEM NOUN2
square
□ cearnóg agus triantán a square and a triangle
- **cearnóg an bhaile** the town square

cearpantóir MASC NOUN3
carpenter

cearr ADJECTIVE
wrong
□ Cad é atá cearr? What's wrong?
□ D'aithin muid go raibh rud éigin cearr. We realized that something was wrong.

cearrbhach MASC NOUN1
gambler

ceart (PL **cearta**) MASC NOUN1
▷ see also **ceart** ADJECTIVE
right
□ cearta sibhialta civil rights

ceart ADJECTIVE
▷ see also **ceart** MASC NOUN1
right (correct)
□ an freagra ceart the right answer □ An é seo an bóthar ceart chun na Gaillimhe? Is this the right road for Galway? □ An bhfuil an t-am ceart agat? Do you have the right time?
- **i gceart** right □ An bhfuil mé á fhuaimniú i gceart? Am I pronouncing it right?
- **an ceart a bheith agat** to be right □ Bhí an ceart agat! You were right!
- **ceart go leor** all right □ Bhí gach rud ceart go leor sa deireadh. Everything turned out all right. □ An bhfuil tú ceart go leor? Are you all right?
- **Ba cheart go mbainfeadh sé.** He ought to win.
- **Ba cheart dom imeacht.** I should go.

ceartaigh VERB [12]
to correct
□ Cheartaigh an múinteoir an aiste. The teacher corrected the essay.

céatadán MASC NOUN1
percentage

ceathair (PL **ceathaireanna**) MASC NOUN4
four

c

LANGUAGE TIP **ceathair** is used for telling the time and for counting. □ ar a ceathair a chlog at four o'clock □ A dó faoina dó sin a ceathair. Two times two is four. □ Níl seacht inroinnte ar a ceathair. Four into seven won't go.

Ceatharlach MASC NOUN1
Carlow

ceathrar MASC NOUN1
four people
■ **ceathrar ban** four women

ceathrú (GEN SING **ceathrún**, PL **ceathrúna**, DAT SING **ceathrúin**) FEM NOUN
▷ see also **ceathrú** ADJECTIVE
1 quarter
□ ceathrú uaire quarter of an hour □ ceathrú i ndiaidh a hocht quarter past eight
2 thigh (on body)
■ **ceathrú uaineola** a leg of lamb

ceathrú ADJECTIVE
▷ see also **ceathrú** FEM NOUN
fourth
□ an ceathrú fear the fourth man □ an ceathrú hurlár the fourth floor

céile MASC NOUN4
partner
■ **fear céile** husband
■ **bean chéile** wife
■ **a chéile** each other □ Is fuath leo a chéile. They hate each other.
■ **le chéile** together □ An féidir linn bualadh le chéile anocht? Could we get together this evening?
■ **de réir a chéile** gradually □ D'éirigh muid cleachta leis de réir a chéile. We gradually got used to it.
■ **ó am go chéile** from time to time

céilí MASC NOUN4
ceilidh

ceiliúir VERB [17]
to celebrate

ceiliúr MASC NOUN1
greeting
■ **ceiliúr pósta a chur ar dhuine** to propose to somebody □ Chuir Liam ceiliúr pósta ar Mháire. Liam proposed to Mary.

ceiliúradh (GEN SING **ceiliúrtha**) MASC NOUN
celebration
□ ceiliúradh céad bliain a centenary celebration

céillí ADJECTIVE
1 sensible
□ duine céillí a sensible person
2 wise

□ Ba chéillí an beart é sin. That was a wise move.

Ceilteach ADJECTIVE
Celtic

céim (PL **céimeanna**) FEM NOUN2
1 step
□ Baineadh tuisle aisti ar an gcéim. She tripped over the step. □ Thug sé céim chun tosaigh. He took a step forward.
■ **céim ar chéim** step by step
2 degree
□ Bhí an teocht os cionn tríocha céim. The temperature was over thirty degrees.
■ **céim onóracha** an honours degree
■ **ardú céime** promotion

céimí MASC NOUN4
graduate

ceimic FEM NOUN2
chemistry
□ an tsaotharlann cheimice the chemistry lab

ceimiceoir MASC NOUN3
chemist (scientist)

ceimiteiripe FEM NOUN4
chemotherapy

ceint MASC NOUN3
cent (coin)

ceinteagrád MASC NOUN1
centigrade
□ 20 céim ceinteagráid 20 degrees centigrade

ceintiméadar MASC NOUN1
centimetre

ceird FEM NOUN2
trade (work)

ceirneoir MASC NOUN3
disc jockey

ceist (PL **ceisteanna**) FEM NOUN2
1 question
□ An bhfuil cead agam ceist a chur? Can I ask a question? □ Is crua an cheist í sin. That's a difficult question. □ Chuir sé ceist orm. He asked me a question.
2 issue
□ ceist chonspóideach a controversial issue
■ **ceisteanna coitianta** frequently asked questions

ceistigh VERB [11]
to question
□ Cheistigh na póilíní é. He was questioned by the police.

ceistneoir MASC NOUN3
questionnaire

ceithre MASC NOUN4
four

LANGUAGE TIP **ceithre** is used to give the number of objects and is usually followed by a singular noun.
□ ceithre bhuidéal four bottles
■ **Tá sí ceithre bliana d'aois.** She's four.
■ **ar ceithre boinn** on all fours
■ **ceithre ... déag** fourteen □ ceithre dhuine dhéag fourteen people

ceo MASC NOUN4
1 fog
  ■ **Tá ceo ann.** It's foggy.
2 mist
  □ Scaip an ceo. The mist cleared.

ceol (PL **ceolta**) MASC NOUN1
music
  □ Is maith liom ceol clasaiceach. I like classical music.
  ■ **ceol Gaelach** Irish music
  ■ **ceol tíre** folk music
  ■ **Níl ceol agam.** I can't sing.
  ■ **gléas ceoil** a musical instrument

ceoláras MASC NOUN1
concert hall

ceolchoirm (PL **ceolchoirmeacha**) FEM NOUN2
concert
  □ Beidh ceolchoirm sa scoil amárach. There will be a concert in school tomorrow.

ceoldráma MASC NOUN4
opera
  □ Is maith liom ceoldrámaí. I like opera.

ceolfhoireann (GEN SING, PL **ceolfhoirne**) FEM NOUN2
orchestra
  □ Seinnim le ceolfhoireann na scoile. I play in the school orchestra.

ceolmhar ADJECTIVE
musical
  □ Is duine ceolmhar é Seán. John is a musical person.

ceoltóir MASC NOUN3
1 musician
  □ Is ceoltóir breá é. He's a fine musician.
2 singer
  □ Tá ceoltóir agus giotáraí sa bhuíon. The band consists of a singer and a guitarist.

ceomhar ADJECTIVE
foggy
  □ lá ceomhar a foggy day

cha ADVERB
not
  □ chan go fóill not yet
  ■ **An mbuailfidh tú leis? — Cha bhuailim!** Will you see him? — No way!

cheana ADVERB
  ■ **cheana féin** already □ Shábháil mé £50 cheana féin. I've saved £50 already. □ Bhí Pádraigín ar shiúl cheana féin. Patricia had already gone.

choíche ADVERB
1 ever
  □ Is é an scannán is fearr é a fheicfidh tú choíche. It's the best film you'll ever see.
2 never
  □ Ní fhillfidh sí choíche. She'll never return.

chomh ADVERB
1 as
  ■ **chomh ... le** as ... as □ Tá Peadar chomh cliste le Micheál. Peter is as clever as Michael.
  ■ **chomh maith** as well □ Chuamar go Gaillimh chomh maith. We went to Galway as well.
  ■ **chomh luath agus is féidir** as soon as possible □ Déanfaidh mé é chomh luath agus is féidir. I'll do it as soon as possible.
2 so
  □ Níl sé chomh sean sin. He's not so old.
  □ Siúlann Maitiú chomh gasta sin nach dtig liom coinneáil suas leis. Matthew walks so fast I can't keep up.

chuig PREPOSITION
to
  □ Chuaigh mé chuig an dochtúir. I went to the doctor. □ An mbeidh tú ag dul chuig an damhsa anocht? Are you going to the dance tonight?
  ■ **an tseachtain seo chugainn** next week
  ■ **Cad chuige?** Why?

chun PREPOSITION
1 to
  □ Beidh mé dul chun na Róimhe amárach. I will be going to Rome tomorrow.
2 in order to
  □ Stopann an t-eitleán i mBostún chun athbhreoslú. The plane stops in Boston in order to refuel.
3 for
  □ An é seo an bóthar ceart chun na Gaillimhe? Is this the right road for Galway?
  ■ **cúig chun a hocht** five to eight

ciall (GEN SING **céille**, DAT SING **céill**) FEM NOUN2
sense
  □ Bíodh ciall agat! Have some sense!

ciallaigh VERB [12]
1 to mean
  □ Ciallaíonn an comhartha sin go bhfuil cosc ar tobac. That sign means that smoking is prohibited. □ Ciallaíonn é sin go mbeidh

muid saor amárach That means that we'll be free tomorrow.

2 to stand for
□ Ciallaíonn 'BT' 'British Telecom'. 'BT' stands for 'British Telecom'.

ciallmhar ADJECTIVE
sensible

cian (PL **cianta**, DAT SING **céin**, DAT PL **cianaibh**) FEM NOUN
▷ see also **cian** ADJECTIVE, MASC NOUN4
■ **na cianta ó shin** ages ago
■ **leis na cianta** for ages □ Ní fhaca mé Máire leis na cianta. I haven't seen Mary for ages.
■ **ó chianaibh** recently

cian (GEN SING MASC **céin**, GEN SING FEM, COMPAR **céine**) ADJECTIVE
▷ see also **cian** FEM NOUN, MASC NOUN4
far
■ **i gcéin agus i gcóngar** far and near

cian MASC NOUN4
▷ see also **cian** ADJECTIVE, FEM NOUN
sadness
■ **faoi chian** sad
■ **cian a thógáil de dhuine** to cheer somebody up □ Bhí mé ag iarraidh cian a thógáil de. I was trying to cheer him up.

cianrialaithe ADJECTIVE
remote-controlled

ciar (GEN SING MASC **céir**, GEN SING FEM, COMPAR **céire**) ADJECTIVE
dark (hair, complexion)

ciaróg FEM NOUN2
beetle
■ **ciaróg dhubh** a cockroach
■ **Aithníonn ciaróg ciaróg eile.** Birds of a feather flock together.

Ciarraí FEM NOUN4
Kerry

ciarsúr MASC NOUN1
handkerchief
■ **ciarsúr páipéir** a tissue

cibé PRONOUN
1 whatever
□ Déan cibé rud is gá. Do whatever is necessary. □ cibé a tharlóidh whatever happens
2 whoever
□ Cuir ceist ar cibé duine is mian leat. Ask whoever you like.
■ **cibé ar bith** anyhow

cic (PL **ciceanna**) FEM NOUN2
kick
□ cic shaor a free kick

ciceáil VERB [25]
to kick

ciclipéid FEM NOUN2
encyclopedia

cigire MASC NOUN4
inspector

cileagram MASC NOUN1
kilogramme
■ **30 pingin an cileagram** 30p a kilo
■ **cileagram plúir** a kilo of flour

cilí MASC NOUN4
chilli

ciliméadar MASC NOUN1
kilometre
□ 10 gciliméadar san uair 10 kilometres an hour

cill (PL **cealla**, GEN PL **ceall**) FEM NOUN2
cell
■ **cill fola** a blood cell

Cill Chainnigh FEM NOUN
Kilkenny

Cill Dara FEM NOUN
Kildare

cillín MASC NOUN4
cell (in prison)

Cill Mhantáin FEM NOUN
Wicklow
□ Bhí mé ar saoire i gCill Mhantáin an samhradh seo caite. I was on holiday in Wicklow last summer.

cime MASC NOUN4
prisoner

Cincís FEM NOUN2
■ **an Chincís** Pentecost
■ **Domhnach Cincíse** Whit Sunday

cine (PL **ciníocha**) MASC NOUN4
race
□ an cine daonna the human race

cineál (PL **cineálacha**) MASC NOUN1
▷ see also **cineál** ADVERB
kind
□ Tá carr den chineál sin iontach daor. That kind of car is very expensive.

cineál ADVERB
▷ see also **cineál** MASC NOUN1
rather
□ Tá mo thuismitheoirí cineál seanaimseartha. My parents are rather old-fashioned.

cineálta ADJECTIVE
kind
□ duine cineálta a kind person
■ **go cineálta** kindly □ 'Ná bí buartha,' ar sise go cineálta. 'Don't worry,' she said kindly.

cineáltas MASC NOUN1
kindness

ciníoch (GEN SING MASC **ciníoch**) ADJECTIVE
racial
□ idirdhealú ciníoch racial discrimination

ciníochas MASC NOUN1
racism

cinn VERB [15]
to overcome
□ Cinneann foighne ar gach ní. Patience overcomes all obstacles.
■ **cinn ar** to decide to □ Chinn Seán ar dhul go Meiriceá. John decided to go do America.

cinneadh MASC NOUN1
decision
□ Ba é sin cinneadh an choiste. That was the decision of the committee.
■ **Ní fúmsa atá sé cinneadh a dhéanamh.** It's not for me to decide.

cinniúint (GEN SING **cinniúna**) FEM NOUN3
destiny
□ Níl a fhios agam cad é atá sa chinniúint agam. I don't know where my destiny lies.
■ **Chuir sé cor i mo chinniúint.** It changed my life.

cinnte ADJECTIVE
sure
□ Tá mé cinnte dearfa gurb eisean a bhí ann. I'm absolutely sure it was him.
■ **déanamh cinnte** to make sure □ Déan cinnte go mbeidh sé anseo. Make sure that he will be here.
■ **Níl a fhios agam go cinnte.** I don't know for certain.
■ **Cinnte!** Certainly!

cíoch FEM NOUN2
breast
■ **an chíoch a thabhairt do leanbh** to breastfeed a child

cíochbheart MASC NOUN1
bra

cíocras MASC NOUN1
craving
□ Tá cíocras milseán air. He has a craving for sweets.
■ **Tá cíocras orm.** I'm absolutely starving.

cion (GEN SING **ceana**) MASC NOUN3
▷ see also **cion** MASC NOUN4
love
■ **ainm ceana** a pet name
■ **cion a bheith agat ar dhuine** to be fond of somebody □ Tá cion ag Máire ar Liam. Mary is fond of Liam.

cion MASC NOUN4
▷ see also **cion** MASC NOUN4

1 share
□ Déanaim mo chion den obair. I do my share of the work.

2 offence
□ Is cion coiriúil é. It's a criminal offence.

ciontach ADJECTIVE
guilty
□ Fuarthas ciontach í. She was found guilty.

ciontaí NOUN
■ **Eisean is ciontaí.** He's to blame.

ciontaigh VERB [12]
to convict
□ Ciontaíodh sa dúnmharú é. He was convicted of the murder.

ciontóir MASC NOUN3
offender

cíor FEM NOUN2
▷ see also **cíor** VERB
comb
■ **cíor mheala** a honeycomb
■ **Tá an seomra ina chíor thuathail acu.** They have the room turned upside down.

cíor VERB [14]
▷ see also **cíor** FEM NOUN2
to comb
□ Chíor mé mo chuid gruaige ar maidin. I combed my hair this morning.
■ **do chuimhne a chíoradh** to rack one's brains

ciorcad MASC NOUN1
circuit

ciorcal MASC NOUN1
circle
■ **ciorcal lochtach** a vicious circle

ciorclach ADJECTIVE
circular

ciorclán MASC NOUN1
circular (letter)

cíos (PL **cíosanna**) MASC NOUN3
rental
□ Tá carrchíos san áireamh sa phraghas. Car rental is included in the price.
■ **carr a fháil ar cíos** to hire a car □ Gheobhaidh muid carr ar cíos sa Fhrainc. We will hire a car in France.
■ **teach a ligean ar cíos** to let a house □ Lig muid an teach againn ar cíos. We let our house.

ciotach ADJECTIVE
1 left-handed
□ Tá Seán ciotach. John is left-handed.
2 awkward
□ ceist chiotach an awkward question

cipín MASC NOUN4
match

□ bosca cipíní a box of matches

■ **ar cipíní** in suspense □ Bhí muid
ar cipíní go deireadh an chluiche.
We were in suspense till the end of the
game.

■ **cipíní itheacháin** chopsticks

círéib (PL círéibeacha) FEM NOUN2
riot

ciseán MASC NOUN1
basket

cispheil FEM NOUN2
basketball

ciste MASC NOUN4
fund

□ ciste pinsean a pension fund

císte MASC NOUN4
cake

□ císte seacláide a chocolate cake

cistin (PL cistineacha) FEM NOUN2
kitchen

□ cistin fheistithe a fitted kitchen

citeal MASC NOUN1
kettle

□ Cuir síos an citeal anois. Put on the kettle
now.

cith (GEN SING ceatha, PL ceathanna) MASC
NOUN3
shower (of rain)

□ ceathanna minice frequent showers

cithfholcadán MASC NOUN1
shower (in bathroom)

cithfholcadh (GEN SING cithfholctha,
PL cithfholcthaí) MASC NOUN
shower

■ **cithfholcadh a bheith agat** to have
a shower □ Beidh cithfholcadh agam.
I'm going to have a shower.

citseap MASC NOUN1
ketchup

citreas MASC NOUN1
citrus

□ toradh citris citrus fruit

ciú (PL ciúnna) MASC NOUN4
queue

ciúb (PL ciúbanna) MASC NOUN1
cube

□ ciúb oighir an ice cube □ ciúb stoic
a stock cube

ciúbach ADJECTIVE
cubic

□ méadar ciúbach a cubic metre

ciúin ADJECTIVE
quiet

□ Tá tú iontach ciúin inniu. You're very quiet
today.

ciúnadóir MASC NOUN3
silencer (on car)

ciúnaigh VERB [12]
to calm down

■ **Chiúnaigh an ghaoth.** The wind died down.

ciúnas MASC NOUN1
silence

□ 'Ciúnas, le bhur dtoil.' 'Silence, please.'

clábar MASC NOUN1
mud

cladach MASC NOUN1
seashore

□ ar an gcladach on the seashore

cladhaire MASC NOUN4
coward

□ Is cladhaire é. He's a coward.

claí (PL claíocha) MASC NOUN4
1 wall

□ claí cloch a stone wall

2 fence

□ Chaith Pól an liathróid thar an gclaí.
Paul threw the football over the fence.

claibín MASC NOUN4
top (of bottle)

claíomh (PL claimhte) MASC NOUN1
sword

cláirnéid FEM NOUN2
clarinet

□ Seinnim ar an gcláirnéid. I play the
clarinet.

cláirseach FEM NOUN2
harp

□ Seinnim ar an gcláirseach. I play the harp.

clamhsán MASC NOUN1
complaint

■ **Bíonn sé i gcónaí ag clamhsán.** He's
always complaining.

clann FEM NOUN2
1 children

□ An bhfuil clann ar bith agat? Have you any
children?

2 family

□ triúr clainne three of a family

■ **Tá sí ag iompar clainne.** She's pregnant.

claon (PL claonta) MASC NOUN1
▷ see also **claon** VERB
1 slope

□ claon an chnoic the slope of the hill

2 tendency

□ claonta an duine human tendencies

claon VERB [23]
▷ see also **claon** MASC NOUN1

■ **do cheann a chlaonadh** to bow one's
head □ Chlaon sé a cheann. He bowed his
head.

claonadh (GEN SING **claonta**) MASC NOUN
inclination

■ **claonadh a bheith agat le rud a dhéanamh** to be inclined to do something
□ Tá claonadh ann teacht mall. He's inclined to arrive late.

claonta ADJECTIVE
biased

□ duine claonta a biased person

Clár MASC NOUN 1
■ **an Clár** Clare

clár MASC NOUN 1
1 board
□ Chóipeáil sí na ceisteanna ón gclár. She copied the questions from the board.
2 lid (of pot, container)
■ **clár ábhair** a table of contents
■ **clár ama** a timetable □ clár ama suas chun dáta an up-to-date timetable
■ **clár fógraí** a notice board
■ **clár oibre** an agenda □ clár oibre chruinniú an lae inniu the agenda for today's meeting
■ **clár scátála** a skateboard
■ **clár teilifíse** a TV programme
■ **clár toinne** a surfboard

cláraigh VERB [12]
1 to register
□ Chláraigh mé leis an leabharlann inniu. I registered with the library today.
2 to enrol
□ Chláraigh na páistí leis an scoil inné. The children enrolled with the school yesterday.

cláraithe ADJECTIVE
registered (letter, parcel)

□ litir chláraithe a registered letter

clárlann FEM NOUN 2
registry office

clasaiceach ADJECTIVE
classical

□ ceol clasaiceach classical music

clé FEM NOUN 4
▷ see also **clé** ADJECTIVE, ADVERB
left

■ **ar clé** left □ Tiontaigh ar clé ag na soilse tráchta. Turn left at the traffic lights.
■ **'Ná castar ar clé'** 'No left turn'

clé ADJECTIVE, ADVERB
▷ see also **clé** FEM NOUN 4
left

□ lámh chlé left hand □ cos chlé left foot
■ **ar thaobh na láimhe clé** on the left
□ Ná déan dearmad tiomáint ar thaobh na láimhe clé. Remember to drive on the left.

cleacht VERB [23, VA cleachta]
to practise

□ Beidh muid ag cleachtadh iomána inniu. We will be practicising hurling today.

cleachta ADJECTIVE
■ **bheith cleachta le** to be used to □ Ní raibh sé cleachta le bheith ag tiomáint ar thaobh na láimhe deise. He wasn't used to driving on the right. □ Ná bí buartha, tá mé cleachta leis. Don't worry, I'm used to it.

cleachtadh (PL **cleachtaí**) MASC NOUN 1
1 practice
□ as cleachtadh out of practice
2 rehearsal
□ cleachtadh deiridh a dress rehearsal

cleas (PL **cleasa**) MASC NOUN 1
trick

□ Níl sé furasta; tá cleas air. It's not easy; there's a trick to it.
■ **cleas a imirt ar duine** to play a trick on somebody □ D'imir sé cleas orm. He played a trick on me.

cleasach ADJECTIVE
tricky

□ imreoir cleasach a tricky player
■ **Is cleasach an peata an saol.** There are many surprising turns in life.

cleasghleacaí MASC NOUN 4
acrobat

□ Is cleasghleacaí é. He's an acrobat.

cleathóg FEM NOUN 2
cue (snooker)

cléireach MASC NOUN 1
1 clerk
□ cléireach siopa a sales clerk
2 altar boy

cleite MASC NOUN 4
feather

cleiteán MASC NOUN 1
brush (for painting)

cliabh (GEN SING, PL **cléibh**) MASC NOUN 1
chest

■ **cara cléibh** a bosom buddy

cliabhán MASC NOUN 1
cradle

■ **cliabhán iompair** a carrycot

cliabhrach MASC NOUN 1
chest

cliamhain (PL **cliamhaineacha**) MASC NOUN 4
son-in-law

cliant MASC NOUN 1
client

cliath (GEN SING **cléithe**) FEM NOUN 2
hurdle (sport)

cliathánaí MASC NOUN4
winger *(sport)*

clibirt FEM NOUN2
scrum *(rugby)*

cliceáil VERB [25]
to click
□ Cliceáil faoi dhó air. Double-click on it.

cling (PL **clingeacha**) FEM NOUN2
1 ping *(noise)*
2 ring
□ Mhúscail cling chlog an dorais mé. I was woken by a ring at the door.

clingthon MASC NOUN1
ringtone *(on mobile phone)*

clinic MASC NOUN4
clinic
□ clinic réamhbhreithe an antenatal clinic

clis VERB [15]
to fail
□ Chlis uirthi sa scrúdú. She failed the exam.
■ **Chlis an carr.** The car broke down.

cliseadh (GEN SING **cliste**) MASC NOUN
breakdown
□ cliseadh néarógach a nervous breakdown
■ **cliseadh a bhaint as duine** to startle someone □ Bhain an cat cliseadh asam. The cat startled me.

cliste ADJECTIVE
1 clever
□ Níl sí chomh cliste lena deartháir. She's not so clever as her brother. □ Nach cliste an smaoineamh é! What a clever idea!
2 intelligent
□ Tá sí iontach cliste. She's very intelligent.

cló (PL **clónna**) MASC NOUN4
print *(letters)*
□ i gcló beag in small print
■ **i gcló trom** in bold
■ **cló iodálach** italics
■ **as cló** out of print □ Tá an leabhar sin as cló. That book is out of print.

clóca MASC NOUN4
cloak

cloch FEM NOUN2
stone
□ cloch chora a stepping stone □ Tá ocht gcloch meáchain. I weigh eight stone.
■ **clocha sneachta** hailstones

clochán MASC NOUN1
causeway
□ Tarraingíonn Clochán an Aifir cuid mhór turasóirí. The Giant's Causeway attracts lots of tourists.

clochar MASC NOUN1
convent

clódóir MASC NOUN3
printer

clódóireacht FEM NOUN3
printing

clog MASC NOUN1
1 clock
□ clog na heaglaise the church clock □ clog rabhaidh an alarm clock □ Tá an clog sin luath. That clock's fast.
■ **clog gréine** a sundial
■ **7 a chlog ar maidin** 7 o'clock in the morning
2 bell
□ Bhuail mé an clog trí huaire. I rang the bell three times.

clogad MASC NOUN1
helmet
□ clogad cosanta a crash helmet

cloicheán MASC NOUN1
prawn
□ manglam cloicheán prawn cocktail
■ **cloicheáin fhriochta** scampi

cloigeann (PL **cloigne**) MASC NOUN1
head
□ Fuair mé buille sa chloigeann. I got a bang on the head.

cloígh VERB [18]
to defeat
□ Chloígh siad an namhaid. They defeated the enemy.

cloigín MASC NOUN4
bell
■ **cloigín dorais** a doorbell
□ Buaileadh cloigín an dorais. The doorbell rang.

clois VERB [26]
to hear
□ Ní chloisim thú. I can't hear you.

cloíte ADJECTIVE
exhausted
□ Bhí mé cloíte tar éis an chluiche. I was exhausted after the game.

clós MASC NOUN1
yard
□ clós na scoile school yard

clóscríobh VERB [23, VN clóscríobh, VA clóscríofa]
to type

clóscríobhaí MASC NOUN4
typist

cluas FEM NOUN2
1 ear
□ Tá cluasa pollta agam. I've got pierced ears.
2 handle *(of cup)*

cluasáin MASC PL NOUN1
headphones

club (PL **clubanna**) MASC NOUN4
club
□ An bhfuil tú i do bhall de chlub ar bith?
Do you belong to any clubs? □ Tá mé chun
clárú sa chlub sciála. I'm going to join the
ski club.
■ **club oíche** a night club
■ **club óige** a youth club

clúdach MASC NOUN1
cover
■ **clúdach litreach** an envelope
■ **leabhar faoi chlúdach páipéir** a paperback

clúdaigh VERB [12, VN clúdach]
to cover
□ Tá sé clúdaithe le goiríní. He's covered in
spots. □ Níor chlúdaigh ár n-árachas é.
Our insurance didn't cover it.

cluiche MASC NOUN4
1 game
□ cluiche peile a game of football □ cluiche
cártaí a game of cards
2 match
□ Cuireadh an cluiche ar ceal. The match
was called off.
■ **cluiche ceannais** a final □ cluiche
ceannais na hÉireann the All-Ireland Final
■ **cluiche leathcheannais** a semifinal
■ **na Cluichí Oilimpeacha** the Olympic
Games

clúidín MASC NOUN4
nappy

cluin VERB [26]
to hear
□ Níor chuala mé é. I didn't hear him.

clúiteach ADJECTIVE
famous
□ Tá Máire iontach clúiteach. Mary is very
famous.

cnag MASC NOUN1
▷ see also **cnag** VERB
knock (sound)

cnag VERB [14]
▷ see also **cnag** MASC NOUN1
to knock
□ Chnag Liam ar an doras. Liam knocked at
the door.

cnaipe MASC NOUN4
button

cnámh FEM NOUN2
bone
□ Bhris mé cnámh an smiolgadáin. I broke
my collarbone.
■ **lomchnámh na fírinne** the plain truth

cnámharlach MASC NOUN1
skeleton

cnap (PL **cnapanna**) MASC NOUN1
heap
□ Tá cnap airgid ag Seán. John has a heap
of money.
■ **Thit sé ina chnap codlata.** He fell fast
asleep.

cneas (PL **cneasa**) MASC NOUN1
skin

cneasaigh VERB [12]
to heal
□ Cneasaíodh an chneá gan mhoill.
The wound soon healed.

cniotáil VERB [25]
▷ see also **cniotáil** FEM NOUN3
to knit
□ Chniotáil mo mháthair geansaí deas dom.
My mother knitted me a lovely jumper.

cniotáil FEM NOUN3
▷ see also **cniotáil** VERB
knitting
□ Is maith liom bheith ag cniotáil. I like
knitting.

cnó (PL **cnónna**) MASC NOUN4
nut
■ **cnó capaill** a horse chestnut

cnoc MASC NOUN1
hill
□ Shiúil sí suas an cnoc. She walked up the
hill.
■ **cnoc oighir** an iceberg

cnocadóireacht FEM NOUN3
hillwalking

cnuasaigh VERB [12, VN cnuasach]
to collect
□ Cnuasaíonn sé leabhair ealaíne.
He collects art books.

Cóc MASC NOUN4
Coke®

cóc MASC NOUN1
coke

cócaire MASC NOUN4
cook
□ Is cócaire iontach é Tomás. Thomas is an
amazing cook.

cócaireacht FEM NOUN3
cooking
□ Molann gach duine a cuid cócaireachta.
Everyone praises her cooking.
■ **an chócaireacht a dhéanamh** to do the
cooking

cócaireán MASC NOUN1
cooker
□ cócaireán gáis a gas cooker

cócaon MASC NOUN1
cocaine

cochall MASC NOUN1
hood

cochán MASC NOUN1
straw

cócó MASC NOUN4
cocoa

□ cupán cócó a cup of cocoa

■ cnó cócó a coconut

cód MASC NOUN1
code

■ cód diailithe a dialling code

■ cód poist a postcode

codail VERB [19, VN codladh]
to sleep

□ Chodail mé go sámh aréir. I slept soundly last night.

codladh (GEN SING **codlata**) MASC NOUN3
sleep

□ codladh sámh a sound sleep

■ bheith i do chodladh to be asleep □ Tá Máire ina codladh go fóill. Mary is still asleep.

■ Tá sé ina chnap codlata. He's fast asleep.

■ dul a chodladh to go to sleep □ Chuaigh an leanbh a chodladh ar a sé. The child went to sleep at 6.oo.

■ codladh a bheith ort to be sleepy □ Bhí codladh orm. I was sleepy.

■ codladh gliúragáin pins and needles

■ codladh thar oíche a sleepover

cófra MASC NOUN4
cupboard

□ Cuir an t-arán sa chófra. Put the bread in the cupboard.

cogadh (PL **cogaí**) MASC NOUN1
war

□ cogadh cathartha a civil war

■ Cogaí na Croise the Crusades

cogain VERB [19]
to chew

□ Cogain do bhia go maith. Chew your food well.

cógaiseoir MASC NOUN3
pharmacist

cogar MASC NOUN1
whisper

cógas MASC NOUN1
medicine

cógaslann FEM NOUN2
pharmacy

coicís FEM NOUN2
fortnight

□ Chonaic mé Liam coicís ó shin. I saw Liam a fortnight ago.

coigil VERB [21]
to save up

□ Tá mé ag coigilt airgid le haghaidh rothar nua. I'm saving up for a new bike.

coileach MASC NOUN1
cock (male bird)

■ coileach gaoithe a weathercock

coiléar MASC NOUN1
collar

cóilis FEM NOUN2
cauliflower

coill (PL **coillte**) FEM NOUN2
wood

□ Chuardaigh siad an choill faoina coinne. They searched the wood for her.

coim FEM NOUN2
waist

□ mo thoise coime my waist measurement

■ faoi choim na hoíche under cover of darkness

coimeád VERB [23, VN coimeád]
to keep

□ Coimeád an leabhar go dtí amárach. Keep the book till tomorrow.

■ do ghealltanas a choimeád to keep one's promise

cóiméad MASC NOUN1
comet

coimeádaí MASC NOUN4
keeper

coimeádán MASC NOUN1
container

coiméide FEM NOUN4
comedy

coimhéad VERB [23, VN coimhéad]
to watch (TV, film)

□ Choimhéad muid an scannán aréir. We watched the film last night.

coimhthíoch MASC NOUN1
▷ see also coimhthíoch ADJECTIVE
foreigner

coimhthíoch ADJECTIVE
▷ see also coimhthíoch MASC NOUN1

1 foreign

□ tír choimhthíoch a foreign country

2 strange

□ Tá cuma choimhthíoch ar an duine sin. That person looks strange.

coincleach FEM NOUN2
mould

■ Tá coincleach ar an arán. The bread is mouldy.

cóineartú MASC NOUN
confirmation *(religious)*

coinfití MASC NOUN4
confetti

coinín MASC NOUN4
rabbit
□ Chuaigh an coinín síos an poll. The rabbit went down the hole.

coinne FEM NOUN4
1 appointment
□ Tá coinne agam leis an dochtúir inniu. I've got an appointment with the doctor today.
2 date
□ Tá coinne le Seán aici anocht. She's got a date with John tonight.

coinneal (GEN SING, PL **coinnle**) FEM NOUN2
candle
□ solas coinnle candlelight
■ **coinnle corra** bluebells

coinnigh VERB [11, VN coinneáil]
1 to keep
□ Choinnigh sí an madra sa ghairdín. She kept the dog in the garden. □ Coinním dialann. I keep a diary.
2 to hold onto
□ Coinnigh greim ar an téad. Hold onto the rope.
■ **súil a choinneáil ar** to watch □ Caithfidh mé súil a choinneáil ar mo chruth. I have to watch my figure.

coinníoll (PL **coinníollacha**) MASC NOUN1
condition
□ Déanfaidh mé é, ar choinníoll amháin. I'll do it, on one condition.

coinnleoir MASC NOUN3
candlestick
■ **coinnleoir craobhach** a chandelier

cóip (PL **cóipeanna**) FEM NOUN2
copy
□ cóip chrua hard copy

cóipleabhar MASC NOUN1
jotter *(exercise book)*

coir (PL **coireanna**) FEM NOUN2
crime
□ láthair na coire the scene of the crime
□ Rinne sé coir. He committed a crime.

cóir (GEN SING MASC **cóir**, GEN SING FEM, PL, COMPAR **córa**) ADJECTIVE
fair
□ praghas cóir a fair price
■ **mar is cóir** properly □ Déan mar is cóir é. Do it properly.

cóirigh VERB [11]
to fix

□ Chóirigh mé an carr aréir. I fixed the car last night.
■ **leaba a chóiriú** to make a bed □ Cóirím an leaba gach maidin. I make the bed every morning.

coirm (PL **coirmeacha**) FEM NOUN2
party
■ **coirm cheoil** a concert □ Beidh coirm cheoil sa halla anocht. There's a concert in the hall tonight.

coirnéad MASC NOUN1
cornet
□ Seinneann sé ar an gcoirnéad. He plays the cornet.

coirnéal MASC NOUN1
corner
□ i gcoirnéal an tseomra in the corner of the room □ Tá sí ina cónaí go díreach thart an coirnéal. She lives just round the corner.

coirpeach MASC NOUN1
criminal

coiscéim (PL **coiscéimeanna**) FEM NOUN2
footstep

coisí MASC NOUN4
pedestrian

cóisir FEM NOUN2
party
□ Beidh cóisir bhreithlae agam. I'm going to have a birthday party.

coisric VERB [17, VN coisreacan]
to bless
□ Coisric thú féin. Bless yourself.

coisricthe ADJECTIVE
holy
□ uisce coisricthe holy water

coiste MASC NOUN4
committee

cóiste MASC NOUN4
coach
□ Chuamar ann ar an gcóiste. We went there by coach.

coitianta ADJECTIVE
common
□ Sloinne iontach coitianta is ea 'Mac Gabhann'. 'Smith' is a very common surname.

coitinne FEM NOUN4
■ **i gcoitinne** in general

col (PL **colanna**) MASC NOUN1
■ **col ceathrair** a cousin

coláiste MASC NOUN4
college
□ coláiste teicneolaíochta a technical college

colbha MASC NOUN4
side
- **Shuigh sí ag colbha na leapa.** She sat by the bed.

colscaradh (GEN SING **colscartha**, PL **colscarthaí**) MASC NOUN
divorce

colún MASC NOUN1
1 pillar
2 column (in newspaper)
   □ colún pearsanta personal column

colúr MASC NOUN1
pigeon
   □ colúr frithinge a homing pigeon

comaoineach FEM NOUN4
communion
   □ mo Chéad Chomaoineach my First Communion

comhad MASC NOUN1
file
   □ Cuir an páipéar sin sa chomhad. Put that paper in the file.
- **comhad a íoslódáil** to download a file
- **comhad cúltaca** a backup file

comhadchaibinéad MASC NOUN1
filing cabinet

comhair PREPOSITION
opposite
   □ Shuigh sé os a comhair. He sat down opposite her.
- **os comhair** in front of □ os comhair an tí in front of the house
- **i gcomhair an lóin** for lunch □ Rachaidh muid amach i gcomhair an lóin. We'll go out for lunch.

comhairle FEM NOUN4
advice
   □ píosa comhairle a piece of advice □ Chuir sé comhairle mhaith orm. He gave me good advice.

comhaois FEM NOUN2
- **Tá mé ar comhaois leis.** I'm the same age as him.

comhaontas MASC NOUN1
alliance
- **An Comhaontas Glas** the Green Party

comhaontú MASC NOUN
agreement
   □ an Comhaontú Angla-Éireannach the Anglo-Irish agreement

comharsa (GEN SING, GEN PL **comharsan**, PL **comharsana**) FEM NOUN
neighbour
   □ Tá na comharsana againn an-deas. Our neighbours are very nice.

- **comharsa bhéal dorais** next-door neighbour

comhartha MASC NOUN4
sign
   □ comhartha bóthair a road sign

comhdháil FEM NOUN3
conference

comhéadan MASC NOUN1
interface (computer)

comhfhreagraí MASC NOUN4
correspondent
   □ ár gcomhfhreagraí eachtrach our foreign correspondent

comhfhreagras MASC NOUN1
correspondence
- **cúrsa comhfhreagrais** a correspondence course

comhghairdeas MASC NOUN1
congratulations
   □ Comhghairdeas ar do phost nua! Congratulations on your new job!
- **comhghairdeas a dhéanamh le duine faoi rud** to congratulate somebody on something □ Rinne m'aintín comhghairdeas liom faoi mo chuid torthaí. My aunt congratulated me on my results.

comhghuaillí MASC NOUN4
ally
- **na Comhghuaillithe** the Allies

comhlacht MASC NOUN3
company
   □ Tá comhlacht mór á reáchtáil aige. He runs a large company.

comhlánaigh VERB [12]
to complete
   □ Comhlánaigh an fhoirm seo, le do thoil. Complete this form, please.

comhoibrigh VERB [11]
to cooperate
   □ Tá na daltaí ag comhoibriú le chéile. The pupils are cooperating with each other.

comhoibriú MASC NOUN
cooperation

comhphobal MASC NOUN1
community
- **An Comhphobal Eorpach** the European Community

comhrá (PL **comhráite**) MASC NOUN4
conversation
   □ Bhí comhrá fada agam le Máire. I had a long conversation with Mary.
- **rang comhrá** a conversation class
- **Is maith leo bheith ag comhrá ar líne.** They like to chat online.

comhscór MASC NOUN1
draw
□ Chríochnaigh an cluiche ar comhscór. The game ended in a draw.

comónta ADJECTIVE
common

comóradh MASC NOUN1
celebration
□ Bhí comóradh mór ann nuair a tháinig an fhoireann abhaile. There was a great celebration when the team came home.

comórtas MASC NOUN1
competition
□ Beidh comórtas peile ann amárach. There will be a football competition tomorrow.
■ **comórtas singil na mban** the women's singles

comparáid FEM NOUN2
comparison
□ Tá Gaillimh beag i gcomparáid le Baile Átha Cliath. Galway is small in comparison to Dublin.

compás MASC NOUN1
compass

compordach ADJECTIVE
comfortable
□ Tá mé iontach compordach, go raibh maith agat. I'm very comfortable, thanks.

cón MASC NOUN1
cone
□ cón uachtair reoite an ice-cream cone

cónaí (GEN SING, PL **cónaithe**) MASC NOUN
residence
■ **scoil chónaithe** a boarding school
■ **ceantar cónaithe** a residential area
■ **i gcónaí** always □ Bíonn sé i gcónaí toilteanach cuidiú a thabhairt. He's always ready to help.

cónaigh VERB [12, VN cónaí]
to live
□ Cónaíonn siad sa Fhrainc. They live in France.

conáil VERB [25]
to freeze
□ Chonálfadh sé na corra. It's freezing.

conáilte ADJECTIVE
freezing
■ **bheith conáilte** to be frozen stiff
□ Tá mé conáilte. I am frozen stiff.

conas ADVERB
how
□ Conas tá tú? How are you? □ Conas a d'éirigh leat? How did you manage?

confach ADJECTIVE
1 angry
□ Tá an múinteoir iontach confach inniu. The teacher's very angry today.
2 vicious
□ Tá an madra sin iontach confach. That dog's very vicious.

cóngarach ADJECTIVE
near
□ Tá na siopaí cóngarach don teach. The shops are near the house.

Connachta (GEN PL **Connacht**) MASC PL NOUN
■ **Cúige Chonnacht** Connacht

cónra FEM NOUN4
coffin

conradh (GEN SING **conartha**, PL **conarthaí**) MASC NOUN
1 contract
□ Tá conradh bliana ag an imreoir leis an chlub. The player has a year's contract with the club.
2 bargain
□ Fuair tú conradh maith. You got a good bargain.
■ **Conradh na Gaeilge** the Gaelic League

consól MASC NOUN1
console (games, computer)

conspóideach ADJECTIVE
controversial
□ leabhar conspóideach a controversial book

constábla MASC NOUN4
constable

constaic FEM NOUN2
obstacle
■ **constaicí a chur i mbealach duine** to put obstacles in someone's way
■ **Tá constaic bheag ann.** There's been a slight hitch.

contae (PL **contaetha**) MASC NOUN4
county

contráilte ADJECTIVE
wrong
□ Tá tú contráilte ansin. You're wrong about that.
■ **an taobh contráilte** the wrong side
□ Bhí sé ag tiomáint ar an taobh contráilte den bhóthar. He was driving on the wrong side of the road.

contúirt FEM NOUN2
danger
□ Tá contúirt dóiteáin ann. There is a danger of fire.
■ **i gcontúirt** in danger □ Bhí sé i gcontúirt a bháite. He was in danger of drowning.
■ **slán ó chontúirt** out of harm's way

contúirteach ADJECTIVE
dangerous
□ Tá an bóthar sin contúirteach. That road is dangerous.

cor (PL **cora**) MASC NOUN1
reel (dance, music)
■ **ar aon chor** anyway
■ **ar chor ar bith** at all □ Níl caill ar sin ar chor ar bith. That's not bad at all.

cór MASC NOUN1
choir
□ Canaim i gcór na scoile. I sing in the school choir.

coradh (GEN SING **cortha**, PL **corthaí**)
MASC NOUN
bend
□ coradh sa bhothar a bend in the road

coraí MASC NOUN4
wrestler

coraíocht FEM NOUN3
wrestling

córas MASC NOUN1
system
□ córas cliste a clever system

corc MASC NOUN1
cork

Corcaigh (GEN SING **Chorcaí**) FEM NOUN2
Cork

corcra ADJECTIVE, MASC NOUN4
purple

corcscriú MASC NOUN4
corkscrew

corn VERB [14]
▷ see also **corn** MASC NOUN1
to roll up
□ Chorn mé suas mo mhuinchillí. I rolled up my sleeves.

corn MASC NOUN1
▷ see also **corn** VERB
1 horn
□ Seinnim ar an gcorn francach. I play the French horn.
2 cup (sport)
□ Bhain muid an corn. We won the cup.
■ **Corn an Domhain** the World Cup

coróin (GEN SING **corónach**, PL **corónacha**)
FEM NOUN
crown
■ **Coróin Mhuire** rosary beads

corp MASC NOUN1
1 body
□ corp an duine the human body
■ **corp agus anam** body and soul
2 corpse (dead body)

corpán MASC NOUN1
corpse (dead body)

corpoideachas MASC NOUN1
physical education

corr (GEN SING MASC **corr**) ADJECTIVE
odd
□ uimhir chorr an odd number
■ **an ceann corr** the odd one out

corrach ADJECTIVE
unsteady
□ Bhí sé corrach ar a chosa. He was unsteady on his feet.

corradh MASC NOUN
■ **corradh le** more than □ corradh le seachtain ó shin more than a week ago

corraigh VERB [12, VN **corraí**]
to move
□ Ná corraigh. Don't move.

corraithe ADJECTIVE
excited
□ Bhí na páistí iontach corraithe. The children were very excited.

corrmhéar FEM NOUN2
index finger

corróg FEM NOUN2
hip

corruair ADVERB
occasionally
□ Feicim Seán corruair. I see John occasionally.

cos (DAT SING **cois**) FEM NOUN2
1 leg
□ Bhris mé mo chos. I broke my leg.
■ **cos sicín** a chicken leg
2 foot
□ Tá mo chos dheas nimhneach. My right foot is sore.
3 handle (of knife)
■ **cois** along □ Shiúil muid cois na farraige. We walked along the shore.
■ **Cad é atá ar cois?** What's up?

cosain VERB [19]
1 to defend
□ Chosain sé í. He defended her.
2 to cost
□ Chosain an leabhar 10 euro. The book cost 10 euros.

cosán MASC NOUN1
path
□ Siúil ar an gcosán. Walk on the path.

cosantóir MASC NOUN3
defender (sport)

cosc MASC NOUN1
ban
■ **Tá cosc iomlán ar an tobac.** Smoking is strictly forbidden.

coscairt (GEN SING **coscartha**) FEM NOUN3
thaw
■ **Tháinig an choscairt.** It thawed.
coscán MASC NOUN1
brake
□ coscán láimhe a handbrake
coslia (PL **coslianna**) MASC NOUN4
chiropodist
□ Is coslia é. He's a chiropodist.
cósta MASC NOUN4
coast
□ Tá sé ar chósta thiar na hÉireann. It's on the west coast of Ireland.
costas MASC NOUN1
1 cost
□ Déan iarracht costas óstáin a fhiosrú. Try to find out the cost of a hotel.
2 expense
□ ar mo chostas féin at my own expense
costasach ADJECTIVE
expensive
□ Tá na héadaí sin iontach costasach. Those clothes are very expensive.
cóstóir MASC NOUN3
■ cóstóir roithleáin a roller coaster
cosúil ADJECTIVE
1 like
□ tíortha teo cosúil leis an India hot countries like India
2 alike
□ Tá an bheirt bhan cosúil le chéile. The two women look alike.
cóta MASC NOUN4
coat
□ cóta te a warm coat □ cóta báistí a raincoat
cothrom ADJECTIVE
▷ see also **cothrom** MASC NOUN1
1 level
□ Caithfidh tábla snúcair a bheith cothrom ar fad. A snooker table must be perfectly level.
2 flat
□ díon cothrom a flat roof □ bróga cothroma flat shoes
3 fair
□ Níl sé sin cothrom. That's not fair.
■ cothrom na Féinne fair play □ Ní bhfuair muid cothrom na Féinne. We didn't get fair play.
■ go cothrom fairly □ Roinneadh an cáca go cothrom. The cake was divided fairly.
cothrom MASC NOUN1
▷ see also **cothrom** ADJECTIVE
balance

□ Baineadh dá cothrom í. She lost her balance.
cothromaigh VERB [12]
to equalize (in sport)
□ Chothromaigh muid an scór sa nóiméad deiridh. We equalized in the final minute.
cothú MASC NOUN
nourishment
■ cothú sláintiúil a healthy diet
■ cothú cothrom a balanced diet
cotúil ADJECTIVE
shy
□ Tá an leanbh iontach cotúil. The child is very shy.
crá MASC NOUN4
■ crá croí nuisance □ Crá croí atá ann! It's a damn nuisance!
crág FEM NOUN2
clutch (on car)
■ crág airgid a handful of money
craic (PL **craiceanna**) FEM NOUN2
crack (fun)
□ Tá craic mhaith leis. He's good crack.
craiceann (PL **craicne**) MASC NOUN1
skin
□ daoine le craiceann fionn people with fair skin □ craiceann banana a banana skin
■ craiceann istigh inside out
■ an craiceann a bhaint d'oráiste to peel an orange
craicear MASC NOUN1
cracker (biscuit)
cráigh VERB [24]
to annoy
□ Ná bí do mo chrá. Don't annoy me.
crampa MASC NOUN4
cramp
crandaí MASC NOUN4
hammock
■ crandaí bogadaí a seesaw
crann MASC NOUN1
1 tree
□ crann úll an apple tree
2 mast (radio, TV)
3 pole
□ crann brataí a flagpole
crannchur MASC NOUN1
lottery
■ An Crannchur Náisiúnta the National Lottery
craobh (PL **craobhacha**, GEN PL **craobh**)
FEM NOUN2
1 branch (of tree)
2 championship (in sport)

craol – croch

□ **craobh an chontae** the county championship □ **Craobh na hÉireann** the All-Ireland championship

craol VERB [23]
to broadcast

□ **Craoladh an t-agallamh inné.** The interview was broadcast yesterday.

craoladh (GEN SING **craolta**, PL **craoltaí**) MASC NOUN
broadcast

cráta MASC NOUN4
crate

cré FEM NOUN4
soil

créafóg FEM NOUN2
clay

creagach ADJECTIVE
rocky

creatlach FEM NOUN2
skeleton

créatúr MASC NOUN1
creature

■ **An créatúr!** Poor thing!

creid VERB [15, VN **creidiúint**]
to believe

□ **Ní chreidim thú.** I don't believe you. □ **Creidim i nDia.** I believe in God.

creideamh MASC NOUN1

1 faith

□ **an creideamh Caitliceach** the Catholic faith

2 religion

□ **Cén creideamh lena mbaineann tú?** What religion are you?

creidmheas MASC NOUN3
credit

□ **Níl aon chreidmheas fágtha agam ar mo ghuthán.** I've got no credit left on my phone.

créip FEM NOUN2
crepe (pancake)

cré-umha MASC NOUN4
bronze

□ **bonn cré-umha** a bronze medal

crián MASC NOUN1
crayon

críoch (DAT SING **crích**) FEM NOUN2

1 end

□ **Tá an cluiche ag teacht chun críche.** The game is coming to an end.

2 finish

□ **Chonaiceamar críoch Mharatón Bhaile Átha Cliath.** We saw the finish of the Dublin Marathon.

■ **mar chríoch** in conclusion

críochfort MASC NOUN1
terminal (at airport)

críochnaigh VERB [12]
to finish

□ **Chríochnaigh sí a hobair bhaile.** She's finished her homework. □ **Chríochnaigh mé an leabhar.** I've finished the book.

criogar MASC NOUN1
cricket (insect)

críonna ADJECTIVE

1 prudent

□ **duine críonna** a prudent person

2 cunning

□ **chomh críonna le sionnach** as cunning as a fox

crios (GEN SING **creasa**, PL **criosanna**) MASC NOUN3
belt

■ **crios tarrthála** a seat belt

■ **crios leaisteach** an elastic band

Críost MASC NOUN4
Christ

Críostaí ADJECTIVE, MASC NOUN4
Christian

Críostaíocht FEM NOUN3

■ **An Chríostaíocht** Christianity

criostal MASC NOUN1
crystal

crith (GEN SING **creatha**, PL **creathanna**) MASC NOUN3
shiver

■ **Tá mé ar crith le fuacht.** I'm shivering with cold.

■ **crith talún** an earthquake □ **Rinne an crith talún damáiste fairsing.** The earthquake caused extensive damage.

criticeoir MASC NOUN3
critic

criticiúil ADJECTIVE
critical

□ **ráiteas criticiúil** a critical remark

criú MASC NOUN4
crew

cró (PL **cróite**) MASC NOUN4

1 ring

□ **cró dornálaíochta** a boxing ring

2 eye

□ **cró snáthaide** the eye of a needle ■ **cró coinín** a rabbit hutch

croch VERB [23]
to hang

□ **Croch do chasóg ar an gcrúca.** Hang your jacket on the hook.

■ **Croch leat!** Get lost!

crochadán MASC NOUN1
hanger

cróga ADJECTIVE
brave

crogall MASC NOUN1
crocodile

croí MASC NOUN4
1 heart
  □ Thit mo chroí. My heart sank.
  ■ **taom croí** a heart attack
2 core *(of fruit)*
  □ croí úill an apple core
  ■ **a chroí** my dear

croíbhriste ADJECTIVE
broken-hearted
  □ Bhí mé croíbhriste. I was broken-hearted.

croiméal MASC NOUN1
moustache

croith VERB [16, VN croitheadh]
1 to shake
  □ Chroith siad lámha le chéile They shook hands.
2 to wag
  □ Chroith an madra a eireaball. The dog wagged its tail.
3 to wave
  □ Chroith muid bratach na scoile ag an gcluiche. We waved the school flag at the match.

crom VERB [14]
1 to bend
  □ Ní féidir liom mo lámh a chromadh. I can't bend my arm.
2 to lean over
  □ Ná crom amach thar an ráille! Don't lean over the rail!

cromán MASC NOUN1
hip

cronaigh VERB [12]
to miss
  □ Cronaím an chraic. I miss the crack.
  □ Cronaím go mór thú. I miss you a lot.

cros FEM NOUN2
▷ *see also* **cros** VERB
cross
  □ fíor na Croise the sign of the cross
  ■ **cros chéasta** a crucifix
  ■ **an Chros Dhearg** the Red Cross

cros VERB [23]
▷ *see also* **cros** FEM NOUN2
1 to forbid
  □ Crosaim ort dul amach. I forbid you to go out.
2 to ban

  □ Tá cros ar an leabhar sin. That book is banned.
  ■ **Tá sin crosta**. That's not allowed.

crosbhealach MASC NOUN1
crossroads

crosfhocal MASC NOUN1
crossword
  □ Is maith liom crosfhocail a dhéanamh. I like doing crosswords.

crua ADJECTIVE
1 hard
  □ talamh crua hard ground □ drugaí crua hard drugs
2 difficult
  □ ceist chrua a difficult question

cruach FEM NOUN4
steel
  □ doras cruach a steel door
  ■ **cruach dhosmálta** stainless steel

cruadhiosca MASC NOUN4
hard disk *(of computer)*

cruálach ADJECTIVE
cruel

crúb FEM NOUN2
1 claw *(of bird)*
2 hoof *(of horse)*

crúca MASC NOUN4
hook
  □ Croch do chasóg ar an gcrúca. Hang your jacket on the hook.

cruicéad MASC NOUN1
cricket *(game)*

cruinn ADJECTIVE
1 round
  □ tábla cruinn a round table
2 accurate
  □ cur síos cruinn an accurate description

cruinne FEM NOUN4
universe

cruinniú MASC NOUN
meeting
  □ Tá sí ar chruinniú. She's at a meeting.
  □ cruinniú bliantúil an annual meeting

crúiscín MASC NOUN4
jug

cruit (PL **cruiteanna**) FEM NOUN2
harp

cruithneacht FEM NOUN3
wheat

cruógach ADJECTIVE
busy
  □ Bhí muid ag obair go cruógach inniu. We were busy working today.

crústa MASC NOUN4
crust

cruth (PL **cruthanna**) MASC NOUN3
appearance
- **Cuir cruth ort féin.** Tidy yourself up.

cruthaigh VERB [12]
1 to create
□ Chruthaigh Dia gach rud. God created all things.
2 to prove
□ Chruthaigh sé go raibh an ceart aige. He proved that he was right.

cruthú MASC NOUN
proof
□ Níl aon chruthú agam. I've no proof.

cú (PL **cúnna**, GEN SING, GEN PL **con**) MASC NOUN4
greyhound

cuach FEM NOUN2
cuckoo

cuaille MASC NOUN4
pole
□ cuaille sciála a ski pole
- **cuaille báire** a goalpost
- **cuaille lampa** a lamppost

cuairt (PL **cuairteanna**) FEM NOUN2
visit
- **cuairt a thabhairt ar dhuine** to visit somebody □ Is minic a thugaim cuairt ar mo sheanmháthair. I often visit my grandmother.

cuairteoir MASC NOUN3
visitor

cuan (PL **cuanta**) MASC NOUN1
harbour
- **Cuan Bhaile Átha Cliath** Dublin Bay

cuarán MASC NOUN1
sandal
□ péire cuarán a pair of sandals

cuardaigh VERB [12, VN cuardach]
to search
□ Chuardaigh mé an teach ó bhun go barr. I searched the house from top to bottom.

cúcamar MASC NOUN1
cucumber

cuibhreann MASC NOUN1
field

cuid (GEN SING **coda**, PL **codanna**) FEM NOUN3
part
□ an chéad chuid the first part
- **cuid de** some of □ Beidh cuid den rang as láthair inniu. Some of the class will be absent today.
- **cuid mhaith** a lot □ cuid mhaith airgid a lot of money □ Bíonn sé ag báisteach cuid mhaith anseo. It rains a lot here.
- **Tá mo chuid gruaige fliuch.** My hair's wet.

cuideachta FEM NOUN4
company
□ Is cuideachta an-mhór í. It is a very big company.
- **cuideachta a choinneáil le duine** to keep somebody company □ Coinneoidh mé cuideachta leat. I'll keep you company.
- **i gcuideachta a chéile** together

cuidigh VERB [11]
to help
□ Chuidigh sí liom an t-airgead a chuntas. She helped me to count the money.

cuidiú (GEN SING **cuidithe**) MASC NOUN
help
□ An bhfuil cuidiú ar bith de dhíth ort? Do you need any help?
- **lámh chuidithe** a helping hand

cuidiúil ADJECTIVE
helpful
□ Bhí sé iontach cuidiúil. He was very helpful.

cúig MASC NOUN4
five

> **LANGUAGE TIP** **cúig** is usually followed by a singular noun.

□ cúig charr five cars □ Dhíol mé ar chúig euro é. I sold it for five euros.
- **Tá sé cúig bliana d'aois.** He's five.
- **cúig ... déag** fifteen □ cúig dhuine dhéag fifteen people

cúige MASC NOUN4
province
- **Cúige Chonnacht** Connacht
- **Cúige Laighean** Leinster
- **Cúige Mumhan** Munster
- **Cúige Uladh** Ulster

cúigear MASC NOUN1
five people
- **cúigear fear** five men
- **cúigear ban** five women

cúigiú ADJECTIVE
fifth
□ an cúigiú bliain the fifth year
- **an cúigiú lá de Lúnasa** the fifth of August

cuileann MASC NOUN1
holly

cuileog FEM NOUN2
fly (insect)

cuilt (PL **cuilteanna**) FEM NOUN2
quilt

cuimhne FEM NOUN4
memory
- **cuimhní cinn** memoirs
- **ar feadh mo chuimhne** as far as I remember

■ **rud a chur i gcuimhne do dhuine** to remind somebody of something □ Cuireann sé Albain i gcuimhne dom. It reminds me of Scotland.

cuimhnigh VERB [11, VN cuimhneamh]
to remember
□ Cuimhnigh do phas! Remember your passport! □ Cuimhnigh d'ainm a scríobh ar an fhoirm. Remember to write your name on the form.

cuimil VERB [21, VA cuimilte]
1 to rub
□ Ná cuimil do shúile! Don't rub your eyes!
2 to wipe
□ Cuimil do chosa! Wipe your feet!

cuimilteoir MASC NOUN3
wiper
□ cuimilteoir gaothscátha a windscreen wiper

cuimsitheach ADJECTIVE
comprehensive
□ scoil chuimsitheach a comprehensive school

cúinne MASC NOUN4
corner

cuir VERB [14, VN cur, VA curtha]
1 to put
□ Cár chuir tú an peann? Where did you put the pen?
2 to bury
□ Cuireadh Seán inniu. John was buried today.
3 to plant (seed)
□ Chuir muid prátaí inné. We planted potatoes yesterday.
4 to send
□ Chuir mé litir chuig Máire. I sent Mary a letter.

■ **ceist a chur** to ask a question □ Cuir ceist ar an múinteoir. Ask the teacher.

■ **Tá sé ag cur sneachta.** It's snowing.

■ **Tá sé ag cur fearthainne.** It's raining.

cuir amach VERB
1 to pour (drink)
□ Cuir amach deoch duit féin. Pour a drink for yourself.
2 to be sick (vomit)
□ Bhí sí ag cur amach. She was sick.

cuir ar VERB
1 to put
□ Níor chuir mé siúcra ar an gcaife. I didn't put any sugar in the coffee.
2 to put on
□ Cuir ort do chóta. Put your coat on.

3 to turn on
□ Chuir sé air an raidió. He turned on the radio.

cuir as VERB
1 to turn off
□ Chuir sí an solas as. She turned off the light.
2 to put out
□ Ghlac sé cúig huaire an chloig orthu an tine a chur as. It took them five hours to put out the fire.

■ **Tá na scrúduithe ag cur as di.** She's worried about the exams.

cuir chuig VERB
to send to
□ Chuir mé téacs chuig mo chara. I sent my friend a text.

cuir faoi VERB
to put under
□ Cuir an stól faoin mbord. Put the stool under the table.

cuir i VERB
to put in
□ Chuir sé a lámh ina phóca. He put his hand in his pocket.

cuir isteach VERB
1 to put in
□ Cuir an leabhar isteach i do mhála. Put the book in your bag.
2 to insert
□ Cuir isteach an diosca. Insert the disk.
3 to annoy (person)
□ Tá sé ag cur isteach go mór orm. He's really annoying me.

cuir siar VERB
to postpone
□ Cuireadh an cluiche siar. The game was postponed.

cuir síos VERB
to put down
□ Cuir síos do pheann, le do thoil. Put down your pen, please.

■ **cuir síos ar** to describe □ An féidir leat cur síos a dhéanamh air dom? Can you describe him for me?

■ **an citeal a chur síos** to put the kettle on

cuir suas VERB
to put up
□ Cuidigh liom an póstaer seo a chur suas. Help me to put up this poster.

■ **Ní féidir liom cur suas leis an gcallán seo.** I can't stand all this noise.

cuireadh MASC NOUN1
invitation

■ **cuireadh a thabhairt do dhuine** to invite somebody □ Níor tugadh cuireadh dó. He's not invited.

cuireata MASC NOUN4
jack (in cards)

cuirín MASC NOUN4
currant

■ **cuirín dearg** a redcurrant

cúirt (PL **cúirteanna**) FEM NOUN2
court

□ Bhí sí os comhair na cúirte inné. He was up in court yesterday.

■ **cúirt leadóige** a tennis court

cuirtín MASC NOUN4
curtain

□ Tarraing na cuirtíní. Draw the curtains.

cúis (PL **cúiseanna**) FEM NOUN2
1 cause

□ Mise is cúis leis. I am the cause of it.

2 grounds

□ Tá cúis ghearáin againn. We've got grounds for complaint.

cúisigh VERB [11 VN cúiseamh]
to charge

□ Chúisigh na póilíní i ndúnmharú é. The police have charged him with murder.

cúisín MASC NOUN4
cushion

cuisle FEM NOUN4
pulse

□ D'fhéach an bhanaltra a chuisle. The nurse took his pulse.

cuisneoir MASC NOUN3
fridge

□ Tá bainne sa chuisneoir. There's milk in the fridge.

cúiteamh MASC NOUN1
compensation

□ Fuair siad 2000 euro de chúiteamh. They got 2000 euros compensation.

cuiteog FEM NOUN2
worm

cuitléireacht FEM NOUN3
cutlery

cúl (PL **cúla**) MASC NOUN1
1 back

□ ag an gcúl at the back □ cúl an tí the back of the house □ i gcúl an bhus in the back of the bus

■ **ar chúl** behind □ Tá an mála ar chúl an dorais. The bag is behind the door. □ Tá mé ar gcúl le mo chuid staidéir. I'm behind with my revision.

2 rear

□ i gcúl na traenach at the rear of the train

3 goal

□ Eisean a scóráil an cúl a bhuaigh an cluiche dóibh. He scored the winning goal.

■ **cúl báire** a goalkeeper

cúlaí MASC NOUN4
back (football, rugby)

cúlaigh VERB [12]
to reverse (car)

□ Chúlaigh sé gan amharc thart. He reversed without looking.

culaith (PL **cultacha**) FEM NOUN2
suit

■ **culaith shnámha** a swimsuit
■ **culaith sciála** a ski suit

cúlbhuille MASC NOUN4
backhand (tennis)

cúlchaint FEM NOUN2
gossip

cúlra MASC NOUN4
background

□ teach sa chúlra a house in the background □ cúlra a theaghlaigh his family's background

cúlspás MASC NOUN1
backspace (on keyboard)

cúltaca ADJECTIVE
backup

□ cóip chúltaca a backup copy

cultúr MASC NOUN1
culture

■ **an cultúr Gaelach** the Irish Culture

cum VERB [14]
to compose

□ Chum mé dán inniu. I composed a poem today.

cuma FEM NOUN4
1 shape

□ cuma neamhghnách an unusual shape

2 appearance

□ Bíonn sí iontach cúramach faoina cuma. She takes great care over her appearance.

■ **Tá cuma bhuartha air.** He looks worried.
■ **ar chuma éigin** somehow
■ **ar aon chuma** anyway □ Beidh mise ann ar aon chuma. I'll be there anyway.
■ **Is cuma liom.** I don't care.

cumadóir MASC NOUN3
composer

cumann MASC NOUN1
1 club

□ Rinne na péas ruathar ar an gcumann. The police raided the club.

■ **cumann gailf** (building) a golf club

2 society

□ cumann drámaíochta a drama society

■ **cumann carthannachta** a charity
■ **Cumann Lúthchleas Gael** the Gaelic
Athletic Association
cumas MASC NOUN1
ability
■ **Níl ar mo chumas siúl fós.** I'm not able
to walk yet.
cumasach ADJECTIVE
competent
□ Tá sí iontach cumasach. She's very
competent.
cumha MASC NOUN4
homesick
□ Bhí cumha orm nuair a bhí mé thall sa
Fhrainc I was homesick when I was over
in France.
cumhacht FEM NOUN3
power
□ Tá an chumhacht druidte. The power's
off.
■ **cumhacht núicléach** nuclear power
■ **gearradh cumhachta** a power cut
■ **stáisiún cumhachta** a power station
cumhachtach ADJECTIVE
powerful
□ Tá an carr sin iontach cumhachtach.
That car's very powerful.
cumhdach MASC NOUN1
cover
□ Cuir cumhdach ar an leabhar sin anocht.
Put a cover on that book tonight.
cumhdaigh VERB [12 VN cumhdach]
to cover
□ Cumhdaigh thú féin go maith. Cover
yourself up well.
cumhrán MASC NOUN1
perfume
cúnamh MASC NOUN1
help
■ **cúnamh a thabhairt do dhuine** to help
somebody □ Thug mé cúnamh don
mhúinteoir. I helped the teacher.
cúng ADJECTIVE
narrow
□ Tá an bóthar iontach cúng. The road is
very narrow.
cúngaigeanta ADJECTIVE
narrow-minded
cuntar MASC NOUN1
counter (in shop)
■ **ar chuntar go ...** on condition that ...
cuntas MASC NOUN1
account
■ **cuntas bainc** a bank account
■ **cuntas reatha** a current account

■ **cuntas a thabhairt ar rud** to give an
account of something □ Thug sé cuntas ar
an dráma. He gave an account of the
drama.
cuntasaíocht FEM NOUN3
accountancy (subject)
cuntasóir MASC NOUN3
accountant
□ Is cuntasóir í. She's an accountant.
cuntasóireacht FEM NOUN3
accountancy (profession)
cúntóir MASC NOUN3
assistant
□ cúntóir pearsanta a personal assistant
cupán MASC NOUN1
cup
■ **cupán tae** a cup of tea □ D'iarr sé
cupán tae orm. He asked me for a cup
of tea.
cúpla MASC NOUN4
1 twins
■ **An Cúpla** Gemini □ Is mise An Cúpla.
I'm Gemini.
2 a couple of
□ An dtiocfadh leat fanacht cúpla bomaite?
Could you wait a couple of minutes?
□ Bhíomar ag stopadh i mBéal Feirste ar
feadh cúpla lá. We were staying in Belfast
for a couple of days.
cúpón MASC NOUN1
coupon
cur MASC NOUN1
round
□ Cheannaigh sé cur deochanna. He bought
a round of drinks.
cúr MASC NOUN1
foam
□ cúr bearrtha shaving foam
curach FEM NOUN2
canoe
curachóireacht FEM NOUN3
canoeing
□ Chuamar ag curachóireacht. We went
canoeing.
curaclam MASC NOUN1
curriculum
curadh MASC NOUN1
champion
■ **curadh an domhain** world champion
curaí MASC NOUN4
curry
□ curaí an-teobhlasta a very hot curry
cúram (PL **cúraimí**) MASC NOUN1
1 care
■ **fear cúraim** a caretaker

2 children

□ An bhfuil cúram ar bith ort? **Have you any children?**

■ **Ní de do chúramsa é.** **It's none of your business.**

cúramach ADJECTIVE

careful

□ Bí cúramach ar an mbóthar. **Be careful on the road.**

■ **go cúramach** carefully □ Lean na treoracha go cúramach. **Follow the instructions carefully.**

■ **'Láimhsigh go cúramach'** **'Handle with care'**

curfá MASC NOUN4

chorus

curiarracht FEM NOUN3

record (in sport)

□ curiarracht an domhain **the world record**

curiarrachtaí MASC NOUN4

record holder

cúrsa MASC NOUN4

course

□ Eagraíonn siad cúrsaí ceoil sna laethanta saoire. **They run music courses in the holidays.** □ cúrsa ríomhaireachta **a computer course**

■ **cúrsaí 1** affairs □ cúrsaí reatha current affairs **2** matters □ Sin mar atá cúrsaí faoi láthair. **That's how matters stand at the moment.**

cúrsáil FEM NOUN3

▷ see also **cúrsáil** VERB

cruise

■ **long chúrsála** a cruise ship

cúrsáil VERB [25]

▷ see also **cúrsáil** FEM NOUN3

to cruise

custaiméir MASC NOUN3

customer

custam MASC NOUN1

customs

■ **oifigeach custaim** a customs officer

custard MASC NOUN1

custard

cuthach MASC NOUN1

rage

□ Bhí cuthach feirge uirthi. **She was in a rage.**

cúthail ADJECTIVE

shy

□ Tá an páiste iontach cúthail. **The child is very shy.**

Dd

dá CONJUNCTION

if

□ Cad é a dhéanfá dá mbeadh míle euro agat? What would you do if you had a thousand euros? □ Dá gcuirfeá an t-airgead sa bhanc bheifeá saibhir. If you were to put the money in the bank you would be rich.

□ Dá mbeadh a fhios agat! If you only knew! □ dá mba mhaith leat if you like

> **LANGUAGE TIP dá** formed from **do** or **de** plus a possessive adjective means 'to his', 'of her' etc. Scan the examples below to find one that is close to what you want.

□ Thug mé an cárta dá mháthair. I gave the card to his mother. □ Fuair siad bronntanas dá dtuismitheoirí. They got a present for their parents. □ duine dá chairde one of his friends □ duine dá cairde one of her friends □ Bhain sí an fáinne dá méar. She took the ring off of her finger.

■ **gach pingin dá bhfuil agaibh** every penny you have

dabhach (GEN SING **daibhche**, PL **dabhcha**) FEM NOUN2

tank (for fish)

dabht (PL **dabhtanna**) MASC NOUN4

doubt

■ **gan dabht** without a shadow of a doubt

dada MASC NOUN4

1 anything

□ má bhíonn dada uait if you need anything

2 nothing

□ Níl dada le feiceáil ann. There is nothing to see there. □ dada le hadmháil nothing to declare

daibhir (GEN SING FEM, PL, COMPAR **daibhre**) MASC NOUN4

▷ see also **daibhir** ADJECTIVE

poor person

■ **an saibhir agus an daibhir** the rich and the poor

daibhir ADJECTIVE

▷ see also **daibhir** MASC NOUN4

poor

daichead (PL **daichidí**) MASC NOUN1

forty

> **LANGUAGE TIP daichead** is followed by a singular noun.

□ daichead bliain forty years □ daichead duine forty people

■ **Tá sé daichead bliain d'aois.** He's forty.

daid (PL **daideanna**) MASC NOUN4

dad

□ mo dhaid my dad □ Cuirfidh mé ceist ar mo dhaid. I'll ask my dad. □ Tá cuma fheargach ar Dhaid. Dad looks very angry.

daideo MASC NOUN4

grandad

daidí MASC NOUN4

daddy

□ Abair haileo le do dhaidí! Say hello to your daddy!

■ **Daidí na Nollag** Santa Claus

dáigh ADJECTIVE

obstinate

dáil FEM NOUN3

parliament

■ **Dáil Éireann** the Irish Parliament

■ **dála an scéil** by the way □ Dála an scéil, ní bheidh mise anseo anocht. By the way, I won't be here tonight.

dáilcheantar MASC NOUN1

constituency

daingean (GEN SING FEM, PL, COMPAR **daingne**) ADJECTIVE

▷ see also **daingean** MASC NOUN1

1 firm

□ greim daingean a firm grip

2 secure

□ doras daingean a secure door

3 strong

□ fear daingean a strong man

4 solid

□ balla daingean a solid wall

daingean MASC NOUN1

▷ see also **daingean** ADJECTIVE

fortress

dainséar MASC NOUN1

danger

dair (GEN SING, GEN PL **darach**, PL **daracha**)

FEM NOUN

oak

□ bord darach an oak table

dáiríre ADVERB

1 really

□ An é sin a mheasann tú, dáiríre? Do you really think so? □ An mian leat dul? — Ní mian, dáiríre. Do you want to go? — Not really.

2 serious

□ Tá cuma iontach dáiríre ort. You look very serious.

■ **Ach i ndáiríre …** But seriously …

dairt FEM NOUN2

dart

daite ADJECTIVE

coloured

■ **teilifíseán daite** a colour TV

dálach MASC NOUN1

■ **Domhnach agus dálach** seven days a week □ Bíonn Seán ag obair Domhnach agus dálach. John works seven days a week.

dalba ADJECTIVE

1 naughty

□ gasúr dalba a naughty boy □ Ná bí dalba! Don't be naughty!

■ **Gasúr dalba!** You bad boy!

2 cheeky

□ Ná bí dalba! Don't be cheeky!

dall ADJECTIVE

▷ see also **dall** MASC NOUN1

blind

□ fear dall a blind man

dall MASC NOUN1

▷ see also **dall** ADJECTIVE

blind person

dalladh (GEN SING **dallta**) MASC NOUN

plenty

□ Tá dalladh airgid ag Máire. Mary has plenty of money. □ Tá dalladh ama againn. We have plenty of time.

dallamullóg MASC NOUN4

deception

■ **dallamullóg a chur ar dhuine** to fool somebody □ Chuir Liam dallamullóg orm. Liam fooled me.

dallóg FEM NOUN2

blind (for window)

■ **dallóg veinéiseach** a Venetian blind

dalta (PL **daltaí**) MASC NOUN4

pupil (at school)

□ Cá mhéad dalta atá sa rang? How many pupils are there in the class? □ Chuaigh na daltaí abhaile go luath. The pupils went home early.

damáiste MASC NOUN4

damage

□ Rinne an crith talún damáiste go forleathan. The earthquake caused extensive damage.

damba MASC NOUN4

dam

damhán MASC NOUN1

■ **damhán alla** spider

damhsa MASC NOUN4

1 dance

□ Beidh damhsa sa halla anocht. There'll be a dance in the hall tonight. □ an damhsa deireanach the last dance

2 dancing

□ damhsa Gaelach Irish dancing □ Téim ar cheachtanna damhsa. I go to dancing classes. □ Téimis ag damhsa! Let's go dancing!

damhsóir MASC NOUN3

dancer

□ Is dhamhsóir í. She's a dancer.

dán (PL **dánta**) MASC NOUN1

poem

□ Chum mé dán aréir. I wrote a poem last night. □ Léigh sé an dán os ard. He read the poem aloud.

■ **Níl a fhios agam cad é atá i ndán dom.** I don't know what the future holds for me.

dána ADJECTIVE

naughty

□ leanbh dána a naughty child

dánlann FEM NOUN2

art gallery

daol MASC NOUN1

beetle

■ **chomh dubh leis an daol** jet-black

daonáireamh MASC NOUN1

census

daonlathach ADJECTIVE

democratic

daonlathas MASC NOUN1

democracy

daonna ADJECTIVE

human

□ taisí daonna human remains

■ **an cine daonna** the human race

daonra MASC NOUN4
population

daor ADJECTIVE
▷ *see also* **daor** VERB
expensive
□ Tá an carr sin iontach daor. That car's very expensive.

daor VERB [14]
▷ *see also* **daor** ADJECTIVE
to condemn
□ Daoradh chun báis iad. They were condemned to death.

daoraí NOUN
■ **bheith ar an daoraí le duine** to be furious with somebody □ Beidh an múinteoir ar an daoraí liom. The teacher will be furious with me.

dar PREPOSITION
■ **dar le** in the opinion of □ Dar liom go bhfuil tú ceart. In my opinion you are right.
■ **Dar leis, bhí gach duine ar shiúl.** According to him, everyone had gone.

dár PREPOSITION
■ **duine dár ngaolta** one of our relations
■ **Tabhair dár gcairde iad.** Give them to our friends.
■ **an bhliain dár gcionn** the following year

dara ADJECTIVE
second
□ ar an dara hurlár on the second floor
□ ar an dara leathanach on the second page
■ **dara ... déag** twelfth □ an dara lá déag the twelfth day
■ **Níl an dara rogha agam.** I've got no option.
■ **Sa dara cás ...** Secondly ... □ Sa chéad chás, tá sé ródhaor. Sa dara cás, ní oibreodh sé cibé ar bith. Firstly, it's too expensive. Secondly, it wouldn't work anyway.
■ **gach dara lá** every other day

dáta MASC NOUN4
date
□ mo dháta breithe my date of birth
■ **clár ama suas chun dáta** an up-to-date timetable

dath MASC NOUN3
1 colour
□ Thréig an dath faoin ngrian. The colour faded in the sun.
■ **Tá dath donn ar a chuid gruaige.** He has brown hair.
■ **Ní aithníonn sé idir dath dearg agus dath glas.** He can't tell red from green.
■ **a dhath** anything □ An bhfeiceann tú a dhath ar bith? Do you see anything?

□ Níor ith mé a dhath inniu. I haven't eaten anything today.
2 nothing
□ Níl a dhath aige. He has nothing.

dathaigh VERB [12]
to colour

dathdhall ADJECTIVE
colour-blind

dátheangach ADJECTIVE
bilingual

dathúil ADJECTIVE
good-looking
□ Tá Peadar iontach dathúil. Peter is very good-looking.

de PREPOSITION

> **LANGUAGE TIP** Prepositional pronouns are **díom, díot, de, di, dínn, díbh, díobh.**

1 of
□ ceann de na leabhair one of the books
□ taobh thiar den teach at the back of the house □ déanta d'adhmad made of wood
2 like
□ carr den chineál seo a car like this
■ **de ghnáth** usually
■ **cur de ghlanmheabhair** to learn by heart
□ Chuir mé an dán de ghlanmheabhair. I learned the poem by heart.

Dé NOUN
■ **Dé Luain** on Monday

dea- PREFIX
good-
□ Ar chuala tú an dea-scéal? Did you hear the good news?
■ **ar an dea-uair** fortunately
■ **dea-mhúinte** polite

deacair (GEN SING FEM, PL, COMPAR **deacra**)
ADJECTIVE
difficult
□ focal deacair a difficult word □ Tá sé deacair rogha a dhéanamh. It's difficult to choose. □ Bhí an jab sin deacair. That was a difficult job.

déag MASC NOUN4

> **LANGUAGE TIP** **déag** is used with other numbers to translate '-teen'. It is usually preceded by a singular noun.

□ seacht mbuidéal déag seventeen bottles
□ sé duine dhéag sixteen people
■ **aon ... déag** eleven □ aon bhliain déag eleven years
■ **dó ... dhéag** twelve □ dhá euro dhéag twelve euros

déagóir MASC NOUN3
teenager

dealbh FEM NOUN2
statue

dealg FEM NOUN2
thorn

dealraigh VERB [12, VN dealramh]
1 to shine
□ Tá an ghrian ag dealramh inniu. The sun's shining today.
2 to appear
□ Dealraíonn sé go ... It appears that ...

dealramh MASC NOUN1
■ **de réir dealraimh** apparently

dea-mhéin FEM NOUN2
■ **le dea-mhéin** with kind regards

dea-mhúinte ADJECTIVE
well-mannered

déan VERB [4]
1 to do
□ Déanfaidh mé an obair bhaile anois. I'll do my homework now. □ Déan do dhícheall. Do your best.
2 to make
□ Rinne mé cupán tae. I made a cup of tea.
■ **Déan deifir.** Hurry up. □ Déan deifir, nó beidh tú mall! Hurry up or you'll be late!
■ **Rinne mé dearmad air.** I forgot it.

déanach ADJECTIVE
late
■ **bheith ag obair moch déanach** to work all hours

déanaí FEM NOUN4
■ **le déanaí** lately □ Ní fhaca mé Seán le déanaí. I haven't seen John lately.

deannach MASC NOUN1
dust

deara NOUN
■ **rud a thabhairt faoi deara** to notice something □ Thug mé an madra faoi deara. I noticed the dog.

dearbhán MASC NOUN1
voucher
■ **dearbhán lóin** a luncheon voucher

dearcán MASC NOUN1
acorn

Déardaoin MASC NOUN4
■ **An Déardaoin** Thursday
■ **Déardaoin** on Thursday
■ **ar an Déardaoin** on Thursdays □ Tagann sé ar an Déardaoin. He comes on Thursdays.

dearfa ADJECTIVE
certain
□ Níl mé cinnte dearfa de. I'm not absolutely certain.
■ **go dearfa** certainly

dearg VERB [14]
▷ see also **dearg** ADJECTIVE
1 to blush
□ Dhearg sé go bun na gcluas. He blushed up to his ears
2 to light
□ Dhearg sé toitín He lit a cigarette.

dearg ADJECTIVE
▷ see also **dearg** VERB
red
□ Bhí gúna dearg uirthi. She was wearing a red dress. □ Roghnaigh sí bróga dearga faoi dheireadh. She finally chose the red shoes.
■ **dearg te** red hot
■ **fíon dearg** red wine

dearmad MASC NOUN1
mistake
■ **trí dhearmad** by mistake □ Thóg mé do leabhar trí dhearmad. I took your book by mistake.
■ **dearmad a dhéanamh de rud** to forget something □ Rinne mé dearmad de mo leabhar. I forgot my book.

dearmadach ADJECTIVE
absent-minded
□ Tá sí cineál dearmadach. She's a bit absent-minded.

deartháir (GEN SING **dearthár**, PL **deartháireacha**) MASC NOUN
brother
□ mo dheartháir my brother □ an deartháir is óige agam my youngest brother □ Tá aithne agam ar a dheartháir. I know his brother.

deas ADJECTIVE
1 nice
□ Duine deas é Liam. Liam is a nice person. □ Tá sé deas, ach é rud beag leadránach. He's nice, but a bit dull.
2 right (position)
□ an taobh deas the right-hand side

deasc FEM NOUN2
desk

deatach MASC NOUN1
smoke

deich MASC NOUN4
ten

LANGUAGE TIP **deich** is usually followed by a singular noun.

□ deich mbuidéal ten bottles
■ **Tá sé deich mbliana d'aois.** He's ten.
■ **a deich a chlog** ten o'clock □ D'fhan mé go dtí a deich a chlog. I waited until ten o'clock.

deichniúr MASC NOUN 1
ten people

□ Bhí deichniúr ar an gcóisir aréir. There were ten people at the party last night.

■ **deichniúr ban** ten women

déideadh MASC NOUN 1
toothache

□ Bhí déideadh orm aréir. I had a toothache last night.

deifir (GEN SING **deifre**) FEM NOUN 2
hurry

□ Tá deifir orm. I am in a hurry.

■ **Déan deifir!** Hurry up!

deilf (PL **deilfeanna**) FEM NOUN 2
dolphin

deilgneach FEM NOUN 2
chickenpox

□ Tá an deilgneach ar mo dheirfiúr óg. My young sister has chickenpox.

deilí MASC NOUN 4
deli (delicatessen)

deimhin (GEN SING FEM, PL, COMPAR **deimhne**)
ADJECTIVE
sure

■ **go deimhin** indeed

deinim MASC NOUN 4
denim

□ casóg dheinim a denim jacket

■ **briste deinim** jeans

déirc FEM NOUN 2
charity

□ Coinnigh agat féin do chuid déirce! I don't want your charity!

deireadh (PL **deirí**) MASC NOUN 1
1 end

□ deireadh an scannáin the end of the film
□ deireadh na laethanta saoire the end of the holidays

■ **sa deireadh** in the end □ Sa deireadh shocraigh mé ar fhanacht sa bhaile. In the end I decided to stay at home. □ Thiontaigh sé amach i gceart sa deireadh. It turned out all right in the end.

■ **an deireadh seachtaine** the weekend

□ Ní stadann sé den obair, fiú ag an deireadh seachtaine. He never stops working, not even at the weekend.

■ **deireadh na míosa** the end of the month
2 everything

□ Tá deireadh réidh. Everything is ready.
□ D'ith siad deireadh. They ate everything.

■ **faoi dheireadh thiar thall** at long last
■ **an oíche faoi dheireadh** the other night
■ **roth deiridh** back wheel □ roth deiridh mo rothair the back wheel of my bike

Deireadh Fómhair MASC NOUN
October

■ **i mí Dheireadh Fómhair** in October

deireanach ADJECTIVE
1 last

□ Seo an milseán deireanach. This is the last sweet.
2 late

□ go deireanach aréir late last night
3 latest

□ an chóip is deireanaí the latest copy

deirfiúr (GEN SING **deirféar**, PL **deirfiúracha**)
FEM NOUN
sister

□ mo dheirfiúr bheag my little sister
□ Tá mo dheirfiúr san Astráil. My sister's in Australia.

deis FEM NOUN 2
1 right

□ Cas ar dheis. Turn right. □ Tiomáin ar thaobh na láimhe deise, le do thoil. Please drive on the right.
2 opportunity

□ Ní raibh an deis riamh agam dul thar lear. I've never had the opportunity to go abroad.

■ **Tapaigh an deis.** Seize the moment.

deisceart MASC NOUN 1
south

□ sa deisceart in the south

■ **an Deisceart** the South

deisigh VERB [11]
to repair

□ Dheisigh m'athair an carr. My father repaired the car.

déistin FEM NOUN 2
disgust

■ **déistin a chur ar dhuine** to disgust somebody □ Chuir an bia déistin orm. The food disgusted me.

■ **Bhí an-déistin orm.** I was absolutely disgusted.

deo NOUN
never

□ Go deo arís! Never again!

■ **go deo** for ever □ Beidh mé dílis go deo. I will be faithful for ever.

deoch (GEN SING **dí**, PL **deochanna**) FEM NOUN
drink

□ deoch bhainne a drink of milk

deoir (PL **deora**, GEN PL **deor**) FEM NOUN 2
tear

■ **Tháinig na deora leis.** He began to cry.

deontas MASC NOUN 1
grant

deontóir – dinnéar

deontóir MASC NOUN3
donor
- **deontóir fola** a blood donor

deoraí MASC NOUN4
exile
- **Ní raibh duine ná deoraí ann.** There wasn't a soul there.

dhá MASC NOUN4
two

> **LANGUAGE TIP** **dhá** is used to give the number of objects and is usually followed by a singular noun.

□ dhá chloch mhóra two large stones

> **LANGUAGE TIP** **dhá** changes to **dá** when it follows **an**.

□ Bhuail an dá charr in éadan a chéile. The two cars collided.
- **Tá sí dhá bhliain d'aois.** She's two.
- **dhá … dhéag** twelve □ dhá bhuidéal déag twelve bottles

dháréag MASC NOUN4
twelve people
- **dáréag ban** twelve women

dia (GEN SING **dé**, PL **déithe**), **Dia** MASC NOUN
God
□ Creidim i nDia. I believe in God.
- **Dia duit!** Hello!
- **Dia linn!** *(after sneeze)* Bless you!
- **Buíochas le Dia!** Thank God!

diabhal MASC NOUN1
devil
□ An diabhal bocht! Poor devil!

diaibéiteas MASC NOUN1
diabetes

diaidh NOUN
- **i ndiaidh** after □ Beidh mé ar ais i ndiaidh na scoile. I'll be back after school.
□ Chuaigh mé abhaile i ndiaidh an chluiche. I went home after the match.
- **Tá sé fiche i ndiaidh a trí.** It is twenty past three.
- **ina dhiaidh seo** after this
- **diaidh ar ndiaidh** gradually

diailigh VERB [11]
to dial

dialann FEM NOUN2
diary
□ Coinním dialann. I keep a diary.
□ Tá a huimhir ghutháin i mo dhialann agam. I've got her phone number in my diary.

diallait FEM NOUN2
saddle

diamant MASC NOUN1
diamond

dian (GEN SING MASC **déin**, GEN SING FEM, COMPAR **déine**) ADJECTIVE
difficult
- **go dian** hard □ D'oibrigh sé go dian. He worked hard.

dícheall MASC NOUN1
- **do dhícheall a dhéanamh** to do one's best □ Rinne mé mo dhícheall. I did my best.

dícheallach ADJECTIVE
hard-working
□ duine dícheallach a hard-working person

difear MASC NOUN1
difference
□ Tá difear mór idir an dá scoil. There is a big difference between the two schools.
- **Is beag an difear é.** It doesn't matter.

dífhostaíocht FEM NOUN3
unemployment
- **lucht dífhostaíochta** the unemployed

dífhostaithe ADJECTIVE
unemployed
□ Tá a lán daoine dífhostaithe faoi láthair. A lot of people are unemployed at present.

difríocht FEM NOUN3
difference
□ Tá difríocht mhór idir an dá fhoireann. There is a big difference between the two teams.

difriúil ADJECTIVE
1 different
□ Tá an geansaí sin difriúil leis an gceann seo. That jersey is different from this one.
2 various
□ Cheannaigh mé rudaí difriúla. I bought various things.

dil ADJECTIVE
dear
□ cara dil a dear friend

díle (GEN SING **díleann**, PL **díl**) FEM NOUN
flood
- **díle bháistí** a downpour

dílis (GEN SING FEM, PL, COMPAR **dílse**) ADJECTIVE
1 loyal
□ cara dílis a loyal friend
2 dear
□ A mháthair dhílis … Dear mother …
- **ainm dílis** a proper name

dílleachta MASC NOUN4
orphan

dílleachtlann FEM NOUN2
orphanage

dinnéar MASC NOUN1
dinner
□ dinnéar na Nollag Christmas dinner
- **am dinnéir** dinner time

díobháil FEM NOUN3
harm

■ **díobháil a dhéanamh do dhuine**
to harm somebody

díogha MASC NOUN4
worst

□ díogha agus deireadh the worst thing possible

díograiseach ADJECTIVE
enthusiastic

□ Tá Seán iontach díograiseach faoin bpeil. John's very enthusiastic about football.

díograiseoir MASC NOUN3
enthusiast

díol VERB [23, VN díol]

1 to sell

□ Dhíol muid an teach inné. We sold the house yesterday.

■ **'Le díol'** 'For sale'

2 to pay

□ Dhíol Tomás as an mbéile. Thomas paid for the meal.

díolachán MASC NOUN1
sale

□ Beidh díolachán sa halla inniu. There will be a sale in the hall today.

díoltas MASC NOUN1
revenge

díoltóir MASC NOUN3
seller

díomá FEM NOUN4
disappointment

■ **díomá a bheith ort** to be disappointed

□ Bhí díomá orm nár tháinig tú. I was disappointed you didn't come.

díon (PL **díonta**) MASC NOUN1
roof

□ díon cothrom a flat roof

dioplóma MASC NOUN4
diploma

díosal MASC NOUN1
diesel

diosca MASC NOUN4
disk

□ an diosca crua the hard disk

dioscó MASC NOUN4
disco

dioscólann FEM NOUN2
discotheque

díospóireacht FEM NOUN3
debate

□ Beidh díospóireacht ar siúl sa halla anocht. There'll be a debate in the hall tonight.

dírbheathaisnéis FEM NOUN2
autobiography

díreach ADJECTIVE
▷ see also **díreach** ADVERB
straight

□ líne dhíreach a straight line □ gruaig dhíreach straight hair

díreach ADVERB
▷ see also **díreach** ADJECTIVE
just

□ anois díreach just now

■ **go díreach** exactly □ Tá sé a dó go díreach. It's exactly two.

■ **D'amharc sé go díreach roimpi.**
He looked straight ahead.

díshioc VERB [14, VN díshioc]
to defrost

díth (PL **díotha**, GEN PL **díoth**) FEM NOUN2
need

■ **rud a bheith de dhíth ort** to need something □ Tá airgead de dhíth orm. I need money. □ Tá bia agus drugaí de dhíth orthu. They need food and drugs.

■ **díth céille** foolishness

diúilicín MASC NOUN4
mussel

diúltaigh VERB [12]
to refuse

□ Dhiúltaigh sé dul a luí. He refused to go to bed.

diúracán MASC NOUN1
missile

dízipeáil VERB [25]
to unzip (file)

dlí (PL **dlíthe**) MASC NOUN4
law

□ Tá mo dheirfiúr ag déanamh staidéir ar an dlí. My sister's studying law. □ Tá sé in éadan an dlí. It's against the law.

dlíodóir MASC NOUN3
lawyer

□ Is dlíodóir í mo mháthair. My mother's a lawyer.

dlúthdhiosca MASC NOUN4
CD

□ seinnteoir dlúthdhioscaí a CD player

do ADJECTIVE
▷ see also **do** PREPOSITION
your (singular)

□ do charr your car

LANGUAGE TIP do changes to **d'** before a vowel.

□ d'aghaidh your face

do PREPOSITION
▷ see also **do** ADJECTIVE

LANGUAGE TIP Prepositional pronouns are **dom, duit, dó, di, dúinn, daoibh, dóibh**.

1 to

□ Tabhair an leabhar do Mháire. Give the book to Mary.

LANGUAGE TIP do changes to **d'** before a vowel.

□ d'Áine to Anne

2 for

□ Déanfaidh mé cupán tae duit. I'll make a cup of tea for you.

■ **Is fíor duit.** You're right.

■ **Cad is ainm duit?** What's your name?

■ **Cárb as di?** Where's she from?

dó MASC NOUN4
two

LANGUAGE TIP dó is used for telling the time and for counting.

□ óna haon a chlog go dtí a dó from one o'clock to two

■ **dó dhéag** twelve □ A dó faoina sé sin dó dhéag. Two times six is twelve.

dobharchú MASC NOUN4
otter

dobhareach MASC NOUN1
hippopotamus

dócha (COMPAR **dóichí**) ADJECTIVE
likely

□ Is dócha go mbeidh sé anseo anocht. It's likely that he'll be here tonight.

dochar MASC NOUN1
harm

■ **dochar a dhéanamh do rud** to harm something □ Déanann toitíní dochar don tsláinte. Cigarettes harm your health

dóchas MASC NOUN1
hope

□ Ná caill do chuid dóchais! Don't give up hope!

■ **Tá dóchas agam go ...** I hope that ...
□ Tá dóchas agam go mbeidh an aimsir go maith. I hope that the weather will be nice.

dóchasach ADJECTIVE
hopeful

□ Tá muid dóchasach go mbainfidh muid an cluiche. We're hopeful of winning the game.

dochtúir MASC NOUN3
doctor

□ Is dochtúir í. She's a doctor. □ Ba mhaith liom a bheith i mo dhochtúir. I'd like to be a doctor.

dodhéanta ADJECTIVE
impossible

□ Tá an cheist seo dodhéanta. This question is impossible

doicheallach ADJECTIVE
unwelcoming

doiciméad MASC NOUN1
document

dóigh FEM NOUN2
▷ see also **dóigh** VERB

1 way

□ D'amharc sí orm ar dhóigh aisteach. She looked at me in a strange way. □ Níl an dara dóigh air. There's no other way.

■ **Déanfaidh mé ar dhóigh éigin é.** I'll do it somehow.

2 condition

□ dóigh mhaith ar in good condition

■ **Cén dóigh atá ort?** How are you keeping?

■ **Tá dóigh mhaith orthu.** They're well off.

■ **ar dóigh** excellent □ Is tiomanaí ar dóigh í. She's an excellent driver.

■ **is dóigh liom ...** I think ... □ Is dóigh liom go mbeidh Seán ar ais. I think John'll be back.

dóigh VERB [24]
▷ see also **dóigh** VERB
to burn

□ Dhóigh siad an páipéar. They burned the paper.

dóighiúil ADJECTIVE
good-looking

□ Tá Peadar iontach dóighiúil. Peter is very good-looking.

doiligh (GEN SING FEM, PL, COMPAR **doilí**)
ADJECTIVE
difficult

□ Is doiligh ceann a roghnú. It's difficult to choose one.

doineann FEM NOUN2
bad weather

■ **Tá doineann air.** There is a storm brewing.

Doire MASC NOUN4
Derry

□ Is as Doire dom. I come from Derry.

dóire MASC NOUN4
burner

■ **dóire CDanna** a CD burner
■ **dóire DVD** a DVD burner

doirseoir MASC NOUN3

1 janitor

□ Is doirseoir é. He's a janitor.

2 porter

□ Is doirseoir oíche é. He's a night porter.

doirteal MASC NOUN1

1 sink (in kitchen)

2 basin (in bathroom)

dóite ADJECTIVE
burned
□ Tá mé dóite ag an ngrian. I'm sunburned.
■ **bheith dubh dóite** to be fed up □ Tá mé dubh dóite den obair seo. I am fed up with this work.

dóiteán MASC NOUN1
fire
□ Tá contúirt dóiteáin ann. There is a danger of fire.
■ **inneall dóiteáin** a fire engine
■ **aláram dóiteáin** a fire alarm
■ **fear dóiteáin** a firefighter □ Is fear dóiteáin é. He's a firefighter.

dól MASC NOUN1
dole
□ Tá cuid mhaith daoine ar an dól. A lot of people are on the dole.

dollar MASC NOUN1
dollar
□ nóta cúig dhollar a five-dollar bill

domhain (GEN SING FEM, PL, COMPAR **doimhne**) ADJECTIVE
deep
□ Tá an abhainn iontach domhain. The river's very deep. □ An bhfuil sé domhain? Is it deep? □ Cé chomh domhain is atá an loch? How deep is the lake?

domhan MASC NOUN1
world
□ an domhan iomlán the whole world □ ar fud an domhain all over the world □ Is é an aidhm atá aige bheith ina churadh domhanda. His goal is to become the world champion.
■ **an Tríú Domhan** the Third World
■ **curiarracht an domhain** a world record □ Socraíodh cúiarracht an domhain anuraidh. The world record was set last year.
■ **an Domhan** (planet) the Earth
■ **Bhí fearg an domhain air.** He was extremely angry.

Domhnach (PL **Domhnachaí**) MASC NOUN1
■ **An Domhnach** Sunday
■ **Dé Domhnaigh** on Sunday
■ **ar an Domhnach** on Sundays
□ Tagann sé ar an Domhnach. He comes on Sundays.

dona ADJECTIVE
bad
□ scannán dona a bad film □ Ní raibh a fhios agam go raibh sé chomh dona sin. I didn't know it was that bad.

■ **An bhfuil sé gortaithe go dona?** Is he badly hurt?
■ **Tá mo chuid litrithe go dona.** My spelling is terrible.
■ **Tá sí go dona.** She's poorly.
■ **Dona go leor!** Hard luck!

donn ADJECTIVE
brown
□ arán donn brown bread

doras (PL **doirse**) MASC NOUN1
door
□ an chéad doras ar dheis the first door on the right □ Druid an doras, le do thoil. Close the door, please. □ doras cúil the back door
□ doras tosaigh the front door
■ **doras éalaithe** an emergency exit

dorcha ADJECTIVE
dark
□ Tá sé dorcha. It's dark. □ Tá sé ag éirí dorcha. It's getting dark.

dorchadas MASC NOUN1
darkness

dorchla MASC NOUN4
corridor

dordveidhil FEM NOUN2
cello
□ Seinnim ar an dordveidhíl. I play the cello.

dorn (PL **doirne**) MASC NOUN1
fist

dornálaí MASC NOUN4
boxer

dornálaíocht FEM NOUN3
boxing

dornán MASC NOUN1
handful
■ **dornán airgid** some money
■ **dornán daoine** a few people

dosaen (PL **dosaenacha**) MASC NOUN4
dozen
□ dosaen uibheacha a dozen eggs □ dhá dhosaen two dozen

dóthain FEM NOUN4
enough
□ Tá mo dhóthain agam. I've got enough.
■ **Ith do dhóthain.** Eat your fill.

dóú ADJECTIVE
second
□ an dóú duine the second person

draein (GEN SING **draenach**, PL **draenacha**) FEM NOUN
drain
□ Tá na draenacha blocáilte. The drains are blocked.

dragan MASC NOUN1
dragon

73

draighneán MASC NOUN1
blackthorn

draíocht (GEN SING, PL **draíochta**) FEM NOUN3
spell (magic)

  □ Chuir sé faoi dhraíocht mé. He cast a spell on me.

  ■ **Tá draíocht ag baint leis an áit seo.** This place is magic.

dráma MASC NOUN4
play

  □ Dírímis ar scéal an dráma. Let's focus on the plot of the play.

  ■ **dráma grinn** a comedy

drámaíocht FEM NOUN3
drama

  □ Is í an drámaíocht an t-ábhar is fearr liom. Drama is my favourite subject.

  ■ **scoil drámaíochta** drama school
  □ Ba mhaith liom freastal ar scoil drámaíochta. I'd like to go to drama school.

  ■ **ceardlann drámaíochta** a drama workshop

  ■ **compántas drámaíochta** a theatre company

drámata ADJECTIVE
dramatic

  □ Bhí sé an-drámata ar fad! It was really dramatic!

dream MASC NOUN3
group (of people)

dreancaid FEM NOUN2
flea

dreap VERB [14]
to climb

  □ Dhreap sé an dréimire. He climbed the ladder.

dreapadóir MASC NOUN3
climber

dreapadóireacht FEM NOUN3
climbing

  □ Táimid ag dul a dhreapadóireacht in Albain. We're going climbing in Scotland.

dréim VERB [13, VN dréim]
to expect

  □ Ní raibh mé ag dréim leis an litir. I wasn't expecting the letter.

dréimire MASC NOUN4
ladder

drioglann FEM NOUN2
distillery

dris (PL **driseacha**) FEM NOUN2
bramble

drisiúr MASC NOUN1
dresser (furniture)

droch- PREFIX

1 bad

  □ droch-chaint bad language □ drochnós a bad habit □ Tá drochscéala agam. I have some bad news.

2 poor

  □ Tá drochradharc aige. He has poor sight.

  ■ **Bhain drochthitim di.** She had a nasty fall.

drochbhéasach ADJECTIVE
rude

  □ Duine drochbhéasach é Liam. Liam's a rude person.

drochíde FEM NOUN4
abuse

  ■ **drochíde a thabhairt do dhuine** to ill-treat somebody □ Thug sé drochíde don mhadra. He ill-treated the dog.

drochmhúinte ADJECTIVE
rude

drochuair FEM NOUN2
crisis

  ■ **ar an drochuair** unfortunately □ Ar an drochuair, tháinig mé mall. Unfortunately, I arrived late.

drogall MASC NOUN1

  ■ **drogall a bheith ort rud a dhéanamh** to be reluctant to do something □ Bhí drogall orm dul amach aréir. I was reluctant to go out last night.

droichead MASC NOUN1
bridge

  □ droichead crochta a suspension bridge

droim (PL **dromanna**) MASC NOUN3

1 back

  □ Cuir an mála ar do dhroim. Put the bag on your back. □ Bhain mé stangadh as mo dhroim. I strained my back.

  ■ **droim ar ais** back to front

2 ridge (of hill)

  ■ **droim dubhach** depression

dromchla MASC NOUN4
surface

drualus MASC NOUN3
mistletoe

druga MASC NOUN4
drug

  □ Tá bia agus drugaí de dhíth orthu. They need food and drugs. □ drugaí crua hard drugs

drugadóir MASC NOUN3
pharmacist

  □ Is drugadóir é. He's a pharmacist.

druglann FEM NOUN2
drugstore

druid VERB [23, VN druidim]
  to close
  □ Druid an doras, le do thoil. Close the door, please.
  ■ **Druid do bhéal!** Shut up!

druidte ADJECTIVE
  closed
  □ Tá an banc druidte. The bank's closed.

druilire MASC NOUN4
  drill (tool)

druma MASC NOUN4
  drum
  □ Buailim ar na drumaí. I play the drums.

drumadóir MASC NOUN3
  drummer

dtí ADVERB
  ■ **go dtí** to □ Tógann an turas go dtí an scoil leath uair an chloig. The journey to school takes half an hour. □ Chuaigh mé go dtí an siopa. I went to the shop.
  ■ **Tá sé ceathrú go dtí a dó.** It's a quarter to two.

dua MASC NOUN4
  effort
  ■ **obair gan dua** effortless work

duais (PL duaiseanna) FEM NOUN2
1 prize
  □ Fuair sé an chéad duais. He got first prize.
2 award
  □ Bhain sé duais He won an award.
  □ an duais don aisteoir is fearr the award for the best actor

dualgas MASC NOUN1
  duty
  ■ **ar dualgas** on duty □ Tá sé ar dualgas tráthnóna. He's on duty this evening.
  ■ **Caithfidh tú glacadh le do chuid dualgas.** You must face up to your responsibilities.

duán MASC NOUN1
  kidney (in body)
  □ Tá na duáin ag cur air. He's got kidney trouble.

dúbailte ADJECTIVE
  double
  □ seomra dúbailte a double room □ leaba dhúbáilte a double bed

dubh ADJECTIVE
1 black
  □ Tá gruaig dhubh air. He's got black hair.
  □ An é seo a chóta? — Ní hé, tá a ceannsa dubh. Is this her coat? — No, hers is black.
  □ Bhí éadaí dubha á gcaitheamh aici. She was wearing black clothes.

2 Black
  □ Is duine dubh í. She is Black.
3 black-haired
  □ gasúr beag dubh a little black-haired boy
4 crowded (with people)
  □ Bhí an trá dubh le daoine. The beach was crowded.
  ■ **Tá mé dubh dóite.** I'm fed up.
  ■ **Thug sé amharc dubh orm.** He gave me a nasty look.

dúch MASC NOUN1
  ink

dúchais ADJECTIVE
  native
  □ cainteoir dúchais Ghaeilge a native speaker of Irish

dúchas MASC NOUN1
  heritage
  ■ **Tá an ceol sa dúchas aige.** He has music in his blood.
  ■ **Is Éireannach ó dhúchas é.** He is Irish by birth.
  ■ **Níl Béarla ó dhúchas acu.** English is not their native language.

dufair FEM NOUN2
  jungle

duga MASC NOUN4
  dock (for ship)

dúghorm ADJECTIVE
  navy-blue
  □ léine dhúghorm a navy-blue shirt

duibheagán MASC NOUN1
  depth
  ■ **i nduibheagán na hoíche** in the middle of the night

dúiche FEM NOUN4
  area
  □ Tógadh sa dúiche seo mé. I was brought up in this area.

dúil FEM NOUN2
  LANGUAGE TIP dúil can be used to say what you like.
  □ Tá dúil agam sa cheol. I like music.
  □ Gaeilge an t-aon ábhar a bhfuil dúil agam ann. Irish is the only subject I like.
  □ Tá an-dúil aici ann. She likes it very much.
  ■ **Tá dúil aici ann.** She's fond of him.
  LANGUAGE TIP dúil can be used to say what you expect.
  □ Bhí mé ag dúil le rud níos fearr. I expected something better.
  ■ **Tá mé ag dúil go mór leis an gceolchoirm.** I'm really looking forward to the concert.

duilleog FEM NOUN2
  leaf

□ Bhí duilleog ar snámh ar an uisce. There was a leaf floating on the water.

duine (PL **daoine**) MASC NOUN4
<u>person</u>

□ Is duine an-ionraic í. She's a very honest person.

■ **duine óg** a young person □ cárta iarnróid duine óig a young person's railcard

■ **fiche duine** twenty people

■ **duine éigin** somebody □ Tá duine éigin ag bualadh ar an doras. Somebody's knocking at the door.

■ **duine fásta** an adult

■ **duine ar bith 1** anybody □ An bhfaca duine ar bith an madra? Did anyone see the dog? **2** nobody □ Ní raibh duine ar bith sa teach. There was nobody in the house. □ Cé atá ag dul leat? — Duine ar bith. Who's going with you? — Nobody.

■ **gach duine** everybody □ Chuaigh gach duine amach de ruathar Everybody rushed outside.

■ **An chéad duine eile, le do thoil!** Next please!

dúiseacht FEM NOUN3

■ **bheith i do dhúiseacht** to be awake □ Tá mé i mo dhúiseacht le cúpla uair an chloig. I've been awake for a couple of hours.

dúisigh VERB [11, VN dúiseacht]
<u>to wake up</u>

□ Dhúisigh mé ar a seacht. I woke up at seven.

dul MASC NOUN3
<u>way</u>

□ Níl aon dul as. There is no way of avoiding it.

dúlra MASC NOUN4
<u>nature</u>

□ tearmann dúlra a nature reserve

dumpáil VERB [25]
<u>to dump</u>

□ Dhumpáil sé an seantroscán. He dumped the old furniture.

Dún MASC NOUN1

■ **an Dún** Down

dún (PL **dúnta**) MASC NOUN1
▷ see also **dún** VERB
<u>fort</u>

dún VERB [23]
▷ see also **dún** MASC NOUN1
<u>to close</u>

□ Dún an doras. Close the door.

■ **Dún do chlab!** Shut up!

dúnmharaigh VERB [12]
<u>to murder</u>

dúnmharfóir MASC NOUN3
<u>murderer</u>

dúnmharú MASC NOUN
<u>murder</u>

□ Saoradh í sa dúnmharú. She was cleared of murder. □ Chúisigh na póilíní i ndúnmharú é. The police have charged him with murder.

Dún na nGall MASC NOUN
<u>Donegal</u>

dúnta ADJECTIVE
<u>closed</u>

□ Tá an fhuinneog dúnta. The window is closed.

dúrud MASC NOUN3
<u>loads</u>

□ Tá an dúrud airgid aige. He has loads of money.

dúshlán MASC NOUN1
<u>challenge</u>

□ Beidh cluiche dúshláin againn inniu. We have a challenge match today.

dusta MASC NOUN4
<u>dust</u>

Ee

é PRONOUN

1 he

□ Is múinteoir é. He's a teacher. □ Cé hé féin? Who is he? □ Maraíodh é. He was killed.

2 him

□ Chonaic mé inné é. I saw him yesterday. □ Tá Seán bliain níos sine ná é. John's a year older than him.

3 it

□ Tóg é. Lift it. □ Is maith an rud é. It's a good thing. □ Áit ghalánta é. It's a lovely place. □ Déantar go minic ar an gcaoi sin é. It's often done like that.

■ **Is é mo bharúil go ...** It is my opinion that ...

■ **Tháinig sé abhaile agus é fliuch báite.** (indicating manner) He came home soaking wet.

■ **An é nach bhfuil a fhios agat?** Do you mean to say you don't know?

ea PRONOUN

LANGUAGE TIP **ea** is usually not translated.

□ Dlíodóir is ea Tomás. Thomas is a lawyer. □ Múinteoirí ba ea iad. They were teachers. □ Is dóigh liom gur dlíodóir gurb ea é. I think he's a lawyer. □ Dúirt sé gur mhúinteoirí gurbh ea iad. He said they were teachers.

LANGUAGE TIP **ea** can be used to answer questions.

□ An tuirseach atá tú? — Is ea. Are you tired? — Yes. □ Nach inné a tháinig sé? — Is ea. Wasn't it yesterday he came? — Yes, it was. □ An ag ól atá siad? — Ní hea, ach ag ithe. Are they drinking? — No, they're eating.

■ **Ba bhád mór í, nárbh ea?** It was a big boat, wasn't it?

■ **Creidim, ní hea, táim cinnte de go ...** I believe, no, I am certain that ...

each MASC NOUN1

horse

éachtach ADJECTIVE

extraordinary

eachtra FEM NOUN4

1 adventure (thrilling experience)

2 event

□ Tá an scannán bunaithe ar fhíoreachtraí. The film is based on actual events.

eachtrannach ADJECTIVE

▷ see also **eachtrannach** MASC NOUN1

foreign

□ ár gcomhfhreagraí eachtrannach our foreign correspondent

eachtrannach MASC NOUN1

▷ see also **eachtrannach** ADJECTIVE

foreigner

eacnamaíoch ADJECTIVE

economic

eacnamaíocht FEM NOUN3

1 economy (of country)

2 economics

□ Tá sé ag déanamh staidéir ar an eacnamaíocht. He's studying economics.

eacstais FEM NOUN2

ecstasy

éad MASC NOUN3

envy

■ **éad a bheith ort le duine** to be jealous of somebody

éadach (PL éadaí) MASC NOUN1

1 cloth (fabric)

□ Bhí an mála déanta d'éadach garbh. The bag was made of coarse cloth.

2 clothes

□ éadaí neamhfhoirmiúla casual clothes □ éadaí fliucha wet clothes □ Caitheann sí éadaí seanfhaiseanta. She wears old-fashioned clothes.

■ **do chuid éadaigh a chur ort** to put on one's clothes

■ **éadach soithí** a dishcloth

e

- **éadach boird** a tablecloth
- **éadach leapa** bedclothes
- **éadaí olla** woollens

éadaingean (GEN SING FEM, PL, COMPAR **éadaingne**) ADJECTIVE
unsteady

éadan MASC NOUN1
1 forehead
2 face
  □ Nigh d'éadan. Wash your face.
3 front (of building)
  - **in éadan** against □ Chuir mé mo rothar in éadan an bhalla. I rested my bike against the fence. □ Tá mé in éadan na seilge. I'm against hunting. □ Tá sé in éadan na rialacha. It's against the rules.
  - **Níor chuir duine ar bith inár n-éadan.** Nobody opposed us.

éadmhar ADJECTIVE
envious

éadóchas MASC NOUN1
despair
  - **Ná tit in éadóchas.** Don't despair.

éadóchasach ADJECTIVE
desperate
  □ cás éadóchasach a desperate situation
  □ Bhí mé ag éirí éadóchasach. I was getting desperate.

éadóigh ADJECTIVE
unlikely
  □ Is éadóigh go dtiocfaidh sé anois. He's unlikely to come now.

éadomhain ADJECTIVE
shallow

eadraibh, eadrainn ▷ see **idir**

éadrom ADJECTIVE
light (in weight)

éadulangach ADJECTIVE
intolerant

eagal ADJECTIVE
  - **Is eagal liom go bhfuil tú rómhall.** I am afraid you're too late.
  - **Ní eagal duit.** You're in no danger.

éagaoin VERB [15]
to moan
  □ Bíonn sí i gcónaí ag éagaoin. She's always moaning.

eagar MASC NOUN1
arrangement
  - **in eagar ceart** properly arranged
  - **Chuireamar eagar ar an seomra.** We tidied up the room.
  - **leabhar a chur in eagar** to edit a book

eagarthóir MASC NOUN3
editor

eagarthóireacht FEM NOUN3
editing
  - **foireann eagarthóireachta** editorial staff

eagla FEM NOUN4
fear
  - **Tá eagla orm!** I'm frightened!
  - **Bhí eagla ar na páistí roimh an madra.** The children were afraid of the dog.
  - **ar eagla na heagla** just in case □ Tabhair leat airgead, ar eagla na heagla. Take some money, just in case.

eaglais FEM NOUN2
church
  □ clog na heaglaise the church clock
  □ seirbhís eaglaise a church service

éagmais FEM NOUN2
lack
  - **déanamh in éagmais ruda** to do without something

eagna FEM NOUN4
wisdom
  - **eagna chinn** intelligence

éagnach MASC NOUN1
groan

eagnaí ADJECTIVE
wise

éagóir (PL **éagóracha**) FEM NOUN3
injustice
  - **Cúisíodh san éagóir é.** He was wrongly accused.
  - **Bhí tú san éagóir orm ansin.** You were wrong about me there.

éagoiteann ADJECTIVE
uncommon

éagothrom ADJECTIVE
uneven (surface)

eagraí MASC NOUN4
organizer

eagraigh VERB [12]
to organize
  □ Eagraíonn siad cúrsaí ceoil sna laethanta saoire. They organize music courses in the holidays.

eagraíocht FEM NOUN3
organization (political)

eagrán MASC NOUN1
1 edition (book)
2 issue (magazine)
  □ san eagrán is déanaí de ... in the latest issue of ...

éagsamhalta ADJECTIVE
extraordinary

éagsúil ADJECTIVE
different

□ Tá siad éagsúil le chéile. They are different from one another.

■ **Bhí rudaí éagsúla le déanamh agam.** I had various things to do.

éagumasach ADJECTIVE
incapable

eala FEM NOUN4
swan

éalaigh VERB [12]
1 to escape *(prisoners)*
  ■ **D'éalaigh mé amach gan fhios.** I slipped out unnoticed.
2 to elope
  □ D'éalaigh an lánúin le chéile. The couple eloped.

ealaín (PL **ealaíona**, GEN PL **ealaíon**) FEM NOUN2
art
  □ na healaíona uaisle the fine arts

ealaíonta ADJECTIVE
skilful
  ■ **go healaíonta** skilfully □ Rinneadh go healaíonta é. It was skilfully done.

ealaíontóir MASC NOUN3
artist
  □ Is ealaíontóir í. She's an artist.

eallach (PL **eallaí**) MASC NOUN1
cattle

ealta FEM NOUN4
flock *(of birds)*

éan MASC NOUN1
bird
  □ tréad éan a flock of birds □ éan creiche a bird of prey
  ■ **éan corr** odd man out

Eanáir MASC NOUN4
January
  ■ **i mí Eanáir** in January

éanfhairtheoir MASC NOUN3
bird-watcher

éanlaith FEM NOUN2
birds
  □ éanlaith mhara sea birds

earc (PL **earca**) MASC NOUN1
lizard
  ■ **earc luachra** a newt

earcach MASC NOUN1
recruit

éarlais FEM NOUN2
deposit *(down payment)*
  ■ **éarlais a chur ar rud** put down a deposit on something
  ■ **éarlais leabhair** a book token

éarlamh MASC NOUN1
patron saint

earraí PL NOUN
goods
  □ earraí tomhaltais consumer goods
  ■ **earraí gloine** glassware

earrach MASC NOUN1
spring *(season)*
  ■ **san earrach** in spring

earráid FEM NOUN2
error
  □ earráid chló a typing error

eas (PL **easanna**) MASC NOUN3
waterfall

easaontaigh VERB [12]
to disagree
  □ Easaontaíonn sé liom. He disagrees with me.

easaontas MASC NOUN1
disagreement

éasc MASC NOUN1
fault *(geological)*
  ■ **Fuair sé an t-éasc ionat an iarraidh sin.** He found your weak spot that time.

éasca ADJECTIVE
easy
  □ Bhí an obair sin éasca go leor. That work was quite easy.

eascaine FEM NOUN4
curse

eascairdiúil ADJECTIVE
unfriendly

eascann FEM NOUN2
eel

easláinte FEM NOUN4
ill-health

easlán MASC NOUN1
invalid *(sick person)*

easna (PL **easnacha**) FEM NOUN4
rib

easnamh MASC NOUN1
shortage
  ■ **Tá punt fós in easnamh orainn.** We're still a pound short.
  ■ **in easnamh** missing □ Tá ceann amháin in easnamh. There's one missing.

easpa FEM NOUN4
lack
  ■ **Tá easpa taithí air.** He lacks experience.
  ■ **Tá duine in easpa orainn.** We're a man short.

easpag MASC NOUN1
bishop

easpórtáil VERB [25]
to export

easpórtálaí MASC NOUN4
exporter

eastát MASC NOUN1
estate
□ eastát tionsclaíoch an industrial estate □ eastát tithíochta a housing estate
■ **eastát réadach** real estate

easumhal (PL **easumhla**) ADJECTIVE
1 disobedient (to parents)
2 insubordinate (to officers)

eatarthu ▷ see idir

eatramh MASC NOUN1
interval (between showers)
■ **Rinne sé eatramh beag.** It cleared up a little.
■ **Tá eatramh ann.** It's stopped raining.

eatramhach ADJECTIVE
interim
□ socrú eatramhach an interim arrangement

eibhear MASC NOUN1
granite

éiceachóras MASC NOUN1
ecosystem

éiceolaíoch ADJECTIVE
ecological

éiceolaíocht FEM NOUN3
ecology

éadaí ▷ see éadach

éide FEM NOUN4
uniform
□ éide scoile school uniform
■ **éide spóirt** sportswear

éideimhin ADJECTIVE
uncertain

eidhneán MASC NOUN1
ivy

éidreorach ADJECTIVE
helpless

éifeachtach ADJECTIVE
1 effective (policy)
2 efficient (worker)
■ **go héifeachtach** efficiently
3 capable (person)

éigean MASC NOUN1
force (violence)
■ **B'éigean dom imeacht.** I had to leave.
■ **ar éigean** hardly □ Ar éigean a bhí mé in ann siúl. I could hardly walk.

éigeandáil FEM NOUN3
emergency

éigin ADJECTIVE
some
□ Bhí bean éigin ar do lorg. Some woman was looking for you □ lá éigin some day
■ **duine éigin** someone □ Tá duine éigin ag

bualadh ar an doras. Someone's knocking at the door.
■ **ar dhóigh éigin** somehow □ Déanfaidh mé ar dhóigh éigin é. I'll do it somehow.
■ **míle éigin euro** about a thousand euros

éiginnte ADJECTIVE
uncertain

Éigipt FEM NOUN2
■ **an Éigipt** Egypt □ san Éigipt in Egypt

Éigipteach ADJECTIVE, MASC NOUN1
Egyptian

éignigh VERB [11]
to rape

éigniú MASC NOUN
rape

éigse FEM NOUN4
poetry

eile ADJECTIVE, ADVERB, PRONOUN
1 other
□ Rinne siad pleananna eile. They made other plans.
2 another
□ leabhar eile another book □ Ar mhaith leat píosa eile cáca? Would you like another piece of cake?
■ **Cé eile?** Who else?
■ **duine amháin eile** one more person
■ **cailín eile ar fad** a completely different girl

éileamh MASC NOUN1
1 claim
□ Ba cheart duit éileamh a chur isteach. You should send in a claim.
2 request
□ Tháinig éileamh ar bhreis airgid.. A request came in for more money.
■ **Tá éileamh mór ar an leabhar sin.** That book is in great demand.
3 complaint (ailment)

eilifint FEM NOUN2
elephant

éiligh VERB [11]
1 to claim
□ D'éilíomar ar ár n-árachas. We claimed on our insurance.
■ **rud a éileamh** to demand something
2 to complain
□ Bhí sé ag éileamh as a dhroim. He was complaining of a sore back.
■ **Tá sé ag éileamh le tamall.** He has been ill for some time.

eilimint FEM NOUN2
element

éilitheach ADJECTIVE
demanding

éill, éille ▷ see **iall**

éillín MASC NOUN4
1 clutch (eggs)
2 brood (chicks)

Eilvéis FEM NOUN2
■ **an Eilvéis** Switzerland □ san Eilvéis in Switzerland

Eilvéiseach ADJECTIVE, MASC NOUN1
Swiss
□ Is Eilvéiseach í. She's Swiss.

éindí NOUN
■ **in éindí** together □ Bhíomar in éindí. We were together.
■ **Bhí m'athair in éindí liom.** My father was with me.

éineacht NOUN
at the same time
□ Ná bígí ag labhairt uilig in éineacht. Don't all speak at the same time.
■ **in éineacht** together
■ **Tiocfaidh mé in éineacht leat.** I'll come with you.

eipeasóid FEM NOUN2
episode

Éire (DAT SING **Éirinn**, GEN SING **Éireann**) FEM NOUN
Ireland (Eire)
□ in Éirinn in Ireland
■ **Muir Éireann** the Irish Sea
■ **muintir na hÉireann** the Irish people
■ **Poblacht na hÉireann** the Republic of Ireland

eireaball MASC NOUN1
tail
■ **treabhadh as d'eireaball féin** to fend for yourself

Éireann ▷ see **Éire**

Éireannach ADJECTIVE
▷ see also **Éireannach** MASC NOUN1
Irish

Éireannach MASC NOUN1
▷ see also **Éireannach** ADJECTIVE
Irish person

éirí MASC NOUN4
■ **éirí na gréine** sunrise

éiric FEM NOUN2
revenge
■ **éiric a bhaint as duine i rud** to get one's own back on somebody for something
■ **cic éirice** a penalty kick

éirigh VERB [11, VN éirí]
1 to rise
□ Éiríonn an ghrian go luath i Meitheamh. The sun rises early in June.
2 to get up (out of bed)

□ Ba chóir dom éirí níos luaithe. I ought to get up earlier. □ Caithfidh mé éirí go luath. I have to get up early.
3 to get (become)
□ Tá sé ag éirí fuar. It's getting cold.
□ Bhí mé ag éirí éadóchasach. I was getting desperate.
■ **D'éirigh leis sa scrúdú.** He passed the exam.
■ **Cad é mar atá ag éirí leat?** How are you getting on?
■ **Cad é a d'éirigh dó?** What happened to him?
■ **D'éirigh eatarthu.** They fell out.

éirim FEM NOUN2
1 intellect
2 talent
□ Tá éirim an cheoil inti. She has a talent for music.
3 gist
□ Sin é éirim an scéil. That's the gist of the matter.

éirimiúil ADJECTIVE
talented
■ **eolaí éirimiúil** a brilliant scientist

Éirinn ▷ see **Éire**

éis NOUN
■ **tar éis** after □ tar éis dúinn filleadh after our return □ tar éis an tsaoil after all
■ **fiche tar éis a trí** twenty past two

éisc ▷ see **iasc**

eisceachtúil ADJECTIVE
exceptional

eisdíritheach ADJECTIVE, MASC NOUN1
extrovert

éisealach ADJECTIVE
squeamish

eisean PRONOUN
1 he
□ Eisean an t-údar. He's the author.
2 him
□ Tá mé cinnte gurbh eisean a bhí ann. I'm certain it was him. □ Chonaic mé eisean ach ní fhaca mé ise. I saw him but not her.
■ **Eisean a bhí ann.** (for emphasis) It was HIM.

eisigh VERB [11, VN eisiúint]
to issue

eisimirceach ADJECTIVE, MASC NOUN1
emigrant

eisiúint (GEN SING **eisiúna**) FEM NOUN3
issue (of shares)
■ **an eisiúint is deireanaí ón mbanna** the band's latest release

eisreachtaí – euro

eisreachtaí MASC NOUN4
outlaw

éist VERB [15, VN éisteacht]
to listen
□ Éistim leis an nuacht gach maidin. I listen to the news every morning.
■ **éisteacht le duine** to listen to somebody
□ Ní éistfeadh siad liom. They wouldn't listen to me.
■ **Éist!** Look here!
■ **Éist do bhéal!** Shut up!
■ **cás a éisteacht** (in court) to hear a case

éisteacht FEM NOUN3
hearing
□ Níl an éisteacht go maith aige. His hearing is not good.

éisteoir MASC NOUN3
listener (to the radio)

eite FEM NOUN4
wing
■ **an eite chlé** (politics) the Left Wing

eiteach MASC NOUN1
refusal
□ eiteach dearg a flat refusal

eiteog FEM NOUN2
wing (of bird)

eitigh VERB [11, VN eiteach]
to refuse

eitil VERB [21]
to fly
□ Ní féidir eitilt go díreach ó Chorcaigh go Nice. You can't fly to Nice direct from Cork.
□ D'eitil an t-eitleán tríd an oíche. The plane flew through the night.

eitilt FEM NOUN2
flight
□ eitilt intíre a domestic flight □ Cén t-am a bheidh an eitilt go Páras? What time is the flight to Paris? □ Bhí moill ar an eitilt. The flight was delayed.

eitinn FEM NOUN2
tuberculosis

eitleán MASC NOUN1
plane
□ Thuairteáil an t-eitleán. The plane crashed.
□ Stopann an t-eitleán i mBostún chun athbhreoslú. The plane stops in Boston to refuel.

■ **ar an eitleán** by air □ Is fearr liom taisteal ar an eitleán. I prefer to travel by air.

eitleog FEM NOUN2
1 kite (toy)
2 volley (in tennis)

eitneach ADJECTIVE
ethnic

eitpheil FEM NOUN2
volleyball

eochair (GEN SING **eochrach**, PL **eochracha**) FEM NOUN
key
□ Fág d'eochair ag an deasc fáiltithe, le do thoil. Please leave your key at reception.
□ Chaill mé m'eochair. I've lost my key.

eochairchlár MASC NOUN1
keyboard

eolaí MASC NOUN4
1 expert
2 scientist
□ Cuireadh oiliúint eolaí air. He was trained as a scientist.

eolaíoch ADJECTIVE
scientific

eolaíocht FEM NOUN3
science

eolaire MASC NOUN4
directory (book)

eolas MASC NOUN1
knowledge
■ **Níl aon eolas agam faoi.** I know nothing about it.
■ **An bhfuil eolas agat ar Bhéal Feirste?** Do you know your way around Belfast?
■ **de réir m'eolais** as far as I know
■ **eolas an bhealaigh a chur** to ask directions
■ **oifig eolais** an information office

Eoraip FEM NOUN3
■ **an Eoraip** Europe □ Thaistil sé go fairsing san Eoraip. He has travelled extensively in Europe.

Eorpach ADJECTIVE, MASC NOUN1
European

euro MASC NOUN4
euro (currency)
□ céad euro a hundred euros □ Beidh 200 euro air, cáin san áireamh. It will be 200 euros, including tax. □ bonn 2 euro a 2 euro coin

Ff

fabhar MASC NOUN1
favour
- **bheith i bhfabhar le rud** to be in favour of something

fabhcún MASC NOUN1
falcon

fabhra MASC NOUN4
1 eyelash
2 eyebrow

fabhtach ADJECTIVE
faulty *(flawed)*
- **croí fabhtach** a weak heart

fabraic FEM NOUN2
fabric

fách NOUN
- **bheith i bhfách le rud** to be in favour of something

facs MASC NOUN4
fax

facsáil VERB [25]
to fax

fad MASC NOUN1
1 length
- **sé mhéadar ar fad** 6 metres long
- **ar a fhad** lengthwise
- **faoi fhad láimhe de** within reach of
2 duration
- **an lá ar fad** all day
- **Cá fhad?** How long?
3 distance
- **Cá fhad atá sé go Corcaigh?** How far is it to Cork?
- **ar fad** altogether □ rud eile ar fad another matter altogether
- **fad is nach mbeidh tú mall** as long as you're not late
- **i bhfad ró-bheag** far too small
- **i bhfad ó shin** long ago
- **dul a fhad le duine** to approach somebody
- **Fad saoil duit!** Bravo!

fada (COMPAR **faide**) ADJECTIVE
long
□ scéal fada a long story □ Ní raibh mé sa bhaile le fada. I haven't been home for a long time.
- **le fada an lá** for a long time past
- **Is fada ó …** It's a long time since … □ Is fada ó chonaic mé Pádraig. It's a long time since I saw Patrick.

fadálach ADJECTIVE
1 slow
2 tedious
□ obair fhadálach tedious work

fadcheannach ADJECTIVE
astute

fadfhulangach ADJECTIVE
long-suffering

fadhb (PL **fadhbanna**) FEM NOUN2
problem
□ D'éirigh linn an fhadhb a réiteach. We managed to solve the problem.

fadó ADVERB
long ago
- **san am fadó** in olden times

fadtéarmach ADJECTIVE
long-term

fadtonn FEM NOUN2
long wave *(radio)*

fadtréimhseach ADJECTIVE
long-term

fadú MASC NOUN
extension *(to house)*

fág VERB [14, VN **fágáil**]
to leave
□ D'fhág mé an teach ar a hocht. I left the house at eight.
- **rud a fhágáil ag duine** to leave something with somebody □ Fágfaidh mé an leabhar ag Máire. I will leave the book with Mary.
- **D'fhág mé slán ag Seán.** I said goodbye to John.
- **rud a fhágáil amach** to leave something out

f

■ **rud a fhágáil ar dhuine** to attribute something to somebody □ Ná fág ormsa é. Don't attribute it to me.

■ **rud a fhágáil faoi dhuine** *(decision)* to leave something up to somebody □ Fágfaidh mé fút féin é. I will leave it up to you.

faic FEM NOUN4
nothing

□ Ní dhéanann sé faic. He does nothing.

■ **faic na fríde** nothing at all

faiche FEM NOUN4

1 lawn

2 ground

□ faiche imeartha playground

faichill FEM NOUN2
caution

■ **bheith ar d'fhaichill roimh dhuine** to be wary of somebody

faichilleach ADJECTIVE
cautious

fáidh (PL **fáithe**) MASC NOUN4
prophet

□ Ní fáidh fear ina dhúchas féin. No man is a prophet in his own country.

faigh VERB [5]

1 to get

□ Faigh an leabhar. Get the book.

■ **rud a fháil ar ais** to get something back

2 to find

□ Fuair mé mo sparán. I found my purse.

■ **faigh amach** to discover □ Fuair mé amach go raibh Liam tinn. I discovered that Liam was sick.

3 to receive

□ Gheobhaidh tú litir sa phost. You will receive a letter in the post.

■ **rud a fháil déanta** to get something done

■ **Ní bhfuair mé labhairt leis.** I didn't get to speak with him.

■ **locht a fháil ar rud** to find fault with something

■ **ar fáil** available □ Níl fáil air. He isn't available.

faighin (GEN SING **faighne**, PL **faighneacha**) FEM NOUN2
vagina

faighneog FEM NOUN2
pod

□ faighneoga píse pea pods

fáilí ADJECTIVE
stealthy

■ **teacht go fáilí ar dhuine** to sneak up on somebody

faill (PL **failleanna**) FEM NOUN2

1 opportunity

□ Seo faill iontach. This is a wonderful opportunity.

■ **faill a bhreith ar dhuine** to take somebody at a disadvantage

2 time

□ Níl faill suí agam. I don't have time to sit down.

■ **faill a thabhairt do dhuine rud a dhéanamh** to give somebody time to do something

faillí (PL **faillíocha**) FEM NOUN4
oversight

■ **faillí a dhéanamh i rud** to neglect something

fáilte FEM NOUN4
welcome

■ **Fáilte romhat!** Welcome!

■ **fáilte a chur roimh dhuine** to welcome somebody

fáilteoir MASC NOUN3
receptionist

fáiltigh VERB [11]
to welcome

■ **fáiltiú roimh rud** to welcome something

fáiltiú MASC NOUN
reception

fainic VERB
to take care

○ **LANGUAGE TIP** The only form of this verb used is the imperative, **fainic**.

□ Fainic an mbrisfeá é. Take care not to break it.

■ **Fainic thú féin ar an madra.** Beware of the dog.

fáinleog FEM NOUN2
swallow *(bird)*

fáinne MASC NOUN4

1 ring

□ fáinne pósta a wedding ring

2 circle

□ fáinne lochtach a vicious circle

3 ringlet *(hair)*

■ **fáinne geal an lae** the dawning of the day

fair VERB [13, VN faire]
to watch

□ ag faire na huaire watching the clock

■ **duine a fhaire** to watch over someone

faire FEM NOUN4

1 watch

■ **fear faire** sentry

■ **focal faire** a password

2 wake *(for dead person)*

fairsing ADJECTIVE
1 wide
  □ doras fairsing a wide door
2 extensive
  □ radharc fairsing an extensive view
3 spacious
  □ seomra fairsing a spacious room
4 plentiful
  □ Tá an t-airgead fairsing. The money is plentiful.
fairsingiú MASC NOUN
expansion
fairtheoir MASC NOUN3
watchman
  □ fairtheoir oíche a night watchman
fáisc VERB [13, VN fáscadh]
1 to squeeze
  □ rud a fháscadh i do lámh to squeeze something in your hand □ D'fháisc mé an liathróid i mo lámh. I squeezed the ball in my hand.
2 to wring
  □ Bhain sé de a chuid éadaigh gur fháisc sé iad. He took off his wet socks and wrung them out.
3 to tighten
  □ téad a fháscadh to tighten a rope
fáisceán MASC NOUN1
bandage
fáiscín MASC NOUN4
clip
  □ fáiscín páipéir a paper clip
faisean MASC NOUN1
fashion
  □ san fhaisean in fashion □ as faisean out of fashion
faiseanta ADJECTIVE
fashionable
  ■ siopa éadaigh faiseanta a fashion boutique
faisnéis FEM NOUN2
1 information
  ■ faisnéis duine a chur to inquire about somebody
  ■ faisnéis na haimsire weather report
2 intelligence (military)
faiteach ADJECTIVE
shy
  □ leanbh faiteach a shy child
fáithim FEM NOUN2
hem
faithne MASC NOUN4
wart
faitíos MASC NOUN1
1 fear

  □ ar fhaitíos go ... for fear that ...
  ■ Tá faitíos orm. I am afraid.
2 shyness
  ■ Bhí faitíos ar an leanbh. The child was shy.
fál (PL fálta) MASC NOUN1
1 hedge
  □ fál bosca a box hedge
2 fence
  □ fál sreinge a wire fence
3 wall
  ■ Ní fál go haer é. This problem can be solved.
fallaing (PL fallaingeacha) FEM NOUN2
cloak
  ■ fallaing folctha a bathrobe
  ■ fallaing sheomra a dressing gown
falsa ADJECTIVE
lazy
  □ duine falsa a lazy person
  ■ airgead falsa counterfeit money
falsacht FEM NOUN3
laziness
falsóir MASC NOUN3
lazy person
fámaireacht FEM NOUN3
sightseeing
fan VERB [23, VN fanacht]
1 to stay
  □ D'fhan sé as an mbealach He stayed out of the way.
  ■ fanacht ag duine to stay with somebody
2 to wait
  □ Fan nóiméad! Wait a minute!
  ■ Fan go fóill! Hold on!
  ■ fanacht le duine to wait for somebody
fán MASC NOUN1
  ■ ar fán astray
  ■ imeacht ar fán to wander off
  ■ lucht fáin vagrants
fána FEM NOUN4
slope
  ■ dul le fána to decline
fánach ADJECTIVE
1 futile
  □ Tá sé fánach agam bheith ag caint leis. It's futile for me to talk to him.
2 occasional
  □ ceathanna fánacha occasional showers
3 trivial (matter, cause)
4 random
  □ sampla fánach a random sample
fanaiceach MASC NOUN1
fanatic

fanaile MASC NOUN4
vanilla

fann ADJECTIVE
1 feeble
  □ glór fann a feeble voice
2 limp
  □ bláth fann a limp flower

fanntais FEM NOUN2
  ▪ dul i bhfanntais to faint

fánsruth MASC NOUN3
rapids

fantaisíocht FEM NOUN3
fantasy

faobhrach ADJECTIVE
1 sharp-edged
2 eager (person)

faoi PREPOSITION

> **LANGUAGE TIP** Prepositional pronouns
> are **fúm, fút, faoi, fúithi, fúinn,
> fúibh, fúthu.**

1 under
  □ faoin tábla under the table
2 about
  □ ag caint faoin aimsir talking about the
  weather □ Tá mé ar buile faoin mhoill. I'm
  furious about the delay.
3 within
  □ faoi choicís den Nollaig within a fortnight
  of Christmas □ faoi mhíle den teach within
  a mile of the house
  ▪ **Tá fúm dul amach anocht.** I intend to go
  out tonight.
  ▪ **Bhuail sé faoin mballa.** He hit the wall.
  ▪ **Is cuma faoi.** That doesn't matter.
  ▪ **faoi láthair** at the moment
  ▪ **faoin tuath** in the country
  ▪ **faoi bhláth** in flower

faoileán MASC NOUN1
seagull

faoileoir MASC NOUN3
glider

faoileoireacht FEM NOUN3
gliding

faoiseamh MASC NOUN1
relief
  □ Is mór an faoiseamh dom é. It's a great
  relief to me.

faoiste MASC NOUN4
fudge (sweet)

faoistin FEM NOUN2
confession (in church)
  ▪ **faoistin a dhéanamh i rud** to confess
  something

faolchú (PL **faolchúnna**) MASC NOUN4
wolf

faon ADJECTIVE
limp

farantóireacht FEM NOUN3
  ▪ **bád farantóireachta** a ferry

faraor EXCLAMATION
alas

farraige FEM NOUN4
sea
  ▪ **fharraige mhór** an ocean

fás VERB [23, VN fás]
to grow
  □ Fásann féar go gasta. Grass grows quickly.
  □ Nach tusa atá ag fás! Haven't you grown!
  □ Bíonn prátaí ag fás ag mo dhaid. My dad
  grows potatoes.

fásta ADJECTIVE
grown up
  ▪ **duine fásta** an adult

fáth (PL **fáthanna**) MASC NOUN3
reason
  ▪ **Cén fáth?** Why?

fathach MASC NOUN1
giant

feabhas MASC NOUN1
improvement (in health, weather)
  ▪ **Tá an aimsir ag dul i bhfeabhas.** The
  weather is improving.
  ▪ **Tá feabhas mór air.** He has improved a lot.
  ▪ **ar fheabhas** excellent □ Tá an aimsir ar
  fheabhas. The weather is excellent.

Feabhra FEM NOUN4
February
  ▪ **i mí Feabhra** in February

feabhsaigh VERB [12]
to improve

feabhsaitheoir MASC NOUN3
conditioner

feabhsú MASC NOUN
improvement

feac VERB [14]
to bend (knee)

féach VERB [23, VN féachaint]
to look
  □ Féach an chuma atá air. Look at his
  appearance. □ Tá tú ag féachaint go maith.
  You are looking well.
  ▪ **féach ar rud** to watch something □ Bhí
  mé ag féachaint ar an teilifís. I was watching
  TV.
  ▪ **féach ort** (clothes) to try on □ D'fhéach sí
  gúna dearg uirthi. She tried on a red dress.
  ▪ **féachaint le rud** to try to do something
  □ D'fhéach mé leis an gcarraig a thógáil.
  I tried to lift the rock.
  ▪ **Féach leis!** Have a go!

féachaint (GEN SING **féachana**) FEM NOUN3
look
- **lucht féachana** spectators

feachtas MASC NOUN1
campaign

fead FEM NOUN2
whistle
- **fead a ligean le duine** to whistle at somebody

féad VERB [23, VN féadachtáil]
1 can
- □ Ní fhéadfaí é a dhéanamh. It couldn't be done. □ Féadaim a rá go ... I can safely say that ...
- **Féadann tú imeacht.** You may go.
2 should
- □ D'fhéad tú a rá leis. You should have told him.

feadair VERB
- **Ní fheadar.** I don't know.
- **An bhfeadraís?** Do you know?

feadh MASC NOUN3
- **ar feadh míle** for a mile
- **feadh an bhóthair** along the road
- **ar feadh sé mhí** for six months
- **ar feadh scaithaimh** for a while
- **ar feadh a shaoil** all his life
- **ar feadh m'eolais** as far as I know

feadóg FEM NOUN2
whistle
- □ Shéid an réiteoir a fheadóg. The referee blew his whistle.
- **feadóg mhór** a flute

feall MASC NOUN1
▷ *see also* **feall** VERB
1 deceit
- **feall a dhéanamh ar dhuine** to deceive someone
2 betrayal
- □ feall ar iontaoibh a betrayal of trust
3 foul *(in sport)*

feall VERB [23]
▷ *see also* **feall** MASC NOUN1
- **fealladh ar dhuine** to let somebody down □ Ná feall orm. Don't let me down.

fealsúnacht FEM NOUN3
philosophy

feamainn FEM NOUN2
seaweed

feanntach ADJECTIVE
1 piercing *(wind)*
2 bitter *(cold)*
- □ Tá sé feanntach inniu. It's bitter today.

fear (GEN SING, PL **fir**) MASC NOUN1
man

- **Fear Buí** an Orangeman
- **fear buile** a madman
- **fear céile** a husband
- **fear dóiteáin** a firefighter
- **fear ionaid** *(in sport)* a substitute
- **fear an phoist** a postman
- **fear singil** a bachelor
- **fear sneachta** a snowman
- **'Fir'** 'Gents'

féar (PL **féara**) MASC NOUN1
1 grass
- □ Tá an féar fada. The grass is long.
2 hay

fearadh MASC NOUN
- **Tá fearadh na fáilte romhat.** You're very welcome.

féaráilte ADJECTIVE
fair
- □ Níl sin féaráilte. That's not very fair.

fearas MASC NOUN1
1 appliance
- □ fearas iascaigh fishing gear
2 kit
- □ fearas lámhshaor a hands-free kit
- □ fearas garchabhrach a first-aid kit
- □ fearas deisithe poill a puncture repair kit
3 order
- **rud a chur i bhfearas** to fix something
- □ Chuir sé an t-inneall i bhfearas. He fixed the engine.

fearg (GEN SING **feirge**, DAT SING **feirg**)
FEM NOUN2
anger
- **fearg a bheith ort** to be angry
- **fearg a chur ar dhuine** to make somebody angry

feargach ADJECTIVE
angry

Fear Manach MASC NOUN
Fermanagh

fearthainn FEM NOUN2
rain
- □ fearthainn throm heavy rain
- **ag cur fearthainne** raining □ Tá sé ag iarraidh dul amach, cé go bhfuil sé ag cur fearthainne. He wants to go out, even though it's raining.

féasóg FEM NOUN2
beard
- □ Tá feasóg air. He's got a beard.

feasta ADVERB
from now on
- **lá ar bith feasta** any day now

feic VERB [6]
1 to see

féidearthacht – féirín

□ **Chonaic mé Seán inné.** I saw John yesterday.
■ **Fan go bhfeicfidh mé.** Let me see.
■ **le feiceáil** to be seen □ **Ní raibh sé le feiceáil thoir ná thiar.** He was nowhere to be seen.

2 to seem
□ **Feictear dom go …** It seems to me that …

féidearthacht FEM NOUN3
possibility

feidhm (PL **feidhmeanna**) FEM NOUN2
function
□ **Ní bhainim úsáid as an fheidhm seo ar mo ríomhaire.** I don't use this function on my computer.
■ **feidhm a bhaint as rud** to use something
■ **dul i bhfeidhm ar dhuine** to influence somebody
■ **as feidhm** out of order
■ **Níl feidhm leis.** It isn't necessary.
■ **Níl feidhm dom …** I don't have to …

feidhmeannach MASC NOUN1
1 official
□ **feidhmeannach poiblí** a public official
2 executive
□ **Is feidhmeannach é.** He's an executive.

feidhmeannas MASC NOUN1
1 office
□ **Tá an t-uachtarán nua i bhfeidhmeannas anois.** The new president is now in office.
2 executive (ruling body)
■ **an Feidhmeannas** the Executive

feidhmiúil ADJECTIVE
efficient

féidir NOUN
■ **b'fhéidir** maybe
■ **Is féidir é a fheiceáil.** It is possible to see it.
■ **An féidir liom caitheamh?** May I smoke?
■ **chomh mór agus is féidir** as big as possible
■ **más féidir** if possible
■ **Ní féidir liom teacht.** I cannot come.

feighil FEM NOUN2
care
■ **bheith i bhfeighil duine** to be looking after somebody □ **Tá mé i bhfeighil an linbh.** I am looking after the child.

feighlí MASC NOUN4
caretaker (of building)
■ **feighlí páistí** baby-sitter

feil VERB [15, VN feiliúint]
to suit
■ **feiliúint do dhuine** to suit somebody

féile (PL **féilte**) FEM NOUN4
1 festival
■ **Lá Fhéile Pádraig** St Patrick's Day
■ **Lá Fhéile Vailintín** St Valentine's Day
2 generosity
■ **Is é croí na féile é.** He's very generous.

féileacán MASC NOUN1
butterfly

féilire MASC NOUN4
calendar

feiliúnach ADJECTIVE
suitable
□ **aimn feiliúnach** a suitable name

feilt FEM NOUN2
felt

feiminí MASC NOUN4
feminist

féin PRONOUN
▷ see also **féin** ADVERB
1 self
□ **mé féin** myself □ **tú féin** yourself □ **Nigh siad iad féin** They washed themselves.
□ **Bríd féin a d'inis dom é.** Bridget told me herself. □ **Ghortaigh sí í féin.** She hurt herself. □ **Tháinig sí léi féin.** She came by herself.
2 own
□ **mo leabhar féin** my own book □ **Is leo féin an t-airgead.** It's their own money.

féin ADVERB
▷ see also **féin** PRONOUN
■ **mar sin féin** nevertheless
■ **go deimhin féin** indeed
■ **cheana féin** already
■ **Má tá sé fuar féin níl sé fliuch.**
Even though it's cold it's not wet.
■ **anois féin** even now
■ **Ní hé sin féin é.** That's not quite the whole story.

féinchosaint FEM NOUN3
self-defence

féinfhostaithe ADJECTIVE
self-employed

féinmharú MASC NOUN
suicide

féinmhuinín FEM NOUN2
self-confidence

féinseirbhís FEM NOUN2
self-service

féinsmacht MASC NOUN3
self-control

feirc FEM NOUN2
1 peak (of cap)
2 hilt (of knife)

féirín MASC NOUN4
present (gift)

feirm (PL **feirmeacha**) FEM NOUN2
farm
■ **feirm ghaoithe** a wind farm

feirmeoir MASC NOUN3
farmer
□ Is feirmeoir é. He's a farmer.

feirmeoireacht FEM NOUN3
farming

feis (PL **feiseanna**) FEM NOUN2
festival
■ **Ard-Fheis** (political) National Convention

Feisire MASC NOUN4
■ **Feisire Parlaiminte** (in Britain) Member of Parliament
■ **Feisire Eorpach** Member of the European Parliament

feisteas MASC NOUN1
1 furnishings
□ feisteas tí house furnishings
2 outfit (clothes)
3 costume (in theatre)
■ **seomra feistis** a changing room

feistigh VERB [11]
to arrange
□ D'fheistigh sí na bláthanna i vása. She arranged the flowers in a vase.
■ **an tábla a fheistiú** to set the table
□ D'fheistigh mé an tábla. I set the table.

féith (PL **féitheacha**) FEM NOUN2
vein

feitheamh MASC NOUN1
wait
■ **seomra feithimh** waiting room

feitheoir MASC NOUN3
1 invigilator (in exam)
2 supervisor (at work)

feithicil (GEN SING **feithicle**, PL **feithiclí**) FEM NOUN2
vehicle

feithid FEM NOUN2
insect

feoigh VERB [20]
to wither

feoil (PL **feolta**, GEN SING **feola**) FEM NOUN3
meat
□ Ní ithim feoil ná iasc. I don't eat meat or fish.

feoilséantóir MASC NOUN3
vegetarian
□ Is feoilséantóir mé. I'm a vegetarian.

feothan MASC NOUN1
1 breeze
2 gust
□ feothan gaoithe a gust of wind

fia (PL **fianna**) MASC NOUN4
roe deer
■ **fia rua** red deer

fiabheatha FEM NOUN4
wildlife

fiabhras MASC NOUN1
fever
□ fiabhras léana hay fever

fiacail (PL **fiacla**) FEM NOUN2
tooth
□ Scuabaim mo chuid fiacla gach oíche. I brush my teeth every night.
■ **fiacla bréige** false teeth
■ **fiacail forais** a wisdom tooth
■ **Níor chuir sé fiacail ann.** He didn't mince his words.

fiach (GEN SING **féich**, PL **fiacha**, GEN PL **fiach**) MASC NOUN1
debt
□ Tá cuid mhaith fiacha aige. He's got a lot of debts.
■ **fiacha a bheith ort rud a dhéanamh** to have to do something

fiaclóir MASC NOUN3
dentist
□ Is fiaclóir í Catherine. Catherine is a dentist.

fiaclóireacht FEM NOUN3
dentistry

fiafheoil FEM NOUN3
venison

fiafraigh VERB [12, VN fiafraí]
to ask (inquire)
□ D'fhiafraigh sé a haois di. He asked her how old she was.
■ **fiafraí faoi rud** to ask about something
□ Bhí sé ag fiafraí faoi leabhar éigin. He was asking about some book or other.

fiafraitheach ADJECTIVE
inquisitive

fiaile FEM NOUN4
weed
□ Tá an gairdín lán fiailí. The garden's full of weeds.

fiáin ADJECTIVE
wild
□ ainmhí fiáin a wild animal

fial (GEN SING MASC **féil**, GEN SING FEM, COMPAR **féile**) ADJECTIVE
generous

fianaise FEM NOUN4
evidence
■ **fianaise a thabhairt** to testify
■ **i bhfianaise duine** in the presence of somebody

fiancé MASC NOUN4
fiancé
fiancée
□ Is í fiancé s'agamsa í. She's my
fiancée.
Fiann (GEN SING **Féinne**, GEN PL **Fiann**,
PL **Fianna**) FEM NOUN2
■ cothrom na Féinne fair play
■ Fianna Fáil (political party) Fianna Fáil
fiche (GEN SING **fichead**, PL **fichidí**, DAT SING
fichid) MASC NOUN
twenty

> LANGUAGE TIP **fiche** is usually
> followed by a singular noun.

□ Tá sé níos mó ná fiche cíleagram. It's over
twenty kilos.
■ Tá mé fiche bliain d'aois. I'm twenty.
ficheall FEM NOUN2
chess
□ Imrím ficheall corruair le m'athair.
I sometimes play chess with my father.
fichiú ADJECTIVE
twentieth
□ an fichiú lá de Bhealtaine the twentieth
of May
ficsean MASC NOUN1
fiction
fidil (GEN SING **fidle**, PL **fidleacha**) FEM NOUN2
fiddle
□ Seineann sí ar an bhfidil. She plays the
fiddle.
fidléir MASC NOUN3
fiddler
fige FEM NOUN4
fig
figiúr (PL **figiúirí**) MASC NOUN1
figure
□ An dtiocfadh leat na figiúirí cuí a thabhairt
dom? Can you give me the appropriate
figures?
file MASC NOUN4
poet
filíocht FEM NOUN3
poetry
fill VERB [15]
1 to return
□ D'fhill sé abhaile. He returned home.
2 to fold up
□ D'fhill sí na héadaí. She folded up the
clothes.
3 to wrap up
□ Tá sí ag filleadh a cuid bronntanas Nollag
i bpáipéar. She's wrapping her Christmas
presents.
4 to backfire (plans)

filléad MASC NOUN1
fillet
fillte ADJECTIVE
return (ticket)
□ ticéad fillte a return ticket
fillteach ADJECTIVE
folding
□ bord fillteach a folding table
fillteán MASC NOUN1
folder
□ Choinnigh sí a cuid litreacha ar fad i
bhfillteán. She kept all her letters in a
folder.
fínéagar MASC NOUN1
vinegar
fíneáil FEM NOUN3
fine
□ Gearradh fíneáil £50 uirthi. She got a
£50 fine.
fíneálta ADJECTIVE
fine (delicate)
□ éadach fíneálta fine cloth
finné (PL **finnéithe**) MASC NOUN4
witness
□ Ní raibh finnéithe ar bith ann. There were
no witnesses.
■ finné fir best man
finscéal (PL **finscéalta**) MASC NOUN1
fiction
□ Is iontaí fírinne ná finscéal. Truth is
stranger than fiction.
finscéalaíocht FEM NOUN3
fiction
fíochmhar ADJECTIVE
ferocious
fíon (PL **fíonta**) MASC NOUN3
wine
□ buidéal fíona a bottle of wine
fíonchaor FEM NOUN2
grape
fíonghort MASC NOUN1
vineyard
fionn ADJECTIVE
fair
□ Tá a chuid gruaige fionn. He's got fair hair.
fionnadh MASC NOUN1
1 hair
□ Tá ailléirge orm le fionnadh cait.
I'm allergic to cat hair.
2 fur
□ Chaitheadh sí fionnadh bréagach.
She wore fake fur.
fionnuar ADJECTIVE
cool
□ tráthnóna fionnuar a cool evening

fionraí FEM NOUN4
suspension
■ **duine a chur ar fionraí** to suspend
somebody

fiontar MASC NOUN1
risk
□ **Ná téigh i bhfiontar.** Don't take a risk.
■ **dul i bhfiontar le rud** to gamble on
something

fíor ADJECTIVE
▷ see also **fíor** FEM NOUN
true
□ **cara fíor** a true friend □ **Ach, ní fíor seo.**
This, however, isn't true.
■ **Is fíor duit.** You're right.

fíor (GEN SING **fíorach**) FEM NOUN
▷ see also **fíor** ADJECTIVE
figure
■ **fíor na Croise** the sign of the Cross

fíor- PREFIX
true
□ **fíorchara** a true friend

fíoruisce MASC NOUN4
spring water

fios (GEN SING **feasa**) MASC NOUN3
1 knowledge
■ **Cá bhfios duit?** How do you know?
■ **fios do ghnóthaí a bheith agat** to know
one's business
2 to send for
□ **Chuir mé fios ar an dochtúir.** I sent for
the doctor.
■ **bean feasa** a fortune-teller

fiosrach ADJECTIVE
inquisitive

fiosrú MASC NOUN
investigation (of crime)

fiosrúchán MASC NOUN1
inquiry (investigation)

fireannach MASC NOUN1
▷ see also **fireannach** ADJECTIVE
male

fireannach ADJECTIVE
▷ see also **fireannach** MASC NOUN1
male

fíric FEM NOUN2
fact

fírinne FEM NOUN4
truth
□ **D'inis mé an fhírinne dóibh.** I told them
the truth.
■ **de dhéanta na fírinne** as a matter of
fact

fírinneach ADJECTIVE
truthful

fís (PL **físeanna**) FEM NOUN2
vision

físeán MASC NOUN1
video
□ **físeán de mo theaghlach ar saoire** a video
of my family on holiday

fisic FEM NOUN2
physics

fisiceoir MASC NOUN3
physicist

fisiteiripe FEM NOUN4
physiotherapy

fís-scannán MASC NOUN1
video (film)

fístéip FEM NOUN2
video tape

fiú NOUN
worth
□ **Is fiú céad euro é.** It is worth a hundred
euros. □ **B'fhiú duit dul.** It would be worth
your while to go.
■ **Ní fiú labhairt leis.** There's no point
talking to him.

fiuch VERB [23]
to boil
□ **Tá an t-uisce fiuchta.** The water's
boiled.
■ **ar fiuchadh** (water) boiling

fiúntach ADJECTIVE
1 worthwhile (work)
2 decent (person)

fiús (PL **fiúsanna**) MASC NOUN1
fuse

flaigín MASC NOUN4
flask

flainín MASC NOUN4
flannel

flaith (GEN SING, PL **flatha**) MASC NOUN3
prince

flaithis MASC PL NOUN1
■ **na flaithis** heaven

flannbhuí ADJECTIVE
orange (colour)

fleá (PL **fleánna**) FEM NOUN4
festival (music)
■ **Fleá Cheoil na hÉireann** All-Ireland
Fleá

fleasc MASC NOUN3
flask

fleiscín MASC NOUN4
hyphen

flichshneachta MASC NOUN4
sleet

flíp FEM NOUN2
whisk

fliú MASC NOUN4
flu
- **fliú a bheith ort** to have flu

fliuch ADJECTIVE
wet
□ Tá an talamh fliuch. The ground's wet.
- **fliuch báite** soaking wet

fliúit (PL **fliúiteanna**) FEM NOUN2
flute
- **fliúit Shasanach** recorder

fobhríste MASC NOUN4
underpants

focal MASC NOUN1
1 word
□ Ní thuigim an focal seo. I don't understand this word.
- **focal faire** password
2 remark
□ Ghoill na focail sin go mór orm. Those remarks really hurt me.
- **i mbeagán focal** in a nutshell

fócas MASC NOUN1
focus
□ Tá an teach as fócas sa ghrianghraf seo. The house is out of focus in this photo.

fochéimí MASC NOUN4
undergraduate

fochupán MASC NOUN1
saucer

foclóir MASC NOUN3
1 vocabulary
2 dictionary
□ An bhfuil cead againn úsáid a bhaint as foclóir sa scrúdú? Can we use a dictionary in the exam?

fód MASC NOUN1
- **an fód a sheasamh** to make a stand

fo-éadaí MASC PL NOUN1
underwear

fógair VERB [19]
1 to announce
□ D'fhógair an múinteoir go mbeadh muid saor amárach. The teacher announced that we would be free tomorrow.
2 to advertise
□ Fógraíonn siad a gcuid earraí ar líne. They advertise their products online.

foghlaí MASC NOUN4
intruder
- **foghlaí mara** pirate

foghlaim VERB [19, 3RD PRES **foghlaimíonn**, VN **foghlaim**, VA **foghlamtha**]
to learn
□ Is féidir le duine ar bith snámh a fhoghlaim. Anybody can learn to swim.

foghlaimeoir MASC NOUN3
learner
□ foghlaimeoir tiomána a learner driver

fo-ghúna MASC NOUN4
slip (underskirt)

fógra MASC NOUN4
1 advertisement
2 notice
□ Chuir mé fógra in airde faoi dhioscó. I put up a notice about the disco.

fógraíocht FEM NOUN3
advertising

fóibe FEM NOUN4
phobia

foighne FEM NOUN4
patience
- **foighne a dhéanamh** to be patient

foighneach ADJECTIVE
patient

fóill ADJECTIVE
- **go fóill** yet □ Níl sé réidh go fóill. It is not finished yet.
- **Slán go fóill!** So long!

foilsigh VERB [11]
to publish

foilsitheoir MASC NOUN3
publisher

foilsitheoireacht FEM NOUN3
publishing

foinse FEM NOUN4
source

fóir (GEN SING **fóireach**, PL **fóireacha**) FEM NOUN2
▷ see also **fóir** verb
boundary
- **dul thar fóir le rud** to overdo something
- **thar fóir** excessive

fóir VERB [13, VN **fóirithint**]
▷ see also **fóir** FEM NOUN
- **fóirithint ar dhuine** to help somebody
- **Fóir orm!** Help!

foireann (GEN SING, PL **foirne**) FEM NOUN2
1 staff (of company)
2 team (in sport)
3 crew (of boat)
4 cast
□ foireann Eastenders the cast of Eastenders
5 set (chess)
- **foireann chló** (in printing) font

foirfe ADJECTIVE
perfect
□ Níl sé foirfe, ach rinne mé mo dhícheall. It's not perfect, but I did my best.

foirgneamh MASC NOUN1
building

foirgneoir MASC NOUN3
builder

foirgníocht FEM NOUN3
construction (industry)

foirm (PL **foirmeacha**) FEM NOUN2
form
□ foirm ordaithe an order form

foirmiúil ADJECTIVE
formal

foirmle FEM NOUN4
formula

foirnéis FEM NOUN2
furnace

fóirsteanach ADJECTIVE
suitable

folach MASC NOUN1
hiding
■ rud a chur i bhfolach to hide
something

folachán MASC NOUN1
hiding
■ bheith ag folacháin a dhéanamh
to play hide-and-seek

foláir NOUN
■ Ní foláir. It's necessary.
■ Ní foláir dom imeacht. I have to go.

foláireamh MASC NOUN1
warning

folamh (GEN SING FEM, COMPAR **foilmhe**,
PL **folmha**) ADJECTIVE
1 empty
□ próca folamh an empty jar
2 blank (page)

folcadán MASC NOUN1
bath (bathtub)
□ Glan an folcadán. Clean the bath.

folcadh (GEN SING **folctha**, PL **folcthaí**)
MASC NOUN
bath
□ Bhí folcadh agam aréir. I had a bath last
night.
■ folcadh béil mouthwash

folíne (PL **folínte**) FEM NOUN4
extension (telephone)

folláin ADJECTIVE
healthy
□ bia folláin healthy food

folmhaigh VERB [12]
to empty

folt MASC NOUN1
hair
□ Tá folt breá air. He has a good head of
hair.

folúntas MASC NOUN1
vacancy

folúsfhlaigín MASC NOUN4
vacuum flask

folúsghlantóir MASC NOUN3
vacuum cleaner

fómhar MASC NOUN1
autumn
■ san Fhómhar in autumn

fomhuireán MASC NOUN1
submarine

fón MASC NOUN1
phone
■ fón ceamara a camera phone
■ fón póca a mobile phone

fónamh MASC NOUN1
■ bheith ar fónamh to feel fine

fonn MASC NOUN1
1 mood
■ fonn a bheith ort rud a dhéanamh to
feel like doing something □ Níl fonn rómhór
orm dul ann. I don't feel like going.
2 tune
□ Ar chan tú an fonn seo riamh? Have you
ever sung this tune before?

fonnadóir MASC NOUN3
singer

fonnadóireacht FEM NOUN3
singing

fonnmhar ADJECTIVE
eager

fonóta MASC NOUN4
footnote

fóram MASC NOUN1
forum

foraois FEM NOUN2
forest

foras MASC NOUN1
institute
■ Foras na Gaeilge The Irish Language Body

forbairt (GEN SING **forbartha**) FEM NOUN3
development
□ na forbairtí is déanaí the latest
developments

forbhríste MASC NOUN4
overall

forc MASC NOUN1
fork

foréigean MASC NOUN1
violence

forhalla MASC NOUN4
entrance hall

forleathan (GEN SING FEM, COMPAR **forleithne**)
ADJECTIVE
widespread
□ Beidh an fhearthainn forleathan inniu.
There will be widespread rain today.

f

forlíonadh (PL **forlíontaí**) MASC NOUN1
supplement *(in magazine)*

formad MASC NOUN1
envy

formáid FEM NOUN2
format

formáidigh VERB [11]
to format *(also computing)*

formhéadaigh VERB [12]
to magnify

formhór MASC NOUN1
majority
□ formhór na ndaoine the majority of the
people

forneart MASC NOUN1
violence

forógra MASC NOUN4
proclamation
■ **Forógra na Saoirse** the Declaration
of Freedom

fórsa MASC NOUN4
force
□ fórsa an phléasctha the force of the
explosion

fortheideal MASC NOUN1
caption

fós ADVERB
1 yet
□ Tá sé luath fós. It is early yet.
2 still
□ Tá sé ann fós. He is still here.
■ **níos fearr fós** better still

foscadh (PL **foscaí**) MASC NOUN1
shelter

fosciorta MASC NOUN4
underskirt

foscript FEM NOUN2
subscript

fosta ADVERB
too *(also)*
□ An féidir liom teacht fosta? Can I come too?

fostaí MASC NOUN4
employee

fostaigh VERB [12]
to employ
□ Tá 600 duine fostaithe sa mhonarcha.
The factory employs 600 people.

fostaíocht FEM NOUN3
employment

fostóir MASC NOUN3
employer

fostú MASC NOUN
entanglement
■ **dul i bhfostú i rud** to get caught up in
something

fótachóip (PL **fótachóipeanna**) FEM NOUN2
photocopy

fótachóipire MASC NOUN4
photocopier *(machine)*

fótagraf MASC NOUN1
photograph

fotheideal MASC NOUN1
subtitle *(in film)*

Frainc FEM NOUN2
■ **an Fhrainc** France □ sa Fhrainc in France

Fraincis FEM NOUN2
French *(language)*

fráma MASC NOUN4
frame

frámaigh VERB [12]
to frame

Francach ADJECTIVE
▷ *see also* **Francach** MASC NOUN1
French

Francach MASC NOUN1
▷ *see also* **Francach** ADJECTIVE
Frenchman
■ **Francach mná** Frenchwoman

francach MASC NOUN1
rat

fraoch (GEN SING **fraoigh**) MASC NOUN1
heather

frása MASC NOUN4
phrase

freagair VERB [19]
to answer
□ Níor fhreagair sé an cheist. He didn't
answer the question.

freagra MASC NOUN4
answer
□ an freagra ceart the correct answer

freagrach ADJECTIVE
responsible
■ **bheith freagrach as rud** to be
responsible for something

freastail VERB [19, 3RD PRES freastalaíonn,
VN freastal, VA freastalta]
to attend
□ Bhí orm freastal ar chruinniú. I had to
attend a meeting.

freastalaí MASC NOUN4
1 waiter
□ Is freastalaí é. He's a waiter. □ Ghlac an
freastalaí an t-ordú uainn. The waiter took
our order.
■ **freastalaí siopa** a sales assistant
■ **freastalaí beáir** a bartender
2 server *(for computer)*

freasúra MASC NOUN4
opposition *(also in politics)*

fríd FEM NOUN2
■ **faic na fríde** nothing at all

frídín MASC NOUN4
germ

frioch VERB [23]
to fry

friochadh (GEN SING **friochta**) MASC NOUN
fry-up (meal)

friochta ADJECTIVE
fried
□ ubh fhriochta a fried egg

friochtán MASC NOUN1
frying pan

frithir ADJECTIVE
sore

frithnúicléach ADJECTIVE
antinuclear

frithreo MASC NOUN4
antifreeze

frithsheipteach ADJECTIVE
antiseptic

frithsheipteán MASC NOUN1
antiseptic

frithshóisialta ADJECTIVE
antisocial

frithvíreas ADJECTIVE
antivirus
■ **bogearraí frithvíreas** antivirus software

frog (PL **froganna**) MASC NOUN1
frog

fuacht MASC NOUN3
cold
■ **Tá mé caillte leis an bhfuacht.** I'm really cold.

fuadach MASC NOUN1
1 kidnapping (of person)
2 hijacking (of plane)

fuadaigh VERB [12, VN fuadach]
1 to kidnap (person)
2 to hijack (plane)

fuadaitheoir MASC NOUN3
1 kidnapper (of person)
2 hijacker (of plane)

fuadar MASC NOUN1
rush
□ Ní féidir liom labhairt anois, tá fuadar fúm. I can't talk now, I'm in a rush.

fuaigh VERB [24, VN fuáil]
to sew

fuáil FEM NOUN3
sewing

fuaim (PL **fuaimeanna**) FEM NOUN2
sound

fuaimnigh VERB [11]
to pronounce

fuaimniú MASC NOUN
pronunciation

fuaimrian MASC NOUN1
soundtrack

fuaire FEM NOUN4
coldness
■ **dul i bhfuaire** (weather) to get cold

fuar ADJECTIVE
cold
□ Tá mé fuar. I'm cold.

fuaraigh VERB [12]
to cool down
□ Tá an t-uisce ag fuarú. The water is cooling down.

fuascail VERB [19, VA fuascailte]
1 to release (prisoners)
2 to solve (problem)

fuascailt FEM NOUN2
solution (to a problem)
□ Tá fuascailt na ceiste sin agam anois. I can find a solution to the problem now.

fuath (PL **fuathanna**) MASC NOUN3
hate
■ **Is fuath liom é.** I hate it.

fud NOUN
■ **ar fud** throughout □ ar fud na tíre throughout the country

fuidreamh MASC NOUN1
batter (in cooking)

fuil (GEN SING, PL **fola**) FEM NOUN3
blood
■ **fuil a chur** to bleed □ Tá sé ag cur fola. He's bleeding.

fuinneamh MASC NOUN1
energy

fuinneog FEM NOUN2
window
□ fuinneog bhriste a broken window
□ Ghlan sé na fuinneoga. He cleaned the windows.
■ **fuinneog dhín** a skylight

fuinseog FEM NOUN2
ash (tree)

fuíoll MASC NOUN1
1 remainder
2 surplus (extra)
■ **fuíoll bia** (food) left-overs

fuip (PL **fuipeanna**) FEM NOUN2
whip

fuirseoir MASC NOUN3
comedian

fuisce MASC NOUN4
1 whiskey (Irish, American)
2 whisky (Scottish)

fuiseog – furasta

fuiseog FEM NOUN2
lark (bird)

fulacht FEM NOUN3
barbecue

fulaing VERB [19, 3RD PRES fulaingíonn,
VA fulaingthe]

1 to suffer
□ Bhí sí ag fulaingt go mór. She was really
suffering. □ Bím ag fulaingt faoi fhiabhras
léana. I suffer from hay fever.

2 to put up with
□ Ní thuigim cad chuige a bhfulaingíonn
tú é. I don't know why you put up with
him.

furasta (COMPAR **fusa**) ADJECTIVE
easy
□ Tá pasta furasta a chócaráil. Pasta is easy
to cook.

Gg

ga (PL **gathanna**) MASC NOUN4
1 ray (of light)
2 radius (in maths)

gá MASC NOUN4
need
□ Ní gá deifriú. There's no need to rush.
■ **Ní gá duit sin a dhéanamh.** You don't need to do that.
■ **más gá** if necessary

gabh VERB [23, VA **gabháil**, VA **gafa**]
1 to accept
□ Ghabh an múinteoir a leithscéal. The teacher accepted his excuse.
2 to catch
□ Chuaigh an robáil amú agus gabhadh iad. The robbery went wrong and they got caught.
■ **slaghdán a ghabháil** to catch a cold
3 to arrest
□ Ghabh na gardaí an gadaí. The police arrested the thief.
4 to sing
□ Gabh amhrán dúinn. Sing us a song.
5 to go
□ ag gabháil abhaile going home
6 to come
□ Gabh isteach! Come in!
■ **seilbh a ghabháil ar rud** to take possession of something □ Ghabh siad seilbh ar an teach. They took possession of the house.
■ **Gabh mo leithscéal!** Excuse me!
■ **Tá an t-inneall ag gabháil.** The engine is running.
■ **Níl sé ag gabháil a fhanacht leat.** He's not going to wait for you.

gabh ag VERB
to forgive
■ **Gabhaim pardún agat!** I beg your pardon!

gabh ar VERB
■ **rud a ghabháil ort féin** to undertake to do something □ Ghabh sé air féin an obair a dhéanamh. He undertook to do the work.

gabh as VERB
to go out (light)
□ Tá an solas ag gabháil as. The light is going out.

gabh do VERB
1 to work at
□ Tá mé ag dul don obair bhaile. I'm working at the homework.
2 to annoy
□ Ná bí ag dul do Mháire. Stop annoying Mary.
3 to suit
□ Gabhann an cóta sin go breá duit. That coat suits you.
4 to owe
□ Cá mhéad atá ag gabháil dóibh? How much are they owed?

gabh faoi VERB
to undergo
□ Gabhfaidh sé faoi scian amárach. He will undergo an operation tomorrow.

gabh i VERB
to go into
□ Bhí an madra ag gabháil isteach san uisce. The dog was going into the water.

gabh le VERB
1 to go with (accompany)
□ Gabhfaidh mé abhaile leat. I'll go home with you.
2 to go out with
□ Tá Seán ag gabháil amach le Síle. John is going out with Sheila.
■ **buíochas a ghabháil le duine** to thank somebody □ Ghabh mé buíochas leis an múinteoir. I thanked the teacher.

gabh thar VERB
1 to go over
□ Tá an liathróid ag gabháil thar an mballa. The ball's going over the wall.
2 to go past

□ Chonaic mé Peadar ag gabháil thar an doras. I saw Peter going past the door.

gabh trí VERB
to go through
□ Beidh muid ag gabháil tríd an gcoill ar an mbealach abhaile. We'll be going through the wood on the way home.

gabha (PL **gaibhne**) MASC NOUN4
■ **gabha dubh** a blacksmith

gabhal MASC NOUN1
junction (in road)

gabhar MASC NOUN1
goat
■ **An Gabhar** Capricorn □ Is mise An Gabhar. I'm Capricorn.

gabhdán MASC NOUN1
container

gach ADJECTIVE
every
□ Scuabaim mo chuid fiacla gach oíche. I brush my teeth every night.
■ **gach lá** every day □ Téim chuig an ngiomnáisiam gach lá. I go to the gym every day.
■ **gach dara lá** every other day
■ **gach Aoine** every Friday
■ **gach duine** everybody □ Bhí gach duine ar shiúl. Everybody had gone.
■ **gach rud** everything □ D'imigh gach rud i gceart. Everything went OK.

gadaí MASC NOUN4
thief
□ Rug siad ar an ngadaí. They caught the thief.

gadaíocht FEM NOUN3
theft

gadhar MASC NOUN1
dog (hunting)

Gaeilge FEM NOUN4
Irish (language)
□ Tá Gaeilge líofa aige. He speaks fluent Irish.

Gaeilgeoir MASC NOUN3
Irish speaker
□ Is Gaeilgeoir mé. I'm an Irish speaker.

Gael MASC NOUN1
Irishman
Irishwoman

Gaelach ADJECTIVE
Irish
□ an cultúr Gaelach the Irish culture

Gaeltacht FEM NOUN3
Irish speaking district

gafa ADJECTIVE
caught

□ Bhí mé gafa sa trácht. I was caught in the traffic.
■ **Tá tú gafa!** You're under arrest!

gail FEM NOUN
■ **bheith ar gail** to be boiling □ Tá an t-uisce ar gail. The water is boiling.

gaileadán MASC NOUN1
boiler

gailearaí MASC NOUN4
gallery
□ gailearaí ealaíne an art gallery

Gaillimh FEM NOUN2
Galway
□ Chuamar a champáil i nGaillimh. We went camping in Galway.

gaineamh MASC NOUN1
sand
□ Thóg na páistí caisleán sa ghaineamh. The children built a castle in the sand.

gaineamhchloch FEM NOUN2
sandstone

gáir FEM NOUN2
▷ see also **gáir** VERB
shout
■ **gáir mholta** a cheer
■ **Chuaigh an gháir amach.** The word spread.
■ **Bhí a gháir ar fud na tíre.** The whole country was talking about him.

gáir VERB [13, VN gairm]
▷ see also **gáir** FEM NOUN2
to laugh
□ Rinne sé gáire, nach ndearna? He laughed, didn't he?
■ **bheith ag gáire faoi** to laugh at □ Bhí siad ag gáire fúithi. They laughed at her.
■ **gáire a bhaint as duine** to make somebody laugh

gairbhéal MASC NOUN1
gravel

gairdín MASC NOUN4
garden
□ Tá an gairdín lán bláthanna. The garden is full of flowers.
■ **gairdín na n-ainmhithe** a zoo

gáire MASC NOUN4
laugh

gaireas MASC NOUN1
device

gairid ADJECTIVE
short
□ bríste gairid short trousers
■ **le gairid** recently □ Bhí mé ann le gairid. I was there recently.
■ **go gairid ina dhiaidh** soon after

gairleog FEM NOUN2
garlic
□ ionga gairleoige a clove of garlic
gairm (PL **gairmeacha**) FEM NOUN2
profession
□ Tá gairm dochtúra aige. He is a doctor by profession.
gairm- PREFIX
vocational
□ gairmchúrsa a vocational course
gairmiúil ADJECTIVE
professional
□ ceoltóir gairmiúil a professional musician
■ **go gairmiúil** professionally □ Canann sí go gairmiúil. She sings professionally.
gairmscoil (PL **gairmscoileanna**) FEM NOUN2
vocational school
gaisce MASC NOUN4
1 boasting
■ **gaisce a dhéanamh as rud** to boast about something
2 achievement
□ Tá gaisce déanta agat. That was an achievement.
gaiscéad MASC NOUN1
gasket (for car)
gaiscíoch MASC NOUN1
hero
gaiste MASC NOUN4
trap
■ **gaiste a chur** to set a trap
gal FEM NOUN2
steam
□ Tá gal ag teacht as an gciteal. There's steam coming from the kettle.
■ **inneall gaile** a steam engine
gála MASC NOUN4
gale (wind)
□ Tá sé ina ghála. It's blowing a gale.
galánta ADJECTIVE
beautiful
□ Lá galánta atá ann. It's a beautiful day.
galar MASC NOUN1
disease
□ galar croí heart disease
galf MASC NOUN1
golf
□ Imríonn mo dhaid galf. My dad plays golf.
galfaire MASC NOUN4
golfer
galfchúrsa MASC NOUN4
golf course
gallda ADJECTIVE
foreign

galltacht FEM NOUN3
anglicization
■ **Galltacht** a non-Irish speaking area
gallúnach FEM NOUN2
soap
galún MASC NOUN1
gallon
gamhain (GEN SING, PL **gamhna**) MASC NOUN3
calf
gan PREPOSITION
without
□ gan amhras without doubt □ gan mhoill without delay □ Tá an teach ciúin gan na páistí. The house is quiet without the children.
■ **gan rath** futile
■ **B'fhearr liom gan fanacht.** I'd rather not stay.
■ **gan ach** only □ gan ach triúr fágtha with only three remaining
■ **gan sreang** wireless
gangaideach ADJECTIVE
bitter
□ duine gangaideach a bitter person
gann ADJECTIVE
scarce
□ Tá an bia gann. Food is scarce.
gannchuid (GEN SING **gannchoda**) FEM NOUN3
scarcity
■ **bheith ar an ngannchuid** to live in poverty
ganntanas MASC NOUN1
shortage
□ ganntanas uisce a water shortage
gaofar ADJECTIVE
windy
□ Ta sé gaofar. It's windy.
gaol (PL **gaolta**) MASC NOUN1
relative
□ a gaolta uile all her relatives □ mo ghaolta my relatives □ Tá gaolta liom i Londain. I've got relatives in London.
gaoth FEM NOUN2
wind
□ gaoth mhór a high wind
■ **gaoth an fhocail** the slightest hint
■ **ar nós na gaoithe** like a flash □ Rith sé leis ar nós na gaoithe. He ran off like a flash.
gaothrán MASC NOUN1
fan (machine)
gaothscáth (PL **gaothscáthanna**) MASC NOUN3
windscreen
□ cuimilteoir gaothscátha a windscreen wiper

gaothuirlis – geaitín

gaothuirlis FEM NOUN2
wind instrument *(in music)*

■ **gaothuirlis adhmaid** woodwind

gar (PL **garanna**) MASC NOUN1
▷ *see also* **gar** ADJECTIVE
favour

■ **gar a dhéanamh do dhuine** to do somebody a favour □ An dtiocfadh leat gar a dhéanamh dom? Could you do me a favour?

gar ADJECTIVE
▷ *see also* **gar** MASC NOUN1
near

□ Tá brú na hóige gar don stáisiún. The youth hostel is near the station.

■ **i ngar agus i gcéin** near and far
■ **bheith gar do rud** to be near something
■ **Is mór an gar go ...** It's just as well that ...
■ **Níl gar a bheith leis.** There's no use talking to him.

garáiste MASC NOUN4
garage

□ garáiste in aice láimhe a nearby garage
□ Tá sé ag tógáil garáiste. He's building a garage.

garathair (GEN SING **garathar**, PL **garaithreacha**) MASC NOUN
great-grandfather

garbh ADJECTIVE
1 rough
□ talamh garbh rough ground
2 coarse
□ Bhí an mála déanta d'éadach garbh. The bag was made of coarse cloth.

garchabhair (GEN SING **garchabhrach**) FEM NOUN
first aid

■ **fearas garchabhrach** a first aid kit

garda MASC NOUN4
1 guard
□ Leag siad amach an garda slándála. They knocked out the security guard.

■ **garda cósta** a coastguard
2 police officer
□ Ghabh an garda an gadaí. The police officer arrested the thief.

gariníon (PL **garianíonacha**) FEM NOUN2
granddaughter

garmhac MASC NOUN1
grandson

garneacht FEM NOUN3
grandniece

garnia MASC NOUN4
grandnephew

garraí (PL **garraithe**) MASC NOUN4
garden

■ **garraí margaidh** a market garden

garraíodóir MASC NOUN3
gardener

□ Is garraíodóir é. He's a gardener.

garraíodóireacht FEM NOUN3
gardening

□ Is breá le Mairéad an gharraíodóireacht. Margaret loves gardening.

garsún MASC NOUN1
boy

gas MASC NOUN1
stem *(of flower)*

■ **gas féir** a blade of grass

gás MASC NOUN1
gas

□ cócaireán gáis a gas cooker

gásailín MASC NOUN4
gasolene

gásmhéadar MASC NOUN1
gas meter

gasóg FEM NOUN2
boy scout

gasta ADJECTIVE
1 fast
□ carr gasta a fast car
2 quick
□ lón gasta a quick lunch
■ **go gasta** quickly □ Leath an scéal go gasta. The news spread quickly.
3 clever
□ Tá sé gasta ar scoil. He is clever at school.

gasúr MASC NOUN1
boy

gátar MASC NOUN1
need

□ in am an ghátair in time of need

gé (PL **géanna**) FEM NOUN4
goose

■ **na Géanna Fiáine** the Wild Geese

geabaire MASC NOUN4
chatterbox

geábh (PL **geábhanna**) MASC NOUN3
1 ride
□ Níl ann ach geábh gairid ar an mbus go dtí lár an mbaile. It's a short bus ride to the town centre.
2 drive
□ Thug muid geábh faoin tuath sa charr. We went for a drive in the country.

géag FEM NOUN2
branch *(of tree)*

□ Bhris an ghéag. The branch snapped.
■ **géaga ginealaigh** a family tree

geaitín MASC NOUN4
wicket *(in cricket)*

geáitse MASC NOUN4
gesture
■ **geáitsí** antics
■ **bheith ag ligean geáitsí ort féin** to show off

geal MASC NOUN1
▷ *see also* **geal** ADJECTIVE, VERB
white

geal ADJECTIVE
▷ *see also* **geal** MASC NOUN1, VERB
1 bright
□ dath geal a bright colour
■ **i lár an lae ghil** in broad daylight
2 white
□ arán geal white bread □ fíon geal white wine
3 White
□ Is duine geal í. She is White.

geal VERB [23]
▷ *see also* **geal** MASC NOUN1, ADJECTIVE
to dawn *(day)*
■ **Gheal an lá.** Dawn broke.

gealacán MASC NOUN1
white *(of eye, egg)*

gealach FEM NOUN2
moon
□ Tá gealach lán ann anocht. There's a full moon tonight.
■ **oíche ghealaí** a moonlit night

gealán MASC NOUN1
bright spell
■ **cith is gealán** sunshine and showers
■ **gealáin** *(in hair)* highlights
■ **na Gealáin Thuaidh** the Northern Lights

gealasacha MASC PL NOUN1
braces *(for trousers)*

gealbhan MASC NOUN1
sparrow

gealgháireach ADJECTIVE
cheerful
□ duine gealgháireach a cheerful person

geall (PL **geallta**) MASC NOUN1
▷ *see also* **geall** VERB
bet
□ Chuirfinn geall as! I'd put a bet on it!
■ **geall a chur ar rud** to bet on something
□ Chuir sé geall ar chapall. He bet on a horse

geall VERB [23]
▷ *see also* **geall** MASC NOUN1
to promise
□ Gheall sé go mbeadh sé anseo amárach. He promised to be here tomorrow.

geallghlacadóir MASC NOUN3
bookmaker

geallta ADJECTIVE
engaged
□ Tá sí geallta le Liam. She's engaged to Liam.

gealltanas MASC NOUN1
promise
□ Rinne sé gealltanas dom. He made me a promise.
■ **gealltanas pósta** an engagement
■ **fáinne gealltanais** an engagement ring

gealt (GEN SING **geilte**) FEM NOUN2
madman

geamaireacht FEM NOUN3
pantomime

gean MASC NOUN3
affection
■ **gean a bheith agat ar dhuine** to be fond of somebody

geanc FEM NOUN2
■ **geanc a chur ort féin le rud** to turn one's nose up at something

geansaí MASC NOUN4
1 sweater
□ geansaí muineál-V a V-neck sweater
2 jersey
□ geansaí peile a football jersey

geanúil ADJECTIVE
affectionate *(loving)*
□ duine geanúil an affectionate person

géar ADJECTIVE
▷ *see also* **géar** MASC NOUN1
1 sharp
□ scian ghéar a sharp knife
2 sour
□ bainne géar sour milk

géar MASC NOUN1
▷ *see also* **géar** ADJECTIVE
sharp *(in music)*

gearán MASC NOUN1
▷ *see also* **gearán** VERB
complaint
□ Is mian liom gearán a dhéanamh. I wish to make a complaint.
■ **Rinneamar gearán faoin gcallán.** We complained about the noise.

gearán VERB [23, VN gearán]
▷ *see also* **gearán** MASC NOUN1
to complain

géarchéim (PL **géarchéimeanna**) FEM NOUN2
1 emergency
2 crisis
□ géarchéim airgid a money crisis

géarchúiseach ADJECTIVE
astute
□ duine géarchúiseach an astute person

Gearmáin FEM NOUN2
- ■ **an Ghearmáin** Germany □ **sa Ghearmáin** in Germany □ **chun na Gearmáine** to Germany

Gearmáinis FEM NOUN2
German (language)

Gearmánach ADJECTIVE, MASC NOUN1
German
- □ **Is Gearmánach é.** He's German.

gearr (GEN SING MASC **gearr**, GEN SING FEM, COMPAR **giorra**) ADJECTIVE
▷ see also **gearr** VERB
short
- □ **tamall gearr ó shin** a short while ago
- ■ **i bhfad agus i ngearr** far and near

gearr VERB [14]
▷ see also **gearr** ADJECTIVE
1 to cut
- □ **Ghearr mé mo lámh.** I cut my hand.
2 to charge
- □ **Ghearr siad céad euro orm.** They charged me a hundred euros.
- ■ **léim a ghearradh** to jump □ **Ghearr sé léim thar an abhainn.** He jumped over the river.

gearradh (GEN SING **gearrtha**, PL **gearrthacha**) MASC NOUN
1 cut
- □ **gearradh cumhachta** a power cut
2 deduction (from wage)
- ■ **gearradh Caesarach** a Caesarean section

gearrán MASC NOUN1
horse

gearrchaile MASC NOUN4
young girl

gearrliosta MASC NOUN4
shortlist

gearrscríobh (GEN SING **gearrscríofa**) MASC NOUN
shorthand

gearr-radharcach ADJECTIVE
short-sighted

gearrthán MASC NOUN1
clipping (from newspaper)

gearrthóg FEM NOUN2
1 cutlet (meat)
2 clip (from film)
- □ **roinnt gearrthóg ón scannán is déanaí aici** some clips from her latest film

geasróg FEM NOUN2
charm (spell)

geata MASC NOUN4
gate

géill VERB [15]
1 to surrender
2 to give in
- □ **Ghéill a mháthair agus lig dó dul amach.** His Mum gave in and let him go out.
- ■ **'Géill Slí'** 'Give Way'

geilleagar MASC NOUN1
economy

geimhleach MASC NOUN1
captive

geimhreadh (PL **geimhrí**) MASC NOUN1
winter
- □ **Bíonn na geimhrí measartha séimh.** The winters are quite mild.
- ■ **sa gheimhreadh** in winter

géin FEM NOUN2
gene
- ■ **brístí géine** jeans □ **Stróic mé mo bhrístí géine.** I've ripped my jeans.

géinathraithe ADJECTIVE
genetically modified

géiniteach ADJECTIVE
genetic

geir (PL **geireacha**) FEM NOUN2
fat
- □ **Tá cuid mhór geire ann.** It's very high in fat.

geireach ADJECTIVE
fatty (food)

geirm FEM NOUN2
germ

geis (PL **geasa**, GEN PL **geas**) FEM NOUN2
spell
- ■ **bheith faoi gheasa ag duine** to be under somebody's spell

geistear MASC NOUN1
gesture

geit (PL **geiteanna**) VERB [15]
▷ see also **geit** FEM NOUN2
to jump (with fright)

geit FEM NOUN2
▷ see also **geit** VERB
- ■ **geit a bhaint as duine** to startle somebody
- ■ **Baineadh geit asam.** I was shocked.
- ■ **de gheit** suddenly

geiteach ADJECTIVE
jumpy (nervous)

geografach ADJECTIVE
geographical

geografaíocht FEM NOUN3
geography

geolaíoch ADJECTIVE
geological

geoiméadracht FEM NOUN3
geometry

geolaíocht FEM NOUN3
geology

geolán MASC NOUN1
fan (electrical)

giall (GEN SING **géill**, PL **gialla**) MASC NOUN1
1 jaw
2 hostage
  ■ **giall a ghabháil** to take somebody
  hostage

giar (PL **giaranna**) MASC NOUN1
gear (of car)
  □ an tríú giar third gear
  ■ **giar a athrú** to change gear

giarbhosca MASC NOUN4
gear box

gin (PL **ginte**) FEM NOUN2
birth
  □ gin Chríost the Birth of Christ

gineadóir MASC NOUN3
generator

ginealach MASC NOUN1
pedigree

ginearál MASC NOUN1
general

ginearálta ADJECTIVE
general
  □ eolas ginearálta general knowledge

giniúint (GEN SING **giniúna**) FEM NOUN3
conception
  □ Giniúint Mhuire gan Smál the
  Immaculate Conception
  ■ **stáisiún giniúna** a generating
  station

ginmhilleadh (GEN SING **ginmhillte**)
MASC NOUN
abortion

giobal MASC NOUN1
rag

giodalach ADJECTIVE
1 cheeky
  □ duine giodalach a cheeky person
2 vain
  □ Tá sé iontach giodalach! He's so vain!

giolla MASC NOUN4
1 porter (for luggage)
2 servant

giomnáisiam MASC NOUN4
gym
  □ Téim chuig an ngiomnáisiam gach lá.
  I go to the gym every day. □ ranganna
  giomnáisiam gym classes

giorraisc ADJECTIVE
1 abrupt
  □ Bhí sé cineál giorraisc liom. He was a bit
  abrupt with me.
2 gruff (manner)

giorria (PL **giorriacha**) MASC NOUN4
hare

giortach ADJECTIVE
1 short
  □ duine giortach a short person
2 skimpy (clothes)
  □ in éide ghiortach in skimpy clothes

giosán MASC NOUN1
sock

giosta MASC NOUN4
yeast

giota MASC NOUN4
1 piece
  □ giota páipéir a piece of paper
2 a bit
  □ Nach féidir leat teacht giota níos luaithe?
  Can't you come a bit sooner?

giotán MASC NOUN1
bit (in computing)

giotár MASC NOUN1
guitar
  □ Seinnim ar an ngiotár. I play the guitar.

girseach FEM NOUN2
girl

Giúdach MASC NOUN1
  ▷ see also **Giúdach** ADJECTIVE
Jew

Giúdach ADJECTIVE
  ▷ see also **Giúdach** MASC NOUN1
Jewish

giúiré (PL **giúiréithe**) MASC NOUN4
jury

giúmar MASC NOUN1
mood
  □ Tá giúmar maith air. He's in a good mood.

glac VERB [14]
1 to accept
  □ Ghlac sé leis an bhronntanas He accepted
  the gift.
2 to take
  □ Glac an t-úll. Take the apple.
  □ Ghlacamar scíth. We took a break.
  ■ **pictiúr a ghlacadh** to take a picture
  □ Ghlac mé pictiúr den teach. I took a
  picture of the house.
  ■ **Glac d'am!** Take your time!

glacadóir MASC NOUN3
receiver (of phone)

glacadóireacht FEM NOUN3
reception (on radio)

glan ADJECTIVE
  ▷ see also **glan** ADVERB, VERB

g

glan – glic

1 clean
- □ léine ghlan a clean shirt

2 clear
- □ Tá an bóthar glan anois. The road's clear now.

glan ADVERB
> see also **glan** ADJECTIVE, VERB
completely
- □ Rinne mé dearmad glan de. I completely forgot about it.

glan VERB [23]
> see also **glan** ADJECTIVE, ADVERB

1 to clean
- □ Ghlan mé an t-urlár. I cleaned the floor.

2 to remove (dirt)
- □ Ar ghlan tú an smál? Did you remove the stain?
- ■ fiacha a ghlanadh to pay off debts
- ■ Glan leat! Go away!

glanmheabhair NOUN
- ■ rud a bheith de ghlanmheabhair agat to know something off by heart

glantach MASC NOUN1
detergent

glantóir MASC NOUN3
cleaner (person)
- □ D'fhostaigh siad glantóir. They hired a cleaner.
- ■ glantóir mná a cleaning lady

glao (PL **glaonna**) MASC NOUN4
call
- □ Cuirfidh mé glao ort tráthnóna. I'll give you a call this evening. □ An bhfuil cead agam glao gutháin a dhéanamh? Can I make a phone call?
- ■ glao áitiúil a local call

glaoch MASC NOUN1
call
- ■ Cuir glaoch orm. Give me a call.

glaoigh VERB [24, VN glaoch]
to shout
- □ Ghlaoigh sí os ard. She shouted.

glas MASC NOUN1
> see also **glas** ADJECTIVE

1 lock
- □ Tá an glas briste. The lock is broken.
- ■ glas a chur ar rud to lock something
- □ Cuir an glas ar an doras. Lock the door.
- ■ an glas a bhaint de rud to unlock something

2 green

glas ADJECTIVE
> see also **glas** MASC NOUN1

1 green
- □ carr glas a green car □ solas glas a green light □ pónairí glasa green beans

2 grey
- □ iora glas a grey squirrel

glasáil VERB [25]
to lock
- □ Ghlasáil Máire an carr. Mary locked the car.

Glaschú MASC NOUN4
Glasgow
- □ Tá sí ina cónaí i nGlaschú. She lives in Glasgow.

glasra MASC NOUN4
vegetable
- □ anraith glasraí vegetable soup

gleacaí MASC NOUN4
gymnast
- □ Is gleacaí í. She's a gymnast.

gleacaíocht FEM NOUN3
gymnastics
- □ Déanann sí gleacaíocht. She does gymnastics.

gleann (PL **gleannta**) MASC NOUN3
glen (valley)

gléas (PL **gléasanna**) MASC NOUN1
> see also **gléas** VERB

1 instrument
- □ gléas ceoil a musical instrument

2 means
- □ gléas iompair means of transport

3 key (in music)
- ■ gléas freagartha an answering machine
- ■ as gléas out of order
- ■ i ngléas ready for use

gléas VERB [23]
> see also **gléas** MASC NOUN1
to dress up
- ■ tú féin a ghléasadh to dress yourself
- □ Ghléas sé é féin ar maidin. He dressed himself this morning.

gléasta ADJECTIVE
dressed
- □ gléasta go néata neatly dressed

gleo (PL **gleonna**) MASC NOUN4
din
- □ Ná déan an gleo sin. Stop making that din.

gleoite ADJECTIVE

1 delightful
- □ radharc gleoite a delightful view

2 pretty
- □ gúna gleoite a pretty dress

glic ADJECTIVE

1 clever (intelligent)

2 cunning
- □ chomh glic le sionnach as cunning as a fox

g

gligín MASC NOUN4
  rattle *(for baby)*
gliomach MASC NOUN1
  lobster
gliondar MASC NOUN1
  delight
  ■ **Tá gliondar orm.** I am delighted.
gliú MASC NOUN4
  glue
gliúragán MASC NOUN1
  ■ **codladh gliúragáin** pins and needles
glób MASC NOUN1
  globe
gloine FEM NOUN4
  glass
  □ Ghearr mé mo chos ar phíosa gloine. I cut
  my foot on a piece of glass. □ Líon sí an
  ghloine le huisce. She filled the glass with
  water.
  ■ **gloiní** glasses
  ■ **gloiní gréine** sunglasses
gloiniú MASC NOUN
  ■ **gloiniú dúbailte** double glazing
glór (PL **glórtha**) MASC NOUN1
  voice
  □ de ghlór ard in a loud voice □ Ísligh do
  ghlór, le do thoil. Lower your voice, please.
glórmhar ADJECTIVE
  glorious
glórphost MASC NOUN1
  voice mail
glóthach FEM NOUN2
1 gel
  □ glóthach chithfholctha shower gel
  □ glóthach ghruaige hair gel
2 jelly *(food)*
gluaiseacht FEM NOUN3
1 motion
  □ gluaiseacht na mara the motion of the
  sea
2 movement *(campaign)*
gluaisrothaí MASC NOUN4
  biker *(motorcyclist)*
gluaisrothar MASC NOUN1
  motorbike
gluaisteán MASC NOUN1
  car
gluaisteánaí MASC NOUN4
  motorist
glúin (GEN SING, PL **glúine**, GEN PL **glún**) FEM
  NOUN2
  knee
  □ Ghortaigh Seán a ghlúin. John hurt his
  knee. □ Caithfidh sé scíth a thabhairt dá
  ghlúin. He has to rest his knee.

  ■ **dul ar do ghlúine** to kneel □ Chuaigh mé
  ar mo ghlúine lena taobh. I knelt beside her.
gnách ADJECTIVE
  normal *(habitual)*
  ■ **mar is gnách** as usual
  ■ **Ba ghnách léi é a dhéanamh.** She used
  to do it.
gnaoi FEM NOUN4
  beauty
  □ Nochtann grá gnaoi. Beauty is in the eye
  of the beholder.
gnáth (PL **gnátha**) MASC NOUN1
  custom
  ■ **de ghnáth** normally
  ■ **mar is gnáth** as usual □ Tháinig sé mall,
  mar is gnáth. He showed up late as usual.
gnáthdhuine (PL **gnáthdhaoine**) MASC
  NOUN4
  ordinary person
gnáthéadach MASC NOUN1
  plain clothes
gné (PL **gnéithe**) FEM NOUN4
1 aspect
  □ Déan staidéar ar gach gné den scéal.
  Study every aspect of the story.
2 appearance *(of person)*
  □ gné na sláinte a healthy appearance
gné-alt MASC NOUN1
  feature *(article)*
gnéas (PL **gnéasanna**) MASC NOUN1
  sex
gnéasach ADJECTIVE
  sexual
gnéaschlaonta ADJECTIVE
  sexist
gnéchlár MASC NOUN1
  feature *(programme)*
gníomh (PL **gníomhartha**) MASC NOUN1
1 action
  □ Chuir sé an plean i ngníomh. He put the
  plan into action.
2 act *(of play)*
gníomhach ADJECTIVE
  active
  □ Is duine iontach gníomhach é. He's a very
  active person.
gníomhaíocht FEM NOUN3
1 activity
  □ gníomhaíochtaí amuigh faoin aer outdoor
  activities □ Bíonn gníomhaíochtaí spóirt
  ann i ndiaidh am scoile. There are sporting
  activities held after school.
2 action
  □ gníomhaíocht thionsclaíoch industrial
  action

gníomhaire MASC NOUN4
agent
- **gníomhaire eastáit** an estate agent
- **gníomhaire taistil** a travel agent □ Chuir an gníomhaire taistil na háirithintí trína chéile. The travel agent mixed up the bookings.

gníomhaireacht FEM NOUN3
agency

gnó (PL **gnóthaí**) MASC NOUN4
1 business
□ Scrios an botún amháin sin an gnó. That one mistake ruined the business.
- **fear gnó** a businessman
2 concern
□ Ní de do ghnósa é. It's none of your concern.
- **Déanfaidh sin gnó.** That will do.
- **d'aon ghnó** deliberately

gnólacht MASC NOUN3
firm (company)
□ Bíonn sé ag obair le gnólacht mór i Londain. He works for a large firm in London.

gnóthach ADJECTIVE
busy
□ Tá mé cineál gnóthach anois. I'm rather busy just now.

gnóthaigh VERB [12]
to win
□ Ghnóthaigh sé duais ar scoil. He won a prize at school.

gnúis (PL **gnúiseanna**) FEM NOUN2
face

go PREPOSITION
▷ see also **go** CONJUNCTION
1 to
□ Tá mé ag dul go Corcaigh. I'm going to Cork.
2 for
□ Beidh sí ar shiúl go ceann míosa. She'll be away for a month.
3 until
□ Beidh mé anseo go maidin. I'll be here until morning.
- **go deo** for ever □ Beidh siad anseo go deo. They'll be here forever.
- **go dtí** to □ Tá sé ceathrú go dtí a trí. It's a quarter to three.
- **go fóill** still □ Tá sé anseo go fóill. He's still here.
- **Slán go fóill.** Goodbye for now.

go CONJUNCTION
▷ see also **go** CONJUNCTION
that
□ Deir Seán go bhfuil sé tinn. John says that he's sick.
- **B'fhéidir go mbeidh sé fliuch.** It may be wet.

- **cionn is go** because □ D'fhan mé sa teach cionn is go raibh sé fuar. I stayed in the house because it was cold.
- **Go raibh míle maith agat.** Thank you very much.
- **go maith** well □ Ar chodail tú go maith? Did you sleep well?
- **go gasta** quickly □ Rith sé amach go gasta. He ran out quickly.
- **go réidh** gently □ Téigh go réidh go ceann 5 bhomaite. Heat gently for 5 minutes.
- **go háirithe** especially □ Scannán spreagúil a bhí ann, go háirithe an deireadh. It was an exciting film, especially the ending.
- **go léir** all □ Tá na daoine go léir anseo anois. All the people are here now.
- **go minic** often □ Théadh sí amach go minic lena cairde. She often went out with her friends.

gob (PL **goba**) MASC NOUN1
▷ see also **gob** VERB
1 beak (of bird)
2 gob (informal: mouth)

gob VERB [14]
▷ see also **gob** MASC NOUN1
- **gob amach** to stick out □ Bhí peann ag gobadh amach as a phóca. There was a pen sticking out of his pocket.

gobán MASC NOUN1
dummy (for baby)

gobharnóir MASC NOUN3
governor

goid VERB [15, VN goid]
to steal
□ Goideadh a vallait. His wallet was stolen.

goil VERB [15, VN gol]
to cry
□ Ghoil sí uisce a cinn. She cried her heart out.

goile MASC NOUN4
1 stomach
□ Tá an goile ag cur air. He has stomach trouble.
- **tinneas goile** stomachache
2 appetite
□ Tá mo ghoile caillte agam. I've lost my appetite.

goill VERB [15]
to hurt
□ Ghoill a chuid cainte go mór orm. His remarks really hurt me.

goilliúnach ADJECTIVE
sensitive (person)

□ Tá sí iontach goilliúnach. She's very sensitive.

goin (PL **gonta**) FEM NOUN3
▷ *see also* **goin** VERB
wound

■ **goin ghréine** sunstroke □ Fuair sé goin ghréine. He got sunstroke.

goin VERB [15, VN **goin**, VA **gonta**]
▷ *see also* **goin** FEM NOUN3
to wound

□ Goineadh go dona é. He was badly wounded.

goirín MASC NOUN4
spot *(pimple)*

■ **goirín dubh** a blackhead

gol MASC NOUN1
crying

■ **Bhris a gol uirthi.** She started to cry.

goradán MASC NOUN1
incubator

goradh (GEN SING **gortha**) MASC NOUN
warmth

■ **Déan do ghoradh.** Get warmed up.

goraille MASC NOUN4
gorilla

gorm ADJECTIVE, MASC NOUN1
1 blue
□ gúna gorm a blue dress
■ **na gormacha** the blues
2 Black
□ duine gorm a Black person

gort MASC NOUN1
field

gorta MASC NOUN4
hunger

■ **an Gorta Mór** the Great Famine

gortaigh VERB [12]
1 to hurt
□ Ghortaigh sí a cos. She hurt her foot.
2 to injure
□ Gortaíodh go dona sa taisme í. She was seriously injured in the crash.

gortaithe ADJECTIVE
hurt

□ An bhfuil sé gortaithe go dona? Is he badly hurt? □ Ar a laghad ní raibh duine ar bith gortaithe. At least nobody was hurt.

gortú MASC NOUN
injury
1 □ Bhain gortú do Sheán. John sustained an injury.
2 Black
□ duine gorm a Black person

gorún MASC NOUN1
hip

grá MASC NOUN4
love

□ Tá sí i ngrá le Paul. She's in love with Paul.

■ **titim i ngrá le duine** to fall in love with somebody

■ **An bhfuil grá agat dom? — Ar ndóigh, tá!** Do you love me? — Of course I do!

■ **Le grá, Peadar.** Love, Peter.

grád MASC NOUN1
grade

□ Fuair sé gráid mhaithe ina scrúduithe. He got good grades in his exams.

■ **carráiste den chéad ghrád** a first class carriage

gradam MASC NOUN1
distinction

□ Bhain mé gradam amach i mo scrúdú pianó. I got a distinction in my piano exam.

graf MASC NOUN1
graph

grafaicí FEM PL NOUN2
graphics

graificí FEM PL NOUN2
graphics

graifítí MASC PL NOUN
graffiti

□ Spraeáil duine éigin graifítí ar an mballa. Somebody had sprayed graffiti on the wall.

gráigh VERB [24]
to love

□ Gráim thú. I love you.

gráin (GEN SING **gránach**) FEM NOUN
disgust

■ **Is gráin liom é.** I hate it.

■ **gráin a bheith agat ar dhuine** to despise somebody

gráinne MASC NOUN4
grain

gráinneog FEM NOUN2
hedgehog

□ Tá gráinneog cheansa acu. They've got a tame hedgehog.

gráinnín MASC NOUN4
pinch *(of salt, pepper)*

□ gráinnín salainn a pinch of salt

gram MASC NOUN1
gramme

□ 500 gram cáise 500 grammes of cheese

gramadach FEM NOUN2
grammar

grán MASC NOUN1
grain

gránbhiorach ADJECTIVE

■ **peann gránbhiorach** a ball-point pen

gránna ADJECTIVE
ugly
□ aghaidh ghránna an ugly face

grásta (GEN SING, PL **grásta**, GEN PL **grást**)
MASC NOUN4
grace
□ lán de ghrásta full of grace
■ **faic na ngrást** nothing whatsoever

grátáil VERB [25]
to grate
□ Ghrátáil sí beagán cáise. She grated some cheese.

gread VERB [23]
to strike
□ Ghread sé lena dhorn é. He struck him with his fist.
■ **Gread leat!** Beat it!

Gréagach ADJECTIVE
▷ see also **Gréagach** MASC NOUN1
Greek
□ Is Gréagach í. She's Greek.

Gréagach MASC NOUN1
▷ see also **Gréagach** ADJECTIVE
Greek (person)

greamaigh VERB [12]
1 to stick
□ Greamaigh na stampaí ar an gclúdach. Stick the stamps on the envelope.
2 to jam
□ Tá an fhuinneog greamaithe. The window's jammed.

greamaithe ADJECTIVE
stuck
□ Tá sé greamaithe. It's stuck.

greamán MASC NOUN1
clasp (for hair)

greamú MASC NOUN
tackle (in rugby)

greann MASC NOUN1
fun
□ Rinne sé le greann é. He did it for fun.
■ **fear grinn 1** a comedian **2** a clown
■ **scéal grinn** a funny story

greannán MASC NOUN1
comic (magazine)

greannmhar ADJECTIVE
funny
□ Bhí sé iontach greannmhar. It was really funny.

gréasaí MASC NOUN4
shoemaker

gréasán MASC NOUN1
web
□ gréasán damhain alla a spider's web

■ **an Gréasán Domhanda** the World Wide Web

Gréig FEM NOUN2
■ **an Ghréig** Greece □ an tSean-Ghréig ancient Greece □ sa Ghréig in Greece □ chun na Gréige to Greece

Gréigis FEM NOUN2
Greek (language)

greille FEM NOUN4
grill (on cooker)

greim (PL **greamanna**) MASC NOUN3
1 hold
■ **Beir greim ar an bpeann.** You hold the pen.
2 grip
□ greim an fhir bháite a tight grip
■ **greim a choinneáil ar rud** to hold on to something □ Choinnigh sé greim ar an gcathaoir. He held on to the chair.
■ **greim a bhaint as rud** to take a bite of something □ Bhain sé greim as an úll. He took a bite of the apple.

greimlín MASC NOUN4
plaster (for cut)

gréisc FEM NOUN2
grease

gréiscdhíonach ADJECTIVE
greaseproof

gréithe PL NOUN
dishes
□ Nigh mé na gréithe. I washed the dishes.

grian (GEN SING **gréine**, PL **grianta**, DAT SING **gréin**) FEM NOUN2
sun
□ Tá an ghrian an-láidir inniu. The sun is very strong today. □ faoin ngrian in the sun
■ **éirí na gréine** sunrise
■ **luí na gréine** sunset

grianchumhacht FEM NOUN3
solar power

griandaite ADJECTIVE
suntanned

griandó MASC NOUN4
sunburn

griandóite ADJECTIVE
sunburned

grianghraf MASC NOUN1
photo
□ An maith leat an grianghraf seo? Do you like this photo? □ Níor tháinig grianghraf ar bith de mo chuid amach. None of my photos came out.
■ **grianghraf a thógáil de rud** to take a photo of something

grianghrafadóir MASC NOUN3
photographer

grianghrafadóireacht FEM NOUN3
photography

grianmhar ADJECTIVE
sunny
□ Beidh sé grianmhar inniu. It will be sunny today.

grinneall MASC NOUN1
bed
□ grinneall na farraige the sea bed

gríos MASC NOUN1
rash (on skin)
□ gríos clúidín nappy rash

gríosc VERB [14]
to grill

gríscín MASC NOUN4
chop
□ gríscín uaineola a lamb chop

grósaeir MASC NOUN3
grocer
□ Is grósaeir é. He's a grocer.

grua (PL **gruanna**) FEM NOUN4
cheek (on face)

gruagaire MASC NOUN4
hairdresser
□ Is gruagaire é. He's a hairdresser. □ ag an siopa gruagaire at the hairdresser's

gruagaireacht FEM NOUN3
hairdressing

gruaig FEM NOUN2
hair
□ Tá gruaig fhada uirthi. She's got long hair.
□ Tá gruaig dhubh air. He's got black hair.
■ **do chuid gruaige a ní** to wash one's hair
□ Caithfidh mé mo chuid gruaige a ní.
I need to wash my hair.

gruaim FEM NOUN2
■ **bheith faoi ghruaim** to be depressed
□ Tá mé faoi ghruaim. I'm depressed.

gruama ADJECTIVE
1 gloomy
□ Tá sé ina chónaí in árasán beag gruama.
He lives in a small gloomy flat.
2 overcast
□ Bhí an spéir gruama. The sky was overcast.

grúdlann FEM NOUN2
brewery

grúm MASC NOUN1
groom

□ an grúm agus a fhinné fir the groom and his best man

grúpa MASC NOUN4
group
□ grúpa daoine a group of people

gual MASC NOUN1
coal
□ tine ghuail a coal fire

gualainn (PL **guaillí**) FEM NOUN2
shoulder
□ Bhí mála ar a ghualainn aige. He was carrying a bag on his shoulder.

guí (PL **guíonna**) FEM NOUN4
prayer

guigh VERB [22]
to pray
■ **rud a ghuí do dhuine** to wish something for somebody □ Guím sonas ort. I wish you happiness.

guma MASC NOUN4
gum
■ **guma coganta** chewing gum

gúna MASC NOUN4
dress
□ Tá an gúna seo rud beag tanaí. This dress is a bit tight.
■ **gúna damhsa** a ballgown

gunna MASC NOUN4
gun
□ Scaoileadh an gunna. The gun went off.
□ Tá gunna ag mo chara. My friend has a gun.

gusta MASC NOUN4
gust
□ gusta gaoithe a gust of wind

guta MASC NOUN4
vowel

guth (PL **guthanna**) MASC NOUN3
voice
□ Chuala mé guth Mháire. I heard Mary's voice.
■ **d'aon ghuth** unanimously

guthán MASC NOUN1
phone
□ Cá bhfuil an guthán? Where's the phone?
□ An bhfuil cead agam an guthán a úsáid, le do thoil? Can I use the phone, please? □ Bhí an guthán gafa. The phone was engaged.
■ **guthán póca** a mobile phone
■ **Chuir sé an guthán síos orm**. He hung up on me.

g

Hh

haca MASC NOUN4
hockey
□ Imrím haca. I play hockey.
■ **haca oighir** ice hockey

haingear MASC NOUN1
hangar

hairicín MASC NOUN4
hurricane

haischlib FEM NOUN2
hashtag (on Twitter)

haiste MASC NOUN4
hatch

halla MASC NOUN4
hall
□ halla an tsráidbhaile the village hall
□ D'fholúsghlan sí an halla. She vacuumed
the hall.
■ **hallaí cónaithe** halls of residence

hamstar MASC NOUN1
hamster

hanla MASC NOUN4
handle

hart (PL **hairt**) MASC NOUN1
heart (in cards)
□ an bhanríon hart the queen of hearts

hata MASC NOUN4
hat
□ Bhí sí ag caitheamh hata. She was
wearing a hat.

hearóin FEM NOUN2
heroin

héileacaptar MASC NOUN1
helicopter

hidrigín FEM NOUN2
hydrogen

hidrileictreach ADJECTIVE
hydroelectric

hiéana MASC NOUN4
hyena

hi-fi MASC NOUN4
hi-fi

hiodrálach ADJECTIVE
hydraulic

Hiondúch ADJECTIVE, MASC NOUN1
Hindu

hiopnóisigh VERB [11]
to hypnotize

hipearnasc MASC NOUN
hyperlink

histéireach ADJECTIVE
hysterical

homaighnéasach ADJECTIVE,
MASC NOUN1
homosexual

huscaí MASC NOUN4
husky (dog)

Ii

i PREPOSITION

> **LANGUAGE TIP** Prepositional pronouns are **ionam, ionat, ann, inti, ionainn, ionaibh, iontu**.

1 in

□ i rang a haon in class one □ Maraíodh é i dtimpiste bhóthair. He was killed in a car accident. □ Rinne mé i dtrí huaire an chloig é. I did it in 3 hours.

■ **i mí Eanáir** in January

> **LANGUAGE TIP** **i** plus **an** becomes **sa** before a singular word beginning with a consonant.

□ sa bhanc in the bank □ sa Spáinn in Spain

> **LANGUAGE TIP** **i** plus **an** becomes **san** before a singular word beginning with a vowel; **san** is also used before a word beginning with 'f' plus a vowel and in this case, 'f' changes to 'fh'.

□ san oirthuaisceart in the northeast □ san fharraige in the sea

> **LANGUAGE TIP** **i** plus **an** becomes **sna** before a plural word.

□ sna bailte móra in the larger towns □ sna Stáit Aontaithe in the United States

■ **sa samhradh** in summer
■ **i nglór íseal** in a low voice
■ **i mBéarla** in English □ céim i mBéarla a degree in English
■ **i dtobainne** suddenly

2 into

□ Caith i bhfarraige é. Throw it into the sea.
□ Cuir sa bhanc é. Put it into the bank.
□ Chuaigh sé isteach sa charr. He got into the car.

■ **daichead euro sa lá** forty euros per day
■ **50 ciliméadar san uair** 50 kilometres per hour

í PRONOUN

1 she

□ Is múinteoir í. She is a teacher.
□ Gortaíodh í. She was injured.

2 her

□ Ní fheicim í. I can't see her.

iad PRONOUN

1 they

□ Cé hiad? Who are they? □ Toghadh iad. They were elected.

2 them

□ Is maith liom iad. I like them.

iall (GEN SING **éille**, PL **iallacha**, DAT SING **éill**) FEM NOUN2

lace *(for shoe)*

■ **d'iallacha a cheangal** to tie one's laces

iarann MASC NOUN1

iron

iardheisceart MASC NOUN1

south-west

Iarmhí FEM NOUN4

■ **an Iarmhí** Westmeath

iarnáil VERB [25]

to iron

□ D'iarnáil sé a léine. He ironed his shirt.

iarnóin (PL **iarnónta**) FEM NOUN3

afternoon

□ Beidh mé ar ais san iarnóin. I will be back in the afternoon.

■ **a cúig iarnóin** five pm

iarnród MASC NOUN1

railway

iaróg FEM NOUN2

row

□ Thóg sé iaróg. He caused a row.

iarr VERB [14, VN iarraidh]

1 to ask

□ Ní dhéanfainn sin go deo, fiú dá n-iarrfá orm. I'd never do that, even if you asked me.

■ **rud a iarraidh ar dhuine** to ask somebody for something □ D'iarr sé punt orm. He asked me for a pound.

2 to want

□ Cad é atá tú a iarraidh? What do you want?

iarracht FEM NOUN3

1 effort

■ **iarracht a thabhairt ar rud a dhéanamh**
to try to do something □ Thug mé iarracht
ar an gcloch a thogáil. I tried to lift the
stone.

■ **An-iarracht!** Good try!
2 a little
□ Tá iarracht den íoróin ann. It's a little
ironic.

iarraidh (GEN SING **iarrata**, PL **iarrataí**) FEM
NOUN
1 attempt
■ **iarraidh a thabhairt ar rud** to try
something □ Thug mé iarraidh ar an gloch
a thógáil. I tried lifting the stone.
2 demand
■ **Tá iarraidh mhór ar an tseirbhís nua.**
The new service is in great demand.
3 time
□ an iarraidh seo this time
■ **iarraidh a thabhairt ar dhuine** to attack
somebody □ Thug sé iarraidh orm. He
attacked me.
■ **bheith ar iarraidh** to be missing □ Tá an
madra ar iarraidh. The dog is missing.

iarratas MASC NOUN1
application
□ iarratas poist a job application
■ **iarratas a dhéanamh ar phost** to apply
for a job
■ **foirm iarratais** an application form

iarrthóir MASC NOUN3
applicant
□ Bhí céad iarratasóir ar an bpost. There
were a hundred applicants for the job.

iarsmalann FEM NOUN2
museum

iarthar MASC NOUN1
west
□ iarthar na hÉireann the west of Ireland
■ **an tIarthar** the West

iartharach ADJECTIVE
western

iarthuaisceart MASC NOUN1
northwest
□ san iarthuaisceart in the northwest

iasacht FEM NOUN3
loan
■ **rud a fháil ar iasacht** to borrow
something □ Fuair mé airgead ar iasacht ó
Mháire. I borrowed money from Mary.
■ **rud a thabhairt ar iasacht do dhuine** to
lend something to somebody □ Thug mé an
leabhar ar iasacht do Sheán. I lent the book
to John.
■ **ón iasacht** from abroad

iasachtaí MASC NOUN4
borrower
iasachtóir MASC NOUN3
lender
iasc (GEN SING, PL **éisc**) MASC NOUN1
fish
■ **iasc órga** a goldfish □ Tá iasc órga agam
sa bhaile. I have a goldfish at home.
■ **Na hÉisc** Pisces □ Is mise Na hÉisc.
I'm Pisces.
iascaire MASC NOUN4
fisherman
□ Is iascaire m'athair. My father is a
fisherman.
iascaireacht FEM NOUN3
fishing
□ Is breá liom an iascaireacht. I love fishing.
■ **slat iascaireachta** a fishing rod
■ **iascaireacht slaite** angling
idé (PL **idéanna**) FEM NOUN4
idea
íde FEM NOUN4
abuse
■ **íde béil a thabhairt do dhuine** to tell
somebody off □ Thug sí íde béil dom cionn
is go raibh mé mall. She told me off for
being late.
idéalach ADJECTIVE
ideal
□ saol idéalach an ideal life
idéalachas MASC NOUN1
idealism
idéalaí MASC NOUN4
idealist
ídigh VERB [11]
to use up
idir PREPOSITION

LANGUAGE TIP Prepositional pronouns
are **léi, eadrainn, eadraibh,
eatarthu.**

1 between
□ Shín siad rópa idir dhá chrann. They
stretched a rope between two trees.
□ Ná bí ag ithe idir bhéilí. Don't eat
between meals. □ idir Gaillimh agus
Baile Átha Cliath between Galway and
Dublin
2 among
□ idir chairde among friends
■ **idir ... agus ...** both ... and ... □ idir
shaibhir agus dhaibhir both rich and poor
□ Bhí idir bhuachaillí agus chailíní ann.
There were both boys and girls there.
idirbheartaíocht FEM NOUN3
negotiations

idirchum MASC NOUN4
  intercom
idiréadan MASC NOUN1
  interface *(computing)*
idirghníomhach ADJECTIVE
  interactive *(computing)*
idirlinn (PL **idirlinnte**) FEM NOUN2
  interval
  ■ **san idirlinn** in the meantime
Idirlíon MASC NOUN1
  internet
  □ ar an Idirlíon on the internet
  ■ **scimeáil ar an Idirlíon** to surf the Net
idirmheánach ADJECTIVE
  intermediate
idirnáisiúnta ADJECTIVE
  international
ifreann MASC NOUN1
  hell
ilchríoch FEM NOUN2
  continent
  □ Cá mhéad ilchríoch atá ann? How many
  continents are there?
ildathach ADJECTIVE
  multicoloured
iliomad NOUN
  a lot of
  □ Bhí an iliomad daoine ann. There were a
  lot of people there.
im (GEN SING **ime**, PL **imeanna**) MASC NOUN
  butter
  □ arán agus im bread and butter
imeacht MASC NOUN3
  ■ **in imeacht na hoíche** during the night
imeachtaí MASC PL NOUN3
  events
  □ Beidh imeachtaí spóirt ann anocht.
  Sporting events will be held tonight.
imeagla FEM NOUN4
  fear
  ■ **imeagla a chur ar dhuine** to terrorize
  someone
  ■ **Cuireann sé imeagla orm.** It gives me
  the creeps.
imeall MASC NOUN1
1 edge
  □ Bhí mé i mo sheasamh in imeall na
  farraige. I was standing by the edge of the
  sea.
2 outskirts
  □ ar imeall na cathrach on the outskirts of
  the city
imeasctha ADJECTIVE
  integrated
  □ scoil imeasctha an integrated school

imigéin NOUN
  ■ **in imigéin** far away
imigh VERB [11, VN imeacht]
1 to leave
  □ D'imigh sé as an tír. He left the country.
2 to depart
  □ D'imigh an bus ar a trí. The bus departed
  at three.
3 to pass *(time)*
  □ D'imigh an t-am go gasta. The time
  passed quickly.
4 to escape
  □ D'imigh an gadaí ar na péas. The thief
  escaped from the police.
  ■ **D'imigh an traein orm.** I missed the
  train.
  ■ **Imigh leat!** Get lost!
imir VERB [21]
  to play
  □ Imrím peil gach lá. I play football every
  day.
  ■ **cleas a imirt ar dhuine** to play a trick on
  somebody □ D'imir Máire cleas ar Sheán.
  Mary played a trick on John.
imirce FEM NOUN4
  emigration
  ■ **imirce a dhéanamh** to emigrate □ Rinne
  m'uncail imirce go Meiriceá. My uncle
  emigrated to America.
imirt (GEN SING **imeartha**) FEM NOUN3
  ■ **páirc imeartha** playing field
imleabhar MASC NOUN1
  volume *(book)*
imní FEM NOUN4
  concern
  □ Léirigh siad imní faoina sláinte. They
  showed concern about her health.
  ■ **imní a bheith ort faoi rud** to be worried
  about something □ Tá imní orm faoin
  gcluiche amárach. I'm worried about the
  game tomorrow.
impigh VERB [11, VN impí]
  to beg
  □ D'impigh sé orm dul amach leis anocht.
  He begged me to go out with him tonight.
  □ D'impigh sí ar a tuismitheoirí capaillín a
  cheannach. She begged her parents to buy
  a pony.
impire MASC NOUN4
  emperor
impireacht FEM NOUN3
  empire
  □ Impireacht na Róimhe the Roman Empire
imreoir MASC NOUN3
  player

i

113

□ Is é an t-imreoir is fearr é. He's the best player. □ Rinne an t-imreoir feall. The player committed a foul.

imshaol MASC NOUN1
environment

in-athscríofa ADJECTIVE
rewritable (CD, DVD)

inchinn FEM NOUN2
brain

inchloiste, inchluinte ADJECTIVE
audible

inchreidte ADJECTIVE
plausible
□ Tá an scéal sin inchreidte. The story is plausible.

inchurtha ADJECTIVE
equal
■ bheith inchurtha le duine to be a good match for somebody □ Tá Máire inchurtha le Nóra. Mary is a a good match for Nora.

indéanta ADJECTIVE
possible
□ Níl sé indéanta. It isn't possible.

India FEM NOUN4
■ an India India □ san India in India
□ chun na hIndia to India

indibhidiúil ADJECTIVE
individual

infheicthe ADJECTIVE
visible

infheistíocht FEM NOUN3
investment
□ Ba chóir go mbeadh níos mó infheistíochta san oideachas. There should be more investment in education.

infheisteoir MASC NOUN3
investor

infheistigh VERB [11]
to invest
□ D'infheistigh siad cuid mhór airgid ann. They invested a lot of money in it.

ingearán MASC NOUN1
helicopter

inghlachta ADJECTIVE
acceptable
□ Níl an leithscéal sin inghlachta. That excuse is not acceptable.

Inid FEM NOUN2
■ Máirt Inide Shrove Tuesday

inimirce FEM NOUN4
immigration

inimirceach ADJECTIVE, MASC NOUN1
immigrant

Iníon FEM NOUN2
Miss

□ Iníon Uí Cheallaigh Miss Kelly

iníon (PL iníonacha) FEM NOUN2
daughter
□ Tá iníon amháin ag Seán. John has one daughter.
■ iníon bhaistí a goddaughter

iníoslódála ADJECTIVE
downloadable

inis (GEN SING inse, PL insí) FEM NOUN2
▷ see also inis VERB
island

inis VERB [21, VN insint, VA inste]
▷ see also inis FEM NOUN2
to tell
□ Ar inis tú do do mháthair? Did you tell your mother? □ D'inis sé scéal. He told a story.
■ rud a insint do dhuine to tell somebody something □ Inis lomchnámh na fírinne dom. Tell me the actual truth. □ Ar aghaidh leat, inis dom cad é an fhadhb! Go on, tell me what the problem is!
■ bréag a insint to tell a lie

inléite ADJECTIVE
legible
□ Níl an aiste seo inléite. This essay is not legible.

inleithscéil ADJECTIVE
excusable
□ Níl an callán seo inleithscéil. This noise is not excusable.

inmhe FEM NOUN4
ability
■ bheith in inmhe rud a dhéanamh to be able to do something □ Níl mé in inmhe an obair seo a dhéanamh. I can't do this work.

inmholta ADJECTIVE
advisable
□ Níl sé inmholta sin a dhéanamh. It is not advisable to do that.

inné ADVERB, NOUN
yesterday
□ Ní raibh mé ar scoil inné. I wasn't at school yesterday. □ Chonaic mé inné é. I saw him yesterday. □ maidin inné yesterday morning

innéacs (PL innéacsanna) MASC NOUN4
index

inneall MASC NOUN1
1 machine
□ Tá an t-inneall seo lochtach. This machine is faulty.
■ inneall níocháin a washing machine
2 engine
□ Tá an t-inneall iontach ciúin. The engine's very quiet.

■ **inneall dóiteáin** a fire engine
innealra MASC NOUN4
machinery
innealtóir MASC NOUN3
engineer
□ Is innealtóir é. He's an engineer.
innealtóireacht FEM NOUN3
engineering
□ innealtóireacht shibhialta civil
engineering
inniu ADVERB, NOUN
today
□ Tá sé fual inniu. It's cold today. □ Cad é
a rinne tú inniu? What did you do today?
■ **seachtain agus an lá inniu** a week ago
today
inólta ADJECTIVE
■ **uisce inólta** drinking water
inscríbhinn FEM NOUN2
inscription
insint FEM NOUN2
version (of facts)
□ Bhí a insint féin aige. He had his own
version.
inslin FEM NOUN2
insulin
insliú MASC NOUN
insulation
inspioráid FEM NOUN2
inspiration
insroichte ADJECTIVE
accessible (place)
instealladh (GEN SING **insteallta**,
PL **instealltaí**) MASC NOUN
injection
□ Fuair mé instealladh inniu. I got an injection
today. □ Maolóidh an t-instealladh seo an
phian. This injection will relieve the pain.
instinn FEM NOUN2
instinct
institiúid FEM NOUN2
institute
intinn FEM NOUN2
mind
□ D'athraigh Seán a intinn. John changed
his mind.
■ **Cad é atá ar d'intinn?** What are you
thinking about?
■ **bheith ar aon intinn** to be in agreement
□ Bhí gach duine ar aon intinn le Caoimhín.
Everybody was in agreement with Kevin.
■ **é a bheith ar intinn agat rud éigin a
dhéanamh** to intend to do something
□ Tá sé ar intinn agam dul amach anocht.
I intend to go out tonight.

intleacht FEM NOUN3
intellect
■ **intleacht shaorga** artificial intelligence
intleachtach ADJECTIVE
intellectual
■ **Sárintleachtach atá inti!** She's a genius!
intreoir (GEN SING **intreorach**) FEM NOUN
introduction
intuigthe ADJECTIVE
1 understandable
□ Tá sé intuigthe má fhanann sé sa bhaile.
It's understandable if he stays at home.
2 intelligible
□ Níl an abairt sin intuigthe. That sentence
is not intelligible.
íobairt (GEN SING **íobartha**) FEM NOUN3
sacrifice
íoc VERB [14, VN ÍOC]
to pay
□ Is gá éarlais a íoc. You have to pay a
deposit. □ Íocann gach duine a chuid féin.
Everybody pays their share. □ D'íoc sí le
cárta creidmheasa. She paid by credit card.
■ **íoc as rud** to pay for something □ D'íoc
mé as na bróga. I paid for the shoes.
■ **bille a íoc** to pay a bill □ D'íoc mé an bille
leictreachais. I paid the electricity bill.
íocaí MASC NOUN4
payee
íocaíocht FEM NOUN3
payment
□ a íocaíocht iomarcaíochta his redundancy
payment
íochtar MASC NOUN1
1 bottom
□ íochtar an bhalla the bottom of the wall
2 north (part)
□ íochtar na hÉireann the north of Ireland
íoclann FEM NOUN2
doctor's surgery
íocóir MASC NOUN3
■ **íocóir rátaí** a ratepayer
íocón MASC NOUN1
icon (computing)
Iodáil FEM NOUN2
■ **an Iodáil** Italy □ san Iodáil in Italy
□ chun na hIodáile to Italy
Iodáilis FEM NOUN2
Italian (language)
Iodálach ADJECTIVE, MASC NOUN1
Italian
□ Is maith liom bia Iodálach. I like Italian food.
iodálach ADJECTIVE, MASC NOUN1
italic (type)
■ **in gcló iodálach** in italics

Irish-English

iógart MASC NOUN 1
yoghurt

iolar MASC NOUN 1
eagle

iomad NOUN
1 too much
□ Tá an iomad le rá agat. You have too much to say. □ an iomad airgid too much money
2 too many
□ an iomad daoine too many people

iomaí ADJECTIVE
many
□ Is iomaí uair a bhí mé mall. I was late many a time.
■ **Is iomaí duine ag Dia.** It takes all kinds to make a world.

iomáin FEM NOUN 3
hurling (sport)
□ Beidh cluiche iomána ar an teilifís anocht. There will be a game of hurling on TV tonight.

iomáint (GEN SING **iomána**) FEM NOUN 3
hurling (sport)

iomaíocht FEM NOUN 3
competition (economic)
■ **bheith san iomaíocht do rud** to be in the running for something □ Tá mé san iomaíocht don dhuais mhór. I am in the running for the big prize.

iomair VERB [19, VN iomramh, VA iomartha]
to row
□ D'iomair siad an bád thart ar an oileán. They rowed the boat around the island.

iomaitheoir MASC NOUN 3
competitor

iománaí MASC NOUN 4
hurler (sport)

iománaíocht FEM NOUN 3
hurling
□ D'imir mé iománaíocht inniu. I played hurling today.

iomann MASC NOUN 1
hymn

iomarca FEM NOUN 4
excess
■ **an iomarca** too much □ an iomarca airgid too much money

íomhá (PL **íomhánna**) FEM NOUN 4
image

iomláine FEM NOUN 4
entirety
■ **ina iomláine** in its entirety □ D'inis sé an scéal ina iomláine. He told the story in its entirety.

iomlán ADJECTIVE
▷ see also **iomlán** MASC NOUN 1
1 whole
□ an lá iomlán a whole day □ an rang iomlán the whole class
2 complete
□ liosta iomlán a complete list
■ **iomlán gealaí** a full moon □ Bhí iomlán gealaí ann. There was a full moon.
■ **ainm iomlán** full name □ Seán Pádraig Ó Néill an t-ainm iomlán atá orm. My full name is John Patrick O'Neill.

iomlán MASC NOUN 1
▷ see also **iomlán** ADJECTIVE
the lot (all)
□ Cheannaigh mé milseáin agus d'ith Peadar an t-iomlán. I bought sweets and Peter ate the lot.
■ **i ndiaidh an iomláin** after all □ I ndiaidh an iomláin, ní féidir le duine ar bith tabairt orainn dul. After all, nobody can make us go.
■ **ar an iomlán** overall □ Bhí mo chuid torthaí réasúnta maith ar an iomlán. My results were quite good overall.
■ **mar bharr ar an iomlán** into the bargain □ Agus, mar bharr ar an iomlán, bhí mé mall don scoil. And, into the bargain, I was late for school.

iomlatach ADJECTIVE
mischievous
□ páiste iomlatach a mischievous child

iompaigh VERB [12]
to turn over (person)
■ **iompú thart** to turn round □ Iompaigh thart, le do thoil. Turn round, please.
■ **rud a iompú béal faoi** to turn something upside down □ D'iompaigh sé an buicéad béal faoi. He turned the bucket upside down.

iompair VERB [19, VN iompar, VA iompartha]
1 to carry
□ D'iompair sé an mála isteach sa teach. He carried the bag into the house.
2 to behave
□ D'iompair sé é féin mar a bheadh amadán ann. He behaved like an idiot. □ D'iompair sí í féin go holc. She behaved very badly.

iompar MASC NOUN 1
transport
■ **iompar poiblí** public transport
■ **rud a bheith ar iompar agat** to be carrying something □ Bhí mála ar iompar aige. He was carrying a bag.
■ **bheith ag iompar clainne** to be pregnant □ Tá sí ag iompar clainne le sé mhí anuas. She's six months pregnant.

iompórtálaí MASC NOUN4
importer

iompú MASC NOUN
turn
■ **ar iompú boise** like a flash

iomrá MASC NOUN4
rumour
■ **Tá iomrá na hintleachta air.** He's
supposed to be intelligent.
■ **Níl iomrá ar bith air.** There's no sign of
him.
■ **Ar chuala tú iomrá riamh ar …?** Did you
ever hear of …?

iomráiteach ADJECTIVE
famous
□ **duine iomráiteach** a famous person □ Tá
Brad Pitt ina aisteoir iomráiteach. Brad Pitt
is a famous actor.

iomrall MASC NOUN1
mistake
■ **iomrall aithne** mistaken identity

iomrascáil FEM NOUN3
wrestling

iomrascálaí MASC NOUN4
wrestler

iomróir MASC NOUN3
rower

ionad MASC NOUN1
1 place
■ **ionad saoire** a holiday resort □ Is ionad
saoire é ar an Costa del Sol. It's a holiday
resort on the Costa del Sol.
2 centre
□ Sholáthair an t-ionad an trealamh uile
dúinn. The centre supplied us with all the
equipment.
■ **ionad glaonna** a call centre
■ **ionad pobail** a community centre
■ **ionad siopadóireachta** a shopping centre
■ **in ionad an** instead of □ Chuaigh mé in
ionad an mhúinteora. I went instead of the
teacher □ Tháinig Máire i m'ionad. Mary
came instead of me.
■ **fear ionaid** (in sport) substitute

ionadaí MASC NOUN4
1 representative (person)
2 substitute (in sport)

ionadaíocht FEM NOUN3
representation
□ ionadaíocht chionmhar proportional
representation

ionadh (PL **ionaí**) MASC NOUN1
surprise
■ **Tá ionadh orm gur tháinig sé.** I'm
surprised he came.

■ **ní nach ionadh** not surprisingly

ionann ADJECTIVE
same
□ Is ionann méid dóibh. They're the same
size.
■ **murab hionann agus …** unlike …
□ Murab ionann agus eisean, taitníonn
bheith ag eitilt liom. Unlike him, I really
enjoy flying.
■ **ionann is** almost □ Tá an obair seo
ionann is déanta agam. I have almost
finished this work.

ionas ADVERB
■ **ionas go** so that □ Déan deifir ionas go
mbeidh muid in am. Hurry up so that we
will be in time.

ioncam MASC NOUN1
income

ionchur MASC NOUN1
input
□ Níl aon ionchur agam sa scéal. I have no
input into the issue.

iondúil ADJECTIVE
usual
■ **go hiondúil** usually □ Is iondúil go
mbíonn sé in am. He is usually in time.

ionfhabhtú MASC NOUN
infection
□ ionfhabhtú cluaise an ear infection

ionga (GEN SING **iongan**, PL **ingne**) FEM NOUN
nail
□ Ná hith do chuid ingne! Don't bite your
nails!
■ **ionga méire** a fingernail
■ **ionga gairleoige** a clove of garlic
■ **vearnais iongan** nail varnish

ionlach MASC NOUN1
lotion
■ **ionlach gréine** suntan lotion

ionracas MASC NOUN1
honesty

ionradh (PL **ionraí**) MASC NOUN1
invasion

ionraic ADJECTIVE
honest
□ Is duine ionraic é. He's an honest person.

ionróir MASC NOUN3
invader

ionsá MASC NOUN4
insertion

ionsaí MASC NOUN4
attack
□ ionsaí fíochmhar a vicious attack
□ ionsaí sceimhlitheoireachta a terrorist
attack

■ **ionsaí a dhéanamh ar dhuine** to attack somebody

ionsaigh VERB [12, VN ionsaí]
to attack

  □ D'ionsaigh an madra í. The dog attacked her.

ionsáigh VERB [24]
to insert

ionsaitheach ADJECTIVE
aggressive

ionsaitheoir MASC NOUN3
striker (football)

ionsar PREPOSITION

> **LANGUAGE TIP** Prepositional pronouns are **ionsorm, ionsort, ionsair, ionsuirthi, ionsorainn, ionsoraibh, ionsorthu.**

towards

  □ Tháinig Máire ionsorm. Mary came towards me.

ionstraim FEM NOUN2
instrument

ionstraimeach ADJECTIVE
instrumental (music)

ionstraimí MASC NOUN4
instrumentalist

ionsú MASC NOUN4
absorption

ionsúigh VERB [24]
to absorb

ionsúiteach ADJECTIVE
absorbent

iontach ADVERB
1 very

  □ Tá sí iontach tarraingteach. She's very attractive. □ Níl sé iontach cliste. He's not very bright. □ Beidh sé iontach géar. It's going to be very close.

  ■ **lá iontach te go deo** a boiling hot day
2 really

  □ Bhí mé iontach corraithe. I was really touched. □ Bhí sé iontach scanrúil. It was really scary.
3 wonderful

  □ Is iontach an radharc é. It's a wonderful sight.

  ■ **D'imir sé go hiontach.** He played brilliantly.
4 surprising

  □ Is iontach liom go … I find it surprising that …

iontaise FEM NOUN4
fossil

iontaobhaí MASC NOUN4
trustee

iontaofa ADJECTIVE
1 trustworthy

  □ duine iontaofa a trustworthy person
2 reliable

  □ Ní duine ró-iontaofa é. He's not very reliable.

  ■ **Sin comhairle iontaofa.** That's sound advice.

iontaoibh FEM NOUN2
confidence

  ■ **iontaoibh a bheith agat as duine** to have confidence in somebody □ Tá iontaoibh agam as Emma. I trust Emma.

iontas MASC NOUN1
surprise

  □ Chuir sé iontas ort mar sin? Was it a surprise then? □ A leithéid d'iontas breá! What a lovely surprise!

  ■ **iontas a bheith ort** to be surprised □ Bhí iontas orm gur tháinig sé. I was surprised that he came. □ Bhí iontas orm gur éirigh liom é a dhéanamh. I was surprised that I managed to do it.

  ■ **iontais na cathrach** the sights of the city

iontógáil FEM NOUN3
intake

iontráil VERB [25]

  ▷ see also **iontráil** FEM NOUN3
to enter (data)

iontráil FEM NOUN3

  ▷ see also **iontráil** VERB
entry

  □ Is é an 2ú Bealtaine spriocdháta faoi choinne iontrálacha. The deadline for entries is May 2nd.

  ■ **foirm iontrála** an entry form

iontrálaí MASC NOUN4
entrant

ionúin ADJECTIVE
beloved

iora MASC NOUN4
squirrel

  ■ **iora glas** a grey squirrel
  ■ **iora rua** a red squirrel

íoróin FEM NOUN2
irony

íorónta ADJECTIVE
ironic

  ■ **go híorónta** tongue in cheek

iorras MASC NOUN1
promontory

Íosa MASC NOUN4
Jesus

Íosánach ADJECTIVE, MASC NOUN1
Jesuit

íosbhealach MASC NOUN1
  subway

íoslach MASC NOUN1
  basement

íoslaghdaigh VERB [12]
  to minimize

íosmhéid FEM NOUN2
  minimum

íospairt (GEN SING **íospartha**) FEM NOUN3
  ill-treatment

iostas MASC NOUN1
1 lodging
  □ iostas na hoíche a night's lodging
2 hostel
  □ iostas mac léinn a student hostel

iPod® MASC NOUN
  iPod®

iris FEM NOUN2
1 magazine
2 strap (of bag)

iriseoir MASC NOUN3
  journalist
  □ Is iriseoirí. She's a journalist.

iriseoireacht FEM NOUN3
  journalism

irisleabhar MASC NOUN1
  magazine

is COPULA

> **LANGUAGE TIP** Look in the grammar section for more information on the copula in Irish. **is** is used in the present tense without a negative.

□ Is dochtúir é. He is a doctor. □ Is maith sin. That's good. □ Is breá liom an léitheoireacht. I love reading. □ Is do Sheán a thug mé é. I gave it to John. □ Is as Corcaigh é. He's from Cork. □ Is inné a tharla sé. It happened yesterday.

> **LANGUAGE TIP** **is** changes to **ní** in the present tense with a negative.

□ Ní saineolaí é. He isn't an expert. □ Ní minic a tharlaíonn sin. That doesn't happen often. □ Ní hé is fearr orthu. He's not the best of them. □ Ní hé an t-ardmháistir é. He isn't the principal. □ Ní ar Sheán a bhí mé ag caint. I wasn't talking about John.

> **LANGUAGE TIP** **is** changes to **an** in the present tense with a question.

□ An éan é? Is it a bird? □ An miste leat má imím? Do you mind if I leave? □ An é an múinteoir é? Is he the teacher? □ An ar an bhus a casadh ort é? Did you meet him on the bus?

> **LANGUAGE TIP** **is** changes to **gur** or **gurb** in the present dependent tense without a negative.

□ Ceapaim gur mac léinn é. I think he is a student. □ Is cosúil gurb é amháin a chonaic é. It appears that he alone saw it. □ Gura fada buan iad. Long may they live.

> **LANGUAGE TIP** **is** changes to **ar** or **arb** in the present tense in indirect relative clauses without a negative.

□ na mic léinn ar féidir leo na ceisteanna ar fad a fhreagairt the students who can answer all the questions

> **LANGUAGE TIP** **is** changes tos **nach** in the present tense in indirect relative clauses with negative questions.

□ Nach múinteoir é? Isn't he a teacher? □ Nach mór an trua gur imigh sé? Isn't it a great pity he left? □ Deir sé nach maith leis tae. He says he doesn't like tea. □ Tá spéaclaí de dhíth ar dhuine ar bith nach féidir leis sin a fheiceáil. Anyone who can't see that should get glasses.

> **LANGUAGE TIP** **is** changes to **nára** or **nárab** in the present subjunctive tense without a negative.

□ Nára fada go bhfille siad. May it not be long until they return.

> **LANGUAGE TIP** **is** changes to **ba** or **b'** in past or conditional tenses without a negative.

□ Ba dhochtúir í. She was a doctor. □ Ba í Máire ba shine. Mary was the eldest. □ Ba bhreá liom dul ann. I would love to go there. □ B'as Londain í. She was from London.

> **LANGUAGE TIP** **is** changes to **níor** or **níorbh** in past or conditional tenses with a negative.

□ Níor cheoltóir í. She wasn't a musician. □ Níorbh aisteoir í. She wasn't an actress. □ Níorbh eol di sin. She wasn't aware of that.

> **LANGUAGE TIP** **is** changes to **ar** or **arbh** in past or conditional tenses in indirect relative clauses without a negative.

□ Ar chuidiú ar bith é dá ...? Would it be any help if ...? □ an bhean arbh fhiaclóir a hathair the woman whose father was a dentist

> **LANGUAGE TIP** **is** changes to **gur** or **gurbh** in past or conditional dependent tenses without a negative.

□ Cheap sí gur chigire é. She thought he was an inspector.

> **LANGUAGE TIP** **is** changes to **ba** or **ab** in past or conditional tenses in direct relative clauses without a negative.

íseal – iúl

□ **an léim ab fhaide** the longest jump

> **LANGUAGE TIP** **is** changes to **nár** or **nárbh** in past dependent or conditional tenses in questions or relative clauses with a negative.

□ Nár bhainistreás í? Wasn't she a manageress? □ Nárbh fhile í? Wasn't she a poet? □ Nárbh fhearr leat fanacht? Would you not rather stay?

íseal (GEN SING FEM, PL, COMPAR **ísle**) ADJECTIVE
  low

□ **balla íseal** a low wall

■ **go híseal** low □ Tá an t-eitleán sin ag eitilt go han-íseal. The plane is flying very low.

■ **os íseal** quietly

■ **de ghlór íseal** in a soft voice

ísealaicme FEM NOUN4
  lower class

Ísiltír FEM NOUN2

■ **an Ísiltír** the Netherlands □ **san Ísiltír** in the Netherlands

ísligh VERB [11]

1 to lower

□ Ísligh do ghlór. Lower your voice.

2 to dip (headlight)

□ Ísligh na ceannsoilse. Dip the headlights.

ísliú MASC NOUN
  reduction

□ Tá ísliú ar na praghsanna inniu. There is a price reduction today.

■ **ísliú céime** (in sport) relegation

ispín MASC NOUN4
  sausage

□ **ispíní gan feoil** vegetarian sausages

■ **ispíní agus brúitín** bangers and mash

isteach ADVERB

1 in

□ Tháinig sé isteach agus mé ag imeacht. He came in as I was leaving. □ Tar isteach! Come in! □ Bhuail sé ar an doras agus chuaigh sé isteach. He knocked on the door and went in.

2 into

□ Dhoirt sí roinnt uisce isteach sa sáspan. She poured some water into the pan.

■ **cead isteach** admission □ 'cead isteach saor in aisce' 'admission free'

■ **bog isteach i** (to a house) to move in

□ Beidh siad ag bogadh isteach an tseachtain seo chugainn. They're moving in next week.

istigh ADVERB

1 in

□ An bhfuil aon duine istigh? Is there anyone in? □ Tá an t-aer plúchtach istigh anseo. It's really stuffy in here. □ B'fhearr liom fanacht istigh anocht. I'd rather stay in tonight.

2 up

□ Tá an t-am istigh. Time's up.

■ **taobh istigh de** within □ taobh istigh d'uair an chloig within an hour

ith VERB [7]
  to eat

□ Ní ithim feoil ná iasc. I don't eat meat or fish. □ Ní féidir liom sin uile a ithe. I can't eat all that.

■ **Ith leat!** Dig in!

■ **d'ingne a ithe** to bite one's nails

itheachán MASC NOUN1
  eating

■ **seomra itheacháin** a dining room

■ **cipíní itheacháin** chopsticks

Iúil MASC NOUN4
  July

□ **an fichiú lá d'Iúil** on July 20th

■ **i mí Iúil** in July

iúl MASC NOUN1

1 knowledge

■ **rud a chur in iúl do dhuine** to let somebody know something □ Cuir in iúl don mhúinteoir go mbeidh tú mall. Let the teacher know that you will be late.

2 to pretend

□ Chuir sé in iúl go raibh sé tinn. He pretended to be sick.

■ **d'iúl a bheith ar rud** to concentrate on something □ Bhí a iúl ar an obair. He concentrated on the work.

Jj

jab (PL **jabanna**) MASC NOUN4
   job
   □ Tá a jab caillte aige. He's lost his job.
   □ Tá jab Sathairn agam. I've got a Saturday
   job. □ Bhí an jab sin deacair. That was a
   difficult job.
jacaí MASC NOUN4
   jockey

jíp (PL **jípeanna**) MASC NOUN4
   jeep
júdó MASC NOUN4
   judo
   □ Júdó an caitheamh aimsire atá agam.
   My hobby is judo.
jumbó MASC NOUN4
   ■ **scairdeitleán jumbó** jumbo jet

j

Kk

karate MASC NOUN4
karate

km san uair ABBREVIATION *(= ciliméadar san uair)*
km/h *(= kilometres per hour)*

lá (GEN SING **lae**, PL **laethanta**) MASC NOUN
day
□ Lá amháin d'imigh sé go deo. One day he left for good. □ Bhíomar ag stopadh i mBéal Feirste ar feadh cúpla lá. We were staying in Belfast for a few days.
■ **sa lá atá inniu ann** nowadays
■ **gach lá** every day □ Téim chuig an ngiomnáisiam gach lá. I go to the gym every day.
■ **lá breithe** birthday □ Cad é a fuair tú ar do lá breithe? What did you get for your birthday?
■ **lá saoire** holiday □ Is lá saoire é Dé Luain seo chugainn. Next Monday is a holiday. □ Tá rún agam post a fháil sna laethanta saoire. I'm planning to get a job in the holidays.
■ **Lá Fhéile Pádraig** St Patrick's Day
■ **Lá Fhéile Stiofáin** Boxing Day
■ **Lá Nollag** Christmas Day
■ **Lá Nollag Beag** New Year's Day
■ **Is fada an lá ó ...** It's a long time since ...
■ **Níl lá eagla orm.** I'm not the least bit afraid.
■ **Ní raibh lá rúin aige dul.** He had no intention of going.

lábán MASC NOUN1
mud

lábánach ADJECTIVE
muddy

labhair VERB [19, VA labhartha]
to speak
□ Ar labhair tú leis? Have you spoken to him? □ Labhair amach! Speak up!
■ **labhairt le duine faoi rud** to speak to somebody about something □ Labhair sé liom faoi. He spoke to me about it.
■ **Ná labhair le strainséirí.** Don't talk to strangers.

labhairt (GEN SING **labhartha**) FEM NOUN3
speaking

■ **lucht labhartha na Gaeilge** Irish speakers

labhandar MASC NOUN1
lavender

lacáiste MASC NOUN4
discount
□ lacáiste do mhic léinn a discount for students
■ **rud a fháil ar lacáiste** to get something at a discount

lách (GEN SING MASC **lách**) ADJECTIVE
good-natured
□ duine lách a good-natured person

lacha (PL **lachain**, GEN SING, GEN PL **lachan**) FEM NOUN
duck

ládáil FEM NOUN3
cargo

ladar MASC NOUN1
ladle
■ **do ladar a chur i rud** to interfere in something □ Ná cuir do ladar sa scéal sin. Don't interfere in that issue.

ladhar (GEN SING **laidhre**, PL **ladhracha**) FEM NOUN2
toe

laethúil ADJECTIVE
daily
□ nuachtán laethúil a daily newspaper
■ **ar bhonn laethúil** on a daily basis □ Tagann sé anseo ar bhonn laethúil. He comes here on a daily basis.
■ **go laethúil** daily □ Tá an linn snámha oscailte go laethúil. The pool is open daily.

laftán MASC NOUN1
ledge (of rock)

lag ADJECTIVE
1 weak
□ Tá mé lag leis an ocras. I'm weak with hunger.
2 faint
□ Bhí a ghuth iontach lag. His voice was very faint.

lagaigh VERB [12]
to weaken
■ **Lagaigh sé mo chroí.** It made me feel downhearted.
■ **Nár lagaí Dia thú!** Good on you!

Lagán NOUN
■ **Abhainn an Lagáin** (river) the Lagan

lagar (PL **lagracha**) MASC NOUN1
weakness
■ **lagar a theacht ort** to become faint
□ Tháinig lagar orm. I became faint.

lagbhríoch ADJECTIVE
weak

laghad MASC NOUN4
■ **dá laghad** however little □ Dá laghad é is maith liom agam é. However little it is I am glad to have it.
■ **ar a laghad** at least □ míle ar a laghad a mile at least

laghairt FEM NOUN2
lizard

laghdaigh VERB [12]
to go down (reduce)
□ Laghdaíodh praghas na ríomhairí. The price of computers has gone down.

laghdaitheach ADJECTIVE
decreasing

laghdú MASC NOUN
1 decrease
□ Bhí laghdú ar líon na mac léinn. There was a decrease in the number of students.
2 reduction
□ Bhí laghdú ar na praghsanna. There was a price reduction.

lagrach MASC NOUN1
depression (weather)

laí (PL **lánta**) FEM NOUN4
spade

laib FEM NOUN2
mud

laibhe FEM NOUN4
lava

Laidin FEM NOUN2
Latin (language)

láidir (GEN SING FEM, PL, COMPAR **láidre**) ADJECTIVE
strong
□ Tá sé iontach láidir. It's very strong. □ Tá blas iontach láidir air. It has a very strong flavour. □ Bhí gaoth láidir ann. There was a strong wind.
■ **go láidir** strongly □ Ní mhothaím go láidir faoi. I don't feel strongly about it.
■ **lámh láidir** violence □ gadaíocht le lámh láidir robbery with violence

láidreacht FEM NOUN3
strength

laige FEM NOUN4
weakness
■ **titim i laige** to faint □ Go tobann thit sí i laige. All of a sudden she fainted.

Laighin (GEN PL **Laighean**) MASC PL NOUN
■ **Cúige Laighean** Leinster

Laighneach MASC NOUN1
Leinsterman
Leinsterwoman

láimh ▷ see **lámh**

láimhseáil VERB [25]
to handle
□ Is deacair an capall seo a láimhseáil It's difficult to handle this horse.

láimhsigh VERB [11]
to handle (physically)
□ Láimhsigh go socair iad. Handle them gently.

laindéar MASC NOUN1
lantern

láine FEM NOUN4
1 fullness
2 volume (sound)

lainseáil VERB [25]
to launch (boat)

láir (GEN SING **lárach**, PL **láracha**) FEM NOUN
mare

láirig (PL **láirigeacha**) FEM NOUN2
thigh

laiste MASC NOUN4
latch

laistiar ADVERB
■ **laistiar de** behind □ laistiar den teach behind the house

laistigh PREPOSITION, ADJECTIVE, ADVERB
inside
□ laistigh den gheata inside the gate
□ laistigh de sheachtain inside a week

láithreach ADJECTIVE, ADVERB
1 present
□ an luach láithreach the present value
□ an aimsir láithreach the present tense
2 instant
□ Bhí rath air láithreach. It was an instant success.
3 immediately
□ Déan láithreach é. Do it immediately.
■ **láithreach bonn** instantly

láithreán MASC NOUN1
site
□ láithreán carbhán a caravan site
□ láithreán tógála a building site
■ **láithreán gréasáin** a website

láithreoir MASC NOUN3
  presenter
    □ Is láithreoir teilifíse í. She's a TV presenter.
lamairne MASC NOUN4
  jetty
lámh (DAT SING **láimh**) FEM NOUN2
1 hand
    □ mo lámh dheas my right hand □ Tá mo
    lámha salach. My hands are dirty.
2 arm
    □ D'fhill sí a lámha. She folded her arms.
    ■ **lámh chuidithe a thabhairt do dhuine**
    to give somebody a hand □ An féidir leat
    lámh chuidithe a thabhairt dom? Can you
    give me a hand? □ Thug Máire lámh
    chuidithe dom. Mary gave me a hand.
    ■ **Tá lámh is focal eatarthu.** They are
    engaged.
    ■ **lámh a chur i do bhás féin** to commit
    suicide □ Chuir sé lámh ina bhás féin.
    He committed suicide.
    ■ **do lámh a chur le rud** to sign something
    ■ **in aice láimhe** nearby □ garáiste in aice
    láimhe a nearby garage
    ■ **láimh le** near □ Tá an t-óstán láimh
    le lár an bhaile. The hotel is near the town
    centre.
    ■ **fearas lámhshaor** a hands-free kit
lámhach MASC NOUN1
1 gunfire
    □ Chuala siad lámhach. They heard gunfire.
2 shooting
    □ lámhach fánach a random shooting
    ■ **sos lámhaigh** a cease-fire
lamháil FEM NOUN3
  allowance (money)
lámhainn FEM NOUN2
  glove
    ■ **lámhainní dornála** boxing gloves
lámhchleasaí MASC NOUN4
  juggler
lámhchrann MASC NOUN1
  handle
lámhdhéanta ADJECTIVE
  handmade
lámhleabhar MASC NOUN1
  handbook (manual)
lámh-mhaisiú MASC NOUN
  manicure
lamhnán MASC NOUN1
  bladder
lámhráille MASC NOUN4
  handrail
lámhscríbhinn FEM NOUN2
  manuscript

lámhscríbhneoireacht FEM NOUN3
  handwriting
lampa MASC NOUN4
  lamp
lán ADJECTIVE
    ▷ see also **lán** MASC NOUN1
  full
    □ Tá an ghloine lán bainne. The glass is full
    of milk.
    ■ **lán go doras** full □ Bhí an halla lán go
    doras. The hall was full.
lán MASC NOUN1
    ▷ see also **lán** ADJECTIVE
    ■ **lán gloine** a glassful
    ■ **dhá lán spúnóige** two spoonfuls
    ■ **a lán** a lot of □ Tá a lán airgid aici.
    She's got a lot of money.
    ■ **a lán rudaí** many things
lána MASC NOUN4
  lane
lánaimseartha ADJECTIVE
  full-time
    □ Fuair sí post lánaimseartha. She got a
    full-time job.
    ■ **go lánaimseartha** full time □ Oibríonn sí
    go lánaimseartha. She works full time.
lánchúlaí MASC NOUN4
  full-back (in sport)
lándúiseacht FEM NOUN3
    ■ **Tá sí ina lándúiseacht.** She's wide awake.
lánfhada ADJECTIVE
  full-length
    □ gúna lánfhada a full-length dress
lánléargas MASC NOUN1
  panorama
lánluas MASC NOUN1
    ■ **ar lánluas** at full speed
lann FEM NOUN2
  blade
    ■ **lann rásúir** a razor blade
    ■ **péire lann rollála** a pair of Rollerblades®
lánseol NOUN
    ■ **faoi lánseol** in full swing □ Tá an céilí faoi
    lánseol anois. The ceilidh is in full swing
    now.
lánstad (PL **lánstadanna**) MASC NOUN4
  full stop
lántáille FEM NOUN4
  full fare
lánúin (PL **lánúineacha**) FEM NOUN2
  couple
    □ an lánúin atá ina gcónaí béal dorais the
    couple who live next door
    ■ **lánúin phósta** a married couple
    ■ **lánúin nuaphósta** newly-weds

lao (PL **laonna**) MASC NOUN4
calf

laoch (GEN SING **laoich**, PL **laochra**) MASC
NOUN1
hero
□ Is laoch é! He's a hero!

laofheoil FEM NOUN3
veal

Laoi FEM NOUN4
■ **an Laoi** (river) the Lee

laoi (PL **laoithe**) FEM NOUN4
poem
■ **Laoi Oisín** the Lay of Oisín

Laois FEM NOUN2
Laois

laom (PL **laomanna**) MASC NOUN3
1 flash
2 fits and starts
□ Tagann sé ina laomanna. It comes in fits
and starts.

lapa MASC NOUN4
1 paw (of animal)
2 flipper (of seal, dolphin)
3 webbed foot (of bird)

lár MASC NOUN1
1 centre
□ Tá sé i lár na cathrach. It's in the city
centre.
2 middle
□ lár na hoíche the middle of the night
■ **i lár báire** in the middle
■ **lár na páirce** midfield
■ **ar lár** missing □ an lúb ar lár the missing
link

lárach, láracha ▷ see **láir**

laraingíteas MASC NOUN1
laryngitis

lardrús MASC NOUN1
larder

lárionad MASC NOUN1
centre
□ lárionad siopadóireachta a shopping
centre

lárlíne (PL **lárlínte**) FEM NOUN4
diameter

lárnach ADJECTIVE
central
□ téamh lárnach central heating

lárphointe MASC NOUN4
centre
□ lárphointe ciorcail centre of circle

las VERB [23]
1 to light (fire)
2 to blush
□ Las sí san aghaidh. She blushed.

lása MASC NOUN4
lace
□ bóna lása a lace collar

lasadh (GEN SING **lasta**) MASC NOUN
lighting

lasair (GEN SING **lasrach**, PL **lasracha**) FEM
NOUN
flame
■ **ar bharr lasrach** on fire □ Bhí an teach ar
bharr lasrach. The house was on fire.
■ **ar luas lasrach** in a flash

lasairéan MASC NOUN1
flamingo

lasán MASC NOUN1
match
□ bosca lasán a box of matches

lasc FEM NOUN2
switch
□ Bhuail sí an lasc leis an solas a chur air.
She flicked the switch to turn the light on.
■ **lasc ama** a time switch

lascaine FEM NOUN4
discount
□ lascaine de 5% a 5% discount
■ **lascaine 10%** 10% off
■ **ar lascaine** at a reduced price

lasmuigh ADJECTIVE, ADVERB, PREPOSITION
outside
□ lasmuigh den teach outside the house
■ **lasmuigh de** apart from □ D'ith mé gach
rud, lasmuigh den phráta rósta. I ate
everything, apart from the roast potato.

lasnairde ADJECTIVE
overhead
□ cáblaí lasnairde overhead cables

lasrach, lasracha ▷ see **lasair**

lasta MASC NOUN4
▷ see also **lasta** ADJECTIVE
load

lasta ADJECTIVE
▷ see also **lasta** MASC NOUN4
1 lit
□ Tá an tine lasta. The fire is lit.
2 flushed
□ Tá tú iontach lasta san aghaidh. You look
very flushed.

lastall ADJECTIVE, ADVERB, PREPOSITION
beyond
□ lastall den droichead beyond the bridge

lastlong FEM NOUN2
freighter (ship)

lastóir MASC NOUN3
lighter (for cigarettes)

lathach FEM NOUN2
mud

láthair (GEN SING **láithreach**, PL **láithreacha**)
FEM NOUN
1 place
  □ an láthair oibre the work place
2 scene
  □ Bhí na póilíní ar an láthair go gasta.
  The police were soon on the scene.
  □ láthair na coire the scene of the
  crime
  ■ **bheith as láthair** to be absent □ Tá
  Micheál as láthair inniu. Michael's absent
  today.
  ■ **bheith i láthair** to be present □ Beidh
  Máire i láthair anocht. Mary will be present
  tonight.
  ■ **faoi láthair** at the moment □ Tá mé ar
  saoire faoi láthair. I'm on holiday at the
  moment.
  ■ **ar an láthair** on the spot □ Ádhúil go
  leor, bhí siad ábalta an carr a dheisiú ar an
  láthair. Luckily they were able to mend the
  car on the spot.
  ■ **ar láthair amuigh** (filming) on location

le PREPOSITION
  LANGUAGE TIP Prepositional pronouns
  are **liom**, **leat**, **leis**, **léi**, **linn**, **libh**, **leo**;
  le becomes **leis** before the definite
  article.
1 with
  □ Tabhair do leabhar leat. Take your book
  with you. □ Bhí mé lag leis an ocras. I was
  weak with hunger.
2 to
  □ Níor chuir sé leis an díospóireacht. He
  didn't contribute to the discussion.
3 by
  □ Tháinig sé as Béal Feirste leis an traein.
  He came from Belfast by train.
4 for (time)
  □ Táimid anseo le seachtain. We've been
  here for a week.
  ■ **le mo sholas** as long as I live
  ■ **le bánú an lae** at daybreak
  LANGUAGE TIP You can use **le** to say
  what you like.
  □ Is maith liom tae. I like tea. □ Is maith leo
  bheith ag comhrá ar líne. They like to chat
  online.
  LANGUAGE TIP You can use **le** to give
  an opinion.
  □ Is dóigh léi go bhfuil sé sa bhaile. She
  thinks he's at home. □ Is cuma liom. I don't
  mind.
  LANGUAGE TIP You can use **le** to show
  that an action is continuing.

□ Abair leat. Carry on with what you're
saying. □ Tá mé ag foghlaim liom. I'm
learning all the time.
  LANGUAGE TIP You can use **le** for
  comparisons.
□ Tá Seán chomh hard le Séamas. John is as
tall as James. □ Tá Máire ar aon aois le Síle.
Mary is the same age as Sheila. □ Tá Liam
cosúil le Peadar. Liam looks like Peter.
  ■ **taobh le taobh** side by side □ Shiúil
  Máire agus Síle taobh le taobh. Mary and
  Sheila walked side by side.
  ■ **labhairt le duine** to speak to somebody
  □ Labhair mé le Séamas. I spoke to James.
  ■ **Níl dada le rá aige.** He has nothing to
  say.

leaba (GEN SING **leapa**, PL **leapacha**) FEM NOUN
bed
  □ leaba infhillte a folding bed □ leaba
  shingil a single bed □ leaba dhúbailte
  a double bed
  ■ **an leaba a chóiriú** to make the bed
  □ Chóirigh mé an leaba ar maidin. I made
  the bed this morning.
  ■ **leaba agus bricfeasta** bed and breakfast
  □ Cá mhéad atá ar leaba agus bricfeasta?
  How much is it for bed and breakfast?

leabhar (PL **leabhair**) MASC NOUN1
book
  □ Thug an múinteoir an leabhar dom.
  The teacher gave me the book. □ Chuir sé
  na leabhair sa chófra. He put the books in
  the cupboard.
  ■ **leabhar nótaí** a notebook
  ■ **leabhar gearrthóg** a scrapbook
  ■ **Dar an leabhar!** Upon my word!

leabharlann FEM NOUN2
library

leabharlannaí MASC NOUN4
librarian

leabharmharc MASC NOUN1
bookmark (also computing)

leabhragán MASC NOUN1
bookcase

leabhrán MASC NOUN1
booklet

leac FEM NOUN2
slab (of stone)
  ■ **leac na fuinneoige** a window sill
  ■ **leac an dorais** a doorstep
  ■ **leac oighir** ice □ Shleamhnaigh sé ar
  an leac oighir. He slipped on the ice.

leacht (PL **leachtanna**) MASC NOUN3
1 liquid
2 memorial

□ leacht cuimhneacháin cogaidh a war memorial

léacht FEM NOUN3
lecture

■ **léacht a thabhairt** to give a lecture

leachtach ADJECTIVE
liquid

leachtaigh VERB [12]
1 to liquidize (food)
2 to liquidate (assets)

leachtaitheoir MASC NOUN3
liquidizer

léachtlann FEM NOUN2
lecture theatre

léachtóir MASC NOUN3
lecturer

leadhb (PL **leadhbanna**) FEM NOUN2
strip

□ leadhb éadaigh a strip of cloth

leadóg FEM NOUN2
tennis

□ Imrím leadóg ar scoil. I play tennis at school.

■ **leadóg bhoird** table tennis

leadrán MASC NOUN1
bore

■ **dul chun leadráin** to drag on □ Chuaigh an comhrá chun leadráin. The conversation dragged on.

leadránach ADJECTIVE
boring

□ Tá an scannán seo iontach leadránach. This movie's very boring. □ Tá sé deas, ach é rud beag leadránach. He's nice, but a bit boring.

leag VERB [14]
to knock down

□ Leag carr í. She was knocked down by a car.

■ **an bord a leagan** to lay the table

■ **rud a leagan amach** to arrange something □ Leag an múinteoir na leabhair amach ar an tábla. The teacher arranged the books on the table.

■ **duine a leagan amach** to knock somebody out □ Leag siad amach an garda slándála. They knocked out the security guard.

■ **d'intinn a leagan ar rud** to concentrate on something

leagan (PL **leaganacha**) MASC NOUN1
version

□ Seo an leagan Gaeilge den cheist. This is the Irish version of the question. □ Bíonn dhá leagan ar scéal. There are two versions to every story.

■ **leagan cainte** an expression □ Is leagan cainte Béarla é. It's an English expression.

leaid (PL **leaidanna**) MASC NOUN4
lad

leáigh VERB [24]
to melt

□ Leáigh an sneachta aréir. The snow melted last night.

leaisteach ADJECTIVE
elastic

leaistic FEM NOUN2
elastic

leamh (GEN SING MASC **leamh**) ADJECTIVE
1 insipid

□ Tá an bia seo leamh. This food is insipid.
2 boring

□ Bhí an leabhar sin leamh. The book was boring.
3 stupid

□ Nach leamh an cloigeann atá orm! How stupid am I!

léamh (PL **léamha**) MASC NOUN1
reading

□ Tá an léamh ar cheann de na caithimh aimsire agam. Reading is one of my hobbies.

■ **Níl léamh ná scríobh air.** It's beyond description.

leamhan MASC NOUN1
moth

leamhán MASC NOUN1
elm

leamhnacht FEM NOUN3
milk

leamhsháinn FEM NOUN2
stalemate (in chess)

lean VERB [23]
1 to follow (also on Twitter)

□ Lean sí é. She followed him. □ Lean na treoracha go cúramach. Follow the instructions carefully.

■ **mar a leanas** as follows
2 to carry on

□ Lean sé den léamh. He carried on reading. □ Lean sí uirthi ag caint lena cara. She carried on talking to her friend.

■ **leanúint de rud** to continue something □ Lean siad den chomhrá. They continued the conversation.

léan (PL **léanta**) MASC NOUN1
grief

■ **bheith faoi léan** to be grief-stricken

léana MASC NOUN4
lawn

■ **fiabhras léana** hay fever □ Tagann fiabhras léana orm. I suffer from hay fever.

leanbh (PL **leanaí**) MASC NOUN1
child
□ Tá an leanbh ag caoineadh. The child's crying.

leann (PL **leannta**) MASC NOUN3
beer
■ **leann úll** cider
■ **teach leanna** a pub

léann MASC NOUN1
learning
■ **mac léinn** a student
■ **léann a bheith ort** to be educated
□ Tá léann maith air. He is well educated.

leantóir MASC NOUN3
trailer (on car)

leanúint (GEN SING **leanúna**) FEM NOUN3
following
■ **lucht leanúna** supporters
■ **ar leanúint** to be continued

leanúnaí MASC NOUN4
follower

leapa, leapacha ▷ see **leaba**

lear MASC NOUN1
▷ see also **lear** MASC NOUN4
sea
■ **dul thar lear** to go abroad □ Ní raibh an deis riamh agam dul thar lear. I've never had the opportunity to go abroad.

lear MASC NOUN4
▷ see also **lear** MASC NOUN1
■ **lear mór páistí** a lot of children

léaráid FEM NOUN2
diagram

Learpholl MASC NOUN1
Liverpool

léarscáil (PL **léarscáileanna**) FEM NOUN2
map
□ D'oscail sí an léarscáil amach. She unfolded the map. □ léarscáil bhóithre a road map

leas MASC NOUN3
1 welfare
■ **leas an phobail** the common good
2 benefit
□ Le do leas a rinne mé é. I did it for your benefit.

léas MASC NOUN3
▷ see also **léas** MASC NOUN1
lease
■ **rud a ligean ar léas** to lease something

léas (PL **léasacha**) MASC NOUN1
▷ see also **léas** MASC NOUN4
beam
□ **léas solais** a beam of light

leasachán MASC NOUN1
fertilizer

leasaigh VERB [12]
to season (food)

léasaigh VERB [12]
to lease

leasainm (PL **leasainmneacha**) MASC NOUN4
nickname

léasar MASC NOUN1
laser

léasarphrintéir MASC NOUN3
laser printer

leasathair (GEN SING **leasthar**, PL **leasaithreacha**) MASC NOUN2
stepfather

leasc (GEN SING MASC **leasc**) ADJECTIVE
1 lazy
□ **duine leasc** a lazy person
2 reluctant
□ Ba leasc liom dul. I was reluctant to go.

leasdeartháir (GEN SING **leasdearthár**, PL **leasdeartháireacha**) MASC NOUN3
stepbrother

leasdeirfiúr (GEN SING **leasdeirféar**, PL **leasdeirfiúracha**) FEM NOUN
stepsister

leasiníon FEM NOUN2
stepdaughter

léaslíne (PL **léaslínte**) FEM NOUN4
horizon

leasmhac MASC NOUN1
stepson

leasmháthair (GEN SING **leasmháthar**, PL **leasmháithreacha**) FEM NOUN
stepmother

léaspáin MASC PL NOUN1
■ **léaspáin a bheith ar do shúile** to be seeing things
■ **mura bhfuil léaspáin ar mo shúile** unless my eyes deceive me

leas-phríomhoide MASC NOUN4
deputy head teacher

leat ▷ see **le**

leataobh MASC NOUN1
■ **rud a chur i leataobh** to put something aside

leath (DAT SING **leith**) FEM NOUN2
half
□ **leath an chíste** half of the cake
■ **Tá sé leath i ndiaidh a haon.** It is half past one.
■ **leath bealaigh** halfway □ leath bealaigh idir Béal Feirste agus Baile Átha Cliath

halfway between Belfast and Dublin
- **céad go leith** one hundred and fifty
- **ar leith 1** separate □ Tá seomraí ar leith ag na páistí. The children have separate rooms. **2** special □ Duine ar leith é Eoin. Ian is a special person.
- **rud a chur i leith duine** to accuse somebody of something □ Chuir na póilíní dúnmharú ina leith. The police accused her of murder.
- **Níl agat ach a leath.** The feelings are mutual.

leath- PREFIX
half-
□ leath-am half-time □ leathlá a half day □ leathmhíle half a mile

leathan (GEN SING FEM, COMPAR **leithne**) ADJECTIVE
1 broad
- **pónairí leathana** broad beans
- **banda leathan** broadband □ An bhfuil banda leathan agat? Do you have broadband?
2 wide
□ bóthar leathan a wide road

leathán MASC NOUN1
sheet (of glass, paper)

leathanach MASC NOUN1
page
□ ar an dara leathanach on the second page □ an leathanach tosaigh the front page
- **an leathanach baile** (computing) the home page
- **leathanach gréasáin** (computing) a web page

leathanaigeanta ADJECTIVE
broad-minded

leathar MASC NOUN1
leather
□ Fíorleathar atá ann. It's real leather.

leathchuid (GEN SING **leathchoda**, PL **leathchodanna**) FEM NOUN3
half
□ Beidh leathchuid den rang ag snámh amárach. Half of the class will be swimming tomorrow.

leathchúpla MASC NOUN4
twin

leathlá (GEN SING **leathlae**, PL **leathlaethanta**) MASC NOUN
half day
□ Beidh leathlá againn ar scoil amárach. We will have a half day at school tomorrow.

leathphunt MASC NOUN1
half a pound

leathscoite ADJECTIVE
semi-detached
□ Tá mé i mo chónaí i dteach leathscoite. I live in a semi-detached house.

leath-tháille FEM NOUN4
half (fare)
□ Leath-tháille go Gaillimh, le do thoil. A half to Galway, please.

leathuair FEM NOUN2
half an hour
□ Beidh mé ar ais i gceann leathuaire. I'll be back in half an hour. □ Tá sé leathuair tar éis a trí. It's half past three.

leatromach ADJECTIVE
unfair
□ Tá sí leatromach ar chailíní It's unfair to girls.

léi ▷ see le

leibhéal MASC NOUN1
level

leibide FEM NOUN4
idiot

leibideach ADJECTIVE
silly
□ duine leibideach a silly person

leiceann (PL **leicne**) MASC NOUN1
cheek
□ Phóg sé ar a leiceann í. He kissed her on the cheek.

leicneach FEM NOUN2
mumps

leictreach ADJECTIVE
electric
□ tine leictreach an electric fire □ giotár leictreach an electric guitar □ blaincéad leictreach an electric blanket □ turraing leictreach an electric shock

leictreachas MASC NOUN1
electricity
□ Gearradh an leictreachas. The electricity was cut off.

leictreoir MASC NOUN3
electrician
□ Is leictreoir é. He's an electrician.

leictreonach ADJECTIVE
electronic
□ post leictreonach electronic mail

leictreonaic FEM NOUN2
electronics
□ Leictreonaic an caitheamh aimsire atá agam. My hobby is electronics.

leid (PL **leideanna**) FEM NOUN2
1 clue
□ Tabhair leid dom. Give me a clue.

■ **Thug sé leid go raibh rud éigin ar siúl.**
He hinted that something was going on.
2 prompt *(on computer)*

leifteanant MASC NOUN1
lieutenant

léigh VERB [24, VN léamh]
to read
□ Léigh sé an nóta. He read the note.
□ Ar léigh tú 'Animal Farm'? Have you read
'Animal Farm'?
■ **léigh amach** to read out □ Léigh sé
amach an t-alt dom. He read out the article
to me.

leigheas (PL **leigheasanna**) MASC NOUN1
▷ *see also* **leigheas** VERB
1 medicine
□ Fuair mé leigheas ón bpoitigéir. I got
medicine from the chemist. □ Ba mhaith
liom staidéar a dhéanamh ar leigheas.
I want to study medicine.
■ **leigheas malartach** alternative medicine
2 cure
□ leigheas ar thinneas cinn a cure for a
headache
■ **Níl leigheas air.** It can't be helped.

leigheas VERB [23, VN leigheas]
▷ *see also* **leigheas** MASC NOUN1
to cure
□ Leigheas sé mo thinneas cinn. It cured my
headache.

léim (PL **léimeanna**) FEM NOUN2
▷ *see also* **léim** VERB
jump
■ **léim ard** high jump
■ **léim fhada** long jump
■ **léim chuaille** pole vault

léim VERB [14, VN léim]
▷ *see also* **léim** FEM NOUN2
1 to jump
□ Léim an cat thar an mballa. The cat
jumped over the wall. □ Léim an madra
amach an fhuinneog. The dog jumped out
of the window.
2 to skip *(word, page)*
□ Léim tú leathanach. You skipped a page.
■ **léim a bhaint as duine** to startle
somebody □ Bhain an cat léim asam.
The cat startled me.

léimneach FEM NOUN2
jumping
□ rith is léimneach running and jumping

léine (PL **léinte**) FEM NOUN4
shirt
□ léine dhúghorm a navy-blue shirt □ léine
phóló a polo shirt □ Tá ball ar do léine.

There's a spot on your shirt.
■ **léine oíche** a nightdress

leipreachán MASC NOUN1
leprechaun

léir ADJECTIVE
clear
□ Is léir go ... It's clear that ...
■ **go léir** all □ Is maith liom na hainmhithe
go léir. I like all animals. □ an t-airgead go
léir all the money

léirigh VERB [11]
1 to illustrate
□ Léirigh do fhreagraí le samplaí Illustrate
your answers with examples.
2 to indicate
□ Léirigh, le do thoil, an ceann is fearr leat.
Indicate which one you prefer.
3 to produce *(film, play)*
□ Léirigh Niall dráma ar scoil. Neil produced
a play at school.

léiritheoir MASC NOUN3
producer *(of film, play)*

léirmheas MASC NOUN3
review
□ Scríobh mé léirmheas ar an leabhar.
I wrote a review of the book.

léirmheastóir MASC NOUN3
critic

léirmhínigh VERB [11]
to interpret

léirmhíniú MASC NOUN
interpretation

léirsigh VERB [11]
to demonstrate *(protest)*

léirsitheoir MASC NOUN3
demonstrator *(protestor)*

léirsiú MASC NOUN
demonstration *(rally)*

leis (PL **leasracha**) FEM NOUN2
▷ *see also* **leis** ADVERB
1 thigh *(on body)*
2 leg *(of chicken, cooked)*

leis ADVERB
▷ *see also* **leis** FEM NOUN2
also
□ Labhair mé le Seán leis. I spoke to John
also.

leis ▷ *see* **le**

leisce FEM NOUN4
laziness
■ **giolla na leisce** lazy-bones
■ **leisce a bheith ort rud a dhéanamh** to
be reluctant to do something □ Bhí leisce
orthu cuidiú linn. They were reluctant to
help us.

leisciúil ADJECTIVE
lazy
□ Duine leisciúil é Seán. John's a lazy person.

leispiach ADJECTIVE, MASC NOUN1
lesbian

leite (GEN SING **leitean**) FEM NOUN
porridge
■ **lámha leitean** butter-fingers

léith, léithe ▷ see liath

leithead MASC NOUN1
width
■ **Bhí sé dhá mhéadar ar leithead.** It's two metres wide.

leitheadach ADJECTIVE
widespread
□ galar leitheadach a widespread disease

leithéid FEM NOUN2
1 such
□ a leithéid de dhaoine deasa such nice people □ a leithéid de thuras fada such a long journey □ Níl a leithéid de rud ann agus an yeti. There's no such thing as the yeti.
2 like
□ leithéidí Sheáin the likes of John
■ **Ní fhaca mé a leithéid riamh.** I never saw anything like it.
■ **A leithéid de dhánacht!** What a cheek!

léitheoir MASC NOUN3
reader

léitheoireacht FEM NOUN3
reading

leithinis (GEN SING **leithinse**, PL **leithinsí**)
FEM NOUN2
peninsula

leithleach ADJECTIVE
selfish (person)
□ Ná bí chomh leithleach sin. Don't be so selfish.

leithligh NOUN
■ **ar leithligh** aside □ An bhféadfá seo a chur ar leithligh dom, le do thoil. Could you put this aside for me please.

leithne FEM NOUN4
breadth

leithreas MASC NOUN1
toilet
□ An bhfuil cead agam dul amach chuig an leithreas? May I go to out the toilet?
■ **Cá bhfuil leithreas na bhfear?** Where's the gents?
■ **leithreas poiblí** a public convenience

leithscéal (PL **leithscéalta**) MASC NOUN1
1 excuse
□ Ní leithscéal ar bith sin. That's no excuse.

2 apology
■ **leithscéal a ghabháil** to apologize
□ Gabh mo leithscéal. I apologize.

leitís FEM NOUN2
lettuce

leo ▷ see le

leoicéime FEM NOUN4
leukaemia

leoithne FEM NOUN4
breeze

leon MASC NOUN1
lion
□ D'éalaigh leon. A lion has escaped.
■ **An Leon** Leo □ Is mise An Leon. I'm Leo.

leonadh (GEN SING **leonta**, PL **leontaí**) MASC
NOUN
sprain
□ Níl ann ach leonadh. It's just a sprain.

leonta ADJECTIVE
sprained
□ rúitín leonta a sprained ankle

leor ADJECTIVE
enough
□ mór go leor big enough □ Ní raibh go leor airgid agam. I didn't have enough money.
□ An bhfuil go leor agat? Have you got enough?
■ **ceart go leor** all right □ An bhfuil tú ceart go leor? Are you all right?

leoraí MASC NOUN4
lorry

lia (PL **lianna**) MASC NOUN4
physician
■ **lia ban** a gynaecologist
■ **lia súl** an optician

liamhás (PL **liamhása**) MASC NOUN1
ham
□ ceapaire liamháis a ham sandwich

liath (GEN SING MASC **léith**, GEN SING FEM, COMPAR
léithe) ADJECTIVE
▷ see also **liath** MASC NOUN1
grey
□ Tá gruaig liath uirthi. She's got grey hair.
□ Tá sé ag éirí liath. He's going grey.

liath MASC NOUN1
▷ see also **liath** ADJECTIVE
grey

liathbhán ADJECTIVE
pale

liathchorcra ADJECTIVE
lilac

liathróid FEM NOUN2
ball
□ D'imigh an liathróid thar an mballa. The ball went over the wall.
■ **liathróid láimhe** handball

Liatroim MASC NOUN3
  Leitrim

libh ▷ see le

licéar MASC NOUN1
  liqueur

Life FEM NOUN4
  ■ **an Life** *(river)* the Liffey

lig VERB [13]
1 to let
  □ Lig an múinteoir abhaile mé. The teacher let me go home. □ Lig siad an teach. They let the house.
  ■ **duine a ligean saor** to let somebody go
  ■ **scread a ligean** to give a shout □ Lig Seán scread. John gave a shout.
2 to have *(a rest)*
  □ Lig do scíth seal. Have a rest for a while.

lig amach VERB
  to let out
  □ Lig mé an madra amach. I let the dog out. □ Ligeadh amach as an otharlann mé. I was let out of hospital.
  ■ **do racht a ligean amach** to let off steam

lig ar VERB
  to pretend
  □ Lig sé air go raibh sé tinn. He pretended to be sick.

lig as VERB
1 to let out of
  □ Lig sé an t-aer as an roth. He let the air out of the wheel.
2 to let out *(scream)*
  ■ **Lig sé béic as.** He yelled.
  ■ **tine a ligean as** to let a fire go out
  □ Ná lig as an tine. Don't let the fire go out.

lig do VERB
1 to let
  □ Níor lig sí dó fanacht. She didn't let him stay.
2 to leave alone *(person)*
  □ Lig dom! Leave me alone!

lig isteach VERB
1 to leak *(boat, roof)*
  □ Tá an bád ag ligean isteach. The boat is leaking.
2 to take in *(clothes)*
  ■ **Lig isteach mé!** Let me in!

lig ó VERB
  to let go
  □ Ná lig an deis uait. Don't let the chance go.

lig thar VERB
  ■ **rud a ligean tharat** *(remark)* to let something pass
  ■ **Lig thar do chluasa é.** Pretend you didn't hear it.

ligh VERB [22]
  to lick

lile FEM NOUN4
  lily

limistéar MASC NOUN1
  area
  □ limistéar faoi fhoirgnimh a built-up area

líne (PL **línte**) FEM NOUN4
  line
  □ líne dhíreach a straight line □ Sheas na daltaí amach i líne. The pupils stood in a line.
  ■ **líne chóimeála** an assembly line
  ■ **líne thalún** landline
  ■ **línte dhá spás** double-spaced lines
  ■ **ar líne** online □ Is maith leo bheith ag comhrá ar líne. They like to chat online.
  ■ **maor líne** a linesman

líneadach (PL **líneadaí** MASC NOUN1
  linen

líneáil FEM NOUN3
  lining

línéar MASC NOUN1
  liner *(ship)*

líníocht FEM NOUN3
  drawing

línithe ADJECTIVE
  lined
  □ páipéar línithe lined paper

linn (PL **linnte**) FEM NOUN2
1 pool
  □ Tá an linn snámha oscailte inniu. The pool is open today.
2 pond
  □ linn éisc a fish pond
  ■ **linn peile** football pools
  ■ **idir an dá linn** in the meantime

linn ▷ see le

linntreog FEM NOUN2
  pothole *(in road)*

línte ▷ see líne

lintile FEM NOUN4
  lentil
  □ anraith lintile lentil soup

liobrálach ADJECTIVE
  liberal

liobrálaí MASC NOUN4
  liberal

liocras MASC NOUN1
  liquorice

líofa ADJECTIVE
1 fluent
  □ Tá Gaeilge líofa aige. He speaks fluent Irish.
2 sharp *(knife)*

133

Irish-English

liom ▷see **le**

líoma MASC NOUN4
lime

líomanáid FEM NOUN2
lemonade

líomh VERB [23, VA líofa]
to sharpen
- **do chuid ingne a líomhadh** to file one's nails

liomóg FEM NOUN2
- **liomóg a bhaint as duine** to pinch somebody

líomóid FEM NOUN2
lemon

líon (PL **líonta**) MASC NOUN1
▷see also **líon** VERB

1 number
 □ Tá líon na ndaltaí méadaithe faoi dhó. The number of pupils has doubled.
- **líon tí** a household

2 web
 □ líon damháin alla a cobweb

líon VERB [23]
▷see also **líon** MASC NOUN1

1 to fill
 □ Líon sí an ghloine le huisce. She filled the glass with water.

2 to fill in
 □ Líon sé an poll le hithir. He filled the hole in with soil.

líonadh (GEN SING **líonta**) MASC NOUN
filling

líonpheil FEM NOUN2
netball
 □ Tá líonpheil giota beag ar nós na cispheile. Netball is a bit like basketball.

líonra MASC NOUN4
network (also computing)

líonrú MASC NOUN
- **líonrú sóisialta** social networking

lionsa MASC NOUN4
lens
- **lionsaí tadhaill** contact lenses

líonta ▷see **líon**

liopa MASC NOUN4
lip
- **íoc liopaí** lip salve
- **liopaí a léamh** to lip-read

liopard MASC NOUN1
leopard
- **liopard fiaigh** a cheetah

Liospóin FEM NOUN4
Lisbon

liosta MASC NOUN4
list

 □ Thiceáil sé ár gcuid ainmneacha ar an liosta He ticked off our names on the list.
- **Déan liosta de do chaithimh aimsire!** List your hobbies!

lipéad MASC NOUN1
label
 □ Ní féidir liom ciall a bhaint as an seoladh ar an lipéad. I can't make out the address on the label.
- **lipéad a chur ar rud** to label something

líreacán MASC NOUN1
lollipop

liric (PL **liricí**) FEM NOUN2
lyric (of song)

lítear MASC NOUN1
litre

litir (GEN SING **litreach**, PL **litreacha**) FEM NOUN
letter
 □ Scríobh mé litir chuig mo chara. I wrote a letter to my friend. □ Tháinig an litir ar maidin. The letter came this morning.
- **bosca litreacha** a letterbox

litrigh VERB [11]
to spell
 □ Litrigh an focal sin, le do thoil. Spell that word, please.

litríocht FEM NOUN3
literature

litriú MASC NOUN
spelling

liú MASC NOUN4
yell
- **liú a ligean asat** to yell

liúntas MASC NOUN1
allowance
 □ liúntas teaghlaigh family allowance

loc VERB [14]
▷see also **loc** MASC NOUN1
to park (car)

loc MASC NOUN1
▷see also **loc** VERB
lock (on canal)

loca MASC NOUN4
pen (for sheep)
- **loca carranna** a car park

loch (PL **lochanna**) MASC NOUN3
lake
 □ Bhí oighear ar an loch. There was ice on the lake. □ Cé chomh domhain is atá an loch? How deep is the lake?
- **Loch Dearg** (in Ulster) Lough Derg
- **Loch Deirgeirt** (on River Shannon) Lough Derg
- **Loch Éirne** Lough Erne
- **Loch nEathach** Lough Neagh

■ **Loch Lao** Belfast Lough

lochán MASC NOUN1
pond
■ **lochán uisce** a puddle

Loch Garman MASC NOUN
Wexford

Lochlannach ADJECTIVE, MASC NOUN1
Scandinavian

lóchrann MASC NOUN1
lantern
■ **lóchrann póca** a torch

locht (PL **lochtanna**) MASC NOUN3
fault
□ Is ort féin an locht. It's your own fault.
■ **locht a fháil ar rud** to find fault with
something □ Fuair sé locht ar an mbia.
He found fault with the food.
■ **an locht a chur ar dhuine faoi rud** to
blame somebody for something □ Chuir sé
an locht ar mo dheirfiúr. He blamed it on
my sister. □ Ná cuir an locht ormsa! Don't
blame me!

lochta MASC NOUN4
loft

lochtach ADJECTIVE
faulty
□ Tá an t-inneall seo lochtach. This
machine is faulty.

lochtaigh VERB [12]
to blame
□ Lochtaigh sé mise faoin taisme.
He blamed me for the accident.

lochtán MASC NOUN1
terrace

lód MASC NOUN1
load

lódáil VERB [25]
to load
□ Lódámar an charr. We loaded the car.
■ **lódáil síos** (from internet) to download
■ **lódáil suas** (file) to upload

lofa ADJECTIVE
rotten
□ úll lofa a rotten apple

log VERB [14]
■ **log ann** (to computer) to log on
■ **log as** (from computer) to log off

logáil FEM NOUN3
■ **logáil isteach** (on computer) login

loic VERB [13]
to fail
□ Tá mo shláinte ag loiceadh. My health is
failing.
■ **loiceadh ar dhuine** to let somebody
down □ Loic Máire orm. Mary let me down.

loicéad MASC NOUN1
locket

loighciúil ADJECTIVE
logical

loighic (GEN SING **loighce**) FEM NOUN2
logic

loigín MASC NOUN4
dimple

loinnir (GEN SING **loinnreach**) FEM NOUN
1 sparkle
□ Tá loinnir ina súile. There's a sparkle in
her eyes.
2 brightness
□ loinnir na gréine the brightness of the
sun

lóis (PL **lóiseanna**) FEM NOUN2
lotion
□ lóis ghréine suntan lotion
■ **lóis iarghréine** aftersun

loisc VERB [13, VN loscadh]
to burn
□ Loisc mé mo mhéara. I burned my fingers.

lóiste MASC NOUN4
lodge

lóistéir MASC NOUN3
lodger

lóistín MASC NOUN4
lodgings
■ **teach lóistín** a lodging house

loit VERB [15, VN lot, VA loite]
to injure
□ Loiteadh sa ghualainn mé. I injured my
shoulder.

loitiméir MASC NOUN3
vandal

loitiméireacht FEM NOUN3
vandalism

lom ADJECTIVE
▷ see also **lom** VERB
bare
■ **lom láithreach** immediately
■ **lom dáiríre** in earnest

lom VERB [14]
▷ see also **lom** ADJECTIVE
to mow (lawn)
□ Lomann sé an fhaiche uair sa tseachtain.
He mows the lawn once a week.

lomaire MASC NOUN4
■ **lomaire faiche** a lawnmower

lomán MASC NOUN1
log (wood)

lománaí MASC NOUN4
lumberjack

lomeasna FEM NOUN4
spare rib (food)

lomnocht – luaithe

lomnocht (GEN SING MASC **lomnocht**)
ADJECTIVE
nude

lomra MASC NOUN4
fleece

lon (PL **lonta**) MASC NOUN1
blackbird

lón (PL **lonta**) MASC NOUN1
lunch
  □ lón gasta a quick lunch □ Tháinig
  mé in am don lón. I arrived in time for
  lunch.
  ■ **am lóin** lunchtime

lónadóir MASC NOUN3
caterer

lónadóireacht FEM NOUN3
catering

Londain (GEN SING **Londan**) FEM NOUN
London
  □ i Londain in London □ Is as Londain mé.
  I'm from London.

long FEM NOUN2
ship
  ■ **long chogaidh** a warship

longbhá (GEN SING **longbháite**) MASC NOUN4
shipwreck

longbhriseadh (GEN SING **longbhriste**,
PL **longbhristeacha**) MASC NOUN
shipwreck

longchlós MASC NOUN1
shipyard

Longfort MASC NOUN1
  ■ **an Longfort** Longford

longlann FEM NOUN2
dockyard

lonnaigh VERB [12]
to settle
  □ Lonnaigh daoine as Éirinn i Meiriceá.
  People from Ireland settled in America.

lonnaitheoir MASC NOUN3
squatter

lonrach ADJECTIVE
shining

lonraigh VERB [12]
to shine
  □ Bhí an ghrian ag lonrú ar an bhfarraige.
  The sun shone on the sea.

lorg MASC NOUN1
1 mark
  □ lorg fiacaile a tooth mark
  ■ **lorg coise** a footprint
  ■ **lorg carbóin** carbon footprint
2 trace
  □ Ní raibh lorg ar bith ar na robálaithe.
  There was no trace of the robbers.

  ■ **lorg na ndeor** tear-stained □ Bhí lorg na
  ndeor ar a aghaidh. His face was tear-
  stained.

  ■ **ar lorg** looking for □ Bhí bean éigin ar do
  lorg. Some woman was looking for you.
  □ Tá sí ar lorg oibre. She's looking for work.

lorga FEM NOUN4
shin

losainn FEM NOUN2
lozenge

lot MASC NOUN1
injury

L-phlátaí MASC PL NOUN4
L-plates

Lú MASC NOUN4
Louth

lú ▷ see **beag**

luach (PL **luachanna**) MASC NOUN3
1 value
  □ Is deacair luach a chur ar an charr sin. It is
  hard to put a value on that car.
  ■ **luach deich euro de pheitreal** ten euros'
  worth of petrol
  ■ **luach do chuid airgid a fháil** to get one's
  money's worth
2 price
  □ Cén luach atá air sin? What price is that?
  ■ **Bainfidh mise a luach asat.** I'll make you
  pay for it.
  ■ **luach saothair** (for work) reward
  ■ **Tabhair luach a shaothair dó.** Pay him
  for his work.
  ■ **Mheas mé faoina luach í.** I underestimated
  her.

luachmhar ADJECTIVE
1 valuable
  □ Ná tabhair rud ar bith luachmhar leat.
  Don't take anything valuable with you.
2 precious
  □ seoda luachmhara precious jewels

luaidhe FEM NOUN4
lead (metal)
  ■ **peann luaidhe** a pencil

luaigh VERB [24, VN **lua**]
to mention
  □ Níor luaigh sé Seán. He didn't mention
  John.

luaithe FEM NOUN4
  ■ **níos luaithe** earlier □ Chonaic mé níos
  luaithe é. I saw him earlier.
  ■ **ar a luaithe** at the earliest
  ■ **a luaithe** as soon as □ a luaithe a bhí sé
  ar shiúl as soon as he had left □ Cuirfidh mé
  scéala chugat a luaithe is féidir. I'll let you
  know as soon as possible.

luaithreadán MASC NOUN1
ashtray

luamh MASC NOUN1
yacht

luamhaire MASC NOUN4
yachtsman

luamhaireacht FEM NOUN3
yachting

Luan (PL **Luanta**) MASC NOUN1
■ **An Luan** Monday
■ **Dé Luain** on Monday
■ **ar an Luan** on Mondays □ Tagann sé ar
an Luan. He comes on Mondays.

luas (PL **luasanna**) MASC NOUN1
speed
□ rothar trí-luas a three-speed bike
■ **ar lánluas** at full speed □ Thiomáin sé ar
lánluas. He drove at full speed.
■ **luas a bheith fút** to be moving at speed
□ Bhí luas mór faoi. He was moving at great
speed.
■ **ar luas** quickly
■ **luas a mhaolú** to reduce speed
■ **Is leor a luas.** It will come soon enough.

luasaire MASC NOUN4
accelerator

luasbhád MASC NOUN1
speedboat

luasc VERB [23]
to swing
□ Bhí scáth fearthainne ag luascadh ag
Somhairle agus é ag siúl. Sam was swinging
an umbrella as he walked.

luascadán MASC NOUN1
pendulum

luascán MASC NOUN1
swing (for children)
■ **cathaoir luascáin** a rocking chair

luasghéaraigh VERB [12]
to accelerate

luasmhéadar MASC NOUN1
speedometer

luastraein (GEN SING **luastraenach**,
PL **luastraenacha**) FEM NOUN
express (train)

luath (COMPAR **luaithe**) ADJECTIVE
early
■ **go luath 1** early □ go luath ar maidin
early in the morning □ Caithfidh mé éirí go
luath. I have to get up early. **2** soon
□ Beidh sé ar ais go luath. He'll soon be back.
■ **luath nó mall** sooner or later
■ **chomh luath agus is féidir** as soon as
possible □ Déanfaidh mé é chomh luath
agus is féidir. I'll do it as soon as possible.

lúb VERB [14]
▷ see also **lúb** FEM NOUN2
to bend

lúb FEM NOUN2
▷ see also **lúb** VERB
1 bend (in road)
□ Níor thomhais sé an lúb sa bhóthar i
gceart. He misjudged the bend.
2 link (of chain)
3 stitch (knitting)
□ lúb ar lár a dropped stitch
■ **i lúb cuideachta** in company

lúbra MASC NOUN4
maze

luch FEM NOUN2
mouse (also for computer)
■ **luch mhór** a rat

lúcháir FEM NOUN2
delight
■ **lúcháir a bheith ort** to be delighted
□ Tá lúcháir orm gur tháinig tú. I am
delighted you came.

luchóg FEM NOUN2
mouse

lucht (PL **luchtanna**) MASC NOUN3
■ **lucht féachana** spectators
■ **lucht oibre** working class □ teaghlach
de chuid an lucht oibre a working-class
family
■ **lucht siúil** travellers
■ **lucht aitheantais** acquaintances

luchtaigh VERB [12]
to charge (battery)

Lucsamburg MASC NOUN4
Luxembourg
□ i Lucsamburg in Luxembourg □ go
Lucsamburg to Luxembourg

lúdrach FEM NOUN2
hinge

lúfar ADJECTIVE
athletic

lug NOUN
■ **Thit an lug ar an lag orm.** I was
devastated.

luí MASC NOUN4
■ **bheith i do luí** to be in bed □ Tá sé ina luí.
He's in bed. □ An bhfuil tú i do luí go fóill?
Are you still in bed?
■ **bheith i do luí le slaghdán** to be down
with a cold
■ **luí na gréine** sunset
■ **am luí** bedtime □ Tá am luí ann.
It's bedtime.

luibh (PL **luibheanna**) FEM NOUN2
herb

lúibín – lúthchleasaíocht

□ Cad iad na luibheanna a úsáideann tú san anlann seo? What herbs do you use in this sauce?

lúibín MASC NOUN4
bracket
□ idir lúibíní in brackets

lúide PREPOSITION

LANGUAGE TIP lúide is the contracted for of lú + de.

less
□ lúide 50% less 50%

lúidín MASC NOUN4
1 little finger
2 little toe

luigh VERB [22]
1 to lie
□ Luigh sé ar an urlár. He lay on the floor.
2 to set (sun)
□ Luigh an ghrian. The sun set.
■ dul a luí to go to bed □ Chuaigh sé a luí. He went to bed.
■ páiste a chur a luí to put a child to bed

Luimneach MASC NOUN1
Limerick

luimneach MASC NOUN1
limerick (poem)

luíochán MASC NOUN1
ambush

■ luíochán a dhéanamh ar dhuine to ambush somebody

luisnigh VERB [11]
to blush

lumpa MASC NOUN4
lump

Lúnasa MASC NOUN4
August
□ an t-ochtú lá déag de Lúnasa the eighteenth of August
■ i mí Lúnasa in August

lus (PL **lusanna**) MASC NOUN3
1 plant
■ lus an chromchinn a daffodil
2 herb
■ lus an choire coriander

lusra MASC NOUN4
herbs

lúthchleas MASC NOUN1
exercise
■ lúthchleasa athletics

lúthchleasaí MASC NOUN4
athlete

lúthchleasaíocht FEM NOUN3
athletics
□ Is breá liom lúthchleasaíocht. I love athletics.

Mm

má CONJUNCTION
if
□ Má fheiceann tú í abair léi go raibh mé ag cur a tuairisce. If you see her tell her I was asking for her. □ Tiocfaidh mé amárach má bhíonn am agam. I will come tomorrow if I have time.

> **LANGUAGE TIP** **más** is the contracted form of **má** + **is**.

□ Rachaidh mé ann más maith leat. I'll go there if you want. □ Más mian leat dul amach cuir ort do chóta. If you want to go out put on your coat. □ Más rud é go rachaidh seisean ní rachaidh mise. If he goes I won't.
■ **más olc maith leat** whether you like it or not
■ **más gá** if necessary
■ **ach má ... féin** nevertheless □ B'aisteach an scéal é, ach má b'aisteach féin, b'fhíor é. It was a strange story, but true nevertheless.

Mac MASC NOUN1
Mc (in surnames)
□ Mac Maoláin McMullan
■ **Mac Seáin** Johnson
■ **Mac Síomóin** Fitzsimon

mac MASC NOUN1
son
□ mac uchtaithe an adopted son
■ **mac baistí** a godson
■ **Is é mac a athar é.** He takes after his father.
■ **mac imrisc** (of eye) a pupil
■ **mac léinn** a student □ Is í Janet an mac léinn is fearr ag mata. Janet's the best maths student.
■ **mac tíre** a wolf

macalla MASC NOUN4
echo

macánta ADJECTIVE
1 honest

■ **bheith macánta le duine** to be honest with someone □ Bhí sé an-mhacánta léi. He was very honest with her.
2 gentle
□ duine mín macánta a gentle person

macarón MASC NOUN1
macaroni

machaire MASC NOUN4
plain (flat land)
■ **machaire gailf** a golf course
■ **machaire ráis** a racecourse

machnamh MASC NOUN1
thought
□ ábhar machnaimh food for thought
■ **Déan do mhachnamh air.** Think about it.

madra MASC NOUN4
dog
□ Bhí cuma iontach fíochmhar ar an madra. The dog looked very fierce.
■ **madra rua** a fox
■ **madra uisce** an otter

magadh MASC NOUN1
■ **magadh a dhéanamh faoi dhuine** to mock someone □ Bhí Seán ag magadh fúm. John was mocking me.
■ **Rinne siad ceap magaidh de Liam.** They made a laughing stock of Liam.
■ **Níl mé ach ag magadh.** I'm only joking.

máguaird ADVERB
surrounding
□ an ceantar máguaird the surrounding district

magúil ADJECTIVE
mocking

mahagaine MASC NOUN4
mahogany

maicréal MASC NOUN1
mackerel

maide MASC NOUN4
stick
□ maide siúil a walking stick

m

■ **maide gailf** a golf club □ Cheannaigh mé maide nua gailf. I bought a new golf club.
■ **maide croise** a crutch
■ **maide rámha** an oar

maidhm FEM NOUN2
break
■ **maidhm thalún** a landslide
■ **maidhm shneachta** an avalanche

maidin (PL **maidineacha**) FEM NOUN2
morning
□ maidin cheobhránach a misty morning
□ maidin Dé Luain on Monday morning
■ **gach maidin** every morning □ Buaileann mo chlog aláraim ar a seacht gach maidin. My alarm clock goes off at seven every morning.
■ **ar maidin 1** in the morning □ Beidh sé ar ais ar maidin. He will be back in the morning. **2** this morning □ Ghlaoigh do mháthair ar maidin. Your mother rang this morning. □ D'éirigh mé ar a seacht ar maidin. I got up at 7.00 this morning.
■ **Maidin mhaith!** Good morning!

Maidrid FEM NOUN4
Madrid

maigh VERB [18, VN maíomh]
1 to mean
□ Cad é atá tú a mhaíomh? What do you mean?
2 to claim
□ Mhaígh sé go raibh an ceart aige. He claimed that he was right.
3 to boast
□ Bhí sé ag maíomh as a charr nua. He was boasting about his new car.

maighdean FEM NOUN2
virgin
□ Is maighdean í. She's a virgin.
■ **An Mhaighdean Mhuire** the Virgin Mary
■ **maighdean mhara** a mermaid
■ **An Mhaighdean** Virgo □ Is mise An Mhaighdean. I'm Virgo.

Maigh Eo FEM NOUN
Mayo

maighnéad MASC NOUN1
magnet

mailíseach ADJECTIVE
malicious

maindilín MASC NOUN4
mandolin

mainicín MASC NOUN4
mannequin

mainicíneacht FEM NOUN3
modelling (of clothes)

mainistir (GEN SING **mainistreach**, PL **mainistreacha**) FEM NOUN
monastery

máinlia (PL **máinlianna**) MASC NOUN4
surgeon
□ Is máinlia í. She's a surgeon.

mair VERB [13, VN maireachtáil]
1 to live
□ Níor mhair sé i bhfad ina dhiaidh sin. He didn't live long after that.
2 to last
□ Mhair an cúrsa seachtain. The course lasted a week.

maireachtáil FEM NOUN3
living
□ caighdeán maireachtála standard of living
□ Mhéadaigh an costas maireachtála faoi thrí. The cost of living there has trebled.

mairnéalach MASC NOUN1
sailor
□ Is mairnéalach é. He's a sailor.

máirseáil VERB [25]
to march

Máirt FEM NOUN4
■ **An Mháirt** Tuesday
■ **Dé Máirt** on Tuesday
■ **ar an Máirt** on Tuesdays □ Tagann sé ar an Máirt. He comes on Tuesdays.
■ **Máirt Inide** Shrove Tuesday

mairteoil FEM NOUN3
beef
□ mairteoil rósta roast beef

maise FEM NOUN4
beauty
□ Chuir an doras nua le maise an tí. The door added to the beauty of the house.
■ **Ba chineálta an mhaise duit é.** That was really sweet of you.
■ **Nollaig faoi mhaise duit!** Happy Christmas!

maisigh VERB [11]
to decorate
□ Mhaisigh mé an císte le silíní. I decorated the cake with cherries.

maisitheoir MASC NOUN3
decorator

maisiúchán MASC NOUN1
decoration
□ maisiúcháin Nollag Christmas decorations
■ **clár maisiúcháin** a dressing table

maistín MASC NOUN4
bully

máistir (PL **máistrí**) MASC NOUN4
master

máistirphlean MASC NOUN4
master plan

máistreás FEM NOUN3
mistress

maith (GEN SING, PL **maithe**) FEM NOUN2
▷ *see also* **maith** ADJECTIVE, VERB
good
  □ an mhaith agus an t-olc the good and the bad
  ■ Níl maith ar bith ann. It's no use.

maith (COMPAR **fearr**) ADJECTIVE
▷ *see also* **maith** FEM NOUN2, VERB
good
  □ Is snámhóir maith í. She's a good swimmer. □ Is maith uait sin. That's very good of you. □ An dóigh leat gur smaoineamh maith é? Do you think it's a good idea?
  ■ Tráthnóna maith duit! Good afternoon!
  ■ go maith 1 well □ Rinne sé go maith sa scrúdú. He did well in the exam. □ Tá sí ag déanamh go maith ar scoil. She's doing well at school. 2 quite □ Tá sé te go maith inniu. It's quite warm today. □ Tá sé fuar go maith. It's quite cold.
  ■ chomh maith le as well as □ Chuamar go hEabhrac chomh maith le Londain. We went to York as well as London.
  ■ Ba mhaith liom dul amach anocht. I'd like to go out tonight
  ■ Go raibh maith agat. Thank you.
  ■ Tá go maith! OK!
  ■ cuid mhaith airgid a fair amount of money
  ■ Ní fhaca mé le tamall maith é. I haven't seen him for quite a while.
  ■ más olc maith linn é whether we like it or not

maith VERB [16]
▷ *see also* **maith** FEM NOUN2, ADJECTIVE
to forgive
  □ Maithim duit. I forgive you.

maithe FEM NOUN4
good
  □ Téann sé ag siúl gach lá ar mhaithe lena shláinte. He goes for a walk every day for the good of his health.

maitheas FEM NOUN3
good
  □ Rachadh saoire chun maitheasa duit. A holiday would do you good.

maithiúnas MASC NOUN1
forgiveness

máithreacha ▷ *see* **máthair**

mala FEM NOUN4
eyebrow

  ■ Bhí muc ar gach mala aige. He was frowning.

mála MASC NOUN4
bag
  □ Bhí a mála lán le leabhair. Her bag was crammed with books. □ Ghoid duine éigin mo mhála. Somebody stole my bag.
  ■ mála brioscáin phrátaí a packet of crisps
  ■ mála scoile a schoolbag
  ■ mála láimhe a handbag
  ■ mála aeir an airbag
  ■ mála cáipéisí a briefcase
  ■ mála codlata a sleeping bag
  ■ mála droma a rucksack

maláire FEM NOUN4
malaria

malairt FEM NOUN2
1 change
  □ malairt éadaigh a change of clothes
  ■ Tá malairt saoil ann. Times have changed.
2 exchange
  □ an ráta malairte the exchange rate
3 opposite
  □ Is é a mhalairt a rinne sé. He did quite the opposite.
  ■ malairt a dhéanamh to swap □ An bhfuil tú ag iarraidh malartú? Do you want to swap? □ A a mhalartú ar B to swap A for B
  ■ Ní raibh fios a mhalairte agam san am. I didn't know any better at the time.

malartaigh VERB [12]
to exchange
  □ Mhalartaigh mé an leabhar ar DD. I exchanged the book for a CD.

mall (GEN SING MASC **mall**, GEN SING FEM, COMPAR **moille**) ADJECTIVE
1 slow
  ■ bheith cúig noiméad mall *(watch, clock)* to be five minutes slow
2 late
  □ Bhí mé fiche nóiméad mall. I was twenty minutes late.
  ■ go mall 1 slowly □ Bhí an carr ag bogadh go mall. The car was moving slowly. 2 late □ Cé go raibh tuirse uirthi, d'fhán sí ina suí go mall. Although she was tired, she stayed up late.

mallacht FEM NOUN3
curse

mallaibh PL NOUN
  ■ ar na mallaibh lately □ Ní bhfuair mé scéala uaidh ar na mallaibh. I haven't heard from him lately.

Mallarca MASC NOUN4
Majorca

malrach MASC NOUN1
child

Málta MASC NOUN4
Malta

mam (PL **mamanna**) FEM NOUN2
mum

mamach MASC NOUN1
mammal

mamaí FEM NOUN4
mum

mamó FEM NOUN4
granny
□ mo mhamó my granny

mana MASC NOUN4
1 attitude
□ Más é sin an mana atá acu faoi …
If that's their attitude towards it …
2 motto
□ mana na scoile the school motto

manach MASC NOUN1
monk

Manainn FEM NOUN
■ Oileán Mhanann the Isle of Man

Manchain FEM NOUN4
Manchester

mandairín MASC NOUN4
mandarin (orange)

mangaire MASC NOUN4
■ mangaire drugaí a drug dealer

mangó MASC NOUN4
mango

maoil FEM NOUN2
■ ag cur thar maoil to be boiling over
□ Tá an pota ag cur thar maoil. The pot's
boiling over.
■ Bhí an tábla faoi mhaoil le
páipéir.
The table was heaped with papers.

maoin (GEN SING, PL **maoine**) FEM NOUN2
property
■ maoin phearsanta private property
■ maoin ghoidte stolen property

maoirseacht FEM NOUN3
supervision

maoirseoir MASC NOUN3
supervisor

maoithneach ADJECTIVE
emotional

maol ADJECTIVE
1 bald
□ fear maol a bald man
2 blunt
□ scian mhaol blunt knife

maolaigh VERB [12]
1 to decrease
■ luas a mhaolú to reduce speed
2 to subside
□ Mhaolaigh ar m'fhearg. My anger
subsided.

maonáis FEM NOUN2
mayonnaise

maor MASC NOUN1
1 prefect
□ Is maor í mo dheirfiúr. My sister's a
prefect.
2 umpire (in sport)
■ maor líne a linesman
■ maor cúil (Gaelic games) a goal umpire
■ maor tráchta a traffic warden

maorga ADJECTIVE
elegant

maorlathas MASC NOUN1
bureaucracy

mapa MASC NOUN4
mop (for floor)

mapáil VERB [25]
to mop

mar PREPOSITION
▷ see also **mar** CONJUNCTION, ADVERB
like (in comparisons)
□ cóta mar an cóta s'agatsa a coat like yours
■ mar seo like this □ Tá sé go maith mar
sin. Do it like this.
■ oiliúint a fháil mar mhúinteoir to train
as a teacher
■ mar shampla for example

mar CONJUNCTION
▷ see also **mar** PREPOSITION, ADVERB
1 since (because)
□ Fan sa bhaile mar tá slaghdán ort. Stay at
home since you have a cold.
2 where
□ Fan mar a bhfuil tú. Stay where you are.
3 like (resembling)
□ Bhí sé ag screadach mar a bheadh fear
mire ann. He was screaming like a
madman.
4 as
□ Déan mar is mian leat. Do as you like.

mar ADVERB
▷ see also **mar** PREPOSITION, CONJUNCTION
■ mar sin féin all the same
■ agus mar sin de and so forth
■ mar an gcéanna likewise
■ mar siúd is mar seo this way and that
■ Gur mar sin duite! It serves you right!

maraigh VERB [12]
1 to kill

□ Mharaigh an cat an luch. **The cat killed the mouse.** □ Maraíodh é i dtimpiste bhóthair. **He was killed in a car accident.**
2 to catch *(fish)*
□ Mharaigh mé breac inné. **I caught a trout yesterday.**

maratón MASC NOUN1
marathon
□ Chonacamar críoch Mharatón Bhaile Átha Cliath. **We saw the finish of the Dublin Marathon.**

marbh ADJECTIVE
1 dead
□ Tá an cat marbh. **The cat is dead.** □ Scaoileadh marbh é. **He was shot dead.**
2 numb
□ Tá mo lámh marbh. **My hand is numb.**
3 exhausted
□ Tá mé marbh tuirseach. **I'm exhausted.**

marbhán MASC NOUN1
corpse

marbhánta ADJECTIVE
close *(weather)*
□ Tá sé iontach marbhánta tráthnóna. **It's close this afternoon.**

marbhlann FEM NOUN2
mortuary

marbhuisce MASC NOUN4
backwater

marc (PL **marcanna**) MASC NOUN1
mark
□ Fuair mé marc maith sa scrúdú. **I got a good mark in the exam.** □ Faigheann sé na marcanna is fearr i gcónaí sa Ghaeilge. **He always gets top marks in Irish.**

marcach MASC NOUN1
rider
□ Is marcach maith í. **She's a good rider.**

marcaigh VERB [12, VN marcaíocht]
to ride

marcáil VERB [25]
to mark

marcaíocht FEM NOUN3
1 riding
□ scoil mharcaíochta **a riding school**
■ Tá mé ag foghlaim marcaíochta. **I'm learning to ride.**
2 lift
□ Fuair mé marcaíocht go Gaillimh. **I got a lift to Galway.**

marcóir MASC NOUN3
marker *(pen)*

marcshlua MASC NOUN4
cavalry

marfóir MASC NOUN3
killer
□ Tá na póilíní ag dul sa tóir ar an mharfóir. **The police are hunting the killer.**

margadh (PL **margaí**) MASC NOUN1
1 market
□ Díolann siad cuid mhaith truflaise ag an mhargadh. **They sell a lot of rubbish at the market.**
■ an margadh dubh **the black market**
2 bargain
□ Fuair tú margadh maith ann. **You got a bargain.**
■ Ní raibh sin sa mhargadh. **That was not part of the deal.**

margaíocht FEM NOUN3
marketing

margairín MASC NOUN4
margarine

marmaláid FEM NOUN2
marmalade

marmar MASC NOUN1
marble

maróg FEM NOUN2
pudding
■ maróg Nollag **Christmas pudding**
■ maróg ríse **rice pudding**

Márta MASC NOUN4
March
□ an triú lá de Mhárta **the third of March**
■ i mí Mhárta **in March**

martbhorgaire MASC NOUN4
beefburger

marún ADJECTIVE, MASC NOUN1
maroon

más ▷ *see* má

masc MASC NOUN1
mask

mascára MASC NOUN4
mascara

masla MASC NOUN4
insult
■ Thug sé masla dom. **He insulted me.**

maslach ADJECTIVE
1 insulting
■ focal maslach **an insult**
2 abusive
□ iompar maslach **abusive behaviour**
□ Nuair a dhiúltaigh mé, d'éirigh sé maslach. **When I refused, he became abusive.**
3 heavy
□ obair mhaslach **heavy work**

mata MASC NOUN4
▷ *see also* **mata** FEM NOUN2

mata – meáite

mat
- **mata boird** a table mat
- **mata luchóige** (for computer) a mouse mat
- **mata tairsí** a doormat

mata FEM NOUN2
▷ see also **mata** MASC NOUN4
maths
□ Tá mé go han-olc ag mata. I'm really bad at maths.

matal MASC NOUN1
mantelpiece

matamaitic FEM NOUN2
mathematics
- **Is í an mhatamaitic an t-ábhar is measa agam.** Mathematics is my worst subject.

matamaiticeoir MASC NOUN3
mathematician

matán MASC NOUN1
muscle
- **matán a tharraingt** to pull a muscle

máthair (PL **máthar**, PL **máithreacha**) FEM NOUN
mother
□ Tá sí cosúil lena máthair. She takes after her mother. □ Ar inis tú do do mháthair? Did you tell your mother? □ máthair neamhphósta an unmarried mother
- **máthair chéile** mother-in-law
- **máthair mhór** granny
- **máthair altrama** foster mother

mátrún MASC NOUN1
matron

mé PRONOUN
1 I
□ Tá mé mór. I'm big.
2 me
□ Chonaic Pól mé. Paul saw me.

meá (PL **meánna**) FEM NOUN4
scales
□ Cuir sa mheá é. Put it on the scales.
- **an Mheá** Libra □ Is mise An Mheá. I'm Libra.

meabhair (GEN SING **meabhrach**) FEM NOUN
1 mind
□ Tá sé as a mheabhair. He's out of his mind.
2 memory
□ Níl meabhair mhaith agam. I haven't got a good memory.
- **meabhair a bhaint as rud** to make sense of something
- **bheith gan mheabhair** to be unconscious

meabhraigh VERB [12]
to remind
□ Meabhraigh dom an aiste a scríobh anocht. Remind me to write the essay tonight.

meabhrán MASC NOUN1
memo

meacan MASC NOUN1
- **meacan bán** a parsnip
- **meacan dearg** a carrot

meáchan MASC NOUN1
weight
□ Cén meáchan atá ionat? What weight are you?
- **tógáil meáchan** (sport) weightlifting

méad NOUN
- **Cá mhéad? 1** How many? □ Cá mhéad uair a chonaic tú é? How many times did you see him? **2** How much? □ Cá mhéad airgid atá agat? How much money do you have? □ Cá mhéad atá air? How much is it?
- **ar a mhéad** at the most □ Beidh céad duine ar a mhéad ag an dioscó. There will be a hundred people at the most at the disco.

méadaigh VERB [12]
to increase
□ Mhéadaigh an ghaoth. The wind increased.

meadáille MASC NOUN4
medallion

méadar MASC NOUN1
metre
□ méadar ciúbach a cubic metre

meadhrán MASC NOUN1
vertigo (dizziness)
□ Tagann meadhrán orm. I get vertigo.
- **Tháinig meadhrán i mo cheann.** I began to feel dizzy.

meáigh VERB [24]
to weigh
□ Mheáigh sé na prátaí ar na scálaí. He weighed the potatoes on the scales. □ Ar dtús, meáigh an plúr. First, weigh the flour.

meaisín MASC NOUN4
machine
- **meaisín níocháin** a washing machine

meaisínghunna MASC NOUN4
machine gun

meáite ADJECTIVE
- **bheith meáite ar rud a dhéanamh** to be determined to do something
□ Tá mé meáite ar an bhfírinne a fháil amach. I'm determined to find out the truth.

mealbhacán MASC NOUN1
melon

meall VERB [23]
▷ see also **meall** MASC NOUN1
■ **bheith meallta faoi rud** to be disappointed about something □ Bhí mé meallta nach raibh Seán ann. I was disappointed that John wasn't there.

meall (PL **meallta**) MASC NOUN1
▷ see also **meall** VERB
1 ball
■ **meall sneachta** a snowball
2 lump
□ Tá meall ar a éadan aige. He's got a lump on his forehead.
■ **meall ime** a knob of butter
■ **agus an meall mór ar deireadh** and last but not least

mealladh (GEN SING **meallta**, PL **mealltaí**) MASC NOUN
■ **mealladh a bhaint as duine** to disappoint somebody □ Bhí mé pas meallta. I was rather disappointed.

meamram MASC NOUN1
memorandum

meán MASC NOUN1
middle
■ **meán oíche** midnight □ Bhí mé amuigh go meán oíche. I was out till midnight.
■ **meán lae** midday
■ **meáin shóisialta** social media
■ **ar meán** on average
■ **na meáin** the media

meán- PREFIX
1 middle
□ meánaosta middle-aged
2 average
□ an meánmharc the average mark
3 intermediate (school)
□ meánscoil an intermediate school
4 medium
□ fear ar mheánairde a man of medium height

meánaicme FEM NOUN4
middle class

meánaicmeach ADJECTIVE
middle-class
□ ceantar meánaicmeach a middle-class area

meánaois FEM NOUN2
middle age
■ **an Mheánaois** the Middle Ages

meánaoiseach ADJECTIVE
medieval

meánaosta ADJECTIVE
middle-aged

□ fear meánaosta a middle-aged man

méanar ADJECTIVE
■ **Is méanar duit.** Lucky you.

meánchiorcal MASC NOUN1
equator

meancóg FEM NOUN2
mistake
□ meancóg uafásach a dreadful mistake
■ **meancóg a dhéanamh** to make a mistake

méanfach FEM NOUN2
■ **méanfach a dhéanamh** to yawn

Meán Fómhair MASC NOUN
September
□ an chéad lá de Mheán Fómhair the first of September
■ **i mí Mheán Fómhair** in September

meangadh (GEN SING **meangtha**) MASC NOUN
■ **a meangadh gáire** smile
■ **Rinne sé meangadh gáire liom.** He smiled at me.

Meánmhuir FEM NOUN3
■ **an Mheánmhuir** the Mediterranean

meann ADJECTIVE
■ **an Mhuir Mheann** the Irish Sea

Meánoirthear MASC NOUN1
■ **an Meánoirthear** the Middle East

meánscoil (PL **meánscoileanna**) FEM NOUN2
secondary school

meánteistiméireacht FEM NOUN3
intermediate certificate (school)

meántonn FEM NOUN2
medium wave (radio)

mear (GEN SING MASC **mear**) ADJECTIVE
1 quick
□ rith mear a quick run
2 hasty
□ gníomh mear a hasty action

méar FEM NOUN2
finger
□ Phrioc mé mo mhéar. I've pricked my finger.

méara MASC NOUN4
mayor

mearbhall MASC NOUN1
confusion
■ **Tá mearbhall orm.** I am confused.
■ **Ná cuir mearbhall orm!** Don't confuse me!

mearcair MASC NOUN4
mercury

méarchlár MASC NOUN1
keyboard
□ ... agus Mike Moran ar na méarchláir ... with Mike Moran on keyboards

méarlorg MASC NOUN1
fingerprint

mearóg FEM NOUN2
marrow

méaróg FEM NOUN2
pebble
- **méaróg éisc** a fish finger
- **méaróg chuimhne** a memory stick
- **méaróg USB** USB stick

mearscaipthe ADJECTIVE
viral (computing)

meas MASC NOUN3
▷ see also **meas** VERB
respect
- **meas a bheith agat ar dhuine** to respect
somebody □ Tá meas agam ar Mháire.
I respect Mary.
- **Is mise le meas** (in letters) Yours sincerely

meas VERB [23, VN meas]
▷ see also **meas** MASC NOUN3
to think
□ Mheas sé go n-éireodh leis. He thought
he'd succeed. □ An é sin a mheasann tú,
dáiríre? Do you really think so? □ Mheas
siad go dtógfadh sé trí seachtaine. They
thought it would take three weeks.
- **Cad é do mheas air?** How do you rate him?

measartha ADJECTIVE
▷ see also **measartha** ADVERB
fair (not bad)
□ Tá seans measartha agam baint. I have a
fair chance of winning.

measartha ADVERB
▷ see also **measartha** ADJECTIVE
fairly
□ Rinne tú sin go measartha maith. You did
that fairly well. □ D'imir an fhoireann go
measartha maith. The team played fairly well.
- **Tá an lóistín measartha bunúsach.**
The accommodation is pretty basic.
- **Tá mé measartha gnóthach anois.**
I'm rather busy just now.

measc VERB [14]
1 to mix
□ Measc an plúr leis an siúcra. Mix the flour
with the sugar.
2 to stir (pot)

measc PREPOSITION
- **i measc** among □ Bhí seisear páistí ina
measc. There were six children among
them. □ Bhíomar i measc cairde. We were
among friends.

meascán MASC NOUN1
1 mix
□ Is meascán d'fhicsean eolaíochta agus

greann é. It's a mix of science fiction and
comedy. □ meascán císte a cake mix
2 mixture
□ Cuir dhá ubh leis an meascán. Add two
eggs to the mixture.
- **meascán mearaí** confusion
- **Chuir sé meascán mearaí orm.**
It confused me.

measctha ADJECTIVE
mixed
□ griolladh measctha a mixed grill
□ pósadh measctha a mixed marriage
□ scoil mheasctha a mixed school
- **cluiche ceathrair measctha a imirt**
to play mixed doubles

meascthóir MASC NOUN3
mixer (kitchen appliance)

meastachán MASC NOUN1
estimate

measúil ADJECTIVE
respectable
□ duine measúil a respectable person

measúnacht FEM NOUN3
assessment

measúnaigh VERB [12]
to assess

measúnú MASC NOUN
assessment

meatachán MASC NOUN1
coward

meath VERB [23, VN meath, VA meata]
1 to fail (eyesight, health)
□ Mheath a shláinte air. His health failed.
2 to fade
□ Bhí solas an lae ag meath go gasta.
The daylight was fading fast.

meicneoir MASC NOUN3
mechanic
□ Is meicneoir é. He's a mechanic.

meicníocht FEM NOUN3
mechanism

meicniúil ADJECTIVE
mechanical
□ cliseadh meicniúil a mechanical failure

Meicsiceo MASC NOUN4
Mexico
□ i Meicsiceo in Mexico □ go Meicsiceo
to Mexico

méid MASC NOUN4
▷ see also **méid** FEM NOUN2
1 amount
□ méid mór airgid a huge amount of money
- **Cén méid airgid a chaill tú?** How much
money did you lose?
2 number

m

□ an méid sin leabhar that number of books
■ **an méid againn a d'fhan** those of us who stayed
3 all
□ Thug sé an méid a bhí aige dom. He gave me all he had.

méid FEM NOUN2
▷ see also **méid** MASC NOUN4
size
□ Cén mhéid a chaitheann tú? What size do you wear?
■ **Tá méid mhór ann.** It's very big.
■ **Tá Eoin ag dul i méid.** Ian's growing bigger.

meidhreach ADJECTIVE
1 jolly
□ duine meidhreach a jolly person
2 lively
□ damhsa meidhreach a lively dance

meigibheart MASC NOUN1
megabyte (computer)

meil VERB [15, VN meilt]
to waste
□ Tá sé ag meilt a chuid maoine. He's wasting his money.
■ **am a mheilt** to kill time

meiningíteas MASC NOUN1
meningitis

meirbh ADJECTIVE
close (weather)

meireang MASC NOUN4
meringue

meirg FEM NOUN2
rust

meirgeach ADJECTIVE
rusty
□ rothar meirgeach a rusty bike □ Tá mo chuid Gaeilge meirgeach. My Irish is rusty.

Meiriceá MASC NOUN4
America
□ i Meiriceá in America □ Ba mhaith liom dul go Meiriceá. I'd like to go to America.
■ **Meiriceá Laidineach** Latin America
■ **Meiriceá Láir** Central America
■ **Meiriceá Theas** South America
■ **Meiriceá Thuaidh** North America

meirleach MASC NOUN1
outlaw

meisce FEM NOUN4
■ **bheith ar meisce** to be drunk □ Bhí sé ar meisce. He was drunk.
■ **teacht as meisce** to sober up

meisceoir MASC NOUN3
drunk
□ Bhí na sráideanna lán le meisceoirí. The streets were full of drunks.

meisciúil ADJECTIVE
alcoholic
□ deoch mheisciúil an alcoholic drink

Meitheamh MASC NOUN1
June
■ **i mí Mheithimh** in June

Mí FEM NOUN4
■ **an Mhí** Meath

mí (GEN SING **míosa**, PL **míonna**) FEM NOUN
month
□ am éigin an mhí seo caite sometime last month □ Chaith sí mí i Londain. She spent a month in London.
■ **mí na meala** a honeymoon
■ **i mí Bhealtaine 2009** in May 2009

mí-ádh MASC NOUN1
bad luck
■ **mí-ádh a bheith ort** to be unlucky

mí-ámharach ADJECTIVE
unlucky

mian (GEN SING **méine**, PL **mianta**) FEM NOUN2
wish
□ Séid amach na coinnle agus déan mian. Blow out the candles and make a wish.
■ **Is mian liom gearán a dhéanamh.** I wish to make a complaint.
■ **Is mian léi sin a dhéanamh.** She wants to do that.
■ **An mian leat dul?** Do you want to go?

mianach MASC NOUN1
mine
■ **mianach guail** a coal mine
■ **mianach talún** a landmine

mianadóir MASC NOUN3
miner

mianadóireacht FEM NOUN3
mining

mianra MASC NOUN4
mineral
■ **uisce mianraí** mineral water

mias (GEN SING **méise**) FEM NOUN2
dish
□ mias veigeatórach a vegetarian dish

miasniteoir MASC NOUN3
dishwasher
□ An bhfuil an miasniteoir ar siúl? Is the dishwasher on?

míbhéas MASC NOUN3
bad habit
■ **míbhéasa** bad manners

míbhéasach ADJECTIVE
bad-mannered

míbhuíoch ADJECTIVE
ungrateful

míchairdiúil ADJECTIVE
unfriendly
□ Tá na freastalaithe sórt míchairdiúil.
The waiters are a bit unfriendly.
míchaoithiúil ADJECTIVE
inconvenient
mícheart ADJECTIVE
incorrect
michéillí ADJECTIVE
foolish
míchineálta ADJECTIVE
unkind
míchlúiteach ADJECTIVE
disreputable
míchompordach ADJECTIVE
uncomfortable
□ Tá na suíocháin seo cineál
míchompordach. The seats are rather
uncomfortable.
míchruinn ADJECTIVE
inaccurate
míchumasach ADJECTIVE
disabled
míchúramach ADJECTIVE
careless
□ botún míchúramach a careless mistake
micreafón MASC NOUN1
microphone
micreaphróiseálaí MASC NOUN4
microprocessor
micreascannán MASC NOUN1
microfilm
micreascóp MASC NOUN1
microscope
micrifís FEM NOUN2
microfiche
micririomhaire MASC NOUN4
microcomputer
micrishlis FEM NOUN2
microchip
mídhílis ADJECTIVE
unfaithful
mídhleathach ADJECTIVE
illegal
mífhoighne FEM NOUN4
impatience
mífhoighneach ADJECTIVE
impatient
■ go mífhoighneach impatiently □ D'fhan
muid go mífhoighneach. We waited
impatiently.
mífhóirsteanach ADJECTIVE
unsuitable
mífholláin ADJECTIVE
unhealthy

mífhortúnach ADJECTIVE
unfortunate
migréin FEM NOUN2
migraine
mí-ionraic ADJECTIVE
dishonest
mil (GEN SING **meala**) FEM NOUN3
honey
□ próca meala a jar of honey
■ **briathra meala** sweet words
míle (PL **mílte**) MASC NOUN4
1 thousand

LANGUAGE TIP **míle** is usually followed
by a singular noun.

□ míle bliain a thousand years
■ **Go raibh míle maith agat.** Thanks a
million.
2 mile
□ Tá an scoil míle ón teach agam. The
school is a mile from my house.
milis (GEN SING FEM, PL, COMPAR **milse**) ADJECTIVE
sweet
□ An bhfuil sé milis nó spíosrach? Is it sweet
or savoury?
■ **cáca milis** a cake
mill VERB [15]
1 to spoil
□ Mhill siad an páiste sin. They spoiled that
child.
2 to ruin
□ Mhill an aimsir an lá orainn. The weather
ruined our day.
milleán MASC NOUN1
blame
■ **Chuir Síle an milleán ar Pádraig.** Sheila
blamed Patrick.
■ **Air féin an milleán.** It's his own fault.
milliméadar MASC NOUN1
millimetre
milliún MASC NOUN1
million

LANGUAGE TIP **milliún** is usually
followed by a singular noun.

□ na milliúin bliain millions of years
□ milliún duine a million people
milliúnaí MASC NOUN4
millionaire
millteanach ADJECTIVE
terrible
□ tubaiste millteanach a terrible accident
■ **Tá sé millteanach trom.** It is extremely
heavy.
milseán MASC NOUN1
sweet
□ mála milseán a bag of sweets

milseog FEM NOUN2
dessert

mímhacánta ADJECTIVE
dishonest

mímhorálta ADJECTIVE
immoral

mímhúinte ADJECTIVE
rude
□ Bhí sé iontach mímhúinte liom. He was very rude to me. □ Tá sé mímhúinte briseadh isteach i gcomhrá. It's rude to interrupt.

min FEM NOUN2
meal (flour)
■ **min choirce** oatmeal
■ **min sáibh** sawdust

mín ADJECTIVE
smooth

minic ADJECTIVE
▷ see also **minic** ADVERB
frequent
□ ceathanna minice frequent showers
□ Bíonn busanna ann go minic go lár an bhaile. There are frequent buses to the town centre.

minic ADVERB
▷ see also **minic** ADJECTIVE
■ **go minic** often □ Théadh sí amach go minic lena cairde. She often went out with her friends.
■ **níos minice** more often □ Ba mhaith liom dul ag sciáil níos minice. I'd like to go skiing more often.
■ **minic go leor** often enough

mínigh VERB [11]
to explain
□ Mhínigh an múinteoir an scéal dúinn.
The teacher explained the story to us.

ministir MASC NOUN4
minister (of church)

míniú MASC NOUN
explanation
□ míniú soiléir a clear explanation

miodóg FEM NOUN2
dagger

míodún MASC NOUN1
meadow

míofar ADJECTIVE
ugly

mí-oiriúnach ADJECTIVE
unsuitable

míol (PL **míolta**) MASC NOUN1
animal
■ **míol mór** a whale

míoltóg FEM NOUN2
midge

mion ADJECTIVE
1 small
□ páistí miona small children
2 detailed
□ cuntas mion a detailed account
■ **rud a scrúdú go mion** to examine something closely

mionairgead MASC NOUN1
petty cash

mionbhrístín MASC NOUN4
briefs (underwear)

mionbhus MASC NOUN4
minibus

miongháire MASC NOUN4
smile
□ miongháire dalba a cheeky smile
■ **mionghaire a dhéanamh** to smile

mionlach MASC NOUN1
minority
□ mionlach eitneach an ethnic minority

mionn MASC NOUN3
oath
□ faoi mhionn under oath
■ **mionn mór** a swearword
■ **mionnaí móra a stróiceadh** to curse and swear

míonna ▷ see **mí**

mionra MASC NOUN4
mince

mionsciorta MASC NOUN4
miniskirt

miontas MASC NOUN1
mint

miontuairisc FEM NOUN2
■ **miontuairiscí** (of meeting) minutes

míorúilt FEM NOUN2
miracle

míosa ▷ see **mí**

míosachán MASC NOUN1
monthly (magazine)

mioscais FEM NOUN2
■ **mac mioscaise** a troublemaker

mioscaiseach ADJECTIVE
malicious

míosúil ADJECTIVE
monthly

miosúr MASC NOUN1
measure
■ **miosúr duine a thógáil** to measure somebody

miotal MASC NOUN1
metal

miotas MASC NOUN 1
myth
□ miotas Gréagach a Greek myth
□ Is miotas é sin. That's a myth.

miotaseolaíocht FEM NOUN 3
mythology

miotóg FEM NOUN 2
glove

mír (PL **míreanna**) FEM NOUN 2
item
□ mír nuachta a news item
■ míreanna mearaí a jigsaw

mire FEM NOUN 4
madness
■ Bhí Seán ar mire liom. John was mad at me.
■ Tá sí ar mire is ar báiní! She's raving mad!
■ Caithfidh go bhfuil sé ar mire. He must be crazy.

míréasúnta ADJECTIVE
unreasonable
□ Bhí a dearcadh go hiomlán míréasúnta. His attitude was completely unreasonable.

mirlín MASC NOUN 4
marble (toy)

mise PRONOUN
1 I
□ Cé a bhris é? — Mise. Who broke it? — I did.
2 me
□ Mise atá ann. It's me. □ Cé atá ann? — Mise. Who is it? — It's me.

misean MASC NOUN 1
mission
□ misean rúnda a secret mission

míshásúil ADJECTIVE
unsatisfactory
□ Tá an obair seo míshásúil. This work is unsatisfactory.

míshlachtmhar ADJECTIVE
untidy
□ Tá an teach míshlachtmhar. The house is untidy.

míshona ADJECTIVE
unhappy
□ Bhí sé míshona ina leanbh dó. He was unhappy as a child.

misinéir MASC NOUN 3
missionary

misneach MASC NOUN 1
courage
■ Bíodh misneach agat! Cheer up!
■ do mhisneach a chailleadh to lose heart

miste ADJECTIVE
■ An miste leat? Do you mind? □ An miste leat má oscláim an fhuinneog? Do you mind if I open the window?
■ Ní miste liom. I don't mind.

míthaitneamhach ADJECTIVE
unpleasant

mítharraingteach ADJECTIVE
unattractive

mithid ADJECTIVE
■ Is mithid é. It's overdue.
■ Is mithid dom dul abhaile. It's time for me to go home.

míthuiscint (GEN SING **míthuisceana**) FEM NOUN 3
misunderstanding

mí-úsáid FEM NOUN 2
abuse
■ mí-úsáid a thabhairt do dhuine to abuse someone □ páistí ar tugadh mí-úsáid dóibh abused children

mná ▷ see bean

mo ADJECTIVE
my
□ mo bhlús my blouse □ Tá mé ag dul ag bualadh le mo chairde. I'm going to meet my friends. □ Ghortaigh mé mo chos. I've hurt my foot.

> LANGUAGE TIP mo changes to m' before a vowel or 'fh'.

□ m'fhoclóir my dictionary □ m'atlas my atlas

mó ADJECTIVE
■ an mó ...? how many ...? □ An mó duine atá ann? How many people are there?

moch (GEN SING MASC **moch**) ADJECTIVE
early
□ go moch ar maidin early in the morning

modh (PL **modhanna**) MASC NOUN 3
method
□ modh íocaíochta a payment method
■ modh maireachtála a way of life
■ i modh rúin in confidence

modúl MASC NOUN 1
module

mogall MASC NOUN 1
■ mogall súile an eyelid

móid (PL **móideanna**) FEM NOUN 2
vow

móide PREPOSITION

> LANGUAGE TIP móide is the contracted form of mó + de.

1 plus
□ a seacht móide a deich seven plus ten

2 more
- □ Is móide mo shonas sin a chluinstin.
I am all the happier for hearing that.

móideim MASC NOUN4
modem

móilín MASC NOUN4
molecule

moill (PL **moilleanna**) FEM NOUN2
delay
- □ moill seachtaine a week's delay
- ■ **Beidh sé ar ais gan mhoill.** He'll be back soon.
- ■ **Ná déan moill!** Don't delay!

moille ▷ see **mall**

moilligh VERB [11]
to delay
- □ Bhí ár n-eitilt moillithe. Our flight was delayed. □ Shocraigh muid ar ár n-imeacht a mhoilliú. We decided to delay our departure.

móin (PL **móinte**) FEM NOUN3
peat

móinéar MASC NOUN1
meadow

móinteán MASC NOUN1
moor

móipéid FEM NOUN2
moped

mol VERB [23]
▷ see also **mol** MASC NOUN1
1 to praise
- □ Mhol an múinteoir Seán as an marc a fuair sé. The teacher praised John for the mark he got.
2 to advise
- □ Mhol m'athair dom dul chuig an dochtúir. My father advised me to go to the doctor.

mol MASC NOUN1
▷ see also **mol** VERB
pole
- □ An Mol Thuaidh the North Pole

moladh (GEN SING **molta**, PL **moltaí**) MASC NOUN
praise
- □ Tá moladh mór tuillte agat. You deserve great praise.

moll MASC NOUN1
1 a large number (of things)
- □ Cheannaigh sé moll mór leabhar. He bought a large number of books.
2 a large amount (of money)
- ■ **moll bruscair** a rubbish heap

moltóir MASC NOUN3
umpire (sport)

monarc (PL **monarcaí**) MASC NOUN4
monarch

monarcha (GEN SING **monarchan**, PL **monarchana**) FEM NOUN
factory
- □ Chuaigh sé i mbun na monarchan. He took over the factory.

monaróir MASC NOUN3
manufacturer

monatóir MASC NOUN3
monitor (TV, computer)

moncaí MASC NOUN4
monkey

mór MASC NOUN1
▷ see also **mór** ADJECTIVE
great
- ■ **an mór agus an mion** the great and the small
- ■ **a mhór a dhéanamh de rud** to make the most of something

mór (COMPAR **mó**) ADJECTIVE
▷ see also **mór** MASC NOUN1
big
- □ fear mór a big man □ mo dheartháir mór my big brother
- ■ **cuid mhór** a lot □ Bhí cuid mhór daoine sa leabharlann. There were a lot of people in the library.
- ■ **mór le** friendly with □ Tá Áine mór le Séamas. Anne's friendly with James.
- ■ **go mór** greatly □ Chuidigh sin go mór liom. That helped me greatly.

móramh MASC NOUN1
majority

mórán MASC NOUN1
1 many
- □ le mórán blianta for many years
2 much
- □ Níl mórán bia sa teach. There isn't much food in the house. □ Níl sin mórán níos fearr. That's not much better. □ An bhfuil mórán le déanamh agat? Have you much to do?
3 a lot of
- □ mórán airgid a lot of money

mórchuid (GEN SING **mórchoda**, PL **mórchodannna**) FEM NOUN3
most
- □ mórchuid an ama most of the time □ an mhórchuid de na daltaí most of the pupils

mórchúis FEM NOUN2
pride

mórgacht FEM NOUN3
majesty
- □ A Mórgacht Her Majesty

morgáiste MASC NOUN4
mortgage

mórlitreacha FEM PL NOUN
- **mórlitreacha bloic** block capitals

mór-roinn (PL **mór-ranna**) FEM NOUN2
continent
□ Ní raibh mé riamh ar an Mór-Rhoinn. I've never been to the Continent.

mórshiúl (PL **mórshiúlta**) MASC NOUN1
procession

mórtas MASC NOUN1
pride
- **mórtas a dhéanamh** to boast

mórthimpeall ADVERB
all round
□ Bhí fíonghoirt mórthimpeall. There were vineyards all round.

mórthír FEM NOUN2
mainland

mósáic FEM NOUN2
mosaic

mosc MASC NOUN1
mosque

mótar MASC NOUN1
motor car

mótarbhád MASC NOUN1
motorboat

mótarbhealach MASC NOUN1
motorway

mothaigh VERB [12]
1 to feel
□ Mhothaigh mé pian i mo cheann. I felt a pain in my head. □ Ní mhothaím sábháilte ar an taobh sin den bhaile. I don't feel safe in that part of town.
2 to hear
□ Mhothaigh mé an madra ag an doras. I heard the dog at the door.
- **duine a mhothú uait** to miss somebody
□ Mothaím uaim Peadar. I miss Peter.

mothú MASC NOUN
feeling
□ Níl aon mhothú i mo chosa. I have no feeling in my legs. □ mothú sábháilteachta a feeling of security
- **gan mhothú** numb □ Tá mo chos gan mhothú. My leg's gone numb.
- **Tháinig sé gan mhothú orm.** He caught me unawares.

muc FEM NOUN2
pig
- **muc ghuine** a guinea pig
- **muc mhara** a porpoise
- **muc shneachta** a snowdrift

múch VERB [23]
to switch off (light, engine)
□ Múch an solas. Switch off the light.

múchadh (GEN SING **múchta**) MASC NOUN
asthma

múchta ADJECTIVE
off
□ Níl an solas múchta. The light isn't off.

múchtóir MASC NOUN3
- **múchtóir tine** a fire extinguisher

muga MASC NOUN4
mug (cup)

muiceoil FEM NOUN3
pork
□ Ní ithim muiceoil. I don't eat pork. □ muiceoil mhilis shearbh sweet and sour pork

muid PRONOUN
we
□ D'éirigh muid cleachta leis de réir a chéile. We gradually got used to it. □ Seans go rachaidh muid chun na Spáinne an bhliain seo chugainn. We might go to Spain next year. □ Bhí muid báite. We got drenched.

muifín MASC NOUN4
muffin

muileann (PL **muilte**) MASC NOUN1
mill
- **muileann gaoithe** a windmill

muileata (PL **muileataí**) MASC NOUN4
diamond (cards)
□ an t-aon muileata the ace of diamonds

muin FEM NOUN2
back
- **ar mhuin capaill** on horseback
- **Tá tú ar mhuin na muice.** You're in luck.

múin VERB [15]
to teach
□ Múineann sí Gaeilge. She teaches Irish. □ Mhúin mo dheirfiúr snámh dom. My sister taught me to swim.

muince FEM NOUN4
necklace
□ muince óir a gold necklace

muinchille FEM NOUN4
sleeve
□ muinchillí fada long sleeves

Muineachán MASC NOUN1
Monaghan

múineadh (GEN SING **múinte**) MASC NOUN
manners
- **Bíodh múineadh ort!** Behave!

muineál (GEN SING, PL **muiníl**) MASC NOUN1
neck
□ Bhí sí scaif thart ar a muineál aici. She wore a scarf round her neck. □ muineál righin a stiff neck
- **geansaí V-mhuiníl** a V-neck sweater

muinín FEM NOUN2
confidence
 □ Tá muinín agam as Liam. I have
 confidence in Liam.
 ■ **Chaill daoine muinín sa rialtas.** People
 lost faith in the government.

muiníneach ADJECTIVE
dependable

múinte ADJECTIVE
well-mannered

muinteartha ADJECTIVE
friendly
 ■ **bheith muinteartha** to be related □ Tá
 muid muinteartha dá chéile. We're related.
 ■ **daoine muinteartha** relations

múinteoir MASC NOUN3
teacher
 □ Is múinteoir mé. I am a teacher. □ Is
 múinteoir iontach dea-chroíoch í. She's a
 very caring teacher. □ múinteoir ar pinsean
 a retired teacher

múinteoireacht FEM NOUN3
teaching

muintir (PL **muintireacha**) FEM NOUN2
people
 ■ **muintir na hÉireann** the Irish
 ■ **muintir na háite** the locals

muir (GEN SING, PL **mara**) FEM NOUN3
sea
 ■ **ar muir** at sea
 ■ **ainmhí mara** a marine animal
 ■ **Muir Éireann** the Irish Sea
 ■ **Muir nIocht** the English Channel
 ■ **an Mhuir Mharbh** the Dead Sea

muirghalar MASC NOUN1
sea sickness

muirín FEM NOUN4
family

muiríne MASC NOUN4
marina

muiscít FEM NOUN2
mosquito

muisiriún MASC NOUN1
mushroom

mullach (PL **mullaí**) MASC NOUN1
top *(of hill)*
 ■ **i mullach a chéile** on top of one another

Mumhain (GEN SING **Mumhan**) FEM NOUN
 ■ **Cúige Mumhan** Munster

mún MASC NOUN1
urine

múr (PL **múrtha**) MASC NOUN1
wall
 ■ **Tá na múrtha airgid acu.** They're loaded.

mura CONJUNCTION
if ... not
 □ Mura bhfuil biseach ort fan sa bhaile.
 If you're not better stay at home. □ Mura
 dtéann tú abhaile beidh fearg ar do
 mháthair leat. If you don't go home your
 mother will be angry with you. □ Mura
 rachaidh tú ann ní fheicfidh tú é. If you
 don't go there you won't see him. □ Níl a
 fhios agam cad é a dhéanfainn mura
 dtiocfadh sí. I don't know what I would have
 done if she hadn't come.

 LANGUAGE TIP **mura** changes to
 murar with the past tense of regular
 verbs.

 □ Murar chuir sé ar an mbord é níl a fhios
 agam cár fhág sé é. If he didn't put it on the
 table I don't know where he left it.

murascaill FEM NOUN2
gulf
 ■ **Murascaill na Peirse** the Persian Gulf

murlach MASC NOUN1
lagoon

murlán MASC NOUN1
handle *(of door)*

murnán MASC NOUN1
ankle

múrtha ▷ *see* **múr**

músaem MASC NOUN1
museum

múscail VERB [19, VA **múscailte**]
to wake up
 □ Mhúscail mé Seán ar maidin. I woke John
 up this morning □ Mhúscail mé ar a seacht.
 I woke up at 7.00.

múscailte ADJECTIVE
awake
 □ Tá mé múscailte ó a 8.00 ar maidin.
 I've been awake since 8.00 this morning.
 □ An bhfuil sí múscailte? Is she awake?
 □ Bhí sé múscailte go fóill. He was still
 awake.

mustard MASC NOUN1
mustard

Nn

na ARTICLE

the

> **LANGUAGE TIP** **na** is used instead of the usual translation for 'the', **an**, before the feminine genitive singular and the plural.

□ i lár na hoíche in the middle of the night □ ar fud na háite throughout the place □ Turas na Croise the Stations of the Cross □ na boicht the poor □ faoi scáth na gcrann under the shade of the trees □ na hamhráin the songs □ na mór-ranna the continents

ná CONJUNCTION

1 nor

□ Níl Pól ná Seán ann. Neither Paul nor John is there.

■ **Níor chuala mé an clog. — Níor chuala ná mise.** I didn't hear the bell. — Neither did I.

2 than

□ Tá sé níos óige ná mise. He is younger than me.

> **LANGUAGE TIP** **ná** is also used to mean 'don't' or 'do not'.

□ Ná rith. Don't run. □ Ná hithigí é. Don't eat it.

■ **Agus ná raibh maith agatsa!** And no thanks to you!

nach CONJUNCTION

> **LANGUAGE TIP** **nach** is used to translate the sense of 'that', 'which' or 'who' with a negative; the words 'that' and 'which' are often omitted.

□ Fuair sé duais nach raibh tuillte aige. He got a prize he didn't deserve. □ fear nach luafar a man who won't be named

■ **Bhí sé nach mór marbh leis an bhfuacht.** He was almost dead from the cold.

■ **Nach bhfuil a fhios agat?** Don't you know?

■ **Rinne tú é, nach ndearna?** You've done it, haven't you?

nádúr MASC NOUN1

nature

□ Tá sé sa nádúr aige. It's in his nature. □ ó nádúr by nature

nádúraí MASC NOUN4

naturalist

nádúrtha ADJECTIVE

1 natural

□ gás nádúrtha natural gas

2 mild (weather)

naíchóiste MASC NOUN4

pram

náid (PL **náideanna**) FEM NOUN2

nought (number)

■ **Bhí an scór a trí a náid.** The score was three nil.

naimhde ▷ see namhaid

naimhdeach ADJECTIVE

hostile

naimhdeas MASC NOUN1

hostility

naíolann FEM NOUN2

nursery (for children)

naíonán MASC NOUN1

infant

naipcín MASC NOUN4

serviette

náire FEM NOUN4

shame

□ Mo náire thú! Shame on you! □ Is mór an náire é. It's a great shame.

■ **náire a bheith ort** to be ashamed

□ Bíodh náire ort! You should be ashamed of yourself!

náireach ADJECTIVE

1 modest (person)

2 shameful (deed)

■ **Sin náireach!** That's disgusting!

náirigh VERB [11]

to shame

naisc VERB [13, VN **nascadh**]

to link

naíscoil (PL **naíscoileanna**) FEM NOUN2
infant school
□ Tá sé díreach i ndiaidh tosú ar an naíscoil.
He's just started at infant school.

náisiún MASC NOUN1
nation
□ Na Náisiúin Aontaithe the United Nations

náisiúnachas MASC NOUN1
nationalism

náisiúnaí MASC NOUN4
nationalist

náisiúnta ADJECTIVE
national
□ an bhratach náisiúnta the national flag
□ eagraíocht náisiúnta a national
organisation □ Tá sé ina churadh náisiúnta.
He's the national champion.

náisiúntacht FEM NOUN3
nationality

Naitsí MASC NOUN4
Nazi

namhaid (GEN SING **namhad**, PL **naimhde**)
MASC NOUN
enemy
□ fórsaí an namhad the enemy forces

naofa ADJECTIVE
holy
□ an Talamh Naofa the Holy Land

naofacht FEM NOUN3
holiness

naoi (PL **naonna**) MASC NOUN4
nine

> LANGUAGE TIP **naoi** is usually followed
by a singular noun.

□ naoi mbuidéal nine bottles
■ **Tá sí naoi mbliana d'aois.** She's nine.
■ **naoi ... déag** nineteen □ naoi gcapall
déag nineteen horses

naomh MASC NOUN1
▷ see also **naomh** ADJECTIVE
saint
□ Naomh Peadar Saint Peter

naomh ADJECTIVE
▷ see also **naomh** MASC NOUN1
holy

naonúr MASC NOUN1
nine people
■ **naonúr ban** nine women

naoú ADJECTIVE
ninth
□ an naoú hurlár the ninth floor
■ **an naoú ... déag** nineteenth □ a breithlá
naoi mbliana déag her nineteenth birthday
□ an naoú hurlár déag the nineteenth
floor

naprún MASC NOUN1
apron

nár CONJUNCTION

> LANGUAGE TIP **nár** is used to translate
the sense of 'that' or 'who' with a
negative, although the word 'that' is
often omitted.

□ Chonacthas dom nár thuig sé an cheist.
It appeared to me that he didn't understand
the question. □ Dúirt m'athair nár chóir
dom dul ann. My father said I wasn't to go.
□ an cailín nár fhreagair an cheist the girl
who didn't answer the question
■ **Is beag nár thit mé.** I nearly fell.
■ **D'oscail tú é, nár oscail?** You opened it,
didn't you?
■ **Nár chuala tú mé?** Did you not hear me?

nárbh ▷ see is

nasc MASC NOUN1
link

nath (PL **nathanna**) MASC NOUN3
saying
□ Níl ann ach nath cainte. It's just a saying.
■ **nath cainte** a figure of speech

nathair (GEN SING **nathrach**, PL **nathracha**)
FEM NOUN
snake
□ nathair nimhe a poisonous snake

-ne SUFFIX

> LANGUAGE TIP **-ne** is used with the
first person plural, for emphasis.

□ ár máthairne OUR mother
□ Déanfaimidne é. WE will do it. □ Is
dúinne a thug sí é. She gave it to US.

neach (PL **neacha**) MASC NOUN4
being
□ neach daonna a human being
■ **Ní raibh aon neach ann.** There wasn't
a soul there.

neacht FEM NOUN3
niece
□ mo neacht my niece

neachtlann FEM NOUN2
laundry (business)

nead (PL **neadacha**) FEM NOUN2
nest
■ **an nead a fhágáil** to leave home

neafaiseach ADJECTIVE
trivial

néal (PL **néalta**) MASC NOUN1
1 cloud
■ **spéir gan néal** a cloudless sky
2 fit
□ néal feirge a fit of anger
3 nap

n

□ Rinne mé néal codlata. I took a nap.

■ **Thit néal orm.** I dozed off.

■ **Bhí néal éigin anuas air.** There was something weighing on his mind.

neamart MASC NOUN1
neglect

■ **neamart a dhéanamh i do dhualgas** to neglect one's duty

neamartach ADJECTIVE
negligent

■ **Ba neamartach an mhaise dó é.** It was remiss of him.

neamh (GEN SING **neimhe**) FEM NOUN2
heaven

□ Creideann sí go rachaidh sí ar neamh nuair a gheobhaidh sí bás. She believes she'll go to heaven when she dies.

■ **Níl a fhios agam ó neamh anuas.** I haven't the slightest idea.

neamhábalta ADJECTIVE
unable

neamhábhartha ADJECTIVE
irrelevant

□ Tá sin neamhábhartha. That's irrelevant.

neamhaibí ADJECTIVE
1 immature (person)
2 unripe (fruit)

neamh-aireach ADJECTIVE
careless

□ Tá sí iontach neamhairdiúil She's very careless. □ tiománaí neamhairdiúil a careless driver

neamh-aistreach ADJECTIVE
intransitive (grammar)

neamhbhailí ADJECTIVE
invalid (not valid)

neamhbhlasta ADJECTIVE
tasteless

neamhbhríoch (GEN SING MASC **neamhbhríoch**) ADJECTIVE
insignificant

neamhbhuartha ADJECTIVE
carefree

neamhchinnte ADJECTIVE
uncertain

□ Tá an todhchaí neamhchinnte. The future is uncertain.

neamhchiontach ADJECTIVE
innocent

□ Dhearbhaigh sé go raibh sé neamhchiontach. He insisted that he was innocent.

■ **Fuarthas neamhchiontach é.** He was found not guilty.

neamhchoitianta ADJECTIVE
uncommon

neamhchosúil ADJECTIVE
1 unlike

■ **Níl siad neamhchosúil le chéile.** They are quite alike.

2 unlikely

□ Is neamhchosúil go dtiocfaidh siad chomh mall seo. They are unlikely to come this late.

neamhchúiseach ADJECTIVE
unconcerned

■ **dearcadh neamhchúiseach** a casual attitude

neamhchúramach ADJECTIVE
careless

neamhdhíobhálach ADJECTIVE
harmless

neamheaglach ADJECTIVE
fearless

neamhfhoirmiúil ADJECTIVE
1 informal
2 casual (clothes)

neamhghnách (GEN SING MASC **neamhghnách**) ADJECTIVE
unusual

□ cuma neamhghnách an unusual shape □ Tá sé neamhghnách sneachta a bheith ann ag an am seo den bhliain. It's unusual to get snow at this time of year.

neamhghnóthach ADJECTIVE
idle

neamhhinniúil ADJECTIVE
incompetent

neamhhionann ADJECTIVE
unlike

□ Neamhionann is an chuid eile, bhí Liam ar ais in am. Unlike the others, Liam was back in time.

neamh-mheisciúil ADJECTIVE
soft (drink)

neamhní (PL **neamhnithe**) MASC NOUN4
nothing

□ Chuaigh an plean ar neamhní. The plan came to nothing.

neamhoifigiúil ADJECTIVE
unofficial

neamhphósta ADJECTIVE
unmarried

□ máthair neamhphósta an unmarried mother

neamhphraiticiúil ADJECTIVE
impractical

neamhréireach ADJECTIVE
inconsistent

neamhriachtanach ADJECTIVE
unnecessary

n

neamhrialta ADJECTIVE
irregular (grammar)

neamhsheicteach ADJECTIVE
non-sectarian

neamhshuim FEM NOUN2
■ **Déan neamhshuim den rud ar fad.** Just ignore the whole thing.

neamhspleách (GEN SING MASC **neamhspleách**) ADJECTIVE
independent
□ scoil neamhspleách an independent school

neamhspleáchas MASC NOUN1
independence

neamhthoilteanach ADJECTIVE
unwilling

neamhthuairimeach ADJECTIVE
casual (remark)

neamhthuisceanach ADJECTIVE
inconsiderate

neamhurchóideach ADJECTIVE
harmless

neantóg FEM NOUN2
nettle

néaróg FEM NOUN2
nerve (in body)

neart MASC NOUN1
1 strength
■ **dul i neart** to grow strong
■ **neart tola** willpower
■ **Níl neart aige air.** He can't help it.
2 plenty
□ neart airgid plenty of money □ neart ama plenty of time

neartmhar ADJECTIVE
powerful

neascóid FEM NOUN2
boil (on skin)

néata ADJECTIVE
neat
□ fillte go néata neatly folded

neimhe ▷ see neamh

neirbhís FEM NOUN2
■ **neirbhís a bheith ort** to be nervous

neirbhíseach ADJECTIVE
nervous

neon MASC NOUN1
neon
□ comharthaí neoin neon signs □ solas neoin a neon light

Ní FEM NOUN4
■ **Máire Ní Dhónaill** (in female surnames) Mary O'Donnell

ní (GEN SING **nithe**) MASC NOUN4
▷ see also **ní** ADVERB, COPULA

anything
□ An bhfuil aon ní uait? Do you need anything?

ní ADVERB
▷ see also **ní** MASC NOUN4, COPULA

LANGUAGE TIP **ní** is used with the negative, except in the past of regular verbs.

□ Ní dhearna sí é. She didn't do it. □ Ní raibh duine ar bith sa bhaile. There was nobody at home. □ Ní chuirfidh mé suas leis! I won't put up with it!

ní COPULA
▷ see also **ní** MASC NOUN4, ADVERB

LANGUAGE TIP **ní** is the negative present of **ís**.

□ Ní múinteoir mé. I'm not a teacher.
□ Ní hé an dochtúir é. He's not the doctor.

nia (PL **nianna**) MASC NOUN4
nephew
□ mo nia my nephew

nialas MASC NOUN1
zero

niamhrach ADJECTIVE
bright

Nic NOUN
■ **Nóra Nic Grianna** Nora Green
■ **Áine Nic Pháidín** Anne McFadden

Nigéir FEM NOUN2
■ **an Nigéir** Nigeria

nigh VERB [22]
to wash
□ Tháinig as mo gheansaí nuair a nigh mé é. My sweater stretched when I washed it.
□ Nigh sí an carr. She washed the car.
■ **Nigh mé mé féin.** I had a wash.
■ **na soithí a ní** to do the dishes □ Ní níonn sé na soithí riamh. He never does the dishes.

nimh (PL **nimheanna**) FEM NOUN2
poison
■ **nimh san fheoil a bheith agat do dhuine** to have it in for somebody

nimhiú MASC NOUN
poisoning
□ nimhiú bia food poisoning

nimhiúil ADJECTIVE
poisonous

nimhneach ADJECTIVE
sore
□ sceadamán nimhneach a sore throat
□ Tá mo chosa nimhneach. I've got sore feet.

níochán MASC NOUN1
washing (clothes)

n

□ níochán salach dirty washing □ meaisín níocháin a washing machine

níolón MASC NOUN1
nylon

níor ADVERB

> **LANGUAGE TIP níor** is used as a negative verb particle, with past tenses.

□ Níor cheannaigh sé é. He didn't buy it.
□ Níor ith mé é. I didn't eat it.

> **LANGUAGE TIP níor** is the negative of **ís** in past and conditional tenses.

□ Níor leis é. It wasn't his. □ Níor mhaith léi é. She wouldn't like it.

> **LANGUAGE TIP níor** changes to **níorbh** before a vowel.

□ Níorbh eala é. It wasn't a swan.

níos ADVERB

> **LANGUAGE TIP níos** is used before comparative forms.

□ Bíonn m'athair ag obair níos déanaí Déardaoin. My father works later on Thursdays. □ Tá mo theachsa níos faide síos an tsráid. My house is further down the street. □ Tá an scéal níos measa inniu. The situation is worse today. □ D'íoc tú níos mó ná mise. You paid more than I did.
■ **níos mó ná riamh** more than ever

niteoir MASC NOUN3
■ **niteoir gaothscátha** windscreen washer

nithe ▷ see ní

nithiúil ADJECTIVE
real

nithiúlacht FEM NOUN3
reality

nítrigin FEM NOUN2
nitrogen

niúmóine MASC NOUN4
pneumonia

nó CONJUNCTION
or
□ Seán nó a dheartháir John or his brother
□ luath nó mall sooner or later □ a bheag nó a mhór more or less

nócha (GEN SING **nóchad**, PL **nóchaidí**) MASC NOUN
ninety

> **LANGUAGE TIP nócha** is followed by a singular noun.

□ nócha lá ninety days
■ **Tá sí nócha bliain d'aois.** She's ninety.

nóchadú ADJECTIVE
ninetieth

nocht ADJECTIVE
▷ see also **nocht** VERB

bare
□ craiceann nocht bare skin

nocht VERB [23, VA nochta]
▷ see also **nocht** ADJECTIVE

1 to reveal
□ Níor nocht a hathair fírinne an scéil riamh di. Her father never revealed the truth of the matter to her.
2 to appear
□ Nocht sé ag cúl an tí. He appeared at the back of the house.

nochtach MASC NOUN1
nudist

nochtadh (GEN SING **nochta**) MASC NOUN
disclosure
■ **nochtadh mígheanasach** indecent exposure

nochtóir MASC NOUN3
stripper

nod MASC NOUN1
1 abbreviation
2 tip
□ nod úsáideach a useful tip

nóibhíseach MASC NOUN1
novice (religious)

nóiméad MASC NOUN1
minute
□ nóiméad ar bith feasta any minute now
□ sos cúig nóiméad five minutes' rest

nóin FEM NOUN3
noon
□ um nóin at noon

nóisean MASC NOUN1
notion
■ **Tá nóisean aige do Mháire.** He fancies Mary.

Nollaig (GEN SING **Nollag**, PL **Nollaigí**) FEM NOUN
1 December
■ **i mí na Nollag** in December
2 Christmas
□ bronntanas Nollag Christmas presents
■ **um Nollaig** at Christmas □ Ithimid barraíocht um Nollaig. At Christmas we always eat too much.
■ **Oíche Nollag** Christmas Eve
■ **Nollaig Shona!** Merry Christmas!

normálta ADJECTIVE
normal

nós (PL **nósanna**) MASC NOUN1
1 habit
□ Rinne sé nós de bheith ag glaoch isteach ar a bhealach abhaile. He got into the habit of calling in on his way home.
■ **Is nós leis bheith in am.** He's usually on time.

■ **Beidh mé féin ann ar aon nós.** I'll be there anyway.

2 custom

□ nós áitiúil a local custom

nósúil ADJECTIVE
formal

nóta MASC NOUN4
note

□ Cuir nóta beag chuige. Send him a little note.

■ **nóta bainc** a banknote
■ **nóta sochair** a credit note
■ **nóta cúig dhollar** a five-dollar bill

nótáil VERB [25]
to note down

nótáilte ADJECTIVE
excellent

nua (GEN SING FEM, COMPAR **nuaí**) ADJECTIVE
▷ see also **nua** MASC NOUN4
new

□ a buachaill nua her new boyfriend □ Tá gúna nua de dhíth orm. I need a new dress.

nua MASC NOUN4
▷ see also **nua** ADJECTIVE
■ **an sean agus an nua** the old and the new
■ **Bhí orm é a dhéanamh as an nua.** I had to do it all over again.

nua-aimseartha, nua-aoiseach
ADJECTIVE
modern

nuabheirthe ADJECTIVE
newborn

nuachóirigh VERB [11]
to modernize

nuacht FEM NOUN3
news

□ Bhí sé ar an nuacht. It was on the news.
□ Amharcaim ar an nuacht gach tráthnóna. I watch the news every evening.

nuachtán MASC NOUN1
newspaper

□ alt nuachtáin a newspaper article □ D'fhill sé an nuachtán. He folded the newspaper. □ Bím ag seachadadh nuachtán. I deliver newspapers.

nuachtánaí MASC NOUN4
newsagent

Nua-Eabhrac MASC NOUN4
New York

□ Thaistil sé in eitleán ó Bhaile Átha Cliath go Nua-Eabhrac He flew from Dublin to New York.

Nua-Ghaeilge FEM NOUN4
Modern Irish

nuaí ▷ see **nua**

nuair CONJUNCTION

1 when

□ Bhí sí ag léamh nuair a tháinig mé isteach. She was reading when I came in. □ Ithim mo chuid ingne nuair a bhím néirbhíseach. I bite my nails when I'm nervous. □ Beidh áthas orm nuair a bheidh na scrúduithe thart. I'll be happy when the exams are over.

2 since

□ Nuair nár labhair aon duine eile, labhair an sagart. Since nobody else had spoken, the priest spoke.

nuaphósta ADJECTIVE
newly-wed

Nua-Shéalainn FEM NOUN2
■ **an Nua-Shéalainn** New Zealand
□ sa Nua-Shéalainn in New Zealand

Nua-Shéalannach MASC NOUN1
New Zealander

nuatheanga (PL **nuatheangacha**)
FEM NOUN4
modern language

núdail MASC PL NOUN1
noodles

núicléach (GEN SING MASC **núicléach**)
ADJECTIVE
nuclear

□ Tá mé in aghaidh tástáil núicléach. I'm against nuclear testing.

■ **cumhacht núicléach** nuclear power
■ **stáisiún cumhachta núicléiche** a nuclear power station

nuige ADVERB
■ **Sin an scéal go nuige seo.** That's the story so far.
■ **go nuige sin** up till then

núis FEM NOUN2
nuisance

n

159

Oo

ó PREPOSITION, CONJUNCTION

▷ *see also* **ó** MASC NOUN4

> **LANGUAGE TIP** Prepositional pronouns are **uaim, uait, uaidh, uaithi, uainn, uaibh, uathu**.

1 from

□ ó Dhoire go Cúil Raithin from Derry to Coleraine □ míle ón stáisiún a mile from the station □ ó bhun go barr from top to bottom

2 since *(time, reason)*

□ ó thús na bliana since the beginning of the year □ ó tá sé abhus anois since he is here now □ ó rugadh í ever since she was born □ ós mar sin atá since that is so

■ **uaidh féin** of its own accord

■ **Sin an rud atá uaim.** That's what I want.

■ **Ba dheas uaithi glaoch.** It was nice of her to call.

ó (PL **óí**) MASC NOUN4

▷ *see also* **ó** PREPOSITION, CONJUNCTION

1 grandson

2 descendant *(more distant)*

■ **Táimid an dá ó.** We are cousins.

> **LANGUAGE TIP** The inflected forms **Uí** and **Uíbh** are used in some names of people and places.

□ Contae Uíbh Fhailí County Offaly □ cuid scríbhinní Shéamais Uí Ghrianna the writings of Séamas Ó Grianna □ Ba de lucht leanúna Uí Néill é. He was a follower of O'Neill.

obair (GEN SING **oibre**, PL **oibreacha**) FEM NOUN2

work

□ Níl mé go hiomlán sásta le do chuid oibre. I'm not altogether happy with your work.

■ **obair tí** housework

■ **obair bhaile** homework □ Ní dhearna mé m'obair bhaile. I haven't done my homework.

■ **bheith as obair** to be out of work

■ **ar obair** in operation

■ **Chuir sin an scéalaí ar obair.** That set the storyteller going.

■ **Tá mé ag obair ar mo thráchtas.** I'm working on my thesis.

■ **Bhíodh Seán ag obair ar na báid ina óige.** Sean worked on the boats in his young days.

óbó MASC NOUN4

oboe

□ Seinnim ar an óbó. I play the oboe.

obrádlann FEM NOUN2

operating theatre

obráid FEM NOUN2

operation

□ mórobráid a major operation

ócáid FEM NOUN2

occasion

□ ócáid speisialta a special occasion

■ **ar ócáidí** occasionally

■ **Rugadh san ócáid orainn.** We were caught in the act.

ócáideach ADJECTIVE

occasional *(work)*

ocht (PL **ochtanna**) MASC NOUN4

eight

> **LANGUAGE TIP** **ocht** is usually followed by a singular noun.

□ ocht mbuidéal eight bottles

■ **Tá sí ocht mbliana d'aois.** She's eight.

■ **ocht … déag** eighteen □ ocht mbuidéal dhéag eighteen bottles

ochtapas MASC NOUN1

octopus

ochtar MASC NOUN1

eight people

■ **ochtar ban** eight women

■ **Bhí ochtar againn ann.** There were eight of us.

ochtó (GEN SING **ochtód**, PL **ochtóidí**)

MASC NOUN

eighty

LANGUAGE TIP ochtó is followed by a singular noun.
□ ochtó duine eighty people
■ Tá sé ochtó bliain d'aois. He's eighty.

ochtódú ADJECTIVE
eightieth

ochtú ADJECTIVE, MASC NOUN4
eighth
□ an t-ochtú urlár the eighth floor
□ an t-ochtú lá de Lúnasa the eighth of August

ocrach ADJECTIVE
1 hungry
□ Tá cuma ocrach air. He looks hungry.
2 lean (period)
□ Tháinig cúpla bliain ocracha ina dhiaidh sin. A couple of lean years followed.

ocras MASC NOUN1
hunger
■ Tá ocras orm. I'm hungry.

ocsaigin FEM NOUN2
oxygen

ofráil VERB [25]
to offer

óg ADJECTIVE
young
■ a dhearthair óg his younger brother
■ Séamas Óg (in names) James Junior

óganach MASC NOUN1
youth (juvenile)

ógbhean (GEN SING, PL ógmhná, GEN PL ógbhan) FEM NOUN
young lady

ógchiontóir MASC NOUN3
juvenile delinquent

ógfhear MASC NOUN1
young man

óglach MASC NOUN1
volunteer (military)

ógmhná ▷ see ógbhean

oibiacht FEM NOUN3
object (grammar)

oibleagáid FEM NOUN2
obligation
■ bheith faoi oibleagáid do dhuine to be under an obligation to somebody

oibleagáideach ADJECTIVE
obliging

oibre, oibreacha ▷ see obair

oibreoir MASC NOUN3
operator (of machine)

oibrí MASC NOUN4
worker
■ oibrí sóisialta a social worker □ Is oibrí sóisialta í. She's a social worker.
■ oibrí feirme a farm labourer □ Is oibrí sóisialta é. He's a farm labourer.
■ oibrí iarnróid a railwayman

oibrigh VERB [11]
1 to work
□ Oibríonn sé do chomhlacht árachais. He works for an insurance company. □ Ní oibríonn Seán ach trí lá sa tseachtain. John only works three days a week. □ Ní oibreodh an eochair. The key wouldn't work.
2 to operate
□ Oibríonn na soilse ar amadóir. The lights operate on a timer.

oíche (PL oícheanta) FEM NOUN4
night
□ seal na hoíche the night shift □ Tá áirithint agam le haghaidh dhá oíche. I've got a reservation for two nights.
■ titim na hoíche nightfall
■ san oíche at night □ Níl cead aige dul amach san oíche. He's not allowed to go out at night.
■ Oíche mhaith! Good night!
■ Oíche Shamhna Hallowe'en
■ Oíche Chinn Bhliana New Year's Eve
■ Oíche Nollag Christmas Eve

oide MASC NOUN4
teacher (male)

oideachas MASC NOUN1
education
□ Ba chóir go mbeadh níos mó infheistíochta san oideachas. There should be more investment in education. □ Tá sí ag obair san oideachas. She works in education.
■ oideachas aosach adult education
■ oideachas tríú leibhéal higher education

oideachasúil ADJECTIVE
educational

oideas MASC NOUN1
1 recipe (in cooking)
2 prescription (medical)

oidhe FEM NOUN4
■ Is maith an oidhe ort é! It serves you right!

oidhre MASC NOUN4
heir

oidhreacht FEM NOUN3
1 inheritance
■ Fuair sé an fheirm le hoidhreacht. He inherited the farm.
2 heritage
□ Is cuid den oidhreacht náisiúnta é. It's part of the national heritage.

Irish-English

3 legacy
□ Thit oidhreacht bheag leis. He came in for a small legacy.

oifig FEM NOUN2
office
□ Ní raibh duine ar bith san oifig. There was nobody in the office. □ Tá a oifig thíos ar an chéad urlár. His office is down on the first floor.
- **oifig an phoist** a post office
- **oifig ticéad** a ticket office
- **oifig turasóireachta** a tourist office

oifigeach MASC NOUN1
officer

oifigiúil ADJECTIVE
official

óige FEM NOUN4
1 youth
□ D'oibrigh sé go crua ina óige. He worked hard in his youth.
- **Tá cuma na hóige uirthi i gcónaí.** She still looks young.
- **dul in óige** to get younger
2 young people
□ Dá dtuigfeadh an óige! If young people only knew!

oighe FEM NOUN4
file (tool)

oigheann MASC NOUN1
oven
- **oigheann micreathoinne** a microwave

oighear MASC NOUN1
ice
□ Bhí oighear ar an loch. There was ice on the lake.

oighear-rinc FEM NOUN2
ice rink

oighearshruth MASC NOUN3
glacier

oil VERB [15, VN oiliúint]
1 to bring up
□ Oileadh é i dteaghlach saibhir. He was brought up in a rich family.
2 to educate
□ Oileadh ina shagart é. He was educated for the priesthood.

oileán MASC NOUN1
island
□ an taobh thiar den oileán the western part of the island
- **Oileáin Árann** the Aran Islands
- **Na hOileáin Bhriotanacha** the British Isles
- **Oileán Mhanann** the Isle of Man
- **Oileán Mhuir nIocht** the Channel Islands

Oilimpeach ADJECTIVE
Olympic
□ na Cluichí Oilimpeacha the Olympic Games

oiliúint (GEN SING **oiliúna**) FEM NOUN3
1 upbringing
2 training
□ Cuirtear oiliúint ar na himreoirí óga. The young players receive training.

oilte ADJECTIVE
trained
□ banaltraí oilte trained nurses

oinniún MASC NOUN1
onion
□ Mionghearr na hoinniúin. Chop the onions.

óinsiúil ADJECTIVE
foolish

oir VERB [13, VN oiriúint]
to suit
□ Ní oireann an dath sin duit. That colour doesn't suit you.
- **Níor oir bia na háite di.** The local food didn't agree with her.
- **Oireann siad dá chéile.** They go well together.

óir ADJECTIVE
gold
□ fáinne óir a gold ring

oirbheartaíocht FEM NOUN3
tactics

oirdheisceart MASC NOUN1
south-east

oireachtas MASC NOUN1
- **an tOireachtas** the Irish Legislature
- **Oireachtas na Gaeilge** annual Gaelic festival

oiread NOUN
amount (quantity)
- **oiread agus is maith leat** as much as you like
- **Tá an oiread sin oibre agam.** I've got so much work.
- **ach oiread** either □ Ní raibh tusa in am ach oiread. You weren't in time either.

oirfideach MASC NOUN1
1 musician
2 entertainer (in theatre, show)

oiriúint (GEN SING **oiriúna**) FEM NOUN3
- **dráma a chur in oiriúint don raidió** to adapt a play for radio
- **oiriúintí** accessories □ oiriúintí faisin fashion accessories

oiriúnaigh VERB [12]
to fit

□ Ní oiriúnódh an gúna sin mé. That dress wouldn't fit me.

oirmhinneach MASC NOUN1
▷ *see also* **oirmhinneach** ADJECTIVE
■ **an tOirmhinneach Seán Mac Gabhann** the Reverend John Smith

oirmhinneach ADJECTIVE
▷ *see also* **oirmhinneach** MASC NOUN1
reverend

oirthear MASC NOUN1
east
□ san oirthear in the east
■ **an tOirthear** the Orient

oirthearach ADJECTIVE
eastern
□ an chuid oirthearach den oileán the eastern part of the island

oirthuaisceart MASC NOUN1
north-east
□ san oirthuaisceart in the north-east

oirthuaisceartach ADJECTIVE
north-eastern

oiseoil FEM NOUN3
venison

oisre MASC NOUN4
oyster

ól MASC NOUN1
▷ *see also* **ól** VERB
drink
□ D'éirigh sé as an ól. He's given up the drink.
■ **teach an óil** a pub

ól VERB [23, VN **ól**]
▷ *see also* **ól** MASC NOUN1
to drink
□ D'ól sí trí chupán tae. She drank three cups of tea.

ola FEM NOUN4
oil
□ ola olóige olive oil □ péintéireacht ola an oil painting

olanda ADJECTIVE
woolly

olann (GEN SING **olla**, PL **olanna**, GEN PL **olann**) FEM NOUN
wool
□ Tá sé déanta d'olann. It's made of wool.
□ olann chadáis cotton wool

olc MASC NOUN1
▷ *see also* **olc** ADJECTIVE
■ **Tá an t-olc ann.** He's really wicked.
■ **Le holc orm a rinne sé é.** He did it to spite me.
■ **Bhí olc air nuair a chonaic sé an scrios.** He was angry when he saw the damage.

olc (COMPAR **measa**) ADJECTIVE
▷ *see also* **olc** MASC NOUN1
1 bad
□ Tá mé go han-olc ag mata. I'm really bad at maths. □ Tá sé olc agat. It's bad for you.
■ **bheith go holc** to be seriously ill
2 vicious *(dog)*

olla ADJECTIVE
woollen
□ stocaí olla woollen socks

Ollainn FEM NOUN2
■ **an Ollainn** Holland □ san Ollainn in Holland □ chun na hOllainne to Holland

Ollainnis FEM NOUN2
Dutch *(language)*

ollamh (PL **ollúna**) MASC NOUN1
professor

Ollannach ADJECTIVE
▷ *see also* **Ollannach** MASC NOUN1
Dutch
□ Is Ollanach í. She's Dutch.

Ollannach MASC NOUN1
▷ *see also* **Ollannach** ADJECTIVE
Dutchman
Dutchwoman

olldord MASC NOUN1
double bass
□ Seinnim an t-olldord. I play the double bass.

ollmhargadh (PL **ollmhargaí**) MASC NOUN1
supermarket

ollmhór ADJECTIVE
huge

ollphéist (PL **ollphéisteanna**) FEM NOUN2
monster

ollscartaire MASC NOUN4
bulldozer

ollscoil (PL **ollscoileanna**) FEM NOUN2
university
□ Tá sí ar an ollscoil. She's at university.
□ Ar mhaith leat dul ar an ollscoil? Do you want to go to university?

olltoghchán MASC NOUN1
general election

ólóg FEM NOUN2
olive
□ ola olóige olive oil

ómós MASC NOUN1
respect
□ Ba cheart ómós a thabhairt don aois. Old people should be treated with respect.
■ **in ómós na hócáide** to mark the occasion

ómra MASC NOUN4
amber

onnmhaire FEM NOUN4
export

onóir (PL **onóracha**) FEM NOUN3
honour
□ Is mór an onóir dom bheith anseo
anocht. It's a great honour for me to be here
tonight. □ in onóir duine in somebody's
honour
■ **céim onóracha** an honours degree

onórach ADJECTIVE
honourable

ór MASC NOUN1
gold
□ Is fiú ór í. She's worth her weight in gold.
■ **Ní dhéanfainn a leithéid ar ór ná ar
airgead.** I wouldn't do such a thing, not for
any money.
■ **ór Muire** a marigold

oraibh ▷ see **ar**

óráid FEM NOUN2
speech (address)
□ Bhí orm óráid a dhéanamh ag an dinnéar.
I had to make a speech at the dinner.

óráidí MASC NOUN4
speaker (in public)

orainn ▷ see **ar**

oráiste MASC NOUN4
▷ see also **oráiste** ADJECTIVE
orange (fruit, colour)

oráiste ADJECTIVE
▷ see also **oráiste** MASC NOUN4
orange
□ cóta oráiste an orange coat

Oráisteach MASC NOUN1
▷ see also **Oráisteach** ADJECTIVE
Orangeman

Oráisteach ADJECTIVE
▷ see also **Oráisteach** MASC NOUN1
Orange
□ an tOrd Oráisteach the Orange Order

Orc NOUN
■ **Inse Orc** the Orkneys

órchloch FEM NOUN2
philosopher's stone

ord MASC NOUN1
order
□ ord aibítre alphabetical order □ san ord
contrártha in reverse order □ ord crábhaidh
a religious order
■ **rudaí a chur in ord** to tidy up □ Chuir sí
ord ar an seomra. She tidied up the room.

ordaigh VERB [12]
to order
□ D'ordaigh sé dom é a dhéanamh. He
ordered me to do it. □ D'ordaigh mé cupán

tae agus ceapaire. I ordered a cup of tea and
a sandwich.

ordóg FEM NOUN2
thumb
□ Diúlaim ar an ordóg go fóill. I still suck my
thumb.

ordú MASC NOUN
order
□ ordú cúirte a court order
■ **ordú a thabhairt** to give an order

órga ADJECTIVE
golden

orgán MASC NOUN1
organ
□ Seinnim ar an orgán. I play the organ.
■ **orgán béil** a mouth organ

orgánach ADJECTIVE
organic

orlach (PL **orlaí**) MASC NOUN1
inch
□ sé horlaí six inches

orm ▷ see **ar**

ort ▷ see **ar**

ortaipéideach ADJECTIVE
orthopaedic

orthu ▷ see **ar**

os PREPOSITION
over
■ **os ard** aloud
■ **os cionn 1** above □ Bhí an teocht os
cionn tríocha céim. The temperature was
over thirty degrees. **2** more than □ os cionn
trí chéad more than three hundred
■ **os coinne** in front of □ Ná habair sin os
coinne na bpáistí. Don't say that in front of
the children.
■ **os comhair** opposite □ Bhí Pól ina shuí os
mo chomhair. Paul was sitting opposite me.
■ **Cé atá os do chionn?** Who's your
superior?

oscail VERB [19, VA oscailte]
to open
□ Oscail do shúile. Open your eyes.
□ D'oscail sí an beart. She opened the
parcel. □ D'oscail sé uaidh féin. It opened
of its own accord.

oscailt FEM NOUN2
opening
■ **bheith ar oscailt** (door, window) to be
open

oscailte ADJECTIVE
open

osna FEM NOUN4
sigh
■ **osna a ligean** to sigh

osnádúrtha ADJECTIVE
supernatural

ospidéal MASC NOUN1
hospital

ósta MASC NOUN4
lodging
■ **teach ósta** an inn

óstach MASC NOUN1
host
hostess

Ostair FEM NOUN2
■ **an Ostair** Austria □ **san Ostair** in Austria

óstán MASC NOUN1
hotel
□ D'fhan muid in óstán. We stayed in a hotel. □ Tá an t-óstán áisiúil don aerfort. The hotel's convenient for the airport.

Ostarach ADJECTIVE, MASC NOUN1
Austrian
□ Is Ostarach í. She's Austrian.

osteilgeoir MASC NOUN3
overhead projector

ostrais FEM NOUN2
ostrich

othar MASC NOUN1
patient
□ Bhisigh an t-othar go gasta. The patient improved quickly.
■ **othar seachtrach** an outpatient

otharcharr (PL **otharcharranna**)
MASC NOUN1
ambulance

otharlann FEM NOUN2
hospital
□ Tóg chun na hotharlainne mé! Take me to the hospital!

ózón MASC NOUN1
ozone

o

Pp

pá MASC NOUN4
1 pay
  □ ardú pá a pay rise
2 wages
  □ Bhí cuid de na fir ag obair ar a bpá lae. Some of the men were working for daily wages.

pábháil FEM NOUN3
  paving
  □ cloch phábhála a paving stone

paca MASC NOUN4
  packet
  □ paca toitíní a packet of cigarettes
  ■ **paca cártaí** a pack of cards
  ■ **do lámh a chur i bpaca** to throw in one's hand

pacáil VERB [25]
  ▷ see also **pacáil** FEM NOUN3
  to pack
  □ Tá mo mhála pacáilte agam. I've packed my bag.

pacáil FEM NOUN3
  ▷ see also **pacáil** VERB
  packing
  □ cás pacála a packing case

pacáiste MASC NOUN4
  package

Pacastáin FEM NOUN2
  ■ **an Phacastáin** Pakistan □ sa Phacastáin in Pakistan □ chun na Pacastáine to Pakistan □ Is as an bPacastáin é. He's from Pakistan.

Pacastánach ADJECTIVE, MASC NOUN1
  Pakistani

págánach MASC NOUN1
  pagan

paidir (GEN SING **paidre**, PL **paidreacha**) FEM NOUN2
  prayer
  ■ **an Phaidir** the Lord's Prayer

paidrín MASC NOUN4
  rosary beads

  ■ **an Paidrín** the Rosary

pailin FEM NOUN2
  pollen

pailm (PL **pailmeacha**) FEM NOUN2
  palm tree

paimfléad MASC NOUN1
  pamphlet

painéal MASC NOUN1
1 panel
  □ painéal gréine a solar panel □ painéal ionstraimí an instrument panel
2 board (committee)
  □ painéal moltóirí a board of adjudicators
3 dashboard (of car, aircraft)

páipéar MASC NOUN1
  paper
  □ blúire páipéir a scrap of paper □ mála páipéir a paper bag
  ■ **páipéar balla** wallpaper
  ■ **páipéar leithris** toilet paper
  ■ **páipéar nuachta** a newspaper
  ■ **páipéar scríbhneoireachta** writing paper

páipéarachas MASC NOUN1
  stationery

páirc (PL **páirceanna**) FEM NOUN2
1 field
  □ páirc cruithneachta a field of wheat
  □ páirc peile a football field
  ■ **páirc imeartha** (for games, sport) a pitch
2 park
  □ Rinneamar spaisteoireacht sa pháirc. We took a walk in the park. □ Ar an Satharn bímid ag crochadh thart sa pháirc. On Saturdays we hang about in the park.
  ■ **Páirc an Chrócaigh** Croke Park
  > **DID YOU KNOW...?**
  > **Páirc an Chrócaigh** is the national football and hurling stadium in Dublin.
  ■ **Páirc an Fhionnuisce** the Phoenix Park

DID YOU KNOW...?

Páirc an Fhionnuisce is a large park in Dublin.

■ **páirc théama** a theme park

páirceáil VERB [25]
▷ *see also* **páirceáil** FEM NOUN3
to park
□ Pháirceáil sé a charr sa chabhsa. He parked his car in the drive.

páirceáil FEM NOUN3
▷ *see also* **páirceáil** VERB
parking
□ ticéad páirceála a parking ticket

páircíneach ADJECTIVE
checked *(material)*

pairilis FEM NOUN2
paralysis

páirt (PL **páirteanna**) FEM NOUN2
1 part
□ an pháirt seo den tír this part of the country
■ **páirt a ghlacadh i rud** to take part in something □ Ghlac cuid mhór daoine páirt san agóid. A lot of people took part in the demonstration.
■ **dul i bpáirt** to take sides □ Téann sí i bpáirt i gcónaí leis. She always takes his side.
■ **páirteanna spártha** spare parts
2 role
□ Bhí mo dhearthair i bpáirt an rí. My brother played the role of the king.

páirtaimseartha ADJECTIVE
part-time
□ post páirtaimseartha a part-time job

páirteach ADJECTIVE
■ **bheith páirteach i rud** to be involved in something
■ **Tá siad páirteach le chéile sa ghnó.** They are partners in the business.

páirteagal MASC NOUN1
particle *(in grammar)*

páirtí MASC NOUN4
party *(politics)*
□ An Páirtí Glas the Green Party
□ Páirtí an Lucht Oibre the Labour Party

páirtíocht FEM NOUN3
partnership

paiseanta ADJECTIVE
passionate

paisinéir MASC NOUN3
passenger

paiste MASC NOUN4
patch

□ paiste ábhair a patch of material
□ Tá paiste maol air. He's got a bald patch.
■ **paiste a chur ar rud** to patch something

páiste MASC NOUN4
child
□ Ar iompair na páistí iad féin i gceart? Did the children behave themselves? □ páiste aonair an only child

páistiúil ADJECTIVE
childish

paiteolaí MASC NOUN4
pathologist

Palaistín FEM NOUN2
■ **an Phalaistín** Palestine □ sa Phalaistín in Palestine

Palaistíneach ADJECTIVE, MASC NOUN1
Palestinian

pálás MASC NOUN1
palace

pána MASC NOUN4
pane
□ pána fuinneoige a window pane

pancóg FEM NOUN2
pancake

panda MASC NOUN4
panda

panna MASC NOUN4
pan
□ panna uibheagáin an omelette pan

pantaimím FEM NOUN2
pantomime

pantar MASC NOUN1
panther

pápa MASC NOUN4
pope

pár MASC NOUN1
parchment
■ **rud a chur ar pár** to put something in writing

paráid FEM NOUN2
parade

paraimíleatach ADJECTIVE, MASC NOUN1
paramilitary

paraisiút MASC NOUN1
parachute

Páras MASC NOUN4
Paris
□ i bPáras in Paris □ go Páras to Paris
□ Is as Páras í. She's from Paris.

pardún MASC NOUN1
pardon
□ Gabhaim pardún agat! I beg your pardon!
■ **Tugadh pardún dóibh.** They were pardoned.

P

parlaimint FEM NOUN2
parliament
■ **Parlaimint na hEorpa** the European
Parliament

parlaiminteach ADJECTIVE
parliamentary

parlús MASC NOUN1
parlour

paróiste MASC NOUN4
parish

parthas MASC NOUN1
paradise
■ **Gairdín Pharthais** the Garden of Eden

parúl MASC NOUN1
parole
□ Tá sé ar parúl. He's on parole.

pas (PL **pasanna**) MASC NOUN4
▷ see also **pas** ADVERB
1 pass
■ **pas a fháil** (exam) to pass
■ **pas a thabhairt do dhuine** (in sport) to
pass to somebody
2 passport
□ Scrúdaigh an póilín a pas. The police
officer examined her passport.

pas ADVERB
▷ see also **pas** MASC NOUN4
somewhat
■ **pas beag ró-mhór** a bit too large

pasáil VERB [25]
to pass (exam, ball)

pasáiste MASC NOUN4
corridor
□ Ná bígí ag rith sna pasáistí! No running in
the corridors!

pasfhocal MASC NOUN1
password (on computer)

pasta MASC NOUN4
pasta

páté MASC NOUN4
pâté

patraisc FEM NOUN2
partridge

patról MASC NOUN1
patrol
■ **patról a dhéanamh** to patrol

patrólcharr MASC NOUN1
patrol car

patrún MASC NOUN1
1 pattern
□ patrún fuála a sewing pattern
2 design
□ patrún geoiméadrach a geometric design

pátrún MASC NOUN1
patron

pé PRONOUN, ADJECTIVE, CONJUNCTION
1 whoever
□ Pé hiad féin, díolfaidh siad as an
drochobair seo. Whoever they are, they'll
pay for this misdeed.
2 whatever
□ Pé ar bith rud is maith leat. Whatever you
like.
3 whichever
□ Pé acu a rinne é, bhí sé suarach aige.
Whichever of them did it, it was mean of
him.
4 whether
□ Pé acu a thiocfaidh sé nó a mhalairt,
leanfaimid ar aghaidh. Whether he's comes
or not, we'll go ahead.
5 anyhow
□ Tabharfaimid faoi, pé scéal é. We'll give it
a try anyhow.

péac FEM NOUN2
effort (physical)
■ **bheith i ndeireadh na péice** to be on
one's last legs

peaca MASC NOUN4
sin
□ peaca marfach a mortal sin
■ **Is mór an peaca é.** It's a crying shame.

péacach ADJECTIVE
colourful

peacaigh VERB [12]
to sin

péacóg FEM NOUN2
peacock

peann MASC NOUN1
pen
□ An bhfuil peann ag duine ar bith? Does
anybody have a pen? □ peann gránbhiorach
a ballpoint pen
■ **peann luaidhe** a pencil

péarla MASC NOUN4
pearl

pearóid FEM NOUN2
parrot

pearsa (GEN SING, GEN PL **pearsan**, PL **pearsana**)
FEM NOUN
1 person (grammar)
□ an chéad phearsa uatha the first person
singular
2 figure
□ Is pearsa thábhachtach pholaitiúil í.
She's an important political figure.
□ Pearsa mhór i stair na hÉireann ba ea
Cromail. Cromwell was a major figure in
Irish history.
3 character (in book, play)

pearsanra MASC NOUN4
personnel

pearsanta ADJECTIVE
personal
□ saol pearsanta personal life

pearsantacht FEM NOUN3
personality

péas (PL **péas**) MASC NOUN4
policeman
■ **na péas** the police □ Thug na péas ruathar ar an gcumann. The police raided the club. □ Chuir mé an ghadaíocht in iúl do na péas. I reported the theft to the police.

peata MASC NOUN4
pet
□ Ná fág peataí gan feighil i do charr. Never leave pets unattended in your car. □ peata an mhúinteora teacher's pet
■ **peata a dhéanamh de dhuine** to pamper somebody

peil FEM NOUN2
football
□ An maith leat peil a imirt? Do you like to play football? □ Tá peil ann ar an gcainéal eile. There's football on the other channel.
■ **cluiche peile** a game of football
■ **páirc peile** a football field
■ **peil Mheiriceánach** American football

peilbheas MASC NOUN1
pelvis

peileadóir MASC NOUN3
footballer
□ Is peileadóir clúiteach é. He's a famous footballer.

péine MASC NOUN4
pine (tree)

péineas MASC NOUN1
penis

peinicillin FEM NOUN2
penicillin

péint FEM NOUN2
paint
□ D'ídíomar an phéint uile. We've used up all the paint. □ Níl an phéint tirim go fóill. The paint isn't dry yet. □ brat péinte a coat of paint
■ **'péint úr'** 'wet paint'

péinteáil FEM NOUN3
▷ see also **péinteáil** VERB
painting (work)

péinteáil VERB [25]
▷ see also **péinteáil** FEM NOUN3
to paint

péintéir MASC NOUN3
painter

péintéireacht FEM NOUN3
painting
□ péintéireacht ola an oil painting
□ Díoladh an phéintéireacht ar £5000. The painting fetched £5000.

péire MASC NOUN4
pair
□ péire cuarán a pair of sandals

peiriúic FEM NOUN2
wig

peirsil FEM NOUN2
parsley

péist (PL **péisteanna**) FEM NOUN2
worm
□ péist talún an earthworm
■ **péist chabáiste** a caterpillar

peiteal MASC NOUN1
petal

peitreal MASC NOUN1
petrol
□ canna peitril a can of petrol □ peitreal gan luaidhe unleaded petrol

peitriliam MASC NOUN4
petroleum

péitseog FEM NOUN2
peach

ph (remove 'h')

piachán MASC NOUN1
■ **Tá piachán i mo sceadamán.** I'm hoarse.

pian (GEN SING **péine**, PL **pianta**) FEM NOUN2
pain
□ Tá pian i mo dhroim. I've a pain in my back. □ Rinne sé éagnach leis an bpian. He groaned with pain.
■ **pian a bheith ort** to be in pain

pianmhar ADJECTIVE
painful

pianmhúchán MASC NOUN1
painkiller

pianó (PL **pianónna**) MASC NOUN4
piano
□ Seinnim an ar pianó. I play the piano.

pianódóir MASC NOUN3
pianist

piasún MASC NOUN1
pheasant

píb (PL **píoba**, GEN PL **píob**) FEM NOUN2
pipe (in music)
■ **píb mhála** bagpipes
■ **píb uilleann** uilleann pipes

píblíne FEM NOUN4
pipeline

picnic FEM NOUN2
picnic

P

□ Is áit ghalánta í faoi choinne picnice.
It's a lovely spot for a picnic.

pictiúr MASC NOUN1

1 picture

□ Tá pictiúir an-deas sa leabhar seo. There
are very nice pictures in this book. □ pictiúr
de Chaisleán Bhaile Átha Cliath a picture of
Dublin Castle

■ **pictiúr a thógáil de rud** to take a photo
of something

2 painting

□ pictiúr le Picasso a painting by Picasso

pictiúrlann FEM NOUN2

cinema

□ Tá mé ag dul chuig an bpictiúrlann
anocht. I'm going to the cinema tonight.

pictiúrtha ADJECTIVE

picturesque

piléar MASC NOUN1

bullet

pílear MASC NOUN1

cop (informal)

piléardhíonach ADJECTIVE

bulletproof

pilirín MASC NOUN4

pinafore

piliúr MASC NOUN1

pillow

pinc ADJECTIVE, MASC NOUN4

pink

pingin (PL **pinginí**) FEM NOUN2

penny

LANGUAGE TIP **pingine** is used to
translate 'pence' after the numbers
3 to 10.

□ trí pingine three pence □ deich bpingine
ten pence

LANGUAGE TIP **pingin** is used to
translate 'pence' after other numbers.

□ dhá phingin two pence □ fiche pingin sa
phunt 20 pence in the pound

■ **Níl pingin rua agam.** I'm totally skint.

■ **ar an bpingin is airde** at the highest
price

pinsean MASC NOUN1

pension

■ **dul ar pinsean** to retire

■ **múinteoir ar pinsean** a retired teacher

pinsinéir MASC NOUN3

pensioner

píobaire MASC NOUN4

piper

píobaireacht FEM NOUN3

1 piping (music)

2 pipe music

píobán MASC NOUN1

1 pipe

□ Tá uisce ag sileadh ón bpíobán. Water is
dripping from the pipe.

2 hose

□ píobán gairdín a garden hose

■ **greim píobáin a fháil ar dhuine** to grab
somebody by the throat

piobar MASC NOUN1

pepper

□ Sín chugam an piobar, le do thoil. Pass
the pepper, please.

■ **piobar glas** a green pepper

pioc VERB [14]

to pick

□ Phiocamar an uimhir go randamach. We
picked the number at random. □ Phiocamar
lán canna de sméara dubha. We picked a
canful of blackberries.

■ **piocadh ar dhuine** to pick on somebody

■ **piocadh ar rud** (food) to nibble at
something

piocóid FEM NOUN2

pick (tool)

piocúil ADJECTIVE

neat (in dress)

píog FEM NOUN2

pie

□ píog úll an apple pie □ píog mhionra
a mince pie

píolón MASC NOUN1

pylon

píolóta MASC NOUN4

pilot

□ Thug an píolóta an t-eitleán anuas slán.
The pilot brought the plane down safely.

piongain FEM NOUN2

penguin

pionna MASC NOUN4

1 pin

□ pionna gruaige a hairpin

2 peg

□ pionna éadaigh a clothes peg

pionós MASC NOUN1

1 penalty

□ pionós an bháis death penalty

2 punishment

□ pionós corpartha corporal punishment

■ **pionós a chur ar dhuine** to punish
somebody

■ **pionós saoil** a life sentence

pionsóireacht FEM NOUN3

fencing (sport)

pionta MASC NOUN4

pint

□ pionta bainne a pint of milk

■ **dul faoi choinne pionta** to go for a pint

□ Chuaigh sé amach faoi choinne pionta. He's gone out for a pint.

píopa MASC NOUN4
pipe

□ Reoigh na píopaí. The pipes froze.
□ Caitheann sé píopa. He smokes a pipe.

píoráid MASC NOUN4
pirate

piorra MASC NOUN4
pear

■ **piorra abhcóide** an avocado

píosa MASC NOUN4
piece

□ píosa sreinge a piece of string □ Ar mhaith leat píosa eile cáca? Would you like another piece of cake? □ píosa páipéir a piece of paper

■ **píosa den tráthnóna** part of the evening

piostal MASC NOUN1
pistol

píotón MASC NOUN1
python

píotsa MASC NOUN4
pizza

□ An gcuirfimid amach faoi choinne píotsa? Shall we send out for a pizza?

pirimid FEM NOUN2
pyramid

pis (PL **piseanna**) FEM NOUN2
pea

■ **pis talún** a peanut □ paicéad piseanna talún a packet of peanuts

■ **ceapaire d'im piseanna talún** a peanut-butter sandwich

piscín MASC NOUN4
kitten

piseán MASC NOUN1
pea

piseánach MASC NOUN1
pulse (beans, lentils)

piseogach ADJECTIVE
superstitious

pitseámaí MASC PL NOUN4
pyjamas

pixel MASC NOUN4
pixel

plá (PL **plánna**) FEM NOUN4
1 plague (disease)
2 pest (person)

plab MASC NOUN4
▷ see also **plab** VERB
bang

□ Dúnadh an doras de phlab. The door closed with a bang.

plab VERB [14]
▷ see also **plab** MASC NOUN4
to slam (door)

plaic (PL **plaiceanna**) FEM NOUN2
1 bite

■ **plaic a bhaint as rud** to take a bite out of something

2 plaque (trophy)

pláinéad MASC NOUN1
planet

plaisteach ADJECTIVE, MASC NOUN1
plastic

plámás MASC NOUN1
flattery

■ **plámás a dhéanamh le duine** to flatter somebody

plámásach ADJECTIVE
flattering

plána MASC NOUN4
plane (tool)

■ **plána mín a chur ar rud** to smooth over something

plánach ADJECTIVE
plane (in maths)

planc MASC NOUN1
plank

planda MASC NOUN4
plant

□ planda annamh a rare plant □ Is fearr gan uisce a chur ar na plandaí rómhinic. It's not good to water your plants too often.

plandaigh VERB [12]
to plant (seeds)

plandáil FEM NOUN3
▷ see also **plandáil** VERB
plantation

plandlann FEM NOUN2
nursery (for plants)

plás MASC NOUN1
1 plaice (fish)
2 place (in street names)

plásóg FEM NOUN2
lawn

■ **plásóg amais** a putting green

plástar MASC NOUN1
plaster

□ Tá a cos i bplástar. Her leg's in plaster.

■ **plástar Pháras** plaster of Paris

pláta MASC NOUN4
plate

□ pláta poircealláin a china plate

■ **pláta anraith 1** a soup plate **2** a plate of soup

■ **pláta te** a hotplate

plátáilte ADJECTIVE
armoured (car, tank)

platanam MASC NOUN1
platinum

plé MASC NOUN4
discussion

■ **Ná bíodh aon phlé agat leo.** Have nothing to do with them.

pléadáil VERB [25]
to plead

□ Phléadáil sé ciontach. He pled guilty.

plean (PL **pleananna**) MASC NOUN4
plan

□ Tá athrú plean ann. There's been a change of plan. □ Cad iad do chuid pleananna don samhradh? What are your plans for the summer?

pleanáil VERB [25]
▷ see also **pleanáil** FEM NOUN3
to plan

□ Tá muid ag pleanáil turais chun na Fraince. We're planning a trip to France.

pleanáil FEM NOUN3
▷ see also **pleanáil** VERB
planning

□ pleanáil clainne family planning
□ pleanáil baile town planning

pleanálaí MASC NOUN4
planner

pléasc (PL **pléascanna**) FEM NOUN2
▷ see also **pléasc** VERB
bang

□ Chuala mé pléasc mhór. I heard a loud bang.

■ **pléasc buama** a bomb blast

pléasc VERB [14]
▷ see also **pléasc** FEM NOUN2

1 to explode
■ **Phléasc siad an charraig.** They blasted the rock.

2 to set off
□ Phléasc siad an buama. They set off the bomb.

3 to go off
□ Phléasc an buama. The bomb went off.

4 to burst
□ Phléasc an balún. The balloon burst.

■ **Phléascamar amach ag gáire.** We burst out laughing.

pléascadh MASC NOUN
explosion

□ Chroith an foirgneamh ón phléascadh. The explosion rocked the building.

pléascóg FEM NOUN2
cracker (firework)

■ **pléascóg Nollag** a Christmas cracker

pléata MASC NOUN4
pleat

pleidhce MASC NOUN4
fool

pleidhciúil ADJECTIVE
foolish

pléigh VERB [24]
to discuss

□ Phléigh muid fadhb an truaillithe. We discussed the problem of pollution.

■ **Ná bíodh aon phlé agat leo.** Have nothing to do with them.

Pléimeannach ADJECTIVE, NOUN MASC1
Flemish

Pléimeannais FEM NOUN2
Flemish (language)

pléineáilte ADJECTIVE
plain

pléisiúr MASC NOUN1
pleasure

□ Is mór an pléisiúr dul ann. It's a pleasure to go there. □ Tá sé ag meascadh gnó le pléisiúr. He's mixing business with pleasure.

■ **pléisiúr a bhaint as rud** to enjoy something

pléisiúrtha ADJECTIVE
1 pleasant (occasion)
2 agreeable (person)

pleist (PL **pleisteanna**) FEM NOUN2
splash

pleota MASC NOUN4
fool

plimp (PL **plimpeanna**) FEM NOUN2
bang

■ **plimp thoirní** a thunder clap

plocóid FEM NOUN2
plug (electrical)

□ Chuir sí plocóid ar an triomaitheoir gruaige. She fitted a plug to the hair dryer.

plód MASC NOUN1
crowd

plódaithe ADJECTIVE
packed (crowded)

□ Bhí an phictiúrlann plódaithe. The cinema was packed.

plódú MASC NOUN
■ **plódú tráchta** a traffic jam

plota MASC NOUN4
plot

pluais (PL **pluaiseanna**) FEM NOUN2
1 cave
2 den (of animal)

pluc FEM NOUN2
cheek (on face)

plucach ADJECTIVE
chubby
□ leanbh plucach a chubby baby

plucaireacht FEM NOUN3
cheek (impudence)

plucamas MASC NOUN1
mumps

plúch VERB [23]
1 to suffocate
□ Phlúchfadh an toit thú. The smoke would
have suffocated you.
2 to smother
□ Plúchadh an leanbh sa philiúr. The child
was smothered by the pillow.
3 to fall heavily (snow)
■ Bhí sé ag plúchadh sneachta. It was
snowing heavily.

plúchadh (GEN SING **plúchta**) MASC NOUN
■ plúchadh sneachta a heavy snowfall

plúchtach ADJECTIVE
stuffy
□ Tá an t-aer iontach plúchtach istigh
anseo. It's really stuffy in here.

pluda MASC NOUN4
mud

pludach ADJECTIVE
muddy

pluga MASC NOUN4
plug
■ pluga cluaise an earplug

pluid (PL **pluideanna**) FEM NOUN2
blanket

pluiméir MASC NOUN3
plumber
□ Is pluiméir é. He's a plumber.

pluiméireacht FEM NOUN3
plumbing (trade)

plúirín MASC NOUN4
■ plúirín sneachta a snowdrop

pluma MASC NOUN4
plum (fruit)

plúr MASC NOUN1
flour
□ Ar dtús, meáigh an plúr. First, weigh the
flour.

plus (PL **plusanna**) MASC NOUN4
plus sign

pobal MASC NOUN1
1 people (community)
2 population
□ pobal na háite the local population
■ an pobal the public
■ os comhair an phobail in public

pobalbhreith (PL **pobalbhreitheanna**)
FEM NOUN2
opinion poll

pobalscoil (PL **pobalscoileanna**)
FEM NOUN2
community school

poblacht FEM NOUN3
republic
■ Poblacht na hÉireann the Republic
of Ireland

poblachtach ADJECTIVE, MASC NOUN1
republican

poc MASC NOUN1
1 buck (male of goat, deer)
2 puck (in sport)
□ poc saor a free puck
■ poc amach puck-out
■ poc sleasa side-line cut

póca MASC NOUN4
pocket
□ Bhí peann ag gobadh amach as a phóca.
A pen was sticking out of his pocket.

pócar MASC NOUN1
poker (card game)

podchraoladh MASC NOUN
podcast

póg FEM NOUN2
▷ see also **póg** VERB
kiss
□ póg dhíochra a passionate kiss
□ Bheannaigh sé dom le póg. He greeted
me with a kiss.
■ póg a thabhairt do dhuine to kiss
somebody

póg VERB [14]
▷ see also **póg** FEM NOUN2
to kiss
□ Phóg siad a chéile. They kissed.

poiblí ADJECTIVE
public
□ saoire poiblí a public holiday
■ go poiblí publicly

poibligh VERB [11]
to publicize

poiblíocht FEM NOUN3
publicity

póilín MASC NOUN4
police officer
□ Ní raibh a fhios agam gur póilín é do dhaid.
I didn't know that your dad was a police officer.
■ na póilíní the police □ Cheistigh na
póilíní é. He was questioned by the police.

pointe MASC NOUN4
1 point
□ a dó pointe a trí 2 point 3

P

173

- **pointe cumhachta** a power point
- **pointe fiuchta** boiling point
- **ar an bpointe** on the dot □ Tháinig sé ar a 9 a chlog ar an bpointe. He arrived at 9 o'clock on the dot.

2 stage

□ ag an bpointe seo san idirbheartaíocht at this stage in the negotiations □ Ag an bpointe seo, tá sé róluath rud ar bith a rá. At this stage, it's too early to comment.

- **ar an bpointe boise** immediately

pointeáil VERB [25]
to point

pointeáilte ADJECTIVE

1 tidy (place)

2 smart (dress)

poipín MASC NOUN4
poppy

poirceallán MASC NOUN1
porcelain

póirse MASC NOUN4
porch

póirseáil FEM NOUN3

- **bheith ag póirseáil timpeall** to rummage around

póirseálaí MASC NOUN4
prowler

póirtéir MASC NOUN3
porter (at station)

póit (PL **póiteanna**) FEM NOUN2
hangover

- **póit a bheith ort** to have a hangover
- **póit a dhéanamh** to drink too much

póiteach ADJECTIVE
alcoholic (person)

poitigéir MASC NOUN3
chemist (pharmacist)

- **siopa poitigéara** (shop) a chemist's
□ An bhfuil siopa poitigéara thart anseo? Is there a chemist's round here?

poitín MASC NOUN4
poteen

> DID YOU KNOW...?
> **poteen** is a Irish spirit traditionally distilled in a small pot still. It is among the strongest alcoholic beverages in the world.

póitseáil FEM NOUN3
poaching

pol MASC NOUN1
pole (magnetic)
□ an Pol Theas The South Pole □ an Pol Thuaidh The North Pole

polaimiailíteas MASC NOUN1
polio

Polainn FEM NOUN2

- **an Pholainn** Poland □ sa Pholainn in Poland □ chun na Polainne to Poland

Polainnis FEM NOUN2
Polish (language)

polaitéin FEM NOUN2
polythene

polaiteoir MASC NOUN3
politician

polaitíocht FEM NOUN3
politics
□ Níl spéis agam sa pholaitíocht. I'm not interested in politics.

polaitiúil ADJECTIVE
political
□ Is pearsa thábhachtach pholaitiúil í. She's an important political figure.

Polannach ADJECTIVE
▷ see also **Polannach** MASC NOUN1
Polish
□ Is Polannach é. He's Polish.

Polannach MASC NOUN1
▷ see also **Polannach** ADJECTIVE
Pole

polasaí MASC NOUN4
policy
□ polasaí árachais an insurance policy
□ polasaí uile-ghabhálach a comprehensive policy

polca MASC NOUN4
polka

poll MASC NOUN1

1 hole
□ Líon sé an poll le hithir. He filled the hole in with soil. □ Chuaigh an coinín síos sa pholl. The rabbit went down the hole.

- **poll cnaipe** a buttonhole

2 puddle (water)

3 puncture
□ Bhí orm poll a dheisiú. I had to mend a puncture.

4 pothole (in road)

polláire MASC NOUN4
nostril

polltach ADJECTIVE
piercing
□ gaoth pholltach a piercing wind

póló MASC NOUN4
polo

pónaí MASC NOUN4
pony

pónaire FEM NOUN4
bean
□ pónairí bácáilte baked beans □ pónairí leathana broad beans

ponc (PL **poncanna**) MASC NOUN1
1 dot
2 point (in decimals)
   □ a dó pointe a trí 2 point 3
3 full stop (in punctuation)
   ■ **bheith i bponc** to be in a fix

poncaíocht FEM NOUN3
   punctuation

poncúil ADJECTIVE
   punctual

poncúlacht FEM NOUN3
   punctuality
   □ Ní hí an phoncúlacht an tréith is láidre
   agam. Punctuality isn't my strong point.

popcheol MASC NOUN1
   pop (music)

pór (PL **pórtha**) MASC NOUN1
1 seed
2 breed
   □ pór eallaigh a breed of cattle

póraigh VERB [12]
   to breed
   □ Póraíonn na coiníní go tiubh. Rabbits
   breed very quickly.

pornagrafaíocht FEM NOUN3
   pornography

port MASC NOUN1 (harbour)
1 bank (of river)
2 tune
   □ Seinn port dúinn. Play us a tune.
   ■ **do phort a athrú** to change one's tune
3 jig (dance)

portach MASC NOUN1
   bog

Portaingéalach ADJECTIVE, MASC NOUN1
   Portuguese
   □ Is Portaingéalach é. He's Portuguese.

Portaingéil FEM NOUN2
   ■ **an Phortaingéil** Portugal

Portaingéilis FEM NOUN2
   Portuguese (language)

portán MASC NOUN1
   crab
   ■ **An Portán** Cancer □ Is mise An Portán.
   I'm Cancer.

pórtfhíon MASC NOUN3
   port (wine)

Port Láirge MASC NOUN
   Waterford
   □ Bíonn sí ag comaitéireacht idir Baile Átha
   Cliath agus Port Láirge. She commutes
   between Dublin and Waterford.
   ■ **criostal Phort Láirge** Waterford crystal

portráid FEM NOUN2
   portrait

pós VERB [23]
   to marry
   □ Phós sí múinteoir scoile. She married a
   schoolteacher.
   ■ **Pósadh Seán anuraidh.** John got married
   last year.

pósadh (GEN SING **pósta**, PL **póstaí**) MASC NOUN
1 marriage
2 wedding (ceremony)
   ■ **fáinne pósta** a wedding ring
   ■ **ceiliúr pósta a chur ar dhuine** to
   propose to somebody

post MASC NOUN1
1 post (mail)
   ■ **An Post** the Irish Postal service
   ■ **fear an phoist** a postman
   ■ **oifig phoist** a post office
   ■ **litir a chur sa phost** to post a letter
2 job
   □ Fuair sí post lánaimseartha. She got
   a full-time job. □ Shocraigh sí ar a
   post a fhágáil. She's decided to quit her
   job.

pósta ADJECTIVE
   married
   □ bean phósta a married woman

póstaer MASC NOUN1
   poster
   □ Tá póstaeir agam ar bhallaí mo
   sheomra leaba. I've got posters on my
   bedroom walls. □ Tá póstaeir ar fud an
   bhaile mhóir. There are posters all over
   town.

postas MASC NOUN1
   postage

postchód MASC NOUN1
   postcode

postmharc MASC NOUN1
   postmark

postoifig FEM NOUN2
   post office

pota MASC NOUN4
1 pot
   □ pota caife a coffee pot □ potaí agus na
   pannaí pots and pans
2 potty (child's)

potaire MASC NOUN4
   potter

potaireacht FEM NOUN3
   pottery

prácás MASC NOUN1
   mess
   □ A leithéid de phrácás! What a mess!

praghas (PL **praghsanna**) MASC NOUN1
   price

□ **praghas ard** a high price □ Laghdaíodh praghas na ríomhairí. The price of computers has gone down.

■ **praghas a chur ar rud** to price something

■ **Tá praghas dúbailte ar thicéid den chéad ghrád.** First-class tickets cost double.

praghasliosta MASC NOUN4
price list

práinn (PL **práinneacha**) FEM NOUN2
1 rush

■ **An bhfuil práinn ort?** Are you in a hurry?
■ **Tá práinn leis.** It's urgent.

2 pride

□ Bhí práinn air as a chuid oibre. He took pride in his work.

práinneach ADJECTIVE
urgent

□ An bhfuil sé práinneach? Is it urgent?

■ **bheith práinneach as rud** to be delighted with something

praiseach FEM NOUN2
mess

□ Rinne tú praiseach de. You made a mess of it.

praiticiúil ADJECTIVE
practical

pram (PL **pramanna**) MASC NOUN4
pram

pramsáil VERB [25]
to prance about

pras ADJECTIVE
prompt

■ **go pras** promptly □ D'imigh muid go pras ar a seacht. We left promptly at seven.

prás MASC NOUN1
brass

prásóg FEM NOUN2
marzipan

práta MASC NOUN4
potato

□ prátaí bácáilte baked potatoes □ prátaí bruite boiled potatoes □ prátaí rósta roast potatoes □ Bíonn prátaí ag fás ag mo dhaid. My dad grows potatoes.

preab VERB [14]
▷ see also **preab** FEM NOUN2
1 to spring

□ Phreab sí ina seasamh. She sprang to her feet.

2 to bounce

□ Phreab an liathróid. The ball bounced.

3 to flicker

□ Phreab an solas. The light flickered.

4 to pound (heart)

□ Tá mo chroí ag preabadh. My heart's pounding.

5 to throb

□ Bhí an chneá ag preabadh. The wound was throbbing.

preab FEM NOUN2
▷ see also **preab** VERB

■ **éirí de phreab** to jump up
■ **Bhain tú preab asam.** You startled me.

preabán MASC NOUN1
patch

preabanta ADJECTIVE
lively

préachán MASC NOUN1
crow (bird)

préachta ADJECTIVE
freezing

□ Bhíomar préachta leis an bhfuacht. We were freezing with cold.

preas (PL **preasanna**) MASC NOUN3
press (newspapers)

preasagallamh MASC NOUN1
press conference

preasáil VERB [25]
to iron

Preispitéireach ADJECTIVE, MASC NOUN1
Presbyterian

priacal MASC NOUN1
risk

□ ar do phriacal féin at your own risk

pribhléid FEM NOUN2
privilege

printéir MASC NOUN3
printer (machine)

printíseach MASC NOUN1
1 trainee
2 apprentice (in trade)

printíseacht FEM NOUN3
apprenticeship

príobháideach ADJECTIVE
private

□ Bhí fógra mór agus 'príobháideach' air. There was a big sign saying 'private'. □ Is bleachtaire príobháideach é. He's a private detective.

prioc VERB [14]
to prick

□ Phrioc mé mo mhéar leis an tsnáthaid. I pricked my finger with the needle.

príomh- PREFIX
1 main

□ Ba é an príomhfháth ar éirigh sé as ná strus. His main reason for resigning was stress.

2 chief (in rank)
  □ an Príomh-Chigire the Chief Inspector

príomha ADJECTIVE
  primary
  ■ **go príomha** mainly □ Labhair sí go
  príomha uirthi féin. She talked mainly about
  herself.

príomháidh MASC NOUN4
  primate (of church)

príomh-aire MASC NOUN4
  prime minister

príomhaisteoir MASC NOUN3
  leading man
  leading lady

príomhalt MASC NOUN1
  editorial

príomhamhránaí MASC NOUN4
  lead singer

príomhbhóthar MASC NOUN1
  main road

príomhchathair (GEN SING
  príomhchathrach, PL **príomhchathracha**)
  FEM NOUN
  capital (city)
  □ Is é Páras príomhchathair na Fraince.
  Paris is the capital of France.

príomhoide MASC NOUN4
  head teacher

príomhpháirt FEM NOUN2
  lead (in play, film)
  ■ **Tá an phríomhpháirt ag Meryl Streep sa
  scannán.** The film stars Meryl Streep.

príomhscannán MASC NOUN1
  feature film

príomhshráid FEM NOUN2
  main street

prionsa MASC NOUN4
  prince
  □ Prionsa na Breataine Bige the Prince of
  Wales

prionsabal MASC NOUN1
  principle

prionta MASC NOUN4
  print
  □ prionta frámaithe a framed print
  □ priontaí daite colour prints

priontáil VERB [25]
  to print

prios (PL **priosanna**) MASC NOUN3
  cupboard

príosún MASC NOUN1
  prison
  □ príosún Phort Laoise Portlaoise prison
  □ Scaoileadh as príosún é. He was released
  from prison. □ Gearradh príosún bliana air.

He was sentenced to a year in prison.
  ■ **príosún saoil** a life sentence

príosúnach MASC NOUN1
  prisoner
  □ Scaoileadh saor na príosúnaigh.
  The prisoners have been released.

próca MASC NOUN4
  jar
  □ próca folamh an empty jar □ próca meala
  a jar of honey □ próca suibhe a jam jar

prochóg FEM NOUN2
  den (of animal)
  ■ **Prochóg amach is amach atá ann!**
  It's a real dump!

próifíl FEM NOUN2
  profile

proifisiúnta ADJECTIVE
  professional

próiseáil VERB [25]
  ▷ see also **próiseáil** FEM NOUN3
  to process

próiseáil FEM NOUN3
  ▷ see also **próiseáil** VERB
  processing
  □ próiseáil focal word processing

próiseálaí MASC NOUN4
  processor
  □ próiseálaí bia a food processor
  □ próiseálaí focal a word processor

próiseas MASC NOUN1
  process

próitéin FEM NOUN2
  protein

promanáid FEM NOUN2
  promenade (by sea)

promhadán MASC NOUN1
  test tube

promhadh MASC NOUN1
  probation
  ■ **bheith ar promhadh** to be on probation

Protastúnach ADJECTIVE, MASC NOUN1
  Protestant

prúna MASC NOUN4
  prune

pub MASC NOUN4
  pub

puball MASC NOUN1
  tent
  ■ **puball a chur suas** to pitch a tent

púca MASC NOUN4
  ghost

púdal MASC NOUN1
  poodle

púdar MASC NOUN1
  powder

□ púdar bácála baking powder □ púdar gallúnaí soap powder

púic (PL **púiceanna**) FEM NOUN2
blindfold

■ **Chuir sé púic air féin.** He frowned.

puilpid FEM NOUN2
pulpit

puimcín MASC NOUN4
pumpkin

puinn NOUN
not much (with negative)

■ **Níl puinn eolais aige.** He hasn't a clue.

puipéad MASC NOUN1
puppet

puisín MASC NOUN4
kitten

puiteach MASC NOUN1
mud

puití MASC NOUN4
putty

púl MASC NOUN4
pool (game)

□ An bhfuil tú ábalta púil a imirt? Can you play pool?

pulc VERB [14]

1 to stuff

□ Phulc sé na héadaí faoi dheifir sa mhála. He stuffed the clothes hurriedly into the bag.

2 to crowd

□ Phluc na daoine isteach sa halla. The people crowded into the hall.

3 to cram (for exams)

pumpa MASC NOUN4
pump

pumpáil VERB [25]
to pump

punc MASC NOUN4
punk

punt MASC NOUN1
pound (weight, money)

□ punt milseán a pound of sweets □ punt steirling a pound sterling

púróg FEM NOUN2
pebble

pus (PL **pusa**) MASC NOUN1

1 mouth (informal)

■ **Abair suas lena phus é.** Tell him straight out.

■ **pus a bheith ort** to look sulky

2 snout (of animal)

puslach MASC NOUN1
muzzle

puth FEM NOUN2
puff

□ puth ghaoithe a puff of wind

putóg FEM NOUN2

■ **putóg dhubh** black pudding

Rr

rabhadh MASC NOUN1
1 warning
  □ Níl ann ach rabhadh. It's just a warning.
  ■ **rabhadh a thabhairt do dhuine** to warn
  somebody □ Thug sé rabhadh dom. He
  warned me.
2 alarm
  □ clog rabhaidh an alarm clock

rabharta MASC NOUN4
flood

rac MASC NOUN4
rock (music)

ráca MASC NOUN4
rake (tool)

racán MASC NOUN1
racket (commotion)
  □ Tá racán bocht ar siúl acu. They're making
  a terrible racket.

rac-cheol MASC NOUN4
rock music

ráchairt FEM NOUN2
demand
  ■ **Bhí ráchairt ar ...** There was a run on ...

rachmasach ADJECTIVE
wealthy

racht (PL **rachtanna**) MASC NOUN3
fit
  □ racht gáire a fit of laughter
  ■ **do racht a ligean amach** to let
  off steam

radacach ADJECTIVE
radical

radaighníomhach ADJECTIVE
radioactive

radaitheoir MASC NOUN3
radiator

radar MASC NOUN1
radar

radharc MASC NOUN1
1 view
  □ seomra a bhfuil radharc uaidh a room
  with a view

2 look
  □ Lig dom amharc air. Let me have a look.
3 sight
  □ Tá an radharc go dona aici. She has poor
  sight.
  ■ **radharc na súl** eyesight
  ■ **dul as radharc** to disappear □ Chuaigh
  an t-oileán as radharc. The island disappeared.
  ■ **teacht i radharc** to come in view
  □ Tháinig an teach i radharc. The house
  came into view.

radharceolaí MASC NOUN4
optician
  □ Is radharceolaí é. He's an optician.

radharcra MASC NOUN4
scenery

ráfla MASC NOUN4
rumour
  □ Tá ráfla ag dul thart. There is a rumour about.

rafta MASC NOUN4
life raft

ragairne MASC NOUN4
spree
  ■ **dul ar ragairne** to go on the tear

ragobair (GEN SING **ragoibre**) FEM NOUN2
overtime

raibí MASC NOUN4
rabbi

raic FEM NOUN2
commotion
  □ Cad é mar raic! What a commotion!

raicéad MASC NOUN1
racket (for sport)
  □ raicéad leadóige a tennis racket

raidhfil MASC NOUN4
rifle

raidió MASC NOUN4
radio
  ■ **ar an raidió** on the radio

raidis FEM NOUN2
radish
  ■ **raidis fhiáin** horseradish

r

railí MASC NOUN4
rally
□ tiománaí railí a rally driver

ráille MASC NOUN4
1 rail
□ ráille tuáillí a towel rail
2 track (for train)
■ ráillí banisters

raiméis FEM NOUN2
nonsense

rainse MASC NOUN4
ranch

raithneach FEM NOUN2
bracken

rámh MASC NOUN3
oar

rámhaigh VERB [12, VN rámhach]
to row (boat)

rámhainn FEM NOUN2
spade

rámhaíocht FEM NOUN3
rowing

ramhar (GEN SING FEM, COMPAR **raimhre**,
PL **ramhra**) ADJECTIVE
fat (overweight)

rámhcheol MASC NOUN1
rave music

rang (PL **ranganna**) MASC NOUN3
class (at school)
□ Tá sé i mo rang. He is in my class.
■ Tá mé i rang a dó. I am in year two.

rann MASC NOUN1
1 verse (of poem, song)
2 rhyme
□ rainn pháistí a nursery rhyme

rannpháirteach ADJECTIVE
■ bheith rannpháirteach i rud to be
involved in something □ Beidh mé
rannpháirteach san obair sin. I'll be involved
in that work.

raon (PL **raonta**) MASC NOUN1
1 range
□ as raon out of range
2 track (for sport)
□ raon rásaí a race track

raonchulaith FEM NOUN2
tracksuit

rapcheol MASC NOUN1
rap music

rás MASC NOUN3
race
□ Chuir sí dúshlánráis fúm. She challenged
me to a race.

rásaíocht FEM NOUN3
racing

ráschúrsa MASC NOUN4
racecourse

raspa MASC NOUN4
file
□ raspa ingne a nailfile

rásúr MASC NOUN1
razor

ráta MASC NOUN4
rate
□ ráta bainc bank rate □ ráta úis interest
rate

rath MASC NOUN3
success
□ Guím gach rath ort. I wish you every success.
■ rath a ghuí ar dhuine to wish somebody
well
■ Tá rath ar an ngnó. The business is doing
well.

ráth MASC NOUN3
drift
□ ráth sneachta snowdrift

rathúil ADJECTIVE
successful

ré (PL **réanna**) FEM NOUN4
age
□ an Ré Órga the Golden Age
■ roimh ré in advance

réab VERB [14]
to tear up
□ Réab sé an leabhar ó chéile. He tore up
the book.

réabhlóid FEM NOUN2
revolution

réabhlóideach ADJECTIVE
revolutionary

reáchtáil VERB [25]
to run (business, event)
□ Reáchtáil an scoil dioscó. The school ran
a disco.

réadlann FEM NOUN2
observatory

réadúil ADJECTIVE
realistic

réalta FEM NOUN4
star
□ réalta reatha a shooting star □ réalta
scannáin a film star

réalteolaíocht FEM NOUN3
astronomy

réamhaisnéis FEM NOUN2
forecast
□ réamhaisnéis na haimsire the weather
forecast

réamhchlaonta ADJECTIVE
prejudiced

réamhchúram (PL **réamhchúraimí**)
MASC NOUN 1
precaution

réamheolaire MASC NOUN 4
prospectus

réamhléiriú MASC NOUN
rehearsal
□ réamhléiriú feistithe a dress rehearsal

réamhrá (PL MASC NOUN 4
preface *(to book)*

réamhstairiúil ADJECTIVE
prehistoric

réasún MASC NOUN 1
reason
□ Tá sé le réasún go … It stands to reason that …

réasúnta ADJECTIVE
reasonable
□ Bí réasúnta! Be reasonable!
■ **réasúnta mór** reasonably big

reatha ▷ *see* **rith**

reathaí MASC NOUN 4
runner

reathaíocht FEM NOUN 3
running

réchúiseach ADJECTIVE
easy-going

reibiliún MASC NOUN 1
rebellion

reic (PL **reiceanna**) MASC NOUN 3
sale
□ Beidh an reic ag tosú amárach. The sale will begin tomorrow.

réidh ADJECTIVE
1 ready
□ Tá sí réidh. She's ready.
2 easy
□ Is réidh agat a bheith ag caint. It's easy for you to talk.
3 finished *(meal)*
□ Tá mé réidh anois. I am finished now.

réigiún MASC NOUN 1
region

reilig FEM NOUN 2
graveyard

reiligiún MASC NOUN 1
religion

réim (PL **réimeanna**) FEM NOUN 2
1 power
■ **bheith i réim** to be in power
■ **teacht i réim** to take office
2 range
□ réim eolais range of knowledge
■ **réim bia** a diet

réinfhia (PL **réinfhianna**) MASC NOUN 4
reindeer

reiptíl FEM NOUN 2
reptile

réir FEM NOUN 2
will
□ réir Dé the will of God
■ **de réir a chéile** gradually

reisimint FEM NOUN 2
regiment

réiteach MASC NOUN 1
1 solution *(of problem)*
□ réiteach eile an alternative solution
■ **Níl aon réiteach ar an scéal.** The issue cannot be resolved.
2 settlement *(of dispute)*
■ **vóta réitigh** casting vote

réiteoir MASC NOUN 3
1 referee *(in football, rugby)*
2 umpire *(in cricket)*

reithe MASC NOUN 4
ram
■ **an Reithe** Aries □ Is mise An Reithe. I'm Aries.

réitigh VERB [11, VN réiteach]
1 to solve *(problem)*
2 to settle *(dispute)*
■ **Ní réitíonn an bia sin liom.** That food does not agree with me.
■ **réiteach le duine** to get on with somebody □ Réitím go maith le Máire. I get on well with Mary.

reoán MASC NOUN 1
icing

reoigh VERB [20]
to freeze

reoiteog FEM NOUN 2
ice cream

reoiteoir MASC NOUN 3
freezer

reophointe MASC NOUN 4
freezing point
■ **trí chéim faoi bhun an reophointe** 3 degrees below freezing

rí (PL **ríthe**) MASC NOUN 4
king
■ **na Trí Ríthe** the Magi

riachtanach ADJECTIVE
1 necessary
□ an rud atá riachtanach what is necessary
2 essential
□ Tá sé riachtanach don tsláinte. It is essential to health.

riachtanas MASC NOUN 1
necessity

■ **in am an riachtanais** in time of need

■ **cuid an riachtanais** the bare essentials

riail (GEN SING **rialach**, PL **rialacha**) FEM NOUN
rule

□ rialacha scoile school rules

rialaigh VERB [12]

1 to rule (country)

2 to control (spending, inflation)

rialóir MASC NOUN3
ruler (for measuring)

□ An féidir liom iasacht do rialóra a fháil? Can I borrow your ruler?

rialta ADJECTIVE
regular

□ ar bhonn rialta on a regular basis

■ **rud a dhéanamh go rialta** to do something regularly

■ **bean rialta** a nun □ Tá sí ina bean rialta. She's a nun.

rialtas MASC NOUN1
government

□ D'fhreagair an rialtas go faichilleach. The government reacted cautiously.

□ rialtas áitiúil local government

■ **Rialtas na hÉireann** the Irish government

riamh ADVERB

1 ever

□ níos lú ná riamh less than ever □ An bhfaca tú riamh é? Have you ever seen it?

2 always

□ Bhí sé riamh lag. He was always weak.

3 never

□ Ní fhaca mé riamh í. I never saw her.

□ Ní níonn sé na soithí riamh. He never does the dishes.

■ **an chéad lá riamh** the very first day

rian (PL **rianta**) MASC NOUN1
mark (trace)

■ **rian fola** a bloodstain

■ **rian na gcos** footprints

rianpháipéar MASC NOUN1
tracing paper

riarachán MASC NOUN1
administration

riaráiste MASC NOUN4
arrears (debt)

○ **LANGUAGE TIP** The plural form **riaráistí** is also used.

□ Tá riaráistí cíosa orm. I am in arrears with the rent.

riarthóir MASC NOUN3
administrator

ribe MASC NOUN4
hair (single)

■ **ribe féir** a blade of grass

ribín MASC NOUN4
ribbon

□ Chuir sí ribín ina cuid gruaige. She tied her hair with a ribbon.

■ **ribín tomhais** a tape measure

■ **rud a stróiceadh ina ribíní** to cut something to shreds

ridire MASC NOUN4
knight (title, in chess)

rige MASC NOUN4
rig

□ Tá sé ag obair ar rige ola. He works on an oil rig.

ríl (PL **ríleanna**) FEM NOUN2
reel (dance)

rím (PL **rímeanna**) FEM NOUN2
rhyme

ríméad MASC NOUN1
joy

■ **ríméad a bheith ort faoi rud** to be glad about something

rinc (PL **rinceanna**) FEM NOUN2
▷ see also **rinc** VERB
rink

□ rinc scátála a skating rink

rinc VERB [13, VN rince]
▷ see also **rinc** FEM NOUN
to dance

rince MASC NOUN4

1 dance (event)

2 dancing

□ rince tuaithe country dancing □ rince Gaelach Irish dancing

rinceoir MASC NOUN3
dancer

ríocht FEM NOUN3
kingdom

■ **an Ríocht Aontaithe** the United Kingdom

ríomh VERB [23, VN ríomh, VA ríofa]
to count

ríomhaire MASC NOUN4

1 computer

□ Níorbh fhéidir liom teacht gan mo ríomhaire. I couldn't do without my computer. □ Is saineolaí ríomhairí é. He's a computer expert.

■ **ríomhaire pearsanta** a personal computer

2 calculator

ríomhaireacht FEM NOUN3
computer science

ríomhchlár MASC NOUN1
program (computer)

ríomhchláraitheoir MASC NOUN3
programmer (computing)

□ Is ríomhchláraitheoir í. She's a computer programmer.

ríomhléitheoir MASC NOUN3
e-reader

ríomhphost MASC NOUN1
email
□ seoladh ríomhphost an email address
■ **scéala ríomhphoist a chur chuig duine** to email somebody
■ **rud a chur leis an ríomhphost** to email something

ríomhthicéad MASC NOUN1
e-ticket

rírá MASC NOUN4 commotion □Bhí rírá agus ruaille buaille ann. There was an awful commotion.

rís FEM NOUN2
rice

rísín MASC NOUN4
raisin

riteoga FEM PL NOUN2
tights

rith (GEN SING **reatha**, PL **rití**) MASC NOUN3
▷ *see also* **rith** VERB
1 run
□ Téim amach ag rith gach maidin. I go for a run every morning.
2 running
□ Is é an rith an spórt is fearr liom. Running is my favourite sport.
■ **i rith an lae** during the day
■ **i rith an ama** all the time
■ **i rith an lae inné** all day yesterday

rith VERB [16, VN rith]
▷ *see also* **rith** MASC NOUN3
1 to run
□ Is féidir leis rith go gasta. He can run fast. □ Rith mé cúig chiliméadar. I ran five kilometres.
2 to flow (water)
■ **uisce reatha** running water
■ **cuntas reatha** a current account
■ **cúrsaí reatha** current affairs

rithim FEM NOUN2
rhythm

RnaG ABBREVIATION (= *Raidió na Gaeltachta*)
Irish language radio

ró MASC NOUN4
row
□ ró plandaí a row of plants

ró- PREFIX
too
□ rómhór too large □ róshean too old
□ Bhí sé rómhall. It was too late.

róba MASC NOUN4
robe

robáil VERB [25]
▷ *see also* **robáil** FEM NOUN3
to rob

robáil FEM NOUN3
▷ *see also* **robáil** VERB
robbery
□ Chuaigh an robáil amú. The robbery went wrong. □ robáil bainc a bank robbery

robálaí MASC NOUN4
robber

ród MASC NOUN1
road

rógaire MASC NOUN4
rogue

rogha FEM NOUN4
1 choice
□ Níl mé i bhfách lena rogha. I don't approve of his choice. □ Ní raibh rogha agam. I had no choice.
■ **Bíodh do rogha leabhar agat.** Choose any book you like.
2 alternative
□Tá torthaí mar rogha shláintiúil ar sheacláid. Fruit is a healthy alternative to chocolate. □Níl an dara rogha againn. We have no alternative.
■ **Déan do rogha rud.** Do whatever you want.

roghchlár MASC NOUN1
menu (computing)

roghnaigh VERB [12]
to choose
□ Is doiligh ceann a roghnú. It's difficult to choose one.

roicéad MASC NOUN1
rocket

roimh PREPOSITION

LANGUAGE TIP Prepositional pronouns are romham, romhat, roimhe, roimpi, romhainn, romhaibh, rompu.

1 before (in time)
□ roimh an Máirt before Tuesday
■ **roimh Chríost** before Christ
2 in front of (ahead)
3 by (not later than)
□ roimh a 4 a chlog by 4 o'clock
■ **roimh ré** in advance □Cheannaigh siad na ticéid roimh ré. They bought the tickets in advance.
■ **roimh i bhfad** soon □Beidh an scrúdú cainte Fraincise agam roimh i bhfad. I've got my French oral soon.
■ **Tá fáilte romhat.** You are welcome.
■ **roimh Cháisc** before Easter

r

Róimh FEM NOUN2
- **an Róimh** Rome

roimhe ADVERB
before
□ Bhí mé ann roimhe. I've been there before.
- **roimhe sin** before that
- **roimhe seo** formerly

roinn VERB [15, VN roinnt]
▷ see also **roinn** FEM NOUN
1 to share
□ Roinn sé na milseáin ar na páistí. He shared the sweets among the children.
2 to divide
□ Roinn an taosrán ina dhá leath. Divide the pastry in half. □ 12 roinnte ar thrí sin a ceathair 12 divided by 3 is 4.
3 to deal (cards)

roinn FEM NOUN2
▷ see also **roinn** VERB
department
□ roinn na mbróg the shoe department
□ roinn an Bhéarla the English department

roinnt (PL ranna) FEM NOUN2
1 division (sharing, also maths)
2 several
□ roinnt daoine several people
- **roinnt blianta** a few years
- **roinnt mhaith** a good deal □ Tá roinnt mhaith airgid agam. I have a good deal of money.

roisín MASC NOUN4
resin

ról MASC NOUN1
role

rolla MASC NOUN4
1 roll
□ rolla téipe a roll of tape □ rolla leithris a toilet roll
2 register (official record)
- **Tá mé ar an rolla.** I am enrolled.

rómánsach ADJECTIVE
romantic

rómánsachas MASC NOUN1
romanticism

rómánsaí MASC NOUN4
romanticist

Rómhánach ADJECTIVE, MASC NOUN1
Roman
□ villa Rómhánach a Roman villa

rón (PL rónta) MASC NOUN1
seal (animal)
- **rón mór** a sea lion

ronnach MASC NOUN1
mackerel

rop VERB [14]
to stab

rópa MASC NOUN4
rope
□ Shín siad rópa idir dhá chrann. They stretched a rope between two trees.

ros MASC NOUN3
headland

rós (PL rósanna) MASC NOUN1
rose
□ rós dearg a red rose

Ros Comáin MASC NOUN
Roscommon

róst VERB [23]
to roast

rósta ADJECTIVE
roast
□ mairteoil rósta roast beef □ prátaí rósta roast potatoes

róta MASC NOUN4
rota

roth MASC NOUN3
wheel
□ roth deiridh mo rothair the back wheel of my bike □ roth breise a spare wheel □ roth stiúrtha a steering wheel

rothaí MASC NOUN4
cyclist

rothaíocht FEM NOUN3
cycling
□ Is maith liom bheith ag rothaíocht. I like cycling.

rothar MASC NOUN1
bike
□ An féidir leat mo rothar a dheisiú? Can you fix my bike? □ An féidir leat a rothaíocht? Can you ride a bike?
- **rothar aclaíochta** an exercise bike
- **rothar sléibhe** a mountain bike

r-phost MASC NOUN1
email
□ Cuir r-phost chugam. Send me an email.
□ seoladh r-phoist email address

RTÉ ABBREVIATION (= Raidió Teilifís Éireann)
Irish radio station

rua ADJECTIVE
1 red (hair)
□ Tá gruaig rua agam. I have red hair.
2 red-haired (person)
- **madra rua** a fox
- **iora rua** a red squirrel

ruaig VERB [13]
to chase
□ Ruaig siad as an teach mé. They chased me out of the house.

ruaim FEM NOUN2
    fishing line

ruathar MASC NOUN1
1 rush
    ■ **Amach leo go léir de ruathar.** They all
    rushed outside.
2 raid
    □ ruathar póilíní a police raid

rubar MASC NOUN1
    rubber (material)

rúbarb MASC NOUN4
    rhubarb

rud MASC NOUN3
    thing
    □ an rud sin i do láimh that thing in your
    hand □ Tá rudaí le déanamh agam. I have
    things to do.
    ■ **rud beag fuar** a little bit cold
    ■ **rud éigin** something □ rud éigin spéisiúil
    something interesting

ruga MASC NOUN4
    rug
    □ ruga Peirseach a Persian rug □ ruga
    breacáin a tartan rug

rugbaí MASC NOUN4
    rugby
    □ Imrím rugbaí. I play rugby.

rúibín MASC NOUN4
    ruby

rúidbhealach (PL **rúidbhealaí**) MASC NOUN1
    runway

Rúis FEM NOUN2
    ■ **an Rúis** Russia □ sa Rúis in Russia
    □ chun na Rúise to Russia

Rúiseach ADJECTIVE, MASC NOUN1
    Russian
    □ Is Rúiseach í. She's Russian.

Rúisis FEM NOUN2
    Russian (language)

rúitín MASC NOUN4
    ankle
    □ Ghortaigh mé mo rúitín. I hurt my ankle.

rum MASC NOUN4
    rum

rún MASC NOUN1
    secret
    □ Is rún é. It's a secret. □ An féidir leat rún
    a choinneáil? Can you keep a secret?
    ■ **Tá rún agam dul amach anocht.** I intend
    to go out tonight.

rúnaí MASC NOUN4
    secretary
    □ Is rúnaí í. She's a secretary.
    ■ **Rúnaí Stáit** Secretary of State

rúnda ADJECTIVE
    confidential

Rúraíocht FEM NOUN3
    Ulster epic cycle (in mythology)

rúta MASC NOUN4
    root

r

Ss

sa ▷ see **an**

-sa SUFFIX

> LANGUAGE TIP **sa** is added to the end of words for emphasis.

□ mo leabharsa MY book □ Ní ortsa an locht. It's not YOUR fault.

sábh (PL **sábha**) MASC NOUN1
saw (tool)

sábháil VERB [25]

1 to save
□ Ná déan dearmad ar do chuid oibre a shábháil. Don't forget to save your work.
■ **airgead a shábháil** to save money
□ Shábháil mé £50 cheana féin. I've saved £50 already.

2 to rescue
□ Shábháil na fir dhóiteáin iad. The firefighters rescued them.

sábháilte ADJECTIVE
safe
□ Níl an carr seo sábháilte. This car isn't safe. □ Tá tú sábháilte anois. You're safe now. □ slán sábháilte safe and sound

sábháilteacht FEM NOUN3

1 safety
2 security
□ sábháilteacht fostaíochta job security

sabhaircín MASC NOUN4
primrose

sac VERB [14]
to shove
□ Shac mé mo chuid éadaigh síos i mála. I shoved my clothes into a bag. □ Shac sé a lámh isteach an fhuinneog. He shoved his hand in through the window.

sacar MASC NOUN1
soccer
□ Imrím sacar gach Satharn. I play soccer every Saturday. □ imreoir sacair a soccer player

sách ADVERB
quite

□ Bhí mo charr nua sách daor. My new car was quite dear.
■ **Ní raibh sé sách láidir lena dhéanamh.** He wasn't strong enough to do it.

sacsafón MASC NOUN1
saxophone
□ Seinnim ar an sacsafón. I play the saxophone.

sagart MASC NOUN1
priest

saghas (PL **saghsanna**) MASC NOUN1
▷ see also **saghas** ADVERB
kind
□ Tá trí shaghas aráin acu. They have three kinds of bread.

saghas ADVERB
▷ see also **saghas** MASC NOUN1
■ **saghas ait** rather strange

saibhir (GEN SING FEM, PL, COMPAR **saibhre**)
ADJECTIVE
rich
□ Tá sé saibhir. He's rich.

saibhreas MASC NOUN1
wealth

sáigh VERB [24]
to stab
□ Sádh sa droim é. He was stabbed in the back.
■ **Bhí a súile sáite sa scáileán.** She was glued to the screen.

saighdeoir MASC NOUN3
archer
■ **An Saighdeoir** Sagittarius □ Is mise An Saighdeoir. I'm Sagittarius.

saighdeoireacht FEM NOUN3
archery

saighdiúir MASC NOUN3
soldier
□ Is saighdiúir é. He's a soldier.

saighead (GEN SING **saighde**) FEM NOUN2
arrow
□ bogha agus saigheada a bow and arrows

■ **saighead reatha** (*from running*) a stitch

saighneáil VERB [25]

1 to sign

□ Saighneáil an fhoirm, le do thoil. Please sign the form.

2 to sign on (*as unemployed*)

saighneán MASC NOUN1

lightning

■ **na Saighneáin** the Northern Lights

sáil (PL **sála**, GEN PL **sál**) FEM NOUN2

heel

□ bróga faoi shála arda high-heeled shoes

■ **na sála a thabhairt leat** to escape

sáile MASC NOUN4

sea water

■ **thar sáile** abroad □ Téim thar sáile gach bliain. I go abroad every year.

saileach FEM NOUN2

willow

□ crann sailí a willow tree

sailéad MASC NOUN1

salad

□ sailéad glas a green salad

■ **sailéad torthaí** fruit salad

saill FEM NOUN2

▷ see also **saill** VERB

fat

□ Tá cuid mhaith saille ann. It's very high in fat.

saill VERB [15]

▷ see also **saill** FEM NOUN2

to cure (*meat, fish*)

■ **mairteoil shaillte** corned beef

sáimhríoch ADJECTIVE

drowsy

sain- PREFIX

specific

sainchomhartha MASC NOUN4

■ **sainchomhartha tíre** landmark

sainchreideamh MASC NOUN1

denomination

saineolaí MASC NOUN4

expert

□ Is saineolaí ríomhairí é. He's a computer expert.

saineolas MASC NOUN1

expertise

■ **saineolas a bheith agat ar rud** to have expert knowledge of something

sainiú MASC NOUN

specification

sainiúil ADJECTIVE

specific

sainmhínigh VERB [11]

to define (*term, word*)

sainmhíniú MASC NOUN

definition (*of term, word*)

sáinn FEM NOUN2

trap

■ **Táimid i sáinn cheart anois.** We're in a right fix now.

sáinnigh VERB [11]

1 to trap

□ Bhíomar sáinnithe ag na tuilte. We were trapped by the floodwaters.

2 to check (*chess*)

saint FEM NOUN2

greed

sairdín MASC NOUN4

sardine

sáirsint MASC NOUN4

sergeant

sais (PL **saiseanna**) FEM NOUN2

sash

sáith FEM NOUN2

enough

□ Tá mo sháith agam den obair seo. I've had enough of this work.

■ **do sháith airgid a bheith agat** to have enough money

■ **do sháith a ithe** to eat your fill

sál, sála ▷ see **sáil**

salach ADJECTIVE

dirty

□ níochán salach dirty washing □ Tá do lámha salach. Your hands are dirty.

■ **teacht salach ar dhuine** to cross somebody

salachar MASC NOUN1

dirt

salann MASC NOUN1

salt

□ An dtiocfadh leat an salann a shíneadh dom. Could you pass me the salt.

sall ADVERB

over

LANGUAGE TIP **sall** always indicates movement away from the speaker.

□ Chuaigh sé sall go Meiriceá. He went over to America.

salm MASC NOUN1

psalm

sámh ADJECTIVE

easy

□ saol sámh an easy life

■ **tráthnóna sámh** a calm evening

■ **Codladh sámh!** Sleep well!

samhail (GEN SING **samhla**, PL **samhlacha**)

FEM NOUN3

model

□ samhail den chaisleán a model of the castle

■ **Ní fhaca mé a shamhail riamh.** I never saw the like of it.

Samhain (GEN SING **Samhna**, PL **Samhnacha**) FEM NOUN3
November

□ i mí na Samhna in November

■ **Oíche Shamhna** Halloween

sámhán MASC NOUN1
nap

□ Rinne mé sámhán codlata. I took a nap.

■ **Thit sámhán orm.** I dozed off.

samhlaigh VERB [12]
to imagine

□ Cé a shamhlódh é? Who'd have imagined it?

■ **Shamhlaítear dom go ...** It appears to me that ...

■ **Ní shamhlóinn leat é go deo.** I'd never have expected it of you.

samhlaíocht FEM NOUN3
imagination

samhnasach ADJECTIVE
disgusting

samhradh (PL **samhraí**) MASC NOUN1
summer

□ an samhradh seo chugainn next summer □ sa samhradh in summer □ saoire an tsamhraidh the summer holidays

sampla MASC NOUN4
1 sample

□ sampla fola a blood sample □ Teastaíonn sampla de do chuid oibre uathu. They need a sample of your work.

2 example

□ Is sampla bunúsach é. It's a basic example.

■ **mar shampla** for example

San NOUN
Saint

□ San Proinsias St Francis

san ▷ see an

-san SUFFIX

LANGUAGE TIP **san** is added to the end of words for emphasis.

□ a leabharsan HIS book □ ladsan a dúirt é. THEY said it.

santach ADJECTIVE
greedy

santaigh VERB [12]
to be keen

□ Ní shantóinn féin dul ar an turas sin. I wouldn't be keen to go on that trip.

saoi MASC NOUN4
wise man

■ **Ní bhíonn saoi gan locht.** Nobody's perfect.

saoire FEM NOUN4
1 holiday

□ Bhí an tsaoire ar dóigh. The holiday was great.

■ **dul ar saoire** to go on holiday □ Tá mé ag dul ar saoire. I'm going on holiday.

■ **laethanta saoire** holidays □ Cá ndeachaigh tú ar do laethanta saoire? Where did you go for your holidays?

2 Sabbath

□ Coimeádann muid i gcónaí an tsaoire. We always keep the Sabbath.

saoirse FEM NOUN4
freedom

saoirseacht FEM NOUN3

■ **saoirseacht adhmaid** woodwork

saoiste MASC NOUN4
1 boss

2 foreman (on building site)

saoithiúil ADJECTIVE
1 interesting

□ duine saoithiúil an interesting person

2 peculiar

□ Tá sin saoithiúil. That's very peculiar.

saol (PL **saolta**) MASC NOUN1
1 life

□ mo dhearcadh ar an saol my outlook on life □ sa saol fíor in real life □ Tá saol maith sóisialta agam. I have a good social life.

■ **pionós saoil** a life sentence

■ **Ní tharlóidh sé le mo shaolsa.** It won't happen in my lifetime.

2 world

□ Níl a leithéid eile ar dhroim an tsaoil. There's not another like it in the world.

□ cúrsaí an tsaoil world affairs

■ **Tá aithne ag an saol mór air.** Everybody knows him.

■ **os comhair an tsaoil** openly

■ **tar éis an tsaoil** after all

■ **teacht ar an saol** to be born

■ **ar na saolta seo** nowadays

saolaigh VERB [12]
to deliver

□ Cé a shaolaigh an leanbh? Who delivered the child?

■ **Saolaíodh in Albain í.** She was born in Scotland.

saolta ADJECTIVE
1 worldly (person, affairs)

2 earthly

□ an bheatha shaolta this earthly life
■ **Náire shaolta é!** It's an absolute disgrace!

saonta ADJECTIVE
naïve

saor MASC NOUN1
▷ *see also* **saor** ADJECTIVE, VERB
craftsman
■ **saor cloiche** a stonemason
■ **saor adhmaid** a carpenter

saor ADJECTIVE
▷ *see also* **saor** MASC NOUN1, VERB
1 free
□ An Luan an t-aon lá a bhím saor. Monday is the only day I'm free. □ íoslódail saor in aisce a free download □ Níl an seomra saor faoi láthair. The room isn't free at present.
■ **am saor** free time □ Cad é a dhéanann tú nuair a bhíonn am saor agat? What do you do in your free time?
■ **saor in aisce** free of charge
■ **saor ó cháin** tax-free
■ **seomra saor** a spare room
2 cheap
□ earraí saora cheap goods
■ **Cheannaigh mé go saor iad.** I bought them cheap.

saor VERB [14]
▷ *see also* **saor** MASC NOUN1, ADJECTIVE
1 to free
□ Saoradh na príosúnaigh. The prisoners were freed.
2 to acquit
□ Saoradh sa chúirt é. He was acquitted in court.
■ **duine a shaoradh ar an mbás** to save somebody's life

saoráid FEM NOUN2
convenience
■ **Tá gach saoráid anseo agaibh.** You have everything you need here.

saoráideach ADJECTIVE
easy
□ Tagann an obair sin go saoráideach chuici. That work comes easy to her.

saoránach MASC NOUN1
citizen
□ saoránach Éireannach an Irish citizen

saorchic FEM NOUN2
free kick *(football)*

saorga ADJECTIVE
man-made

saorstát MASC NOUN1
free state
■ **Saorstát Éireann** the Irish Free State

saorthoil FEM NOUN3
free will

saothar MASC NOUN1
work
□ saothar le Shaw a work by Shaw
■ **Ná bíodh a shaothar ort.** Don't bother.
■ **saothar a fháil le rud** to have difficulty with something
■ **saothar a bheith ort** to be out of breath

saotharlann FEM NOUN2
laboratory
■ **an tsaotharlann cheimice** the chemistry lab

saothrach ADJECTIVE
1 industrious *(person)*
2 laboured *(breath)*

saothraí MASC NOUN4
earner

saothraigh VERB [12]
1 to work
□ Saothraíonn sé go han-chrua. He works very hard.
2 to earn
□ Saothraíonn sí 10 euro in aghaidh na huaire. She earns 10 euros an hour.
□ Saothraíonn sé cuid mhór airgid. He earns a lot of money.
■ **glasraí a shaothrú** to grow vegetables
□ Saothraíonn muid ár nglasraí féin. We grow our own vegetables.

sáraigh VERB [12]
to beat *(outdo)*
□ Sháraigh sé orthu go léir sa rás. He beat them all in the race. □ Sáraíonn sin a bhfaca mé riamh. That beats all.
■ **Sháraigh sé an dlí.** He broke the law.
■ **Sháraigh an gluaisteán seachtó míle san uair.** The car did over 70 miles an hour.

sármhaith ADJECTIVE
excellent

sásaigh VERB [12]
to satisfy
□ Ní shásódh rud ar bith eile é. Nothing else would satisfy him.

sásamh MASC NOUN1
satisfaction
■ **Bhaineamar an-sásamh as an lá.** We really enjoyed the day.
■ **Bain do shásamh as.** Take as much of it as you want.
■ **sásamh a bhaint as duine** to get even with somebody

Sasana MASC NOUN4
England
□ i Sasana in England □ go Sasana to

S

England □ Is as Sasana mé. I'm from England.

Sasanach ADJECTIVE
▷ *see also* **Sasanach** MASC NOUN1
English
□ Is Sasanach mé. I'm English.

Sasanach MASC NOUN1
▷ *see also* **Sasanach** ADJECTIVE
Englishman
Englishwoman
■ **na Sasanaigh** English people

sásar MASC NOUN1
saucer

sáspan MASC NOUN1
saucepan

sásta ADJECTIVE
1 satisfied
□ Ní raibh an múinteoir sásta leis na torthaí. The teacher wasn't satisfied with the results.
2 pleased
□ Ní bheidh mo mháthair an-sásta. My mother's not going to be very pleased.
■ **bheith sásta le rud** to be happy with something □ Tá mé breá sásta le do chuid oibre. I'm very happy with your work.

sástacht FEM NOUN3
satisfaction
□ mothú sástachta a feeling of satisfaction

sásúil ADJECTIVE
satisfactory

satailít FEM NOUN2
satellite
■ **teilifís satailíte** satellite television
■ **mias satailíte** a satellite dish

Satharn MASC NOUN1
■ **An Satharn** Saturday
■ **Dé Sathairn** on Saturday
■ **ar an Satharn** on Saturdays □ Tagann sé ar an Satharn. He comes on Saturdays.

scáfar ADJECTIVE
terrible
□ oíche scáfar a terrible night

scag VERB [14]
1 to sift (*flour, evidence*)
2 to refine (*sugar, oil*)
3 to screen (*candidates*)

scagaire MASC NOUN4
filter
■ **scagaire ola** (*on car*) an oil filter

scaif (PL **scaifeanna**) FEM NOUN2
scarf
□ scaif shíoda a silk scarf □ scaif bhreacáin a tartan scarf

scáil (PL **scáileanna**) FEM NOUN2
1 shadow
□ Shuigh muid faoi scáil na gcrann. We sat under the shadow of the trees.
2 reflection
□ scáil na gcrann san uisce the reflection of the trees in the water

scáileán MASC NOUN1
screen (*TV, cinema*)

scáin VERB [15]
to thin out
■ **Tá na scamaill ag scáineadh.** The clouds are breaking up.

scáineadh (GEN SING **scáinte**) MASC NOUN
crack (*split*)

scaip VERB [13]
1 to spread
□ Scaip an scéala. Spread the news.
2 to disperse
□ Scaip an slua. The crowd dispersed.
■ **Tá an ceo ag scaipeadh.** The fog is lifting.

scaipthe ADJECTIVE
scattered
□ ceathanna scaipthe scattered showers

scair (PL **scaireanna**) FEM NOUN2
share
□ Tá scaireanna acu sa chuideachta. They've got shares in the company.

scaird VERB [15]
1 to squirt
□ Scaird sé uisce ar a dheirfiúr. He squirted water at his sister.
2 to pour
□ Tá uisce ag scairdeadh as an bpíobán. There's water pouring out of the pipe.

scairdeitleán MASC NOUN1
jet (*plane*)

scairp (PL **scairpeanna**) FEM NOUN2
scorpion
■ **An Scairp** Scorpio □ Is mise An Scairp. I'm Scorpio.

scairt (PL **scairteanna**) FEM NOUN2
▷ *see also* **scairt** VERB
shout
■ **scairt a ligean** to shout
■ **scairt ghutháin** a phone call □ Ba mhaith liom scairt ghutháin a dhéanamh. I'd like to make a phone call.

scairt VERB [15, VA **scairte**]
▷ *see also* **scairt** FEM NOUN2
1 to shout
□ Scairt sé orainn. He shouted to us.
□ Scairt mé agus d'amharc sé siar. I shouted and he looked round.

■ **Scairt sé isteach ar a bhealach abhaile.**
He called in on his way home.
2 to call *(phone)*

scaitheamh (PL **scaití**) MASC NOUN1
while

■ **scaití** at times

scála MASC NOUN4
scale

□ **ar scála domhanda** on a global scale

■ **scálaí** *(in kitchen)* scales

■ **scálaí tomhais** bathroom scales

scall VERB [23]
to poach

□ **ubh scallta** a poached egg

scamall MASC NOUN1
cloud

scamallach ADJECTIVE
cloudy

scamh VERB [23, VA scafa]
1 to peel

□ **Tá an phéint ag scamhadh.** The paint is
peeling off. □ **An ndéanfaidh mé na prátaí a
scamhadh?** Shall I peel the potatoes?

2 to shell *(peas)*
3 to plane *(wood)*

scamhóg FEM NOUN2
lung

□ **ailse scamhóige** lung cancer

scan VERB [23]
to scan

scannal MASC NOUN1
scandal

□ **Thóg sé scannal.** It caused a scandal.

scannán MASC NOUN1
film

□ **Níor thaitin an scannán liom.** I didn't like
the film.

■ **scannán faisnéise** a documentary

■ **scannán uafáis** a horror movie

scannánaigh VERB [12]
to film

scanóir MASC NOUN3
scanner

scanradh MASC NOUN1
fright

scanraigh VERB [12]
to frighten

□ **Scanraigh an toirneach na páistí.**
The thunder frightened the children.

scanraithe ADJECTIVE
frightened

scaoil VERB [15]
1 to come undone

□ **Scaoil sé.** It came undone.

2 to release *(prisoner)*

3 to shoot

□ **Scaoileadh marbh é.** He was shot dead.

□ **Ná scaoil!** Don't shoot!

4 to fire

□ **Scaoil sí faoi dhó.** She fired twice.

■ **scaoileadh le duine 1** to let somebody
go **2** to fire at somebody □ **Scaoil an
sceimhlitheoir leis an slua.** The terrorist
fired at the crowd.

scaoileadh (GEN SING **scaoilte**) MASC NOUN
1 release *(of prisoners)*
2 shooting *(of person, gun)*

scaoilte ADJECTIVE
loose

□ **Tá cónasc scaoilte ann.** There's a loose
connection.

scaoll MASC NOUN1
panic

□ **Múscail mé agus scaoll orm.** I woke up
in a panic.

■ **scaoll a theacht ort** to panic □ **Tháinig
scaoll iontu.** They panicked.

scar VERB [14]
1 to separate

□ **Scar an dá ghrúpa ó chéile.** Separate the
two groups.

2 to part

□ **Scaramar ag bun na sráide.** We parted at
the bottom of the street.

■ **scaradh le rud** to part with something

scartha ADJECTIVE
separate

□ **Scríobh mé ar leathanach scartha é.**
I wrote it on a separate sheet.

scata MASC NOUN4
crowd

■ **scata leabhar** several books

scáta MASC NOUN4
skate

■ **scátaí rothacha** roller skates

scátáil FEM NOUN3
▷ *see also* **scátáil** VERB
skating

□ **Chuamar ag scátáil.** We went skating.

■ **rinc scátála** a skating rink

■ **scátáil ar oighear** ice-skating

scátáil VERB [25]
▷ *see also* **scátáil** FEM NOUN3
to skate

scátálaí MASC NOUN4
skater

scáth (PL **scáthanna**) MASC NOUN3
1 shade

□ **faoi scáth na gcrann** in the shade of the
trees

S

scáthach – sciáil

- **scáth fearthainne** an umbrella
- **scáth gréine** a parasol

2 cover

□ faoi scáth na hoíche under cover of darkness

3 reflection *(in mirror)*

scáthach ADJECTIVE
shady

scáthán MASC NOUN1
mirror

□ Tá scáthán os cionn an bháisín níocháin. There's a mirror over the washbasin.

sceadamán MASC NOUN1
throat

□ Tá tinneas sceadamáin orm. I've got a sore throat.

scéal (PL **scéalta**) MASC NOUN1
story

□ Chum sé an scéal iomlán. He made up the whole story. □ scéal bleachtaireachta a detective story

- **scéal fada ar an anró** a tale of woe
- **scéal práinneach** a news flash
- **Is bocht an scéal é.** It's a sad state of affairs.

scéala MASC NOUN4
news

□ Ar chuala tú an dea-scéala? Did you hear the good news?

- **scéala a chur chuig duine** to let somebody know □ Cuirfidh mé scéala chugat a luaithe is féidir. I'll let you know as soon as possible.
- **scéala a fháil ó dhuine** to hear from somebody □ Ní bhfuair mé scéala uaidh ar na mallaibh. I haven't heard from him recently.

scéalaí MASC NOUN4
storyteller

- **Is maith an scéalaí an aimsir.** Time will tell.

sceallóg FEM NOUN2
chip

□ D'ordaíomar stéig agus sceallóga. We ordered steak and chips.

scéalta ▷ see **scéal**

sceana ▷ see **scian**

sceanra MASC NOUN4
cutlery

sceideal MASC NOUN1
schedule

□ sceideal gnóthach a busy schedule

- **de réir an sceidil** on schedule

sceilp (PL **sceilpeanna**) FEM NOUN2
slap

scéim (PL **scéimeanna**) FEM NOUN2
scheme

sceimhle (PL **sceimhleacha**) MASC NOUN4
terror

- **sceimhle a chur ar dhuine** to terrorize somebody
- **Is iad a fuair an sceimhle.** They had a terrible time of it.

sceimhlitheoir MASC NOUN3
terrorist

□ ionsaí sceimhlitheoireachta a terrorist attack

sceimhlitheoireacht FEM NOUN3
terrorism

scéin FEM NOUN2
terror

scéiniúil ADJECTIVE

1 frightening *(scary)*

2 garish

□ dathanna scéiniúla garish colours

scéinséir MASC NOUN3
thriller *(TV, cinema)*

sceiptiúil ADJECTIVE
sceptical

sceith VERB [16, VN sceitheadh]

1 to overflow *(water)*

2 to peel *(skin, paint)*

- **rún a sceitheadh** to divulge a secret
- **sceitheadh ar dhuine** to inform on somebody

scéithe ▷ see **sciath**

sceitimíneach ADJECTIVE
very excited

sceitimíní PL NOUN
excitement

- **sceitimíní a bheith ort** to be very excited

sceitse MASC NOUN4
sketch

sceitseáil VERB [25]
to sketch

scí (PL **scíonna**) MASC NOUN4
ski

sciáil VERB [25]

▷ see also **sciáil** FEM NOUN3

to ski

□ An féidir leat sciáil? Can you ski?

sciáil FEM NOUN3

▷ see also **sciáil** VERB

skiing

□ Is breá liom an sciáil. I love skiing.

- **sciáil ar uisce** water-skiing
- **sciáil trastíre** cross-country skiing
- **ionad sciála** a ski resort
- **dul ag sciáil** to go skiing □ Ba mhaith liom dul ag sciáil níos minice. I'd like to go skiing more often.

■ **bróga sciála** ski boots
■ **ardaitheoir sciála** a ski lift

sciálaí MASC NOUN4
skier

sciamhach ADJECTIVE
beautiful

scian (GEN SING **scine**, PL **sceana**) FEM NOUN2
knife

□ **scian chistine** a kitchen knife □ **scian phóca** a penknife □ **scian feola** a carving knife

■ **dul faoi scian** to have an operation □ Ní dheachaigh mé féin faoi scian riamh. I have never had an operation.

sciar (PL **sciartha**) MASC NOUN4
share

sciath (GEN SING **scéithe**) FEM NOUN2
1 shield (for protection)
2 guard (on machine)

sciathán MASC NOUN1
1 wing
□ Bhuail an t-éan a sciatháin. The bird flapped its wings.
2 arm (of person)
□ Bhí a sciathán ar iompar léi. She had her arm in a sling.

■ **sciathán leathair** (animal) bat

scigphictiúr MASC NOUN1
caricature

scil (PL **scileanna**) FEM NOUN2
skill
□ **scileanna aonair** individual skills
□ Teastaíonn scileanna maithe ríomhaireachta don phost seo. The job requires good computer skills.

sciliúil ADJECTIVE
skilled

scilléad MASC NOUN1
saucepan

scimeáil VERB [25]
1 to skim (page)
2 to surf (on the internet)
□ Caithim cuid mhór ama ag scimeáil ar an Idirlíon. I spend a lot of time surfing the Net.

scine ▷ see **scian**

sciob VERB [14]
to snatch
□ Sciobadh mo mhála orm. My bag was snatched.

scioból MASC NOUN1
barn

sciobtha ADJECTIVE
fast

■ **sciobtha scuabtha** spick-and-span

scíonna ▷ see **scí**

sciorr VERB [14]
1 to slip
□ Sciorr mo chos ar an oighear. I slipped on the ice.
2 to skid (car)

sciorrach ADJECTIVE
slippery

sciorradh (GEN SING **sciorrtha**, PL **sciorrthaí**) MASC NOUN
slip
□ **sciorradh focail** a slip of the tongue

sciorta MASC NOUN4
skirt
□ **sciorta gairid** a short skirt
■ **sciorta den ádh** a bit of luck

scipéad MASC NOUN1
till

scíth FEM NOUN2
rest
□ **scíth cúig nóiméad** five minutes' rest
■ **do scíth a ligean** to have a rest □ Stop muid lenár scíth a ligean. We stopped to have a rest.

sciuird (PL **sciuirdeanna**) FEM NOUN2
dash
■ **Thug sí sciuird abhaile am lóin.** She dashed home at lunch time.

sciurd VERB [23]
to dash

sclábhaí MASC NOUN4
1 slave
□ **an trádáil sclábhaí** the slave trade
2 labourer (workman)

scláta MASC NOUN4
slate

scléip (PL **scléipeanna**) FEM NOUN2
fun

scoil (PL **scoileanna**) FEM NOUN2
1 school
□ Beidh dioscó ar siúl sa scoil anocht. There's a disco at the school tonight. □ Bím mall don scoil go minic. I'm often late for school.
■ **ar scoil 1** at school □ Tá sí ag déanamh go maith ar scoil. She's doing well at school. **2** to school □ Tiomáineann mo mháthair mé ar scoil. My mother drives me to school.
■ **scoil chónaithe** a boarding school
■ **scoil ghramadaí** a grammar school
2 shoal (of fish)

scoilt VERB [15, VA **scoilte**]
▷ see also **scoilt** FEM NOUN2
to split
□ Scoilt sé an t-adhmad le tua. He split the wood with an axe.

scoilt (PL **scoilteanna**) FEM NOUN2
▷ see also **scoilt** VERB
split

scoir VERB [13, VN SCOR, VA scortha]
1 to disconnect
□ Scoireadh an ghlao. The call was disconnected.
2 to break up (school)
□ Scoirfimid Dé Céadaoin seo chugainn. We break up next Wednesday.
■ **scor de rud** to stop doing something

scoite ADJECTIVE
1 remote (place)
2 detached (house)
□ Tá cónaí orainn i dteach scoite. We live in a detached house.
3 scattered (showers)

scoith VERB [16, VN scoitheadh]
1 to cut off
□ Scoith sí orlach dá glib. She cut an inch off her fringe.
2 to pass (in race)
□ Scoith mé iad cúpla míle siar. I passed them a couple of miles back.
3 to overtake (car)
□ Tháinig an carr amach le feithicil a scoitheadh. The car pulled out to overtake.
■ **Scoitheamar an coirnéal ar luas.** We rounded the corner at speed.

scoláire MASC NOUN4
scholar

scoláireacht FEM NOUN3
scholarship (bursary)

sconna MASC NOUN4
tap (on sink)
□ Ná fág an sconna ag rith. Don't leave the tap on.

scor MASC NOUN1
retirement
■ **ar scor** (from work) retired
■ **ar scor ar bith** at any rate

scór (PL **scórtha**) MASC NOUN1
score
□ Bhí an scór a trí a náid. The score was three nil. □ An féidir leat an scór a choinneáil, le do thoil. Can you keep score, please.
■ **scór féachana** (TV, radio) ratings

scóráil VERB [25]
to score
□ Eisean a scóráil an cúl a bhuaigh an cluiche dóibh. He scored the winning goal.
□ a 6 as a 10 a scóráil to score 6 out of 10

scórchlár MASC NOUN1
scoreboard

scornach FEM NOUN2
throat
□ leigheas maith ar scornach nimhneach a good remedy for a sore throat

scoth (PL **scothanna**) FEM NOUN3
best choice
■ **scoth oibre** excellent work
■ **scoth lae** a great day
■ **béile den chéad scoth** a first-class meal

scragall MASC NOUN1
foil
□ scragall stáin tinfoil

scread VERB [23]
▷ see also **scread** FEM NOUN3
to scream

scread (PL **screadanna**) FEM NOUN3
▷ see also **scread** VERB
scream
■ **scread a ligean** to scream

scríbhinn FEM NOUN2
writing
□ Chuir tú i scríbhinn é. You have to put it in writing.
■ **scríbhinní an Phiarsaigh** Pearse's writings

scríbhneoir MASC NOUN3
writer
□ Is scríbhneoir í. She's a writer.
■ **scríbhneoir CDanna** a CD writer
■ **scríbhneoir DVD** a DVD writer

scríbhneoireacht FEM NOUN3
writing
□ Tá mo chuid scríbhneoireachta trína chéile. My writing is terribly messy.

scrín (PL **scrínte**) FEM NOUN2
shrine

scríob FEM NOUN2
▷ see also **scríob** VERB
1 scratch
2 spell (of work)
■ **ceann scríbe** destination

scríob VERB [14]
▷ see also **scríob** FEM NOUN2
to scratch

scríobach ADJECTIVE
abrasive

scríobadh (GEN SING **scríobtha**) MASC NOUN
scratch

scríobh VERB [23, VN scríobh, VA scríofa]
▷ see also **scríobh** MASC NOUN3
to write
□ Scríobh do sheoladh i gceannlitreacha. Write your address in capitals. □ Scríobh nótaí sa chiumhais. Write notes in the margin.

■ **scríobh chuig duine** to write to somebody □ Shocraigh mé scríobh chuici. I decided to write to her.
■ **CD a scríobh** to burn a CD

scríobh (GEN SING **scríofa**) MASC NOUN3
▷ *see also* **scríobh** VERB
writing
□ Aithním a scríobh. I recognize his writing. □ Ní féidir liom an scríobh agat a léamh. I can't read your writing.

scrioptúr MASC NOUN1
Scripture

scrios VERB [23]
▷ *see also* **scrios** MASC NOUN
1 to ruin
□ Scriosfaidh tú do bhróga. You'll ruin your shoes.
2 to wreck
□ Scrios an pléascadh an teach iomlán. The explosion wrecked the whole house.
3 to rub out *(erase)*
□ Scrios an focal sin. Rub out that word.

scrios (GEN SING **scriosta**) MASC NOUN
▷ *see also* **scrios** VERB
destruction

scriosach ADJECTIVE
destructive

scriosán MASC NOUN1
rubber *(eraser)*
□ An dtig liom do scriosán a fháil ar iasacht uait? Can I borrow your rubber?

script (PL **scripteanna**) FEM NOUN2
script

scriú (PL **scriúnna**) MASC NOUN4
screw

scriúáil VERB [25]
to screw

scriúire MASC NOUN4
screwdriver

scrofa ADJECTIVE
scrambled
□ uibheacha scrofa scrambled eggs

scroid FEM NOUN2
snack

scrollaigh VERB [12]
to scroll *(on computer)*
■ **Scrollaigh síos.** Scroll down.

scrúdaigh VERB [12]
to examine
□ Rinne sé scrúdú ar a pas. He examined her passport. □ Rinne an dochtúir scrúdú air. The doctor examined him.

scrúdaitheoir MASC NOUN3
examiner

scrúdú MASC NOUN
1 exam
□ Theip orm sa scrúdú. I failed the exam. □ Bhain mé gradam amach i mo scrúdú pianó. I got a distinction in my piano exam.
■ **scrúdú bréige** a mock exam
■ **scrúdú cainte** an oral exam
■ **scrúdú iontrála** an entrance exam
2 test
□ scrúdú fola a blood test □ Tá siad a dhul a dhéanamh tuilleadh scrúduithe. They're going to do some more tests.

scuab FEM NOUN2
▷ *see also* **scuab** VERB
brush
■ **scuab éadaigh** a clothes brush
■ **scuab ghruaige** a hairbrush

scuab VERB [14]
▷ *see also* **scuab** FEM NOUN2
1 to sweep *(floor)*
2 to brush
□ Scuab mé mo chuid gruaige. I brushed my hair. □ Scuabaim mo chuid fiacla gach oíche. I brush my teeth every night.
■ **scuabadh leat** to rush off

scuaine FEM NOUN4
queue
■ **dul i scuaine faoi choinne ruda** to queue for something □ Bhí orainn dul i scuaine le haghaidh na dticéad. We had to queue for tickets.

scuais FEM NOUN2
squash *(sport)*
□ Imrím scuais. I play squash.

scútar MASC NOUN1
scooter

sé PRONOUN
▷ *see also* **sé** MASC NOUN4
1 he
□ Tá sé san arm. He's in the army. □ Tharraing sé a ghunna. He reached for his gun.
2 it
□ Tá sé te go maith inniu. It's quite warm today. □ Cá fhad atá sé go ...? How far is it to ...? □ Cén t-am atá sé? What time is it?

sé (PL **séanna**) MASC NOUN4
▷ *see also* **sé** PRONOUN
six

LANGUAGE TIP **sé** is usually followed by a singular noun.

□ sé bhuidéal six bottles □ sé mhéadar ar fad 6 metres long
■ **Tá sé sé bliana d'aois.** He's six.

■ **sé ... déag** sixteen □ sé dhuine déag sixteen people

seabhac MASC NOUN1
hawk

séabra MASC NOUN4
zebra

seac MASC NOUN1
jack (for car)

seaca ▷ see **sioc**

seach NOUN
■ **faoi seach** in turn
■ **Doire agus Baile Átha Cliath faoi seach** Derry and Dublin respectively

seachadadh (GEN SING **seachadta**) MASC NOUN
1 delivery (mail)
□ íoc ar seachadadh cash on delivery
□ seachadadh taifeadta recorded delivery
■ **Bím ag seachadadh nuachtán.** I deliver newspapers.
2 pass (sport)

seachaid VERB [25, VN seachadadh, VA seachadta]
1 to deliver (mail, newspapers)
2 to pass (ball)

seachain VERB [19]
to avoid
□ Seachain an tsráid san oíche. Avoid going down that street at night.

seachaint FEM NOUN3
■ **bheith ar do sheachaint** to be on the run
□ Tá na coirpigh fós ar a seachaint. The criminals are still on the run.

seachas PREPOSITION
1 besides
□ Bhí triúr ann seachas mise. There were three people there besides me.
2 compared to
□ Tá sí go maith anois seachas mar a bhí. She is well now compared to how she was.

seachbhóthar MASC NOUN1
ring road

seachród MASC NOUN1
bypass (road)

seacht (PL **seachtanna**) MASC NOUN4
seven

LANGUAGE TIP **seacht** is usually followed by a singular noun.

□ seacht mbuidéal seven bottles
■ **Tá sí seacht mbliana d'aois.** She's seven.
■ **seacht ... déag** seventeen □ seacht nduine dhéag seventeen people

seachtain (PL **seachtainí**) FEM NOUN2
week

□ Beidh muid ag stopadh anseo go ceann seachtaine. We're staying here for a week.

LANGUAGE TIP Numbers in Irish are usually followed by a singular noun, but the plural form **seachtaine** is used after numbers 3 to 10.

□ trí seachtaine saoire le pá 3 weeks' paid holiday
■ **an tseachtain seo caite** last week
■ **gach seachtain** every week
■ **an tseachtain seo chugainn** next week
□ Beidh siad ag bogadh isteach an tseachtain seo chugainn. They're moving in next week.
■ **i gceann seachtaine** in a week's time
■ **seachtain agus an lá inniu** a week ago today
■ **deireadh na seachtaine** the weekend
□ Ní stadann sé den obair, fiú amháin ag an deireadh seachtaine. He never stops working, not even at the weekend.

seachtainiúil ADJECTIVE
weekly

seachtar MASC NOUN1
seven people
■ **seachtar ban** seven women

seachtó (GEN SING **seachtód**, PL **seachtóidí**) MASC NOUN
seventy

LANGUAGE TIP **seachtó** is followed by a singular noun.

□ seachtó duine seventy people
■ **Tá sé seachtó bliain d'aois.** He's seventy.

seachtódú ADJECTIVE
seventieth

seachtrach ADJECTIVE
external

seachtú ADJECTIVE
seventh
□ an seachtú hurlár the seventh floor
■ **an seachtú Lúnasa** the seventh of August

seacláid FEM NOUN2
chocolate
□ císte seacláide a chocolate cake
□ seacláid bhainne milk chocolate
□ seacláid dhorcha dark chocolate

seadóg FEM NOUN2
grapefruit

seafóid FEM NOUN2
nonsense
□ Sin seafóid ghlan! That's a load of nonsense!

seafóideach ADJECTIVE
ridiculous

seaicéad MASC NOUN1

jacket

□ seaicéad svaeide **a suede jacket**
□ seaicéad dinnéir **a dinner jacket**
□ seaicéad tarrthála **a life jacket**

seaimpéin MASC NOUN4

champagne

seaimpín MASC NOUN4

champion *(sport)*

seal MASC NOUN3

1 turn

□ Do shealsa atá ann. **It's your turn.**
□ Labhair siad ar a seal. **They spoke in turn.**

2 shift *(at work)*

□ Tosóidh a sheal oibre ar a 8 a chlog. **His shift starts at 8 o'clock.** □ seal na hoíche **the night shift**

seál (PL **séalta**) MASC NOUN1

shawl

séala MASC NOUN4

seal

■ **séala a chur ar rud** to seal something
■ **faoi shéala** *(document)* sealed

sealadach ADJECTIVE

provisional

sealaíocht FEM NOUN3

relay *(race)*

■ **sealaíocht a dhéanamh le duine** to take turns with somebody

sealbh, sealbha ▷ see **seilbh**

sealgaire MASC NOUN4

hunter

sealgaireacht FEM NOUN3

hunting

sealla MASC NOUN4

chalet

Sealtainn FEM NOUN4

Shetland

seampú (PL **seampúnna**) MASC NOUN4

shampoo

□ buidéal seampú **a bottle of shampoo**

seamróg FEM NOUN2

shamrock

sean (GEN SING, GEN PL **sean**, PL **seana**)

MASC NOUN4

▷ see also **sean** ADJECTIVE

ancestor

sean (COMPAR **sine**), ADJECTIVE

▷ see also **sean** MASC NOUN4

old

□ Níl sé chomh sean sin. **He's not so old.**
□ Caithfidh go bhfuil mé ag éirí sean. **I must be getting old.**

sean- PREFIX

old

□ seandaoine **old people** □ Is sean-nós é. **It's an old custom.** □ Tá siad ag cóiriú seanteachín. **They're doing up an old cottage.** □ mo sheanmhúinteoir Béarla **my old English teacher**

■ **an tSean-Ghréig** ancient Greece

-sean SUFFIX

LANGUAGE TIP sean is added to the end of words for emphasis.

□ a mháthairsean **HIS mother** □ dóibhsean **to THEM**

séan MASC NOUN1

▷ see also **séan** VERB

1 happiness

2 good luck

■ **Rugadh an séan leis.** He was born lucky.

séan VERB [23]

▷ see also **séan** MASC NOUN1

to deny

□ Shéan sí gach rud. **She denied everything.**

seanad MASC NOUN1

senate

séanadh (GEN SING **séanta**) MASC NOUN

denial

seanadóir MASC NOUN3

senator

seanaimseartha ADJECTIVE

old-fashioned

□ Tá mo thuismitheoirí cineál seanaimseartha. **My parents are rather old-fashioned.**

seanaois FEM NOUN2

old age

seanathair (GEN SING **seanathar**, PL **seanaithreacha**) MASC NOUN

grandfather

seanbhean (GEN SING, PL **seanmhná**, GEN PL **seanbhan**) FEM NOUN

old woman

seanchaite ADJECTIVE

1 worn out *(clothes)*

2 trite *(phrase, remark)*

seanda ADJECTIVE

ancient

seandachtaí FEM PL NOUN3

antiques

seandálaí MASC NOUN4

archaeologist

□ Is seandálaí é. **He's an archaeologist.**

seandálaíocht FEM NOUN3

archaeology

seanduine (PL **seandaoine**) MASC NOUN4

old person

■ **na seandaoine** elderly people

seanfhaiseanta – seasmhach

seanfhaiseanta ADJECTIVE
old-fashioned
□ Caitheann sí éadaí seanfhaiseanta.
She wears old-fashioned clothes.

seanfhear MASC NOUN1
old man

seanfhocal MASC NOUN1
proverb

seang (GEN SING MASC **seang**) ADJECTIVE
slender

seangán MASC NOUN1
ant

seanmháthair (GEN SING **seanmháthar**,
PL **seanmháithreacha**) FEM NOUN
grandmother

seanmóir FEM NOUN3
sermon

séanna ▷ see sé

seanphinsean MASC NOUN1
old-age pension

seanphinsinéir MASC NOUN3
old-age pensioner
□ Is seanphinsinéir í. She's an old-age
pensioner.

seans (PL **seansanna**) MASC NOUN4
1 chance
□ Tá seans maith acu baint. Their chances
of winning are very good.
■ **dul sa seans** to take a chance □ Ní
bheidh mé ag dul sa seans! I'm taking no
chances!
■ **de sheans** by chance □ Bhuaileamar le
chéile de thaisme. We met by chance.
2 luck
■ **Bhí seans leat nár gortaíodh thú.** You
were lucky not to be injured.
■ **Seans nach bhfaca sé muid.** Maybe he
didn't see us.

seansailéir MASC NOUN3
chancellor
■ **Seansailéir an Státchiste** Chancellor of
the Exchequer

Sean-Tiomna MASC NOUN4
Old Testament

Seapáin FEM NOUN2
■ **an tSeapáin** Japan □ sa tSeapáin in
Japan □ ón tSeapáin from Japan

Seapáinis FEM NOUN2
Japanese (language)

Seapánach ADJECTIVE, MASC NOUN1
Japanese
□ Is Seapánach í. She's Japanese.

searbh (GEN SING MASC **searbh**) ADJECTIVE
bitter
□ blas searbh a bitter taste

■ **éirí searbh le chéile** to become angry
with one another

searbhónta MASC NOUN4
servant

searc FEM NOUN2
love

searmanas MASC NOUN1
ceremony

searr VERB [23]
to stretch

searrach MASC NOUN1
foal

searradh (GEN SING **searrtha**) MASC NOUN
stretching

seas VERB [23, VN seasamh]
1 to stand
□ Seasaigí! Stand up!
■ **seasamh don Dáil** to stand for the Dáil
■ **seasamh le duine** to stand by somebody
□ Sheas sí lena fear. She stood by her
husband.
■ **an fód a sheasamh** to make a stand
■ **Seas an fód ar son do chearta!** Stand up
for your rights!
2 to keep
□ Ní sheasann an bainne san aimsir seo.
Milk doesn't keep in weather like this.
■ **deoch a sheasamh do dhuine** to treat
somebody to a drink

seasamh MASC NOUN1
standing
□ áit seasaimh standing room
■ **bheith i do sheasamh** to be standing
□ Bhí sé ina sheasamh taobh amuigh den
teach. He was standing outside the house.
■ **titim as do sheasamh** to collapse □ Thit
sí as a seasamh isteach i gcathaoir. She
collapsed into a chair.

seasca (GEN SING **seascad**, PL **seascaidí**) MASC
NOUN
sixty

LANGUAGE TIP **seasca** is followed by a
singular noun.

□ seasca duine sixty people
■ **Tá sé seasca bliain d'aois.** He's sixty.

seascadú ADJECTIVE
sixtieth

seascair ADJECTIVE
cosy (clothes, house)
■ **bheith go seascair** to be well-off

seascann MASC NOUN1
swamp

seasmhach ADJECTIVE
1 reliable
□ carr buanseasmhach a reliable car

2 stable
□ caidreamh seasmhach a stable relationship
3 settled (weather)

seasta ADJECTIVE
steady
□ dul chun cinn seasta steady progress
□ post seasta a steady job □ stócach seasta a steady boyfriend
■ biachlár ar phraghas seasta a fixed-price menu

seastán MASC NOUN1
stand
□ seastán nuachtán a news stand

séasúr MASC NOUN1
1 season
□ Cad é an séasúr is fearr leat? What's your favourite season? □ an séasúr díomhaoin the low season
■ as séasúr out of season □ Bíonn sé níos saoire dul ann as séasúr. It's cheaper to go there out of season.
2 seasoning (in food)

séasúrach ADJECTIVE
1 seasonal (work, produce)
2 seasoned (food)

seic (PL seiceanna) MASC NOUN4
cheque
□ D'íoc sí le seic. She paid by cheque.

seic-chárta MASC NOUN4
cheque card

Seiceach ADJECTIVE, MASC NOUN1
Czech
□ Poblacht Seiceach the Czech Republic

seiceáil VERB [25]
to check
■ seiceáil amach to check out □ An féidir liom seiceáil amach, le do thoil? Can I check out, please?

seicleabhar MASC NOUN1
chequebook

séid VERB [15]
to blow
□ Shéid sé ina ghála. It blew a gale. □ Shéid an ghaoth chun siúil é. The wind blew it away.

séideadh (GEN SING séidte) MASC NOUN
draught (of air)
□ bearradh agus séideadh tirim a cut and blow-dry

séideán MASC NOUN1
gust (of wind)

SEIF ABBREVIATION (= Siondróm Easpa Imdhíonachta Faighte)
AIDS

seilbh (PL sealbha, GEN PL sealbh) FEM NOUN2
possession
□ An bhfuil do shealbha go léir agat? Have you got all your possessions?
■ duine a chur as seilbh to evict somebody

seile FEM NOUN4
saliva
■ seile a chaitheamh to spit □ Chaith sé seile ar an talamh. He spat on the ground.

seilf (PL seilfeanna) FEM NOUN2
shelf
□ Thit an leabhar den tseilf. The book fell off the shelf. □ Ghlan mé an deannach de na seilfeanna. I dusted the shelves.

seilg VERB [13, VN seilg]
▷ see also seilg FEM NOUN2
to hunt
■ Tá mé in éadan na seilge. I'm against hunting.
■ raidhfil seilge a hunting rifle

seilg FEM NOUN2
▷ see also seilg VERB
hunt

seilide MASC NOUN4
snail

séimh ADJECTIVE
1 gentle (person)
2 mild (weather)
□ Bíonn na geimhrí measartha séimh. The winters are quite mild.
3 smooth (drink)
4 fine (material)

seimineár MASC NOUN1
seminar

seinn VERB [15, VN seinm]
to play (music)
□ Seinneann Orla ar an bpíb mhór. Orla plays the bagpipes. □ Seinnim le ceolfhoireann na scoile. I play in the school orchestra.

seinnteoir MASC NOUN3
player
□ seinnteoir dlúthdhioscaí a CD player
□ seinnteoir MP3 an MP3 player

séipéal MASC NOUN1
chapel

seirbhís FEM NOUN2
service
□ Tá an tseirbhís feabhsaithe acu. They have improved the service. □ Níl seirbhís san áireamh. Service is not included.
■ seirbhísí poiblí public services
■ na seirbhísí éigeandála the emergency services

seirbhíseach MASC NOUN1
servant

S

Irish-English

Seirbia FEM NOUN4
■ an tSeirbia Serbia
Seirbiach ADJECTIVE, MASC NOUN1
Serbian
seiris FEM NOUN2
sherry
seisean PRONOUN
he *(emphatic)*
□ Níl seisean chomh lúfar sin. HE's not so agile.
seisear MASC NOUN1
six people
■ seisear ban six women
séisín MASC NOUN4
tip
□ Ná déan dearmad séisín a thabhairt don tiománaí tacsaí. Don't forget to give the taxi driver a tip.
seisiún MASC NOUN1
session
■ seisiún ceoil a traditional music session
seo PRONOUN, ADJECTIVE, ADVERB
1 this
□ an focal seo this word □ Seo fear. This is a man. □ Seo é an fear. This is the man.
2 these
□ na focail seo these words
3 here is
□ Seo í. Here she is.
4 here are
□ Seo iad. Here they are.
■ faoi seo by now
■ roimhe seo before this
■ an tseachtain seo chugainn next week
■ an mhí seo caite last month
seó (PL **seónna**) MASC NOUN4
show
□ D'éirigh go maith leis an seó. The show was a success. □ seó teilifíse a TV show □ seó cainte a chat show
seodóir MASC NOUN3
jeweller
□ Is seodóir é. He's a jeweller.
seodra MASC NOUN4
jewellery
seoid (PL **seoda**, GEN PL **seod**) FEM NOUN2
jewel
seoigh ADJECTIVE
wonderful
■ Rinne sí go seoigh é. She did it wonderfully.
seol (PL **seolta**) MASC NOUN1
▷ see also **seol** VERB
sail *(on ship)*
■ báidín seoil a sailing dinghy

seol VERB [23]
▷ see also **seol** MASC NOUN1
1 to sail
□ Sheol siad an luamh timpeall an oileáin. They sailed the yacht around the island.
2 to send
□ Seol abhaile é. Send him home.
■ litir a sheoladh chuig duine to send a letter to somebody
3 to launch
□ Tá siad ag dul a sheoladh mo leabhair nua. They're going to launch my new book.
seoladh (GEN SING **seolta**, PL **seoltaí**) MASC NOUN
1 address
□ Scríobh mé síos an seoladh. I wrote down the address. □ Cad é an seoladh agat? What's your address? □ seoladh ríomhphoist an e-mail address
2 sailing *(pastime)*
3 launch *(of book)*
seolán MASC NOUN1
lead *(electrical)*
seoltóir MASC NOUN3
sailor
seoltóireacht FEM NOUN3
sailing
□ Is í an tseoltóireacht an caitheamh aimsire atá aige. His hobby is sailing.
■ dul ag seoltóireacht to go sailing
seomra MASC NOUN4
room
□ an seomra is mó sa teach the biggest room in the house □ Tá seomraí ar leith ag na páistí. The children have separate rooms. □ seomra bia a dining room
■ seomra comhrá *(on the internet)* a chatroom □ seomra dúbailte a double room
■ seomra folctha a bathroom □ Tá an seomra folctha thíos staighre. The bathroom's downstairs.
■ seomra leapa a bedroom □ seomra singil a single room □ seomra suí a sitting room
seónna ▷ see **seó**
séú ADJECTIVE
sixth
□ an séú hurlár the sixth floor
■ an séú lá déag de Lúnasa the sixth of August
sh *(remove "h")*
sí PRONOUN
1 she
□ Tá sí ar saoire. She's on holiday.

S

2 it
□ Tá sí ar oíche chomh fuar agus a tháinig riamh. It's as cold a night as we've ever had.

siad PRONOUN
they
□ Lean siad an cosán. They followed the track. □ Tháinig siad gan choinne. They arrived unexpectedly.

siadsan PRONOUN
they (for emphasis)
□ Tháinig siadsan agus d'fhan sise. THEY came and she stayed.

siamsa MASC NOUN4
amusement
■ **siamsa a dhéanamh do dhuine** to entertain somebody □ Rinne sé siamsa do na páistí lena chuid scéalta. He entertained the children with his stories.

siamsaíocht FEM NOUN3
fun
□ siamsaíocht oíche nightlife

siar ADVERB
1 west
□ Bhíomar ag bogadh siar. We were moving west.
2 back
□ Ná déan dearmad na cloig a chur siar. Don't forget to put the clocks back.
■ **dul siar** to turn back □ B'éigean dúinn tiontú siar mar gheall ar an sneachta. We had to turn back because of the snow.
■ **bog siar** to move back □ Bhog sí siar ón fhuinneog. She moved back from the window.
■ **seas siar** to step back □ Sheas mé siar ó imeall na binne. I stepped back from the edge of the cliff.
■ **dul siar ar d'fhocal** to go back on your word □ Chuaigh sé siar ar a fhocal. He went back on his word.
■ **dul siar ar do choiscéim** to retrace one's steps □ Chuaigh mé siar ar mo choiscéim. I retraced my steps.
■ **chomh fada siar le** as far back as
■ **tarraingt siar** to back out □ Tharraing siad siar ag an mbomaite deiridh. They backed out at the last minute.
■ **rud a chur siar** to postpone something

sibh PRONOUN
you
□ Tá sibh araon contráilte. You are both wrong.

sibhialta ADJECTIVE
1 civil
2 polite (person)

sibhialtacht FEM NOUN3
civilization

sibhse PRONOUN
you (for emphasis)
□ Is óige ise ná sibhse. She's younger than you.

síceolaí MASC NOUN4
psychologist
□ Is síceolaí é. He's a psychologist.

síceolaíoch ADJECTIVE
psychological

síceolaíocht FEM NOUN3
psychology

síciatraí MASC NOUN4
psychiatrist
□ Is síciatraí í. She's a psychiatrist.

Sicil FEM NOUN2
■ **an tSicil** Sicily □ sa tSicil in Sicily □ go dtí an tSicil to Sicily

sicín MASC NOUN4
chicken (food)
□ cos sicín a chicken leg

sil VERB [15]
1 to drip
□ Tá uisce ag sileadh as an sconna. Water is dripping from the tap.
2 to trickle
■ **Bhí na deora ag sileadh lena grua.** Tears were trickling down her cheek.
3 to run (nose)
4 to shed (tears)

síl VERB [15]
1 to think
□ Sílim gur chóir é a dhéanamh. I think it ought to be done. □ Sílim go bhfuil sé ar fheabhas. I think he's lovely. □ Ar chúis éigin sílim nár chreid sé mé. Somehow I don't think he believed me. □ Sílim gur fhág mé an solas ar siúl. I think I left the light on.
2 to intend
□ Shíl siad muid a stopadh. They intended to stop us.

Sile FEM NOUN4
■ **an tSile** Chile

síleáil FEM NOUN3
ceiling

siléar MASC NOUN1
cellar
□ Stórálann siad prátaí sa siléar. They store potatoes in the cellar.
■ **siléar fíona** a wine cellar

silín MASC NOUN4
cherry
□ Mhaisigh mé an císte le silíní. I decorated the cake with cherries.

simléar MASC NOUN1
1 chimney
2 funnel *(of ship)*

simplí ADJECTIVE
simple
□ Tá sé iontach simplí. It's very simple.

simplíocht FEM NOUN3
simplicity

sin PRONOUN, ADJECTIVE, ADVERB
1 that
□ an focal sin that word □ Sin sin. That's that. □ Cé sin? Who's that? □ Sin é an fear. That's the man.
2 those
□ na focail sin those words
■ ó shin ago □ bliain ó shin a week ago
■ faoi sin 1 by that time 2 about that □ Tá tú contráilte faoi sin. You're wrong about that.
■ Mar sin féin, ... Mind you, ...

sin- PREFIX
great-
□ mo sin-seanathair my great-grandfather

Sín FEM NOUN2
■ an tSín China □ sa tSín in China

sín VERB [15]
1 to stretch
□ Sheas mé amach as an charr chun mo chosa a shíneadh. I got out of the car to stretch my legs.
2 to hold out
□ Sín amach do lámh. Hold out your hand.
3 to pass
□ Sín chugam an piobar, le do thoil. Pass the pepper, please.
■ rud a shíneadh chuig duine to hand something to somebody
■ Ná sín do mhéar! Don't point!
■ Shíneamar linn. Off we went.

sine ▷ see sean

Síneach ADJECTIVE, MASC NOUN1
Chinese
□ Síneach Fir a Chinese man □ Síneach Mná a Chinese woman

síneadh (PL síntí) MASC NOUN1
1 extension
2 accent *(on letters)*
■ sa síneadh fada in the long run

singil ADJECTIVE
single
□ Ba mhaith liom seomra singil ar feadh dhá oíche. I want a single room for two nights.
■ ticéad singil a single □ Ticéad singil go Corcaigh, le do thoil. A single to Cork, please.

sínigh VERB [11]
to sign

Sínis FEM NOUN2
Chinese *(language)*

síniú MASC NOUN
signature

sinne PRONOUN
1 we *(for emphasis)*
□ Sinne a rinne é. WE did it.
2 us
□ Níor luaigh an máistir sinne. The master didn't mention US.

sin-seanathair (GEN SING sin-seanathar, PL sin-seanaithreacha) MASC NOUN
great-grandfather

sin-seanmháthair (GEN SING sin-seanmháthar, PL sin-seanmháithreacha) FEM NOUN
great-grandmother

sinsear MASC NOUN1
eldest
□ sinsear na clainne the eldest of the family

sinséar MASC NOUN1
ginger
■ arán sinséir gingerbread

sinsearach ADJECTIVE
1 senior
□ daltaí sinsearacha senior pupils
2 ancestral *(lands, customs)*

sínte ADJECTIVE
outstretched *(hand)*
■ Bhí sé sínte ar an bhféar. He was stretched out on the grass.
■ sínte le alongside □ Tá an abhainn sínte leis an chanáil. The river runs alongside the canal.

sínteán MASC NOUN1
stretcher

síntí ▷ see síneadh

síntiús MASC NOUN1
subscription

síob FEM NOUN2
▷ see also síob VERB
lift *(in car)*
□ Fuair mé síob go Gaillimh. I got a lift to Galway. □ Ar mhaith leat síob? Would you like a lift? □ Tabharfaidh mé síob chun an stáisiúin duit. I'll give you a lift to the station.

síob VERB [14]
▷ see also síob FEM NOUN2
1 to blow away
□ Shíob an ghaoth chun siúil é. The wind blew it away.
■ Tá sé ag síobadh sneachta. It's driving snow.

2 to blow up *(by explosive)*

síobadh (GEN SING **síobtha**) MASC NOUN
- **síobadh sneachta** a blizzard

síobaire MASC NOUN4
hitchhiker

síobshiúl MASC NOUN1
hitchhiking
□ Thig le síobshiúl a bheith contúirteach. Hitchhiking can be dangerous.

sioc VERB [14]
▷ *see also* **sioc** MASC NOUN3
to freeze
□ Tá sé ag sioc. It's freezing.

sioc (GEN SING **seaca**) MASC NOUN3
▷ *see also* **sioc** VERB
frost

síocháin FEM NOUN3
peace
□ síocháin an domhain world peace
- **faoi shíocháin** at peace
- **síocháin a dhéanamh** to make peace

síochánta ADJECTIVE
peaceful

sioctha ADJECTIVE
frozen
□ sceallóga sioctha frozen chips

síoda MASC NOUN4
silk
□ scairf shíoda a silk scarf

sióg FEM NOUN2
fairy

síogaí MASC NOUN4
elf

síol (PL **síolta**) MASC NOUN1
seed
□ síolta lus an gréine sunflower seeds
- **síol Éabha** the human race

siolla MASC NOUN4
syllable

siollabas MASC NOUN1
syllabus
□ ar an siollabas on the syllabus

Siombáib FEM NOUN2
- **an tSiombáib** Zimbabwe

siombail FEM NOUN2
symbol

siombalach ADJECTIVE
symbolic

síon (PL **síonta**) FEM NOUN2
bad weather
- **oíche na seacht síon** a wild, stormy night

Sionainn FEM NOUN2
- **an tSionainn** *(river)* the Shannon

sionnach MASC NOUN1
fox

siopa MASC NOUN4
shop
□ Tá sí ag obair i siopa. She works in a shop.
□ Thug mé ar ais chuig an siopa é. I took it back to the shop.
- **Bíonn siopa an bháicéara oscailte maidin Domhnaigh.** The baker's is open on Sunday morning.
- **siopa bróg** a shoe shop
- **siopa poitigéara** a chemist's
- **ag an siopa gruagaireachta** at the hairdresser's
- **siopa leabhar** a bookshop

siopadóir MASC NOUN3
shopkeeper

siopadóireacht FEM NOUN3
shopping
□ Is breá liom bheith ag siopadóireacht. I love shopping. □ Téim ag siopadóireacht ar an Satharn de ghnáth. I generally go shopping on Saturday.

sioráf MASC NOUN1
giraffe

síoraí ADJECTIVE
1 eternal
2 endless
□ báisteach shíoraí endless rain

siorc (PL **siorcanna**) MASC NOUN3
shark

síoróip FEM NOUN2
syrup

siorradh (PL **siorraí**) MASC NOUN1
draught *(of wind)*

síos ADJECTIVE, ADVERB, PREPOSITION
down

LANGUAGE TIP síos always indicates movement away from the speaker.
□ Chuaigh an coinín síos an poll. The rabbit went down the hole. □ Tá siad ina gcónaí giota beag síos an bóthar. They live just down the road.
- **dul síos an staighre** to go down the stairs
□ D'éirigh mé agus chuaigh mé síos an staighre. I got up and went downstairs.
- **Scríobh mé síos an seoladh.** I wrote down the address.
- **an guthán a chur síos ar dhuine** to hang up on somebody □ Chuir sé an guthán síos orm. He hung up on me.

siosmaid FEM NOUN2
common sense

siosmaideach ADJECTIVE
sensible

siosúr MASC NOUN1
pair of scissors

S

sip FEM NOUN2
zip

Siria FEM NOUN4
■ **an tSiria** Syria

síscéal (PL **scéalta**) MASC NOUN1
fairy tale

sise PRONOUN
she
□ 'Ná bí buartha,' ar sise. 'Don't worry,'
she said.

síth FEM NOUN2
peace

sítheach ADJECTIVE
peaceful

siúcra MASC NOUN4
sugar
□ An nglacann tú siúcra? Do you take sugar?
□ dhá spúnóg shiúcra two spoonfuls of
sugar □ siúcra reoáin icing sugar □ siúcra
mín caster sugar

siúd PRONOUN
1 that
□ Siúd an fear a dúirt mé leat. That's the
man I mentioned to you.
2 those
□ Siúd iad an dream a dhéanfadh é. Those
are the very people to do it.
■ **Siúd ort!** Cheers!

siúil VERB [17, VN siúl, VA siúilta]
1 to walk
□ Shiúil muid na mílte. We walked for miles.
■ **Siúil leat.** Come on.
2 to travel
□ Is mian liom an domhan a shiúl. I want to
travel the world.
■ **siúl amach le duine** to go out with
somebody □ An bhfuil tú ag siúl amach leis?
Are you going out with him?

siúinéir MASC NOUN3
joiner
□ Is siúinéir é. He's a joiner.

siúl (PL **siúlta**) MASC NOUN1
walk
□ Ar mhaith leat dul ag siúl? Would you like
to go for a walk? □ Déanfaidh an siúl
maitheas dúinn. The walk will do us good.
■ **siúl a thógáil** to gather speed
■ **daoine a casadh orm ar mo shiúlta**
people I met on my travels
■ **ar shiúl** gone
■ **rud a chur ar siúl** to start something
□ Cuir an t-inneall ar siúl. Start the engine.
■ **cur chun siúil** to set out on a journey

siúlóid FEM NOUN2
walk (stroll)

siúlóir MASC NOUN3
walker

siúr (GEN SING **siúrach**, PL **siúracha**) FEM NOUN
sister (nun)
□ An tSiúr Máire Sister Mary

siúráilte ADJECTIVE
sure

slachtmhar ADJECTIVE
tidy (clothes, person, work)
□ Tá do sheomra iontach slachtmhar. Your
room's very tidy. □ Tá sí iontach slachtmhar.
She's very tidy.
■ **go slachtmhar** neatly □ gléasta go
slachtmhar neatly dressed

slaghdán MASC NOUN1
cold
□ Tá slaghdán orm. I have a cold.
■ **slaghdán a thógáil** to catch a cold
□ Tháinig slaghdán air. He's caught a cold.

sláinte FEM NOUN4
1 health
□ Bhí siad imníoch faoina sláinte. They were
concerned about her health.
■ **An Roinn Sláinte** the Department of Health
2 toast (drink, speech)
■ **sláinte duine a ól** to toast somebody
■ **Sláinte!** Cheers!

sláinteach ADJECTIVE
hygienic

sláintiúil ADJECTIVE
healthy
□ cothú sláintiúil a healthy diet

slán (PL **slána**) MASC NOUN1
▷ see also **slán** ADJECTIVE
goodbye
□ Chroith mé slán léi. I waved her goodbye.
□ Chuir m'athair slán liom agus mé ag
imeacht. My father said goodbye as I left.
■ **Slán go fóill!** See you!
■ **Slán codlata!** Good night!
■ **Slán leat!** (to the person leaving) Goodbye!
■ **Slán agat!** (to the person staying behind)
Goodbye!

slán ADJECTIVE
▷ see also **slán** MASC NOUN1
safe
□ slán sábháilte safe and sound

slánaitheoir MASC NOUN3
saviour

slándáil FEM NOUN3
security
□ slándáil ag aerfoirt airport security
■ **garda slándála** a security guard □ Leag
siad amach an garda slándála. They
knocked out the security guard.

slat FEM NOUN2
1 rod
   □ slat iascaigh a fishing rod
   ■ **slat draíochta** a magic wand
2 yard (*measure*)
   □ trí slata ar fad three yards long
   ■ **ar shlat chúl do chinn** flat on one's back
sleá (PL **sleánna**) FEM NOUN4
1 spear
2 splinter (*wood, glass*)
sleachta ▷ *see* **sliocht**
sleamhain (PL **sleamhna**) ADJECTIVE
   slippery (*ground, stone*)
sleamhnaigh VERB [12]
   to slip
   □ Shleamhnaigh an pláta as mo lámh.
   The plate slipped out of my hand.
   □ Sleamhnaíonn na blianta thart. The years
   slip past. □ Shleamhnaigh mé amach gan
   fhios. I slipped out unnoticed.
sleamhnán MASC NOUN1
1 slide (*in playground*)
2 sledge (*toboggan*)
3 stye (*in eye*)
sleasa ▷ *see* **slios**
sleasach ADJECTIVE
   lateral
sléibhe, sléibhte ▷ *see* **sliabh**
sléibhteoireacht FEM NOUN3
   mountaineering
   □ Téim ag sléibhteoireacht. I go
   mountaineering.
sléibhtiúil ADJECTIVE
   mountainous
slí (PL **slite**) FEM NOUN4
1 road
   □ slí trí na sléibhte a road through the
   mountains
2 way
   □ an tslí abhaile the way home □ Ba é an
   ceart slí againn é. It was our right of way.
   ■ **'slí amach'** 'way out'
   ■ **ar shlí go, i slí is go** in such a way that
3 room
   □ Níl slí dúinn go léir sa charr. There isn't
   room for us all in the car.
   ■ **slí bheatha** livelihood
   ■ **ar aon slí** in any event
sliabh (GEN SING **sléibhe**, PL **sléibhte**) MASC
NOUN
1 mountain
   □ Tá an sliabh sin 5000 troigh ar airde.
   That mountain is 5000 feet high.
   ■ **rothar sléibhe** a mountain bike
2 moor

sliasaid FEM NOUN2
   thigh
Sligeach MASC NOUN1
   Sligo
slinn (PL **slinnte**) FEM NOUN2
   slate
slinneán MASC NOUN1
   shoulder blade
sliocht (GEN SING, PL **sleachta**) MASC NOUN3
1 descendants
   □ Beidh sé ag do shliocht i do dhiaidh. It will
   pass to your descendants.
2 passage
   □ Léigh an sliocht go cúramach. Read the
   passage carefully.
slíoctha ADJECTIVE
1 sleek (*hair*)
2 smooth (*person*)
sliogán MASC NOUN1
   shell (*on beach, explosive*)
sliogéisc MASC NOUN1
   shellfish
slios (PL **sleasa**) MASC NOUN3
   slope
sliotar MASC NOUN1
   hurling ball
slipéar MASC NOUN1
   slipper
   □ péire slipéar a pair of slippers
slite ▷ *see* **slí**
slócht MASC NOUN3
   ■ **slócht a bheith ort** to be hoarse
slog VERB [14]
1 to swallow
   □ Tá sé deacair air bia a shlogadh. He finds
   it hard to swallow food. □ Shíl mé go
   slogfadh an talamh mé. I thought the
   ground would open and swallow me.
2 to gulp
   □ Shlog sé siar a chuid tae. He gulped down
   his tea.
   ■ **na focail a shlogadh** to slur one's words
slógadh (GEN SING **slógaí**) MASC NOUN1
1 rally (*demonstration*)
2 mobilization (*of troops*)
sloinne MASC NOUN4
   surname
   □ Sloinne iontach coitianta is ea 'Mac
   Gabhann'. 'Smith' is a very common surname.
slua (PL **sluaite**) MASC NOUN4
   crowd
   □ Bhí na sluaite síoraí ann. There was a
   huge crowd. □ Bhrúigh sé a bhealach tríd an
   slua. He pushed through the crowd.
   ■ **bheith ar shlua na marbh** to be dead

sluasaid (GEN SING **sluaiste**, PL **sluaistí**)
FEM NOUN2
shovel

smacht (PL **smachta**) MASC NOUN3
control

□ Níl smacht aige ar na páistí. He has no control over the children. □ Chaill sé smacht ar an ngluaisteán. He lost control of the car.

■ **faoi smacht** under control

■ **cúinsí nach bhfuil smacht againn orthu** circumstances beyond our control

smachtaigh VERB [12]
to control

□ Ní féidir leis an rang a smachtú. He can't control the class.

smál MASC NOUN1
stain (on clothes)

smaoineamh (PL **smaointe**) MASC NOUN1
1 thought

□ Bhuail smaoineamh mé. A thought struck me.

2 idea

□ B'iontach an smaoineamh é. It was a marvellous idea. □ Scríobh mé síos cúpla smaoineamh. I've put down a few ideas.

smaoinigh VERB [11, VN smaoineamh]
to think

□ Smaoineoidh mé air. I'll think about it.
□ Cé a smaoineodh air? Who would have thought it?

■ **B'fhada a bheinn ag smaoineamh air.** I wouldn't dream of it.

smaragaid FEM NOUN2
emerald

smear VERB [14]
1 to spread (butter)
2 to grease (baking tin, machine)

sméar FEM NOUN2
berry

□ sméar dhubh a blackberry

smeara ▷ see **smior**

smearadh (PL **smearthaí**) MASC NOUN1
1 grease

■ **smearadh a chur ar rud** to grease something

■ **smearadh bróg** boot polish

2 spread

□ smearadh cáise cheese spread
□ smearadh seacláide chocolate spread

sméid VERB [15]
1 to nod

■ **do cheann a sméideadh** to nod one's head

2 to wink

□ Sméid Seán súil orm. John winked at me.

smideadh MASC NOUN1
make-up

□ Caitheann sí an lá á smideadh féin. She spends hours putting on her make-up.

smig (PL **smigeanna**) FEM NOUN2
chin

smior (GEN SING **smeara**) MASC NOUN3
bone marrow

■ **Chuaigh an focal sin go smior inti.** That remark cut her to the quick.

smugairle MASC NOUN4

■ **smugairle róin** a jellyfish

smuigléir MASC NOUN3
smuggler

smuigléireacht FEM NOUN3
smuggling

smúit FEM NOUN2
dust

smúitiúil ADJECTIVE
1 dusty
2 overcast (weather, sky)

sna ▷ see **i**

snag (PL **snaganna**) MASC NOUN3
1 sob
2 hiccup

□ Tá snag air. He's got hiccups.

■ **snag breac** a magpie

■ **snag darach** a woodpecker

snagcheol MASC NOUN1
jazz

□ fleá shnagcheoil a jazz festival

snaidhm (PL **snaidhmeanna**) FEM NOUN2
knot

□ Chuir sé snaidhm ar an téad. He tied a knot in the rope.

■ **Tá a cuid gruaige i snaidhmeanna aici.** She has her hair in bunches.

snáithe MASC NOUN4
1 thread (sewing)
2 grain (in wood)

snamh MASC NOUN1
distaste

■ **snamh a thabhairt do rud** to go off something □ Thug mé snamh do bhainne te. I went off hot milk.

snámh MASC NOUN3
▷ see also **snámh** VERB
swim

■ **dul ag snámh** to go for a swim

□ Chuaigh an chuid eile acu ag snámh. The rest of them went for a swim.

■ **snámh droma** backstroke

■ **culaith shnámha** a swimsuit

■ **snámh uchta** breaststroke

snámh VERB [23, VN snámh]
▷ see also **snámh** MASC NOUN3
to swim
□ Mhúin mo dheirfiúr snámh dom. My
sister taught me to swim. □ An bhfuil
snámh agat? Can you swim?
■ **snámh in aghaidh easa** to struggle
against the odds

snámhóir MASC NOUN3
swimmer
□ Is snámhóir maith í. She's a good
swimmer.

snasán MASC NOUN1
polish
□ snasán bróg shoe polish
■ **snasán iongan** nail varnish

snasta ADJECTIVE
1 polished (surface)
2 glossy (finish)
■ **Rinne tú an obair sin go snasta.** You did
a fine job.

snáth (PL snáthanna) MASC NOUN3
yarn (for knitting)

snáthaid FEM NOUN2
1 needle (for sewing)
2 hand (on clock)
■ **snáthaid mhór** a dragonfly

sneachta MASC NOUN4
snow
□ brat domhain sneachta a deep layer of
snow □ Bhí an sneachta an-domhain.
The snow was really deep.
■ **Tá sé ag cur sneachta.** It's snowing.
■ **fear sneachta** a snowman
□ Rinneamar fear sneachta. We built
a snowman.
■ **clocha sneachta** hailstones

sneachtúil ADJECTIVE
snowy

sneaicbheár MASC NOUN4
snack bar

snigh VERB [22]
to flow (river, tears, blood)

snoigh VERB [18]
to carve (stone, wood)
■ **bheith ag snoí as** to be wasting away

snoíodóir MASC NOUN3
sculptor

snoíodóireacht FEM NOUN3
carving
■ **snoíodóireacht adhmaid** wood carving

snua (PL snuanna) MASC NOUN4
complexion

snúcar MASC NOUN1
snooker

□ D'imigh sé ag imirt snúcair. He went to
play snooker.

só MASC NOUN4
1 ease
□ Tá mé go huile faoi shó. I felt completely
at ease.
2 luxury

so-athraithe ADJECTIVE
adjustable

sobalchlár MASC NOUN1
soap opera

sobhriste ADJECTIVE
fragile

sóbráilte ADJECTIVE
sober

socair (GEN SING FEM, PL, COMPAR **socra**) ADJECTIVE
1 calm (sea)
2 still
□ Fan socair! Keep still!
3 steady
□ Níl an bord seo socair. This table isn't
steady. □ go socair at a steady pace
■ **Bí socair!** Don't panic!

sóch ADJECTIVE
comfortable

sochaí FEM NOUN4
society (community)
■ **sochaí ilchultúrtha** a multi-cultural
society

sochar MASC NOUN1
benefit
□ sochar dífhostaíochta unemployment
benefit
■ **Chuaigh sé chun sochair dom.**
It benefited me.
■ **sochar a bhaint as rud** to benefit from
something □ Bhain mé sochar as.
I benefitted from it.

sochraid FEM NOUN2
funeral (procession)

sochraideach MASC NOUN1
mourner

sócmhainn FEM NOUN2
asset
□ Tá a gcuid sócmhainní reoite. Their assets
are frozen.

socra ▷ see **socair**

socraigh VERB [12]
1 to arrange
□ An féidir linn cruinniú a shocrú? Can we
arrange a meeting?
2 to die down (storm, noise)
3 to settle
□ Ba mhaith liom an cuntas a shocrú.
I'd like to settle my account.

S

4 to decide

□ Shocraigh mé scríobh chuici.
I decided to write to her.

□ Shocraigh mé gan dul. I decided
not to go.

socrú MASC NOUN
arrangement

sócúl MASC NOUN1
comfort

sócúlach ADJECTIVE
comfortable

sodar MASC NOUN1

■ **bheith ag sodar** to jog

sodhéanta ADJECTIVE
easily done

sofaisticiúil ADJECTIVE
sophisticated

sofheicthe ADJECTIVE
obvious

soghonta ADJECTIVE
vulnerable

soicéad MASC NOUN1
socket

soicind FEM NOUN2
second

□ Ní ghlacfaidh sé ach soicind. It'll only take
a second.

sóid FEM NOUN2
soda

soighe MASC NOUN4
soya

□ anlann soighe soya sauce

soiléir ADJECTIVE

1 clear

□ radharc soiléir a clear view □ míniú soiléir
a clear explanation

■ **go soiléir** clearly □ Mhínigh sí go soiléir é.
She explained it clearly.

2 obvious

□ Tá sin soiléir ag an saol. That's obvious to
everyone.

soiléirigh VERB [11]
to clarify

soilire MASC NOUN4
celery

soilse FEM NOUN4
lightning

soilsigh VERB [11]
to shine (sun)

sóinseáil VERB [25]
to change (money)

so-iompair ADJECTIVE
portable

soiprigh VERB [11]
to tuck in (child)

soir ADJECTIVE, ADVERB, PREPOSITION
eastbound

□ Tá an trácht soir ag bogadh go han-mhall.
Eastbound traffic is moving very slowly.

■ **dul soir** to go east

■ **scaipeadh soir siar** to scatter in all
directions

soirbhíoch MASC NOUN1
optimist

soiscéal MASC NOUN1
gospel

soiscéalaí MASC NOUN4
preacher

sóisear MASC NOUN1
junior

■ **na sóisir** (in school) the juniors

■ **sóisear na clainne** the youngest of the
family

sóisearach ADJECTIVE
junior

sóisialach ADJECTIVE
socialist

sóisialaí MASC NOUN4
socialist

sóisialta ADJECTIVE
social

□ Tá saol maith sóisialta agam. I have a
good social life.

■ **oibrí sóisialta** a social worker □ Is oibrí
sóisialta í. She's a social worker.

soitheach (PL **soithí**) MASC NOUN1
container

□ a bhfuil sa soitheach the contents of the
container

■ **soitheach siúcra** a sugar bowl

■ **soitheach poircealláin** a china dish

■ **na soithí a ní** to do the dishes □ Ní níonn
sé na soithí riamh. He never does the
dishes.

soláimhsithe ADJECTIVE
manageable

sólaistí MASC PL NOUN4
refreshments

sólann FEM NOUN2
leisure centre

solas (PL **soilse**) MASC NOUN1
light

□ Phreab an solas. The light flickered.

□ Las sí an solas. She switched on the light.

■ **solas an lae** daylight □ Bhí solas an lae
ag meath go gasta. The daylight was fading
fast.

■ **soilse tráchta** traffic lights

■ **solas neoin** a neon light

■ **Tá sé ag dul ó sholas.** It's getting dark.

sólásaigh VERB [12]
to console

so-lasta ADJECTIVE
inflammable

soláthair VERB [19, VN soláthar,
VA soláthraithe]
1 to provide
□ Sholáthair siad léarscáileanna dúinn.
They provided us with maps.
2 to supply
□ Sholáthair an t-ionad an trealamh uile dúinn.
The centre supplied us with all the equipment.

soláthar (PL soláthairtí) MASC NOUN1
supply
□ soláthar páipéir a supply of paper
■ soláthairtí (food) supplies

soláthraí MASC NOUN4
supplier

soléite ADJECTIVE
legible

solúbtha ADJECTIVE
flexible
□ uaireanta solúbtha oibre flexible working
hours

son NOUN
■ ar son for □ Tá siad ag bailiú ar son na
carthanachta. They're collecting for charity.
□ Go raibh maith agat ar son an
bhronntanais. Thank you for the present.
■ ar son Dé for God's sake
■ ar a shon sin is uile nevertheless

sona ADJECTIVE
1 lucky
□ Tá sé sona, tá post aige. He's lucky, he's
got a job.
2 happy
■ go sona happily □ Mhair siad go sona
sásta ina dhiaidh sin. They lived happily
ever after.
■ Nollaig Shona! Merry Christmas!

sonas MASC NOUN1
1 happiness
2 good luck
■ Sonas ort! Thank you!

sonra MASC NOUN4
detail
□ D'iarr sé sonraí iomlána an phoist.
He asked for full details about the job.
■ sonraí data

sonraíoch (GEN SING MASC sonraíoch)
ADJECTIVE
noticeable

sópa MASC NOUN4
soap
□ barra sópa a bar of soap

sorcas MASC NOUN1
circus

sornóg FEM NOUN2
stove

sórt MASC NOUN1
1 sort
□ Cén sórt rothair atá agat? What sort of
bike have you got?
■ de shórt éigin of some sort
2 kind
□ Sórt ispín atá ann. It's a kind of sausage.
■ Tá mé sórt gnóthach i láthair na huaire.
I'm rather busy just now.

sórtáil VERB [25]
to sort

sos (PL sosanna) MASC NOUN3
1 pause
2 break
□ a sos tae a tea break □ i rith am sosa
during break
■ sos cogaidh a truce
■ sos comhraic a ceasefire

sotal MASC NOUN1
impudence
■ Tá sotal ann! He's got a nerve!
■ sotal a bheith ionat to be arrogant
■ Níor thug mé sotal ar bith dó. I stood up
to him.

sotalach ADJECTIVE
1 arrogant (behaviour)
2 cheeky

spá (PL spánna) MASC NOUN4
spa

spád FEM NOUN2
spade

Spáinn FEM NOUN2
■ an Spáinn Spain □ sa Spáinn in Spain

Spáinneach MASC NOUN1
▷ see also **Spáinneach** ADJECTIVE
Spaniard

Spáinneach ADJECTIVE
▷ see also **Spáinneach** MASC NOUN1
Spanish
□ Is Spáinneach í. She's Spanish.

Spáinnis FEM NOUN2
Spanish (language)

spaisteoireacht FEM NOUN3
1 stroll
□ Rinneamar spaisteoireacht sa pháirc.
We went for a stroll in the park.
2 walk
□ An rachaidh muid ag spaisteoireacht?
Shall we go for a walk?

spáráil VERB [25]
to spare

S

□ An dtiocfadh leat bomaite a spáráil?
Can you spare a moment? □ Ní féidir liom
an t-am a spáráil. I can't spare the time.
■ **le spáráil** to spare □ Níl spás ar bith le
spáráil. There's no room to spare.
□ Thángamar agus am le spáráil againn.
We arrived with time to spare.

sparán MASC NOUN1
purse
□ Chaill mé mo sparán. I've lost my purse.

spás (PL **spásanna**) MASC NOUN1
space
□ spás páirceála a parking space □ Níl spás
ar bith ann. There's no space. □ dul isteach
sa spás to go into space
■ **spás seachtaine** *(to pay off debt, finish
work)* a week's grace

spásáil FEM NOUN3
spacing

spásaire MASC NOUN4
astronaut

spéaclaí MASC PL NOUN4
glasses
□ Caitheann Peadar spéaclaí. Peter wears
glasses.

speiceas MASC NOUN1
species

speictream MASC NOUN1
spectrum

spéir (PL **spéartha**) FEM NOUN2
sky
□ Bhí an spéir gruama. The sky was
overcast.
■ **idir spéir is talamh** in mid air
■ **faoin spéir** outdoor □ gníomhaíochthaí
faoin spéir outdoor activities □ linn snámha
faoin spéir an outdoor swimming pool
■ **codladh faoin spéir** to sleep rough

spéireata (PL **spéireataí**) MASC NOUN4
spade *(cards)*
□ an t-aon spéireata the ace of spades

spéis FEM NOUN2
interest
□ Ní spéis liom é. I have no interest in it.
■ **spéis a bheith agat i rud** to be interested
in something □ Níl spéis agam sa
pholaitíocht. I'm not interested in politics.

speisialta ADJECTIVE
special
□ ócáid speisialta a special occasion
□ Chuir siad béile speisialta ar fáil. They laid
on a special meal.
■ **go speisialta** specially □ Dearadh go
speisialta le haghaidh déagóirí é. It's
specially designed for teenagers.

speisialtacht FEM NOUN3
speciality

speisialtóir MASC NOUN3
specialist

spéisiúil ADJECTIVE
interesting
□ rud éigin spéisiúil something interesting

spiaire MASC NOUN4
spy

spiaireacht FEM NOUN3
spying
■ **bheith ag spiaireacht ar dhuine** to spy
on somebody

spíceach ADJECTIVE
spiky

spideog FEM NOUN2
robin

spionáiste MASC NOUN4
spinach

spíonán MASC NOUN1
gooseberry

spiorad MASC NOUN1
spirit
□ an Spiorad Naomh the Holy Spirit

spíosra MASC NOUN4
spice
□ meascán de spíosraí a mixture of spices

splanc VERB [14]
▷ *see also* **splanc** FEM NOUN2
to flash

splanc (PL **splancacha**) FEM NOUN2
▷ *see also* **splanc** VERB
flash
□ An bhfuil splanc i do cheamara? Has your
camera got a flash? □ splanc thintrí a flash
of lightning
■ **Bíodh splanc chéille agat!** Have a bit of
sense!
■ **mar a bheadh splanc ann** like a shot
■ **bheith splanctha i ndiaidh duine** *(in
love)* to be crazy about somebody
■ **bheith splanctha i ndiaidh rud a** to be
mad about something □ Tá sé splanctha i
ndiaidh na peile. He's mad about football.

spléachadh MASC NOUN1
glance
■ **spléachadh a thabhairt ar rud** to take a
look at something □ Tabhair spléachadh air
seo! Take a look at this!

splinceáil FEM NOUN3
■ **bheith ag splinceáil** to squint

spóca MASC NOUN4
spoke *(of wheel)*

spóla MASC NOUN4
joint *(of meat)*

sponc MASC NOUN1
spirit (courage)

spórt MASC NOUN1
1 sport
  □ Cén spórt is fearr leat? What's your
  favourite sport? □ Is é an rith an spórt is
  fearr liom. Running is my favourite sport.
2 fun
  ■ spórt a dhéanamh to have fun
  ■ Bhí an-spórt againn. We really enjoyed
  ourselves.

sportha ADJECTIVE
1 exhausted (tired)
2 skint (informal: with no money)

spórtúil ADJECTIVE
sporty
  □ Níl mé iontach spórtúil. I'm not very
  sporty.

spota MASC NOUN4
spot
  □ gúna dearg agus spotaí bána air a red
  dress with white spots □ an spota a
  bhfuilimid anois the very spot where we
  now are

spotach ADJECTIVE
spotty

sprae MASC NOUN4
spray

spraeáil VERB [25]
to spray
  □ Spraeáil duine éigin graifítí ar an mballa.
  Somebody had sprayed graffiti on the wall.

spraoi (PL spraíonna) MASC NOUN4
fun
  □ An-spraoi a bhí ann. It was great fun.

spraoithiománaí MASC NOUN4
joyrider

spréacharnach FEM NOUN2
sparkling

spreag VERB [14]
1 to encourage
  ■ duine a spreagadh le rud a dhéanamh
  to encourage somebody to do something
2 to prompt
  □ Cad a spreag thú le rud mar sin a
  dhéanamh? What prompted you to do a
  thing like that?
  ■ an chuimhne a spreagadh to jog the
  memory

spreagadh (GEN SING spreagtha, PL
spreagthaí) MASC NOUN
1 inspiration
2 stimulus
  □ Sin é an spreagadh a bhí uaidh. That's the
  stimulus he needed.

spreagtha ADJECTIVE
motivated
  □ Tá sé an-spreagtha. He is highly
  motivated.

spreagúil ADJECTIVE
1 encouraging
2 exciting
  □ Scannán spreagúil a bhí ann. It was an
  exciting film.

spréigh VERB [24]
to spread

sprid (PL sprideanna) FEM NOUN2
ghost

sprioc (PL spriocanna) FEM NOUN2
target
  □ D'aimsigh an tsaighead an sprioc.
  The arrow hit the target.

spriocdháta MASC NOUN4
deadline (date)

sprionga MASC NOUN4
spring (metal)

sprionlaithe ADJECTIVE
mean (with money)
  □ Tá sé rósprionlaithe le brontannais
  Nollag a cheannach. He's too mean to buy
  Christmas presents.

spuaic (PL spuaiceanna) FEM NOUN2
1 blister (on skin)
2 spire (of church)
3 huff
  □ Bhuail spuaic é. He took the huff.

spúinse MASC NOUN4
sponge
  □ mála spúinse a sponge bag □ císte
  spúinse a sponge cake

spúnóg FEM NOUN2
1 spoon
  □ spúnóg bhoird a tablespoon
2 spoonful
  □ dhá spúnóg shiúcra two spoonfuls of
  sugar

sráid (PL sráideanna) FEM NOUN2
street
  □ Bhuail mé le Pól sa tsráid. I met Paul in
  the street. □ Tá siad ina gcónaí níos faide
  thuas an tsráid. They live further up the
  street.

sráidbhaile (PL sráidbhailte) MASC NOUN4
village
  □ Tá an sráidbhaile suite ar chnoc. The
  village is on a hill. □ halla an tsráidbhaile
  the village hall

sraith (PL sraitheanna) FEM NOUN2
1 series
  □ sraith teilifíse a television series

2 row *(of houses)*
  ■ **teach sraithe** a terraced house
3 league *(sport)*
  □ Tá siad ag bun na sraithe. They are at the bottom of the league.
4 set *(tennis)*

sraithchlár MASC NOUN1
serial

srann VERB [23]
to snore

sraoill (PL **sraoilleanna**) FEM NOUN2
  ▷ *see also* **sraoill** VERB
trail *(of smoke)*

sraoill VERB [15]
  ▷ *see also* **sraoill** FEM NOUN2
to drag
  □ Shraoill sé an bosca amach as faoin leaba. He dragged the box out from under the bed.

sraoth (PL **sraothanna**) MASC NOUN3
sneeze
  ■ **sraoth a ligean** to sneeze

sreang FEM NOUN2
1 string
  □ sreanga an ghiotáir the strings of the guitar
2 wire
  □ sreang dheilgneach barbed wire

sreangach ADJECTIVE
1 stringed *(instrument)*
2 bloodshot *(eyes)*

sreangshiopa MASC NOUN4
chain store

srianta ADJECTIVE
restrained

sroich VERB [15]
to reach

srón FEM NOUN2
nose
  □ Bhí sé ag cur fuil shróine. His nose was bleeding.
  ■ **do shrón a shéideadh** to blow one's nose
  ■ **Tá an-srón aige.** He has a great sense of smell.

srónbheannach MASC NOUN1
rhinoceros

sruth (PL **sruthanna**) MASC NOUN3
current
  □ Tá an sruth iontach láidir. The current is very strong.
  ■ **sruth leictreachais** electric current

sruthán MASC NOUN1
stream
  □ Léim siad thar an sruthán. They leapt over the stream.

sruthlaigh VERB [12]
to flush *(toilet)*

stábla MASC NOUN4
stable *(for horses)*

stad (PL **stadanna**) MASC NOUN4
  ▷ *see also* **stad** VERB
1 stop
  □ Is é seo mo stad. This is my stop. □ stad bus a bus stop
2 stammer
  □ Tá stad sa chaint aige. He has a stammer.
3 stand *(for taxis)*
  ■ **Baineadh stad aisti.** She was taken aback.
  ■ **gan stad** incessant

stad VERB [23, VN stad]
  ▷ *see also* **stad** MASC NOUN4
to stop
  □ Ní stadann an bus anseo. The bus doesn't stop there. □ Stadamar ar an mbealach. We stopped on the way.
  ■ **stad de rud** to stop doing something
  □ Ní stadann siad de bheith ag argóint. They never stop arguing.
  ■ **gan stad** non-stop □ eitilt gan stad a non-stop flight □ Ólann sé gan stad. He drinks non-stop.

stádas MASC NOUN1
status

staid (PL **staideanna**) FEM NOUN2
1 state *(condition)*
  ■ **an staid reatha** the current situation
2 stadium *(sports)*

staidéar MASC NOUN1
study
  ■ **déan staidéar** to study □ Caithfidh mé staidéar a dhéanamh anocht. I've got to study tonight. □ Tá mo dheirfiúr ag déanamh staidéir ar an dlí. My sister's studying law.

staidéarach ADJECTIVE
studious

staighre MASC NOUN4
stairs
  □ Chuaigh sé suas an staighre. He went up the stairs.

stailc (PL **stailceanna**) FEM NOUN2
strike
  ■ **dul ar stailc** to go on strike
  ■ **múinteoirí ar stailc** striking teachers
  ■ **stailc a chur suas** to refuse to co-operate

stailceoir MASC NOUN3
striker *(person on strike)*

stair (PL **startha**) FEM NOUN2
history

□ stair an domhain the history of the world
□ Tá mé ag déanamh tionscadail staire. I'm doing a history project.

stáisiún MASC NOUN1
station

□ An dtiocfadh leat mé a fhágáil ag an stáisiún? Could you drop me at the station?
□ Tá brú na hóige gar don stáisiún. The youth hostel is close to the station.

■ **stáisiún traenach** a railway station
■ **stáisiún peitril** a petrol station
■ **stáisiún póilíní** a police station
■ **stáisiún raidió** a radio station

stáitse MASC NOUN4
stage (platform)

■ **ar chúl stáitse** behind the scenes

stalcach ADJECTIVE
stubborn

stalla MASC NOUN4
stall

stampa MASC NOUN4
stamp

□ stampa den chéad ghrád a first-class stamp □ stampa rubair a rubber stamp
□ bailiúchán stampaí a stamp collection

stán MASC NOUN1
▷ see also **stán** VERB
tin (metal, container)

stán VERB [23]
▷ see also **stán** MASC NOUN1
to stare

■ **stánadh ar dhuine** to stare at somebody
□ Stán sé uirthi. He stared at her.

stánaithe ADJECTIVE
tinned (food)

□ péitseoga stánaithe tinned peaches

stápla MASC NOUN4
staple (for paper)

staraí MASC NOUN4
historian

startha ▷ see **stair**

stát MASC NOUN1
state

□ ceannaire stáit a head of state
■ **na Stáit Aontaithe** the United States

statach ADJECTIVE
static

státseirbhíseach MASC NOUN1
civil servant

steall VERB [23]
1 to splash

□ Steall siad uisce orm. They splashed water on me.

2 to pour

□ Steall amach an tae. Pour the tea.

■ **Tá sé ag stealladh báistí.** (raining heavily) It's pouring.

stealladh (PL **steallaí**) MASC NOUN1
downpour

steallaire MASC NOUN4
syringe

stéig (PL **stéigeacha**) FEM NOUN2
steak

□ stéig agus sceallóga steak and chips
□ stéig fhilléid fillet steak

stéille ▷ see **stiall**

steiréó MASC NOUN4
stereo

□ steiréó pearsanta a personal stereo

steirling MASC NOUN4
sterling

□ £20 steirling £20 sterling

stiall (GEN SING **stéille**, PL **stiallacha**)
FEM NOUN2
strip (of paper, cloth)

stiallaire MASC NOUN4
shredder

stíl (PL **stíleanna**) FEM NOUN2
style

□ Ní hí sin an stíl atá aige. That's not his style. □ Is stíl an-fhaiseanta é seo. This is a very popular style.

stíobhard MASC NOUN1
steward

□ stíobhard ceardlainne a shop steward

stiúideo (PL **stiúideonna**) MASC NOUN4
studio

□ stiúideo teilifíse a television studio
□ árasán stiúideo a studio flat

stiúir VERB [17]
to steer (ship, car)

stiúradh (GEN SING **stiúrtha**) MASC NOUN
steering (of car)

■ **roth stiúrtha** a steering wheel

stiúrthóir MASC NOUN3
1 director (company)
2 supervisor (course)
3 conductor (orchestra)

stoc MASC NOUN1
1 stock (shares, supplies, for cooking)

■ **ciúb stoic** a stock cube

2 race (of people)

stoca MASC NOUN4
1 sock (short)
2 stocking

stócach MASC NOUN1
boyfriend

□ stócach seasta a steady boyfriend
□ Tá stócach aici. She has a boyfriend.

stocmhalartán MASC NOUN1
stock exchange

stocmhargadh MASC NOUN1
stock market

stoidiaca MASC NOUN4
zodiac
□ an comharthaí an Stoidiaca the signs
of the zodiac

stoirm (PL **stoirmeacha**) FEM NOUN2
storm
□ Rinne an stoirm a lán damáiste.
The storm did a lot of damage.
■ **stoirm shneachta** a snowstorm
■ **stoirm thoirní** a thunderstorm

stoirmeach ADJECTIVE
stormy

stól (PL **stólta**) MASC NOUN1
stool

stop VERB [14]
▷ *see also* **stop** MASC NOUN4
1 to stop
□ Stopann an t-eitleán i mBostún chun
athbhreoslú. The plane stops in Boston to
refuel.
2 to block *(pipe, stream)*
3 to stay
□ Cá bhfuil sibh ag stopadh? Where are you
staying?

stop MASC NOUN4
▷ *see also* **stop** VERB
stop
□ Ní mór dúinn stop a chur leis an
drochiompar seo. We must put a stop to his
bad behaviour.

stopallán MASC NOUN1
plug *(bath)*

stór (PL **stórtha**) MASC NOUN1
store *(stock)*
□ stór bia a store of food
■ **Is iontach an stór focal atá aici.** She has
a wonderful vocabulary.
■ **A stór!** Darling!

stóráil FEM NOUN3
▷ *see also* **stóráil** VERB
storage

stóráil VERB [25]
▷ *see also* **stóráil** FEM NOUN3
to store
□ Stórálann siad prátaí sa siléar. They store
potatoes in the cellar.

stóras MASC NOUN1
1 storeroom
2 depot *(warehouse)*
□ stóras troscáin a furniture store

strae MASC NOUN4

■ **cat strae** a stray cat
■ **dul ar strae** to get lost □ Bhí eagla orm
go rachainn ar strae. I was afraid of getting
lost.

stráice MASC NOUN4
strip
□ stráice tuirlingthe a landing strip

strainséartha ADJECTIVE
strange

strainséir MASC NOUN3
stranger
□ Ná labhair le strainséirí. Don't talk to
strangers.

straitéiseach ADJECTIVE
strategic

straois FEM NOUN2
grin
■ **straois a chur ort féin** to grin

straoiseog FEM NOUN
emoticon

streachail VERB [19]
to struggle
□ Streachail sé ag iarraidh an doras a oscailt.
He struggled to get the door open.

streachailt FEM NOUN2
struggle

stríoc FEM NOUN2
▷ *see also* **stríoc** VERB
1 stroke *(of pen)*
2 parting *(in hair)*

stríoc VERB [14]
▷ *see also* **stríoc** FEM NOUN2
to give in
□ B'éigean dom stríocadh. I had to give in.

stró MASC NOUN4
trouble
■ **stró a chur ort féin le rud** to go to a lot
of trouble over something
■ **gan stró** without effort

stróc MASC NOUN4
stroke
□ Fuair mo sheanathair stróc.
My grandfather had a stroke.

stróic (PL **stróiceacha**) FEM NOUN2
▷ *see also* **stróic** VERB
tear *(rip)*

stróic VERB [13]
▷ *see also* **stróic** FEM NOUN2
1 to tear
□ Ní stróicfear é, tá sé iontach láidir.
It won't tear, it's very strong.
2 to tear up
□ Stróic sé an litir. He tore up the letter.

stróiceadh MASC NOUN
tear *(rip)*

stroighin (GEN SING **stroighne**) FEM NOUN2
cement

struchtúr MASC NOUN1
structure

strus MASC NOUN1
stress
▫ Strus an phríomhchíus a bhí aige le héiri as. His chief reason for resigning was stress.

stuacach ADJECTIVE
stubborn (person)

stuaic (PL **stuaiceanna**) FEM NOUN2
1 peak (of mountain)
2 spire (on church)
■ **D'imigh sé agus stuaic air.** He went off in a huff.

stuaim FEM NOUN2
sense
▫ Beir ar do stuaim! Have some sense!
■ **gan stuaim** irresponsible ▫ Nach í atá gan stuaim! She's so irresponsible!
■ **amach as do stuaim** madly in love ▫ Tá siad amach as a stuaim faoina chéile. They're madly in love.

stuama ADJECTIVE
1 responsible
▫ Ba chóir duit bheith níos stuama. You should be more responsible.
2 steady
▫ lámh stuama a steady hand

stuara MASC NOUN4
arcade

stuif (PL **stuifeanna**) MASC NOUN4
stuff
▫ Tá stuif ar an tábla duit. There's some stuff on the table for you. ▫ An bhfuil do chuid stuif ar fad agat? Have you got all your stuff?

sú (PL **súnna**) MASC NOUN4
juice
▫ sú oráiste orange juice ▫ sú torthaí fruit juice
■ **sú craobh** a raspberry ▫ flan sútha craobh a raspberry flan
■ **sú talún** a strawberry ▫ uachtar reoite sútha talún strawberry ice cream

suaimhneach ADJECTIVE
1 peaceful
2 calm (sea, weather, person)

suaimhneas MASC NOUN1
peace
▫ suaimhneas intinne peace of mind
■ **suaimhneas a thabhairt do dhuine** to leave somebody in peace ▫ Tabhair suaimhneas dom. Just leave me in peace.

suairc ADJECTIVE
pleasant (person, occasion)

suaitheadh MASC NOUN
1 shock (mental)
2 turbulence (plane)

suaitheantas MASC NOUN1
badge

suaithinseach ADJECTIVE
distinctive (appearance)

Sualainn FEM NOUN2
■ **an tSualainn** Sweden ▫ sa tSualainn in Sweden

Sualainnis FEM NOUN2
Swedish (language)

Sualannach ADJECTIVE
▷ see also **Sualannach** MASC NOUN1
Swedish
▫ Is Sualannach é. He's Swedish.

Sualannach MASC NOUN1
▷ see also **Sualannach** ADJECTIVE
Swede

suan MASC NOUN1
■ **dul chun suain** to go to sleep

suanach ADJECTIVE
dormant (volcano)

suanmhar ADJECTIVE
sleepy

suansiúl MASC NOUN1
sleepwalking

suansiúlaí MASC NOUN4
sleepwalker

suarach ADJECTIVE
mean
▫ Bhí sin suarach aige. That was mean of him.

suas ADJECTIVE, ADVERB, PREPOSITION
up

> LANGUAGE TIP **suas** always indicates movement away from the speaker.

▫ Chuaigh an balún suas san aer. The balloon went up in the air. ▫ Suas leat! Up you go! ▫ Chuaigh sé suas an staighre. He went up the stairs.

subh FEM NOUN2
jam
▫ subh sútha talún strawberry jam

subhach ADJECTIVE
cheerful

substaint FEM NOUN2
substance
■ **Tá substaint ina cuid cainte.** There's a lot in what she says.

substaintiúil ADJECTIVE
substantial

súgradh (GEN SING **súgartha**) MASC NOUN
  playing
  □ Bhí an spórt againn ag súgradh sa sneachta.
  We had great fun playing in the snow.
  ■ **áit súgartha** a playground
  ■ **bheith ag súgradh le rud** to play with
  something

suí (PL **suíonna**) MASC NOUN4
  sitting
  □ Bhí muid ag suí thart ar an tábla. We were
  sitting round the table.
  ■ **seomra suí** a sitting room
  ■ **bheith i do shuí 1** to be sitting **2** (not in
  bed) to be up □ Bhíomar inár suí ar a 6.
  We were up at 6.

suibiacht FEM NOUN3
  subject

suigh VERB [22]
  to sit
  □ Shuigh sí ar an gcathaoir. She sat on the
  chair.
  ■ **suí síos** to sit down

súil (GEN SING, PL **súile**, GEN PL **súl**) FEM NOUN2
1 eye
  □ Tá súile gorma agam. I've got green eyes.
  □ Tá uisce le mo shúile. My eyes are
  watering.
  ■ **súil sprice** a bull's-eye
2 hope
  □ Tá súil agam go bhfeabhasóidh an aimsir
  roimh i bhfad. I hope the weather gets
  better soon.
  ■ **bheith ag súil le duine** to expect
  somebody □ Tá mé ag súil leis faoi choinne
  dinnéir. I'm expecting him for dinner.
  ■ **bheith ag súil le rud** to expect
  something □ Bhí mé ag súil leis an gcás is
  measa. I was expecting the worst.

súilíneach ADJECTIVE
1 bubbly
2 sparkling (wine)

suim (PL **suimeanna**) FEM NOUN2
1 interest
  ■ **suim a bheith agat i rud** to be interested
  in something □ Tá suim san fhiadhúlra
  agam. I'm interested in wildlife.
  ■ **suim a chur i rud** to care about
  something □ Ní chuireann siad mórán
  suime ina n-íomhá. They don't really care
  about their image.
2 sum (of money)
  □ suim mhór airgid a large sum of money

suimigh VERB [11]
  to add up
  □ Suimigh na figiúir. Add the figures up.

suimint FEM NOUN2
  cement

suimiúil ADJECTIVE
  interesting
  □ Chonaic muid a lán rudaí suimiúla.
  We saw a lot of interesting things.

suíochán MASC NOUN1
  seat
  □ Tháinig mé luath le suíochán maith a
  fháil. I came early to get a good seat.

suíomh MASC NOUN1
1 site (of house)
2 location (of story, film)
  ■ **suíomh gréasáin** a website

suíonna ▷ see **suí**

suipéar MASC NOUN1
  supper

suirbhé MASC NOUN4
  survey

suirbhéir MASC NOUN3
  surveyor
  □ suirbhéir cainníochta a quantity surveyor

suite ADJECTIVE
1 situated
  □ Tá an sráidbhaile suite ar chnoc. The
  village is situated on a hill.
2 certain
  ■ **bheith suite de rud** to be convinced
  of something

suiteáil VERB [25]
  to install

súl ▷ see **súil**

sula CONJUNCTION
  before
  □ Smaoinigh go cúramach sula dtugann tú
  freagra. Think carefully before you reply.
  □ Glaofaidh mé sula n-imeoidh mé. I'll
  phone before I leave.
  LANGUAGE TIP **sula** changes to **sular**
  with the past of regular verbs.
  □ Bhain siad as sular tháinig na péas.
  They ran away before the police came.

súlach MASC NOUN1
  gravy

sular ▷ see **sula**

sult MASC NOUN1
  ■ **sult a bhaint as rud** to enjoy something
  □ Ar bhain tú sult as an scannán? Did you
  enjoy the film? □ Bhain mé an-sult as.
  I really enjoyed it.

sultmhar ADJECTIVE
1 enjoyable
2 pleasant (company)

súmhar ADJECTIVE
  juicy

suntas MASC NOUN1
  notice
  ■ **suntas a thabhairt do rud** to notice
  something
suntasach ADJECTIVE
  noticeable
súp MASC NOUN1
  soup
suth (PL **suthanna**) MASC NOUN3
  embryo

sútha ▷ *see* **sú**
svaeid FEM NOUN2
  ▷ *see also* **svaeid** MASC NOUN4
  suede
  □ **seaicéad svaeide** a suede jacket
svaeid (PL **svaeideanna**) MASC NOUN4
  ▷ *see also* **svaeid** FEM NOUN2
  swede *(vegetable)*

S

Tt

tá ▷ see **bí**

táb MASC NOUN1
tab (on keyboard)

tábhachtach ADJECTIVE
important
□ Tá an obair seo tábhachtach. This work is important.

tabhair VERB [8]
1 to give
□ Thug sí caint ar dhreapadóireacht. She gave a talk on climbing.
■ **rud a thabhairt do dhuine** to give something to somebody □ Thug sé 10 euro dom. He gave me 10 euros.
2 to take
□ Tabhair abhaile iad. Take them home.
3 to bring
□ Tabhair anseo na leabhair. Bring the books here.

tabhair amach VERB
1 to give out
□ Thug sé na páipéir scrúdaithe amach. He gave out the exam papers.
2 to tell off
□ Thug m'athair amach dom. My father told me off.

tabhair ar VERB
to pay for
□ Thug mé cúig euro ar an leabhar. I paid five euros for the book.

tábla MASC NOUN4
table
□ Cóirigh an tábla, le do thoil. Set the table, please.

taca MASC NOUN4
support
■ **Déanfaidh sé taca do do dhroim.** It will support your back.
■ **taca a bhaint as rud** to lean on something □ Bhain sé taca as an mballa. He leaned on the wall.
■ **faoin taca seo** by this time □ Faoin taca

seo amárach beidh mé sa Fhrainc. By this time tomorrow I will be in France.

tacaí MASC NOUN4
supporter

tacaigh VERB [12]
to support
□ Thacaigh Peadar liom. Peter supported me.

tacaíocht FEM NOUN3
support
□ Thug muid tacaíocht don fhoireann scoile. We supported the school team.

tacsaí MASC NOUN4
taxi

tae MASC NOUN4
tea
□ Ar mhaith leat tuilleadh tae? Would you like more tea? □ An bhfuil tae nó caife uait? Would you like tea or coffee? □ cupán tae a cup of tea
■ **tae líomóide** lemon tea
■ **tae beag** afternoon tea

taephota MASC NOUN4
teapot

taespúnóg FEM NOUN2
teaspoon

tafann MASC NOUN1
■ **bheith ag tafann** to bark □ Bhí an madra ag tafann aréir. The dog was barking last night.

taibhse FEM NOUN4
ghost
□ Chóirigh mé mé féin mar thaibhse. I dressed up as a ghost.

táibléad MASC NOUN1
tablet (also computer)

taicticí FEM PL NOUN2
tactics

taifead VERB [23]
to record
□ Thaifead an grúpa albam nua anuraidh. The group recorded a new album last year.

t

taifeadán MASC NOUN1
recorder
- **taifeadán físchaiséad** a video

taifí MASC NOUN4
toffee

taighde MASC NOUN4
research

táille FEM NOUN4
1 fare (on bus, train)
- **leath-tháille** half fare
- **lántáille** full fare
2 fee
□ táillí scoile school fees
3 admission (entrance fee)
□ Cúig euro an táille. Admission is five euros.
4 charge
□ Níl táille sheirbhíse ann. There's no service charge.
- **táille bhreise a íoc as rud** to pay extra for something □ Beidh ort táille bhreise a íoc as bricfeasta. You have to pay extra for breakfast.

táillefón MASC NOUN1
pay phone

táilliúir MASC NOUN3
tailor

táiplis FEM NOUN2
- **táiplis bheag** draughts □ Bhí siad cluiche táiplise bheag ag imirt. They were playing a game of draughts.

tairbhe FEM NOUN4
benefit
- **tairbhe a bhaint as rud** to benefit from something □ Bhain mé tairbhe as an scíth sin. I benefited from that rest.
- **de thairbhe go** because □ Ní raibh mé ar scoil inné de thairbhe go raibh mé tinn. I wasn't at school yesterday because I was ill.
- **gan tairbhe** useless

tairg VERB [13, VN tairiscint]
to offer
□ Thairg sé síob dom. He offered me a lift.

tairne MASC NOUN4
nail (metal)

taisce FEM NOUN4
- **rud a chur i dtaisce** to put something away □ Cuir an t-airgead sin i dtaisce. Put that money away in a safe place.
- **cuntas taisce** a savings account

taisceadán MASC NOUN1
safe
□ Chuir sí an t-airgead sa taisceadán. She put the money in the safe. □ Thug siad air

an taisceadán a oscailt. They forced him to open the safe.

taiscéalaí MASC NOUN4
explorer

taisleach MASC NOUN1
damp
□ Tá taisleach ar na ballaí. The walls are damp.

taisme FEM NOUN4
accident
□ Bhain taisme do Sheán inné. John had an accident yesterday.
- **taisme bóthair** a road accident
- **de thaisme** 1 by accident □ De thaisme a bhuail mé an carr. I hit the car by accident. 2 by chance □ Bhuaileamar le chéile de thaisme. We met by chance.

taispeáin VERB [17, VN taispeáint, VA taispeánta]
to show
□ Thaispeáin sí crógacht mhór. She showed great courage.
- **rud éigin a thaispeáint do dhuine éigin** to show somebody something □ Ar thaispeáin mé mo bhróga reatha nua duit? Have I shown you my new trainers?

taispeáint (GEN SING **taispeáintána**)
FEM NOUN3
- **ar taispeáint** on display □ Tá an obair ealaíne ar taispeáint sa halla. The art work is on display in the hall.

taispeántas MASC NOUN1
exhibition
□ Beidh taispeántas ealaíne ann ar scoil amárach. There will be an art exhibition in school tomorrow.

taisteal MASC NOUN1
1 travel
□ Is gníomhaire taistil í. She's a travel agent.
2 travelling
□ Is breá liom taisteal. I love travelling.

taistealaí MASC NOUN4
traveller

taistil VERB [19, 3RD PRES taistealaíonn, VN taisteal, VA taistealta]
to travel
□ Thaistil muid go Gaillimh ar an traein. We travelled to Galway by train.

taithí FEM NOUN4
experience
□ Tá mé a dhul a dhéanamh taithí oibre. I'm going to do work experience. □ Fuair sé an post in ainneoin a easpa thaithí. He got the job despite his lack of experience.

taitin VERB [21, VN taitneamh]
to shine (sun)
□ Bhí an ghrian a taitneamh ó mhaidin go hoíche. The sun shone from morning till night.
■ **Níor thaitin an scannán liom.** I didn't like the film.
■ **Thaitin an lá liom.** I enjoyed the day.
taitneamhach ADJECTIVE
1 enjoyable
□ Bhí lá taitneamhach againn. We had an enjoyable day.
2 likeable
□ duine taitneamhach a likeable person
talamh (GEN SING MASC **talaimh**, GEN SING FEM **talún**, PL **tailte**) MASC NOUN1, FEM NOUN
ground
□ Tá an talamh seo iontach crua. The ground's very hard.
■ **faoi thalamh** underground
■ **ar an talamh** on the ground □ Shuigh muid ar an talamh. We sat on the ground.
talcam MASC NOUN1
talcum powder
talmhaíocht FEM NOUN3
agriculture
tamall MASC NOUN1
while
■ **go ceann tamaill** for a while □ Beidh mé anseo go ceann tamaill. I'll be here for a while.
■ **tamall ó shin** a while ago □ Bhí sé anseo tamall ó shin. He was here a while ago.
■ **tamall ó bhaile** not far from home
tanaí ADJECTIVE
1 thin
□ Tá Niall iontach tanaí. Neil's very thin.
2 shallow (water)
□ Tá an abhainn iontach tanaí anseo. The river's very shallow here.
tánaiste MASC NOUN4
deputy Prime Minister
tanc (PL **tancanna**) MASC NOUN4
tank (military)
tancaer MASC NOUN1
tanker
taobh (PL **taobhanna**) MASC NOUN1
side
□ ar an taobh eile den tsráid on the other side of the street
■ **taobh le taobh** side by side
■ **taobh amuigh** outside □ Tá carr taobh amuigh den teach. There's a car outside the house.

■ **taobh istigh** within □ Beidh mé ar ais taobh istigh de leathuair. I'll be back within half an hour.
■ **taobh thiar de** behind □ taobh thiar den teilifíseán behind the television
taoide FEM NOUN4
tide
□ taoide thuile high tide □ taoide thrá low tide
taoiseach MASC NOUN1
chief
■ **An Taoiseach** the Prime Minister of Ireland
taom (PL **taomanna**) MASC NOUN3
■ **taom croí** a heart attack □ Bhuail taom croí aréir é. He had a heart attack last night.
taos MASC NOUN1
1 paste (glue)
■ **taos fiacla** toothpaste
2 dough (for bread)
taoschnó MASC NOUN4
doughnut
□ taoschnó suibhe a jam doughnut
taosrán MASC NOUN1
pastry (dough)
tapa ADJECTIVE
quick
□ Tá sé tapa ar a chosa. He's quick on his feet.
tapaigh VERB [12]
to seize (opportunity)
tar VERB [9]
1 to come
□ Tar isteach. Come in. □ Tagaim ar scoil ar an mbus. I come to school by bus.
2 to arrive
□ Tháinig sé ar a sé a chlog. He arrived at six o' clock.
■ **tar ar** to find □ Tháinig mé ar an airgead. I found the money.
3 to catch
□ Tháinig slaghdán uirthi. She caught a cold.
■ **tar le** to be able □ Ní thig liom dul. I'm not able to go.
tarbh MASC NOUN1
bull
■ **An Tarbh** Taurus □ Is mise An Tarbh. I'm Taurus.
tarlaigh VERB [12, PAST tharla]
to occur
□ Tharla taisme aréir. An accident occurred last night.
■ **Tharla ann é.** He happened to be there.
tarra MASC NOUN4
tar

tarracóir MASC NOUN3
tractor

tarraiceán MASC NOUN1
drawer

tarraing VERB [19, 3RD PRES tarraingíonn,
VA tarraingthe]
1 to pull
□ Tharraing mé an leabhar as mo mhála.
I pulled the book out of my bag. □ Tharraing
sé an truicear. He pulled the trigger.
2 to draw
□ Tharraing an páiste pictiúr. The child drew
a picture.

tarraingt (GEN SING **tarraingthe**, PL
tarraingtí) FEM NOUN
draw
□ Beidh an tarraingt ann anocht. The draw
will take place tonight.
■ **tarraingt na téide** a tug of war

tarraingteach ADJECTIVE
attractive
□ cailín tarraingteach an attractive girl

tarrtháil FEM NOUN3
rescue
□ oibríocht tarrthála a rescue operation
□ na seirbhísí tarrthála the rescue services
■ **duine a tharrtháil** to come to
somebody's rescue □ Tharrtháil sé mé.
He came to my rescue.
■ **tarrtháil a thabhairt ar dhuine** to
rescue somebody □ Thug siad tarrtháil ar
an snámhóir. They rescued the swimmer.

tarrthálaí MASC NOUN4
rescuer

tart MASC NOUN3
thirst
■ **Tá tart orm.** I'm thirsty.

tasc (PL **tascanna**) MASC NOUN1
task

tástáil VERB [25]
▷ see also **tástáil** FEM NOUN3
to try on
□ Thástáil Máire cóta uirthi. Mary tried on
a coat.

tástáil FEM NOUN3
▷ see also **tástáil** VERB
1 test
□ tástáil tiomána a driving test
2 testing
□ Tá mé in aghaidh tástáil núicléach.
I'm against nuclear testing.

tatú MASC NOUN4
tattoo

TCI ABBREVIATION (= teilifís ciorcaid iata)
CCTV

TD ABBREVIATION (= Teachta Dála)
Dáil Deputy

te (PL, COMPAR **teo**) ADJECTIVE
1 warm
□ Tá sé te. It's warm.
2 hot
□ uisce te hot water
■ **buidéal te** a hot-water bottle

té PRONOUN
whoever
□ an té a thiocfaidh air whoever finds it
■ **an té atá ar iarraidh** missing person

teach (GEN SING **tí**, PL **tithe**, DAT SING **tigh**) MASC NOUN
house
□ Tá teach s'againne ag bun na sráide. Our
house is at the end of the road. □ Tá teach
álainn acu. They've got a lovely house.
□ Téann an bus thar theach s'againn. The
bus goes past our house.
■ **teach beag** a toilet
■ **teach gloine** a greenhouse
■ **teach ósta** a hostel
■ **teach pobail** a chapel
■ **teach solais** a lighthouse

teachín MASC NOUN4
cottage

teachta MASC NOUN4
■ **teachta parlaiminte** a member of
parliament
■ **Teachta Dála** a member of the Irish
parliament

teachtaire MASC NOUN4
messenger

teachtaireacht FEM NOUN3
message

téacs (PL **téacsanna**) MASC NOUN4
text
□ Léigh amach an téacs os ard. Read the
text out loud.
■ **téacs a chur chuig duine** to text someone

téacsáil VERB [25]
▷ see also **téacsáil** FEM NOUN3
to text (on mobile phone)

téacsáil FEM NOUN3
▷ see also **téacsáil** VERB
text (on mobile phone)

téacsleabhar MASC NOUN1
textbook

téad FEM NOUN2
rope
□ téad léimní a skipping rope

téadléimneach FEM NOUN2
skipping

teagasc VERB [14, VN teagasc]
to teach

□ Theagasc an fear sin Gaeilge dom. That man taught me Irish.

teagascóir MASC NOUN 3
tutor

teaghlach MASC NOUN 1
family
□ teaghlach de chuid an lucht oibre a working-class family

teagmháil FEM NOUN 3
contact
□ Bí i dteagmháil. Keep in contact.

téama MASC NOUN 4
theme

téamh MASC NOUN 1
heating
□ téamh lárnach central heating
■ **téamh domhanda** global warming

teanga (PL **teangacha**) FEM NOUN 4
1 tongue
□ Tá sé ar bharr mo theanga. It's on the tip of my tongue.
2 language
□ Is teanga dheacair í an Ghearmáinis. German is a difficult language.
■ **teanga dhúchais** native language
□ Is í an Ghaeilge mo theanga dhúchais. Irish is my native language.

teangaire MASC NOUN 4
interpreter

teanglann FEM NOUN 2
language laboratory

teann VERB [23]
▷ see also **teann** ADJECTIVE
to tighten
□ Teann do chrios sábhála. Tighten your safety belt.

teann ADJECTIVE
▷ see also **teann** VERB
tight
□ éadaí teanna tight clothes
■ **go teann** tightly □ Ceangail go teann é. Tie it tightly.

teannaire MASC NOUN 4
pump (for bicycle)

teannas MASC NOUN 1
tension
□ Tá an teannas ag méadú. Tension is mounting.

téarma MASC NOUN 4
term

teas MASC NOUN 3
1 heat
□ teas na gréine the heat of the sun
2 heating
□ Imíonn an teas as uaidh féin. The heating switches itself off.

teastaigh VERB [12, VN teastáil]
to want
□ Teastaíonn breis ama uaithi. She wants more time.
■ 'Freastalaí ag teastáil' 'Waiter wanted'

teastas MASC NOUN 1
certificate
□ teastas breithe a birth certificate
□ teastas pósta a marriage certificate

teicneoir MASC NOUN 3
technician

teicneolaíocht FEM NOUN 3
technology
□ teicneolaíocht na faisnéise information technology

teideal MASC NOUN 1
title

téigh VERB [10]
to go
□ Téigh amach sa ghairdín. Go out to the garden.
■ **dul a luí** to go to bed □ Chuaigh mé a luí ar a deich. I went to bed at ten.

téigh ar VERB
to go on
■ **dul ar bord eitleáin** to board an aeroplane

téigh as VERB
to go out (fire, light)
□ Chuaigh an solas as. The light went out.

teileafón MASC NOUN 1
telephone

teileascóp MASC NOUN 1
telescope

teilifís FEM NOUN 2
television
□ teilifís dhaite a colour television □ teilifís dhigiteach digital television

teilifíseán MASC NOUN 1
television (set)
□ Tá an teilifíseán rómhór. The television's too big.

teip VERB [13, VN teip]
to fail
□ Theip orm sa scrúdú. I failed the exam.
□ Theip ar a carr ina MOT. Her car failed its MOT. □ Theip an tsláinte air. His health failed.
■ **gan teip** without fail

téip (PL **téipeanna**) FEM NOUN 2
tape

teiripe FEM NOUN 4
therapy

teirmiméadar MASC NOUN 1
thermometer

teirminéal MASC NOUN1
terminal

teist (PL **teisteanna**) FEM NOUN2
test
□ Beidh teist agam amárach. I've got a test tomorrow.

teistiméir MASC NOUN3
referee *(for job)*

teistiméireacht FEM NOUN3
1 certificate *(qualification)*
2 reference
□ An mbeifeá sásta teistiméireacht a thabhairt dom, le do thoil? Would you please give me a reference?

teitheadh (GEN SING **teite**) MASC NOUN
escape
■ **bheith ar do theitheadh** to be on the run

téitheoir MASC NOUN3
heater

teocht FEM NOUN3
temperature
□ Bhí teocht ard orm aréir. I had a high temperature last night.

teorainn (GEN SING **teorann**, PL **teorainneacha**) FEM NOUN
border
■ **an Teorainn** the Border

thall ADVERB, ADJECTIVE
over
□ Tá sé taobh thall den abhainn. It's over the river.
■ **thall i Meiriceá** over in America
■ **thall ansin** over there
■ **thall is abhus** here and there

thar PREPOSITION

> **LANGUAGE TIP** Prepositional pronouns are tharam, tharat, thairis, thairsti, tharainn, tharaibh, tharstu.

over
□ Léim an capall thar an gclaí. The horse jumped over the fence. □ thar mhíle over a mile
■ **thar sáile** abroad □ Téim thar sáile gach bliain. I go abroad every year.
■ **thar barr** excellent □ Bhí an aiste sin thar barr. The essay was excellent.
■ **thar a bheith fuar** extremely cold □ Tá sé thar a bheith fuar anocht. It is extremely cold tonight.
■ **fanacht thar oíche** to stay the night

thart ADVERB, PREPOSITION
1 around
□ Amharc thart. Look around. □ Tá sí ina cónaí go díreach thart an coirnéal. He lives just around the corner.

2 over
□ Tá an cluiche thart. The game is over.
■ **an tseachtain seo a chuaigh thart** last week
■ **dul thart le rud** to go past something
□ Chuaigh mé thart leis an teach aréir. I went past the house last night.

theas ADVERB, ADJECTIVE
south
□ an cósta theas the south coast
■ **an Afraic Theas** South Africa

thiar ADVERB, ADJECTIVE
1 west
□ an cósta thiar the west coast □ Baile Átha Cliath Thiar West Dublin □ Tá sé taobh thiar de Londain. It's west of London.
2 western
□ an taobh thiar den oileán the western part of the island

thíos ADVERB
below
□ ar an urlár thíos on the floor below
■ **Cad é atá thíos faoi sin?** What's under there?
■ **thíos staighre** downstairs

thoir ADVERB, ADJECTIVE
east
□ an cósta thoir the east coast □ Béal Feirste Thoir East Belfast □ Tá sé taobh thoir de Londain. It's east of London.

thuaidh ADVERB, ADJECTIVE
north
□ Tá sé ar an taobh thuaidh de Londain. It's north of London.
■ **an Mhuir Thuaidh** the North Sea
■ **an Pol Thuaidh** the North Pole

thuas ADVERB, ADJECTIVE
up
□ Tá an leabhar thuas ar an tseilf. The book is up on the shelf.
■ **thuas staighre** upstairs

tí FEM NOUN4
■ **bheith ar tí rud a dhéanamh** to be just about to do something □ Bhí mé ar tí dul amach. I was just about to go out.

tiarna MASC NOUN4
lord
■ **tiarna talún** a landlord
■ **An Tiarna** *(God)* the Lord
■ **Teach na dTiarnaí** the House of Lords

tic MASC NOUN4
tick *(of clock, mark)*
■ **tic a chur le rud** to tick something off

ticéad MASC NOUN1
ticket

□ Tá an ticéad seo bailí ar feadh trí mhí.
This ticket is valid for three months.
□ Cheannaigh siad na ticéid roimh ré.
They bought the tickets in advance.
■ **ticéad bus** a bus ticket
■ **ticéad crannchuir** a raffle ticket
■ **ticéad páirceála** a parking ticket
■ **ticéad séasúir** a season ticket
■ **ticéad singil** a single □ Ticéad singil go
Corcaigh, le do thoil. A single to Cork,
please.

tíl (PL **tíleanna**) FEM NOUN2
tile

timpeall PREPOSITION
1 around
□ timpeall an tí around the house
■ **thart timpeall ar** surrounded by □ Tá
crainn thart timpeall ar an teach The house
is surrounded by trees.
2 about
□ timpeall mí ó shin about a month ago

timpeallacht FEM NOUN3
environment

timpeallán MASC NOUN1
roundabout (at junction)

timpiste FEM NOUN4
accident
□ Bhain timpiste dó. He had an accident.
■ **de thimpiste** by accident

tine (PL **tinte**) FEM NOUN4
fire
□ Rinne sé tine sa choill. He made a fire in
the woods.
■ **tine chnámh** a bonfire
■ **tine gháis** a gas fire
■ **le thine** on fire □ Bhí an teach le thine.
The house was on fire.

tinn ADJECTIVE
sick
□ Bhí Peadar tinn inné. Peter was sick
yesterday.
■ **éirí tinn** to be taken ill □ D'éirigh sí tinn
aréir. She was taken ill last night.
■ **bheith tinn tuirseach de rud** to be sick
and tired of something □ Tá mé tinn
tuirseach den staidéar. I'm sick and tired of
studying.

tinneas MASC NOUN1
sickness
■ **Tá tinneas orm.** I'm sick.
■ **tinneas farraige** seasickness
■ **tinneas cinn** a headache □ Tá tinneas
cinn orm. I have a headache.

tintreach FEM NOUN2
lightning

Tiobraid Árann FEM NOUN
Tipperary

tíogar MASC NOUN1
tiger

tiomáin VERB [17, VN tiomaint VA tiomáinte]
to drive
□ Tiomáin go mall! Drive slow! □ Níl
tiomáint aige. He can't drive. □ Thiomáin
m'athair an carr abhaile. My father drove
the car home.

tiomáint (GEN SING **tiomána**) FEM NOUN3
drive
□ Tá tiomáint fhada romhainn amárach.
We've got a long drive tomorrow.
■ **ceadúnas tiomána** a driving licence

tiománaí MASC NOUN4
driver

tionóisc FEM NOUN2
accident
□ tionóisc bhóthair a road accident
■ **trí thionóisc** by accident

tionól MASC NOUN1
assembly
□ halla tionóil an assembly hall

tionónta MASC NOUN4
tenant

tionscadal MASC NOUN1
project

tiontaigh VERB [12]
to turn
□ Tiontaigh ar clé. Turn left.

tír (PL **tíortha**) FEM NOUN2
country
□ tír i mbéal forbartha a developing country
□ tír dhúchais native country
■ **tír mór** mainland
■ **ceol tíre** folk music

Tír Chonaill FEM NOUN
Donegal

tírdhreach (GEN SING, PL **tírdhreacha**, GEN PL
tírdhreach) MASC NOUN3
landscape

Tír Eoghain FEM NOUN
Tyrone

tíreolaíocht FEM NOUN3
geography

tirim ADJECTIVE
dry
□ Beidh sé tirim amárach. It'll be dry
tomorrow
■ **airgead tirim** ready cash

tirimghlantóir MASC NOUN3
dry-cleaner's

tit VERB [15, VN titim, VA tite]
to fall

t

□ Baineadh tuisle de agus thit sé. He tripped and fell. □ Tá praghsanna ag titim. Prices are falling.

■ **titim a chodladh** to fall asleep □ Thit sí ina codladh She fell asleep.

■ **titim i laige** to faint □ Go tobann thit sí i laige. All of a sudden she fainted.

■ **titim amach le duine** to fall out with somebody □ Thit sé amach lena dheirfiúr. He fell out with his sister.

tiubh (GEN SING MASC **tiubh**, GEN SING FEM, COMPAR **tibhe**) ADJECTIVE
thick

□ Tá an ceo iontach tiubh anocht. The fog is very thick tonight.

■ **chomh tiubh géar is a thig leat** as fast as you can

T-léine FEM NOUN4
T-shirt

TnaG ABBREVIATION (= *Teilifís na Gaeilge*)
Irish language television

tobac MASC NOUN4
tobacco

■ **D'éirigh sé as an tobac.** He gave up smoking.

■ **'Ná caitear tobac'** 'No smoking'

tobán MASC NOUN1
tub

tobann ADJECTIVE
1 sudden

□ ardú teochta tobann a sudden rise in temperature

■ **go tobann** suddenly □ D'éirigh sé go tobann as an gcathaoir. He suddenly got out of the chair.

2 bad-tempered

□ duine tobann a bad-tempered person

tobar (PL **toibreacha**) MASC NOUN1
well (for water)

tochail VERB [19, VA tochailte]
to dig (hole)

tochais VERB [17, VN tochas]
to scratch

tocht (PL **tochtanna**) MASC NOUN3
mattress

■ **tocht a bheith ort** to be very emotional □ Bhí tocht orm nuair a chonaic mé ag imeacht é. I was very emotional when I saw him leaving.

todhchaí FEM NOUN4
future

□ Tá an todhchaí neamhchinnte. The future's uncertain.

todóg FEM NOUN2
cigar

tóg VERB [14, VA tógáil]
1 to pick up

□ Tóg an leabhar den urlár. Pick up the book from the floor.

2 to take

□ Tóg cúpla milseán, más maith leat. Take a couple of sweets, if you like. □ Tógann sé uair an chloig dul go Gaillimh. It takes an hour to go to Galway. □ Tóg go bog é. Take it easy.

3 to build

□ Thógamar an garáiste muid féin. We built our garage ourselves.

4 to bring up

□ Tógadh in Éirinn mé. I was brought up in Ireland.

■ **teach a thógáil ar cíos** to rent a house □ Thóg muid teach ar cíos sa Fhrainc. We rented a house in France.

tógálach ADJECTIVE
infectious

■ **galar tógálach** an infectious disease

tógálaí MASC NOUN4
builder

□ Is tógálaí é. He's a builder.

togh VERB [23, VA tofa]
1 to choose

□ Togh an ceann is fearr leat. Choose the one you prefer.

2 to select

□ Thogh an bainisteoir an fhoireann don chluiche. The manager selected the team for the game.

3 to elect

□ Toghadh uachtarán nua aréir. A new president was elected last night.

toghchán MASC NOUN1
election

tógtha ADJECTIVE
excited

□ Bhí na páistí tógtha faoin Nollaig. The children were excited about Christmas.

toil FEM NOUN3
will

□ in éadan do thola against your will

■ **le do thoil** please □ Ticéad fillte go Corcaigh, le do thoil. A return to Cork, please.

■ **teanga a bheith ar do thoil agat** to be fluent in a language □ Tá an Ghaeilge ar a thoil ag Seán. John is fluent in Irish.

toilteanach ADJECTIVE
willing

□ Bíonn sé i gcónaí toilteanach cuidiú a thabhairt. He's always willing to help.

tóin – tóstaer

tóin (PL **tóineanna**) FEM NOUN3
bottom *(buttocks)*
- **dul go tóin** to sink □ Chuaigh an bád go tóin sa stoirm. The boat sank in the storm.

tóir (PL **tóireacha**) FEM NOUN3
chase
- **dul sa tóir ar dhuine** to chase somebody □ Chuaigh na gardaí sa tóir ar an ngadaí. The police chased the thief.

toirneach FEM NOUN2
thunder

tóirse MASC NOUN4
torch

toirt (PL **toirteanna**) FEM NOUN2
- **ar an toirt** right away □ Déanfaidh mé ar an toirt é. I'll do it right away.

toirtín MASC NOUN4
scone
- **toirtín úll** an apple tart

toirtís FEM NOUN2
tortoise

toisc (PL **tosca**) FEM NOUN2
factor
- **Toisc gurb é Domhnach é, tá cead agat luí isteach.** Because it's Sunday, you can have a lie-in.

toit FEM NOUN2
smoke

toitín MASC NOUN4
cigarette
□ **paca toitíní** a pack of cigarettes

tólamh NOUN
- **i dtólamh** always □ Bíonn mo sheomra leapa trí chéile i dtólamh. My bedroom's always untidy.

tolg MASC NOUN1
sofa
□ Bhí sé ina luí ar an tolg. He was lying down on the sofa.

tollán MASC NOUN1
tunnel
- **Tollán Mhuir nIocht** the Channel Tunnel

tomhais VERB [17, VN **tomhas** VA **tomhaiste**]
to measure

tonn (PL **tonnta**, DAT SING **toinn**, GEN PL **tonn**) FEM NOUN2
wave
□ **tonn tuile** a tidal wave
- **thar toinn** overseas
- **faoi thoinn** underwater
- **tonn teaspaigh** a heatwave

tonna MASC NOUN4
ton
□ Tá péas tonna sa seanrothar sin. That old bike weighs a ton.

tor MASC NOUN1
bush
- **lá a chaitheamh faoin tor** to play truant

toradh (PL **torthaí**) MASC NOUN1
1 fruit
□ **toradh citris** citrus fruit
2 result *(of test, game)*
□ Fuair mé toradh maith sa scrúdú Gaeilge. I got a good result in the Irish exam.

tóraíocht FEM NOUN3
search
- **tóraíocht taisce** a treasure hunt

torann MASC NOUN1
loud noise

tornádó (PL **tornádónna**) MASC NOUN4
tornado

tornapa MASC NOUN4
turnip

tosach (GEN SING, PL **tosaigh**) MASC NOUN1
1 beginning
□ **ó thosach** from the beginning
2 start
□ **tosach an rása** the start of a race
3 front
□ **tosach an tí** the front of the house
4 lead
□ Tá foireann s'againn chun tosaigh. Our team is in the lead.
- **i dtosach** at first

tosaí MASC NOUN4
forward *(sport)*

tosaigh VERB [12]
▷ *see also* **tosaigh** ADJECTIVE
to start
□ Tosaíonn an scoil ar a naoi a chlog. School starts at 9.00. □ Níor thosaigh mé ar an athbhreithniú go fóill. I haven't started revising yet.

tosaigh ADJECTIVE
▷ *see also* **tosaigh** VERB
front
□ **suíocháin tosaigh an chairr** the front seats of the car □ **eochair an dorais tosaigh** the key to the front door
- **chun tosaigh** in front □ an carr chun tosaigh the car in front

tost MASC NOUN3
silence
- **Bí i do thost!** Be quiet!

tósta MASC NOUN4
toast
□ **slisín tósta** a slice of toast

tóstaer MASC NOUN1
toaster

tóstáil VERB [25]
to toast

trá (PL **tránna**) FEM NOUN4
beach
□ Chaith muid an lá ar an trá. We spent the day on the beach.
■ **bheith ag iarraidh an dá thrá a fhreastal** to try to do two things at once

trácht (PL **tráchtanna**) MASC NOUN3
traffic
□ Bhí an trácht go holc. The traffic was terrible.
■ **soilse tráchta** traffic lights

traein (GEN SING **traenach**, PL **traenacha**) FEM NOUN
train
□ D'imigh an traein orm. I missed the train.
■ **ar an traein** by train □ Is fearr liom taisteal ar an traein. I prefer to travel by train.
■ **traein luais** an express train

traenáil VERB [25]
to train
□ Beidh muid ag traenáil anocht. We will be training tonight.

traenálaí MASC NOUN4
trainer (coach)

traigéide FEM NOUN4
tragedy (play)

tragóid FEM NOUN4
tragedy
□ Thug an tragóid scannal dóibh. They were shocked by the tragedy.

tragóideach ADJECTIVE
tragic

tráidire MASC NOUN4
tray

traidisiúnta ADJECTIVE
traditional
□ ceol traidisiúnta traditional music

tralaí MASC NOUN4
trolley

tram (PL **tramanna**) MASC NOUN4
tram

trampailín MASC NOUN4
trampoline

traoch VERB [23]
■ **Tá mé traochta.** I am exhausted.

trasna PREPOSITION, ADVERB
across
□ an siopa trasna na sráide the shop across the road □ Cónaíonn siad trasna an bhóthair uaim. They live across the road.

trasnaigh VERB [12]
to cross
■ **Páistí ag trasnú!** Children crossing!

tráta MASC NOUN4
tomato
□ anlann trátaí tomato sauce □ anraith trátaí tomato soup

tráth (PL **tráthanna** {or} **trátha**, GEN PL **tráth**) MASC NOUN3
time
□ an tráth seo den bhliain this time of the year
■ **in am agus i dtráth** in due course
■ **i dtrátha a dó a chlog** at about 2 o'clock
■ **tráth bia** a meal
■ **tráth na gceist** a quiz

tráthnóna (PL **tráthnónta**) MASC NOUN4
1 afternoon
□ An féidir leat aire a thabhairt don bhabaí tráthnóna inniu? Could you mind the baby this afternoon?
2 in the afternoon
□ Beidh mé ar ais tráthnóna. I'll be back in the afternoon. □ ar a ceathair a chlog tráthnóna at 4 o'clock in the afternoon
3 evening
□ Amharcaim ar an nuacht gach tráthnóna. I watch the news every evening. □ Tá ceachtanna le hullmhú aici tráthnóna. She has to prepare lessons in the evening.
■ **Tháinig mé abhaile ar a deich tráthnóna aréir.** I got home at ten o'clock last night.

treabhsar MASC NOUN1
trousers

tréad (GEN SING, PL **tréada**) MASC NOUN3
1 flock
□ tréad caorach a flock of sheep
2 herd
□ tréad bó a herd of cows

tréadaí MASC NOUN4
shepherd

trealamh MASC NOUN1
equipment

tréaslaigh VERB [12]
to congratulate
□ Thréaslaigh an múinteoir an toradh maith liom. The teacher congratulated me on my good result.

treaspás MASC NOUN1
■ **'Ná déantar treaspás'** 'No trespassing'

tréidlia (PL **tréidlianna**) MASC NOUN4
vet
□ Is tréidlia í. She's a vet.

tréig VERB [13, VN **tréigean**]
to abandon
□ Thréig sé an carr. He abandoned the car.

t

tréimhse FEM NOUN4
period
□ do thréimhse theoranta for a limited period

treo (PL **treonna**) MASC NOUN4
direction
■ Cén treo ar imigh sé? Which way did he go?
■ méar a shíneadh i dtreo duine to point at somebody □ Shín sí a méar i dtreo Áine. She pointed at Anne.

treoirlíne (PL **treoirlínte**) FEM NOUN4
guideline

treoraí MASC NOUN4
guide
□ Thug an treoraí thart ar Coláiste na Tríonóide muid. The guide took us around Trinity College.

trí (PL **tríonna**) MASC NOUN4
▷ see also **trí** PREPOSITION
three

LANGUAGE TIP **trí** is usually followed by a singular noun.

□ trí mhála three bags
■ Tá sí trí bliana d'aois. She's three.
■ trí ... déag thirteen □ trí bhuidéal thirteen bottles

trí PREPOSITION
▷ see also **trí** MASC NOUN4

LANGUAGE TIP Prepositional pronouns are **tríom**, **tríot**, **tríd**, **tríthi**, **trínn**, **tríbh**, **tríothu**.

1 through
□ tríd an bhfuinneog through the window
□ Tá aithne agam uirthi trí mo dheirfiúr. I know her through my sister.

2 throughout
□ Beidh muid ag obair tríd an lá. We will be working throughout the day.
■ trí chéile confused

triail FEM NOUN
▷ see also **triail** VERB

1 test
□ Beidh triail tiomána aige amárach. He's taking his driving test tomorrow.

2 try
□ Bainfidh mé triail as. I'll give it a try.

triail VERB [15, VN triail]
▷ see also **triail** FEM NOUN
to try
□ Triail na bróga sin ort. Try on those shoes.

triall (PL **triallta**) MASC NOUN3
journey
■ Cá bhfuil do thriall? Where are you going?

triantán MASC NOUN1
triangle

trioblóid FEM NOUN2
trouble
□ Ná bí buartha, ní thrioblóid ar bith é. Don't worry, it's no trouble.
■ bheith i dtrioblóid to be in trouble

tríocha (GEN SING tríochad, PL tríochaidí)
MASC NOUN
thirty

LANGUAGE TIP **tríocha** is usually followed by a singular noun.

□ tríocha buidéal thirty bottles
■ Tá mé tríocha bliain d'aois. I'm thirty.

triomadóir MASC NOUN3
dryer
□ triomadóir gruaige a hair dryer
□ triomadóir iomlasctha a tumble dryer

triomaigh VERB [12]
to dry
□ Triomaigh na soithí, le do thoil. Dry the dishes, please.

tríú ADJECTIVE
third
□ an tríú huair the third time □ an Tríú Domhan the Third World
■ teacht isteach sa tríú háit to finish third
■ an tríú lá de Mhárta the third of March

triuf (PL **triufanna**) MASC NOUN4
club (in cards)
□ an t-aon triuf the ace of clubs

triúr MASC NOUN1
three people
■ Chuaigh triúr againn ann. Three of us went.
■ triúr ban three women

troid FEM NOUN3
▷ see also **troid** VERB
fight

troid VERB [15, VN triod]
▷ see also **troid** FEM NOUN3
to fight
□ Bhí an bheirt ghasúr ag troid. The two boys were fighting.

troigh (PL **troithe**) FEM NOUN2
foot (12 inches)
■ sé throithe ar airde six feet tall

troitheán MASC NOUN1
pedal

trom ADJECTIVE
heavy
□ Tá mo mhála scoile iontach trom. My schoolbag's very heavy.

trombón MASC NOUN1
trombone

□ Bím ag seinm ar an trombón. I play the trombone.

tromlach MASC NOUN1
majority

□ Cónaíonn tromlach na ndaltaí faoin tuath. The majority of the pupils live in the country.

tromluí MASC NOUN4
nightmare

trosc MASC NOUN1
cod

troscán MASC NOUN1
furniture

trua FEM NOUN4
pity

■ Nach mór an trua! What a pity!

trucail FEM NOUN2
truck

trumpa MASC NOUN4
trumpet

□ Bíonn sí ag seinm ar an trumpa. She plays the trumpet.

trunc MASC NOUN3
trunk (of elephant)

tú PRONOUN
you

□ An dtuigeann tú? Do you understand?

⸬ **LANGUAGE TIP** The form thú is used as the object of a verb.

□ Chonaic mé thú. I saw you.

■ **tú féin** yourself □ Déan tú féin sa bhaile. Make yourself at home.

tua (PL **tuanna**) FEM NOUN4
axe

tuáille MASC NOUN4
towel

tuairim FEM NOUN2
▷ see also **tuairim** PREPOSITION
opinion

■ **tuairim a bheith agat** to have an opinion

tuairim PREPOSITION
▷ see also **tuairim** FEM NOUN2

■ **tuairim is** about □ Tá tuairim is céad duine sa halla. There are about 100 people in the hall.

tuairisc FEM NOUN2
report

■ **tuairisc duine a chur** to ask after somebody □ Bhí Máire ag cur do thuairisce. Mary was asking after you.

tuairisceoir MASC NOUN3
reporter

□ Ba mhaith liom bheith i mo thuairisceoir. I'd like to be a reporter.

tuaisceart MASC NOUN1
north

□ sa tuaisceart in the north

■ **Tuaisceart Éireann** Northern Ireland

tuar (PL **tuartha**) MASC NOUN1
forecast

■ **tuar na haimsire** a weather forecast

■ **tuar ceatha** a rainbow

tuarastal MASC NOUN1
salary

tuath (GEN SING **tuaithe**) FEM NOUN2
country

■ **faoin tuath** in the country □ Thug muid geábh faoin tuath sa charr. We went for a drive in the country.

tuig VERB [13, VN tuiscint]
to understand

□ Tuigim Fraincis agus Gaeilge. I understand French and Irish.

tuile (PL **tuilte**) FEM NOUN4
flood

tuilleadh MASC NOUN1

■ **Ar mhaith leat a thuilleadh tae?** Would you like some more tea?

■ **Ní thagann sé a thuilleadh.** He doesn't come any more.

tuirling VERB [19, 3RD PRES tuirlingíonn, VA tuirlingthe]

1 to get off

□ Thuirling mé den bhus i nGaillimh. I got off the bus in Galway.

2 to land

□ Thuirling an t-eitleán slán sábháilte. The plane landed safely.

tuirse FEM NOUN4

■ **Tá tuirse orm.** I'm tired.

tuirseach ADJECTIVE
tired

□ Tá na páistí iontach tuirseach. The children are very tired.

tuisceanach ADJECTIVE
considerate

□ duine tuisceanach a considerate person

tuismeá FEM NOUN4
horoscope

tuismitheoir MASC NOUN3
parent

□ Tá mo thuismitheoirí colscartha. My parents are divorced. □ Ní réitíonn sé lena thuismitheoirí. He doesn't get on with his parents.

tum VERB [14]
to dive

□ Thum mé isteach sa linn. I dived into the pool.

tumadóir MASC NOUN3
diver

229

tumadóireacht – tvuíteáil

tumadóireacht FEM NOUN3
  diving

túr MASC NOUN1
  tower

turas MASC NOUN1

1 trip
  □ Bíodh turas maith agat! **Have a good trip!**
  ■ **turas scoile** a school trip

2 journey
  □ Ní maith liom turas fada. **I don't like long journeys.**

3 tour
  □ Chuamar ar thuras na cathrach. **We went on a tour of the city.**
  ■ **d'aon turas** on purpose □ Rinne sé d'aon turas é. **He did it on purpose.**
  ■ **Turas na Croise** the Stations of the Cross

turasóir MASC NOUN3
  tourist
  □ gasra turasóirí a party of tourists

turasóireacht FEM NOUN3
  tourism

turcaí MASC NOUN4
  turkey

turtar MASC NOUN1
  turtle

tús MASC NOUN1
  start
  □ Ní mórán é, ach is tús é. **It's not much, but it's a start.**
  ■ **ó thús** from the start
  ■ **ar dtús 1** first □ Téigh thusa ar dtús agus leanfaidh mé thú. **You go first and I'll follow.**
  2 at first □ Bhí sí iontach cúthail ar dtús. **She was really self-conscious at first.**
  ■ **i dtús báire** first of all □ Beidh dinnéar againn i dtús báire. **First of all we will have dinner.**
  ■ **tús a chur le rud** to start something
  □ Cé a chuir tús leis an troid? **Who started the fight?**

túslitir (GEN SING **túslitreach**, PL **túslitreacha**) FEM NOUN
  initial

tvuíteáil VERB [25]
  to tweet

t

Uu

uabhar MASC NOUN1
pride

uacht (PL **uachtanna**) FEM NOUN3
will

□ D'fhág sé roinnt airgid ina uacht dom. He left me some money in his will.

■ **rud a fhágáil le huacht ag duine** to leave something to somebody □ D'fhág m'aintín teach le huacht agam. My aunt left me a house.

uachtar MASC NOUN1

1 top

■ **an lámh in uachtar a fháil** to get the upper hand □ Fuair Seán an lámh in uachtar ar Liam. Sean got the upper hand over Liam.

2 cream

□ sútha talún agus uachtar strawberries and cream

■ **uachtar reoite** ice cream □ Cén blas d'uachtar reoite ba mhaith leat? Which flavour of ice cream would you like? □ uachtar reoite fanaile vanilla ice cream

■ **uachtar coipthe** whipped cream

uachtarán MASC NOUN1
president

□ Molaim Seán Mac an tSaoir mar uachtarán ar an gcumann. I nominate John McAteer as president of the society.

■ **Uachtarán na hÉireann** the President of Ireland

uafar ADJECTIVE
dreadful

□ scéal uafar a dreadful story

uafás MASC NOUN1
horror (terror)

■ **uafás a chur ar dhuine** to horrify somebody

■ **Ré an Uafáis** the Reign of Terror

■ **an t-uafás airgid** an awful lot of money

■ **an t-uafás daoine** an awful lot of people

uafásach ADJECTIVE

1 horrible

□ A leithéid de ghúna uafásach! What a horrible dress!

2 dreadful

□ meancóg uafásach a dreadful mistake

□ Bhí an aimsir uafásach. The weather was dreadful.

■ **Tá sé uafásach!** It's shocking!

■ **coir uafásach** a terrible crime

■ **radharc uafásach** a horrifying sight

uaibhreach ADJECTIVE
proud

uaigh (PL **uaigheanna**) FEM NOUN2
grave

■ **Is iomaí lá ag an uaigh orainn.** We'll be a long time dead.

uaigneach ADJECTIVE

1 lonely

□ saol uaigneach a lonely life □ áit uaigneach a lonely place

2 spooky

□ scéal uaigneach a spooky story

■ **Ní duine uaigneach mé.** I am not afraid of the dark.

uaigneas MASC NOUN1
loneliness

■ **uaigneas a bheith ort** to be lonely

□ Tá uaigneas orm. I'm lonely.

uaill FEM NOUN2
howl

■ **uaill a ligean asat** to howl

■ **Lig sé uaill as.** He let out a yell.

uaillmhianach ADJECTIVE
ambitious

□ Tá sí iontach uaillmhianach. She's very ambitious.

uaimh (PL **uaimheanna**) FEM NOUN2
cave

uaimheadóireacht FEM NOUN3
potholing (activity)

uain (PL **uaineacha**) FEM NOUN2
1 time
□ Níl uain agam an obair a chríochnú.
I have no time to finish my work.
2 turn
□ Fan le d'uain. Wait your turn.
3 weather
□ Bhí an uain go hálainn. The weather
was beautiful.

uaine ADJECTIVE, FEM NOUN4
green (bright)

uaineoil FEM NOUN3
lamb (meat)
■ ceathrú uaineola a leg of lamb

uainíocht FEM NOUN3
shift work
■ uainíocht a dhéanamh to take turns
□ Déanann muid uainíocht ar a chéile leis
an gcócaireacht. We take turns at the
cooking.

uair (PL **uaireanta**) FEM NOUN2
1 hour
□ uaireanta cuartaíochta visiting hours
□ uaireanta oifige office hours

> LANGUAGE TIP Numbers in Irish are
> usually followed by a singular noun,
> but the plural form uaire is used after
> numbers 3 to 10.

□ trí huaire three hours
■ uair an chloig an hour □ Beidh mé ar ais
i gceann uair an chloig. I will be back in an
hour.
■ obair uaire an hour's work
■ 10 gciliméadar san uair 10 km an hour
2 time
□ Seiceálfaidh mé uair na traenach. I'll
check the time of the train.
■ cá huair? when? □ Cá huair a bheidh tú
ar ais? When will you be back?
■ gach uair every time □ Bíonn sé faoi
ghruaim gach uair a fheicim é. Every time
I see him he's depressed.
■ an chéad uair the first time
■ an chéad uair eile the next time □ Beidh
Máire liom an chéad uair eile. Mary will be
with me the next time.
■ uair sa tseachtain once a week
■ uair amháin once □ uair amháin eile
once more
■ i láthair na huaire at the moment
■ uaireanta sometimes

uaireadóir MASC NOUN3
watch

ualach (PL **ualaí**) MASC NOUN1
load

■ Bhí sé ina ualach ar mo chroí. It
weighed heavily on my heart.

uamhan (PL **uamhna**, GEN PL **uamhan**)
MASC NOUN1
fear
■ uamhan a bheith ort to be terrified
■ uamhan clóis claustrophobia

uan MASC NOUN1
lamb (animal)

uasal (GEN SING FEM, PL, COMPAR **uaisle**)
ADJECTIVE
▷ see also uasal MASC NOUN1
decent (upright)
■ an tUasal Ó Murchú Mr Murphy
■ A Dhuine Uasail Dear Sir
■ A Bhean Uasal Dear Madam
■ a dhaoine uaisle ladies and gentlemen

uaschamóg FEM NOUN2
apostrophe
■ uaschamóga inverted commas

uaslódáil VERB [25]
to upload (computing)

uathoibríoch (GEN SING MASC **uathoibríoch**)
ADJECTIVE
automatic
□ doras uathoibríoch an automatic door
■ go huathoibríoch automatically
□ Druidtear na doirse go huathoibríoch.
The doors close automatically.

ubh (PL **uibheacha**) FEM NOUN2
egg
□ dosaen uibheacha a dozen eggs □ ubh
agus dhá shlisín bagúin an egg and two
rashers of bacon
■ ubh bhruite a boiled egg
■ ubh fhriochta a fried egg
■ ubh scallta a poached egg
■ uibheacha scrofa scrambled eggs
■ trí huibhe three eggs

ubhchupán MASC NOUN1
egg cup

ucht (PL **uchtanna**) MASC NOUN3
1 chest
□ tomhas a uchta his chest measurement
2 breast (of woman)
3 lap
□ Shuigh an leanbh ina hucht. The child sat
in her lap.
■ as ucht for the sake of □ as ucht Dé for
God's sake

uchtach MASC NOUN1
courage
■ d'uchtach a chailleadh to lose heart
■ uchtach a thabhairt do dhuine to
encourage somebody

uchtaigh VERB [12]
  to adopt (child)
    □ Uchtaíodh Phil Phil was adopted.

úd MASC NOUN1
  ▷ see also **úd** ADJECTIVE
  try (in rugby)
    □ Ghnóthaigh mé úd. I scored a try.

úd ADJECTIVE
  ▷ see also **úd** MASC NOUN1
  that
    □ Is ball den pháirtí úd í. She belongs to that party.
  ■ **an ceann úd** that one over there

údar MASC NOUN1
  author
    □ Is údar cáiliúil í. She's a famous author.

uibheagán MASC NOUN1
  omelette

Uíbh Fhailí MASC PL NOUN
  Offaly

uile ADJECTIVE
1 every
  ■ **gach uile áit** everywhere
  ■ **gach uile ní** everything
  ■ **gach uile dhuine** everyone
2 all
    □ D'ídíomar an phéint uile. We've used up all the paint. □ na páistí uile all the children

uile-Éireann ADJECTIVE
  all-Ireland
  ■ **bonn uile-Éireann** an all-Ireland medal

uillinn (PL **uillinneacha**, GEN SING, GEN PL **uilleann**) FEM NOUN2
1 elbow
  ■ **uillinn ar uillinn** arm in arm
2 angle (maths)
  ■ **píb uilleann** uilleann pipes

uimhir (GEN SING **uimhreach**, PL **uimhreacha**) FEM NOUN
  number
    □ Tá an huimhir ghutháin mo dhialann agam. I've got her phone number in my diary. □ Tá an uimhir chontráilte agat. You've got the wrong number. □ Tá an t-albam seo ar uimhir a haon sna cairteacha. This album is number one in the charts. □ Tá siad ina gcónaí ag uimhir 5. They live at number 5. □ uimhir chorr an odd number
  ■ **Uimhir Aitheantais Phearsanta** a PIN number
  ■ **uimhir chuntais** account number

uimhirchlár, uimhirphláta
MASC NOUN4
number plate (of car)

uimhríocht FEM NOUN3
  arithmetic

úinéir MASC NOUN3
  owner

uirlis FEM NOUN2
  tool
  ■ **uirlis cheoil** a musical instrument

uisce MASC NOUN4
  water
    □ Níl aon uisce te ann. There's no hot water. □ Tá an t-uisce ag fiuchadh. The water's boiling.
  ■ **uisce a chur ar rud** to water something
    □ Bhí sé ag cur uisce ar a chuid tiúilipí. He was watering his tulips.
  ■ **faoi uisce** underwater □ Scannánaíodh an chuid seo faoi uisce. This part was filmed underwater.
  ■ **uisce beatha** whiskey
  ■ **uisce mianrach** mineral water
  ■ **uisce coipeach** fizzy water

uisceadán MASC NOUN1
  aquarium

Uisceadóir MASC NOUN3
  ■ **An tUisceadóir** Aquarius □ Is mise An Uisceadóir. I'm Aquarius.

ulchabhán MASC NOUN1
  owl

úll (PL **úlla**) MASC NOUN1
  apple
    □ B'fhearr liom úll ná banana. I'd rather have an apple than a banana. □ úll taifí a toffee apple
  ■ **úll an chrómáin** hip joint

ullamh ADJECTIVE
  ready
  ■ **bheith ullamh do rud** to be prepared for something

ullmhaigh VERB [12]
  to prepare
  ■ **ullmhú i gcomhair scrúduithe** to prepare for exams
  ■ **béile a ullmhú** to prepare a meal

úllord MASC NOUN1
  orchard

ulpóg FEM NOUN2
  flu
    □ Tá an ulpóg uirthi. She's got flu.

Ultach ADJECTIVE
  ▷ see also **Ultach** NOUN
  Ulster

Ultach NOUN
  ▷ see also **Ultach** ADJECTIVE
  Ulsterman
  Ulsterwoman

u

um PREPOSITION

> **LANGUAGE TIP** Prepositional pronouns are **umam, umgat, uime, uimpi, umainn, umaibh, umpu.**

1 about
- ■ **um Nollaig** at Christmas
- ■ **um Cháisc** at Easter

2 in
- □ **um thráthnóna** in the evening □ **Beidh mé ar ais um thráthnóna.** I'll be back in the afternoon.

umar MASC NOUN1
tank
- □ **umar peitril** a petrol tank
- ■ **umar baiste** a baptismal font

uncail MASC NOUN4
uncle

únfairt FEM NOUN2
- ■ **bheith d'únfairt féin** to toss and turn
- □ **Bhí sé á únfairt féin sa leaba.** He was tossing and turning in the bed.

ungadh (GEN SING **ungtha**, PL **ungthaí**)
MASC NOUN
ointment
- ■ **ungadh beola** lip salve

Ungáir FEM NOUN2
- ■ **an Ungáir** Hungary □ **san Ungáir** in Hungary □ **chun na hUngáire** to Hungary

Ungáiris FEM NOUN2
Hungarian (language)

Ungarach ADJECTIVE, MASC NOUN1
Hungarian
- □ **Is Ungarach é.** He's Hungarian.

unsa MASC NOUN4
ounce

úr ADJECTIVE
new
- □ **carr úr** a new car □ **Is dearadh úr ar fad é.** It's a completely new design.
- ■ **aer úr** fresh air □ **Tá aer úr de dhíth orm.** I need some fresh air.

urchar MASC NOUN1
shot
- □ **urchar maith a bheith agat** to be a good shot □ **urchar gunna** a gunshot

urchóid FEM NOUN2
harm
- ■ **gan urchóid** harmless

urchóideach ADJECTIVE
harmful

urlár MASC NOUN1

1 floor
- □ **ar an urlár uachtarach** on the upper floor
- □ **an chéad urlár** the first floor □ **urlár leacán** a tiled floor

2 deck (of bus)

urnaí FEM NOUN4
prayer

úrnua ADJECTIVE
brand new
- □ **Tá carr úrnua acu.** They've got a brand new car.

urraim FEM NOUN2
respect
- ■ **urraim a thabhairt do dhuine** to treat somebody with respect

urraíocht FEM NOUN3
sponsorship

urramach MASC NOUN1
reverend (title)
- ■ **an tUrramach de Brún** Reverend Brown

úrscéal (PL **úrscéalta**) MASC NOUN1
novel
- □ **Oiriúnaíodh a úrscéal le haghaidh na teilifíse.** His novel was adapted for television.

úrscéalaí MASC NOUN4
novelist

urú (GEN SING **uraithe**, PL **uruithe**) MASC NOUN
eclipse
- ■ **urú gréine** a solar eclipse

úsáid FEM NOUN2
use
- □ **in úsáid** in use □ **as úsáid** out of use
- ■ **úsáid a bhaint as rud** to use something
- □ **An bhfuil cead againn úsáid a bhaint as foclóir sa scrúdú?** Can we use a dictionary in the exam?
- ■ **gan úsáid** useless

úsáideach ADJECTIVE
useful

úsáideoir MASC NOUN3
user
- □ **úsáideoir bóithre** a road user

u

Vv

vacsaínigh VERB [11]
to vaccinate

vaidhtéir MASC NOUN3
best man

- **vaidhtéir cuain** coastguard

vailintín MASC NOUN4
valentine *(card)*

- **Lá Fhéile Vailintín** St Valentine's Day

vallait FEM NOUN2
wallet

válsa MASC NOUN4
waltz

vardrús MASC NOUN1
wardrobe

Vársá MASC NOUN4
Warsaw

vása MASC NOUN4
vase

vástchóta MASC NOUN4
waistcoat

Vatacáin FEM NOUN2
the Vatican

- **Cathair na Vatacáine** Vatican City

veain (PL **veaineanna**) FEM NOUN4
van

veidhleadóir MASC NOUN3
violinist

veidhlín MASC NOUN4
violin

□ Seinnim ar an veidhlín. I play the violin.

veigeatóir MASC NOUN3
vegetarian

□ Is veigeatóir é. He's a vegetarian.

veilbhit FEM NOUN2
velvet

□ gúna veilbhite a velvet dress

veirtige FEM NOUN4
vertigo

veist (PL **veisteanna**) FEM NOUN2
1 vest *(underwear)*
2 waistcoat

vióla FEM NOUN4
viola

□ Seinnim ar an vióla. I play the viola.

víosa FEM NOUN4
visa

víreas MASC NOUN1
virus

vitimín MASC NOUN4
vitamin

Vítneam MASC NOUN4
Vietnam

voc MASC NOUN4
wok

vodca MASC NOUN4
vodka

volta MASC NOUN4
volt

voltas MASC NOUN1
voltage

vóta MASC NOUN4
vote

vótáil VERB [25]
to vote

- **ionad vótála** polling booth
- **lucht vótála** voters

X-chrómasóm MASC NOUN1
X-chromosome

xéaracs MASC NOUN4
Xerox

x-gha (PL **x-ghathanna**) MASC NOUN4
X-ray *(ray)*

x-ghathú MASC NOUN
X-ray *(photo)*

xileafón MASC NOUN1
xylophone

Yy

Y-chrómasóm MASC NOUN 1
Y-chromosome

yóyó (PL yóyónna) MASC NOUN 4
yo-yo

Zz

zipeáil VERB [11]
to zip *(file)*

zipchomhad MASC NOUN1
zip file

zú (PL **zúnna**) MASC NOUN4
zoo

Irish in Action

- Ireland is the third largest island in Europe, with an area of around 84,000 km².

- Ireland is divided into the Republic of Ireland and Northern Ireland, which is part of the United Kingdom. Northern Ireland comprises six of the counties of the province of Ulster – Antrim, Armagh, Derry, Down, Fermanagh and Tyrone.

- The remaining provinces in Ulster – Cavan, Donegal and Monaghan – are in the Republic of Ireland. The other provinces in the Republic are Connacht, Leinster and Munster.

- Louth is the smallest county in Ireland; Cork is the largest.

- Ireland's highest mountain is Carrauntoohil, in County Kerry (just over 1,000 metres).

- The longest place name in Ireland is Muckanaghederdauhaulia, in County Galway.

Some useful phrases

Seo mo dheirfiúr, Aoife.	This is my sister, Aoife.
Tá sí le pósadh an samhradh seo chugainn.	She's getting married next summer.
Tá dearthair agam agus is cúpla muid.	I have a twin brother.
Tá deirfiúr agam agus is cúpla muid.	I have a twin sister.
Tá leasdeartháir/ leathdheartháir agam.	I have a half-brother.
Páiste aonair mé.	I'm an only child.
Tá mo thuismitheoirí scartha.	My parents are separated.
Tá mo thuismitheoirí colscartha.	My parents are divorced.
Fuair mo sheanathair bás anuraidh.	My grandfather died last year.
Tá mo mháthair tar éis pósadh arís.	My mother has got married again.

Caidreamh / Relationships

Caidreamh	Relationships
Réitím go maith le mo dheirfiúr.	I get on well with my sister.
Ní réitím ar chor ar bith le mo dhearthair.	I don't get on at all with my brother.
Tomás is ainm don chara is fearr agam.	My best friend is called Thomas.
Tá trí dhlúthchara agam.	I've got three best friends.
Bímid i dteannta a chéile i gcónaí.	We're always together.
D'éirigh idir mé féin agus Sorcha.	I've had a quarrel with Sarah.
Níl mé ag caint le Caitríona níos mó.	I'm not talking to Catherine any more.

Mothúcháin / Emotions

Mothúcháin	Emotions
Tá brón orm. (Tá mé brónach.)	I am ... sad
Tá mé sásta.	pleased
Tá áthas orm. (Tá mé sona.)	happy
Tá fearg orm.	angry
Tá mé i ngrá.	in love
Tá mé gonta.	hurt
Tá mé i ngrá le hÁine.	I'm in love with Anne.
Tá mé féin agus Brian tar éis scaoileadh ó chéile.	Brian and I have split up.
Is maith liom go mbeidh tú ag teacht.	I'm pleased you're coming.
Tá brón orm bheith ag imeacht.	I'm sad to be leaving.
Tá súil agam nach bhfuil fearg rómhór ort.	I hope you're not too angry.
Bhí sí gonta mar nach bhfuair sí cuireadh.	She was hurt that she wasn't invited.

Baill an teaghlaigh / Members of the family

Baill an teaghlaigh	Members of the family
m'athair	my father
mo dhaid, mo dhaidí	my dad
mo mháthair	my mother
mo mham, mo mhamaí	my mum, mammy
mo thuismitheoirí, m'athair is mo mháthair	my parents
mo dhearthair	my brother
mo dheirfiúr	my sister
m'uncail	my uncle
m'aintín	my aunt
mo chol ceathar, mo chol ceathrair	my cousin
mo sheanathair, m'athair mór	my grandfather
mo sheanmháthair, mo mháthair mhór	my grandmother
mo dhaideo	my granddad
mo mhamó	my gran
mamó is daideo	my grandparents
mo dhearthair mór	my big brother
mo dheirfiúr bheag	my little sister
buachaill mo dheirféar	my sister's boyfriend
cailín mo dhearthár	my brother's girlfriend
an buachaill atá geallta le mo dheirfiúr	my sister's fiancé
an cailín atá geallta le mo dhearthair	my brother's fiancée

Cá bhfuil tú do chónaí?	Where do you live?
Tá mé i mo chónaí ...	**I live ...**
i sráidbhaile	in a village
i mbaile beag	in a small town
i lár an bhaile (mhóir)	in the town centre
i mbruachbhaile de chuid Londan	in the suburbs of London
faoin tuath	in the countryside
cois farraige	at the seaside
in aice le habhainn bheag	beside a small river
100 km lasmuigh de Mhanchain	100 km from Manchester
taobh ó thuaidh de Birmingham	north of Birmingham
i dteach aonair/ scoite	in a detached house
i dteach leathscoite	in a semi-detached house
i dteach dhá stór	in a two-storey house
i mbloc árasán	in a block of flats
in árasán	in a flat
in eastát tithíochta	on a housing estate
Tá mé i mo chónaí in árasán ...	**I live in a flat ...**
ar urlár na talún	on the ground floor
ar an gcéad urlár	on the first floor
ar an dara hurlár	on the second floor
ar an urlár bairr	on the top floor
Tá mé i mo chónaí ...	**I live ...**
i dteach nua-aimseartha	in a modern house
i dteach nua	in a new house
i seanteach Éadbhardach	in an old Edwardian house

Ón mbaile go dtí an scoil	From home to school
Tá an scoil giota maith ó mo theachsa.	School is quite a long way from my house.
Tá mé i mo chónaí faoi shiúl cúig nóiméad den scoil.	I live five minutes' walk from school.
Tugann m'athair ar scoil sa charr mé.	My father takes me to school in the car.
Téim ar scoil ar an mbus.	I go to school by bus.

Sa bhaile	At home
Ar leibhéal na sráide tá ...	**On the ground floor there is ...**
an chistin	the kitchen
seomra an teaghlaigh	the living room
an seomra bia	the dining room
an seomra suí	the lounge
Thuas staighre tá ...	**Upstairs there is ...**
seomra leapa is agamsa	my bedroom
seomra mo dhearthár	my brother's bedroom
seomra mo thuismitheoirí	my parents' room
an seomra spártha	the spare bedroom
an seomra folctha	the bathroom
seomra staidéir	a study
gairdín	a garden
páirc pheile	a football pitch
cúirt leadóige	a tennis court
comharsa	a neighbour
na daoine trasna uainn	the people opposite
na comharsana béal dorais	the next-door neighbours

Some useful phrases

Tá mo theachsa an-bheag.	My house is very small.
Tá mo sheomra deas ordúil.	My room is tidy.
Roinnim an seomra leapa le mo dheartháir.	I share my bedroom with my brother.
Tá cónaí ar mo dhlúthchara ar an tsráid chéanna liom.	My best friend lives in the same street as me.
Tá cúirt leadóige taobh le teach is agamsa.	There's a tennis court next to my house.
Táimid ag aistriú tí an mhí seo chugainn.	We're moving next month.
Ní maith liom an ceantar ina bhfuil mé i mo chónaí.	I don't like the area where I live.
Is ceantar an-chiúin é.	It's a very quiet area.

Comharthaí so-aitheanta	A few landmarks
pictiúrlann	a cinema
amharclann	a theatre
músaem	a museum
dáileoir airgid	a cash dispenser
an oifig thurasóireachta	the tourist office
ardeaglais	a cathedral
eaglais	a church
mosc	a mosque
ceantar coisithe	a pedestrian precinct
banc	a bank
an linn snámha	the swimming pool
an t-oighear-rinc	the ice rink
an leabharlann phoiblí	the public library
halla an bhaile	the town hall
cearnóg	a square
cearnóg an mhargaidh	the market square

Córacha Taistil	Means of transport
bus	a bus
cóiste	a coach
an DART	the DART (suburban railway)
an tram	the tram
an traein	the train
an stáisiún	the station
stáisiún na mbusanna	the bus station
stáisiún DART	a DART station
Cén t-am a n-imíonn an chéad traein eile go Corcaigh?	What time is the next train to Cork?
Ba mhaith liom ticéad singil go Gaillimh.	I'd like a single to Galway.
Ticéad fillte go Baile Átha Cliath, le do thoil.	A return to Dublin, please.
Cá bhfuil ardán a deich?	Where is platform 10?
Cá bhfuil an stáisiún DART is gaire dúinn?	Where is the nearest DART station?

Baile mór nó an tuath?	Town or country?
Tá an chathair maith mar tá neart siopaí ansin.	Cities are good because there are lots of shops.
An rud maith faoin tuath ná go bhfuil sé ciúin.	The good thing about the countryside is that it's quiet.
Ní maith liom cónaí sa bhaile mhór mar tá barraíocht truailliú ann.	I don't like living in town, there's too much pollution.
Níl rud ar bith le déanamh faoin tuath.	There's nothing to do in the country.

Treoracha	Directions
os comhair	opposite
taobh le	next to
in aice le, gar do	near
idir ... agus ...	between ... and ...
Cá bhfuil stáisiún na mbusanna?	Where's the bus station?
Tá mé ag iarraidh teacht ar an oifig turasóireachta.	I'm looking for the tourist office.
Téigh ar aghaidh go barr na sráide.	Go right to the end of the street.
Cas ar dheis.	Turn right.
Téigh trasna an droichid.	Cross the bridge.
Tóg an chéad sráid ar chlé.	Take the first street on the left.
Tá sé ar do dheis.	It's on your right.
Tá sé os comhair na pictiúrlainne.	It's opposite the cinema.
Tá sé díreach taobh le hoifig an phoist.	It's next to the post office.

My plans for the future

Obair	Work
Ba mhaith liom staidéar a dhéanamh ar ...	**I'd like to study ...**
an leigheas	medicine
an innealtóireacht	engineering
an dlí	law
an tsocheolaíocht	sociology
an tsíceolaíocht	psychology
theangacha	languages
ar an ailtireacht	architecture
Ba mhaith liom ...	**I'd like to ...**
cuid mhór airgid a shaothrú	earn lots of money
bheith ag obair i siopa	work in a shop
bheith ag obair i mbanc	work in a bank
obair i dtionscal na turasóireachta	work in tourism
printíseacht a dhéanamh	do an apprenticeship
cáilíocht a bhaint amach	do a qualification
Ba mhaith liom bheith ..	**I'd like to be ...**
i m'aturnae	a solicitor
i mo mhúinteoir	a teacher
i m'fhiaclóir	a dentist
i m'amhránaí	a singer
i mo ghruagaire	a hairdresser
i m'iriseoir	a journalist
i m'aisteoir	an actor/actress
i mo pheileadóir gairmiúil	a professional footballer
i mo cheoltóir	a musician
i mo pholaiteoir	a politician
Sílim go bhfuil an post sin ...	**I think this job is ...**
suimiúil	interesting
tuirsiúil	tiring
leadránach	boring
strusmhar	stressful
tá an pá go maith/go dona	it's well/badly paid

Spriocanna saoil	Ambitions
Tá sé i gceist agam dul ar an ollscoil.	I'm planning to go to university.
Ba mhaith liom tamall a chaitheamh thar lear ansin.	Afterwards I'd like to go abroad.
Ba mhaith liom dul ag taisteal roimh an ollscoil.	I'd like to go travelling before university.
Níl a fhios agam go fóill cad é ba mhaith liom a dhéanamh.	I don't know yet what I want to do.

Scrúduithe	Exams
scrúdú	an exam
scrúdú scríofa	a written exam
scrúdú béil	an oral exam
na torthaí	the results
Tá mé ag déanamh mo chuid GCSEs i mbliana.	I'm doing my GCSEs this year.
Beidh an chéad scrúdú agam Dé Luain seo chugainn.	I'm going to do my first exam next Monday.
Tá súil agam go n-éireoidh na scrúduithe liom.	I hope I'll pass my exams.
Braithim gur theip orm sa mhata.	I think I've failed my maths exam.
Gheobhaidh mé na torthaí mí Lúnasa.	I'll get the results in August.
D'éirigh go maith liom sna scrúduithe.	I've done well in my exams.
Caithfidh mé dul siar ar mo Mhata.	I need to revise my Maths.
Caithfidh mé mo GCSE Béarla a athdhéanamh.	I need to resit my English GCSE.

Spórt	Sports
Imrím ...	**I play ...**
peil	football
sacar	soccer
cispheil	basketball
rugbaí	rugby
leadóg	tennis
leadóg bhoird	table tennis
Déanaim ...	**I ...**
sciáil	ski
curachóireacht	canoe
gleacaíocht	do gymnastics
snámh	swim
marcaíocht	go horse riding
seoltóireacht	go sailing
Tá mé chun cúrsa seoltóireachta a dhéanamh an samhradh seo.	I'm going to do a sailing course this summer.
Ní dheachaigh mé ag sciáil riamh.	I've never been skiing.
Tá mé chun curachóireacht a fhoghlaim.	I'm going to learn how to canoe.
Ghlac mé páirt i gcomórtas lúthchleasaíochta.	I took part in an athletics competition.

Jabanna	Jobs
CV	a CV
agallamh	an interview
Bím ag obair / Oibrím ...	**I work ...**
i siopa poitigéara ar an Satharn	at a chemist's on Saturdays
san ollmhargadh sna laethanta saoire	at the supermarket in the holidays
i siopa éadaigh ag an deireadh seachtaine	in a clothes shop at the weekend
Oibrím mar fheighlí páistí.	I do babysitting.
Déanaim an tsiopadóireacht do sheanbhean.	I do an old lady's shopping for her.
Bím ag seachadadh nuachtán.	I deliver papers.
Faighim 8 euro san uair.	I earn 8 euros an hour.
Ní raibh jab riamh agam.	I've never had a job.
Tá mé chun jab a lorg don samhradh.	I'm going to look for a job for this summer.

Gléasanna ceoil	Musical instruments
Seinnim ...	**I play the ...**
an veidhlín	violin
an pianó	piano
an giotár	guitar
an fheadóg mhór	flute
Tá mé ag seinm an veidhlín ó bhí mé a hocht.	I've been playing the violin since I was eight.
Seinnim le ceolfhoireann na scoile.	I play in the school orchestra.
Ba mhaith liom an giotár a fhoghlaim.	I'd like to learn to play the guitar.

Cócaireacht sa bhaile	Cooking at home
Is maith liom bheith ag cócaireacht.	I like cooking.
Ní thig liom cócaireacht a dhéanamh.	I can't cook.
Tá mé an-mhaith ag déanamh cístí milse.	I'm very good at making cakes.

Na caithimh aimsire is fearr liom	My favourite hobbies
Is maith liom úrscéalta a léamh.	I like reading novels.
Is breá liom éisteacht le ceol i mo sheomra féin.	I love listening to music in my room.
Is breá liom dul isteach sa chathair le mo chairde.	I love going into town with my friends.
Marcaíocht chapall an caitheamh aimsire is fearr liom.	My favourite hobby is riding.
B'fhearr liom dul amach le mo chairde.	I'd rather go out with my friends.

Describing someone

Pearsantacht	Personality
Tá sé/sí ...	**He/She is ...**
barrúil/greannmhar	funny
deas	nice
cúthail	shy
ciúin	quiet
cráiteach	annoying
fial	generous
cainteach	talkative
éirimiúil	intelligent
dúr	stupid
sprionlaithe	stingy
aisteach	strange

Dathanna	Colours
buí	yellow
flannbhuí/oráiste	orange
dearg	red
bándearg	pink
corcra	purple
gorm	blue
glas, uaine	green
donn	brown
liath, glas	grey
dubh	black
bán	white
marún	maroon
dúghorm	navy (blue)
turcaid	turquoise
béas	beige
bánbhuí	cream
i gcás súl:	**for eyes:**
glasdonn	hazel
i gcás gruaige:	**for hair:**
órdhonn	auburn
fionn	blonde, fair
bán	very fair
donnfhionn	light brown
dorcha	brunette
rua	ginger
bricliath	greying

Tá súile glasdonna agam.	I've got hazel eyes.
Tá gruaig dhonn air.	He's got brown hair.
Tá gruaig ghearr liath uirthi.	She's got short grey hair.
Tá sí rua.	She's got red hair.
Tá sé maol.	He's bald.
Tá a cuid gruaige fada fionn catach.	She's got long curly blonde hair.

Describing someone

Cuma	Characteristics
Tá sé/sí ...	**He/She is ...**
ard	tall
beag	small
tanaí	slim
ramhar	fat
dathúil/dóighiúil	good-looking
óg	young
sean	old
Tá sé thart ar thríocha.	He's about thirty.
Tá sí ard tanaí agus breá dathúil.	She's tall, slim and quite nice-looking.
Tá sí cosúil le lena máthair.	She looks like her mother.

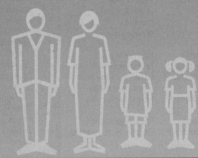

Éadaí	Clothes
geansaí	a jumper
treabhsar/bríste	trousers
blús	a blouse
T-léine	a T-shirt
cóta	a coat
casóg/seaicéad	a jacket
cairdeagan	a cardigan
brístí géine	jeans
geansaí cochallach	a hoodie
gúna	a dress
sciorta	a skirt
carbhat	a tie
léine	a shirt
bróga	shoes
bróga traenála	trainers
buataisí	boots
flip fleapanna	flip-flops

Tá T-léine gorm éadrom uirthi.	She's wearing a light blue T-shirt.
Tá culaith dhúliath air.	He's wearing a dark grey suit.
Ar scoil bíonn ort sciorta dúghorm, blús bán, carbhat agus stríoca marúin agus liatha ann, stocaí liatha, bléasar marún agus bróga dubha a chaitheamh.	At school, you have to wear a navy blue skirt, a white blouse, a tie with maroon and grey stripes, grey socks, a maroon blazer and black shoes.

Keeping fit and healthy

Béilí	Meals
bricfeasta	breakfast
lón	lunch
dinnéar	dinner
Is breá liom ...	**I love ...**
seacláid	chocolate
sailéad	salad
iasc	fish
líomanáid	lemonade
glasraí	vegetables
sútha talún	strawberries
Ní maith liom ...	**I don't like ...**
uisce mianrach	mineral water
bananaí	bananas
sú oráiste	orange juice
Ní ithim muiceoil.	I don't eat pork.
Ithim a lán torthaí.	I eat a lot of fruit.
Ní ithim dramhbhia idir bhéilí.	I don't eat junk food between meals.
Ní ólaim deochanna fiosaí.	I avoid fizzy drinks.
Is veigeatóir mé.	I'm a vegetarian.
Tá ailléirge orm le pis talún.	I'm allergic to peanuts.

Mar a mhothaím	How I'm feeling
Tá pian i mo ...	**I have a sore ...**
bholg	stomach
dhroim	back
ghlúin	knee
chos	foot/leg
mhuineál	neck
cheann	head
scornach/ sceadamán	throat
Tá tinneas fiacaile/ an déideadh orm.	I've got toothache.
Tá pian i mo chluas.	I've got earache.
Tá mo shúile tinn.	My eyes are hurting.
Tá slaghdán orm.	I've got a cold.
Tá an fliú orm.	I've got flu.
Mothaím tinn.	I feel sick.
Tá tuirse orm.	I'm tired.
Tá mé tinn/breoite.	I'm ill.
Tá mé ...	**I am ...**
fuar	cold
te	hot
Tá ...	**I am ...**
eagla	scared
tart	thirsty
ocras	hungry

Ag coinneáil aclaí	Keeping fit
Imrím a lán spóirt.	I do a lot of sport.
Ní chaithim.	I don't smoke.
Téim a luí in am.	I go to bed early.
Siúlaim go dtí an scoil.	I walk to school.
Tá sé maith don tsláinte.	It's good for your health.
Tá an t-ól go dona duit.	Alcohol is bad for your health.

Ar an ghuthán	On the phone
Dia dhuit! An bhféadfainn labhairt le hEithne, le do thoil?	Hello! Could I speak to Eithne, please?
Mo leithscéal. Dhiail mé an uimhir chontrailte.	I'm sorry I dialled the wrong number.
An iarrfá air/uirthi glaoch ar ais orm le do thoil?	Would you ask him/her to call me back, please?
Glaofaidh mé ar ais faoi cheann leathuair an chloig.	I'll call back in half an hour.
Tá an líne seo an-dona.	This is a very bad line.
Tá tú ag imeacht uaim!	You're breaking up!
Cuir téacs chugam.	Send me a text.
Tá mé rite as creidmheas.	I've run out of credit.
Níl cead againn fón póca a bheith againn ar scoil.	We're not allowed mobile phones in school.
Cuir d'fhón póca ar tost.	Put your mobile on silent.
Caithfear fóin phóca a mhúchadh.	You have to switch off your mobiles.

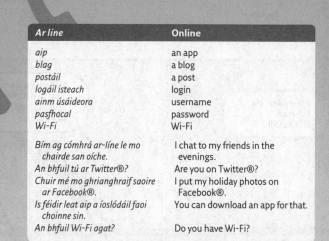

Ar líne	Online
aip	an app
blag	a blog
postáil	a post
logáil isteach	login
ainm úsáideora	username
pasfhocal	password
Wi-Fi	Wi-Fi
Bím ag cómhrá ar-líne le mo chairde san oíche.	I chat to my friends in the evenings.
An bhfuil tú ar Twitter®?	Are you on Twitter®?
Chuir mé mo ghrianghraif saoire ar Facebook®.	I put my holiday photos on Facebook®.
Is féidir leat aip a íoslódáil faoi choinne sin.	You can download an app for that.
An bhfuil Wi-Fi agat?	Do you have Wi-Fi?

Letter

Writing a letter

108 Gairdíní Uí Mhórdha,
AN tINBHEAR MÓR,
Co. Chill Mhantáin.
19 Bealtaine 2016

A Mhamó dhil,

Go raibh míle maith agat as na CDanna a chuir tú chugam do mo lá breithe. Nach maith mar a roghnaigh tú an dá amhránaí is fearr liom ar domhan! Ní bheinn tuirseach go deo de bheith ag éisteacht leo.

Níl a dhath ar bith nua anseo. Tá mé féin an-ghnóthach ag ullmhú do na scrúduithe; beidh siad ag tosú i gceann coicíse. Sílim go n-éireoidh maith go leor liom iontu go léir taobh amuigh den stair, b'fhéidir. Sin an t-ábhar is lú a bhfuil gean agam air.

Dúirt Mam go mbeidh tú féin agus Aint Nóra ag imeacht go deisceart na Spáinne an tseachtain seo chugainn. Bíodh saoire mhaith agaibh, agus cuimhnígí ar an uachtar gréine.

Grá mór ó

Eoghan

Alternatively
Ádh mór
Slán go fóill

Writing a personal letter
Your own name and address
Town/city you are writing from,
and the date

Starting a personal letter

Go raibh maith agat as do litir.	Thank you for your letter.
Ba dheas cluinstin uait.	It was lovely to hear from you.
Tá brón orm nár scríobh mé roimhe seo.	I'm sorry I didn't write sooner.

Ending a personal letter

Scríobh gan mhoill!	Write soon!
Abair mé le Sinéad.	Give my love to Jenny.
Cuireann Séamas a bheannacht chugat.	James sends his best wishes.

Writing an email

Comhad	Cuir in eagar	Féach ar	Cum	Cabhair	Seol

go: nuala@eircom.net
cóip chuig: donncha.maceoin@hotmail.com
ábhar: seó sa Pháirc
cóip cheilte:

Dia daoibh!

Tá an t-albam úd ag Radiohead díreach ceannaithe agam. Thar barr ar fad!

Fuair mé trí thicéad saor in aisce don seó Dé Sathairn. Tá súil agam go mbeidh sibh beirt ábalta teacht in éineacht liom!

Slán go fóill!

Saying your email address
To give your email address to someone in Irish, say:
"nuala ag eircom ponc net"

Irish	English
scéala nua	new message
chuig	to
ó	from
ábhar	subject
cóip chuig	cc (carbon copy)
cóip cheilte	bcc
ceangaltán	attachment
seol	send
comhad	file
cuir in eagar	edit
féach ar	view
uirlisí	tools
cum	compose
cabhair	help
freagair	reply (to sender)
freagair gach duine	reply to all
ar aghaidh	forward
dáta	date

Téacs	Irish	English
ldt	le do thoil	please
grma	go raibh maith agat	thanks
agoa	ag gáire os ard	laughing out loud
bld	buíochas le Dia	Thank God
cgl	ceart go leor	ok
7n	seachtain	week
an8	anocht	tonight
sgf	slán go fóill	bye for now
tbo	tá brón orm	sorry

Dates, festivals and holidays

Laethanta na seachtaine	Days of the week
an Luan	Monday
an Mháirt	Tuesday
an Chéadaoin	Wednesday
Déardaoin	Thursday
an Aoine	Friday
an Satharn	Saturday
an Domhnach	Sunday
Dé Luain	on Monday
ar an Luan	on Mondays
gach Luan	every Monday
Dé Máirt seo caite	last Tuesday
Dé hAoine seo chugainn	next Friday
seachtain agus an lá inniu	a week ago today
coicís ón Satharn seo chugainn	two weeks from next Saturday

Na míonna	Months of the year
Eanáir	January
Feabhra	February
Márta	March
Aibreán	April
Bealtaine	May
Meitheamh	June
Iúil	July
Lúnasa	August
Meán Fómhair	September
Deireadh Fómhair	October
Samhain	November
Nollaig	December

Féilte	Festivals
an Nollaig	Christmas
Oíche Nollag	Christmas Eve
Lá Nollag	Christmas Day
Lá Fhéile Stiofáin	Boxing Day
Oíche Chinn Bliana	New Year's Eve
Lá Caille	New Year's Day
Lá Fhéile Vailintín	Valentine's Day
Lá na nAmadán	April Fool's Day
Aoine an Chéasta	Good Friday
an Cháisc/ Domhnach Cásca	Easter
an Chincís/ Domhnach Cincíse	Whitsun
Oíche Shamhna	Halloween
Lá na Naomh Uile	All Saints' Day
Ramadan	Ramadan
Nollaig faoi mhaise!	Happy Christmas!
A amadáin Aibreáin!	April fool!
faoi/um Cháisc	at Easter
an Bhliain Nua a cheiliúradh	to celebrate New Year
Cad a dhéanann sibh aimsir na Nollag?	What do you do at Christmas?
Tugaimid Lá Fhéile Stiofáin sa bhaile.	We spend Boxing Day at home.
Téimid tigh mo chol ceathracha don Bhliain Nua.	We go to my cousins' for New Year.

Cén dáta é inniu?	What's the date today?
An séú lá déag d'Iúil;.	It's the 16th of July.
Cén dáta do lá breithe?	What date is your birthday?

Laethanta saoire	Holidays
saoire an tsamhraidh	the summer holidays
an briseadh lár téarma	the midterm break
saoire na Nollag	the Christmas holidays
saoire na Cásca	the Easter holidays
cois farraige	the seaside
na sléibhte	the mountains
Cad tá beartaithe agat do na laethanta saoire?	What are you going to do in the holidays?
Táimid ag dul go dtí an Iodáil ar feadh seachtaine sa samhradh.	We're going to Italy for a week this summer.
Nílimid ag dul ar saoire i mbliana.	We're not going on holiday this year.
Ba mhaith liom dul ag sciáil i mbliana.	I would like to go skiing this year.
An samhradh seo chugainn táimid ag dul a fháil teach ar cíos i nGaillimh.	Next summer we're going to rent a house in Galway.
Is fuath liom ag campáil.	I hate camping.
Beidh mé ag fanacht seachtain ag mo chara in Éirinn an bhliain seo chugainn.	I'm going to stay with my friend in Ireland for a week next year.
An samhradh seo caite chuaigh mé go dtí na Stáit Aontaithe.	Last summer I went to the United States.

Cén t-am atá sé? Tá sé ...   **What time is it? It's ...**

a haon a chlog

deich (nóiméad)i ndiaidh/
tar éis a haon

ceathrú i ndiaidh a haon

leath i ndiaidh a haon

fiche (nóiméad) go dtí/
chun a dó

ceathrú go dtí a dó

Cén t-am?   **At what time?**

ag a dó dhéag
(meán oíche)

ag a dó dhéag
(meán lae)

ag a haon tráthnóna

ag a hocht tráthnóna

ag ceathrú i ndiaidh a
haon déag ar maidin

ag ceathrú go dtí a
naoi san oíche

Numbers

Numbers

0	a náid
1	a haon
2	a dó
3	a trí
4	a ceathair
5	a cúig
6	a sé
7	a seacht
8	a hocht
9	a naoi
10	a deich
11	a haon déag
12	a dó dhéag
13	a trí déag
14	a ceathair déag
15	a cúig déag
16	a sé déag
17	a seacht déag
18	a hocht déag
19	a naoi déag
20	fiche
21	fiche a haon
22	fiche a dó
30	tríocha
40	daichead
50	caoga
60	seasca
70	seachtó
80	ochtó
90	nócha
100	céad
101	céad a haon
200	dhá chéad
300	trí chéad
301	trí chéad a haon
1,000	míle
2,000	dhá mhíle
1,000,000	milliún

Personal Numbers

duine	seachtar
beirt	ochtar
triúr	naonúr
ceathrar	deichniúr
cúigear	aon duine dhéag
seisear	ocht nduine dhéag

Examples

deich euro – ten euros
dhá chapall – two horses
ar leathanach a naoi déag – on page nineteen
i gcaibidil a seacht – in chapter seven

Fractions etc

1/2	leath
1/3	trian
2/3	dhá thrian
1/4	ceathrú
3/4	trí cheathrú
1/5	cúigiú
0.5	náid pointe a cúig
3.4	trí pointe a ceathair
10%	deich faoin gcéad
100%	céad faoin gcéad

Ordinals

1st	céad/aonú
2nd	dara/dóú
3rd	tríú
4th	ceathrú
5th	cúigiú
6th	séú
7th	seachtú
8th	ochtú
9th	naoú
10th	deichiú
11th	aonú déag
12th	dóú déag
13th	tríú déag
14th	ceathrú déag
15th	cúigiú déag
16th	séú déag
17th	seachtú déag
18th	ochtú déag
19th	naoú déag
20th	fichiú
21st	fiche is aonú
22nd	fiche is dóú
30th	tríochadú
100th	céadú
101st	céad is aonú
1000th	míliú

Examples

an dara cailín – the second girl
an tríú fear déag – the thirteenth man
cónaíonn sé ar an gcúigiú hurlár – he lives on the fifth floor
ba é an t-ochtú huair é – it was the eighth time

Contents

Nouns   Ainmfhocail

All Irish nouns are either masculine or feminine.

There are four major groups of nouns. All regular Irish nouns are assigned a number (1, 2, 3 or 4) in this dictionary, and their gender is indicated by the abbreviations MAS for masculine and FEM for feminine. The tables below show examples of the various grammatical forms in each group.

There are a few other nouns which are not completely regular and their irregular forms are given in the entry in the Irish side. Such nouns have no number in the dictionary.

Under certain circumstances, nouns may undergo a change in form. Look at the section on initial mutations on pages 22–24 for more information.

NOM SING	GEN SING	NOM PL	GEN PL
1st DECLENSION (all masculine)			
cat	cait	cait	cat
breac	bric	bric	breac
leabhar	leabhair	leabhair	leabhar
buidéal	buidéil	buidéil	buidéal
milseán	milseáin	milseáin	milseán
marcach	marcaigh	marcaigh	marcach
scéal	scéil	scéalta	scéalta
glór	glóir	glórtha	glórtha
briathar	briathair	briathra	briathra
bealach	bealaigh	bealaí	bealaí
cogadh	cogaidh	cogaí	cogaí
rós	róis	rósanna	rósanna
2nd DECLENSION (mostly feminine)			
clann	clainne	clanna	clann
sceach	sceiche	sceacha	sceach
fuinneog	fuinneoige	fuinneoga	fuinneog
leabharlann	leabharlainne	leabharlanna	leabharlann
eangach	eangaí	eangacha	eangach
glúin	glúine	glúine	glún
áit	áite	áiteanna	áiteanna
aisling	aislinge	aislingí	aislingí
craobh	craoibhe	craobhacha	craobhacha
pian	péine	pianta	pianta

NOM SING	GEN SING	NOM PL	GEN PL

3rd DECLENSION (masculine)

custaiméir	custaiméara	custaiméirí	custaiméirí
rinceoir	rinceora	rinceoirí	rinceoirí
saighdiúir	saighdiúra	saighdiúirí	saighdiúirí
rud	ruda	rudaí	rudaí
droim	droma	dromanna	dromanna

(feminine)

iasacht	iasachta	iasachtaí	iasachtaí
canúint	canúna	canúintí	canúintí
forbairt	forbartha	forbairtí	forbairtí
troid	troda	troideanna	troideanna
barúil	barúla	barúlacha	barúlacha

4th DECLENSION (mostly masculine)

coinín	coinín	coiníní	coiníní
dalta	dalta	daltaí	daltaí
oráiste	oráiste	oráistí	oráistí
rúnaí	rúnaí	rúnaithe	rúnaithe
baile	baile	bailte	bailte

(feminine)

íomhá	íomhá	íomhánna	íomhánna
bearna	bearna	bearnaí	bearnaí

IRREGULAR NOUNS

cabhair FEM	cabhrach	cabhracha	cabhracha
draein FEM	draenach	draenacha	draenacha
litir FEM	litreach	litreacha	litreacha
comharsa FEM	comharsan	comharsana	comharsan
athair MASC	athar	aithreacha	aithreacha
namhaid MASC	namhad	naimhde	naimhde
bean FEM	mná	mná	ban
caora FEM	caorach	caoirigh	caorach
deoch FEM	di	deochanna	deochanna
dia MASC	dé	déithe	déithe
lá MASC	lae	laethanta	laethanta
leaba FEM	leapa	leapacha	leapacha
mí FEM	míosa	míonna	míonna
talamh MASC	talaimh	tailte	tailte
talamh FEM	talún	tailte	tailte
teach MASC	tí	tithe	tithe

Adjectives   Aidiachtaí

In Irish, adjectives can be singular or plural, or in the genitive case, depending on the noun they describe. They may also be subject to lenition. The tables below will help you choose the correct forms, and the notes on pages 22–24 will help you decide if you need to lenite an adjective.

NOM	SING GEN MASC	SING GEN FEM	STRONG PL
1st DECLENSION			
dubh	duibh	duibhe	dubha
géar	géir	géire	géara
greannmhar	greannmhair	greannmhaire	greannmhara
tábhachtach	tábhachtaigh	tábhachtaí	tábhachtacha
tuirseach	tuirsigh	tuirsí	tuirseacha
imníoch	imníoch	imníche	imníocha
spleách	spleách	spleáiche	spleácha
glic	glic	glice	glice
2nd DECLENSION			
spreagúil	spreagúil	spreagúla	spreagúla
3rd DECLENSION			
crua	crua	crua	crua

Plural adjectives preceded by weak plural nouns lose final vowel (**a/e**) in genitive plural.

Comparison of adjectives

	COMPARATIVE	SUPERLATIVE
glic	níos glice	is glice
ard	níos airde	is airde
álainn	níos áille	is áille
spleách	níos spleáiche	is spleáiche
tábhachtach	níos tábhachtaí	is tábhachtaí
cóir	níos córa	is córa
spreagúil	níos spreagúla	is spreagúla
crua	níos crua	is crua

Irregular comparatives

mór	níos mó	is mó
beag	níos lú	is lú
maith	níos fearr	is fearr
olc	níos measa	is measa
furasta	níos fusa	is fusa
breá	níos breátha	is breátha
dócha	níos dóichí	is dóichí
dóigh	níos dóiche	is dóiche
te	níos teo	is teo
gearr	níos giorra	is giorra
iomaí	níos lia	is lia
fada	níos faide/sia	is faide/sia
ionúin	níos ionúine/ansa	is ionúine/ansa
tréan	níos tréine/treise	is tréine/treise

Initial mutations

The beginnings of Irish words can change in certain circumstances, usually due to the effect of the preceding word. There are two major kinds of changes, *lenition* and *eclipsis*. The following is a general guide.

Lenition

This only affects consonants. Before feminine nouns, the article **an** causes initial lenition to a noun which is the subject or object of the sentence. For example, 'a woman' is **bean**, but 'the woman' is **an bhean**. Lenition also occurs when definite singular masculine nouns are in the genitive cases (**súile an chait** 'the cat's eyes').

Proper nouns of both genders without the article are lenited in the genitive (**gúna Chaoimhe** 'Keeva's dress', **foireann Mhuineacháin** 'the Monaghan team', **faoi choinne Sheáin** 'for John').

Lenition follows the possessive pronouns **mo**, **do**, **a** (= his), so that while 'a car' is **carr**, 'my car' is **mo charr**.

Nouns are also lenited after most of the simple prepositions **ar**, **do**, **de**, **faoi**, etc. The compound forms **den**, **don** and **sa** lenite (**den chrann**, **sa chathair**).

The vocative particle **a** lenites (**a Sheoirse, a chailíní**), while numerals 1–6 and their compounds lenite singular nouns (**dhá bhliain déag**). Direct relative **a** lenites.

The past tense of verbs is generally lenited (**chuir mé** 'I have put'), even without any preceding word. (The past autonomous, such as **cuireadh é** 'he was buried', and some forms like **fuaireamar** 'we got', and **dúirt sé** 'he said' are not lenited.) The conditional and past habitual are lenited, as are most forms after the negatives **ní**, **níor**, **nár**, after relative or interrogative **ar**, after **má** and **murar** and **gur**, and after **cár**, **cér**, etc.

Adjectives are lenited after singular feminine nouns not in the genitive (**duilleog ghlas** 'a green leaf', **leis an ngirseach bheag** 'with the little girl', **sa tsúil chlé** 'in the left eye'). With masculine nouns, adjectives are lenited in the genitive singular (**coiléar an mhadra mhóir** 'the big dog's collar'), and in the plural after a final consonant preceded by **i** (**fir bhreátha** 'handsome men').

In compound words, the second (and any subsequent) elements are lenited (**bangharda**, **fíor-dhrochmhargadh**) but not where any pair of the letters **d**, **l**, **n**, **s** or **t** come together (**lánsásta**).

A few words always begin with a lenited letter, such as **bheith** 'to be', **chuig** 'towards', **thall** 'over there', etc.

In no case is there lenition of **h**, **j**, **l**, **n**, **q**, **r**, **v**, **w**, **x**, **y**, or **z**. Nor is there lenition of **d** or **t** after the article (**an duilleog** 'the leaf', **sa doras** 'in the doorway', **ceann an tairbh** 'the bull's head'), nor of **sc**, **sf**, **sm**, **sp**, **st** or **sv**.

Lenitable initial **s** after the article has **t** prefixed (**an tslat**, **sa tslí**, **teach an tsagairt**).

Eclipsis

This affects both consonants and vowels (vowels being eclipsed by **n-**). Eclipsis occurs after the possessives **ár**, **bhur** and **a** (= their), and after the preposition **i** (**i mbaol** 'in danger', **in Éirinn** 'in Ireland').

Eclipsis also follows the article in the dative singular, unless there is lenition or the noun begins with a vowel or with **d** or **t** (**ag an gcluiche**, **leis an mbean**, **den gcrann**, **faoin talamh**), and in the genitive plural (**bróga na bhfear** 'the men's shoes', **hataí na mban** 'the women's hats', **ceol na n-éan** 'the singing of the birds').

Numerals 7–10 and their compounds also eclipse nouns (**seacht mbliana déag**).

Interrogative **an** and all uses of **nach** and **go** eclipse verbs. And so do words like **dá**, **sula**, **mura** and **cá** (= where?), and the indirect relative **a**.

Adjectives are not eclipsed.

Other mutations (vowels)

Masculine nouns beginning with a vowel have **t-** prefixed in the nominative and accusative (**an t-uisce**). Nouns beginning with a vowel have **h** prefixed after the article **na** (**muintir na háite** 'the local people', **leis na húlla** 'with the apples', **sna hoileáin** 'in the islands').

A word which neither lenites nor eclipses but which ends in a vowel prefixes **h** to words that begin with a vowel (**le hairgead a shaothrú** 'to earn money', **Dé hAoine** 'on Friday', **an dara háit** 'the second place', **go hálainn** 'beautifully', **ná hith é** 'don't eat it', **cá huair?** 'when?', **a hathair** 'her father').

Verbs beginning with a vowel or **f** (lenited) have **d'** prefixed in the independent forms of the past, past habitual and conditional (**d'athraigh**, **d'éiríodh**, **d'fhágfadh**).

The following tables show which letters may be lenited or eclipsed, and how to write
the mutated letters.

CONSONANT	LENITED	CONSONANT	ECLIPSED
p	ph	p	bp
b	bh	b	mb
m	mh	m	not eclipsed
n	no change	n	not eclipsed
t	th	t	dt
d	dh	d	nd
c	ch	c	gc
g	gh	g	ng
l	no change	l	not eclipsed
f	fh	f	bhf
s	sh	s	not eclipsed

Irish verbs

These are designed to help you find the verb forms you need in Irish. Verbs are found in the **Irish-English** side of the dictionary under the form of the 2nd singular imperative or 'root'.

How to find the verb you need

All the verbs on the **Irish-English** side of the dictionary are followed by a number in square brackets. Each of these numbers corresponds to a verb in this section. Verbal adjectives and verbal nouns which are different from the pattern are given after the number, within the square brackets.

There are a number of very common verbs which are *irregular* in Irish, and these are given on pages 32–41.

Regular verbs in Irish follow one of two main patterns.

In the first group are verbs whose root (= imperative 2 sing) consists of one syllable (**mol**, **bris**, **bog**, **béic**, **caith**, **luigh**, etc) or ends in -**áil** (**sóinseáil**, etc), plus some with two-syllable roots (**ceiliúir**, etc).

In the second group are verbs with roots of more than one syllable ending in -**(a)igh** (**bailigh**, **beannaigh**, etc) or in -**(a)il**, -**(a)in**, -**(a)ir** or -**(a)is** (**codail**, **cosain**, etc), plus a few others.

Verbs in these two groups are given in alphabetical order in the regular verb tables on pages 42–57.

Verb tenses

The present tense

This tense is used to talk about what is true at the moment, or happens regularly: 'I'm a student'; 'he works in a solicitor's office'; 'I'm studying Irish.'

There is more than one way to use the present tense in Irish, just as in English. You can say in English 'I work' or 'I am working'. In Irish you can say:

Tá mé ag obair i siopa nuachtán.   I work in a newsagent's.
Oibrím sa siopa ar an Satharn.   I work in the shop on Saturdays.
Bím ag obair sa siopa ar an Satharn.   I work in the shop on Saturdays.

You can also use the present tense to talk about something that is going to happen in the near future:

Táimid ag dul ar saoire ag deireadh   We're going on holiday at the end
na míosa.   of the month.

The present tense is also used to speak about things which happened in the past and are <u>still</u> happening:

Táimid inár gcónaí anseo le trí bliana.   We've been living here for three years.

The future tense

The future tense is used to speak of something that will happen or be true. You may use the future tense form of the verb, or a 'going to' form plus the verbal noun, or the present tense of 'be' plus the verbal noun (if the thing is due to happen quite soon).

Ní thiocfaidh sí abhaile roimh mheán   She won't be home before midnight.
oíche.
Tá sé ag dul ag ceannach giotár nua.   He's going to buy a new guitar.
Tá sé ag teacht ar bhus a sé.   He'll be here on the six o'clock bus.

The past habitual

This tense is used to say that something was happening or kept happening or used to happen in the past. Sometimes English uses what seems like an ordinary past, or even a conditional, where Irish clearly shows that the action was continuous or regular.

Chaitheadh na mná hataí móra san am sin. Ladies wore huge hats in those days.
Léadh sí scéalta do na leanaí. She used to read stories to the children.
Dhúnaidís na geataí le titim na hoíche. They would close the gates at nightfall.
Bhíodh ceol ar siúl aige i gcónaí. He was always playing music.

Phrases like 'ba ghnách liom' and 'ba nós liom' are often used instead of the past habitual form.

Ba ghnách leis dul go dtí an Fhrainc He used to go to France on holiday.
ar saoire.
Ba nós léi siúl abhaile cois na habhann. She would walk home by the river.

The past tense

This tense is used to say something happened at some point in the past and is over and done with.

D'fhág Máire an teach romhamsa. Mary left the house before me.
Chuir an scéal an-iontas orainn. The news surprised us greatly.
Bhíomar déanach ag teacht abhaile. We were late home.
Bhuamar an cluiche. We won the match.

The imperative

This is used when giving orders or instructions or making requests.

The 2nd person singular or plural are the usual forms, but there are imperatives for the other persons too.

Stad den gháire, a Sheáin! Stop laughing, John!
Ná caill do thicéad! Don't lose your ticket!
Gabhaigí mo leithscéal, a chailíní. Excuse me, girls.
Téadh na buachaillí ar dheis. Let the boys go to the right.
Ná cluinim a thuilleadh faoi. Don't let me hear any more about it.

The conditional

This form of the verb is used when talking about something that would (or would not) happen or be true in certain circumstances. It is also used as a polite form of request.

Ba mhaith liom dul go dtí an choirm I'd love to go to that concert.
cheoil sin.
Ní thabharfainn an méid sin orthu. I wouldn't give that much for them.
An gcuideofá liom, le do thoil? Would you help me, please?

The subjunctive

The present subjunctive is used in Irish to indicate uncertainty as to whether something will or will not happen or be true, or to indicate a wish that something should or should not happen.

Fan **go stada** an fhearthainn.	Wait till the rain stops.
Ní fada **go dtaga** an traein.	It won't be long till the train arrives.
Labhróidh mé leo **sula n-imí** siad.	I'll speak to them before they leave.
Go maire tú an lá!	Many happy returns!
Gurab amhlaidh duit!	The same to you!

The past subjunctive is similar in form to the past habitual, and is often replaced by the conditional.

D'fhan Úna **go dtagadh/go dtiocfadh** na cailíní eile.	Una waited for the other girls to arrive.

Verbal nouns

Forms

Many verbal nouns end in -(e)adh or in -(i)ú: **briseadh**, **moladh**, **bailiú**, **beannú**.

Some are the same as their root: all verbs ending in -(e)áil: **sóinseáil**, **sábháil**, etc, and ones like **foghlaim**, **rith**, **bruith**, **léim**, etc.

Some add -t to the root: **cosaint**, **tarraingt**, **imirt**, etc.

Some are formed in other ways: **gluaiseacht**, **tuiscint**, **ceannach**, **leagan**, **fí**, **maireachtáil**, **fiafraí**, etc.

The verb tables on pages 32–57 will help you find the verbal noun you require.

Usage

Verbal nouns are used very like infinitives in English; for example, **canadh** can mean both 'singing' and 'to sing'. **Dul** can mean 'going' or 'to go'.

Bhí sí **ag canadh** in ard a gutha.	She was singing at the top of her voice.
Is breá leis **bheith ag seinm** ceoil.	He loves playing music.
Bhíomar **ag dul** abhaile.	We were going home.
D'iarr an máistir ar Áine amhrán eile **a rá**.	The master asked Anne to sing another song.
Tá an Ghaeilge furasta **a fhoghlaim**.	Irish is easy to learn.
Bhí sé deacair **éirí** chomh luath sin.	It was hard to get up so early.
Thosaigh sé **ag cur**.	It started to rain.
Theastaigh uaim an clár sin **a fheiceáil**.	I wanted to see that programme.

Verbal nouns can behave like ordinary nouns.

Bhí an **scrúdú** sin ródheacair.	That exam was too hard.
Níl **tuiscint** aige don ealaín.	He has no understanding of art.

Verbal adjectives

Form

Most verbal adjectives follow a regular pattern, formed by adding **-ta**, or **-te** to the root of verbs like **mol** (**molta**) or **bris** (**briste**).

Other patterns are **beannaithe** (from **beannaigh**) and **bailithe** (from **bailigh**). Verbs like **bog** add **-tha** (**bogtha**); those like **béic** add **-the** (**béicthe**), as do some others, like **fulaing**, **tarraing**, etc.

The verb tables on pages 32–57 will help you find the verbal adjectives you require.

Verbal adjectives are used like ordinary adjectives.

Caith amach an práta **lofa**.	Throw out the rotten potato.

They can help to form verbal tenses when used with the verb '**tá**'.

Bhí na blianta **caite** i Meiriceá aige.	He had spent years in America.
Tá siad díreach **tagtha**.	They have just arrived.

Autonomous verbal forms

These are sometimes called impersonal forms and are similar in ways to the passive voice in English. The important thing is that they are used in Irish when the *doer* of an action is not identified. In the verb tables on pages 32–57, the autonomous form is marked by an asterisk.

Coimeádtar im ann.	Butter is kept in it.
Maraíodh é.	He was killed.
Cuireadh litir amach.	A letter was sent out.
Scaoilfear saor iad.	They will be released.
Ní ghlacfar leis.	It won't be accepted.
Deirtear go bhfuil sé an-saibhir.	They say he is very rich.

Autonomous forms exist in all tenses.

There is just one basic form for each tense, but this can be negative or interrogative just like other verbal forms.

Pronouns are the objective forms, eg **é**, **í**, **iad**, etc, as they do not refer to the unnamed *doer* of the action.

abair (to say, sing)

PRESENT

deirim
deir tú
deir sé
deir sí
deirimid
deir sibh
deir siad

deirtear*

PRESENT SUBJUNCTIVE

deire mé
deire tú
deire sé
deire sí
deirimid
deire sibh
deire siad

deirtear*

PAST

dúirt mé
dúirt tú
dúirt sé
dúirt sí
dúramar
dúirt sibh
dúirt siad

dúradh*

PAST HABITUAL

deirinn
deirteá
deireadh sé
deireadh sí
deirimis
deireadh sibh
deiridís

deirtí*

FUTURE

déarfaidh mé
déarfaidh tú
déarfaidh sé
déarfaidh sí
déarfaimid
déarfaidh sibh
déarfaidh siad

déarfar*

CONDITIONAL

déarfainn
déarfá
déarfadh sé
déarfadh sí
déarfaimis
déarfadh sibh
déarfaidís

déarfaí*

IMPERATIVE

abraim
abair
abradh sé
abradh sí
abraimis
abraigí
abraidís

deirtear*

VERBAL NOUN

rá

VERBAL ADJECTIVE

ráite

* autonomous form

(to give birth to, lay, *etc*) **beir** 2

PRESENT

beirim
beireann tú
beireann sé
beireann sí
beirimid
beireann sibh
beireann siad

beirtear*

PRESENT SUBJUNCTIVE

beire mé
beire tú
beire sé
beire sí
beirimid
beire sibh
beire siad

beirtear*

PAST

rug mé
rug tú
rug sé
rug sí
rugamar
rug sibh
rug siad

rugadh*

PAST HABITUAL

bheirinn
bheirteá
bheireadh sé
bheireadh sí
bheirimis
bheireadh sibh
bheiridís

bheirtí*

FUTURE

béarfaidh mé
béarfaidh tú
béarfaidh sé
béarfaidh sí
béarfaimid
béarfaidh sibh
béarfaidh siad

béarfar*

CONDITIONAL

bhéarfainn
bhéarfá
bhéarfadh sé
bhéarfadh sí
bhéarfaimis
bhéarfadh sibh
bhéarfaidís

bhéarfaí*

IMPERATIVE

beirim
beir
beireadh sé
beireadh sí
beirimis
beirigí
beiridís

beirtear*

VERBAL NOUN

breith

VERBAL ADJECTIVE

beirthe

* autonomous form

bí (to be)

PRESENT (INDEPENDENT)	PRESENT HABITUAL
táim (tá mé)	bím
tá tú	bíonn tú
tá sé	bíonn sé
tá sí	bíonn sí
táimid	bímid
tá sibh	bíonn sibh
tá siad	bíonn siad
táthar*	bítear*

PRESENT (DEPENDENT)	PAST (INDEPENDENT)
nílim (níl mé), go bhfuil mé	bhí mé
níl tú, go bhfuil tú	bhí tú
níl sé, go bhfuil sé	bhí sé
níl sí, go bhfuil sí	bhí sí
nílimid, go bhfuilimid	bhíomar
níl sibh, go bhfuil sibh	bhí sibh
níl siad, go bhfuil siad	bhí siad
níltear*	bhíothas*
go bhfuiltear*	

PAST (DEPENDENT)	FUTURE
raibh mé	beidh mé
raibh tú	beidh tú
raibh sé	beidh sé
raibh sí	beidh sí
rabhamar	beimid
raibh sibh	beidh sibh
raibh siad	beidh siad
rabhthas*	beifear*

CONDITIONAL	IMPERATIVE
bheinn	bím
bheifeá	bí
bheadh sé	bíodh sé
bheadh sí	bíodh sí
bheimis	bímis
bheadh sibh	bígí
bheidís	bídís
bheifí*	bítear*

VERBAL NOUN	VERBAL OF NECESSITY
bheith	beite

* autonomous form

(to do, make) **déan** 4

PRESENT

déanaim
déanann tú
déanann sé
déanann sí
déanaimid
déanann sibh
déanann siad

déantar*

PRESENT SUBJUNCTIVE

déana mé
déana tú
déana sé
déana sí
déanaimid
déana sibh
déana siad

déantar*

PAST (INDEPENDENT)

rinne mé
rinne tú
rinne sé
rinne sí
rinneamar
rinne sibh
rinne siad

rinneadh*

PAST HABITUAL

dhéanainn
dhéantá
dhéanadh sé
dhéanadh sí
dhéanaimis
dhéanadh sibh
dhéanaidís

dhéantaí*

PAST (DEPENDENT)

ní dhearna mé
go ndearna mé
ní dhearna tú
go ndearna tú
ní dhearna sé
go ndearna sé
ní dhearna sí
go ndearna sí
ní dhearnamar
go ndearnamar
ní dhearna sibh
go ndearna sibh
ní dhearna siad
go ndearna siad

ní dhearnadh*
go ndearnadh*

FUTURE

déanfaidh mé
déanfaidh tú
déanfaidh sé
déanfaidh sí
déanfaimid
déanfaidh sibh
déanfaidh siad

déanfar*

CONDITIONAL

dhéanfainn
dhéanfá
dhéanfadh sé
dhéanfadh sí
dhéanfaimis
dhéanfadh sibh
dhéanfaidís

dhéanfaí*

IMPERATIVE

déanaim
déan
déanadh sé
déanadh sí
déanaimis
déanaigí
déanaidís

déantar*

VERBAL NOUN

déanamh

VERBAL AJECTIVE

déanta

* autonomous form

35

5 **faigh** (to get, find, *etc*)

PRESENT

faighim
faigheann tú
faigheann sé
faigheann sí
faighimid
faigheann sibh
faigheann siad

faightear*

PRESENT SUBJUNCTIVE

faighe mé
faighe tú
faighe sé
faighe sí
faighimid
faighe sibh
faighe siad

faightear*

PAST

fuair mé
fuair tú
fuair sé
fuair sí
fuaireamar
fuair sibh
fuair siad

fuarthas*

PAST HABITUAL

d'fhaighinn
d'fhaighteá
d'fhaigheadh sé
d'fhaigheadh sí
d'fhaighimis
d'fhaigheadh sibh
d'fhaighidís

d'fhaightí*

FUTURE (INDEPENDENT)

gheobhaidh mé
gheobhaidh tú
gheobhaidh sé
gheobhaidh sí
gheobhaimid
gheobhaidh sibh
gheobhaidh siad

gheofar*

CONDITIONAL (INDEPENDENT)

gheobhainn
gheofá
gheobhadh sé
gheobhadh sí
gheobhaimis
gheobhadh sibh
gheobhaidís

gheofaí*

FUTURE (DEPENDENT)

ní bhfaighidh mé
ní bhfaighidh tú
ní bhfaighidh sé
ní bhfaighidh sí
ní bhfaighimid
ní bhfaighidh sibh
ní bhfaighidh siad

ní bhfaighfear*

CONDITIONAL (DEPENDENT)

ní bhfaighinn
ní bhfaighfeá
ní bhfaigheadh sé
ní bhfaigheadh sí
ní bhfaighimis
ní bhfaigheadh sibh
ní bhfaighidís

ní bhfaighfí*

IMPERATIVE

faighim
faigh
faigheadh sé
faigheadh sí
faighimis
faighigí
faighidís

faightear*

VERBAL NOUN

fáil

VERBAL ADJECTIVE

faighte

* autonomous form

PRESENT

feicim
feiceann tú
feiceann sé
feiceann sí
feicimid
feiceann sibh
feiceann siad

feictear*

PRESENT SUBJUNCTIVE

feice mé
feice tú
feice sé
feice sí
feicimid
feice sibh
feice siad

feictear*

PAST (INDEPENDENT)

chonaic mé
chonaic tú
chonaic sé
chonaic sí
chonaiceamar
chonaic sibh
chonaic siad

chonacthas*

PAST HABITUAL

d'fheicinn
d'fheicteá
d'fheiceadh sé
d'fheiceadh sí
d'fheicimis
d'fheiceadh sibh
d'fheicidís

d'fheictí*

PAST (DEPENDENT)

ní fhaca mé
ní fhaca tú
ní fhaca sé
ní fhaca sí
ní fhacamar
ní fhaca sibh
ní fhaca siad

ní fhacthas*

FUTURE

feicfidh mé
feicfidh tú
feicfidh sé
feicfidh sí
feicimid
feicfidh sibh
feicfidh siad

feicfear*

CONDITIONAL

d'fheicfinn
d'fheicfeá
d'fheicfeadh sé
d'fheicfeadh sí
d'fheicfimis
d'fheicfeadh sibh
d'fheicfidís

d'fheicfí*

IMPERATIVE

feicim
feic
feiceadh sé
feiceadh sí
feicimis
feicigí
feicidís

feictear*

VERBAL NOUN

feiceáil

VERBAL ADJECTIVE

feicthe

* autonomous form

7 **ith** (to eat)

PRESENT	**PRESENT SUBJUNCTIVE**
ithim	ithe mé
itheann tú	ithe tú
itheann sé	ithe sé
itheann sí	ithe sí
ithimid	ithimid
itheann sibh	ithe sibh
itheann siad	ithe siad
itear*	itear*

PAST	**PAST HABITUAL**
d'ith mé	d'ithinn
d'ith tú	d'iteá
d'ith sé	d'itheadh sé
d'ith sí	d'itheadh sí
d'itheamar	d'ithimis
d'ith sibh	d'itheadh sibh
d'ith siad	d'ithidís
itheadh*	d'ití*

FUTURE	**CONDITIONAL**
íosfaidh mé	d'íosfainn
íosfaidh tú	d'íosfá
íosfaidh sé	d'íosfadh sé
íosfaidh sí	d'íosfadh sí
íosfaimid	d'íosfaimis
íosfaidh sibh	d'íosfadh sibh
íosfaidh siad	d'íosfaidís
íosfar*	d'íosfaí*

IMPERATIVE	**VERBAL NOUN**
ithim	ithe
ith	
itheadh sé	
itheadh sí	**VERBAL ADJECTIVE**
ithimis	ite
ithigí	
ithidís	
itear*	

* autonomous form

38

(to give, take) **tabhair** 8

PRESENT	PRESENT SUBJUNCTIVE
tugaim	tuga mé
tugann tú	tuga tú
tugann sé	tuga sé
tugann sí	tuga sí
tugaimid	tugaimid
tugann sibh	tuga sibh
tugann siad	tuga siad
tugtar*	tugtar*

PAST	PAST HABITUAL
thug mé	thugainn
thug tú	thugtá
thug sé	thugadh sé
thug sí	thugadh sí
thugamar	thugaimis
thug sibh	thugadh sibh
thug siad	thugaidís
tugadh*	thugtaí*

FUTURE	CONDITIONAL
tabharfaidh mé	thabharfainn
tabharfaidh tú	thabharfá
tabharfaidh sé	thabharfadh sé
tabharfaidh sí	thabharfadh sí
tabharfaimid	thabharfaimis
tabharfaidh sibh	thabharfadh sibh
tabharfaidh siad	thabharfaidís
tabharfar*	thabharfaí*

IMPERATIVE	VERBAL NOUN
tugaim	tabhairt
tabhair	
tugadh sé	
tugadh sí	VERBAL ADJECTIVE
tugaimis	tugtha
tugaigí	
tugaidís	
tugtar*	

* autonomous form

9 **tar** (to come, arrive, *etc*)

PRESENT	PRESENT SUBJUNCTIVE
tagaim	taga mé
tagann tú	taga tú
tagann sé	taga sé
tagann sí	taga sí
tagaimid	tagaimid
tagann sibh	taga sibh
tagann siad	taga siad
tagtar*	tagtar*

PAST	PAST HABITUAL
tháinig mé	thagainn
tháinig tú	thagtá
tháinig sé	thagadh sé
tháinig sí	thagadh sí
thángamar	thagaimis
tháinig sibh	thagadh sibh
tháinig siad	thagaidís
thángthas*	thagtaí*

FUTURE	CONDITIONAL
tiocfaidh mé	thiocfainn
tiocfaidh tú	thiocfá
tiocfaidh sé	thiocfadh sé
tiocfaidh sí	thiocfadh sí
tiocfaimid	thiocfaimis
tiocfaidh sibh	thiocfadh sibh
tiocfaidh siad	thiocfaidís
tiocfar*	thiocfaí*

IMPERATIVE	VERBAL NOUN
tagaim	teacht
tar	
tagadh sé	
tagadh sí	VERBAL ADJECTIVE
tagaimis	tagtha
tagaigí	
tagaidís	
tagtar*	

* autonomous form

PRESENT

téim
téann tú
téann sé
téann sí
téimid
téann sibh
téann siad

téitear*

PRESENT SUBJUNCTIVE

té mé
té tú
té sé
té sí
téimid
té sibh
té siad

téitear*

PAST (INDEPENDENT)

chuaigh mé
chuaigh tú
chuaigh sé
chuaigh sí
chuamar
chuaigh sibh
chuaigh siad

chuathas*

PAST HABITUAL

théinn
théiteá
théadh sé
théadh sí
théimis
théadh sibh
théidís

théití*

PAST (DEPENDENT)

ní dheachaigh mé
go ndeachaigh mé
ní dheachaigh tú
go ndeachaigh tú
ní dheachaigh sé
go ndeachaigh sé
ní dheachaigh sí
go ndeachaigh sí
ní dheachamar
go ndeachamar
ní dheachaigh sibh
go ndeachaigh sibh
ní dheachaigh siad
go ndeachaigh siad

ní dheachthas*

FUTURE

rachaidh mé
rachaidh tú
rachaidh sé
rachaidh sí
rachaimid
rachaidh sibh
rachaidh siad

rachfar*

CONDITIONAL

rachainn
rachfá
rachadh sé
rachadh sí
rachaimis
rachadh sibh
rachaidís

rachfaí*

IMPERATIVE

téim
téigh
téadh sé
téadh sí
téimis
téigí
téidís

téitear*

VERBAL NOUN

dul

VERBAL ADJECTIVE

dulta

* autonomous form

41

bailigh (to collect, gather, *etc*)

PRESENT	**PRESENT SUBJUNCTIVE**
bailím	bailí mé
bailíonn tú	bailí tú
bailíonn sé	bailí sé
bailíonn sí	bailí sí
bailímid	bailímid
bailíonn sibh	bailí sibh
bailíonn siad	bailí siad
bailítear*	bailítear*

PAST	**PAST HABITUAL**
bhailigh mé	bhailínn
bhailigh tú	bhailíteá
bhailigh sé	bhailíodh sé
bhailigh sí	bhailíodh sí
bhailíomar	bhailímis
bhailigh sibh	bhailíodh sibh
bhailigh siad	bhailídís
bailíodh*	bhailítí*

FUTURE	**CONDITIONAL**
baileoidh mé	bhaileoinn
baileoidh tú	bhaileofá
baileoidh sé	bhaileodh sé
baileoidh sí	bhaileodh sí
baileoimid	bhaileoimis
baileoidh sibh	bhaileodh sibh
baileoidh siad	bhaileoidís
baileofar*	bhaileofaí*

IMPERATIVE	**VERBAL NOUN**
bailím	bailiú
bailigh	
bailíodh sé	
bailíodh sí	**VERBAL ADJECTIVE**
bailímis	bailithe
bailígí	
bailídís	
bailítear*	

* autonomous form

PRESENT

beannaím
beannaíonn tú
beannaíonn sé
beannaíonn sí
beannaímid
beannaíonn sibh
beannaíonn siad

beannaítear*

PRESENT SUBJUNCTIVE

beannaí mé
beannaí tú
beannaí sé
beannaí sí
beannaímid
beannaí sibh
beannaí siad

beannaítear*

PAST

bheannaigh mé
bheannaigh tú
bheannaigh sé
bheannaigh sí
bheannaíomar
bheannaigh sibh
bheannaigh siad

beannaíodh*

PAST HABITUAL

bheannaínn
bheannaíteá
bheannaíodh sé
bheannaíodh sí
bheannaímis
bheannaíodh sibh
bheannaídís

bheannaítí*

FUTURE

beannóidh mé
beannóidh tú
beannóidh sé
beannóidh sí
beannóimid
beannóidh sibh
beannóidh siad

beannófar*

CONDITIONAL

bheannóinn
bheannófá
bheannódh sé
bheannódh sí
bheannóimis
bheannódh sibh
bheannóidís

bheannófaí*

IMPERATIVE

beannaím
beannaigh
beannaíodh sé
beannaíodh sí
beannaímis
beannaígí
beannaídís

beannaítear*

VERBAL NOUN

beannú

VERBAL ADJECTIVE

beannaithe

* autonomous form

13   **béic** (to yell)

PRESENT	PRESENT SUBJUNCTIVE
béicim	béice mé
béiceann tú	béice tú
béiceann sé	béice sé
béiceann sí	béice sí
béicimid	béicimid
béiceann sibh	béice sibh
béiceann siad	béice siad
béictear*	béictear*

PAST	PAST HABITUAL
bhéic mé	bhéicinn
bhéic tú	bhéicteá
bhéic sé	bhéiceadh sé
bhéic sí	bhéiceadh sí
bhéiceamar	bhéicimis
bhéic sibh	bhéiceadh sibh
bhéic siad	bhéicidís
béiceadh*	bhéictí*

FUTURE	CONDITIONAL
béicfidh mé	bhéicfinn
béicfidh tú	bhéicfeá
béicfidh sé	bhéicfeadh sé
béicfidh sí	bhéicfeadh sí
béicfimid	bhéicfimis
béicfidh sibh	bhéicfeadh sibh
béicfidh siad	bhéicfidís
béicfear*	bhéicfí*

IMPERATIVE	VERBAL NOUN
béicim	béiceadh
béic	
béiceadh sé	
béiceadh sí	VERBAL ADJECTIVE
béicimis	béicthe
béicigí	
béicidís	
béictear*	

* autonomous form

PRESENT

bogaim
bogann tú
bogann sé
bogann sí
bogaimid
bogann sibh
bogann siad

bogtar*

PRESENT SUBJUNCTIVE

boga mé
boga tú
boga sé
boga sí
bogaimid
boga sibh
boga siad

bogtar*

PAST

bhog mé
bhog tú
bhog sé
bhog sí
bhogamar
bhog sibh
bhog siad

bogadh*

PAST HABITUAL

bhogainn
bhogtá
bhogadh sé
bhogadh sí
bhogaimis
bhogadh sibh
bhogaidís

bhogtaí*

FUTURE

bogfaidh mé
bogfaidh tú
bogfaidh sé
bogfaidh sí
bogfaimid
bogfaidh sibh
bogfaidh siad

bogfar*

CONDITIONAL

bhogfainn
bhogfá
bhogfadh sé
bhogfadh sí
bhogfaimis
bhogfadh sibh
bhogfaidís

bhogfaí*

IMPERATIVE

bogaim
bog
bogadh sé
bogadh sí
bogaimis
bogaigí
bogaidís

bogtar*

VERBAL NOUN

bogadh

VERBAL ADJECTIVE

bogtha

* autonomous form

bris (to break)

PRESENT	**PRESENT SUBJUNCTIVE**
brisim	brise mé
briseann tú	brise tú
briseann sé	brise sé
briseann sí	brise sí
brisimid	brisimid
briseann sibh	brise sibh
briseann siad	brise siad
bristear*	bristear*

PAST	**PAST HABITUAL**
bhris mé	bhrisinn
bhris tú	bhristeá
bhris sé	bhriseadh sé
bhris sí	bhriseadh sí
bhriseamar	bhrisimis
bhris sibh	bhriseadh sibh
bhris siad	bhrisidís
briseadh*	bhristí*

FUTURE	**CONDITIONAL**
brisfidh mé	bhrisfinn
brisfidh tú	bhrisfeá
brisfidh sé	bhrisfeadh sé
brisfidh sí	bhrisfeadh sí
brisfimid	bhrisfimis
brisfidh sibh	bhrisfeadh sibh
brisfidh siad	bhrisfidís
brisfear*	bhrisfí*

IMPERATIVE	**VERBAL NOUN**
brisim	briseadh
bris	
briseadh sé	
briseadh sí	**VERBAL ADJECTIVE**
brisimis	briste
brisigí	
brisidís	
bristear*	

* autonomous form

PRESENT

caithim
caitheann tú
caitheann sé
caitheann sí
caithimid
caitheann sibh
caitheann siad

caitear*

PRESENT SUBJUNCTIVE

caithe mé
caithe tú
caithe sé
caithe sí
caithimid
caithe sibh
caithe siad

caitear*

PAST

chaith mé
chaith tú
chaith sé
chaith sí
chaitheamar
chaith sibh
chaith siad

caitheadh*

PAST HABITUAL

chaithinn
chaiteá
chaitheadh sé
chaitheadh sí
chaithimis
chaitheadh sibh
chaithidís

chaití*

FUTURE

caithfidh mé
caithfidh tú
caithfidh sé
caithfidh sí
caithfimid
caithfidh sibh
caithfidh siad

caithfear*

CONDITIONAL

chaithfinn
chaithfeá
chaithfeadh sé
chaithfeadh sí
chaithfimis
chaithfeadh sibh
chaithfidís

chaithfí*

IMPERATIVE

caithim
caith
caitheadh sé
caitheadh sí
caithimis
caithigí
caithidís

caitear*

VERBAL NOUN

caitheamh

VERBAL ADJECTIVE

caite

* autonomous form

17 ceiliúir (to celebrate)

PRESENT

ceiliúraim
ceiliúrann tú
ceiliúrann sé
ceiliúrann sí
ceiliúraimid
ceiliúrann sibh
ceiliúrann siad

ceiliúrtar*

PRESENT SUBJUNCTIVE

ceiliúra mé
ceiliúra tú
ceiliúra sé
ceiliúra sí
ceiliúraimid
ceiliúra sibh
ceiliúra siad

ceiliúrtar*

PAST

cheiliúir mé
cheiliúir tú
cheiliúir sé
cheiliúir sí
cheiliúramar
cheiliúir sibh
cheiliúir siad

ceiliúradh*

PAST HABITUAL

cheiliúrainn
cheiliúrtá
cheiliúradh sé
cheiliúradh sí
cheiliúraimis
cheiliúradh sibh
cheiliúraidís

cheiliúrtaí*

FUTURE

ceiliúrfaidh mé
ceiliúrfaidh tú
ceiliúrfaidh sé
ceiliúrfaidh sí
ceiliúrfaimid
ceiliúrfaidh sibh
ceiliúrfaidh siad

ceiliúrfar*

CONDITIONAL

cheiliúrfainn
cheiliúrfá
cheiliúrfadh sé
cheiliúrfadh sí
cheiliúrfaimis
cheiliúrfadh sibh
cheiliúrfaidís

cheiliúrfaí*

IMPERATIVE

ceiliúraim
ceiliúir
ceiliúradh sé
ceiliúradh sí
ceiliúraimis
ceiliúraigí
ceiliúraidís

ceiliúrtar*

VERBAL NOUN

ceiliúradh

VERBAL ADJECTIVE

ceiliúrtha

* autonomous form

PRESENT

cloím
cloíonn tú
cloíonn sé
cloíonn sí
cloímid
cloíonn sibh
cloíonn siad

cloítear*

PRESENT SUBJUNCTIVE

cloí mé
cloí tú
cloí sé
cloí sí
cloímid
cloí sibh
cloí siad

cloítear*

PAST

chloígh mé
chloígh tú
chloígh sé
chloígh sí
chloíomar
chloígh sibh
chloígh siad

cloíodh*

PAST HABITUAL

chloínn
chloíteá
chloíodh sé
chloíodh sí
chloímis
chloíodh sibh
chloídís

chloítí*

FUTURE

cloífidh mé
cloífidh tú
cloífidh sé
cloífidh sí
cloífimid
cloífidh sibh
cloífidh siad

cloífear*

CONDITIONAL

chloífinn
chloífeá
chloífeadh sé
chloífeadh sí
chloífimis
chloífeadh sibh
chloífidís

chloífí*

IMPERATIVE

cloím
cloígh
cloíodh sé
cloíodh sí
cloímis
cloígí
cloígí

cloítear*

VERBAL NOUN

cloí

VERBAL ADJECTIVE

cloíte

* autonomous form

49

cosain (to defend, cost)

PRESENT	PRESENT SUBJUNCTIVE
cosnaím	cosnaí mé
cosnaíonn tú	cosnaí tú
cosnaíonn sé	cosnaí sé
cosnaíonn sí	cosnaí sí
cosnaímid	cosnaímid
cosnaíonn sibh	cosnaí sibh
cosnaíonn siad	cosnaí siad
cosnaítear*	cosnaítear*

PAST	PAST HABITUAL
chosain mé	chosnaínn
chosain tú	chosnaíteá
chosain sé	chosnaíodh sé
chosain sí	chosnaíodh sí
chosnaíomar	chosnaímis
chosain sibh	chosnaíodh sibh
chosain siad	chosnaídís
cosnaíodh*	chosnaítí*

FUTURE	CONDITIONAL
cosnóidh mé	chosnóinn
cosnóidh tú	chosnófá
cosnóidh sé	chosnódh sé
cosnóidh sí	chosnódh sí
cosnóimid	chosnóimis
cosnóidh sibh	chosnódh sibh
cosnóidh siad	chosnóidís
cosnófar*	chosnófaí*

IMPERATIVE	VERBAL NOUN
cosnaím	cosaint
cosain	
cosnaíodh sé	
cosnaíodh sí	VERBAL ADJECTIVE
cosnaímis	cosanta
cosnaígí	
cosnaídís	
cosnaítear*	

* autonomous form

PRESENT

feoim
feonn tú
feonn sé
feonn sí
feoimid
feonn sibh
feonn siad

feoitear*

PRESENT SUBJUNCTIVE

feo mé
feo tú
feo sé
feo sí
feoimid
feo sibh
feo siad

feoitear*

PAST

d'fheoigh mé
d'fheoigh tú
d'fheoigh sé
d'fheoigh sí
d'fheomar
d'fheoigh sibh
d'fheoigh siad

feodh*

PAST HABITUAL

d'fheoinn
d'fheoiteá
d'fheodh sé
d'fheodh sí
d'fheoimis
d'fheodh sibh
d'fheoidís

d'fheoití*

FUTURE

feofaidh mé
feofaidh tú
feofaidh sé
feofaidh sí
feofaimid
feofaidh sibh
feofaidh siad

feofar*

CONDITIONAL

d'fheofainn
d'fheofá
d'fheofadh sé
d'fheofadh sí
d'fheofaimis
d'fheofadh sibh
d'fheofaidís

d'fheofaí*

IMPERATIVE

feoim
feoigh
feodh sé
feodh sí
feoimis
feoigí
feoidís

feoitear*

VERBAL NOUN

feo

VERBAL ADJECTIVE

feoite

* autonomous form

51

21 **imir** (to play)

PRESENT	PRESENT SUBJUNCTIVE
imrím	imrí mé
imríonn tú	imrí tú
imríonn sé	imrí sé
imríonn sí	imrí sí
imrímid	imrímid
imríonn sibh	imrí sibh
imríonn siad	imrí siad
imrítear*	imrítear*

PAST	PAST HABITUAL
d'imir mé	d'imrínn
d'imir tú	d'imríteá
d'imir sé	d'imríodh sé
d'imir sí	d'imríodh sí
d'imríomar	d'imrímis
d'imir sibh	d'imríodh sibh
d'imir siad	d'imrídís
imríodh*	d'imrítí*

FUTURE	CONDITIONAL
imreoidh mé	d'imreoinn
imreoidh tú	d'imreofá
imreoidh sé	d'imreodh sé
imreoidh sí	d'imreodh sí
imreoimid	d'imreoimis
imreoidh sibh	d'imreodh sibh
imreoidh siad	d'imreoidís
imreofar*	d'imreofaí*

IMPERATIVE	VERBAL NOUN
imrím	imirt
imir	
imríodh sé	
imríodh sí	VERBAL ADJECTIVE
imrímis	imeartha
imrígí	
imrídís	
imrítear*	

* autonomous form

PRESENT

luím
luíonn tú
luíonn sé
luíonn sí
luímid
luíonn sibh
luíonn siad

luitear*

PRESENT SUBJUNCTIVE

luí mé
luí tú
luí sé
luí sí
luímid
luí sibh
luí siad

luitear*

PAST

luigh mé
luigh tú
luigh sé
luigh sí
luíomar
luigh sibh
luigh siad

luíodh*

PAST HABITUAL

luínn
luiteá
luíodh sé
luíodh sí
luímis
luíodh sibh
luídís

luití*

FUTURE

luífidh mé
luífidh tú
luífidh sé
luífidh sí
luífimid
luífidh sibh
luífidh siad

luífear*

CONDITIONAL

luífinn
luífeá
luífeadh sé
luífeadh sí
luífimis
luífeadh sibh
luífidís

luífí*

IMPERATIVE

luím
luigh
luíodh sé
luíodh sé
luímis
luígí
luídís

luitear*

VERBAL NOUN

luí

VERBAL ADJECTIVE

luite

* **autonomous form**

23 **mol** (to praise, advise)

PRESENT	**PRESENT SUBJUNCTIVE**
molaim	mola mé
molann tú	mola tú
molann sé	mola sé
molann sí	mola sí
molaimid	molaimid
molann sibh	mola sibh
molann siad	mola siad
moltar*	moltar*

PAST	**PAST HABITUAL**
mhol mé	mholainn
mhol tú	mholtá
mhol sé	mholadh sé
mhol sí	mholadh sí
mholamar	mholaimis
mhol sibh	mholadh sibh
mhol siad	mholaidís
moladh*	mholtaí*

FUTURE	**CONDITIONAL**
molfaidh mé	mholfainn
molfaidh tú	mholfá
molfaidh sé	mholfadh sé
molfaidh sí	mholfadh sí
molfaimid	mholfaimis
molfaidh sibh	mholfadh sibh
molfaidh siad	mholfaidís
molfar*	mholfaí*

IMPERATIVE	**VERBAL NOUN**
molaim	moladh
mol	
moladh sé	
moladh sí	**VERBAL ADJECTIVE**
molaimis	molta
molaigí	
molaidís	
moltar*	

* autonomous form

PRESENT

sáim
sánn tú
sánn sé
sánn sí
sáimid
sánn sibh
sánn siad

sáitear*

PRESENT SUBJUNCTIVE

sá mé
sá tú
sá sé
sá sí
sáimid
sá sibh
sá siad

sáitear*

PAST

sháigh mé
sháigh tú
sháigh sé
sháigh sí
shámar
sháigh sibh
sháigh siad

sádh*

PAST HABITUAL

sháinn
sháiteá
shádh sé
shádh sí
sháimis
shádh sibh
sháidís

sháití*

FUTURE

sáfaidh mé
sáfaidh tú
sáfaidh sé
sáfaidh sí
sáfaimid
sáfaidh sibh
sáfaidh siad

sáfar*

CONDITIONAL

sháfainn
sháfá
sháfadh sé
sháfadh sí
sháfaimis
sháfadh sibh
sháfaidís

sháfaí*

IMPERATIVE

sáim
sáigh
sádh sé
sádh sí
sáimis
sáigí
sáidís

sáitear*

VERBAL NOUN

sá

VERBAL ADJECTIVE

sáite

* autonomous form

sóinseáil (to change)

PRESENT	PRESENT SUBJUNCTIVE
sóinseálaim	sóinseála mé
sóinseálann tú	sóinseála tú
sóinseálann sé	sóinseála sé
sóinseálann sí	sóinseála sí
sóinseálaimid	sóinseálaimid
sóinseálann sibh	sóinseála sibh
sóinseálann siad	sóinseála siad
sóinseáiltear*	sóinseáiltear*

PAST	PAST HABITUAL
shóinseáil mé	shóinseálainn
shóinseáil tú	shóinseáilteá
shóinseáil sé	shóinseáladh sé
shóinseáil sí	shóinseáladh sí
shóinseálamar	shóinseálaimis
shóinseáil sibh	shóinseáladh sibh
shóinseáil siad	shóinseálaidís
sóinseáladh*	shóinseáiltí*

FUTURE	CONDITIONAL
sóinseálfaidh mé	shóinseálfainn
sóinseálfaidh tú	shóinseálfá
sóinseálfaidh sé	shóinseálfadh sé
sóinseálfaidh sí	shóinseálfadh sí
sóinseálfaimid	shóinseálfaimis
sóinseálfaidh sibh	shóinseálfadh sibh
sóinseálfaidh siad	shóinseálfaidís
sóinseálfar*	shóinseálfaí*

IMPERATIVE	VERBAL NOUN
sóinseálaim	sóinseáil
sóinseáil	
sóinseáladh sé	
sóinseáladh sí	**VERBAL ADJECTIVE**
sóinseálaimis	sóinseáilte
sóinseálaigí	
sóinseálaidís	
sóinseáiltear*	

* autonomous form

(to hear) **cluin/clois** 26

(irregular in past only)

PAST

chuala mé
chuala tú
chuala sé
chuala sí
chualamar
chuala sibh
chuala siad

chualathas*

VERBAL NOUN OF CLUIN	**VERBAL NOUN OF CLOIS**
cluinstin	cloisteáil

VERBAL ADJECTIVE OF CLUIN	**VERBAL ADJECTIVE OF CLOIS**
cluinte	cloiste

* autonomous form

The copula   An chopail

PRESENT/FUTURE (no lenition)

	POSITIVE	NEGATIVE
INDEPENDENT	is	ní
DEPENDENT	gur(b)	nach
INTERROGATIVE	an?	nach?
RELATIVE	is	nach
DIRECT		
INDIRECT	ar(b)	nach

FORMS COMBINED WITH THE COPULA

cé: cé(rb)	cá: cár(b)	cha(=ní): chan	sula: sular(b)
ó: ós	má: más	mura: mura(b)	de/do: dar(b)
faoi: faoinar(b)	i: inar(b)	le: lenar(b)	ó: ónar(b)
trí: trínar(b)			

PAST/CONDITIONAL (followed by lenition)

	POSITIVE	NEGATIVE
INDEPENDENT	ba/b'	níor(bh)
DEPENDENT	gur(bh)	nár(bh)
INTERROGATIVE	ar(bh)?	nár(bh)?
RELATIVE	ba/ab	nár(bh)
DIRECT		
INDIRECT	ar(bh)	nár(bh)

FORMS COMBINED WITH THE COPULA

cé: cér(bh)	cá: cár(bh)	cha: char(bh)	sula: sular(bh)
ó: ó ba	má: má ba	dá: dá mba	mura: murar(bh)
de/do: dar(bh)	faoi: faoinar(bh)	i: inar(bh)	le: lenar(bh)
ó: ónar(bh)	trína: trínar(bh)		

PRESENT SUBJUNCTIVE (no lenition)

POSITIVE	gura(b)
NEGATIVE	nára(b)

Aa

a ARTICLE

○ **LANGUAGE TIP** There is no indefinite article in Irish.

□ a book leabhar □ an apple úll □ She's a doctor. Is dochtúir í.
- **a year ago** bliain ó shin
- **a hundred euros** céad euro
- **3 a day** 3 sa lá
- **10 km an hour** 10 gciliméadar san uair
- **30p a kilo** 30 pingin an cileagram

AA NOUN (= Automobile Association)
Cumann na nGluaisteán

aback ADVERB
- **He was taken aback.** Baineadh siar as.

to **abandon** VERB
1 tréig
□ He abandoned his wife. Thréig sé a bhean.
2 éirigh as
□ They abandoned the attempt. D'éirigh siad as an iarracht.

abbey NOUN
mainistir fem

abbreviation NOUN
giorrúchán masc1

ability NOUN
ábaltacht fem3
- **to have the ability to do something** cumas a bheith ionat rud a dhéanamh

able ADJECTIVE
ábalta
- **to be able to do something** bheith ábalta rud a dhéanamh □ He was able to help me. Bhí sé ábalta cuidiú liom.

to **abolish** VERB
cuir ar ceal

abortion NOUN
ginmhilleadh masc
□ She had an abortion. Bhí ginmhilleadh aici.

about PREPOSITION, ADVERB
1 thart ar (approximately)
□ It takes about 10 hours. Tógann sé thart ar 10 n-uaire an chloig.
- **about a hundred** tuairim is céad
- **at about 2 o'clock** i dtrátha a dó a chlog
2 thart (referring to place)
□ We walked about the town. Shiúlamar thart faoin mbaile mór.
3 faoi (relating to)
□ a book about London leabhar faoi Londain
- **We talked about it.** Labhraíomar faoi.
- **How about going to the cinema?** Cad é faoi dhul chun na pictiúrlainne?
- **What's it about?** Cad is ábhar dó?
- **to be about to do something** bheith ar tí rud a dhéanamh

above PREPOSITION, ADVERB
1 thuas
□ the flat above an t-árasán thuas
- **above all** thar gach uile ní
2 os cionn (more than)
□ above 40 degrees os cionn 40 céim

abroad ADVERB
thar lear
□ It costs quite a lot to go abroad. Cosnaíonn sé go leor le dul thar lear.

abrupt ADJECTIVE
1 tobann (sudden)
2 giorraisc (gruff)
□ He was a bit abrupt with me. Bhí sé cineál giorraisc liom.

abruptly ADVERB
1 go giorraisc (speak)
2 go tobann
□ He got up abruptly. D'éirigh sé go tobann.

absence NOUN
éagmais fem2

absent ADJECTIVE
1 as láthair (from school)
□ Michael's absent today. Tá Micheál as láthair inniu.
2 ar iarraidh (missing)

absent-minded – account

absent-minded ADJECTIVE
dearmadach
□ She's a bit absent-minded. Tá sí rud beag
dearmadach.

absolutely ADVERB
1 iomlán (completely)
□ Mary's absolutely right. Tá an ceart
iomlán ag Máire.
2 cinnte (in agreement)
□ Do you think it's a good idea? —
Absolutely! An síleann tú gur smaoineamh
maith é? — Cinnte!

absorbed ADJECTIVE
■ to be absorbed in a book bheith sáite
i leabhar

absurd ADJECTIVE
áiféiseach
□ That's absurd! Tá sé sin go háiféiseach!

abuse NOUN
▷ see also **abuse** VERB
1 mí-úsáid fem2
□ the issue of child abuse ceist faoi
mí-úsáid leanaí □ the problem of drug
abuse fadhb mí-úsáid drugaí
2 masla masc4 (insults)
□ They shouted abuse at the referee.
Chaith siad maslaí leis an réiteoir.

to abuse VERB
▷ see also **abuse** NOUN
1 bain mí-úsáid as
□ abused children páistí ar baineadh
mí-úsáid astu □ It's dangerous to abuse
drugs. Tá sé contúirteach mí-úsáid a bhaint
as drugaí.
2 maslaigh (insult)

abusive ADJECTIVE
maslach
□ abusive behaviour iompar maslach
□ When I refused, he became abusive.
Nuair a dhiúltaigh mé, d'éirigh sé maslach.

academic ADJECTIVE
acadúil
□ the academic year an bhliain acadúil

academy NOUN
acadamh masc1
□ academy of music acadamh ceoil
□ a military academy acadamh míleata

to accelerate VERB
luasghéaraigh

accelerator NOUN
luasaire masc4

accent NOUN
blas masc1
□ He's got a French accent. Tá blas na
Fraince ar a chuid cainte.

to accept VERB
glac (apology)

acceptable ADJECTIVE
inghlactha

access NOUN
1 rochtain fem3
□ Her husband has access to the children.
Tá rochtain ag a fear céile na páistí a
fheiceáil.
2 cead isteach masc3 (permission)

accessible ADJECTIVE
so-aimsithe

accessory NOUN
oiriúint fem3
□ fashion accessories oiriúintí faisin

accident NOUN
taisme fem4
□ John had an accident. Bhain taisme do
Sheán
■ by accident de thaisme □ The burglar
killed him by accident. Mharaigh an
buirgléir de thaisme é.

accidental ADJECTIVE
de thaisme

to accommodate VERB
tabhair lóistín do
□ The hotel can accommodate 50 people.
Is féidir lóistín a thabhairt do 50 duine san
óstán.

accommodation NOUN
lóistín masc4

to accompany VERB
comóir

accord NOUN
comhaontú masc
■ They left of their own accord. D'fhág
siad dá dtoil féin.

accordingly ADVERB
dá réir

according to PREPOSITION
de réir
□ According to him, everyone had gone.
Dá réir siúd, bhí gach duine ar shiúl.

accordion NOUN
bosca ceoil masc4

account NOUN
1 cuntas masc1
□ a bank account cuntas bainc
■ to do the accounts na cuntais a dhéanamh
2 tuairisc fem2 (report)
□ He gave a detailed account of what
happened. Thug sé tuairisc mhion ar gach
rud a tharla.
■ to take something into account rud a
chur san áireamh

■ **on account of** de bharr □ We couldn't go out on account of the bad weather. Ní thiocfadh linn dul ar amach de bharr na drochaimsire.

to **account for** VERB
mínigh

accountable ADJECTIVE
freagrach
□ You'll be accountable to me for any damage done. Beidh tú freagrach domsa as aon damáiste a dhéanfaí.

accountancy NOUN
1 cuntasaíocht *fem3 (subject)*
2 cuntasóireacht *fem3 (profession)*

accountant NOUN
cuntasóir *masc3*
□ She's an accountant. Is cuntasóir í.

accuracy NOUN
cruinneas *masc1*

accurate ADJECTIVE
cruinn
□ accurate information eolas cruinn

accurately ADVERB
go cruinn

accusation NOUN
líomhain *fem3 (allegation)*

to **accuse** VERB
cúisigh
■ **to accuse somebody of something** rud a chur i leith duine □ The police are accusing her of murder. Tá na póilíní ag cur dúnmharú ina leith.

ace NOUN
aon *masc1*
□ the ace of hearts an t-aon hart

ache NOUN
▷ *see also* **ache** VERB
pian *fem2*

to **ache** VERB
▷ *see also* **ache** NOUN
■ **My head's aching.** Tá tinneas cinn orm.

to **achieve** VERB
bain amach

achievement NOUN
éacht *masc3*
□ That was quite an achievement. Éacht ar leith a bhí ann.

acid NOUN
aigéad *masc1*

acid rain NOUN
fearthainn aigéadach *fem2*

acne NOUN
aicne *fem4*

acre NOUN
acra *masc4*

acrobat NOUN
cleasghleacaí *masc4*
□ He's an acrobat. Is cleasghleacaí é.

across PREPOSITION, ADVERB
trasna
□ the shop across the street an siopa trasna na sráide
■ **across from** *(opposite)* os comhair
□ He sat down across from her. Shuigh sé os a comhair.

to **act** VERB
▷ *see also* **act** NOUN
1 bheith ag aisteoireacht *(in play, film)*
□ He acts really well. Bíonn sé an-mhaith ag aisteoireacht. □ She's acting the part of Juliet. Tá sí i bpáirt Juliet.
2 gníomhaigh *(take action)*
□ The police acted quickly. Ghníomhaigh na póilíní go gasta.
■ **to act as** gníomhú mar □ She acts as his interpreter. Gníomhaíonn sí mar ateangaire dó.

act NOUN
▷ *see also* **act** VERB
gníomh *masc1*
□ in the first act sa chéad ghníomh

action NOUN
1 aicsean *masc1*
□ The film was full of action. Bhí cuid mhór aicsin sa scannán.
2 gníomh *masc1*
□ We must take firm action against them. Caithfimid gníomhú go daingean ina n-éadan.

active ADJECTIVE
gníomhach
□ He's a very active person. Is duine iontach gníomhach é.
■ **an active volcano** bolcán beo

activity NOUN
gníomhaíocht *fem3*
□ outdoor activities gníomhaíochtaí faoin spéir

actor NOUN
aisteoir *masc3*
□ Brad Pitt is a well-known actor. Tá Brad Pitt ina aisteoir iomráiteach.

actress NOUN
ban-aisteoir *masc3*
□ Jennifer Lawrence is a well-known actress. Is ban-aisteoir iomráiteach í Jennifer Lawrence.

actual ADJECTIVE
fíor
□ The film is based on actual events. Tá an scannán bunaithe ar fhíoreachtraí.

actually – ADSL

■ **Tell me the actual truth.** Inis Iomchnámh na fírinne dom.

actually ADVERB

1 go fírinneach *(really)*
□ Did it actually happen? Ar tharla sé go fírinneach?

2 déanta na fírinne *(in fact)*
□ Actually, I don't know him at all. Déanta na fírinne, níl aithne ar bith agam air.

acupuncture NOUN
snáthaidpholladh *masc*

ad NOUN
fógra *masc4*

AD ABBREVIATION (= *anno Domini*)
I.C. (= *iar-Chríost*)

to **adapt** VERB
oiriúnaigh
□ His novel was adapted for television. Oiriúnaíodh a úrscéal le haghaidh na teilifíse.

■ **to adapt to something** *(get used to)* éirí cleachta le □ He adapted to his new school very quickly. D'éirigh sé cleachta lena scoil nua go hiontach gasta.

adaptor NOUN
cuibheoir *masc3*

to **add** VERB
cuir le
□ Add two eggs to the mixture. Cuir dhá ubh leis an meascán.

to **add up** VERB
suimigh
□ Add the figures up. Suimigh na figiúir.

addict NOUN
andúileach *masc1 (drug addict)*

■ **Peter is a hurling addict.** Tá Peadar an-tugtha don iomáint.

addicted ADJECTIVE

■ **to be addicted to** *(drugs, alcohol)* andúil a bheith agat i □ She's addicted to heroin. Tá andúil sa hearóin aici.

■ **She's addicted to soap operas.** Tá sí an-tugtha do na sobalchláir.

addition NOUN

1 suimiú *masc (maths)*

2 aguisín *masc4 (thing added)*

■ **in addition** ina theannta sin □ He's broken his leg and, in addition, he's caught a cold. Briseadh cos leis agus, ina theannta sin, tháinig slaghdán air.

■ **in addition to** le cois □ There's a postage fee in addition to the repair charge. Tá costas postais le híoc le cois an chostais deisithe.

address NOUN
seoladh *masc*
□ What's your address? Cad é an seoladh agat?

adjective NOUN
aidiacht *fem3*

to **adjust** VERB
athrú
□ You can adjust the height of the chair. Is féidir leat airde na cathaoireach a athrú.

■ **to adjust to something** *(get used to)* éirí cleachta le □ He adjusted to his new school very quickly. D'éirigh sé cleachta lena scoil nua go hiontach gasta.

adjustable ADJECTIVE
inathraithe

administration NOUN
riarachán *masc1*

admiral NOUN
aimiréal *masc1*

to **admire** VERB
meas mór a bheith agat ar

admission NOUN

1 cead isteach *masc3 (to place)*

■ **'admission free'** 'cead isteach saor in aisce'

2 táille *fem4 (fee)*

to **admit** VERB

1 glac le *(accept)*
□ I must admit to the truth. Ní mór dom glacadh leis an bhfírinne.

2 admhaigh *(confess)*
□ He admitted that he'd done it. D'admhaigh sé go ndearna sé é.

admittance NOUN
cead isteach *masc3*

■ **'no admittance'** 'níl cead isteach'

adolescence NOUN
óigeantacht *fem3*

adolescent NOUN
óganach *masc1*

to **adopt** VERB
uchtaigh
□ Philip was adopted. Uchtaíodh Pilib.

adopted ADJECTIVE
uchtaithe
□ an adopted son mac uchtaithe

adoption NOUN
uchtú *masc*

to **adore** VERB
gráigh

Adriatic Sea NOUN
Muir Aidriad *fem3*

ADSL NOUN (= *asymmetric digital subscriber line*)
ADSL

LANGUAGE TIP The Irish translation is **líne dhigiteach neamhshiméadrach rannpháirtí** but ADSL is more commonly used.

adult NOUN
aosach *masc1*
■ **adult education** oideachas aosach

advance NOUN
▷ see also **advance** VERB
■ **in advance** roimh ré □ They bought the tickets in advance. Cheannaigh siad na ticéid roimh ré.

to **advance** VERB
▷ see also **advance** NOUN
1 cuir chun cinn *(move forward)*
□ The troops are advancing. Tá na trúpaí á gcur chun cinn.
2 dul chun cinn *(progress)*
□ Technology has advanced a lot. Tá an-dul chun cinn ar an teicneolaíocht.

advance booking NOUN
■ **Advance booking is essential.** Ní mór áirithint a dhéanamh roimh ré.

advanced ADJECTIVE
forbartha

advantage NOUN
buntáiste *masc4*
□ University life has many advantages. Tá mórán buntáistí ag baint le saol na hollscoile.
■ **to take advantage of something** leas a bhaint as rud □ He took advantage of the good weather to go for a walk. Bhain sé leas as an dea-aimsir le dul ar siúlóid.
■ **to take advantage of somebody** buntáiste a bhreith ar dhuine □ The company was taking advantage of its employees. Bhí an chuideachta ag breith buntáiste ar a cuid fostaithe.

adventure NOUN
eachtra *fem4*

adverb NOUN
dobhriathar *masc1*

advert NOUN
fógra *masc4*

to **advertise** VERB
fógair
□ They're advertising the new car. Tá siad ag fógairt an ghluaisteáin nua. □ Jobs are advertised in the paper. Fógraítear poist ar an nuachtán.

advertisement NOUN
fógra *masc4*

advertising NOUN
fógraíocht *fem3*

advice NOUN
comhairle *fem4*
□ a piece of advice píosa comhairle
■ **to give somebody advice** comhairle a chur ar dhuine □ He gave me good advice. Chuir sé comhairle mhaith orm.

to **advise** VERB
mol do
□ He advised me to wait. Mhol sé dom fanacht. □ He advised me not to go there. Mhol sé dom gan dul ansin.

aerial NOUN
aeróg *fem2*

aerobics NOUN
aeraclaíocht *fem3*
□ I'm going to aerobics tonight. Tá mé ag dul ar an rang aeraclaíochta anocht.

aeroplane NOUN
eitleán *masc1*

aerosol NOUN
aerasól *masc1*

affair NOUN
1 caidreamh suirí *masc1 (romantic)*
□ He had an affair with his secretary. Bhí caidreamh suirí aige lena rúnaí.
2 cás *masc1 (event)*

to **affect** VERB
téigh i bhfeidhm ar
□ Her remarks greatly affected the audience. Chuaigh a cuid cainte i bhfeidhm go mór ar an lucht éisteachta.
■ **It doesn't affect us.** Ní bhaineann sé linn.

affectionate ADJECTIVE
ceanúil

to **afford** VERB
■ **I can't afford to buy a new car.** Níl sé d'acmhainn agam gluaisteán nua a cheannach.
■ **He can't afford to go on holiday.** Níl sé d'acmhainn aige dul ar saoire.

afraid ADJECTIVE
eaglach
■ **to be afraid of something** eagla a bheith ort roimh rud □ I'm afraid of spiders. Tá eagla orm roimh dhamháin alla.
■ **I'm afraid I can't come.** Is oth liom nach féidir liom teacht.
■ **I'm afraid he is not here.** Is baolach nach bhfuil sé anseo.
■ **I'm afraid so.** Is eagal liom gur mar sin atá.

Africa NOUN
an Afraic *fem2*
□ in Africa san Afraic

African NOUN
▷ see also **African** ADJECTIVE
Afracach *masc1*

African ADJECTIVE
▷ see also **African** NOUN
Afracach

after PREPOSITION
i ndiaidh
□ after dinner i ndiaidh an dinnéir □ He ran after me. Rith sé i mo dhiaidh. □ soon after that go gairid ina dhiaidh sin
■ **after all** i ndiaidh an iomláin □ After all, nobody can make us go. I ndiaidh an iomláin, ní féidir le duine ar bith fiacha a chur orainn dul.

afternoon NOUN
tráthnóna *masc4*
□ at 4 o'clock in the afternoon ar a ceathair a chlog tráthnóna □ this afternoon tráthnóna □ on Saturday afternoon tráthnóna Sathairn
■ **Good afternoon!** Tráthnóna maith duit!

aftershave NOUN
ionlach iarbhearrtha *masc1*

aftersun NOUN
lóis iarghréine *fem*

afterwards ADVERB
ina dhiaidh sin
□ She left not long afterwards. D'imigh sí go gairid ina dhiaidh sin.

again ADVERB
arís
□ They're friends again. Tá siad mór le chéile arís. □ Can you tell me again? An féidir leat insint dom arís? □ Do it again! Déan arís é!
■ **not ... again** ní ... arís □ I won't go there again. Ní rachaidh mé ansin arís.
■ **again and again** arís agus arís eile

against PREPOSITION
in aghaidh
□ He hit the ball against the wall. Bhuail sé an liathróid in aghaidh an bhalla. □ I'm against nuclear testing. Tá mé in aghaidh tástáil núicléach.

age NOUN
aois *fem2*
□ at the age of 16 ag aois a 16 □ an age limit teorainn aoise
■ **I haven't been to the cinema for ages.** Ní raibh mé ag an bpictiúrlann le fada.

aged ADJECTIVE
■ **aged 10** 10 mbliana d'aois

agenda NOUN
clár oibre *masc1*

□ on the agenda ar an gclár oibre
□ the agenda for today's meeting clár oibre chruinniú an lae inniu

agent NOUN
gníomhaire *masc4*
□ an estate agent gníomhaire eastáit
□ a travel agent gníomhaire taistil

aggressive ADJECTIVE
ionsaitheach

ago ADVERB
■ **2 days ago** dhá lá ó shin
■ **long ago** fadó
■ **not long ago** le déanaí
■ **How long ago did it happen?** Cá fhad ó shin a tharla sé?

agony NOUN
céasadh *masc (pain)*
■ **to be in agony** bheith i bpianpháis
□ He was in agony. Bhí sé i bpianpháis.

to **agree** VERB
■ **to agree with** aontú le □ I agree with Sheila. Aontaím le Síle.
■ **to agree to do something** toiliú rud a dhéanamh □ He agreed to go and pick her up. Thoiligh sé dul agus í a thógáil.
■ **to agree that ...** aontú go ... □ I agree that it's difficult. Aontaím go bhfuil sé doiligh.
■ **Garlic does not agree with me.** Ní réitíonn gairleog liom.

agreed ADJECTIVE
socraithe

agreement NOUN
comhaontú *masc*
■ **in agreement** ar aon intinn □ Everybody was in agreement with Kevin. Bhí gach duine ar aon intinn le Caoimhín.

agricultural ADJECTIVE
talmhaíoch

agriculture NOUN
talmhaíocht *fem3*

ahead ADVERB
roimh
□ He looked straight ahead. D'amharc sé go díreach roimpi.
■ **ahead of time** go luath
■ **to plan ahead** pleanáil roimh ré
■ **Go ahead!** Ar aghaidh leat!

aid NOUN
cúnamh *masc1*
■ **in aid of charity** ar son na carthanachta

AIDS NOUN (= Acquired Immune Deficiency Syndrome)
SEIF *masc1* (= Siondróm Easpa Imdhíonachta Faighte)

to **aim** VERB
> ▷ see also **aim** NOUN
1 deasaigh (blow)
2 dírigh (remark)
  □ He directed his speech at me. Dhírigh sé a chuid cainte ormsa.
  ■ **to aim something** (gun, camera) rud a dhíriú □ He aimed a gun at me. Dhírigh sé gunna orm.
  ■ **The film is aimed at children.** Tá an scannán dírithe ar pháistí.
  ■ **to aim to do something** é a bheith ar intinn agat rud a dhéanamh □ John aimed to leave at 5 o'clock. Bhí sé ar intinn ag Seán imeacht ar a 5 a chlog.

aim NOUN
> ▷ see also **aim** VERB
aidhm fem2
  □ The aim of the festival is to raise money. Tá sé mar aidhm ag an bhféile airgead a thógáil.

air NOUN
aer masc1
  □ I need some fresh air. Tá aer úr de dhíth orm.
  ■ **by air** ar an eitleán □ I prefer to travel by air. Is fearr liom taisteal ar an eitleán.

airbag NOUN
mála aeir masc4

air-conditioned ADJECTIVE
aeroiriúnaithe

air conditioning NOUN
aeroiriúnú masc

aircraft NOUN
aerárthach masc1

airfield NOUN
aerpháirc fem2

Air Force NOUN
aerfhórsa masc4

air freshener NOUN
aeríontóir masc3

air hostess NOUN
aeróstach masc1
  □ She's an air hostess. Tá sí ina haeróstach.

airline NOUN
aerlíne fem4

airmail NOUN
aerphost masc1
  ■ **by airmail** le haerphost

airplane NOUN (US)
eitleán masc1

airport NOUN
aerfort masc1

aisle NOUN
1 taobhroinn fem2 (in church)

2 pasáiste masc4 (in theatre, cinema)

alarm NOUN
aláram masc1
  □ a fire alarm aláram dóiteáin

alarm clock NOUN
clog aláraim masc1

album NOUN
albam masc1

alcohol NOUN
alcól masc1

alcoholic NOUN
> ▷ see also **alcoholic** ADJECTIVE
alcólach masc1
  □ He's an alcoholic. Is alcólaí é.

alcoholic ADJECTIVE
> ▷ see also **alcoholic** NOUN
  ■ **alcoholic drinks** deochanna meisciúla

alert ADJECTIVE
airdeallach

A level NOUN
A Leibhéal masc1

Algeria NOUN
an Ailgéir fem2
  □ in Algeria san Ailgéir

alien NOUN
eachtrán masc1 (from outer space)

alike ADVERB
cosúil le chéile
  □ The two women look alike. Tá an bheirt bhan cosúil le chéile.

alive ADJECTIVE
beo

all ADJECTIVE
> ▷ see also **all** PRONOUN, ADVERB
gach uile
  □ all men gach uile dhuine
  ■ **all the time** an t-am ar fad
  ■ **all day** an lá ar fad

all PRONOUN
> ▷ see also **all** ADJECTIVE, ADVERB
iomlán
  ⬤ LANGUAGE TIP The masculine noun **iomlán** is used to translate 'all'.
  □ I ate all of it. D'ith mé an t-iomlán. □ All of us went. Chuaigh an t-iomlán againn.
  ■ **after all** i ndiaidh an iomláin □ After all, nobody can make us go. I ndiaidh an iomláin, ní féidir le duine ar bith tabhairt orainn dul.
  ■ **I'm not at all tired.** Níl aon tuirse orm.

all ADVERB
> ▷ see also **all** ADJECTIVE, PRONOUN
  ■ **to be all alone** bheith i d'aonar □ She's all alone. Tá sí ina haonar.
  ■ **The score is 2 all.** Tá siad a 2 cothrom.

allergic ADJECTIVE
ailléirgeach

■ **to be allergic to something** ailléirge a bheith ort le rud □ I'm allergic to cat hair. Tá ailléirge orm le fionnadh cait.

alley NOUN
caolsráid *fem2*

to **allow** VERB

■ **to be allowed to do something** cead a bheith agat rud a dhéanamh □ He's not allowed to go out at night. Níl cead aige dul amach san oíche.

■ **to allow somebody to do something** ceadú do dhuine rud a dhéanamh □ His mum allowed him to go out. Cheadaigh a mháthair dó dul amach.

all right ADVERB
ceart go leor

□ Everything turned out all right. Bhí gach rud ceart go leor sa deireadh. □ Are you all right? An bhfuil tú ceart go leor? □ Is that all right with you? An bhfuil sé sin ceart go leor leatsa? □ We'll discuss it later. — All right. Pléifimid ar ball é. — Ceart go leor.

■ **The film was all right.** *(not bad)* Ní raibh caill ar an scannán.

almond NOUN
almóinn *fem2*

almost ADVERB
chóir a bheith

□ I've almost finished. Tá mé chóir a bheith réidh.

alone ADJECTIVE, ADVERB
i d'aonar

□ He's always alone. Bíonn sé ina aonar i dtólamh.

■ **He is living alone.** Tá sé ina chónaí ina aonar.

■ **to leave somebody alone** ligean do dhuine □ Leave her alone! Lig di!

■ **to leave something alone** rud a fhágáil mar atá □ Leave my things alone! Fág mo chuid rudaí mar atá!

along PREPOSITION
feadh

□ Colm was walking along the beach. Bhí Colm ag siúl feadh an chladaigh.

■ **all along** *(all the time)* i rith an ama □ He was lying to me all along. Bhí sé ag insint bréige dom i rith an ama.

aloud ADVERB
os ard

□ He read the poem aloud. Léigh sé an dán os ard.

alphabet NOUN
aibítir *fem2*

already ADVERB
cheana féin

□ Patricia had already gone. Bhí Pádraigín ar shiúl cheana féin.

also ADVERB
fosta

altar NOUN
altóir *fem3*

to **alter** VERB
athraigh

alternate ADJECTIVE
gach dara

■ **on alternate days** gach dara lá

alternative NOUN
▷ *see also* **alternative** ADJECTIVE
rogha *fem4*

□ You have no alternative. Níl rogha ar bith agat. □ Fruit is a healthy alternative to chocolate. Tá torthaí mar rogha shláintiúil ar sheacláid. □ There are several alternatives. Tá neart roghanna ann.

alternative ADJECTIVE
▷ *see also* **alternative** NOUN
eile

□ They made alternative plans. Rinne siad pleananna eile. □ an alternative solution réiteach eile

■ **alternative medicine** leigheas malartach

alternatively ADVERB
ina áit sin

□ Alternatively, we could just stay at home. Ina áit sin, thiocfadh linn fanacht sa bhaile.

although CONJUNCTION
cé go

□ Although she was tired, she stayed up late. Cé go raibh tuirse uirthi, d'fhan sí ina suí go mall.

altogether ADVERB
1 san iomlán *(in all)*
□ You owe me 20 euros altogether. Tá 20 euro san iomlán agam ort.
2 go hiomlán *(completely)*
□ I'm not altogether happy with your work. Níl mé go hiomlán sásta le do chuid oibre.
3 tríd is tríd *(on the whole)*
□ Altogether, I enjoyed the day. Tríd is tríd, thaitin an lá liom.

aluminium (US **aluminum**) NOUN
alúmanam *masc1*

always ADVERB
1 i gcónaí

□ He's always moaning. Bíonn sé i gcónaí ag gearán.

2 riamh *(in past)*

□ She was always placid. Bhí sí riamh séimh.

3 go deo *(in future)*

□ They will always be with us. Beidh siad linn go deo.

am VERB ▷ *see* **be**

a.m. ABBREVIATION
r.n.

□ at 4 a.m. ar 4 r.n.

amateur NOUN
amaitéarach *masc1*

amazed ADJECTIVE

■ **to be amazed** iontas a bheith ort
□ I was amazed that I managed to do it. Bhí iontas orm gur éirigh liom é a dhéanamh.

amazing ADJECTIVE
iontach

□ That's amazing news! Sin scéal iontach!
□ Thomas is an amazing cook. Is cócaire iontach é Tomás.

ambassador NOUN
ambasadóir *masc3*

amber ADJECTIVE

■ **an amber light** solas ómra

ambition NOUN
uaillmhian *fem2*

ambitious ADJECTIVE
uaillmhianach

□ She's very ambitious. Tá sí iontach uaillmhianach.

ambulance NOUN
otharcharr *masc1*

amenities PL NOUN
áiseanna *fem2 pl*

□ The hotel has very good amenities. Tá áiseanna den scoth san óstán.

America NOUN
Meiriceá *masc4*

□ in America i Meiriceá □ to America go Meiriceá

American NOUN
▷ *see also* **American** ADJECTIVE
Meiriceánach *masc1*

American ADJECTIVE
▷ *see also* **American** NOUN
Meiriceánach

□ She's American. Is Meiriceánach í.

among PREPOSITION
i measc

□ There were six children among them. Bhí seisear páistí ina measc. □ We were

among friends. Bhíomar i measc cairde.
□ among other things i measc rudaí eile

amount NOUN

1 suim *fem2*

□ a large amount of money suim mhór airgid

2 méid *masc4 (quantity)*

□ a huge amount of rice méid mór ríse

amp NOUN
aimpéar *masc1*

amplifier NOUN
aimplitheoir *masc3*

to amuse VERB
déan siamsa do

□ He amused the children with his stories. Rinne sé siamsa do na páistí lena chuid scéalta.

■ **They were not amused.** Ní mó ná sásta a bhí siad.

amusement arcade NOUN
stua siamsaíochta *masc4*

an ARTICLE ▷ *see* **a**

to analyse VERB
anailísigh

analysis NOUN
anailís *fem2*

to analyze VERB (US)
anailísigh

ancestor NOUN
sinsear *masc1*

anchor NOUN
ancaire *masc4*

ancient ADJECTIVE

1 sean-

□ ancient Greece an tSean-Ghréig

2 ársa *(building)*

□ an ancient monument séadchomhartha ársa

and CONJUNCTION
agus

□ you and me mise agus tusa □ 2 and 2 are 4 2 agus 2 sin 4
■ **Try and come.** Déan iarracht teacht.
■ **He talked and talked.** Níor stop sé de bheith ag caint.
■ **It got better and better.** Bhí sé ag dul i bhfeabhas.

angel NOUN
aingeal *masc1*

anger NOUN
fearg *fem2*

angle NOUN
uillinn *fem2*

angler NOUN
iascaire slaite *masc4*

angling NOUN
iascaireacht slaite *fem3*

angry ADJECTIVE
feargach
□ Dad looks very angry. Tá cuma fheargach ar Dhaid.
■ **to be angry with somebody** fearg a bheith ort le duine □ Mum's really angry with you. Tá fearg an domhain ar Mham leat.
■ **She got angry.** Tháinig fearg uirthi.

animal NOUN
ainmhí *masc4*

ankle NOUN
rúitín *masc4*

anniversary NOUN
cothrom an lae *masc1*
□ my wedding anniversary cothrom an lae a pósadh mé

to announce VERB
fógair

announcement NOUN
fógra *masc4*

to annoy VERB
cuir isteach ar
□ He's really annoying me. Tá sé ag cur isteach go mór orm.
■ **Don't get annoyed!** Tóg go réidh é!
■ **She got annoyed.** Tháinig olc uirthi.

annoying ADJECTIVE
ciapach
□ He was very annoying. Bhí sé iontach ciapach.
■ **It's really annoying.** Is mór an crá croí é.

annual ADJECTIVE
bliantúil
□ an annual meeting cruinniú bliantúil

anorak NOUN
anarac *masc1*

anorexia NOUN
anoireicse *fem4*

anorexic ADJECTIVE
■ **She's anorexic.** Tá anoireicse uirthi.

another ADJECTIVE
eile
□ another book leabhar eile □ Would you like another piece of cake? Ar mhaith leat píosa eile cáca? □ Have you got another dress? An bhfuil gúna eile agat?

to answer VERB
▷ *see also* **answer** NOUN
freagair
□ Can you answer my question? An féidir leat mo cheist a fheagairt? □ My sister always answers the phone. Mo dheirfiúr

a fhreagraíonn an guthán i gcónaí.

answer NOUN
▷ *see also* **answer** VERB
1 freagra *masc4*
□ I want an answer! Ba mhaith liom freagra!
2 réiteach *masc1 (to problem)*

answering machine NOUN
gléas freagartha *masc1*

ant NOUN
seangán *masc1*

to antagonize VERB
cuir olc ar
□ He didn't want to antagonize her. Níor mhian leis olc a chur uirthi.

Antarctic NOUN
■ **the Antarctic** an tAntartach

anthem NOUN
■ **the national anthem** an t-amhrán náisiúnta

antibiotic NOUN
antaibheathach *masc1*

anticlockwise ADJECTIVE
▷ *see also* **anticlockwise** ADVERB
tuathalach

anticlockwise ADVERB
▷ *see also* **anticlockwise** ADJECTIVE
tuathal

antidepressant NOUN
frithdhúlagrán *masc1*

antique NOUN
rud seanda *masc3*

antique shop NOUN
siopa seandachtaí *masc4*

antiseptic NOUN
antaiseipteán *masc1*

antivirus ADJECTIVE
frithvíreas
□ antivirus software bogearraí frithvíreas

Antrim NOUN
Aontroim *masc3*

anxious ADJECTIVE
imníoch
■ **to be anxious to do something** *(keen)* bheith ar bís le rud a dhéanamh

any ADJECTIVE, PRONOUN, ADVERB
ar bith
□ Have you any butter? An bhfuil im ar bith agat? □ Have you any children? An bhfuil clann ar bith agat? □ I haven't any money. Níl airgead ar bith agam.
■ **in any case** i gcás ar bith
■ **at any rate** ar scor ar bith
■ **Choose any book you like.** *(no matter which)* Bíodh do rogha leabhar agat.
■ **any more 1** *(additional)* tuilleadh

□ Would you like any more tea? Ar mhaith leat tuilleadh tae? **2** *(no longer)* níos mó □ He won't be coming here any more. Ní bheidh sé ag teacht anseo níos mó.

anybody PRONOUN
duine ar bith

□ I can't see anybody. Ní féidir liom duine ar bith a fheiceáil. □ Has anybody got a pen? An bhfuil peann ag duine ar bith? □ Anybody can learn to swim. Is féidir le duine ar bith snámh a fhoghlaim.

anyhow ADVERB
ar aon nós

□ He doesn't want to go out and anyhow he's not allowed. Níor mhaith leis dul amach agus ar aon nós níl cead aige.

anyone PRONOUN
duine ar bith

□ I can't see anyone. Ní féidir liom duine ar bith a fheiceáil. □ Has anyone got a pen? An bhfuil peann ag duine ar bith? □ Anyone can learn to swim. Is féidir le duine ar bith snámh a fhoghlaim.

anything PRONOUN
rud ar bith

□ I can't hear anything. Ní féidir liom rud ar bith a chloisteáil. □ Would you like anything to eat? Ar mhaith leat rud ar bith le hithe? □ Anything could happen. Thiocfadh le rud ar bith tarlú.

anyway ADVERB
ar aon nós

□ He doesn't want to go out and anyway he's not allowed. Níor mhaith leis dul amach agus ar aon nós níl cead aige.

anywhere ADVERB
áit ar bith

□ I don't see him anywhere. Ní fheicim áit ar bith é. □ Have you seen my coat anywhere? An bhfaca tú mo chóta áit ar bith? □ You can buy stamps almost anywhere. Is féidir stampaí a cheannach beagnach áit ar bith. □ I can't find it anywhere. Ní féidir liom teacht air áit ar bith.

apart ADVERB
ó chéile

□ The two cities are sixty miles apart. Tá an dá chathair seasca míle ó chéile.
■ **to take something apart** rud a bhaint as a chéile
■ **apart from** diomaite de □ Apart from that, everything's fine. Diomaite de sin, tá gach rud ceart go leor.

apartment NOUN
árasán *masc1*

to **apologize** VERB
■ **to apologize for something** leithscéal a ghabháil as rud □ He apologized for being late. Ghabh sé leithscéal go raibh sé mall.
■ **I apologize.** Gabh mo leithscéal.

apology NOUN
leithscéal *masc1*

apostrophe NOUN
uaschamóg *fem2*

app NOUN
aip *fem2 (in computing)*

apparatus NOUN
1 gaireas *masc1 (in lab)*
2 trealamh *masc1 (in gym)*

apparent ADJECTIVE
soiléir

apparently ADVERB
is cosúil

to **appeal** VERB
▷ *see also* **appeal** NOUN
déan achomharc

□ They appealed against the ruling. Rinne siad achomarc in aghaidh na breithe.
■ **Greece doesn't appeal to me.** Ní beadh fonn orm dull go dtí an Ghréig mé.

appeal NOUN
▷ *see also* **appeal** VERB
achainí *fem4*

□ They have launched an appeal. Chuir siad achainí sa siúl.

to **appear** VERB
1 nocht *(come into view)*
□ The bus appeared around the corner. Nocht an bus thart an coirnéal.
■ **to appear on TV** bheith ar an teilifís
2 cuma a bheith ort *(seem)*
□ You appear tired. Tá cuma thuirseach ort.

appearance NOUN
cuma *fem4*

□ She takes great care over her appearance. Bíonn sí iontach cúramach faoina cuma.

appendicitis NOUN
aipindicíteas *masc1*

appetite NOUN
goile *masc4*

to **applaud** VERB
tabhair bualadh bos do

applause NOUN
bualadh bos *masc*

apple NOUN
úll *masc1*

□ a good crop of apples barr maith úll
■ **an apple tree** crann úll

appliance NOUN
fearas *masc1*

applicable ADJECTIVE
■ **to be applicable to** (relevant) bheith oiriúnach do

applicant NOUN
iarratasóir masc3
▫ There were a hundred applicants for the job. Bhí céad iarratasóir ar an bpost.

application NOUN
iarratas masc1
▫ a job application iarrtas poist

application form NOUN
foirm iarratais fem2

to **apply** VERB
■ **to apply for a job** cur isteach ar phost
■ **The same applies to me.** Is é an dála céanna agamsa é.

appointment NOUN
ceapachán masc1
▫ The appointment was made yesterday. Rinneadh an ceapachán inné.

to **appreciate** VERB
bheith buíoch as
▫ I really appreciate your help. Tá mé iontach buíoch díot as do chuidiú.

apprentice NOUN
printíseach masc1

to **approach** VERB
1 druid le
▫ He approached the house. Dhruid sé leis an teach.
2 téigh i gceann (tackle)

appropriate ADJECTIVE
1 tráthúil (moment, remark)
2 fóirsteanach
▫ That dress isn't very appropriate for an interview. Níl an gúna sin iontach fóirsteanach le haghaidh agallaimh.

approval NOUN
1 sásamh masc1 (satisfaction)
2 cead masc3 (permission)
■ **on approval** (goods) ar triail

to **approve** VERB
ceadaigh
■ **to approve of** bheith i bhfách le ▫ I don't approve of his choice. Níl mé i bhfách lena rogha. ▫ I don't approve of them. Níl mé i bhfách leo.

approximate ADJECTIVE
cóngarach

approximately ADVERB
timpeall is
▫ approximately a year ago timpeall is bliain ó shin

apricot NOUN
aibreog fem2

April NOUN
Aibreán masc1
■ **in April** in mí Aibreán
■ **April Fool's Day** Lá na nAmadán

apron NOUN
naprún masc1

Aquarius NOUN
An tUisceadóir masc3
▫ I'm Aquarius. Is mise An tUisceadóir.

Arab ADJECTIVE
▷ see also **Arab** NOUN
Arabach
▫ the Arab countries na Tíortha Arabacha

Arab NOUN
▷ see also **Arab** ADJECTIVE
Arabach masc1

Arabic NOUN
Araibis fem2

Aran Islands NOUN
Oileáin Árann masc1 pl

arch NOUN
1 áirse fem4
2 trácht na coise masc3 (of the foot)

archaeologist NOUN
seandálaí masc4
▫ He's an archaeologist. Is seandálaí é.

archaeology NOUN
seandálaíocht fem3

archbishop NOUN
ardeaspag masc1

archeologist NOUN (US)
seandálaí masc4
▫ He's an archeologist. Is seandálaí é.

archeology NOUN (US)
seandálaíocht fem3

architect NOUN
ailtire masc4
▫ She's an architect. Tá sí ina hailtire.

architecture NOUN
ailtireacht fem3

Arctic NOUN
■ **the Arctic** an tArtach
■ **the Arctic Ocean** an tAigéan Artach

are VERB ▷ see be

area NOUN
1 ceantar masc1
▫ She lives in the Belfast area. Tá sí ina cónaí i gceantar Bhéal Feirste.
2 dúiche fem4 (district)
▫ He was born in that area. Rugadh sa dúiche sin é.
3 achar masc1 (size)
▫ The field has an area of 1500m². Tá achar 1500m² sa pháirc.

Argentina NOUN
an Airgintín *fem2*
□ in Argentina san Airgintín

Argentinian NOUN
Airgintíneach *masc1*

to **argue** VERB
argóin
□ They never stop arguing. Ní stadann siad de bheith ag argóint.
■ **to argue with somebody** argóint a dhéanamh le duine

argument NOUN
argóint *fem2*
□ They had an argument. Bhí argóint acu.

Aries NOUN
An Reithe *masc4*
□ I'm Aries. Is mise An Reithe.

arithmetic NOUN
uimhríocht *fem3*

arm NOUN
lámh *fem2*

Armagh NOUN
Ard Mhacha *masc*

armchair NOUN
cathaoir uilleach *fem*

armour (US **armor**) NOUN
1 cathéide *fem4*
2 armúr *masc1 (on tanks)*

armoured car NOUN
carr armúrtha *masc1*

army NOUN
arm *masc1*

around ADVERB, PREPOSITION
1 timpeall
□ She wore a scarf around her neck. Bhí scaif timpeall a muiníl aici.
2 ar na gaobhair *(nearby)*
3 tuairim is *(approximately)*
□ It costs around 100 euro. Cosnaíonn sé tuairim is 100 euro.
4 i dtrátha *(date, time)*
□ Let's meet at around 8 p.m. Buailimis le chéile i dtrátha 8 i.n.
■ **around here 1** *(nearby)* in aice láimhe
□ Is there a chemist's around here? An bhfuil siopa poitigéara in aice láimhe?
2 *(in this area)* sna bólaí seo □ He lives around here. Tá sé ina chónaí sna bólaí seo.

to **arrange** VERB
1 socraigh ar
□ They arranged to go out together on Friday. Shocraigh siad ar dhul amach le chéile Dé hAoine.
■ **to arrange a meeting** cruinniú a shocrú

□ Can we arrange a meeting? An féidir linn cruinniú a shocrú?
2 cóirigh *(flowers, hair, objects)*

arrangement NOUN
socrú *masc*
□ They made arrangements to go out on Friday night. Rinne siad socruithe dul amach oíche Dé hAoine.

to **arrest** VERB
▷ see also **arrest** NOUN
gabh
□ The police have arrested 5 people. Ghabh na póilíní 5 duine.

arrest NOUN
▷ see also **arrest** VERB
gabháil *fem3*
■ **under arrest** gafa □ You're under arrest! Tá tú gafa!

arrival NOUN
teacht *masc3*
■ **a new arrival** *(baby)* babaí úr

to **arrive** VERB
tar
□ They arrived at 5 o'clock. Tháinig siad ar a 5 a chlog.

arrow NOUN
saighead *fem2*

art NOUN
ealaín *fem2*

artery NOUN
artaire *masc4*

art gallery NOUN
dánlann *fem2*

article NOUN
1 airteagal *masc1 (of merchandise)*
2 alt *masc1 (in newspaper, magazine)*
□ a newspaper article alt nuachtáin
□ He read out the article to me. Léigh sé amach an t-alt dom.

artificial ADJECTIVE
saorga
■ **artificial intelligence** intleacht shaorga
■ **artificial respiration** riospráid shaorga

artist NOUN
ealaíontóir *masc3*
□ She's an artist. Is ealaíontóir í.

artistic ADJECTIVE
ealaíonta

as CONJUNCTION, ADVERB
1 agus *(while)*
□ He came in as I was leaving. Tháinig sé isteach agus mé ag imeacht.
2 toisc *(since, because)*
□ As it's Sunday, you can have a lie-in. Toisc

gurb an Domhnach atá ann, tá cead agat luí isteach.

■ **as ... as** chomh ... le □ Peter is as clever as Michael. Tá Peadar chomh cliste le Micheál.

■ **twice as ... as** a dhá oiread ... ná □ Her coat cost twice as much as mine. Bhí cóta s'aicse a dhá oiread chomh daor le ná mo cheannsa.

■ **as much ... as** a oiread agus ... □ I haven't got as much money as you. Níl a oiread céanna airgid agam agus atá agat.

■ **as soon as possible** chomh luath agus is féidir □ I'll do it as soon as possible. Déanfaidh mé é chomh luath agus is féidir.

■ **as from tomorrow** ón lá amárach □ As from tomorrow, the shop will be closed on Sundays. Ón lá amárach, beidh an siopa druidte ar an Domhnach.

■ **as though** amhail is □ She ran as though she hadn't seen me. Rith sí amhail is nach bhfaca sí mé.

■ **as if** mar a bheadh

■ **He works as a waiter in the holidays.** Oibríonn sé mar fhreastalaí le linn na laethanta saoire.

asap ABBREVIATION (= as soon as possible)
chomh luath agus is féidir

ashamed ADJECTIVE
náirithe

■ **He was ashamed.** Bhí náire air.

■ **You should be ashamed of yourself!** Mo náire thú!

ashtray NOUN
luaithreadán masc1

Asia NOUN
an Áise fem4
□ in Asia san Áise

Asian NOUN
▷ see also **Asian** ADJECTIVE
Áiseach masc1

Asian ADJECTIVE
▷ see also **Asian** NOUN
Áiseach

Asiatic ADJECTIVE
Áiseach masc1

to **ask** VERB
iarr ar
□ 'Have you finished?' she asked. 'An bhfuil tú réidh?' a d'iarr sí.

■ **to ask somebody something** rud a fhiafraí de dhuine □ He asked her how old she was. D'fhiafraigh sé a haois di.

■ **to ask someone for something** iarr rud ar dhuine □ He asked her for a cup of tea. D'iarr sé cupán tae uirthi.

■ **He's asking for trouble.** Tá sé ar lorg trioblóide dó féin.

■ **to ask somebody to do something** iarr ar dhuine rud a dhéanamh □ He asked me to leave. D'iarr sé orm imeacht.

■ **to ask about something** fiarfaigh faoi rud □ I asked about bus times to Dublin. D'fhiafraigh mé faoi na hamanna bus go Baile Átha Cliath.

■ **to ask somebody a question** ceist a chur ar dhuine

■ **to ask somebody out to dinner** cuireadh chun dinnéir a thabhairt do dhuine

asleep ADJECTIVE

■ **to be asleep** bheith i do chodladh □ He's asleep. Tá sé ina chodladh.

■ **to fall asleep** titim a chodladh □ She fell asleep. Thit sí ina codladh.

asparagus NOUN
lus súgach masc3

aspect NOUN
gné fem4

aspirin NOUN
aspairín masc4

assembly NOUN
tionól masc1 (in school)

asset NOUN
sócmhainn fem2
□ Their assets are frozen. Tá a gcuid sócmhainní reoite.

assignment NOUN
tasc masc1 (in school)

assistance NOUN
cuidiú masc

assistant NOUN
1 cúntóir masc3 (helper)
2 freastalaí masc4 (in shop)

association NOUN
1 caidreamh masc1 (with people)
2 cumann masc1 (club)

assortment NOUN
éagsúlacht fem3

to **assume** VERB
glac le
□ I assume you don't drive. Glacaim leis nach bhfuil tiomáint agat. □ I assume you won't be coming. Glacaim leis nach mbeidh tú ag teacht.

to **assure** VERB
cinntigh do
□ He assured me he was coming. Chinntigh sé dom go mbeadh sé ag teacht.

asthma NOUN
asma *masc4*
□ I've got asthma. Tá asma orm.

to **astonish** VERB
■ **to astonish somebody** ionadh a chur ar dhuine

astonished ADJECTIVE
faoi ionadh

astonishing ADJECTIVE
iontach

astrology NOUN
astralaíocht *fem3*

astronaut NOUN
spásaire *masc4*

astronomy NOUN
réalteolaíocht *fem3*

asylum seeker NOUN
iarrthóir tearmainn *masc3*

at PREPOSITION
▷ *see also* **at** NOUN
ag *(referring to position, direction)*
□ at home ag baile □ at school ar scoil
□ at the top ag an mbarr
■ **to be at work** bheith ag obair
■ **at night** san oíche
■ **two at a time** ina bpéirí
■ **at 50 km/h** 50 ciliméadar san uair
■ **at 4 o'clock** ar a ceathair a chlog
■ **at Christmas** um Nollaig
■ **What are you doing at the weekend?** Cad é a bheidh tú a dhéanamh ag an deireadh seachtaine?

at NOUN
▷ *see also* **at** PREPOSITION
ag *(@ symbol)*

ate VERB ▷ *see* **eat**

Athens NOUN
an Aithin *fem*
□ in Athens san Aithin

athlete NOUN
lúthchleasaí *masc4*

athletic ADJECTIVE
lúfar
■ **the Gaelic Athletic Association** Cumann Lúthchleas Gael

athletics NOUN
lúthchleasaíocht *fem3*
□ I love athletics. Is breá liom lúthchleasaíocht.

Atlantic NOUN
■ **the Atlantic Ocean** an tAigéan Atlantach

atlas NOUN
atlas *masc1*

atmosphere NOUN
atmaisféar *masc1*

atom NOUN
adamh *masc1*

atomic ADJECTIVE
adamhach
□ an atomic bomb buama adamhach
□ atomic power cumhacht adamhach

to **attach** VERB
■ **to attach something to something** rud a cheangal de rud □ He attached a rope to the car. Cheangail sé rópa den ghluaisteán. □ He doesn't know how to attach a photo to an email. Níl eolas air ar an dóigh le grianghraf a cheangal de r-phost.
■ **Attached is …** Iniata leis seo tá …

attached ADJECTIVE
■ **to be attached to** dáimh a bheith agat le
□ He's very attached to his family. Tá dáimh mhór aige lena mhuintir.

attachment NOUN
ceangaltán *masc1 (to email)*

to **attack** VERB
▷ *see also* **attack** NOUN
ionsaigh
□ The dog attacked her. D'ionsaigh an madra í.

attack NOUN
▷ *see also* **attack** VERB
ionsaí *masc*
■ **a heart attack** taom croí

attempt NOUN
▷ *see also* **attempt** VERB
iarracht *fem3*
□ She gave up after several attempts. D'éirigh sí as i ndiaidh roinnt iarrachtaí.

to **attempt** VERB
▷ *see also* **attempt** NOUN
■ **to attempt to do something** féachaint le rud a dhéanamh □ I attempted to write a song. D'fhéach mé le hamhrán a chumadh.

to **attend** VERB
1 freastail
□ I had to attend a meeting. Bhí orm freastal ar chruinniú.
2 téigh ar *(school)*

attention NOUN
aird *fem2*
□ He didn't pay attention to what I was saying. Ní raibh aird aige ar an méid a bhí mé a rá.

attic NOUN
áiléar *masc1*

attitude NOUN
dearcadh *masc1*

□ I really don't like your attitude! Ní maith liom do dhearcadh i dáiríre!

attorney NOUN (US)
aturnae *masc4*

to **attract** VERB
meall

□ The Giant's Causeway attracts lots of tourists. Meallann Clochán an Aifir cuid mhór turasóirí.

attraction NOUN
tarraingt *fem*

□ a huge attraction tarraing mhór

attractive ADJECTIVE
tarraingteach

□ She's very attractive. Tá sí iontach tarraingteach.

aubergine NOUN
ubhthoradh *masc1*

auction NOUN
ceant *masc4* (sale)

audience NOUN
1 lucht éisteachta *masc3* (for radio)
2 lucht féachana *masc3* (for television)

audition NOUN
triail *fem*

August NOUN
Lúnasa *masc4*

■ in August i mí Lúnasa

aunt NOUN
aint *fem2*

□ my aunt m'aintín

auntie, aunty NOUN
aintín *fem4*

au pair NOUN
au pair

□ She's an au pair. Is au pair í.

Australia NOUN
an Astráil *fem2*

□ in Australia san Astráil □ to Australia go dtí an Astráil

Australian NOUN
▷ *see also* **Australian** ADJECTIVE
Astrálach *masc1*

■ the Australians na hAstrálaigh

Australian ADJECTIVE
▷ *see also* **Australian** NOUN
Astrálach

□ He's Australian. Is Astrálach é.

Austria NOUN
an Ostair *fem2*

□ in Austria san Ostair

Austrian NOUN
▷ *see also* **Austrian** ADJECTIVE
Ostarach *masc1*

■ the Austrians na hOstaraigh

Austrian ADJECTIVE
▷ *see also* **Austrian** NOUN
Ostarach

□ She's Austrian. Is Ostarach í.

author NOUN
údar *masc1*

□ She's a famous author. Is údar cáiliúil í.

autobiography NOUN
dírbheathaisnéis *fem2*

autograph NOUN
síniú *masc*

automatic ADJECTIVE
uathoibríoch

□ an automatic door doras uathoibríoch

automatically ADVERB
go huathoibríoch

autumn NOUN
Fómhar *masc1*

□ in autumn san Fhómhar

availability NOUN
infhaighteacht *fem3*

available ADJECTIVE
ar fáil

□ Free brochures are available. Tá bróisiúr ar fáil saor in aisce. □ Is Mr Brown available today? An bhfuil an tUas. de Brún ar fáil inniu?

avalanche NOUN
maidhm shneachta *fem2*

avenue NOUN
ascaill *fem2*

average NOUN
▷ *see also* **average** ADJECTIVE
meán *masc1*

□ on average ar an meán

average ADJECTIVE
▷ *see also* **average** NOUN
meán-

□ the average price an meánphraghas

avocado NOUN
piorra abhcóide *masc4*

to **avoid** VERB
seachain

□ He avoids her when she's in a bad mood. Seachnaíonn sé í nuair a bhíonn drochspionn uirthi.

■ to avoid doing something seachaint agus gan rud a dhéanamh □ Avoid going out on your own at night. Seachain agus ná téigh amach i d'aonar san oíche.

awake ADJECTIVE
múscailte

■ to be awake bheith múscailte □ Is she awake? An bhfuil sí múscailte? □ He was still awake. Bhí sé múscailte go fóill.

award NOUN
duais *fem2*

□ He's won an award. Bhain sé duais. □ the award for the best actor an duais don aisteoir is fearr

away ADJECTIVE, ADVERB
ar shiúl

□ The town is 2 kilometres away. Tá an baile 2 chiliméadar ar shiúl.

■ Patrick's away today. Níl Pádraig anseo inniu.

■ to put something away rud a leagan thart □ He put the books away in the cupboard. Leag sé na leabhair thart sa chófra.

■ It's two hours away by car. Tógann sé dhá uair an chloig sa charr.

■ He went away. D'imigh sé.

■ Go away! Imigh leat!

away match NOUN
cluiche as baile *masc4*

awful ADJECTIVE
uafásach

□ That's awful! Tá sé sin uafásach!

■ an awful lot of ... cuid mhór ...

awfully ADVERB
go huafásach

■ I'm awfully sorry. Tá mé iontach buartha go deo.

awkward ADJECTIVE
ciotach

□ an awkward child leanbh ciotach
□ an awkward question ceist chiotach

axe (US **ax**) NOUN
tua *fem4*

Bb

BA NOUN
BA
□ a BA in English BA sa Bhéarla

baby NOUN
leanbh *masc1*

baby carriage NOUN (US)
pram *masc4*

to **babysit** VERB
aire a thabhairt do pháistí

babysitter NOUN
feighlí páistí *masc4*

babysitting NOUN
ag tabhairt aire do pháistí

bachelor NOUN
baitsiléir *masc3*
□ He's a bachelor. Is baitsiléir é.

back NOUN
▷ see also **back** ADVERB, ADJECTIVE, VERB
1 droim *masc3* (of person, animal, hand, chair)
□ He was stabbed in the back. Sádh sa droim é.
2 cúl *masc1* (of house, room, garden)
□ at the back of the house ag cúl an tí

back ADVERB
▷ see also **back** NOUN, ADJECTIVE, VERB
siar (not forward)
■ to move back bogadh siar
■ to get back teacht ar ais □ What time did you get back? Cén t-am ar tháinig tú ar ais?
■ He's back. Tá sé ar ais.
■ He went there by bus and walked back. Chuaigh sé ann ar an mbus agus shiúil sé ar ais.
■ to call somebody back glaoch ar ais ar dhuine □ He called her back. Ghlaoigh sé ar ais uirthi. □ I'll call back later. Glaofaidh mé ar ais ar ball.

back ADJECTIVE
▷ see also **back** NOUN, ADVERB, VERB
deiridh
□ the back seat an suíochán deiridh □ the back wheel of my bike roth deiridh mo rothair

■ the back door an doras cúil

to **back** VERB
▷ see also **back** NOUN, ADVERB, ADJECTIVE
tabhair tacaíocht do (support)
□ I'm backing Obama. Tá mé ag tabhairt tacaíochta do Obama.
■ to back a horse geall a chur ar chapall

to **back out** VERB
tarraing siar
□ They backed out at the last minute. Tharraing siad siar ag an nóiméad deiridh.

to **back up** VERB
■ to back somebody up tacaíocht a thabhairt do dhuine

backache NOUN
pian sa droim *fem2*
□ I have backache. Tá pian i mo dhroim.

backbone NOUN
cnámh droma *fem2*

to **backfire** VERB
1 fill ar (plans)
□ His actions backfired on him. D'fhill a chuid gníomhartha air.
2 cúltort (car)

background NOUN
cúlra *masc4*
□ a house in the background teach sa chúlra □ his family's background cúlra a theaghlaigh

backhand NOUN
cúlbhuille *masc4*

backing NOUN
cúl taca *masc1* (support)

backpack NOUN
mála droma *masc4*

backpacker NOUN
turasóir mála droma *masc3*

backpacking NOUN
■ to go backpacking saoire an mhála droma

back pain NOUN
pian sa droim *fem2*
□ I have back pain Tá pian i mo dhroim.

backside NOUN
tóin *fem3*

backstroke NOUN
snámh droma *masc3*

backup NOUN
cúl taca *masc1 (support)*
■ **a backup file** comhad cúltaca

backwards ADVERB
ar gcúl *(move, go)*
□ She took a step backwards. Thug sí céim ar gcúl.
■ **to fall backwards** titim i ndiaidh do chúil

back yard NOUN
cúlchlós *masc1*

bacon NOUN
bagún *masc1*
□ bacon and eggs bagún agus uibheacha

bad ADJECTIVE
1 dona
□ a bad film scannán dona

> **WORD POWER**
> You can use a number of other words
> instead of **bad** to mean 'terrible':
> **awful** millteanach
> □ an awful day lá millteanach
> **dreadful** uafásach
> □ a dreadful mistake botún uafásach
> **rubbish** gan mhaith
> □ a rubbish team foireann gan mhaith

2 dalba *(child)*
□ You bad boy! Gasúr dalba!
3 droch-
□ a bad accident drochthaisme
■ **to be in a bad mood** drochspionn a bheith ort
■ **to go bad** *(meat, food)* cor a theacht i
■ **to be bad at something** bheith go holc ag rud □ I'm really bad at maths. Tá mé go han-olc ag mata.
■ **I feel bad about it.** Mothaím go holc faoi.
■ **That's not bad at all.** Níl caill air sin ar chor ar bith.

badge NOUN
suaitheantas *masc1*

badger NOUN
broc *masc1*

badly ADVERB
go dona *(play, behave)*
■ **badly paid** íoctha go dona
■ **badly wounded** gonta go dona
■ **He needs it badly.** Tá sé de dhíth go géar air.

badminton NOUN
badmantan *masc1*

□ I play badminton on Tuesdays. Imrím badmantan ar an Déardaoin.

bad-tempered ADJECTIVE
confach
■ **to be bad-tempered 1** *(by nature)* bheith confach □ He's a really bad-tempered person. Is duine an-chonfach é.
2 *(temporarily)* fearg a bheith ort □ He was really bad-tempered yesterday. Bhí fearg air inné.

baffled ADJECTIVE
trína chéile

bag NOUN
mála *masc4*
□ This bag's very heavy. Tá an mála seo an-trom.
■ **bags of money** na múrtha airgid
■ **an old bag** *(person)* seanchailleach

baggage NOUN
bagáiste *masc4*

baggage reclaim NOUN
bailiú bagáiste *masc*

baggy ADJECTIVE
■ **baggy trousers** bríste atá ina mhála

bagpipes PL NOUN
píb mhór *fem2*
□ Orla plays the bagpipes. Seinneann Orlaith ar an bpíb mhór.

to **bake** VERB
bácáil
□ First she baked the potatoes. Bhácáil sí na prátaí ar dtús.

baked ADJECTIVE
bácáilte
□ baked potatoes prátaí bácáilte □ baked beans pónairí bácáilte

baker NOUN
báicéir *masc3*
□ He's a baker. Is báicéir é.

bakery NOUN
bácús *masc1*

baking ADJECTIVE
■ **It's baking in here!** Tá sé an-te go deo istigh anseo!

balance NOUN
1 cothrom *masc1*
□ She lost her balance. Baineadh dá cothrom í.
2 iarmhéid *masc4 (on account)*

balanced ADJECTIVE
cóir *(judgement)*

balcony NOUN
balcóin *fem2*

bald ADJECTIVE
maol

English-Irish

b

ball NOUN
1 liathróid *fem2*
  □ Paul threw the ball over the fence. Chaith Pól an liathróid thar an gclaí.
2 peil *fem* (football)
3 sliotar *masc1* (for hurling)
4 ceirtlín *masc4* (of wool, thread, string)

ballet NOUN
bailé *masc4*
  □ She went to a ballet. Chuaigh sé ar an mbailé. □ ballet lessons ceachtanna bailé

ballet dancer NOUN
rinceoir bailé *masc3*

ballet shoes PL NOUN
bróga bailé *fem2 pl*

balloon NOUN
balún *masc1*
  ■ a hot-air balloon balún d'aer te

ballpoint pen NOUN
badhró *masc4*

bamboo NOUN
bambú *masc4*

ban NOUN
  ▷ see also **ban** VERB
cosc *masc1*

to ban VERB
  ▷ see also **ban** NOUN
cuir cosc ar

banana NOUN
banana *masc4*
  □ a banana skin craiceann banana □ I'd rather have an apple than a banana. B'fhearr liom úll ná banana.

band NOUN
1 banda *masc4* (elastic, rubber)
2 banna ceoil *masc4* (rock group)

bandage NOUN
  ▷ see also **bandage** VERB
bindealán *masc1*

to bandage VERB
  ▷ see also **bandage** NOUN
bindealán a chur ar
  □ The nurse bandaged his arm. Chuir an bhanaltra bindealán ar a lámh.

Band-Aid® NOUN (US)
plástar *masc1*

bandit NOUN
ropaire *masc4*

bang NOUN
  ▷ see also **bang** VERB
1 pléasc *fem2*
  □ I heard a loud bang. Chuala mé pléasc mhór.
2 buille *fem2*
  □ a bang on the head buille ar an gcloigeann
3 plab *masc4* (of door)

  □ The door closed with a bang. Dúnadh an doras de phlab.
  ■ Bang! Plimp!

to bang VERB
  ▷ see also **bang** NOUN
1 pléasc (explode)
2 dún de phlab
  □ The door banged. Dúnadh an doras de phlab.
  ■ I banged on the door. Bhuail mé cnag ar an doras.

banger NOUN
ispín *masc4* (sausage)
  □ bangers and mash ispíní agus brúitín

Bangladesh NOUN
an Bhanglaidéis
  □ from Bangladesh ón mBanglaidéis

bank NOUN
1 banc *masc1*
  □ The bank's closed. Tá an banc druidte.
2 bruach *masc1* (of river, lake)

bank account NOUN
cuntas bainc *masc1*

bank card NOUN
cárta bainc *masc4*

banker NOUN
baincéir *masc3*

bank holiday NOUN
lá saoire bainc *masc*

banking NOUN
baincéireacht *fem3*

banknote NOUN
nóta bainc *masc4*

banned ADJECTIVE
coiscthe

bar NOUN
1 beár *masc1* (pub, counter in pub)
2 sparra *masc4* (on door, window)
  ■ a bar of chocolate barra seacláide
  ■ a bar of soap barra sópa

barbaric ADJECTIVE
barbartha

barbecue NOUN
fulacht *fem3*

barbed wire NOUN
sreang dheilgneach *fem2*

barber NOUN
bearbóir *masc3*

bar code NOUN
barrachód *masc1*

bare ADJECTIVE
nocht
  □ bare skin craiceann nocht

barefoot ADJECTIVE, ADVERB
cosnochta

□ The children go around barefoot.
Bíonn na páistí ag siúl thart cosnochta.

■ **to be barefoot** bheith cosnocht

□ She was barefoot. Bhí sí cosnocht.

barely ADVERB
ar éigean

□ I could barely hear what she was saying. Is ar éigean a chuala mé an méid a bhí sí a rá.

bargain NOUN
margadh maith *masc1*

□ It was a bargain! Margadh maith a bhí ann!

barge NOUN
báirse *masc4*

to **bark** VERB
bheith ag tafann

barmaid NOUN
cailín beáir *masc4*

□ She's a barmaid. Is cailín beáir í.

barman NOUN
fear beáir *masc1*

□ He's a barman. Is fear beáir é.

barn NOUN
scioból *masc1*

barrel NOUN
bairille *masc4*

barrier NOUN
bacainn *fem2*

bartender NOUN (US)
freastalaí beáir *masc4*

□ He's a bartender. Is freastalaí beáir é.

base NOUN
1 bun *masc1 (lower part)*
2 bonn *masc1 (foundation)*
3 bunáit *fem2 (military)*

baseball NOUN
daorchluiche *masc*

■ **a baseball bat** slacán

based ADJECTIVE
■ **based on** bunaithe ar

basement NOUN
íoslach *masc1*

to **bash** VERB
▷ *see also* **bash** NOUN
buail

bash NOUN
▷ *see also* **bash** VERB
■ **I'll have a bash.** Bainfidh mé triail as.

basic ADJECTIVE
bunúsach

□ It's a basic example. Is sampla bunúsach é.

□ The accommodation is pretty basic. Tá an lóistín measartha bunúsach.

basically ADVERB
go bunúsach

□ Basically, I just don't like him.
Go bunúsach, ní maith liom é.

basics PL NOUN
buntús *masc1*

basil NOUN
lus mic rí *masc3*

basin NOUN
báisín *masc4 (washbasin)*

basis NOUN
bonn *masc1*

□ on a trial basis ar bhonn trialach □ on a part-time basis ar bhonn páirtaimseartha □ on a daily basis ar bhonn laethúil □ on a regular basis ar bhonn rialta

basket NOUN
ciseán *masc1*

basketball NOUN
cispheil *fem2*

bass NOUN
1 dord *masc1 (instrument)*

□ He plays the bass. Seinneann sé ar an dord.

■ **a double bass** olldord
2 dordghuth *masc3 (voice)*

□ He's a bass. Tá dordghuth aige.

bass drum NOUN
druma mór *masc4*

bass guitar NOUN
dordghiotár *masc1*

bassoon NOUN
basún *masc1*

□ I play the bassoon. Seinnim ar an bhasún.

bat NOUN
1 slacán *masc1 (for cricket, table tennis, rounders)*
2 sciathán leathair *masc1 (animal)*

  LANGUAGE TIP Word for word, this means 'leather wing'.

bath NOUN
1 folcadh *masc*

□ a hot bath folcadh te □ I had a bath last night. Bhí folcadh agam aréir.
2 folcadán *masc1 (bathtub)*

□ There's a spider in the bath. Tá damhán alla san fholcadán.

to **bathe** VERB
1 folc *(in sea)*
2 nigh *(wound)*

bathing suit NOUN (US)
culaith shnámha *fem2*

bathroom NOUN
seomra folctha *masc4*

baths PL NOUN
linn snámha *masc1*

bath towel NOUN
tuáille folctha *masc4*

batter NOUN
fuidreamh *masc1*

battery NOUN
1 cadhnra *masc4 (of car)*
2 ceallra *masc4 (of torch)*

battle NOUN
cath *masc3*
□ the Battle of Kinsale Cath Chionn tSáile
□ It was a battle, but we managed in the end. Cath a bhí ann, ach d'éirigh linn sa deireadh.

battleship NOUN
cathlong *fem2*

bay NOUN
1 bá *fem4 (of sea)*
2 camas *masc1 (small)*
3 crann labhrais *masc1 (tree)*
■ **to hold somebody at bay** coinnigh srian ar dhuine

BC ABBREVIATION *(= before Christ)*
R.Ch. *(= Roimh Chríost)*
□ in 200 BC in 200 R.Ch.

to **be** VERB

> LANGUAGE TIP **is** and **bí** are both used in Irish to translate 'be'. Examples have been grouped by sense to help you to find the translation you need. Look at the examples below to translate 'be' to describe yourself or ask how someone is.

□ I'm Irish. Is Éireannach mé. □ I'm tired. Tá tuirse orm. □ I'm hot. Tá mé te. □ How are you? Cad é mar atá tú? □ He's fine now. Tá sé go breá anois.

> LANGUAGE TIP Look at the examples below to translate 'be' with age, date, time, numbers.

□ How old are you? Cén aois thú?
□ I'm sixteen. Tá mé sé bliana déag.
□ 2 and 2 are 4. A dó is a dó sin a ceathair.
□ It's 5 o'clock. Tá sé a cúig a chlog. □ It's the 28th of April. An t-ochtú lá is fiche de Mhí Aibreáin atá ann.

> LANGUAGE TIP Look at the examples below to translate 'be' with distance, temperature, weather.

□ It's 10 km to the town. Tá sé deich gciliméadar chun an bhaile mhóir. □ It's too hot. Tá sé róthe. □ It's windy. Tá sé gaofar.

> LANGUAGE TIP Look at the examples below to translate 'to be doing something'.

□ What are you doing? Cad é atá tú a dhéanamh? □ They're coming tomorrow. Beidh siad ag teacht amárach. □ I've been

waiting for you for two hours. Tá mé ag fanacht leat le dhá uair an chloig.

> LANGUAGE TIP Look at the examples below to translate 'be' in the passive.

□ He was killed. Maraíodh é. □ The house is to be sold. Tá an teach le díol. □ He was nowhere to be seen. Ní raibh sé le feiceáil thoir ná thiar.

> LANGUAGE TIP In questions, repeat the verb from the first part of the question, rather than using 'wasn't it' or 'is she'.

□ It was fun, wasn't it? Ba mhór an chuideachta é, nár mhór? □ She's back, is she? Tá sí ar ais, an bhfuil?

> LANGUAGE TIP Look at the examples below to translate 'be' with places.

□ I won't be here tomorrow. Ní bheidh mé anseo amárach. □ Edinburgh is in Scotland. Tá Dún Éideann in Albain. □ They are in Paris at the moment. Tá siad i bPáras faoi láthair. □ Where have you been? Cén áit a raibh tú? □ Have you been to Ireland before? An raibh tú riamh in Éirinn? □ I've never been to Dublin. Ní raibh mé riamh i mBaile Átha Cliath.
■ **How much was the meal?** Cá mhéad a bhí ar an mbéile?
■ **That'll be £5, please.** Cúig phunt, le do thoil.

beach NOUN
trá *fem4*

bead NOUN
1 coirnín *masc4 (decorative)*
2 deoir *fem2 (of sweat, blood)*
■ **Rosary beads** Paidrín

beak NOUN
gob *masc1*

beam NOUN
1 maide *masc4 (of wood)*
2 ga *masc4 (of light)*

bean NOUN
pónaire *fem4*
□ baked beans pónairí bácáilte □ broad beans pónairí leathana □ green beans pónairí glasa □ kidney beans pónairí fada

beansprouts PL NOUN
péacáin phónaire *masc1 pl*

bear NOUN
▷ see also **bear** VERB
béar *masc1*

to **bear** VERB
▷ see also **bear** NOUN
fulaing
□ I can't bear it! Ní féidir liom é a fhulaingt!

to **bear up** VERB
fulaing go cróga

beard NOUN
féasóg *fem2*
□ He's got a beard. Tá féasóg air.

bearded ADJECTIVE
féasógach

beast NOUN
1 beithíoch *masc1*
2 brúid *fem2 (nasty person)*

beat NOUN
▷ *see also* **beat** VERB
buille *masc4 (of music)*

to **beat** VERB
▷ *see also* **beat** NOUN
buail
□ We beat them 3-0. Bhuaileamar 3-0 iad.
■ **Beat it!** Great leat!
■ **to beat somebody up** greadadh a thabhairt do dhuine

beautiful ADJECTIVE
álainn

beautifully ADVERB
go hálainn

beauty NOUN
áilleacht *fem3*
■ **beauty products** earraí áillithe

beauty spot NOUN
ball álainn *masc1 (place)*

beaver NOUN
béabhar *masc1*

became VERB ▷ *see* **become**

because CONJUNCTION
mar
□ I did it because … Rinne mé é mar …
■ **because of** mar gheall ar □ because of the weather mar gheall ar an aimsir

to **become** VERB
éirigh
□ It is becoming colder. Tá sé ag éirí níos fuaire.
■ **He became a priest.** Rinneadh sagart de.

bed NOUN
leaba *fem*
□ I made the bed. Chóirigh mé an leaba.
■ **in bed** a luí □ He is in bed. Tá sé ina luí.
■ **to go to bed** dul a luí □ He went to bed. Chuaigh sé a luí.
■ **to go to bed with somebody** dul a luí le duine

bed and breakfast NOUN
leaba agus bricfeasta *fem*
□ How much is it for bed and breakfast? Cá mhéad atá ar leaba agus bricfeasta? □ We stayed in a bed and breakfast. D'fhanamar i Leaba is Bricfeasta.

bedclothes PL NOUN
éadaí leapa *masc1 pl*

bedding NOUN
córacha leapa *fem3 pl*

bedroom NOUN
seomra leapa *masc4*

bedsit NOUN
seomra suí is leapa *masc4*

bedspread NOUN
scaraoid leapa *fem2*

bedtime NOUN
am luí *masc3*
□ Ten o'clock is my usual bedtime. An deich a chlog am luí s'agamsa de ghnáth.

bee NOUN
beach *fem2*

beef NOUN
mairteoil *fem3*
□ roast beef mairteoil rósta

beefburger NOUN
burgar mairteola *masc1*

been VERB ▷ *see* **be**

beer NOUN
beoir *fem*

beetle NOUN
ciaróg *fem2*

beetroot NOUN
biatas *masc1*

before PREPOSITION, CONJUNCTION
▷ *see also* **before** ADVERB
1 roimh *(in time)*
□ before Tuesday roimh an Máirt □ Before opening the packet, read the instructions. Roimh an phacáiste a oscailt, léigh na treoracha.
2 sula
□ I'll phone before I leave. Glaofaidh mé sula n-imeoidh mé.

before ADVERB
▷ *see also* **before** PREPOSITION, CONJUNCTION
roimhe sin
□ the day before an lá roimhe sin
□ the week before an tseachtain roimhe sin
■ **I've seen it before.** Chonaic mé cheana é.
■ **Have you been to Ireland before?** An raibh tú in Éirinn roimhe?

beforehand ADVERB
roimh ré

to **beg** VERB
impigh ar
□ She begged her parents to buy a pony. D'impigh sí ar a tuismitheoirí capaillín a cheannach. □ He begged me to stop. D'impigh sé orm éirí as.

began VERB ▷ *see* **begin**

beggar NOUN
bacach *masc1*

to **begin** VERB
tosaigh
□ His shift begins at 6 o'clock. Tosóidh a sheal oibre ar a 6 a chlog.
■ **to begin doing something** tosú ar rud a dhéanamh

beginner NOUN
tosaitheoir *masc3*
□ I'm just a beginner. Níl ionam ach tosaitheoir.

beginning NOUN
tús *masc1*
□ in the beginning ag an tús

begun VERB ▷ *see* **begin**

behalf NOUN
■ **on behalf of** thar ceann □ on his behalf thar a cheann

to **behave** VERB
iompair
□ He behaved like an idiot. D'iompair sé é féin mar a bheadh amadán ann. □ She behaved very badly. D'iompair sí í féin go holc. □ Did the children behave themselves? Ar iompair na páistí iad féin go maith?
■ **Behave yourself!** Bíodh múineadh ort!

behaviour (US **behavior**) NOUN
iompar *masc1*
■ **good behaviour** dea-iompar
■ **bad behaviour** drochiompar

behind PREPOSITION
▷ *see also* **behind** ADVERB, NOUN
taobh thiar de
□ behind the television taobh thiar den teilifíseán
■ **behind the scenes** ar chúl stáitse

behind ADVERB
▷ *see also* **behind** PREPOSITION, NOUN
■ **to be behind** (*late*) bheith ar gcúl □ I'm behind with my revision. Tá mé ar gcúl le mo chuid staidéir.

behind NOUN
▷ *see also* **behind** PREPOSITION, ADVERB
tóin *fem3*

beige ADJECTIVE
béas

Beijing NOUN
Béising *fem4*

Beirut NOUN
Béarút *masc4*

Belarus NOUN
an Bhílearúis *fem2*

Belfast NOUN
Béal Feirste *masc*
■ **Belfast Lough** Loch Lao

Belgian ADJECTIVE
▷ *see also* **Belgian** NOUN
Beilgeach
□ Belgian chocolate seacláid Bheilgeach
□ She's Belgian. Is Beilgeach í.

Belgian NOUN
▷ *see also* **Belgian** ADJECTIVE
Beilgeach *masc1*
■ **the Belgians** (*people*) na Beilgigh

Belgium NOUN
an Bheilg *fem2*
□ in Belgium sa Bheilg

to **believe** VERB
creid
□ I don't believe you. Ní chreidim thú.
■ **to believe in something** tabhairt isteach do rud □ I don't believe in that nonsense. Ní thuigim isteach don amaidí sin.
■ **to believe in God** creidiúint i nDia
□ I believe in God. Creidim i nDia.

bell NOUN
clog *masc1*

belly NOUN
bolg *masc1*

to **belong** VERB
■ **Who does it belong to?** Cé leis é?
■ **That belongs to me.** Is liomsa sin.
■ **Do you belong to any clubs?** An bhfuil tú i do bhall de chlub ar bith?
■ **Where does this belong?** Cá dtéann sé seo?

belongings PL NOUN
giuirléidí *fem2 pl*

beloved ADJECTIVE
ionúin
□ a beloved child leanbh ionúin

below PREPOSITION
▷ *see also* **below** ADVERB
faoi
□ below the castle faoin gcaisleán
□ 10 degrees below freezing 10 gcéim faoi bhun an reophointe

below ADVERB
▷ *see also* **below** PREPOSITION
thíos
□ on the floor below ar an urlár thíos
□ see below féach thíos

belt NOUN
crios *masc3*
□ a seat belt crios tarrthála

beltway NOUN (US)
cuarbhóthar *masc1* (*motorway*)

bench NOUN
binse *masc4*

bend NOUN
▷ *see also* **bend** VERB
1 cor *masc1*
2 camas *(in river) masc1*

to **bend** VERB
▷ *see also* **bend** NOUN
crom *(back, arm, knee)*
□ I can't bend my arm. Ní féidir liom mo
lámh a chromadh.

to **bend down** VERB
crom síos

to **bend over** VERB
crom

beneath PREPOSITION
thíos faoi
■ It is beneath me. Ní chromfainn air.

benefit NOUN
▷ *see also* **benefit** VERB
sochar *masc1*
■ to give somebody the benefit of the
doubt sochar an amhrais a thabhairt do
dhuine
■ unemployment benefit sochar
dífhostaíochta
■ for the benefit of mar mhaithe le

to **benefit** VERB
▷ *see also* **benefit** NOUN
bain sochar as *(gain benefit)*
□ I benefitted from it. Bhain mé sochar as.

bent ADJECTIVE
cam
□ a bent fork forc camtha

bent VERB ▷ *see* **bend**

beret NOUN
bairéad *masc1*

berserk ADJECTIVE
■ to go berserk dul ar steallaí mire

berth NOUN
leaba *fem (bed)*
■ to give somebody a wide berth
an bealach a fhágáil ag duine

beside PREPOSITION
in aice le
□ beside the television in aice leis an teilifíseán
■ He was beside himself with anger.
Bhí sé thairis féin le fearg.
■ That's beside the point. Ní bhaineann
sin le hábhar.

besides ADVERB
1 chomh maith *(as well)*
2 cár bith *(in any case)*
□ Besides, it's too expensive. Cár bith, tá sé
ródhaor.

best ADJECTIVE, ADVERB, NOUN
is fearr
□ Peter's the best player in the team. Is é
Peadar an t-imreoir is fearr ar an bhfoireann.
□ Janet's the best maths student. Is í Janet
an mac léinn is fearr ag mata. □ Emma's the
best singer. Is í Emma an t-amhránaí is fearr.
■ to do one's best do dhícheall a
dhéanamh □ It's not perfect, but I did my
best. Níl sé foirfe, ach rinne mé mo
dhícheall.
■ to make the best of something a mhór
a dhéanamh de rud □ We'll have to make
the best of it. Beidh orainn a mhór a
dhéanamh de.
■ at best ar an chuid is fearr de
■ to the best of my knowledge ar feadh
m'eolais
■ to the best of my ability chomh maith
agus a thig liom

best man NOUN
finné *fir masc4*

bet NOUN
▷ *see also* **bet** VERB
geall *masc1*
□ I'd put a bet on it! Chuirfinn geall as!

to **bet** VERB
▷ *see also* **bet** NOUN
cuir geall ar
□ I bet five euros on a horse. Chuir mé geall
cúig euro ar chapall.
■ I bet he forgot. Bíodh geall go ndearna sé
dearmad.

to **betray** VERB
feall ar

better ADJECTIVE, ADVERB
▷ *see also* **better** NOUN
níos fearr
□ This one's better than that one. Tá an
ceann seo níos fearr ná an ceann sin.
□ a better way to do it bealach níos fearr
chun é a dhéanamh □ That's better! Tá sé
sin níos fearr!
■ better still níos fearr fós □ Visit her
tomorrow, or better still, go today. Tabhair
cuairt uirthi amárach, nó níos fearr fós, téigh
inniu.
■ to get better 1 *(improve)* feabhsú
□ I hope the weather gets better soon.
Tá súil agam go bhfeabhsóidh an aimsir
roimh i bhfad. 2 *(from illness)* bisiú
□ The patient got better quickly. Bhisigh
an t-othar go gasta.
■ You'd better do it. B'fhearr duit é a
dhéanamh.

■ **He thought better of it.** Rinne sé athchomhairle.
better NOUN
▷ *see also* **better** ADJECTIVE, ADVERB
■ **the sooner the better** dá luaithe é is amhlaidh is fearr □ Phone her, the sooner the better. Cuir glao uirthi, chomh luath agus is féidir leat.
■ **to get the better of** an lámh in uachtar a fháil ar
betting shop NOUN
siopa geallghlacadóra *masc4*
between PREPOSITION
idir
□ between Belfast and Dublin idir Béal Feirste agus Baile Átha Cliath
□ between 15 and 20 minutes idir 15 agus 20 nóiméad □ between meals idir bhéilí
□ There's no connection between the two events. Níl baint ar bith idir an dá ócáid.
bewildered ADJECTIVE
trína chéile
□ He looked bewildered. Bhí cuma air go raibh sé trína chéile.
beyond PREPOSITION
ar an taobh thall de
□ There was a lake beyond the mountain. Bhí loch ar an taobh thall den sliabh.
■ **beyond belief** dochreidte
■ **It is beyond repair.** Tá sé ó chóiriú.
■ **circumstances beyond our control** cúinsí nach bhfuil smacht againn orthu
biased ADJECTIVE
claonta
Bible NOUN
Bíobla *masc4*
bicycle NOUN
rothar *masc1*
bid NOUN
▷ *see also* **bid** VERB
1 tairiscint *fem3 (at auction)*
2 iarracht *fem3 (attempt)*
to **bid** VERB
▷ *see also* **bid** NOUN
tairg
□ He bid five euros for it. Thairg sé cúig euro air.
bifocals PL NOUN
défhócasaigh *masc1 pl*
big ADJECTIVE
mór
□ a big house teach mór □ a big car gluaisteán mór □ my big brother mo dhearthair mór

WORD POWER
You can use a number of other words instead of **big** to mean 'large':
enormous ollmhór
□ an enormous cake císte ollmhór
gigantic mór fairsing
□ a gigantic house teach mór fairsing
huge mór millteach
□ a huge garden gairdín mór millteach
massive uafásach mór
□ a massive TV teilifíseán uafásach mór

bigheaded ADJECTIVE
■ **to be bigheaded** bheith mór as féin
□ He's bigheaded. Tá sé mór as féin.
bike NOUN
rothar *masc1*
□ by bike mo rothar
bikini NOUN
bicíní *masc4*
bilingual ADJECTIVE
dátheangach
bill NOUN
1 bille *masc4*
□ Can we have the bill, please? An féidir linn an bille a fháil, le do thoil?
2 nóta bainc *masc4 (US)*
□ a five-dollar bill nóta bainc cúig dhollar
■ **to fit the bill** cúis a dhéanamh
billiards NOUN
billéardaí
□ We played billiards last night. D'imríomar billéardaí aréir.
billion NOUN
billiún *masc1*
□ a billion euros billiún euro
bin NOUN
bosca bruscair *masc4 (dustbin)*
bingo NOUN
biongó *masc4*
binoculars PL NOUN
déshúiligh *masc1 pl*
■ **a pair of binoculars** péire de dhéshúiligh
biochemistry NOUN
bithcheimic *fem2*
biodegradable ADJECTIVE
in-bhithmhillte
biofuel NOUN
bithbhreosla *masc4*
biography NOUN
beathaisnéis *fem2*
biology NOUN
bitheolaíocht *fem3*
bird NOUN
éan *masc1*

birdwatching NOUN
éanbhreathnú *masc4*
□ My hobby's birdwatching. Tá éanbhreathnú éan mar chaitheamh aimsire agam.
■ **to go birdwatching** dul a éan bhreathnú

Biro® NOUN
badhró *masc4*

birth NOUN
breith *fem2*
□ date of birth dáta breithe

birth certificate NOUN
teastas beireatais *masc1*

birth control NOUN
1 cosc beireatais *masc1 (policy)*
2 frithghiniúint *fem3 (method)*

birthday NOUN
breithlá
□ When's your birthday? Cá huair a bhíonn do bhreithlá ann? □ I'm going to have a birthday party. Beidh cóisir bhreithlae agam.
■ **a birthday cake** cáca breithlae
■ **a birthday card** cárta breithlae

biscuit NOUN
briosca *masc4*

bishop NOUN
easpag *masc1*

bit VERB ▷ *see* **bite**

bit NOUN
1 píosa *masc4*
□ Would you like another bit? Ar mhaith leat píosa eile? □ a bit of cake píosa de cháca
2 béalbhach *fem2 (for horse)*
3 giotán *masc1 (in computing)*
■ **a bit** giota □ Do you play football? — A bit. An imríonn tú peil? — Giota.
■ **Wait a bit!** Fan tamall!
■ **a bit tired** rud beag tuirseach
■ **bit by bit** de réir a chéile
■ **to fall to bits** titim as a chéile

bitch NOUN
soith *fem2 (female dog)*

to **bite** VERB
▷ *see also* **bite** NOUN
1 bain greim as
2 cailg *(insect)*
□ I got bitten by a mosquito. Chailg corr mhíol mé.
■ **to bite one's nails** d'ingne a ithe

bite NOUN
▷ *see also* **bite** VERB
1 greim *masc3*
■ **Let's have a bite to eat.** Beidh greim bia againn.
2 cailg *fem2 (insect bite)*

bitten VERB ▷ *see* **bite**

bitter ADJECTIVE
▷ *see also* **bitter** NOUN
1 searbh *(taste)*
2 feanntach *(weather, wind)*
3 domlasta *(person)*

bitter NOUN
▷ *see also* **bitter** ADJECTIVE
leann searbh *masc3 (beer)*

Black ADJECTIVE
1 dubh *(person)*
2 gorm *(person)*

black ADJECTIVE
▷ *see also* **black** NOUN
dubh
□ a black jacket casóg dhubh

black NOUN
▷ *see also* **black** ADJECTIVE
dubh *masc1*
■ **to be in the black** *(in credit)* bheith ar thaobh an tsochair

blackberry NOUN
sméar dhubh *fem2*

blackbird NOUN
lon dubh *masc1*

blackboard NOUN
clár dubh *masc1*

black coffee NOUN
caife dubh *masc4*

blackcurrant NOUN
cuirín dubh *masc4*

blackmail NOUN
▷ *see also* **blackmail** VERB
dúmhál *masc1*
□ That's blackmail! Sin dúmhál!

to **blackmail** VERB
▷ *see also* **blackmail** NOUN
cuir faoi dhúmhál
□ He blackmailed her. Chuir sé faoi dhúmhál í.

blackout NOUN
lánmhúchadh *masc (power cut)*
■ **to have a blackout** *(faint)* titim i laige

black pudding NOUN
lúbóg dhubh *fem2*

blade NOUN
lann *fem2*

blame NOUN
▷ *see also* **blame** VERB
locht *masc3*

to **blame** VERB
▷ *see also* **blame** NOUN
cuir locht ar
□ Don't blame me! Ná cuir an locht ormsa!
□ I blame the police. Cuirim an locht ar na póilíní. □ He blamed it on my sister. Chuir sé an locht ar mo dheirfiúr.

■ **He is to blame.** Eisean is ciontaí.
■ **You have only yourself to blame.**
Bí ag éileamh ort féin.

blank ADJECTIVE
▷ see also **blank** NOUN
1 folamh *(page)*
2 bómánta *(look)*

blank NOUN
▷ see also **blank** ADJECTIVE
bearna *fem4*
□ Fill in the blanks. Líon isteach na bearnaí.
■ **His mind was a blank.** Ní raibh aon smaoineamh ina cheann.

blank cheque NOUN
seic bán *masc4*

blanket NOUN
blaincéad *masc1*

blast NOUN
pléasc *fem2*
□ a bomb blast pléasc buama

blatant ADJECTIVE
dearg-
□ a blatant lie deargbhréag

blaze NOUN
dóiteán *masc1*

blazer NOUN
bléasar *masc1*

bleach NOUN
bléitse *masc4*

bleached ADJECTIVE
tuartha
□ bleached hair gruaig thuartha

bleak ADJECTIVE
1 sceirdiúil *(place)*
2 gruama
□ The future looks bleak. Tá cuma ghruama ar an todhchaí.

to **bleed** VERB
cuir fuil
□ My hand is bleeding. Tá mo lámh ag cur fola.

bleeper NOUN
blípire *masc4*

blender NOUN
cumascóir *masc3*

to **bless** VERB
beannaigh
■ **Bless you!** 1 *(after sneeze)* Dia linn!
2 *(thank you)* Dia leat!

blessing NOUN
beannacht *fem3*

blew VERB ▷ see **blow**

blind ADJECTIVE
▷ see also **blind** NOUN
dall

blind NOUN
▷ see also **blind** ADJECTIVE
dallóg *fem2 (for window)*

blindfold NOUN
▷ see also **blindfold** VERB
púicín *masc4*

to **blindfold** VERB
▷ see also **blindfold** NOUN
púicín a chur ar

to **blink** VERB
preab
□ She blinked. Preabadh a súil.

bliss NOUN
aoibhneas *masc1*
□ It was bliss! Aoibhneas a bhí ann!

blister NOUN
spuaic *fem2*

blizzard NOUN
síobadh sneachta *masc*

blob NOUN
daba *masc4*
□ a blob of glue daba glé

block NOUN
▷ see also **block** VERB
ceap *masc1*
□ She lives in our block. Tá sí ina cónaí i mbloc s'againne.
■ **a block of flats** ceap árasán

to **block** VERB
▷ see also **block** NOUN
cuir bac ar

blockage NOUN
bac *masc1*

block capitals PL NOUN
bloclitreacha *fem pl*

blog NOUN
blag *masc4*

blogger NOUN
blagálaí *masc4*

bloke NOUN
diúlach *masc1*

blonde ADJECTIVE
fionn
□ Her hair is blonde. Tá a cuid gruaige fionn.

blood NOUN
fuil *fem*

blood donor NOUN
deontóir fola *masc3*

blood pressure NOUN
brú fola *masc4*
■ **to have high blood pressure** brú fola ard a bheith ort

blood sports NOUN
spóirt fola *masc1 pl*

blood test NOUN

triail fola *fem*

bloody ADJECTIVE
fuilteach *(covered in blood)*

■ **this bloody ...** an .... mallaithe seo □ this bloody television an teilifíseán mallaithe seo
■ **Bloody hell!** In ainm Chroim!

blouse NOUN
blús *masc1*

blow NOUN
▷ *see also* **blow** VERB
buille *masc4*

to **blow** VERB
▷ *see also* **blow** NOUN
séid *(wind, person)*

■ **to blow one's nose** do shrón a shéideadh
■ **to blow a whistle** feadóg a shéideadh

to **blow away** VERB
séid ar shiúl

to **blow up** VERB
1 séid
□ He blew up all the balloons. Shéid sé na balúin go léir.
2 cuir aer i
□ He blew up the tyre. Chuir sé aer i mbonn.

blow-dry NOUN
triomú séidte *masc3*
□ A cut and blow-dry, please. Bearradh gruaige agus triomú séidte, le do thoil.

blown VERB ▷ *see* **blow**

blue ADJECTIVE
▷ *see also* **blue** NOUN
gorm
□ a blue dress gúna gorm

blue NOUN
▷ *see also* **blue** ADJECTIVE
gorm *masc1*

■ **to come out of the blue** teacht gan choinne

blues PL NOUN
na gormacha *masc pl (music)*

to **bluff** VERB
▷ *see also* **bluff** NOUN
cur i gcéill

■ **He was bluffing.** Bhí sé ag cur i gcéill.

bluff NOUN
▷ *see also* **bluff** VERB
cur i gcéill *masc1*
□ It's just a bluff. Níl ann ach cur i gcéill.

blunder NOUN
botún *masc1*

blunt ADJECTIVE
1 giorraisc *(person)*
2 maol *(knife, pencil)*

to **blush** VERB
las
□ She blushed. Las sí san aghaidh.

board NOUN
1 clár *masc1*
2 cairtchlár *masc1 (cardboard)*
3 bord *masc1 (in company)*

■ **on board** ar bord
■ **full board** lánchothú
■ **board and lodging** bia agus leaba

boarder NOUN
scoláire cónaithe *masc4*

board game NOUN
cluiche boird *masc4*

boarding card NOUN
pas bordála *masc4*

boarding school NOUN
scoil chónaithe *fem2*
□ I go to boarding school. Téim ar scoil chónaithe.

to **boast** VERB
maíomh as
□ Stop boasting! Stad maíomh den!

boat NOUN
1 bád *masc1*
□ The boat sails at eight o'clock. Tá an bád ag cur chun farraige ar a hocht a chlog.
2 coite *masc4 (small)*

body NOUN
corp *masc1*

bodybuilding NOUN
corpdhéanamh *masc1*

bodyguard NOUN
garda cosanta *masc4*

bog NOUN
portach *masc1*

boil NOUN
▷ *see also* **boil** VERB
neascóid *fem2 (swelling)*

to **boil** VERB
▷ *see also* **boil** NOUN
1 bruith
□ She boiled an egg for her breakfast. Bhruith sí ubh don bhricfeasta.
2 tosú ag fiuchadh
□ The water's boiling. Tá an t-uisce ag fiuchadh.

to **boil over** VERB
téigh thar maoil

boiled ADJECTIVE
bruite
□ a boiled egg ubh bhruite □ boiled potatoes prátaí bruite

boiling ADJECTIVE
an-te
□ It's boiling in here! Tá sé an-te istigh anseo!
■ **boiling hot** iontach te go deo □ a boiling hot day lá iontach te go deo

bolt NOUN
bolta *masc4*
■ **a bolt of lightning** splanc thintrí

bomb NOUN
▷ *see also* **bomb** VERB
buama *masc4*

to **bomb** VERB
▷ *see also* **bomb** NOUN
buamáil

bomber NOUN
buamadóir *masc3*

bombing NOUN
buamáil *fem3*

bond
1 ceangal *masc1*
2 banna *masc4 (investment)*

bone NOUN
cnámh *fem2*

bonfire NOUN
tine chnámh *fem4*

bonnet NOUN
boinéad *masc1*

bonus NOUN
bónas *masc1*

book NOUN
▷ *see also* **book** VERB
1 leabhar *masc1 (to read)*
2 leabhrán *masc1 (of stamps, tickets)*
■ **books** *(accounts)* leabhair chuntais

to **book** VERB
▷ *see also* **book** NOUN
1 cuir in áirithe *(ticket, seat, room)*
□ We haven't booked a room.
Níor chuireamar seomra in áirithe.
2 glac ainm *(football player)*

bookcase NOUN
leabhragán *masc1*

booking office NOUN
oifig ticéad *fem2*

booklet NOUN
leabhrán *masc1*

bookmark NOUN
leabharmharc *masc1*

bookshelf NOUN
seilf leabhar *fem2*

bookshop NOUN
siopa leabhar *masc4*

to **boost** VERB
méadaigh
□ The win boosted the team's morale.
Mhéadaigh an bua spiorad na foirne.

boot NOUN
1 buatais *fem2*
2 bróg pheile *fem2 (for football)*
3 cófra *masc4 (of car)*

booze NOUN
biotáille *fem4*

border NOUN
1 imeall *masc1 (edge)*
2 teorainn *fem (of a country)*
■ **the Border** *(in Ireland)* an Teorainn
■ **a border road** bóthar teorann

bore VERB ▷ *see* **bear**

bored ADJECTIVE
dubh dóite
□ I was bored. Bhí mé dubh dóite.

boredom NOUN
leamhthuirse *fem4*

boring ADJECTIVE
leadránach
□ This movie's very boring. Tá an scannán
seo iontach leadránach.

born ADJECTIVE
■ **to be born** teacht ar an saol
■ **When were you born?** Cén bhliain
a rugadh tú?
■ **I was born in 1981.** Rugadh in 1981 mé.

to **borrow** VERB
faigh ar iasacht
□ Can I borrow your pen? An féidir liom do
pheann a fháil ar iasacht? □ I borrowed
some money from a friend. Fuair mé
airgead ar iasacht ó chara.

Bosnia NOUN
Boisnia *fem4*

Bosnian ADJECTIVE
Boisniach

boss NOUN
saoiste *masc4*

to **boss around** VERB
■ **to boss somebody around** saoistíocht
a dhéanamh ar dhuine

bossy ADJECTIVE
tiarnúil

both ADJECTIVE, PRONOUN
araon
□ You are both wrong. Tá sibh araon
contráilte.
■ **both the books** an dá leabhar
■ **We both went.** Chuaigh an bheirt againn.
■ **both men and women** idir fhir agus mhná
■ **both of them** iad beirt □ Both of them
left. D'imigh siad beirt.
■ **Both of your answers are wrong.**
Tá bhur bhfreagraí beirt contráilte.
■ **both of you** an bheirt agaibh

to **bother** VERB
1 buair
□ What's bothering you? Cad é atá do do
bhuaireamh?

2 cuir as do *(disturb)*

□ I'm sorry to bother you. Tá mé buartha as cur as duit.

■ **No bother.** Tá fáilte is míle romhat.

■ **Don't bother with him!** Ná bac leis!

■ **He didn't bother to tell me about it.** Níor bhac sé le hinsint dom faoi.

bottle NOUN
buidéal *masc1*

bottle bank NOUN
gabhdán buidéal *masc1*

bottle-opener NOUN
osclóir buidéal *masc3*

bottom NOUN
▷ *see also* **bottom** ADJECTIVE
1 bun *masc1 (of container, page, list)*
2 grinneall *masc1 (of sea, lake)*
3 tóin *fem3 (buttocks)*

bottom ADJECTIVE
▷ *see also* **bottom** NOUN
bun-

□ the bottom shelf an bhunseilf □ the bottom sheet an bhunbhraillín

bought VERB ▷ *see* **buy**

to **bounce** VERB
preab

bouncer NOUN
fear dorais *masc1*

bound ADJECTIVE
■ **He's bound to fail.** Is cinnte go dteipfidh air.

boundary NOUN
teorainn *fem*

bow NOUN
▷ *see also* **bow** VERB
1 cuach *fem2*
□ She tied the ribbon in a bow. Chuir sí snaidhm chuaiche ar an ribín.
2 bogha *masc4 (weapon, for violin)*
□ a bow and arrows bogha agus saigheada

to **bow** VERB
▷ *see also* **bow** NOUN
umhlaigh

bowels PL NOUN
inní *masc4 pl*

bowl NOUN
▷ *see also* **bowl** VERB
babhla *masc4*

to **bowl** VERB
▷ *see also* **bowl** NOUN
babhláil *(in cricket)*

bowler NOUN
babhláí *masc4 (in cricket)*

bowling NOUN
babhláil *fem3*

■ **to go bowling** dul ag babhláil
■ **a bowling alley** pinniúr babhlála

bowls NOUN
bollaí *masc4 pl*
□ They play bowls on Sundays. Imríonn siad bollaí ar an Domhnach.

bow tie NOUN
carbhat cuachóige *masc1*

box NOUN
1 bosca *masc4*
□ a box of matches bosca cipíní
□ a cardboard box bosca cairtchláir
2 cófra *masc4 (large)*

boxer NOUN
dornálaí *masc4*

boxing NOUN
dornálaíocht *fem3*

Boxing Day NOUN
Lá Fhéile Stiofáin *masc*
□ on Boxing Day ar Lá Fhéile Stiofáin

boy NOUN
1 gasúr *masc1 (child)*
2 stócach *masc1 (young man)*

boyfriend NOUN
stócach *masc1*
□ Have you got a boyfriend? An bhfuil stócach agat?

bra NOUN
cíochbheart *masc1*

brace NOUN
teanntán *masc1 (on teeth)*
□ She wears a brace. Caitheann sí teanntán.

bracelet NOUN
bráisléad *masc1*

braces PL NOUN
teanntán *masc1 (on teeth)*
□ She wears braces. Caitheann sí teanntán.

bracket NOUN
lúibín *masc4*
■ **in brackets** idir lúibíní

brain NOUN
inchinn *fem2*
■ **She's got brains.** Tá éirim inti.

brainy ADJECTIVE
éirimiúil

brake NOUN
▷ *see also* **brake** VERB
coscán *masc1*

to **brake** VERB
▷ *see also* **brake** NOUN
na coscáin a theannadh

branch NOUN
1 géag *fem2 (of tree)*
2 gabhal *masc1 (of river, road)*

brand NOUN
branda *masc4*
□ a well-known brand of coffee branda caifé atá i mbéal an phobail

brand name NOUN
ainm branda *masc4*

brand-new ADJECTIVE
úrnua

brandy NOUN
branda *masc4*

brass NOUN
prás *masc1*
■ **the brass section** an rannóg phráis

brass band NOUN
banna práis *masc4*

brat NOUN
dailtín *masc4*
□ He's a spoiled brat. Is dailtín millte é.

brave ADJECTIVE
cróga

Brazil NOUN
an Bhrasaíl *fem2*
□ in Brazil sa Bhrasaíl

bread NOUN
arán *masc1*
□ brown bread arán donn □ white bread arán geal □ bread and butter arán agus im

break NOUN
▷ *see also* **break** VERB
1 scíth *fem2 (pause, interval)*
□ We took a break. Ghlacamar scíth.
2 am sosa *masc3 (at school)*
□ during break i rith am sosa
3 deis *fem2 (chance)*

to **break** VERB
▷ *see also* **break** NOUN
bris
□ Careful, you'll break something! Bí cúramach, brisfidh tú rud éigin!
□ Careful, it'll break! Bí cúramach, brisfear é!
□ I broke my leg. Bhris mé mo chos.
■ **to break a promise** gealltanas a bhriseadh
■ **to break the law** an dlí a bhriseadh
■ **to break a record** curiarracht a shárú

to **break down** VERB
■ **The car broke down.** Chlis an carr.

to **break in** VERB
bris isteach *(burglar)*

to **break off** VERB
1 bris as
□ He broke off a piece of chocolate. Bhris sé píosa seacláide as.
2 scoith
□ The branch broke off in the storm. Scoitheadh an chraobh le linn na stoirme.

to **break open** VERB
bris *(door)*

to **break out** VERB
1 bris amach *(fire)*
2 tosaigh *(war)*
3 éalaigh *(prisoner)*
■ **to break out in a rash** gríos a theacht ort

to **break up** VERB
1 scoir
□ We break up next Wednesday. Scoirfimid Dé Céadaoin seo chugainn.
2 scaip *(crowd)*
□ The crowd broke up when the police arrived. Scaip an slua nuair a tháinig na péas.
3 clis ar *(marriage)*
□ The marriage broke up shortly after that. Chlis ar an bpósadh go gairid ina dhiaidh sin.
4 cuir ó chéile *(people fighting)*
□ They were fighting but Liam broke them up. Bhí siad ag troid ach chuir Liam ó chéile iad.
■ **You're breaking up!** *(on mobile phone)* Tá do líne ag briseadh!

breakdown NOUN
cliseadh *masc*
■ **a nervous breakdown** cliseadh néarógach

breakfast NOUN
bricfeasta *masc4*
□ What would you like for breakfast? Cad é ba mhaith leat le haghaidh bricfeasta?

break-in NOUN
briseadh isteach *masc*

breast NOUN
cíoch *fem2 (of woman)*
■ **chicken breast** brollach sicín

to **breast-feed** VERB
tabhair an chíoch do

breaststroke NOUN
bang brollaigh *masc3*

breath NOUN
anáil *fem3*
■ **out of breath** rite as anáil
■ **to get one's breath back** d'anáil a fháil ar ais

to **breathe** VERB
análaigh

to **breathe in** VERB
tarraing d'anáil isteach

to **breathe out** VERB
cuir d'anáil amach

to **breed** VERB
▷ *see also* **breed** NOUN
síolraigh

breed NOUN
▷ see also **breed** VERB
sliocht *masc3*

breeze NOUN
feothan *masc1*

brewery NOUN
grúdlann *fem2*

to **bribe** VERB
breab

brick NOUN
bríce *masc4*
□ a brick wall balla bríce

bricklayer NOUN
bríceadóir *masc3*

bride NOUN
brídeach *fem2*

bridegroom NOUN
grúm *masc1*

bridesmaid NOUN
cailín coimhdeachta *masc4*

bridge NOUN
1 droichead *masc1*
□ a suspension bridge droichead crochta
2 beiriste *masc4*
□ They were playing bridge. Bhí siad ag imirt beiriste.

brief ADJECTIVE
achomair

briefcase NOUN
mála cáipéisí *masc4*

briefly ADVERB
i mbeagán focal

briefs PL NOUN
fobhríste *masc4*

bright ADJECTIVE
1 geal
□ a bright colour dath geal □ a bright blue car gluaisteán gormgheal
2 cliste (clever)
□ He's not very bright. Níl sé iontach cliste.
■ a bright idea smaoineamh maith

brilliant ADJECTIVE
1 ar dóigh (great)
□ Brilliant! Ar dóigh!
2 éirimiúil (clever)
□ a brilliant scientist eolaí éirimiúil

to **bring** VERB
tabhair leat
□ Bring warm clothes. Tabhair leat éadach te. □ Could you bring me my trainers? An dtiocfadh leat mo bhróga reatha a thabhairt leat? □ Can I bring a friend? An féidir liom cara a thabhairt liom?

to **bring back** VERB
tabhair ar ais

to **bring forward** VERB
tabhair chun tosaigh
□ The meeting was brought forward.
Tugadh an cruinniú chun tosaigh.

to **bring up** VERB
tóg (child)
□ She brought up 5 children on her own.
Thóg sí 5 páistí ina haonar. □ She was brought up in Ireland. Tógadh in Éirinn í.

Britain NOUN
an Bhreatain Mhór *fem2*
□ in Britain sa Bhreatain Mhór
□ Great Britain an Bhreatain Mhór

British ADJECTIVE
Briotanach
■ the British na Briotanaigh
■ the British Isles na hOileáin Bhriotanacha

broad ADJECTIVE
1 leathan (wide)
2 láidir (accent)
■ broad beans pónairí leathana
■ in broad daylight i lár an lae ghil

broadband NOUN
banda leathan *masc4*
□ Do you have broadband? An bhfuil banda leathan agat?

broadcast NOUN
▷ see also **broadcast** VERB
craoladh *masc*

to **broadcast** VERB
▷ see also **broadcast** NOUN
craol
□ The interview was broadcast yesterday.
Craoladh an t-agallamh inné.
■ to broadcast live craoladh beo

broad-minded ADJECTIVE
leathanaigeanta

broccoli NOUN
brocailí *masc4*

brochure NOUN
bróisiúr *masc1*

to **broil** VERB (US)
gríosc

broke VERB ▷ see **break**

broke ADJECTIVE
briste (without money)

broken ADJECTIVE
briste
□ It's broken. Tá sé briste. □ a broken leg cos bhriste

bronchitis NOUN
broincíteas *masc1*

bronze NOUN
umha *masc4*

□ the bronze medal an bonn umha

brooch NOUN
bróiste *masc4*

broom NOUN
scuab *fem2*

brother NOUN
1 deartháir *masc*
  □ my brother mo dheartháir
2 bráthair *masc*
  □ Brother Patrick an Bráthair Pádraig

brother-in-law NOUN
deartháir céile *masc*

brought VERB ▷ see **bring**

brown ADJECTIVE
  ▷ see also **brown** NOUN
1 donn
2 crón *(tanned)*

brown NOUN
  ▷ see also **brown** ADJECTIVE
donn *masc1 (colour)*

Brownies PL NOUN
Brídíní *fem4 pl*

to **browse** VERB
1 brabhsáil *(on the internet)*
2 tabhair spléachadh thart ar shiopa *(in shop)*
  ■ to browse through a book
  mearspléachadh a thabhairt ar leabhar

browser NOUN
brabhsálaí *masc4 (for the internet)*

bruise NOUN
ball gorm *masc1*

brush NOUN
  ▷ see also **brush** VERB
1 scuab *fem2*
2 cleiteán *masc1 (paintbrush)*

to **brush** VERB
  ▷ see also **brush** NOUN
scuab
  ■ to brush one's hair do chuid gruaige
  a scuabadh □ I brushed my hair. Scuab mé
  mo chuid gruaige.
  ■ to brush one's teeth do chuid fiacla
  a scuabadh □ I brush my teeth every
  night. Scuabaim mo chuid fiacla gach
  oíche.

Brussels NOUN
an Bhruiséil *fem2*
  □ in Brussels sa Bhruiséil

Brussels sprout NOUN
bachlóg Bhruiséile *fem2*

brutal ADJECTIVE
brúidiúil

BSc NOUN *(= Bachelor of Science)*
BSc
  □ a BSc in Mathematics BSc sa Mhatamaitic

BSE NOUN *(= bovine spongiform encephalopathy)*
ESB *(= einceifileapaite spúinseach bhólachta)*

bubble NOUN
bolgán *masc1*

bubble bath NOUN
folcadh sobalach *masc*

bubble gum NOUN
guma coganta *masc4*

bucket NOUN
buicéad *masc1*

buckle NOUN
búcla *masc4*

Buddhism NOUN
Búdachas *masc1*

Buddhist ADJECTIVE
Búdaíoch

buddy NOUN *(US)*
compánach *masc1*

budget NOUN
buiséad *masc1*

budgie NOUN
budragár *masc1*

buffalo NOUN
buabhall *masc1*

buffet NOUN
1 cuntar bia *masc1 (table, counter)*
2 buifé *masc4 (food)*

buffet car NOUN
carráiste bia *masc4*

bug NOUN
1 feithid *fem2 (insect)*
2 fríd *fem2 (infection)*
  □ There's a bug going round. Tá fríd ag dul
  thart. □ a stomach bug fríd goile
3 fabht *masc4 (in computer)*

bugged ADJECTIVE
bugáilte
  □ The room was bugged. Bhí an seomra
  bugáilte.

bugle NOUN
stoc *masc1*

to **build** VERB
tóg
  □ He's building a garage. Tá sé ag tógáil
  garáiste.

builder NOUN
tógálaí *masc4*
  □ He's a builder. Is tógálaí é.

building NOUN
foirgneamh *masc1*

built VERB ▷ see **build**

bulb NOUN
1 bolgán *masc1*
2 bleib *fem2 (of plant)*

Bulgaria NOUN
an Bhulgáir *fem2*

bulky ADJECTIVE
toirtiúil

bull NOUN
tarbh *masc1*

bullet NOUN
piléar *masc1*

bulletin board NOUN
clár fógraí Idirlín *masc1* (on computer)

bullfighting NOUN
tarbhchomhrac *masc1*

bully NOUN
▷ *see also* **bully** VERB
bulaí *masc4*
□ He's a big bully. Is bulaí mór é.

to **bully** VERB
▷ *see also* **bully** NOUN
■ **to bully somebody** bheith ag
maistíneacht ar dhuine

bum NOUN
tóin *fem3* (bottom)

bum bag NOUN
mála tóna *masc4*

bump NOUN
▷ *see also* **bump** VERB
1 cnapán *masc1* (lump)
2 tuairt *fem2* (minor accident)
□ We had a bump. Bhain tuairt dúinn.
3 uchtóg *fem2* (on road)

to **bump** VERB
▷ *see also* **bump** NOUN
buail

to **bump into** VERB
1 buail in éadan
□ I bumped into the table in the dark.
Bhuail mé in éadan an tábla sa dorchadas.
2 buail le (meet)
□ I bumped into John yesterday. Bhuail mé
le Seán inné.

bumper NOUN
cosantóir *masc3*

bumpy ADJECTIVE
corrach

bun NOUN
1 borróg *fem2* (to eat)
2 cocán *masc1* (in hair)

bunch NOUN
1 triopall *masc1* (of flowers)
□ a bunch of grapes triopall caor fíniúna
2 cloigín *masc4* (of keys)
3 dornán *masc1* (of bananas)
4 baicle *fem4* (of people)

bunches PL NOUN
snaidhmeanna *fem2 pl*

□ She has her hair in bunches. Tá a cuid
gruaige i snaidhmeanna aici.

bungalow NOUN
bungaló *masc4*

to **bungle** VERB
déan praiseach de

bunk NOUN
bunc *masc4*

bunk bed NOUN
leaba bunc *fem*

buoy NOUN
bulla *masc4*

burger NOUN
burgar *masc1*

burglar NOUN
buirgléir *masc3*

to **burglarize** VERB (US)
bris isteach i

burglary NOUN
buirgléireacht *fem3*

to **burgle** VERB
bris isteach i
□ Her house was burgled. Briseadh isteach
ina teach.
■ **We've been burgled.** Creachadh muid.

burn NOUN
▷ *see also* **burn** VERB
dó *masc4*

to **burn** VERB
▷ *see also* **burn** NOUN
dóigh
□ I burned the cake. Dhóigh mé an císte.
□ I've burned my hand. Dhóigh mé mo
lámh.
■ **to burn a CD** CD a scríobh
■ **to burn oneself** tú féin a dhó □ I burned
myself on the oven door. Dhóigh mé mé
féin ar dhoras an oighinn.

to **burn down** VERB
dóigh go talamh
□ The factory burned down. Dódh an
mhonarcha go talamh.

burner NOUN
dóire *masc4*

to **burst** VERB
pléasc
□ The balloon burst. Pléascadh an balún.
■ **to burst out laughing** pléascadh amach
ag gáire
■ **to burst into tears** pléascadh amach ag
caoineadh
■ **to burst into flames** lasadh d'aon
bhladhm

to **bury** VERB
cuir

□ The old man was buried yesterday.
Cuireadh an seanfhear inné.

bus NOUN
bus *masc4*

□ a bus driver tiománaí bus □ a school bus
bus na scoile □ a bus station stáisiún bus
□ a bus ticket ticéad bus

bush NOUN
1 tor *masc1 (plant)*
2 mongach *masc1 (scrubland)*

business NOUN
1 gnólacht *masc3 (firm)*
□ He's got his own business. Tá a ghnólacht
féin aige.
2 gnó *masc4 (trading)*
■ **to be away on business** bheith as láthair
ar chúrsaí gnó
■ **It's none of your business!** Ní bhaineann
sé duit.
■ **Mind your own business!** Déan do
ghnóthaí duit féin!
■ **He means business.** Tá sé dáiríre.

businessman NOUN
fear gnó *masc1*

businesswoman NOUN
bean ghnó *fem*

busker NOUN
ceoltóir sráide *masc3*

bus pass NOUN
pas bus *masc4*

bus stop NOUN
stad bus *masc4*

bust NOUN
brollach *masc1 (chest)*

busy ADJECTIVE
gnóthach

busy signal NOUN (US)
comhartha gnóthach *masc4*

but CONJUNCTION
ach
□ I'd love to come, but I'm busy. Ba bhreá
liom teacht, ach tá mé gnóthach.

butcher NOUN
búistéir *masc3*
□ He's a butcher. Is búistéir é.

butcher's NOUN
siopa búistéara *masc4*

butter NOUN
im *masc*

butterfly NOUN
féileacán *masc1*

buttocks PL NOUN
mása *masc1 pl*

button NOUN
cnaipe *masc4*

to **buy** VERB
▷ *see also* **buy** NOUN
ceannaigh
□ I bought him an ice cream. Cheannaigh
mé uachtar reoite dó.
■ **to buy something from somebody**
rud a cheannach ó dhuine □ I bought a
watch from him. Cheannaigh mé
uaireadóir uaidh.

buy NOUN
▷ *see also* **buy** VERB
ceannach *masc1*

by PREPOSITION, ADVERB
1 ar an *(referring to method, manner, means)*
□ by bus ar an mbus □ by train ar an traein
■ **by car** sa charr
■ **to pay by cheque** íoc le seic
2 trí *(via, through)*
□ We came by Dublin. Thángamar trí Bhaile
Átha Cliath.
3 in aice le *(close to)*
□ the house by the school an teach in aice
leis an scoil
4 roimh *(not later than)*
□ by 4 o'clock roimh a 4 a chlog
■ **By the time I got there it was too late.**
Faoin am a tháinig mé ann bhí sé rómhall.
■ **by this time tomorrow** faoin am seo
amárach
■ **a painting by Picasso** pictiúr le Picasso
■ **It's all right by me.** Tá sé sin i gceart
i dtaca liomsa de.
■ **all by oneself** leat féin □ I did it all by
myself. Rinne mé é liom féin.
■ **by the way** dála an scéil

bye EXCLAMATION
slán leat

bypass NOUN
1 seachród *masc1 (road)*
2 seach-chonair *fem2 (medical)*

byte NOUN
beart *masc1*

Cc

c

cab NOUN
tacsaí *masc4*

cabbage NOUN
cabáiste *masc4*

cabin NOUN
cábán *masc1 (on ship)*

cabinet NOUN
caibinéad *masc1*
□ a bathroom cabinet caibinéad seomra
folctha □ a drinks cabinet caibinéad
deochanna

cable NOUN
1 cábla *masc4 (rope)*
2 téad *fem2 (of anchor)*

cable car NOUN
carr cábla *masc1*

cable television NOUN
teilifís chábla *fem2*

cactus NOUN
cachtas *masc1*

cadet NOUN
dalta *masc4*
□ He's a police cadet. Is dalta póilíní é.

café NOUN
caife *masc4*

cafeteria NOUN
caifelann *fem2*

caffeine NOUN
caiféin *fem2*

cage NOUN
1 cás *masc1*
2 éanadán *masc1 (for bird)*

cagoule NOUN
cóta éadrom fearthainne *masc4*

cake NOUN
cáca *masc4*

to **calculate** VERB
1 áirigh
2 meas *(chances, effect)*

calculation NOUN
áireamh *masc1*

calculator NOUN

áireamhán *masc1*

calendar NOUN
féilire *masc4*

calf NOUN
1 gamhain *masc3 (of cow)*
2 ceann óg *masc1 (of other animals)*
3 colpa *masc4 (of leg)*

call NOUN
▷ see also **call** VERB
glao *masc4*
□ Thanks for your call. Go raibh maith agat
as do ghlao.
■ **a phone call** scairt ghutháin
■ **to be on call** bheith ar glao-dualgas
□ He's on call this evening. Tá sé ar
glao-dualgas tráthnóna.

to **call** VERB
▷ see also **call** NOUN
1 glaoigh ar
□ We called the police. Ghlaomar ar na
póilíní.
2 glaoigh ar ais *(make phone call)*
□ I'll tell him you called. Déarfaidh mé
leis gur ghlaoigh tú.
■ **He's called Patrick.** Pádraig atá
air.
■ **What's she called?** Cad é a thugtar
uirthi?
■ **to call somebody names** ainmneacha
a thabhairt ar dhuine
■ **He called me an idiot.** Thug sé bómán
orm.

to **call back** VERB
glaoigh ar ais *(phone again)*
□ I'll call back at 6 o'clock. Glaofaidh mé ar
ais ar a 6 a chlog.

to **call for** VERB
buail isteach faoi choinne
□ I'll call for you at 2.30. Buailfidh mé
isteach faoi do choinne ar 2.30.

to **call off** VERB
cuir ar ceal

□ The match was called off. Cuireadh an cluiche ar ceal.

call box NOUN
bosca gutháin *masc4*

call centre NOUN
ionad glaonna *masc1*

calm ADJECTIVE
ciúin

to **calm down** VERB
ciúnaigh

■ **Calm down!** Socraigh síos!

Calor gas® NOUN
gás Calor® *masc1*

calorie NOUN
calra *masc4*

calves PL NOUN ▷ *see* **calf**

Cambodia NOUN
an Chambóid *fem2*
□ in Cambodia sa Chambóid

camcorder NOUN
ceamthaifeadán *masc1*

came VERB ▷ *see* **come**

camel NOUN
camall *masc1*

camera NOUN
1 ceamara *masc4 (for photos)*
2 ceamthaifeadán *masc1 (for filming)*

cameraman NOUN
ceamaradóir *masc3*

camera phone NOUN
fón ceamara *masc1*

camp NOUN
▷ *see also* **camp** VERB
1 campa *masc4*
□ a holiday camp campa saoire
2 áit champála *fem2 (camping place)*

to **camp** VERB
▷ *see also* **camp** NOUN
campáil

campaign NOUN
feachtas *masc1*

camp bed NOUN
leaba champála *fem*

camper NOUN
1 campálaí *masc4 (person)*
2 carr campála *masc1 (vehicle)*

camping NOUN
■ **to go camping** dul ag campáil □ We went camping in Galway. Chuamar ag campáil i nGaillimh.

camping gas® NOUN
gás campála *masc1*

campsite NOUN
láithreán campála *masc1*

campus NOUN

campas *masc1*

can NOUN
▷ *see also* **can** VERB
canna *masc4*
□ a can of sweetcorn canna arbhair mhilis
□ a can of beer canna beorach □ a can of petrol canna peitril

can VERB
▷ *see also* **can** NOUN
is féidir le

⊙ **LANGUAGE TIP** Word for word, this means 'it's possible for'.

□ You can do it if you try. Is féidir leat é a dhéanamh má thugann tú faoi. □ I can't come. Ní féidir liom teacht. □ I couldn't sleep because of the noise. Níorbh fhéidir liom codladh mar gheall ar an gcallán.
□ Can I help you? An féidir liom cuidiú leat?

⊙ **LANGUAGE TIP** 'can' is sometimes not translated.

□ I can't hear you. Ní chluinim thú. □ I can't remember. Ní cuimhin liom.

■ **Can I use your phone?** *(asking permission)* An bhfuil cead agam glaoch gutháin a dhéanamh?

■ **I can swim.** Tá snámh agam.

■ **He can't drive.** Níl tiomáint aige.

■ **It can't be true!** Ní thiocfadh leis bheith fíor!

Canada NOUN
Ceanada *masc4*
□ in Canada i gCeanada □ to Canada go Ceanada

Canadian ADJECTIVE
▷ *see also* **Canadian** NOUN
Ceanadach

Canadian NOUN
▷ *see also* **Canadian** ADJECTIVE
Ceanadach *masc1*

canal NOUN
canáil *fem3*

Canaries PL NOUN
■ **the Canaries** na hOileáin Chanáracha

canary NOUN
canáraí *masc4*

to **cancel** VERB
cuir ar ceal
□ The match was cancelled. Cuireadh an cluiche ar ceal.

cancellation NOUN
cealú *masc*

cancer NOUN
ailse *fem4*
□ He's got cancer. Tá ailse air.
■ **Cancer** An Portán □ I'm Cancer. Is mise An Portán.

candid ADJECTIVE
ionraic

candle NOUN
coinneal *fem2*

candy NOUN (US)
milseáin *masc1 pl*

candyfloss NOUN
flas candaí *masc3*

cannabis NOUN
cannabas *masc1*

canned ADJECTIVE
cannaithe *(food)*

cannon NOUN
gunna mór *masc4*

cannot VERB ▷ see can

canoe NOUN
curach *fem2*

canoeing NOUN
curachóireacht *fem3*

■ **to go canoeing** dul ag curachóireacht
□ We went canoeing. Chuamar ag curachóireacht.

can-opener NOUN
stánosclóir *masc3*

can't VERB ▷ see can

canteen NOUN
ceaintín *masc4*

to **canter** VERB
■ **to be cantering** *(horse)* bheith ag gearrshodar

canvas NOUN
canbhás *masc1*

cap NOUN
caipín *masc4*

capable ADJECTIVE
ábalta

■ **to be capable of doing something** bheith ábalta rud a dhéanamh

capacity NOUN
1 toilleadh *masc (of container)*
2 cumas táirgthe *masc1 (of factory)*

capital NOUN
1 príomhchathair *fem (city)*
□ Paris is the capital of France. Is é Páras príomhchathair na Fraince.
2 ceannlitir *fem (letter)*
□ Write your address in capitals. Scríobh do sheoladh i gceannlitreacha.

capitalism NOUN
caipitleachas *masc1*

capital punishment NOUN
pionós an bháis *masc1*

Capricorn NOUN
An Gabhar *masc1*
□ I'm Capricorn. Is Mise An Gabhar.

to **capsize** VERB
iompaigh

captain NOUN
captaen *masc1*
□ She's captain of the hockey team. Tá sí ina captaen ar an bhfoireann haca.

caption NOUN
1 ceannscríbhinn *masc1 (above)*
2 foscríbhinn *masc1 (below)*

to **capture** VERB
gabh

car NOUN
carr *masc1*

■ **to go by car** dul sa charr □ We went by car. Chuamar sa charr.

■ **a car crash** taisme cairr

carafe NOUN
caraf *masc4*

caramel NOUN
caramal *masc1*

caravan NOUN
carbhán *masc1*
□ a caravan site láithreán carbhán

carbon footprint NOUN
lorg carbóin *masc*

card NOUN
cárta *masc4*

cardboard NOUN
cairtchlár *masc1*
□ a cardboard box bosca cairtchláir

cardigan NOUN
cairdeagan *masc1*

cardinal NOUN
cairdinéal *masc1*

cardphone NOUN
cártafón *masc1*

care NOUN
▷ see also **care** VERB
aire *fem4*
□ with care le haire

■ **to take care** bheith faichilleach

■ **Take care!** *(Look after yourself!)* Tabhair aire duit féin!

■ **to take care of** aire a thabhairt do
□ I take care of the children on Saturdays. Tugaim aire do na páistí ar an Satharn.

to **care** VERB
▷ see also **care** NOUN

■ **to care about something** suim a chur i rud □ They don't really care about their image. Ní chuireann siad mórán suime ina n-íomhá.

■ **to care about somebody** cion a bheith agat ar dhuine

■ **I don't care!** Is cuma liom!

■ **to care for somebody** (*look after*) aire a thabhairt do dhuine

career NOUN
slí bheatha *fem4*

■ **a careers adviser** comhairleoir slite beatha

careful ADJECTIVE
cúramach

■ **Be careful!** Aire!

carefully ADVERB
go cúramach
□ She carefully avoided the conversation. Sheachain sí an comhrá go cúramach.
□ Drive carefully! Tiomáin go cúramach!

careless ADJECTIVE
1 míchúramach
□ a careless mistake botún míchúramach
2 neamhairdiúil (*person*)
□ She's very careless. Tá sí iontach neamhairdiúil. □ a careless driver tiománaí neamhairdiúil

carer NOUN
cúramóir *masc3*

caretaker NOUN
airíoch *masc1*

car-ferry NOUN
bád fartha gluaisteán *masc1*

cargo NOUN
lasta *masc4*

car hire NOUN
carranna ar cíos *masc4 pl*

Caribbean NOUN
▷ see also **Caribbean** ADJECTIVE
■ **the Caribbean** Muir Chairib □ We're going to the Caribbean. Táimid ag dul chuig Muir Chairib.

Caribbean ADJECTIVE
▷ see also **Caribbean** NOUN
Cairibeach
□ Caribbean food bia Cairibeach

caring ADJECTIVE
1 dea-chroíoch (*person*)
□ She's a very caring teacher. Is múinteoir iontach dea-chroíoch í. □ She has caring parents. Tá tuismitheoirí dea-chroíocha aici.
2 carthanach (*society, organization*)

Carlow NOUN
Ceatharlach *masc1*

carnation NOUN
coróineach *fem2*

carnival NOUN
carnabhal *masc1*

carol NOUN
carúl *masc1*

■ **a Christmas carol** carúl Nollag

car park NOUN
carrchlós *masc1*

carpenter NOUN
cearpantóir *masc3*
□ He's a carpenter. Is cearpantóir é.

carpentry NOUN
cearpantóireacht *fem3*

carpet NOUN
brat urláir *masc1*
□ a Persian carpet brat urláir Peirseach

car phone NOUN
carrfón *masc1*

car rental NOUN (US)
carranna ar cíos

carriage NOUN
carráiste *masc4* (*on train*)

carrier bag NOUN
mála iompair *masc4*

carrot NOUN
cairéad *masc1*

to **carry** VERB
iompair
□ I'll carry your bag. Iompróidh mé do mhála.
■ **a plane carrying 100 passengers** eitleán agus 100 paisinéir air
■ **to get carried away** dul thar fóir

to **carry on** VERB
lean ar
■ **to carry on doing something** leanúint ar aghaidh le rud □ She carried on talking. Lean sí uirthi ag caint.
■ **Carry on!** Lean ar aghaidh!

to **carry out** VERB
comhlíon (*orders*)

cart NOUN
cairt *fem2*

carton NOUN
cartán *masc1*

cartoon NOUN
cartún *masc1*
■ **a cartoon character** carachtar cartúin

cartridge NOUN
cartús *masc1*

to **carve** VERB
1 gearr (*meat*)
2 snoigh (*wood, stone*)

case NOUN
1 mála taistil *masc4*
□ I've packed my case. Tá mo mhála taistil pacáilte agam.
2 cás *masc1*
□ in some cases i gcásanna áirithe

■ **in case** ar eagla □ in case he comes ar eagla go dtiocfadh sé

■ **just in case** ar eagla na heagla □ Take some money, just in case. Tabhair leat airgead, ar eagla na heagla.

■ **in any case** ar aon chaoi

■ **in that case** sa chás sin □ I don't want it. — In that case, I'll take it. Níor mhaith liom é. — Sa chás sin, glacfaidh mise é.

cash NOUN
airgead tirim *masc1*

□ I'm a bit short of cash. Tá an t-airgead tirim gann agam.

■ **in cash** in airgead tirim □ £2000 in cash £2000 in airgead tirim

■ **to pay cash** íoc in airgead

cash card NOUN
cárta airgid *masc4*

cash desk NOUN
deasc airgid *fem2*

cash dispenser NOUN
dáileoir airgid *masc3*

cashew NOUN
cnó caisiú *masc4*

cashier NOUN
airgeadóir *masc3*

cashmere NOUN
caismír *fem2*

□ a cashmere sweater geansaí caismíre

cash register NOUN
scipéad cláraithe *masc1*

casino NOUN
casino *masc4*

casserole NOUN
casaról *masc1*

□ I'm going to make a casserole. Tá mé ag dul a dhéanamh casaróil.

■ **a casserole dish** mias casaróil

cassette NOUN
caiséad *masc1*

■ **a cassette player** seinnteoir caiséad

■ **a cassette recorder** taifeadán caiséid

cast NOUN
1 foireann *fem2*

□ the cast of Eastenders foireann Eastenders

2 múnla plástair *masc4 (plaster)*

castle NOUN
caisleán *masc1*

casual ADJECTIVE
1 neamhfhoirmiúil *(dress)*

□ casual clothes éadaí neamhfhoirmiúla

2 neamhchúiseach *(unconcerned)*

□ a casual attitude dearcadh neamhchúiseach

3 fánach *(conversation)*

□ It was just a casual remark. Ní raibh ann ach ráiteas fánach.

casually ADVERB
go neamhfhoirmiúil *(dress)*

casualty NOUN
1 taismeach *masc1 (person)*

2 An Roinn Éigeandála *fem2 (department)*

cat NOUN
cat *masc1*

□ Have you got a cat? An bhfuil cat agat?

catalogue (US **catalog**) NOUN
catalóg *fem2*

catalytic converter NOUN
tiontaire catalaíoch *masc4*

catarrh NOUN
réama *masc4*

catastrophe NOUN
tubaiste *fem4*

to catch VERB
1 beir ar

□ They caught the thief. Rug siad ar an ngadaí. □ My cat catches birds. Beireann mo chat ar éin.

2 ceap *(fish)*

■ **to catch somebody doing something** teacht ar dhuine ag déanamh ruda □ If they catch you smoking ... Má thagann siad ort ag caitheamh ...

■ **I didn't catch that.** *(hear)* Níor chuala mé sin i gceart.

■ **to catch somebody's eye** iúl duine a tharraingt

■ **to catch sight of** amharc a fháil ar

■ **to catch a cold** slaghdán a thógáil

■ **to catch fire** dul trí thine

to catch up VERB
tar suas

□ I caught up with John. Tháinig mé suas le Seán.

catching ADJECTIVE
tógálach

□ It's not catching. Níl sé tógálach.

catering NOUN
lónadóireacht *fem3*

caterpillar NOUN
bolb *masc1*

cathedral NOUN
ardeaglais *fem2*

Catholic NOUN
▷ see also **Catholic** ADJECTIVE
Caitliceach *masc1*

□ I'm a Catholic. Is Caitliceach mé.

Catholic ADJECTIVE
▷ see also **Catholic** NOUN
Caitliceach *masc1*

C

English-Irish

cattle PL NOUN
eallach *masc1*

caught VERB ▷ see **catch**

cauliflower NOUN
cóilis *fem2*

cause NOUN
▷ see also **cause** VERB
cúis *fem2*
□ cause for pride cúis bhróid □ I am the cause of it. Mise is cúis leis.

to **cause** VERB
▷ see also **cause** NOUN
■ to cause an accident bheith mar chúis taisme
■ to cause trouble bruíon a tharraingt

cautious ADJECTIVE
faichilleach

cautiously ADVERB
go faichilleach
□ He cautiously opened the door. D'oscail sé an doras go faichilleach.
□ The government reacted cautiously. D'fhreagair an rialtas go faichilleach.

Cavan NOUN
an Cabhán *masc1*

cave NOUN
uaimh *fem2*

CCTV NOUN (= closed-circuit television)
CCTV

CD NOUN (= compact disc)
dlúthdhiosca *masc4*

CD burner NOUN
dóire CDanna *masc4*

CD player NOUN
seinnteoir dlúthdhioscaí *masc3*

CD-ROM NOUN
dlúthdhiosca ROM *masc4*

CD-ROM drive NOUN
tiomáint dlúthdhiosca ROM *fem3*

CD writer NOUN
scríbhneoir CDanna *masc3*

ceasefire NOUN
sos cogaidh *masc3*

ceiling NOUN
síleáil *fem3*

to **celebrate** VERB
ceiliúir (success, birthday)
■ to celebrate Mass Aifreann a léamh

celebrity NOUN
duine cáiliúil *masc4*

celery NOUN
soilire *masc4*

cell NOUN
cillín *masc4*

cellar NOUN
siléar *masc1*
□ a wine cellar siléar fíona

cello NOUN
dordveidhil *fem2*
□ I play the cello. Seinnim ar an dordveidhil.

cell phone NOUN (US)
teileafón ceallach *masc1*

Celt NOUN
Ceilteach *masc1*

Celtic ADJECTIVE
Ceilteach

cement NOUN
suimint *fem2*

cemetery NOUN
reilig *fem2*

cent NOUN
1 cent (of euro)
□ twenty cents fiche cent
2 ceint *masc4* (of dollar)
■ per cent faoin gcéad

centenary NOUN
comóradh céad bliain *masc1*

center (US) NOUN
1 lár *masc1*
2 lárionad *masc1* (building)

centigrade ADJECTIVE
ceinteagrádach
□ 20 degrees centigrade 20 céim ceinteagráid

centimetre (US **centimeter**) NOUN
ceintiméadar *masc1*

central ADJECTIVE
lárnach

central heating NOUN
téamh lárnach *masc1*

centre (US **center**) NOUN
1 lár *masc1*
□ It's in the centre of the city. Tá sé i lár na cathrach.
2 lárionad *masc1* (building)
□ a sports centre lárionad spóirt

century NOUN
aois *fem2*
□ the 21st century an 21ú haois

cereal NOUN
arbhar *masc1*
□ I eat cereal for breakfast. Ithim arbhar le haghaidh an bhricfeasta.

ceremony NOUN
searmanas *masc1*

certain ADJECTIVE
1 cinnte
□ I'm absolutely certain it was him. Tá mé go hiomlán cinnte gurbh eisean a bhí ann.

■ **for certain** go cinnte □ I don't know for certain. Níl a fhios agam go cinnte.

■ **to make certain** cinnte a dhéanamh de □ I made certain the door was locked. Rinne mé cinnte de go raibh an doras faoi ghlas.

2 áirithe *(particular)*
□ a certain person duine áirithe

certainly ADVERB
go cinnte

□ I certainly expected something better. Is cinnte go raibh mé ag dúil le rud níos fearr.

■ **Certainly not!** Dheamhan é!

■ **It was a surprise then? — It certainly was!** Chuir sé iontas ort mar sin? — Is cinnte gur chuir!

certificate NOUN
teastas *masc1*

CFCs PL NOUN
CFCanna *masc1*

chain NOUN
slabhra *masc4*

chair NOUN
1 cathaoir *fem*
□ a table and 4 chairs tábla agus 4 chathaoir
2 cathaoir uilleach *fem (armchair)*

chairlift NOUN
cathaoir chábla *fem*

chairman NOUN
cathaoirleach *masc1*

chairwoman NOUN
cathaoirleach *masc1*

chalet NOUN
sealla *masc4*

chalk NOUN
cailc *fem2*

challenge NOUN
▷ see also **challenge** VERB
dúshlán *masc1*

to **challenge** VERB
▷ see also **challenge** NOUN
caith amhras ar

■ **to challenge somebody to a fight** troid a chur ar dhuine

■ **She challenged me to a race.** Chuir sí dúshlán ráis fúm.

challenging ADJECTIVE
dúshlánach
□ a challenging job post dúshlánach

chambermaid NOUN
cailín aimsire *masc4*

champagne NOUN
seaimpéin *masc4*

champion NOUN
curadh *masc1*

championship NOUN
craobh *fem2*

chance NOUN
1 faill *fem2 (opportunity)*
□ I'd like to have a chance to travel. Ba mhaith liom faill taistil a bheith agam.
□ I'll write when I get the chance. Scríobhfaidh mé nuair a bhíonn faill agam.

2 seans *masc4 (hope)*
□ Their chances of winning are very good. Tá seans maith acu baint.

■ **to take a chance** dul sa seans □ I'm taking no chances! Ní bheidh mé ag dul sa seans!

■ **No chance!** Seans dá laghad!

3 cinniúint *fem3 (fate)*
■ **by chance** de thaisme □ We met by chance. Bhuaileamar le chéile de thaisme.

Chancellor of the Exchequer NOUN
Seansailéir an Státchiste *masc3*

to **change** VERB
▷ see also **change** NOUN
1 athraigh
□ He's changed a lot. D'athraigh sé éadach cuid mhór. □ She changed to go to the party. D'athraigh sí éadach le dul ar chóisir. □ Can I change this sweater? It's too small. An féidir liom an geansaí seo a athrú? Tá sé róbheag.
□ You have to change trains in Dublin. Beidh ort traenacha a athrú i mBaile Átha Cliath.

■ **It changed my life.** Chuir sé cor i mo chinniúint.

2 bris
□ I'd like to change £50. Ba mhaith liom £50 a bhriseadh.

■ **to change one's mind** athchomhairle a dhéanamh □ I've changed my mind. Rinne mé athchomhairle.

■ **to change gear** giar a athrú

■ **to get changed** éadach a athrú □ I'm going to get changed. Tá mé ag dul .

change NOUN
▷ see also **change** VERB
1 athrú *masc*
□ There's been a change of plan. Tá athrú plean ann.

■ **a change of clothes** malairt éadaigh

■ **for a change** mar athrú □ Let's play tennis for a change. Imrímis leadóg mar athrú.

2 briseadh *masc*
□ I haven't got any change. Níl aon bhriseadh agam.

changeable ADJECTIVE
claochlaitheach *(weather)*

changing room NOUN
seomra gléasta *masc4*

channel NOUN
1 cainéal *masc1*
  □ There's football on the other channel. Tá peil ann ar an gcainéal eile.
2 cainéal *masc1* (for water)
  ■ **the Channel** Muir nIocht
  ■ **the Channel Islands** Oileáin Mhuir nIocht
  ■ **the Channel Tunnel** Tollán Mhuir nIocht

chaos NOUN
anord *masc1*

chap NOUN
diúlach *masc1*
  □ He's a nice chap. Is breá an lách an fear é.

chapel NOUN
séipéal *masc1*

chapter NOUN
caibidil *fem2*

character NOUN
carachtar *masc1*

  ◯ LANGUAGE TIP Be careful with the spelling of this word in Irish.
  □ the character played by Daniel Day Lewis an carachtar a léirigh Daniel Day Lewis
  ■ **She's quite a character.** Bean ar leith í.

characteristic NOUN
tréith *fem2*

charcoal NOUN
fioghual *masc1*

charge NOUN
  ▷ *see also* **charge** VERB
  costas *masc1*
  □ an extra charge costas breise □ I'd like to reverse the charges. Ba mhaith liom an costas a aistriú.
  ■ **free of charge** saor in aisce
  ■ **to take charge of** dul i gceannas ar
  ■ **to be in charge of** bheith i gceannas ar
  □ Ms O'Neill was in charge of the group. Bhí Iníon Uí Néill i gceannas ar an ngrúpa.

to charge VERB
  ▷ *see also* **charge** NOUN
  luchtaigh (battery)
  ■ **How much do you charge?** Cá mhéad atá agat air?
  ■ **They charge £10 an hour.** Gearrann siad £10 san uair.
  ■ **to charge somebody with something** duine a chúiseamh i rud □ The police charged him with murder. Chúisigh na póilíní i ndúnmharú é.

charity NOUN
1 déirc *fem2*
  □ I don't want your charity! Níor mhaith liom do chuid déirce!
2 cumann carthanachta *masc1* (organization)

charm NOUN
briocht *masc3*
  □ a gold charm briocht óir
  ■ **He's got a lot of charm.** Tá dóigh dheas leis.

charming ADJECTIVE
cuannach

chart NOUN
cairt *fem2*
  □ The chart shows the rise of unemployment. Léiríonn an chairt an t-ardú sa dífhostaíocht.
  ■ **the charts** na cairteacha □ This album is number one in the charts. Tá an t-albam seo ar uimhir a haon sna cairteacha.

charter flight NOUN
eitilt chairtfhostaithe *fem2*

to chase VERB
  ▷ *see also* **chase** NOUN
  téigh sa tóir ar

chase NOUN
  ▷ *see also* **chase** VERB
  tóir *fem3*
  □ a car chase tóir charranna

to chat VERB
  ▷ *see also* **chat** NOUN
  comhrá a dhéanamh
  □ She likes chatting online. Is maith léi comhrá a dhéanamh ar líne.
  ■ **to chat somebody up** caint a chur ar dhuine □ He likes to chat up the girls. Is maith leis caint a chur ar na cailíní.

chat NOUN
  ▷ *see also* **chat** VERB
  comhrá *masc4*
  ■ **to have a chat** tamall comhrá a dhéanamh

chatroom NOUN
seomra comhrá *masc4*

chat show NOUN
seó cainte *masc4*

chauvinist NOUN
seobhaineach *masc1*
  ■ **a male chauvinist** seobhaineach fir

cheap ADJECTIVE
saor
  □ a cheap T-shirt T-léine shaor

cheaper ADJECTIVE
níos saoire
  □ It's cheaper by bus. Tá sé níos saoire dul ar an mbus.

to **cheat** VERB
  ▷ see also **cheat** NOUN
  bheith ag rógaireacht
  □ You're cheating! Tá tú ag rógaireacht!

cheat NOUN
  ▷ see also **cheat** VERB
  caimiléir *masc3*

check NOUN
  ▷ see also **check** VERB
1 seiceáil *fem3*
  □ a security check seiceáil slándála
2 bille *masc4* (us: *bill*)
  □ Can we have the check, please? An féidir linn an bille a fháil, le do thoil?
3 seic *masc4* (us: *cheque*)

to **check** VERB
  ▷ see also **check** NOUN
  seiceáil
  □ I'll check the time of the train. Seiceálfaidh mé am na traenach. □ Could you check the oil, please? An seiceálfaidh tú an ola, le do thoil?

to **check in** VERB
  seiceáil isteach (at airport, hotel)
  □ Where do we check in? Cén áit a seiceálfaimid isteach?

to **check out** VERB
  seiceáil amach
  □ Can I check out, please? An féidir liom seiceáil amach, le do thoil?

checkers PL NOUN (US)
  cluiche táiplise *masc4*
  □ They were playing checkers. Bhí siad ag imirt cluiche táiplise.

check-in NOUN
  deasc cláraithe *fem2*

checking account NOUN (US)
  seic-chuntas *masc1*

checkout NOUN
  cuntar amach *masc1* (in shop)

check-up NOUN
  scrúdú dochtúra *masc*

cheek NOUN
1 leiceann *masc1*
  □ He kissed her on the cheek. Phóg sé ar an leiceann í.
2 dánacht *fem3* (nerve)
  □ What a cheek! A leithéid de dhánacht!

cheeky ADJECTIVE
  dalba
  □ Don't be cheeky! Ná bí dalba! □ a cheeky smile miongháire dalba

cheer NOUN
  ▷ see also **cheer** VERB
  gáir mholta *fem2* (of crowd)

  ■ to give a cheer gáir mholta a ligean
  ■ Cheers! 1 (good health) Sláinte!
  2 (thanks) Go raibh maith agat!

to **cheer** VERB
  ▷ see also **cheer** NOUN
  lig gáir mholta
  □ Everyone cheered. Lig gach duine gáir mholta as.

to **cheer up** VERB
  glac misneach (become more cheerful)
  ■ to cheer somebody up cian a thógáil de dhuine □ I was trying to cheer him up. Bhí mé ag iarraidh cian a thógáil de.
  ■ Cheer up! Bíodh misneach agat!

cheerful ADJECTIVE
  gealgháireach

cheerio EXCLAMATION
  slán

cheese NOUN
  cáis *fem2*

cheesecake NOUN
  císte cáise *masc4*

chef NOUN
  príomhchócaire *masc4*

chemical NOUN
  ceimiceán *masc1*

chemist NOUN
1 poitigéir *masc3*
  □ Is there a chemist's round here? An bhfuil siopa poitigéara thart anseo?
2 ceimiceoir *masc3* (scientist)

chemistry NOUN
  ceimic *fem2*
  □ the chemistry lab an tsaotharlann cheimice

cheque (US **check**) NOUN
  seic *masc4*
  □ I paid by cheque. D'íoc mé le seic.

chequebook NOUN
  seicleabhar *masc1*

cherry NOUN
  silín *masc4*

chess NOUN
  ficheall *fem2*
  □ I sometimes play chess with my father. Imrím ficheall corruair le m'athair.

chessboard NOUN
  clár fichille *masc1*

chest NOUN
1 ucht *masc3*
  □ his chest measurement tomhas a uchta
2 ciste *masc4* (box)

chestnut NOUN
  castán *masc1*

□ We had turkey with chestnuts. Bhí turcaí agus castáin againn.

chest of drawers NOUN
cófra tarraiceán masc4

to **chew** VERB
cogain

chewing gum NOUN
guma coganta masc4

chicken NOUN
sicín masc4 (bird, food)

chickenpox NOUN
deilgneach fem2

□ My sister has chickenpox. Tá an deilgneach ar mo dheirfiúr.

chickpea NOUN
piseánach masc1

chief NOUN
▷ see also **chief** ADJECTIVE
ceann urra masc1 (boss)

□ the chief of security an ceann urra slándala

chief ADJECTIVE
▷ see also **chief** NOUN
príomh-

□ His chief reason for resigning was stress. Ba é an príomhfháth ar éirigh sé as ná strus.

child NOUN
páiste masc4

□ all the children na páistí uile

childish ADJECTIVE
leanbaí

child minder NOUN
feighlí páistí masc4

children PL NOUN ▷ see **child**

Chile NOUN
an tSile fem4

to **chill** VERB
fuaraigh

□ He put the wine in the fridge to chill. Chuir sé an fíon sa chuisneoir chun fuarú.

chilli NOUN
cilí masc4

chilly ADJECTIVE
féithuar

chimney NOUN
simléar masc1

chin NOUN
smig fem2

China NOUN
an tSín fem2

□ in China sa tSín

china NOUN
poirceallán masc1

□ a china plate pláta poircealláin

Chinese NOUN
▷ see also **Chinese** ADJECTIVE
Sínis fem2 (language)

■ the Chinese (people) na Sínigh

Chinese ADJECTIVE
▷ see also **Chinese** NOUN
Síneach

□ a Chinese restaurant bialann Shíneach
□ a Chinese man Síneach fir □ a Chinese woman Síneach mná

chip NOUN
1 sceallóg phráta fem2

□ We bought some chips. Cheannaíomar sceallóga prátaí.

2 slis fem2 (in computer)

■ potato chips (US: crisps) brioscán phrátaí

chiropodist NOUN
coslia masc4

□ He's a chiropodist. Is coslia é.

chives PL NOUN
síobhais masc1 pl

chocolate NOUN
seacláid fem2

□ a chocolate cake císte seacláide
■ a box of chocolates bosca seacláidí
■ hot chocolate seacláid the

choice NOUN
rogha fem4

□ I had no choice. Ní raibh rogha agam.

choir NOUN
cór masc1

□ I sing in the school choir. Canaim i gcór na scoile.

to **choke** VERB
tacht

□ He choked on a fishbone. Thacht ar cnámh éisc é.

to **choose** VERB
roghnaigh

□ It's difficult to choose one. Is doiligh ceann a roghnú.

to **chop** VERB
▷ see also **chop** NOUN
1 mionghearr

□ Chop the onions. Mionghearr na hoinniúin.

2 gearr (wood)

chop NOUN
▷ see also **chop** VERB
gríscín masc4

□ a pork chop gríscín muiceola

chopsticks PL NOUN
cipíní itheacháin masc4 pl

chorus NOUN
curfá masc4 (of song)

chose, chosen verb ▷ see **choose**
Christ noun
Críost *masc4*
□ the birth of Christ breith Chríost
christening noun
baisteadh *masc*
Christian adjective
▷ see also **Christian** noun
Críostúil
Christian noun
▷ see also **Christian** adjective
Críostaí *masc4*
Christian name noun
ainm baiste *masc4*
Christmas noun
Nollaig *fem*
■ **Happy Christmas!** Nollaig Shona!
■ **Christmas dinner** dinnéar Nollag
Christmas card noun
cárta Nollag *masc4*
Christmas Day noun
Lá Nollag *masc*
Christmas Eve noun
Oíche Nollag *fem4*
Christmas tree noun
crann Nollag *masc1*
chubby adjective
plucach
□ a chubby baby leanbh plucach
chunk noun
alpán *masc1*
□ Cut the meat into chunks. Gearr an fheoil ina halpáin.
church noun
teach pobail *masc*
□ I go to church every Sunday. Téim chuig an teach pobail gach Domhnach.
chutney noun
seatnaí *masc4*
cider noun
ceirtlis *fem2*
cigar noun
todóg *fem2*
cigarette noun
toitín *masc4*
cigarette lighter noun
lastóir toitíní *masc3*
cinema noun
pictiúrlann *fem2*
□ I'm going to the cinema this evening. Tá mé ag dul go dtí an phictiúrlann tráthnóna.
cinnamon noun
cainéal *masc1*
circle noun
ciorcal *masc1*

■ a vicious circle ciorcal lochtach
circular adjective
ciorclach
circulation noun
1 imshruthú *masc* (of blood)
2 scaipeadh *masc* (of newspaper)
circumstances pl noun
cúinsí *masc4 pl*
circus noun
sorcas *masc1*
citizen noun
saoránach *masc1*
□ an Irish citizen saoránach Éireannach
citizenship noun
saoránacht *fem3*
city noun
cathair *fem*
■ **the city centre** lár na cathrach □ It's in the city centre. Tá sé i lár na cathrach.
city technology college noun
coláiste teicneolaíochta cathrach *masc4*
civilization noun
sibhialtacht *fem3*
civil rights pl noun
cearta sibhialta *masc1 pl*
civil servant noun
státseirbhíseach *masc1*
civil war noun
cogadh cathartha *masc1*
to **claim** verb
▷ see also **claim** noun
1 éiligh (rights, inheritance)
□ She's claiming unemployment benefit. Tá sí ag éileamh leasa shóisialta.
■ **to claim on one's insurance** éileamh ar árachas □ We claimed on our insurance. D'éilíomar ar ár n-árachas.
2 maígh
□ He claims to have found the money. Maíonn sé gurb é rud a tháinig sé ar an airgead.
claim noun
▷ see also **claim** verb
éileamh *masc1*
■ **to make a claim** éileamh a dhéanamh
to **clap** verb
tabhair bualadh bos
■ **to clap one's hands** do bhosa a bhualadh □ My dog sits when I clap my hands. Suíonn mo mhadra nuair a bhuailim mo bhosa.
Clare noun
an Clár *masc1*
clarinet noun
cláirnéid *fem2*
□ I play the clarinet. Seinnim ar an gcláirnéid.

to **clash** VERB
tar salach ar a chéile
□ The concert clashes with Ann's party.
Tagann an cheolchoirm salach ar chóisir Áine.
■ **Orange clashes with pink.** Ní thagann
oráiste le bándearg.

clasp NOUN
greamán *masc1* (of necklace, bag)

class NOUN
1 rang *masc3*
□ We're in the same class. Táimid sa rang
céanna.
2 ceacht *masc3* (lesson)
□ I go to dancing classes. Téim ar
cheachtanna damhsa.
■ **the upper classes** na huasaicmí

classic ADJECTIVE
▷ *see also* **classic** NOUN
clasaiceach
□ a classic example sampla clasaiceach

classic NOUN
▷ *see also* **classic** ADJECTIVE
saothar clasaiceach *masc1*

classical ADJECTIVE
clasaiceach
□ I like classical music. Is maith liom ceol
clasaiceach.

classmate NOUN
comrádaí scoile *masc4*

classroom NOUN
seomra ranga *masc4*

classroom assistant NOUN
cúntóir ranga *masc3*

claw NOUN
1 crúb *fem2* (of animal)
2 ionga *fem* (of bird of prey)
3 ladhar *fem2* (of lobster)

clean ADJECTIVE
▷ *see also* **clean** VERB
glan
□ a clean shirt léine ghlan

to **clean** VERB
▷ *see also* **clean** ADJECTIVE
glan

cleaner NOUN
glantóir *masc3*

cleaner's NOUN
tirimghlantóir *masc3*

cleaning lady NOUN
glantóir mná *masc3*

clear ADJECTIVE
▷ *see also* **clear** VERB
1 glan
□ The road's clear now. Tá an bóthar glan
anois.

2 follasach (evident)
□ It's clear you don't believe me. Is follasach
nach gcreideann tú mé.
3 soiléir (explanation, speech)

to **clear** VERB
▷ *see also* **clear** ADJECTIVE
1 glan
□ The police are clearing the road after the
accident. Tá na póilíní ag glanadh an
bhóthair i ndiaidh na taisme.
2 saor (suspect)
□ She was cleared of murder. Saoradh
í maidir sa dúnmharú.
3 scaip (fog)
□ The mist cleared. Scaip an ceo.
■ **to clear the table** an bord a réiteach
□ I'll clear the table. Réiteoidh mé an bord.

to **clear off** VERB
imigh
□ Clear off and leave me alone! Imigh leat
agus lig dom!

to **clear up** VERB
1 réitigh
□ Who's going to clear all this up? Cé atá
á réiteach seo?
2 fuascail (mystery)
■ **I think it's going to clear up.** (weather)
Sílim go nglanfaidh sé.

clearly ADVERB
go soiléir
□ She explained it very clearly. Mhínigh
sí go han-soiléir é. □ He spoke clearly
and slowly. Labhair sé go soiléir,
tomhaiste.

clementine NOUN
cleimintín *masc4*

clergyman NOUN
eaglaiseach *masc1*

clever ADJECTIVE
cliste
□ She's very clever. Tá sí iontach cliste.
□ a clever system córas cliste □ What a
clever idea! Sin smaoineamh cliste!

click NOUN
▷ *see also* **click** VERB
clic *masc4*

to **click** VERB
▷ *see also* **click** NOUN
cliceáil (with mouse)

to **click on** VERB
cliceáil ar (icon)

client NOUN
cliant *masc1*

cliff NOUN
aill *fem2*

climate NOUN
aeráid *fem2*

to **climb** VERB
▷ *see also* **climb** NOUN
dreap
□ We should climb Errigal. Ba chóir dúinn
an Eargail a dhreapadh.

climb NOUN
▷ *see also* **climb** VERB
dreapadh *masc*

climber NOUN
dreapadóir *masc3*

climbing NOUN
dreapadóireacht *fem3*
■ **to go climbing** dul a dhreapadóireacht
□ We're going climbing in Scotland. Táimid
ag dul a dhreapadóireacht in Albain.

Clingfilm® NOUN
scannán cumhdaithe *masc1*

clinic NOUN
clinic *masc4*

clip NOUN
1 fáiscín *masc4 (for hair)*
2 gearrthóg *fem2*
□ some clips from her latest film roinnt
gearrthóg ón scannán is déanaí aici

clippers PL NOUN
deimheas *masc1 (for hedge)*
■ **nail clippers** siosúr ingne

cloakroom NOUN
1 seomra cótaí *masc4 (for coats)*
2 leithreas *masc1 (toilet)*

clock NOUN
clog *masc1*
□ The clock struck three. Bhuail an clog a
trí.
■ **an alarm clock** clog aláraim
■ **a clock-radio** clograidió

clockwork NOUN
■ **to go like clockwork** dul chun cinn
bonn ar aon □ Everything went like
clockwork. Chuaigh gach rud chun cinn
bonn ar aon.

clog NOUN
paitín *masc4*

clone NOUN
▷ *see also* **clone** VERB
clón *masc1 (animal, plant)*

to **clone** VERB
▷ *see also* **clone** NOUN
clónáil
□ a cloned sheep caora chlónáilte

close ADJECTIVE, ADVERB
▷ *see also* **close** VERB
1 i gcóngar

□ The shops are close. Tá na siopaí i
gcóngar.
■ **close to** gar do □ The youth hostel is
close to the station. Tá brú na hóige gar don
stáisiún.
■ **close by** in aice láimhe
2 dlúth- *(contact, link)*
□ Only close relations will be coming. Ní
bheidh ach dlúthghaolta ag teacht. □ She's
a close friend of mine. Is dlúthchara liom í.
■ **I'm very close to my sister.** Tá mé
iontach deas do mo dheirfiúr.
3 géar *(contest)*
□ It's going to be very close. Beidh sé
iontach géar.
■ **It was a close shave.** Chuaigh sé gairid
go maith dó.
4 mion *(examination)*
5 marbhánta *(weather)*
□ It's very close this afternoon. Tá sé
iontach marbhánta tráthnóna inniu.

to **close** VERB
▷ *see also* **close** ADJECTIVE, ADVERB
druid
□ What time does the pool close? Cén t-am
a dhruidfear an linn snámha? □ The shops
close at 5.30. Druidfear na siopaí ar 5.30.
□ Please close the door. Druid an doras le
do thoil. □ The doors close automatically.
Druideann na doirse go huathoibríoch inniu.

closed ADJECTIVE
druidte
□ The bank's closed. Tá an banc druidte.

closely ADVERB
go géar *(examine, watch)*

cloth NOUN
éadach *masc1*

clothes PL NOUN
éadaí *masc1 pl*
■ **a clothes line** líne éadaí
■ **a clothes peg** pionna éadaí

cloud NOUN
1 scamall *masc1*
2 ceo *masc4 (of dust)*

cloudy ADJECTIVE
scamallach

clove NOUN
clóbh *masc1 (spice)*
■ **a clove of garlic** ionga gairleoige

clown NOUN
fear grinn *masc1*

club NOUN
1 club *masc4*
□ the youth club club na n-óg □ He went to
the golf club. Chuaigh sé chuig an gclub gailf.

2 maide *masc4*

□ I bought a new golf club. Cheannaigh mé maide nua gailf.

■ **clubs** *(in cards)* triuf □ the ace of clubs an t-aon triuf

to **club together** VERB
airgead a bhailiú i bpáirt le chéile

□ We clubbed together to buy her a present. Bhailíomar airgead le chéile le bronntanas a cheannach di.

clubbing NOUN

■ **to go clubbing** dul a dhamhsa

clue NOUN
leid *fem2*

□ an important clue leid thábhachtach

■ **He hasn't a clue.** Níl barúil aige.

clumsy ADJECTIVE
ciotach

clutch NOUN
crág *fem2 (of car)*

clutter NOUN
tranglam

□ There's too much clutter in here. Tá barraíocht tranglam istigh anseo.

coach NOUN

1 cóiste *masc4*

□ We went there by coach. Chuamar ann ar an gcóiste.

■ **the coach station** an stáisiún cóiste

■ **a coach trip** turas cóiste

2 traenálaí *masc4 (trainer)*

□ the Irish coach traenálaí na hÉireann

coal NOUN
gual *masc1*

■ **a coal mine** mianach guail

■ **a coal miner** mianadóir guail

coarse ADJECTIVE

1 garbh

□ The bag was made of coarse cloth. Bhí an mála déanta d'éadach garbh.

2 gáirsiúil *(vulgar)*

□ coarse language caint gháirsiúil

coast NOUN
cósta *masc4*

□ It's on the west coast of Ireland. Tá sé ar chósta thiar na hÉireann.

coastguard NOUN
garda cósta *masc4*

coat NOUN

1 cóta *masc4*

□ a warm coat cóta te

2 fionnadh *masc1 (of animal)*

3 brat *masc1*

□ a coat of paint brat péinte

coat hanger NOUN

crochadán cótaí *masc1*

cobweb NOUN
líon damháin alla *masc1*

cocaine NOUN
cócaon *masc1*

cock NOUN
coileach *masc1 (cockerel)*

cockerel NOUN
coileach óg *masc1*

cockle NOUN
ruacan *masc1*

cocktail NOUN
manglam *masc1*

cocoa NOUN
cócó *masc4*

□ a cup of cocoa cupán cócó

coconut NOUN
cnó cócó *masc4*

cod NOUN
trosc *masc1*

code NOUN
cód *masc1*

coffee NOUN
caife *masc4*

□ A cup of coffee, please. Cupán caife, le do thoil.

■ **a white coffee** caife bán

coffeepot NOUN
pota caife *masc4*

coffee table NOUN
bord caife *masc1*

coffin NOUN
cónra *fem4*

coin NOUN
bonn *masc1*

□ a 2 euro coin bonn 2 euro

coincidence NOUN
comhtharlú *masc*

coinphone NOUN
guthán bonn *masc1*

Coke® NOUN
Cóc *masc4*

□ a can of Coke® canna Cóc

colander NOUN
síothlán *masc1*

cold ADJECTIVE
▷ *see also* **cold** NOUN
fuar

□ The water's cold. Tá an t-uisce fuar.

□ It's cold. Tá sé fuar.

■ **to be cold** *(person)* bheith fuar □ I'm cold. Tá mé fuar.

■ **in cold blood** as fuil fhuar

cold NOUN
▷ *see also* **cold** ADJECTIVE

1 fuacht *masc3*

□ I can't stand the cold. Ní féidir liom an fuacht a fhulaingt.

2 slaghdán *masc1*

□ I have a cold. Tá slaghdán orm.

■ **to catch a cold** slaghdán a thógáil

cold sore NOUN
cneá fuachta *fem4*

coleslaw NOUN
cálslá *masc4*

to collapse VERB

1 tit go talamh *(building)*

2 tit i bhfanntais *(person)*

□ He collapsed. Thit sé i bhfanntais.

collar NOUN

1 bóna *masc4 (of coat, shirt)*

2 coiléar *masc1 (for animal)*

collarbone NOUN
cnámh an smiolgadáin *fem2*

□ I broke my collarbone. Bhris mé cnámh an smiolgadáin.

colleague NOUN
comhoibrí *masc4*

to collect VERB

1 bailigh

□ The teacher collected the books. Bhailigh an múinteoir na leabhair. □ They collect the rubbish on Fridays. Bailíonn siad an bruscar ar an Aoine. □ I collect stamps. Bailím stampaí. □ They're collecting for charity. Tá siad ag bailiú ar son na carthanachta.

2 tóg *(pick up)*

□ Their mother collects them from school. Tógann a máthair ón scoil iad.

collect call NOUN *(US)*
glaoch freastáille *masc1*

collection NOUN

1 bailiúchán *masc*

□ my DVD collection mo bhailiúchán DVDanna □ a collection for charity bailiúchán ar son na carthanachta

2 bailiú *masc (of mail)*

□ Next collection: 5pm An chéad bhailiú eile: 5 pm

collector NOUN
bailitheoir *masc3*

college NOUN
coláiste *masc4*

□ a technical college coláiste teicneolaíochta

to collide VERB
tuairteáil

■ **The two cars collided.** Bhuail an dá charr faoina chéile.

collie NOUN
madra caorach *masc4*

collision NOUN
imbhualadh *masc*

colon NOUN
idirstad *masc4 (punctuation)*

colonel NOUN
coirnéal *masc1*

colour (US **color**) NOUN
dath *masc3*

□ What colour is it? Cad é an dath atá air?

■ **a colour film** scannán daite

colourful (US **colorful**) ADJECTIVE
dathannach

colouring (US **coloring**) NOUN
dathú *masc (in food)*

comb NOUN
▷ *see also* **comb** VERB
cíor *fem2*

to comb VERB
▷ *see also* **comb** NOUN
cíor

□ You haven't combed your hair. Níor chíor tú do chuid gruaige.

combination NOUN
comhcheangal *masc1*

to combine VERB
cuir le chéile *(join)*

□ The author combines humour with suspense. Cuireann an t-údar greann agus fionraí le chéile.

■ **It's difficult to combine a career with raising children.** Is doiligh clann a thógáil agus post a bheith agat san am céanna.

combine harvester NOUN
comhbhuainteoir *masc3*

to come VERB
tar

□ Can I come too? An féidir liomsa teacht fosta? □ Some friends came to see us. Tháinig roinnt cairde le muid a fheiceáil. □ I'll come with you. Tiocfaidh mé in éineacht leat. □ I'm coming! Tá mé ag teacht! □ The letter came this morning. Tháinig an litir ar maidin. □ She came from Belfast by train. Tháinig sé as Béal Feirste leis an traein.

■ **Come on!** Siúil leat!

■ **It came undone.** Scaoil sé.

■ **I come from Derry.** Is as Doire dom.

to come back VERB
tar ar ais

□ Come back! Tar ar ais!

to come down VERB
tit

289

to **come forward** VERB
tar chun tosaigh

to **come in** VERB
tar isteach

□ Come in! Tar isteach!

to **come out** VERB
tar amach

□ I tripped as I came out of the cinema. Baineadh tuisle asam nuair a tháinig mé amach ón bpictiúrlann. □ It's just come out on DVD. Tá sé díreach i ndiaidh teacht amach ar DVD.

■ **None of my photos came out.** Níor tháinig grianghraf ar bith de mo chuid amach.

to **come round** VERB
tar chugat féin *(after faint, operation)*

to **come up** VERB
tar aníos

□ Come up here! Tar aníos anseo!

■ **to come up to somebody** teacht fad le

□ She came up to me and kissed me. Tháinig sí fad liom gur phóg sí mé. □ A man came up to me and said … Tháinig fear fad liom agus dúirt sé …

comedian NOUN
fuirseoir *masc3*

comedy NOUN
coiméide *fem4*

comfortable ADJECTIVE
compordach

□ I'm very comfortable, thanks. Tá mé iontach compordach, go raibh maith agat.

comic NOUN
greannán *masc1 (magazine)*

comic strip NOUN
gearrthóg ghrinn *fem2*

coming ADJECTIVE

■ **in the coming months** sna míonna atá romhainn

comma NOUN
camóg *fem2*

command NOUN
ordú *masc (order)*

■ **He has a good command of Irish.** Tá Gaeilge mhaith aige.

comment NOUN
▷ *see also* **comment** VERB
trácht *masc3*

□ He made no comment. Ní déarfadh sé rud ar bith.

■ **No comment!** Níl dada le rá agam!

to **comment** VERB
▷ *see also* **comment** NOUN

■ **to comment on something** trácht ar rud

commentary NOUN
tráchtaireacht *fem3*

commentator NOUN
tráchtaire *masc4*

commercial NOUN
fógra *masc4*

commission NOUN
coimisiún *masc1*

□ Salesmen work on commission. Oibríonn lucht díolacháin ar choimisiúin.

to **commit** VERB
déan

□ He committed a crime. Rinne sé coir.

■ **to commit oneself** tú féin a cheangal le rud a dhéanamh □ I don't want to commit myself. Níor mhaith liom mé féin a cheangal leis.

■ **to commit suicide** lámh a chur i do bhás féin □ He committed suicide. Chuir sé lámh ina bhás féin.

committee NOUN
coiste *masc4*

common ADJECTIVE
▷ *see also* **common** NOUN
coitianta

□ 'Smith' is a very common surname. Sloinne iontach coitianta is ea é 'Mac Gabhann'.

■ **in common** i gcoiteann □ We've got a lot in common. Tá cuid mhór i gcoiteann againn.

common NOUN
▷ *see also* **common** ADJECTIVE
coiteann *masc1 (land)*

□ The boys play football on the common. Imríonn na buachaillí peil ar an gcoiteann.

common sense NOUN
ciall *fem2*

□ Have some common sense! Bíodh ciall agat!

to **communicate** VERB

■ **to communicate with somebody** bheith i dteagmháil le duine

communication NOUN
cumarsáid *fem2*

communion NOUN
Comaoineach Naofa *fem4*

□ my First Communion mo Chéad Chomaoineach

communism NOUN
cumannachas *masc1*

communist ADJECTIVE
▷ *see also* **communist** NOUN
cumannach

■ **the Communist Party** An Páirtí Cumannach

communist NOUN
▷ see also **communist** ADJECTIVE
cumannaí masc4

community NOUN
pobal masc1

community centre NOUN
ionad pobail masc1

to **commute** VERB
bheith ag comaitéireacht
□ She commutes between Dublin and Waterford. Bíonn sí ag comaitéireacht idir Baile Átha Cliath agus Port Láirge.

compact disc NOUN
dlúthdhiosca masc4
■ a compact disc player seinnteoir dlúthdhioscaí

companion NOUN
compánach masc1

company NOUN
cuideachta fem4 (business, social)
□ It is a very big company. Is cuideachta an-mhór í.
■ to keep somebody company cuideachta a dhéanamh le duine □ I'll keep you company. Coinneoidh mé cuideachta leat.
■ a theatre company compántas drámaíochta

comparatively ADVERB
cuibheasach (relatively)

to **compare** VERB
■ to compare somebody with duine a chur i gcomparáid le □ People always compare him with his brother. Cuireann daoine i gcomparáid lena dhearthair i gcónaí é.
■ compared with i gcomparáid le
□ Galway is small compared with Dublin. Tá Gaillimh beag i gcomparáid le Baile Átha Cliath.

comparison NOUN
comparáid fem2

compartment NOUN
urrann fem2

compass NOUN
compás masc1

compensation NOUN
cúiteamh masc1
□ They got £2000 compensation. Fuair siad £2000 de chúiteamh.

compere NOUN
óstach masc1

to **compete** VERB
téigh san iomaíocht
□ I'm competing in the marathon. Tá mé ag dul san iomaíocht sa mharatón.

■ to compete with somebody dul san iomaíocht le duine
■ to compete for something dul san iomaíocht le haghaidh rud éigin □ There are 50 students competing for 6 places. Tá 50 mac léinn san iomaíocht le haghaidh 6 áit.

competent ADJECTIVE
cumasach

competition NOUN
1 comórtas masc1 (contest)
□ a singing competition comórtas amhránaíochta
2 iomaíocht fem3 (economic)
■ in competition with in iomaíocht le

competitive ADJECTIVE
iomaíoch
□ a very competitive price praghas iontach iomaíoch
■ to be competitive (person) bheith iomaíoch □ He's very competitive. Is duine an-iomaíoch é.

competitor NOUN
iomaitheoir masc3

to **complain** VERB
gearán a dhéanamh
□ I'm going to complain to the manager. Tá mé ag dul a dhéanamh gearáin leis an mbainisteoir. □ We complained about the noise. Rinneamar gearán faoin gcallán.

complaint NOUN
gearán masc1
□ There were lots of complaints about the food. Rinneadh cuid mhór gearán faoin mbia.
■ to make a complaint gearán a dhéanamh □ I'd like to make a complaint. Ba mhaith liom gearán a dhéanamh.

complete ADJECTIVE
iomlán

completely ADVERB
ar fad

complexion NOUN
snua masc4

complicated ADJECTIVE
casta

compliment NOUN
▷ see also **compliment** VERB
moladh masc
■ to pay somebody a compliment duine a mholadh

to **compliment** VERB
▷ see also **compliment** NOUN
mol
□ They complimented me on my French. Mhol siad mo chuid Fraincise.

complimentary ADJECTIVE
1 moltach
  □ He was very complimentary about my garden. Bhí sé iontach moltach faoi mo ghairdín.
2 dea-mhéine (free)
  □ I've got two complimentary tickets for tonight. Tá dhá thicéad dhea-mhéine agam don oíche anocht.

composer NOUN
cumadóir masc3

comprehension NOUN
tuiscint fem3

comprehensive ADJECTIVE
cuimsitheach
  □ a comprehensive guide treoir chuimsitheach

comprehensive school NOUN
scoil chuimsitheach fem2

compromise NOUN
  ▷ see also **compromise** VERB
comhréiteach masc1
  □ We reached a compromise. Thángamar ar chomhréiteach.

to **compromise** VERB
  ▷ see also **compromise** NOUN
tar ar chomhréiteach
  □ Let's compromise. Déanaimis comhréiteach.

compulsory ADJECTIVE
éigeantach

computer NOUN
ríomhaire masc4

computer game NOUN
cluiche ríomhaire masc4

computer programmer NOUN
ríomhchláraitheoir masc3
  □ She's a computer programmer. Is ríomhchláraitheoir í.

computer room NOUN
seomra ríomhairí masc4

computer science NOUN
ríomhaireacht fem3

computing NOUN
ríomhaireacht fem3

to **concentrate** VERB
dírigh ar
  □ I couldn't concentrate. Ní thiocfadh liom díriú air.
  ■ **to concentrate on something** d'intinn a dhíriú ar rud

concentration NOUN
dianmhachnamh masc1

concern NOUN
imní fem4 (anxiety)

□ They expressed concern about her health. Léirigh siad imní faoina sláinte.

concerned ADJECTIVE
  ■ **to be concerned about** bheith buartha faoi □ His mother is concerned about him. Tá a mháthair buartha faoi
  ■ **as far as I'm concerned** a fhad agus a bhaineann sé liomsa

concerning PREPOSITION
maidir
  ■ **For further information concerning the job, contact ...** Le tuilleadh eolais a fháil maidir leis an bpost, déan teagmháil le ...

concert NOUN
ceolchoirm fem2

concrete NOUN
coincréit fem2

to **condemn** VERB
cáin
  □ The government has condemned the decision. Cháin an rialtas an cinneadh.

condition NOUN
1 coinníoll masc1 (stipulation)
  □ I'll do it, on one condition ... Déanfaidh mé é, ar choinníoll amháin ...
2 ordú masc
  □ in good condition in ordú mhaith
  ■ **local conditions** dálaí áitiúla

conditional ADJECTIVE
coinníollach

conditioner NOUN
feabhsaitheoir masc3

condom NOUN
coiscín masc4

to **conduct** VERB
stiúir (orchestra)

conductor NOUN
stiúrthóir masc3

cone NOUN
cón masc1
  □ an ice-cream cone cón uachtair reoite

conference NOUN
comhdháil fem3

to **confess** VERB
1 admhaigh
  □ He finally confessed. D'admhaigh sé a choir sa deireadh. □ He confessed to the murder. D'admhaigh sé an dúnmharú.
2 déan faoistin le (to priest)

confession NOUN
1 admháil fem3 (of criminal)
2 faoistin fem2 (to priest)

confetti NOUN
coinfití masc4

confidence NOUN
1 muinín *fem2*
  □ I have confidence in you. Tá muinín agam asat.
2 féinmhuinín *fem2*
  □ She lacks confidence. Níl féinmhuinín aici.
confident ADJECTIVE
  féinmhuiníneach
  ■ She's seems quite confident. Is cosúil go bhfuil muinín aici aisti féin.
confidential ADJECTIVE
  rúnda
to **confirm** VERB
  cinntigh
confirmation NOUN
1 cinntiú *masc*
2 cóineartú *masc (religious)*
conflict NOUN
  coimhlint *fem2*
to **confuse** VERB
  ■ to confuse somebody mearbhall a chur ar dhuine □ Don't confuse me! Ná cuir mearbhall orm!
confused ADJECTIVE
  trí chéile
  □ I'm confused by all this new technology. Tá mé trí chéile ag an teicneolaíocht nua seo ar fad.
  ■ He is confused. Tá mearbhall air.
confusing ADJECTIVE
  mearbhlach
confusion NOUN
1 tranglam *masc1 (of situation)*
2 mearbhall *masc1 (of person)*
to **congratulate** VERB
  ■ to congratulate somebody on something déan comhghairdeas le duine faoi rud □ My aunt congratulated me on my results. Rinne m'aintín comhghairdeas liom faoi mo chuid torthaí.
congratulations PL NOUN
  comhghairdeas *masc1*
  □ Congratulations on your new job! Comhghairdeas ar do phost nua!
  ■ Congratulations! *(on marriage)* Go maire tú do shaol úr!
conjunction NOUN
  cónasc *masc1*
conjurer NOUN
  asarlaí *masc4*
Connacht NOUN
  ▷ *see also* **Connacht** ADJECTIVE
  Connachta *masc pl*

Connacht ADJECTIVE
  ▷ *see also* **Connacht** NOUN
  Connachtach
connection NOUN
1 baint *fem2 (relationship)*
  □ There's no connection between the two events. Níl baint ar bith idir an dá ócáid.
2 cónasc *masc1*
  □ There's a loose connection. Tá cónasc scaoilte ann.
  ■ in connection with i dtaca le
to **conquer** VERB
  buaigh ar
conscience NOUN
  coinsias *masc3*
conscious ADJECTIVE
  comhfhiosach
  ■ He was conscious. Bhí a mheabhair aige.
  ■ to be conscious of something rud a aireachtáil
consciousness NOUN
  ■ to lose consciousness do mheabhair a chailleadh □ I lost consciousness. Chaill mé mo mheabhair.
consequence NOUN
  iarmhairt *fem3*
  □ What are the consequences for the environment? Cad iad na hiarmhairtí le haghaidh an chomhshaoil?
  ■ as a consequence of mar thoradh ar
consequently ADVERB
  dá bhrí sin
conservation NOUN
  caomhnú *masc*
conservative ADJECTIVE
  ▷ *see also* **Conservative** NOUN
  coimeádach
  ■ the Conservative Party an Páirtí Coimeádach
Conservative NOUN
  ▷ *see also* **conservative** ADJECTIVE
  Coimeádach *masc1*
  ■ to vote Conservative vótáil ar son an Pháirtí Choimeádaigh
  ■ the Conservatives na Coimeádaithe
conservatory NOUN
  teach gloine *masc*
to **consider** VERB
1 smaoinigh ar *(think about)*
  □ I'm considering it. Tá mé ag smaoineamh air.
  ■ to consider doing something smaoineamh ar rud a dhéanamh
  □ I considered cancelling the holidays. Smaoinigh mé ar na laethanta saoire a chur ar ceal.

C

2 meas *(think, judge)*
□ He considers it a waste of time. Measann sé gur cur amú ama é.

3 cuir san áireamh *(take into account)*

considerate ADJECTIVE
tuisceanach

considering PREPOSITION
■ considering how deep it is agus a dhoimhne atá sé
■ I got a good mark, considering. Fuair mé marc maith, agus gach rud san áireamh.

to **consist** VERB
■ to consist of bheith i □ The band consists of a singer and a guitarist. Amhránaí agus giotáraí atá sa bhuíon.

consonant NOUN
consan *masc1*

constant ADJECTIVE
seasmhach

constantly ADVERB
de shíor

constipated ADJECTIVE
ceangailte

to **construct** VERB
tóg

construction NOUN
tógáil *fem3*

to **consult** VERB
téigh i gcomhairle le

consumer NOUN
tomhaltóir *masc3*

contact NOUN
▷ *see also* **contact** VERB
teagmháil *fem3*
□ I'm in contact with her. Tá mé i dteagmháil léi.

to **contact** VERB
▷ *see also* **contact** NOUN
déan teagmháil le
□ Where can we contact you? Cá háit a dtig linn teagmháil a dhéanamh leat?

contact lenses PL NOUN
lionsaí tadhaill *masc4 pl*

to **contain** VERB
■ The box contains money. Tá airgead sa bhosca.
■ The bottle contains a pint. Coinníonn an buidéal pionta.

container NOUN
soitheach *masc1*

contempt NOUN
drochmheas *masc3*

contents PL NOUN
■ the contents of the container a bhfuil sa soitheach
■ table of contents clár ábhair

contest NOUN
comórtas *masc1 (competition)*

contestant NOUN
iomaitheoir *masc3 (in competition)*

context NOUN
comhthéacs *masc4*

continent NOUN
ilchríoch *fem2*
□ How many continents are there? Cá mhéad ilchríoch atá ann?
■ the Continent an Mhór-Roinn □ I've never been to the Continent. Ní raibh mé riamh ar an Mhór-Roinn.

continental breakfast NOUN
bricfeasta Eorpach *masc4*

to **continue** VERB
lean ar
□ She continued talking to her friend. Lean sí uirthi ag caint lena cara. □ We continued working after lunch. Leanamar den obair i ndiaidh am lóin.

continuous ADJECTIVE
leanúnach
■ continuous assessment measúnacht leanúnach

contraceptive NOUN
coiscín *masc4*

contract NOUN
conradh *masc*

to **contradict** VERB
cuir in éadan

contrary NOUN
malairt *fem2*
■ on the contrary os a choinne sin

contrast NOUN
codarsnacht *fem3*

to **contribute** VERB
tabhair *(give)*
□ He contributed £10. Thug sé £10.
■ to contribute to cur le □ The treaty will contribute to world peace. Cuirfidh an conradh le síocháin an domhain. □ He didn't contribute to the discussion. Níor chuir sé leis an díospóireacht.

contribution NOUN
1 síntiús *masc1 (donation)*
2 ranníocaíocht *masc4 (to pension, national insurance)*

to **control** VERB
▷ *see also* **control** NOUN
smachtaigh
□ He can't control the class. Ní féidir leis an rang a smachtú. □ I couldn't control the horse. Ní thiocfadh liom an capall a smachtú.

■ **to control oneself** smacht a choinneáil ort féin

control NOUN

▷ *see also* **control** VERB

smacht *masc3*

■ **to lose control** *(of vehicle)* smacht a chailleadh □ He lost control of the car. Chaill sé smacht ar an ngluaisteán.

■ **under control** faoi smacht

■ **to be in control of** bheith i gceannas ar

■ **to keep control** smacht a choinneáil □ He can't keep control of the car. Ní féidir leis smacht a choinneáil ar an ngluaisteán.

■ **out of control** *(child, class)* ó smacht

■ **the controls** *(of machine)* na cnaipí

controversial ADJECTIVE

conspóideach

□ a controversial book leabhar conspóideach

convenient ADJECTIVE

áisiúil

□ The hotel's convenient for the airport. Tá an t-óstán áisiúil don aerfort. □ It's not a convenient time for me. Níl an t-am sin áisiúil dom. □ Would Monday be convenient for you? An mbeadh an Luan áisiúil duit?

convent NOUN

clochar *masc1*

conventional ADJECTIVE

coinbhinsiúnach

convent school NOUN

scoil chlochair *fem2*

□ She goes to convent school. Téann sí ar scoil chlochair.

conversation NOUN

comhrá *masc4*

□ a conversation class rang comhrá

■ **to have a conversation with somebody** comhrá dhéanamh le duine

to convert VERB

athchóirigh *(building)*

□ We've converted the loft into a spare room. D'athchóiríomar an lochta ina sheomra breise.

to convict VERB

ciontaigh

□ He was convicted of the murder. Ciontaíodh sa dúnmharú é.

to convince VERB

■ **to convince somebody of something** rud a chur ina luí ar dhuine

■ **to be convinced** bheith cinnte dearfa de □ I'm not convinced. Níl mé cinnte dearfa de.

to cook VERB

▷ *see also* **cook** NOUN

déan cócaireacht

□ I can't cook. Ní féidir liom cócaireacht a dhéanamh.

■ **She's cooking lunch.** Tá sí ag cócaráil lóin.

■ **to be cooked** cócaráilte □ When the potatoes are cooked ... Nuair a bhíonn na prátaí cócaráilte ...

cook NOUN

▷ *see also* **cook** VERB

cócaire *masc4*

□ Matthew's an excellent cook. Is cócaire iontach é Maitiú.

cookbook NOUN

leabhar chócaireacht *masc1*

cooker NOUN

cócaireán *masc1*

□ a gas cooker cócaireán gáis

cookery NOUN

cócaireacht *fem3*

cookie (US) NOUN

briosca *masc4*

cooking NOUN

cócaráil *fem3*

□ I like cooking. Is maith liom cócaráil.

cool ADJECTIVE

1 fionnuar

□ a cool evening tráthnóna fionnuar

2 faiseanta *(great)*

□ That's really cool! Tá sé sin iontach faiseanta!

cooperation NOUN

comhoibriú *masc*

cop NOUN

péas *masc4*

to cope VERB

déiléail le

□ It was hard, but I coped. Bhí sé doiligh, ach dhéiléail mé leis.

■ **to cope with something** cur suas le rud □ She's got a lot of problems to cope with. Tá cuid mhór fadhbanna aici le cur suas leo.

copper NOUN

1 copar *masc1*

□ a copper bracelet slabhra copair

2 píléar *masc1* *(informal: policeman)*

copy NOUN

▷ *see also* **copy** VERB

cóip *fem2*

to copy VERB

▷ *see also* **copy** NOUN

cóipeáil

□ She copied the questions from the board. Chóipeáil sí na ceisteanna ón gclár.

■ **to copy and paste** cóipeáil agus greamú

core NOUN
croí *masc4*

□ an apple core croí úill

Cork NOUN
Corcaigh *fem2*

cork NOUN
corc *masc1*

□ a cork table mat mata boird corc

corkscrew NOUN
corcscriú *masc4*

corn NOUN
1 arbhar *masc1 (wheat)*
2 arbhar Indiach *(us: maize)*

■ **corn on the cob** arbhar sa dias

corner NOUN
coirnéal *masc1*

□ in a corner of the room i gcoirnéal an tseomra □ the shop on the corner an siopa ar an gcoirnéal □ She lives just round the corner. Tá sí ina cónaí go díreach thart an coirnéal.

■ **corner kick** cúinneach

cornet NOUN
1 coirnéad *masc1*

□ He plays the cornet. Seinneann sé ar an gcoirnéad.
2 cón *masc1 (ice cream)*

cornflakes PL NOUN
calóga arbhair *fem2 pl*

cornflour *(us cornstarch)* NOUN
gránphlúr *masc1*

Cornwall NOUN
Corn na Breataine *masc1*

corporal NOUN
ceannaire *masc4*

corporal punishment NOUN
pionós corpartha *masc1*

corpse NOUN
marbhán *masc1*

correct ADJECTIVE
▷ *see also* **correct** VERB
ceart

□ That's correct. Tá sé sin ceart.
□ the correct choice an rogha cheart
□ the correct answer an freagra ceart

to **correct** VERB
▷ *see also* **correct** ADJECTIVE
ceartaigh

correction NOUN
ceartúchán *masc1*

correctly ADVERB
i gceart

correspondent NOUN
comhfhreagraí *masc4*

□ our foreign correspondent ár gcomhfhreagraí eachtrannach

corridor NOUN
dorchla *masc4*

corruption NOUN
truailliú *masc*

cosmetics PL NOUN
cosmaidí *fem2*

cosmetic surgery NOUN
máinliacht chosmaideach *fem3*

cost NOUN
▷ *see also* **cost** VERB
costas *masc1*

■ **the cost of living** an costas maireachtála
■ **at all costs** ar ais nó ar éigean

to **cost** VERB
▷ *see also* **cost** NOUN

■ **The meal costs a hundred euros.** Tá céad euro ar an mbéile.
■ **How much does it cost?** Cá mhéad atá air?
■ **It costs too much.** Tá sé ródhaor.

costume NOUN
1 culaith shnámha *fem2 (swimsuit)*
2 feisteas *masc1 (of actor)*

cosy *(us cozy)* ADJECTIVE
teolaí

cot NOUN
cliabhán *masc1*

cottage NOUN
teachín *masc4*

□ a thatched cottage teachín ceann tuí

cottage cheese NOUN
cáis tí *fem2*

cotton NOUN
cadás *masc1*

□ a cotton shirt léine chadáis

cotton wool NOUN
olann chadáis *fem*

couch NOUN
tolg *masc1*

to **cough** VERB
▷ *see also* **cough** NOUN
déan casacht

cough NOUN
▷ *see also* **cough** VERB
casacht *fem3*

□ I've got a cough. Tá casacht orm. □ a bad cough droch-chasacht

■ **a cough sweet** milseán casachta

could VERB ▷ *see* **can**

council NOUN
comhairle *fem4*

He's on the council. Tá sé ar an gcomhairle.
■ **a council estate** eastát bardais

council house NOUN
teach comhairle *masc*

councillor NOUN
comhairleoir *masc3*
□ She's the local councillor. Is í an comhairleoir áitiúil í.

to **count** VERB
cuntais

to **count on** VERB
braith ar
□ You can count on me. Is féidir leat brath ormsa.

counter NOUN
1 cuntar *masc1 (in shop)*
2 licín *masc4 (in game)*

country NOUN
1 tír *fem2*
□ the border between the two countries an teorainn idir an dá thír
2 tuath *fem2 (as opposed to town)*
□ in the country faoin tuath
■ **country dancing** rince tuaithe

countryside NOUN
taobh tíre *masc1*

county NOUN
contae *masc4*
■ **the county council** an chomhairle chontae

couple NOUN
lánúin *fem2*
□ the couple who live next door an lánúin atá ina gcónaí béal dorais
■ **a couple** *(a few)* cúpla □ a couple of words cúpla focal □ Could you wait a couple of minutes? An dtiocfadh leat fanacht cúpla nóiméad?

courage NOUN
misneach *masc1*

courgette NOUN
cúirséad *masc1*

courier NOUN
cúiréir *masc3 (for tourists)*

course NOUN
1 cúrsa *masc4*
□ a computer course cúrsa ríomhaireachta □ the first course an cúrsa tosaigh □ the main course an príomhchúrsa
2 galfchúrsa *masc4 (for golf)*
■ **of course** ar ndóigh □ Do you love me? — Of course I do! An bhfuil grá agat dom? — Ar ndóigh, tá!

court NOUN
cúirt *fem2*

She was up in court yesterday. Bhí sí os comhair na cúirte inné. □ There are tennis and squash courts. Tá cúirteanna leadóige agus scuaise ann.

courtyard NOUN
clós *masc1*

cousin NOUN
col ceathrair *masc1*

cover NOUN
▷ *see also* **cover** VERB
clúdach *masc1*

to **cover** VERB
▷ *see also* **cover** NOUN
clúdaigh
□ My face was covered with mosquito bites. Bhí m'aghaidh clúdaithe le greamanna corrmhíolta. □ Our insurance didn't cover it. Níor chlúdaigh ár n-árachas é.

to **cover up** VERB
ceil *(scandal)*

cow NOUN
bó *fem*

coward NOUN
cladhaire *masc4*
□ He's a coward. Is cladhaire é.

cowardly ADJECTIVE
cladhartha

cowboy NOUN
buachaill bó *masc3*

crab NOUN
portán *masc1*

crack NOUN
▷ *see also* **crack** VERB
1 scoilt *fem2 (in wall, cup)*
2 craic *fem2 (drug)*
■ **I'll have a crack at it.** Bainfidh mé triail as.

to **crack** VERB
▷ *see also* **crack** NOUN
1 scoilt *(split)*
□ The wood will crack in this heat. Scoiltfidh an t-adhmad sa teas seo.
2 oscail *(nut)*
■ **to crack a joke** scéal grinn a insint

to **crack down on** VERB
teann ar
□ The police are cracking down on drink-drivers. Tá na póilíní ag teannadh ar thiománaithe a bhíonn faoi thionchar an óil.

cracked ADJECTIVE
scoilte *(cup, window)*

cracker NOUN
1 pléascóg Nollag *fem2 (Christmas cracker)*
2 craicear *masc1 (biscuit)*

cradle NOUN
cliabhán *masc1*

craft NOUN
ceardaíocht *fem2*
□ We do craft at school. Déanaimid ceardaíocht ar scoil.
■ **a craft centre** ionad ceardaíochta

craftsman NOUN
ceardaí *masc4*

to **cram** VERB
pulc *(for exams)*
■ **to cram something into** rud a dhingeadh isteach isteach i □ We crammed our stuff into the boot. Dhingeamar ár gcuid stuif isteach sa bhúit.

crammed ADJECTIVE
■ **crammed with** lán le □ Her bag was crammed with books. Bhí a mála lán le leabhair.

crane NOUN
crann tógála *masc1 (machine)*

crash NOUN
▷ *see also* **crash** VERB
1 tuairt *fem2*
□ The boat struck the rock with a terrible crash. Bhuail an bád an charraig de thuairt mhillteanach.
2 taisme *fem4 (accident)*
□ She was injured in the crash. Gortaíodh sa taisme í.

to **crash** VERB
▷ *see also* **crash** NOUN
tuairteáil
□ The plane crashed. Thuairteáil an t-eitleán.

crash course NOUN
dianchúrsa *masc4*

crash helmet NOUN
clogad cosanta *masc1*

to **crawl** VERB
▷ *see also* **crawl** NOUN
bheith ag lámhacán *(person)*
■ **The car was just crawling along.** Bhí an carr ag goid an bhealaigh léi ar éigean.

crawl NOUN
▷ *see also* **crawl** VERB
cnágshnámh *masc3*
■ **to do the crawl** cnágshnámh a dhéanamh

crayon NOUN
crián *masc1*

crazy ADJECTIVE
ar mire
□ He must be crazy. Caithfidh go bhfuil sé ar mire.

■ **to be crazy about somebody** bheith ag briseadh na gcos i ndiaidh duine

cream NOUN
▷ *see also* **cream** ADJECTIVE
uachtar *masc1*
□ strawberries and cream sútha talún agus uachtar
■ **a cream cake** cáca uachtair
■ **cream cheese** cáis uachtair
■ **sun cream** uachtar gréine

cream ADJECTIVE
▷ *see also* **cream** NOUN
bánbhuí *(colour)*

crease NOUN
filltín *masc4*

creased ADJECTIVE
fillte

to **create** VERB
cruthaigh

creation NOUN
cruthú *masc*

creative ADJECTIVE
cruthaitheach *(artistic)*

creature NOUN
créatúr *masc1*

crèche NOUN
naíolann *fem2*

credit NOUN
1 cairde
■ **on credit** ar cairde *masc4*
2 creidmheas *masc3*
□ I've got no credit left on my phone. Níl aon chreidmheas fágtha agam ar mo ghuthán.

credit card NOUN
cárta creidmheasa *masc4*

credit crunch NOUN
géarchor creidmheasa *masc*

creeps PL NOUN
■ **It gives me the creeps.** Cuireann sé cáithníní ag rith ar mo chraiceann.

to **creep up** VERB
■ **to creep up on somebody** teacht aniar aduaidh ar dhuine

crept VERB ▷ *see* **creep up**

cress NOUN
biolar *masc1*

crew NOUN
criú *masc4*
□ a film crew criú scannáin

cricket NOUN
1 cruicéad *masc1*
□ I play cricket. Imrím cruicéad.
■ **a cricket bat** slacán cruicéid
2 criogar *masc1 (insect)*

crime NOUN
coir *fem2*
□ a terrible crime coir uafásach □ Crime is rising. Tá ardú ar an leibhéal coiriúlachta .

criminal NOUN
▷ *see also* **criminal** ADJECTIVE
coirpeach *masc1*

criminal ADJECTIVE
▷ *see also* **criminal** NOUN
coiriúil
□ It's a criminal offence. Is cion coiriúil é.
■ **to have a criminal record** taifead coiriúil a bheith agat

crisis NOUN
géarchéim *fem2*

crisp ADJECTIVE
briosc

crisps PL NOUN
brioscáin phrátaí *masc1 pl*
□ a bag of crisps mála brioscáin phrátaí

criterion NOUN
critéar *masc1*

critic NOUN
criticeoir *masc3*

critical ADJECTIVE
criticiúil
□ a critical remark ráiteas criticiúil

criticism NOUN
1 lochtú *masc (of faults)*
2 critic *fem2 (of art)*

to criticize VERB
cáin

Croatia NOUN
an Chróit *fem2*
□ in Croatia sa Chróit

to crochet VERB
cróise

crocodile NOUN
crogall *masc1*

crook NOUN
bithiúnach *masc1 (thief)*

crop NOUN
barr *masc1*
□ a good crop of apples barr maith úll

cross NOUN
▷ *see also* **cross** ADJECTIVE, VERB
cros *fem2*

cross ADJECTIVE
▷ *see also* **cross** NOUN, VERB
míshásta
□ I'm cross about the change of plan. Tá mé míshásta faoin athrú plean.

to cross VERB
▷ *see also* **cross** ADJECTIVE, NOUN
trasnaigh

to cross out VERB
scrios

cross-country NOUN
trastíre *(race)*
■ **cross-country skiing** sciáil trastíre

crossing NOUN
1 trasnáil *fem3 (at sea)*
□ the crossing from Fishguard to Rosslare an trasnáil ó Fishguard go Ros Láir
2 crosaire *masc4 (for pedestrians)*

crossroads NOUN
crosbhealach *masc1*

crossword NOUN
crosfhocal *masc1*
□ I like doing crosswords. Is maith liom crosfhocail a dhéanamh.

to crouch down VERB
crom síos

crow NOUN
préachán *masc1*

crowd NOUN
slua *masc4*
■ **the crowd** *(at sports match)* an slua

crowded ADJECTIVE
plódaithe

crown NOUN
coróin *fem*

crucifix NOUN
croch chéasta *fem2*

crude ADJECTIVE
gáirsiúil *(vulgar)*

cruel ADJECTIVE
cruálach

cruelty NOUN
cruálacht *fem3*

cruise NOUN
cúrsáil *fem3*
■ **to go on a cruise** dul ar aistear mara

crumb NOUN
grabhróg *fem2*

to crush VERB
brúigh

crutch NOUN
maide croise *masc4*

to cry VERB
▷ *see also* **cry** NOUN
bheith ag caoineadh
□ The baby's crying. Tá an leanbh ag caoineadh.

cry NOUN
▷ *see also* **cry** VERB
scairt *fem2*
□ He gave a cry of surprise. Lig sé scairt iontais as.
■ **Go on, have a good cry!** Caoin leat!

crystal NOUN
criostal *masc1*

CTC NOUN (= city technology college)
coláiste teicneolaíochta cathrach

cub NOUN
1 coileán *masc1 (animal)*
2 gasóg óg *fem2 (scout)*

cube NOUN
ciúb *masc1*

cubic ADJECTIVE
ciúbach
□ a cubic metre méadar ciúbach

cucumber NOUN
cúcamar *masc1*

cuddle NOUN
▷ see also **cuddle** VERB
croí isteach
□ Come and give me a cuddle. Tar anseo
agus tabhair croí isteach dom.

to **cuddle** VERB
▷ see also **cuddle** NOUN
déan gráín le
□ Emma cuddled her teddy bear.
Rinne Emma gráín lena teidí.

cue NOUN
cleathóg *fem2 (for snooker)*

culture NOUN
cultúr *masc1*

cunning ADJECTIVE
1 glic *(person)*
2 cliste *(plan, idea)*

cup NOUN
1 cupán *masc1*
□ a china cup cupán poircealláin
■ a cup of coffee cupán caife
2 corn *masc1 (trophy)*

cupboard NOUN
cófra *masc4*

to **cure** VERB
▷ see also **cure** NOUN
leigheas

cure NOUN
▷ see also **cure** VERB
leigheas *masc1*

curious ADJECTIVE
fiosrach

curl NOUN
coirnín *masc4*

curly ADJECTIVE
catach

currant NOUN
cuirín *masc4*

currency NOUN
airgeadra *masc4*
□ foreign currency airgeadra eachtrannach

current NOUN
▷ see also **current** ADJECTIVE
sruth *masc3*
□ The current is very strong. Tá an sruth
iontach láidir.

current ADJECTIVE
▷ see also **current** NOUN
reatha
□ the current situation an staid reatha

current account NOUN
cuntas reatha *masc1*

current affairs PL NOUN
cúrsaí reatha *masc4 pl*

curriculum NOUN
curaclam *masc1*

curriculum vitae NOUN
curriculum vitae *masc*

curry NOUN
curaí *masc4*

curse NOUN
mallacht *fem3*

curtain NOUN
cuirtín *masc4*
□ She drew the curtains. Tharraing sí na
cuirtíní.

cushion NOUN
cúisín *masc4*

custard NOUN
custard *masc1*

custody NOUN
cúram *masc1 (of child)*

custom NOUN
nós *masc1*
□ It's an old custom. Is sean-nós é.

customer NOUN
custaiméir *masc3*

customs PL NOUN
custam *masc1*

customs officer NOUN
oifigeach custaim *masc1*

cut NOUN
▷ see also **cut** VERB
1 cneá *fem4 (wound)*
□ He's got a cut on his forehead. Tá cneá ar
chlár a éadain.
2 laghdú *masc (in spending, price)*
3 bearradh *masc*
□ a cut and blow-dry bearradh agus
séideadh tirim

to **cut** VERB
▷ see also **cut** NOUN
gearr
□ I'll cut some bread. Gearrfaidh mé roinnt
aráin.
■ to cut oneself tú féin a ghearradh □ I cut

my foot on a piece of glass. Ghearr mé mo chos ar phíosa gloine.

to **cut down** VERB
leag *(tree)*

to **cut off** VERB
1 scoith *(with knife, scissors)*
2 gearr
  □ The electricity was cut off. Gearradh an leictreachas.

to **cut up** VERB
scean *(potatoes, meat)*

cutback NOUN
ciorrú
  □ staff cutbacks ciorruithe foirne

cute ADJECTIVE
gleoite

cutlery NOUN
cuitléireacht *fem3*

cutting NOUN
gearrthán *masc1 (from newspaper)*

CV NOUN
curriculum vitae *masc*

cybercafé NOUN
caife cibearspáis *masc4*

cycle NOUN
▷ *see also* **cycle** VERB
rothar *masc1 (bicycle)*
  ■ a cycle ride marcaíocht ar rothar

to **cycle** VERB
▷ *see also* **cycle** NOUN
téigh ag rothaíocht
  □ I cycle to school. Téim ag rothaíocht ar scoil.

cycle lane NOUN
lána rothaíochta *masc4*

cycling NOUN
rothaíocht *fem3*
  □ I like cycling. Is maith liom bheith ag rothaíocht.

cyclist NOUN
rothaí *masc4*

cylinder NOUN
sorcóir *masc3*

Cyprus NOUN
an Chipir *fem2*
  □ We went to Cyprus. Chuamar go dtí an Chipir. □ in Cyprus sa Chipir

Czech ADJECTIVE
▷ *see also* **Czech** NOUN
Seiceach
  ■ the Czech Republic Poblacht na Seice

Czech NOUN
▷ *see also* **Czech** ADJECTIVE
1 Seiceach *masc1 (person)*
2 Seicis *fem2 (language)*

Dd

dad NOUN
daid *masc4*
□ my dad mo dhaid □ I'll ask Dad. Cuirfidh mé ceist ar mo dhaid.
■ **Dad!** A Dhaid!

daddy NOUN
daidí *masc4*
□ Say hello to your daddy! Abair haileo le do dhaidí! □ Hello Daddy! Haileo, a Dhaidí!

daffodil NOUN
lus an chromchinn *masc3*

daft ADJECTIVE
amaideach
■ **to be daft about somebody** *(fig)* bheith splanctha i ndiaidh duine

daily ADJECTIVE, ADVERB
1 laethúil
□ It's part of my daily routine. Tá sé mar chuid de mo ghnáthamh laethúil.
2 gach lá
□ The pool is open daily. Tá an linn snámha oscailte gach lá.

dairy NOUN
déirí *masc4*

dairy products PL NOUN
táirgí déiríochta *masc4 pl*

daisy NOUN
nóinín *masc4*

dam NOUN
damba *masc4*

damage NOUN
▷ *see also* **damage** VERB
damáiste *masc4*
□ The storm did a lot of damage. Rinne an stoirm a lán damáiste.

to damage VERB
▷ *see also* **damage** NOUN
damáiste a dhéanamh do

damn NOUN
▷ *see also* **damn** ADJECTIVE, ADVERB
■ **I don't give a damn!** *(informal)* Is cuma liom sa diabhal!

■ **Damn it!** *(informal)* Damnú air!

damn ADJECTIVE, ADVERB
▷ *see also* **damn** NOUN
damanta
□ It's a damn nuisance! Crá croí damanta atá ann!

damp ADJECTIVE
tais

dance NOUN
▷ *see also* **dance** VERB
damhsa *masc4*
□ The last dance was a waltz. Ba válsa é an damhsa deireanach. □ Are you going to the dance tonight? An mbeidh tú ag dul chuig an damhsa anocht?

to dance VERB
▷ *see also* **dance** NOUN
damhsa a dhéanamh
■ **to go dancing** dul ag damhsa □ Let's go dancing! Téimis ag damhsa!

dancer NOUN
damhsóir *masc3*

dandelion NOUN
caisearbhán *masc1*

dandruff NOUN
sail chnis *fem2*

Dane NOUN
Danar *masc1*

danger NOUN
contúirt *fem2*
□ There is a danger of fire. Tá contúirt dóiteáin ann.
■ **in danger** i mbaol □ His life is in danger. Tá a bheatha i mbaol.
■ **Danger!** *(sign)* Aire!
■ **to be in danger** bheith i gcontúirt □ We were in danger of missing the plane. Bhí an chontúirt ann go gcaillfimis an t-eitleán.

dangerous ADJECTIVE
contúirteach
□ Hitchhiking can be dangerous. Thig le síobshúil a bheith contúirteach.

Danish ADJECTIVE
▷ see also **Danish** NOUN
Danmhargach

Danish NOUN
▷ see also **Danish** ADJECTIVE
Danmhairgis *fem2 (language)*

to **dare** VERB
■ **to dare somebody to do something**
dúshlán duine a thabhairt rud
a dhéanamh
■ **I didn't dare to tell my parents.** Ní raibh
sé de mhisneach ionam insint do mo
thuismitheoirí.
■ **I dare say it'll be okay.** Déarfainn go
mbeidh sé ceart go leor.

daring ADJECTIVE
dána

dark ADJECTIVE
▷ see also **dark** NOUN
1 dorcha *(night, room)*
□ It's dark. Tá sé dorcha. □ It's getting dark.
Tá sé ag éirí dorcha.
2 crón *(colour, complexion)*
3 dubh
□ She's got dark hair. Tá gruaig dhubh
uirthi.

dark NOUN
▷ see also **dark** ADJECTIVE
dorchadas *masc1*
□ I'm afraid of the dark. Tá mé faoi eagla an
dorchadais.
■ **after dark** ar dhul ó sholas dó

darkness NOUN
dorchadas *masc1*
□ The room was in darkness. Bhí an seomra
i ndorchadas.

darling NOUN
muirnín *masc4*
□ Thank you, darling! Go raibh maith agat,
a mhuirnín!

dart NOUN
ga *masc4*
■ **to play darts** dairteanna a imirt

to **dash** VERB
▷ see also **dash** NOUN
■ **to dash to** rúid a thabhairt ar □ Everyone
dashed to the window. Thug gach duine
rúid ar an bhfuinneog.

dash NOUN
▷ see also **dash** VERB
dais *fem2 (punctuation mark)*

data PL NOUN
sonraí *masc4 pl*

database NOUN
bunachar sonraí *masc1 (on computer)*

date NOUN
1 dáta *masc4*
□ my date of birth mo dháta breithe
■ **What's the date today?** Cén dáta
é inniu?
2 coinne *fem4*
□ She's got a date with Ian tonight.
Tá coinne le Ian aici anocht.
3 dáta *masc4 (fruit)*
■ **out of date 1** as dáta *(passport)*
2 seanfhaiseanta *(clothes)*
■ **up to date** suas chun dáta

daughter NOUN
iníon *fem2*

daughter-in-law NOUN
bean mhic *fem*

dawn NOUN
breacadh an lae *masc1*
□ at dawn le breacadh an lae

day NOUN
lá *masc*
□ We stayed in Cork for three days.
D'fhan muid i gCorcaigh ar feadh trí lá.
□ during the day i rith an lae □ I stayed at
home all day. D'fhan mé sa bhaile an lá
ar fad.
■ **every day** gach lá
■ **the day before** an lá roimhe □ the day
before my birthday an lá roimh mo lá
breithe
■ **the day after** an lá arna mhárach
■ **the day after tomorrow** arú amárach
□ We're leaving the day after tomorrow.
Beimid ag imeacht arú amárach.
■ **the day before yesterday** arú inné
□ He arrived the day before yesterday.
Tháinig sé arú inné.

dead ADJECTIVE, ADVERB
1 marbh
□ He was already dead when the doctor
came. Bhí sé marbh cheana féin nuair a
tháinig an dochtúir. □ He was shot dead.
Scaoileadh marbh é.
2 ar fad *(totally)*
□ You're dead right! Tá an ceart ar fad agat!
■ **dead on time** ag an am ceart go díreach
□ The train arrived dead on time. Tháinig an
traein ag an am ceart go díreach.
■ **The line is dead.** *(telephone)* Tá an líne
marbh.

dead end NOUN
ceann caoch *masc1*

deadline NOUN
spriocdháta *masc4*
□ The deadline for entries is May 2nd. Is é

an 2ú lá de Bhealtaine an spriocdháta faoi choinne iontrálacha.

deaf ADJECTIVE
bodhar

deafening ADJECTIVE
bodhraitheach

deal NOUN
▷ *see also* **deal** VERB
margadh *masc1*
■ **It's a deal!** Bíodh ina mhargadh!
■ **a great deal** cuid mhaith □ **a great deal** of money cuid mhaith airgid

to **deal** VERB
▷ *see also* **deal** NOUN
roinn *(cards)*
□ It's your turn to deal. Leatsa an roinnt.
■ **He promised to deal with it immediately.** Gheall sé féachaint chuige láithreach bonn.

dealer NOUN
1 déileálaí *masc4*
2 mangaire *masc4 (of drugs)*

dealt VERB ▷ *see* **deal**

dear ADJECTIVE
1 dil
2 daor *(expensive)*
■ **Dear John** *(in letter)* A Sheáin, a chara
■ **Dear Sir/Madam** *(in letter)* A dhuine uasail/A bhean uasal

death NOUN
bás *masc1*
□ after his death i ndiaidh a bháis
■ **I was bored to death.** Bhí mé dubh dóite.

debate NOUN
▷ *see also* **debate** VERB
díospóireacht *fem3*

to **debate** VERB
▷ *see also* **debate** NOUN
pléigh

debt NOUN
fiach *masc1*
□ He's got a lot of debts. Tá cuid mhaith fiacha aige.
■ **to be in debt** fiacha a bheith ort

to **debug** VERB
dífhabhtaigh *(computing)*

decade NOUN
deich mbliana *fem3 pl*

to **decay** VERB
meathlaigh *(rot)*
□ a decaying mansion teach mór atá ag dul chun raice

to **deceive** VERB
cealg

December NOUN
Nollaig *fem*
■ **in December** i mí Nollag

decent ADJECTIVE
cneasta
■ **a decent education** oideachas réasúnta

to **decide** VERB
socraigh
□ I decided to write to her. Shocraigh mé scríobh chuici. □ I decided not to go. Shocraigh mé gan dul.
■ **I can't decide.** Ní féidir liom socrú a dhéanamh.
■ **Haven't you decided yet?** Nach bhfuil socrú déanta go fóill agat?
■ **to decide on something** socrú a dhéanamh ar rud
■ **They haven't decided on a name yet.** Níl ainm socraithe go fóill acu.

decimal ADJECTIVE
deachúlach
□ the decimal system an córas deachúlach

decision NOUN
cinneadh *masc1*
■ **to make a decision** cinneadh a dhéanamh

deck NOUN
1 deic *fem2 (of ship)*
■ **on deck** ar deic
2 paca *masc4 (of cards)*

deckchair NOUN
cathaoir dheice *fem*

to **declare** VERB
1 dearbhaigh *(state)*
2 fógair *(war)*
3 admhaigh *(at customs)*
□ nothing to declare dada le hadmháil

to **decorate** VERB
1 gradam a bhronnadh ar *(give medal to)*
2 maisigh *(room, house, cake)*
□ I decorated the cake with cherries. Mhaisigh mé an císte le silíní.

decrease NOUN
▷ *see also* **decrease** VERB
■ **a decrease in** laghdú ar □ There was a decrease in the number of students. Bhí laghdú ar líon na mac léinn.

to **decrease** VERB
▷ *see also* **decrease** NOUN
laghdaigh

dedicated ADJECTIVE
tiomnaithe
□ a very dedicated teacher múinteoir an-tiomnaithe

■ **dedicated to** 1 comhcheangailte le
□ a museum dedicated to Napoleon
iarsmalann comhcheangailte le Napoleon
2 tiomnaithe do □ The book is dedicated to
Emma. Tá an leabhar tiomnaithe do Emma.

dedication NOUN
1 dúthracht *fem3 (commitment)*
2 tiomnú *masc (in book)*

to **deduct** VERB
■ **Deduct the cost of postage.** Bain an
costas postais as.

deed NOUN
1 gníomh *masc1 (action)*
2 gníomhas *masc1 (in law)*

deep ADJECTIVE
domhain
□ Is it deep? An bhfuil sé domhain?
□ How deep is the lake? Cé chomh
domhain is atá an loch? □ 4 metres deep
ceithre mhéadar ar doimhne □ a deep
layer of snow brat domhain sneachta
□ The snow was really deep. Bhí an
sneachta an-domhain.
■ **He's got a deep voice.** Tá glór toll aige.
■ **to take a deep breath** anáil throm a
tharraingt

deeply ADVERB
go domhain

deer NOUN
fia *masc4*
■ **fallow deer** fia fionn

defeat NOUN
▷ *see also* **defeat** VERB
briseadh *masc*

to **defeat** VERB
▷ *see also* **defeat** NOUN
buaigh ar

defect NOUN
locht *masc3*

defence (US **defense**) NOUN
cosaint *fem3*

to **defend** VERB
cosain

defender NOUN
cosantóir *masc3*

to **define** VERB
sainmhínigh

definite ADJECTIVE
1 cinnte *(fixed)*
□ I haven't got any definite plans. Níl aon
socruithe cinnte agam.
2 dearfa *(certain)*
□ We might go to Spain, but it's not definite.
Seans go rachaimid chun na Spáinne, ach níl
sé dearfa.

definitely ADVERB
go cinnte
□ He's the best player. — Definitely! Is é an
t-imreoir is fearr é. — Go cinnte!
■ **He's definitely the best player.** Is é an
t-imreoir is fearr é gan aon amhras.
■ **I definitely think he'll come.** Níl amhras
orm ach go dtiocfaidh sé.

definition NOUN
sainmhíniú *masc*

degree NOUN
céim *fem2*
□ a temperature of 30 degrees teocht 30
céim □ a degree in English céim i mBéarla

to **delay** VERB
▷ *see also* **delay** NOUN
moilligh
□ Don't delay on the way. Ná moilligh faoi
bhealach. □ Our flight was delayed. Bhí
moill ar ár n-eitilt.

delay NOUN
▷ *see also* **delay** VERB
moill *fem2*

to **delete** VERB
scrios

deliberate ADJECTIVE
réamhbheartaithe

deliberately ADVERB
d'aon turas *(on purpose)*
□ She did it deliberately. Rinne sí d'aon
turas é.

delicate ADJECTIVE
1 leochaileach *(frail, fragile)*
2 fineálta *(of quality, character)*

delicatessen NOUN
deilí *masc4*

delicious ADJECTIVE
sobhlasta

delight NOUN
lúcháir *fem2*
■ **to her delight** agus lúcháir uirthi

delighted ADJECTIVE
■ **to be delighted to do something** áthas
a bheith ort rud a dhéanamh □ He'll be
delighted to see you. Beidh áthas air tú a
fheiceáil.

delightful ADJECTIVE
galánta

to **deliver** VERB
1 seachaid *(mail, newspapers)*
□ I deliver newspapers. Seachadaim
nuachtáin.
2 saolaigh *(baby)*

delivery NOUN
seachadadh *masc*

to **demand** VERB
▷ *see also* **demand** NOUN
éiligh

demand NOUN
▷ *see also* **demand** VERB
éileamh *masc1*
■ **in demand** éileamh a bheith ar
■ **on demand** ar éileamh

demanding ADJECTIVE
1 doiligh a shásamh *(person)*
2 dian *(work)*
□ It's a very demanding job. Post an-dian atá ann.

demo NOUN
agóid *fem2 (protest)*

democracy NOUN
daonlathas *masc1*

democratic ADJECTIVE
daonlathach

to **demolish** VERB
leag

to **demonstrate** VERB
léirigh *(show)*
□ She demonstrated the technique. Léirigh sí an teicníc.
■ **They demonstrated against the war.** Rinne siad agóid in éadan an chogaidh.

demonstration NOUN
1 léiriú *masc (of method, technique)*
2 agóid *fem2 (protest)*

demonstrator NOUN
agóideoir *masc3 (protester)*

denim NOUN
deinim *masc4*
□ a denim jacket casóg dheinim

denims PL NOUN
briste deinim *masc4 (jeans)*

Denmark NOUN
an Danmhairg *fem2*
■ **in Denmark** sa Danmhairg □ **to Denmark** chun na Danmhairge

dense ADJECTIVE
1 dlúth *(smoke, fog)*
2 dúr *(stupid)*
□ He's so dense! Tá sé chomh dúr le slis!

dent NOUN
▷ *see also* **dent** VERB
log *fem2*

to **dent** VERB
▷ *see also* **dent** NOUN
log a chur i

dental ADJECTIVE
déadach
■ **dental floss** flas déadach

dentist NOUN
fiaclóir *masc3*
□ Catherine is a dentist. Is fiaclóir í Catherine.

to **deny** VERB
séan
□ She denied everything. Shéan sí gach rud.

deodorant NOUN
díbholaíoch *masc1*

to **depart** VERB
imigh

department NOUN
roinn *fem2*
□ the shoe department roinn na mbróg
□ the English department roinn an Bhéarla

department store NOUN
siopa ilranna *masc4*

departure NOUN
imeacht *masc3*

departure lounge NOUN
tolglann imeachta *fem2*

to **depend** VERB
■ **to depend on** brath ar □ depending on the result ag brath ar an toradh
■ **It depends.** Braitheann sé.

to **deport** VERB
díbir thar tír amach

deposit NOUN
éarlais *fem2*
□ You have to pay a deposit when you book. Is gá éarlais a íoc nuair a dhéanann tú an áirithint. □ You get the deposit back when you return the bike. Gheobhaidh tú an éarlais ar ais nuair a thugann tú an rothar ar ais.

depressed ADJECTIVE
faoi ghruaim
□ I'm feeling depressed. Tá mé faoi ghruaim.

depressing ADJECTIVE
gruama

depth NOUN
doimhneacht *fem3*

deputy head NOUN
leas-phríomhoide *masc4*

Derry NOUN
Doire *masc4*

to **descend** VERB
tar anuas

to **describe** VERB
cur síos a dhéanamh ar
□ Can you describe him for me? An féidir leat cur síos a dhéanamh air dom?

description NOUN
cur síos *masc1*

desert NOUN
1 gaineamhlach *masc1 (sand)*
2 fásach *masc1 (wilderness)*

desert island NOUN
oileán fásaigh *masc1*

to **deserve** VERB
tuill

design NOUN
▷ *see also* **design** VERB
1 dearadh *masc1*
 □ It's a completely new design. Is dearadh úr ar fad é.
 ■ **fashion design** dearadh faisin
2 patrún *masc1 (pattern)*
 □ a geometric design patrún geoiméadrach

to **design** VERB
▷ *see also* **design** NOUN
dear

designer NOUN
dearthóir éadaigh *masc3 (fashion)*
 ■ **designer clothes** éadaí dearthóra

desire NOUN
▷ *see also* **desire** VERB
mian *fem2*

to **desire** VERB
▷ *see also* **desire** NOUN
santaigh

desk NOUN
1 deasc *fem2*
2 deasc chláraithe *(in hotel, at airport)*

despair NOUN
éadóchas *masc1*
 □ I was in despair. Bhí éadóchas orm.

desperate ADJECTIVE
éadóchasach
 □ a desperate situation cás éadóchasach
 ■ **to get desperate** éirí éadóchasach
 □ I was getting desperate. Bhí mé ag éirí éadóchasach.

desperately ADVERB
1 go huafásach
 ■ **We're desperately worried.** Tá an-imní orainn.
2 an- *(very)*
 □ desperately urgent an-phráinneach

to **despise** VERB
 ■ **to despise somebody** gráin a bheith agat ar dhuine

despite PREPOSITION
d'ainneoin
 □ despite all the difficulties d'ainneoin na ndeacrachtaí uile

dessert NOUN
milseog *fem2*
 □ for dessert mar mhilseog

destination NOUN
ceann scríbe *masc1*

to **destroy** VERB
mill

destruction NOUN
millteanas *masc1*

detached house NOUN
teach aonair *masc*

detail NOUN
sonra *masc4*
 ■ **in detail** go mionchruinn

detailed ADJECTIVE
mion-
 □ a detailed account mionchuntas

detective NOUN
bleachtaire *masc4*
 □ a private detective bleachtaire príobháideach
 ■ **a detective story** scéal bleachtaireachta

detention NOUN
coinneáil istigh
 ■ **to get a detention** coinneáil istigh a fháil

detergent NOUN
glantóir *masc3*

determined ADJECTIVE
diongbháilte
 ■ **to be determined to do something** bheith leagtha ar rud a dhéanamh
 □ She's determined to succeed in life. Tá sí leagtha ar dhul chun cinn sa saol.

detour NOUN
cor bealaigh *masc1*

devaluation NOUN
díluacháil *fem3*

devastated ADJECTIVE
croíbhriste
 □ I was devastated. Bhí mé croíbhriste.

devastating ADJECTIVE
millteach

to **develop** VERB
1 forbair
 □ Girls develop faster than boys. Forbraíonn cailíní níos gasta ná buachaillí.
2 réal
 □ I got the film developed. Fuair mé an scannán réalta.
 ■ **to develop into** éirí i □ The argument developed into a fight. D'éirigh an argóint ina troid.
 ■ **a developing country** tír i mbéal forbartha

development NOUN
forbairt *fem3*
 ■ **the latest developments 1** na forbairtí

307

is déanaí **2** (events) na coir is déanaí sa scéal

device NOUN
gaireas *masc1*

devil NOUN
diabhal *masc1*

□ Poor devil! An diabhal bocht!

to **devise** VERB
ceap

devoted ADJECTIVE
dílis

■ **to be devoted to** do chroí a bheith istigh i □ He's completely devoted to her. Tá a chroí go hiomlán istigh inti.

diabetes NOUN
diaibéiteas *masc1*

diabetic NOUN
diaibéiteach *masc1*

□ I'm a diabetic. Is diaibéiteach mé.

diagonal ADJECTIVE
fiar

diagram NOUN
léaráid *fem2*

to **dial** VERB
diailigh (number)

dialling tone NOUN
ton diailithe *masc1*

dialogue NOUN
comhrá *masc4*

diamond NOUN
1 diamant *masc1*

□ a diamond ring fáinne diamaint
2 muileata *masc4* (shape)

■ **diamonds** muileata (at cards) □ the ace of diamonds an t-aon muileata

diaper NOUN (US)
clúidín *masc4*

diarrhoea NOUN
buinneach *fem2*

□ I've got diarrhoea. Tá buinneach orm.

diary NOUN
dialann *fem2*

□ I keep a diary. Coinním dialann. □ I've got her phone number in my diary. Tá a huimhir ghutháin i mo dhialann agam.

dice NOUN
dísle *masc4*

dictation NOUN
deachtú *masc*

dictionary NOUN
foclóir *masc3*

did VERB ▷ see do

to **die** VERB
bás a fháil

□ He died last year. Fuair sé bás anuraidh.

■ **to be dying for something** bheith fiáin chun ruda

■ **to be dying to do something** bheith ar bís le rud a dhéanamh □ I'm dying to see you. Tá mé ar bís le tú a fheiceáil.

diesel NOUN
1 ola dhíosail *fem4*

□ 30 litres of diesel 30 lítear d'ola dhíosail
2 díosal *masc1* (car)

□ My car's a diesel. Tá inneall díosail i gcarr s'agamsa.

diet NOUN
aiste bia *fem4*

□ I'm on a diet. Tá mé ar aiste bia.

■ **a healthy diet** cothú sláintiúil

difference NOUN
difear *masc1*

■ **It makes no difference.** Is cuma é.

different ADJECTIVE
difriúil

□ We are very different. Táimid an-difriúil le chéile. □ Dublin is different from Paris. Tá Baile Átha Cliath difriúil le Páras.

difficult ADJECTIVE
deacair

□ It's difficult to choose. Tá sé deacair rogha a dhéanamh.

difficulty NOUN
deacracht *fem3*

□ without difficulty gan deacracht

■ **to have difficulty with something** saothar a fháil le rud

to **dig** VERB
1 tochail (hole)
2 rómhair (garden)

■ **to dig up potatoes** prátaí a bhaint

digestion NOUN
díleá *masc4*

digger NOUN
tochaltóir (machine)

digital camera NOUN
ceamara digiteach *masc4*

digital radio NOUN
raidió digiteach *masc4*

digital television NOUN
teilifís dhigiteach *fem2*

digital watch NOUN
uaireadóir digiteach *masc3*

dim ADJECTIVE
1 lag (light, outline)
2 dúr (stupid)

dimension NOUN
■ **the dimensions of the house** buntomhais an tí

to **diminish** VERB
laghdaigh

din NOUN
1 trup *masc4* (loud noise)
2 ruaille buaille *masc4* (commotion)

diner NOUN (US)
bialann *fem2*

dinghy NOUN
báidín *masc4*

□ a rubber dinghy báidín rubair □ a sailing dinghy báidín seoil

dining car NOUN
carbad bia *masc1*

dining room NOUN
seomra bia *masc4*

dinner NOUN
dinnéar *masc1*

dinner jacket NOUN
seaicéad dinnéir *masc1*

dinner lady NOUN
bean dinnéir *fem*

dinner party NOUN
cóisir dinnéir *fem2*

dinosaur NOUN
dineasár *masc1*

dip NOUN
▷ see also **dip** VERB
1 tumadh *masc* (in sea)

■ to go for a dip dul ag snámh
2 dip *fem2* (food)

to **dip** VERB
▷ see also **dip** NOUN
1 tum

□ He dipped a biscuit into his tea. Thum sé brioscaí ina chuid tae.
2 ísligh (car lights)

diploma NOUN
dioplóma *masc4*

□ a diploma in social work dioplóma in obair shóisialta

diplomat NOUN
taidhleoir *masc3*

diplomatic ADJECTIVE
taidhleoireachta

■ diplomatic relations caidreamh taidhleoireachta

direct ADJECTIVE, ADVERB
▷ see also **direct** VERB
1 díreach

□ the most direct route an bealach is dírí
2 go díreach

□ You can't fly to Nice direct from Cork. Ní féidir eitilt go díreach ó Chorcaigh go Nice.

to **direct** VERB
▷ see also **direct** ADJECTIVE, ADVERB

stiúir (film, programme)

direct debit NOUN
dochar díreach *masc1*

direction NOUN
treo *masc4*

■ to ask somebody for directions eolas a chur ar dhuine

director NOUN
stiúrthóir *masc3*

directory NOUN
eolaire *masc4*

dirt NOUN
1 salachar *masc1*
2 cré *fem4* (earth)

■ a dirt track smúitraon

dirty ADJECTIVE
salach

□ Your hands are dirty. Tá do lámha salach.

■ to get something dirty rud a shalú

disabled ADJECTIVE
míchumasach

disadvantage NOUN
míbhuntáiste *masc4*

to **disagree** VERB
easaontaigh

■ He disagrees with me. Easaontaíonn sé liom.

to **disappear** VERB
1 imigh (depart)
2 téigh as amharc (be lost to view)
3 ceiliúir (vanish)
4 téigh ar ceal (die out)

disappearance NOUN
imeacht *masc3*

disappointed ADJECTIVE
díomách

disappointing ADJECTIVE
mealltach

disappointment NOUN
díomá *fem4*

disaster NOUN
tubaiste *fem4*

disastrous ADJECTIVE
tubaisteach

disc NOUN
1 diosca *masc4* (circular plate)
2 ceirnín *masc4* (record)

discipline NOUN
smacht *masc3*

disc jockey NOUN
ceirneoir *masc3*

disco NOUN
dioscó *masc4*

□ There's a disco at the school tonight. Beidh dioscó ar siúl sa scoil anocht.

to **disconnect** VERB
1 scoir
2 gearr an líne *(telephone)*

discount NOUN
lacáiste *masc4*
□ a discount for students lacáiste do mhic léinn

to **discourage** VERB
1 beaguchtach a chur ar *(dishearten)*
2 athchomhairligh *(dissuade)*
■ **to get discouraged** beaguchtach a theacht ort □ Don't get discouraged! Ná bíodh beaguchtach ort!

to **discover** VERB
1 fionn *(detect)*
2 tar ar *(come across)*

discrimination NOUN
idirdhealú *masc*
□ racial discrimination idirdhealú ciníoch

to **discuss** VERB
1 pléigh *(talk about)*
□ I'll discuss it with my parents. Pléifidh mé le mo thuismitheoirí é. □ We discussed the problem of pollution. Phléigh muid fadhb an truaillithe.
2 déan díospóireacht ar *(debate)*

discussion NOUN
1 comhrá *masc4 (conversation)*
2 díospóireacht *fem3 (debate)*
■ **under discussion** idir chamáin

disease NOUN
galar *masc1*

disgraceful ADJECTIVE
náireach *(scandalous)*

to **disguise** VERB
cuir bréagriocht ar
■ **He was disguised as a policeman.** Bhí sé i riocht póilín.
■ **in disguise** faoi bhréagriocht

disgusted ADJECTIVE
déistin a bheith ort
□ I was absolutely disgusted. Bhí an-déistin orm.

disgusting ADJECTIVE
1 déistineach
□ It looks disgusting. Tá cuma dhéistineach air.
2 náireach *(disgraceful)*
□ That's disgusting! Tá sin náireach!

dish NOUN
soitheach *masc1*
□ a china dish soitheach poircealláin
■ **to do the dishes** na soithí a ní

□ He never does the dishes. Ní níonn sé na soithí riamh.
■ **a vegetarian dish** mias veigeatórach

dishonest ADJECTIVE
mí-ionraic

dish soap NOUN (US)
leacht níocháin *masc3*

dish towel NOUN (US)
éadach soithí *masc1*

dishwasher NOUN
miasniteoir *masc3*

disinfectant NOUN
dífhalrán *masc1*

disk NOUN
diosca *masc4*
■ **the hard disk** an diosca crua
■ **a floppy disk** diosca bog

diskette NOUN
discéad *masc1*

dislike NOUN
▷ see also **dislike** VERB
col *masc1*
■ **my likes and dislikes** na rudaí is maith liom agus na rudaí nach maith liom
■ **to take a dislike to something** *(food)* snamh a thabhairt do rud

to **dislike** VERB
▷ see also **dislike** NOUN
■ **I dislike it.** Ní maith liom é.
■ **I dislike him intensely.** Is fuath liom é.

dismal ADJECTIVE
1 gruama *(dreary)*
2 ainnis *(abysmal)*

to **dismiss** VERB
briseadh as post *(employee)*

disobedient ADJECTIVE
easumhal

to **dispatch** VERB
seol *(goods)*

display NOUN
▷ see also **display** VERB
taispeántas *masc1*
□ There was a lovely display of fruit in the window. Bhí taispeántas galánta torthaí san fhuinneog.
■ **to be on display** bheith ar taispeáint
□ Her best paintings were on display. Bhí na péintéireachtaí is fearr aici ar taispeáint.
■ **a firework display** taispeántas tinte ealaíne

to **display** VERB
▷ see also **display** NOUN
taispeáin
□ She proudly displayed her medal. Thaispeáin sí a bonn go bródúil.

disposable ADJECTIVE
indiúscartha

to **disqualify** VERB
dícháiligh

■ **to be disqualified** bheith dícháilithe □ He was disqualified. Dícháilíodh é.

to **disrupt** VERB
bris isteach ar

□ Protesters disrupted the meeting. Bhris lucht agóide isteach ar an gcruinniú.

■ **Train services are being disrupted by the strike.** Tá an stailc ag cur isteach ar sheirbhísí traenach.

dissatisfied ADJECTIVE
míshásta

□ We were dissatisfied with the service. Bhí muid míshásta leis an tseirbhís.

to **dissolve** VERB
tuaslaig

distance NOUN
1 achar *masc1*
2 fad *masc1*

□ a distance of 40 kilometres fad 40 ciliméadar □ It's within walking distance. Tá sé faoi fhad siúil díot.

■ **in the distance** i bhfad uait

distant ADJECTIVE
i bhfad ar shiúl

■ **in the distant future** faoi cheann achair fhada

distillery NOUN
1 drioglann *fem2*
2 teach stiléireachta *masc (small)*

distinct ADJECTIVE
1 ar leith *(separate)*
2 soiléir *(clear)*

distinction NOUN
1 idirdhealú *masc*

□ to make a distinction between … idirdhealú a dhéanamh idir …
2 gradam *masc1 (honour, merit)*

□ I got a distinction in my piano exam. Bhain mé gradam amach i mo scrúdú pianó.

distinctive ADJECTIVE
sainiúil

to **distract** VERB
mearaigh

■ **to distract somebody** seachmall a chur ar dhuine

to **distribute** VERB
dáil

district NOUN
1 dúiche *fem4 (of country)*
2 ceantar *masc1 (of town)*

to **disturb** VERB
cuir isteach ar

□ I'm sorry to disturb you. Tá brón orm cur isteach ort.

ditch NOUN
▷ see also **ditch** VERB
díog *fem2*

to **ditch** VERB
▷ see also **ditch** NOUN
fág *(person)*

□ She's just ditched her boyfriend. Tá sí díreach i ndiaidh a buachaill a fhágáil.

dive NOUN
▷ see also **dive** VERB
1 onfais *fem2*
2 tumadh *masc (of submarine)*

to **dive** VERB
▷ see also **dive** NOUN
tum

diver NOUN
tumadóir *masc3*

diversion NOUN
atreorú *masc (for traffic)*

to **divide** VERB
roinn

□ Divide the pastry in half. Roinn an taosrán ina dhá leath. □ 12 divided by 3 is 4. 12 roinnte ar 3 sin a 4.

■ **We divided into two groups.** Scar muid inár dhá ghrúpa.

diving NOUN
tumadóireacht *fem3*

■ **a diving board** clár tumadóireachta

division NOUN
1 deighilt *fem2 (split)*
2 roinnt *fem2 (in maths)*
3 roinn *fem2 (department)*

divorce NOUN
colscaradh *masc*

divorced ADJECTIVE
colscartha

□ My parents are divorced. Tá mo thuismitheoirí colscartha.

DIY NOUN *(= do-it-yourself)*
DFÉ *(= déan féin é)*

□ to do DIY DFÉ a dhéanamh □ a DIY shop siopa DFÉ

dizzy ADJECTIVE
■ **I feel dizzy.** Tá meadhrán orm.

DJ NOUN
ceirneoir *masc3*

to **do** VERB
1 déan

□ I haven't done my homework. Ní dhearna mé m'obair bhaile. □ What are you doing this evening? Cad é atá tú a dhéanamh anocht?

2 déan cúis *(be enough)*

□ It's not very good, but it'll do. Níl sé go han-mhaith, ach déanfaidh sé cúis.

■ **Will £10 do?** An leor deich bpunt?

> **LANGUAGE TIP** 'do' is not translated when it is used in questions and in negative sentences.

□ Do you like Chinese food? An maith leat bia Síneach? □ Where does he live? Cá bhfuil sé ina chónaí? □ Where did you go for your holidays? Cá ndeachaigh tú ar do laethanta saoire? □ I don't understand. Ní thuigim.

> **LANGUAGE TIP** 'do' is not translated when it is used to avoid repeating the verb.

□ She swims better than I do. Is fearr an snámh atá aicise ná agamsa. □ Who broke it? — I did. Cé a bhris é? — Mise. □ Do you agree? — No, I don't. An aontaíonn tú? — Ní aontaím. □ She lives in Glasgow — So do I. Tá sí ina cónaí i nGlaschú — Tá agus mise.

■ **to do well** déanamh go maith □ She's doing well at school. Tá sí ag déanamh go maith ar scoil.

■ **How do you do?** Cad é mar atá tú?

■ **She does seem rather late.** Nach déanach atá sí.

■ **Do sit down.** Bí i do shuí.

to **do up** VERB

1 ceangail *(shoes)*

□ Do up your shoes! Ceangail d'iallacha!

2 dún *(button)*

3 cóirigh *(renovate)*

□ They're doing up an old cottage. Tá siad ag cóiriú seanteachín.

to **do without** VERB

tar gan

□ I couldn't do without my computer. Níorbh fhéidir liom teacht gan mo ríomhaire.

dock NOUN

duga *masc4 (for ships)*

doctor NOUN

dochtúir *masc3*

□ She's a doctor. Is dochtúir í. □ I'd like to be a doctor. Ba mhaith liom a bheith i mo dhochtúir.

document NOUN

cáipéis *fem2*

documentary NOUN

clár faisnéise *masc1*

to **dodge** VERB

seachain

dodgems PL NOUN

tuairtcharranna *masc1 pl*

□ We went on the dodgems. Chuamar ar na tuairtcharranna.

does VERB ▷ *see* **do**

dog NOUN

madra *masc4*

□ Have you got a dog? An bhfuil madra agat?

do-it-yourself NOUN

déan féin é

dole NOUN

dól *masc1*

■ **to be on the dole** bheith ar an dól □ A lot of people are on the dole. Tá cuid mhaith daoine ar an dól.

■ **to go on the dole** bheith ag tarraingt cúnamh dífhostaíochta

doll NOUN

bábóg *fem2*

dollar NOUN

dollar *masc1*

dolphin NOUN

deilf *fem2*

domestic ADJECTIVE

1 intíre

□ a domestic flight eitilt intíre

2 clóis *(animal)*

dominoes PL NOUN

dúradáin *masc1 pl*

to **donate** VERB

bronn

done VERB ▷ *see* **do**

Donegal NOUN

Dún na nGall *masc*

donkey NOUN

asal *masc1*

donor NOUN

1 deontóir *masc3 (of blood, organ)*

2 bronntóir *masc3 (to charity)*

donor card NOUN

cárta deontóra *masc4*

don't VERB = **do not**

door NOUN

doras *masc1*

□ the first door on the right an chéad doras ar dheis

doorbell NOUN

cloigín dorais *masc4*

■ **to ring the doorbell** cloigín an dorais a bhualadh

■ **Suddenly the doorbell rang.** Go tobann buaileadh cloigín an dorais.

doorman NOUN
doirseoir *masc3*

doorstep NOUN
leac dorais *fem2*

dormitory NOUN
suanlios *masc3*

dose NOUN
dáileog *fem2*

dosh NOUN
airgead *masc1 (informal: money)*

dot NOUN
ponc *masc1*
■ **on the dot** ar an bpointe □ He arrived at 9 o'clock on the dot. Tháinig sé ar a 9 a chlog ar an bpointe.

double ADJECTIVE, ADVERB
▷ *see also* **double** VERB
dúbailte
□ a double helping cuid dhúbailte
□ a double bed leaba dhúbailte □ a double room seomra dúbailte
■ **a double-decker bus** bus dhá urlár
■ **First-class tickets cost double.** Tá praghas dúbailte ar thicéid den chéad ghrád.

double VERB
▷ *see also* **double** ADJECTIVE, ADVERB
dúbail
■ **The number of attacks has doubled.** Tá líon na n-ionsaithe méadaithe faoi dhó.

double bass NOUN
olldord *masc1*
□ I play the double bass. Seinnim an t-olldord.

to **double-click** VERB
cliceáil faoi dhó *(computing)*
□ Double-click on the icon. Cliceáil faoi dhó ar an deilbhín.

double glazing NOUN
gloiniú dúbailte *masc*

doubles PL NOUN
cluiche ceathrair *masc4 (in tennis)*
□ They play mixed doubles. D'imir siad cluiche ceathrair measctha.

doubt NOUN
▷ *see also* **doubt** VERB
amhras *masc1*
□ I have my doubts. Tá amhras orm.

to **doubt** VERB
▷ *see also* **doubt** NOUN
bheith in amhras
■ **I doubt it.** Ní dóigh liom é.
■ **to doubt that** bheith in amhras go
□ I doubt he'll agree. Tá amhras orm anaontóidh sé.

doubtful ADJECTIVE
amhrasach
□ It's doubtful. Tá sé amhrasach.
■ **I'm doubtful about going by myself.** Tá mé idir dhá chomhairle faoi dhul liom féin.

dough NOUN
1 taos *masc1*
2 airgead *masc1 (informal: money)*

doughnut NOUN
taoschnó *masc4*
□ a jam doughnut taoschnó suibhe

dove NOUN
colm *masc1*

Down NOUN
an Dún *masc1*

down ADVERB, ADJECTIVE, PREPOSITION
1 thíos *(below)*
□ His office is down on the first floor. Tá a oifig thíos ar an gcéad urlár. □ It's down there. Tá sé thíos ansin.
2 síos *(motion)*
□ The rabbit went down the hole. Chuaigh an coinín síos an poll. □ He threw down his racket. Chaith sé síos a raicéad.
3 ar lár *(on the ground)*
■ **to come down** teacht anuas □ Come down here! Anuas anseo leat!
■ **to go down** dul síos
■ **to sit down** suí síos □ Sit down! Suigh síos!
■ **I'm feeling a bit down.** Tá mé in ísle brí.
■ **The computer's down.** Chlis ar an ríomhaire.
■ **They live just down the road.** Tá siad ina gcónaí giota beag síos an bóthar.

to **download** VERB
▷ *see also* **download** NOUN
íoslódáil
□ You can download the program free from ... Féadann tú an clár a íoslódáil saor in aisce ó...

download NOUN
▷ *see also* **download** VERB
íoslódáil *fem3*
□ a free download íoslódail saor in aisce

downloadable ADJECTIVE
in-íoslódáilte

downpour NOUN
bailc *fem2*
□ a sudden downpour bailc thobann

downright ADJECTIVE
glan *(refusal)*
■ **a downright lie** deargéitheach

downstairs ADVERB, ADJECTIVE
1 thíos staighre

□ The bathroom's downstairs. Tá an seomra folctha thíos staighre. □ the downstairs bathroom an seomra folctha thíos staighre □ the people downstairs na daoine thíos staighre

2 dul síos an staighre (motion)

downtown ADJECTIVE (US)
gnócheantar

to **doze** VERB
néal a chodladh

to **doze off** VERB
■ She dozed off. Thit néal uirthi.

dozen NOUN
dosaen masc4
□ a dozen eggs dosaen uibheacha
□ two dozen dhá dhosaen
■ dozens of cuid mhór
■ I've told you that dozens of times.
D'inis mé sin duit go mion minic.

drab ADJECTIVE
lachna (colourless)

draft NOUN (US)
1 siorradh masc1 (wind)
2 coinscríobh masc (into the army)

to **drag** VERB
▷ see also drag NOUN
tarraing
■ 'drag and drop' 'tarraing agus scaoil'

drag NOUN
▷ see also drag VERB
strambán masc1 (informal)
□ It's a real drag! Strambán ceart atá ann!
■ in drag faoi éadaí ban □ He was in drag.
Bhí sé faoi éadaí ban.

dragon NOUN
dragan masc1

drain NOUN
▷ see also drain VERB
draein fem
□ The drains are blocked. Tá na draenacha blocáilte.

to **drain** VERB
▷ see also drain NOUN
sil (vegetables)

draining board NOUN
clár silte masc1

drainpipe NOUN
gáitéar masc1

drama NOUN
drámaíocht fem3
□ Drama is my favourite subject. Is í an drámaíocht an t-ábhar is fearr liom.
■ drama school scoil drámaíochta
□ I'd like to go to drama school. Ba mhaith liom freastal ar scoil drámaíochta.

dramatic ADJECTIVE
1 drámata (moving, exciting)
□ It was really dramatic! Bhí sé an-drámata ar fad! □ dramatic news scéal drámata
2 suntasach (striking)
□ a dramatic improvement feabhas suntasach
3 tobann (sudden)

dramatist NOUN
drámadóir masc3

drank VERB ▷ see drink

drapes (US) PL NOUN
cuirtíní masc4 pl

drastic ADJECTIVE
1 bunúsach (changes)
2 dian (measures)
■ to take drastic action dianbhearta a chur ina suí

draught (US draft) NOUN
siorradh masc1 (wind)
■ on draught ar na bairillí (beer)
■ draught beer beoir bhairille

draughts NOUN
táiplis bheag fem2
■ to play draughts táiplis bheag a imirt

to **draw** VERB
▷ see also draw NOUN
tarraing
□ She drew a picture of her house.
Tharraing sí pictiúr dá teach féin.
■ They drew 1-1. (sport) Chríochnaigh siad ar comhscór 1-1.
■ to draw the curtains na cúirtíní a dhruidim
■ to draw lots crainn a chaitheamh

draw NOUN
▷ see also draw VERB
1 comhscór masc1 (sport)
□ The game ended in a draw. Chríochnaigh an cluiche ar comhscór.
2 crannchur masc1 (lottery)
□ The draw takes place on Saturday.
Bíonn an crannchur ar siúl ar an Satharn.

drawback NOUN
míbhuntáiste masc4

drawer NOUN
tarraiceán masc1

drawing NOUN
líníocht fem3

drawing pin NOUN
tacóid ordóige fem2

drawn VERB ▷ see draw

dreadful ADJECTIVE
uafásach
□ a dreadful mistake meancóg uafásach

□ The weather was dreadful. Bhí an aimsir uafásach. □ You look dreadful. Tá cuma uafásach ort.

■ **I feel dreadful.** Mothaím go holc ar fad.

dream NOUN
▷ *see also* **dream** VERB
brionglóid *fem2*

□ It was just a dream. Ní raibh ann ach brionglóid.

■ **a bad dream** tromluí

to **dream** VERB
▷ *see also* **dream** NOUN

■ **to dream of something** brionglóid a bheith agat ar rud

■ **to dream that** brionglóid a dhéanamh duit go □ I dreamed I was in Belgium. Rinneadh brionglóid dom go raibh mé sa Bheilg.

to **drench** VERB
báigh

■ **to get drenched** bheith báite □ We got drenched. Bhí muid báite.

dress NOUN
▷ *see also* **dress** VERB
gúna *masc4*

to **dress** VERB
▷ *see also* **dress** NOUN
gléas

□ I got up, dressed, and went downstairs. D'éirigh mé, ghléas mé mé féin agus chuaigh mé síos staighre.

■ **to dress somebody** duine a ghléasadh □ She dressed the children. Ghléas sí na páistí.

■ **to get dressed** do chuid éadaigh a chur ort □ I got dressed quickly. Bhuail mé orm mo chuid éadaigh.

to **dress up** VERB
tú féin a chóiriú

□ I dressed up as a ghost. Chóirigh mé mé féin mar thaibhse.

dressed ADJECTIVE
cóirithe

□ She was dressed in jeans. Bhí sí cóirithe i mbríste deinim. □ I'm not dressed yet. Níl mé cóirithe go fóill.

■ **How was she dressed?** Cén feisteas a bhí uirthi?

dresser NOUN
drisiúr *masc1 (furniture)*

dressing NOUN
1 cóiriú *masc (for wound)*
2 anlann *masc1 (for salad)*

dressing gown NOUN
fallaing sheomra *fem2*

dressing table NOUN
clár maisiúcháin *masc1*

drew VERB ▷ *see* **draw**

dried VERB ▷ *see* **dry**

drier NOUN
triomadóir *masc3*

drift NOUN
▷ *see also* **drift** VERB
■ **a snow drift** ráth sneachta

to **drift** VERB
▷ *see also* **drift** NOUN
1 téigh le sruth *(boat)*
2 síob *(sand, snow)*

drill NOUN
▷ *see also* **drill** VERB
druilire *masc4 (tool)*

to **drill** VERB
▷ *see also* **drill** NOUN
druileáil

drink NOUN
▷ *see also* **drink** VERB
deoch *fem*

□ a cold drink deoch fhuar □ a drink of water deoch uisce □ They've gone out for a drink. Chuaigh siad amach faoi choinne deochanna.

■ **to have a drink** deoch a ól

to **drink** VERB
▷ *see also* **drink** NOUN
ól

□ What would you like to drink? Cad é ba mhaith leat le hól? □ She drank three cups of tea. D'ól sí trí chupán tae.

■ **He'd been drinking.** Bhí sé tar éis beith ag ól.

■ **I don't drink.** Ní ólaim.

drinking water NOUN
uisce óil *masc4*

drive NOUN
▷ *see also* **drive** VERB
1 tiomáint *fem3*

□ We've got a long drive tomorrow. Tá tiomáint fhada romhainn amárach.

■ **to go for a drive** geábh a thabhairt i gcarr □ We went for a drive in the country. Thug muid geábh faoin tuath sa charr.

2 cabhsa *masc4 (of house)*

□ He parked his car in the drive. Pháirceáil sé a charr sa chabhsa.

3 tiomáint *fem3 (of computer)*

to **drive** VERB
▷ *see also* **drive** NOUN
tiomáin

□ She's learning to drive. Tá sí ag glacadh ceachtanna tiomána. □ Can you drive?

An bhfuil tiomáint agat? □ My mother drives me to school. Tiománann mo mháthair mé ar scoil.

■ **to drive somebody home** duine a thiomáint abhaile

■ **He offered to drive me home.** Thairg sé síob abhaile dom.

■ **to drive somebody mad** duine a chur as a mheabhair □ He drives her mad. Cuireann sé as a meabhair í.

driver NOUN
tiománaí *masc4*
□ She's an excellent driver. Is tiománaí ar dóigh í. □ He's a bus driver. Is tiománaí bus é.

driver's license (US) NOUN
ceadúnas tiomána *masc1*

driving NOUN
tiomáint *fem3*

driving instructor NOUN
teagascóir tiomána *masc3*
□ He's a driving instructor. Is teagascóir tiomána é.

driving lesson NOUN
ceacht tiomána *masc3*

driving licence NOUN
ceadúnas tiomána *masc1*

driving test NOUN
triail tiomána *fem*
□ She's just passed her driving test. D'éirigh léi ina triail tiomána anois go díreach.

■ **to take one's driving test** triail tiomána a dhéanamh □ He's taking his driving test tomorrow. Beidh triail tiomána aige amárach.

drizzle NOUN
ceobhrán *masc1*

drop NOUN
▷ see also **drop** VERB
braon *masc1*
□ a drop of water braon uisce

to **drop** VERB
▷ see also **drop** NOUN
1 lig titim
□ I dropped the glass and it broke. Lig mé don ghloine titim agus bhris sé.

2 fág
□ Could you drop me at the station? An dtiocfadh leat mé a fhágáil ag an stáisiún?

■ **I'm going to drop chemistry.** Éireoidh mé as ceimic.

to **drop in** VERB
buail isteach *(visit)*

drought NOUN
triomach *masc1*

drove VERB ▷ see **drive**

to **drown** VERB
báigh
□ A boy drowned here yesterday. Bádh buachaill anseo inné.

drug NOUN
druga *masc4*
□ They need food and drugs. Tá bia agus drugaí de dhíth orthu. □ hard drugs drugaí crua □ soft drugs drugaí boga

■ **to take drugs** drugaí a ghlacadh
■ **a drug addict** andúileach drugaí
□ She's a drug addict. Is andúileach drugaí í.
■ **a drug dealer** mangaire drugaí

drugstore NOUN (US)
druglann *fem2*

drum NOUN
druma *masc4*
■ **a drum kit** foireann drumaí
■ **drums** drumaí □ I play drums. Buailaim ar na drumaí.

drummer NOUN
drumadóir *masc3*

drunk ADJECTIVE
▷ see also **drunk** NOUN
ar meisce
□ He was drunk. Bhí sé ar meisce.

drunk NOUN
▷ see also **drunk** ADJECTIVE
meisceoir *masc3*
□ The streets were full of drunks. Bhí na sráideanna lán le meisceoirí.

dry ADJECTIVE
▷ see also **dry** VERB
tirim
□ The paint isn't dry yet. Níl an phéint tirim go fóill. □ a long dry period triomach fada

to **dry** VERB
▷ see also **dry** ADJECTIVE
triomaigh
□ I haven't dried my hair yet. Níor thriomaigh mé mo chuid gruaige go fóill.
■ **to dry the dishes** na soithí a thriomú

dry-cleaner's NOUN
tirimghlantóir *masc3*

dryer NOUN
triomadóir *masc3*
■ **a tumble dryer** triomadóir iomlasctha
■ **a hair dryer** triomadóir gruaige

DTP NOUN (= *desktop publishing*)
foilsitheoireacht deisce *fem3*

dubbed ADJECTIVE
■ **The film was dubbed.** Cuireadh fuaimrian leis an scannán.

dubious ADJECTIVE
amhrasach

□ My parents were a bit dubious about it. Bhí mo thuismitheoirí rud beag amhrasach faoi.

Dublin NOUN
Baile Átha Cliath *masc4*

Dublin Bay NOUN
Cuan Bhaile Átha Cliath *masc1*

duck NOUN
▷ *see also* **duck** VERB
lacha *fem*

to **duck** VERB
▷ *see also* **duck** NOUN
crom go tapa

due ADJECTIVE, ADVERB
le teacht *(expected)*

□ The train is due at three. Tá an traein le teacht ar a trí.

■ **When's the baby due?** Cá huair a bheas breith an bhabaí?

■ **He's due to finish tomorrow.** Tá sé le críochnú amárach.

■ **due to** mar gheall ar □ The trip was cancelled due to bad weather. Cuireadh an turas ar ceal mar gheall ar an drochaimsir.

■ **due north** ó thuaidh díreach

■ **in due course** in am is i dtráth

duet NOUN
díséad *masc1*

dug VERB ▷ *see* **dig**

dull ADJECTIVE
1 leadránach *(boring)*

□ He's nice, but a bit dull. Tá sé deas, ach é rud beag leadránach.

2 gruama *(weather, day)*

dulse NOUN
duileasc *masc1*

duly ADVERB
1 in am *(on time)*
2 mar is cóir *(as expected)*

dumb ADJECTIVE
bómánta *(stupid)*

□ That was a really dumb thing I did! Rud bómánta ar fad a rinne mé!

dummy NOUN
gobán *masc1 (for baby)*

dump NOUN
▷ *see also* **dump** VERB
1 láithreán fuíllig *masc1*

■ **a rubbish dump** láithreán bruscair
2 prochóg *fem2 (place)*

□ It's a real dump! Prochóg amach is amach atá ann!

to **dump** VERB
▷ *see also* **dump** NOUN
1 caith amach *(put down)*
2 dumpáil *(get rid of)*

□ He dumped the old furniture. Dhumpáil sé an seantroscán.

■ **'no dumping'** 'cosc ar dhumpáil'

dungarees PL NOUN
bríste dungaraí *masc4*

dungeon NOUN
doinsiún *masc1*

duplicate NOUN
dúblach *masc1*

duration NOUN
fad *masc1*

during PREPOSITION
i rith

□ during the day i rith an lae

dusk NOUN
clapsholas *masc1*

□ at dusk le clapsholas

dust NOUN
▷ *see also* **dust** VERB
deannach *masc1*

to **dust** VERB
▷ *see also* **dust** NOUN
glan an deannach de

□ I dusted the shelves. Ghlan mé an deannach de na seilfeanna.

■ **I hate dusting!** Is fuath liom deannach a ghlanadh!

dustbin NOUN
bosca bruscair *masc4*

duster NOUN
ceirt deannaigh *fem2*

dustman NOUN
fear bruscair

□ He's a dustman. Is fear bruscair é.

dusty ADJECTIVE
deannachúil

Dutch ADJECTIVE
▷ *see also* **Dutch** NOUN
Ollannach

□ She's Dutch. Is Ollannach í.

Dutch NOUN
▷ *see also* **Dutch** ADJECTIVE
Ollainnis *fem2 (language)*

■ **the Dutch** na hOllannaigh

Dutchman NOUN
Ollanach *masc1*

Dutchwoman NOUN
Ollanach mná *masc1*

duty NOUN
1 dualgas *masc1*

□ It was his duty to tell the police. Bhí sé de dhualgas air insint do na póilíní.

2 dleacht *fem3* (tax)

■ to be on duty (policeman, doctor, nurse) bheith ar dualgas

duty-free ADJECTIVE
saor ó dhleacht

■ the duty-free shop siopa saor ó dhleacht

duvet NOUN
fannchlúmhán *masc1*

DVD NOUN
DVD *masc*

□ I've got that film on DVD. Tá an scannán sin ar DVD agam.

DVD burner NOUN
dóire DVD *masc4*

DVD player NOUN
seinnteoir DVD *masc3*

DVD writer NOUN
scríbhneoir DVD *masc3*

dying VERB ▷ see die

dynamic ADJECTIVE
bríomhar

dynamite NOUN
dinimít *fem2*

dyslexia NOUN
disléicse *fem4*

Ee

each ADJECTIVE, PRONOUN
gach

▫ each day gach lá ▫ Each house in our street has its own garden. Tá a gairdín féin ag gach teach i sráid s'againne. ▫ The girls each have their own bedroom. Tá a seomra leapa féin ag gach cailín.

■ **He gave each of us £10.** Thug sé £10 an duine dúinn.

■ **They have two books each.** Tá dhá leabhar an duine acu.

■ **They hate each other.** Is fuath leo a chéile.

■ **They don't know each other.** Níl aithne ar a chéile acu.

eager ADJECTIVE
díocasach (keen)

■ **to be eager to do something** fonn mór a bheith ort rud a dhéanamh

eagle NOUN
iolar masc1

ear NOUN
cluas fem2

earache NOUN
tinneas cluaise masc1

■ **to have earache** tinneas cluaise a bheith ort

earlier ADVERB
níos luaithe

▫ I saw him earlier. Chonaic mé níos luaithe é. ▫ I ought to get up earlier. Ba chóir dom éirí níos luaithe.

early ADVERB
▷ see also **early** ADJECTIVE
go luath

▫ I have to get up early. Caithfidh mé éirí go luath. ▫ I came early to get a good seat. Tháinig mé go luath le suíochán maith a fháil.

early ADJECTIVE
▷ see also **early** ADVERB
luath

■ **to have an early night** dul a luí go luath

to **earn** VERB
saothraigh

▫ She earns £8 an hour. Saothraíonn sí £8 in aghaidh na huaire.

earnings PL NOUN
tuilleamh masc1

earphones PL NOUN
cluasáin masc1 pl

earplugs PL NOUN
plugaí cluaise masc4 pl

earring NOUN
fáinne cluaise masc4

earth NOUN
1 cré fem4 (soil)
2 an Domhan masc1 (planet)

earthquake NOUN
crith talún masc3

easily ADVERB
go furasta

east NOUN
▷ see also **east** ADJECTIVE, ADVERB
oirthear masc1

▫ in the east san oirthear

east ADJECTIVE, ADVERB
▷ see also **east** NOUN
1 oirthearach

■ **an east wind** gaoth anoir
2 thoir (side)

■ **the east coast** an cósta thoir
■ **east of** taobh thoir de ▫ It's east of London. Tá sé taobh thoir de Londain.
3 soir (towards)

eastbound ADJECTIVE
■ **The car was eastbound on the M25.** Bhí an carr ag dul soir ar an M25.

■ **Eastbound traffic is moving very slowly.** Tá an trácht soir ag bogadh go han-mhall.

Easter NOUN
Cáisc fem3

▫ at Easter um Cháisc ▫ We went to my grandparents' for Easter. Chuaigh muid go teach mo sheantuismitheoirí um Cháisc.

Easter egg NOUN
ubh Chásca *fem2*

eastern ADJECTIVE
oirthearach
□ the eastern part of the island an chuid oirthearach den oileán
■ **Eastern Europe** Oirthear na hEorpa

easy ADJECTIVE, ADVERB
furasta
■ **to take it things easy** bheith ar do shuaimhneas

easy chair NOUN
cathaoir shócúil *fem*

easy-going ADJECTIVE
réchúiseach
□ She's very easy-going. Tá sí an-réchúiseach.

to **eat** VERB
ith
■ **Would you like something to eat?** Ar mhaith leat rud éigin le hithe?

EC NOUN (= European Community)
Comhphobal Eorpach *masc1*

ECB NOUN (= European Central Bank)
BCE (= An Banc Ceannais Eorpach)

eccentric ADJECTIVE
corr

echo NOUN
macalla *masc4*

eclipse NOUN
urú *masc*

eco-friendly ADJECTIVE
éiceabhách

ecological ADJECTIVE
éiceolaíoch

ecology NOUN
éiceolaíocht *fem3*

e-commerce NOUN
ríomhthráchtáil *fem3*

economic ADJECTIVE
1 eacnamaíoch
□ economic growth forás eacnamaíoch
2 sóchmhainneach (business)

economical ADJECTIVE
1 tíosach (car)
2 spárálach (person)

economics NOUN
eacnamaíocht *fem3*
□ He's studying economics. Tá sé ag déanamh staidéir ar eacnamaíocht.

to **economize** VERB
spáráil (spend less)

economy NOUN
geilleagar *masc1*

ecosystem NOUN

éiceachóras *masc1*

ecstasy NOUN
eacstais *fem2 (also drug)*
■ **to be in ecstasy** bheith i dtámhnéal áthais

eczema NOUN
eachma *fem4*

edge NOUN
1 imeall *masc1*
2 faobhar *masc1 (of knife)*
3 grua *fem4 (of road, ridge)*

edgy ADJECTIVE
faoi chearthaí

Edinburgh NOUN
Dún Éideann *masc*

edition NOUN
eagrán *masc1*

editor NOUN
eagarthóir *masc3*

educated ADJECTIVE
oilte

education NOUN
oideachas *masc1*
□ There should be more investment in education. Ba chóir go mbeadh níos mó infheistíochta san oideachas.
□ She works in education. Tá sí ag obair san oideachas.

educational ADJECTIVE
■ **It was very educational.** Bhí sé an-oideachasúil.

eel NOUN
eascann *fem2*

effect NOUN
éifeacht *fem3*
■ **special effects** maisíocht

effective ADJECTIVE
éifeachtach

effectively ADVERB
1 go héifeachtach (efficiently)
2 le fírinne (in reality)

efficient ADJECTIVE
éifeachtach

effort NOUN
iarracht *fem3*
■ **to make an effort to do something** iarracht a thabhairt ar rud a dhéanamh

e.g. ABBREVIATION (= exempli gratia)
m.sh. (= mar shampla)

egg NOUN
ubh *fem2*
□ a hard-boiled egg ubh chruabhruite
□ a soft-boiled egg ubh bhogbhruite
□ a fried egg ubh fhriochta
■ **scrambled eggs** uibheacha scrofa

egg cup NOUN
ubhchupán *masc1*

eggplant NOUN
planda ubhthoraidh *masc4*

Egypt NOUN
an Éigipt *fem2*
□ in Egypt san Éigipt

eight NUMBER
1 a ocht

◌ **LANGUAGE TIP a ocht** is used for telling the time and for counting.
□ at eight o'clock ar a ocht a chlog
□ Three plus five is eight. A trí móide a cúig sin a ocht.

2 ocht

◌ **LANGUAGE TIP ocht** is used to give the number of objects and is usually followed by a singular noun.
□ eight bottles ocht mbuidéal

◌ **LANGUAGE TIP** Some words, **bliain, uair, seachtain, pingin**, have a special plural for use with numbers.
□ eight years ocht mbliana
■ She's eight. Tá sí ocht mbliana d'aois.

◌ **LANGUAGE TIP** To translate 'eight people', use the form **ochtar**.
□ eight people ochtar □ eight women ochtar ban

eighteen NUMBER
ocht ... déag

◌ **LANGUAGE TIP ocht** is usually followed by a singular noun.
■ eighteen bottles ocht mbuidéal déag
□ eighteen people ocht nduine dhéag
■ She's eighteen. Tá sí ocht mbliana déag d'aois.

eighteenth ADJECTIVE
an t-ochtú ... déag
□ her eighteenth birthday an t-ochtú lá breithe déag aici □ the eighteenth floor an t-ochtú hurlár déag
■ the eighteenth of August an t-ochtú lá déag de Lúnasa

eighth NUMBER
ochtú
□ the eighth floor an t-ochtú hurlár
■ the eighth of August an t-ochtú lá de Lúnasa

eighty NUMBER
ochtó

Eire NOUN
Éire *fem*
■ in Eire in Éirinn

either PRONOUN, ADVERB, CONJUNCTION
ceachtar

□ Take either of them. Tóg ceachtar acu.
■ either ... or ... ceachtar acu ... nó ...
■ I don't like milk, and I don't like eggs either. Ní maith liom bainne, agus ní maith liom uibheacha ach oiread.
■ I've never been to Spain. — I haven't either. Ní raibh mé riamh sa Spáinn. — Ná mise ach oiread.

elastic NOUN
leaistic *fem2*

elastic band NOUN
crios leaisteach *masc3*

elbow NOUN
uillinn *fem2*

elder ADJECTIVE
■ my elder sister an deirfiúr is sine agam

elderly ADJECTIVE
cnagaosta

eldest ADJECTIVE
■ the eldest child an páiste is sine
■ my eldest sister an deirfiúr is sine agam

to **elect** VERB
togh

election NOUN
toghchán *masc1*

electric ADJECTIVE
leictreach
□ an electric fire tine leictreach
□ an electric guitar giotár leictreach
□ an electric blanket blaincéad leictreach
□ an electric shock turraing leictreach

electrical ADJECTIVE
leictreach
■ an electrical engineer innealtóir leictreachais

electrician NOUN
leictreoir *masc3*
□ He's an electrician. Is leictreoir é.

electricity NOUN
leictreachas *masc1*

electronic ADJECTIVE
leictreonach

electronic mail NOUN
post leictreonach *masc1*

electronics NOUN
leictreonaic *fem2*
□ My hobby is electronics. Leictreonaic an caitheamh aimsire atá agam.

elegant ADJECTIVE
galánta

elementary school NOUN (US)
bunscoil *fem2*

elephant NOUN
eilifint *fem2*

elevator NOUN (US)
ardaitheoir *masc3*

eleven NUMBER
aon ... déag

○ LANGUAGE TIP **aon** is followed by a singular noun.

□ eleven bottles aon bhuidéal déag
□ eleven people aon duine dhéag
■ She's eleven. Tá sí aon bhliain déag d'aois.

eleventh NUMBER
aonú ... déag

□ the eleventh floor an t-aonú hurlár déag
■ the eleventh of August an t-aonú lá déag de Lúnasa

else ADVERB
eile

□ something else rud éigin eile
□ somewhere else áit éigin eile □ nobody else duine ar bith eile □ Would you like anything else? Ar mhaith leat aon rud eile?
□ I don't want anything else. Níor mhaith liom aon rud eile.

email NOUN
▷ see also **email** VERB
ríomhphost *masc1*

to **email** VERB
▷ see also **email** NOUN
■ to email somebody ríomhphost a chur chuig duine
■ to e-mail something rud a chur leis an ríomhphost
■ e-mail address seoladh ríomhphoist

embankment NOUN
1 claífort *masc1* (of road, railway)
2 port *masc1* (of river)

embarrassed ADJECTIVE
■ to be embarrassed aiféaltas a bheith ort
□ I was really embarrassed. Bhí an-aiféaltas orm.

embarrassing ADJECTIVE
■ It was so embarrassing. Bhí sé chomh náireach sin.

embassy NOUN
ambasáid *fem2*

□ the American Embassy an Ambasáid Mheiriceánach

to **embroider** VERB
bróidnigh

embroidery NOUN
bróidnéireacht *fem3*

□ I do embroidery. Déanaim bróidnéireacht.

embryo NOUN
suth *masc3*

emerald NOUN
smaragaid *fem2 (stone)*

■ emerald green glas smaragaide
■ the Emerald Isle Oileán Iathghlas na hÉireann

emergency NOUN
éigeandáil *fem3*

□ This is an emergency! Is éigeandáil é seo!
■ in an emergency ar uair na práinne
■ emergency exit doras éalaithe
■ the emergency services na seirbhísí éigeandála

to **emigrate** VERB
téigh ar imirce

emoticon NOUN
straoiseog *fem*

emotion NOUN
mothúchán *masc1*

emotional ADJECTIVE
corraitheach

emperor NOUN
impire *masc4*

to **emphasize** VERB
cuir béim ar

■ to emphasize that ... a léiriú go suntasach go ...

empire NOUN
impireacht *fem3*

to **employ** VERB
fostaigh

□ The factory employs 600 people. Tá 600 duine fostaithe sa mhonarcha.

employee NOUN
fostaí *masc4*

employer NOUN
fostóir *masc3*

employment NOUN
fostaíocht *fem3*

■ in employment ag obair

empty ADJECTIVE
▷ see also **empty** VERB
1 folamh
2 gan cur leis (threat, promise)

to **empty** VERB
▷ see also **empty** ADJECTIVE
folmhaigh

■ to empty something out rud a fholmhú amach

to **encourage** VERB
spreag

■ to encourage somebody to do something duine a spreagadh le rud a dhéanamh

encouragement NOUN
spreagadh *masc*

encyclopedia NOUN
ciclipéid *fem2*

end NOUN
▷ *see also* **end** VERB
1 deireadh *masc1*
□ the end of the film deireadh an scannáin
□ the end of the holidays deireadh na laethanta saoire
2 ceann *masc1 (of street, rope, journey)*
□ at the end of the street ag ceann na sráide
■ **in the end** sa deireadh □ In the end I decided to stay at home. Sa deireadh shocraigh mé ar fhanacht sa bhaile.
□ It turned out all right in the end. Tharla go raibh sé go maith sa deireadh.
■ **for hours on end** uair i ndiaidh uaire

to **end** VERB
▷ *see also* **end** NOUN
críochnaigh
□ What time does the film end? Cén t-am a chríochnaíonn an scannán?
■ **to end up doing something** rud a dhéanamh sa deireadh
■ **I ended up walking home.** Shiúil mé abhaile sa deireadh.

ending NOUN
deireadh *masc1*
□ It was an exciting film, especially the ending. Scannán spreagúil a bhí ann, go háirithe an deireadh.

endless ADJECTIVE
síoraí
□ The journey seemed endless. Ba chosúil nach mbeadh deireadh go deo leis an turas.

enemy NOUN
namhaid *masc*

energetic ADJECTIVE
1 fuinniúil *(person)*
2 bríomhar *(activity)*

energy NOUN
fuinneamh *masc1*

engaged ADJECTIVE
1 in úsáid *(busy, in use)*
■ **The phone was engaged.** Bhí an guthán gafa.
2 geallta *(to be married)*
□ She's engaged to Brian. Tá sí geallta le Brian.
■ **to get engaged** lámh is focal a thabhairt dá chéile

engaged tone NOUN
ton gafa *masc1*

engagement NOUN
gealltanas pósta *masc1*
□ an engagement ring fáinne gealltanais

engine NOUN
inneall *masc1*

engineer NOUN
1 innealtóir *masc3*
□ He's an engineer. Is innealtóir é.
2 deisitheoir *masc3 (repairer)*

engineering NOUN
innealtóireacht *fem3*

England NOUN
Sasana *masc4*
□ in England i Sasana □ to England go Sasana □ I'm from England. Is as Sasana mé.

English ADJECTIVE
▷ *see also* **English** NOUN
Sasanach
□ I'm English. Is Sasanach mé.
■ **English people** na Sasanaigh
■ **the English Channel** Muir nIocht

English NOUN
▷ *see also* **English** ADJECTIVE
Béarla *masc4 (language)*
□ Do you speak English? An bhfuil Béarla agat?
■ **the English** *(people)* na Sasanaigh

Englishman NOUN
Sasanach *masc1*

Englishwoman NOUN
Sasanach mná *masc1*

to **enjoy** VERB
bain sult as
□ Did you enjoy the film? Ar bhain tú sult as an scannán?
■ **to enjoy oneself** bheith ag déanamh suilt
□ I really enjoyed myself. Bhain mé an-sult as. □ Did you enjoy yourselves at the party? Ar bhain sibh sult as an gcóisir?

enjoyable ADJECTIVE
sultmhar

enlargement NOUN
méadú *masc (of photo)*

enormous ADJECTIVE
ollmhór

enough ADJECTIVE, PRONOUN
go leor
□ big enough mór go leor □ enough time go leor ama □ I didn't have enough money. Ní raibh go leor airgid agam. □ Have you got enough? An bhfuil go leor agat?
■ **I've had enough of this work.** Tá mo sháith agam den obair seo.
■ **funnily enough** aisteach go leor

to **enquire** VERB
fiafraigh
■ **to enquire about something** fiafraí a dhéanamh faoi rud □ I am going to enquire

about train times. Tá mé ag dul a fhiafraí faoi amanna traenach.

enquiry NOUN
1 ceist *fem2*
■ **to make enquiries about something** ceisteanna a chur faoi rud
2 fiosrúchán *masc1 (investigation)*
■ **'enquiries'** 'fiosrúcháin'

to enter VERB
1 téigh isteach i *(room)*
2 glac páirt i *(competition)*
□ She entered a competition to win a car. Ghlac sí páirt i gcomórtas le carr a bhaint.
3 iontráil *(on computer)*

to entertain VERB
1 déan sult do *(amuse)*
2 tabhair aíocht do *(guests)*

entertainer NOUN
fuirseoir *masc3*

entertaining ADJECTIVE
siamsúil

entertainment NOUN
siamsa *masc4*

enthusiasm NOUN
fonn *masc1*

enthusiast NOUN
díograiseoir *masc3*
□ a railway enthusiast díograiseoir iarnróid
□ She's a DIY enthusiast. Is díograiseoir DFÉ í.

enthusiastic ADJECTIVE
díograiseach
■ **to be enthusiastic about something** bheith tógtha le rud

entire ADJECTIVE
iomlán
■ **the entire world** an domhan go léir

entirely ADVERB
go huile is go hiomlán

entrance NOUN
bealach isteach *masc1*
■ **to gain entrance to** *(university, college)* áit a fháil i
■ **an entrance exam** scrúdú iontrála
■ **an entrance fee** táille iontrála

entry NOUN
dul isteach *masc3*
■ **'no entry'** 'ná téitear isteach'
■ **an entry form** foirm iontrála

entry phone NOUN
idirghuthán *masc1*

envious ADJECTIVE
éadmhar
■ **to be envious of somebody** bheith in éad le duine

environment NOUN
timpeallacht *fem3*

environmental ADJECTIVE
timpeallachta

environment-friendly ADJECTIVE
neamhdhíobhálach don timpeallacht

envy NOUN
▷ *see also* **envy** VERB
éad *masc3*

to envy VERB
▷ *see also* **envy** NOUN
■ **to envy somebody** bheith in éad le duine □ I don't envy you! Níl mé in éad leat!

epidemic NOUN
eipidéim *fem2*

epilepsy NOUN
titimeas *masc1*

episode NOUN
eipeasóid *fem2*

equal ADJECTIVE
▷ *see also* **equal** VERB
cothrom

to equal VERB
▷ *see also* **equal** ADJECTIVE
■ **to equal something** bheith cothrom le rud □ 3 plus 4 equals seven. Tá 3 móide 4 cothrom le 7.
■ **Two times two equals four.** A dó faoi a dó sin a ceathair.

equality NOUN
comhionannas *masc1*

to equalize VERB
cothromaigh *(in sport)*

equator NOUN
meánchiorcal *masc1*

equipment NOUN
trealamh *masc1*
□ fishing equipment trealamh iascaireachta
□ skiing equipment trealamh sciála

equipped ADJECTIVE
trealmhaithe
□ The caravan is equipped for four people. Tá an carbhán trealmhaithe faoi choinne ceathrair. □ All the rooms are equipped with phones. Tá na seomraí go léir trealmhaithe le gutháin.
■ **to be well equipped** *(office, kitchen)* bheith deisiúil
■ **He is well equipped for the job.** Tá sé inniúil don obair.

equivalent ADJECTIVE
■ **equivalent to** cothrom le

e-reader NOUN
ríomhléitheoir *masc3*

error NOUN
earráid *fem2*

escalator NOUN
staighre beo *masc4*

escape NOUN
▷ see also **escape** VERB
éalú *masc*

to escape VERB
▷ see also **escape** NOUN
éalaigh
□ A lion has escaped. D'éalaigh leon.
■ **to escape from** éalú ó □ He escaped from prison. D'éalaigh sé ó phríosún.

escort NOUN
duine comórtha *masc4*
■ **a police escort** coimhdeacht gharda

especially ADVERB
go háirithe
□ It's very hot there, especially in the summer. Bíonn sé an-te ansin, go háirithe sa samhradh.

essay NOUN
aiste *fem4*
□ a history essay aiste staire

essential ADJECTIVE
riachtanach *(necessary)*
□ It's essential to bring warm clothes. Tá sé riachtanach éadach te a thabhairt leat.

to establish VERB
bunaigh

estate NOUN
eastát *masc1*
□ I live on an estate. Tá mé i mo chónaí ar eastát.
■ **a housing estate** eastát tithíochta

estate agent NOUN
gníomhaire eastáit *masc4*

to estimate VERB
meas
□ They estimated it would take three weeks. Mheas siad go dtógfadh sé trí seachtaine.

Estonia NOUN
an Eastóin *fem2*

estuary NOUN
inbhear *masc1*

etc ABBREVIATION *(= et cetera)*
srl

Ethiopia NOUN
an Aetóip *fem2*
□ in Ethiopia san Aetóip

ethnic ADJECTIVE
eitneach
□ an ethnic minority mionlach eitneach

e-ticket NOUN
ríomhthicéad *masc1*

EU NOUN
Aontas na hEorpa *masc1*

euro NOUN
euro *masc4*
□ 50 euros 50 euro

Europe NOUN
an Eoraip *fem3*
□ in Europe san Eoraip □ to Europe chun na hEorpa

European ADJECTIVE
▷ see also **European** NOUN
Eorpach

European NOUN
▷ see also **European** ADJECTIVE
Eorpach *masc1*

to evacuate VERB
1 bánaigh *(place)*
2 aslonnaigh *(people)*

eve NOUN
■ **Christmas Eve** Oíche Nollag
■ **New Year's Eve** Oíche Chinn Bliana

even ADJECTIVE
▷ see also **even** ADVERB
1 réidh *(level, smooth)*
□ an even layer of snow brat réidh sneachta
2 cothrom *(equal)*
■ **an even number** ré-uimhir
■ **to get even with somebody** cúiteamh a bhaint as duine □ He wanted to get even with her. Bhí sé ag iarraidh cúiteamh a bhaint aisti.

even ADVERB
▷ see also **even** ADJECTIVE
go fiú
□ I like all animals, even snakes. Is maith liom na hainmhithe go léir, go fiú nathracha.
■ **even if** fiú amháin má □ I'd never do that, even if you asked me. Ní dhéanfainn sin go deo, fiú dá n-iarrfá orm.
■ **even though** cé go □ He wants to go out, even though it's raining. Tá sé ag iarraidh dul amach, cé go bhfuil sé ag cur.
■ **even so** mar sin féin
■ **He never stops working, not even at the weekend.** Ní stadann sé den obair, fiú amháin ag an deireadh seachtaine.

evening NOUN
1 tráthnóna *masc4*
□ in the evening um thráthnóna
■ **all evening** an tráthnóna ar fad
■ **Good evening!** Tráthnóna maith agat!
2 oíche *fem4* *(after dark)*
■ **this evening** anocht *(after dark)*

evening class NOUN
rang oíche *masc3*

event – except

event NOUN
1 imeacht *masc3 pl*
2 comórtas *masc1 (in sport)*
  □ a sporting event comórtas spóirt
  ■ **in the event of** sa chás go
eventful ADJECTIVE
  eachtrúil
eventual ADJECTIVE
  deiridh
  □ the eventual outcome an toradh deiridh
eventually ADVERB
  sa deireadh
ever ADVERB
1 riamh *(past)*
  □ Have you ever seen it? An bhfaca tú riamh é?
2 choíche *(future)*
  □ It's the best film you will ever see. Is é an scannán is fearr é a fheicfidh tú choíche.
  ■ **Have you ever been to Germany?** An raibh tú sa Ghearmáin riamh?
  ■ **for the first time ever** den chéad uair riamh
  ■ **ever since** riamh ó shin □ ever since I met him riamh ó bhuail mé leis
  ■ **ever since then** riamh ó shin
every ADJECTIVE
  gach
  □ every day gach lá □ every other day gach dara lá
  ■ **every time** gach uair □ Every time I see him he's depressed. Bíonn sé faoi ghruaim gach uair a fheicim é.
  ■ **every now and then** ó am go ham
everybody PRONOUN
  gach duine
  □ Everybody had a good time. Bhí an-saol ag gach duine.
  ■ **Everybody makes mistakes.** Is annamh saoi gan locht.
everyone PRONOUN
  gach duine
  □ Everyone opened their presents. D'oscail gach duine a gcuid bronntanas.
  □ Everyone should have a hobby. Ba chóir go mbeadh caitheamh aimsire ag gach duine.
everything PRONOUN
  gach rud
  □ You've thought of everything! Chuimhnigh tú ar gach rud! □ Have you remembered everything? Ar chuimhnigh tú ar gach rud?
  ■ **Money isn't everything.** Is fearr an tláinte ná an táinte.

everywhere ADVERB
  i ngach áit
  □ I looked everywhere, but I couldn't find it. Chuardaigh mé i ngach áit, ach ní raibh mé in ann é a aimsiú. □ There were policemen everywhere. Bhí póilíní i ngach áit.
eviction NOUN
  díshealbhú *masc*
evidence NOUN
  cruthú *masc*
  ■ **to give evidence** fianaise a thabhairt
evil ADJECTIVE
  olc
ex- PREFIX
  iar
  □ his ex-wife a iarbhean chéile
exact ADJECTIVE
  beacht
exactly ADVERB
  go beacht
  ■ **exactly the same** go díreach an rud céanna
  ■ **It's exactly 10 o'clock.** Tá sé go díreach a deich a chlog.
  ■ **exactly!** go díreach!
  ■ **Not exactly.** Ní go díreach.
to **exaggerate** VERB
  déan áibhéil ar
exam NOUN
  scrúdú *masc*
  □ a French exam scrúdú Fraincise
  □ the exam results torthaí na scrúduithe
examination NOUN
  scrúdú *masc*
to **examine** VERB
  scrúdaigh
  □ He examined her passport. Rinne sé scrúdú ar a pas. □ The doctor examined him. Rinne an dochtúir scrúdú air.
examiner NOUN
  scrúdaitheoir *masc3*
example NOUN
  sampla *masc4*
  ■ **for example** mar shampla
excellent ADJECTIVE
  ar dóigh
  □ Her results were excellent. Bhí a cuid torthaí ar dóigh.
  ■ **It was excellent fun.** Spraoi ar dóigh a bhí ann.
except PREPOSITION
  ach
  □ everyone except me gach duine ach mise
  ■ **except for** ach amháin

■ **except that** ach amháin go □ The holiday was great, except that it rained. Bhí an tsaoire ar dóigh, ach amháin go raibh sé ag cur fearthainne.

exception NOUN
eisceacht *fem3*

■ **to make an exception** eisceacht a dhéanamh

■ **to take exception to something** col a ghlacadh le rud

exceptional ADJECTIVE
eisceachtúil

excess baggage NOUN
bagáiste breise *masc4*

to **exchange** VERB
malartaigh
□ I exchanged the book for a CD. Mhalartaigh mé an leabhar ar DD.

exchange rate NOUN
ráta malairte *masc4*

excited ADJECTIVE
corraithe

exciting ADJECTIVE
corraitheach

exclamation mark NOUN
comhartha uaillbhreasa *masc4*

excuse NOUN
▷ see also **excuse** VERB
leithscéal *masc1*

to **excuse** VERB
▷ see also **excuse** NOUN
maith do

■ **to excuse somebody from something** *(activity)* duine a scaoileadh ó rud

■ **Excuse me!** Gabh mo leithscéal!

ex-directory ADJECTIVE
■ **to be ex-directory** gan bheith san eolaí teileafóin

to **execute** VERB
1 cuir chun báis *(kill)*
2 cuir i gcrích *(carry out)*

execution NOUN
bású *masc*

executive NOUN
feidhmeannach *masc1 (in business)*
□ He's an executive. Is feidhmeannach é.

exercise NOUN
1 cleachtadh *masc1*
■ **an exercise book** cóipleabhar
2 aclaíocht *fem3 (physical)*
□ an exercise bike rothar aclaíochta

exhausted ADJECTIVE
spíonta

exhaust fumes PL NOUN
múch sceite *fem2 pl*

exhaust pipe NOUN
sceithphíopa *masc4*

exhibition NOUN
taispeántas *masc1*

ex-husband NOUN
iarfhear céile *masc1*

to **exist** VERB
bheith ann

exit NOUN
bealach amach *masc1*

exotic ADJECTIVE
coimhthíoch

to **expect** VERB
bheith ag súil le
□ I was expecting the worst. Bhí mé ag súil leis an scéal is measa. □ I'm expecting him for dinner. Tá mé ag súil leis faoi choinne dinnéir.

■ **She's expecting a baby.** Tá sí ag iompar clainne.

■ **I expect it's a mistake.** Is dóigh liom gur meancóg atá ann.

expedition NOUN
1 turas *masc1 (journey)*
2 eachtra *fem4 (exploration)*

to **expel** VERB
díbir
■ **to get expelled** *(from school)* bheith curtha amach

expenses PL NOUN
speansais *masc pl*

expensive ADJECTIVE
daor

experience NOUN
1 taithí *fem4 (practice)*
2 eachtra *fem4 (incident)*

experienced ADJECTIVE
cleachta

experiment NOUN
turgnamh *masc1*

expert ADJECTIVE
▷ see also **expert** NOUN
saineolach

expert NOUN
▷ see also **expert** ADJECTIVE
saineolaí *masc4*
□ He's a computer expert. Is saineolaí ríomhairí é.
■ **He's an expert cook.** Is cócaire den scoth é.

to **expire** VERB
téigh as feidhm *(passport)*

to **explain** VERB
mínigh

explanation NOUN
míniú *masc*

explode – eyesight

to **explode** VERB
pléasc

to **exploit** VERB
bain sochar as

to **explore** VERB
taiscéal (place)

explorer NOUN
taiscéalaí masc4

explosion NOUN
pléascadh masc

explosive ADJECTIVE
▷ see also **explosive** NOUN
pléascach

explosive NOUN
▷ see also **explosive** ADJECTIVE
pléascán masc1

to **export** VERB
easpórtáil

to **express** VERB
cuir in iúl

■ **to express oneself** tú féin a chur in iúl
□ It's hard to express oneself in a foreign language. Tá sé doiligh tú féin a chur in iúl i dteanga iasachta.

expression NOUN
1 leagan cainte masc1 (phrase)
□ It's an English expression. Is leagan cainte Béarla é.
2 dreach masc3 (look)

expressway NOUN (US)
mótarbhealach masc1

extension NOUN
1 fortheach masc (of building)
2 folíne fem4 (of telephone)
□ Extension 3137, please. Folíne 3137, le do thoil.

extensive ADJECTIVE
fairsing
□ The castle is set in extensive grounds. Tá an caisleán suite i dtailte fairsinge. □ The earthquake caused extensive damage. Rinne an crith talún damáiste go forleathan.

extensively ADVERB
go fairsing
□ He has travelled extensively in Europe. Thaistil sé go fairsing san Eoraip.
■ **The building was extensively renovated last year.** Rinneadh athchóiriú mór ar an bhfoirgneamh anuraidh.

extent NOUN
fairsinge fem4

■ **to some extent** go pointe áirithe

exterior ADJECTIVE
amuigh

extinct ADJECTIVE
díobhaí
□ The species is almost extinct. Tá an speiceas chóir a bheith díobhaí.
■ **to become extinct** imeacht in éag

extinguisher NOUN
múchtóir masc3

to **extort** VERB
srac

extortionate ADJECTIVE
ró-ard

extra ADJECTIVE, ADVERB
breise
□ an extra blanket blaincéad breise
■ **Breakfast is extra.** Tá táille bhreise ar bhricfeasta.
■ **to pay extra** breis a íoc
■ **It costs extra.** Tá costas breise air.

extraordinary ADJECTIVE
1 neamhchoitianta (uncommon)
2 iontach (amazing)

extravagant ADJECTIVE
rabairneach (person)

extreme ADJECTIVE
fíor-

extremely ADVERB
fíor-

extremist NOUN
antoisceach masc1

eye NOUN
súil fem2
□ I've got green eyes. Tá súile gorma agam.
■ **to keep an eye on something** súil a choinneáil ar rud

eyebrow NOUN
mala fem4

eyelash NOUN
fabhra masc4

eyelid NOUN
caipín na súile masc4

eyeliner NOUN
línitheoir súl masc3

eye shadow NOUN
cosmaid súile fem2

eyesight NOUN
radharc na súl masc1

Ff

fabric NOUN
fabraic *fem2*

fabulous ADJECTIVE
iontach
□ The show was fabulous. Bhí an seó go hiontach.

face NOUN
▷ *see also* **face** VERB
aghaidh *fem2*
■ **on the face of it** de réir cosúlachta
■ **face down** béal faoi
■ **to make a face** strainc a chur ort féin
■ **in the face of** in aghaidh □ in the face of these problems in aghaidh na bhfadhbanna seo
■ **face to face** aghaidh ar aghaidh

to **face** VERB
▷ *see also* **face** NOUN
tabhair aghaidh ar
■ **to face up to something** glacadh le rud □ You must face up to your responsibilities. Caithfidh tú glacadh le do chuid dualgas.

face cloth NOUN
ceirt aghaidhe *fem2*

facilities PL NOUN
áiseanna *fem2 pl*
□ This school has excellent facilities. Tá áiseanna den chéad scoth sa scoil seo.
■ **toilet facilities** áiseanna leithris
■ **shopping facilities** saoráidí siopadóireachta

fact NOUN
fíric *fem2*
■ **in fact** le fírinne

factory NOUN
monarcha *fem*

to **fade** VERB
1 tréig
□ The colour has faded in the sun. Thréig an dath faoin ngrian. □ The colour on my jeans has faded. Tá an dath tréigthe ar mo bhríste géine.

2 meath *(light, sound)*
□ The daylight was fading fast. Bhí solas an lae ag meath go tiubh. □ The noise gradually faded. Mhaolaigh ar an tormán de réir a chéile.

fag NOUN
toitín *masc4 (cigarette)*

to **fail** VERB
▷ *see also* **fail** NOUN
1 teip ar
□ I failed the exam. Theip orm sa scrúdú.
□ In our class, no one failed. I rang s'againne, níor theip ar dhuine ar bith.

2 clis
□ My brakes failed. Chlis na coscáin orm.
■ **to fail to do something** faillí a dhéanamh i rud
■ **She failed them.** D'fheall sí orthu.

fail NOUN
▷ *see also* **fail** VERB
■ **without fail** gan teip

failure NOUN
1 teip *fem2*
□ feelings of failure mothúcháin theipe
2 cúl le rath *masc1 (person)*
3 cliseadh *masc*
□ a mechanical failure cliseadh meicniúil

faint ADJECTIVE
▷ *see also* **faint** VERB
lag
□ His voice was very faint. Bhí a ghuth iontach lag.
■ **I feel faint.** Mothaím lag.

to **faint** VERB
▷ *see also* **faint** ADJECTIVE
titim i laige
□ All of a sudden she fainted. Go tobann thit sí i laige.

fair ADJECTIVE
▷ *see also* **fair** NOUN
1 cothrom
□ That's not fair. Níl sé sin cothrom.

fair – family

2 fionn *(hair, skin)*
□ He's got fair hair. Tá a chuid gruaige fionn.
□ people with fair skin daoine le craiceann fionn

3 soineanta *(weather)*
□ The weather was fair. Bhí an aimsir soineanta.

4 measartha *(good enough)*
□ I have a fair chance of winning. Tá seans measartha agam baint.

fair NOUN
▷ *see also* **fair** ADJECTIVE

1 aonach *masc1*
□ They went to the fair. Chuaigh siad ar an aonach.
■ **a trade fair** aonach trádála

2 aonach só *(funfair)*

fairground NOUN
páirc aonaigh

fair-haired ADJECTIVE
fionn
□ My mother is fair-haired. Tá mo mháthair fionn.

fairly ADVERB

1 go cothrom
□ The cake was divided fairly. Roinneadh an cáca go cothrom.

2 cuibheasach *(quite)*
□ That's fairly good. Tá sé sin cuibheasach maith.

fairness NOUN
cothroime *fem4*

fairy NOUN
síóg *fem2*

fairy tale NOUN
síscéal *masc1*

faith NOUN

1 creideamh *masc1*
□ the Catholic faith an creideamh Caitliceach

2 muinín *fem2 (trust)*
□ People have lost faith in the government. Tá muinín caillte ag daoine sa rialtas.

faithful ADJECTIVE
dílis

faithfully ADVERB
■ **Yours faithfully** *(in letter)* Is mise le meas

fake NOUN
▷ *see also* **fake** ADJECTIVE
■ **The painting was a fake.** Pictiúr falsaithe a bhí ann.

fake ADJECTIVE
▷ *see also* **fake** NOUN
bréagach

□ She wore fake fur. Chaitheadh sí fionnadh bréagach.

fall NOUN
▷ *see also* **fall** VERB

1 titim *fem2*
□ She had a nasty fall. Bhain drochthitim di.
■ **the Niagara Falls** Easanna Niagara

2 fómhar *masc1 (US: autumn)*

to **fall** VERB
▷ *see also* **fall** NOUN
tit
□ He tripped and fell. Baineadh tuisle as agus thit sé. □ Prices are falling. Tá praghsanna ag titim.

to **fall down** VERB
tit
□ She's fallen down. Thit sí. □ The house is slowly falling down. Tá an teach ag titim chun raice de réir a chéile.

to **fall for** VERB

1 meall le
□ I fell for the trick. Mealladh leis an gcleas mé.

2 tit i ngrá le *(person)*
□ She's falling for him. Tá sí ag titim i ngrá leis.

to **fall off** VERB
tit de
□ The book fell off the shelf. Thit an leabhar den tseilf.

to **fall out** VERB
tit *(hair, teeth)*
■ **to fall out with somebody** titim amach le duine □ He fell out with his sister. Thit sé amach lena dheirfiúr.

to **fall through** VERB
teip ar
□ Our plans have fallen through. Theip ar ár gcuid pleananna.

fallen VERB ▷ *see* **fall**

false ADJECTIVE
bréagach
■ **a false alarm** gáir bhréige
■ **false teeth** fiacla bréige

fame NOUN
cáil *fem2*

familiar ADJECTIVE
aithnidiúil
□ a familiar face aghaidh aithnidiúil
■ **to be familiar with** cur amach a bheith agat ar □ I'm familiar with his work. Tá cur amach agam ar a chuid oibre.

family NOUN
teaghlach *masc1*
■ **the McAteer family** clann Mhic an tSaoir

famine NOUN
gorta *masc4*

famous ADJECTIVE
cáiliúil

fan NOUN
1 fean *masc4 (hand-held)*
2 geolán *masc1 (electric)*
3 tacadóir *masc4 (supporter)*
□ I'm a fan of that team. Is tacadóir de chuid na foirne sin mé.

fanatic NOUN
fanaiceach *masc1*

to fancy VERB
■ **to fancy doing something** fonn a bheith ort rud a dhéanamh □ I fancy singing. Tá fonn ceoil orm.
■ **He fancies her.** Tá nóisean aige di.

fancy dress NOUN
bréigéide *fem4*
□ He was wearing fancy dress. Bhí sé ag caitheamh bréigéide.
■ **a fancy-dress party** cóisir bhréigéide

fantastic ADJECTIVE
iontach

FAQ NOUN *(= frequently asked questions)*
CCanna *fem4 pl (= ceisteanna coitianta)*

far ADJECTIVE
▷ *see also* **far** ADVERB
fada
□ How far is it to Cork? Cé chomh fada is atá sé go Corcaigh? □ at the far end of the room ag an gceann thall den seomra
■ **far from** i bhfad ó □ It's not far from London. Níl sé i bhfad ó Londain. □ It's far from the truth. Tá sé i bhfad ón bhfírinne.

far ADVERB
▷ *see also* **far** ADJECTIVE
i bhfad
□ far away i bhfad ar shiúl □ far behind i bhfad ar gcúl □ far better i bhfad níos fearr
■ **by far** go mór fada
■ **How far have you got?** An fada chun cinn atá tú?
■ **as far as I know** go bhfios dom

fare NOUN
táille *fem4*
■ **full fare** lántáille
■ **half fare** leath-tháille

Far East NOUN
■ **the Far East** an Cianoirthear
■ **in the Far East** sa Chianoirthear

farm NOUN
feirm *fem2*

farmer NOUN
feirmeoir *masc3*

□ He's a farmer. Is feirmeoir é.
■ **a farmers' market** margadh tuaithe

farmhouse NOUN
teach feirme *masc*

farming NOUN
1 feirmeoireacht *fem3*
2 tógáil *fem3 (of animals)*
■ **dairy farming** déiríocht

fascinating ADJECTIVE
draíochtach

fashion NOUN
faisean *masc1*
□ a fashion show seó faisin
■ **in fashion** san fhaisean

fashionable ADJECTIVE
faiseanta
□ Bridget wears very fashionable clothes. Caitheann Bríd éadaí an-fhaiseanta.
□ a fashionable restaurant bialann fhaiseanta

fashion show NOUN
seó faisin *masc4*

fast ADJECTIVE
▷ *see also* **fast** ADVERB
1 gasta
□ a fast car carr gasta
2 luath *(clock)*
□ That clock's fast. Tá an clog sin luath.

fast ADVERB
▷ *see also* **fast** ADJECTIVE
go gasta
□ He can run fast. Is féidir leis rith go gasta.
■ **to be fast asleep** bheith i do chnap codlata □ He's fast asleep. Tá sé ina chnap codlata.

fat ADJECTIVE
▷ *see also* **fat** NOUN
ramhar

WORD POWER
You can use a number of other words instead of **fat**:
chubby plucach
□ a chubby baby babaí plucach
overweight róbheathaithe
□ an overweight child páiste róbheathaithe
plump breá cothaithe
□ a plump woman bean bhreá chothaithe

fat NOUN
▷ *see also* **fat** ADJECTIVE
1 saill *fem2 (on meat)*
2 geir *fem2*
□ It's very high in fat. Tá cuid mhór geire ann.

fatal ADJECTIVE
1 marfach (causing death)
  □ a fatal accident taisme mharfach
2 tubaisteach (disastrous)
  □ He made a fatal mistake. Rinne sé meancóg thubaisteach.
fate NOUN
cinniúint fem3
father NOUN
athair masc
  □ my father m'athair
father-in-law NOUN
athair céile masc
faucet NOUN (US)
sconna masc4
fault NOUN
1 locht masc3
  □ It's my fault. Tá an locht ormsa.
2 fabht masc4 (defect)
  □ There's a fault in this computer. Tá fabht sa ríomhaire seo. □ a mechanical fault fabht meicniúil
faulty ADJECTIVE
lochtach
  □ This machine is faulty. Tá an t-inneall seo lochtach.
favour (US **favor**) NOUN
1 fabhar masc1
  ■ **to be in favour of something** bheith i bhfabhar ruda □ I'm in favour of nuclear disarmament. Tá mé i bhfabhar le dí-armáil núicléach.
2 gar masc1 (help)
  ■ **to do somebody a favour** gar a dhéanamh do dhuine □ Could you do me a favour? An dtiocfadh leat gar a dhéanamh dom?
favourite (US **favorite**) ADJECTIVE
  ▷ see also **favourite** NOUN
  ■ **my favourite book** an leabhar is fearr liom
favourite (US **favorite**) NOUN
  ▷ see also **favourite** ADJECTIVE
rogha na coitiantachta
  □ Down are favourites to win the Cup. Is é an Dún rogha na coitiantachta chun an corn a bhaint.
fax NOUN
  ▷ see also **fax** VERB
facs masc4 (document)
  ■ **to send somebody a fax** facs a chur chuig duine
to **fax** VERB
  ▷ see also **fax** NOUN
facsáil

  ■ **to fax somebody** duine a fhacsáil
fear NOUN
  ▷ see also **fear** VERB
eagla fem4
to **fear** VERB
  ▷ see also **fear** NOUN
  ■ **to fear something** eagla a bheith ort roimh rud
  ■ **You have nothing to fear.** Ná bíodh eagla ar bith ort.
feather NOUN
cleite masc4
feature NOUN
1 gné fem4
  □ an important feature gné thábhachtach
2 gné-alt masc1 (article)
3 gnéchlár masc1 (programme)
February NOUN
Feabhra fem4
  ■ **in February** i mí Feabhra
fed VERB ▷ see **feed**
fed up ADJECTIVE
  ■ **to be fed up with something** bheith dubh dóite de rud □ I'm fed up with this. Tá mé dubh dóite de seo.
to **feed** VERB
cothaigh
  □ He worked hard to feed his family. D'oibrigh sé go crua lena theaghlach a chothú.
  ■ **Have you fed the cat?** Ar thug tú a chuid don cat?
to **feel** VERB
1 mothaigh
  □ I didn't feel much pain. Níor mhothaigh mé mórán péine.
2 ceap (think, believe)
  ■ **I don't feel well.** Ní bhraithim féin go maith.
  ■ **to feel hungry** ocras a bheith ort
  ■ **I was feeling hungry.** Bhí ocras ag teacht orm.
  ■ **to feel lonely** uaigneas a bheith ort
  □ I feel lonely. Tá uaigneas orm.
  ■ **I feel like ...** (want) Tá fonn ... orm
  □ I feel like a walk. Tá fonn siúil orm.
feeling NOUN
mothú masc
  □ a burning feeling dianmhothú □ a feeling of satisfaction mothú sástachta
feet PL NOUN ▷ see **foot**
fell VERB ▷ see **fall**
felt VERB ▷ see **feel**
felt-tip pen NOUN
peann feilte masc1

female NOUN
▷ *see also* **female** ADJECTIVE
baineannach *masc1*

female ADJECTIVE
▷ *see also* **female** NOUN
1 baineann
□ a female animal ainmhí baineann
2 ban-
□ a female offender banchiontóir

feminine ADJECTIVE
banda

feminist NOUN
feiminí *masc4*

fence NOUN
fál *masc1*

Fermanagh NOUN
Fear Manach *masc*

fern NOUN
raithneach *fem2*

ferret NOUN
firéad *masc1*

ferry NOUN
bád farantóireachta *masc1*

fertile ADJECTIVE
torthúil

fertilizer NOUN
leasachán *masc1*

festival NOUN
1 féile *fem4 (religious)*
2 fleá cheoil *fem4*
□ a jazz festival fleá shnagcheoil

to **fetch** VERB
1 téigh faoi choinne
□ Fetch the bucket. Téigh faoi choinne an bhuicéid.
2 díol *(sell for)*
□ His painting fetched 5000 euros. Díoladh an phéintéireacht 5000 euro.

fever NOUN
fiabhras *masc1*

few ADJECTIVE, PRONOUN
■ **few books** *(not many)* beagán leabhar
■ **a few** roinnt □ a few years roinnt blianta
■ **in a few words** i mbeagán focal
■ **quite a few people** roinnt mhaith daoine

fewer ADJECTIVE
■ **There are fewer pupils in this class.** Tá níos lú daltaí sa rang seo.

fiancé NOUN
fiancé *masc4*
□ He's my fiancé. Is é mo fiancé é.

fiancée NOUN
fiancé *masc4*
□ She's my fiancée. Is í mo fiancé í.

fiction NOUN
ficsean *masc1 (novels)*

fiddle NOUN
fidil *fem2 (musical instrument)*

field NOUN
1 páirc *fem2*
□ a field of wheat páirc cruithneachta
□ a football field páirc peile
2 ábhar *masc1 (subject)*
□ He's an expert in this field. Is saineolaí ar an ábhar seo é.

fierce ADJECTIVE
fíochmhar
□ The dog looked very fierce. Bhí cuma iontach fíochmhar ar an madra. □ The wind was very fierce. Bhí an ghaoth iontach fíochmhar. □ a fierce attack ionsaí fíochmhar

fifteen NUMBER
cúig ... déag
LANGUAGE TIP **cúig** is usually followed by a singular noun.
□ fifteen bottles cúig bhuidéal déag
□ fifteen people cúig dhuine dhéag
■ **I'm fifteen.** Tá mé cúig bliana déag d'aois.

fifteenth ADJECTIVE
cúigiú ... déag
□ the fifteenth year an cúigiú bliain déag
■ **the fifteenth of August** an cúigiú lá déag de Lúnasa

fifth ADJECTIVE
cúigiú
□ the fifth year an cúigiú bliain
■ **the fifth of August** an cúigiú lá de Lúnasa

fifty NUMBER
caoga
LANGUAGE TIP **caoga** is followed by a singular noun.
□ fifty people caoga duine
■ **He's fifty.** Tá sé caoga bliain d'aois.

fifty-fifty ADJECTIVE, ADVERB
■ **They split the prize money fifty-fifty.** Rinne siad an t-airgead a roinnt ar bhonn leath is leath.
■ **a fifty-fifty chance** seans cothrom

fight NOUN
▷ *see also* **fight** VERB
troid *fem3*
□ There was a fight in the pub. Bhí troid sa teach tábhairne.
■ **the fight against cancer** an troid in aghaidh na hailse

to **fight** VERB
▷ *see also* **fight** NOUN
troid

□ They were fighting. Bhí siad ag troid.
□ The doctors tried to fight the disease.
Rinne na dochtúirí iarracht troid in aghaidh
an ghalair.

fighting NOUN
troid *fem3*
□ Fighting broke out outside the pub. Bhris
troid amach taobh amuigh den teach
tábhairne.

figure NOUN
1 figiúr *masc1 (number)*
□ Can you give me the appropriate figures?
An dtiocfadh leat na figiúirí chuí a thabhairt
dom?
2 cruth *masc3 (outline of person)*
□ Peter saw the figure of a man on the
bridge. Chonaic Peadar cruth fir ar an
droichead. □ I have to watch my figure.
Caithfidh mé súil a choinneáil ar mo chruth.
3 pearsa *fem (personality)*
□ She's an important political figure. Is
pearsa thábhachtach pholaitiúil í.

to **figure out** VERB
oibrigh amach *(work out)*
□ I'll try to figure out how much it'll cost.
Déanfaidh mé iarracht an méid a chosnóidh
sé a oibriú amach. □ I couldn't figure out
what it meant. Ní thiocfadh liom an chiall
a bhí leis a oibriú amach. □ I can't figure
him out at all. Ní thig liom é a oibriú amach
ar chor ar bith.

file NOUN
▷ *see also* **file** VERB
1 comhad *masc1 (document, on computer)*
□ Have we got a file on the suspect? An
bhfuil comhad againn ar an amhrastach?
2 líomhán *masc1 (tool)*

to **file** VERB
▷ *see also* **file** NOUN
1 comhdaigh *(papers, claim)*
2 líomh *(nails, wood)*
  ■ **to file one's nails** do chuid ingne a
  líomhadh

to **fill** VERB
líon
□ She filled the glass with water. Líon sí an
ghloine le huisce.

to **fill in** VERB
líon *(hole, form)*
□ Can you fill this form in please? An
dtiocfadh leat an fhoirm seo a líonadh le
do thoil? □ He filled the hole in with soil.
Líon sé an poll le hithir.

to **fill up** VERB
líon

□ He filled the cup up to the brim. Líon sé
an cupán go béal.
  ■ **Fill it up, please.** *(at petrol station)* Líon í,
  le do thoil.

film NOUN
scannán *masc1*

film star NOUN
réaltóg scannán *fem2*
□ He's a film star. Is réaltóg scannán é.

filthy ADJECTIVE
1 cáidheach *(dirty)*
2 gáirsiúil *(language)*

final ADJECTIVE
▷ *see also* **final** NOUN
1 deiridh
□ the final days na laethanta deiridh
2 deireanach *(definite)*
□ a final decision cinneadh deireanach
  ■ **I'm not going and that's final.** Níl mé ag
  dul agus sin sin.

final NOUN
▷ *see also* **final** ADJECTIVE
cluiche ceannais *masc4*
□ Cork are in the final. Tá Corcaigh sa
chluiche ceannais.

finally ADVERB
1 faoi dheireadh *(eventually)*
□ She finally chose the red shoes.
Roghnaigh sí bróga dearga faoi dheireadh.
2 ar deireadh *(lastly)*
□ Finally, I would like to say … Ar deireadh,
ba mhaith liom a rá …

to **find** VERB
faigh
□ I can't find the exit. Ní féidir liom an
bealach amach a fháil. □ Did you find your
pen? An bhfuair tú do pheann?

to **find out** VERB
faigh amach
□ I'm determined to find out the truth.
Tá mé meáite ar an bhfírinne a fháil amach.
  ■ **to find out about 1** *(make enquiries)*
  fiosraigh □ Try to find out about the cost of
  a hotel. Déan iarracht costas óstáin a
  fhiosrú. **2** *(by chance)* faigh amach faoi
  □ I found out about their secret. Fuair mé
  amach a rún.

fine ADJECTIVE
▷ *see also* **fine** ADVERB, NOUN
1 breá *(excellent)*
□ He's a fine musician. Is ceoltóir breá é.
2 mion *(not coarse)*
□ She's got very fine hair. Tá a cuid gruaige
iontach mion.
  ■ **to be fine** bheith go maith □ How are

you? — I'm fine. Cad é mar atá tú? — Tá mé go maith.

■ **The weather is fine today.** Tá an aimsir go breá inniu.

fine ADVERB

▷ *see also* **fine** ADJECTIVE, NOUN

maith *(well)*

□ I feel fine. Mothaím go maith.

fine NOUN

▷ *see also* **fine** ADJECTIVE, ADVERB

fíneáil *fem3*

□ She got a £50 fine. Gearradh fíneáil £50 uirthi. □ I got a fine for speeding. Gearradh fíneáil orm as bheith ag tiomáint rosciobtha.

finger NOUN

méar *fem2*

■ **my little finger** mo lúidín

fingernail NOUN

ionga méire *fem*

fingerprint NOUN

méarlorg *masc1*

finish NOUN

▷ *see also* **finish** VERB

críoch *fem2*

□ We saw the finish of the Dublin Marathon. Chonacamar críoch Mharatón Bhaile Átha Cliath.

to **finish** VERB

▷ *see also* **finish** NOUN

críochnaigh

□ I've finished! Tá mé críochnaithe! □ I've finished the book. Chríochnaigh mé an leabhar. □ The film has finished. Tá an scannán críochnaithe.

■ **to finish doing something** rud a chur i gcrích

■ **to finish third** teacht isteach sa tríú háit

Finland NOUN

an Fhionlainn *fem2*

□ in Finland san Fhionlainn

Finn NOUN

Fionlannach *masc1*

Finnish ADJECTIVE

▷ *see also* **Finnish** NOUN

Fionlannach

Finnish NOUN

▷ *see also* **Finnish** ADJECTIVE

Fionlainnis *fem2 (language)*

fire NOUN

▷ *see also* **fire** VERB

tine *fem4*

□ He made a fire in the woods. Rinne sé tine sa choill.

to **fire** VERB

▷ *see also* **fire** NOUN

1 scaoil *(shoot)*

□ She fired twice. Scaoil sí faoi dhó.

■ **to fire a gun** gunna a scaoileadh

■ **to fire at somebody** scaoileadh le duine

□ The terrorist fired at the crowd. Scaoil an scéimhlitheoir leis an slua.

2 bris *(dismiss)*

□ He was fired from his job. Briseadh as a phost é.

fire alarm NOUN

aláram dóiteáin *masc1*

fire brigade (US **fire department**) NOUN

briogáid dóiteáin *fem2*

fire engine NOUN

inneall dóiteáin *masc1 (vehicle)*

fire escape NOUN

staighre éalaithe *masc4*

fire extinguisher NOUN

múchtóir dóiteáin *masc3*

firefighter NOUN

fear dóiteáin *masc1*

□ He's a firefighter. Is fear dóiteáin é.

fireplace NOUN

teallach *masc1*

fire station NOUN

stáisiún dóiteáin *masc1*

firewall NOUN

balla dóiteáin *masc4*

fireworks PL NOUN

tinte ealaíne *fem4 pl*

□ Are you going to see the fireworks? An mbeidh tú ag dul ag breathnú ar na tinte ealaíne?

firm ADJECTIVE

▷ *see also* **firm** NOUN

daingean

□ to be firm with somebody bheith daingean le duine

firm NOUN

▷ *see also* **firm** ADJECTIVE

gnólacht *masc3*

□ He works for a large firm in London. Tá sé ag obair le gnólacht mór i Londain.

first ADJECTIVE, ADVERB

▷ *see also* **first** NOUN

céad

□ the first time an chéad uair

■ **first of all** ar an gcéad dul síos

■ **to come first** *(in exam, race)* bheith sa chéad áit □ Rachel came first. Tháinig Rachel sa chéad áit.

first NOUN

▷ *see also* **first** ADJECTIVE, ADVERB

first aid – five

an chéad duine
□ She was the first to arrive. Ba ise an chéad duine a tháinig.
■ **the first of September** an chéad lá de Mheán Fómhair
■ **at first** ar dtús

first aid NOUN
garchabhair *fem*
■ **a first aid kit** fearas garchabhrach

first class ADJECTIVE, ADVERB
1 den chéad scoth
□ a first-class meal béile den chéad scoth
2 den chéad ghrád
□ She has booked a first-class ticket. Chuir sí ticéad den chéad ghrád in áirithe.
■ **to travel first class** taisteal den chéad ghrád a dhéanamh
■ **a first-class stamp** stampa den chéad ghrád

firstly ADVERB
ar dtús
□ Firstly, let's read the book. Ar dtús, léimis an leabhar.

first name NOUN
ainm baiste *masc4*

fir tree NOUN
giúis *fem2*

fish NOUN
▷ *see also* **fish** VERB
iasc *masc1*
□ I caught three fish. Fuair mé trí iasc.
□ I don't like fish. Ní maith liom iasc.
■ **a fish tank** umar éisc

to fish VERB
▷ *see also* **fish** NOUN
bheith ag iascaireacht

fisherman NOUN
iascaire *masc4*
□ He's a fisherman. Is iascaire é.

fish fingers PL NOUN
méara éisc *fem2 pl*

fishing NOUN
iascaireacht *fem3*
□ My hobby is fishing. Is í an iascaireacht an caitheamh aimsire agam.
■ **to go fishing** dul ag iascaireacht
□ He went fishing in the river. Chuaigh sé ag iascaireacht san abhainn.

fishing boat NOUN
bád iascaigh *masc1*

fishing rod NOUN
slat iascaigh *fem2*

fishing tackle NOUN
trealamh iascaireachta *masc1*

fish sticks PL NOUN (US)
méara éisc *fem2 pl*

fist NOUN
dorn *masc1*

fit ADJECTIVE
▷ *see also* **fit** NOUN, VERB
aclaí *(healthy)*
□ He likes to stay fit. Is maith leis a bheith aclaí.
■ **to keep fit** coinneáil aclaí □ She does aerobics to keep fit. Déanann sí aeróbaic le coinneáil aclaí.

fit NOUN
▷ *see also* **fit** ADJECTIVE, VERB
racht *masc3*
□ a fit of the giggles racht sciotóla
■ **That dress is a good fit.** Is deas a luíonn an gúna sin leat.
■ **to have a fit 1** *(epileptic)* taom a bheith agat **2** *(be angry)* dul ar mire □ My Mum will have a fit when she sees the carpet! Rachaidh mo mháthair ar mire nuair a fheiceann sí an brat urláir!

to fit VERB
▷ *see also* **fit** ADJECTIVE, NOUN
1 oir do *(be the right size)*
□ Does it fit? An oireann sé?
■ **These trousers don't fit me. 1** *(too big)* Tá na brístí seo rómhór dom. **2** *(too small)* Tá na brístí seo róbheag dom.
2 cuir le *(put in, attach)*
□ She fitted a plug to the hair dryer. Chuir sí plocóid leis an triomaitheoir gruaige.
3 feistigh *(fix up)*
□ He fitted an alarm in his car. D'fheistigh sé aláram ina charr.

to fit in VERB
réitigh le
□ He fits in well. Is breá a réitíonn sé leis an gcuideachta.

fitness NOUN
folláine *fem4 (physical)*

fitting room NOUN
seomra gléasta *masc4*

five NUMBER
1 a cúig

> **LANGUAGE TIP** a cúig is used for telling the time and for counting.

□ at five o'clock ar a cúig a chlog □ Five plus five is ten. A cúig móide a cúig sin a deich.
2 cúig

> **LANGUAGE TIP** cúig is used to give the number of objects and is usually followed by a singular noun.

□ five bottles cúig bhuidéal

LANGUAGE TIP Some words, **bliain**, **uair**, **seachtain**, **pingin**, have a special plural for use with numbers.

□ five pence cúig pingine

■ **She's five.** Tá sí cúig bliana d'aois.

LANGUAGE TIP To translate 'five people', use the form **cúigear**.

□ five people cúigear □ five women cúigear ban

to **fix** VERB

1 deisigh (mend)

□ Can you fix my bike? An féidir leat mo rothar a dheisiú?

2 socraigh (date, amount)

□ Let's fix a date for the party. Socraímis dáta le haghaidh na cóisire. □ They fixed a price for the car. Shocraigh siad praghas faoi choinne an chairr.

3 réitigh (prepare)

□ Janice fixed some food for us. Réitigh Janice bia dúinn.

fixed ADJECTIVE

seasta

□ at a fixed time ar uair sheasta □ at a fixed price ar phraghas seasta □ a fixed-price menu biachlár ar phraghas seasta

■ **My parents have very fixed ideas.** Tá tuairimí iontach daingnithe ag mo thuismitheoirí.

fizzy ADJECTIVE

coipeach

■ **I don't like fizzy drinks.** Ní maith liom deochanna súilíneacha.

flabby ADJECTIVE

lodartha

flag NOUN

bratach fem2

flame NOUN

bladhaire masc4

flamingo NOUN

lasairéan masc1

flan NOUN

flan masc1

□ a raspberry flan flan sú craobh □ a cheese and onion flan flan cáise agus oinniúin

flannel NOUN

1 flainín masc4 (fabric)

2 éadach aghaidhe masc1 (for face)

to **flap** VERB

buail

□ The bird flapped its wings. Bhuail an t-éan a sciatháin.

flash NOUN

▷ see also **flash** VERB

splanc fem2

□ Has your camera got a flash? An bhfuil splanc i do cheamara?

■ **a flash of lightning** splanc thintrí

■ **in a flash** ar luas lasrach

to **flash** VERB

▷ see also **flash** NOUN

soilsigh (light)

□ They flashed a torch in his face. Shoilsigh siad tóirse ina aghaidh. □ The police car's blue light was flashing. Bhí solas gorm charr na bpóilíní ag imeacht.

■ **to flash one's headlights** do cheannsoilse a chaochadh

flask NOUN

1 fleasc masc3

2 folúsfhlaigín masc4 (vacuum flask)

flat ADJECTIVE

▷ see also **flat** NOUN

cothrom

□ a flat roof díon cothrom □ flat shoes bróga cothroma

■ **I've got a flat tyre.** Tá roth pollta agam.

flat NOUN

▷ see also **flat** ADJECTIVE

árasán masc1

□ She lives in a flat. Tá sí ina cónaí in árasán.

flatscreen ADJECTIVE

■ **a flatscreen TV** TV scáiléain chomhréidh

to **flatter** VERB

déan béal bán le

flattered ADJECTIVE

molta

flavour (US **flavor**) NOUN

blas masc1

□ It has a very strong flavour. Tá blas iontach láidir air. □ Which flavour of ice cream would you like? Cén blas d'uachtar reoite ba mhaith leat?

flavouring (US **flavoring**) NOUN

blastán masc1

flesh NOUN

feoil fem3

flew VERB ▷ see **fly**

flexible ADJECTIVE

solúbtha

□ flexible working hours uaireanta solúbtha oibre

to **flick** VERB

tabhair smeach do

□ She flicked the switch to turn the light on. Thug sí smeach don lasc leis an solas a chur air.

■ **to flick through a book** sracfhéachaint a thabhairt ar leabhar

to **flicker** VERB
preab
□ The light flickered. Phreab an solas.

flight NOUN
eitilt *fem2*
□ What time is the flight to Paris? Cén t-am a bheidh an eitilt go Páras?
■ **a flight of stairs** staighre

flight attendant NOUN
aeróstach *masc1*

to **fling** VERB
caith
□ He flung the book onto the floor. Chaith sé an leabhar ar an urlár.

flippers NOUN
lapaí *masc4 pl*

to **float** VERB
snámh
□ A leaf was floating on the water. Bhí duilleog ar snámh ar an uisce.

flock NOUN
1 tréad *masc3*
□ a flock of sheep tréad caorach
2 ealta *fem4*
□ a flock of birds ealta éan

flood NOUN
▷ see also **flood** VERB
tuile *fem4*
□ We had a flood in the kitchen. Bhí tuile sa chistin againn.
■ **a flood of something** sruth de rud
□ He received a flood of letters. Fuair sé sruth litreacha.

to **flood** VERB
▷ see also **flood** NOUN
báigh
□ The river flooded the village. Bháigh an abhainn an sráidbhaile.

flooding NOUN
bá *masc4*

floor NOUN
urlár *masc1*
□ a tiled floor urlár leacán □ the first floor urlár na talún □ on the floor ar an urlár □ on the third floor ar an tríú hurlár

flop NOUN
teip *fem2*
■ **The film was a flop.** Theip ar an scannán.

floppy disk NOUN
diosca flapach *masc4*

florist NOUN
bláthadóir *masc3*

flour NOUN
plúr *masc1*

to **flow** VERB
rith
□ Water was flowing from the pipe. Bhí uisce ag rith as an bpíobán.

flower NOUN
▷ see also **flower** VERB
bláth *masc3*

to **flower** VERB
▷ see also **flower** NOUN
bláthaigh

flown VERB ▷ see **fly**

flu NOUN
ulpóg *fem2*
□ She's got flu. Tá an ulpóg uirthi.

fluent ADJECTIVE
líofa
□ He speaks fluent Irish. Tá Gaeilge líofa aige.

flung VERB ▷ see **fling**

flush NOUN
▷ see also **flush** VERB
sruthlú *(of toilet)*

to **flush** VERB
▷ see also **flush** NOUN
■ **to flush the toilet** an leithreas a shruthlú

flute NOUN
feadóg mhór *fem2*
□ I play the flute. Seinnim ar an bhfeadóg mhór.

fly NOUN
▷ see also **fly** VERB
cuileog *fem2 (insect)*

to **fly** VERB
▷ see also **fly** NOUN
1 eitil
□ The plane flew through the night. D'eitil an t-eitleán tríd an oíche.
2 taistil in eitleán *(passenger)*
■ **with flying colours** go buacach

to **fly away** VERB
imigh ar eitleog
□ The bird flew away. D'imigh an t-éan ar eitleog.

foal NOUN
searrach *masc1*

focus NOUN
▷ see also **focus** VERB
fócas *masc1*
■ **out of focus** as fócas □ The house is out of focus in this photo. Tá an teach as fócas sa ghrianghraf seo.

to **focus** VERB
▷ see also **focus** NOUN
■ **to focus on something 1** *(with camera, telescope)* fócasú ar rud □ The cameraman

focused on the bird. D'fhócasaigh an fear ceamara ar an éan. **2** *(concentrate)* díriú ar rud □ Let's focus on the plot of the play. Dírímís ar scéal an dráma.

fog NOUN
ceo *masc4*

foggy ADJECTIVE
ceomhar
□ a foggy day lá ceomhar
■ **It's foggy.** Tá ceo ann.

foil NOUN
scragall *masc1*
□ She wrapped the meat in foil. D'fhill sí an fheoil i scragall.

fold NOUN
▷ *see also* **fold** VERB
filleadh *masc1*

to **fold** VERB
▷ *see also* **fold** NOUN
fill
□ She folded her arms. D'fhill sí a lámha.
■ **to fold something up** rud a fhilleadh

folder NOUN
1 fillteán *masc1*
□ She kept all her letters in a folder. Choinnigh sí a cuid litreacha ar fad i bhfillteán.
2 comhad *masc1 (file, on computer)*

folding ADJECTIVE
infhillte
□ a folding chair cathaoir infhillte
□ a folding bed leaba infhillte

folk music NOUN
ceol tíre *masc1*

to **follow** VERB
lean *(also on Twitter)*
□ She followed him. Lean sí é. □ You go first and I'll follow. Téigh thusa ar dtús agus leanfaidh mé thú.

following ADJECTIVE
ina dhiaidh sin
■ **the following day** an lá dár gcionn

fond ADJECTIVE
ceanúil
□ She is fond of him. Tá sí ceanúil air.

font NOUN
cló *masc4 (typeface)*

food NOUN
bia *masc4*
□ We need to buy some food. Caithfimid bia a cheannach.
■ **cat food** bia cait
■ **dog food** bia madra

food poisoning NOUN
nimhiú bia *masc*

food processor NOUN
próiseálaí bia *masc4*

fool NOUN
1 amadán *masc1 (man)*
2 óinseach *fem2 (woman)*

foot NOUN
1 cos *fem2*
□ My feet are aching. Tá mo chosa nimhneach. □ The dog's foot was injured. Gortaíodh cos an mhadra.
■ **on foot** de chois
2 troigh *fem2 (12 inches)*
□ Dave is 6 foot tall. Tá Daithí sé troithe ar airde. □ That mountain is 5000 feet high. Tá an sliabh sin 5000 troigh ar airde.

football NOUN
1 peil *fem2*
□ I like playing football. Is maith liom bheith ag imirt peile.
2 liathróid *fem2 (ball)*
□ Paul threw the football over the fence. Chaith Pól an liathróid thar an gclaí.

footballer NOUN
peileadóir *masc3*

football player NOUN
peileadóir *masc3*
□ He's a famous football player. Is peileadóir clúiteach é.

footprint NOUN
lorg coise *masc1*
□ He saw some footprints in the sand. Chonaic sé loirg chos sa ghaineamh.

footstep NOUN
coiscéim *fem2*
□ I can hear footsteps on the stairs. Is féidir liom coiscéimeanna a chluinstin ar an staighre.

for PREPOSITION
1 faoi choinne
□ a present for me bronntanas faoi mo choinne □ He works for the government. Oibríonn sé don rialtas.
2 ar
□ I sold it for £5. Dhíol mé ar chúig phunt é. □ I paid 10 euros for a ticket. D'íoc mé 10 euro ar thicéad.

   LANGUAGE TIP Look at the examples below to translate 'for' with distances.

□ There are roadworks for 5 miles. Tá cúig mhíle de chóiriú bóthair ann. □ We walked for miles. Shiúlamar na mílte.

   LANGUAGE TIP Look at the examples below to translate 'for' with time.

□ She will be away for a month. Beidh sí ar shiúl go ceann míosa. □ I have known her for years. Tá aithne agam uirthi leis na blianta.

■ **the train for London** an traein go Londain

■ **It's time for lunch.** Am lóin atá ann.

■ **What for?** Cad é faoina choinne?

□ Give me some money! — What for? Tabhair dom airgead! — Cad é faoina choinne?

■ **What's it for?** Céard lena aghaidh é?

■ **for sale** ar díol □ The factory's for sale. Tá an mhonarcha ar díol.

to **forbid** VERB
cros ar

■ **to forbid somebody to do something** crosadh a chur ar dhuine rud a dhéanamh □ She forbade them to smoke cigarettes. Chros sí na toitíní orthu.

forbidden ADJECTIVE
coiscthe

■ **Smoking is strictly forbidden.** Tá cosc iomlán ar an tobac.

force NOUN
▷ see also **force** VERB
fórsa masc4

□ the force of the explosion fórsa an phléasctha

■ **in force** i bhfeidhm □ Anti-smoking rules are now in force. Tá rialacha in éadan an tobac anois i bhfeidhm.

to **force** VERB
▷ see also **force** NOUN
tabhair ar

□ They forced him to open the safe. Thug siad air an taisceadán a oscailt.

forecast NOUN
réamhaisnéis fem2

■ **the weather forecast** réamhaisnéis na haimsire

foreground NOUN
tulra masc1

□ in the foreground sa tulra

forehead NOUN
clár éadain masc1

foreign ADJECTIVE
1 coimhthíoch
2 iasachta (language)

foreigner NOUN
coimhthíoch masc1

to **foresee** VERB
tuar

□ He had foreseen the problem. Thuar sé an fhadhb.

forest NOUN
coill fem2

forever ADVERB
go deo (always)

□ They will be here forever. Beidh siad anseo go deo.

■ **He's forever complaining.** Bíonn sé i gcónaí ag gearán.

forgave VERB ▷ see **forgive**

to **forge** VERB
brionnaigh

□ She tried to forge his signature. Rinne sí iarracht a shíniú a bhrionnú.

forged ADJECTIVE
brionnaithe

□ forged banknotes nótaí brionnaithe bainc

to **forget** VERB
dearmad

□ I forgot my pen. Rinne mé dearmad de mo pheann. □ I'm sorry, I completely forgot! Tá mé buartha, rinne mé dearmad glan de.

■ **to forget about somebody** dearmad a dhéanamh ar dhuine

to **forgive** VERB
maith

■ **to forgive somebody** maitheamh do dhuine □ I forgive you. Maithim duit.

■ **to forgive somebody for doing something** rud a mhaitheamh do dhuine □ She forgave him for forgetting her birthday. Mhaith sí dó as dearmad a dhéanamh ar a breithlá.

forgot, forgotten VERB ▷ see **forget**

fork NOUN
1 forc masc1 (for eating)
2 gabhal masc1 (in road)

form NOUN
1 cruth masc3 (shape)

■ **in top form** i mbarr de mhaitheasa
2 rang masc3 (at school)

□ She's in the fourth form. Tá sí i rang a ceathair anois.
3 foirm fem2 (questionnaire)

■ **to fill in a form** foirm a líonadh

formal ADJECTIVE
1 foirmiúil

□ a formal dinner dinnéar foirmiúil

■ **formal clothes** éadaí foirmiúla
2 nósmhar (person)

former ADJECTIVE
iar-

□ a former pupil iardhalta □ the former Prime Minister of Australia Iar-Phríomhaire na hAstráile

formerly ADVERB
roimhe seo

fort NOUN
dún *masc1*

forth ADVERB
■ **and so forth** agus mar sin de
■ **to go back and forth** dul anonn agus anall

fortnight NOUN
coicís *fem2*
□ I'm going on holiday for a fortnight. Tá mé ag dul ar saoire ar feadh coicíse.

fortunate ADJECTIVE
ádhúil
■ **to be fortunate** an t-ádh a bheith ort
■ **He was very fortunate to survive.** Bhí an t-ádh air teacht slán.
■ **It's fortunate for us that I took the map.** Tá an t-ádh orainn gur thug mé an léarscáil liom.

fortunately ADVERB
ar an dea-uair
□ Fortunately, it wasn't raining. Ní raibh sé ag cur báistí, ar an dea-uair.

fortune NOUN
saibhreas *masc1*
□ There is a fortune to be made in computing. Tá saibhreas le déanamh ar chúrsaí ríomhaireachta.
■ **to tell somebody's fortune** fios a dhéanamh do dhuine

forty NUMBER
daichead
⊙ **LANGUAGE TIP** **daichead** is followed by a singular noun.
□ forty people daichead duine
■ **He's forty.** Tá sé daichead bliain d'aois.

forward ADVERB
▷ *see also* **forward** VERB
ar aghaidh
■ **to move forward** bogadh chun tosaigh

to **forward** VERB
▷ *see also* **forward** ADVERB
seol ar aghaidh *(letter)*
□ He forwarded all Mark's letters. Sheol sé litreacha uile Mharcais ar aghaidh.

forward slash NOUN
tulslais *fem2*

to **foster** VERB
altramaigh
□ She has fostered more than fifteen children. D'altramaigh sí breis agus cúig leanbh déag.

foster child NOUN
leanbh altrama *masc1*

fought VERB ▷ *see* **fight**

foul ADJECTIVE
▷ *see also* **foul** NOUN
1 doineanta *(weather)*
□ The weather was foul. Bhí an aimsir doineanta.
2 bréan *(smell)*
□ What a foul smell! A leithéid de bholadh bréan!

foul NOUN
▷ *see also* **foul** ADJECTIVE
feall *masc1*
□ The player committed a foul. Rinne an t-imreoir feall.

found VERB ▷ *see* **find**

to **found** VERB
bunaigh
□ Baden Powell founded the Scout Movement. Bhunaigh Baden-Powell Gluaiseacht na nGasóg.

foundations PL NOUN
bunsraitheanna *fem2 pl*

fountain NOUN
fuarán *masc1*

fountain pen NOUN
peann tobair *masc1*

four NUMBER
1 a ceathair
⊙ **LANGUAGE TIP** **a ceathair** is used for telling the time and for counting.
□ at four o'clock ar a ceathair a chlog
□ Two times two is four. A dó faoi a dó sin a ceathair. □ Four into seven won't go. Níl a seacht inroinnte ar a ceathair.
2 ceithre
⊙ **LANGUAGE TIP** **ceithre** is used to give the number of objects and is usually followed by a singular noun.
□ four bottles ceithre bhuidéal
⊙ **LANGUAGE TIP** Some words, **bliain**, **uair**, **seachtain**, **pingin**, have a special plural for use with numbers.
□ four weeks ceithre seachtaine
■ **She's four.** Tá sí ceithre bliana d'aois.
⊙ **LANGUAGE TIP** To translate 'four people', use the form **ceathrar**.
□ four people ceathrar □ four women ceathrar ban
■ **He was on all fours under the table.** Bhí sé ar a cheithre boinn faoin mbord.

fourteen NUMBER
1 a ceathair déag
⊙ **LANGUAGE TIP** **a ceathair déag** is used for telling the time and for counting.

□ Two times seven is fourteen. A dó faoi a seacht sin a ceathair déag.

2 ceithre ... déag

> **LANGUAGE TIP ceithre** is used to give the number of objects and is usually followed by a singular noun.

□ fourteen bottles ceithre bhuidéal déag
□ fourteen people ceithre dhuine dhéag
■ **I'm fourteen.** Tá mé ceithre bliana déag d'aois.

fourteenth ADJECTIVE
ceathrú ... déag
□ the fourteenth floor an ceathrú hurlár déag
■ **the fourteenth of August** an ceathrú lá déag de Lúnasa

fourth ADJECTIVE
ceathrú
□ the fourth floor an ceathrú hurlár
■ **the fourth of July** an ceathrú lá d'Iúil

fox NOUN
sionnach *masc1*

fragile ADJECTIVE
sobhriste

frame NOUN
fráma *masc4 (for picture)*

France NOUN
an Fhrainc *fem2*
□ in France sa Fhrainc □ to France go dtí an Fhrainc □ He's from France. As an bhFrainc dó.

frantic ADJECTIVE
1 mear *(hectic)*
2 i mbarr do chéille *(distraught)*

fraud NOUN
1 calaois *fem2 (crime)*
□ He was jailed for fraud. Cuireadh i bpríosún é mar gheall ar chalaois.
2 caimiléir *masc3 (person)*
□ He's not a real doctor, he's a fraud. Ní fíordhochtúir é, is caimiléir é.

freckles PL NOUN
breicní *fem4 pl*

free ADJECTIVE
▷ *see also* **free** VERB
1 in aisce *(free of charge)*
□ a free brochure bróisiúr saor in aisce
2 saor *(not busy, not taken)*
□ Is this seat free? An bhfuil an suíochán seo saor? □ Are you free after school? An mbeidh tú saor i ndiaidh am scoile?

to **free** VERB
▷ *see also* **free** ADJECTIVE
scaoil saor *(prisoner)*

freedom NOUN
saoirse *fem4*

freeway NOUN (US)
mótarbhealach *masc1*

to **freeze** VERB
reoigh
□ The water had frozen. Bhí an t-uisce reoite. □ She froze the rest of the raspberries. Reoigh sí an chuid eile de na sútha craobh.

freezer NOUN
reoiteoir *masc3*

freezing ADJECTIVE
feanntach *(weather, water)*
■ **It's freezing.** Tá sé ag sioc.
■ **I'm freezing.** Tá mé sioctha.
■ **3 degrees below freezing** 3 chéim faoin reophointe

freight NOUN
lasta *masc4 (goods)*
■ **a freight train** traein earraí

French ADJECTIVE
▷ *see also* **French** NOUN
Francach

French NOUN
▷ *see also* **French** ADJECTIVE
Fraincis *fem2 (language)*
□ Do you speak French? An bhfuil Fraincis agat?
■ **the French** *(people)* na Francaigh

French bean NOUN
pónaire fhrancach *fem4*

French fries PL NOUN
sceallóga *fem2 pl*

French horn NOUN
corn francach *masc1*
□ I play the French horn. Seinnim ar an gcorn francach.

Frenchman NOUN
Francach *masc1*

French window NOUN
fuinneog fhrancach *fem2*

Frenchwoman NOUN
Francach mná *masc1*

frequent ADJECTIVE
minic
□ frequent showers ceathanna minice
□ There are frequent buses to the town centre. Bíonn busanna ann go minic go lár an bhaile.

fresh ADJECTIVE
úr
□ I need some fresh air. Tá aer úr de dhíth orm.

to **fret** VERB
■ **to fret about something** tú féin a bhuaireamh faoi rud □ Philip was fretting about his exams. Bhí Pilib á bhuaireamh

féin faoina chuid scrúduithe.

Friday NOUN
An Aoine *fem4*
- **last Friday** Dé hAoine seo caite
- **next Friday** Dé hAoine seo chugainn
- **on Friday** Dé hAoine
- **on Fridays** ar an Aoine □ He comes on Fridays. Tagann sé ar an Aoine.
- **every Friday** gach Aoine

fridge NOUN
cuisneoir *masc3*

fried ADJECTIVE
friochta
□ fried vegetables glasraí friochta □ a fried egg ubh fhriochta

friend NOUN
cara *masc*

friendly ADJECTIVE
cairdiúil
□ She's really friendly. Tá sí iontach cairdiúil. □ Liverpool is a very friendly city. Is cathair iontach cairdiúil é Learpholl.
- **to be friendly with somebody** bheith mór le duine

friendship NOUN
cairdeas *masc1*

fright NOUN
scanradh *masc1*
□ I got a terrible fright! Is mé a fuair an scanradh!

to **frighten** VERB
scanraigh
□ Horror films frighten him. Scanraíonn scannáin uafáis é.

frightened ADJECTIVE
- **to be frightened** eagla a bheith ort
□ I'm frightened! Tá eagla orm!
- **to be frightened of something** eagla a bheith ort roimh rud □ He was frightened of it. Bhí eagla air roimhe.

frightening ADJECTIVE
scanrúil

fringe NOUN
frainse *masc4* (of hair)
□ She's got a fringe. Tá frainse aici.

Frisbee® NOUN
Friosbaí *masc4*
□ We played Frisbee on the beach. D'imríomar friosbaí ar an trá.

fro ADVERB
- **to go to and fro** dul anonn agus anall

frog NOUN
frog *masc1*

from PREPOSITION
1 as

□ Where do you come from? Cárb as tú?
2 ó (indicating time, distance)
□ from one o'clock to two ó a haon a chlog go dtí a dó □ The hotel is one kilometre from the beach. Tá an óstlann ciliméadar ón trá. □ The interest rate was increased from 9% to 10%. Ardaíodh an ráta úis ó 9% go 10%.
3 idir ... agus (indicating difference)
□ He can't tell red from green. Ní aithníonn sé idir dearg agus glas.
- **from ... to ...** ó ... go ... □ He flew from London to Paris. D'eitil sé ó Londain go Páras.
- **from ... onwards** ó ... ar aghaidh □ We'll be at home from 7 o'clock onwards. Beimid sa bhaile ó 7 a chlog ar aghaidh.

front NOUN
▷ see also **front** ADJECTIVE
1 aghaidh *fem2* (aspect)
□ the front of the house aghaidh an tí
2 tosach *masc1* (section)
□ I was sitting in the front. Bhí mé i mo shuí chun tosaigh.
- **in front** chun tosaigh □ the car in front an carr chun tosaigh
- **in front of** os comhair □ in front of the house os comhair an tí

front ADJECTIVE
▷ see also **front** NOUN
tosaigh
□ the front row an tsraith tosaigh □ the front seat of the car suíochán tosaigh an chairr □ the front door doras tosaigh
- **in front of** roimh (ahead)

frontier NOUN
teorainn *fem*

frost NOUN
sioc *masc3*

frosting NOUN (US)
reoán *masc1* (on cake)

frosty ADJECTIVE
siocúil
□ It's frosty today. Tá sé siocúil inniu.

to **frown** VERB
cuir púic ort féin
□ He frowned. Chuir sé púic air féin.

froze VERB ▷ see **freeze**

frozen ADJECTIVE
sioctha (food)
□ frozen chips sceallóga sioctha

fruit NOUN
toradh *masc1*
- **fruit juice** sú torthaí
- **a fruit salad** sailéad torthaí

fruit machine NOUN
meaisín torthaí *masc4*

frustrated ADJECTIVE
frustrachas a bheith ort
□ I was getting frustrated at all the delay.
Bhí frustrachas ag teacht orm leis an moill
go léir.

to **fry** VERB
frioch
□ Fry the onions for 5 minutes. Frioch na
hoinniúin ar feadh 5 bhomaite.

frying pan NOUN
friochtán *masc1*

fuel NOUN
breosla *masc4*

to **fulfil** (US **fulfill**) VERB
sásaigh *(wish, desire)*
□ Robert fulfilled his dream to visit China.
Shásaigh Roibéard a mhian le cuairt a
thabhairt ar an tSín.

full ADJECTIVE
1 lán
□ The tank's full. Tá an t-umar lán.
2 iomlán *(details, information)*
□ He asked for full details about the job.
D'iarr sé sonraí iomlána an phoist.
■ **I'm full.** *(after meal)* Tá mé lán go béal.
■ **at full speed** ar lánluas □ He drove at full
speed. Thiomáin sé ar lánluas.
■ **full moon** iomlán gealaí □ There was a
full moon. Bhí iomlán gealaí ann.
■ **full name** ainm iomlán □ My full name
is John Patrick O'Neill. Is é Seán Pádraig
Ó Néill an t-ainm iomlán atá orm.

full stop NOUN
lánstad *masc4*

full-time ADJECTIVE
▷ *see also* **full-time** ADVERB
lánaimseartha *(work)*
□ She got a full-time job. Fuair sí post
lánaimseartha.

full-time ADVERB
▷ *see also* **full-time** ADJECTIVE
go lánaimseartha
□ She works full-time. Oibríonn sí go
lánaimseartha.

fully ADVERB
go hiomlán
□ He hasn't fully recovered since he was sick.
Níor tháinig biseach ceart air ó bhí sé tinn.

fumes PL NOUN
múch *fem2*
□ The factory emitted dangerous fumes.
Bhíodh múch díobhálach ag teacht ón
monarcha.

■ **exhaust fumes** múch sceithphíopa

fun NOUN
▷ *see also* **fun** ADJECTIVE
spraoi *masc4*
■ **to have fun** spraoi a dhéanamh
□ We had great fun playing in the snow.
Rinneamar spraoi ar dóigh ag súgradh sa
sneachta.
■ **for fun** le greann □ He entered the
competition just for fun. Chuaigh sé isteach
sa chomórtas le greann.
■ **to make fun of somebody** ceap magaidh
a dhéanamh de dhuine □ They made fun of
him. Rinne siad ceap magaidh de.

fun ADJECTIVE
▷ *see also* **fun** NOUN
■ **She's a fun person.** Is spraíúil an
bhean í.

funds PL NOUN
airgead *masc1 (money)*
□ We're trying to raise funds for the youth
club. Táimid ag iarraidh airgead a thógáil
don chlub óige.

funeral NOUN
tórramh *masc1*

funfair NOUN
aonach só *masc1*

funny ADJECTIVE
1 greannmhar
□ It was really funny. Bhí sé iontach
greannmhar.
2 saoithiúil *(strange)*
□ There's something funny about him.
Tá rud éigin saoithiúil faoi dtaobh de.

fur NOUN
fionnadh *masc1*
□ a fur coat cóta fionnaidh □ the dog's fur
fionnadh an mhadra

furious ADJECTIVE
fíochmhar
■ **to be furious with somebody** bheith ar
an daoraí le duine □ Dad was furious with
me. Bhí Daid ar an daoraí liom.

furniture NOUN
troscán *masc1*
■ **piece of furniture** ball troscáin

further ADJECTIVE
▷ *see also* **further** ADVERB
breise
□ We need further information. Tá eolas
breise de dhíth orainn.
■ **How much further is it?** Cá fhad eile é?

further ADVERB
▷ *see also* **further** ADJECTIVE
de bhreis

□ I ran further today than yesterday. Rith mé míle de bhreis inniu ná inné.

further education NOUN
breisoideachas *masc1*

fuse (US **fuze**) NOUN
fiús *masc1*
□ The fuse has blown. Dhóigh an fiús.

fuss NOUN
fuadar *masc1*
□ What's all the fuss about? Cad chuige an fuadar ar fad?
■ **to make a fuss** raic a thógáil □ He's always making a fuss about nothing. Bíonn sé i dtólamh ag tógáil raice faoi dhada.

fussy ADJECTIVE
beadaí
□ She is very fussy about her food. Tá sí iontach beadaí faoina cuid bia.

future NOUN
1 todhchaí *fem4*
□ What are your plans for the future? Cad iad do chuid pleananna don todhchaí?
■ **in future** as seo amach □ Be more careful in future. Bí níos cúramaí as seo amach.
2 aimsir fháistineach *fem2 (in grammar)*

Gg

Gaelic ADJECTIVE
> *see also* **Gaelic** NOUN
Gaelach

Gaelic NOUN
> *see also* **Gaelic** ADJECTIVE
Gaeilge *fem4 (language)*
- **Gaelic football** peil Ghaelach
- **a Gaelic speaker** Gaeilgeoir

to **gain** VERB
gnóthaigh
- **to gain weight** dul i dtroime
- **to gain speed** luathaigh

gallery NOUN
gailearaí *masc4*
- **an art gallery** dánlann

Galway NOUN
Gaillimh *fem2*

to **gamble** VERB
déan cearrbhachas
□ He gambled £100 at the casino. Rinne sé cearrbhachas £100 ag an gcasino.

gambler NOUN
cearrbhach *masc1*

gambling NOUN
cearrbhachas *masc1*
□ He likes gambling. Is maith leis an cearrbhachas.

game NOUN
cluiche *masc4*
□ The children were playing a game. Bhí na páistí ag imirt cluiche. □ a game of football cluiche peile □ a game of cards cluiche cártaí

gang NOUN
drong *fem2*

gangster NOUN
drongadóir *masc3*

gap NOUN
bearna *fem4*
□ There's a gap in the hedge. Tá bearna san fhál. □ a gap of four years bearna ceithre bliana

gap year NOUN
bliain amuigh *fem3*
□ My sister's in Australia on her gap year. Tá mo dheirfiúr san Astráil ar a bliain amuigh.

garage NOUN
garáiste *masc4*

garbage NOUN
1 bruscar *masc1 (us: rubbish)*
2 seafóid *fem2 (nonsense)*

Garda NOUN
Garda *masc4 (policeman)*
- **the Garda** na Gardaí

garden NOUN
gairdín *masc4*

gardener NOUN
garraíodóir *masc3*
□ He's a gardener. Is garraíodóir é.

gardening NOUN
garraíodóireacht *fem3*
□ Margaret loves gardening. Is breá le Mairéad an gharraíodóireacht.

garlic NOUN
gairleog *fem2*

garment NOUN
ball éadaigh *masc1*

gas NOUN
1 gás *masc1*
- **a gas cooker** cócaireán gáis
- **a gas cylinder** sorcóir gáis
- **a gas fire** tine gháis
- **a gas leak** ligean gáis
2 artola *fem4 (us: petrol)*

gasoline NOUN (US)
artola *fem4*

gate NOUN
geata *masc4 (of garden)*

to **gather** VERB
1 bailigh *(flowers, fruit)*
2 cruinnigh *(assemble)*
□ People gathered in front of Buckingham Palace. Chruinnigh daoine os comhair Phálás Buckingham.

3 tuig (understand)

■ **to gather speed** siúl a thógáil □ The train gathered speed. Thóg an traein siúl.

gave VERB ▷ see **give**

gay ADJECTIVE
aerach (homosexual)

to **gaze** VERB

■ **to gaze at** stánadh ar □ He gazed at her. Stán sé uirthi.

GCSE NOUN
Teastas Ginearálta Meánoideachais masc1

gear NOUN

1 trealamh masc1 (equipment)

□ camping gear trealamh campála

■ **your sports gear** (clothes) do chulaith spóirt

2 giar (in car)

□ in first gear sa chéad ghiar

■ **to change gear** giar a athrú □ I didn't change gear in time. Níor athraigh mé giar in am.

gear box NOUN
giarbhosca masc4

gear lever NOUN
luamhán an ghiair masc1

gearshift NOUN (US)
luamhán an ghiair masc1

geese PL NOUN ▷ see **goose**

gel NOUN
glóthach fem2

■ **hair gel** glóthach ghruaige

Gemini NOUN
An Cúpla masc4

□ I'm Gemini. Is mise An Cúpla.

gender NOUN

1 cineál masc1 (of person)

2 inscne fem4 (of noun)

gene NOUN
géin fem2

general NOUN

▷ see also **general** ADJECTIVE
ginearál masc1

general ADJECTIVE

▷ see also **general** NOUN
ginearálta

■ **in general** i gcoitinne

general election NOUN
olltoghchán masc1

general knowledge NOUN
eolas ginearálta masc1

generally ADVERB
de ghnáth

□ I generally go shopping on Saturday. Téim ag siopadóireacht ar an Satharn de ghnáth.

generation NOUN
glúin fem2

■ **the younger generation** an t-aos óg

generator NOUN
gineadóir masc3

generous ADJECTIVE
fial

□ That's very generous of you. Is an-fhial uait é sin.

genetic ADJECTIVE
géiniteach

genetically-modified ADJECTIVE
géinathraithe

genetics NOUN
géineolaíocht fem3

genius NOUN
sárintleachtach masc1

□ She's a genius! Sárintleachtach atá inti!

gentle ADJECTIVE
séimh

gentleman NOUN
duine uasal masc4

□ Good morning, gentlemen. Maidin mhaith, a dhaoine uaisle.

gently ADVERB
go caoin

gents NOUN
leithreas na bhfear masc1

□ Where's the gents? Cá bhfuil leithreas na bhfear?

■ **'Gents'** (on sign) 'Fir'

genuine ADJECTIVE

1 fíor-

□ These are genuine diamonds.
Is fíordhiamaint iad seo.

2 macánta (person)

□ She's a very genuine person. Is duine an-mhacánta í.

geography NOUN
tíreolaíocht fem3

geology NOUN
geolaíocht fem3

geometry NOUN
céimseata fem

gerbil NOUN
seirbil fem2

germ NOUN
bitheog fem2

German ADJECTIVE

▷ see also **German** NOUN
Gearmánach

German NOUN

▷ see also **German** ADJECTIVE

1 Gearmánach masc1

2 Gearmáinis fem2 (language)

□ Do you speak German? An bhfuil
Gearmáinis agat?

German measles NOUN
an bhruitíneach dhearg *fem2*

Germany NOUN
an Ghearmáin *fem2*
□ in Germany sa Ghearmáin □ to Germany
chun na Gearmáine

gesture NOUN
1 gotha *masc4*
2 comhartha *masc4 (sign)*

to **get** VERB

> **LANGUAGE TIP** There are several ways
> of translating 'get'. Look at the
> examples to find one that is similar to
> what you want to say.

1 faigh
□ What did you get for your birthday?
Cad é a fuair tú do do lá breithe? □ I got lots
of presents. Fuair mé cuid mhaith
bronntanas. □ He got first prize. Fuair sé
an chéad duais.
2 téigh faoi choinne *(fetch)*
□ Quick, get the doctor! Go gasta, cuir fios
ar an dochtúir!
3 gabh *(catch)*
□ They've got the thief. Tá an gadaí gafa
acu.
4 teigh ar *(plane, bus, train)*
□ He got the bus. Chuaigh sé ar an mbus.
5 tuig *(understand)*
□ I don't get it. Ní thuigim é.
6 éirigh *(become)*
□ It's getting late. Tá sé ag éirí mall.
■ **He got killed.** Maraíodh é.
■ **When do I get paid?** Cá huair a
gheobhaidh mé mo thuarastal?
■ **to get home** an baile a bhaint amach
■ **to get to know somebody** aithne a chur
ar dhuine □ I'm getting to know him. Tá mé
ag cur aithne air.
■ **to get something done** rud a chur á
dhéanamh
■ **to get one's hair cut** do chuid gruaige
a bhearradh
■ **to get something for somebody** rud a
fháil do dhuine □ The librarian got the book
for me. Fuair an leabharlannaí an leabhar
dom.
■ **I've got to tell the police.** Caithfidh mé
scéala a chur chuig na póilíní.

to **get away** VERB
éalaigh
□ One of the burglars got away. D'éalaigh
duine de na buirgléirí.

to **get back** VERB
1 tar ar ais
□ What time did you get back? Cén t-am
a tháinig tú ar ais?
2 faigh ar ais
□ He got his money back. Fuair sé a chuid
airgid ar ais.

to **get in** VERB
tar isteach
■ **The train got in at six o'clock.** Tháinig
an traein isteach ar a sé a chlog.

to **get into** VERB
téigh isteach i
□ Sharon got into the car. Chuaigh Sharon
isteach sa charr.

to **get off** VERB
tuirling
□ Isobel got off the train. Thuirling Isobel
den traein.

to **get on** VERB
téigh in airde ar
□ Carol got on her bike. Chuaigh Carol in
airde ar a rothar.
■ **Pauline got on the bus.** Chuaigh Póilín
ar an mbus.
■ **to get on with somebody** réiteach le
duine □ He doesn't get on with his parents.
Ní réitíonn sé lena thuismitheoirí. □ We got
on really well. Réitigh muid go han-mhaith
le chéile.

to **get out** VERB
éirigh as *(of vehicle)*
□ Angela got out of the car. D'éirigh Aingeal
as an gcarr.
■ **Get out!** Amach leat!
■ **to get something out** rud a thabhairt
amach □ She got the map out. Thug sí an
léarscáil amach.

to **get over** VERB
tar slán ó
□ She never got over his death. Níor tháinig
sí slán óna bhás.

to **get together** VERB
bualadh le chéile
□ Could we get together this evening?
An féidir linn bualadh le chéile anocht?

to **get up** VERB
éirigh
□ What time do you get up? Cén t-am
a éiríonn tú?

ghost NOUN
taibhse *fem4*

giant NOUN
▷ *see also* **giant** ADJECTIVE
fathach *masc1*

giant ADJECTIVE
▷ *see also* **giant** NOUN
ollmhór
□ They ate a giant meal. D'ith siad béile ollmhór.

gift NOUN
1 bronntanas *masc1*
2 bua *masc4 (ability)*
□ Dave has a gift for painting. Tá bua péinteála ag Dave.

gifted ADJECTIVE
tréitheach
□ Janice is a gifted dancer. Tá Janice tréitheach mar dhamhsóir.

gift shop NOUN
siopa bronntanas *masc4*

gigantic ADJECTIVE
ollmhór

gin NOUN
jin *fem2*

ginger NOUN
▷ *see also* **ginger** ADJECTIVE
sinséar *masc1*
□ Add a teaspoon of ginger. Cuir spúnóg sinséir isteach.

ginger ADJECTIVE
▷ *see also* **ginger** NOUN
rua
□ Daniel has ginger hair. Tá gruaig rua ar Dhónall.

giraffe NOUN
sioráf *masc1*

girl NOUN
1 cailín *masc4*
□ a five-year-old girl cailín cúig bliana d'aois
□ an Irish girl cailín Éireannach
2 iníon *fem2 (daughter)*
□ They've got a girl and two boys. Tá iníon agus beirt mhac acu.

girlfriend NOUN
1 cara mná *masc (of girl)*
□ She often went out with her girlfriends. Théadh sí amach go minic lena cairde mná.
2 cailín *masc4 (of boy)*
□ Ian's girlfriend is called Susan. Siobhán an t-ainm atá ar chailín Eoin.

to **give** VERB
tabhair
■ **to give something to somebody** rud a thabhairt do dhuine □ He gave me £10. Thug sé £10 dom.
■ **to give something back to somebody** rud a thabhairt ar ais do dhuine □ I gave the book back to him. Thug mé an leabhar ar ais dó.

■ **'Give way'** *(traffic)* 'Géill slí'

to **give in** VERB
géill
□ His Mum gave in and let him go out. Ghéill a mháthair agus lig dó dul amach.

to **give out** VERB
tabhair amach
□ He gave out the exam papers. Thug sé na páipéir scrúdaithe amach.

to **give up** VERB
éirigh as
□ He gave up smoking. D'éirigh sé as an tobac.
■ **to give oneself up** tú féin a thabhairt suas □ The thief gave himself up. Thug an gadaí é féin suas.

glad ADJECTIVE
sásta
■ **to be glad of something** áthas a bheith ort as rud
■ **She's glad she's done it.** Tá áthas uirthi go bhfuil sé déanta aici.

glamorous ADJECTIVE
luisiúil
□ She's very glamorous. Tá sí an-luisiúil.

glance NOUN
▷ *see also* **glance** VERB
sracfhéachaint *fem3*
■ **at first glance** ar an gcéad amharc

to **glance** VERB
▷ *see also* **glance** NOUN
■ **to glance at** súil a chaitheamh ar
□ Peter glanced at his watch. Chaith Peadar súil ar a uaireadóir.

to **glare** VERB
■ **to glare at somebody** súil fhiata a thabhairt ar duine □ He glared at me. Thug sé súil fhiata orm.

glaring ADJECTIVE
follasach *(mistake)*

glass NOUN
gloine *fem4*
□ a glass of milk gloine bainne

glasses PL NOUN
spéaclaí *masc4 pl*
□ Andrew wears glasses. Caitheann Aindriú spéaclaí.

glider NOUN
faoileoir *masc3*

gliding NOUN
faoileoireacht *fem3*
□ My hobby is gliding. Faoileoireacht an caitheamh aimsire atá agam.

global ADJECTIVE
domhanda
□ on a global scale ar scála domhanda

global warming NOUN
téamh domhanda *masc1*

globe NOUN
cruinneog *fem2*

gloomy ADJECTIVE
gruama
□ He lives in a small gloomy flat. Tá sé ina chónaí in árasán beag gruama.

glorious ADJECTIVE
1 glórmhar
2 aoibhinn *(day)*

glove NOUN
miotóg *fem2*

glove compartment NOUN
lámhainnbhosca *masc4*

glue NOUN
▷ see also **glue** VERB
gliú *masc4*

to **glue** VERB
▷ see also **glue** NOUN
cuir gliú ar
■ She was glued to the screen. Bhí a súile sáite sa scáileán.

GM ADJECTIVE *(= genetically modified)*
géinathraithe
□ GM foods bia géinathraithe

go NOUN
▷ see also **go** VERB
■ to have a go at doing something triail a bhaint as rud a dhéanamh □ He had a go at making a cake. Bhain sé triail as císte a dhéanamh.
■ to be on the go bheith ar do chois
■ It's your go. Do shealsa atá ann.

to **go** VERB
▷ see also **go** NOUN
1 téigh
□ I'm going to the cinema tonight. Tá mé ag dul chuig an bpictiúrlann anocht.
2 imigh *(depart)*
□ Where's Peter? — He's gone. Cá bhfuil Peadar? — Tá sé imithe.
3 oibrigh *(vehicle)*
□ My car won't go. Níl mo charr ag obair.
■ to go pale *(become)* éirí geal bán san aghaidh
■ to go home dul chun an bhaile □ I go home at about 4 o'clock. Téim chun an bhaile thart faoi a ceathair.
■ to go for a walk dul ag spaisteoireacht
□ Shall we go for a walk? An rachaidh muid ag spaisteoireacht?
■ How did it go? Cad é mar a d'éirigh leis?
■ I'm going to do it tomorrow. Tá mé ag dul a dhéanamh amárach.

■ It's going to be difficult. Tá sé ag dul a bheith deacair.

to **go after** VERB
téigh sa tóir ar
□ Quick, go after them! Go gasta, téigh sa tóir orthu!

to **go ahead** VERB
1 téigh ar aghaidh
□ The meeting will go ahead as planned. Rachaidh an cruinniú ar aghaidh mar a bhí socraithe.
■ Go ahead! Ar aghaidh leat!
2 gabh ar aghaidh *(get going)*
□ We'll go ahead with your plan. Rachaidh muid ar aghaidh le do phlean.

to **go away** VERB
imigh
□ Go away! Imigh leat!

to **go back** VERB
fill
□ We went back to the same place. D'fhill muid ar an áit chéanna. □ After the film he went back home. D'fhill sé chun an bhaile i ndiaidh an scannáin.

to **go by** VERB
téigh thart
□ Two policemen went by. Chuaigh beirt phóilíní thart.

to **go down** VERB
1 téigh síos
□ She went down the stairs. Chuaigh sí síos an staighre.
2 téigh faoi *(sun)*
3 laghdaigh *(decrease)*
□ The price of computers has gone down. Laghdaíodh praghas ríomhairí.
■ My brother's gone down with flu. Tá mo dheartháir buailte síos leis an ulpóg.

to **go for** VERB
1 téigh ar lorg *(fetch)*
2 tabhair fogha faoi *(attack)*
□ Suddenly the dog went for me. Thug an madra fogha fúm go tobann.
■ Go for it! *(go on!)* Treise leat!

to **go in** VERB
téigh isteach
□ He knocked on the door and went in. Bhuail sé ar an doras agus chuaigh sé isteach.

to **go off** VERB
1 imigh *(go away)*
□ He went off in a huff. D'imigh sé agus stuaic air.
2 pléasc *(explode)*
□ The bomb went off. Phléasc an buama.

3 scaoil (gun)

□ The gun went off. Scaoiluiadh an gunna féin.

4 buail (alarm clock)

□ My alarm clock goes off at seven every morning. Buaileann mo chlog dúisithe ar a seacht gach maidin.

■ **The milk's gone off.** Tá cor sa bhainne.

to **go on** VERB
lean ort

□ He went on reading. Lean sé den léamh.

■ **What's going on?** Cad é atá ar siúl?

■ **to go on doing something** leanúint de rud a dhéanamh

■ **to go on at somebody** gabháil do dhuine □ My parents always go on at me. Bíonn mo thuismitheoirí ag gabháil dom i gcónaí.

■ **Go on!** Ar aghaidh leat! □ Go on, tell me what the problem is! Ar aghaidh leat, inis dom cad é an fhadhb!

to **go out** VERB
1 téigh amach

□ Are you going out tonight? An mbeidh tú ag dul amach anocht?

■ **to go out with somebody** siúl amach le duine □ Are you going out with him? An bhfuil tú ag siúl amach leis?

2 téigh as (fire, light)

□ Suddenly the lights went out. Chuaigh na soilse as go tobann.

to **go past** VERB

■ **to go past something** dul thar rud □ He went past the shop. Chuaigh sé thar an siopa.

to **go round** VERB

■ **to go round a corner** dul timpeall coirnéil

■ **to go round to somebody's house** dul tigh duine

■ **to go round the shops** dul thart ar na siopaí

■ **There's a bug going round.** Tá fríd ag dul thart.

to **go through** VERB
téigh trí

□ We went through Kildare to get to Limerick. Chuaigh muid trí Chill Dara le Luimneach a bhaint amach.

to **go up** VERB
1 téigh suas

□ I went up the stairs. Chuaigh mé suas staighre.

2 ardaigh (increase)

□ The price has gone up. Ardaíodh an praghas.

■ **to go up in flames** dul le thine

□ The whole factory went up in flames. Chuaigh an mhonarcha go léir le thine.

to **go with** VERB
cuir le

□ Does this blouse go with that skirt? An bhfuil an blús seo ag cur leis an sciorta sin?

goal NOUN
1 cúl masc1

□ He scored the winning goal. Eisean a fuair an cúl a bhuaigh an cluiche dóibh.

2 aidhm fem2

□ His goal is to become the world champion. Is í an aidhm atá aige ná a bheith ina churadh domhanda.

goalkeeper NOUN
cúl báire masc1

goalpost NOUN
cuaille báire masc4

goat NOUN
gabhar masc1

■ **goat's cheese** cáis ghabhair

god NOUN
dia masc

□ I believe in God. Creidim i nDia.

goddaughter NOUN
iníon baistí fem2

godfather NOUN
athair baistí masc

godmother NOUN
máthair baistí fem

godson NOUN
mac baistí masc1

goggles PL NOUN
gloiní cosanta fem4 pl

gold NOUN
ór masc1

□ They found some gold. D'aimsigh siad roinnt óir. □ a gold necklace muince óir

goldfish NOUN
iasc órga masc1

□ I've got five goldfish. Tá cúig iasc órga agam.

gold-plated ADJECTIVE
órphlátáilte

golf NOUN
galf masc1

□ My dad plays golf. Imrím mo dhaid galf.

■ **a golf ball** liathróid ghailf

golf club NOUN
1 cumann gailf masc1 (building)
2 maide gailf masc4 (stick)

golf course NOUN
galfchúrsa masc4

gone VERB ▷ see go

good ADJECTIVE

1 maith

□ It's a very good film. Scannán an-mhaith atá ann. □ That's good of you. Is maith uait sin.

■ **to be good at something** bheith go maith ag rud □ Jane's very good at maths. Tá Sinéad iontach maith ag an mata.

■ **Be good!** (not naughty) Bí maith!

WORD POWER

You can use a number of other words instead of **good** to mean 'great':

excellent sár-

□ an excellent book sárleabhar

fantastic aoibhinn

□ fantastic weather aimsir aoibhinn

great iontach

□ a great film scannán iontach

super an-

□ a super idea an-smaoineamh

---

2 cineálta (kind)

□ They were very good to me. Bhí siad iontach cineálta liom.

■ **Good morning!** Dia duit ar maidin!

■ **Good afternoon!** Tráthnóna maith duit!

■ **Good evening!** Tráthnóna maith duit!

■ **Good night! 1** (on leaving) Oíche mhaith duit! **2** (on going to bed) Oíche mhaith agat!

■ **It's no good complaining.** Níl maith a bheith ag gearán.

■ **for good** go deo □ One day he left for good. Lá amháin d'imigh sé go deo.

goodbye EXCLAMATION

slán

Good Friday NOUN

Aoine an Chéasta fem4

good-looking ADJECTIVE

dathúil

□ He's very good-looking. Tá sé an-dathúil.

good-natured ADJECTIVE

dea-chroíoch (person)

goodness NOUN

maitheas fem3 (of person)

■ **For goodness sake!** In ainm Dé!

■ **Goodness gracious!** A Thiarna Dhia!

goods PL NOUN

earraí masc4 pl (in shop)

■ **a goods train** traein earraí

to **Google**® VERB

googláil

goose NOUN

gé fem4

gooseberry NOUN

spíonán masc1

gorgeous ADJECTIVE

fíorálainn

□ She's gorgeous! Tá sí fíorálainn.

■ **The weather was gorgeous.** Bhí an aimsir go haoibhinn.

gorilla NOUN

goraille masc4

gospel NOUN

soiscéal masc1

gossip NOUN

▷ see also **gossip** VERB

scannal masc4

□ Tell me the gossip! Inis dom an scannal go léir!

■ **She's such a gossip!** Bíonn na scannail ar fad aici!

to **gossip** VERB

▷ see also **gossip** NOUN

■ **to gossip about somebody** bheith ag cúlchaint ar dhuine

■ **They were always gossiping.** Bhí ag cúlchaint i gcónaí.

got VERB ▷ see get

gotten VERB (US) ▷ see get

gout NOUN

gúta masc4

government NOUN

rialtas masc1

GP NOUN

gnáthdhochtúir masc3

GPS NOUN (= global positioning system)

GPS

LANGUAGE TIP The Irish translation is **córas suite domhanda** but GPS is more commonly used.

to **grab** VERB

sciob

graceful ADJECTIVE

mómhar

grade NOUN

1 grád masc1 (at school)

□ He got good grades in his exams. Fuair sé gráid mhaithe ina scrúduithe.

2 rang masc3 (us: school class)

gradually ADVERB

de réir a chéile

□ We gradually got used to it. D'éirigh muid cleachta leis de réir a chéile.

graduate NOUN

céimí masc4

graffiti PL NOUN

graffiti masc pl

grain NOUN

gráinne masc4 (granule)

gram NOUN
gram *masc1*

grammar NOUN
1 gramadach *fem2*
2 graiméar *masc1 (book)*

grammar school NOUN
scoil ghramadaí *fem2*

grammatical ADJECTIVE
gramadúil

gramme NOUN
gram *masc1*
□ 500 grammes of cheese 500 gram cáise

grand ADJECTIVE
breá
□ Kathleen lives in a very grand house.
Tá Cáitlín ina cónaí i dteach breá.
■ **That's grand!** Tá sin go breá!

grandchild NOUN
■ **my grandchildren** clann mo chlainne

granddad NOUN
daideo *masc4*
□ my granddad mo dhaideo

granddaughter NOUN
gariníon *fem2*

grandfather NOUN
seanathair *masc*
□ my grandfather mo sheanathair

grandma NOUN
mamó *fem4*
□ my grandma mo mhamó

grandmother NOUN
seanmháthair *fem*
□ my grandmother mo sheanmhathair

grandpa NOUN
daideo *masc4*
□ my grandpa mo dhaideo

grandparents PL NOUN
■ **my grandparents** mo sheantuismitheoirí

grandson NOUN
garmhac *masc1*

granite NOUN
eibhear *masc1*

granny NOUN
mamó *fem4*
□ my granny mo mhamó

grant NOUN
deontas *masc1*

grape NOUN
fíonchaor *fem2*

grapefruit NOUN
seadóg *fem2*

graph NOUN
graf *masc1*

graphics NOUN
graificí *fem2 pl*

□ I designed the graphics, she wrote the
text. Dhear mise na graificí, scríobh sise an
téacs. □ He works in computer graphics.
Tá sé ag obair i ngraificí ríomhairí.

to **grasp** VERB
beir ar

grass NOUN
féar *masc1*
□ The grass is long. Tá an féar fada.
■ **to cut the grass** an féar a bhearradh

grasshopper NOUN
dreoilín teaspaigh *masc4*

to **grate** VERB
grátáil
□ She grated some cheese and sprinkled it
over the pie. Ghrátáil sí beagán cáise agus
chroith ar an bpióg é.

grateful ADJECTIVE
buíoch

grave NOUN
uaigh *fem2*

gravel NOUN
gairbhéal *masc1*

graveyard NOUN
reilig *fem2*

gray ADJECTIVE (US)
liath

grease NOUN
greise *masc1 (fat)*

greasy ADJECTIVE
1 bealaithe
□ He has greasy hair. Tá gruaig bhealaithe
air.
2 gréisceach
□ The food was very greasy. Bhí an bia
iontach gréisceach.

great ADJECTIVE
1 mór
□ It's a great improvement. Is mór an
feabhas é.
2 iontach
□ It was great! Bhí sé go hiontach! □ It was
a great holiday. Saoire iontach a bhí ann.

WORD POWER
You can use a number of other words
instead of **great** to mean 'good':
amazing an-bhreá
□ an amazing view radharc an-bhreá go deo
fabulous an-
□ a fabulous idea an-smaoineamh
terrific den scoth
□ a terrific party cóisir den scoth
wonderful iontach
□ a wonderful opportunity deis iontach

Great Britain NOUN
an Bhreatain Mhór *fem2*
□ in Great Britain sa Bhreatain Mhór
□ to Great Britain chun na Breataine Móire

great-grandfather NOUN
sin-seanathair *masc*

great-grandmother NOUN
sin-seanmháthair *fem*

Greece NOUN
an Ghréig *fem2*
□ in Greece sa Ghréig □ to Greece chun na Gréige

greedy ADJECTIVE
1 amplach *(for food)*
□ I want some more cake. — Don't be so greedy! Ba mhaith liom tuilleadh císte. — Ná bí chomh hamplach sin!
2 santach *(for money)*

Greek ADJECTIVE
▷ *see also* **Greek** NOUN
Gréagach
□ Dionysis is Greek. Is Gréagach é Dionysis.
□ She's Greek. Is Gréagach í.

Greek NOUN
▷ *see also* **Greek** ADJECTIVE
1 Gréagach *masc1*
2 Gréigis *fem2 (language)*

green ADJECTIVE
▷ *see also* **green** NOUN
glas
□ a green car carr glas □ a green light solas glas □ a green salad sailéad glas □ green beans pónairí glasa
■ the Green Party **1** *(in Northern Ireland)* An Páirtí Glas **2** *(in Eire)* An Comhaontas Glas

green NOUN
▷ *see also* **green** ADJECTIVE
1 glas *masc1*
2 faiche *fem4 (stretch of grass)*
■ greens glasraí *(vegetables)*

greengrocer NOUN
grósaeir glasraí *masc3*

greenhouse NOUN
teach gloine *masc*
■ the greenhouse effect iarmhairt cheaptha teasa

Greenland NOUN
an Ghraonlainn *fem2*

to **greet** VERB
beannaigh do
□ He greeted me with a kiss. Bheannaigh sé dom le póg.

greeting NOUN
beannacht *fem3*

■ Greetings from Rome! Beannachtaí ón Róimh!
■ 'Season's greetings' 'Beannachtaí na Féile'

greetings card NOUN
cárta beannachta *masc4*

grew VERB ▷ *see* **grow**

grey (US **gray**) ADJECTIVE
1 liath
□ She's got grey hair. Tá gruaig liath uirthi.
■ He's going grey. Tá sé ag éirí liath.
2 glas *(horse)*

grey-haired ADJECTIVE
liath

grid NOUN
1 greille *fem4*
2 eangach *fem2 (of electricity)*

grief NOUN
brón *masc1*

grill NOUN
▷ *see also* **grill** VERB
greille *fem4 (on cooker)*
■ a mixed grill griolladh measctha

to **grill** VERB
▷ *see also* **grill** NOUN
gríosc

grim ADJECTIVE
dúr

grin NOUN
▷ *see also* **grin** VERB
draid *fem*

to **grin** VERB
▷ *see also* **grin** NOUN
draid a dhéanamh
□ David grinned at me. Rinne Dáiví draid liom.

to **grind** VERB
meil

to **grip** VERB
faigh greim ar

gripping ADJECTIVE
corraitheach

grit NOUN
grean *masc1*

groan NOUN
▷ *see also* **groan** VERB
éagnach *masc1*

to **groan** VERB
▷ *see also* **groan** NOUN
déan éagnach
□ He groaned with pain. Rinne sé éagnach leis an bpian.

grocer NOUN
grósaeir *masc3*
□ He's a grocer. Is grósaeir é.

groceries PL NOUN
earraí grósaera *masc4 pl*

grocer's NOUN
siopa grósaera *masc4*

grocer's shop NOUN
siopa grósaera *masc4*

grocery store NOUN (US)
siopa grósaera *masc4*

groom NOUN
grúm *masc1 (bridegroom)*
□ the groom and his best man an grúm agus a fhinné fir

to **grope** VERB
■ **to grope for something** déan méarnáil ar lorg ruda □ I groped for a pen. Rinne mé méarnáil ar lorg pinn.

gross ADJECTIVE
■ **It was really gross!** Chuirfeadh sé casadh aigne ort!

grossly ADVERB
go mór *(greatly)*
□ We're grossly underpaid. Táimid ár n-íoc go mór faoi ráta.

ground NOUN
1 talamh *fem (earth)*
□ The ground's wet. Tá an talamh fliuch.
■ **on the ground** ar an talamh □ We sat on the ground. Shuigh muid ar an talamh.
2 páirc *fem2 (for sport)*
□ a football ground páirc pheile
3 cúis *fem2 (reason)*
□ We've got grounds for complaint. Tá cúis ghearáin againn.

ground floor NOUN
urlár talún
□ on the ground floor ar urlár na talún

grounding NOUN
buneolas *masc1 (instruction)*

group NOUN
grúpa *masc4*

to **grow** VERB
1 fás
□ Grass grows quickly. Fásann féar go gasta.
□ Haven't you grown! Nach tusa atá ag fás aníos! □ My Dad grows potatoes. Bíonn prátaí ag fás ag mo Dhaid.
■ **to grow a beard** féasóg a fhás
■ **He's grown out of his jacket.** Tá a chasóg séanta aige.
2 méadaigh *(increase)*
■ **The number of unemployed people has grown.** Tá méadú ar líon na ndaoine dífhostaithe.

to **grow up** VERB
fás aníos

■ **Oh, grow up!** Ó, ná bí i do pháiste!

to **growl** VERB
drantaigh

grown VERB ▷ *see* grow

growth NOUN
1 fás *masc1*
2 forás *masc1 (expansion)*
□ economic growth forás eacnamaíoch

grub NOUN
bia *masc4 (food)*

grudge NOUN
fala *fem4*
■ **to bear a grudge against somebody** fala a bheith agat le duine

gruesome ADJECTIVE
uafásach

guarantee NOUN
▷ *see also* **guarantee** VERB
ráthaíocht *fem3*
■ **a five-year guarantee** *(warranty)* barántas cúig bliana

to **guarantee** VERB
▷ *see also* **guarantee** NOUN
ráthaigh
■ **I can't guarantee he'll come.** Ní féidir liom gealladh go dtiocfaidh sé.

guard NOUN
▷ *see also* **guard** VERB
garda *masc4*
■ **a security guard** garda slándála
■ **a guard dog** madra cosanta

to **guard** VERB
▷ *see also* **guard** NOUN
gardáil
□ They guarded the palace. Ghardáil siad an pálás.
■ **to guard against something** bheith ar d'fhaichill ar rud

to **guess** VERB
▷ *see also* **guess** NOUN
tomhais
□ Janice guessed wrong. Chuaigh tomhas Janice amú.
■ **Guess what this is?** Do bharúil, cad é seo?

guess NOUN
▷ *see also* **guess** VERB
tomhas *masc1*
□ It's just a guess. Níl ann ach tomhas.
■ **Have a guess!** Caith tomhas leis!

guest NOUN
aoi *masc4*
□ We have guests staying with us. Tá aíonna ag fanacht againn.

guesthouse NOUN
teach aíochta *masc*

guide NOUN
eolaí *masc4 (person, book)*
□ We bought a guide to Paris. Cheannaigh muid leabhrán eolais ar Pháras. □ The guide showed us round the castle. Thaispeáin an t-eolaí an caisleán dúinn.
■ **the Guides** na Banóglaigh

guidebook NOUN
leabhrán eolais *masc1*

guide dog NOUN
madra treoraithe *masc4*

guilty ADJECTIVE
ciontach
□ She was found guilty. Fuarthas ciontach í.
■ **I felt guilty for not calling her.** Bhí aiféala orm nár ghlaoigh mé uirthi.

guinea pig NOUN
muc ghuine *fem2*

guitar NOUN
giotár *masc1*
□ I play the guitar. Seinnim ar an ngiotár.

gum NOUN
1 drandal *masc1 (in mouth)*
2 guma *masc4 (chewing gum)*

gun NOUN
gunna *masc4*

gunpoint NOUN
■ **at gunpoint** faoi bhéal gunna

gust NOUN
séideán *masc1 (of wind)*

guy NOUN
óganach *masc1*
□ Who's that guy? Cé hé an t-óganach sin?
□ He's a nice guy. Óganach deas atá ann.

gym NOUN
giomnáisiam *masc4*
□ I go to the gym every day. Téim chuig an ngiomnáisiam gach lá.
■ **gym classes** ranganna aclaíochta

gymnast NOUN
gleacaí *masc4*
□ She's a gymnast. Is gleacaí í.

gymnastics NOUN
gleacaíocht *fem3*
□ She does gymnastics. Déanann sí gleacaíocht.

Gypsy NOUN
giofóg *fem2*

Hh

habit NOUN
nós *masc1*
□ a bad habit drochnós

to **hack** VERB
■ **to hack into a system** bradaíl isteach i gcóras

hacker NOUN
bradaí *masc4*

had VERB ▷ *see* **have**

haddock NOUN
cadóg *fem2*
□ smoked haddock cadóg dheataithe

hail NOUN
▷ *see also* **hail** VERB
cloch shneachta *fem2*

to **hail** VERB
▷ *see also* **hail** NOUN
■ **It's hailing.** Tá sé ag cur cloch sneachta.

hair NOUN
1 gruaig *fem2* (on head)
□ She's got long hair. Tá gruaig fhada uirthi. □ He's got black hair. Tá gruaig dhubh air.
■ **to do one's hair** do chuid gruaige a chóiriú
■ **to wash one's hair** do chuid gruaige a ní
□ I need to wash my hair. Caithfidh mé mo chuid gruaige a ní.
■ **to have one's hair cut** bearradh gruaige a fháil □ I've just had my hair cut. Tá mé díreach tar éis bearradh gruaige a fháil.
■ **a hair 1** (*from head*) ribe gruaige
2 (*from body, animal*) ribe fionnaidh *masc4*
2 fionnadh *masc1* (on body, animal)

hairbrush NOUN
scuab ghruaige *fem2*

haircut NOUN
bearradh gruaige *masc*
■ **to have a haircut** bearradh gruaige a fháil □ I've just had a haircut. Tá mé díreach tar éis bearradh gruaige a fháil.

hairdresser NOUN
gruagaire *masc4*
□ He's a hairdresser. Is gruagaire é.

hairdresser's NOUN
siopa gruagaire *masc4*
□ at the hairdresser's ag an siopa gruagaire

hair dryer NOUN
triomadóir gruaige *masc3*

hair gel NOUN
glóthach ghruaige *fem2*

hair spray NOUN
laicear gruaige *masc1*

hairstyle NOUN
stíl ghruaige *fem2*

hairy ADJECTIVE
gruagach
□ He's got hairy legs. Tá cosa gruagacha aige.

half NOUN
1 leath *fem2*
□ half of the cake leath an chíste
■ **two and a half days** dhá lá go leith
■ **in half an hour** i gceann leathuaire
■ **at half past two** ar leathuair i ndiaidh a dó
■ **half a pound** leathphunt
■ **to cut something in half** rud a ghearradh ina dhá leath
2 leath-tháille *fem4* (ticket)
□ A half to Cork, please. Leath-tháille go Corcaigh, le do thoil.

half-brother NOUN
leasdeartháir *masc*

half-hour NOUN
leathuair *fem2*

half-price ADJECTIVE, ADVERB
leathphraghas

half-sister NOUN
leasdeirfiúr *fem*

half term NOUN
lár téarma *masc1*

h

half-time NOUN
leath-am *masc3*

halfway ADVERB
leath bealaigh

□ halfway between Belfast and Dublin leath bealaigh idir Béal Feirste agus Baile Átha Cliath □ halfway through the chapter leath bealaigh tríd an gcaibidil

hall NOUN
1 halla *masc4*

□ the village hall halla an tsráidbhaile
2 forhalla *masc4 (entrance way)*

Hallowe'en NOUN
Oíche Shamhna *fem4*

hallway NOUN
halla *masc4*

halt NOUN
stad *masc4*

■ to come to a halt seasamh □ The train came to a halt at the station. Sheas an traein ag an stáisiún.

ham NOUN
liamhás *masc1*

□ a ham sandwich ceapaire liamháis

hamburger NOUN
martbhorgaire *masc4*

hammer NOUN
casúr *masc1*

hammock NOUN
ámóg *fem2*

hamster NOUN
hamstar *masc1*

hand NOUN
▷ see also **hand** VERB
1 lámh *fem2*

■ to give somebody a hand lámh chuidithe a thabhairt do dhuine □ Can you give me a hand? An féidir leat lámh chuidithe a thabhairt dom?

■ on the one hand ..., on the other hand ... ar thaobh amháin ..., ar an taobh eile ...
2 snáthaid *fem2 (of clock)*

to **hand** VERB
▷ see also **hand** NOUN
tabhair do

□ He handed me the book. Thug sé an leabhar dom.

■ to hand something in rud a thabhairt isteach □ He handed his exam paper in. Thug sé a pháipéar scrúdaithe isteach.

■ to hand something out rud a thabhairt amach □ The teacher handed out the books. Thug an múinteoir na leabhair amach.

■ to hand something over rud a thabhairt do □ She handed the keys over to me. Thug sí na heochracha dom.

handbag NOUN
mála láimhe *masc4*

handball NOUN
liathróid láimhe *fem2 (game)*

■ to play handball liathróid láimhe a imirt

handbook NOUN
lámhleabhar *masc1*

handbrake NOUN
coscán láimhe *masc1*

handcuffs PL NOUN
glais lámh *masc1 pl*

handkerchief NOUN
ciarsúr *masc1*

handle NOUN
▷ see also **handle** VERB
1 murlán *masc1 (of door)*
2 hanla *masc4 (of saucepan)*
3 cluas *fem2 (of cup, jug, saw)*
4 cos *fem2 (of knife)*
5 lámhchrann *masc1 (for winding)*
6 lámh *fem2 (of bucket)*

to **handle** VERB
▷ see also **handle** NOUN
1 láimhsigh

■ 'handle with care' 'láimhsigh go cúramach'
2 pléigh le *(deal with)*

■ to handle something 1 *(arrange)* rud a eagrú □ Penny handled the travel arrangements. D'eagraigh Fionnuala na socruithe taistil. 2 *(manage)* láimhaigh □ He handled it well. Láimhigh sé go maith é.

handlebars PL NOUN
cluasa rothair *fem2 pl*

handmade ADJECTIVE
lámhdhéanta

hands-free NOUN
lámhshaor *(phone)*

□ a hands-free kit fearas lámhshaor

handsome ADJECTIVE
dathúil

□ He's handsome. Tá sé dathúil.

handwriting NOUN
lámhscríbhneoireacht *fem3*

handy ADJECTIVE
1 in aice láimhe *(close at hand)*

□ Have you got a pen handy? An bhfuil peann in aice láimhe agat?
2 áisiúil *(useful)*

□ This knife's very handy. Tá an scian seo iontach áisiúil.

to **hang** VERB
croch
□ Matthew hung the painting on the wall. Chroch Maitiú an phéintéireacht ar an mballa. □ They hanged the criminal. Chroch siad an coirpeach.

to **hang around** VERB
bheith ag fáinneáil thart
□ On Saturdays we hang around in the park. Ar an Satharn bímid ag fáinneáil thart faoin bpáirc.

to **hang on** VERB
fan (wait)
□ Hang on a minute please. Fan bomaite, le do thoil.

to **hang up** VERB
croch
□ Hang your jacket up on the hook. Croch suas do chasóg ar an gcrúca.
■ to hang up on somebody an guthán a chur síos ar dhuine □ He hung up on me. Chuir sé an guthán síos orm. □ Don't hang up! Ná cuir síos an guthán!

hanger NOUN
crochadán masc1

hang-gliding NOUN
faoileoireacht shaor fem3
■ to go hang-gliding dul ag faoileoireacht shaor

hangover NOUN
póit fem2
□ I've got a terrible hangover. Tá póit mhillteanach orm.

to **happen** VERB
tarlaigh
□ What's happened? Cad é a tharla?
■ as it happens mar a tharlaíonn □ As it happens, I don't want to go. Mar a tharlaíonn, níl mé ag iarraidh dul.

happily ADVERB
1 go haerach
□ 'Don't worry!' he said happily. 'Ná bí buartha!' ar seisean go haerach.
2 go hádhúil (fortunately)
□ Happily, everything went well. Go hádhúil, chuaigh gach rud i gceart.

happiness NOUN
sonas masc1

happy ADJECTIVE
sásta
□ James looks happy. Tá cuma shásta ar Séamus.
■ I'm very happy with your work. Tá mé breá sásta le do chuid oibre.
■ Many happy returns! Go maire tú an lá!

WORD POWER
You can use a number of other words instead of **happy** to mean 'glad':
cheerful aigeanta
□ a cheerful song amhrán aigeanta
delighted geal
□ a delighted smile aoibh gheal
glad sásta
□ to be glad bheith sásta

harassment NOUN
ciapadh masc
□ police harassment ciapadh ag póilíní

harbour (US harbor) NOUN
cuan masc1

hard ADJECTIVE
▷ see also **hard** ADVERB
1 crua
□ This cheese is very hard. Tá an cháis seo an-chrua.
2 deacair (difficult)
□ This question's too hard for me. Tá an cheist seo ródheacair dom.

hard ADVERB
▷ see also **hard** ADJECTIVE
go dian (work)
□ He's worked very hard. D'oibrigh sé go han-dian.
■ They tried hard. Rinne siad a ndícheall.

hard disk NOUN
diosca crua masc4 (of computer)

hardly ADVERB
■ I've hardly got any money. Is beag airgead atá agam.
■ I hardly know the man. Níl ach breacaithne agam ar an bhfear.
■ hardly ever ar éigean □ She hardly ever speaks. Is ar éigean a labhraíonn sí ar chor ar bith.

hard up ADJECTIVE
ar an ngannchuid

hardware NOUN
crua-earraí masc4 pl (computing)

hare NOUN
giorria masc4

to **harm** VERB
déan dochar do
□ I didn't mean to harm you. Ní raibh rún agam dochar a dhéanamh duit.
□ Chemicals harm the environment. Déanann ceimiceáin dochar don timpeallacht.

harmful ADJECTIVE
dochrach
□ harmful chemicals ceimiceáin dhochracha

harmless ADJECTIVE
gan dochar
□ Most spiders are harmless. Tá an chuid is mó de na damháin alla gan dochar.

harp NOUN
cláirseach fem2

harsh ADJECTIVE
1 dian (severe)
2 trom (words)

harvest NOUN
fómhar masc1

has VERB ▷ see **have**

hashtag NOUN
haischlib fem2 (on Twitter)

hat NOUN
hata masc4

to **hate** VERB
fuathaigh
■ I hate maths. Is fuath liom mata.

hatred NOUN
fuath masc3

haunted ADJECTIVE
■ a haunted house teach siúil

have VERB
bí
□ She has long legs. Tá cosa fada uirthi.
□ He has a moustache. Tá croiméal air.
□ She has a cold. Tá slaghdán uirthi.
□ He has measles. Tá an bhruitíneach air.

　LANGUAGE TIP When 'have' is used to mean 'possess' or 'own', it is translated by the verb **bí** and the preposition **ag**.

□ She has a car. Tá carr aici. □ He has plenty of money. Tá airgead mór aige.

　LANGUAGE TIP To translate 'have done' etc, use the past tense of the Irish verb.

□ He has arrived. Tháinig sé. □ She's finished her homework. Chríochnaigh sí a hobair bhaile.
■ She's got to do it. Ní mór di é a dhéanamh.
■ You've done it, haven't you? Tá sé déanta agat, nach bhfuil?
■ to have a shower cithfholcadh a bheith agat
■ to have a party cóisir a bheith agat
■ to have one's hair cut do chuid gruaige a bhearradh
■ to have breakfast bricfeasta a ithe
□ He had his breakfast. D'ith sé a bhricfeasta.

hawk NOUN
seabhac masc1

hay NOUN
féar masc1

hay fever NOUN
slaghdán teaspaigh masc1
□ Do you get hay fever? An mbíonn slaghdán teaspaigh ort?

hazelnut NOUN
cnó coill masc4

he PRONOUN
1 sé (as subject)
□ He came in. Tháinig sé isteach.
2 é (with copula, in passive)
□ He's a firefighter. Is fear dóiteáin é.
□ He was injured. Gortaíodh é.

head NOUN
▷ see also **head** VERB
1 ceann masc1
□ The wine went to my head. Chuaigh an fíon sa cheann agam.
2 ceannaire masc4 (leader)
□ a head of state ceannaire stáit
3 príomhoide masc4 (of school)
■ to have a head for figures ciall mhaith d'fhigiúirí a bheith agat
■ Heads or tails? Aghaidh nó cúl?

to **head** VERB
▷ see also **head** NOUN
■ to head for tabhair aghaidh ar □ They're heading for Derry. Tá siad ag tabhairt aghaidhe ar Dhoire.

headache NOUN
tinneas cinn masc1
■ I've got a headache. Tá tinneas cinn orm.

headlight NOUN
ceannsolas masc1

headmaster NOUN
ardmháistir masc4

headmistress NOUN
ardmháistreás fem3

headphones PL NOUN
cluasáin masc1 pl

headquarters PL NOUN
ceanncheathrú fem

head teacher NOUN
príomhoide masc4
□ She's a head teacher. Is príomhoide í.

to **heal** VERB
cneasaigh
□ The wound soon healed. Chneasaigh an chneá gan mhoill.

health NOUN
sláinte fem4

healthy ADJECTIVE
sláintiúil
□ Lesley's a healthy person. Is duine sláintiúil í Lesley. □ a healthy diet cothú sláintiúil

heap NOUN
moll *masc1*

□ a rubbish heap moll bruscair

to **hear** VERB
cluin

□ He heard the dog bark. Chuala sé tafann an mhadaidh. □ I heard that she was ill. Chuala mé go raibh sí tinn. □ Did you hear the good news? Ar chuala tú an dea-scéala?

■ **She can't hear very well.** Níl éisteacht mhaith aici.

■ **to hear about something** scéala a fháil faoi rud

■ **to hear from somebody** scéala a fháil ó dhuine □ I haven't heard from him recently. Ní bhfuair mé scéala uaidh le tamall.

■ **to hear confession** faoistin a éisteacht

heart NOUN
croí *masc4*

□ My heart's beating very fast. Tá mo chroí ag preabadh go han-ghasta.

■ **to learn something by heart** rud a fhoghlaim de ghlanmheabhair

■ **the ace of hearts** an t-aon hart

heart attack NOUN
taom croí *masc3*

heartbroken ADJECTIVE
croíbhriste

heat NOUN

▷ see also **heat** VERB

1 teas *masc3*

2 brothall *masc1 (of weather)*

3 dreas cáilithe *masc3 (in sport)*

to **heat** VERB

▷ see also **heat** NOUN
téigh

□ Heat gently for 5 minutes. Téigh go réidh go ceann 5 bhomaite.

to **heat up** VERB
téigh

□ He heated the soup up. Théigh sé an t-anraith. □ The water is heating up. Tá an t-uisce á théamh.

heater NOUN
téitheoir *masc3*

□ an electric heater téitheoir leictreach

heather NOUN
fraoch *masc1*

heating NOUN
téamh *masc1*

■ **central heating** téamh lárnach

heaven NOUN
neamh *fem2*

■ **Good heavens!** a Thiarcais!

heavily ADVERB
go trom

□ The car was heavily loaded. Bhí an carr lódáilte go trom. □ He drinks heavily. Ólann sé go trom.

heavy ADJECTIVE
trom

□ This bag's very heavy. Tá an mála seo an-trom. □ heavy rain fearthainn throm

■ **to be a heavy drinker** bheith i do phótaire mór

heavy goods vehicle NOUN
feithicil earraí troma *fem2*

Hebrides PL NOUN

■ **the Hebrides** Inse Ghall

hectic ADJECTIVE
corrach

he'd = he would, he had

hedge NOUN
fál *masc1*

hedgehog NOUN
gráinneog *fem2*

heel NOUN
sáil *fem2*

height NOUN
airde *fem4*

□ What height are you? Cén airde thú?

heir NOUN
oidhre *masc4*

heiress NOUN
banoidhre *masc4*

held VERB ▷ see **hold**

helicopter NOUN
ingearán *masc1*

hell NOUN
ifreann *masc1*

he'll = he will, he shall

hello EXCLAMATION
dia duit

helmet NOUN
clogad *masc1*

help NOUN

▷ see also **help** VERB
cuidiú *masc*

□ Do you need any help? An bhfuil cuidiú ar bith de dhíth ort?

to **help** VERB

▷ see also **help** NOUN
cuidigh le

■ **Help!** Tarrtháil!

■ **Help yourself!** Ith leat!

■ **He can't help it.** Níl neart aige air.

helpful ADJECTIVE

1 cuidiúil

□ He was very helpful. Bhí sé iontach cuidiúil.

2 garach (obliging)

3 úsáideach (useful)

hen NOUN

cearc fem2

her PRONOUN

▷ see also **her** ADJECTIVE

1 í

□ I saw her. Chonaic mé í. □ He sat next to her. Shuigh sé in aice léi. □ I'm older than her. Tá mé níos sine ná í.

■ **I gave her a book.** Thug mé leabhar di.

2 ise (emphatic)

□ I saw him but not her. Chonaic mé eisean ach ní fhaca mé ise.

her ADJECTIVE

▷ see also **her** PRONOUN

a

□ her coat a cóta □ her father a hathair □ her work a cuid oibre □ She's going to wash her hair. Tá sí ag dul a ní a cuid gruaige. □ She's hurt her foot. Ghortaigh sí a cos.

herb NOUN

luibh fem2

□ What herbs do you use in this sauce? Cad iad na luibheanna a úsáideann tú san anlann seo?

here ADVERB

anseo

□ I live here. Tá mé i mo chónaí anseo.

■ **here is ...** seo ... □ Here's Helen. Seo chugainn Helen. □ Here he is! Seo chugainn anois é!

■ **here are ...** seo ... □ Here are the books. Seo iad na leabhair.

heritage NOUN

dúchas masc1

hero NOUN

laoch masc1

□ He's a real hero! Is fíorlaoch é!

heroin NOUN

hearóin fem2

□ Heroin is a hard drug. Is druga crua í hearóin.

■ **a heroin addict** andúileach hearóine □ She's a heroin addict. Is andúileach hearóine í.

heroine NOUN

banlaoch masc1

□ the heroine of the novel banlaoch an úrscéil

hers PRONOUN

a ceann seo aicise

□ It's better than hers. Is fearr é ná an ceann seo aicise.

■ **Whose is this? — It's hers.** Cé leis é seo? — Is léise é.

■ **a friend of hers** cara léi

herself PRONOUN

1 sí féin

□ She did it herself. Rinne sí féin é.

2 í féin

□ She's hurt herself. Ghortaigh sí í féin.

■ **She talked mainly about herself.** Labhair sí go príomha uirthi féin.

■ **by herself** léi féin □ She doesn't like travelling by herself. Ní maith léi a bheith ag taisteal léi féin.

hesitation NOUN

braiteoireacht fem3

■ **without hesitation** gan amhras ar bith

heterosexual ADJECTIVE

heitrighnéasach

hi EXCLAMATION

hóigh

hiccups PL NOUN

■ **He's got the hiccups.** Tá snag air.

to **hide** VERB

folaigh

□ He hid behind a bush. Chuaigh sé i bhfolach ar chúl toir. □ Paula hid the present. Chuair Paula an bronntanas i bhfolach.

hide-and-seek NOUN

■ **to play hide-and-seek** folacháin a dhéanamh

hideous ADJECTIVE

urghránna

hi-fi NOUN

hi-fi masc4

high ADJECTIVE

ard

□ 20 m high 20 m ar airde □ It's too high. Tá sé ró-ard. □ a high temperature teocht ard □ a high price praghas ard

■ **at high speed** ar ardluas

■ **It's very high in fat.** Tá cuid mhaith saille ann.

■ **to be high** (on drugs) bheith ar na ribí

higher education NOUN

oideachas ardleibhéil masc1

high-heeled ADJECTIVE

faoi shála arda

□ high-heeled shoes bróga faoi shála arda

high jump NOUN

léim ard fem2

highlight NOUN

▷ see also **highlight** VERB

buaicphointe masc4

□ the highlight of the evening buaicphointe na hoíche

■ **highlights** *(in hair)* gealáin

to **highlight** VERB

▷ *see also* **highlight** NOUN

tabhair chun suntais

highlighter NOUN

peann aibhsithe *masc1*

high-rise ADJECTIVE

■ **high-rise flats** árasáin ardéirí

high school NOUN

1 scoil ghramadaí *fem2 (grammar school)*

2 ardscoil *fem2 (US)*

to **hijack** VERB

fuadaigh *(plane)*

hijacker NOUN

fuadaitheoir *masc3*

hike NOUN

siúlóid *fem2*

hiking NOUN

■ **to go hiking** dul ag siúlóid

hilarious ADJECTIVE

an-ghreannmhar

□ It was hilarious! Bhí sé an-ghreannmhar.

hill NOUN

1 cnoc *masc1*

□ She walked up the hill. Shiúil sí suas an cnoc.

2 mala *fem4 (on road)*

hill-walking NOUN

cnocadóireacht *fem3*

him PRONOUN

1 é

□ I saw him. Chonaic mé é. □ I gave him a book. Thug mé leabhar dó. □ She sat next to him. Shuigh sí in aice leis. □ I'm older than him. Tá mé níos sine ná é.

2 eisean *(emphatic)*

□ I saw him but not her. Chonaic mé eisean ach ní fhaca mé ise.

himself PRONOUN

1 sé féin

□ He did it himself. Rinne sé féin é.

2 é féin

□ He's hurt himself. Ghortaigh sé é féin.

■ **He talked mainly about himself.** Labhair sé go príomha air féin.

■ **by himself** leis féin □ He was travelling by himself. Bhí sé ag taisteal leis féin.

Hindu NOUN

▷ *see also* **Hindu** ADJECTIVE

Hiondúch *masc1*

Hindu ADJECTIVE

▷ *see also* **Hindu** NOUN

Hiondúch

□ a Hindu temple teampall Hiondúch

hint NOUN

▷ *see also* **hint** VERB

leid *fem2*

■ **to drop a hint** leid bheag a thabhairt

to **hint** VERB

▷ *see also* **hint** NOUN

■ **to hint that** leid a thabhairt go

□ He hinted that something was going on. Thug sé leid go raibh rud éigin ar siúl.

■ **What are you hinting at?** Cad é atá tú a rá?

hip NOUN

cromán *masc1*

hippie NOUN

hipí *masc4*

hippo NOUN

dobhareach *masc1*

hippopotamus NOUN

dobhareach *masc1*

hire NOUN

▷ *see also* **hire** VERB

fostú *masc*

■ **car hire** caranna ar cíos

■ **for hire** le ligean

to **hire** VERB

▷ *see also* **hire** NOUN

1 cuir ar cíos

□ We hired a car on holiday. Fuaireamar carr ar cíos nuair a bhíomar ar saoire.

2 fostaigh *(person)*

□ They hired a cleaner. D'fhostaigh siad glantóir.

hire car NOUN

carr ar cíos *masc1*

his ADJECTIVE

▷ *see also* **his** PRONOUN

a

□ his coat a chóta □ his father a athair □ He's cleaning his teeth. Tá sé ag glanadh a chuid fiacla. □ He's hurt his foot. Ghortaigh sé a chos.

his PRONOUN

a ceann seo aigesean

□ It's better than his. Is fearr é ná an ceann seo aigesean.

■ **Whose is this? — It's his.** Cé leis é seo? — Is leis-sean é.

■ **a friend of hers** cara leis

history NOUN

stair *fem2*

to **hit** VERB

▷ *see also* **hit** NOUN

1 buail

h

□ Andrew hit him. Bhuail Andrew é.

□ He was hit by a car. Buaileadh le carr é.

2 aimsigh (reach target)

□ The arrow hit the target. D'aimsigh an tsaighead an sprioc.

■ **to hit it off with somebody** réiteach le duine ón tús □ She hit it off with his parents. Réitigh sí lena thuismitheoirí ón tús.

hit NOUN

▷ see also **hit** VERB

1 buille masc4

2 cnag masc1

□ Madonna's latest hit an cnag is déanaí ag Madonna

3 amas masc1 (on websites)

■ **It was a great hit.** (success) D'éirigh go geal leis.

hitch NOUN

constaic fem2

□ There's been a slight hitch. Tá constaic bheag ann.

to **hitchhike** VERB

bheith ag síobaireacht

hitchhiker NOUN

síobaire masc4

hitchhiking NOUN

síobshiúl masc1

□ Hitchhiking can be dangerous. Thig le síobshiúl a bheith contúirteach.

hi-tech ADJECTIVE

ard-teicneolaíochta

hit man NOUN

feallmharfóir masc3

HIV NOUN

VEID masc1 (= víreas easpa imdhíonachta daonna)

□ HIV-negative VEID-dhiúltach

□ HIV-positive VEID-dhearfach

hive NOUN

coirceog fem2

hobby NOUN

caitheamh aimsire masc1

□ What are your hobbies? Cad iad na caithimh aimsire atá agat?

hockey NOUN

haca masc4

□ I play hockey. Imrím haca.

to **hold** VERB

coinnigh

□ This bottle holds one litre. Coinníonn an buidéal seo lítear.

■ **She held the baby.** Bhí an babaí ina baclainn aici.

■ **to hold a meeting** cruinniú a thionól

■ **Hold the line!** (on telephone) Fan bomaite!

■ **Hold it!** (wait) Fan!

■ **to get hold of something** (obtain) rud a aimsiú □ I couldn't get hold of it. Ní raibh mé in ann é a aimsiú.

to **hold on** VERB

1 coinnigh ort (keep hold)

2 fan (wait)

□ Hold on a minute! Fan ort go fóill!

■ **Hold on!** (on telephone) Fan bomaite!

■ **to hold on to something** greim a choinneáil ar rud □ He held on to the chair. Choinnigh sé greim ar an gcathaoir.

to **hold up** VERB

1 ardaigh (raise)

□ Peter held up his hand. D'ardaigh Peadar a lámh.

2 tacaigh le (support)

3 cuir moill ar (delay)

□ I was held up at the office. Cuireadh moill orm ag an oifig.

4 robáil (rob)

hold-up NOUN

1 robáil fem3 (robbery)

2 moill fem2 (delay)

hole NOUN

poll masc1

holiday NOUN

1 saoire fem4

□ Did you have a good holiday? An raibh saoire mhaith agat? □ our holiday in France ár saoire sa Fhrainc

2 lá saoire masc (public holiday)

□ Next Monday is a holiday. Is lá saoire é an Luain seo chugainn.

3 lá saor masc (day off)

□ He took a day's holiday. Ghlac sé lá saor.

■ **a holiday camp** campa saoire

holiday home NOUN

teach saoire masc

Holland NOUN

an Ollainn fem2

□ in Holland san Ollainn □ to Holland chun na hOllainne

hollow ADJECTIVE

cuasach

holy ADJECTIVE

1 naofa

2 coisricthe (water)

3 beannaithe (ground)

Holy Communion NOUN

an Chomaoineach Naofa fem4

■ **to receive Holy Communion** Comaoineach a ghlacadh

home NOUN
▷ see also **home** ADVERB
baile *masc4*
□ What time did he get home? Cén t-am a bhain sé an baile amach?
■ **at home** sa bhaile □ Make yourself at home. Déan tú féin sa bhaile.

home ADVERB
▷ see also **home** NOUN
sa bhaile
□ I'll be home at 5 o'clock. Beidh mé sa bhaile ar a cúig.
■ **to get home** an baile a bhaint amach □ What time did he get home? Cén t-am a bhain sé an baile amach?

home address NOUN
seoladh baile *masc*
□ What's your home address? Cén seoladh baile atá agat?

homeless ADJECTIVE
gan dídean
■ **the homeless** na díthreabhaigh

home match NOUN
cluiche baile *masc4*

homeopathy NOUN
hoiméapaite *fem4*

home page NOUN
leathanach baile *masc1*

homesick ADJECTIVE
■ **to be homesick** cumha a bheith ort i ndiaidh an bhaile

homework NOUN
obair bhaile *fem2*
□ Have you done your homework? An bhfuil d'obair bhaile déanta agat?
□ my geography homework m'obair bhaile tíreolaíochta

homosexual ADJECTIVE
▷ see also **homosexual** NOUN
homaighnéasach

homosexual NOUN
▷ see also **homosexual** ADJECTIVE
homaighnéasach *masc1*

honest ADJECTIVE
1 ionraic
□ She's a very honest person. Is duine an-ionraic í.
2 macánta *(sincere)*
□ He was very honest with her. Bhí sé an-mhacánta léi.

honestly ADVERB
1 go hionraic
2 go macánta *(sincerely)*
■ **I honestly don't know.** Déanta na fírinne, níl a fhios agam.

honesty NOUN
1 ionracas *masc1*
2 macántacht *fem3 (sincerity)*

honey NOUN
mil *fem3*

honeymoon NOUN
mí na meala *fem*

honour (US **honor**) NOUN
onóir *fem3*

hood NOUN
1 cochall *masc1 (of jacket, coat)*
2 boinéad *masc1 (US: of car)*

hook NOUN
1 crúca *masc4*
□ He hung the painting on the hook. Chroch sé an phéintéireacht ar an gcrúca.
2 duán *masc1 (for fishing)*
■ **to take the phone off the hook** an guthán a chur ar thon gafa

hooligan NOUN
maistín *masc4*

hooray EXCLAMATION
hurá

Hoover® NOUN
folúsghlantóir *masc3*

to **hoover** VERB
folúsghlan
□ She hoovered the lounge. D'fholúsghlan sí an seomra suí.

to **hope** VERB
▷ see also **hope** NOUN
■ **I hope that ...** Tá súil agam go ... □ I hope he comes. Tá súil agam go dtiocfaidh sé.
■ **to hope for something** bheith ag súil le rud □ I'm hoping for good results. Tá mé ag súil le torthaí maithe.
■ **I hope so.** Tá súil agam sin.
■ **I hope not.** Tá súil agam nach amhlaidh sin.

hope NOUN
▷ see also **hope** VERB
dóchas *masc1*
■ **to give up hope** dóchas a chailleadh
□ Don't give up hope! Ná caill do dhóchais!

hopeful ADJECTIVE
dóchasach
□ I'm hopeful. Tá mé dóchasach.
□ He's hopeful of winning. Tá sé dóchasach go mbeidh an bua aige.

hopefully ADVERB
le cuidiú Dé
□ Hopefully he'll make it in time. Beidh sé ann in am, le cuidiú Dé.

hopeless ADJECTIVE
1 gan dóchas *(without hope)*

2 gan mhaith *(very bad)*
□ I'm hopeless at maths. Tá mé gan mhaith ag mata.

horizon NOUN
bun na spéire *masc1*

horizontal ADJECTIVE
cothrománach

horn NOUN
1 adharc *fem2 (of animal, car)*
□ He sounded his horn. Shéid sé an adharc.
2 corn *masc1*
□ I play the horn. Seinnim ar an gcorn.

horoscope NOUN
tuismeá *fem4*

horrible ADJECTIVE
uafásach
□ What a horrible dress! A leithéid de ghún a uafásach!

horrid ADJECTIVE
gránna

to **horrify** VERB
cuir uafás ar
■ **to be horrified** uafás a bheith ort

horrifying ADJECTIVE
uafásach

horror NOUN
uafás *masc1*

horror film NOUN
scannán uafáis *masc1*

horse NOUN
capall *masc1*

horse-racing NOUN
rásaíocht chapall *fem3*

horseshoe NOUN
crú capaill *masc4*

hose NOUN
píobán *masc1*
□ a garden hose píobán gairdín

hosepipe NOUN
píobán *masc1*

hospital NOUN
otharlann *fem2*
□ Take me to the hospital. Tóg chun na hotharlainne mé.
■ **in hospital** san otharlann

hospitality NOUN
flaithiúlacht *fem3*

host NOUN
óstach *masc1*
□ Don't forget to write and thank your hosts. Ná déan dearmad scríobh le buíochas a ghabháil le d'óstaigh.

hostage NOUN
giall *masc1*

■ **to take somebody hostage** duine a ghabháil ina ghiall

hostel NOUN
brú *masc4*
■ **a youth hostel** brú óige

hostile ADJECTIVE
naimhdeach

hot ADJECTIVE
1 te
□ a hot bath folcadh te □ I'm hot. Tá mé te. □ It's hot. Tá sé te.
2 teobhlasta *(spicy)*
□ a very hot curry curaí an-teobhlasta

hot dog NOUN
brocaire te *masc4*

hotel NOUN
óstán *masc1*
□ We stayed in a hotel. D'fhan muid in óstán.

hotspot NOUN
ball te *masc (for Wi-Fi)*

hour NOUN
uair an chloig *fem2*
■ **on the hour** ar bhuille na huaire
■ **He walked for hours.** Shiúil sé ar feadh na n-uaireanta.
■ **a quarter of an hour** ceathrú uaire
■ **half an hour** leathuair
■ **two and a half hours** dhá uair go leith

hourly ADJECTIVE, ADVERB
in aghaidh na huaire
□ There are hourly buses. Bíonn busanna in aghaidh na huaire ann.
■ **to be paid hourly** pá a fháil de réir na huaire

house NOUN
teach *masc*
□ Our house is at the end of the road. Tá teach s'againne ag bun na sráide.
□ We stayed at their house. D'fhan muid i dteach s'acusan.

housewife NOUN
bean tí *fem*
□ She's a housewife. Is bean tí í.

housework NOUN
obair tí *fem2*
■ **to do the housework** an obair tí a dhéanamh

hovercraft NOUN
árthach foluaineach *masc1*

how ADVERB
cad é mar
■ **How are you?** Cad é mar atá tú?
■ **How do you do?** Dia duit.
■ **How far is it to ...?** Cá fhad atá sé go ...?

h

■ **How long have you been here?** Cá fhad atá tú anseo?

■ **How many?** Cá mhéad? □ How many pupils are there in the class? Cá mhéad dalta atá sa rang?

■ **How much?** Cá mhéad? □ How much sugar do you want? Cá mhéad siúcra atá tú a iarraidh?

■ **How old are you?** Cén aois tú?

however CONJUNCTION
ach
□ This, however, isn't true. Ach, ní fíor é.

to **howl** VERB
lig glam asat

HTML NOUN
HTML
□ an HTML document cáipéis HTML

hug NOUN
▷ see also **hug** VERB
barróg *fem2*
□ She gave them a hug. Rug sí barróg orthu.

to **hug** VERB
▷ see also **hug** NOUN
beir barróg ar
□ He hugged her. Rug sé barróg uirthi.

huge ADJECTIVE
ollmhór

to **hum** VERB
bheith ag drantán *(tune)*

human ADJECTIVE
daonna
□ the human body corp an duine
■ **a human being** neach daonna

humble ADJECTIVE
umhal

humour (US humor) NOUN
1 greann *masc1*
■ **to have a sense of humour** tuiscint don ghreann a bheith agat
2 giúmar *masc1 (mood)*

hundred NUMBER
céad

⸭ LANGUAGE TIP **céad** is followed by a singular noun.

□ a hundred miles céad míle
■ **five hundred** cúig chéad
■ **five hundred and one** cúig chéad is a haon
■ **hundreds of people** na céadta duine

hung VERB ▷ see **hang**

Hungarian ADJECTIVE
▷ see also **Hungarian** NOUN
Ungárach *masc1*
□ She's Hungarian. Is Ungárach í.

Hungarian NOUN
▷ see also **Hungarian** ADJECTIVE
1 Ungárach *masc1*
2 Ungáiris *fem2 (language)*

Hungary NOUN
an Ungáir *fem2*
□ in Hungary san Ungáir □ to Hungary chun na hUngáire

hunger NOUN
ocras *masc1*

hungry ADJECTIVE
ocrach
■ **to be hungry** ocras a bheith ort
□ I'm hungry. Tá ocras orm.

to **hunt** VERB
1 seilg
□ People used to hunt wild boar. Ba ghnách le daoine tiorc allta a sheilg.
2 dul sa tóir ar
□ The police are hunting the killer. Tá na póilíní sa tóir ar an marfóir.
■ **to hunt for something** *(search)* cuir cuardach ar □ I hunted everywhere for that book. Chuardaigh mé gach áit ar lorg an leabhair sin.

hunting NOUN
seilg *fem2*
□ I'm against hunting. Tá mé in éadan na seilge.
■ **fox-hunting** sealgaireacht sionnach

hurdle NOUN
1 cliath *fem2 (in sport)*
2 bac *masc1 (obstacle)*

hurling NOUN
iománaíocht *fem3*
■ **a hurling stick** camán

hurricane NOUN
hairicín *masc4*

hurry NOUN
▷ see also **hurry** VERB
deifir *fem2*
■ **to be in a hurry** deifir a bheith ort □ I am in a hurry. Tá deifir orm.
■ **to do something in a hurry** rud a dhéanamh faoi dheifir
■ **There's no hurry.** Níl aon deifir leis.

to **hurry** VERB
▷ see also **hurry** NOUN
déan deifir
□ Sharon hurried back home. Rinne Sharon deifir ar ais chun an bhaile.
■ **Hurry up!** Déan deifir!

to **hurt** VERB
▷ see also **hurt** ADJECTIVE
gortaigh *(cause pain to)*

h

■ **to hurt somebody 1** *(physically)* duine a ghortú □ You're hurting me! Tá tú do mo ghortú! **2** *(emotionally)* goilleadh ar dhuine □ His remarks really hurt me. Ghoill a chuid cainte go mór orm.

■ **to hurt oneself** tú féin a ghortú □ I fell over and hurt myself. Thit mé agus ghortaigh mé mé féin.

hurt ADJECTIVE
  ▷ *see also* **hurt** VERB
  gortaithe
  □ Is he badly hurt? An bhfuil sé gortaithe go dona? □ Luckily, nobody was hurt. Ar an dea-uair níor gortaíodh aon duine.

husband NOUN
  fear céile *masc1*

hut NOUN
1 both *fem3*
2 bothán *masc1 (shed)*

hymn NOUN
  iomann *masc1*

hyperlink NOUN
  hipearnasc *masc*

hypermarket NOUN
  hipearmhargadh *masc1*

hyphen NOUN
  fleiscín *masc4*

I i

I PRONOUN
1 mé

□ I came in. Tháinig mé isteach. □ I am a teacher. Is múinteoir mé. □ I was injured. Gortaíodh mé.

2 mise *(emphatic)*

□ I'm the oldest in the family. Mise is sine sa chlann. □ Ann and I mise agus Áine

ice NOUN
1 oighear *masc1*

□ There was ice on the lake. Bhí oighear ar an loch.

2 sioc *masc3 (on road)*

iceberg NOUN
cnoc oighir *masc1*

○ **LANGUAGE TIP** Word for word, this means 'hill of ice'.

ice cream NOUN
uachtar reoite *masc1*

□ vanilla ice cream uachtar reoite fanaile

ice cube NOUN
ciúb oighir *masc1*

ice hockey NOUN
haca oighir *masc4*

Iceland NOUN
an Íoslainn *fem2*

□ in Iceland san Íoslainn □ to Iceland chun na hÍoslainne

ice lolly NOUN
líreachán reoite *masc1*

ice rink NOUN
rinc oighir *fem2*

ice-skating NOUN
scátáil oighir *fem3*

■ **to go ice-skating** dul ag scátáil oighir

icing NOUN
reoán *masc1*

■ **icing sugar** siúcra reoáin

icon NOUN
deilbhín *masc4 (computing)*

ICT NOUN *(= information and communications technology)*
teicneolaíocht an eolais *fem3*

icy ADJECTIVE
sioctha

□ The roads are icy. Tá na bóithre sioctha.

■ **There was an icy wind.** Bhí gaoth pholltach ann.

idea NOUN
smaoineamh *masc1*

□ It's a good idea. Smaoineamh maith atá ann.

■ **I've no idea.** Níl barúil agam.

ideal ADJECTIVE
idéalach

identical ADJECTIVE
comhionann

identification NOUN
aitheantas *masc1*

to identify VERB
sainaithin

identity card NOUN
cárta aitheantais *masc4*

idiot NOUN
amadán *masc1*

idiotic ADJECTIVE
amaideach

idle ADJECTIVE
falsa *(lazy)*

idol NOUN
dia beag *masc (pop star, film star)*

i.e. ABBREVIATION *(= id est)*
i.e.

if CONJUNCTION
1 má *(with present and past)*

□ You can have it if you like. Tig leat é a bheith agat más maith leat.

2 dá *(with conditional)*

□ I would buy it if I had the money. Cheannóinn é dá mbeadh an t-airgead agam.

■ **if so** más amhlaidh atá

■ **if not** murab amhlaidh atá □ Are you coming? If not, I'll go with Mark. An bhfuil tú ag teacht? Murab amhlaidh atá, rachaidh mé le Marc.

■ **If only I'd known!** Dá mbeadh a fhios agam!

ignorant ADJECTIVE
aineolach

to **ignore** VERB
déan neamhiontas de

■ **to ignore somebody** neamhaird a thabhairt ar dhuine □ She saw me but she ignored me. Chonaic sí mé ach rinne sí neamhshuim díom.

■ **Just ignore him!** Déan neamhaird de!

■ **to ignore somebody's advice** dul thar chomhairle duine □ She ignored my advice. Níor éist sí le mo chomhairle.

ill ADJECTIVE
tinn (sick)

■ **to be taken ill** éirí tinn □ She was taken ill last night. D'éirigh sí tinn aréir.

I'll = I will, I shall

illegal ADJECTIVE
mídhleathach

illegible ADJECTIVE
doléite

illness NOUN
tinneas masc1

to **ill-treat** VERB

■ **to ill-treat somebody** drochíde a thabhairt do dhuine

illusion NOUN
seachmall masc1

illustration NOUN
léaráid fem2 (in book)

image NOUN
íomhá fem4

imagination NOUN
samhlaíocht fem3

to **imagine** VERB
samhlaigh
□ You can imagine how I felt! Samhlaigh cad é mar a mhothaigh mé!

■ **I imagine so.** (suppose) Déarfainn é.

to **imitate** VERB
déan aithris ar

imitation NOUN
aithris fem2

immediate ADJECTIVE
láithreach

immediately ADVERB
láithreach bonn
□ I'll do it immediately. Déanfaidh mé láithreach bonn é.

immigrant NOUN
inimirceach masc1

immigration NOUN
inimirce fem4

immoral ADJECTIVE
mímhorálta

impartial ADJECTIVE
neamhchlaon

impatience NOUN
mífhoighne fem4

impatient ADJECTIVE
mífhoighneach

■ **to get impatient** foighne a chailleadh □ People are getting impatient. Tá daoine ag cailleadh na foighne.

impatiently ADVERB
go mífhoighneach
□ We waited impatiently. D'fhan muid go mífhoighneach.

impersonal ADJECTIVE
neamhphearsanta

to **import** VERB
iompórtáil

importance NOUN
tábhacht fem3

important ADJECTIVE
tábhachtach

impossible ADJECTIVE
dodhéanta

to **impress** VERB
téigh i bhfeidhm ar
□ She's trying to impress you. Tá sí ag iarraidh dul i bhfeidhm ort.

impression NOUN
tuairim fem2

■ **to be under the impression that** bheith den bharúil go

impressive ADJECTIVE
mórthaibhseach

to **improve** VERB
1 feabhsaigh
□ They have improved the service. Tá an tseirbhís feabhsaithe acu.
2 déan dul chun cinn (learner)
□ His school work has improved. Tá dul chun cinn déanta aige san obair scoile.
3 bisigh (health)

improvement NOUN
1 feabhas masc
□ It's a great improvement. Feabhas mór atá ann. □ There's been an improvement in his French. Tá feabhas mór tagtha ar a chuid Fraincise.
2 biseach masc1 (in health)

in PREPOSITION

▷ see also **in** ADVERB

> **LANGUAGE TIP** There are several ways of translating 'in'. Look at the examples to find one that is similar to what you want to say. For other expressions with 'in', see the verbs 'go', 'come', 'get', 'give' etc.

i

□ in Cork i gCorcaigh □ in England i Sasana □ in May i mí Bhealtaine □ I did it in 3 hours. Rinne mé i dtrí huaire an chloig é.

> **LANGUAGE TIP** i changes to **in** before a vowel.

□ in Ireland in Éirinn

> **LANGUAGE TIP** i + **an** changes to **sa** before a noun beginning with a consonant

□ in the house sa teach □ in the garden sa ghairdín □ in summer sa samhradh □ 20 pence in the pound fiche pingin sa phunt □ the best pupil in the class an dalta is fearr sa rang

> **LANGUAGE TIP** i + **an** changes to **san** before a noun beginning with a vowel.

□ in spring san earrach □ in the west san iarthar

> **LANGUAGE TIP** i + **na** changes to **sna**.

□ in the United States sna Stáit Aontaithe □ number one in the charts ar uimhir a haon sna cairteacha

■ **in the country** faoin tuath
■ **in here** istigh anseo
■ **at 4 o'clock in the afternoon** ar a ceathair a chlog tráthnóna
■ **in a loud voice** de ghlór ard
■ **in pencil** le peann luaidhe
■ **in French** as Fraincis
■ **in the sun** faoin ngrian
■ **the best team in the world** an fhoireann is fearr ar domhan
■ **in time** (punctual) in am

in ADVERB

▷ see also **in** PREPOSITION

san fhaisean (in fashion)

■ **to be in** (at home) bheith ann
□ He wasn't in. Ní raibh sé ann.

inaccurate ADJECTIVE
míchruinn

inadequate ADJECTIVE
easnamhach

inbox NOUN
post isteach masc1

incentive NOUN
spreagadh masc

inch NOUN
orlach masc1
■ **6 inches** sé horlaí

incident NOUN
eachtra fem4

inclined ADJECTIVE
■ **to be inclined to do something**
claonadh a bheith ionat rud a dhéanamh
□ He's inclined to arrive late. Tá claonadh ann teacht mall.

to **include** VERB
cuir san áireamh
□ Service is not included. Níl seirbhís san áireamh.

including PREPOSITION
san áireamh
□ It will be 200 euros, including tax. Beidh 200 euro air, cáin san áireamh.

inclusive ADJECTIVE
cuimsitheach
□ The inclusive price is 200 euros. Is é 200 euro an praghas cuimsitheach.
■ **inclusive of tax** cáin san áireamh

income NOUN
ioncam masc1

income tax NOUN
cáin ioncaim fem

incompetent ADJECTIVE
neamhinniúil

incomplete ADJECTIVE
neamhiomlán

inconsistent ADJECTIVE
neamhréireach

inconvenient ADJECTIVE
míchaoithiúil
□ That's very inconvenient for me. Tá sin iontach míchaoithiúil agam.

incorrect ADJECTIVE
mícheart

increase NOUN

▷ see also **increase** VERB

1 ardú masc
□ an increase in road accidents ardú ar líon na dtimpistí bóthair

2 méadú masc (in population)

to **increase** VERB

▷ see also **increase** NOUN

méadaigh

incredible ADJECTIVE
dochreidte

indecisive ADJECTIVE
éideimhin (person)

indeed ADVERB
go deimhin
□ Indeed, I will not go. Go deimhin,

ní rachaidh mé.

■ **It's very hard indeed.** Tá sé an-chrua ar fad.

■ **Yes indeed!** Cinnte!

■ **Know what I mean? — Indeed I do.** An dtuigeann tú an rud atá i gceist agam. — Tuigim cinnte.

■ **Thank you very much indeed!** Go raibh céad maith agat!

independence NOUN
neamhspleáchas *masc1*

independent ADJECTIVE
neamhspleách
□ **an independent school** scoil neamhspleách

index NOUN
innéacs *masc4 (in book)*

index finger NOUN
corrmhéar *fem2*

India NOUN
an India *fem4*
□ **in India** san India □ **to India** chun na hIndia

Indian ADJECTIVE
▷ *see also* **Indian** NOUN
Indiach

Indian NOUN
▷ *see also* **Indian** ADJECTIVE
Indiach *masc1*
■ **an American Indian** Indiach Dearg

to **indicate** VERB
léirigh

indicator NOUN
treoir *fem*

indigestion NOUN
mí-dhíleá *masc4*
□ **I've got indigestion.** Tá mí-dhíleá orm.

individual ADJECTIVE
aonair
□ **individual skills** scileanna aonair

Indonesia NOUN
an Indinéis *fem2*

indoor ADJECTIVE
faoi dhíon
□ **an indoor swimming pool** linn snámha faoi dhíon

indoors ADVERB
taobh istigh
□ **They're indoors.** Tá siad taobh istigh.
■ **to go indoors** dul isteach □ **We'd better go indoors.** B'fhearr dúinn dul isteach.

industrial ADJECTIVE
tionsclaíoch

industry NOUN
tionscal *masc1*

□ **the tourist industry** tionscal na turasóireachta □ **the oil industry** tionscal na hola

inefficient ADJECTIVE
neamhéifeachtach

inevitable ADJECTIVE
dosheachanta

inexperienced ADJECTIVE
gan taithí

infant school NOUN
naíscoil *fem2*
□ **He's just started at infant school.** Tá sé díreach i ndiaidh tosú ar an naíscoil.

infection NOUN
ionfhabhtú *masc*
□ **an ear infection** ionfhabhtú cluaise

infectious ADJECTIVE
tógálach
□ **It's not infectious.** Níl sé tógálach.

infinitive NOUN
infinideach *masc1*

infirmary NOUN
otharlann *fem2*

inflatable ADJECTIVE
inséidte

inflation NOUN
boilsciú *masc*

influence NOUN
▷ *see also* **influence** VERB
tionchar *masc1*
□ **He's a bad influence on her.** Imríonn sé drochthionchar uirthi.

to **influence** VERB
▷ *see also* **influence** NOUN
téigh i bhfeidhm ar

influenza NOUN
fliú *masc4*

to **inform** VERB
■ **to inform somebody of something** rud a insint do dhuine □ **Nobody informed me of the new plan.** Níor inis duine ar bith dom faoin phlean úr.

informal ADJECTIVE
neamhfhoirmiúil

information NOUN
eolas *masc1*
□ **important information** eolas tábhachtach

information office NOUN
oifig eolais *fem2*

infuriating ADJECTIVE
mearaitheach

ingenious ADJECTIVE
intleachtach

ingredient NOUN
comhábhar *masc1*

inhabitant NOUN
áitritheoir *masc3*

inhaler NOUN
análóir *masc3*

to **inherit** VERB
faigh mar oidhreacht
□ She inherited her father's house. Fuair sí teach a hathar le hoidhreacht.

initials PL NOUN
1 mórlitreacha bloic *fem pl*
2 inisealacha *masc1 pl (as signature)*

initiative NOUN
tionscnamh *masc1*

to **inject** VERB
insteall

injection NOUN
instealladh *masc*

to **injure** VERB
gortaigh

injured ADJECTIVE
gortaithe

injury NOUN
gortú *masc*

injury time NOUN
am cúitimh *masc3 (in sport)*

injustice NOUN
éagóir *fem3*

ink NOUN
dúch *masc1*

in-laws PL NOUN
gaolta cleamhnais *masc1 pl*

inn NOUN
teach ósta *masc*

inner ADJECTIVE
inmheánach

inner city NOUN
ionchathair *fem*

inner tube NOUN
tiúb *fem2 (of tyre)*

innocent ADJECTIVE
1 neamhchiontach *(not guilty)*
2 soineanta *(naive)*

inquest NOUN
ionchoisne *masc4*

to **inquire** VERB
fiafraigh
■ to inquire about something fiafraí a dhéanamh faoi rud □ I am going to inquire about train times. Tá mé ag dul a fhiafraí na n-amanna traenach.

inquiries office NOUN
oifig fhiosraithe *fem2*

inquiry NOUN
1 ceist *fem2*
■ to make inquiries about something
ceisteanna a chur faoi rud
2 fiosrúchán *masc1 (investigation)*
■ 'inquiries' 'fiosrúcháin'

inquisitive ADJECTIVE
fiosrach

insane ADJECTIVE
■ to be insane bheith as do mheabhair

inscription NOUN
inscríbhinn *fem2*

insect NOUN
feithid *fem2*

insect repellent NOUN
éarthach feithide *masc1*

insensitive ADJECTIVE
fuarchroíoch

to **insert** VERB
ionsáigh

inside NOUN
▷ see also **inside** ADVERB, PREPOSITION
taobh istigh *masc1*

inside ADVERB
▷ see also **inside** NOUN, PREPOSITION
1 istigh *(be)*
□ They're inside. Tá siad istigh.
2 isteach *(go)*
■ to go inside gabh isteach
■ Come inside! Tar isteach!

inside PREPOSITION
▷ see also **inside** NOUN, ADVERB
istigh i
□ inside the house istigh sa teach
■ inside 10 minutes taobh istigh de 10 nóiméad

insincere ADJECTIVE
bréagach

to **insist** VERB
■ to insist on something seasamh ar rud
■ to insist that dearbhú go □ He insisted that he was innocent. Dhearbhaigh sé go raibh sé neamhchiontach.

inspector NOUN
cigire *masc4*
■ ticket inspector *(on trains)* cigire ticéid

instalment NOUN
glasíoc *masc3*
■ in instalments *(pay)* ina ghálaí

instance NOUN
cás *masc1*
■ for instance cuir i gcás

instant ADJECTIVE
láithreach
□ It was an instant success. Bhí rath air láithreach.
■ instant coffee caife gasta

instantly ADVERB
ar an toirt

instead ADVERB
ina áit
∎ **instead of** in áit □ He went instead of Peter. Chuaigh sé in áit Pheadair. □ We played tennis instead of going swimming. D'imir muid leadóg in áit dul ag snámh.

instinct NOUN
instinn *fem2*

institute NOUN
institiúid *fem2*

institution NOUN
institiúid *fem2*

to **instruct** VERB
teagasc
∎ **to instruct somebody to do something** ordú a thabhairt do dhuine rud a dhéanamh □ She instructed us to wait outside. Thug sí ordú dúinn fanacht taobh amuigh.

instructions PL NOUN
1 orduithe *masc pl* (orders)
2 treoracha *fem pl* (for use)
□ Where are the instructions? Cá bhfuil na treoracha? □ Follow the instructions carefully. Lean na treoracha go cúramach.

instructor NOUN
teagascóir *masc3*
□ a skiing instructor teagascóir sciála
□ a driving instructor teagascóir tiomána

instrument NOUN
uirlis *fem2*

insufficient ADJECTIVE
easpach

insulin NOUN
inslin *fem2*

insult NOUN
▷ see also **insult** VERB
masla *masc4*

to **insult** VERB
▷ see also **insult** NOUN
maslaigh

insurance NOUN
árachas *masc1*
□ life insurance árachas saoil
∎ **an insurance policy** polasaí árachais

intelligent ADJECTIVE
cliste

to **intend** VERB
∎ **to intend to do something** bheith ag brath rud a dhéanamh □ I intend to do medicine at university. Tá mé ag brath leigheas a dhéanamh ar an ollscoil.

intense ADJECTIVE
1 dian (intensive)

2 díograiseach (person)

intensive ADJECTIVE
dian

intention NOUN
rún *masc1*
□ She had no intention of doing it. Ní raibh lá rúin aici é a dhéanamh.

intercom NOUN
idirchum *masc4*

interest NOUN
▷ see also **interest** VERB
1 spéis *fem2*
□ She showed no interest in maths. Níor léirigh sí spéis ar bith sa mhata.
∎ **my main interest** (pastime) an caitheamh aimsire is mó agam
2 ús *masc1*
□ The interest rate on his credit card was very high. Bhí an ráta úis ar a chárta creidmheasa iontach ard.

to **interest** VERB
▷ see also **interest** NOUN
∎ **Music doesn't interest her.** Níl aon spéis sa cheol aici.
∎ **to be interested in something** spéis a bheith agat i rud □ I'm not interested in politics. Níl spéis agam sa pholaitíocht.

interesting ADJECTIVE
spéisiúil

interface NOUN
comhéadan *masc1* (computing)

interior ADJECTIVE
inmheánach

interior designer NOUN
dearthóir intí *masc3*

intermediate ADJECTIVE
1 idirmheánach
□ an intermediate school scoil idirmheánach
2 meán- (course, level)

internal ADJECTIVE
inmheánach

international ADJECTIVE
idirnáisiúnta

internet NOUN
an tIdirlíon *masc1*
□ on the internet ar an Idirlíon

internet café NOUN
caife idirlín *masc4*

internet user NOUN
úsáideoir idirlín *masc3*

to **interpret** VERB
teangaireacht a dhéanamh
□ Steve interpreted for his friend. Rinne Stiofán teangaireacht dá chara.

interpreter NOUN
ateangaire *masc4*

to **interrupt** VERB
1 trasnaigh
□ Don't keep interrupting the speaker like that. Ná bí ag trasnú ar an gcainteoir mar sin.
2 bris isteach ar *(in conversation)*
3 cuir isteach ar *(work)*
4 idirbhris *(in computing)*

interruption NOUN
briseadh isteach *masc*

interval NOUN
eadarlúid *fem2 (in play, concert)*

interview NOUN
▷ *see also* **interview** VERB
agallamh *masc1*

to **interview** VERB
▷ *see also* **interview** NOUN
cuir faoi agallamh
□ I was interviewed on the radio. Cuireadh faoi agallamh mé ar an raidió.

interviewer NOUN
agallóir *masc3*

intimate ADJECTIVE
1 dlúth *(close)*
2 mion- *(knowledge)*

into PREPOSITION
isteach i
□ He got into the car. Chuaigh sé isteach sa charr. □ I'm going into town. Tá mé ag dul isteach sa bhaile.
■ **Translate the poem into Irish.** Cuir Gaeilge ar an dán.
■ **She's into astrology.** Tá dúil aici san astralaíocht.
■ **Four into seven won't go.** Níl seacht inroinnte ar a ceathair.
■ **The cost will run into millions.** Beidh costas na milliún euro air.

to **introduce** VERB
1 cuir i láthair *(TV show)*
2 cuir in aithne dá chéile *(people to each other)*
□ He introduced me to his parents. Chuir sé a thuismitheoirí in aithne dom.

introduction NOUN
1 cur in aithne *masc1 (to person)*
2 réamhrá *masc4 (in book)*

intruder NOUN
foghlaí *masc4*

intuition NOUN
iomas *masc1*

to **invade** VERB
déan ionradh ar

invalid NOUN
▷ *see also* **invalid** ADJECTIVE
easlán *masc1*

invalid ADJECTIVE
▷ *see also* **invalid** NOUN
neamhbhailí

to **invent** VERB
1 cum *(make up)*
2 fionn *(discover)*

invention NOUN
aireagán *masc1*

inventor NOUN
fionnachtaí *masc4*

inverted commas PL NOUN
uaschamóga *fem2 pl*

investigation NOUN
fiosrú *masc (police)*

investment NOUN
infheistíocht *fem3*

invigilator NOUN
feitheoir *masc3*

invisible ADJECTIVE
dofheicthe

invitation NOUN
cuireadh *masc1*

to **invite** VERB
tabhair cuireadh do
□ He's not invited. Níor tugadh cuireadh dó.
■ **to invite somebody to a party** cuireadh a thabhairt do dhuine chuig cóisir

invoice NOUN
sonrasc *masc1*

to **involve** VERB
bain le
□ His job involves a lot of travelling. Tá cuid mhaith taistil ag baint lena phost.
■ **to be involved in something** *(crime, drugs)* bheith gafa le rud
■ **to be involved with somebody** *(in relationship)* bheith i gcumann le duine

iPod® NOUN
iPod® *masc*

IQ NOUN *(= intelligence quotient)*
SI *fem (= sainuimhir intleachta)*

Iran NOUN
an Iaráin *fem2*
□ in Iran san Iaráin

Iranian NOUN
▷ *see also* **Iranian** ADJECTIVE
Iaránach
■ **the Iranians** muintir na hIaráine

Iranian ADJECTIVE
▷ *see also* **Iranian** NOUN
Iaránach

Iraq NOUN
   an Iaráic *fem2*
      □ in Iraq san Iaráic
Iraqi NOUN
      ▷ *see also* **Iraqi** ADJECTIVE
   Iarácach
      ■ **the Iraqis** muintir na hIaráice
Iraqi ADJECTIVE
      ▷ *see also* **Iraqi** NOUN
   Iarácach
      □ the Iraqi government rialtas na hIaráice
Ireland NOUN
   Éire *fem*
      □ in Ireland in Éirinn □ to Ireland go hÉirinn
      □ I'm from Ireland. Is as Éirinn mé,
Irish ADJECTIVE
      ▷ *see also* **Irish** NOUN
   Gaelach
      □ Irish music ceol gaelach
Irish NOUN
      ▷ *see also* **Irish** ADJECTIVE
   Gaeilge *fem4 (language)*
      ■ **an Irish speaker** Gaeilgeoir
      ■ **the Irish** *(people)* na hÉireannaigh
Irish-American ADJECTIVE
      ▷ *see also* **Irish-American** NOUN
   Gael-Mheiriceánach
Irish-American NOUN
      ▷ *see also* **Irish-American** ADJECTIVE
   Gael-Mheiriceánach *masc1*
Irishman NOUN
   Éireannach *masc1*
Irish Republic NOUN
   Poblacht na hÉireann *fem3*
Irish Sea NOUN
   Muir Éireann *fem3*
Irishwoman NOUN
   Éireannach mná *masc1*
iron NOUN
      ▷ *see also* **iron** VERB
   iarann *masc1*
to iron VERB
      ▷ *see also* **iron** NOUN
   iarnáil *(clothes)*
ironic ADJECTIVE
   íorónta
ironing NOUN
   iarnáil *fem3*
      ■ **to do the ironing** an iarnáil a dhéanamh
ironing board NOUN
   bord iarnála *masc1*
ironmonger's NOUN
   siopa iarnmhangaire *masc4*
irrelevant ADJECTIVE
   neamhábhartha

      □ That's irrelevant. Tá sin neamhábhartha.
irresponsible ADJECTIVE
1   meargánta *(act)*
2   gan stuaim *(person)*
      □ She's so irresponsible! Nach í atá gan
      stuaim!
irritating ADJECTIVE
   bearránach
is VERB ▷ *see* **be**
Islam NOUN
   Ioslamachas *masc1*
Islamic ADJECTIVE
   Ioslamach
      □ Islamic law dlí Ioslamach □ Islamic
      fundamentalists bunúsaithe Ioslamacha
island NOUN
   oileán *masc1*
isle NOUN
   inis *fem2*
      ■ **the Isle of Man** Oileán Mhanann
      ■ **the Isle of Wight** Inis Iocht
isolated ADJECTIVE
   iargúlta *(place)*
ISP NOUN *(= internet service provider)*
   ISP
Israel NOUN
   Iosrael *masc4*
      □ in Israel in Iosrael
Israeli ADJECTIVE
      ▷ *see also* **Israeli** NOUN
   Iosraelach
Israeli NOUN
      ▷ *see also* **Israeli** ADJECTIVE
   Iosraelach *masc1*
issue NOUN
      ▷ *see also* **issue** VERB
1   ceist *fem2*
      □ a controversial issue ceist chonspóideach
2   eagrán *masc1 (of magazine)*
      □ in the latest issue of ... san eagrán is
      déanaí de ...
to issue VERB
      ▷ *see also* **issue** NOUN
1   tabhair amach *(supplies)*
2   eisigh *(statement)*
IT ABBREVIATION *(= information technology)*
   teicneolaíocht an eolais *fem3*
it PRONOUN
1   sé *(subject)*
      □ It's on the table. Tá sé ar an mbord.
2   é *(direct object)*
      □ It's a good film. Did you see it? Is scannán
      maith é. An bhfaca tú é? □ I don't want this
      apple. Take it. Níl mé ag iarraidh an úll seo.
      Glac é.

- **It's raining.** Tá sé ag cur fearthainne.
- **It's Friday tomorrow.** Amárach an Aoine.
- **It's 6 o'clock.** Tá sé a sé a chlog.
- **Who is it? — It's me.** Cé atá ann? — Mise.

Italian ADJECTIVE

▷ see also **Italian** NOUN

lodálach

Italian NOUN

▷ see also **Italian** ADJECTIVE

1 lodálach *masc1*

2 lodáilis *fem2 (language)*

italics PL NOUN

cló iodálach *masc4*

Italy NOUN

an Iodáil *fem2*

□ in Italy san Iodáil □ to Italy chun na hIodáile

to **itch** VERB

tochas a bheith i

□ My head's itching. Tá tochas i mo cheann.

- **I'm itching to go.** Táim ar bís le dul.

itchy ADJECTIVE

tochasach

- **to be itchy** tochas a bheith ionat

□ My arm is itchy. Tá tochas i mo lámh.

item NOUN

mír *fem2*

itinerary NOUN

cúrsa taistil *masc4*

its ADJECTIVE

a

□ What's its name? Cén t-ainm atá air?

□ The dog is losing its hair. Tá an madadh ag cailleadh a chuid gruaige.

itself PRONOUN

é féin

□ The heating switches itself off. Imíonn an teas as é féin.

I've = I have

i

Jj

jab NOUN
instealladh *masc* (injection)

jack NOUN
1 seac *masc1* (for car)
2 cuireata *masc4* (playing card)

jacket NOUN
seaicéad *masc1*
■ **jacket potatoes** prátaí faoina gcraiceann

jackpot NOUN
an pota óir *masc4*
■ **to win the jackpot** an duais mhór a bhuachan

jail NOUN
▷ *see also* **jail** VERB
príosún *masc1*
■ **to go to jail** príosún a fháil

to jail VERB
▷ *see also* **jail** NOUN
cuir i bpríosún

jam NOUN
subh *fem2*
□ **strawberry jam** subh sútha talún
■ **a traffic jam** tranglam tráchta

jam jar NOUN
próca suibhe *masc4*

jammed ADJECTIVE
greamaithe *(stuck)*
□ **The window's jammed.** Tá an fhuinneog greamaithe.

jam-packed ADJECTIVE
plódaithe
■ **The room was jam-packed.** Bhí an seomra lán ó chúl go doras.

janitor NOUN
airíoch *masc1*
□ **He's a janitor.** Is airíoch é.

January NOUN
Eanáir *masc4*
■ **in January** i mí Eanáir

Japan NOUN
an tSeapáin *fem2*

□ **in Japan** sa tSeapáin □ **from Japan** ón tSeapáin

Japanese ADJECTIVE
▷ *see also* **Japanese** NOUN
Seapánach

Japanese NOUN
▷ *see also* **Japanese** ADJECTIVE
1 Seapánach *masc1*
2 Seapáinis *fem2* (language)
■ **the Japanese** (people) na Seapánaigh

jar NOUN
próca *masc4*
□ **an empty jar** próca folamh □ **a jar of honey** próca meala

jaundice NOUN
na buíocháin *masc1 pl*

javelin NOUN
ga *masc4*

jaw NOUN
giall *masc1*

jazz NOUN
snagcheol *masc1*

jealous ADJECTIVE
éadmhar
■ **to be jealous of somebody** bheith in éad le duine

jeans PL NOUN
bríste géine *masc4*

Jehovah's Witness NOUN
Finné láivé *masc4*
□ **She's a Jehovah's Witness.** Is ball d'Fhinnéithe láive é.

Jello® NOUN (US)
glóthach *fem2*

jelly NOUN
glóthach *fem2*

jellyfish NOUN
smugairle róin *masc4*

jersey NOUN
geansaí *masc4* (pullover)

Jesus NOUN
Íosa *masc4*

jet NOUN
scairdeitleán *masc1 (plane)*

jet lag NOUN
tuirse aerthaistil *fem4*

■ **to be suffering from jet lag** tuirse aerthaistil a bheith ort

jetty NOUN
lamairne *masc4*

Jew NOUN
Giúdach *masc1*

jewel NOUN
seoid *fem2*

jeweller (US **jeweler**) NOUN
seodóir *masc3*

□ He's a jeweller. Is seodóir é.

jeweller's shop (US **jeweler's shop**) NOUN
siopa seodóra *masc4*

jewellery (US **jewelry**) NOUN
seodra *masc4*

Jewish ADJECTIVE
Giúdach

jigsaw NOUN
míreanna mearaí *fem2 pl*

job NOUN
jab *masc4*

□ He's lost his job. Tá a jab caillte aige. □ I've got a Saturday job. Tá jab Sathairn agam. □ That was a difficult job. Bhí an jab sin deacair.

job centre NOUN
malartán fostaíochta *masc1*

jobless ADJECTIVE
dífhostaithe

jockey NOUN
jacaí *masc4*

jogging NOUN
bogshodar *masc1*

■ **to go jogging** dul ag bogshodar

john NOUN (US)
leithreas *masc1*

to **join** VERB
1 cláraigh le *(become member of)*
□ I'm going to join the ski club. Tá mé chun clárú sa chlub sciála.
2 téigh i *(queue, army, police)*
3 téigh in éineacht le *(go along with)*
■ **Do you mind if I join you?** An cuma leat má shuím isteach leat?

joiner NOUN
siúinéir *masc3*

□ He's a joiner. Is siúinéir é.

joint NOUN
1 alt *masc1 (in body)*
2 spóla *masc4 (of meat)*
3 rífear *masc1 (of cannabis)*

joke NOUN
▷ *see also* **joke** VERB
scéal grinn *masc1*

■ **to tell a joke** scéal grinn a insint
■ **What a joke!** Cúis gháire chugainn!

to **joke** VERB
▷ *see also* **joke** NOUN
■ **You're joking!** Ag magadh atá tú!
■ **to joke about something** magadh a dhéanamh faoi rud

jolly ADJECTIVE
1 meidhreach *(merry)*
2 suairc *(pleasant)*

Jordan NOUN
an Iordáin *fem2*
□ in Jordan san Iordáin

to **jot down** VERB
breac síos

jotter NOUN
cóipleabhar *masc1*

journalism NOUN
iriseoireacht *fem3*

journalist NOUN
iriseoir *masc3*
□ She's a journalist. Is iriseoir í.

journey NOUN
turas *masc1*
□ I don't like long journeys. Ní maith liom turas fada. □ The journey to school takes about half an hour. Tógann an turas go dtí an scoil tuairim leathuair an chloig. □ a bus journey turas bus
■ **to go on a journey** dul ar turas

joy NOUN
áthas *masc1*

joystick NOUN
luamhán stiúrtha *masc1 (for computer game)*

judge NOUN
▷ *see also* **judge** VERB
1 breitheamh *masc1 (law)*
□ She's a judge. Is breitheamh í.
2 moltóir *masc3 (sport)*

to **judge** VERB
▷ *see also* **judge** NOUN
1 meas *(estimate)*
2 tabhair breith ar *(law)*
3 déan moltóireacht ar *(sport)*

judo NOUN
júdó *masc4*
□ My hobby is judo. Júdó an caitheamh aimsire atá agam.

jug NOUN
crúsca *masc4*

juggler NOUN
lámhchleasaí *masc4*

j

juice NOUN
sú *fem4*
□ orange juice sú oráiste

July NOUN
lúil *masc4*
■ in July i mí lúil

jumble sale NOUN
reic manglaim *masc3*

to **jump** VERB
léim
□ The cat jumped over the wall. Léim an cat
thar an mballa. □ The dog jumped out of
the window. Léim an madra amach an
fhuinneog.

jumper NOUN
geansaí *masc4 (pullover)*

junction NOUN
gabhal *masc1 (of roads)*

June NOUN
Meitheamh *masc1*
■ in June i mí Mheithimh

jungle NOUN
dufair *fem2*

junior NOUN
sóisear *masc1*
□ the juniors *(in school)* na sóisir

junior school NOUN
scoil shóisearach *fem2*

junk NOUN

bruscar *masc1 (rubbish)*
■ **The attic's full of junk.** Tá an t-áiléar lán
de sheanmhangarae.
■ **to eat junk food** bia beagmhaitheasa a
chaitheamh
■ **a junk shop** siopa mangarae

jury NOUN
giúiré *masc4*

just ADVERB
■ **just right** go díreach ceart
■ **He had just done it.** Ní mó ná go raibh sé
déanta aige.
■ **just after Christmas** go díreach i ndiaidh
na Nollag
■ **We had just enough money.** Bhí ár
ndóthain airgid againn ach gan dada thairis.
■ **just in time** go díreach in am
■ **I'm rather busy just now.** Tá mé sórt
gnóthach i láthair na huaire.
■ **I did it just now.** Anois féin a rinne mé é.
■ **He's just arrived.** Tá sé díreach tagtha.
■ **I'm just coming!** Beidh mé leat anois!
■ **It's just a mistake.** Níl ann ach meancóg.
■ **She's just as clever as you.** Tá sí lán
chomh cliste leatsa.

justice NOUN
ceart *masc1*

to **justify** VERB
comhfhadaigh *(typed text)*

Kk

kangaroo NOUN
cangarú *masc4*

karaoke NOUN
cáirióice *masc4*

karate NOUN
karate *masc4*

kebab NOUN
ceibeab *masc4*

keen ADJECTIVE
díograiseach
□ He doesn't seem very keen. Níl cuma ródhíograiseach air.
■ **I'm keen on maths.** Is breá liom mata.
■ **to be keen on somebody** (*fancy them*) tóir a bheith agat ar dhuine
■ **He's keen on her.** Tá tóir aige uirthi.
■ **to be keen on something** dúil mhór a bheith agat i rud
■ **to be keen on doing something** bheith i bhfách le rud a dhéanamh
■ **I'm not very keen on going.** Níl fonn rómhór orm dul ann.

to **keep** VERB
1 coinnigh
□ You can keep it. Féadann tú é a choinneáil.
2 cuir le (*promise, word*)
■ **Keep quiet!** Bí i do thost!
■ **to keep doing something** leanúint de rud
□ I keep forgetting my keys. Bím i gcónaí ag fágáil mo chuid eochracha i mo dhiaidh.

to **keep on** VERB
coinnigh ort
■ **to keep on doing something** leanúint de bheith ag déanamh ruda
■ **He kept on reading.** Lean sé air ag léamh.

to **keep out** VERB
coinnigh amach
■ **'keep out'** 'fan amach'

to **keep up** VERB
coinnigh suas
□ Matthew walks so fast I can't keep up. Siúlann Maitiú chomh gasta sin nach dtig liom coinneáil suas leis.
■ **to keep up with** cos a choinneáil le
□ I can't keep up with the rest of the class. Ní thig liom coinneáil suas leis an rang.

keep-fit NOUN
aclaíocht *fem3*
□ I go to keep-fit classes. Téim ar ranganna aclaíochta.

kennel NOUN
conchró *masc4*

kept VERB ▷ see **keep**

kerosene NOUN (US)
ceirisín *masc4*

Kerry NOUN
Ciarraí *fem4*

kettle NOUN
citeal *masc1*

key NOUN
1 eochair *fem*
□ I've lost my key. Chaill mé m'eochair.
2 gléas *masc1* (*in music*)

keyboard NOUN
méarchlár *masc1*
□ ... with Mike Moran on keyboards ... agus Mike Moran ar na méarchláir

keyring NOUN
fáinne eochracha *masc4*

keystroke NOUN
eochairbhuille *masc4* (*computing*)

kick NOUN
▷ see also **kick** VERB
cic *fem2*

to **kick** VERB
▷ see also **kick** NOUN
ciceáil
■ **He kicked the ball hard.** Bhuail sé cic láidir ar an liathróid.
■ **to kick somebody** cic a bhualadh ar dhuine □ He kicked me. Bhuail sé cic orm.

k

to **kick off** VERB
tosaigh (in football)

kick-off NOUN
tús masc1
■ **The kick-off is at 10 o'clock.** Tosaíonn an cluiche ar a deich a chlog.

kid NOUN
▷ see also **kid** VERB
páiste masc4

to **kid** VERB
▷ see also **kid** NOUN
■ **to be kidding** bheith ag magadh
□ I'm just kidding. Níl mé ach ag magadh.

to **kidnap** VERB
fuadaigh

kidney NOUN
duán masc1
□ He's got kidney trouble. Tá na duáin ag cur air. □ I don't like kidneys. Ní maith liom duáin.
■ **kidney beans** pónairí fada

Kildare NOUN
Cill Dara fem

Kilkenny NOUN
Cill Chainnigh fem

to **kill** VERB
maraigh
□ He was killed in a car accident. Maraíodh é i dtimpiste bhóthair. □ Luckily, nobody was killed. Ar ámharaí an tsaoil, níor maraíodh aon duine.
■ **to kill oneself** lámh a chur i do bhás féin □ He killed himself. Chuir sé lámh ina bhás féin.

killer NOUN
1 marfóir masc3 (murderer)
□ The police are searching for the killer. Tá na póilíní sa tóir ar an dúnmharfóir.
2 feallmharfóir masc3 (assassin)
□ a hired killer feallmharfóir fruilithe

kilo NOUN
cileagram masc1
□ 10 euros a kilo 10 euro an cileagram

kilobyte NOUN
cilibheart masc1 (computing)

kilogram, kilogramme NOUN
cileagram masc1

kilometre (US kilometer) NOUN
ciliméadar masc1

kilt NOUN
é filleadh beag masc1

kind ADJECTIVE
▷ see also **kind** NOUN
cineálta
■ **Thank you for being so kind.** Is mór agam do chineáltas.

■ **to be kind to somebody** bheith cineálta le duine

kind NOUN
▷ see also **kind** ADJECTIVE
sórt masc1
□ It's a kind of sausage. Sórt ispín atá ann.

kindergarten NOUN
naíscoil fem2

kindly ADVERB
go cineálta
□ 'Don't worry,' she said kindly. 'Ná bí buartha,' ar sise go cineálta.
■ **Kindly refrain from smoking.** Iarrtar ort gan caitheamh.

kindness NOUN
cineáltas masc1

king NOUN
rí masc4

kingdom NOUN
ríocht fem3

kiosk NOUN
both fem3

kipper NOUN
scadán leasaithe masc1

kiss NOUN
▷ see also **kiss** VERB
póg fem2
□ a passionate kiss póg dhíochra

to **kiss** VERB
▷ see also **kiss** NOUN
póg
□ He kissed her passionately. Phóg sé go díochra í. □ They kissed. Phóg siad a chéile.

kit NOUN
trealamh masc1
□ I've forgotten my gym kit. Rinne me dearmad de mo threalamh aclaíochta.
■ **a tool kit** foireann uirlisí
■ **a first aid kit** fearas garchabhrach
■ **a puncture repair kit** fearas deisithe poill
■ **a drum kit** foireann drumaí

kitchen NOUN
cistin fem2
□ a fitted kitchen cistin fheistithe
□ the kitchen units na haonaid chistine
□ a kitchen knife scian chistine

kite NOUN
eitleog fem2 (toy)

kitten NOUN
piscín masc4

knee NOUN
glúin fem2
□ He was on his knees. Bhí sé ar a ghlúine.

to **kneel** VERB
téigh ar do ghlúine

to **kneel down** VERB
téigh ar do ghlúine

knew VERB ▷ see **know**

knickers PL NOUN
brístín *masc4*
■ **a pair of knickers** péire brístíní

knife NOUN
scian *fem2*
□ a kitchen knife scian chistine □ a sheath knife scian truaille

to **knit** VERB
cniotáil

knitting NOUN
cniotáil *fem3*
□ I like knitting. Is maith liom bheith ag cniotáil.

knives PL NOUN ▷ see **knife**

knob NOUN
1 cnap *masc1 (lump, protuberance)*
2 murlán *masc1 (on door)*

to **knock** VERB
▷ see also **knock** NOUN
buail
□ Someone's knocking at the door. Tá duine éigin ag bualadh ar an doras.

knock NOUN
▷ see also **knock** VERB
cnag *masc1 (sound)*

to **knock down** VERB
leag
□ She was knocked down by a car. Leag carr í.

to **knock out** VERB
leag amach
□ They knocked out the security guard. Leag siad amach an garda slándála.
■ **They were knocked out early in the tournament.** Cuireadh amach iad go luath sa chomórtas.

knot NOUN
snaidhm *fem2*
■ **to tie a knot in something** snaidhm a chur ar rud

to **know** VERB

⌇ **LANGUAGE TIP** Use **bí** with **aithne agam ar** for knowing a person.

□ I know her. Tá aithne agam uirthi.
□ I don't know him. Níl aithne agam air.

⌇ **LANGUAGE TIP** Use **bí** with **eolas agam ar** for knowing a place or a particular subject.

□ I know Belfast. Tá eolas agam ar Bhéal Feirste.

⌇ **LANGUAGE TIP** Use **bí ... agam** for knowing something you have learned or how to do something.

□ I know how to drive. Tá tiomáint agam.
□ I don't know any German. Níl Gearmáinis ar bith agam. □ I know the answer. Tá an freagra agam.

⌇ **LANGUAGE TIP** Use **bí ... fhios agam** for knowing ordinary facts.

□ It's a long way. — Yes, I know. Is fada an bealach é. — Tá a fhios agam é. □ I don't know what to do. Níl a fhios agam cad ba chóir a dhéanamh.
■ **as far as I know** go bhfios dom
■ **to know that ...** a fhios a bheith agat go ... □ I know that you like chocolate. Tá a fhios agam go bhfuil dúil agat sa tseacláid. □ I didn't know that your Dad was a policeman. Ní raibh a fhios agam gur póilín é do dhaid.
■ **to know about something 1** *(be aware of)* a fhios a bheith agat faoi □ Do you know about the meeting this afternoon? An bhfuil a fhios agat faoin gcruinniú tráthnóna inniu? **2** *(be knowledgeable about)* bheith eolach ar rud □ He knows a lot about cars. Tá sé an-eolach ar ghluaisteáin.
■ **to get to know somebody** aithne a chur ar dhuine
■ **How should I know?** *(I don't know!)* Cá bhfios domsa!
■ **You never know!** Ní bhíonn a fhios agat riamh!

know-all NOUN
saoithín *masc4*
■ **He's such a know-all!** Tá gach eolas aige!

know-how NOUN
saineolas *masc1*

knowledge NOUN
1 eolas *masc1 (acquired by study, experience)*
2 fios *masc3 (awareness of some fact)*

knowledgeable ADJECTIVE
eolach
□ She's very knowledgeable about computers. Tá sí an-eolach ar na ríomhairí.

known VERB ▷ see **know**

Koran NOUN
Córán *masc4*

Korea NOUN
an Chóiré *fem4*
□ in Korea sa Chóiré

kosher ADJECTIVE
■ **kosher food** bia coisir

Ll

lab NOUN (= *laboratory*)
saotharlann *fem2*
  ■ **a lab technician** teicneoir
  saotharlainne

label NOUN
lipéad *masc1*

labor NOUN (US)
obair *fem2*
  ■ **to be in labor** bheith i dtinneas clainne
  ■ **the labor market** an margadh saothair
  ■ **a labor union** ceardlann

laboratory NOUN
saotharlann *fem2*

Labour NOUN
  ■ **the Labour Party** Páirtí an Lucht Oibre
  ■ **My parents vote Labour.** Tugann mo
  thuismitheoirí a vótaí do Pháirtí an Lucht
  Oibre.

labour NOUN
saothar *masc1*
  ■ **the labour market** an margadh saothair

labourer NOUN
oibrí *masc4*
  □ He's a farm labourer. Is oibrí feirme é.

lace NOUN
1 lása *masc4*
  □ a lace collar bóna lása
2 iall *fem2* (*of shoe*)

lack NOUN
easpa *fem4*
  □ He got the job despite his lack of
  experience. Fuair sé an post in ainneoin
  a easpa thaithí. □ There was no lack of
  volunteers. Ní raibh easpa óglach ann.

lacquer NOUN
laicear *masc1*

lad NOUN
stócach *masc1*

ladder NOUN
dréimire *masc4*

lady NOUN
bean uasal *fem*

  ■ **Ladies and gentlemen ...** (*in address*)
  A dhaoine uaisle ...
  ■ **a young lady** ógbhean
  ■ **the ladies'** leithreas na mban

ladybird NOUN
bóín Dé *fem4*

to **lag behind** VERB
moilligh

Lagan NOUN
Abhainn an Lagáin *fem*

lager NOUN
lágar *masc1*

laid VERB ▷ *see* **lay**

laid-back ADJECTIVE
réchúiseach

lain VERB ▷ *see* **lie**

lake NOUN
loch *masc3*

lamb NOUN
uan *masc1* (*animal*)
  ■ **a lamb chop** gríscín uaineola

lame ADJECTIVE
bacach
  □ My pony is lame. Tá mo phónaí bacach.

lamp NOUN
lampa *masc4*

lamppost NOUN
lóchrann sráide *masc1*

lampshade NOUN
scáthlán lampa *masc1*

land NOUN
  ▷ *see also* **land** VERB
talamh *fem*
  ■ **a piece of land** píosa talún

to **land** VERB
  ▷ *see also* **land** NOUN
tuirling (*plane, passenger*)

landing NOUN
1 tuirlingt *fem2* (*of plane*)
2 ceann staighre *masc1* (*of staircase*)

landlady NOUN
bean tí *fem*

landline NOUN
líne thalún *fem4*

landlord NOUN
tiarna talún *masc4 (of house, flat)*

landmark NOUN
sainchomharthaí tíre *masc4*
□ Big Ben is one of London's most famous landmarks. Tá Big Ben ar na sainchomharthaí tíre is cáilúla i Londain.

landowner NOUN
úinéir talaimh *masc3*

landscape NOUN
tírdhreach *masc3*

lane NOUN
1 bóithrín *masc4 (in country)*
2 lána *masc4 (on motorway)*

language NOUN
teanga *fem4*
□ German is a difficult language. Is teanga dheacair í an Ghearmáinis.
■ **bad language** droch-chaint

language laboratory NOUN
teanglann *fem2*

lanky ADJECTIVE
scailleagánta
□ a lanky boy buachaill scailleagánta

Laois NOUN
Laois *fem2*

lap NOUN
cuairt *fem2 (of track)*
□ I ran ten laps. Rith mé deich gcuairt.
■ **on my lap** ar m'ucht

laptop NOUN
ríomhaire glúine *masc4 (computer)*

larder NOUN
lardrús *masc1*

large ADJECTIVE
mór
□ a large house teach mór □ a large dog madra mór

largely ADVERB
den chuid is mó
□ It's largely the fault of the government. Tá an locht ar an rialtas den chuid is mó.

laser NOUN
léasar *masc1*

lass NOUN
cailín *masc4*

last ADJECTIVE
▷ *see also* **last** ADVERB, VERB
deireanach
□ the last time I saw her an uair dheireanach dá bhfaca mé í
■ **last Friday** Dé hAoine seo caite
■ **last week** an tseachtain seo caite

■ **last night 1** *(evening)* tráthnóna aréir □ I got home at ten o'clock last night. Tháinig mé abhaile ar a deich tráthnóna aréir.
2 *(sleeping hours)* aréir □ I couldn't sleep last night. Ní raibh mé ábalta codladh aréir.
■ **last summer** an samhradh seo caite
■ **last year** anuraidh
■ **at last** faoi dheireadh

last ADVERB
▷ *see also* **last** ADJECTIVE, VERB
ar deireadh
□ He arrived last. Tháinig sé ar deireadh.
■ **I've lost my bag. — When did you see it last?** Tá mó mhála caillte agam. — Cá huair a chonaic tú é den uair dheireanach?

to **last** VERB
▷ *see also* **last** ADJECTIVE, ADVERB
mair
□ The concert lasts two hours. Maireann an cheolchoirm dhá uair a chloig.
■ **to make something last** fad a bhaint as rud

lastly ADVERB
ar deireadh thiar *(in list)*
□ Lastly, what time do you arrive? Ar deireadh thiar, cén t-am a tháinig tú?

late ADJECTIVE
▷ *see also* **late** ADVERB
mall *(not on time)*
□ Hurry up or you'll be late! Déan deifir, nó beidh tú mall! □ I'm often late for school. Bím mall don scoil go minic.
■ **in the late afternoon** um thráthnóna beag
■ **in late May** i ndeireadh na Bealtaine

late ADVERB
▷ *see also* **late** ADJECTIVE
(go) mall
□ She arrived late. Tháinig sí go mall. □ I went to bed late. Chuaigh mé a luí go mall.

lately ADVERB
ar na mallaibh
□ I haven't seen him lately. Ní fhaca mé ar na mallaibh é.

later ADVERB
níos moille
□ I'll do it later. Déanfaidh mé níos moille é.
■ **See you later!** Feicfidh mé thú níos moille.

latest ADJECTIVE
is déanaí
□ their latest album an t-albam is déanaí acu
■ **at the latest** ar a dhéanaí □ by 10 o'clock at the latest faoi a deich ar a dhéanaí

Latin NOUN
Laidin *fem2*

▫ I do Latin. Tá mé ag dul den Laidin.

Latin America NOUN
Meiriceá Laidineach masc4
▫ in Latin America i Meiriceá Laidineach

Latin American ADJECTIVE
Meiriceánach Laidineach

latter NOUN
■ the latter an ceann deireanach a luadh
■ The latter is the more expensive of the two systems. Is é an clara ceann is daoire den bheirt.

laugh NOUN
▷ see also **laugh** VERB
gáire masc4
■ It was a good laugh. (it was fun) An-spraoi a bhí ann.

to laugh VERB
▷ see also **laugh** NOUN
déan gáire
■ to make somebody laugh gáire a bhaint as duine
■ to laugh at bheith ag gáire faoi ▫ They laughed at her. Bhí siad ag gáire fúithi.

to launch VERB
1 lainseáil (boat)
2 scaoil (missile)
3 seol (book, car)
▫ They're going to launch a new model. Tá siad ag dul a sheoladh déanamh nua.

Launderette® NOUN
neachtlainnín fem4

Laundromat (US)® NOUN
neachtlainnín fem4

laundry NOUN
níochán masc1 (clothes)

lavatory NOUN
leithreas masc1

lavender NOUN
labhandar masc1

law NOUN
dlí masc4
▫ The laws are very strict. Tá na dlíthe an-dian. ▫ My sister's studying law. Tá mo dheirfiúr ag déanamh staidéir ar an dlí. ▫ It's against the law. Tá sé in éadan an dlí.

lawn NOUN
faiche fem4

lawnmower NOUN
lomaire faiche masc4

law school NOUN (US)
scoil dlí fem2

lawyer NOUN
dlíodóir masc3
▫ My mother's a lawyer. Is dlíodóir í mo mháthair.

to lay VERB
leag
▫ She laid the baby in her cot. Leag sí an babaí ina cliabhán.
■ to lay eggs uibheacha a bhreith
■ to lay the table an bord a leagan
■ to lay something on rud a chur ar fáil
▫ They laid on extra buses. Chuir siad busanna breise ar fáil. ▫ They laid on a special meal. Chuir siad béile speisialta ar fáil.

to lay off VERB
leag as (workers)
▫ My father's been laid off. Leagadh m'athair as.

lay-by NOUN
leataobh masc1

layer NOUN
brat masc1
■ the ozone layer an ciseal ózóin

layout NOUN
leagan amach masc1
▫ No one likes the new office layout. Ní maith le duine ar bith leagan amach nua na hoifige.

lazy ADJECTIVE
falsa

lead NOUN
▷ see also **lead** VERB
1 tosach masc1 (distance, time ahead)
■ in the lead chun tosaigh ▫ Our team is in the lead. Tá foireann s'againne chun tosaigh.
2 seolán masc1 (cable)
3 iall fem2 (for dog)
4 luaidhe fem4 (metal)

to lead VERB
▷ see also **lead** NOUN
1 treoraigh
▫ He led me to my room. Threoraigh sé chun mo sheomra mé.
2 bheith i gceannas ar (be leader of)
■ to lead the way an t-eolas a dhéanamh
■ to lead somebody away duine a thabhairt chun siúil ▫ The police led the man away. Thug na póilíní an fear chun siúil.
3 téigh go
▫ the street that leads to the station an tsráid a théann chuig an stáisiún

leaded NOUN
■ leaded petrol artola luaidhe

leader NOUN
ceannaire masc4

lead-free ADJECTIVE
saor ar luaidhe (petrol)

lead singer NOUN
   príomhamhránaí *masc4 (in pop group)*
leaf NOUN
   duilleog *fem2*
leaflet NOUN
   bileog eolais *fem2*
league NOUN
   sraith *fem2*
   □ They are at the top of the league. Tá siad
   ag barr na sraithe.
   ■ **the Premier League** an Phríomhshraith
leak NOUN
   ▷ *see also* **leak** VERB
   ligean *masc1*
to **leak** VERB
   ▷ *see also* **leak** NOUN
1 lig *(pipe)*
   □ The pipe is leaking. Tá an píobán ag ligean
   uaidh.
2 sceith *(water)*
3 lig isteach *(shoes)*
to **lean** VERB
   ■ **to be leaning against something** seas
   i gcoinne ruda □ The ladder was leaning
   against the wall. Bhí an dréimire ag
   seasamh i gcoinne an mballa.
   ■ **to lean something against something**
   rud a chur le rud □ He leant his bike against
   the wall. Chuir sé a rothar leis an mballa.
to **lean on** VERB
   taca a bhaint as
   ■ **to lean on something** taca a bhaint as
   rud □ He leant on the wall. Bhain sé taca ón
   mballa.
to **lean out** VERB
   cromadh amach
   □ She leant out of the window. Chrom sí
   amach an fhuinneog.
to **leap** VERB
   léim
   □ They leapt over the stream. Léim siad thar
   an sruthán. □ He leapt out of his chair when
   his team scored. Léim sé amach as a
   chathaoir nuair a fuair a fhoireann cúl.
leap year NOUN
   bliain bhisigh *fem3*
to **learn** VERB
   foghlaim
   □ I'm learning to ski. Tá mé ag foghlaim
   sciála.
learner NOUN
   foghlaimeoir *masc3*
   □ Irish learners foghlaimeoirí Gaeilge
   ■ **She's a quick learner.** Tá sí gasta a
   foghlaim.

learner driver NOUN
   foghlaimeoir tiomána *masc3*
learnt VERB ▷ *see* **learn**
least ADVERB, ADJECTIVE, PRONOUN
   is lú
   □ the least expensive hotel an t-óstán is lú
   costas □ It takes the least time. Is é is lú a
   thógann am. □ It's the least I can do. Is é is
   lú is gann dom.
   ■ **Maths is the subject I like the least.**
   Is í matamaitic an t-ábhar is measa liom.
   ■ **at least** ar a laghad □ At least nobody
   was hurt. Ar a laghad níor gortaíodh duine
   ar bith.
leather NOUN
   leathar *masc1*
   □ a black leather jacket casóg leathair
   dhubh
leave NOUN
   ▷ *see also* **leave** VERB
   saoire *fem4 (time off)*
   ■ **on leave** *(from army)* ar scor □ My brother
   is on leave for a week. Tá mo dheartháir ar
   scor go ceann seachtaine.
to **leave** VERB
   ▷ *see also* **leave** NOUN
1 imigh
   □ She's just left. D'imigh sí anois beag.
2 fág *(deliberately)*
   □ Don't leave your camera in the car. Ná fág
   do cheamara sa charr. □ I've left my book at
   home. D'fhág mé mo leabhar sa bhaile.
   ■ **to leave somebody alone** ligean do
   dhuine □ Leave me alone! Lig dom!
to **leave out** VERB
   fág ar lár
leaves PL NOUN ▷ *see* **leaf**
Lebanon NOUN
   an Liobáin *fem2*
   □ in Lebanon sa Liobáin
lecture NOUN
   ▷ *see also* **lecture** VERB
   léacht *fem3*
to **lecture** VERB
   ▷ *see also* **lecture** NOUN
1 tabhair léacht
   □ She lectures at the technical college.
   Tugann sí léachtaí ag an gceardcholáiste.
2 tabhair amach do *(scold)*
   □ He's always lecturing us. Bíonn sé
   i gcónaí ag tabhairt amach dúinn.
lecturer NOUN
   léachtóir *masc3*
   □ She's a lecturer. Is léachtóir í.
led VERB ▷ *see* **lead**

Lee NOUN
an Laoi *fem4* (river)

leek NOUN
cainneann *fem2*

left VERB ▷ see **leave**

left ADJECTIVE, ADVERB
▷ see also **left** NOUN
clé (not right)
□ my left hand mo lámh chlé □ on the left side of the road ar thaobh na láimhe clé den bhóthar
■ **Turn left at the traffic lights.** Tiontaigh ar clé ag na soilse tráchta.

left NOUN
▷ see also **left** ADJECTIVE, ADVERB
clé *fem4*
■ **on the left** ar clé □ Remember to drive on the left. Ná déan dearmad tiomáint ar clé.

left-hand ADJECTIVE
■ **the left-hand side** taobh na láimhe clé
□ It's on the left-hand side. Tá sé ar thaobh na láimhe clé.

left-handed ADJECTIVE
ciotógach

left-luggage office NOUN
oifig an bhagáiste *fem2*

left-luggage locker NOUN
taisceadán bagáiste *masc1*

leg NOUN
cos *fem2*
□ She's broken her leg. Tá a cos briste aici.
■ **a chicken leg** cos sicín
■ **a leg of lamb** rí uaineola
■ **leg room** spás leis na cosa a shíneadh

legal ADJECTIVE
dlíthiúil

leggings NOUN
luiteoga *fem2 pl*

Leinster NOUN
Cúige Laighean *masc4*

leisure NOUN
fóillíocht *fem3*
□ What do you do in your leisure time? Cad é a dhéanann tú i d'am fóillíochta?

leisure centre NOUN
ionad fóillíochta *masc1*

Leitrim NOUN
Liatroim *masc3*

lemon NOUN
líomóid *fem2*

lemonade NOUN
líomanáid *fem2*

to **lend** VERB
■ **to lend something to somebody** rud a thabhairt ar iasacht do dhuine □ I can lend you some money. Is féidir liom roinnt airgid a thabhairt ar iasacht duit.

length NOUN
fad *masc1*
□ It's about a metre in length. Tá sé méadar ar fad, tuairim is.

lens NOUN
lionsa *masc4*

Lent NOUN
an Carghas *masc1*

lent VERB ▷ see **lend**

lentil NOUN
lintile *fem4*
□ lentil soup anraith lintile

Leo NOUN
An Leon *masc1*
□ I'm Leo. Is mise An Leon.

leotard NOUN
léatard *masc1*

lesbian NOUN
leispiach *masc1*

less PRONOUN, ADVERB, ADJECTIVE
níos lú
□ He's less intelligent than her. Tá níos lú intleachta aigesean ná aicise. □ I've got less time for hobbies now. Tá níos lú ama agam anois do chaitheamh aimsire.
■ **less than** níos lú ná □ It costs less than 100 euros. Cosnaíonn sé níos lú ná 100 euro. □ He spent less than me. Chaith sé níos lú ná mise. □ less than half níos lú ná a leath

lesson NOUN
ceacht *masc3*
□ a maths lesson ceacht matamaitice
□ The lessons last forty minutes each. Maireann na ceachtanna daichead bomaite.
■ **to teach somebody a lesson** ceacht a mhúineadh do dhuine

to **let** VERB
1 lig
■ **to let somebody do something** ligean do dhuine rud a dhéanamh □ Let me have a look. Lig dom amharc air. □ My parents won't let me stay out that late. Ná ligfidh mo thuismitheoirí dom fanacht amuigh chomh mall sin.
■ **to let somebody know** scéala a chur chuig duine □ I'll let you know as soon as possible. Cuirfidh mé scéala chugat a luaithe is féidir.
■ **to let go** lig amach do ghreim □ Let me go! Lig amach mé!
■ **Let's go to the cinema!** Téimis chuig an bpictiúrlann!

■ **Let's go!** Ar aghaidh linn!

2 lig ar cíos (hire out)

■ **'to let'** 'le ligean'

to **let down** VERB
loic ar (person)

□ I won't let you down. Ní loicfidh mé ort.

to **let in** VERB
lig isteach

□ They wouldn't let me in because I was under 18. Ní ligfí siad isteach mé mar bhí mé faoi 18 bliain d'aois.

letter NOUN
litir fem

letterbox NOUN
bosca litreacha masc4

lettuce NOUN
leitís fem2

leukaemia NOUN
leoicéime fem4

level ADJECTIVE
▷ see also **level** NOUN
cothrom

□ A snooker table must be perfectly level. Caithfidh tábla snúcair a bheith cothrom ar fad.

level NOUN
▷ see also **level** ADJECTIVE

1 leibhéal masc1

□ sea level leibhéal na farraige

2 caighdeán masc1 (standard)

■ **A levels** Ardleibhéil

level crossing NOUN
crosaire comhréidh masc4

lever NOUN
luamhán masc1

liable ADJECTIVE
■ **He's liable to cause a quarrel.** (likely) B'fhurasta dó iaróg a thógáil.

liar NOUN
bréagadóir masc3

liberal ADJECTIVE
liobrálach

■ **the Liberal Democrats** na Daonlathaithe Liobrálacha

liberation NOUN
fuascailt fem2

Libra NOUN
An Mheá fem4

□ I'm Libra. Is mise An Mheá.

librarian NOUN
leabharlannaí masc4

□ She's a librarian. Is leabharlannaí í

library NOUN
leabharlann fem2

Libya NOUN
an Libia fem4

□ in Libya sa Libia

licence (US **license**) NOUN
ceadúnas masc1

■ **a driving licence** ceadúnas tiomána

to **lick** VERB
ligh

lid NOUN

1 clár masc1 (of pan, container)

2 caipín súile masc4 (eyelid)

to **lie** VERB
▷ see also **lie** NOUN

1 inis bréag (be untruthful)

□ I know she's lying. Tá a fhios agam go bhfuil sí ag insint bréag.

2 luigh

□ I lay on the beach all day. Bhí mé i mo luí ar an trá an lá ar fad.

■ **to lie down** luí síos □ She lay down on the bed. Luigh sí síos ar an leaba.

lie NOUN
▷ see also **lie** VERB
bréag fem2

□ That's a lie! Bréag atá ann!

■ **to tell a lie** bréag a insint

lie-in NOUN
■ **to have a lie-in** codladh go headra

□ I have a lie-in on Sundays. Bím i mo chodladh go headra ar an Domhnach.

lieutenant NOUN
leifteanant masc1

life NOUN
beatha fem4

lifebelt NOUN
crios tarrthála masc3

lifeboat NOUN
bád tarrthála masc1

lifeguard NOUN
garda tarrthála masc4

life jacket NOUN
seaicéad tarrthála masc1

life-saving NOUN
tarrtháil fem3

□ I've done a course in life-saving. Tá cúrsa tarrthála déanta agam.

lifestyle NOUN
stíl bheatha fem2

Liffey NOUN
an Life fem4 (river)

to **lift** VERB
▷ see also **lift** NOUN
tóg

□ It's too heavy, I can't lift it. Tá sé róthrom, ní féidir liom é a thógáil.

lift NOUN
▷ see also **lift** VERB

light – link

ardaitheoir *masc3*

□ The lift isn't working. Ní an t-ardaitheoir ag obair.

■ **to give somebody a lift** síob a thabhairt do dhuine □ He gave me a lift to the cinema. Thug sé síob chuig an bpictiúrlann dom. □ Would you like a lift? Ar mhaith leat síob?

light NOUN

▷ *see also* **light** ADJECTIVE, VERB

1 solas *masc1*

□ She switched on the light. Las sí an solas.

2 lóchrann *masc1 (lamp)*

□ There's a light by my bed. Tá lóchrann in aice mo leapa.

■ **traffic lights** soilse tráchta

light ADJECTIVE

▷ *see also* **light** NOUN, VERB

1 éadrom *(not heavy)*

□ The box was very light. Bhí an bosca an-éadrom. □ a light jacket casóg éadrom □ a light meal béile éadrom

2 geal *(colour)*

■ **a light blue sweater** geansaí bánghorm

to **light** VERB

▷ *see also* **light** NOUN, ADJECTIVE

las *(candle, cigarette, fire)*

light bulb NOUN

bolgán solais *masc1*

lighter NOUN

lastóir toitíní *masc3 (for cigarettes)*

lighthouse NOUN

teach solais *masc*

lightning NOUN

tintreach *fem2*

■ **a flash of lightning** splanc thintrí

to **like** VERB

▷ *see also* **like** PREPOSITION

■ **I like …** Is maith liom … □ I like riding. Is maith liom an mharcaíocht. □ I like Paul, but I don't want to go out with him. Is maith liom Pól, ach níl mé ag iarraidh siúl amach leis. □ I don't like mustard. Ní maith liom mustard.

■ **I'd like …** Ba mhaith liom … □ I'd like an orange juice, please. Ba mhaith liom sú oráiste, le do thoil.

■ **I'd like to …** Ba mhaith liom … □ I'd like to go to Russia one day. Ba mhaith liom dul chun na Rúise am éigin. □ I'd like to wash my hands. Ba mhaith liom mo lámha a ní.

■ **Would you like to go for a walk?** Ar mhaith leat dul ag siúl?

■ **If you like.** Más maith leat.

like PREPOSITION

▷ *see also* **like** VERB

mar

□ It's fine like that. Tá sé go maith mar sin. □ Do it like this. Déan mar seo é. □ What's the weather like? Cad é mar atá an aimsir?

■ **It's a bit like salmon.** Tá sé rud beag cosúil le bradán.

■ **What does it look like?** Cad é an chuma atá air?

■ **What does it taste like?** Cad é an blas atá air?

■ **to look like somebody** dealramh a bheith agat le duine □ You look like my brother. Tá dealramh agat le mo dhearthair.

■ **It's nothing like …** Níl sé ar dhóigh ar bith cosúil le …

likely ADJECTIVE

dócha

□ That's not very likely. Ní dócha é.

■ **He's likely to leave.** Tá gach cosúlacht air go bhfágfaidh sé.

lime NOUN

líoma *masc4 (fruit)*

Limerick NOUN

Luimneach *masc1*

limit NOUN

teorainn *fem*

□ The speed limit is 70 mph. Is 70 msu an luasteorainn.

■ **over the limit** thar an gceart

limousine NOUN

limisín *masc4*

to **limp** VERB

bheith ag bacadaíl

line NOUN

líne *fem4*

□ a straight line líne dhíreach □ a railway line líne iarnróid □ Draw a line under each answer. Tarraing líne faoi gach freagra. □ Hold the line, please. Fan ar an líne, le do thoil. □ It's a very bad line. Is an-drochlíne é.

linen NOUN

líneádach *masc1*

□ a linen jacket casóg líneádaigh

liner NOUN

línéar *masc1*

linguist NOUN

teangeolaí *masc4*

lining NOUN

líneáil *fem3*

link NOUN

▷ *see also* **link** VERB

1 ceangal *masc1*

□ the link between smoking and cancer
an ceangal idir caitheamh tobac agus
ailse

2 nasc *masc1 (computing)*

to **link** VERB
▷ *see also* **link** NOUN
ceangail

lino NOUN
líonóil *fem2*

lion NOUN
leon *masc1*

lioness NOUN
leon baineann *masc1*

lip NOUN
liopa *masc4*

to **lip-read** VERB
liopaí a léamh

lip salve NOUN
íoc liopaí *fem2*

lipstick NOUN
béaldath *masc3*

liqueur NOUN
licéar *masc1*

liquid NOUN
leacht *masc3*

liquidizer NOUN
leachtaitheoir *masc3*

list NOUN
▷ *see also* **list** VERB
liosta *masc4*

to **list** VERB
▷ *see also* **list** NOUN
déan liosta de *(write down)*
□ List your hobbies! Déan liosta de do
chaithimh aimsire!

to **listen** VERB
éist
□ He never listens. Ní éisteann sé.
■ **to listen to** éisteacht le □ Listen to this!
Éist leis seo! □ Listen to me! Éist liom!

listener NOUN
éisteoir *masc3*

lit VERB ▷ *see* **light**

liter NOUN (US)
lítear *masc1*

literally ADVERB
go dáiríre
□ It was literally impossible to find a seat.
Bhí sé dodhéanta go dáiríre suíochán
a aimsiú.
■ **to translate literally** aistriú go litriúil

literature NOUN
litríocht *fem3*
□ I'm studying literature. Tá mé ag
déanamh staidéir ar litríocht.

litre (US **liter**) NOUN
lítear *masc1*

litter NOUN
bruscar *masc1 (rubbish)*

litter bin NOUN
bosca bruscair *masc4*

little ADJECTIVE
beag
□ my little sister mo dheirfiúr bheag

WORD POWER

You can use a number of other words
instead of **little** to mean 'small':
miniature mion-
□ a miniature version mionsamhail
minute beag bídeach
□ a minute plant planda beag bídeach
tiny fíorbheag
□ a tiny garden gairdín fíorbheag

■ **a little** beagán □ How much would you
like? — Just a little. Cá mhéad atá de dhíth
ort? — Beagán beag.
■ **very little** fíorbheagán □ We've got
very little time. Tá fíorbheagán ama
againn.
■ **little by little** beagán ar bheagán

live ADJECTIVE
▷ *see also* **live** VERB
beo
□ There's live music on Fridays. Bíonn ceol
beo ann ar an Aoine.

to **live** VERB
▷ *see also* **live** ADJECTIVE
1 bheith i do chónaí *(reside)*
□ Where do you live? Cá bhfuil tú i do
chónaí? □ I live with my grandmother.
Tá mé i mo chónaí le mo sheanmháthair.
2 mair *(exist, last)*

to **live on** VERB
bheith beo ar *(food, money)*
□ He lives on benefit. Tá sé beo ar airgead
dóil.

to **live together** VERB
bheith in aontíos
□ My parents aren't living together any
more. Níl mo thuismitheoirí in aontíos a
thuilleadh. □ They're not married, they're
living together. Níl siad pósta, tá siad in
aontíos.

lively ADJECTIVE
bríomhar
□ It was a lively party. Cóisir bhríomhar
a bhí inti. □ She's got a lively personality.
Tá pearsantacht bhríomhar aici.

liver NOUN
ae *masc4*

lives PL NOUN ▷ *see* **life**

living NOUN
beatha *fem4*
□ What does she do for a living? Cad é an tslí bheatha atá aici?
■ **to make a living** do bheatha a thabhairt i dtír

living room NOUN
seomra teaghlaigh *masc4*

lizard NOUN
laghairt *fem2*

load NOUN
▷ *see also* **load** VERB
■ **loads of** an dúrud □ loads of people an dúrud daoine □ loads of money an dúrud airgid
■ **You're talking a load of rubbish!** Tá tú ag caint seafóide!

to **load** VERB
▷ *see also* **load** NOUN
cuir ualach ar
■ **a trolley loaded with luggage** tralaí faoi ualach bagáiste

loaf NOUN
builín *masc4*
□ a loaf of bread builín aráin

loan NOUN
▷ *see also* **loan** VERB
iasacht *fem3*

to **loan** VERB
▷ *see also* **loan** NOUN
tabhair ar iasacht

to **loathe** VERB
■ **She loathes her husband.** Is fuath léi a fear céile.
■ **I loathe her.** Is fuath liom í.

loaves PL NOUN ▷ *see* **loaf**

lobster NOUN
gliomach *masc1*

local ADJECTIVE
áitiúil
□ the local paper an nuachtán áitiúil
□ a local call glao áitiúil

loch NOUN
loch *masc3*

lock NOUN
▷ *see also* **lock** VERB
glas *masc1 (of door, box)*
□ The lock is broken. Tá an glas briste.

to **lock** VERB
▷ *see also* **lock** NOUN
cuir glas ar *(with key)*
□ Make sure you lock your door. Bí cinnte go gcuireann tú glas ar an doras.

to **lock out** VERB
■ **The door slammed and I was locked out.** Plabadh an doras agus bhí an glas air romham.

locker NOUN
taisceadán *masc1*
■ **the locker room** seomra na locar
■ **the left-luggage lockers** na locair bhagáiste

locket NOUN
loicéad *masc1*

lodger NOUN
lóistéir *masc3*

loft NOUN
lochta *masc4*

log NOUN
▷ *see also* **log** VERB
sail *fem2 (of wood)*

to **log** VERB
▷ *see also* **log** NOUN
breac síos *(record)*

to **log in** VERB
logáil isteach *(computing)*

to **log off** VERB
logáil amach *(computing)*

to **log on** VERB
logáil isteach *(computing)*

to **log out** VERB
logáil amach *(computing)*

logical ADJECTIVE
loighciúil

login NOUN
logáil isteach *fem3 (computing)*

lollipop NOUN
líreacán *masc1*

lolly NOUN
líreacán reoite *masc1 (ice lolly)*

London NOUN
Londain *fem*
□ in London i Londain □ to London go Londain □ I'm from London. Is as Londain mé.

Londoner NOUN
Londanach *masc1*

loneliness NOUN
uaigneas *masc1*

lonely ADJECTIVE
uaigneach
■ **to feel lonely** uaigneas a bheith ort
□ She feels a bit lonely. Tá uaigneas uirthi.

lonesome ADJECTIVE
■ **to feel lonesome** bheith uaigneach

long ADJECTIVE, ADVERB
▷ *see also* **long** VERB
fada

□ She's got long hair. Tá gruaig fhada uirthi.
■ **six metres long** sé mhéadar ar fad
■ **how long?** *(time)* cá fhad? □ How long have you been here? Cá fhad atá tú anseo? □ How long is the flight? Cá fhad a mhairfidh an eitilt?
■ **I've been waiting a long time.** Is fada mé ag fanacht.
■ **It takes a long time.** Glacann sé cuid mhór ama.
■ **as long as** a fhad agus □ I'll come as long as it's not too expensive. Tiocfaidh mé a fhad agus nach mbeidh sé ródhaor.
■ **Don't be long!** Ná bí i bhfad!
■ **all night long** i rith na hoíche
■ **before long** roimh i bhfad
■ **at long last** faoi dheireadh thiar

to **long** VERB
▷ *see also* **long** ADJECTIVE, ADVERB
■ **to long for something** bheith ag tnúth le rud
■ **to long to do something** bheith ag tnúth le rud a dhéanamh □ I'm longing to see my boyfriend again. Tá mé ag tnúth le mo bhuachaill a fheiceáil arís.

long-distance ADJECTIVE
■ **a long-distance call** cianscairt ghutháin

longer ADVERB
■ **They're no longer going out together.** Ní siad ag siúl amach le chéile níos mó.
■ **I can't stand it any longer.** Ní féidir liom é a fhulaingt níos mó.

Longford NOUN
an Longfort *masc1*

long jump NOUN
léim fhada *fem2*

loo NOUN
teach beag *masc*
□ Where's the loo? Cá bhfuil an teach beag?

look NOUN
▷ *see also* **look** VERB
amharc *masc1*
□ He gave me a nasty look. Thug sé amharc dubh orm.
■ **to have a look** spléachadh a thabhairt □ Have a look at this! Tabhair spléachadh air seo!
■ **I don't like the look of it.** Ní maith liom an chuma atá air.

to **look** VERB
▷ *see also* **look** NOUN
1 amharc
□ I got out of the car and looked underneath. D'éirigh mé amach as an gcarr agus d'amharc mé faoi.

■ **to look at something** amharc ar rud
□ Look at the picture. Amharc ar an bpictiúr.
2 cuma a bheith ar *(seem)*
□ She looks surprised. Tá cuma an iontais uirthi. □ That cake looks nice. Tá cuma dheas ar an gcíste sin. □ It looks fine. Tá cuma bhreá air.
■ **to look like somebody** dealramh a bheith agat le duine □ He looks like his brother. Tá dealramh aige lena dheartháir.
■ **to look forward to something** bheith ag tnúth le rud □ I'm looking forward to the holidays. Tá mé ag tnúth leis na laethanta saoire.
■ **We look forward to hearing from you.** *(in letter)* Táimid ag dréim go mór le scéala uait.
■ **Look out!** Coimhéad!

to **look after** VERB
tabhair aire do *(care for, deal with)*
□ I look after my little sister. Tugaim aire do mo dheirfiúr bheag.

to **look round** VERB
breathnaigh thart
□ I'm just looking round. Níl mé ach ag breathnú thart. □ I like looking round the shops. Is maith liom a bheith ag breathnú thart ar na siopaí.
■ **I shouted and he looked round.** Scairt mé agus d'amharc sé siar.

to **look up** VERB
breathnaigh ar
□ Look the word up in the dictionary. Breathnaigh ar an bhfocal san fhoclóir.

loose ADJECTIVE
1 bog *(tooth)*
2 scaoilte *(clothes)*
■ **loose change** briseadh

lord NOUN
tiarna *masc4*
■ **Good Lord!** a Thiarna!
■ **the House of Lords** Teach na dTiarnaí

lorry NOUN
leoraí *masc4*

lorry driver NOUN
tiománaí leoraí *masc4*
□ He's a lorry driver. Is tiománaí leoraí é.

to **lose** VERB
caill
□ I've lost my purse. Chaill mé mo sparán.
■ **to get lost** dul ar strae □ I was afraid of getting lost. Bhí eagla orm go rachainn ar strae.

loss NOUN
caill *fem2*

lost ADJECTIVE
caillte

lost VERB ▷ see **lose**

lost-and-found NOUN (US)
oifig na mbeart caillte *fem2*

lost property office NOUN
oifig na mbeart caillte *fem2*

lot NOUN
cinniúint *fem3*
- **a lot of** a lán □ We saw a lot of interesting things. Chonaic muid a lán rudaí suimiúla.
- **lots of** cuid mhór □ She's got lots of money. Tá cuid mhór airgid aici. □ He's got lots of friends. Tá cuid mhór cairde aige.
- **Do you like football? — Not a lot.** An maith leat peil? — Ní hé an oiread sin.
- **That's the lot.** Sin a bhfuil.

lottery NOUN
crannchur *masc1*
□ I won the lottery. Bhain mé sa chrannchur.

loud ADJECTIVE
callánach
□ The television is too loud. Tá an teilifíseán róchallánach.

loudly ADVERB
go hard

loudspeaker NOUN
callaire *masc4*

lough NOUN
loch *masc3*
- **Lough Derg** (in Donegal) Loch Dearg
- **Lough Erne** Loch Éirne
- **Lough Neagh** Loch nEathach
- **Belfast Lough** Loch Lao

lounge NOUN
seomra suí *masc4*

lousy ADJECTIVE
míofar
- **The food in the canteen is lousy.** Tá an bia sa cheaintín míofar.
- **I feel lousy.** Ní mhothaím go maith!

Louth NOUN
Lú *masc4*

love NOUN
▷ see also **love** VERB
grá *masc4*
- **to be in love** bheith i ngrá le □ She's in love with Paul. Tá sí i ngrá le Pól.
- **to make love** luí le chéile
- **Give Anna my love.** Beir mo dhea-mhéin chuig Anna.
- **Love, Rosemary.** Le grá, Rosemary.

to **love** VERB
▷ see also **love** NOUN
bheith i ngrá le
□ I love you. Tá mé i ngrá leat.
- **Everybody loves her.** Is breá le gach duine í.
- **I'd love to come.** Ba bhreá liom teacht.
- **I love chocolate.** Tá dúil m'anama agam i seacláid.
- **I love skiing.** Is breá liom an sciáil.

lovely ADJECTIVE
1 álainn
□ They've got a lovely house. Tá teach álainn acu.
2 gleoite
□ She's a lovely person. Is duine gleoite í.
- **What a lovely surprise!** A leithéid d'iontas breá!
- **It's a lovely day.** Lá breá atá ann.
- **Have a lovely time!** Bíodh am den scoth agat!

lover NOUN
leannán *masc1*
- **He's a lover of music.** Fear mór ceoil é.

low ADJECTIVE, ADVERB
íseal
□ That plane is flying very low. Tá an t-eitleán sin ag eitilt go han íseal.
- **the low season** an séasúr díomhaoin

lower ADJECTIVE
▷ see also **lower** VERB
íochtarach
□ on the lower floor ar an urlár íochtarach

to **lower** VERB
▷ see also **lower** ADJECTIVE
ísligh
□ Lower your voice, please. Ísligh do ghlór, le do thoil.

lower sixth NOUN
bunrang a sé
□ He's in the lower sixth. Tá sé i mbunrang a sé

low-fat ADJECTIVE
beagmhéathrais
□ a low-fat yoghurt íogart beagmhéathrais

loyalty NOUN
dílseacht *fem3*

loyalty card NOUN
cárta dílseachta *masc4*

L-plates PL NOUN
L-phlátaí *masc4 pl*

luck NOUN
ádh *masc1*
□ She hasn't had much luck. Ní raibh mórán áidh uirthi.
- **Good luck!** Ádh mór ort!
- **Bad luck!** Mí-ádh!

luckily ADVERB
go hámharach

lucky ADJECTIVE
1 ámharach (person)
□ Isn't he the lucky one. Nach ámharach an mac é.
■ **Lucky you!** Nach ortsa atá an t-ádh!
■ **He's lucky, he's got a job.** Tá an t-ádh air, tá post aige.
2 sonais (object)
□ I've got a lucky horseshoe. Tá crú capaill sonais agam.

luggage NOUN
bagáiste masc4

lukewarm ADJECTIVE
bogthe
■ **The response was lukewarm.**
B'fhreagra bogthe é.

lump NOUN
1 cnap masc1
□ a lump of butter cnap ime
2 meall masc1 (swelling)
□ He's got a lump on his forehead. Tá meall ar a éadan aige.

lunatic NOUN
gealt fem2
□ He drives like a lunatic. Tiománann sé mar ghealt.

lunch NOUN
lón masc1
■ **to have lunch** lón a ithe □ We have lunch at 12.30. Ithimid lón ar 12.30.

luncheon voucher NOUN
dearbhán lóin masc1

lung NOUN
scamhóg fem2
□ lung cancer ailse scamhóige

luscious ADJECTIVE
sáil

lush ADJECTIVE
méith

lust NOUN
ainmhian fem2 (sexual)

Luxembourg NOUN
Lucsamburg masc4
□ in Luxembourg i Lucsamburg
□ to Luxembourg go Lucsamburg

luxurious ADJECTIVE
sóúil

luxury NOUN
só masc4
□ It was luxury! Só a bhí ann!
■ **a luxury hotel** óstán sómasach

lying VERB ▷ see lie

lyrics PL NOUN
liricí fem2 pl (of song)

Mm

mac NOUN
cóta báistí *masc4*

macaroni NOUN
macarón *masc1*

machine NOUN
meaisín *masc4*

machine gun NOUN
meaisínghunna *masc4*

machinery NOUN
meaisínre *masc4*

mackerel NOUN
ronnach *masc1*

mad ADJECTIVE
buile
□ You're mad! Tá tú ar buile!
■ **to be mad with somebody** (angry)
bheith ar buile le duine □ She'll be mad with
you when she finds out. Beidh sí ar buile
leat nuair a gheobhaidh sí amach.
■ **to get mad** dul le báiní
■ **to drive somebody mad** duine a chur le
báiní
■ **to be mad about** bheith splanctha
i ndiaidh □ He's mad about football. Tá sé
splanctha i ndiaidh na peile. □ She's mad
about horses. Tá sí splanctha i ndiaidh
na gcapall.

madam NOUN
a bhean uasal *fem*
□ Would you like to order, Madam?
Ar mhaith leat ordú, a bhean uasal?

made VERB ▷ see **make**

madly ADVERB
■ **madly in love** amach as do stuaim
□ They're madly in love. Tá siad amach as
a stuaim faoina chéile.

madman NOUN
fear buile *masc1*

madness NOUN
buile *fem4*
■ **It's absolute madness.** Níl ciall ná
réasún leis.

magazine NOUN
iris *fem2*

maggot NOUN
cruimh *fem2*

magic NOUN
▷ see also **magic** ADJECTIVE
draíocht *fem3*
□ My hobby is magic. Is í an draíocht an
caitheamh aimsire atá agam.

magic ADJECTIVE
▷ see also **magic** NOUN
1 draíochta
□ a magic wand slat draíochta □ a magic
trick cleas draíochta
2 ar dóigh (brilliant)
□ It was magic! Bhí sé ar dóigh!

magician NOUN
asarlaí *masc4* (conjurer)

magnet NOUN
maighnéad *masc1*

magnificent ADJECTIVE
thar barr
□ a magnificent view radharc thar barr
□ It was a magnificent effort. Iarracht thar
barr a bhí ann.

magnifying glass NOUN
gloine formhéadúcháin *fem4*

maid NOUN
cailín aimsire *masc4*
■ **an old maid** (spinster) seanchailín

mail NOUN
▷ see also **mail** VERB
1 post *masc1*
□ by mail sa phost
2 litreacha *fem pl* (letters)
□ Here's your mail. Seo do chuid litreacha.
3 ríomhphost *masc1* (email)
□ Can I check my mail on your PC? An féidir
liom mo ríomhphoist a sheiceáil ar do
ríomhaire?

to mail VERB
▷ see also **mail** NOUN

1 cuir sa phost

2 seachaid leis an ríomhphost *(computing)*

■ **I'll mail you my address.** Cuirfidh mé mo sheoladh ríomhphoist chugat.

mailbox NOUN (US)
bosca poist *masc4*

mailing list NOUN
liosta seoltaí *masc4*

mailman NOUN (US)
fear poist *masc1*

main ADJECTIVE
príomh-

□ the main problem an phríomhfhadhb

mainly ADVERB
go príomha

main road NOUN
príomhbhóthar *masc1*

□ I don't like cycling on main roads. Ní maith liom a bheith ag rothaíocht ar na príomhbhóithre.

to maintain VERB
coinnigh *(machine, building)*

maintenance NOUN
cothabháil *fem3 (of machine, building)*

maize NOUN
arbhar buí *masc1*

majesty NOUN
mórgacht *fem3*

■ **Your Majesty** A Mhórgacht

major ADJECTIVE
mór- *(important)*

□ a major problem mórfhadhb

■ **in C major** in C mór

Majorca NOUN
Mallarca *masc4*

□ We went to Majorca in August. Chuaigh muid go Mallarca i mí Lúnasa.

majority NOUN
formhór *masc1*

make NOUN
▷ see also **make** VERB
cineál *masc1 (brand)*

□ What make is that car? Cad é an cineál cairr é?

to make VERB
▷ see also **make** NOUN

1 déan

□ I'm going to make a cake. Déanfaidh mé císte. □ He made it himself. Rinne sé féin é.

■ **2 and 2 make 4.** *(equal)* 2 agus 2 sin 4.

2 saothraigh *(earn)*

□ He makes a lot of money. Saothraíonn sé cuid mhór airgid.

■ **to make somebody do something** tabhairt ar dhuine rud a dhéanamh

□ My mother makes me do my homework. Tugann mo mháthair orm m'obair bhaile a dhéanamh.

■ **to make somebody sad** *(cause to be)* brón a chur ar duine

■ **to make the bed** an leaba a chóiriú

□ I make my bed every morning. Cóirím mo leaba gach maidin.

■ **to make lunch** lón a dhéanamh □ She's making lunch. Tá sí ag déanamh lóin.

■ **to make a phone call** scairt ghutháin a dhéanamh □ I'd like to make a phone call. Ba mhaith liom scairt ghutháin a dhéanamh.

■ **to make fun of somebody** magadh a dhéanamh faoi dhuine □ They made fun of him. Rinne siad magadh faoi.

■ **He made it.** *(succeeded)* D'éirigh leis.

to make out VERB

1 déan amach *(decipher)*

□ I can't make out the address on the label. Ní féidir liom an seoladh ar an lipéad a dhéanamh amach.

2 tuig *(understand)*

□ I can't make her out at all. Ní thuigim í ar chor ar bith.

■ **to make a cheque out to somebody** seic a scríobh amach do dhuine

to make up VERB

1 cum *(invent)*

□ He made up the whole story. Chum sé an scéal ar fad.

2 cairdeas a dhéanamh le chéile arís *(after argument)*

□ They had a quarrel, but soon made up. Bhí argóint acu, ach rinne siad cairdeas le chéile arís gan mhoill.

■ **to make oneself up** tú féin a smideadh

□ She spends hours making herself up. Caitheann sí an t-uafás ama á smideadh féin.

makeover NOUN
nuamhaisiú *masc*

□ She had a complete makeover. Bhí nuamhaisiú bun barr aici.

maker NOUN
déantóir *masc3*

■ **a film maker** scannánóir

make-up NOUN
smideadh *masc1*

Malaysia NOUN
an Mhalaeisia *fem4*

□ in Malaysia sa Mhalaeisia

male ADJECTIVE
fireann

m

malicious - many

□ a male kitten piscín fireann □ Most
football players are male. Tá an chuid is mó
de na peileadóirí fireann.

■ **a male chauvinist** seobhaineach *fir*
■ **a male nurse** altra *fir*

malicious ADJECTIVE
mailíseach

□ a malicious rumour luaidreán mailíseach

mall NOUN
lárionad siopadóireachta *masc1*

Malta NOUN
Málta *masc4*

□ in Malta i Málta □ to Malta go Málta

mammoth NOUN
▷ see also **mammoth** ADJECTIVE
mamat *masc1*

mammoth ADJECTIVE
▷ see also **mammoth** NOUN
ollmhór

□ a mammoth task tasc ollmhór

man NOUN
fear *masc1*

□ an old man seanfhear

to **manage** VERB
1 bainistigh

□ He manages our football team.
Bainistíonn sé foireann peile s'againn.

■ **She manages a big store.** Tá sí ina
bainisteoir ar shiopa mór.

2 teacht le *(get by)*

□ We haven't got much money, but we
manage. Níl mórán airgid againn, ach
tiocfaimid leis.

■ **to manage to do something** rud a éirí
leat □ Luckily I managed to pass the exam.
Ar an dea-uair d'éirigh an scrúdú liom.

■ **I can't manage all that.** *(food)* Ní
íosfainn an méid sin.

manageable ADJECTIVE
soláimhsithe *(task)*

management NOUN
bainistíocht *fem3*

□ He's responsible for the management
of the company. Tá sé freagrach as
bainistíocht an chomhlachta.

■ **'under new management'**
'faoi bhainistíocht nua'

manager NOUN
bainisteoir *masc3*

manageress NOUN
bainistreás *fem3*

mandarin NOUN
mandairín *masc4 (fruit)*

mango NOUN
mangó *masc4*

mania NOUN
gealtacht *fem3*

maniac NOUN
duine buile *masc4 (lunatic)*

□ He drives like a maniac. Tiománann sé
mar dhuine buile.

■ **a religious maniac** duine buile creidimh

to **manipulate** VERB
láimhsigh

mankind NOUN
an duine *masc4*

man-made ADJECTIVE
de dhéantús an duine

manner NOUN
dóigh *fem2*

□ She behaves in an odd manner. Tá dóigh
aisteach léi.

■ **He has a confident manner.** Tá sé teann
go maith as féin.

manners PL NOUN
béasa *masc pl*

□ good manners dea-bhéasa
□ Her manners are appalling. Tá sí
an-drochbhéasach.

manpower NOUN
daonchumhacht *fem3*

mansion NOUN
mainteach *masc*

mantelpiece NOUN
matal *masc1*

manual NOUN
lámhleabhar *masc1*

to **manufacture** VERB
déan

manufacturer NOUN
déantóir *masc3*

manure NOUN
leasú *masc*

manuscript NOUN
lámhscríbhinn *fem2*

Manx ADJECTIVE
▷ see also **Manx** NOUN
Manannach

Manx NOUN
▷ see also **Manx** ADJECTIVE
Manainnis *fem2 (language)*

many ADJECTIVE, PRONOUN
a lán

□ He hasn't got many friends. Níl a lán
cairde aige. □ Were there many people at
the concert? An raibh a lán daoine ag an
gceolchoirm?

■ **very many** cuid mhór □ I haven't got very
many CDs. Níl cuid mhór CDanna agam.

■ **How many?** Cá mhéad? □ How many do

you want? Cá mhéad atá uait? □ How many euros do you get for £1? Cá mhéad euro atá in £1?

■ **too many** barraíocht □ That's too many. Sin barraíocht. □ She makes too many mistakes. Déanann sí barraíocht botún.

■ **so many** an oiread sin □ I didn't know there would be so many. Ní raibh a fhios agam go mbeadh an oiread sin ann. □ I've never seen so many policemen. Ní fhaca mé an oiread sin póilíní riamh.

map NOUN
léarscáil *fem2*

marathon NOUN
maratón *masc1*

□ the London marathon maratón Londan

marble NOUN
1 marmar *masc1*
□ a marble statue dealbh mharmair
2 mirlín *masc4 (toy)*

■ **to play marbles** mirlíní a imirt

March NOUN
Márta *masc4*

■ **in March** i mí Márta

to **march** VERB
▷ see also **march** NOUN
máirseáil

march NOUN
▷ see also **march** VERB
mórshiúl *masc1 (demonstration)*

mare NOUN
láir *fem*

margarine NOUN
margairín *masc4*

margin NOUN
ciumhais *fem2*
□ Write notes in the margin. Scríobh nótaí sa chiumhais.

marijuana NOUN
marachuan *masc1*

marina NOUN
muiríne *masc4*

marital status NOUN
stádas pósta *masc1*

mark NOUN
▷ see also **mark** VERB
1 smál *masc1 (stain)*
□ You've got a mark on your skirt. Tá smál ar do sciorta agat.
2 rian *masc1 (of shoe, skid)*
3 marc *masc1 (at school)*
□ I get good marks for French. Faighim marcanna maithe don Fhraincis.

to **mark** VERB
▷ see also **mark** NOUN

marcáil
□ The teacher hasn't marked my homework yet. Níor mharcáil an múinteoir m'obair bhaile go fóill.

market NOUN
margadh *masc1*

marketing NOUN
margaíocht *fem3*

marketplace NOUN
áit mhargaidh *fem2*

marmalade NOUN
marmaláid *fem2*

maroon ADJECTIVE
marún

marriage NOUN
pósadh *masc*

married ADJECTIVE
pósta
□ They are not married. Níl siad pósta.
□ They have been married for 15 years. Tá siad pósta le dhá bhliain déag.
□ a married couple lánúin phósta

marrow NOUN
mearóg *fem2 (vegetable)*

■ **bone marrow** smior

to **marry** VERB
pós
□ He wants to marry her. Tá sé ag iarraidh í a phósadh.

■ **to get married** pósadh □ My sister's getting married in June. Tá mo dheirfiúr le pósadh i mí Mheithimh.

marvellous (US **marvelous**) ADJECTIVE
iontach
□ She's a marvellous cook. Is cócaire iontach í. □ The weather was marvellous. Bhí an aimsir go hiontach.

marzipan NOUN
prásóg *fem2*

mascara NOUN
mascára *masc4*

masculine ADJECTIVE
fireann

mashed potatoes PL NOUN
brúitín *masc4*
□ sausages and mashed potatoes ispíní agus brúitín

mask NOUN
masc *masc1*

masked ADJECTIVE
cumhdaithe

mass NOUN
1 carn *masc1*
□ a mass of books and papers carn leabhar agus páipéar

2 aifreann *masc1 (in church)*
□ We go to mass on Sunday. Téimid ar
Aifreann ar an Domhnach.
3 toirt *fem1 (in physics)*
■ **the mass media** na mórmheáin

massage NOUN
suathaireacht *fem3*

massive ADJECTIVE
oll-
□ It's massive! Tá sé ollmhór!

to **master** VERB
máistrigh

masterpiece NOUN
sárshaothar *masc1*

mat NOUN
mata *masc4*

match NOUN
▷ *see also* **match** VERB
1 lasán *masc1 (for lighting)*
□ a box of matches bosca lasán
2 cluiche *masc4 (sport)*
□ a football match cluiche peile

to **match** VERB
▷ *see also* **match** NOUN
cuir le
□ The jacket matches the trousers. Tá an
chasóg ag cur leis an mbríste.
■ **These colours don't match.** Níl na
dathanna seo oiriúnach dá chéile.

matching ADJECTIVE
ag cur le chéile
■ **My bedroom has matching wallpaper
and curtains.** Tá an páipéar balla agus na
cuirtíní i mo sheomra leapa ag cur le chéile.

mate NOUN
comrádaí *masc4 (informal)*
□ On Friday night I go out with my mates.
Téim amach le mo chomrádaithe oíche
Aoine.

material NOUN
1 éadach *masc1 (cloth)*
2 sonraí *masc4 pl (information, data)*
□ I'm collecting material for my project.
Tá mé ag bailiú sonraí do thionscadal agam.
■ **raw materials** amhábhair

mathematics NOUN
matamaitic *fem2*

maths NOUN
mata *fem2*

matron NOUN
mátrún *masc1 (in hospital)*

matter NOUN
▷ *see also* **matter** VERB
ábhar *masc1*
□ It's a matter of life and death. Cúrsa báis

nó beatha é.
■ **What's the matter?** Cad é atá cearr?
■ **as a matter of fact** déanta na fírinne

to **matter** VERB
▷ *see also* **matter** NOUN
■ **It doesn't matter. 1** *(it makes no
difference)* Is cuma. □ It doesn't matter if
you're late. Is cuma má tá tú mall. **2** *(I don't
mind)* Is cuma liom. □ I can't give you the
money today. — It doesn't matter. Ní féidir
liom an t-airgead a thabhairt duit inniu. — Is
cuma liom.

mattress NOUN
tocht *masc3*

mature ADJECTIVE
aibí
□ She's quite mature for her age. Tá sí aibí
go maith dá haois.

maximum ADJECTIVE
▷ *see also* **maximum** NOUN
uas-
□ The maximum speed is 100 km/h. Is é
100 km/h an t-uasluas.

maximum NOUN
▷ *see also* **maximum** ADJECTIVE
uasmhéid *fem2*

May NOUN
Bealtaine *fem4*
■ **in May** i mí Bhealtaine
■ **May Day** Lá Bealtaine

may VERB
■ **He may come.** *(indicating possibility)*
D'fhéadfadh sé teacht.
■ **It may rain.** D'fhéadfadh sé cur.
■ **May I smoke?** *(be allowed to)* An bhfuil
cead agam caitheamh?

maybe ADVERB
b'fhéidir
□ Maybe he'll come. B'fhéidir go dtiocfadh
sé.
■ **maybe not** b'fhéidir é
■ **a bit boring, maybe** rud beag
leadránach, b'fhéidir

Mayo NOUN
Maigh Eo *fem*

mayonnaise NOUN
maonáis *fem2*

mayor NOUN
méara *masc4*

maze NOUN
lúbra *masc4*

me PRONOUN
1 mé
□ He heard me. Chuala sé mé. □ She's
older then me. Tá sí níos sine ná mé.

2 mise *(emphatic)*
□ Me too! Mise freisin!
■ **Give me a book.** Tabhair leabhar dom.
■ **Can you help me?** An féidir leat cuidiú liom?
■ **Excuse me!** Gabh mo leithscéal!
■ **Wait for me!** Fan liom!
■ **after me** i mo dhiaidh □ You're after me. Tusa i mo dhiaidh.

meal NOUN
béile *masc4*

mealtime NOUN
am béile *masc3*
■ **at mealtimes** ag amanna béile

mean ADJECTIVE
▷ see also **mean** VERB
1 sprionlaithe *(with money)*
□ He's too mean to buy Christmas presents. Tá sé rósprionlaithe le brontannais Nollag a cheannach.
2 suarach *(unkind)*
□ You're being mean to me. Tá tú suarach liom. □ That's a really mean thing to say! Sin rud an-suarach le rá!

to mean VERB
▷ see also **mean** ADJECTIVE
ciallaigh
□ What does 'ochtar' mean? Cad é a chiallaíonn 'ochtar'? □ I don't know what it means. Níl a fhios agam cad é a chiallaíonn sé.
■ **That's not what I meant.** Ní hé sin an rud a bhí i gceist agam.
■ **Do you mean it?** An i ndáiríre atá tú?
■ **You don't mean it!** Ag magadh atá tú!
■ **What do you mean?** Cad é atá tú a rá?
■ **to mean to do something** *(intend)* é a bheith de rún agat rud a dhéanamh
□ I didn't mean to offend you. Ní raibh sé de rún agam olc a chur ort.

means NOUN
acmhainn *fem2 (way, money)*
□ He'll do it by any possible means. Déanfaidh sé é trí acmhainn éigin.
■ **a means of transport** córas iompair
■ **by means of** trí □ He got in by means of a stolen key. Chuaigh sé isteach trí eochair ghoidte a bheith aige.
■ **By all means!** Cinnte! □ Can I come? — By all means! An féidir liom teacht? — Tar, cinnte!

meaning NOUN
ciall *fem2*

meant VERB ▷ see **mean**

meanwhile ADVERB
idir an dá linn

measles NOUN
bruitíneach *fem2*

to measure VERB
tomhais
□ I measured the page. Thomhais mé an leathanach.
■ **It measured two metres wide.** Bhí sé dhá mhéadar ar leithead.

measurements PL NOUN
toisí *masc4 pl*
□ What are the measurements of the room? Cad iad toisí an tseomra? □ What are your measurements? Cad iad do thoisí?

meat NOUN
feoil *fem3*
□ I don't eat meat. Ní ithim feoil.

Meath NOUN
an Mhí *fem4*

Mecca NOUN
Meice *fem4*

mechanic NOUN
meicneoir *masc3*
□ He's a mechanic. Is meicneoir é.

mechanical ADJECTIVE
meicniúil

medal NOUN
bonn *masc1*
■ **the gold medal** an bonn óir

medallion NOUN
mórbhonn *masc1*

media PL NOUN
■ **the media** na meáin chumarsáide

median strip NOUN (US)
airmheán *masc1*

medical ADJECTIVE
▷ see also **medical** NOUN
leighis
□ medical treatment cóir leighis □ medical insurance árachas leighis
■ **She's a medical student.** Is ábhar dochtúra é.

medical NOUN
▷ see also **medical** ADJECTIVE
scrúdú leighis *masc*
■ **to have a medical** dul faoi scrúdú dochtúra

medicine NOUN
1 leigheas *masc1*
□ I want to study medicine. Ba mhaith liom staidéar a dhéanamh ar leigheas.
■ **alternative medicine** leigheas malartach
2 cógas *masc1 (medication)*
□ I need some medicine. Tá cógas de dhíth orm.

Mediterranean ADJECTIVE
Meánmhuirí
■ **the Mediterranean** an Mheánmhuir

medium ADJECTIVE
meán-
□ a man of medium height fear de mheánairde

medium-sized ADJECTIVE
meánmhéide
□ a medium-sized town baile mór meánmhéide

to **meet** VERB
1 buail le
□ I met Paul in the street. Bhuail mé le Pól sa tsráid. □ I'm going to meet my friends. Tá mé ag dul chun bualadh le mo chairde.
■ **I'll meet you at the station.** Buailfidh mé leat ag an stáisiún.
2 cuir aithne ar *(for the first time)*
□ I like meeting new people. Is maith liom aithne a chur ar dhaoine éagsúla.

to **meet up** VERB
buail le chéile
□ What time shall we meet up? Cén t-am a mbuailfidh muid le chéile?

meeting NOUN
cruinniú *masc*
□ a business meeting cruinniú gnó □ their first meeting an chéad chruinniú acu

mega ADJECTIVE
■ He's mega rich. Tá sé fíorshaibhir.

melody NOUN
fonn *masc1*

melon NOUN
mealbhacán *masc1*

to **melt** VERB
leáigh
□ The snow is melting. Tá an sneachta ag leá.

member NOUN
ball *masc1*
■ **Member of Parliament** Feisire Parlaiminte
■ **Member of the European Parliament** Feisire Eorpach

membership NOUN
ballraíocht *fem3*
□ Dad applied for membership of the golf club. Chuir Daid isteach ar bhallraíocht sa chumann gailf.

membership card NOUN
cárta ballraíochta *masc4*

memento NOUN
cuimhneachán *masc1*

memorial NOUN
leacht cuimhneacháin *masc3*

□ a war memorial leacht cuimhneacháin cogaidh

to **memorize** VERB
cuir de ghlanmheabhair

memory NOUN
1 meabhair *fem*
□ I haven't got a good memory. Níl meabhair mhaith agam.
2 cuimhne *fem4 (recollection)*
□ It brought back memories of our holiday. Chuir sé an tsaoire i gcuimhne dúinn arís.

memory card NOUN
cárta cuimhneacháin *masc4*

memory stick NOUN
méaróg chuimhne *fem*

men PL NOUN ▷ *see* **man**

to **mend** VERB
deisigh

meningitis NOUN
meiningíteas *masc1*

mental ADJECTIVE
intinne
□ mental strain tuirse intinne
■ **a mental illness** galar meabhrach
■ **a mental hospital** ospidéal meabhairghalair
■ **You're mental!** *(mad)* Tá tú ar mire!

mentality NOUN
meon *masc1*

to **mention** VERB
luaigh
■ **Don't mention it!** *(reply to thanks)* Níl a bhuíochas ort!

menu NOUN
1 biachlár *masc1*
□ Could I have the menu please? An biachlár le do thoil?
2 roghchlár *masc1 (computing)*

merchant NOUN
ceannaí *masc4*
□ a wine merchant ceannaí fíona

mercy NOUN
trócaire *fem4*

mere ADJECTIVE
■ **by mere chance** le barr áidh
■ **It's a mere formality.** Níl ann ach foirmiúlacht.
■ **They pay a mere five per cent.** Ní íocann siad ach cúig faoin gcéad.

meringue NOUN
meireang *masc4*

merry ADJECTIVE
súgach
■ **Merry Christmas!** Nollaig Shona!

merry-go-round NOUN
áilleagán intreach *masc1*

mess NOUN
prácás *masc1*
▫ My bedroom's usually in a mess. Is prácás é mo sheomra leapa de ghnáth.

to **mess about** VERB
■ to mess about with something bain le rud ▫ Stop messing about with my computer! Ná bain le mo ríomhaire!

to **mess up** VERB
1 salaigh *(dirty)*
2 mill *(spoil)*
3 déan praiseach de *(mix up)*
▫ My little brother has messed up my DVDs. Rinne mo dhearthair beag praiseach de mo DVDanna.

message NOUN
teachtaireacht *fem3*

messenger NOUN
teachtaire *masc4*

messy ADJECTIVE
1 salach
▫ a messy job jab salach
2 trína chéile *(untidy)*
▫ Your desk is really messy. Tá do dheasc trína chéile. ▫ She's so messy! Tá sí chomh trína chéile sin!
■ My writing is terribly messy. Tá mo chuid scríbhneoireachta an-mhíshlachtmhar.

met VERB ▷ see **meet**

metal NOUN
miotal *masc1*

meter NOUN
1 méadar *masc1 (for gas, electricity, taxi)*
2 méadar páirceála *masc1 (parking meter)*
3 méadar *masc1 (US: unit of measurement)*

method NOUN
modh *masc3*

Methodist NOUN
Modhach *masc1*
▫ I'm a Methodist. Is Modhach mé.

metre NOUN
méadar *masc1*

metric ADJECTIVE
méadrach

Mexico NOUN
Meicsiceo *masc4*
▫ in Mexico i Meicsiceo ▫ to Mexico go Meicsiceo

to **miaow** VERB
meamhlaigh

mice PL NOUN ▷ see **mouse**

microchip NOUN
micrishlis *fem2*

microphone NOUN
micreafón *masc1*

microscope NOUN
micreascóp *masc1*

microwave oven NOUN
oigheann micreathoinne *masc1*

mid ADJECTIVE
lár-
■ in mid May i lár na Bealtaine
■ in mid air idir spéir is talamh

midday NOUN
meán lae *masc1*
■ at midday ag meán lae

middle NOUN
lár *masc1*
▫ in the middle of the road i lár an bhóthair
▫ in the middle of the night i lár na hoíche
▫ the middle seat an suíochán láir

middle-aged ADJECTIVE
meánaosta
▫ a middle-aged man fear meánaosta
■ to be middle-aged bheith meánaosta
▫ She's middle-aged. Tá sí meánaosta.

Middle Ages PL NOUN
■ the Middle Ages na Meánaoiseanna

middle-class ADJECTIVE
meánaicmeach
▫ a middle-class family teaghlach meánaicmeach

Middle East NOUN
an Meánoirthear *masc1*
▫ in the Middle East sa Mheánoirthear

middle name NOUN
ainm láir *masc4*

midge NOUN
míoltóg *fem2*

midnight NOUN
meán oíche *masc1*
■ at midnight ag meán oíche

midwife NOUN
bean ghlúine *fem*
▫ She's a midwife. Is bean ghlúine í.

might VERB
■ He might come later. Seans go dtiocfaidh sé níos moille.
■ We might go to Spain next year. Seans go rachaidh muid chun na Spáinne an bhliain seo chugainn.
■ She might not have understood. Seans nár thuig sí.

migraine NOUN
mígréin *fem2*
▫ I've got a migraine. Tá mígréin orm.

mike NOUN
micreafón *masc1*

m

mild ADJECTIVE
séimh (weather)
□ The winters are quite mild. Bíonn na geimhrí sách séimh.

mile NOUN
míle masc4
□ It's 5 miles from here. Tá sé 5 mhíle as seo.
■ **We walked miles!** Shiúil muid na mílte!
■ **miles away** na mílte ar shiúl

military ADJECTIVE
míleata

milk NOUN
▷ see also **milk** VERB
bainne masc4
□ tea with milk tae le bainne

to **milk** VERB
▷ see also **milk** NOUN
crúigh (cow)

milk chocolate NOUN
seacláid bhainne fem2

milkman NOUN
fear bainne masc1
□ He's a milkman. Is fear bainne é.

milk shake NOUN
creathán bainne masc1

mill NOUN
muileann masc1

millennium NOUN
mílaois fem2
□ the millennium an mhílaois □ the third millennium an tríú mílaois

millimetre (US **millimeter**) NOUN
milliméadar masc1

million NOUN
milliún masc1

LANGUAGE TIP **milliún** is followed by a singular noun.

□ a million pounds milliún punt

millionaire NOUN
milliúnaí masc4

to **mimic** VERB
déan aithris ar

mince NOUN
feoil mhionaithe fem3

mince pie NOUN
píóg mionra fem2

mind NOUN
▷ see also **mind** VERB
intinn fem2
■ **to make up one's mind** cinneadh ar chomhairle □ I haven't made up my mind yet. Níor chinn mé ar chomhairle go fóill.
■ **to change one's mind** athchomhairle a dhéanamh

■ **He changed his mind.** Rinne sé athchomhairle.
■ **to be out of one's mind** bheith as do mheabhair □ Are you out of your mind? An bhfuil tú as do mheabhair?

to **mind** VERB
▷ see also **mind** NOUN
1 tabhair aire do (keep an eye on)
□ Could you mind the baby this afternoon? An féidir leat aire a thabhairt don bhabaí tráthnóna inniu?
2 seachain (be careful)
□ Mind the step! Seachain an chéim!
■ **I don't mind.** Ní miste liom.
■ **I don't mind the noise.** (object to) Ní miste liom an callán.
■ **Do you mind if I open the window?** An miste leat má osclaím an fhuinneog?
■ **Never mind! 1** (don't bother) Ná bac leis! **2** (don't worry) Ná bí buartha!

mine NOUN
▷ see also **mine** PRONOUN
1 mianach guail masc1 (for coal)
2 mianach talún masc1 (land mine)

mine PRONOUN
▷ see also **mine** NOUN
an ceann seo agamsa
□ It's better than mine. Is fearr é ná an ceann seo agamsa.
■ **Whose is this? — It's mine.** Cé leis é seo? — Is liomsa é.
■ **a friend of mine** cara liom

miner NOUN
mianadóir masc3

mineral water NOUN
uisce mianraí masc4

miniature ADJECTIVE
▷ see also **miniature** NOUN
mion-
□ a miniature version mionleagan

miniature NOUN
▷ see also **miniature** ADJECTIVE
mionsamhail fem3

minibus NOUN
mionbhus masc4

minicab NOUN
tacsaí masc4

MiniDisc® NOUN
miondiosca masc4

minimum ADJECTIVE
▷ see also **minimum** NOUN
íos-
□ the minimum amount an t-íosmhéid
□ The minimum age for driving is 17. Is é 17 an íosaois don tiomaint.

minimum NOUN
▷ see also **minimum** ADJECTIVE
íosmhéid masc4

miniskirt NOUN
mionsciorta masc4

minister NOUN
1 aire masc4 (in government)
2 ministir masc4 (of church)

ministry NOUN
aireacht fem3 (in government)
□ the Ministry of Culture an Aireacht Cultúir
■ **to go into the ministry** (of church) dul le ministreacht

mink NOUN
minc fem2
□ a mink coat cóta mince

minor ADJECTIVE
mion-
□ a minor problem mionfhadhb □ a minor operation mionobráid
■ **in D minor** in D mion

minority NOUN
mionlach masc1

mint NOUN
1 miontas masc1 (plant)
□ mint sauce anlann miontais
2 milseán miontais masc1 (sweet)

minus PREPOSITION
lúide
□ Sixteen minus three is thirteen. A sé déag lúide a trí sin a trí déag.
■ **It's minus two degrees outside.** Tá sé dhá chéim faoin reophointe taobh amuigh.
■ **I got a B minus.** Fuair mé B míneas.

minute ADJECTIVE
▷ see also **minute** NOUN
beag bídeach
□ Her flat is minute. Tá a hárasán beag bídeach.

minute NOUN
▷ see also **minute** ADJECTIVE
nóiméad masc1
□ Wait a minute! Fan nóiméad!

miracle NOUN
míorúilt fem2

mirror NOUN
scáthán masc1

to misbehave VERB
bheith dána

miscellaneous ADJECTIVE
ilghnéitheach

mischief NOUN
diabhlaíocht fem3 (naughtiness)
□ My little sister's always up to mischief.

Bíonn diabhlaíocht éigin ar bun ag mo dheirfiúr bheag i gcónaí.

mischievous ADJECTIVE
dána

miser NOUN
sprionlóir masc3

miserable ADJECTIVE
ainnis
□ You're looking miserable. Tá cuma ainnis ort. □ The weather was miserable. Bhí an aimsir go hainnis.
■ **to feel miserable** ainnise a bheith ort
□ I'm feeling miserable. Tá ainnise orm.

misery NOUN
1 ainnise fem4 (wretchedness)
□ All that money brought nothing but misery. Ní raibh ach ainnise mar thoradh ar an airgead.
2 ainniseoir masc3 (unhappy person)
□ She's a real misery. Is í an t-ainniseoir í.

misfortune NOUN
mí-ádh masc1

mishap NOUN
taisme fem4

to misjudge VERB
■ **to misjudge somebody** an aithne chontráilte a bheith agat ar dhuine □ I've misjudged her. Níor thuig mé i gceart í.
■ **He misjudged the bend.** Thomhais sé an coirnéal mícheart.

to mislay VERB
lig amú
□ I've mislaid my passport. Lig mé mo phas amú.

misleading ADJECTIVE
míthreorach (information, statement)

Miss NOUN
Iníon fem2
□ Miss O'Donnell Iníon Uí Dhónaill

to miss VERB
caill
□ He missed the target. Chaill sé an sprioc.
■ **I miss him.** Cronaím é.
■ **I missed the train.** D'imigh an traein orm.

missing ADJECTIVE
ar iarraidh
□ the missing part an chuid atá ar iarraidh
■ **to be missing** bheith ar iarraidh
□ My rucksack is missing. Tá mo chnapsac ar iarraidh. □ Two members of the group are missing. Tá dhá bhall den ghrúpa ar iarraidh.

missionary NOUN
misinéir masc3

mist NOUN
ceo masc4

mistake NOUN
▷ see also **mistake** VERB
botún masc1
□ a spelling mistake botún litrithe
■ **to make a mistake** botún a dhéanamh
□ I'm sorry, I made a mistake. Tá brón orm,
rinne mé botún.
■ **by mistake** de dhearmad □ I took his bag
by mistake. Thóg mé a mhála de dhearmad.

to **mistake** VERB
▷ see also **mistake** NOUN
bain míchiall as (meaning)
■ **He mistook me for my sister.** Thóg sé
mé ar son mo dheirfiúr.

mistaken ADJECTIVE
mícheart
□ If you think I'm coming with you, you're
mistaken. Má shíleann tú go bhfuil mé ag
teacht leat, tá tú mícheart.
■ **to be mistaken about something**
dul amú a bheith ort faoi rud

mistakenly ADVERB
de dhearmad

mistletoe NOUN
drualus masc3

mistook VERB ▷ see **mistake**

mistress NOUN
1 máistreás fem3 (in school)
2 bean luí fem (lover)
□ He's got a mistress. Tá bean luí aige.

misty ADJECTIVE
ceobhránach
□ a misty morning maidin cheobhránach

to **misunderstand** VERB
bain an chiall chontráilte as
□ Sorry, I misunderstood you. Tá brón orm,
bhain mé an chiall contráilte as do chuid
chainte.
■ **She misunderstood me.** Níor thuig sí i
gceart mé.

misunderstanding NOUN
míthuiscint fem3

misunderstood VERB ▷ see
misunderstand

mix NOUN
▷ see also **mix** VERB
meascán masc1
□ It's a mix of science fiction and comedy. Is
meascán d'fhicsean eolaíochta agus greann é.
■ **a cake mix** meascán císte

to **mix** VERB
▷ see also **mix** NOUN
measc

□ Mix the flour with the sugar. Measc an
plúr leis an siúcra.
■ **to mix with people** (socialize)
comhluadar a dhéanamh le daoine
■ **He doesn't mix well.** Ní fear mór
cuideachta é.
■ **He's mixing business with pleasure.**
Tá sé ag meascadh gnó le pléisiúr.

to **mix up** VERB
cuir trí chéile (confuse)
□ He always mixes me up with my sister.
Tógann sé mé i gcónaí ar son mo dheirfiúr.
■ **I'm getting mixed up.** Tá mearbhall ag
teacht orm.
■ **The travel agent mixed up the
bookings.** Mheasc an gníomhaire taistil na
háirithintí.

mixed ADJECTIVE
1 measctha
□ a mixed grill griolladh measctha
□ a mixed school scoil mheasctha
2 ilchineálach (salad)

mixer NOUN
meascthóir masc3 (for food)

mixture NOUN
meascán masc1
□ a mixture of spices meascán de spíosraí
■ **cough mixture** cógas casachta

mix-up NOUN
meascán mearaí masc1

MMS NOUN (= multimedia messaging service)
MMS masc4

to **moan** VERB
bheith ag éagaoin
□ She's always moaning. Bíonn sí i gcónaí
ag éagaoin.

mobile home NOUN
teach soghluaiste masc

mobile phone NOUN
fón póca masc1

to **mock** VERB
▷ see also **mock** ADJECTIVE
déan magadh faoi

mock ADJECTIVE
▷ see also **mock** NOUN
bréige
□ a mock exam scrúdú breige

mod cons PL NOUN
■ **'all mod cons'** 'gach deis is nua'

model NOUN
▷ see also **model** ADJECTIVE, VERB
1 samhail fem3
□ a model of the castle samhail den
chaisleán
2 déanamh masc1 (make)

m

□ His car is the latest model. Carr den déanamh is déanaí atá aige.

3 mainicín *masc4* (fashion)

□ She's a famous model. Is mainicín iomráiteach í.

4 cuspa *masc4* (for artist)

to **model** VERB

▷ see also **model** NOUN, ADJECTIVE

1 múnlaigh (with clay)

2 bheith ag mainicíneacht (on catwalk)

model ADJECTIVE

▷ see also **model** NOUN, VERB

mion-

□ a model plane eitleán mionsamhlach

□ a model railway iarnród mionsamhlach

■ He's a model pupil. Dalta mar ba chóir é.

modem NOUN

móideim *masc4* (computing)

moderate ADJECTIVE

1 measartha

□ a moderate amount of méid mheasartha de □ a moderate price praghas measartha

2 réasúnta

□ His views are quite moderate. Tá a chuid tuairimí sách réasúnta.

modern ADJECTIVE

nua-aimseartha

to **modernize** VERB

nuachóirigh

modest ADJECTIVE

modhúil

to **modify** VERB

modhnaigh

moist ADJECTIVE

tais

□ Make sure the soil is moist. Déan cinnte de go bhfuil an ithir tais.

moisture NOUN

taisleach *masc1*

moisturizer NOUN

taisritheoir *masc3*

moldy ADJECTIVE (US)

clúmhúil

mole NOUN

1 caochán *masc1* (animal)

2 ball dobhráin *masc1* (on skin)

moment NOUN

nóiméad *masc1*

□ Could you wait a moment? An dtiocfadh leat fanacht nóiméad? □ in a moment i gceann nóiméid □ Just a moment! Fan nóiméad!

■ at the moment i láthair na huaire

■ any moment now am ar bith anois

□ They'll be arriving any moment now. Beidh siad ag teacht am ar bith anois.

momentous ADJECTIVE

cinniúnach

Monaco NOUN

Monacó *masc4*

□ in Monaco i Monacó

Monaghan NOUN

Muineachán *masc1*

monarch NOUN

monarc *masc4*

monarchy NOUN

monarcacht *fem3*

monastery NOUN

mainistir *fem*

Monday NOUN

An Luan *masc1*

■ last Monday Dé Luain seo caite

■ next Monday Dé Luain seo chugainn

■ on Monday Dé Luain

■ on Mondays ar an Luan □ He comes on Mondays. Tagann sé ar an Luan.

■ every Monday gach Luan

money NOUN

airgead *masc1*

□ I need to change some money. Caithfidh mé roinnt airgid a shóinseáil.

■ to make money airgead a dhéanamh

mongrel NOUN

bodmhadra *masc4* (dog)

□ My dog's a mongrel. Is bodmhadra é mo mhadrasa.

monitor NOUN

monatóir *masc3* (television, computer)

monk NOUN

manach *masc1*

monkey NOUN

moncaí *masc4*

monotonous ADJECTIVE

aontonach (sound)

monster NOUN

ollphéist *fem2*

month NOUN

mí *fem*

□ this month an mhí seo □ next month an mhí seo chugainn □ last month an mhí seo caite □ every month gach mí □ at the end of the month ag deireadh na míosa

monthly ADJECTIVE

míosúil

monument NOUN

1 séadchomhartha *masc4*

2 leacht cuimhneacháin *masc3* (memorial)

mood NOUN

aoibh *fem2*

■ to be in a bad mood drochaoibh a bheith ort

■ **to be in a good mood** aoibh mhaith a bheith ort

moody ADJECTIVE
1 taghdach *(temperamental)*
2 dúr *(sullen)*

moon NOUN
gealach *fem2*
□ There's a full moon tonight. Tá gealach lán ann anocht.
■ **to be over the moon** *(happy)* áthas a bheith ort

moor NOUN
▷ *see also* **moor** VERB
móinteán *masc1*

to **moor** VERB
▷ *see also* **moor** NOUN
feistigh *(boat)*

mop NOUN
mapa *masc4 (for floor)*

moped NOUN
móipéid *fem2*

moral ADJECTIVE
▷ *see also* **moral** NOUN
morálta

moral NOUN
▷ *see also* **moral** ADJECTIVE
brí *fem4*
□ the moral of the story brí an scéil
■ **morals** moráltacht

morale NOUN
misneach *masc1*
□ Their morale is very low. Tá an-drochmhisneach orthu.

more ADJECTIVE
▷ *see also* **more** PRONOUN
1 níos mó *(greater in number, amount)*
□ more work níos mó oibre □ more people níos mó daoine
2 tuilleadh *(additional)*
□ I don't have any more money. Níl a thuilleadh airgid agam. □ Do you want more tea? Ar mhaith leat tuilleadh tae?
■ **more ... than** níos mó ... ná □ He's more intelligent than me. Tá sé níos cliste ná mise. □ She practises more than I do. Déanann sí níos mó cleachtaidh ná mise.
■ **more or less** a bheag nó a mhór
■ **more and more expensive** ag éirí níos daoire

more PRONOUN
▷ *see also* **more** ADJECTIVE
corradh le
□ more than ten corradh le deich
■ **There's no more.** Níl a thuilleadh ann.
■ **I want more.** Ba mhaith liom tuilleadh.

■ **Is there any more?** An bhfuil tuilleadh ann?
■ **a little more** beagáinín eile

moreover ADVERB
ina theannta sin

morning NOUN
maidin *fem2*
□ this morning ar maidin inniu □ tomorrow morning ar maidin amárach □ every morning gach maidin
■ **in the morning** ar maidin □ 7 o'clock in the morning 7 a chlog ar maidin

Morocco NOUN
Maracó *masc4*
□ in Morocco i Maracó

Moscow NOUN
Moscó *masc4*
□ in Moscow i Moscó

Moslem NOUN
Moslamach *masc1*
□ He's a Moslem. Is Moslamach é.

mosque NOUN
mosc *masc1*

mosquito NOUN
corrmhíol *masc1*
■ **a mosquito bite** greim corrmhíl

most ADVERB, ADJECTIVE, PRONOUN
1 formhór
□ most of my friends formhór mo chairde □ most people formhór na ndaoine □ Most cats are affectionate. Tá formhór na gcat grámhar.
2 an- *(very)*
□ It was most peculiar. Bhí se an-aisteach.
■ **most of the time** an chuid is mó den am
■ **the most** is mó □ He's the one who talks the most. Is é is mó caint.
■ **to make the most of something** a mhór a dhéanamh de rud
■ **at the most** ar a mhéad □ two hours at the most dhá uair an chloig ar a mhéad
■ **at the very most** ar a mhéad

mostly ADVERB
1 den chuid is mó
□ The teachers are mostly quite nice. Tá na múinteoirí deas go leor den chuid is mó.
2 de ghnáth *(usually)*

MOT NOUN
MOT
□ Her car failed its MOT. Theip ar a carr ina MOT.

motel NOUN
carróstlann *fem2*

moth NOUN
1 leamhan *masc1 (clothes moth)*

2 féileacán oíche *masc1*

> **LANGUAGE TIP** Word for word, this means 'butterfly of the night'.

mother NOUN
máthair *fem*
□ my mother mo mháthair
■ **mother tongue** teanga dhúchais

mother-in-law NOUN
máthair chéile *fem*

Mother's Day NOUN
Lá na Máithreacha *masc*

motionless ADJECTIVE
gan bhogadh

motivation NOUN
spreagadh *masc*

motive NOUN
tucaid *fem2 (in law)*

motor NOUN
inneall *masc1*
□ The boat has a motor. Tá inneall ar an mbád.

motorbike NOUN
gluaisrothar *masc1*

motorboat NOUN
mótarbhád *masc1*

motorcycle NOUN
gluaisrothar *masc1*

motorcyclist NOUN
gluaisrothaí *masc4*

motorist NOUN
tiománaí *masc4*

motor mechanic NOUN
meicneoir gluaisteán *masc3*

motor racing NOUN
rásaíocht ghluaisteán *fem3*

motorway NOUN
mótarbhealach *masc1*
□ on the motorway ar an mótarbhealach

mouldy (US **moldy**) ADJECTIVE
clúmhúil

to **mount** VERB
méadaigh
□ Tension is mounting. Tá an teannas ag méadú.
■ **They're mounting a publicity campaign.** Tá siad ag seoladh feachtas poiblíochta.

to **mount up** VERB
■ **The bills are mounting up.** Tá na billí ag méadú.

mountain NOUN
sliabh *masc*
■ **a mountain bike** rothar sléibhe

mountaineer NOUN
sléibhteoir *masc3*

mountaineering NOUN
sléibhteoireacht *fem3*
□ I go mountaineering. Téim ag sléibhteoireacht.

mountainous ADJECTIVE
sléibhtiúil

mouse NOUN
1 luchóg *fem2*
□ white mice luchóga bána
2 luch *fem2 (for computer)*

mouse mat NOUN
mata luchóige *masc4*

mousse NOUN
mousse *masc4*
□ chocolate mousse mousse seacláide

moustache NOUN
croiméal *masc1*
□ He's got a moustache. Tá croiméal air.

mouth NOUN
béal *masc1*

mouthful NOUN
bolgam *masc1*

mouth organ NOUN
orgán béil *masc1*
□ I play the mouth organ. Seinnim an t-orgán béil.

mouthwash NOUN
folcadh béil *masc*

move NOUN
▷ see also **move** VERB
1 bogadh *masc (movement)*
2 beart *masc1 (in game)*
3 seal *masc3 (turn to play)*
□ It's your move. Is é do shealsa é.
4 aistriú *masc (of house, job)*
■ **to get a move on** deifir a dhéanamh
□ Get a move on! Déan deifir!

to **move** VERB
▷ see also **move** NOUN
bog
□ Could you move your stuff please? An dtiocfadh leat do chuid stuif a bhogadh le do thoil? □ The car was moving very slowly. Bhí an carr ag bogadh go han-mhall.
■ **to move house** aistrigh □ We're moving house in July. Beimid ag aistriú tí i mí Iúil.
■ **The music moved her to tears.** Bhain an ceol na deora aisti.

to **move forward** VERB
bog ar aghaidh

to **move in** VERB
bog isteach i *(to a house)*
□ They're moving in next week. Beidh siad ag bogadh isteach an tseachtain seo chugainn.

to **move over** VERB
bog anonn
□ Could you move over a bit? An dtiocfadh leat bogadh anonn rud beag?

movement NOUN
1 bogadh *masc*
2 gluaiseacht *fem3 (campaign)*

movie NOUN
scannán *masc1*
■ **the movies** na pictiúir □ Let's go to the movies! Téimis chuig na pictiúir!

moving ADJECTIVE
corraitheach *(touching)*
□ a moving story scéal corraitheach
■ **a moving bus** bus gluaiste

to **mow** VERB
lom
□ He mows the lawn once a week. Lomann sé an fhaiche uair sa tseachtain.

mower NOUN
buainteoir *masc3*

mown VERB ▷ *see* **mow**

MP NOUN
Feisire Parlaiminte *masc4*
□ She's an MP. Is Feisire Parlaiminte í.

MP3 player NOUN
seinnteoir MP3 *masc3*
□ I need a new MP3 player. Tá seinnteoir MP3 nua de dhíth orm.

mph ABBREVIATION *(= miles per hour)*
msu *(= míle san uair)*
□ to drive at 50 mph tiomáint ar 50 msu

Mr NOUN
■ **Mr Smith** An tUasal Smith

Mrs NOUN
■ **Mrs Smith** Bean Smith

MS NOUN *(= multiple sclerosis)*
SI *fem2 (= scléaróis iolrach)*
□ She's got MS. Tá SI uirthi.

Ms NOUN
■ **Ms Smith** Iníon Smith

much ADJECTIVE, ADVERB, PRONOUN
1 mórán
□ I haven't got much money. Níl mórán airgid agam.
2 i bhfad
□ I feel much better now. Mothaím i bhfad níos fearr anois.
■ **very much 1** an- □ I enjoyed the film very much. Bhain mé an-sult as an scannán. **2** *(followed by noun)* cuid mhór □ I don't have very much money. Níl cuid mhór airgid agam.
■ **Thank you very much.** Go raibh míle maith agat.

■ **not much** ní mórán □ Have you got a lot of luggage? — No, not much. An bhfuil cuid mhór bagáiste leat? — Níl, ní mórán.
■ **How much?** Cá mhéad? □ How much time have you got? Cá mhéad ama atá agat? □ How much do you want? Ca mhéad atá tú a iarraidh? □ How much does it cost? Cá mhéad atá air?
■ **too much** barraíocht □ They give us too much homework. Tugann siad barraíocht obair bhaile dúinn.

mud NOUN
clábar *masc1*

muddle NOUN
meascán mearaí *masc1 (mix-up)*
■ **The photos are in a muddle.** Tá na grianghraif trí chéile.

to **muddle up** VERB
cuir trí chéile
□ I'm getting muddled up. Tá mé trí chéile anois.
■ **He muddles me up with my sister.** Tógann sé mé ar son mo dheirféar.
■ **to get muddled up** bheith trína chéile

muddy ADJECTIVE
lábánach

muesli NOUN
muesli *masc*

muffler NOUN *(US)*
ciúnadóir *masc3 (on car)*

mug NOUN
▷ *see also* **mug** VERB
muga *masc4*
□ Do you want a cup or a mug? An cupán nó muga atá uait?

to **mug** VERB
▷ *see also* **mug** NOUN
ionsaigh *(assault)*
□ He was mugged in the city centre. Ionsaíodh i lár na cathrach é.

mugger NOUN
sladionsaitheoir *masc3*

mugging NOUN
ionsaí *masc*

muggy ADJECTIVE
meirbh
□ It's muggy today. Tá sé meirbh inniu.

multiple choice test NOUN
triail ilroghnach *fem*

multiple sclerosis NOUN
scléaróis iolrach *fem2*
□ She's got multiple sclerosis. Tá scléaróis iolrach uirthi.

multiplication NOUN
iolrú *masc*

to **multiply** VERB
iolraigh
- **6 multiplied by 15 is 90.** A sé faoi a cúig déag, sin nócha.

multi-storey car park NOUN
carrchlós ilstórach *masc1*

mum NOUN
mam *fem2*
□ my mum mo mham □ I'll ask Mum. Cuirfidh mé ceist ar mo mham.

mummy NOUN
1 mamaí *fem4* (mother)
□ Mummy says I can go. Dúirt mo mhamaí go bhfuil cead agam dul.
2 seargán *masc1* (Egyptian)

mumps NOUN
leicneach *fem2*

Munster NOUN
Cúige Mumhan *masc4*

murder NOUN
▷ see also **murder** VERB
dúnmharú *masc*

to **murder** VERB
▷ see also **murder** NOUN
dúnmharaigh
□ He was murdered. Dúnmharaíodh é.

murderer NOUN
dúnmharfóir *masc3*

muscle NOUN
matán *masc1*

muscular ADJECTIVE
féitheogach (person, arm)

museum NOUN
iarsmalann *fem2*

mushroom NOUN
beacán *masc1*
□ a mushroom omelette uibheagán beacáin

music NOUN
ceol *masc1*

musical ADJECTIVE
▷ see also **musical** NOUN
ceolmhar (person)
□ I'm not musical. Ní duine ceolmhar mé.
- **a musical instrument** gléas ceoil

musical NOUN
▷ see also **musical** ADJECTIVE
ceoldráma *masc4*

music centre NOUN
aonad ceoil *masc1*

musician NOUN
ceoltóir *masc3*

Muslim NOUN
Moslamach *masc1*
□ He's a Muslim. Is Moslamach é.

mussel NOUN
diúilicín *masc4*

must VERB
- **I must do it.** Caithfidh mé é a dhéanamh.
- **He must be there by now.** Caithfidh sé go bhfuil sé ann faoi seo.
- **You must come and see me.** Caithfidh tú teacht ar cuairt chugam.

mustard NOUN
mustard *masc1*

mustn't VERB = must not

to **mutter** VERB
bheith ag monabhar

mutton NOUN
caoireoil *fem3*

my ADJECTIVE
mo
□ my house mo theach □ my hair mo chuid gruaige □ my parents mo thuismitheoirí □ I'm going to clean my teeth. Glanfaidh mé mo chuid fiacla. □ I've hurt my foot. Ghortaigh mé mo chos.

myself PRONOUN
1 mé féin
□ I've hurt myself. Ghortaigh mé mé féin.
- **I really enjoyed myself.** Bhain mé an-sult as.
- **I don't like talking about myself.** Ní maith liom a bheith ag caint fúm féin.
2 mise mé féin (emphatic)
□ I made it myself. Rinne mise mé féin é.
- **by myself** liom féin □ I don't like travelling by myself. Ní maith liom a bheith ag taisteal liom féin.

mysterious ADJECTIVE
rúndiamhair

mystery NOUN
rúndiamhair *fem2*
- **a murder mystery** (novel) dúrún dúnmharaithe

myth NOUN
miotas *masc1*
□ a Greek myth miotas Gréagach □ That's a myth. Is miotas é sin.

mythology NOUN
miotaseolaíocht *fem3*

m

411

Nn

to **nag** VERB
tabhair amach do
□ She's always nagging me. Bíonn sí i
gcónaí ag tabhairt amach dom.

nail NOUN
1 ionga *fem (on finger, toe)*
□ Don't bite your nails! Ná hith do chuid ingne!
2 tairne *masc4 (made of metal)*

nailbrush NOUN
scuab ingne *fem2*

nailfile NOUN
líomhán ingne *masc4*

nail scissors PL NOUN
siosúr ingne *masc1*

nail varnish NOUN
vearnais ingne *fem2*
□ nail varnish remover glantóir vearnaise
ingne

naked ADJECTIVE
lomnocht

name NOUN
ainm *masc4*
□ What's your name? Cén t-ainm atá ort?

nanny NOUN
buime *fem4*
□ She's a nanny. Tá sí ina buime.

nap NOUN
néal a chodladh *masc1*
■ **to take a nap** dreas codlata a dhéanamh

napkin NOUN
naipcín *masc4*

nappy NOUN
clúidín *masc4*

narrow ADJECTIVE
cúng

narrow-minded ADJECTIVE
caolaigeanta

nasty ADJECTIVE
1 mioscaiseach *(person)*
2 mailíseach *(attack)*
3 droch- *(accident, disease)*
□ a nasty cold drochshlaghdán

4 bréan *(smell)*
□ a nasty smell boladh bréan

nation NOUN
náisiún *masc1*

national ADJECTIVE
náisiúnta
□ He's the national champion. Tá sé ina
churadh náisiúnta.
■ **the national elections** an toghchán
náisiúnta

national anthem NOUN
an amhrán náisiúnta *masc1*

National Health Service NOUN
An tSeirbhís Náisiúnta Sláinte *fem2*

nationalism NOUN
náisiúnachas *masc1*

nationalist NOUN
náisiúnaí *masc4*

nationality NOUN
náisiúntacht *fem3*

National Lottery NOUN
Crannchur Náisiúnta *masc1*

national park NOUN
páirc náisiúnta *fem2*

native ADJECTIVE
dúchais
□ my native country mo thír dhúchais
□ a native speaker of Irish cainteoir
dúchais Ghaeilge □ my native language
mo theanga dhúchais

natural ADJECTIVE
nádúrtha

naturalist NOUN
nádúraí *masc4*

naturally ADVERB
ar ndóigh *(obviously)*
□ Naturally, we were very disappointed.
Ar ndóigh, bhí an-díomá orainn.

nature NOUN
nádúr *masc1*

naughty ADJECTIVE
dalba

□ a naughty boy gasúr dalba □ Don't be naughty! Ná bí dalba!

navy NOUN
cabhlach *masc1*
□ He's in the navy. Tá sé sa chabhlach.

navy-blue ADJECTIVE
dúghorm
□ a navy-blue skirt sciorta dúghorm

Nazi NOUN
Naitsí *masc4*
□ the Nazis na Naitsithe

near ADJECTIVE
cóngarach
□ It's fairly near. Tá sé cóngarach go leor.
□ It's near enough to walk. Tá sé cóngarach go leor le siúl ann.
■ **the nearest** is cóngaraí □ Where's the nearest service station? Cá bhfuil an stáisiún seirbhíse is cóngaraí? □ The nearest shops were three kilometres away. Bhí na siopaí is cóngaraí trí chiliméadar ar shiúl.

nearby ADJECTIVE
in aice láimhe
□ a nearby garage garáiste in aice láimhe

nearly ADVERB
chóir a bheith
□ Dinner's nearly ready. Tá an dinnéar chóir a bheith réidh. □ I'm nearly 15. Tá mé chóir a bheith 15. □ They were nearly finished. Bhí siad chóir a bheith réidh.
■ **I nearly fell.** Dóbair dom titim.

neat ADJECTIVE
slachtmhar
□ She has very neat writing. Tá a peannaireacht iontach slachtmhar.

neatly ADVERB
go slachtmhar
□ neatly folded fillte go slachtmhar
□ neatly dressed gléasta go slachtmhar

necessary ADJECTIVE
riachtanach

necessity NOUN
riachtanas *masc1*
□ A car is a necessity, not a luxury. Is riachtanas é carr, ní sócúlacht.

neck NOUN
muineál *masc1*
□ a stiff neck muineál righin □ a V-neck sweater geansaí V-mhuiníl

necklace NOUN
muince *fem4*

to **need** VERB
▷ *see also* **need** NOUN
■ **I need some fresh air.** Tá aer úr de dhíth orm.

■ **Do you need any help?** An bhfuil cuidiú ar bith de dhíth ort?

need NOUN
▷ *see also* **need** VERB
■ **There's no need to rush.** Ní gá deifriú.

needle NOUN
1 snáthaid *fem2* (for sewing)
2 dealgán *masc1* (for knitting)

negative NOUN
▷ *see also* **negative** ADJECTIVE
claonchló *masc4* (photo)

negative ADJECTIVE
▷ *see also* **negative** NOUN
diúltach
□ He's got a very negative attitude. Tá dearcadh iontach diúltach aige.

neglected ADJECTIVE
■ **The garden is neglected.** (untidy) Tá faillí déanta sa ghairdín.

negligee NOUN
fallaing sheomra *fem2*

to **negotiate** VERB
socraigh (price)
■ **to negotiate an agreement** teacht ar chomhréiteach

negotiations PL NOUN
1 caibidlíocht *fem3* (of price)
2 idirbheartaíocht *fem3* (in politics)

neighbour (US **neighbor**) NOUN
comharsa *fem*
□ the neighbours' garden gairdín na gcomharsan

neighbourhood (US **neighborhood**) NOUN
comharsanacht *fem3*

neither PRONOUN, CONJUNCTION, ADVERB
■ **Neither of them is coming.** Níl ceachtar acu ag teacht.
■ **Neither Sarah nor Eva is coming to the party.** Ní bheidh Sorcha ná Aoife ag teacht chuig an gcóisir.
■ **I didn't see her. — Neither did I.** Ní fhaca mé í. — Ní fhaca ná mise.

neon NOUN
neon *masc1*
□ a neon light solas neoin

nephew NOUN
nia *masc4*

nerve NOUN
1 néaróg *fem2*
2 sotal *masc1*
□ He's got a nerve! Tá sotal ann!

nerve-racking ADJECTIVE
strusúil

nervous ADJECTIVE
neirbhíseach (tense)

□ I bite my nails when I'm nervous. Ithim mo chuid ingne nuair a bhím neirbhíseach.

■ **to be nervous about something** bheir neirbhíseach faoi rud □ I'm a bit nervous about flying to Paris by myself. Tá mé rud beag neirbhíseach faoi eitilt go Páras i m'aonar.

nest NOUN
nead *fem2*

Net NOUN
■ **the Net** an tIdirlíon
■ **to surf the Net** scimeáil ar an Idirlíon

net NOUN
eangach *fem2*
□ a fishing net eangach iascaireachta

netball NOUN
líonpheil *fem2*
□ Netball is a bit like basketball. Tá líonpheil giota beag ar nós na cispheile.

Netherlands PL NOUN
■ **the Netherlands** an Ísiltír □ in the Netherlands san Ísiltír

network NOUN
1 gréasán *masc1 (for mobile phone)*
□ Which network are you on? Cén gréasán ar a bhfuil tú?
2 líonra *masc4 (for computers)*

neurotic ADJECTIVE
néaróiseach

never ADVERB
1 riamh *(past, present)*
□ It never happened. Níor tharla sé riamh.
□ He's never on time. Ní bhíonn sé riamh in am. □ I have never been camping. Ní raibh mé riamh ag campáil.
2 choíche *(future)*
□ She'll never return. Ní fhillfidh sí choíche.
□ When are you going to phone him? — Never! Cá huair a chuirfidh tú scairt air? — Choíche!
■ **Never again!** Choíche go deo!

new ADJECTIVE
nua
□ her new boyfriend a buachaill nua
□ I need a new dress. Tá gúna nua de dhíth orm.
■ **brand new** úrnua □ They've got a brand new car. Tá carr úrnua acu.

newborn ADJECTIVE
nuabheirthe
□ a newborn baby leanbh nuabheirthe

newcomer NOUN
núíosach *masc1*

news NOUN
1 scéala *masc4*

□ good news dea-scéala □ I've had some bad news. Tá drochscéala agam.
2 nuacht *fem3 (on radio, TV)*
□ I watch the news every evening. Amharcaim ar an nuacht gach tráthnóna.
□ I listen to the news every morning. Éistim leis an nuacht gach maidin.

newsagent (US **newsdealer**) NOUN
nuachtánaí *masc4*

news flash NOUN
scéal práinneach *masc1*

newspaper NOUN
nuachtán *masc1*
□ I deliver newspapers. Bím ag seachadadh nuachtán.

newsreader NOUN
léitheoir nuachta *masc3*

New Year NOUN
■ **the New Year** an Athbhliain □ We celebrated New Year with our friends. Rinneamar an Athbhliain a cheiliúradh lenár gcairde.
■ **Happy New Year!** Athbhliain faoi mhaise duit!
■ **New Year's Day** Lá Nollag Beag
■ **New Year's Eve** Oíche Chinn Bliana

New Zealand NOUN
an Nua-Shéalainn *fem2*
□ in New Zealand sa Nua-Shéalainn

New Zealander NOUN
Nua-Shéalannach *masc1*

next ADJECTIVE, ADVERB, PREPOSITION
1 seo chugainn *(in time)*
□ next Saturday an Satharn seo chugainn
□ next year an bhliain seo chugainn □ next summer an samhradh seo chugainn
2 an chéad ... eile *(in sequence)*
□ the next train an chéad traein eile □ Next please! An chéad duine eile, le do thoil!
3 ina dhiaidh *(afterwards)*
□ What shall I do next? Cad é a dhéanfaidh mé ina dhiaidh seo? □ What happened next? Cad é a tharla ina dhiaidh sin?
■ **next to** in aice le □ next to the bank in aice leis an mbanc
■ **the next day** an lá arna mhárach
□ The next day he visited Cork. An lá arna mhárach, thug sé cuairt ar Chorcaigh.
■ **the next time** an chéad uair eile
□ the next time you see her an chéad uair eile a fheicfidh tú í
■ **next door neighbour** comharsa béal dorais

nice ADJECTIVE
deas

n

□ Your parents are very nice. Tá do thuismitheoirí iontach deas. □ It was nice of you to remember my birthday. Ba dheas uait cuimhneamh ar mo bhreithlá.
□ That's a nice dress! Sin gúna deas!
□ Newry is a nice city. Is cathair dheas é an tIúr.

■ **to be nice to somebody** bheith deas le duine

> **WORD POWER**
> You can use a number of other words instead of **nice** to mean 'pretty':
> **attractive** tarraingteach
> □ an attractive girl cailín tarraingteach
> **beautiful** álainn
> □ a beautiful painting péintéireacht álainn
> **lovely** aoibhinn
> □ a lovely spot áit aoibhinn
> **pretty** gleoite
> □ a pretty dress gúna gleoite

nickname NOUN
leasainm *masc4*

niece NOUN
neacht *fem3*

Nigeria NOUN
an Nigéir *fem2*
□ in Nigeria sa Nigéir

night NOUN
1 oíche *fem4*
□ I want a single room for two nights. Ba mhaith liom seomra singilte ar feadh dhá oíche.
■ **My mother works nights.** Bíonn mo mháthair ag obair san oíche.
■ **at night** san oíche
■ **Goodnight!** Oíche mhaith!
2 tráthnóna *masc4 (evening)*
■ **last night** aréir

night club NOUN
club oíche *masc4*

nightie NOUN
léine oíche *fem4*

nightlife NOUN
siamsaíocht oíche *fem3*
□ There's plenty of nightlife. Bíonn cuid mhór siamsaíochta oíche ann.

nightmare NOUN
tromluí *masc4*
□ It was a real nightmare! Tromluí ceart a bhí ann! □ I had a nightmare last night. Tháinig tromluí orm aréir.

night watchman NOUN
fairtheoir oíche *masc3*

nil NOUN
náid *fem2*
□ We won one-nil. Bhaineamar a haon a náid.

nine NUMBER
1 a naoi

> **LANGUAGE TIP a naoi** is used for telling the time and for counting.

□ at nine o'clock ar a naoi a chlog □ Three plus six is nine. A trí móide a sé sin a naoi.
2 naoi

> **LANGUAGE TIP naoi** is used to give the number of objects and is usually followed by a singular noun.

□ nine bottles naoi mbuidéal

> **LANGUAGE TIP** Some words, **bliain**, **uair**, **seachtain**, **pingin**, have a special plural for use with numbers.

□ nine years naoi mbliana
■ **She's nine.** Tá sí naoi mbliana d'aois.

> **LANGUAGE TIP** To translate 'nine people', use the form **naonúr**.

□ nine people naonúr □ nine women naonúr ban

nineteen NUMBER
naoi ... déag

> **LANGUAGE TIP naoi** is followed by a singular noun.

□ nineteen bottles naoi mbuidéal déag
■ **She's nineteen.** Tá sí naoi mbliana déag.

nineteenth ADJECTIVE
an naoú ... déag
□ her nineteenth birthday a breithlá naoi mbliana déag □ the nineteenth floor an naoú hurlár déag
■ **the nineteenth of August** an naoú lá déag de Lúnasa

ninety NUMBER
nócha

> **LANGUAGE TIP nócha** is followed by a singular noun.

□ ninety people nócha duine
■ **He's ninety.** Tá sé nócha bliain d'aois.

ninth NUMBER
naoú
□ the ninth floor an naoú hurlár
■ **the ninth of August** an naoú lá de Lúnasa

nitrogen NOUN
nítrigin *fem2*

no ADVERB
▷ see also **no** ADJECTIVE
níl
□ Are you coming? — No. An bhfuil tú ag teacht? — Níl.

■ **Would you like some more?** — **No thank you.** Ar mhaith leat tuilleadh? — Níor mhaith, go raibh maith agat.

no ADJECTIVE

▷ *see also* **no** ADVERB

1 <u>aon</u>

□ I have no money. Níl aon airgead agam. □ There's no hot water. Níl aon uisce te ann.

2 <u>ar bith</u>

□ I have no books. Níl leabhair ar bith agam. □ There are no trains on Sundays. Ní bhíonn traenacha ar bith ann ar an Domhnach.

■ **'no smoking'** 'ná caitear tobac'

■ **No way!** Seans ar bith!

nobody PRONOUN

<u>duine ar bith</u>

□ Who's going with you? — Nobody. Cé atá ag dul leat? — Duine ar bith. □ There was nobody in the office. Ní raibh duine ar bith san oifig. □ Nobody likes him. Ní maith le duine ar bith é.

to **nod** VERB

■ **to nod one's head** do cheann a sméideadh

■ **to nod at somebody** (*as greeting*) beannú do dhuine de do cheann

noise NOUN

<u>callán</u> *masc1*

□ What is that noise?. Cad é an callán sin?

noisy ADJECTIVE

<u>callánach</u>

to **nominate** VERB

1 <u>mol</u> (*propose*)

□ I nominate John McAteer as president of the society. Molaim Seán Mac an tSaoir mar uachtarán ar an gcumann.

2 <u>ainmnigh</u> (*appoint*)

□ She was nominated as director. Ainmníodh mar stiúrthóir í.

■ **He was nominated for an Oscar.** Ainmníodh le haghaidh Oscar é.

none PRONOUN

1 <u>ceann ar bith</u> (*things*)

□ I've none left. Níl ceann ar bith fágtha agam.

2 <u>duine ar bith</u> (*people*)

□ none of you duine ar bith agaibh

nonsense NOUN

<u>seafóid</u> *fem2*

■ **Don't talk nonsense!** Bíodh ciall agat!

non-smoker NOUN

<u>neamhchaiteoir</u> *masc3*

■ **He's a non-smoker.** Ní chaitheann sé tobac.

non-stop ADJECTIVE, ADVERB

<u>gan stad</u>

□ a non-stop flight eitilt gan stad □ He flew non-stop. D'eitil sé gan stad. □ He drinks non-stop. Ólann sé gan stad.

noodles PL NOUN

<u>núdail</u> *masc1 pl*

noon NOUN

<u>meán lae</u> *masc1*

□ at noon ar mheán lae □ before noon roimh mheán lae

no one PRONOUN

<u>duine ar bith</u>

□ Who's going with you? — No one. Cé atá ag dul leat? — Duine ar bith. □ There was no one in the office. Ní raibh duine ar bith san oifig. □ No one likes him. Ní maith le duine ar bith é.

nor CONJUNCTION

<u>ná</u>

□ neither the cinema nor the swimming pool an phictiúrlann ná an linn snámha □ I didn't like the film. — Nor did I. Níor thaitin an scannán liom. — Ná liomsa. □ I haven't seen him. — Nor have I. Ní fhaca mé é. — Ná mise.

normal ADJECTIVE

<u>gnách</u>

□ He's perfectly normal. Níl aon rud neamhghnách faoi.

normally ADVERB

<u>de ghnáth</u>

□ I normally arrive at nine o'clock. Tagaim isteach de ghnáth ar a naoi a chlog.

■ **The airports are working normally.** (*as normal*) Tá na haerfoirt ag feidhmiú mar is gnách.

north NOUN

▷ *see also* **north** ADJECTIVE, ADVERB

<u>tuaisceart</u> *masc1*

□ in the north sa tuaisceart

north ADJECTIVE

▷ *see also* **north** NOUN, ADVERB

<u>tuaisceartach</u>

■ **the north wind** an ghaoth aduaidh

north ADVERB

▷ *see also* **north** NOUN, ADJECTIVE

<u>thuaidh</u>

□ It's north of London. Tá sé ar an taobh thuaidh de Londain.

North America NOUN

<u>Meiriceá Thuaidh</u> *masc4*

northbound ADJECTIVE

■ **The truck was northbound on the M5.** Bhí an trucail ag dul ó thuaidh ar an M5.

■ **Northbound traffic is moving very slowly.** Tá an trácht ó thuaidh ag bogadh go han-mhall.

northeast NOUN
oirthuaisceart *masc1*
□ in the northeast san oirthuaisceart

northern ADJECTIVE
tuaisceartach
□ a northern city cathair thuaisceartach
□ the northern part of the island an chuid thuaisceartach den oileán
■ **Northern Europe** Tuaisceart na hEorpa
■ **the Northern Lights** na Gealáin Thuaidh

Northern Ireland NOUN
Tuaisceart Éireann *masc1*
□ in Northern Ireland i dTuaisceart Éireann
□ to Northern Ireland go Tuaisceart Éireann
□ I'm from Northern Ireland. As Tuaisceart Éireann dom.

North Pole NOUN
■ **the North Pole** an Pol Thuaidh

North Sea NOUN
■ **the North Sea** an Mhuir Thuaidh

northwest NOUN
iarthuaisceart *masc1*
□ in the northwest san iarthuaisceart

Norway NOUN
an Iorua *fem4*
□ in Norway san Iorua

Norwegian ADJECTIVE
▷ see also **Norwegian** NOUN
Ioruach

Norwegian NOUN
▷ see also **Norwegian** ADJECTIVE
1 Ioruach *masc1* (person)
2 Ioruais *fem2* (language)

nose NOUN
srón *fem2*
□ His nose was bleeding. Bhí sé ag cur fuil shróine.

nosebleed NOUN
fuil shróine *fem*
□ I often get nosebleeds. Bíonn fuil shróine go minic liom.

nosy ADJECTIVE
fiosrach

not ADVERB
ní

> **LANGUAGE TIP** ní changes to **níl** or **níor** depending on the verb in the sentence. Look the examples to find one that's similar to what you want to say.

□ He's not very reliable. Ní duine ró-iontaofa é. □ It's not possible. Ní féidir é.

□ I'm not sure. Níl mé cinnte. □ It's not raining. Níl sé ag cur. □ You shouldn't do that. Níor chóir duit sin a dhéanamh. □ They haven't arrived yet. Níor tháinig siad go fóill.
■ **I hope not.** Tá súil agam nach amhlaidh atá.
■ **Can you lend me 10 euros? — I'm afraid not.** An bhféadfá 10 euro a thabhairt ar iasacht dom. — Is eagal liom nach bhféadfainn.
■ **Are you coming or not?** An bhfuil tú ag teacht nó nach bhfuil?
■ **not yet** chan go fóill

note NOUN
nóta *masc4*
□ I'll write her a note. Scríobhfaidh mé nóta chuici. □ a £5 note nóta £5 □ She took notes at the meeting. Ghlac sí nótaí ag an gcruinniú.

to **note down** VERB
breac síos

notebook NOUN
leabhar nótaí *masc1*

notepad NOUN
ceap nótaí *masc1*

notepaper NOUN
páipéar litreacha *masc1*

nothing NOUN
rud ar bith *masc3*
□ What's wrong? — Nothing. Cad é atá ort? — Rud ar bith. □ nothing special rud ar bith speisialta □ He does nothing. Ní dhéanann sé rud ar bith. □ Nothing is open on Sundays. Ní bhíonn rud ar bith oscailte ar an Domhnach.
■ **for nothing** in aisce

notice NOUN
▷ see also **notice** VERB
1 fógra *masc4* (announcement)
□ I put up a notice about the school disco. Chuir mé fógra in airde faoi dhioscó na scoile.
2 rabhadh *masc1* (warning)
■ **Don't take any notice of him!** Ná bíodh aird ar bith agat air!
■ **at short notice** gan chairde
■ **until further notice** go bhfógrófar a mhalairt
■ **to hand in one's notice** éirí as

to **notice** VERB
▷ see also **notice** NOUN
tabhair faoi deara

notice board NOUN
clár fógraí *masc1*

n

nought NOUN
neamhní *masc4*

noun NOUN
ainmfhocal *masc1*

novel NOUN
úrscéal *masc1*

novelist NOUN
úrscéalaí *masc4*

November NOUN
Samhain *fem3*
□ in November i mí na Samhna

now ADVERB, CONJUNCTION
anois
□ What are you doing now? Cad é atá tú a dhéanamh anois? □ I'm rather busy just now. Tá mé gnóthach cineál anois.
■ **by now** faoi seo □ He should be there by now. Ba chóir dó bheith ann faoi seo. □ It should be ready by now. Ba chóir dó bheith réidh faoi seo.
■ **now and then** anois agus arís
■ **from now on** as seo amach

nowhere ADVERB
in áit ar bith
□ nowhere else áit ar bith eile

nuclear ADJECTIVE
núicléach
□ nuclear power cumhacht núicléach □ a nuclear power station stáisiún cumhachta núicléiche

nude ADJECTIVE
▷ see also **nude** NOUN
lomnocht
■ **to sunbathe nude** bolg le gréin a dhéanamh nocht

nude NOUN
▷ see also **nude** ADJECTIVE
nochtach *masc1*
■ **in the nude** lom nocht

nudist NOUN
nochtach *masc1*

nuisance NOUN
■ **It's a nuisance.** Is mór an crá é.

■ **What a nuisance!** A leithéid de chrá croí!

numb ADJECTIVE
gan mhothú
□ My leg's gone numb. Tá mo chos gan mhothú.
■ **numb with cold** préachta leis an bhfuacht

number NOUN
uimhir *fem*
□ They live at number 5. Tá siad ina gcónaí ag uimhir 5. □ What's your phone number? Cad é d'uimhir ghutháin? □ You've got the wrong number. Tá an uimhir chontráilte agat.

number plate NOUN
uimhirphláta *masc4*

nun NOUN
bean rialta *fem*
□ She's a nun. Tá sí ina bean rialta.

nurse NOUN
banaltra *fem4*
□ She's a nurse. Tá sí ina banaltra.

nursery NOUN
1 naíolann *fem2* (for children)
2 plandlann *fem2* (for plants)

nursery school NOUN
naíscoil *fem2*

nursery slope NOUN
fánán tosaitheoirí *masc1*

nut NOUN
cnó *masc4*

nutmeg NOUN
noitmig *fem2*

nutritious ADJECTIVE
cothaitheach

nuts ADJECTIVE
ar mire
□ He's nuts. Tá sé ar mire.

nutter NOUN
■ **He's a nutter.** Fear buile é.

nylon NOUN
níolón *masc1*

Oo

oak NOUN
dair *fem*
□ an oak table bord darach

oar NOUN
maide rámha *masc4*

oatmeal NOUN
min choirce *fem2*

oats NOUN
coirce *masc4*

obedient ADJECTIVE
umhal

to **obey** VERB
géill do
■ to obey the rules cloí leis na rialacha

object NOUN
▷ see also **object** VERB
rud *masc3*
□ a familiar object rud coitianta

to **object** VERB
▷ see also **object** NOUN
cuir i gcoinne
□ A lot of people objected to the proposal. Chuir go leor daoine i gcoinne an mholta.

objection NOUN
agóid *fem2*
■ I have no objection to that. Níl rud ar bith agam ina choinne sin.

oblong ADJECTIVE
leathfhada

oboe NOUN
óbó *masc4*
□ I play the oboe. Seinnim ar an óbó.

obscene ADJECTIVE
gáirsiúil

observant ADJECTIVE
grinnsúileach

to **observe** VERB
coimhéad

obsessed ADJECTIVE
tógtha glan
□ He's obsessed with trains. Tá sé tógtha

glan le traenacha.

obsolete ADJECTIVE
as feidhm

obstacle NOUN
constaic *fem2*

obstinate ADJECTIVE
ceanntréan

to **obstruct** VERB
cuir bac ar
□ A lorry was obstructing the traffic. Bhí leoraí ag cur baic ar an trácht.

to **obtain** VERB
faigh

obvious ADJECTIVE
soiléir

obviously ADVERB
go follasach
■ Do you want to pass the exam? — Obviously! An mian leat an scrúdú a fháil? — Gan amhras!
■ She was obviously exhausted. Ba léir go raibh tuirse uirthi.

occasion NOUN
ócáid *fem2*
□ a special occasion ócáid speisialta
■ on several occasions cúpla uair

occasionally ADVERB
corruair

occupation NOUN
gairm *fem2*

to **occupy** VERB
bheith i seilbh
■ That seat is occupied. Tá an suíochán sin tógtha.

to **occur** VERB
tarlaigh
□ The accident occurred yesterday. Inné a tharla an timpiste.
■ It suddenly occurred to me that ... Rith sé chugam go ...

ocean NOUN
aigéan *masc1*

o

o'clock ADVERB
- **at four o'clock** ar a ceathair a chlog
- **It's five o'clock.** Tá sé a cúig a chlog.

October NOUN
Deireadh Fómhair *masc1*
- **in October** i mí Dheireadh Fómhair

octopus NOUN
ochtapas *masc1*

odd ADJECTIVE
1 aisteach
□ That's odd! Tá sin aisteach!
2 corr *(number)*
□ an odd number uimhir chorr

of PREPOSITION
de *(from, out of)*
□ It's made of wood. Tá sé déanta d'adhmad.

> **LANGUAGE TIP** The genitive is usually used to translate 'of'.

□ a boy of ten gasúr deich mbliana □ a kilo of flour cileagram plúir □ three of us triúr againn □ a friend of ours cara linn □ That was kind of you. Ba dheas uait sin.
- **the 5th of July** an cúigiú lá d'Iúil

off ADJECTIVE, ADVERB, PREPOSITION
1 múchta *(light)*
□ All the lights are off. Tá na soilse go léir múchta.
2 ar ceal *(cancelled)*
□ The match is off. Tá an cluiche ar ceal.
3 as láthair *(absent)*
- **to have an off day** drochlá a bheith agat
- **to take a day off work** lá a thógáil ón obair
- **She's off school today.** Níl sí ar scoil inniu.
- **to be off sick** bheith amuigh tinn
- **a day off** lá saoire
- **I must be off now.** *(leave)* Caithfidh mé bheith ag imeacht anois.

Offaly NOUN
Uíbh Fhailí *masc pl*

offence (US offense) NOUN
coir *fem2 (crime)*

offensive ADJECTIVE
bréan *(smell)*

offer NOUN
▷ *see also* **offer** VERB
tairiscint *fem3*
□ a good offer tairiscint mhaith
- **'on special offer'** 'tairiscint speisialta'

to offer VERB
▷ *see also* **offer** NOUN
tairg
□ He offered to help me. Thairg sé cuidiú liom. □ I offered to go with them. Thairg mé dul leo.

office NOUN
oifig *fem2*
□ She works in an office. Tá sí ag obair in oifig.

officer NOUN
1 oifigeach *masc1 (in the army)*
2 garda *masc4 (in the Irish police)*

official ADJECTIVE
oifigiúil

off-licence NOUN
siopa eischeadúnais *masc1 (shop)*

offside ADJECTIVE
as cóir

often ADVERB
go minic
□ It often rains. Bíonn sé ag cur go minic.
- **How often do you go to the gym?** Cá mhinic a théann tú go dtí an giom?
- **I'd like to go skiing more often.** Ba mhaith liom dul ag sciáil níos minice.

oil NOUN
▷ *see also* **oil** VERB
1 ola *fem4*
□ an oil painting péintéireacht ola
2 amhola *fem4 (crude oil)*
- **North Sea oil** ola na Mara Thuaidh

to oil VERB
▷ *see also* **oil** NOUN
bealaigh *(machine)*

oil rig NOUN
rige ola *masc4*
□ He works on an oil rig. Tá sé ag obair ar rige ola.

oil slick NOUN
leo ola *masc4*

oil well NOUN
tobar ola *masc1*

ointment NOUN
ungadh *masc*

okay EXCLAMATION, ADJECTIVE
1 ceart go leor *(agreed)*
□ Could you call back later? — Okay! An bhféadfá glaoch ar ais ar ball? — Ceart go leor! □ I'll meet you at six o'clock, okay? Buailfidh mé leat ar a sé a chlog, ceart go leor? □ Is that okay? An bhfuil sin ceart go leor? □ I'll do it tomorrow, if that's okay with you. Déanfaidh mé amárach é, má tá sin ceart go leor agatsa.
2 maith go leor *(average)*
□ How was your holiday? — It was okay. Cad é mar a bhí an tsaoire agat? — Maith go leor.
- **Are you okay?** An bhfuil tú ceart?

old ADJECTIVE

sean

□ He's not so old. Níl sé chomh sean sin.

> LANGUAGE TIP **sean** is added at the beginning of nouns, as in the examples below.

□ an old house seanteach □ old people seandaoine □ an old horse seanchapall

■ **my old English teacher** (former) mo sheanmhúinteoir Béarla

■ **How old are you?** Cén aois thú?

■ **my older brother** mo dheartháir mór

■ **my older sister** mo dheirfiúr mhór

■ **She's two years older than me.** Tá sí dhá bhliain níos sine ná mé.

■ **I'm the oldest in the family.** Mise is sine sa chlann.

old-age pensioner NOUN

seanphinsinéir masc3

□ She's an old-age pensioner. Is seanphinsinéir í.

old-fashioned ADJECTIVE

1 seanfhaiseanta

□ She wears old-fashioned clothes. Caitheann sí éadaí seanfhaiseanta.

2 seanaimseartha (person)

□ My parents are rather old-fashioned. Tá mo thuismitheoirí cineál seanaimseartha.

olive NOUN

ológ fem2

olive oil NOUN

ola olóige fem4

olive tree NOUN

crann ológ masc1

Olympic ADJECTIVE

Oilimpeach

■ **the Olympics** na Cluichí Olimpeacha

omelette NOUN

uibheagán masc1

on PREPOSITION

▷ see also **on** ADJECTIVE

> LANGUAGE TIP There are several ways of translating 'on'. Look at the examples to find one that is similar to what you want to say.

ar (indicating position)

□ on the table ar an mbord □ on the wall ar an mballa □ on the 2nd floor ar an dara hurlár □ on the left ar clé □ on the train ar an traein

■ **on the radio** ar an raidió □ I heard it on the radio. Chuala mé ar an raidió é.

■ **on holiday** ar saoire □ They're on holiday. Tá siad ar saoire.

■ **on strike** ar stailc

■ **on foot** de chois

> LANGUAGE TIP With days and dates 'on' is often not translated.

□ on Christmas Day Lá Nollag □ on July 20th an fichiú lá d'Iúil □ on the night he was born an oíche a rugadh é □ on Monday morning maidin Dé Luain

■ **on Friday** Dé hAoine

■ **on Fridays** ar an Aoine

on ADJECTIVE

▷ see also **on** PREPOSITION

ar siúl (machine, tap, TV)

□ Is the dishwasher on? An bhfuil an miasniteoir ar siúl?

■ **Don't leave the tap on.** Ná fág an sconna ag rith. □ I think I left the light on. Sílim gur fhág mé an solas ar siúl.

■ **What's on at the cinema?** Cad é tá ar siúl sa phictiúrlann?

once ADVERB

uair amháin (one time)

□ once more uair amháin eile □ I've been to London once before. Bhí mé i Londain uair amháin cheana.

■ **once a week** uair sa tseachtain

■ **Once upon a time ...** Fadó, fadó ...

■ **at once** láithreach bonn

■ **once in a while** anois is arís

one NUMBER

▷ see also **one** PRONOUN

aon

□ in one go d'aon iarracht □ They came in one car. Tháinig siad san aon charr.

■ **one minute** nóiméad amháin

■ **I've got one brother and one sister.** Tá deartháir amháin agus deirfiúr amháin agam.

one PRONOUN

▷ see also **one** NUMBER

ceann

■ **Do you need a stamp? — No thanks, I've got one.** An bhfuil stampa uait? — Níl, tá ceann agam.

■ **One never knows.** (impersonal) Ní bhíonn a fhios ag duine riamh.

■ **this one** an ceann seo □ Which is the best photo? — This one. Cé acu grianghraf is fearr? — An ceann seo.

■ **that one** an ceann sin □ Which seat do you want? — That one. Cén suíochán atá uait? — An ceann sin.

oneself PRONOUN

tú féin

■ **to hurt oneself** tú féin a ghortú

■ **to talk to oneself** bheith ag caint leat féin

one-way ADJECTIVE
aontreo *(street, traffic)*

onion NOUN
oinniún *masc1*

online ADJECTIVE, ADVERB
ar líne
 □ They like to chat online. Is maith leo bheith ag comhrá ar líne.

only ADVERB, ADJECTIVE, CONJUNCTION
aon
 □ Monday is the only day I'm free. An Luan an t-aon lá a bhím saor. □ Irish is the only subject I like. Gaeilge an t-aon ábhar a bhfuil dúil agam ann. □ the only place left an t-aon áit a bhí fagtha
 ■ How much was it? — Only 10 euros. Cá mhéad a bhí air? — Gan ach deich euro.
 ■ We only want to stay for two nights. Ní theastaíonn uainn fanacht ach dhá oíche.
 ■ I'd like the same sweater, only in black. Ba mhaith liom an geansaí céanna, ach é a bheith dubh.
 ■ an only child páiste aonair

onwards ADVERB
ar aghaidh
 ■ from July onwards ó mhí Iúil amach

open ADJECTIVE
 ▷ *see also* **open** VERB
oscailte
 □ The baker's is open on Sunday morning. Bíonn siopa an bháicéara oscailte maidin Domhnaigh.
 ■ in the open air amuigh faoin aer

to **open** VERB
 ▷ *see also* **open** ADJECTIVE
oscail
 □ Can I open the window? An cuma má osclaím an fhuinneog? □ What time do the shops open? Cén t-am a osclaíonn na siopaí? □ The door opened and the teacher came in. D'oscail an doras agus tháinig an múinteoir isteach.

opening hours PL NOUN
uaireanta oscailte *fem pl*

opera NOUN
ceoldráma *masc4*

to **operate** VERB
oibrigh
 □ The lights operate on a timer. Oibríonn na soilse ar amadóir. □ How do you operate the camcorder? Cad é mar a oibríonn tú an ceamthaifeadán?
 ■ to operate on somebody *(perform surgery)* duine a chur faoi scian

operation NOUN
obráid *fem2*
 □ a major operation mórobráid
 ■ to have an operation dul faoi scian
 □ I have never had an operation. Ní dheachaigh mé féin faoi scian riamh.

operator NOUN
1 oibreoir *masc3 (of machine)*
2 teileafónaí *masc4 (on telephone)*

opinion NOUN
tuairim *fem2*
 □ He asked me my opinion. D'iarr sé mo thuairim orm. □ What's your opinion? Cad é do thuairim air?
 ■ in my opinion i mo thuairimse

opinion poll NOUN
pobalbhreith *fem2*

opponent NOUN
céile comhraic *masc4*

opportunity NOUN
deis *fem2*
 ■ to have the opportunity to do something deis a fháil ar rud a dhéanamh
 □ I've never had the opportunity to go abroad. Ní raibh an deis riamh agam dul thar lear.

opposed ADJECTIVE
 ■ I've always been opposed to violence. Bhí mé i gcónaí i gcoinne an fhoréigin.
 ■ as opposed to i gcontrárthacht le

opposing ADJECTIVE
contrártha *(opinions)*
 ■ the opposing team an fhoireann eile

opposite ADJECTIVE, ADVERB, PREPOSITION
1 os comhair *(facing)*
 □ the girl sitting opposite me an cailín atá ina suí os mo chomhair □ They live opposite us. Tá siad ina gcónaí os ár gcomhair amach.
2 contrártha *(contrary)*
 □ It's in the opposite direction. Tá sé sa treo contrártha.
 ■ the opposite sex an gnéas eile
 ■ Quite the opposite! A mhalairt glan!

opposition NOUN
1 freasúra *masc4 (in politics)*
2 cur in éadan *masc1 (to plan, proposal)*
3 an fhoireann eile *fem2 (in sport)*

optician NOUN
radharceolaí *masc4*
 □ She's an optician. Is radharceolaí í.

optimistic ADJECTIVE
dóchasach

option NOUN
1 rogha *fem4*

□ I've got no option. Níl an dara rogha agam.

2 ábhar roghnach *masc1 (optional subject)*
□ I'm doing geology as my option. Tá mé ag déanamh geolaíochta mar ábhar roghnach.

optional ADJECTIVE
roghnach

or CONJUNCTION

1 nó
□ Would you like some tea or coffee? An bhfuil tae nó caife uait?

2 ná *(with negative)*
□ I don't eat meat or fish. Ní ithim feoil ná iasc.

3 nó *(otherwise)*
□ Hurry up or you'll miss the bus. Déan deifir nó caillfidh tú an bus.
■ **Give me the money, or else!** Tabhair dom an t-airgead, nó is duit is measa!

oral ADJECTIVE
▷ *see also* **oral** NOUN
cainte
□ an oral exam scrúdú cainte

oral NOUN
▷ *see also* **oral** ADJECTIVE
scrúdú cainte *masc*
□ I've got my French oral soon. Beidh an scrúdú cainte Fraincise agam roimh i bhfad.

orange NOUN
▷ *see also* **orange** ADJECTIVE
oráiste *masc4 (fruit)*
■ **orange juice** sú oráiste

orange ADJECTIVE
▷ *see also* **orange** NOUN
flannbhuí

Orangeman NOUN
Fear Buí *masc1*

orchard NOUN
úllord *masc1*

orchestra NOUN
ceolfhoireann *fem2*
□ I play in the school orchestra. Seinnim le ceolfhoireann na scoile.

order NOUN
▷ *see also* **order** VERB

1 ord *masc1 (sequence)*
□ in alphabetical order in ord aibítre

2 ordú *masc (specific instruction)*
□ The waiter took our order. Ghlac an freastalaí an t-ordú uainn.
■ **in order to** le □ He does it in order to earn money. Déanann sé é le hairgead a shaothrú.
■ **'out of order'** 'as gléas'

to order VERB
▷ *see also* **order** NOUN
ordaigh
□ We ordered steak and chips. D'ordaíomar stéig agus sceallóga. □ Are you ready to order? An bhfuil tú réidh le hordú?
■ **to order somebody about** orduithe a chur ar dhuine □ She liked to order him about. Thaitin sé léi bheith ag cur orduithe air.

ordinary ADJECTIVE
gnáth-
□ an ordinary day gnáthlá □ He's just an ordinary guy. Níl ann ach gnáthdhuine.

ore NOUN
mian *fem2*

organ NOUN
orgán *masc1 (instrument)*
□ I play the organ. Seinnim ar an orgán.

organic ADJECTIVE
orgánach

organization NOUN

1 eagrú *masc (arrangement)*

2 eagraíocht *fem3 (political)*

to organize VERB
eagraigh

origin NOUN
bunús *masc1*

original ADJECTIVE
bun-
■ **Our original plan was to go camping.** Ba é an chéad phlean againn dul ag campáil.

originally ADVERB
ó thús *(at first)*

Orkney NOUN
Inse Orc *fem2 pl*
□ in Orkney in Inse Orc

ornament NOUN
ornáid *fem2*

orphan NOUN
dílleachta *masc4*

ostrich NOUN
ostrais *fem2*

other ADJECTIVE, PRONOUN
eile
□ Have you got these jeans in other colours? An bhfuil na bríste géine seo agat i ndathanna eile? □ on the other side of the street ar an taobh eile den tsráid
■ **the other day** an lá faoi dheireadh
■ **the other one** an ceann eile □ This one? — No, the other one. An ceann seo? — Ní hé, ach an ceann eile.
■ **the others** na daoine eile □ The others

o

are going but I'm not. Tá na daoine eile ag dul ann ach níl mise.

otherwise ADVERB, CONJUNCTION

1 nó (if not)
  □ Note down the number, otherwise you'll forget it. Scríobh síos an uimhir nó déanfaidh tú dearmad di. □ Put some sunscreen on, you'll get burned otherwise. Cuir beagán grianscéithe ort nó dófar thú.

2 seachas sin (in other ways)
  □ I'm tired, but otherwise I'm fine. Tá tuirse orm, ach seachas sin tá mé go breá.

ought VERB

> LANGUAGE TIP To translate 'ought to', use the conditional tense of **is** + the adjective **cóir** + a form of **dó**.

  □ I ought to phone my parents. Ba chóir dom glaoch ar mo thuismitheoirí. □ You ought not to do that. Níor chóir duit é sin a dhéanamh. □ He ought to win. Ba chóir go mbainfeadh sé.

ounce NOUN
  unsa masc4

our ADJECTIVE
  ár
  □ our house ár dteach □ our names ár n-ainmneacha
  ■ **Our neighbours are very nice.** Tá na comharsana againn an-deas.

ours PRONOUN
  an ceann seo againne
  □ It's better than ours. Is fearr é ná an ceann seo againne.
  ■ **Whose is this? — It's ours.** Cé leis é seo? — Is linne é.
  ■ **a friend of ours** cara linn

ourselves PRONOUN
  muid féin
  □ We built our garage ourselves. Thógamar an garáiste muid féin.
  ■ **We really enjoyed ourselves.** Bhí an-spórt againn.

out ADVERB, ADJECTIVE

> LANGUAGE TIP There are several ways of translating 'out'. Look at the examples to find one that is similar to what you want to say.

1 amach (go, come)
  □ I'm going out tonight. Tá mé ag dul amach anocht.
  ■ **'way out'** 'slí amach'

2 amuigh (be, stay)
  □ I was out till midnight. Bhí mé amuigh go meán oíche.

3 as baile (not at home)

4 as (light, fire)
  □ All the lights are out. Tá na soilse go léir as.
  ■ **out there** amuigh ansin □ It's cold out there. Tá sé fuar amuigh ansin.
  ■ **to go out with somebody** bheith ag dul amach le duine □ I've been going out with him for two months. Tá mé ag dul amach leis le dhá mhí.
  ■ **out of 1** (outside) taobh amuigh de □ He lives out of town. Cónaíonn sé taobh amuigh den bhaile. **2** (as a proportion, from) as □ in 9 cases out of 10 i naoi gcás as deich gcinn □ He drank the milk straight out of the carton. D'ól sé an bainne díreach as an gcartán.
  ■ **out of curiosity** le fiosracht
  ■ **out of work** as obair
  ■ **That is out of the question.** Tá sin as an gceist.
  ■ **You're out!** (in game) Tá tú as!

outbreak NOUN
  briseadh amach masc
  □ the outbreak of war briseadh amach an chogaidh
  ■ **a salmonella outbreak** ráig salmonella

outcome NOUN
  toradh masc1
  □ What was the outcome of the negotiations? Cén toradh a bhí ar na cainteanna?

outdoor ADJECTIVE
  amuigh faoin aer
  □ an outdoor swimming pool linn snámha amuigh faoin aer □ outdoor activities gníomhaíochtaí amuigh faoin aer

outdoors ADVERB
  taobh amuigh

outfit NOUN
  feisteas masc1
  □ She bought a new outfit for the wedding. Cheannaigh sí feisteas nua don bhainis. □ a cowboy outfit feisteas buachaill bó

outgoing ADJECTIVE
  cuideachtúil (sociable)

outing NOUN
  turas masc1
  ■ **to go on a little outing** geábh a thabhairt amach

outline NOUN

1 fíor (shape)
  □ We could see the outline of the mountain in the mist. Ba léir dúinn fíor an tsléibhe sa cheo.

2 achoimre fem4 (summary)

□ This is an outline of the plan. Seo achoimre ar an bplean.

outlook NOUN
dearcadh masc1

□ my outlook on life mo dhearcadh ar an saol

■ the economic outlook an tuar atá faoin eacnamaíocht

■ The outlook is poor. Níl cosúlacht rómhaith ar chúrsaí.

outrageous ADJECTIVE
scannalach

outset NOUN
tús masc1

□ at the outset ó thús

outside NOUN
▷ see also **outside** ADJECTIVE, ADVERB, PREPOSITION
taobh amuigh masc1

outside ADJECTIVE, ADVERB
▷ see also **outside** NOUN, PREPOSITION
amuigh

□ It's very cold outside. Tá sé an-fhuar amuigh.

■ the outside walls na ballaí seachtracha

outside PREPOSITION
▷ see also **outside** NOUN, ADJECTIVE, ADVERB
taobh amuigh de

□ outside the school taobh amuigh den scoil □ outside school hours taobh amuigh d'uaireanta scoile

outsize ADJECTIVE
mórthomhais

outskirts PL NOUN
imeall masc1

□ on the outskirts of the town ar imeall an bhaile mhóir

outstanding ADJECTIVE
sár- (excellent)

□ an outstanding essay sár-aiste

■ The work was outstanding. Bhí an obair ar fheabhas.

oval ADJECTIVE
ubhchruthach

oven NOUN
oigheann masc1

over ADVERB, ADJECTIVE, PREPOSITION
1 thar (across)

□ The ball went over the wall. D'imigh an liathróid thar an mballa.
2 taobh thall de (on the other side of)

□ It's over the river. Tá sé taobh thall den abhainn.

■ The baker's is over the road. Tá siopa an bháicéara trasna an bhóthair.

3 os cionn (above)

□ There's a mirror over the washbasin. Tá scáthán os cionn an bháisín níocháin.
4 thart (finished)

□ I'll be happy when the exams are over. Beidh áthas orm nuair a bheidh na scrúduithe thart.
5 níos mó ná (more than)

□ It's over twenty kilos. Tá sé níos mó ná fiche cíleagram. □ The temperature was over thirty degrees. Bhí an teocht os cionn tríocha céim.
6 i rith (during)

□ over the holidays i rith na saoire

■ over Christmas aimsir na Nollag

■ over here abhus

■ over there thall

■ all over Ireland ar fud na hÉireann

overall ADVERB
ar an iomlán

□ My results were quite good overall. Bhí mo chuid torthaí réasúnta maith ar an iomlán.

overalls PL NOUN
forbhríste masc4

overcast ADJECTIVE
gruama

□ The sky was overcast. Bhí an spéir gruama.

to **overcharge** VERB

■ to overcharge somebody for something barraíocht a ghearradh ar dhuine as rud

□ They overcharged us for the meal. Ghearr siad barraíocht orainn as an mbéile.

overcoat NOUN
cóta mór masc4

overdone ADJECTIVE
ródhéanta (food)

overdose NOUN
ródháileog fem2

□ She took an overdose of sleeping pills. Thóg sí ródháileog de phiollairí suain.

overdraft NOUN
rótharraingt fem2

■ to have an overdraft rótharraingt a bheith agat

to **overflow** VERB
sceith (run over)

overhead projector NOUN
osteilgeoir masc3

to **overlook** VERB

■ The hotel overlooked the beach. Bhí aghaidh an óstáin ar an trá.

■ He had overlooked one important problem. (forget) Bhí fadhb thábhachtach amháin nár smaoinigh sé air.

overseas ADVERB
thar lear
□ I'd like to work overseas. Ba mhaith liom dul ag obair thar lear.

oversight NOUN
dearmad *masc1*

to **oversleep** VERB
codail amach
□ I overslept this morning. Chodail mé amach é ar maidin.

to **overtake** VERB
téigh thar *(pass)*

overtime NOUN
ragobair *fem2*
□ I don't like working overtime. Ní thaitníonn an ragobair liom.

overweight ADJECTIVE
róthrom *(person)*

to **owe** VERB
■ **to owe somebody something** rud a bheith ag duine ort □ I owe you 50 euros. Tá caoga euro agat orm.
■ **She owes him a favour.** Tá sí faoi chomaoin aige.

owing to PREPOSITION

mar gheall ar
□ owing to bad weather mar gheall ar dhrochaimsir

owl NOUN
ulchabhán *masc1*

own ADJECTIVE
▷ see also **own** VERB
féin
□ my own car mo charr féin □ a room of my own seomra dom féin
■ **on his own** leis féin

to **own** VERB
▷ see also **own** ADJECTIVE
■ **I own the house.** Is liom an teach.

to **own up** VERB
■ **to own up to something** rud a admháil

owner NOUN
úinéir *masc3*

oxygen NOUN
ocsaigin *fem2*

oyster NOUN
oisre *masc4*

ozone NOUN
ózón *masc1*

ozone layer NOUN
brat ózóin *masc1*

Pp

PA NOUN
cúntóir pearsanta *masc3* (personal assistant)
□ She's a PA. Is cúntóir pearsanta í.
■ **the PA system** (public address) córas ilghairme

pace NOUN
luas *masc1*
□ He was walking at a brisk pace. Bhí sé ar siúl ar luas tapa.

Pacific NOUN
■ **the Pacific** an tAigéan Ciúin

pacifier NOUN (US)
gobán *masc1*

pack NOUN
▷ see also **pack** VERB
paca *masc4*
□ a pack of cigarettes paca toitíní □ a pack of cards paca cártaí
■ **a six-pack** séphaca

to **pack** VERB
▷ see also **pack** NOUN
pacáil
□ I'll help you pack. Tabharfaidh mé cúnamh duit pacáil. □ I've already packed my case. Tá mo chás pacáilte agam cheana féin.
■ **Pack it in!** Éirigh as!

package NOUN
pacáiste *masc4*
■ **a package holiday** saoire láneagraithe

packed ADJECTIVE
plódaithe
□ The cinema was packed. Bhí an phictiúrlann plódaithe.

packed lunch NOUN
lón pacáilte *masc1*
□ I take a packed lunch to school. Tógaim lón pacáilte ar scoil.

packet NOUN
paca *masc4*
□ a packet of cigarettes paca toitíní

pad NOUN
ceap *masc1*

paddle NOUN
▷ see also **paddle** VERB
céasla *masc4* (oar)
■ **to go for a paddle** dul ag lapadaíl

to **paddle** VERB
▷ see also **paddle** NOUN
1 céaslaigh (canoe)
2 bheith ag lapadaíl (in water)

padlock NOUN
glas fraincín *masc1*

paedophile NOUN
péidifileach *masc1*

page NOUN
▷ see also **page** VERB
leathanach *masc1* (of book)

to **page** VERB
▷ see also **page** NOUN
■ **to page somebody** glaoch ar dhuine

pager NOUN
glaoire *masc4*

paid VERB ▷ see **pay**

paid ADJECTIVE
íoctha (work)
■ **3 weeks' paid holiday** trí seachtaine saoire le pá

pail NOUN
stópa *masc4*

pain NOUN
pian *fem2*
□ a terrible pain pian úafásach □ I've got a pain in my stomach. Tá pian i mo bholg agam.
■ **to be in pain** bheith i bpian □ She's in a lot of pain. Tá sí i bpian mhór.
■ **He's a real pain.** Crá croí atá ann.

painful ADJECTIVE
nimhneach
□ Is it painful? An bhfuil sé nimhneach?

paint NOUN
▷ see also **paint** VERB
péint *fem2*

paint – paperweight

to **paint** VERB
▷ see also **paint** NOUN
péinteáil (wall, picture)
■ **I painted the door blue.** Chuir mé dath gorm ar an doras.

paintbrush NOUN
scuab phéinteála fem2

painter NOUN
péintéir masc3

painting NOUN
1 péinteáil fem3
□ My hobby is painting. Is í an phéinte áil an caitheamh aimsire atá agam.
2 pictiúr masc1 (picture)
□ a painting by Picasso pictiúr le Picasso

pair NOUN
péire masc4
□ a pair of shoes péire bróg
■ **a pair of scissors** siosúr
■ **a pair of trousers** bríste
■ **a pair of pants 1** (woman's) brístín
2 (man's) fobhríste **3** (us: trousers) bríste
■ **in pairs** i bpéirí □ We work in pairs. Bímid ag obair i bpéirí.

pajamas PL NOUN (US)
pitseámaí masc4 pl
□ my pajamas mo phitseámaí □ a pair of pajamas péire pitseámaí
■ **a pajama top** barréide phitseámaí

Pakistan NOUN
an Phacastáin fem2
□ in Pakistan sa Phacastáin □ to Pakistan chun na Pacastáine □ He's from Pakistan. Is as an Phacastáin é.

Pakistani ADJECTIVE
▷ see also **Pakistani** NOUN
Pacastánach

Pakistani NOUN
▷ see also **Pakistani** ADJECTIVE
Pacastánach masc1

pal NOUN
comrádaí masc4

palace NOUN
pálás masc1

pale ADJECTIVE
báiteach (light)
□ a pale moon gealach bháiteach
■ **a pale blue shirt** léine bhánghorm

Palestine NOUN
an Phalaistín fem2
□ in Palestine sa Phalaistín

Palestinian ADJECTIVE
▷ see also **Palestinian** NOUN
Palaistíneach

Palestinian NOUN
▷ see also **Palestinian** ADJECTIVE
Palaistíneach masc1

palm NOUN
bos fem2 (of hand)
■ **a palm tree** crann pailme

pamphlet NOUN
paimfléad masc1

pan NOUN
1 scilléad masc1 (saucepan)
2 friochtán masc1 (frying pan)

pancake NOUN
pancóg fem2
■ **Pancake Day** Máirt Inide

panic NOUN
▷ see also **panic** VERB
scaoll masc1

to **panic** VERB
▷ see also **panic** NOUN
■ **They panicked.** Tháinig scaoll fúthu.
■ **Don't panic!** Fan socair!

panther NOUN
pantar masc1

panties PL NOUN
brístín masc4

pantomime NOUN
geamaireacht fem3

pants PL NOUN
1 brístín masc4 (woman's)
□ a pair of pants brístín
2 fobhríste masc4 (man's)
□ a pair of pants fobhríste
3 bríste masc4 (us: trousers)

pantyhose PL NOUN (US)
riteoga fem2 pl

paper NOUN
1 páipéar masc1
□ a piece of paper píosa páipéir
■ **a paper towel** tuáille páipéir
■ **an exam paper** páipéar scrúdaithe
2 nuachtán masc1 (newspaper)
□ I saw an advert in the paper. Chonaic mé fógra sa nuachtán.

paperback NOUN
leabhar faoi chlúdach bog masc1

paper boy NOUN
buachaill nuachtán masc3

paper clip NOUN
fáiscín páipéir masc4

paper girl NOUN
cailín nuachtáin masc4

paper round NOUN
cuaird nuachtán fem2

paperweight NOUN
tromán páipéir masc1

paperwork NOUN
  obair pháipéir *fem2*
  □ He had a lot of paperwork to do. Bhí a lán obair pháipéir le déanamh aige.

parachute NOUN
  paraisiút *masc1*

parade NOUN
  paráid *fem2*

paradise NOUN
  parthas *masc1*

paraffin NOUN
  pairifín *masc4*
  □ a paraffin lamp lampa pairifín

paragraph NOUN
  paragraf *masc1*

parallel ADJECTIVE
  comhthreomhar

paralysed ADJECTIVE
  ■ to be paralysed pairilis a bheith ort

paramedic NOUN
  paraimhíochaineoir *masc3*

parcel NOUN
  beart *masc1*

pardon NOUN
  pardún *masc1*
  ■ **Pardon?** Cad é sin a dúirt tú?

parent NOUN
  tuismitheoir *masc3*
  □ my parents mo thuismitheoirí

Paris NOUN
  Páras *masc4*
  □ in Paris i bPáras □ to Paris go Páras
  □ She's from Paris. Is as Páras í.

Parisian ADJECTIVE
  ▷ *see also* **Parisian** NOUN
  Párasach

Parisian NOUN
  ▷ *see also* **Parisian** ADJECTIVE
  Párasach *masc1*

park NOUN
  ▷ *see also* **park** VERB
  páirc *fem2*
  ■ **a national park** páirc náisiúnta
  ■ **a theme park** téamapháirc
  ■ **a car park** carrchlós

to **park** VERB
  ▷ *see also* **park** NOUN
  páirceáil
  □ Where can I park my car? Cá háit is féidir mo charr a pháirceáil? □ We couldn't find anywhere to park. Ní raibh muid in ann áit pháirceála a fháil.

parking NOUN
  páirceáil *fem3*
  □ 'no parking' 'ná páirceáiltear anseo'

parking lot NOUN (US)
  áit pháirceála *fem2*

parking meter NOUN
  méadar páirceála *masc1*

parking ticket NOUN
  ticéad páirceála *masc1*

parliament NOUN
  parlaimint *fem2*

parole NOUN
  parúl *masc1*
  □ He's on parole. Tá sé ar parúl.

parrot NOUN
  pearóid *fem2*

parsley NOUN
  peirsil *fem2*

part NOUN
  ▷ *see also* **part** VERB
  1 cuid *fem3*
  □ The first part of the film was boring. Bhí an chéad chuid den scannán leadránach.
  2 páirt *fem2* (role)
  □ He got a part in the school play. Fuair sé páirt i dráma na scoile.
  3 ball *masc1* (of machine)
  ■ **spare parts** páirteanna breise
  ■ **to take part in something** páirt a ghlacadh i rud □ A lot of people took part in the demonstration. Ghlac cuid mhór daoine páirt san agóid.

to **part** VERB
  ▷ *see also* **part** NOUN
  ■ **to part with something** scaradh le rud

particular ADJECTIVE
  ar leith (special)
  □ Are you looking for anything in particular? An bhfuil tú ag iarraidh rud ar bith faoi leith?
  ■ **nothing in particular** data faoi leith

particularly ADVERB
  go háirithe

parting NOUN
  stríoc *fem2* (in hair)

partly ADVERB
  breac-

partner NOUN
  1 páirtí *masc4* (in business)
  2 céile *masc4* (in relationship)

part-time ADJECTIVE, ADVERB
  páirtaimseartha
  □ a part-time job post páirtaimseartha
  □ She works part-time. Tá sí ag obair go páirtaimseartha.

party NOUN
  1 cóisir *fem2* (celebration)
  □ a birthday party cóisir lá breithe
  □ a Christmas party cóisir Nollag □ I'm

going to a party on Saturday. Tá mé ag dul chuig cóisir Dé Sathairn.

2 páirtí *masc4 (political)*
□ the Conservative Party An Páirtí Coimeádach

3 gasra *masc4 (group)*
□ a party of tourists gasra turasóirí

pass NOUN
▷ *see also* **pass** VERB

1 bearnas *masc1 (in mountains)*
□ The pass was blocked with snow. Bhí an bearnas druidte leis an sneachta.

2 seachadadh *masc (in football)*

3 pasmharc *masc1*
□ She got a pass in her piano exam. Fuair sí pasmharc ina scrúdú pianó.

■ **a bus pass** pas bus

to **pass** VERB
▷ *see also* **pass** NOUN

1 feigh *(exam)*
□ Liam passed the exam. Fuair Liam an scrúdú.

2 sín
□ Could you pass me the salt, please? An sínfeal an salann chugam, le do thoil?

3 téigh thart
□ The time has passed quickly. Chuaigh an t-am thart go gasta.

4 téigh thar
□ I pass his house on my way to school. Téim thar a theach ar mo bhealach chun na scoile.

5 seachaid *(in football)*

to **pass out** VERB
tit i laige

passage NOUN

1 sliocht *masc3*
□ Read the passage carefully. Léigh an sliocht go cúramach.

2 pasáiste *masc4 (corridor)*

passenger NOUN
paisinéir *masc3*

passion NOUN
paisean *masc1*

passive ADJECTIVE
síochánta
■ **passive smoking** caitheamh éighníomhach

Passover NOUN
Cáisc na nGiúdach *fem3*
□ at Passover ag Cáisc na nGiúdach

passport NOUN
pas *masc4*
■ **passport control** seiceáil na bpas

password NOUN

1 focal faire *masc1 (military)*

2 pasfhocal *masc1 (computing, banking)*

past ADVERB, PREPOSITION
▷ *see also* **past** NOUN
thar
□ It's on the right, just past the station. Tá sé ar dheis, díreach thar an stáisiún.

■ **to go past** dul thart □ The bus went past without stopping. Chuaigh an bus thart gan stopadh. □ The bus goes past our house. Téann an bus thart teach s'againne.

■ **It's half past ten.** Tá sé leath i ndiaidh a deich.

■ **It's quarter past eight.** Tá sé ceathrú i ndiaidh a hocht.

■ **It's ten past nine.** Tá sé deich i ndiaidh a naoi.

■ **It's past midnight.** Tá sé i ndiaidh mhe á noíche.

past NOUN
▷ *see also* **past** ADVERB, PREPOSITION
■ **in the past** san am atá thart □ She lives in the past. Maireann sí san am atá thart.

pasta NOUN
pasta *masc4*
□ Pasta is easy to cook. Tá pasta furasta a réiteach.

paste NOUN
gliú *masc4 (glue)*

pasteurized ADJECTIVE
paistéartha

pastime NOUN
caitheamh aimsire *masc1*
□ Her favourite pastime is knitting. Is í an chniotáil an caitheamh aimsire is fearr léi.

pastry NOUN
taosrán *masc1 (dough)*
■ **pastries** cístí milse

patch NOUN
paiste *masc4*
□ a patch of material paiste ábhair
■ **He's got a bald patch.** Tá blagaid air.

patched ADJECTIVE
paisteáilte
□ a pair of patched jeans brístí géine paisteáilte

pâté NOUN
páté *masc4*

path NOUN
cosán *masc1*

pathetic ADJECTIVE

1 truamhéalach *(pitiful)*

2 uafásach *(very bad)*

□ Our team was pathetic. Bhí foireann s'againne uafásach.

patience NOUN
1 foighne *fem4*
   □ He hasn't got much patience. Níl cuid mhór foighne aige.
   ■ **Have patience.** Bíodh foighne agat.
2 cluiche aonair *masc4 (card game)*
   □ I play patience on my computer. Imrím an cluiche aonair ar mo ríomhaire.

patient NOUN
   ▷ *see also* **patient** ADJECTIVE
   othar *masc1*

patient ADJECTIVE
   ▷ *see also* **patient** NOUN
   foighneach

patio NOUN
   paitió *masc4*

patriotic ADJECTIVE
   tírghrách

patrol NOUN
   patról *masc1*

patrol car NOUN
   patrólcharr *masc1*

pattern NOUN
   patrún *masc1*
   □ a geometric pattern patrún geoiméadrach □ a sewing pattern patrún fuála

pause NOUN
   sos *masc3*

pavement NOUN
   cosán *masc1*

pavilion NOUN
   pailliún *masc1*

paw NOUN
   lapa *masc4*

pay NOUN
   ▷ *see also* **pay** VERB
   pá *masc4*

to **pay** VERB
   ▷ *see also* **pay** NOUN
   íoc
   □ I paid for my ticket. D'íoc mé as mo thicéad. □ I paid 50 euros for it. D'íoc mé 50 euro air. □ She paid by credit card. D'íoc sí le cárta creidmheasa.
   ■ **to pay extra for something** táille bhreise a íoc ar rud □ You have to pay extra for breakfast. Beidh ort táille bhreise a íoc ar bhricfeasta.
   ■ **to pay attention to** aird a thabhairt ar □ Don't pay any attention to him! Ná tabhair aird air!
   ■ **to pay somebody a visit** cuairt a

thabhairt ar dhuine □ Paul paid us a visit last night. Thug Pól cuairt orainn aréir.
   ■ **to pay somebody back** rud a íoc ar ais le duine □ I'll pay you back tomorrow. Íocfaidh mé ar ais thú amárach.

payable ADJECTIVE
   ■ **Make the cheque payable to 'ABC Ltd'.** Déan an seic iníochta le 'ABC Teo'.

payment NOUN
   íocaíocht *fem3*

payphone NOUN
   táillefón *masc1*

PC NOUN (= *personal computer*)
   ríomhaire pearsanta *masc4*
   □ She typed the report on her PC. Chlóscríobh sí an tuarascáil ar a ríomhaire pearsanta. □ a PC game cluiche ríomhaire phearsanta

PE NOUN (= *physical education*)
   corpoideachas *masc1*
   □ We do PE twice a week. Bíonn corpoideachas againn dhá uair sa tseachtain.

pea NOUN
   pis *fem2*

peace NOUN
   síocháin *fem3 (calm)*

peaceful ADJECTIVE
   suaimhneach
   □ a peaceful afternoon tráthnóna suaimhneach
   ■ **a peaceful protest** agóid shíochánta

peace process NOUN
   próiseas síochána *masc1*

peach NOUN
   péitseog *fem2*

peacock NOUN
   péacóg *fem2*

peak NOUN
   binn *fem2 (mountain)*
   ■ **the peak rate** buaicráta □ You pay the peak rate for calls at this time of day. Tá an buaicráta i bhfeidhm ghlaonna ag an am seo den lá.
   ■ **in peak season** i mbuaicshéasúr

peanut NOUN
   pis talún *fem2*
   □ a packet of peanuts paicéad piseanna talún

peanut butter NOUN
   im piseanna talún *masc*
   □ a peanut-butter sandwich ceapaire d'im piseanna talún

pear NOUN
   piorra *masc4*

P

pearl NOUN
péarla *masc4*

pebble NOUN
cloch dhuirlinge *fem2*

peckish ADJECTIVE
■ **to feel peckish** ré-ocras a bheith ort

peculiar ADJECTIVE
ait *(strange)*
□ He's a peculiar person. Is ait an duine é.
■ **It tastes peculiar.** Tá blas aisteach air.

pedal NOUN
▷ *see also* **pedal** VERB
troitheán *masc1*

to **pedal** VERB
▷ *see also* **pedal** NOUN
na troitheáin a oibriú

pedestrian NOUN
coisí *masc4*

pedestrian crossing NOUN
trasrian coisithe *masc1*

pedestrianized ADJECTIVE
■ **a pedestrianized street** sráid choisithe

pedestrian precinct NOUN
ceantar coisithe *masc1*

pedigree NOUN
pórtheastas *masc1 (of animal)*

pee NOUN
■ **to have a pee** mún a dhéanamh

peek NOUN
■ **to have a peek at something**
spléachadh a fháil ar rud
■ **No peeking!** Ná bí ag breathnú!

peel NOUN
▷ *see also* **peel** VERB
craiceann *masc1*

to **peel** VERB
▷ *see also* **peel** NOUN
scamh
□ Shall I peel the potatoes? An ndéanfaidh
mé na prátaí a scamhadh? □ My nose is
peeling. Tá craiceann mó shróine ag
scamhadh.

peg NOUN
1 pionna *masc4 (for coat)*
2 pionna éadaigh *masc4 (clothes peg)*

Pekinese NOUN
péicíneach *masc1 (dog)*

pelican crossing NOUN
trasrian le soilse lámhrialaithe *masc1*

pellet NOUN
grán *masc1 (of shotgun)*

pelvis NOUN
peilbheas *masc1*

pen NOUN
peann *masc1*

to **penalize** VERB
cuir pionós ar

penalty NOUN
1 pionós *masc1*
□ **the death penalty** pionós an bháis
2 cic éirice *masc1 (in football, rugby)*
■ **a penalty shoot-out** sraith ciceanna
éirice

pencil NOUN
peann luaidhe *masc1*
■ **in pencil** le peann luaidhe

pencil case NOUN
cás peann luaidhe *masc1*

pencil sharpener NOUN
bioróir *masc3*

pendant NOUN
siogairlín *masc4*

penfriend NOUN
cara pinn *masc*

penguin NOUN
piongain *fem2*

penicillin NOUN
peinicillin *fem2*

penis NOUN
bod *masc1*

penitentiary NOUN
príosún *masc1*

penknife NOUN
scian phóca *fem2*

penny NOUN
pingin *fem2*

pension NOUN
pinsean *masc1*

pensioner NOUN
pinsinéir *masc3*

pentathlon NOUN
peinteatlan *masc1*

people PL NOUN
1 daoine *masc4 pl*
□ **a lot of people** cuid mhór daoine
□ Several people came. Tháinig roinnt
daoine.
■ **six people** séisear
2 muintir *fem2 (inhabitants)*
■ **French people** na Francaigh
■ **People say that …** Deirtear go …

pepper NOUN
piobar *masc1*
□ Pass the pepper, please. Sín chugam an
piobar, le do thoil.
■ **a green pepper** piobar glas

peppermill NOUN
muileann piobair *masc1*

peppermint NOUN
milseán miontais *masc1 (sweet)*

■ **peppermint chewing gum** guma coganta miontais

per PREPOSITION
in aghaidh
□ per day in aghaidh an lae   □ per week in aghaidh na seachtaine
■ **per hour** san uair   □ 30 miles per hour 30 míle san uair

per cent ADVERB
faoin gcéad
□ fifty per cent caoga faoin gcéad

percentage NOUN
céatadán *masc1*

percolator NOUN
síothlán *masc1*

percussion NOUN
cnagadh *masc*
□ I play percussion. Seinnim an cnagadh.

perfect ADJECTIVE
foirfe
□ Maeve speaks perfect French. Tá Fraincis ar a toil ag Méabh.

perfectly ADVERB
go foirfe

to **perform** VERB
1 seinn *(music)*
2 cuir i láthair *(drama)*

performance NOUN
1 léiriú *masc*
□ The performance lasts two hours. Maireann an léiriú dhá uair an chloig.
2 cur i láthair *masc1 (acting)*
□ his performance as Hamlet cur i láthair s'aige mar Hamlet
3 taispeántas *masc1 (results)*
□ the team's poor performance drochthaispeántas na foirne

perfume NOUN
cumhrán *masc1*

perhaps ADVERB
b'fhéidir
□ a bit boring, perhaps rud beag leadránach, b'fhéidir   □ Perhaps he's ill. B'fhéidir go bhfuil sé tinn.

period NOUN
1 tréimhse *fem4*
□ for a limited period do thréimhse theoranta   □ the Victorian period an tréimhse Victeoiriach
2 fuil mhíosta *fem (menstruation)*
□ I'm having my period. Tá m'fhuil mhíosta agam.
3 rang *masc3 (lesson time)*
□ Each period lasts forty minutes. Maireann gach rang daichead nóiméad.

perm NOUN
buantonn *fem2 (for hair)*
□ She's got a perm. Tá buantonn aici.
■ **to get a perm** buantonn a fháil

permanent ADJECTIVE
buan

permission NOUN
cead *masc3*
□ Could I have permission to leave early? An bhfuil cead agam imeacht go luath?

permit NOUN
ceadúnas *masc1*
□ a fishing permit ceadúnas iascaireachta

to **persecute** VERB
cráigh

Persian ADJECTIVE
■ **a Persian cat** cat peirseach

persistent ADJECTIVE
dígeanta *(person)*

person NOUN
duine *masc4*
□ She's a very nice person. Is duine an-deas í.
■ **in person** go pearsanta

personal ADJECTIVE
pearsanta
■ **personal column** colún pearsanta

personality NOUN
pearsantacht *fem3*

personally ADVERB
go pearsanta
□ Personally I don't agree. Go pearsanta, ní aontaím.
■ **I don't know him personally.** Níl aithne phearsanta agam air.
■ **to take something personally** rud a ghlacadh chugat féin

personal stereo NOUN
steirió pearsanta *masc4*

personnel NOUN
foireann *fem2*

perspiration NOUN
allas *masc1*

to **persuade** VERB
■ **to persuade somebody to do something** áitiú ar dhuine rud a dhéanamh   □ She persuaded me to go with her. D'áitigh sí orm dul léi.

pessimist NOUN
duarcán *masc1*
□ I'm a pessimist. Is duarcán mé.

pessimistic ADJECTIVE
duairc

pest NOUN
plá *fem4*

□ He's a real pest! Is é an phlá é!

to **pester** VERB
cráigh

pet NOUN
peata *masc4*
□ Have you got a pet? An bhfuil peata agat?
□ She's the teacher's pet. Is í peata an mhúinteora í.

petition NOUN
achainí *fem4*

petrified ADJECTIVE
siochta le heagla

petrol NOUN
artola *fem4*
■ **unleaded petrol** artola gan luaidhe

petrol station NOUN
stáisiún peitril *masc1*

petrol tank NOUN
umar peitril *masc1*

phantom NOUN
taibhse *fem4*

pharmacy NOUN
cógaslann *fem2 (shop)*

pheasant NOUN
piasún *masc1*

philosophy NOUN
fealsúnacht *fem3*

phobia NOUN
fóibe *fem4*

phone NOUN
▷ see also **phone** VERB
guthán *masc1*
□ Where's the phone? Cá bhfuil an guthán?
□ Is there a phone here? An bhfuil guthán anseo? □ Can I use the phone, please? An bhfuil cead agam an guthán a úsáid, le do thoil?
■ **by phone** trí ghuthán
■ **to be on the phone** bheith ar an nguthán
□ She's on the phone at the moment. Tá sí ar an nguthán faoi láthair.

to **phone** VERB
▷ see also **phone** NOUN
■ **to phone somebody** scairt ghutháin a chur ar dhuine
■ **I'll phone you later.** Cuirfidh mé scairt ort ar ball.

phone bill NOUN
bille teileafóin *masc4*

phone book NOUN
leabhar gutháin *masc1*

phone box NOUN
bosca gutháin *masc4*

phone call NOUN
scairt ghutháin *fem2*

■ **There's a phone call for you.** Tá duine ar an nguthán duit.
■ **to make a phone call** scairt ghutháin a dhéanamh □ Can I make a phone call? An bhfuil cead agam scairt ghutháin a dhéanamh?

phonecard NOUN
cárta gutháin *masc4*

phone number NOUN
uimhir ghutháin *fem*

photo NOUN
grianghraf *masc1*
□ The house is out of focus in this photo. Tá an teach as fócas sa ghrianghraf seo.
■ **to take a photo of somebody** grianghraf a ghlacadh de dhuine

photocopier NOUN
fótachóipire *masc4*

photocopy NOUN
▷ see also **photocopy** VERB
fótachóip *fem2*

to **photocopy** VERB
▷ see also **photocopy** NOUN
fótachóipeáil

photograph NOUN
▷ see also **photograph** VERB
grianghraf *masc1*
■ **to take a photograph** grianghraf a ghlacadh
■ **to take a photograph of somebody** grianghraf a ghlacadh de dhuine

to **photograph** VERB
▷ see also **photograph** NOUN
glac grianghraf de

photographer NOUN
grianghrafadóir *masc3*
□ She's a photographer. Is grianghra fadóir í.

photography NOUN
grianghrafadóireacht *fem3*
□ My hobby is photography. Grianghrafadóireacht an caitheamh aimsire atá agam.

phrase NOUN
abairt *fem2*

phrase book NOUN
leabhar frásaí *masc1*

physical ADJECTIVE
fisiceach

physicist NOUN
fisiceoir *masc3*
□ He's a physicist. Is fisiceoir é.

physics NOUN
fisic *fem2*
□ She teaches physics. Is múinteoir fisice í.

physiotherapist NOUN
fisiteiripeoir *masc3*

physiotherapy NOUN
fisiteiripe *fem4*

pianist NOUN
pianódóir *masc3*

piano NOUN
pianó *masc4*
□ I play the piano. Seinnim ar an pianó.
□ I have piano lessons. Tógaim ceachtanna pianó.

pick NOUN
▷ *see also* **pick** VERB
■ **Take your pick!** Déan do rogha!

to **pick** VERB
▷ *see also* **pick** NOUN
1 roghnaigh
□ I picked the biggest piece. Roghnaigh mé an ceann is mó. □ I've been picked for the team. Tá mé roghnaithe don fhoireann.
2 pioc *(fruit, flowers)*
■ **to pick a quarrel with somebody** iaróg a thógáil le duine

to **pick on** VERB
■ **They are always picking on me.** Bíonn siad i gcónaí ag gabháil dom.

to **pick out** VERB
pioc amach
□ I like them all. It's difficult to pick one out. Is maith liom iad go léir. Tá sé deacair ceann a phiocadh amach.

to **pick up** VERB
1 tóg
□ Could you help me pick up the toys? An gcuideofá liom na bréagáin a thógáil?
□ We'll come to the airport to pick you up. Tiocfaidh muid chuig an aerfort chun tú a thógáil.
2 foghlaim *(learn)*
□ I picked up some Spanish during my holiday. D'fhoghlaim mé roinnt Spáinnise le linn mo shaoire.

pickpocket NOUN
peasghadaí *masc4*

picnic NOUN
picnic *fem2*
■ **to have a picnic** picnic a bheith agat
□ We had a picnic on the beach. Bhí picnic againn ar an trá.

picture NOUN
1 pictiúr *masc1*
□ Children's books have lots of pictures. Bíonn go leor pictiúr i leabhair pháistí.
□ a famous picture pictiúr iomráiteach
2 grianghraf *masc1 (photo)*

□ My picture was in the paper. Bhí mo ghrianghraf sa nuachtán.
■ **the pictures** *(cinema)* na pictiúir
□ Shall we go to the pictures? An rachaidh muid chuig na pictiúir?

picture messaging NOUN
cur teachtaireachtaí pictiúr *masc1*

picturesque ADJECTIVE
pictiúrtha

pie NOUN
píóg *fem2*
□ an apple pie píóg úll

piece NOUN
1 píosa *masc4*
□ A small piece, please. Píosa beag, le do thoil. □ a piece of advice píosa comhairle
2 ball *masc1 (item)*
□ a piece of furniture ball troscáin

pier NOUN
cé *fem4*

to **pierce** VERB
poll
□ She's going to have her ears pierced. Tá sí ag dul faoi choinne cluasphollta.

pierced ADJECTIVE
pollta
□ I've got pierced ears. Tá cluasa pollta agam.

piercing NOUN
polladh *masc*
□ She has several piercings. Tá roinnt polladh aici.

pig NOUN
muc *fem2*

pigeon NOUN
colúr *masc1*

piggyback NOUN
■ **to give somebody a piggyback** muiniompar a thabhairt do dhuine □ I can't give you a piggyback, you're too heavy. Ní féidir liom muiniompar a thabhairt duit, tá tú róthrom.

piggy bank NOUN
bosca coigilte *masc4*

pigtail NOUN
trilseán *masc1*

pile NOUN
carn *masc1*

piles PL NOUN
fíocas *masc1*
□ He suffers from piles. Tá fíocas air.

pile-up NOUN
dul i mullach a chéile *masc3*

pill NOUN
piollaire *masc4*

■ **to be on the pill** bheith ar an bpiollaire frithghiniúnach

pillar NOUN
colún *masc1*

pillar box NOUN
bosca litreacha *masc4*

pillow NOUN
piliúr *masc1*

pilot NOUN
píolóta *masc4*
□ He's a pilot. Is píolóta é.

pimple NOUN
goirín *masc4*

PIN NOUN (= *personal identification number*)
UAP *fem3* (= *uimhir aitheantais phearsanta*)
■ **chip and PIN** slis agus UAP

pin NOUN
biorán *masc1*
■ **I've got pins and needles.** Tá codladh griofin orm.

pinafore NOUN
pilirín *masc4*

pinball NOUN
cluiche mionbháil *masc4*
□ He loves to play pinball. Is breá leis cluiche mionbháil a imirt.
■ **a pinball machine** meaisín mionbháil

to **pinch** VERB
sciob (*steal*)
□ Who's pinched my pen? Cé a sciob mo pheann?
■ **to pinch somebody** liomóg a bhaint as duine □ He pinched me! Bhain sé liomóg asam!

pine NOUN
giúis *fem2*
□ a pine table tábla giúise

pineapple NOUN
anann *masc1*

pink ADJECTIVE
bándearg

pint NOUN
pionta *masc4*
□ a pint of milk pionta bainne
■ **to go for a pint** dul faoi choinne pionta
□ He's gone out for a pint. Chuaigh sé amach faoi choinne pionta.

pipe NOUN
píopa *masc4*
□ The pipes froze. Reoigh na píopaí.
□ He smokes a pipe. Caitheann sé píopa.
■ **pipes 1** (*bagpipes*) píb mála **2** (*uilleann pipes*) píb uilleann

pirate NOUN
foghlaí mara *masc4*

pirated ADJECTIVE
bradach
□ a pirated DVD DVD bradach

Pisces NOUN
Na hÉisc *masc1 pl*
□ I'm Pisces. Is mise Na hÉisc.

pistol NOUN
piostal *masc1*

pitch NOUN
▷ *see also* **pitch** VERB
páirc *fem2*
□ a football pitch páirc pheile

to **pitch** VERB
▷ *see also* **pitch** NOUN
suigh
□ We pitched our tent near the beach. Shuigh muid ar bpuball in aice leis an trá.

pity NOUN
▷ *see also* **pity** VERB
trua *fem4*
■ **What a pity!** Is mór an trua!

to **pity** VERB
▷ *see also* **pity** NOUN
■ **I pity him.** Is trua liom é.

pizza NOUN
píotsa *masc4*

place NOUN
▷ *see also* **place** VERB
áit *fem2*
□ a parking place áit pháirceála
□ a university place áit ollscoile □ It's a quiet place. Is áit chiúin é. □ There are a lot of interesting places to see. Tá go leor áiteanna suimiúla ann le feiceáil.
■ **to change places with somebody** áit a mhalartú le duine □ Paul, change places with Sarah! A Phóil, malartaigh áit le Sorcha!
■ **to take place** tarlú
■ **at your place** ag teach s'agatsa □ Shall we meet at your place? An mbuailfidh muid le chéile ag teach s'agatsa?
■ **to my place** go teach s'agamsa □ Do you want to come round to my place? Ar mhaith leat teacht go teach s'agamsa?

to **place** VERB
▷ *see also* **place** NOUN
cuir
□ He placed his hand on hers. Chuir sé a lámha ar a lámhsa.

placement NOUN
socrúchán *masc1*

■ **to do a work placement** socrúchán fostaíochta a dhéanamh

plaid ADJECTIVE
breacán
▫ a plaid shirt léine bhreacáin

plain ADJECTIVE
▷ see also **plain** NOUN
1 d'aon dath (in one colour)
▫ a plain carpet brat urláir d'aon dath
2 simplí (not fancy)
▫ a plain white blouse blús bán simplí

plain NOUN
▷ see also **plain** ADJECTIVE
machaire masc4

plain chocolate NOUN
seacláid phléineáilte fem2

plait NOUN
trilseán masc1
▫ She wears her hair in a plait. Bíonn a cuid gruaige ina trilseáin aici.

plan NOUN
▷ see also **plan** VERB
1 plean masc4
▫ my essay plan plean m'aiste ▫ What are your plans for the holidays? Cad iad na pleananna atá agat do na laethanta saoire? ▫ We need to make plans for our holiday. Caithfimid pleananna a dhéanamh don tsaoire.
■ **Everything went according to plan.** Chuaigh gach rud mar a bhí pleanáilte.
2 léarscáil fem2 (map)
▫ a plan of the campsite léarscáil den ionad campála

to **plan** VERB
▷ see also **plan** NOUN
pleanáil
▫ We're planning a trip to France. Tá muid ag pleanáil turais chun na Fraince. ▫ Plan your revision carefully. Pleanáil d'athbhreithniú go cúramach.
■ **to plan to do something** rún a bheith agat rud a dhéanamh ▫ I'm planning to get a job in the holidays. Tá rún agam post a fháil sna laethanta saoire.

plane NOUN
eitleán masc1
▫ by plane ar an eitleán

planet NOUN
pláinéad masc1

planning NOUN
pleanáil fem3
▫ The trip needs careful planning. Tá pleanáil chúramach de dhíth don turas.
■ **family planning** pleanáil chlainne

plant NOUN
▷ see also **plant** VERB
1 planda masc4
▫ It's not good to water your plants too often. Is fearr gan uisce a chur ar na plandaí rómhinic.
2 monarcha fem (factory)

to **plant** VERB
▷ see also **plant** NOUN
cuir

plant pot NOUN
pota plandaí masc4

plaque NOUN
plaic fem2 (on wall)

plaster NOUN
1 greimlín masc4 (sticking plaster)
▫ Have you got a plaster, by any chance? An mbeadh greimlín agat?
2 plástar masc1 (for fracture)
▫ Her leg's in plaster. Tá a cos i bplástar.

plastic ADJECTIVE
▷ see also **plastic** NOUN
plaisteach masc1
▫ a plastic bag mála plaisteach ▫ a plastic mac cóta plaisteach

plastic NOUN
▷ see also **plastic** ADJECTIVE
plaisteach masc1
▫ It's made of plastic. Tá sé déanta de phlaisteach.

plate NOUN
pláta masc4 (for food)

platform NOUN
1 ardán masc1 (at station)
▫ on platform 7 ar ardán 7
2 stáitse masc4 (for performers)

play NOUN
▷ see also **play** VERB
dráma masc4
▫ Let's focus on the plot of the play. Dírímis ar scéal an dráma.

to **play** VERB
▷ see also **play** NOUN
1 imir (game)
▫ He's playing with his friends. Tá sé ag imirt lena chairde. ▫ I play hockey. Imrím haca. ▫ Can you play pool? An bhfuil tú ábalta púl a imirt?
2 imir in éadan (team, opponent)
▫ Ireland will play France next month. Beidh Éire ag imirt in éadan na Fraince an mhí seo chugainn.
3 seinn ar (instrument)
▫ I play the guitar. Seinnim ar an ngiotár.
4 seinn (CD, music)

□ She's always playing that song. Bíonn sí i gcónaí ag seinm an amhráin sin. □ What sort of music do they play? Cén cineál ceoil a sheineann siad?

to **play down** VERB
bain de thábhacht

□ He tried to play down his illness. Rinne sé iarracht baint de thábhacht a thinnis.

player NOUN
1 imreoir masc3 (in game)
■ **a football player** peileadóir
2 ceoltóir masc3 (music)
■ **a piano player** pianódóir
■ **a saxophone player** sacsafónaí

playful ADJECTIVE
spórtúil

playground NOUN
1 clós scoile masc1 (in school)
2 áit súgartha fem2 (in park)

playgroup NOUN
naíolann fem2

playing card NOUN
cárta imeartha masc4

playing field NOUN
páirc imeartha fem2

playtime NOUN
am súgartha masc3

playwright NOUN
drámadóir masc3

pleasant ADJECTIVE
pléisiúrtha

please EXCLAMATION
le do thoil

□ Two coffees, please. Dhá chaife, le do thoil. □ Please write back soon. Scríobh ar ais gan mhoill, le do thoil.

pleased ADJECTIVE
sásta

□ My mother's not going to be very pleased. Ní bheidh mo mháthair an-sásta. □ It's beautiful; she'll be pleased with it. Tá sé galánta; beidh sí sásta leis.
■ **Pleased to meet you!** Go mbeannaí Dia duit!

pleasure NOUN
pléisiúr masc1

□ I read for pleasure. Léim don phléisiúr.

plenty NOUN
go leor

□ I've got plenty. Tá go leor agam.
■ **That's plenty, thanks.** Is leor sin, go raibh maith agat.
■ **plenty of** cuid mhór □ I've got plenty of things to do. Tá cuid mhór le déanamh agam. □ I've got plenty of money. Tá cuid

mhór airgid agam.
■ **We've got plenty of time.** Tá neart ama againn.

pliers PL NOUN
greamaire masc4
■ **a pair of pliers** greamaire

plot NOUN
▷ see also **plot** VERB
1 comhcheilg fem2
□ a plot against the president comhcheilg in éadan an uachtaráin
2 plota masc4 (of story, play)
3 gabháltas masc1 (of land)
□ a vegetable plot gabháltas glasraí

to **plot** VERB
▷ see also **plot** NOUN
beartaigh
□ They were plotting to kill him. Bhí siad ag beartú é a mharú.

plough NOUN
▷ see also **plough** VERB
céachta masc4

to **plough** VERB
▷ see also **plough** NOUN
treabh

plug NOUN
1 plocóid fem2 (electrical)
□ The plug is faulty. Tá an phlocóid lochtach.
2 stopallán masc1 (for sink)

to **plug in** VERB
plugáil isteach
□ Is it plugged in? An bhfuil sé plugáilte isteach?

plum NOUN
pluma masc4 (fruit)
□ plum jam subh phluma

plumber NOUN
pluiméir masc3
□ He's a plumber. Is pluiméir é.

plump ADJECTIVE
ramhar

to **plunge** VERB
tum

plural NOUN
iolra masc4

plus PREPOSITION, ADJECTIVE
1 móide
□ 4 plus 3 equals 7. 4 móide 3 sin 7.
2 agus (and)
□ three children plus a dog triúr páistí agus madra
■ **I got a B plus.** Fuair mé B plus.

p.m. ABBREVIATION
i.n.
□ at 8 p.m. ar 8 i.n.

pneumonia NOUN
niúmóine *masc4*

poached ADJECTIVE
■ **a poached egg** ubh scallta

pocket NOUN
póca *masc4*
■ **pocket money** airgead póca □ **10 euros a week pocket money** 10 euro d'airgead póca sa tseachtain

pocket calculator NOUN
áireamhán póca *masc1*

podcast NOUN
podchraoladh *masc*

poem NOUN
dán *masc1*

poet NOUN
file *masc4*

poetry NOUN
filíocht *fem3*

point NOUN
▷ *see also* **point** VERB
1 pointe *masc4*
□ **They scored 5 points.** D'aimsigh siad 5 phointe. □ **a point on the horizon** pointe ar an léaslíne □ **At that point, we decided to leave.** Ag an bpointe sin, shocraigh muid ar imeacht.
■ **2 point 3** a dó pointe a trí
2 bior *masc3 (tip)*
□ **a pencil with a sharp point** peann luaidhe le bior géar
3 ciall *fem2 (sense)*
□ **What's the point of leaving so early?** Cad é an chiall le himeacht chomh luath sin?
■ **There's no point.** Ní fiú é.
4 tuairim *fem2 (comment)*
□ **He made some interesting points.** Chuir sé roinnt tuairimí suimiúla in iúl.
■ **a point of view** dearcadh
■ **Come to the point!** Cruinnigh do chuid cainte!
■ **Punctuality isn't my strong point.** Ní hí an phoncúlacht an tréithe is láidre agam.

to **point** VERB
▷ *see also* **point** NOUN
taispeáin
□ **He pointed to the broken window.** Thaispeáin sé an fhuinneog bhriste lena mhéar.
■ **Don't point!** Ná sín do mhéar!
■ **to point at somebody** méar a shíneadh ar dhuine □ **She pointed at Anne.** Shín sí a méar ar Áine.
■ **to point a gun at somebody** gunna a dhíriú ar dhuine

to **point out** VERB
taispeáin
□ **The guide pointed out Trinity College to us.** Thaispeáin an treoraí Coláiste na Trionóide dúinn.
■ **I should point out that …** *(mention)* Ba chóir dom a lua go …

pointless ADJECTIVE
gan tairbhe
□ **It's pointless to argue.** Tá sé gan tairbhe a bheith ag argóint.

poison NOUN
▷ *see also* **poison** VERB
nimh *fem2*

to **poison** VERB
▷ *see also* **poison** NOUN
nimhigh

poisonous ADJECTIVE
nimhiúil
■ **a poisonous snake** nathair nimhe

to **poke** VERB
prioc
□ **He poked the ground with his stick.** Phrioc sé an talamh lena bhata. □ **She poked me in the ribs.** Phrioc sí mé sna heasnacha.

poker NOUN
pócar *masc1*
□ **I play poker.** Imrím pócar.

Poland NOUN
an Pholainn *fem2*
□ **in Poland** sa Pholainn □ **to Poland** chun na Polainne

polar bear NOUN
béar bán *masc1*

Pole NOUN
Polannach *masc1*

pole NOUN
cuaille *masc4*
□ **a tent pole** cuaille pubaill □ **a telegraph pole** cuaille teileagraif
■ **the North Pole** An Pol Thuaidh
■ **the South Pole** An Pol Theas

police PL NOUN
póilíní *masc4 pl*
□ **We called the police.** Ghlaoigh muid ar na póilíní.
■ **a police car** carr póilíní
■ **a police station** stáisiún na bpóilíní

policeman NOUN
póilín *masc4*
□ **He's a policeman.** Is póilín é.

police officer NOUN
póilín *masc4*

policewoman NOUN
banphóilín *masc4*

P

polio – Popsicle

□ She's a policewoman. Is banphóilín í.

polio NOUN
polaimiailíteas *masc1*

Polish ADJECTIVE
▷ *see also* **Polish** NOUN
Polannach

Polish NOUN
▷ *see also* **Polish** ADJECTIVE
Polainnis *fem2 (language)*

polish NOUN
▷ *see also* **polish** VERB
1 snas *masc3 (for shoes)*
2 vearnais iongan *fem2 (for nails)*

to **polish** VERB
▷ *see also* **polish** NOUN
1 cuir snas ar *(shoes, wood)*
2 cuir loinnir i *(glass, mirror)*

polite ADJECTIVE
múinte

politely ADVERB
go múinte

politeness NOUN
múineadh *masc*

political ADJECTIVE
polaitiúil

politician NOUN
polaiteoir *masc3*

politics PL NOUN
an pholaitíocht *fem3*
□ I'm not interested in politics. Níl suim
agam sa pholaitíocht.

poll NOUN
pobalbhreith *fem2*
□ A recent poll revealed that ... Léirigh
pobalbhreith ar na mallaibh go ...

pollen NOUN
pailin *fem2*

to **pollute** VERB
truailligh

polluted ADJECTIVE
truaillithe

pollution NOUN
truailliú *masc*

polo-necked sweater NOUN
geansaí muineál póló *masc4*

polo shirt NOUN
léine phóló *fem4*

polythene bag NOUN
mála plaisteach *masc4*

pond NOUN
lochán *masc1*
□ We've got a pond in our garden. Tá lochán
againn sa ghairdín.

pony NOUN
capaillín *masc4*

ponytail NOUN
eireaball capaill *masc1*
□ He's got a ponytail. Tá pónaí aige ina
chuid gruaige.

pony trekking NOUN
fálróid ar chapaillíní *fem2*
■ **to go pony trekking** fálróid ar chapaillíní
a dhéanamh

poodle NOUN
púdal *masc1*

pool NOUN
1 slodán *masc1 (puddle)*
2 linn *fem2 (pond)*
3 linn snámha *fem2 (for swimming)*
4 púl *masc4 (game)*
□ Shall we have a game of pool? An mbeidh
cluiche púl againn?
■ **the pools** *(football)* linnte peile □ My dad
does the pools. Déanann mo dhaid na
linnte peile.

poor ADJECTIVE
1 bocht
□ a poor family teaghlach bocht □ Poor
David, he's very unlucky! David bocht, tá sé
iontach mí-ámharach.
■ **the poor** na daoine bochta
2 droch- *(bad)*
□ a poor mark drochmharc

poorly ADJECTIVE, ADVERB
go dona
□ She's poorly. Tá sí go dona.

pop ADJECTIVE
■ **pop music** popcheol
■ **a pop star** popréalta
■ **a pop group** popghrúpa

to **pop in** VERB
buail isteach
□ I just popped in to say hello. Bhuail mé
isteach le haileo a rá.

to **pop out** VERB
tabhair rúid amach
□ He just popped out to the supermarket.
Thug sé rúid amach chuig an ollmhargadh,
go díreach.

to **pop round** VERB
■ **I'm just popping round to John's.** Tá mé
díreach ag sciorradh anonn go teach Sheáin.

popcorn NOUN
grán rósta *masc1*

pope NOUN
pápa *masc4*

poppy NOUN
poipín *masc4*

Popsicle® NOUN (US)
líreacán reoite *masc1*

popular ADJECTIVE
1 coitianta *(common)*
2 faiseanta *(fashionable)*
  □ This is a very popular style. Is stíl an-fhaiseanta é seo.
  ■ **He's popular.** *(well liked)* Tá tóir air.
  ■ **She's a very popular girl.** Is cailín í a bhfuil gnaoi an phobail uirthi.

population NOUN
  daonra *masc4*

porch NOUN
  póirse *masc4*

pork NOUN
  muiceoil *fem3*
  □ a pork chop gríscín muiceola □ I don't eat pork. Ní ithim muiceoil.

porn NOUN
  ▷ *see also* **porn** ADJECTIVE
  pornagrafaíocht *fem3*

porn ADJECTIVE
  ▷ *see also* **porn** NOUN
  pornagrafach
  □ a porn film scannán pornagrafach
  □ a porn mag iris phornagrafach

pornographic ADJECTIVE
  pornagrafach
  □ a pornographic magazine iris phornagrafach

pornography NOUN
  pornagrafaíocht *fem3*

porridge NOUN
  brachán *masc1*

port NOUN
1 port *masc1 (harbour)*
2 portfhíon *masc3 (wine)*
  □ a glass of port gloine portfhíona

portable ADJECTIVE
  iniompartha
  □ a portable TV TF iniompartha

porter NOUN
1 póirtéir *masc3 (for luggage)*
2 doirseoir *masc3 (doorkeeper)*

portion NOUN
1 cuid *fem3 (helping)*
  □ a large portion of chips cuid mhór de sceallóga
2 roinn *fem2 (share)*

portrait NOUN
  portráid *fem2*

Portugal NOUN
  an Phortaingéil *fem2*
  □ in Portugal sa Phortaingéil □ We went to Portugal. Chuaigh muid chun na Portaingéile.

Portuguese ADJECTIVE
  ▷ *see also* **Portuguese** NOUN

  Portaingéalach

Portuguese NOUN
  ▷ *see also* **Portuguese** ADJECTIVE
1 Portaingéalach *masc1 (person)*
2 Portaingéilis *fem2 (language)*

posh ADJECTIVE
  galánta
  □ a posh hotel óstán galánta

position NOUN
  áit *fem2*
  □ an uncomfortable position áit mhíchompordach

positive ADJECTIVE
  dearfach *(good)*
  □ a positive attitude dearcadh dearfach
  ■ **I'm positive.** *(sure)* Tá mé cinnte.

to **possess** VERB
  ■ **to possess something** rud a bheith agat

possession NOUN
  seilbh *fem2*
  ■ **Have you got all your possessions?** An bhfuil do cuid bagáiste go léir leat?

possibility NOUN
  féidearthacht *fem3*
  □ It's a possibility. Is féidearthacht é.

possible ADJECTIVE
  is féidir
  □ Is that possible? An féidir sin?
  ■ **as soon as possible** chomh luath agus is féidir □ I'll do it as soon as possible. Déanfaidh mé é chomh luath agus is féidir.

possibly ADVERB
  seans *(perhaps)*
  □ Are you coming to the party? — Possibly. An mbeidh tú ag teacht chuig an gcóisir? — Seans go mbeidh.
  ■ **... if you possibly can** ... más féidir leat ar chor ar bith
  ■ **I can't possibly come.** Ní thig liom teacht.

post NOUN
  ▷ *see also* **post** VERB
1 an post *masc1 (letters)*
  □ Is there any post for me? An bhfuil post ar bith dom?
2 cuaille *masc4 (pole)*
  □ The ball hit the post. Bhuail an liathróid an cuaille báire.

to **post** VERB
  ▷ *see also* **post** NOUN
  cuir sa phost
  □ I've got some cards to post. Tá roinnt cártaí le cur sa phost agam.

postage NOUN
  postas *masc1*

postbox NOUN
bosca litreacha *masc4*

postcard NOUN
cárta poist *masc4*

postcode NOUN
postchód *masc1*

poster NOUN
póstaer *masc1*
□ I've got posters on my bedroom walls. Tá póstaeir agam ar bhallaí mo sheomra leapa.
□ There are posters all over town. Tá póstaeir ar fud an bhaile mhóir.

postman NOUN
fear poist *masc1*
□ He's a postman. Is fear poist é.

postmark NOUN
postmharc *masc1*

post office NOUN
oifig an phoist *fem2*
□ Where's the post office, please? Cá bhfuil oifig an phoist, le do thoil? □ She works for the post office. Tá sí ag obair ag oifig an phoist.

to **postpone** VERB
cuir ar ceal
□ The match has been postponed. Cuireadh an cluiche ar ceal.

postwoman NOUN
bean phoist *fem*
□ She's a postwoman. Is bean phoist í.

pot NOUN
1 pota *masc4*
□ a pot of jam pota suibhe □ the pots and pans na potaí agus na pannaí
2 taephota *masc4* (teapot)
3 pota caife *masc4* (coffeepot)
■ **to smoke pot** marachuan a chaitheamh

potato NOUN
práta *masc4*
□ potato salad sailéad prátaí
■ **mashed potatoes** brúitín
■ **boiled potatoes** prátaí bruite
■ **a baked potato** práta bácáilte

poteen NOUN
poitín *masc4*

potential ADJECTIVE
▷ *see also* **potential** NOUN
■ **a potential problem** fadhb fhéideartha

potential NOUN
▷ *see also* **potential** ADJECTIVE
acmhainn *fem2*
□ He has great potential. Tá an-acmhainn ann.

pothole NOUN
linntreog *fem2* (in road)

pot plant NOUN
planda pota *masc4*

pottery NOUN
potaireacht *fem3* (craft)

pound NOUN
▷ *see also* **pound** VERB
punt *masc1* (money, weight)
□ How many euros do you get for a pound? Cá mhéad euro atá i bpunt? □ a pound coin bonn puint □ a pound of carrots punt cairéad

to **pound** VERB
▷ *see also* **pound** NOUN
preab
□ My heart was pounding. Bhí mo chroí ag preabadh go hard.

to **pour** VERB
doirt
□ She poured some water into the pan. Dhoirt sí roinnt uisce isteach sa phanna. □ She poured him a drink. Dhoirt sí deoch dó.
■ **It is pouring.** *(with rain)* Tá sé ag stealladh báistí.
■ **in the pouring rain** sa roilleadh báistí

poverty NOUN
bochtaineacht *fem3*

powder NOUN
púdar *masc1*

power NOUN
1 cumhacht *fem3*
□ The power's off. Tá an chumhacht gearrtha. □ nuclear power cumhacht núicléach □ solar power grianchumhacht
■ **a power cut** gearradh cumhachta
■ **a power point** pointe cumhachta
■ **a power station** stáisiún cumhachta
2 brí *fem4* (force)
■ **to be in power** *(political party)* bheith i réim

powerful ADJECTIVE
cumhachtach

practical ADJECTIVE
praiticiúil
□ a practical suggestion moladh praiticiúil
□ She's very practical. Tá sí an-phraiticiúil.

practically ADVERB
chóir a bheith
□ It's practically impossible. Tá sé chóir a bheith dodhéanta.

practice NOUN
cleachtadh *masc1*
□ football practice cleachtadh peile
■ **It's normal practice in our school.** Is gnáthnós i scoil s'againne é.

■ **in practice** le fírinne
■ **out of practice** as cleachtadh
■ **a medical practice** cleachtadh míochaine

to **practise** (US **practice**) VERB
cleacht
□ The team practises on Thursdays. Déanann an fhoireann cleachtadh ar an Déardaoin.
■ **I practised my French when we were on holiday.** Chleacht mé ar mo chuid Fraincise nuair a bhí muid ar saoire.

practising ADJECTIVE
cleachtach
□ She's a practising Catholic. Is Caitliceach cleachtach í.

praise NOUN
▷ see also **praise** VERB
moladh masc

to **praise** VERB
▷ see also **praise** NOUN
mol
□ Everyone praises her cooking. Molann gach duine a cuid cócaireachta.
□ The teacher praised our work. Mhol an múinteoir ár gcuid oibre.

pram NOUN
pram masc4

prawn NOUN
cloicheán masc1

prawn cocktail NOUN
manglam cloicheán masc1

to **pray** VERB
guigh
□ I'm praying for good weather for my holidays. Tá mé ag guí go mbeidh aimsir mhaith agam don tsaoire.

prayer NOUN
paidir fem2

precaution NOUN
réamhchúram masc1
■ **to take precautions** réamhchúraim a dhéanamh

preceding ADJECTIVE
roimhe sin

precinct NOUN
■ **a pedestrian precinct** líomatáiste coisithe

precious ADJECTIVE
luachmhar

precise ADJECTIVE
cruinn
■ **at that precise moment** cruinn díreach

precisely ADVERB
go cruinn

□ at 10 a.m. precisely ar 10 r.n. go cruinn
■ **Precisely!** Go díreach!

to **preclude** VERB
coisc

to **predict** VERB
tuar

predictable ADJECTIVE
sothuartha

prefect NOUN
maor masc1 (in school)
□ My sister's a prefect. Is maor í mo dheirfiúr.

to **prefer** VERB
■ **I prefer milk.** Is fearr liom bainne.
■ **Which would you prefer?** Cé acu ab fhearr leat?
■ **I prefer French to chemistry.** Is fearr liom Fraincis ná ceimic.

preference NOUN
tosaíocht fem3
■ **in preference to** de rogha ar

pregnant ADJECTIVE
ag iompar clainne
□ She's six months pregnant. Tá sí ag iompar clainne le sé mhí anuas.

prehistoric ADJECTIVE
réamhstairiúil

prejudice NOUN
réamhchlaonadh masc
□ That's just a prejudice. Níl ann ach réamhchlaonadh. □ There's a lot of racial prejudice. Tá cuid mhór réamhchlaonta ciníoch ann.

prejudiced ADJECTIVE
■ **to be prejudiced against somebody** bheith claonta in éadan duine

premature ADJECTIVE
■ **a premature baby** leanbh réamhaibí

Premier League NOUN
Príomhshraith fem2
□ in the Premier League sa Phríomhshraith

premises PL NOUN
áitreabh masc1
□ They're moving to new premises. Tá siad ag bogadh go háitreabh nua.

premonition NOUN
mana masc4

preoccupied ADJECTIVE
gafa

prep NOUN
staidéar masc1 (homework)
□ history prep staidéar staire

preparation NOUN
ullmhúchán masc1

P

443

to **prepare** VERB
ullmhaigh
□ She has to prepare lessons in the evening. Tá ceachtanna le hullmhú aici tráthnóna.
■ **to prepare for something** ullmhú do rud
□ We're preparing for our skiing holiday. Tá muid ag ullmhú dár saoire sciála.

prepared ADJECTIVE
sásta (willing)
□ I'm prepared to help you. Tá mé sásta cuidiú leat.

prep school NOUN
scoil ullmhúcháin fem2

Presbyterian NOUN
▷ see also **Presbyterian** ADJECTIVE
Preispitéireach masc1

Presbyterian ADJECTIVE
▷ see also **Presbyterian** NOUN
Preispitéireach

to **prescribe** VERB
ordaigh

prescription NOUN
oideas masc1
□ You can't get it without a prescription. Ní féidir é a fháil gan oideas.

presence NOUN
láithreacht fem3
■ **presence of mind** stuaim

present ADJECTIVE
▷ see also **present** NOUN, VERB
i láthair
□ He wasn't present at the meeting. Ní raibh sé i láthair ag an gcruinniú.
□ the present situation an staid láithreach
■ **the present tense** an aimsir láithreach

present NOUN
▷ see also **present** ADJECTIVE, VERB
1 bronntanas masc1 (gift)
□ I'm going to buy presents. Ceannóidh mé bronntanais.
■ **to give somebody a present** bronntanas a thabhairt do dhuine
2 i láthair (time)
□ up to the present suas go dtí an t-am i láthair
■ **for the present** don am i láthair
■ **at present** i láthair na huaire

to **present** VERB
▷ see also **present** ADJECTIVE, NOUN
tabhair
■ **to present somebody with something** (give) rud a bhronnadh ar dhuine

presenter NOUN
láithreoir masc3 (on TV)

presently ADVERB
1 gan mhoill
□ You'll feel better presently. Beidh biseach ort gan mhoill.
2 faoi láthair (at present)
□ They're presently on tour. Tá siad ar chamchuairt faoi láthair.

president NOUN
uachtarán masc1
■ **the President of Ireland** Uachtarán na hÉireann

press NOUN
▷ see also **press** VERB
preas masc3 (newspapers)
■ **a press conference** preasagallamh

to **press** VERB
▷ see also **press** NOUN
brúigh
□ Don't press too hard! Ná brúigh róthrom!
□ He pressed the accelerator. Bhrúigh sé ar an luasaire.

pressed ADJECTIVE
■ **We are pressed for time.** Tá an t-am ag teannadh orainn.

press-up NOUN
brú aníos masc4
□ I do twenty press-ups every morning. Déanaim fiche brú aníos gach maidin.

pressure NOUN
▷ see also **pressure** VERB
brú masc4
□ He's under a lot of pressure at work. Tá sé faoi an-bhrú ag a chuid oibre.
■ **a pressure group** brúghrúpa

to **pressure** VERB
▷ see also **pressure** NOUN
teann ar
□ My parents are pressuring me. Tá mo thuismitheoirí ag teannadh orm.

to **pressurize** VERB
■ **to pressurize somebody to do something** brú a chur ar dhuine rud a dhéanamh □ My parents are pressurizing me to stay on at school. Tá mo thuismitheoirí ag cur brú orm leaniúint ar aghaidh ar scoil.

prestige NOUN
gradam masc1

prestigious ADJECTIVE
gradamach

presumably ADVERB
is cosúil

to **presume** VERB
síl
□ I presume so. Sílim é.

to **pretend** VERB
  lig ort
  □ She pretended not to see me. Lig sí
  uirthi nach bhfaca sí mé. □ He pretended
  he was working. Lig sé air go raibh sé
  ag obair.

pretty ADJECTIVE, ADVERB
1 dóighiúil
  □ She's very pretty. Ta sí an-dóighiúil.
2 measartha (rather)
  □ The weather was pretty awful. Bhí an
  aimsir measartha uafásach.

to **prevent** VERB
  coisc
  ■ **to prevent somebody from doing**
  something duine a chosc ar rud a
  dhéanamh □ They tried to prevent us from
  leaving. Rinne siad iarracht muid a chosc ar
  imeacht.

previous ADJECTIVE
  roimhe
  □ the previous day an lá roimhe sin

previously ADVERB
  roimhe sin

prey NOUN
  seilg fem2
  ■ **a bird of prey** éan creiche

price NOUN
  praghas masc1

price list NOUN
  praghasliosta masc4

to **prick** VERB
  prioc
  □ I've pricked my finger. Phrioc mé mo
  mhéar.

pride NOUN
  bród masc1

priest NOUN
  sagart masc1
  □ He's a priest. Is sagart é.

primarily ADVERB
  go príomha

primary ADJECTIVE
  príomha

primary school NOUN
  bunscoil fem2
  □ She's still at primary school. Tá sí ar ar
  mbunscoil go fóill.

Prime Minister NOUN
1 Príomh-Aire masc4
2 Taoiseach masc1 (of Ireland)

primitive ADJECTIVE
  seanársa

prince NOUN
  prionsa masc4

□ the Prince of Wales Prionsa na Breataine
  Bige

princess NOUN
  banphrionsa masc4
  □ Princess Anne An Banphrionsa Anne

principal ADJECTIVE
  ▷ see also **principal** NOUN
  príomh-

principal NOUN
  ▷ see also **principal** ADJECTIVE
  príomhoide masc4 (of school, college)

principle NOUN
  prionsabal masc1
  ■ **on principle** ar phrionsabal

print NOUN
1 dearbhchló masc4 (photograph)
  □ colour prints priontaí daite
2 cló masc4 (letters)
  □ in small print i gcló beag
3 prionta masc4 (art)
  □ a framed print prionta frámaithe

printer NOUN
  printéir masc3 (machine)

printout NOUN
  ríomhphrionta masc4

priority NOUN
  tosaíocht fem3

prison NOUN
  príosún masc1
  ■ **in prison** i bpríosún

prisoner NOUN
  príosúnach masc1

prison officer NOUN
  oifigeach príosúin masc1

privacy NOUN
  príobháid fem2

private ADJECTIVE
  príobháideach
  □ a private school scoil phríobháideach
  ■ **'private property'** 'áitreabh
  príobháideach'
  ■ **'private'** (on envelope) 'príobháideach'
  ■ **in private** faoi rún
  ■ **a private bathroom** seomra folctha
  príobháideach

to **privatize** VERB
  príobháidigh

privilege NOUN
  pribhléid fem2

prize NOUN
  duais fem2
  □ I won a prize in the raffle. Bhain mé duais
  sa chrannchur.

prize-giving NOUN
  bronnadh duaiseanna masc

prizewinner NOUN
duaiseoir *masc3*

pro NOUN
■ **the pros and cons** an dá thaobh
□ We weighed up the pros and cons.
Chuir muid an dá thaobh sa mheá.

probability NOUN
dóchúlacht *fem3*

probable ADJECTIVE
dóchúil

probably ADVERB
de réir dealraimh
■ **probably not** ní dócha é

problem NOUN
fadhb *fem2*
■ **No problem!** Fadhb ar bith!

proceeds PL NOUN
fáltais *masc1 pl*

process NOUN
próiseas *masc1*
□ the peace process an próiseas síochána
■ **to be in the process of doing something**
bheith ag déanamh ruda □ We're in the
process of painting the kitchen. Táimid ag
péinteáil na cistine faoi láthair.

procession NOUN
mórshiúl *masc1*

to **produce** VERB
1 táirg *(product)*
2 léirigh *(play, show)*

producer NOUN
1 táirgeoir *masc3 (of products)*
2 léiritheoir *masc3 (of play, show)*

product NOUN
toradh *masc1*

production NOUN
1 táirgeadh *masc*
□ They're increasing production of luxury
models. Tá siad ag cur le táirgeadh na
sóchineálacha.
2 léiriúchán *masc1 (play, show)*
□ a production of 'Hamlet' léiriúchán
'Hamlet'

profession NOUN
gairm *fem2*

professional NOUN
▷ *see also* **professional** ADJECTIVE
gairmí *masc4*

professional ADJECTIVE
▷ *see also* **professional** NOUN
gairmiúil
□ a professional musician ceoltóir
gairmiúil

professionally ADVERB
go gairmiúil

□ She sings professionally. Canann sí go
gairmiúil.

professor NOUN
ollamh *masc1*
□ He's an English professor. Is ollamh
Béarla é.

profit NOUN
brabús *masc1*

profitable ADJECTIVE
brabúsach

program NOUN
▷ *see also* **program** VERB
ríomhchlár *masc1*
□ a computer program ríomhchlár
■ **a TV program** (US) clár teilifíse

to **program** VERB
▷ *see also* **program** NOUN
ríomhchláraigh *(computer)*

programme NOUN
clár *masc1 (on TV, radio)*

programmer NOUN
ríomhchláraitheoir *masc3*
□ She's a programmer. Is
ríomhchláraitheoir í.

programming NOUN
ríomhchlárú *masc*

progress NOUN
dul chun cinn *masc3*
□ You're making progress! Tá dul chun cinn
á dhéanamh agat!

to **prohibit** VERB
coisc
■ **Smoking is prohibited.** Tá cosc ar
thobac.

project NOUN
1 scéim *fem2 (plan)*
□ a development project scéim
fhorbartha
2 tionscadal *masc1 (research)*
□ I'm doing a history project. Tá mé ag
déanamh tionscadail staire.

projector NOUN
teilgeoir *masc3*

promenade NOUN
promanád *masc1 (by sea)*

promise NOUN
▷ *see also* **promise** VERB
gealltanas *masc1*
□ He made me a promise. Rinne sé
gealltanas dom.
■ **That's a promise!** Geallaim duit!

to **promise** VERB
▷ *see also* **promise** NOUN
geall
□ She promised to write. Gheall sí go

scríobhfadh sí. □ I'll write, I promise!
Geallaim duit go scríobhfaidh mé!

promising ADJECTIVE
■ **a promising player** imreoir a bhfuil
gealladh faoi

to **promote** VERB
■ **to be promoted** ardú céime a fháil
□ She was promoted after six months.
Fuair sí ardú céime tar éis sé mhí.

promotion NOUN
ardú céime masc

prompt ADJECTIVE, ADVERB
■ **a prompt reply** freagra pras
■ **at eight o'clock prompt** ar bhuille a
hocht

promptly ADVERB
go pras
□ We left promptly at seven. D'imigh muid
go pras ar a seacht.

pronoun NOUN
forainm masc4

to **pronounce** VERB
fuaimnigh
□ Am I pronouncing it right? An bhfuil mé á
fhuaimniú i gceart?

pronunciation NOUN
foghraíocht fem3

proof NOUN
cruthú masc

proper ADJECTIVE
ceart (right)
□ You have to have the proper equipment.
Is gá an trealamh ceart a bheith agat.
□ We need proper training. Tá oiliúint
cheart de dhíth orainn. □ It's difficult to get
a proper job. Tá sé deacair post dílis a fháil.

properly ADVERB
mar is ceart
□ You're not doing it properly. Níl tú á
dhéanamh mar is ceart.

property NOUN
maoin fem2
□ stolen property maoin ghoidte
■ **'private property'** 'áitreabh
phríobháideach'

proportional ADJECTIVE
cionmhar
□ proportional representation ionadaíocht
chionmhar

proposal NOUN
moladh masc

to **propose** VERB
mol
□ I propose a new plan. Molaim plean nua.
■ **to propose to do something** rud a

mholadh a dhéanamh □ What do you
propose to do? Cad é a mholann tú a
dhéanamh?
■ **to propose to somebody** (for marriage)
ceiliúr pósta a chur a dhuine
□ He proposed to her at the restaurant.
Chuir sé ceiliúr pósta uirthi sa bhialann.

to **prosecute** VERB
ionchúisigh
□ They were prosecuted for murder.
Ionchúisíodh do dhúnmharú iad.
■ **'Trespassers will be prosecuted'**
'Cuirfear an dlí ar fhoghlaithe'

prospect NOUN
■ **It'll improve my career prospects.**
Cuirfidh sé le ní seansanna ar dhul chun cinn.

prospectus NOUN
réamheolaire masc4

prostitute NOUN
striapach fem2
■ **a male prostitute** striapach fir

to **protect** VERB
cosain

protection NOUN
cosaint fem3

protein NOUN
próitéin fem2

protest NOUN
▷ see also **protest** VERB
agóid fem2
□ He ignored their protests. Thug sé
neamhaird ar a n-agóidí. □ a protest march
mórshiúil agóide

to **protest** VERB
▷ see also **protest** NOUN
dearbhaigh

Protestant ADJECTIVE
▷ see also **Protestant** NOUN
Protastúnach
□ a Protestant church eaglais
Phrotastúnach

Protestant NOUN
▷ see also **Protestant** ADJECTIVE
Protastúnach masc1
□ I'm a Protestant. Is Protastúnach mé.

protester NOUN
agóideoir masc3

proud ADJECTIVE
bródúil
□ Her parents are proud of her. Tá a
tuismitheoirí bródúil aisti.

to **prove** VERB
cruthaigh
□ The police couldn't prove it. Ní raibh na
póilíní ábalta é a chruthú.

proverb NOUN
seanfhocal *masc1*

to **provide** VERB
soláthair

■ **to provide somebody with something**
rud a sholáthar do dhuine □ They provided
us with maps. Sholáthair siad
léarscáileanna dúinn.

to **provide for** VERB
riar ar
□ He can't provide for his family any more.
Ní féidir leis riar ar a theaghlach a thuilleadh.

provided CONJUNCTION
ar choinníoll go
□ He'll play in the next match provided he's
fit. Imreoidh sé sa chéad chluiche eile ar
choinníoll go mbeidh sé ina riocht.

province NOUN
cúige *masc4*

■ **the Province** (Northern Ireland)
Tuaisceart Éireann

provisional ADJECTIVE
sealadach

prowler NOUN
sirtheoir *masc3*

prune NOUN
prúna *masc4*

to **pry** VERB
bheith ag srónaíl
□ He's always prying into other people's
affairs. Bíonn sé i gcónaí ag srónaíl i gcúrsaí
daoine eile.

pseudonym NOUN
ainm bréige *masc4*

psychiatrist NOUN
síciatraí *masc4*
□ She's a psychiatrist. Is síciatraí í.

psychoanalyst NOUN
síocanailísí *masc4*

psychological ADJECTIVE
síceolaíoch

psychologist NOUN
síceolaí *masc4*
□ He's a psychologist. Is síceolaí é.

psychology NOUN
síceolaíocht *fem3*

PTO ABBREVIATION (= *please turn over*)
thall

pub NOUN
teach tábhairne *masc*

public ADJECTIVE
▷ *see also* **public** NOUN
poiblí
□ a public holiday saoire phoiblí
■ **public opinion** tuairimí an phobail

■ **a public address system** córas ilghairme

public NOUN
▷ *see also* **public** ADJECTIVE
■ **the public** an pobal □ open to the public
oscailte don phobal
■ **in public** go poiblí

publican NOUN
tábhairneoir *masc3*
□ My uncle's a publican. Is tábhairneoir
é m'uncail.

publicity NOUN
poiblíocht *fem3*

public transport NOUN
córas iompair poiblí *masc1*

to **publish** VERB
foilsigh

publisher NOUN
foilsitheoir *masc3*

pudding NOUN
maróg *fem2*
□ rice pudding maróg ríse
■ **black pudding** putóg dhubh □ What's
for pudding? Cad é atá ann mar mhilseog?

puddle NOUN
slodán *masc1*

puff pastry NOUN
taosrán blaoscach *masc1*

to **pull** VERB
tarraing
□ Pull! Tarraing! □ He pulled the trigger.
Tharraing sé an truicear. □ I pulled a muscle
when I was training. Tharraing mé matán
nuair a bhí mé ag traenáil.
■ **You're pulling my leg!** Ag magadh atá tú!

to **pull down** VERB
leag (*building*)

to **pull out** VERB
1 tarraing
□ The dentist had to pull out my baby teeth.
Bhí ar an bhfiaclóir mo chuid diúlfhiacla a
tharraingt.
2 tarraing amach
□ The car pulled out to overtake. Tháinig an
carr amach le feithicil a scoitheadh.
3 éirigh as (*of race, job*)
□ She pulled out of the tournament.
D'éirigh sí as an gcomórtas.

to **pull through** VERB
tar tríd
□ They think he'll pull through. Síleann siad
go dtiocfaidh sé tríd.

to **pull up** VERB
stad (*stop*)
□ A black car pulled up beside me. Stad carr
dubh in aice liom.

pullover NOUN
geansaí masc4

pulse NOUN
cuisle fem4 (of blood)
□ The nurse felt his pulse. D'fhéach an bhanaltra a chuisle.

pulses PL NOUN
piseánaigh masc1 pl

pump NOUN
▷ see also **pump** VERB
1 caidéal masc1
□ a petrol pump caidéal peitril
2 teannaire masc4 (for tyres)
3 buimpéis fem2 (shoe)

to **pump** VERB
▷ see also **pump** NOUN
caidéalaigh

to **pump up** VERB
cuir aer i

pumpkin NOUN
puimcín masc4

punch NOUN
▷ see also **punch** VERB
1 dorn masc1 (blow)
2 puins masc4 (drink)

to **punch** VERB
▷ see also **punch** NOUN
■ **to punch somebody** (hit) dorn a thabhairt do dhuine □ He punched me! Thug sé dorn dom!

punch-up NOUN
troid fem3

punctual ADJECTIVE
poncúil

punctuation NOUN
poncaíocht fem3

puncture NOUN
poll masc1
□ I had to mend a puncture. Bhí orm poll a dheisiú.
■ **to have a puncture** poll a bheith agat
□ I had a puncture on the motorway. Bhí poll agam ar an mótarbhealach.

to **punish** VERB
cuir pionós ar
■ **to punish somebody for something** pionós a chur ar dhuine as rud
■ **to punish somebody for doing something** pionós a chur ar dhuine as rud a dhéanamh

punishment NOUN
pionós masc1

punk NOUN
punc masc4
□ a punk rock band banna punc-rac

pupil NOUN
1 dalta masc4 (at school)
2 mac imrisc masc1 (of eye)

puppet NOUN
puipéad masc1

puppy NOUN
coileáinín masc4

to **purchase** VERB
ceannaigh

pure ADJECTIVE
fíor-
□ pure orange juice fíorshú oráiste

purple ADJECTIVE
corcra

purpose NOUN
cuspóir masc3
□ What is the purpose of these changes? Cad é cuspóir na n-athruithe seo?
□ his purpose in life an cuspóir ina shaol
■ **on purpose** d'aon turas □ He did it on purpose. Rinne sé d'aon turas é.

to **purr** VERB
déan crónán

purse NOUN
1 sparán masc1
2 mála láimhe masc4 (us: handbag)

to **pursue** VERB
téigh sa tóir ar (chase)

pursuit NOUN
caitheamh aimsire masc1 (pastime)
■ **outdoor pursuits** gníomhaíochtaí allamuigh

push NOUN
▷ see also **push** VERB
■ **He gave me a push.** Chuir sé truilleán liom.

to **push** VERB
▷ see also **push** NOUN
brúigh
□ Don't push! Ná bí ag brú!
■ **to push somebody to do something** brú a chur ar dhuine rud a dhéanamh □ My parents are pushing me to go to university. Tá mo thuismitheoirí ag cur brú orm dul chuig an ollscoil.
■ **to push drugs** bheith ag mangaireacht drugaí
■ **Push off!** Imigh leat!

to **push around** VERB
ansmacht a chur ar
□ He likes pushing people around. Is maith leis ansmacht a chur ar dhaoine.

to **push through** VERB
■ **He pushed through the crowd.** Bhrúigh sé a bhealach tríd an slua.

P

■ **I pushed my way through.** Bhrúigh mé tríd.

pushchair NOUN
bugaí linbh *masc4*

push-up NOUN (US)
brú aníos *masc4*

□ I do twenty push-ups every morning. Déanaim fiche brú aníos gach maidin.

to **put** VERB
cuir

□ Where shall I put my things? Cá háit a gcuirfidh mé mo chuid stuif? □ She's putting the baby to bed. Tá sí ag cur an bhabaí a luí. □ Don't forget to put your name on the paper. Ná déan dearmad d'ainm a chur ar an bpáipéar.

to **put aside** VERB
cuir i leataobh

□ Can you put this aside for me till tomorrow? An féidir leat é seo a chur i leataobh dom go dtí an lá amárach?

to **put away** VERB
cuir i dtaisce

□ Can you put away the dishes, please? An féidir leat na soithí a chur i dtaisce, le do thoil?

to **put back** VERB
1 cuir ar ais *(replace)*

□ Put it back when you've finished with it. Cuir ar ais é agus tú críochnaithe leis.

2 cuir siar

□ Don't forget to put the clocks back. Ná déan dearmad na cloig a chur siar.

to **put down** VERB
1 cuir síos

□ I'll put these bags down for a minute. Cuirfidh mé na málaí seo síos bomaite.

2 scríobh síos *(write down)*

□ I've put down a few ideas. Scríobh mé síos cúpla smaoineamh.

3 maraigh *(animal)*

□ We had to have our old dog put down. Bhí orainn an seanmhadra againn a mharú.

to **put forward** VERB
cuir chun cinn *(idea, argument)*

■ **He put forward an idea for raising more funds.** Rinne sé moladh faoi bhealach le tuilleadh airgid a thógáil.

■ **Don't forget to put the clocks forward.** Ná déan dearmad na cloig a chur ar aghaidh.

to **put in** VERB
1 cuir isteach *(install)*

□ We're going to get central heating put in. Táimid chun téamh lárnach a chur isteach.

2 caith *(time, effort)*

□ He has put in a lot of work on this project. Tá cuid mhór ama caite aige ar an tionscadal seo.

to **put off** VERB
1 múch *(switch off)*

□ Shall I put the light off? An múchfaidh mé an solas?

2 cuir ar an méar fhada *(postpone)*

□ I keep putting it off. Cuirim ar an méar fhada i gcónaí é.

3 cuir trí chéile *(distract)*

□ Stop putting me off! Tá tú do mo chur trí chéile!

4 cuir ó *(discourage)*

□ It put me off going. Chuir sé mé ó dhul ann.

to **put on** VERB
1 las *(CD, light)*

□ Shall I put the light on? An lasfaidh mé an solas?

2 cuir ort *(clothes)*

□ I'll put my coat on. Cuirfidh mé orm mo chóta.

3 léirigh *(play, show)*

□ We're putting on 'Mamma Mia'. Táimid chun 'Mamma Mia' a léiriú.

4 cuir síos *(cook)*

□ I'll put the potatoes on. Cuirfidh mé síos na prátaí.

■ **to put on weight** meáchan a chur suas
□ He's put on a lot of weight. Tá cuid mhór meácháin curtha suas aige.

to **put out** VERB
cuir as *(light, fire)*

□ It took them five hours to put out the fire. Thóg sé cúig huaire an chloig orthu an tine a chur as.

to **put through** VERB
■ **They put me through to John.** Chuir siad i dteagmháil le Seán mé.

■ **I'm putting you through.** Tá mé ag déanamh ceangail duit.

to **put up** VERB
1 cuir in airde *(pin up)*

□ I'll put the poster up on my wall. Cuirfidh mé an póstaer in airde ar mo bhalla.

2 cuir suas *(tent)*

□ We put up our tent in a field. Chuir muid ár bpuball suas i bpáirc.

3 ardaigh *(increase)*

□ They've put up the price. Tá an praghas ardaithe acu.

4 tabhair lóistín do *(accommodate)*

□ My friend will put me up for the night. Tabharfaidh mo chara lóistín na hoíche dom.

■ **to put one's hand up** do lámh a chur in airde □ If you have any questions, put up your hand. Má tá ceist ar bith agaibh, cuirigí bhur lámha in airde.

■ **to put up with something** rud a fhulaingt □ I'm not going to put up with it any longer. Níl mé ag dul a fhulaingt a thuilleadh.

puzzle NOUN

1 dúcheist *fem2*

2 míreanna mearaí *fem2 pl (jigsaw)*

puzzled ADJECTIVE
mearaithe
□ You look puzzled! Tá cuma mhearaithe ort!

puzzling ADJECTIVE
mearbhlach

pyjamas PL NOUN
pitseámaí*masc4 pl*
□ my pyjamas mo phitseámaí □ a pair of pyjamas pitseámaí

■ **a pyjama top** barréide phitseámaí

pyramid NOUN
pirimid *fem2*

Qq

quaint ADJECTIVE
1 aisteach (odd)
2 den seandéanamh (house, village)

qualification NOUN
cáilíocht fem3
□ She left school without any qualifications. D'fhág sí an scoil gan cáilíochtaí ar bith aici.
■ **vocational qualifications** gairmcháilíochtaí

qualified ADJECTIVE
1 oilte
□ a qualified driving instructor teagascóir oilte tiomána
2 cáilithe (nurse, teacher)
□ a qualified nurse banaltra cháilithe

to qualify VERB
1 cáiligh
□ He qualified as a barrister. Cháiligh sé mar abhcóide.
2 faigh tríd (in competition)
□ Our team didn't qualify. Ní bhfuair an fhoireann s'againne tríd.
■ **She qualified as a doctor.** Tá sí amuigh ina dochtúir.

quality NOUN
cáilíocht fem3
□ a good quality of life cáilíocht mhaith bheatha □ good-quality ingredients comhábhair d'ardcháilíocht □ She's got lots of good qualities. Tá a lán tréithe fónta inti.

quantity NOUN
méid masc4

quarantine NOUN
coraintín masc4
□ in quarantine i gcoráintín

quarrel NOUN
▷ see also **quarrel** VERB
troid fem3

to quarrel VERB
▷ see also **quarrel** NOUN
troid

quarry NOUN
cairéal masc1 (for stone)

quarter NOUN
ceathrú fem
■ **three quarters** trí cheathrú
■ **a quarter of an hour** ceathrú uaire
□ three quarters of an hour trí cheathrú uaire
■ **quarter past ten** ceathrú i ndiaidh a deich
■ **quarter to eleven** ceathrú go dtí a haon déag

quarter final NOUN
cluiche ceathrúcheannais masc4

quartet NOUN
ceathairéad masc1
□ a string quartet ceathairéad sreangán

quay NOUN
cé fem4

queasy ADJECTIVE
■ **to feel queasy** masmas a bheith ort
□ I'm feeling queasy. Tá masmas orm.

queen NOUN
banríon fem3
□ the Queen of Spain an Bhanríon na Spáinne □ the queen of hearts an bhanríon hart

query NOUN
▷ see also **query** VERB
ceist fem2

to query VERB
▷ see also **query** NOUN
ceistigh
□ No one queried my decision. Níor cheistigh duine ar bith mo chinneadh.

question NOUN
▷ see also **question** VERB
ceist fem2
□ Can I ask a question? An bhfuil cead agam ceist a chur? □ That's a difficult question. Is crua an cheist í.
■ **It's out of the question.** Níl sé sin ar dhíslí.

to **question** VERB
▷ *see also* **question** NOUN
ceistigh
□ He was questioned by the police.
Cheistigh na póilíní é.

question mark NOUN
comhartha ceiste *masc4*

questionnaire NOUN
ceistiúchán *masc1*

queue NOUN
▷ *see also* **queue** VERB
scuaine *fem4*

to **queue** VERB
▷ *see also* **queue** NOUN
téigh i scuaine
■ **to queue for something** dul i scuaine
faoi choinne ruda □ We had to queue for
the tickets. Bhí orainn dul i scuaine le
haghaidh na dticéad.

quick ADJECTIVE
gasta
□ a quick lunch lón gasta □ It's quicker by
train. Tá sé níos gaiste leis an traein.
■ **Be quick!** Go beo!
■ **She's a quick learner.** Is foghlaimeoir
gasta í.

quickly ADVERB
go gasta
□ It was all over very quickly. Bhí sé uile
réidh go hiontach gasta.

quiet ADJECTIVE
1 ciúin
□ You're very quiet today. Tá tú iontach
ciúin inniu. □ The engine's very quiet. Tá an
t-inneall iontach ciúin.
■ **Be quiet!** Bí ciúin!
■ **Quiet!** Ciúnas!
2 suaimhneach *(peaceful)*
□ a quiet little town baile beag
suaimhneach □ a quiet weekend deireadh
seachtaine suaimhneach

quietly ADVERB
go ciúin
□ 'She's dead,' he said quietly. 'Tá sí marbh,'

arsa seisean go ciúin.

quilt NOUN
cuilt *fem2*

to **quit** VERB
1 fág
□ She's decided to quit her job. Shocraigh sí
ar a post a fhágáil.
2 éirigh as *(smoking)*

quite ADVERB
1 go maith *(rather)*
□ It's quite warm today. Tá sé te go maith
inniu.
2 go hiomlán *(entirely)*
□ I'm not quite sure. Níl mé go hiomlán
cinnte.
■ **quite good** measartha maith
■ **quite a lot** go leor □ It costs quite a lot to
go abroad. Cosnaíonn sé go leor le dul thar
lear.
■ **It's quite a long trip.** Is turas sách fada é.
■ **It was quite a contest.** Bhí coimhlint
chrua ann.
■ **There were quite a few people there.**
Bhí roinnt mhaith daoine ann.

quiz NOUN
tráth na gceist *masc3*

quota NOUN
cuóta *masc4*

quotation NOUN
athfhriotal *masc1*

quotation marks PL NOUN
comharthaí athfhriotail *masc4 pl*

quote NOUN
▷ *see also* **quote** VERB
sliocht *masc3*
□ a famous quote sliocht cáiliúil
■ **quotes** *(quotation marks)* comharthaí
athfhriotail □ in quotes idir chomharthaí
athfhriotail

to **quote** VERB
▷ *see also* **quote** NOUN
luaigh
□ He's always quoting that literature.
Bíonn sé i dtólamh ag lua na litríochta sin.

q

453

Rr

rabbi NOUN
raibí *masc4*

rabbit NOUN
coinín *masc4*
□ a rabbit hutch cró coinín

rabies NOUN
confadh *masc1*
■ **a dog with rabies** madadh confach

race NOUN
▷ *see also* **race** VERB
1 rás *masc3*
□ a cycle race rás rothair
2 cine *masc4*
□ the human race an cine daonna
■ **race relations** caidreamh idir
chiníocha

to **race** VERB
▷ *see also* **race** NOUN
1 deifrigh *(hurry)*
□ We raced to catch the bus. Dheifrigh
muid chun an bus a fháil.
2 rith *(horse, runner)*
■ **I'll race you!** Féachfaidh mé rás leat!

racecourse NOUN
ráschúrsa *masc4*

racehorse NOUN
capall rása *masc1*

racer NOUN
rásrothar *masc1 (bike)*

racetrack NOUN
raon rásaí *masc1*

racial ADJECTIVE
ciníoch
□ racial discrimination idirdhealú ciníoch

racing NOUN
rásaíocht *fem3*

racing car NOUN
carr rása *masc1*

racing driver NOUN
tiománaí rása *masc4*

racism NOUN
ciníochas *masc1*

racist ADJECTIVE
▷ *see also* **racist** NOUN
ciníoch

racist NOUN
▷ *see also* **racist** ADJECTIVE
ciníochaí *masc4*

rack NOUN
raca *masc4*
□ a luggage rack raca bagáiste

racket NOUN
1 raicéad *masc1*
□ my tennis racket mo raicéad leadóige
2 callán *masc1 (noise)*
□ They're making a terrible racket. Tá racán
bocht acu.

racquet NOUN
raicéad *masc1*

radar NOUN
radar *masc1*

radiation NOUN
radaíocht *fem3*

radiator NOUN
radaitheoir *masc3*

radio NOUN
raidió *masc4*
□ on the radio ar an raidió

radioactive ADJECTIVE
radaighníomhach

radio-controlled ADJECTIVE
radairialaithe *(model plane, car)*

radio station NOUN
stáisiún raidió *masc1*

radish NOUN
raidis *fem2*

RAF NOUN *(= Royal Air Force)*
An tAerfhórsa Ríoga
□ He's in the RAF. Tá sé san AFR.

raffle NOUN
crannchur *masc1*
□ a raffle ticket ticéad crannchuir

raft NOUN
rafta *masc4*

rag NOUN
 ceirt *fem2*

rage NOUN
 cuthach *masc1*
 □ She was in a rage. Bhí cuthach feirge uirthi.
 ■ It's all the rage. Tá sé an-fhaiseanta.

raid NOUN
 ▷ see also **raid** VERB
1 ruathar *masc1*
 □ a police raid ruathar póilíní
2 ruaig chreiche *fem2*
 □ There was a bank raid near my house.
 Rinneadh ruaig chreiche ar an mbanc gar
 do mo theach.

to **raid** VERB
 ▷ see also **raid** NOUN
 déan ruathar ar
 □ The police raided the club. Rinne na péas
 ruathar ar an gclubtheach.

rail NOUN
 ráille *masc4*
 □ Don't lean over the rail! Ná crom thar an
 ráille!
 ■ rails *(railway track)* ráillí *masc4 pl*
 ■ by rail leis an traein

railcard NOUN
 cárta iarnróid *masc4*
 □ a young person's railcard cárta iarnróid
 duine óig

railroad NOUN (US)
 iarnród *masc1*

railway NOUN
 iarnród *masc1*

railway line NOUN
 iarnród *masc1*

railway station NOUN
 stáisiún traenach *masc1*

rain NOUN
 ▷ see also **rain** VERB
 fearthainn *fem2*
 □ in the rain san fhearthainn

to **rain** VERB
 ▷ see also **rain** NOUN
 bheith ag cur fearthainne
 □ It's raining. Tá sé ag cur fearthainne
 □ It rains a lot here. Bíonn sé ag báisteach
 cuid mhaith anseo.

rainbow NOUN
 tuar ceatha *masc1*

raincoat NOUN
 cóta báistí *masc4*

rainforest NOUN
 foraois bháistí *fem2*

rainy ADJECTIVE
 fliuch

to **raise** VERB
1 tóg *(lift)*
 □ He raised his hand. Thóg sé a lámh.
2 ardaigh *(improve)*
 □ They want to raise standards in schools.
 Tá siad ag iarraidh na caighdeáin sna
 scoileanna a ardú.
 ■ to raise money airgead a thógáil
 □ The school is raising money for a new
 gym. Tá an scoil ag tógáil airgid le haghaidh
 giomnáisiam nua.

raisin NOUN
 rísín *masc4*

rake NOUN
 ráca *masc4*

rally NOUN
1 railí *masc4 (in tennis, motor sport)*
 □ a rally driver tiománaí railí
2 slógadh *masc1 (gathering)*

ram NOUN
 ▷ see also **ram** VERB
 reithe *masc4*

to **ram** VERB
 ▷ see also **ram** NOUN
 buail tuairt ar *(vehicle)*
 □ The thieves rammed a police car. Bhuail
 na gadaithe tuairt ar charr de chuid na
 bpéas.

Ramadan NOUN
 Ramadan *masc*

ramble NOUN
 spaisteoireacht *fem3*
 □ We went for a ramble. Rinneamar geábh
 spaisteoireachta.

rambler NOUN
 fánaí *masc4*

ramp NOUN
 fánán *masc1*

ran VERB ▷ see **run**

ranch NOUN
 rainse *masc4*

random ADJECTIVE
 fánach
 ■ at random go fánach □ We picked the
 number at random. Phioc muid an uimhir
 go randamach.

rang VERB ▷ see **ring**

range NOUN
 ▷ see also **range** VERB
1 réimse *masc4 (variety)*
 □ a wide range of colours réimse
 leathan dathanna □ We study a range
 of subjects. Déanaimid staidéar ar
 réimse ábhar.
2 sliabhraon *masc1 (of mountains)*

to **range** VERB
▷ *see also* **range** NOUN
■ **to range from ... to** bheith sa réimse ó ... go □ Temperatures in summer range from 20 to 35 degrees. Sa samhradh bíonn an teocht sa réimse ó 20 go 35 céim. □ Tickets range from £2 to £20. Tá na ticéid sa réimse ó £2 go £20.

rank NOUN
▷ *see also* **rank** VERB
■ **a taxi rank** stad tacsaí

to **rank** VERB
▷ *see also* **rank** NOUN
■ **He's ranked third in the United States.** Comhairtear uimhir a trí sna Stáit Aontaithe é.

ransom NOUN
fuascailt *fem2*

rap NOUN
rapcheol *masc1* (music)

rape NOUN
▷ *see also* **rape** VERB
éigniú *masc*

to **rape** VERB
▷ *see also* **rape** NOUN
éignigh

rapids PL NOUN
fánsruth *masc3*

rapist NOUN
éigneoir *masc3*

rare ADJECTIVE
1 annamh
□ a rare plant planda annamh
2 tearcbhruite (steak)

rash NOUN
gríos *masc1*
□ I've got a rash on my arm. Tá gríos ar mo sciathán.

rasher NOUN
slisín *masc4*
□ an egg and two rashers of bacon ubh agus dhá shlisín bagúin

raspberry NOUN
sú craobh *fem4*
□ raspberry jam subh sútha craobh

rat NOUN
francach *masc1*

rate NOUN
▷ *see also* **rate** VERB
1 ráta *masc4*
□ the divorce rate an ráta colscartha
□ a high rate of interest ráta ard úis
2 luas *masc1* (speed)
3 táille *fem4* (price)
□ There are reduced rates for students. Tá táillí laghdaithe ann do mhic léinn.

to **rate** VERB
▷ *see also* **rate** NOUN
meas
□ How do you rate him? Cad é do mheas air? □ He is rated the best. Meastar ar an duine is fearr é.

rather ADVERB
pas
□ I was rather disappointed. Bhí mé pas meallta.
■ **It's rather expensive.** Tá sé daor go leor.
■ **rather a lot of** cuid mhór □ I've got rather a lot of homework to do. Tá cuid mhór obair bhaile le déanamh agam.
■ **rather than** seachas □ We decided to camp, rather than stay at a hotel. Shocraigh muid ar champáil seachas stopadh in óstán.
■ **I'd rather ...** B'fhearr liom ... □ I'd rather stay in tonight. B'fhearr liom fanacht istigh anocht. □ I'd rather have an apple than a banana. B'fhearr liom úll ná banana.

rattle NOUN
gligín *masc4* (for baby)

rattlesnake NOUN
nathair shligreach *fem*

to **rave** VERB
▷ *see also* **rave** NOUN
bheith ag cur i dtíortha
□ They raved about the film. Bhí siad i dtíortha faoin scannán.

rave NOUN
▷ *see also* **rave** VERB
rámh *masc3* (party)

rave music NOUN
rámhcheol *masc1*

raven NOUN
fiach dubh *masc1*

ravenous ADJECTIVE
craosach
■ **to be ravenous** bheith stiúgtha
□ I'm ravenous! Tá mé stiúgtha!

raving ADJECTIVE
■ **raving mad** ar mire □ She's raving mad! Tá sí ar mire is ar báiní!

raw ADJECTIVE
amh (uncooked)

raw material NOUN
amhábhar *masc1*

razor NOUN
rásúr *masc1*
□ some disposable razors roinnt rásúr indiúscartha

razor blade NOUN
lann rásúir *fem2*

RE NOUN (= religious education)
Staidéar Reiligiúin *masc1*

reach NOUN
▷ *see also* **reach** VERB
■ **out of reach** as raon láimhe □ The light
switch was out of my reach. Bhí an lasc as
raon mo láimhe.
■ **within easy reach of** láimh le □ The
hotel is within easy reach of the town
centre. Tá an t-óstán láimh le lár an bhaile.
■ **within his reach** faoi fhad láimhe de

to **reach** VERB
▷ *see also* **reach** NOUN
1 bain amach
□ We reached the hotel at 7 p.m. Bhain
muid an t-óstán amach ar 7.i.n. □ We hope
to reach the final. Tá súil againn an babhta
ceannais a bhaint amach.
2 tar ar *(conclusion, decision)*
□ Eventually they reached a decision.
Sa deireadh tháinig siad ar chinneadh.
■ **He reached for his gun.** Tharraing sé air
a ghunna.

to **react** VERB
freagair

reaction NOUN
freagairt *fem3*

reactor NOUN
freasaitheoir *masc3*
□ a nuclear reactor freasaitheoir núicléach

to **read** VERB
léigh
□ Have you read 'Animal Farm'? Ar léigh tú
'Animal Farm'? □ Read the text out loud.
Léigh amach an téacs os ard.

to **read out** VERB
léigh amach
□ He read out the article to me. Léigh sé
amach an t-alt dom.
■ **to read out the results** na torthaí a
léamh amach

reader NOUN
léitheoir *masc3*

readily ADVERB
go toilteanach
□ She readily agreed. Thoiligh sí gan stró.

reading NOUN
léamh *masc1*
□ Reading is one of my hobbies. Tá an
léamh ar cheann de na caithimh aimsire
agam.

ready ADJECTIVE
1 réidh
□ She's nearly ready. Tá sí beagnach réidh.
2 toilteanach *(willing)*

□ He's always ready to help. Bíonn sé i
gcónaí toilteanach cuidiú a thabhairt.
■ **a ready meal** béile ullmhaithe
■ **to get ready** ullmhaigh □ She's getting
ready to go out. Tá sí á hullmhú féin le dul
amach.
■ **to get something ready** rud a ullmhú
□ He's getting the dinner ready. Tá an
dinnéar á ullmhú aige.

real ADJECTIVE
1 fíor
□ He wasn't a real policeman. Ní fíorgharda
a bhí ann. □ Her real name is Geraldine. Is é
Gearóidín a fíorainm. □ It's real leather.
Fíorleathar atá ann.
■ **in real life** sa saol fíor
2 ceart *(total)*
□ It was a real nightmare. Tromluí ceart a
bhí ann.

realistic ADJECTIVE
réadúil

reality NOUN
réaltacht *fem3*

reality TV NOUN
teilifís réaltachta *fem2*
□ a reality TV show seó teilifíse réaltachta

to **realize** VERB
aithin *(understand)*
■ **to realize that ...** aithin go ... □ We
realized that something was wrong.
D'aithint muid go raibh rug éigin cearr.

really ADVERB
1 dáiríre
□ Really? Dáiríre? □ Do you want to go? —
Not really. An mian leat dul? — Ní mian,
dáiríre. □ Do you really think so? An é sin
a mheasann tú, dáiríre?
2 an- *(very)*
□ really sad an-bhrónach □ She's really
nice. Tá sí an-deas.

realtor NOUN (US)
gníomhaire eastáit *masc4*

rear ADJECTIVE
▷ *see also* **rear** NOUN
deiridh
□ a rear wheel roth deiridh

rear NOUN
▷ *see also* **rear** ADJECTIVE
cúl *masc1*
□ at the rear of the train i gcúl na traenach

reason NOUN
cúis *fem2*
□ There's no reason to think that ... Níl aon
chúis a shíleadh go ... □ for security reasons
ar chúiseanna slándála □ That was the main

r

reason I went. Is é sin an chúis is mó a ndeachaigh mé.

reasonable ADJECTIVE
1 réasúnta
  □ Be reasonable! Bí réasúnta!
2 measartha (not bad)
  □ He wrote a reasonable essay. Scríobh sé aiste a bhí measartha maith.

reasonably ADVERB
réasúnta
  □ reasonably priced accommodation cóiríocht ar phraghas réasúnta
  ■ The team played reasonably well. D'imir an fhoireann go measartha maith.

to reassure VERB
  ■ to reassure somebody duine a chur ar a shuaimhneas

reassuring ADJECTIVE
suaimhnitheach

rebel NOUN
ceannairceach masc1

rebellious ADJECTIVE
ceannairceach

receipt NOUN
admháil fem3

to receive VERB
faigh

receiver NOUN
glacadóir masc3
  ■ to pick up the receiver an glacadóir a thógáil

recent ADJECTIVE
deireanach
  □ in recent years sna blianta deireanach a seo

recently ADVERB
le déanaí
  □ I've been doing a lot of training recently. Tá cuid mhór traenála déanta agam le déanaí.

reception NOUN
1 deasc fáiltithe fem2
  □ Please leave your key at reception. Fág d'eochair ag an deasc fáiltithe, le do thoil.
2 fáiltiú
  □ The reception will be at a big hotel. Beidh an fáiltiú in óstán mór.

receptionist NOUN
fáilteoir masc3

recession NOUN
meathlú masc

recipe NOUN
oideas masc1

to reckon VERB
ceap (think)

□ What do you reckon? Cad é a cheapann tú?

reclining ADJECTIVE
inchlaonta (seat)

recognizable ADJECTIVE
inaitheanta

to recognize VERB
aithin
  □ You'll recognize me by my red hair. Aithneoidh tú mo ghruaig rua.

to recommend VERB
mol
  □ What do you recommend? Cad é a mholann tú?

to reconsider VERB
déan athmhachnamh ar

record NOUN
  ▷ see also **record** VERB
1 taifead masc1
  □ There is no record of your booking. Níl aon taifead ar d'áirithint.
2 ceirnín masc4 (recording)
  □ my favourite record an ceirnín is fearr liom
3 curiarracht fem3 (sport)
  □ a world record curiarracht an domhain
4 teist choiriúil fem2 (of criminal)
  □ He's got a criminal record. Tá taifead coiriúil aige.
  ■ in record time i gcuriarracht ama
  □ She finished the job in record time. Chríochnaigh sí an tasc i gcuriarracht ama.
  ■ records (of police, hospital) taifid
  □ I'll check in the records. Seiceálfaidh mé sna taifid.

to record VERB
  ▷ see also **record** NOUN
taifead (song)
  □ They've just recorded their new album. Tá siad díreach tar éis a n-albam nua a thaifeadadh.

recorded delivery NOUN
  ■ to send something recorded delivery rud a chur de sheachadadh taifeadta

recorder NOUN
fliúit Shasanach fem2
  □ She plays the recorder. Seinneann sí ar an bhfliúit Shasanach.
  ■ a video recorder fístaifeadán

recording NOUN
taifeadadh masc

record player NOUN
seinnteoir ceirníní masc3

to recover VERB
  ■ to recover from teacht as □ He's

recovering from a knee injury. Tá sé ag
teacht as gortú glúine.

recovery NOUN
biseach *masc1*
□ Best wishes for a speedy recovery! Nára
fada go raibh biseach!

rectangle NOUN
dronuilleog *fem2*

rectangular ADJECTIVE
dronuilleogach

to **recycle** VERB
athchúrsáil

recycling NOUN
athchúrsáil

red ADJECTIVE
1 dearg
□ a red rose rós dearg □ red wine fíon
dearg
■ **red meat** feoil fola
■ **a red light** *(for traffic)* solas dearg
□ She went through a red light. Bhris sí
solas dearg.
2 rua *(hair)*
□ John's got red hair. Tá gruaig rua ar
Sheán.

Red Cross NOUN
an Chros Dhearg *fem2*

redcurrant NOUN
cuirín dearg *masc4*

to **redecorate** VERB
athmhaisigh

red-haired ADJECTIVE
rua

red-handed ADJECTIVE
■ **to catch somebody red-handed** breith
maol ar dhuine □ I was caught red-handed.
Rugadh maol orm.

redhead NOUN
ruafholtach *masc1*

to **redo** VERB
athdhéan

to **reduce** VERB
laghdaigh
□ The shop reduced the price of coats.
Laghdaigh an siopa an praghas ar chótaí.
■ **'reduce speed now'** 'moilligh anois'

reduction NOUN
lascaine *fem4 (discount)*
□ a 5% reduction lascaine 5%
■ **'huge reductions!'** 'lascainí móra!'

redundancy NOUN
iomarcaíocht *fem3*
□ There were fifty redundancies. Rinneadh
50 oibrí iomarcach. □ his redundancy
payment a íocaíocht iomarcaíochta

redundant ADJECTIVE
iomarcach
■ **to be made redundant** fág iomarcach
□ He was made redundant yesterday.
Fágadh iomarcach inné é.

reed NOUN
giolcach *fem2*

reel NOUN
1 ceirtlín *masc4 (of thread)*
2 ríl *fem2 (dance)*

to **refer** VERB
■ **to refer to** tagair do □ What are you
referring to? Cad é a bhfuil tú ag tagairt dó?

referee NOUN
réiteoir *masc3*

reference NOUN
1 tagairt *fem3 (mention)*
2 teistiméireacht *fem3 (for job application)*
□ Would you please give me a reference?
An mbeifeá sásta teistiméireacht a thabhairt
dom, le do thoil?

reference book NOUN
leabhar tagartha *masc1*

to **refill** VERB
athlíon
□ He refilled my glass. Líon sé mo ghloine
arís.

refinery NOUN
scaglann *fem2*

to **reflect** VERB
frithchaith *(light, image)*

reflection NOUN
scáil *fem2 (in mirror)*

reflex NOUN
athfhilleadh *masc*

reflexive ADJECTIVE
athfhillteach

refresher course NOUN
cúrsa athnuachana *masc4*

refreshing ADJECTIVE
1 íocshláinteach *(drink)*
2 athbhríoch *(sleep)*

refreshments PL NOUN
sólaistí *masc4 pl*

refrigerator NOUN
cuisneoir *masc3*

to **refuel** VERB
athbhreoslaigh
□ The plane stops in Boston to refuel.
Stopann an t-eitleán i mBostún chun
athbhreoslú.

refuge NOUN
tearmann *masc1*

refugee NOUN
dídeanaí *masc4*

r

refund NOUN
▷ *see also* **refund** VERB
aisíoc *masc3*

to **refund** VERB
▷ *see also* **refund** NOUN
aisíoc

refusal NOUN
diúltú *masc*

to **refuse** VERB
▷ *see also* **refuse** NOUN
diúltaigh

refuse NOUN
▷ *see also* **refuse** VERB
bruscar *masc1*

refuse collection NOUN
bailiú bruscair *masc*

to **regain** VERB
faigh ar ais
■ **to regain consciousness** do mheabhair a theacht ar ais chugat

regard NOUN
▷ *see also* **regard** VERB
■ **Give him my regards.** Tabhair mo bheannacht dó.
■ **Gerry sends his regards.** Cuireann Gearóid a bheannacht chugat.
■ **'with kind regards'** 'le dea-mhéin'

to **regard** VERB
▷ *see also* **regard** NOUN
■ **to regard something as** breathnaigh ar rud éigin mar
■ **as regards …** maidir le …

regarding PREPOSITION
maidir le
□ the laws regarding the export of animals na dlíthe maidir le heaspórtáil ainmhithe

regardless ADVERB
■ **regardless of** beag beann ar □ regardless of the weather beag beann ar an aimsir
□ regardless of the consequences beag beann ar na hiarmhairtí

regiment NOUN
reisimint *fem2*

region NOUN
ceantar *masc1*

regional ADJECTIVE
réigiúnach

register NOUN
▷ *see also* **register** VERB
rolla *masc4* (in school)

to **register** VERB
▷ *see also* **register** NOUN
cláraigh (at school, college)

registered ADJECTIVE
cláraithe (letter, parcel)

registration NOUN
uimhir chláraithe *fem* (of car)

regret NOUN
▷ *see also* **regret** VERB
aiféala *masc4*
□ I've got no regrets. Níl lá aiféala orm.

to **regret** VERB
▷ *see also* **regret** NOUN
■ **I deeply regret it.** Is oth liom go mór é.
■ **to regret doing something** áiféala a bheith ort as rud a dhéanamh □ I regret saying that. Tá áiféala orm go ndúirt mé sin.

regular ADJECTIVE
1 rialta
□ at regular intervals go tráthrialta
□ a regular verb briathar rialta
■ **to take regular exercise** aclaíocht a dhéanamh go rialta
2 gnáth- (average)
□ a regular portion of fries gnáthchuid sceallóg

regularly ADVERB
go rialta

regulation NOUN
riail *fem* (rule)

rehearsal NOUN
cleachtadh *masc1*

to **rehearse** VERB
cleacht

rein NOUN
srian *masc1*
□ the reins na srianta

reindeer NOUN
réinfhia *masc4*

to **reject** VERB
diúltaigh do
□ We rejected that idea straight away. Dhiúltaigh muid don smaoineamh sin láithreach. □ I applied but they rejected me. Chuir mé isteach iarratas ach dhiúltaigh siad mé.

relapse NOUN
athiompú *masc*
□ He was getting better but then had a relapse. Bhí sé ag bisiú ach tháinig athiompú air.

related ADJECTIVE
muinteartha
□ We're related. Tá muid muinteartha dá chéile.
■ **The two events were not related.** Ní raibh aon cheangal idir an dá ócáid.

relation NOUN
1 gaol *masc1*

□ He's a distant relation. Tá gaol i bhfad amach aige liom. □ my relations mo ghaolta □ I've got relations in London. Tá gaolta liom i Londain.

2 nasc *masc1 (connection)*

■ **in relation to** maidir le

relationship NOUN
caidreamh *masc1 (personal ties)*

□ We have a good relationship. Tá caidreamh maith eadrainn.

■ **to be in a relationship** bheith i gcumann le duine □ I'm not in a relationship at the moment. Níl mé i gcumann le duine ar bith faoi láthair.

relative NOUN
gaol *masc1*

□ all her relatives a gaolta uile

relatively ADVERB

■ **relatively easy** éasca go leor

to **relax** VERB
lig do scíth *(unwind)*

□ I relax listening to music. Ligim mo scíth ag éisteacht le ceol.

■ **Relax! Everything's fine.** Tóg go bog é! Tá gach rud go breá.

relaxation NOUN
caitheamh aimsire *masc1*

□ I don't have much time for relaxation. Is beag am atá agam le haghaidh caitheamh aimsire.

relaxed ADJECTIVE
suaimhneach

relaxing ADJECTIVE
suaimhnitheach

□ I find cooking relaxing. Is suaimhnitheach liom í an chócaireacht.

relay NOUN

■ **a relay race** rás sealaíochta

release NOUN

▷ see also **release** VERB

1 scaoileadh *masc (from prison, obligation)*

□ the release of the prisoners príosúnaigh á scaoileadh amach as príosún

2 eisiúint *fem3*

□ the band's latest release an eisiúint is deireanaí ón mbanna

to **release** VERB

▷ see also **release** NOUN

1 scaoil amach *(prisoner)*

2 cuir amach *(CD, DVD)*

3 scaoil *(report, news)*

to **relegate** VERB

■ **They were relegated.** Cuireadh síos iad.

relevant ADJECTIVE
ag baint le hábhar *(point)*

□ That's not relevant. Ní bhaineann sin le hábhar.

■ **relevant to** bainteach le □ Education should be relevant to real life. Ba chóir go mbeadh an t-oideachas bainteach leis an bhfíorshaol.

reliable ADJECTIVE

1 iontaofa *(person, firm)*

□ He's not very reliable. Ní duine ró-iontaofa é.

2 buanseasmhach *(method, machine)*

□ a reliable car carr buanseasmhach

relief NOUN
faoiseamh *masc1*

□ That's a relief! Cad é mar fhaoiseamh!

to **relieve** VERB
maolaigh

□ This injection will relieve the pain. Maolóidh an t-instealladh seo an phian.

relieved ADJECTIVE
saor ó imní

□ I was relieved to hear … Saoradh ó imní mé nuair a chuala mé …

religion NOUN
creideamh *masc1*

□ What religion are you? Cén creideamh lena mbaineann tú?

religious ADJECTIVE

1 reiligiúnda

□ my religious beliefs mo chreidimh reiligiúnda

2 cráifeach *(person)*

□ I'm not religious. Ní duine cráifeach mé.

reluctant ADJECTIVE

■ **They were reluctant to help us.** Bhí leisce orthu cuidiú linn.

reluctantly ADVERB
go drogallach

□ She reluctantly accepted. Thoilig sí más go drogallach féin é.

to **rely on** VERB

■ **to rely on somebody** muinín a bheith agat as duine □ I'm relying on you. Tá mé i do mhuinín.

to **remain** VERB
fan

■ **to remain silent** fanacht i do thost

remaining ADJECTIVE

■ **the remaining ingredients** an chuid eile de na comhábhair

remains PL NOUN

1 fuílleach *masc1*

□ the remains of the picnic fuílleach na picnice

2 corp *masc1 (body)*
  □ human remains taisí daonna
  ■ **Roman remains** iarsmaí Rómhánacha

remark NOUN
focal *masc1*

remarkable ADJECTIVE
sonraíoch

remarkably ADVERB
go suntasach

to **remarry** VERB
pós an athuair
  □ She remarried three years ago. Phós sí an athuair tá trí bliana ó shin.

remedy NOUN
leigheas *masc1*
  □ a good remedy for a sore throat leigheas maith ar scornach nimhneach

to **remember** VERB
cuimhnigh
  □ I can't remember his name. Ní thig liom cuimhneamh ar a ainm. □ I don't remember. Ní cuimhin liom. □ Remember your passport! Cuimhnigh ar do phas!
  □ Remember to write your name on the form. Cuimhnigh ar d'ainm a scríobh ar an bhfoirm.

Remembrance Day NOUN
Lá an Chuimhnithe *masc*
  □ on Remembrance Day ar Lá an Chuimhnithe

to **remind** VERB
  ■ **to remind somebody of something** rud a chur i gcuimhne do dhuine □ It reminds me of Scotland. Cuireann sé Albain i gcuimhne dom.
  ■ **to remind somebody to do something** cur i gcuimhne do dhuine rud a dhéanamh □ Remind me to speak to Daniel. Cuir i gcuimhne dom labhairt le Dónall.
  □ I'll remind you tomorrow. Cuirfidh mé sin i gcuimhne duit amárach.

remorse NOUN
aiféala *masc4*
  □ He showed no remorse. Ní raibh rian den aiféala le sonrú air.

remote ADJECTIVE
iargúlta
  □ a remote village sráidbhaile iargúlta

remote control NOUN
cianrialú *masc*

remotely ADVERB
  ■ **I'm not remotely interested.** Níl lá suime agam ann.

removable ADJECTIVE
so-bhainte *(detachable)*

removal NOUN
aistriú *masc (from house)*
  ■ **a removal van** veain aistrithe troscáin

to **remove** VERB
1 tóg amach
  □ Please remove your bag from my seat. Tóg do mhála den suíochán agam, le do thoil.
2 glan *(stain)*
  □ Did you remove the stain? Ar ghlan tú an smál?

rendezvous NOUN
coinne *fem4*

to **renew** VERB
athnuaigh

renewable ADJECTIVE
in-athnuaite *(energy)*

to **renovate** VERB
athchóirigh
  □ The building's been renovated. Tá an foirgneamh athchóirithe.

renowned ADJECTIVE
clúiteach

rent NOUN
  ▷ see also **rent** VERB
cíos *masc3*

to **rent** VERB
  ▷ see also **rent** NOUN
faigh ar cíos *(house, car)*
  □ We rented a car. Fuair muid carr ar cíos.

rental NOUN
cíos *masc3*
  □ Car rental is included in the price. Tá carrchíos san áireamh sa phraghas.

rental car NOUN
carr cíosa *masc1*

to **reorganize** VERB
atheagraigh

rep NOUN
ionadaí *masc4*

repaid VERB ▷ see **repay**

repair NOUN
  ▷ see also **repair** VERB
cóiriú *masc*

to **repair** VERB
  ▷ see also **repair** NOUN
cóirigh
  ■ **to get something repaired** rud a chur a chóiriú □ I got the washing machine repaired. Chuir mé an t-inneall níocháin á chóiriú.

to **repay** VERB
aisíoc *(money)*

repayment NOUN
aisíocaíocht *fem3*

repeat NOUN
▷ see also **repeat** VERB
athchraoladh *masc*
□ There are too many repeats on TV. Tá barraíocht athchraolta ar an teilifís.

to **repeat** VERB
▷ see also **repeat** NOUN
1 abair arís *(say again)*
2 athdhéan *(a class)*

repeatedly ADVERB
arís agus arís eile

repellent NOUN
■ insect repellent éarthach feithidí

repetitive ADJECTIVE
timthriallach *(movement, work)*

to **replace** VERB
1 cuir ar ais *(put back)*
2 glac áit *(take the place of)*

replay NOUN
▷ see also **replay** VERB
athimirt *fem3 (of match)*
□ There will be a replay on Friday. Beidh athimirt ann Dé hAoine.

to **replay** VERB
▷ see also **replay** NOUN
athimir *(match)*

replica NOUN
macasamhail *fem3*

reply NOUN
▷ see also **reply** VERB
freagra *masc4*

to **reply** VERB
▷ see also **reply** NOUN
freagair

report NOUN
▷ see also **report** VERB
tuairisc *fem2*
□ a report in the paper tuairisc ar an bpáipéar □ I got a good report this term. Fuair mé tuairisc mhaith an téarma seo.

to **report** VERB
▷ see also **report** NOUN
1 cuir in iúl *(occurrence)*
□ I reported the theft to the police. Chuir mé an ghadaíocht in iúl do na péas.
2 dul i láthair *(present oneself)*
□ Report to the manager when you arrive. Téigh i láthair an bhainisteora ar theacht i láthair duit.

reporter NOUN
tuairisceoir *masc3*
□ I'd like to be a reporter. Ba mhaith liom bheith i mo thuairisceoir.

to **represent** VERB
seas do *(school, country)*

representative ADJECTIVE
ionadaíoch

reproduction NOUN
atáirgeadh *masc*

reptile NOUN
reiptíl *fem2*

republic NOUN
poblacht *fem3*
■ the Republic of Ireland Poblacht na hÉireann

repulsive ADJECTIVE
samhnasach

reputable ADJECTIVE
creidiúnach

reputation NOUN
cáil *fem2*

request NOUN
▷ see also **request** VERB
iarratas *masc1*

to **request** VERB
▷ see also **request** NOUN
iarr
□ He requested full details about the job. D'iarr sé sonraí iomlán an phoist.

to **require** VERB
teastaigh
□ The job requires good computational skills. Teastaíonn scileanna maithe uimhríochta don phost seo. □ What qualifications are required? Cad iad na cáilíochtaí a theastaíonn?

requirement NOUN
riachtanas *masc1*
□ What are the requirements for the job? Cad iad na riachtanais don phost?
■ entry requirements *(for university)* riachtanais iontrála

rescue NOUN
▷ see also **rescue** VERB
tarrtháil *fem3*
□ a rescue operation oibríocht tarrthála □ a mountain rescue team foireann tarrthála sléibhe □ the rescue services na seirbhísí tarrthála
■ to come to somebody's rescue duine a tharrtháil □ He came to my rescue. Tharrtháil sé mé.

to **rescue** VERB
▷ see also **rescue** NOUN
tabhair tarrtháil ar

research NOUN
taighde *masc4*
□ He's doing research. Tá taighde ar siúl aige. □ She's doing some research in the library. Tá sí i mbun taighde sa leabharlann.

r

resemblance NOUN
cosúlacht *fem3*

to **resent** VERB
■ **I really resented your criticism.**
Chuir do cháineadh na seacht n-olc orm.

resentful ADJECTIVE
■ **to feel resentful towards somebody**
goimh a bheith ort le duine

reservation NOUN
áirithint *fem2 (booking)*
▢ I've got a reservation for two nights.
Tá áirithint agam le haghaidh dhá oíche.
■ **to make a reservation** *(book table)* tábla
a chur in áirithe ▢ I'd like to make a
reservation for this evening. Is mian liom
tábla a chur in áirithe i gcomhar an
tráthnóna.

reserve NOUN
▷ *see also* **reserve** VERB
1 fear ionaid *masc1*
▢ I was reserve in the game last Saturday.
Bhí mé mar fhear ionaid don chluiche
Dé Sathairn seo caite.
2 tearmann *masc1*
▢ a nature reserve tearmann dúlra

to **reserve** VERB
▷ *see also* **reserve** NOUN
cuir in áirithe *(seat, table)*
▢ I'd like to reserve a table for tomorrow
evening. Is mian liom tábla a chur in áirithe
i gcomhar tráthnóna amárach.

reserved ADJECTIVE
1 in áirithe
▢ a reserved seat suíochán in áirithe
2 dúnárasach *(personality)*
▢ He's quite reserved. Is duine
dúnárasach é.

reservoir NOUN
taiscumar *masc1*

resident NOUN
cónaitheoir *masc3*

residential ADJECTIVE
1 cónaithe
▢ a residential area ceantar cónaithe
2 inchónaitheach *(course)*

to **resign** VERB
éirigh as

to **resit** VERB
athdhéan
▢ I'm resitting the exam in December.
Tá an scrúdú á athdhéanamh agam i mí
na Nollag.

resolution NOUN
diongbháilteacht *fem3 (determination)*
■ **Have you made any New Year's**

resolutions? An bhfuil aon dea-rúin déanta
agat don Athbhliain?

resort NOUN
ionad saoire *masc1*
▢ It's a resort on the Costa del Sol. Is ionad
saoire é ar an Costa del Sol. ▢ a ski resort
ionad sciála

resources PL NOUN
acmhainn *fem2*
▢ The country has few resources. Is beag
acmhainn atá ag an tír.

respect NOUN
▷ *see also* **respect** VERB
meas *masc3*

to **respect** VERB
▷ *see also* **respect** NOUN
■ **to respect somebody** meas a bheith agat
ar dhuine

respectable ADJECTIVE
creidiúnach *(person, standard, mark)*

respectively ADVERB
faoi seach

responsibility NOUN
freagracht *fem3*

responsible ADJECTIVE
1 stuama *(person)*
▢ You should be more responsible. Ba chóir
duit bheith níos stuama.
2 le freagrachtaí *(job)*
▢ It's a responsible job. Is post le
freagrachtaí é.
■ **responsible for** freagrach as ▢ He's
responsible for booking the tickets. Tá sé
freagrach as na ticéid a chur in áirithe.

rest NOUN
▷ *see also* **rest** VERB
scíth *fem2*
▢ five minutes' rest scíth cúig nóiméad
■ **to have a rest** scíth a ligean ▢ We
stopped to have a rest. Stop muid lenár
scíth a ligean.
■ **the rest** *(remainder)* an chuid eile *fem3*
▢ I'll do the rest. Déanfaidh mise an chuid
eile. ▢ the rest of the money an chuid eile
den airgead ▢ The rest of them went
swimming. Chuaigh an chuid eile acu
ag snámh.

to **rest** VERB
▷ *see also* **rest** NOUN
déan do scíth
▢ She's resting in her room. Tá a scíth
á déanamh aici ina seomra.
■ **He has to rest his knee.** Caithfidh sé
scíth a thabhairt dá ghlúin.
■ **to rest something against** *(lean)* rud a

r

chur in éadan □ I rested my bike against the fence. Chuir mé mo rothar in éadan an bhalla.

restaurant NOUN
bialann *fem2*
□ We don't often go to restaurants. Is annamh a théimid amach chuig bialanna.
■ **a restaurant car** carráiste bialainne

restful ADJECTIVE
suaimhneach

restless ADJECTIVE
míshuaimhneach

restoration NOUN
athchóiriú *masc (of building)*

to **restore** VERB
athchóirigh *(building)*

to **restrict** VERB
teorannaigh

rest room NOUN (US)
leithreas *masc1*

result NOUN
toradh *masc1*
□ my exam results mo thorthaí scrúduithe
□ What was the result? — One-nil. Cén toradh a bhí ann? — A haon a náid.

to **resume** VERB
tosaigh arís
□ They've resumed work. Tá siad tar éis dul i gceann oibre arís.

résumé NOUN (US)
curriculum vitae *masc*

to **retire** VERB
éirigh as
□ He retired last year. D'éirigh sé as anuraidh.

retired ADJECTIVE
1 ar scor *(person)*
□ She's retired. Tá sí ar scor.
2 ar pinsean *(former)*
□ a retired teacher múinteoir ar pinsean

retirement NOUN
scor *masc1*

to **retrace** VERB
■ **to retrace one's steps** dul siar ar do choiscéim □ I retraced my steps. Chuaigh mé siar ar mo choiscéim.

return NOUN
▷ see also **return** VERB
1 filleadh *masc1*
□ after our return tar éis dúinn filleadh
■ **the return journey** an turas fillte
■ **a return match** athchluiche
2 ticéad fillte *masc1 (ticket)*
□ A return to Cork, please. Ticéad fillte go Corcaigh, le do thoil.

■ **in return** mar mhalairt □ ... and I help her in return ... agus cuidímse léi mar mhalairt
■ **Many happy returns!** Go maire tú an lá!

to **return** VERB
▷ see also **return** NOUN
1 fill *(come back)*
□ I've just returned from holiday. Tá mé díreach tar éis filleadh ó mo laethanta saoire.
■ **to return home** filleadh abhaile
2 tabhair ar ais *(bring back)*
□ She borrows my things and doesn't return them. Faigheann sí iasacht mo chuid éadaigh agus ní thugann ar ais iad.

to **retweet** VERB
atvuíteáil *(on Twitter)*

reunion NOUN
teacht le chéile *masc3*

to **reuse** VERB
athúsáid

to **reveal** VERB
foilsigh *(make known)*

revenge NOUN
díoltas *masc1*
□ in revenge le díoltas
■ **to take revenge on** díoltas a imirt ar
□ They planned to take revenge on him. Bheartaigh siad díoltas a imirt air.

reverse ADJECTIVE
▷ see also **reverse** VERB
contrártha *(order, direction)*
□ in reverse order san ord contrártha
■ **in reverse gear** sa ghiar chúlaithe

to **reverse** VERB
▷ see also **reverse** ADJECTIVE
cúlaigh *(car)*
□ He reversed without looking. Chúlaigh sé gan amharc thart.
■ **to reverse the charges** *(telephone)* aistrigh táillí □ I'd like to reverse the charges to Ireland. Is mian liom na táillí a aistriú go hÉirinn.

review NOUN
léirmheas *masc3 (of book, film)*
□ The book had good reviews. Fuair an leabhar léirmheasanna maithe.

to **revise** VERB
athbhreithnigh *(study)*
■ **I haven't started revising yet.** Níor thosaigh mé ar an athbhreithniú go fóill.
■ **to revise one's opinion** do tuairim a athrú

revision NOUN
athbhreithniú *masc*
□ Have you done a lot of revision? An bhfuil mórán athbhreithnithe déanta agat?

r

revive - right

to **revive** VERB
athbheoigh
□ The nurses tried to revive him. Thug na haltraí iarracht ar é a athbheochan.

revolting ADJECTIVE
déistineach

revolution NOUN
réabhlóid *fem2*

revolutionary ADJECTIVE
réabhlóideach

revolver NOUN
gunnán *masc1*

reward NOUN
duais *fem2*

rewarding ADJECTIVE
□ a rewarding job post a thugann sásamh duit

to **rewind** VERB
cúlchas
□ She rewound the tape to the start. Chúlchas sí an téip go dtí an tús.

rewritable ADJECTIVE
in-athscríofa *(CD, DVD)*

rheumatism NOUN
daitheacha *fem2 pl*

rhinoceros NOUN
srónbheannach *masc1*

rhubarb NOUN
biabhóg *fem2*
□ a rhubarb tart toirtín biabhóige

rhythm NOUN
rithim *fem2*

rib NOUN
easna *fem4*

ribbon NOUN
ribín *masc4*

rice NOUN
rís *fem2*

rice pudding NOUN
maróg ríse *fem2*

rich ADJECTIVE
saibhir
■ **the rich** lucht an tsaibhris

to **rid** VERB
■ **to get rid of something** fáil réidh le rud
□ I want to get rid of some old clothes. Tá mé ag iarraidh fáil réidh le roinnt seanéadaí.

ridden VERB ▷ *see* ride

ride NOUN
▷ *see also* ride VERB
geábh *masc3 (distance covered)*
□ It's a short bus ride to the town centre. Níl ann ach geábh gairid ar an mbus go dtí lár an bhaile.
■ **to go for a ride 1** *(on horse)* téigh ag

marcaíocht ar chapall **2** *(on bike)* téigh ag rothaíocht □ We went for a bike ride. Chuaigh muid amach ag rothaíocht.

to **ride** VERB
▷ *see also* ride NOUN
téigh ag marcaíocht *(on horse)*
□ I'm learning to ride. Tá mé ag foghlaim marcaíochta.
■ **to ride a bike** rothar a mharcaíocht

rider NOUN
1 marcach *masc1 (on horse)*
□ She's a good rider. Is marcach maith í.
2 rothaí *masc4 (on bike)*

ridiculous ADJECTIVE
amaideach
□ Don't be ridiculous! Ná bí amaideach!

riding NOUN
marcaíocht *fem3*
■ **to go riding** dul ag marcaíocht

riding school NOUN
scoil mharcaíochta *fem2*

rifle NOUN
raidhfil *masc4*
□ a hunting rifle raidhfil seilge

rig NOUN
rige *masc4*
■ **an oil rig** rige ola

right ADJECTIVE, ADVERB
▷ *see also* right NOUN

> **LANGUAGE TIP** There are several ways of translating 'right'. Look at the examples to find one that is similar to what you want to say.

1 ceart *(correct)*
□ the right answer an freagra ceart □ It isn't the right size. Níl sé an méid cheart.
□ We're on the right train. Tá muid ar an traein cheart. □ Is this the right road for Galway? An é seo an bóthar ceart chun na Gaillimhe? □ Do you have the right time? An bhfuil an t-am ceart agat? □ It's not right to behave like that. Níl sé ceart bheith ag dul ar aghaidh mar sin. □ I think you did the right thing. Ceapaim go ndearna tú an rud ceart.
2 deas *(not left)*
□ my right hand mo lámh dheas
3 i gceart *(correctly)*
□ Am I pronouncing it right? An bhfuil mé á fhuaimniú i gceart?
4 ar dheis *(turn, look)*
□ Turn right at the traffic lights. Tiontaigh ar dheis ag na soilse tráchta.
■ **to be right 1** *(person)* an ceart a bheith agat □ You were right! Bhí an ceart agat!

2 *(statement, opinion)* bheith ceart □ That's right! Sin ceart!
■ **Right!** Déanfaidh sin! □ Right! Let's get started. Déanfaidh sin! Bímis ag tosú.
■ **right away** ar an toirt □ I'll do it right away. Déanfaidh mé ar an toirt é.
■ **right now** láithreach bonn

right NOUN
▷ *see also* **right** ADJECTIVE, ADVERB
ceart *masc1*

□ You've got no right to do that. Níl aon cheart agat sin a dhéanamh.
■ **on the right** ar dheis □ Remember to drive on the right. Tiomáin ar thaobh na láimhe deise, le do thoil.

right-handed ADJECTIVE
deaslámhach

right-hand ADJECTIVE
■ **the right-hand side** taobh na láimhe deise □ It's on the right-hand side. Tá sé ar thaobh na láimhe deise.

rightly ADVERB
ní gan ábhar

□ She rightly decided not to go. Ní gan ábhar a shocraigh sí gan dul.
■ **if I remember rightly** más buan mo chuimhne

right of way NOUN
ceart tosaíochta *masc1*

■ **It was our right of way.** Ba linne an ceart slí.

rim NOUN
imeall *masc1 (of spectacles)*

□ glasses with wire rims spéaclaí sreangimill

ring NOUN
▷ *see also* **ring** VERB
1 fáinne *masc4*

□ a gold ring fáinne óir □ a wedding ring fáinne pósta
2 cling *fem2 (of bell)*

□ I was woken by a ring at the door. Mhúscail cling chlog an dorais mé.
■ **to give somebody a ring** glao gutháin a chur ar dhuine □ I'll give you a ring this evening. Cuirfidh mé glao ort tráthnóna.

to ring VERB
▷ *see also* **ring** NOUN
1 buail *(telephone, bell)*

□ The phone's ringing. Tá an fón ag bualadh.
■ **to ring the bell** an clog a bhualadh □ I rang the bell three times. Bhuail mé an clog trí huaire.
2 glaoigh *(call on phone)*

□ Your mother rang this morning. Ghlaoigh do mháthair ar maidin.
■ **to ring somebody** glaoch ar dhuine □ I'll ring you tomorrow morning. Glaofaidh mé ort maidin amárach.

to ring back VERB
glaoigh ar ais

□ I'll ring back later. Glaofaidh mé ar ais ar ball.

to ring up VERB
■ **to ring somebody up** glaoigh ar dhuine

ring binder NOUN
ceanglóir fáinne *masc3*

ring road NOUN
cuarbhóthar *masc1*

ringtone NOUN
clingthon *masc1*

rink NOUN
rinc *fem2*

to rinse VERB
rinseáil

riot NOUN
▷ *see also* **riot** VERB
círéib *fem2*

to riot VERB
▷ *see also* **riot** NOUN
tóg círéib

to rip VERB
stróic

□ I've ripped my jeans. Stróic mé mo bhrístí géine. □ My skirt's ripped. Tá mo sciorta stróicthe.

to rip off VERB
tar i dtír ar

□ The hotel ripped us off. Tháinig an t-óstán i dtír orainn.

to rip up VERB
stróic suas

□ He read the note and then ripped it up. Léigh sé an nóta agus ansin stróic sé suas é.

ripe ADJECTIVE
aibí

rip-off NOUN
■ **It's a rip-off!** Is é an robáil gan náire é!

rise NOUN
▷ *see also* **rise** VERB
ardú *masc (increase)*

□ a sudden rise in temperature ardú teochta tobann □ a pay rise ardú pá

to rise VERB
▷ *see also* **rise** NOUN
1 éirigh

□ The sun rises early in June. Éiríonn an ghrian go luath i mí Mheitheamh.
2 ardaigh *(prices, water)*

□ Prices are rising. Tá praghsanna ag ardú.

r

riser NOUN
- **to be an early riser** bheith i do mhochóirí

risk NOUN
▷ *see also* **risk** VERB
fiontar *masc1*
- **to take risks** dul i bhfiontar
- **at one's own risk** ar do phriacal féin
□ It's at your own risk. Ar do phriacal féin atá.

to **risk** VERB
▷ *see also* **risk** NOUN
téigh sa seans le
□ I wouldn't risk it if I were you. Ní rachainn sa seans leis dá mba mise thusa.
- **You risk getting a fine.** Tá tú i mbaol fíneála.

risky ADJECTIVE
contúirteach

rival NOUN
▷ *see also* **rival** ADJECTIVE
céile comhraic *masc4*

rival ADJECTIVE
▷ *see also* **rival** NOUN
freas-
□ a rival gang freasdrong □ a rival company freaschomhlacht

rivalry NOUN
coimhlint *fem2*

river NOUN
abhainn *fem*
□ The river runs alongside the canal. Tá an abhainn sínte leis an chanáil.

road NOUN
bóthar *masc1*
□ There's a lot of traffic on the roads. Tá trácht mór ar na bóithre. □ They live across the road. Cónaíonn siad trasna an bhóthair uaim.

road map NOUN
léarscáil bhóithre *fem2*

road rage NOUN
buile bóthair *fem4*

road sign NOUN
comhartha bóthair *masc4*

road works PL NOUN
oibreacha bóthair *fem2 pl*

roast NOUN
▷ *see also* **roast** ADJECTIVE
rósta *masc4*

roast ADJECTIVE
▷ *see also* **roast** NOUN
rósta
□ roast beef mairteoil rósta □ roast potatoes prátaí rósta

to **rob** VERB
robáil *(person, bank)*
□ I've been robbed. Rinneadh robáil orm.
- **to rob somebody of something** rud a ghoid ó dhuine □ He was robbed of his wallet. Goideadh a vallait air.

robber NOUN
robálaí *masc4*
□ a bank robber robálaí bainc

robbery NOUN
robáil *fem3*
□ a bank robbery robáil bainc
- **armed robbery** robáil armtha

robin NOUN
spideog *fem2*

robot NOUN
robat *masc1*

rock NOUN
▷ *see also* **rock** VERB
1 carraig *fem2 (substance, boulder)*
□ They tunnelled through the rock. Thochail siad tríd an charraig. □ I sat on a rock. Shuigh mé ar charraig.
2 cloch *fem2 (small stone)*
□ The crowd started to throw rocks. Thosaigh an slua a chaitheamh cloch.
3 gallán milis *masc1 (sweet)*
4 rac *masc4 (music)*
□ a rock concert ceolchoirm rac
- **rock and roll** rac is roll

to **rock** VERB
▷ *see also* **rock** NOUN
croith *(shake)*
□ The explosion rocked the building. Chroith an phléasc an foirgneamh.

rockery NOUN
creig-ghairdín *masc4*

rocket NOUN
roicéad *masc1*

rocking chair NOUN
cathaoir luascáin *fem*

rocking horse NOUN
capall luascáin *masc1*

rock star NOUN
réalta rac *fem4*

rod NOUN
slat iascaireachta *fem2 (for fishing)*

rode VERB ▷ *see* **ride**

role NOUN
ról *masc1*

role play NOUN
rólimirt *fem3*
□ We had to do a role play in the training session. Bhí orainn rólimirt a dhéanamh sa seisiún oiliúna.

roll NOUN
> ▷ see also **roll** VERB
1 rolla *masc4*
  □ a roll of tape rolla téipe □ a toilet roll páipéar leithris
2 rollóg *fem2 (bread)*

to **roll** VERB
> ▷ see also **roll** NOUN
  roll *(ball)*
  ■ **to roll out the pastry** an taosrán a fhuineadh

roll call NOUN
  glaoch rolla *masc1*

roller NOUN
  rollóir *masc3*

Rollerblade® NOUN
  lann rollála *fem2*
  □ a pair of Rollerblades péire lann rollála

rollercoaster NOUN
  cóstóir roithleán *masc3*

roller skates PL NOUN
  scátaí rothacha *masc4 pl*

roller-skating NOUN
  scátáil rothacha *fem3*
  ■ **to go roller-skating** dul ag scátáil rothacha

rolling pin NOUN
  crann fuinte *masc1*

ROM NOUN *(= read only memory)*
  cuimhne léimh amháin *fem4 (computing)*

Roman ADJECTIVE
  Rómhánach
  □ a Roman villa villa Rómhánach □ the Roman Empire Impireacht na Róimhe
  ■ **the Romans** na Rómhánaigh

Roman Catholic ADJECTIVE
> ▷ see also **Roman Catholic** NOUN
  Caitliceach Rómhánach

Roman Catholic NOUN
> ▷ see also **Roman Catholic** ADJECTIVE
  Caitliceach Rómhánach *masc1*
  □ He's a Roman Catholic. Is Caitliceach Rómhánach é.

romance NOUN
1 cumann *masc1 (love affair)*
  □ a holiday romance grá le linn saoire
2 draíocht *fem3 (glamour)*
  □ the romance of Paris draíocht Pháras
3 scéal grá *masc1 (novel)*

Romania NOUN
  an Rómáin *fem2*

Romanian ADJECTIVE
  Rómánach

romantic ADJECTIVE
  rómánsach

Rome NOUN
  an Róimh *fem2*

roof NOUN
  díon *masc1*

roof rack NOUN
  raca dín *masc4*

room NOUN
1 seomra *masc4*
  □ the biggest room in the house an seomra is mó sa teach □ the music room an seomra ceoil □ She's in her room. Tá sí ina seomra. □ a single room seomra singil □ a double room seomra dúbailte
2 fairsinge *fem4 (space)*
  □ There's no room for that box. Níl aon fhairsinge don bhosca sin.

roommate NOUN
  comrádaí seomra *masc4*

root NOUN
  fréamh *fem2*

to **root out** VERB
  cuir deireadh le
  □ They are determined to root out corruption. Tá siad ar a ndícheall ag iarraidh deireadh a chur le caimiléireacht.

rope NOUN
  téad *fem2*

rosary NOUN
  paidrín *masc4*
  ■ **to say the rosary** an paidrín a rá

Roscommon NOUN
  Ros Comáin *masc*

rose NOUN
  rós *masc1*

rose VERB ▷ see **rise**

to **rot** VERB
  lobh

rotten ADJECTIVE
1 lofa *(decayed)*
  □ a rotten apple úll lofa
2 suarach *(mean)*
  □ That's a rotten thing to do. Is suarach an mhaise sin a dhéanamh.
3 droch- *(bad)*
  □ rotten weather drochaimsir
  ■ **to feel rotten** *(ill)* mothú go hainnis

rough ADJECTIVE
  garbh

roughly ADVERB
  timpeall *(approximately)*

round ADJECTIVE
> ▷ see also **round** NOUN, PREPOSITION, ADVERB
  cruinn
  □ a round table tábla cruinn

r

round NOUN

▷ *see also* **round** ADJECTIVE, PREPOSITION, ADVERB

1 babhta *masc4 (of tournament)*
2 cur *masc1 (of drinks, sandwiches)*
   □ He bought a round of drinks. Cheannaigh sé cur deochanna.

round PREPOSITION, ADVERB

▷ *see also* **round** ADJECTIVE, NOUN

thart ar *(around)*

□ We were sitting round the table. Bhí muid inár suí thart ar an tábla. □ She wore a scarf round her neck. Bhí scaif thart ar a muineál aici.

■ **It's just round the corner.** *(very near)* Tá sé in aice láimhe.

■ **round here** thart anseo □ Is there a chemist's round here? An bhfuil siopa poitigéara thart anseo?

■ **round about** *(roughly)* thart faoi □ It costs round about £100. Cosnaíonn sé thart faoi £100.

■ **round about 8 o'clock** i dtrátha a hocht a chlog

■ **all round** mórthimpeall □ There were vineyards all round. Bhí fíonghoirt mórthimpeall.

■ **all year round** ó cheann ceann na bliana

to **round off** VERB
cuir deireadh le

to **round up** VERB
cruinnigh

roundabout NOUN

1 timpeallán *masc1 (at junction)*
2 áilleagán intreach *masc1 (at fair)*

rounders NOUN
cluiche corr *masc4*

round trip NOUN
turas fillte *masc1*

route NOUN

1 slí *fem4 (way)*
2 bealach *masc1 (of bus)*

routine NOUN
gnáthamh *masc1 (habits)*

row NOUN

▷ *see also* **row** VERB

1 líne *fem4 (line)*
2 sraith *fem2 (of seats)*

■ **five times in a row** cúig huaire as a chéile

3 racán *masc1 (noise)*
4 achrann *masc1 (quarrel)*
   □ They've had a row. D'éirigh eatarthu.

to **row** VERB

▷ *see also* **row** NOUN

iomair

rowboat NOUN (US)
bád rámhaíochta *masc1*

rowing NOUN
rámhaíocht *fem3*

□ My hobby is rowing. Is é rámhaíocht an caitheamh aimsire agam.

rowing boat NOUN
bád rámhaíochta *masc1*

royal ADJECTIVE
ríoga

□ the royal family an teaghlach ríoga

Royal Irish Academy NOUN
Acadamh Ríoga na hÉireann *masc1*

to **rub** VERB
cuimil

□ Don't rub your eyes! Ná cuimil do shúile!

to **rub out** VERB
scrios amach

rubber NOUN

1 rubar *masc1 (material)*
2 scriosán *masc1 (eraser)*
   □ Can I borrow your rubber? An dtig liom do scriosán a fháil ar iasacht uait?

rubber band NOUN
banda rubair *masc4*

rubbish NOUN

▷ *see also* **rubbish** ADJECTIVE

1 bruscar *masc1 (from household)*
   □ When do they collect the rubbish? Cá huair a bhailíonn siad an bruscar?

2 truflais *fem2 (junk)*
   □ They sell a lot of rubbish at the market. Díolann siad cuid mhaith truflaise ag an margadh.

3 seafóid *fem2 (nonsense)*
   □ That's a load of rubbish! Sin seafóid ghlan!

■ **Don't talk rubbish!** Cuir uait an raiméis!

rubbish ADJECTIVE

▷ *see also* **rubbish** NOUN

gan mhaith

□ They're a rubbish team! Is foireann gan mhaith iad.

rubbish bin NOUN
bosca bruscair *masc4*

rubbish dump NOUN
láithreán bruscair *masc1*

rucksack NOUN
mála droma *masc4*

rude ADJECTIVE

1 mímhúinte *(impolite)*
   □ He was very rude to me. Bhí sé iontach mímhúinte liom. □ It's rude to interrupt. Tá sé mímhúinte briseadh isteach i

gcomhrá. □ a rude word focal mímhúinte

2 graosta (coarse)

□ a rude joke jóc graosta

rug NOUN

1 ruga masc4

□ a Persian rug ruga Peirseach

2 súsa masc4 (blanket)

□ a tartan rug súsa breacáin

rugby NOUN

rugbaí masc4

□ I play rugby. Imrím rugbaí.

ruin NOUN

▷ see also **ruin** VERB

fothrach masc1

□ the ruins of the castle fothracha an chaisleáin

■ in ruins ina fhothrach

to **ruin** VERB

▷ see also **ruin** NOUN

1 mill

□ It ruined our holiday. Mhill sé an tsaoire orainn.

2 scrios (damage)

□ You'll ruin your shoes. Scriosfaidh tú do bhróga. □ That one mistake ruined the business. Scrios an botún amháin sin an gnó.

rule NOUN

riail fem

□ the rules of grammar na rialacha gramadaí □ It's against the rules. Tá sé in éadan na rialacha.

■ as a rule de ghnáth

to **rule out** VERB

cuir as an áireamh

□ I'm not ruling anything out. Níl aon rud á chur as an áireamh agam.

ruler NOUN

rialóir masc3

□ Can I borrow your ruler? An féidir liom iasacht do rialóra a fháil?

rum NOUN

rum masc4

rumour (US rumor) NOUN

ráfla masc4

□ It's just a rumour. Níl ann ach ráfla.

rump steak NOUN

stéig gheadáin fem2

run NOUN

▷ see also **run** VERB

rúid fem2 (in cricket)

■ to go for a run dul amach ag rith

□ I go for a run every morning. Téim amach ag rith gach maidin.

■ on the run ar do sheachaint

□ The criminals are still on the run. Tá na coirpigh go fóill ar a seachaint.

■ in the long run sa deireadh thiar

to **run** VERB

▷ see also **run** NOUN

1 rith

□ I ran five kilometres. Rith mé cúig chiliméadar.

■ to run a marathon maratón a rith

2 reáchtáil (manage)

□ He runs a large company. Tá comhlacht mór á reáchtáil aige.

3 eagraigh (competition, course)

□ They run music courses in the holidays. Eagraíonn siad cúrsaí ceoil sna laethanta saoire.

■ I'll run you to the station. (by car) Tabharfaidh mé síob chun an stáisiúin duit.

to **run away** VERB

bain as

□ They ran away before the police came. Bhain siad as sular tháinig na péas.

to **run out** VERB

■ Time is running out. Tá an t-am á chaitheamh.

to **run out of** VERB

■ She ran out of money. Ní raibh airgead ar bith fágtha aici.

to **run over** VERB

leag (car)

□ Be careful, or you'll get run over! Bí cúramach, nó leagfar thú!

rung VERB ▷ see **ring**

runner NOUN

reathaí masc4

runner bean NOUN

pónaire reatha fem4

runner-up NOUN

■ The runner-up was ... Sa dara háit, bhí ...

running NOUN

rith masc3

□ Running is my favourite sport. Is é an rith an spórt is fearr liom.

run-up NOUN

■ in the run-up to sa tréimhse riomh

□ in the run-up to Christmas sa tréimhse roimh an Nollaig

runway NOUN

rúidbhealach masc1

rural ADJECTIVE

tuaithe

rush NOUN

▷ see also **rush** VERB

deifir fem2

■ in a rush faoi dheifir

to **rush** VERB
▷ *see also* **rush** NOUN
rud a dhéanamh faoi dheifir
□ He rushed his homework. Rinne sé a obair bhaile faoi dheifir. □ Everyone rushed outside. Chuaigh gach duine amach de ruathar.
■ **There's no need to rush.** Ní gá deifriú.

rush hour NOUN
broidtráth *masc3*
□ in the rush hour sa bhroidtráth

rusk NOUN
rosca *masc4*

Russia NOUN
an Rúis *fem2*
□ in Russia sa Rúis □ to Russia chun na Rúise

Russian ADJECTIVE
▷ *see also* **Russian** NOUN
Rúiseach

Russian NOUN
▷ *see also* **Russian** ADJECTIVE
1 Rúiseach *masc1 (person)*
2 Rúisis *fem2 (language)*

rust NOUN
meirg *fem2*

rusty ADJECTIVE
meirgeach
□ a rusty bike rothar meirgeach □ My Irish is very rusty. Tá mo chuid Gaeilge an-mheirgeach.

ruthless ADJECTIVE
neamhthrócaireach

rye NOUN
seagal *masc1*
■ **rye bread** arán seagail

Ss

Sabbath NOUN
sabóid *fem2*

sack NOUN
▷ *see also* **sack** VERB
mála *masc4* (bag)

■ **to get the sack** bata agus bóthar a fháil

to **sack** VERB
▷ *see also* **sack** NOUN
tabhair an bóthar do (dismiss)

□ He was sacked. Tugadh an bóthar dó.

sacred ADJECTIVE
beannaithe

sacrifice NOUN
íobairt *fem3*

sad ADJECTIVE
brónach

■ **to be sad** brón a bheith ort

saddle NOUN
diallait *fem2*

saddlebag NOUN
mála diallaite *masc4*

sadly ADVERB
1 go brónach

□ 'She's gone,' he said sadly. 'Tá sí imithe,'
arsa sé go brónach.

2 ar an drochuair (unfortunately)

□ Sadly, it was too late. Ar an drochuair,
bhí sé rómhall.

safe ADJECTIVE
▷ *see also* **safe** NOUN
sábháilte

□ I don't feel safe in that part of town.
Ní mhothaím sábháilte ar an taobh sin
den bhaile.

■ **to be safe** bheith sábháilte □ This car
isn't safe. Níl an carr seo sábháilte.
□ You're safe now. Tá tú sábháilte anois.

■ **safe sex** gnéas sábháilte

■ **safe and sound** slán sábháilte

safe NOUN
▷ *see also* **safe** ADJECTIVE
taisceadán *masc1*

□ She put the money in the safe. Chuir sí an
t-airgead sa taisceadán.

safety NOUN
sábháilteacht *fem3*

safety belt NOUN
crios sábhála *masc3*

safety pin NOUN
biorán dúnta *masc1*

Sagittarius NOUN
An Saighdeoir *masc3*

□ I'm Sagittarius. Is mise An Saighdeoir.

Sahara NOUN
■ **the Sahara Desert** an Sahára

said VERB ▷ *see* **say**

sail NOUN
▷ *see also* **sail** VERB
seol *masc1* (on boat)

■ **to go for a sail** (trip) dul ag seoltóireacht

to **sail** VERB
▷ *see also* **sail** NOUN
seol

■ **The boat sails at eight o'clock.** Tá an
bád ag cur chun farraige ar a hocht a chlog.

sailing NOUN
seoltóireacht

□ His hobby is sailing. Is í an tseoltóireacht
an caitheamh aimsire aige.

■ **to go sailing** dul ag seoltóireacht

sailing boat NOUN
bád seoil *masc1*

sailing ship NOUN
long seoil *fem2*

sailor NOUN
mairnéalach *masc1*

□ He's a sailor. Is mairnéalach é.

saint NOUN
naomh *masc1*

■ **Saint Patrick** Naomh Pádraig

sake NOUN
■ **for the sake of** ar son

salad NOUN
sailéad *masc1*

salad cream NOUN
uachtar sailéid *masc1*

salad dressing NOUN
anlann sailéid *masc1*

salami NOUN
salami *masc4*

salary NOUN
tuarastal *masc1*

sale NOUN
1 díol *masc3*
▫ **for sale** le díol ▫ **on sale** ar díol
2 díolachán *masc1* (*at reduced prices*)
▫ There's a sale on at Harrods. Tá díolachán ann in Harrods.

sales assistant NOUN
freastalaí siopa *masc4*
▫ She's a sales assistant. Is freastalaí siopa í.

salesman NOUN
fear díolacháin *masc1*
▫ He's a salesman. Is fear díolacháin é.

sales rep NOUN
fear díolacháin *masc1*

saleswoman NOUN
bean díolacháin *fem*
▫ She's a saleswoman. Is bean díolacháin í.

salmon NOUN
bradán *masc1*

salon NOUN
■ **a beauty salon** sciamhlann

saloon car NOUN
salún *masc1*

salt NOUN
salann *masc1*

salty ADJECTIVE
goirt

to **salute** VERB
beannaigh do

Salvation Army NOUN
Arm an tSlánaithe *masc1*

same ADJECTIVE
▷ *see also* **same** PRONOUN
céanna
▫ **the same man** an fear céanna ▫ They live in the same house. Tá cónaí orthu sa teach céanna.
■ **at the same time** san am céanna

same PRONOUN
▷ *see also* **same** ADJECTIVE
■ **the same** an rud céanna
■ **to do the same** an rud céanna a dhéanamh
■ **just the same** mar sin féin
■ **The same to you!** Gurab amhlaidh duitse!

sample NOUN
sampla *masc4*

sand NOUN
gaineamh *masc1*

sandal NOUN
cuarán *masc1*
▫ **a pair of sandals** péire cuarán

sand castle NOUN
caisleán gainimh *masc1*

sandwich NOUN
ceapaire *masc4*
▫ **a cheese sandwich** ceapaire cáise

sandwich course NOUN
cúrsaí ceapairí *masc4*

sang VERB ▷ *see* **sing**

sanitary towel NOUN
tuáille sláintíochta *masc4*

sank VERB ▷ *see* **sink**

Santa Claus NOUN
Daidí na Nollag *masc4*

sarcastic ADJECTIVE
searbh

sardine NOUN
sairdín *masc4*

Sardinia NOUN
an tSairdín *fem2*

SARS NOUN (*= severe acute respiratory syndrome*)
SARS

sash NOUN
sais *fem2*

sat VERB ▷ *see* **sit**

satchel NOUN
mála scoile *masc4*

satellite NOUN
satailít *fem2*
■ **satellite television** teilifís satailíte
■ **a satellite dish** mias satailíte

satisfactory ADJECTIVE
sásúil

satisfied ADJECTIVE
sásta

sat nav NOUN
loingseoireacht satailíte *fem3*

Saturday NOUN
An Satharn *masc1*
■ **last Saturday** Dé Sathairn seo caite
■ **next Saturday** Dé Sathairn seo chugainn
■ **on Saturday** Dé Sathairn
■ **on Saturdays** ar an Satharn ▫ He comes on Saturdays. Tagann sé ar an Satharn.
■ **every Saturday** gach Satharn

sauce NOUN
anlann *masc1*

saucepan NOUN
sáspan *masc1*

saucer NOUN
fochupán *masc1*

Saudi NOUN
▷ *see also* **Saudi** ADJECTIVE
1 an Araib Shádach *fem2 (country)*
2 Arabach Sádach *masc1 (person)*

Saudi ADJECTIVE
▷ *see also* **Saudi** NOUN
Arabach Sádach *masc1*

Saudi Arabia NOUN
an Araib Shádach *fem2*
□ in Saudi Arabia san Araib Shádach

sauna NOUN
sauna *masc4*

sausage NOUN
ispín *masc4*
■ **a sausage roll** rollóg ispíní

to **save** VERB
sábháil *(person, file, money)*
□ Luckily, all the passengers were saved.
Ar an dea-uair sábháladh na paisnéirí ar fad.
□ Don't forget to save your work regularly.
Ná déan dearmad do chuid oibre a shábháil
go minic. □ I've saved £50 already. Shábháil
mé £50 cheana féin.
■ **to save time** am a shábháil □ We took a
taxi to save time. Chuamar i dtacsaí le ham
a shábháil.

to **save up** VERB
coigil
□ I'm saving up for a new bike. Tá mé ag
coigilt airgid le haghaidh rothair nua.

savings PL NOUN
coigilteas *masc1*
□ She spent all her savings on a computer.
Chaith sí a cuid coigiltis ar fad
ar ríomhaire.

saviour (US **savior**) NOUN
slánaitheoir *masc3*

savoury (US **savory**) ADJECTIVE
spíosrach *(not sweet)*
□ Is it sweet or savoury? An bhfuil sé milis
nó spíosrach?

saw VERB ▷ *see* **see**

saw NOUN
sábh *masc1*

sax NOUN
sacsafón *masc1*
□ I play the sax. Seinnim ar an sacsafón.

saxophone NOUN
sacsafón *masc1*
□ I play the saxophone. Seinnim ar an
sacsafón.

to **say** VERB
abair
□ What did he say? Cad é a dúirt sé? □ Did you
hear what she said? Ar chuala tú cad é a dúirt
sí? □ Could you say that again? Abair sin arís?
■ **You can say that again.** Abairse sin.
■ **It goes without saying that ...** Ní gá a rá
go ...

saying NOUN
nath cainte *masc3*
□ It's just a saying. Níl ann ach nath cainte.

scale NOUN
1 scála *masc4*
□ a disaster on a massive scale tubaiste ar
mhórscála □ a large-scale map léarscáil
mhórscála
2 gainne *masc4 (of fish)*

scales PL NOUN
scálaí *masc4 pl*
■ **bathroom scales** scálaí tomhais

scampi PL NOUN
scampi *masc pl*

scandal NOUN
1 scannal *masc1*
□ It caused a scandal. Thóg sé scannal.
2 béadán *masc1 (gossip)*
□ It's just scandal. Níl ann ach béadán.

Scandinavia NOUN
Críoch Lochlann *fem2*
□ in Scandinavia i gCríoch Lochlann

Scandinavian ADJECTIVE
▷ *see also* **Scandinavian** NOUN
Lochlannach

Scandinavian NOUN
▷ *see also* **Scandinavian** ADJECTIVE
Lochlannach *masc1*

scanner NOUN
scanóir *masc3 (computing)*

scar NOUN
colm *masc1*

scarce ADJECTIVE
gann
□ Employment's scarce these days.
Tá fostaíocht gann ar na saolta seo.
■ **Make yourself scarce!** Gread leat!

scarcely ADVERB
■ **I scarcely knew him.** Is ar éigean a bhí
aithne agam air.

scare NOUN
▷ *see also* **scare** VERB
scanradh *masc1*
■ **a bomb scare** scanradh buama

to **scare** VERB
▷ *see also* **scare** NOUN
scanraigh

□ He scares me. Scanraíonn sé mé.

■ **to scare somebody** duine a scanrú

scarecrow NOUN
babhdán *masc1*

scared ADJECTIVE

■ **to be scared** eagla a bheith ort □ I was scared stiff. Bhí eagla an domhain orm.

■ **to be scared of** eagla a bheith ort roimh □ Are you scared of him? An bhfuil eagla ort roimhe?

scarf NOUN
scaif *fem2*

scarlet ADJECTIVE
scarlóideach

scary ADJECTIVE
scanrúil

□ It was really scary. Bhí sé iontach scanrúil.

scene NOUN

1 láthair *fem* (of crime, accident)
□ The police were soon on the scene. Bhí na póilíní ar an láthair go gasta. □ the scene of the crime láthair na coire

2 radharc *masc1* (event, sight, in play)
□ It was an amazing scene. Radharc iontach a bhí ann.

scenery NOUN

1 radharc tíre *masc1* (landscape)

2 radharcra *masc4* (in theatre)

scent NOUN
cumhrán *masc1* (perfume)

schedule NOUN

1 sceideal *masc1*
□ a busy schedule sceideal gnóthach

2 clár ama *masc1* (bus, train)
■ **on schedule** de réir an sceidil
■ **behind schedule 1** (train) mall **2** (with work) ar gcúl

scheduled flight NOUN
eitilt sceidealta *fem2*

scheme NOUN
scéim *fem2*

□ a council road-widening scheme scéim leathnaithe bóthair de chuid na comhairle

scholarship NOUN
scoláireacht *fem3*

school NOUN

1 scoil *fem2*

2 meánscoil *fem2* (secondary school)

3 ollscoil *fem2* (US: university)
■ **to go to school** dul ar scoil

schoolbag NOUN
mála scoile *masc4*

schoolbook NOUN
leabhar scoile *masc1*

schoolboy NOUN
gasúr scoile *masc1*

schoolchildren PL NOUN
páistí scoile *masc4 pl*

schoolgirl NOUN
cailín scoile *masc4*

school uniform NOUN
culaith scoile *fem2*

science NOUN
eolaíocht *fem3*

science fiction NOUN
ficsean eolaíochta *masc1*

scientific ADJECTIVE
eolaíoch

scientist NOUN
eolaí *masc4*

□ He was trained as a scientist. Cuireadh oiliúint eolaí air.

scissors PL NOUN
siosúr *masc1*

□ a pair of scissors péire siosúr

to **scoff** VERB
alp (eat)

□ My brother scoffed all the sandwiches. D'alp mo dheartháir na ceapairí ar fad.

scone NOUN
bonnóg *fem2*

scooter NOUN
scútar *masc1*

score NOUN
▷ see also **score** VERB
scór *masc1*

□ The score was three nil. Bhí an scór a trí a náid.

to **score** VERB
▷ see also **score** NOUN
scóráil

□ He scored the winning goal. Eisean a scóráil an cúl a bhuaigh an cluiche dóibh.

■ **I scored 6 out of 10 for the test.** Fuair mé a sé as a deich sa scrúdú.

scoreboard NOUN
clár scóir *masc1*

Scorpio NOUN
An Scairp *fem2*

□ I'm Scorpio. Is mise An Scairp.

Scot NOUN
Albanach *masc1*

Scotch NOUN
uisce beatha na hAlban *masc4* (whisky)

Scotch tape® NOUN (US)
seilitéip *fem2*

Scotland NOUN
Albain *fem*

□ in Scotland in Albain □ to Scotland go hAlbain □ I'm from Scotland. Is as Albain dom.

Scots ADJECTIVE
Albanach

□ a Scots accent blas Albanach

Scotsman NOUN
Albanach *masc1*

Scotswoman NOUN
Albanach mná *masc1*

Scottish ADJECTIVE
Albanach

□ a Scottish accent blas Albanach

scout NOUN
gasóg *fem2*

□ I'm in the Scouts. Tá mé sa gasóga.

scrambled eggs PL NOUN
uibheacha scrofa *fem2 pl*

scrap NOUN
▷ *see also* **scrap** VERB
1 blúire *masc4*

□ a scrap of paper blúire páipéir
2 racán *masc1 (fight)*

■ **scrap iron** seaniarann

to **scrap** VERB
▷ *see also* **scrap** NOUN
caith i leataobh *(plan)*

□ The idea was scrapped. Caitheadh an smaoineamh i leataobh.

scrapbook NOUN
leabhar gearrthán *masc1*

scratch NOUN
▷ *see also* **scratch** VERB
scríob *fem2*

■ **to start from scratch** tosú as an nua

to **scratch** VERB
▷ *see also* **scratch** NOUN
tochais

□ Stop scratching! Stad den tochas!

scratch card NOUN
scríobchárta *masc4*

scream NOUN
▷ *see also* **scream** VERB
scread *fem3*

to **scream** VERB
▷ *see also* **scream** NOUN
lig scread

screen NOUN
scáileán *masc1 (of TV, computer)*

screen-saver NOUN
spárálaí scáileáin *masc4*

screw NOUN
scriú *masc4*

screwdriver NOUN
scriúire *masc4*

to **scribble** VERB
déan scriobláil

script NOUN
script *fem2 (of film, play)*

to **scroll down** VERB
scrollaigh síos *(computing)*

to **scroll up** VERB
scrollaigh suas *(computing)*

to **scrub** VERB
sciúr

□ She scrubbed the kitchen floor. Sciúr sí urlár na cistine.

sculpture NOUN
dealbhóireacht *fem3*

sea NOUN
farraige *fem4*

■ **by sea** *(travel)* bealach na farraige

seafood NOUN
bia farraige *masc4*

□ I don't like seafood. Ní maith liom bia farraige.

seagull NOUN
faoileán *masc1*

seal NOUN
▷ *see also* **seal** VERB
1 rón *masc1 (animal)*
2 séala *masc4 (stamp)*

to **seal** VERB
▷ *see also* **seal** NOUN
1 séalaigh *(envelope)*
2 cuir séala ar *(with seal)*

seaman NOUN
mairnéalach *masc1*

search NOUN
▷ *see also* **search** VERB
cuardach *masc1*

to **search** VERB
▷ *see also* **search** NOUN
cuardaigh

□ They searched the woods for her. Chuardaigh siad na coillte ar a lorg.

■ **to search for something** dul ar lorg rud éigin □ He searched for evidence. Chuaigh sé ar lorg fianaise.

search engine NOUN
inneall cuardaigh *masc1*

search party NOUN
buíon tarrthála *fem2*

seashore NOUN
cladach *masc1*

□ on the seashore ar an gcladach

seasick ADJECTIVE
■ **I'm seasick.** Tá tinneas farraige orm.

seaside NOUN
cois farraige *fem2*

□ at the seaside cois farraige

season NOUN
séasúr *masc1*
□ What's your favourite season? Cad é an séasúr is fearr leat?
■ **out of season** as séasúr □ It's cheaper to go there out of season. Bíonn sé níos saoire dul ann as séasúr.
■ **a season ticket** ticéad séasúir

seat NOUN
suíochán *masc1*

seat belt NOUN
crios sábhála *masc3*

sea water NOUN
sáile *masc4*

seaweed NOUN
feamainn *fem2*

second ADJECTIVE
▷ *see also* **second** ADVERB, NOUN
dara
□ on the second page ar an dara leathanach
■ **the second of January** an dara lá d'Eanáir

second ADVERB
▷ *see also* **second** ADJECTIVE, NOUN
■ **She came second.** *(in race)* Tháinig sí sa dara háit.

second NOUN
▷ *see also* **second** ADJECTIVE, ADVERB
soicind *fem2*
□ It'll only take a second. Ní ghlacfaidh sé ach soicind.

secondary school NOUN
meánscoil *fem2*

second-class ADJECTIVE
▷ *see also* **second-class** ADVERB
den dara grád

second-class ADVERB
▷ *see also* **second-class** ADJECTIVE
den dara haicme *(travel)*
■ **I sent it second class.** Chuir mé leis an dara grád í.

secondhand ADJECTIVE
athláimhe
□ a secondhand car carr athláimhe

secondly ADVERB
sa dara cás
■ **firstly ... secondly ...** sa chéad chás ... sa dara cás ... □ Firstly, it's too expensive. Secondly, it wouldn't work anyway. Sa chéad chás, tá sé ródhaor. Sa dara cás, ní oibreodh sé cibé.

secret ADJECTIVE
▷ *see also* **secret** NOUN
rúnda

□ a secret mission misean rúnda

secret NOUN
▷ *see also* **secret** ADJECTIVE
rún *masc1*
□ It's a secret. Is rún é. □ Can you keep a secret? An féidir leat rún a choinneáil?
■ **in secret** faoi rún

secretary NOUN
rúnaí *masc4*
□ She's a secretary. Is rúnaí í.
■ **Secretary of State** Rúnaí Stáit

secretly NOUN
rúnda

sectarian ADJECTIVE
seicteach

section NOUN
1 rannóg *fem2 (department)*
2 mír *fem2 (of book)*

security NOUN
1 slándáil *fem3*
□ a campaign to improve airport security feachtas le slándáil ag aerphoirt a fheabhsú
2 sábháilteacht *fem3 (safety)*
□ a feeling of security mothúchán sábháilteachta
■ **job security** sábháilteacht fostaíochta

security guard NOUN
garda slándála *masc4*

sedan NOUN *(US)*
salún *masc1*

to **see** VERB
feic
□ I can't see. Ní féidir liom feiceáil. □ I saw him yesterday. Chonaic mé inné é. □ Have you seen him? An bhfaca tú é?
■ **See you!** Slán go fóill!
■ **See you soon!** Slán go fóill!
■ **to see to something** rud a fheiceáil
□ Can you see that man? An féidir leat fear sin a fheiceáil?

seed NOUN
síol *masc1*
□ sunflower seeds síolta lus na gréine

to **seek** VERB
lorg
□ You need to seek help. Ba chóir duit cabhair a lorg.

to **seem** VERB
■ **He seems big.** Tá cuma mhór air.
■ **The shop seemed to be closed.** Bhí cuma ar an siopa go raibh sé dúnta.
■ **It seems to me that ...** Feictear dom go ...
■ **There seems to be a problem.** Is cosúil go bhfuil fadhb ann.

seen VERB ▷ see **see**

seesaw NOUN
crandaí bogadaí *masc4*

see-through ADJECTIVE
trédhearcach

to **seize** VERB
gabh

seldom ADVERB
annamh

to **select** VERB
roghnaigh

selection NOUN
rogha *fem4*

self-assured ADJECTIVE
féinmhuiníneach
□ He's very self-assured. Tá sé iontach féinmhuiníneach.

self-catering ADJECTIVE
■ a self-catering apartment árasán féinfhreastail

self-centred (US **self-centered**) ADJECTIVE
leithleach

self-confidence NOUN
féinmhuinín *fem2*
□ He hasn't got much self-confidence. Níl mórán féinmhuiníne aige.

self-conscious ADJECTIVE
cúthaileach
■ to be self-conscious bheith cúthail
□ She was really self-conscious at first. Bhí sí iontach cúthail ar dtús.
■ a self-conscious person náireachán

self-contained ADJECTIVE
glanscartha *(flat)*

self-control NOUN
féinsmacht *masc3*

self-defence (US **self-defense**) NOUN
féinchosaint *fem3*
□ self-defence classes ranganna féinchosanta
■ in self-defence á chosaint féin
□ She killed him in self-defence. Mharaigh sí é nuair a bhí sí á cosaint féin.

self-discipline NOUN
féinsmacht *masc3*

self-employed ADJECTIVE
féinfhostaithe
□ He's self-employed. Tá sé féinfhostaithe.

selfish ADJECTIVE
leithleach
□ Don't be so selfish. Ná bí chomh leithleach sin.

self-respect NOUN
féinmheas *masc3*

self-service ADJECTIVE
féinseirbhís *fem2*
□ a self-service shop siopa féinseirbhíse

to **sell** VERB
díol
□ He sold it to me. Dhíol sé liom é.

to **sell off** VERB
díol i saorchonradh

to **sell out** VERB
■ The tickets are all sold out. Tá deireadh na dticéad díolta.

sell-by date NOUN
spriocdháta díola *masc4*

selling price NOUN
praghas díola *masc1*

Sellotape® NOUN
seilitéip *fem2*

semi NOUN
■ We live in a semi. Tá cónaí orainn i dteach leathscoite.

semicircle NOUN
leathchiorcal *masc1*

semicolon NOUN
leathstad *masc4*

semi-detached house NOUN
teach leathscoite *masc*
□ We live in a semi-detached house. Tá cónaí orainn i dteach leathscoite.

semi-final NOUN
cluiche leathcheannais *masc4*

semi-skimmed milk NOUN
bainne leathbhearrtha *masc4*

to **send** VERB
cuir
□ She sent me a birthday card. Chuir sí cárta lá breithe chugam.

to **send away for** VERB
ordaigh tríd an bpost

to **send back** VERB
cuir ar ais

to **send off** VERB
1 cuir chun siúil *(goods, letter)*
■ to send off for something cuir chun siúil faoi choinne ruda □ I've sent off for a brochure. Chuir mé chun siúil faoi bróisiúir. □ She sent off for a book. Chuir mé chun siúil faoi choinne leabhair.
2 cuir den pháirc *(in sports match)*
□ He was sent off. Cuireadh den pháirc é.

to **send out** VERB
cuir amach *(invitation, person)*
■ to send out for cuir amach faoi choinne
□ Shall we send out for a pizza? An gcuirfimid amach faoi choinne píotsa?

479

sender NOUN
seoltóir *masc3*

senior ADJECTIVE
sinsearach
□ senior management bainistíocht
shinsearach □ senior school scoil
shinsearach □ senior pupils daltaí
sinsearacha

senior citizen NOUN
pinsinéir *masc3*

sensational ADJECTIVE
an-éachtach go deo *(marvellous)*

sense NOUN
1 ciall *fem2 (meaning, wisdom)*
□ Have some sense! Bíodh ciall agat!
■ **to make sense** ciall a bheith le □ It
doesn't make sense. Níl ciall ar bith leis.
2 céadfa *masc4 (feeling)*
■ **the five senses** na cúig chéadfaí
■ **sixth sense** an séú céadfa
■ **sense of humour** féith an ghrinn
□ He's got no sense of humour. Níl féith
an ghrinn ann.

senseless ADJECTIVE
1 gan chiall
2 gan mheabhair *(unconscious)*

sensible ADJECTIVE
ciallmhar
□ Be sensible! Bí ciallmhar!

sensitive ADJECTIVE
1 goilliúnach
□ She's very sensitive. Tá sí iontach
goilliúnach.
2 tógálach *(touchy)*
3 mothálach *(susceptible)*

sensuous ADJECTIVE
collaí

sent VERB ▷ *see* **send**

sentence NOUN
▷ *see also* **sentence** VERB
1 abairt *fem2*
□ What does this sentence mean? Cad é an
chiall atá leis an abairt seo?
2 pionós *masc1*
□ the death sentence pionós an bháis
□ a life sentence pionós saoil

to **sentence** VERB
▷ *see also* **sentence** NOUN
■ **to sentence somebody to 5 years in
prison** príosún cúig bliana a ghearradh ar
dhuine
■ **to sentence somebody to death** duine a
dhaoradh chun báis

sentimental ADJECTIVE
maoithneach

separate ADJECTIVE
▷ *see also* **separate** VERB
1 scartha
□ I wrote it on a separate sheet. Scríobh mé
ar leathanach scartha é.
2 ar leith *(room)*
□ The children have separate rooms.
Tá seomraí ar leith ag na páistí.
■ **on separate occasions** ar ócáidí éagsúla

to **separate** VERB
▷ *see also* **separate** ADJECTIVE
1 scar *(part)*
■ **My parents are separated.** Tá mo
thuismitheoirí scartha.
2 dealaigh idir *(make a distinction between)*

separately ADVERB
1 ina nduine agus ina nduine *(people)*
2 ceann i ndiaidh an chinn eile *(things)*

separation NOUN
scaradh *masc*

September NOUN
Meán Fómhair *masc*
■ **in September** i mí Mheán Fómhair

sequel NOUN
clár leantach *masc1 (book, film)*

sequence NOUN
ord *masc1 (order)*
■ **a sequence of events** seicheamh
imeachtaí

Serb ADJECTIVE
▷ *see also* **Serb** NOUN
Seirbiach

Serb NOUN
▷ *see also* **Serb** ADJECTIVE
Seirbiach *masc1*

Serbia NOUN
an tSeirbia *fem4*

Serbian ADJECTIVE
▷ *see also* **Serbian** NOUN
Seirbiach

Serbian NOUN
▷ *see also* **Serbian** ADJECTIVE
Seirbiach *masc1*

sergeant NOUN
sáirsint *masc4*

serial NOUN
sraithchlár *masc1*

series NOUN
sraith *fem2*
□ a TV series sraith teilifíse

serious ADJECTIVE
1 dáiríre
□ You look very serious. Tá cuma iontach
dáiríre ort. □ Are you serious? An bhfuil tú i
ndáiríre?

2 tromchúiseach *(matter)*
3 trom *(injury)*
■ **Be serious!** Stad den amaidí!
seriously ADVERB
1 i ndáiríre
□ But seriously ... Ach i ndáiríre ...
□ Seriously? I ndáiríre?
■ **to take somebody seriously** duine a ghlacadh go dáiríre
2 go dona *(hurt)*
□ She was seriously injured in the crash. Gortaíodh go dona sa taisme í.
sermon NOUN
seanmóir *fem3*
servant NOUN
seirbhíseach *masc1*
to **serve** VERB
▷ *see also* **serve** NOUN
1 freastail ar *(customer)*
2 riar *(food)*
□ Dinner is served. Dinnéar réidh.
3 freastal *(in tennis)*
□ It's Murray's turn to serve. Murray le freastal.
4 cuir isteach *(apprenticeship, prison term)*
■ **to serve time** do théarma a chur isteach
■ **It serves him right.** Tá tuillte aige.
serve NOUN
▷ *see also* **serve** VERB
freastal *masc1 (tennis)*
□ It's your serve. Is leatsa freastal.
server NOUN
freastalaí *masc4 (computing)*
service NOUN
1 seirbhís *fem2*
□ Service is included. Tá seirbhís san áireamh.
2 seirbhís eaglasta *(church)*
■ **the Fire Service** an tSeirbhís Dóiteáin
■ **the armed services** na Fórsaí Cosanta
service area NOUN
limistéar seirbhíse *masc1*
service charge NOUN
táille sheirbhíse *fem4*
□ There's no service charge. Níl táille sheirbhíse ann.
serviceman NOUN
1 saighdiúir *masc3 (in the army)*
2 saighdiúir cabhlaigh *masc3 (in the navy)*
service station NOUN
stáisiún peitril *masc1*
serviette NOUN
naipcín *masc4*
session NOUN
seisiún *masc1*

set NOUN
▷ *see also* **set** VERB
1 foireann *fem2*
□ a chess set foireann fichille □ a drum set foireann drumaí □ a set of Christmas lights foirne soilse Nollag
2 teilifíseán *masc1 (television set)*
3 sraith *fem2 (tennis)*
set VERB
▷ *see also* **set** NOUN
1 socraigh
□ The world record was set last year. Socraíodh curiarracht an domhain anuraidh.
□ I set the alarm for 7 o'clock. Shocraigh mé an t-aláram faoi choinne 7 a chlog.
2 déan amach *(exam)*
3 luigh *(sun)*
□ The sun was setting. Bhí an ghrian ag dul a luí.
■ **to set sail** cur chun farraige
■ **to set the table** an bord a leagan
to **set off** VERB
cuir chun bóthair
□ We set off for London at 9 o'clock. Chuir muid chun bóthair go Londain ar a 9 a chlog.
to **set out** VERB
cuir chun bóthair
□ We set out for London at 9 o'clock. Chuir muid chun bóthair go Londain ar a 9 a chlog.
settee NOUN
tolg *masc1*
to **settle** VERB
1 socraigh
□ I settled the account. Shocraigh mé an cuntas. □ The cat settled itself by the fire. Shocraigh an cat é féin cois na tine.
2 réitigh *(argument)*
3 fuascail *(problem)*
■ **to settle on something** cinneadh ar rud
to **settle down** VERB
socraigh síos *(calm down)*
□ Settle down! Socraigh síos!
to **settle in** VERB
socraigh isteach
seven NUMBER
1 a seacht
　LANGUAGE TIP a seacht is used for telling the time and for counting.
□ at seven o'clock ar a seacht a chlog
□ Three plus seven is ten. A trí móide a seacht sin a deich.
2 seacht
　LANGUAGE TIP seacht is used to give the number of objects and is usually followed by a singular noun.

S

□ seven bottles seacht mbuidéal

> **LANGUAGE TIP** Some words, **bliain**, **uair**, **seachtain**, **pingin**, have a special plural for use with numbers.

□ seven years seacht mbliana

■ **She's seven.** Tá sí seacht mbliana d'aois.

> **LANGUAGE TIP** To translate 'seven people', use the form **seachtar**.

□ seven people seachtar □ seven women seachtar ban

seventeen NUMBER
seacht ... déag

> **LANGUAGE TIP** **seacht** is usually followed by a singular noun.

□ seventeen bottles seacht mbuidéal déag
□ seventeen people seacht nduine dhéag
■ **He's seventeen.** Tá sé seacht mbliana déag d'aois.

seventeenth ADJECTIVE
seachtú ... déag

□ her seventeenth birthday a seachtú breithlá déag □ the seventeenth floor an seachtú hurlár déag

■ **the seventeenth of August** an seachtú lá déag de Lúnasa

seventh ADJECTIVE
seachtú

□ the seventh floor an seachtú hurlár
■ **the seventh of August** an seachtú de Lúnasa

seventy NUMBER
seachtó

> **LANGUAGE TIP** **seachtó** is followed by a singular noun.

□ seventy people seachtó duine
■ **He's seventy.** Tá sé seachtó bliain d'aois.

several ADJECTIVE, PRONOUN
roinnt

□ several schools roinnt scoileanna
■ **several of us** cuid againn

to **sew** VERB
fuaigh

to **sew up** VERB
fuaigh (tear)

sewing NOUN
fuáil fem3

□ I like sewing. Is maith liom bheith ag fuáil.

sewing machine NOUN
inneall fuála masc1

sewn VERB ▷ see **sew**

sex NOUN
gnéas masc1

■ **sex education** oideachas gnéis
■ **to have sex with somebody** luí le duine

sexism NOUN
gnéasachas masc1

sexist ADJECTIVE
gnéaschlaonta

sexual ADJECTIVE
gnéasach

□ sexual harassment ciapadh gnéasach
■ **sexual discrimination** leithcheal ar bhonn gnéis

sexy ADJECTIVE
gnéasúil

shabby ADJECTIVE
giobach

shade NOUN
1 scáth masc3
■ **in the shade** faoin scáth □ It was 35 degrees in the shade. Bhí sé 35 céim faoin scáth.
2 dath masc3 (colour)
□ a lovely shade of blue dath álainn ghoirm

shadow NOUN
scáth masc3

to **shake** VERB
croith

□ She shook the rug. Chroith sí an ruga.
■ **to shake one's head** do cheann a chroitheadh
■ **to shake hands with somebody** lámh a chroitheadh le duine □ They shook hands. Chroith siad lámha le chéile.

shaken ADJECTIVE
croite

□ I like my drink to be shaken. Is maith liom mo dheoch a bheith croite.

shaky ADJECTIVE
creathach (hand, voice)

shall VERB
■ **I shall go.** Rachaidh mé.
■ **Shall I open the door?** An osclóidh mé an doras?

shallow ADJECTIVE
tanaí (water)

■ **a shallow person** duine éadomhain

shambles NOUN
praiseach fem2 (mess)

□ It's a complete shambles. Is praiseach cheart é.

shame NOUN
náire fem4

□ What a shame! Is mór an náire é!
■ **It's a shame that ...** Is mór an trua go ...
□ It's a shame he isn't here. Is mór an trua nach bhfuil sé anseo.

shampoo NOUN
seampú masc4

□ a bottle of shampoo buidéal seampú

shamrock NOUN
seamróg *fem2*

shandy NOUN
seandaí *masc4*

Shannon NOUN
an tSionainn *fem2 (river)*

shape NOUN
cruth *masc3*

share NOUN
▷ *see also* **share** VERB
1 cion *masc4*
□ Everybody pays their share. Íocann gach duine a chion féin.
2 scair *fem2 (in company)*
□ They've got shares in the company. Tá scaireanna acu sa chuideachta.

to **share** VERB
▷ *see also* **share** NOUN
roinn
□ I share a room with my sister. Tá mé ag roinnt seomra le mo dheirfiúr.

to **share out** VERB
roinn
□ They shared the sweets out among the children. Roinn siad na milseáin ar na páistí.

shark NOUN
siorc *masc3*

sharp ADJECTIVE
1 géar *(razor, knife, point)*
2 géarchúiseach *(person)*
□ She's very sharp. Tá sí iontach géarchúiseach.
■ **at two o'clock sharp** ar bhuille a dó

to **shave** VERB
bearr
■ **to shave one's legs** do chosa a bhearradh

shaver NOUN
rásúr leictreach *masc1 (electric razor)*

shaving cream NOUN
ungadh bearrtha *masc*

shaving foam NOUN
cúr bearrtha *masc1*

she PRONOUN
1 sí *(as subject)*
□ She came in. Tháinig sí isteach.
2 í *(with copula, in passive)*
□ She was injured. Gortaíodh í.
□ She's a doctor. Is dochtúir í.

shed NOUN
bothán *masc1*

she'd = she had, she would

sheep NOUN
caora *fem*

sheepdog NOUN
madra caorach *masc4*

sheer ADJECTIVE
amach agus amach *(utter)*
□ It's sheer greed. Saint atá ann amach is amach.

sheet NOUN
1 braillín *fem2 (on bed)*
2 leathanach *masc1 (of paper)*
3 leathán *masc1 (of glass, metal)*
4 leac *fem2 (of ice)*

shelf NOUN
seilf *fem2*

shell NOUN
1 sliogán *masc1 (on beach)*
2 blaosc *fem2 (of egg, nut, crab)*
3 pléascán *masc1 (explosive)*

she'll = she will, she shall

shellfish NOUN
bia sliogán *masc4 (as food)*

shelter NOUN
1 dídean *fem2*
■ **to take shelter** dul ar foscadh
2 scáthlán *masc1 (building)*
□ a bus shelter scáthlán bus

shelves PL NOUN ▷ *see* **shelf**

shepherd NOUN
aoire *masc4*

sheriff NOUN
sirriam *masc4*

sherry NOUN
seiris *fem2*

she's = she is, she has

Shetland NOUN
Sealtainn *fem4*

shield NOUN
sciath *fem2*

shift NOUN
▷ *see also* **shift** VERB
seal *masc3 (work period)*
□ His shift starts at 8 o'clock. Tosóidh a sheal ar a 8 a chlog. □ the night shift seal na hoíche

to **shift** VERB
▷ *see also* **shift** NOUN
bog
□ I couldn't shift the wardrobe on my own. Ní thiocfadh liom an vardrús a bhogadh i m'aonar.
■ **Shift yourself!** *(informal)* Brostaigh!

shift work NOUN
obair shealaíochta *fem2*

shifty ADJECTIVE
1 cleasach
□ He looked shifty. Bhí cuma chleasach air.

483

2 corrach (eyes)

shin NOUN
lorga fem4

to **shine** VERB
1 lonraigh (light)
2 soilsigh (sun)
□ The sun was shining. Bhí an ghrian ag soilsiú.

shiny ADJECTIVE
1 lonrach (bright)
2 snasta (shoes)

ship NOUN
long fem2

shipbuilding NOUN
tógáil long fem3

shipment NOUN
lastas masc1

shipwreck NOUN
1 long bhriste fem2 (ship)
2 longbhriseadh masc (event)

shipwrecked ADJECTIVE
■ to be shipwrecked bheith longbhriste

shipyard NOUN
longchlós masc1

shirt NOUN
léine fem4

to **shiver** VERB
bheith ar crith

shock NOUN
▷ see also **shock** VERB
geit fem2
■ to get a shock (electric) turraing a fháil
■ an electric shock turraing leictreach

to **shock** VERB
▷ see also **shock** NOUN
1 tabhair scanradh do (upset, offend)
□ They were shocked by the tragedy. Thug an tragóid scanradh dóibh. □ He'll be shocked if you say that. Tabharfar scanradh dó má deir tú é sin.
2 bain croitheadh as
□ I was shocked when I saw it. Baineadh croitheadh asam nuair a chonaic mé é.
■ to shock someone (surprise) geit a bhaint as duine

shocking ADJECTIVE
uafásach
□ It's shocking! Tá sé uafásach!
□ a shocking waste cur amú uafásach

shoe NOUN
bróg fem2

shoelace NOUN
iall bróige fem2

shoe polish NOUN
snasán bróg masc1

shoe shop NOUN
siopa bróg masc4

shone VERB ▷ see **shine**

shook VERB ▷ see **shake**

to **shoot** VERB
1 scaoil
□ He was shot by a sniper. Scaoil snípéir é.
□ He was shot at dawn. Scaoileadh le breacadh an lae é. □ Don't shoot! Ná scaoil!
■ to shoot at somebody scaoileadh le duine
■ to shoot an arrow saighead a scaoileadh
2 déan (film)
□ The film was shot in Prague. Rinneadh an scannán i bPrág.

shooting NOUN
1 lámhach masc1
□ They heard shooting. Chuala siad lámhach.
2 foghlaeireacht fem3
□ My Dad goes shooting sometimes. Téann Daid ag foghlaeireacht ó am go chéile.
■ a shooting lámhach □ a random shooting lámhach fánach

shop NOUN
1 siopa masc4
□ a sports shop siopa spóirt
2 ceardlann fem2 (workshop)

shop assistant NOUN
freastalaí siopa masc4
□ She's a shop assistant. Is freastalaí siopa í.

shopkeeper NOUN
siopadóir masc3
□ He's a shopkeeper. Is fear siopa é.

shoplifting NOUN
gadaíocht siopa fem3

shopping NOUN
siopadóireacht fem3
□ I love shopping. Is breá liom a bheith ag siopadóireacht. □ Can you get the shopping from the car? An féidir leat an tsiopaóireacht a fháil ón gcarr?
■ to go shopping dul ag siopadóireacht

shopping bag NOUN
mála siopadóireachta masc4

shopping centre (US **shopping center**)
NOUN
ionad siopadóireachta masc1

shop window NOUN
fuinneog siopa fem2

shore NOUN
1 cladach masc1 (of sea)
2 bruach masc1 (of lake)
■ on shore ar tír

short ADJECTIVE
1 gairid

  □ a short skirt sciorta gairid □ short hair gruaig ghairid

  ■ **too short** róghairid □ It was a great holiday, but too short. Saoire iontach a bhí ann, ach í róghairid.

2 beag (person)

  □ She's quite short. Tá sí beag go leor.

  ■ **to be short of something** bheith gann i rud □ I'm short of money. Tá mé gann in airgead.

  ■ **in short** i mbeagán focal □ In short, I won't go. I mbeagán focal, ní rachaidh mé.

  ■ **at short notice** faoi ghearrfhógra

shortage NOUN
ganntanas masc1

  □ a water shortage ganntanas uisce

shortbread NOUN
arán briosc masc1

shortcut NOUN
aicearra masc4

  ■ **to take a shortcut** aicearra a ghearradh

shorthand NOUN
gearrscríobh masc

shortly ADVERB
gan mhoill

shorts PL NOUN
briste gairid masc4

short-sighted ADJECTIVE
gearr-radharcach

short story NOUN
gearrscéal masc1

shot VERB ▷ see **shoot**

shot NOUN
1 urchar masc1

  □ He's a good shot. Tá urchar maith aige.

2 iarraidh fem (try)
3 instealladh masc (injection)
4 pictiúr masc1

  □ a shot of Dublin Castle pictiúr de Chaisleán Bhaile Átha Cliath

  ■ **like a shot** mar a bheadh splanc ann

shotgun NOUN
gunna gráin masc4

should VERB

  ■ **I should go now.** Ba cheart dom imeacht anois.

  ■ **He should be there now.** Ba cheart dó bheith ann faoi seo.

  ■ **I should have told you before.** Ba cheart dom insint duit roimhe.

  ■ **I should go if I were you.** Dá mba mise thusa, rachainn.

  ■ **I should be so lucky!** Go raibh an t-ádh orm!

shoulder NOUN
gualainn fem2

shoulder bag NOUN
mála gualainne masc4

shouldn't = should not

shout NOUN

  ▷ see also **shout** VERB

  scairt fem2

to **shout** VERB

  ▷ see also **shout** NOUN

  scairt

  □ Don't shout! Ná bí ag scairteadh! □ 'Go away!' he shouted. 'Imigh leat!' a scairt sé.

shovel NOUN
sluasaid fem2

show NOUN

  ▷ see also **show** VERB

1 seó masc4 (performance, programme)
2 taispeántas masc1 (exhibition)

to **show** VERB

  ▷ see also **show** NOUN

1 taispeáin

  □ She showed great courage. Thaispeáin sí misneach mhór.

2 nocht (uncover)

  ■ **to show somebody something** rud a thaispeáint do dhuine éigin □ Have I shown you my new trainers? Ar thaispeáin mé mo bhróga reatha nua duit?

  ■ **It shows.** Is léir é sin. □ I've never been riding before. — It shows. Ní raibh mé riamh ag marcaíocht. — Is léir é sin.

to **show off** VERB
cuir gothaí ort féin

to **show up** VERB
tar ar bráid (turn up)

  □ He showed up late as usual. Tháinig sé ar bráid go mall, mar is gnách.

shower NOUN
1 cith masc3 (rain)
2 cithfholcadán masc1 (in bathroom)
3 cithfholcadh masc

  □ I'm going to have a shower. Beidh cithfholcadh agam.

shower gel NOUN
glóthach chithfholctha fem

showerproof ADJECTIVE
cithdhíonach

showing NOUN
taispeáint fem3 (of film)

shown VERB ▷ see **show**

show-off NOUN
siollaire masc4 (person)

showroom NOUN
seomra taispeántais *masc4*

shrank VERB ▷ *see* **shrink**

shredder NOUN
stiallaire cáipéisí *masc4 (for documents)*

to **shriek** VERB
scréach

shrimps PL NOUN
ribí róibéis *masc4*

to **shrink** VERB
crap *(clothes, fabric)*

Shrove Tuesday NOUN
Máirt Inide *fem4*

to **shrug** VERB
■ **to shrug one's shoulders** do ghuaillí
a chroitheadh

shrunk VERB ▷ *see* **shrink**

to **shudder** VERB
■ **She shuddered.** Chuaigh creathán tríthi.

to **shuffle** VERB
boscáil *(cards)*

to **shut** VERB
druid
□ What time do you shut? Cén t-am a
dhruideann sibh? □ What time do the shops
shut? Cén t-am a dhruidtear na siopaí?

to **shut down** VERB
druid
□ The cinema shut down last year.
Druideadh an phictiúrlann anuraidh.

to **shut up** VERB
■ **Shut up!** Dún do chlab!

shutter NOUN
comhla *fem4*

shuttle NOUN
seirbhís tointeála *fem2 (bus service)*

shuttlecock NOUN
eiteán *masc1 (badminton)*

shy ADJECTIVE
faiteach

Sicily NOUN
an tSicil *fem2*
□ in Sicily sa tSicil □ to Sicily go dtí an tSicil

sick ADJECTIVE
tinn *(ill)*
□ I'm sick. Tá tinneas orm. □ He was sick
for four days. Bhí tinneas air ar feadh
ceithre lá.
■ **I feel sick.** Tá masmas orm.
■ **to be sick of something** bheith tinn
tuirseach de rud □ I'm sick of your jokes.
Tá mé tinn tuirseach de do chuid
scigscéalta.

sickening ADJECTIVE
masmasach

sick leave NOUN
saoire bhreoiteachta *fem4*

sickness NOUN
1 tinneas *masc1 (illness)*
2 orla *masc4 (vomiting)*

sick note NOUN
nóta breoiteachta *masc4 (from parents)*

sick pay NOUN
pá breoiteachta *masc4*

side NOUN
1 taobh *masc1*
□ He was driving on the wrong side of the
road. Bhí sé ag tiomáint ar an taobh
contráilte den bhóthar.
2 bruach *masc1 (of lake)*
□ by the side of the lake ar bhruach an locha
3 foireann *fem2 (team)*
■ He's on my side. **1** *(on my team)* Tá sé ar
an bhfoireann chéanna liom. **2** *(supporting
me)* Tá sé ar mo thaobh.
■ **side by side** taobh le taobh
■ **from side to side** anonn agus anall
■ **She always takes his side.** Taobhaíonn
sí leis-sean i gcónaí.

sideboard NOUN
cornchlár *masc1*

side-effect NOUN
seachthoradh *masc1*

side street NOUN
taobhshráid *fem2*

sidewalk NOUN (US)
cosán *masc1*

sideways ADVERB
i leataobh

sieve NOUN
criathar *masc1*

sigh NOUN
▷ *see also* **sigh** VERB
osna *fem4*

to **sigh** VERB
▷ *see also* **sigh** NOUN
lig osna

sight NOUN
1 radharc *masc1 (faculty)*
□ She has poor sight. Tá an radharc go dona
aici.
2 amharc súl *masc1 (spectacle)*
□ It was an amazing sight. Ba é an t-amharc
súl é.
■ **to know somebody by sight** aithne súl
a bheith agat ar dhuine
■ **in sight** ar amharc
■ **out of sight** as amharc
■ **the sights** *(tourist spots)* radhairc le
haghaidh turasóirí □ I went to London to

see the sights. Chuaigh mé go Londain leis na radhairc le haghaidh turasóirí a fheiceáil.

sightseeing NOUN
fámaireacht *fem3*

■ **to go sightseeing** dul ag fámaireacht

sign NOUN
▷ *see also* **sign** VERB
1 comhartha *masc4 (gesture, indication)*
□ There's no sign of improvement. Níl comhartha ar bith feabhais ann.
■ **a road sign** comhartha bóthair
2 fógra *masc4 (notice)*
□ There was a big sign saying 'private'. Bhí fógra mór agus 'príobháideach' air.
3 tuar *masc1 (omen)*
4 fíor *fem (of the cross)*
■ **There's no sign of him.** Níl iomrá ar bith air.

to **sign** VERB
▷ *see also* **sign** NOUN
sínigh *(document)*

to **sign on** VERB
1 saighneáil *(as unemployed)*
2 cláraigh *(for course)*

signal NOUN
▷ *see also* **signal** VERB
comhartha *masc4*

to **signal** VERB
▷ *see also* **signal** NOUN
■ **to signal somebody** comhartha a dhéanamh le duine

signalman NOUN
fear comharthaíochta *masc1*

signature NOUN
síniú *masc*

significance NOUN
1 ciall *fem2 (meaning)*
2 tábhacht *fem3 (importance)*

significant ADJECTIVE
tábhachtach *(important)*

sign language NOUN
teanga chomharthaíochta *fem4*

signpost NOUN
cuaille eolais *masc4*

silence NOUN
ciúnas *masc1*

silencer NOUN
tostóir *masc3 (on gun, car)*

silent ADJECTIVE
ciúin
■ **to remain silent** fanacht i do thost

silicon chip NOUN
slis sileacain *fem2*

silk NOUN
▷ *see also* **silk** ADJECTIVE
síoda *masc4*

silk ADJECTIVE
▷ *see also* **silk** NOUN
síoda
□ a silk scarf scaif síoda

silky ADJECTIVE
síodúil

silly ADJECTIVE
amaideach
■ **a silly person** prioll
■ **silly talk** breallaireacht

silver NOUN
▷ *see also* **silver** ADJECTIVE
airgead *masc1*

silver ADJECTIVE
▷ *see also* **silver** NOUN
airgid
□ a silver medal bonn airgid

SIM card NOUN
cárta SIM *masc4*

similar ADJECTIVE
■ **similar to** cosúil le

simple ADJECTIVE
simplí
□ It's very simple. Tá sé iontach simplí.
■ **He's a bit simple.** Tá sé rud beag simplí.

simply ADVERB
go simplí
□ It's simply not possible. Go simplí, ní féidir é.

simultaneous ADJECTIVE
comhuaineach

sin NOUN
▷ *see also* **sin** VERB
peaca *masc4*

to **sin** VERB
▷ *see also* **sin** NOUN
peacaigh

since ADVERB, PREPOSITION, CONJUNCTION
1 ó
□ since Christmas ón Nollaig □ I haven't seen him since. Ní fhaca mé ó shin é. □ I haven't seen her since she left. Ní fhaca mé í ó d'fhág sí. □ since then ó shin
■ **ever since** ó shin
2 ó tarla *(because)*
□ Since you're tired, let's stay at home. Ó tharla go bhfuil tuirse ort, fanaimis sa bhaile.

sincere ADJECTIVE
amach ó do chroí

sincerely ADVERB
■ **Yours sincerely** *(in letter)* Is mise le meas

to **sing** VERB
can
□ He sang out of tune. Chan sé as tiúin.

□ Have you ever sung this tune before?
Ar chan tú an fonn seo riamh?

singer NOUN
amhránaí *masc4*

singing NOUN
amhránaíocht *fem3*

single ADJECTIVE
▷ see also **single** NOUN
singil

□ a single room seomra singil
■ **single combat** comhrac aonair
■ **a single man** fear gan phósadh

single NOUN
▷ see also **single** ADJECTIVE
ticéad singil *masc1 (ticket)*

□ A single to Cork, please. Ticéad singil go
Corcaigh, le do thoil.
■ **a CD single** singil dlúthdhiosca
■ **the women's singles** (in tennis) comórtas
singil na mban

single parent NOUN
tuismitheoir aonair *masc3*

□ She's a single parent. Is tuismitheoir
aonair í.
■ **a single parent family** teaghlach
aontuismitheora

singular NOUN
uatha *masc4*

□ in the singular san uimhir uatha

sinister ADJECTIVE
urchóideach

sink NOUN
▷ see also **sink** VERB
doirteal *masc1*

to sink VERB
▷ see also **sink** NOUN
téigh go grinneall *(ship)*

■ **My heart sank.** Thit mo chroí.

sir NOUN
duine uasal

□ Yes sir. Sea, a dhuine uasail.
■ **Sir Maurice de Bracy** An Ridire Muiris
de Bracy

siren NOUN
bonnán *masc1*

sister NOUN
1 deirfiúr *fem*

□ my little sister mo dheirfiúr bheag
2 siúr *fem (nun, nurse)*

sister-in-law NOUN
deirfiúr chleamhnais *fem*

to sit VERB
1 suigh

□ She sat on the chair. Shuigh sí ar an
gcathaoir.

■ **to be sitting** bheith i do shuí
2 déan *(exam)*

to sit down VERB
suigh síos

sitcom NOUN
dráma grinn suímh *masc4*

site NOUN
1 ionad *masc1*

□ the site of the accident ionad an taisme
2 áit tógála *fem2 (building site)*
3 suíomh *masc1 (website)*

sitting room NOUN
seomra suí *masc4*

situated ADJECTIVE
suite

■ **to be situated** bheith suite □ The village
is situated on a hill. Tá an sráidbhaile suite
ar chnoc.

situation NOUN
suíomh *masc1*

six NUMBER
1 a sé

> LANGUAGE TIP **a sé** is used for telling
> the time and for counting.

□ at six o'clock ar a sé a chlog □ Three
times two is six. A trí faoina dó sin a sé.
2 sé

> LANGUAGE TIP **sé** is used to give the
> number of objects and is usually
> followed by a singular noun.

□ six bottles sé bhuidéal
■ **the Six Counties** (Northern Ireland) na Sé
Chontae

> LANGUAGE TIP Some words, **bliain**,
> **uair**, **seachtain**, **pingin**, have a
> special plural for use with numbers.

□ six weeks sé seachtaine
■ **She's six.** Tá sí sé bliana d'aois.

> LANGUAGE TIP To translate 'six people',
> use the form **seisear**.

□ six people seisear □ six women seisear ban

sixteen NUMBER
sé ... déag

> LANGUAGE TIP **sé** is usually followed
> by a singular noun.

□ sixteen bottles sé bhuidéal déag
□ sixteen people sé dhuine dhéag
■ **He's sixteen.** Tá sé sé bliana déag d'aois.

sixteenth ADJECTIVE
séú ... déag

□ the sixteenth floor an séú hurlár déag
■ **the sixteenth of August** an séú lá déag
de Lúnasa

sixth ADJECTIVE
séú

□ the sixth floor an séú hurlár

■ **the sixth of August** an séú lá déag de Lúnasa

sixth form NOUN
rang a sé *masc3*

sixty NUMBER
seasca

> ⚬ **LANGUAGE TIP** seasca is followed by a singular noun.

□ sixty people seasca duine

■ **He's sixty.** Tá sé seasca bliain d'aois.

size NOUN
méid *fem2*

□ What size do you wear? Cén mhéid a chaitheann tú?

■ **I wear a size ten.** *(clothes)* Caithim méid a deich.

■ **I take size six.** *(shoes)* Caithim méid a sé.

to **skate** VERB
scátáil

skateboard NOUN
clár scátála *masc1*

skateboarding NOUN
clárscátáil *fem3*

□ I go skateboarding at the weekends. Téim ag clárscátáil ag an deireadh seachtaine.

skates NOUN
1 scátaí *masc4 pl (ice skates)*
2 scátaí rothacha *masc4 pl (roller skates)*

skating NOUN
scátáil *fem3*

□ We went skating last week. Chuamar ag scátáil an tseachtain seo caite.

■ **a skating rink** rinc scátála

skeleton NOUN
cnámharlach *masc1*

sketch NOUN
▷ see also **sketch** VERB
sceitse *masc4*

to **sketch** VERB
▷ see also **sketch** NOUN
sceitseáil

ski NOUN
▷ see also **ski** VERB
scí *masc4*

■ **ski boots** bróga sciála
■ **a ski lift** ardaitheoir sciála
■ **ski pants** bríste sciála
■ **a ski pole** cuaille sciála
■ **a ski slope** fána sciála
■ **a ski suit** culaith sciála

to **ski** VERB
▷ see also **ski** NOUN
sciáil

□ Can you ski? An féidir leat sciáil?

to **skid** VERB
sciorr

skier NOUN
sciálaí *masc4*

skiing NOUN
sciáil *fem3*

■ **to go skiing** dul ag sciáil
■ **to go on a skiing holiday** dul ar saoire sciála

skilful (US **skillful**) ADJECTIVE
sciliúil

■ **to be skilful at something** lámh mhaith a bheith agat ar rud

skill NOUN
scil *fem2*

□ He has great skill. Tá scil mhór aige.

skilled ADJECTIVE
oilte

□ a skilled worker oibrí oilte

skimmed milk NOUN
bainne bearrtha *masc4*

skimpy ADJECTIVE
giortach

■ **a skimpy dress** scimpín gúna

skin NOUN
craiceann *masc1*

■ **skin cancer** ailse chraicinn

skinhead NOUN
maolcheann *masc1*

skinny ADJECTIVE
tanaí

■ **a skinny person** scáineachán

skin-tight ADJECTIVE
teann *(clothes)*

skip NOUN
▷ see also **skip** VERB
gabhdán bruscair *masc1 (container)*

to **skip** VERB
▷ see also **skip** NOUN
1 caith foléim
2 bheith ag scipeáil *(with rope)*

skirt NOUN
sciorta *masc4*

skittle NOUN
scidil *fem2*

■ **a game of skittles** cluiche scidilí

skull NOUN
blaosc an chinn *fem2*

sky NOUN
spéir *fem2*

skyscraper NOUN
teach spéire *masc*

slack ADJECTIVE
1 scaoilte *(loose)*
2 siléigeach *(neglectful)*

S

to **slag off** VERB
maslaigh

■ **to slag somebody off** duine a mhaslú

to **slam** VERB
plab

□ She slammed the door. Phlab sí an doras.
■ **The door slammed.** Dúnadh an doras de phlab.

slang NOUN
béarlagair *masc4*

slap NOUN
▷ see also **slap** VERB
boiseog *fem2*

to **slap** VERB
▷ see also **slap** NOUN
■ **to slap somebody** boiseog a thabhairt do dhuine

slate NOUN
scláta *masc4*

slave NOUN
sclábhaí *masc4*

sledge NOUN
carr sleamhnáin *masc1*

sledging NOUN
■ **to go sledging** dul ag marcaíocht i gcarr sleamhnáin

sleep NOUN
▷ see also **sleep** VERB
codladh *masc3*

□ I need some sleep. Tá codladh de dhíth orm.

■ **to go to sleep** dul a chodladh

to **sleep** VERB
▷ see also **sleep** NOUN
codail

□ I didn't sleep last night. Níor chodail mé aréir.

■ **to sleep with somebody** codladh le duine

to **sleep in** VERB
codail amach

□ I'm sorry I'm late, I slept in. Tá mé buartha go bhfuil mé mall, chodail mé amach é.

sleeping bag NOUN
mála codlata *masc4*

sleeping car NOUN
cóiste codlata *masc4*

sleeping pill NOUN
piollaire suain *masc4*

sleepover NOUN
codladh thar oíche *masc*

sleepy ADJECTIVE
codlatach

■ **to feel sleepy** codladh a bheith ort
□ I was feeling sleepy. Bhí codladh orm.

■ **a sleepy little village** sráidbhaile beag ciúin

sleet NOUN
▷ see also **sleet** VERB
flichshneachta *masc4*

to **sleet** VERB
▷ see also **sleet** NOUN
■ **It's sleeting.** Tá sé ag cur flichshneachta.

sleeve NOUN
muinchille *fem4*

□ long sleeves muinchillí fada
□ short sleeves muinchillí gairide

sleigh NOUN
carr sleamhnáin *masc1*

slept VERB ▷ see **sleep**

slice NOUN
▷ see also **slice** VERB
slis *fem2*

to **slice** VERB
▷ see also **slice** NOUN
gearr ina shliseogaí

slick NOUN
■ **an oil slick** leo ola

slide NOUN
▷ see also **slide** VERB
1 sleamhnán *masc1* (in playground, photo)
2 greamán *masc1* (hair slide)

to **slide** VERB
▷ see also **slide** NOUN
sleamhnaigh

slight ADJECTIVE
beag (small)

□ a slight problem fadhb bheag
□ a slight improvement feabhas beag

slightly ADVERB
beagán

Sligo NOUN
Sligeach *masc1*

slim ADJECTIVE
▷ see also **slim** VERB
tanaí

to **slim** VERB
▷ see also **slim** ADJECTIVE
bheith do do thanú féin

□ I'm slimming. Tá mé do mo thanú féin.

sling NOUN
iris ghualainne *fem2*

slip NOUN
▷ see also **slip** VERB
1 botún *masc1* (mistake)
2 foghúna *masc4* (underskirt)
3 slip *fem2* (of paper)
4 duillín *masc4* (for pay)

■ **to give somebody the slip** cor a

chur ar dhuine
- **a slip of the tongue** sciorradh focail

to **slip** VERB
▷ *see also* **slip** NOUN
sleamhnaigh
□ He slipped on the ice. Shleamhnaigh sé ar an leac oighir.

to **slip up** VERB
- **He slipped up.** Rinne sé botún.

slipper NOUN
slipéar *masc1*
- **a pair of slippers** péire slipéar

slippery ADJECTIVE
sleamhain

slip road NOUN
sliosbhóthar *masc1*

slip-up NOUN
botún *masc1*

slope NOUN
fána *fem4*

sloppy ADJECTIVE
slapach

slot NOUN
sliotán *masc1*

slot machine NOUN
1 meaisín sliotáin *masc4 (for gambling)*
2 meaisín díola *masc4 (vending machine)*

Slovakia NOUN
an tSlóvaic *fem2*

Slovenia NOUN
an tSlóivéin *fem2*

slow ADJECTIVE
▷ *see also* **slow** ADVERB
fadálach
□ We are behind a very slow lorry. Táimid taobh thiar de leoraí fadálach.
- **to be five minutes slow** *(watch)* bheith cúig noiméad mall

slow ADVERB
▷ *see also* **slow** ADJECTIVE
go mall
□ Drive slow! Tiomáin go mall!

to **slow down** VERB
moilligh

slowly ADVERB
go fadálach

slug NOUN
seilide *masc4*

slum NOUN
sluma *masc4 (house)*

slush NOUN
spútrach *masc1*

sly ADJECTIVE
slítheánta
□ a sly smile miongháire slítheánta

smack NOUN
▷ *see also* **smack** VERB
1 greadóg *fem2 (slap)*
2 leiceadar *masc1 (on face)*

to **smack** VERB
▷ *see also* **smack** NOUN
tabhair boiseog do
- **to smack somebody** boiseog a thabhairt do dhuine

small ADJECTIVE
beag
□ He lives in a small flat. Tá sé ina chónaí in árasán beag. □ A small piece, please. Píosa beag, le do thoil. □ in small print i gcló beag
- **small change** airgead mion

WORD POWER

You can use a number of other words instead of **small** to mean 'little':
miniature mion-
□ a miniature version mionsamhail
minute beag bídeach
□ a minute plant planda beag bídeach
tiny fíorbheag
□ a tiny garden gairdín fíorbheag

---

smart ADJECTIVE
1 sciobalta *(neat)*
2 cliste *(clever)*
□ a smart idea smaoineamh cliste

smart phone NOUN
guthán cliste *masc1*

smash NOUN
▷ *see also* **smash** VERB
taisme *fem4 (accident)*

to **smash** VERB
▷ *see also* **smash** NOUN
bris
□ I've smashed my watch. Bhris mé m'uaireadóir. □ The glass smashed. Briseadh an gloine.
- **to smash something to pieces** smidiríní a dhéanamh de rud

smashing ADJECTIVE
ar fheabhas
□ I think he's smashing. Sílim go bhfuil sé ar fheabhas.

smell NOUN
▷ *see also* **smell** VERB
boladh *masc1*
- **the sense of smell** an boladh

to **smell** VERB
▷ *see also* **smell** NOUN
1 bolaigh
□ It smells terrible! Tá boladh bréan as!

S

491

2 mothaigh *(detect)*

□ I can't smell anything. Ní féidir liom rud ar bith a mhothú.

■ **to smell of something** boladh rud éigin a bheith ar □ It smells of smoke. Tá boladh toite air.

smelly ADJECTIVE
bréan

□ He's got smelly feet. Tá boladh bréan as a chuid cos.

smelt VERB ▷ *see* **smell**

smile NOUN
▷ *see also* **smile** VERB
miongháire *masc4*

to **smile** VERB
▷ *see also* **smile** NOUN
miongháire a dhéanamh

smoke NOUN
▷ *see also* **smoke** VERB
toit *fem2*

to **smoke** VERB
▷ *see also* **smoke** NOUN
caith

□ He smokes 20 a day. Caitheann sé fiche sa lá. □ I don't smoke. Ní chaithim.

smoked ADJECTIVE
deataithe *(bacon, fish)*

smoker NOUN
caiteoir tobac *masc3*

smoking NOUN
caitheamh tobac *masc1*

□ Smoking is bad for you. Déanann caitheamh tobac dochar duit.

■ **to give up smoking** éirí as na toitíní
■ **'no smoking'** 'ná caitear tobac'

smooth ADJECTIVE
mín

SMS NOUN *(= short message service)*
SMS *fem4*

> LANGUAGE TIP The Irish translation is **seirbhís gearrtheactaireachtaí** but SMS is more commonly used.

smudge NOUN
smál *masc1*

smug ADJECTIVE
bogásach

to **smuggle** VERB
smuigleáil

□ He was caught trying to smuggle drugs into the country. Rugadh air ag smuigleáil drugaí isteach sa tír. □ They managed to smuggle him out of prison. Duine a smuigleáil amach as príosún.

smuggler NOUN
smuigléir *masc3*

smuggling NOUN
smuigleáil *fem3*

smutty ADJECTIVE
gáirsiúil

□ a smutty story scéal gáirsiúil

snack NOUN
smailc *fem2*

■ **to have a snack** smailc a ithe

snack bar NOUN
sneaicbhéar *masc4*

snail NOUN
seilide *masc4*

snake NOUN
nathair *fem*

□ a poisonous snake nathair nimhe

to **snap** VERB

1 bris *(break)*

□ The branch snapped. Bhris an ghéag.

2 bain smeach as *(fingers)*

snapshot NOUN
grianghraf *masc1*

to **snarl** VERB
drann

to **snatch** VERB

1 sciob

□ He snatched the keys from my hand. Sciob sé na heochracha as mo lámh. □ My bag was snatched. Sciobadh mo mhála.

2 fuadaigh *(kidnap)*

to **sneak** VERB

■ **to sneak in** sleamhnú isteach
■ **to sneak out** sleamhnú amach
■ **to sneak up on somebody** teacht go fáilí ar dhuine

to **sneeze** VERB
lig sraoth

to **sniff** VERB
smúr

■ **to sniff around** bheith ag smúrthacht thart

snob NOUN
duine ardnósach *masc4*

snooker NOUN
snúcar *masc1*

□ He went to play snooker with his friends. D'imigh sé ag imirt snúcair lena chairde.

snooze NOUN
néal codlata *masc1*

■ **I had a snooze before dinner.** Chodail mé néal roimh dhinnéar.

to **snore** VERB
bheith ag srannfach

snow NOUN
▷ *see also* **snow** VERB
sneachta *masc4*

to **snow** VERB
> ▷ see also **snow** NOUN
■ **It's snowing.** Tá sé ag cur sneachta.

snowball NOUN
meall sneachta *masc1*

snowdrop NOUN
plúirín sneachta *masc4*

snowflake NOUN
calóg shneachta *fem2*

snowman NOUN
fear sneachta *masc1*
□ **We built a snowman.** Rinneamar fear sneachta.

so ADVERB, CONJUNCTION
1 chomh
□ **She's not so clever as her brother.** Níl sí chomh cliste lena dearthair. □ **I love you so much.** Tá mé chomh mór sin i ngrá leat.
2 amhlaidh *(thus, likewise)*
■ **if so** más amhlaidh atá □ **If so, he shouldn't come.** Más amhlaidh atá, níor chóir dó teacht.
■ **So what?** Nach cuma?
■ **How's your father? — Not so good.** Cad é mar atá d'athair? — Níl sé go hiontach.
■ **so much** an oiread sin □ **I've got so much work.** Tá an oiread sin oibre agam.
■ **so many** an oiread sin □ **I've got so many things to do today.** Tá an oiread sin rudaí le déanamh inniu agam.
■ **I have a car. — So have I.** Tá carr agam. — Tá agus agamsa.
■ **I go abroad every year. — So do we.** Téim thar sáile gach bliain. Téann agus muidne.
■ **That's not so.** Ní mar sin atá.
■ **I hope so.** Tá súil agam é.
■ **I think so.** Is dóigh liom é.
■ **so far** go dtí seo □ **It's been easy so far.** Bhí sé furasta go dtí seo.
■ **at five o'clock or so** ar a cúig a chlog nó mar sin
■ **so that 1** *(expressing purpose)* chun go
2 *(expressing result)* sa dóigh go
■ **so long!** *(informal)* slán go fóill!

to **soak** VERB
cuir ar maos
■ **soaked to the skin** fliuch go craiceann

soaking ADJECTIVE
fliuch báite
□ **By the time we got back we were soaking.** Faoin am a thángamar ar ais bhíomar fliuch báite.

soap NOUN
gallúnach *fem2*

soap opera NOUN
sobalchlár *masc1*

soap powder NOUN
púdar gallúnaí *masc1*

to **sob** VERB
bheith ag smeacharnach
□ **She was sobbing.** Bhí sí ag smeacharnach ghoil.

sober ADJECTIVE
stuama

to **sober up** VERB
cuir an mheisce díot

soccer NOUN
sacar *masc1*
□ **I play soccer every Saturday.** Imrím sacar gach Satharn.
■ **a soccer player** imreoir sacair

social ADJECTIVE
sóisialta
□ **a social class** aicme shóisialta
■ **I have a good social life.** Tá saol maith sóisialta agam.

socialism NOUN
sóisialachas *masc1*

socialist ADJECTIVE
> ▷ see also **socialist** NOUN
sóisialach

socialist NOUN
> ▷ see also **socialist** ADJECTIVE
sóisialaí *masc4*

social media NOUN
meáin shóisialta *masc1 pl*

social networking NOUN
líonrú sóisialta *masc*

social security NOUN
leas sóisialta *masc3*

social worker NOUN
oibrí sóisialta *masc4*
□ **She's a social worker.** Is oibrí sóisialta í.

society NOUN
1 sochaí *fem4*
□ **We live in a multi-cultural society.** Táimid inár gcónaí i sochaí ilchultúrtha.
2 cumann *masc1* *(club)*
□ **a drama society** cumann drámaíochta

sociology NOUN
socheolaíocht *fem3*

sock NOUN
stoca gearr *masc4*

socket NOUN
soicéad *masc1*

soda NOUN
uisce sóide *masc4*

soda pop NOUN *(US)*
uisce mianraí *masc4*

sofa NOUN
tolg *masc1*

S

soft ADJECTIVE
bog
□ soft cheeses cáis bhog
■ **to be soft on somebody** (be kind to)
bheith ceanúil ar dhuine
■ **soft drugs** drugaí boga
■ **a soft option** rogha fhurasta

soft drink NOUN
deoch neamh-mheisciúil *fem*

software NOUN
bogearraí *masc4 pl*

soggy ADJECTIVE
maoth
□ a soggy tissue ciarsúr maoth

soil NOUN
ithir *fem* (earth)

solar ADJECTIVE
grianda
■ **a solar panel** painéal gréine

solar power NOUN
grianchumhacht *fem3*

sold VERB ▷ see **sell**

soldier NOUN
saighdiúir *masc3*
□ He's a soldier. Is saighdiúir é.

sole NOUN
bonn *masc1* (of foot, shoe)

solicitor NOUN
aturnae *masc4*
□ He's a solicitor. Is aturnae é.

solid ADJECTIVE
daingean (firm)
□ a solid wall balla daingean
■ **3 solid hours** 3 huaire an chloig druidte

solo NOUN
ceol aonair *masc1*
■ **a guitar solo** ruathar aonair ar an ngiotár

solution NOUN
réiteach *masc1*

to **solve** VERB
réitigh

some ADJECTIVE
▷ see also **some** PRONOUN
1 roinnt
□ some children roinnt páistí
■ **Would you like some bread?** Ar mhaith leat arán?
■ **some tea** braon tae
■ **some money** dornán airgid
■ **Some people say that …** Deirtear go …
2 éigin (unspecified)
□ Some woman was looking for you. Bhí bean éigin ar do lorg. □ He was asking about some book or other. Bhí sé ag fiafraí faoi leabhar éigin.

■ **some day** lá éigin
■ **some day next week** lá éigin an tseachtain seo chugainn

some PRONOUN
▷ see also **some** ADJECTIVE
1 roinnt (a certain number)
□ I've got some. Tá roinnt agam. □ Some of them have been sold. Díoladh roinnt acu.
□ I'm going to buy stamps. Do you want some too? Tá mé chun stampaí a cheannach. Ar mhaith leat roinnt fosta?
□ Would you like a coffee? — No thanks, I've got some. Ar mhaith leat caifé? Níor mhaith, tá roinnt agam.
2 méid áirithe (a certain amount)
□ I've got some. Tá méid áirithe agam.

somebody PRONOUN
duine éigin
□ Somebody stole my bag. Ghoid duine éigin mo mhála.

somehow ADVERB
1 ar dhóigh éigin
□ I'll do it somehow. Déanfaidh mé ar dhóigh éigin é.
2 ar chúis éigin (for some reason)
□ Somehow I don't think he believed me. Ar chúis éigin sílim nár chreid sé mé.

someone PRONOUN
duine éigin
□ Someone stole my bag. Ghoid duine éigin mo mhála.

someplace ADVERB (US)
áit éigin

somersault NOUN
iompú tóin thar ceann *masc*

something PRONOUN
rud éigin
□ something interesting rud éigin spéisiúil
□ Wear something warm. Caith rud éigin te.
□ It cost £100, or something like that. Bhí £100 air, nó rud éigin mar sin. □ His name is Peter or something. Peadar nó rud éigin an t-ainm atá air.

sometime ADVERB
am éigin (in future, past)
□ You must come and visit us sometime. Caithfidh tú teacht ar cuairt orainn am éigin.
□ sometime last month am éigin an mhí seo caite

sometimes ADVERB
uaireanta
□ Sometimes I think she hates me. Uaireanta sílim go bhfuil fuath aici dom.

somewhere ADVERB
áit éigin

□ I left my keys somewhere. D'fhág mé m'eochracha áit éigin. □ I'd like to go on holiday, somewhere sunny. Ba mhaith liom dul ar saoire, in áit éigin grianmhar.

son NOUN
macmasc1

song NOUN
amhránmasc1

son-in-law NOUN
cliamhainmasc4

soon ADVERB
1 gan mhoill
   □ soon afterwards gan mhoill ina dhiaidh sin
2 go luath(early)
   ■ **as soon as possible** chomh luath agus is féidir

sooner ADVERB
níos luaithe
   □ Can't you come a bit sooner? Nach féidir leat teacht giota níos luaithe?
   ■ **sooner or later** luath nó mall

soot NOUN
súichemasc4

soppy ADJECTIVE
maoithneach

soprano NOUN
soptránmasc1 (singer)

sorcerer NOUN
asarlaímasc4

sore ADJECTIVE
   ▷ see also **sore** NOUN
   nimhneach
   □ My feet are sore. Tá mo chosa nimhneach.
   ■ **That's a sore point.** Is pointe íogair é sin.

sore NOUN
   ▷ see also **sore** ADJECTIVE
   cneáfem4

sorry ADJECTIVE
buartha
   □ I'm really sorry. Tá mé iontach buartha.
   □ I'm sorry, I haven't got any change. Tá mé buartha, ach níl aon bhriseadh agam. □ I'm sorry I'm late. Tá mé buartha go bhfuil mé mall. □ I'm sorry about the noise. Tá mé buartha faoin gcallán.
   ■ **Sorry!** Gabh mo leithscéal!
   ■ **Sorry?** Gabh mo leithscéal?
   ■ **You'll be sorry!** Beidh daor ort!
   ■ **to feel sorry for somebody** trua a bheith agat do dhuine

sort NOUN
sórtmasc1
   □ What sort of bike have you got? Cén sórt

rothair atá agat?

to sort out VERB
1 sórtáil(objects)
2 réitigh(problems)

so-so ADVERB
measartha
   □ How are you feeling? — So-so. Cad é mar atá tú? — Go measartha.

sought VERB ▷ see **seek**

soul NOUN
anammasc3

sound ADJECTIVE
   ▷ see also **sound** ADVERB, NOUN, VERB
1 slán(safe, not damaged)
2 iontaofa(reliable, reputable)
   □ That's sound advice. Sin comhairle iontaofa.

sound ADVERB
   ▷ see also **sound** ADJECTIVE, NOUN, VERB
   ■ **She is sound asleep.** Tá sí ina cnap codlata.

sound NOUN
   ▷ see also **sound** ADJECTIVE, ADVERB, VERB
   fuaimfem2
   □ Don't make a sound! Ná déan fuaim! □ the sound of footsteps fuaim coiscéimeanna □ Can I turn the sound down? An bhfuil cead agam an fhuaim a chur síos?

to sound VERB
   ▷ see also **sound** ADJECTIVE, ADVERB, NOUN
   ■ **That sounds interesting.** Tá cuma shuimiúil air sin.

soundtrack NOUN
fuaimrianmasc1

soup NOUN
anraithmasc4
   □ vegetable soup anraith glasraí

sour ADJECTIVE
searbh

south NOUN
   ▷ see also **south** ADJECTIVE, ADVERB
   deisceartmasc1
   □ in the south sa deisceart
   ■ **the South** an Deisceart

south ADJECTIVE
   ▷ see also **south** NOUN, ADVERB
1 deisceartach
   ■ **the south coast** an cósta theas
2 aneas(wind)

south ADVERB
   ▷ see also **south** NOUN, ADJECTIVE
   ó dheas
   □ We were travelling south. Bhíomar ag taisteal ó dheas.

■ **south of** taobh theas de □ It's south of London. Tá sé taobh theas de Londain.

South Africa NOUN
an Afraic Theas *fem2*
□ in South Africa san Afraic Theas
□ to South Africa go dtí an Afraic Theas

South African ADJECTIVE
▷ *see also* **South African** NOUN
Afracach Theas

South African NOUN
▷ *see also* **South African** ADJECTIVE
Afracach Theas *masc1*

South America NOUN
Meiriceá Theas *masc4*
□ in South America i Meiriceá Theas
□ to South America go Meiriceá Theas

South American ADJECTIVE
▷ *see also* **South American** NOUN
Meiriceánach Theas

South American NOUN
▷ *see also* **South American** ADJECTIVE
Meiriceánach Theas *masc1*

southbound ADJECTIVE
ó dheas
□ The southbound carriageway is blocked.
Tá an carrbhealach ó dheas blocáilte.
□ We were southbound on the M1.
Bhí muid ag dul ó dheas ar an M1.

southeast NOUN
▷ *see also* **southeast** ADJECTIVE, ADVERB
oirdheisceart *masc1*

southeast ADJECTIVE
▷ *see also* **southeast** NOUN, ADVERB
1 oirdheisceartach
□ southeast England oirdheisceart
Shasana
2 anoir aneas *(wind)*

southeast ADVERB
▷ *see also* **southeast** NOUN, ADJECTIVE
soir ó dheas
■ **southeast of ...** taobh thoir theas de ...

southern ADJECTIVE
theas
□ the southern part of the island an taobh
theas den oileán
■ **the Southern Cross** Cros an Deiscirt

South Pole NOUN
an Pol Theas *masc1*

southwest NOUN
▷ *see also* **southwest** ADJECTIVE, ADVERB
iardheisceart *masc1*

southwest ADJECTIVE
▷ *see also* **southwest** NOUN, ADVERB
1 iardheisceartach
2 aniar aneas *(wind)*

southwest ADVERB
▷ *see also* **southwest** NOUN, ADJECTIVE
1 siar ó dheas *(to)*
2 aniar aneas *(from)*
■ **southwest of ...** taobh thiar theas de ...

souvenir NOUN
cuimhneachán *masc1*
■ **a souvenir shop** siopa cuimhneachán

Soviet ADJECTIVE
■ **the former Soviet Union** An tIar-Aontas
Sóivéadach

to **sow** VERB
cuir *(seed)*

soya NOUN
soighe *masc4*

soy sauce NOUN
anlann soighe *masc1*

space NOUN
1 spás *masc1*
□ I'd love to go into space. Ba bhreá liom
dul amach sa spás.
■ **a space shuttle** spásárthach
2 fairsinge *fem4 (room)*
□ There isn't enough space. Níl go leor
fairsinge ann.
■ **a parking space** spás páirceála

spacecraft NOUN
spásárthach *masc1*

spade NOUN
spád *fem2*
■ **spades** *(in cards)* spéireataí □ the ace
of spades an t-aon spéireata

Spain NOUN
an Spáinn *fem2*
□ in Spain sa Spáinn □ to Spain go dtí an
Spáinn

spam NOUN
turscar *masc1 (computing)*

Spaniard NOUN
Spáinneach *masc1*

spaniel NOUN
spáinnéar *masc1*

Spanish ADJECTIVE
▷ *see also* **Spanish** NOUN
Spáinneach
□ She's Spanish. Is Spáinneach í.

Spanish NOUN
▷ *see also* **Spanish** ADJECTIVE
Spáinnis *fem2 (language)*
■ **the Spanish** na Spáinnigh

to **spank** VERB
■ **to spank somebody** greidimín
a thabhairt do dhuine

spanner NOUN
castaire *masc4*

spare ADJECTIVE

▷ *see also* **spare** NOUN, VERB

1 saor *(free, unoccupied)*

□ a spare room seomra saor

■ **spare time** am saor □ What do you do when you have spare time? Cad é a dhéanann tú nuair a bhíonn am saor agat?

2 breise

□ a spare part páirt bhreise □ a spare wheel roth breise

spare NOUN

▷ *see also* **spare** ADJECTIVE, VERB

páirt bhreise *fem2 (part)*

■ **a spare** ceann sa bhreis □ I've lost my key. — Have you got a spare? Chaill mé m'eochair. — An bhfuil ceann sa bhreis agat?

to **spare** VERB

▷ *see also* **spare** ADJECTIVE, NOUN

1 spáráil *(money, time)*

□ Can you spare a moment? An dtiocfadh leat bomaite a spáráil? □ I can't spare the time. Ní féidir liom an t-am a spáráil.

■ **to spare** le spáráil *(surplus)*

□ There's no room to spare. Níl spás ar bith le spáráil. □ We arrived with time to spare. Thángamar agus am le spáráil againn.

2 coigil *(expense)*

3 lig le *(refrain from hurting)*

sparkling ADJECTIVE

1 lonrach

2 súilíneach *(wine)*

sparrow NOUN

gealbhan *masc1*

spat VERB ▷ *see* **spit**

to **speak** VERB

labhair

□ Speak up! Labhair amach!

■ **to speak to somebody** labhairt le duine

□ Have you spoken to him? Ar labhair tú leis? □ She spoke to him about it. Labhair sí leis faoi.

■ **Do you speak Irish?** An bhfuil Gaeilge agat?

speaker NOUN

1 callaire *masc4 (loudspeaker)*

2 cainteoir *masc3 (in public)*

■ **the Speaker** *(in parliament)* An Ceann Comhairle

special ADJECTIVE

speisialta

specialist NOUN

saineolaí *masc4*

speciality NOUN

speisialtacht *fem3*

to **specialize** VERB

■ **to specialize in** speisialtóireacht a dhéanamh i □ We specialize in skiing equipment. Déanaimid speisaltóireacht i dtrealamh sciála.

specially ADVERB

go speisialta

□ It's specially designed for teenagers. Dearadh go speisialta le haghaidh déagóirí é.

■ **not specially** ní an oiread sin □ Do you like opera? — Not specially. An maith leat ceoldráma? — Ní an oiread sin.

species NOUN

speiceas *masc1*

specific ADJECTIVE

sainiúil

□ certain specific issues ceisteanna áirithe sainiúla □ Could you be more specific? An dtiocfadh leat a bheith níos sainiúla?

specifically ADVERB

go sainiúil

□ It's specifically designed for teenagers. Deartar go sainiúil le haghaidh déagóirí é.

■ **I specifically said that …** Dúirt mé go sonrach go …

specs PL NOUN

spéaclaí *masc4 pl*

spectacular ADJECTIVE

iontach

spectator NOUN

breathnóir *masc3*

speech NOUN

■ **to make a speech** óráid a thabhairt

speechless ADJECTIVE

■ **She was left speechless.** Níor fágadh focal aici.

speed NOUN

luas *masc1*

□ a three-speed bike rothar trí-luas □ at top speed faoi lánluas

to **speed up** VERB

géaraigh ar an luas

speedboat NOUN

luasbhád *masc1*

speeding NOUN

tiomáint ar róluas *fem3*

□ He was fined for speeding. Gearradh fíneáil air mar gheall ar thiomáint ar róluas.

speed limit NOUN

teorainn luais *fem*

■ **to break the speed limit** an teorainn luais a shárú

speedometer NOUN

luasmhéadar *masc1*

spell NOUN

▷ see also **spell** VERB

1 draíocht *fem3* (*magic*)

■ **to cast a spell on somebody** duine a chur faoi dhraíocht □ The witch cast a spell on them. Chuir an chailleach faoi dhraíocht iad.

■ **to be under somebody's spell** bheith faoi gheasa ag duine

2 tamall *masc1* (*period of time*)

to **spell** VERB

▷ see also **spell** NOUN

litrigh

□ He can't spell. Níl litriú aige. □ How do you spell that? Cad é mar a litríonn tú é sin?

spelling NOUN

litriú *masc*

□ My spelling is terrible. Tá mo chuid litrithe go dona.

■ **a spelling mistake** earráid litrithe

spelt VERB ▷ see **spell**

to **spend** VERB

caith

□ She spent all her money. Chaith sí a cuid airgid ar fad. □ He spent a month in London. Chaith sé mí i Londain.

spice NOUN

spíosra *masc4*

spicy ADJECTIVE

spíosrach

spider NOUN

damhán alla *masc1*

to **spill** VERB

doirt

□ He spilled his coffee over his trousers. Dhoirt sé a chuid caifé ar a bhrístí.

□ The soup spilled all over the table. Doirteadh an t-anraith ar fud an tábla.

spinach NOUN

spionáiste *masc4*

spin drier NOUN

triomadóir guairne *masc3*

spine NOUN

dromlach *masc1*

spinster NOUN

bean shingil *fem*

spire NOUN

spuaic *fem2*

spirit NOUN

1 spiorad *masc1*

■ **the Holy Spirit** An Spiorad Naomh

2 meon *masc1* (*mood*)

■ **in good spirits** lán de chroí is d'aigne

3 meanma *fem* (*courage*)

spirits PL NOUN

biotáille *fem4*

□ I don't drink spirits. Ní ólaim biotáille.

spiritual ADJECTIVE

spioradálta

□ the spiritual leader of Tibet ceannaire spioradálta na Tibéide

spit NOUN

▷ see also **spit** VERB

1 bior *masc3* (*for roasting*)

2 seile *fem4* (*saliva*)

to **spit** VERB

▷ see also **spit** NOUN

caith seile

■ **to spit something out** rud a chaitheamh as do bhéal

spite NOUN

▷ see also **spite** VERB

mioscais *fem2*

■ **in spite of** in ainneoin

■ **out of spite** le holc

to **spite** VERB

▷ see also **spite** NOUN

cuir olc ar

□ He just did it to spite me. Rinne sé é le holc orm.

spiteful ADJECTIVE

mioscaiseach

splash NOUN

▷ see also **splash** VERB

splais *fem2*

□ I heard a splash. Chuala mé splais.

to **splash** VERB

▷ see also **splash** NOUN

steall

splendid ADJECTIVE

taibhseach

splint NOUN

cléithín *masc4*

splinter NOUN

scealp *fem2* (*wood*)

to **split** VERB

1 scoilt

□ He split the wood with an axe. Scoilt sé an t-adhmad le tua. □ The ship hit a rock and split in two. Bhuail an long in éadan carraige agus scoilteadh ina dhá cuid í.

2 roinn (*divide up*)

□ They decided to split the profits. Shocraigh siad ar an mbrábús a roinnt.

to **split up** VERB

1 scar ó chéile (*couple*)

□ My parents have split up. Tá mo thuismitheoirí scartha óna chéile.

2 scaip *(group)*

to **spoil** VERB
mill *(object, child, occasion)*

spoiled ADJECTIVE
millte
□ a spoiled child leanbh millte

spoilsport NOUN
seargánach *masc1*

spoilt ADJECTIVE
millte
□ a spoilt child leanbh millte

spoilt VERB ▷ see **spoil**

spoke NOUN
spóca *masc4 (of wheel)*

spoke VERB ▷ see **speak**

spoken VERB ▷ see **speak**

spokesman NOUN
urlabhraí *masc4*

spokesperson NOUN
urlabhraí *masc4*

spokeswoman NOUN
urlabhraí *masc4*

sponge NOUN
spúinse *masc4*
□ a sponge bag mála spúinse
■ a sponge cake císte spúinse

to **sponsor** VERB
téigh in urrús ar
■ sponsored by faoi choimirce □ The
festival was sponsored by ... Chuaigh ... in
urrús ar an bhféile.

spontaneous ADJECTIVE
spontáineach

spooky ADJECTIVE
1 uaigneach
□ a spooky story scéal uaigneach
2 saoithiúil *(strange)*
□ a spooky coincidence comhtharlú saoithiúil

spoon NOUN
spúnóg *fem2*

spoonful NOUN
lán spúnóige *masc1*
■ two spoonfuls of sugar dhá spúnóg shiúcra

sport NOUN
spórt *masc1*
□ What's your favourite sport? Cén spórt is
fearr leat?
■ a sports bag mála spóirt
■ a sports car carr spóirt

sports jacket NOUN
casóg spóirt *fem2*

sportsman NOUN
fear spóirt *masc1*

sportswear NOUN
éide spóirt *fem4*

sportswoman NOUN
bean spóirt *fem*

sporty ADJECTIVE
spórtúil
□ I'm not very sporty. Níl mé iontach
spórtúil.

spot NOUN
▷ see also **spot** VERB
1 ball *masc1*
□ There's a spot on your shirt. Tá ball ar do
léine.
2 spota *masc4 (in pattern)*
□ a red dress with white spots gúna dearg
agus spotaí bána air
3 goirín *masc4 (pimple)*
□ He's covered in spots. Tá sé clúdaithe le
goiríní.
4 áit *fem2*
□ It's a lovely spot for a picnic. Is áit
ghalánta é faoi choinne picnice.
■ on the spot **1** *(immediately)* láithreach
bonn □ They gave her the job on the spot.
Thug siad an jab di láithreach bonn.
2 *(at the same place)* ar an láthair □ Luckily
they were able to mend the car on the spot.
Ádhúil go leor, bhí siad ábalta an carr a
dheisiú ar an láthair.

to **spot** VERB
▷ see also **spot** NOUN
tabhair faoi deara *(notice)*
□ I spotted a mistake. Thug mé botún faoi
deara.

spotless ADJECTIVE
gan smál

spotlight NOUN
spotsolas *masc1*

spotted ADJECTIVE
ballach *(fabric)*

spotty ADJECTIVE
goiríneach *(face, person)*

spouse NOUN
céile *masc4*

sprain NOUN
▷ see also **sprain** VERB
leonadh *masc*
□ It's just a sprain. Níl ann ach leonadh.

to **sprain** VERB
▷ see also **sprain** NOUN
■ to sprain one's ankle do mhurnán a
leonadh

spray NOUN
▷ see also **spray** VERB
spraechanna *masc4 (aerosol)*

to **spray** VERB
▷ see also **spray** NOUN

spraeáil

□ Somebody had sprayed graffiti on the wall. Spraeáil duine éigin graifítí ar an mballa.

spread NOUN

▷ *see also* **spread** VERB

smearadh *masc1 (for bread)*

■ **cheese spread** smearadh cáise
■ **chocolate spread** smearadh seacláide

to **spread** VERB

▷ *see also* **spread** NOUN

1 smear

■ **She spread butter on her toast.** Smear sí im ar an tósta aici.

2 leath *(disease, news)*

□ The news spread quickly. Leath an scéal go gasta.

to **spread out** VERB

scaip amach *(people)*

□ The soldiers spread out across the field. Scaip na saighdiúirí amach trasna na páirce.

spreadsheet NOUN

scarbhileog *(on computer)*

spring NOUN

1 earrach *masc1 (season)*

■ **in spring** san earrach

2 sprionga *masc4 (coiled metal)*

3 fuarán *masc1 (water)*

spring-cleaning NOUN

glanadh an earraigh *masc*

springtime NOUN

earrach *masc1*

■ **in springtime** san earrach

sprinkler NOUN

spréire *masc4 (for lawn)*

sprint NOUN

▷ *see also* **sprint** VERB

rúid *fem2*

to **sprint** VERB

▷ *see also* **sprint** NOUN

bheith ag rábáil

■ **She sprinted for the bus.** Rith sí leis an mbus a fháil.

sprinter NOUN

rábálaí *masc4*

sprouts PL NOUN

bachlóga Bruiséile *fem2 pl*

spy NOUN

▷ *see also* **spy** VERB

spiaire *masc4*

to **spy** VERB

▷ *see also* **spy** NOUN

■ **to spy on** déan spiaireacht ar

spying NOUN

spiaireacht *fem3*

to **squabble** VERB

bheith ag achrann le chéile

□ Stop squabbling! Stadaigí de bheith ag achrann le chéile!

square NOUN

▷ *see also* **square** ADJECTIVE

cearnóg *fem2*

□ a square and a triangle cearnóg agus triantán □ the town square cearnóg an bhaile

square ADJECTIVE

▷ *see also* **square** NOUN

cearnógach

■ **2 metres square** dhá mhéadar cearnaithe

■ **2 square metres** dhá mhéadar chearnacha

squash NOUN

▷ *see also* **squash** VERB

scuais *fem2 (sport)*

□ I play squash. Imrím scuais.

■ **a squash court** cúirt scuaise
■ **a squash racket** raicéad scuaise

to **squash** VERB

▷ *see also* **squash** NOUN

brúigh

□ You're squashing me. Tá tú do mo bhrú.

to **squeak** VERB

1 bheith ag díoscán *(creak)*

2 bheith ag gíogadh *(mouse)*

to **squeeze** VERB

fáisc

to **squeeze in** VERB

brúigh isteach

□ It was a tiny car, but we managed to squeeze in. Carr beag a bhí ann, ach d'éirigh linn brú isteach.

to **squint** VERB

▷ *see also* **squint** NOUN

déan splinceáil

squint NOUN

▷ *see also* **squint** VERB

fiarshúil *fem2*

■ **to have a squint** bheith fiarshúileach

squirrel NOUN

iora *masc4*

□ red squirrel iora rua □ grey squirrel iora glas

to **stab** VERB

sáigh

stable NOUN

▷ *see also* **stable** ADJECTIVE

stábla *masc4*

stable ADJECTIVE

▷ *see also* **stable** NOUN

seasmhach

□ a stable relationship caidreamh seasmhach

stack NOUN
carn *masc1*
□ a stack of books carn leabhar

stadium NOUN
staid *fem2*

staff NOUN
foireann *fem2 (workforce)*

staffroom NOUN
seomra foirne *masc4*

stage NOUN
1 ardán *masc1 (in theatre)*
2 pointe *masc4 (point)*
□ at this stage in the negotiations ag an bpointe seo san idirbheartaíocht □ At this stage, it's too early to comment. Ag an bpointe seo, tá sé róluath chun rud ar bith a rá.
■ **to do something in stages** rud a dhéanamh de réir a chéile

to **stagger** VERB
tuisligh

stain NOUN
▷ *see also* **stain** VERB
smál *masc1*

to **stain** VERB
▷ *see also* **stain** NOUN
smálaigh

stainless steel NOUN
cruach dhosmálta *fem4*

stain remover NOUN
díobhach smál *masc1*

stair NOUN
céim *fem2 (step)*

staircase NOUN
staighre *masc4*

stairs PL NOUN
staighre *masc4*

stale ADJECTIVE
stálaithe *(bread)*

stalemate NOUN
leamhsháinn *fem2 (in chess)*

stall NOUN
stainnín *masc4 (in street, market)*
□ He's got a market stall. Tá stainnín aige sa mhargadh.
■ **the stalls** *(in cinema, theatre)* na stallaí

stamina NOUN
teacht aniar *masc3*

stammer NOUN
stad *masc4*
□ He's got a stammer. Tá stad ina chuid cainte.

stamp NOUN
▷ *see also* **stamp** VERB
stampa *masc4*
■ **a stamp collection** bailiúchán stampaí
■ **a stamp album** albam stampaí

to **stamp** VERB
▷ *see also* **stamp** NOUN
1 cuir stampa ar *(letter)*
2 stampáil *(with rubber stamp)*
■ **to stamp one's foot** do chos a ghreadadh

stamped ADJECTIVE
stampáilte
■ **The letter wasn't stamped.** Ní raibh stampa ar an litir.
■ **Enclose a stamped addressed envelope.** Cuir clúdach ar a bhfuil stampa agus seoladh leis.

stand NOUN
▷ *see also* **stand** VERB
1 stad *masc4 (for taxis)*
2 seastán *masc1 (music stand)*

to **stand** VERB
▷ *see also* **stand** NOUN
1 seas
□ He was standing by the door. Bhí sé ina sheasamh in aice leis an doras.
2 éirigh *(stand up)*
3 cuir suas le *(tolerate, withstand)*
□ I can't stand all this noise. Ní féidir liom cur suas leis an gcallán seo.

to **stand for** VERB
1 ciallaigh
□ 'BT' stands for 'British Telecom'. Ciallaíonn 'BT' 'British Telecom'.
2 cuir suas le *(tolerate)*
□ I won't stand for it! Ní chuirfidh mé suas leis!

to **stand out** VERB
1 seas amach
□ None of the candidates really stood out. Níor sheas duine ar bith de na hiarratasóirí amach.
2 seas amach *(be easily seen)*
□ She really stands out in that orange coat. Seasann sí amach sa chóta oráiste sin.

to **stand up** VERB
éirigh
■ **to stand up for** seas ceart do □ Stand up for your rights! Seas do cheart!

standard NOUN
▷ *see also* **standard** ADJECTIVE
caighdeán *masc1*
□ The standard is very high. Tá an caighdeán iontach ard.

■ **She's got high standards.** Bíonn ardchaighdeáin aici.

standard ADJECTIVE
▷ *see also* **standard** NOUN
caighdeánach *(size)*
□ standard Irish Gaeilge chaighdeánach
■ **the standard procedure** an gnáthnós

standard of living NOUN
caighdeán maireachtála *masc1*

stand-by ticket NOUN
ticéad fuireachais *masc1*

standpoint NOUN
dearcadh *masc1*

stands PL NOUN
seastáin *(at sports ground)*

stank VERB ▷ *see* **stink**

staple NOUN
▷ *see also* **staple** VERB
stápla *masc4*

to **staple** VERB
▷ *see also* **staple** NOUN
stápláil

stapler NOUN
stáplóir *masc3*

star NOUN
▷ *see also* **star** VERB
réalta *fem4 (in sky, celebrity)*
□ He's a TV star. Is réalta theilifíse é.
■ **the stars** *(horoscope)* na réaltaí

to **star** VERB
▷ *see also* **star** NOUN
an phríomhpháirt a bheith agat i
□ The film stars Meryl Streep. Tá an phríomhpháirt ag Meryl Streep sa scannán.
■ **... starring Johnny Depp** ... le Johnny Depp

to **stare** VERB
■ **to stare at** stán ar

stark ADVERB
■ **stark naked** lomnocht

start NOUN
▷ *see also* **start** VERB
1 tús *masc1*
□ It's not much, but it's a start. Ní mórán é, ach is tús é. □ Shall we make a start on the washing-up? An gcuirfimid tús leis an níochán?
2 tosach *masc1 (of race)*

to **start** VERB
▷ *see also* **start** NOUN
1 tosaigh
□ What time does it start? Cén t-am a thosóidh sé?
■ **to start doing something** tosú ar rud

a dhéanamh □ I started learning Irish three years ago. Thosaigh mé ar an nGaeilge a fhoghlaim trí bliana ó shin.
2 dúisigh *(engine)*
□ He couldn't start the engine. Ní thiocfadh leis an t-inneall a dhúiseacht. □ The car wouldn't start. Níor dhúisigh an carr.
3 bunaigh *(organization, campaign)*
□ He wants to start his own business. Ba mhaith leis ghnólacht féin a bhunú.

to **start off** VERB
imigh *(leave)*
□ We started off first thing in the morning. D'imíomar an chéad rud ar maidin.

starter NOUN
cúrsa tosaigh *masc4 (first course)*

to **starve** VERB
faigh bás den ocras
□ People were starving. Bhí daoine ag fáil bháis den ocras.
■ **to be starving** *(be hungry)* ocras an domhain a bheith ort

state NOUN
▷ *see also* **state** VERB
bail *fem2 (condition)*
■ **to be in a state** bheith trína chéile
□ He was in a real state. Bhí sé trína chéile go mór.
■ **the state** *(government)* an Stát
■ **the States** *(USA)* Na Stáit Aontaithe
■ **the Free State** An Saorstát

to **state** VERB
▷ *see also* **state** NOUN
maígh
□ He stated his intention to resign. Mhaígh sé a rún chun éirí as.

statement NOUN
ráiteas *masc1*

station NOUN
stáisiún *masc1 (for trains)*
■ **a bus station** stáisiún na mbusanna
■ **a police station** stáisiún na bpóilíní
■ **a radio station** stáisiún raidió

statue NOUN
dealbh *fem2*

stay NOUN
▷ *see also* **stay** VERB
cuairt *fem2 (visit)*
□ my stay in Dublin mo chuairt ar Bhaile Átha Cliath

to **stay** VERB
▷ *see also* **stay** NOUN
1 fan
□ Stay here! Fan anseo!
2 stopadh *(spend the night)*

□ Where are you staying? Cá bhfuil tú ag stopadh? □ We were staying in Belfast for a few days. Bhíomar ag stopadh i mBéal Feirste ar feadh cúpla lá.

■ **to stay the night** fanacht thar oíche

to **stay in** VERB
fan istigh *(at home)*

to **stay up** VERB
fan i do shuí
□ We stayed up till midnight. D'fhanamar inár suí go meán oíche.

steady ADJECTIVE
1 seasta *(regular)*
□ steady progress dul chun cinn seasta
□ a steady job post seasta □ a steady boyfriend stócach seasta
2 socair *(voice, hand)*

steak NOUN
stéig *fem2*
□ steak and chips stéig agus sceallóga

to **steal** VERB
goid

steam NOUN
gal *fem2*

steam engine NOUN
inneall gaile *masc1*

steel NOUN
cruach *fem4*
□ a steel door doras cruach

steep ADJECTIVE
crochta *(slope)*

steeple NOUN
spuaic *fem2*

steering wheel NOUN
roth stiúrtha *masc3*

step NOUN
▷ *see also* **step** VERB
céim *fem2*
□ She tripped over the step. Baineadh tuisle aisti ar an gcéim. □ He took a step forward. Thug sé céim chun tosaigh.

to **step** VERB
▷ *see also* **step** NOUN
■ **to step aside** seas i leataobh
■ **to step back** seas siar

stepbrother NOUN
leasdeartháir *masc*

stepdaughter NOUN
leasiníon *fem2*

stepfather NOUN
leasathair *masc*

stepladder NOUN
dréimire taca *masc4*

stepmother NOUN
leasmháthair *fem*

stepsister NOUN
leasdeirfiúr *fem*

stepson NOUN
leasmhac *masc1*

stereo NOUN
steirió *masc4*

sterling ADJECTIVE
■ **£5 sterling** £5 steirling

stew NOUN
stobhach *masc1*
□ Irish stew stobhach gaelach

steward NOUN
aeróstach *masc1 (on plane)*

stewardess NOUN
aeróstach *masc1 (on plane)*

stick NOUN
▷ *see also* **stick** VERB
bata *masc4*
□ a walking stick bata siúil

to **stick** VERB
▷ *see also* **stick** NOUN
greamaigh
□ Stick the stamps on the envelope. Greamaigh na stampaí ar an gclúdach.

to **stick out** VERB
gob amach
□ A pen was sticking out of his pocket. Bhí peann ag gobadh amach óna phóca.

sticker NOUN
greamaitheoir *masc3*

stick insect NOUN
cipíneach *masc1*

sticky ADJECTIVE
greamaitheach
□ I've got sticky hands. Tá mo lámha greamaitheach. □ a sticky label lipéad greamaitheach

stiff ADJECTIVE, ADVERB
righin
□ I've got a stiff neck. Tá mo mhuineál righin. □ I felt stiff after sitting for too long. Bhí mé righin ó bheith i mo shuí chomh fada sin.
■ **to be bored stiff** bheith go hiomlán dúbh dóite
■ **to be frozen stiff** bheith préachta
■ **to be scared stiff** eagla an domhain a bheith ort

still ADJECTIVE
▷ *see also* **still** ADVERB
socair
■ **Keep still!** Fan socair!

still ADVERB
▷ *see also* **still** ADJECTIVE
go fóill *(up to this time)*

S

sting – straight

□ Are you still in bed? An bhfuil tú i do luí go fóill? □ I've still got 3 days holiday. Tá 3 lá saoire fágtha agam go fóill.

sting NOUN

▷ *see also* **sting** VERB

cealg

□ a bee sting cealg ó bheach

to **sting** VERB

▷ *see also* **sting** NOUN

cealg

□ I've been stung. Cuireadh cealg ionam.

stingy ADJECTIVE

sprionlaithe

stink NOUN

▷ *see also* **stink** VERB

bréantas *masc1*

to **stink** VERB

▷ *see also* **stink** NOUN

■ It stinks! Tá sé lofa!

to **stir** VERB

corraigh

stitch NOUN

▷ *see also* **stitch** VERB

greim *masc3*

□ I had five stitches. Cuireadh cúig ghreim ionam.

to **stitch** VERB

▷ *see also* **stitch** NOUN

fuaigh

stock NOUN

stoc *masc1*

■ in stock istigh

■ out of stock rite

■ a stock cube ciúb stoic

to **stock up** VERB

□ to stock up with something soláthar de rud a leagan isteach

stocking NOUN

stoca *masc4*

stole VERB ▷ *see* **steal**

stolen VERB ▷ *see* **steal**

stomach NOUN

bolg *masc1*

■ She has an upset stomach. Tá iompú goile uirthi.

stomachache NOUN

tinneas goile *masc1*

stone NOUN

cloch *fem2*

□ a stone wall balla cloiche □ a peach stone cloch péitseoige

■ I weigh eight stone. Tá ocht gcloch de mheáchain ionam.

stood VERB ▷ *see* **stand**

stool NOUN

stól *masc1*

stop NOUN

▷ *see also* **stop** VERB

stad *masc4*

□ a bus stop stad bus □ This is my stop. Is é seo mo stad.

to **stop** VERB

▷ *see also* **stop** NOUN

1 cuir stad le

□ a campaign to stop whaling feachtas le stad a chur le seilg míolta móra

■ to stop doing something éirí as rud a dhéanamh

■ to stop smoking éirí as tobac a chaitheamh

■ to stop somebody doing something stop a chur le duine rud a dhéanamh

2 stad

□ The bus doesn't stop there. Ní stadann an bus ansin.

■ Stop! Stad!

stopwatch NOUN

stopuaireadóir *masc3*

store NOUN

▷ *see also* **store** VERB

1 stóras *masc4 (large shop)*

□ a furniture store stóras troscáin

2 stór *masc1 (stock)*

to **store** VERB

▷ *see also* **store** NOUN

1 stóráil

□ They store potatoes in the cellar. Stórálann siad prátaí sa siléar.

2 cnuasaigh *(information)*

storey NOUN

stór *masc1*

■ a three-storey building foirgneamh trí urláir

storm NOUN

stoirm *fem2*

■ a thunderstorm stoirm thoirní

stormy ADJECTIVE

stoirmeach

story NOUN

scéal *masc1*

storybook NOUN

leabhar scéalta *masc1*

stove NOUN

sorn *masc1*

straight ADJECTIVE, ADVERB

díreach

□ a straight line líne dhíreach □ straight hair gruaig dhíreach

■ straight away láithreach

■ **straight on** díreach ar aghaidh

straightforward ADJECTIVE
simplí

strain NOUN
▷ *see also* **strain** VERB
strus *(mental)*
□ It was a strain. Ábhar mór struis a bhí ann.

to **strain** VERB
▷ *see also* **strain** NOUN
bain stangadh as *(hurt)*
□ I strained my back. Bhain mé stangadh as mo dhroim.

strained ADJECTIVE
leonta *(muscle)*

stranded ADJECTIVE
■ **We were stranded.** Bhíomar fágtha ar an trá fholamh.

strange ADJECTIVE
aisteach *(odd)*
□ That's strange! Tá sé sin aisteach!

stranger NOUN
strainséir *masc3*
□ Don't talk to strangers. Ná labhair le strainséirí. □ I'm a stranger here. Is strainséir anseo mé.

to **strangle** VERB
tacht

strap NOUN
1 iall *fem2*
□ Tie a strap round that bundle. Buail strapa ar an mburla sin.
2 iris *fem2 (of bag)*

straw NOUN
1 tuí *fem4*
2 deochán *masc1 (for drinking)*
■ **That's the last straw!** Sin buille na tubaiste!

strawberry NOUN
sú talún *fem4*
□ strawberry jam subh sútha talún
□ a strawberry ice cream uachtar reoite sútha talún

stray ADJECTIVE
seachráin *(animal)*
■ **a stray cat** cat strae

stream NOUN
sruth *masc3*

street NOUN
sráid *fem2*
□ in the street ar an tsráid

streetcar NOUN (US)
tram *masc4*

streetlamp NOUN
lampa sráide *masc4*

street plan NOUN
plean sráide *masc4*

streetwise ADJECTIVE
críonna

strength NOUN
neart *masc1*

stress NOUN
▷ *see also* **stress** VERB
strus *masc1*
□ That job caused her a lot of stress. Chuir an post sin strus mór uirthi.

to **stress** VERB
▷ *see also* **stress** NOUN
cuir béim ar
□ That point was stressed at the meeting. Cuireadh béim ar an bpointe sin ag an gcruinniú.

to **stretch** VERB
sín
□ The dog woke up and stretched. Mhúscail an madra agus shín é féin. □ They stretched a rope between two trees. Shín siad rópa idir dhá chrann.

to **stretch out** VERB
sín amach
■ **to stretch out one's arms** do lámha a shíneadh amach

stretcher NOUN
síneán *masc1*

stretchy ADJECTIVE
soshínte

strict ADJECTIVE
dian

stride NOUN
céim fhada *fem2*

strike NOUN
▷ *see also* **strike** VERB
stailc *fem2*
■ **on strike** ar stailc
■ **to go on strike** dul ar stailc

to **strike** VERB
▷ *see also* **strike** NOUN
1 buail *(clock, hit)*
□ The clock struck three. Bhuail an clog a trí.
2 téigh ar stailc *(go on strike)*
■ **to strike a match** cipín a lasadh

striker NOUN
1 stailceoir *masc3 (person on strike)*
2 ionsaitheoir *masc3 (footballer)*

striking ADJECTIVE
1 sonraíoch *(noticeable)*
□ a striking difference difear sonraíoch
2 ar stailc *(on strike)*
□ striking teachers múinteoirí ar stailc

string NOUN
1 sreang *fem2*
  □ a piece of string píosa sreinge
2 téad *fem2 (of violin, guitar)*

strip NOUN
  ▷ *see also* **strip** VERB
  stiall *fem2*

to **strip** VERB
  ▷ *see also* **strip** NOUN
  bain díot

strip cartoon NOUN
  stiallchartún *masc1*

stripe NOUN
  stríoc *fem2*

striped ADJECTIVE
  stríocach
  □ a striped skirt sciorta stríocach

stripper NOUN
  struipear *masc1*

stripy ADJECTIVE
  stríopach
  □ a stripy shirt léine stríopach

stroke NOUN
  ▷ *see also* **stroke** VERB
  stróc *masc4*
  ■ **to have a stroke** stróc a fháil

to **stroke** VERB
  ▷ *see also* **stroke** NOUN
  slíoc

stroll NOUN
  spaisteoireacht *fem3*
  ■ **to go for a stroll** dul ag spaisteoireacht

stroller NOUN (US)
  bugaí linbh *masc4*

strong ADJECTIVE
  láidir
  □ It is very strong. Tá sé iontach láidir.

strongly ADVERB
  go láidir
  □ We recommend strongly that … Molaimid go láidir go … □ I don't feel strongly about it. Ní mhothaím go láidir faoi.

struck VERB ▷ *see* **strike**

struggle NOUN
  ▷ *see also* **struggle** VERB
1 streachailt *fem2 (against difficulties)*
2 coimhlint *fem2 (conflict)*

to **struggle** VERB
  ▷ *see also* **struggle** NOUN
  streachail
  □ He struggled, but he couldn't escape. Streachail sé, agus ní thiocfadh leis éalú. □ She struggled to get the door open. Streachail sí leis an doras ag iarraidh é a oscailt.

stub NOUN
  bun *masc1 (of cigarette)*

to **stub out** VERB
  múch *(cigarette)*

stubborn ADJECTIVE
  ceanndána

stuck VERB ▷ *see* **stick**

stuck ADJECTIVE
  greamaithe
  □ It's stuck. Tá sé greamaithe.
  ■ **to get stuck** bheith gafa □ We got stuck in a traffic jam. Bhíomar gafa sa trácht.

stuck-up ADJECTIVE
  smuilceach

stud NOUN
  stoda *masc4*

student NOUN
  mac léinn *masc1*

studio NOUN
  stiúideo *masc4*
  □ a TV studio stiúideo teilifíse
  ■ **a studio flat** árasán stiúideo

to **study** VERB
  déan staidéar ar
  □ I plan to study biology. Tá rún agam staidéar a dhéanamh ar an mbitheolaíocht. □ I've got to study tonight. Caithfidh mé staidéar a dhéanamh anocht.

stuff NOUN
1 stuif *masc4 (things)*
  □ There's some stuff on the table for you. Tá stuif ar an tábla duit. □ Have you got all your stuff? An bhfuil do chuid stuif ar fad agat?
2 ábhar *masc1 (substance)*

stuffy ADJECTIVE
  plúchtach *(room)*
  □ It's really stuffy in here. Tá sé iontach plúchtach istigh anseo.

to **stumble** VERB
  tuisligh

stung VERB ▷ *see* **sting**

stunk VERB ▷ *see* **stink**

stunned ADJECTIVE
  ■ **I was stunned.** Baineadh stangadh asam.

stunning ADJECTIVE
  ■ **She was stunning.** *(very attractive)* Bhí sí thar a bheith álainn.

stunt NOUN
  éacht *masc3 (in film)*

stuntman NOUN
  éachtóir *masc3*

stupid ADJECTIVE
  bómánta
  □ a stupid joke scéal grinn bómánta

to **stutter** VERB
▷ *see also* **stutter** NOUN
stad a bheith sa chaint agat

stutter NOUN
▷ *see also* **stutter** VERB
■ **He's got a stutter.** Tá stad sa chaint aige.

style NOUN
stíl *fem2*
□ That's not his style. Ní hí sin an stíl s'aige.

subject NOUN
ábhar *masc1*
□ What's your favourite subject? Cad é an t-ábhar is fearr leat?

subjunctive NOUN
foshuiteach
□ in the subjunctive sa mhodh foshuiteach

submarine NOUN
fomhuireán *masc1*

subscription NOUN
síntiús *masc1 (to magazine)*

subsequently ADVERB
ina dhiaidh sin

to **subsidize** VERB
fóirdheonaigh

subsidy NOUN
fóirdheontas *masc1*

substance NOUN
substaint *fem2*

substitute NOUN
▷ *see also* **substitute** VERB
fear ionaid *masc1 (player)*

to **substitute** VERB
▷ *see also* **substitute** NOUN
■ **to substitute one thing for another** rud a chur in ionad ruda eile

subtitled ADJECTIVE
fotheidealaithe

subtitles PL NOUN
fotheidil *masc1*
□ a French film with English subtitles scannán Fraincise agus fotheidil as Béarla

subtle ADJECTIVE
fíneálta *(fine)*

to **subtract** VERB
■ **5 subtracted from 19 is 14.** A naoi déag lúide a cúig sin a ceathair déag.

subtraction NOUN
dealú *masc*

suburb NOUN
bruachbhaile *masc4*
□ a suburb of Dublin bruachbhaile de chuid Bhaile Átha Cliath
■ **They live in the suburbs.** Tá cónaí orthu in imeall na catrach.

subway NOUN
íosbhealach *masc1 (underpass)*

to **succeed** VERB
■ **She succeeded.** D'éirigh léi.

success NOUN
rath *masc3*
■ **The show was a success.** D'éirigh go maith leis an seó.

successful ADJECTIVE
rathúil
□ a successful attempt iarracht rathúil
□ He's a successful businessman. Is fear gnó rathúil é.
■ **to be successful in doing something** rud a éirí leat
■ **They were very successful.** D'éirigh go geal leo.

successfully ADVERB
go rathúil

successive ADJECTIVE
i ndiaidh a chéile

such ADJECTIVE, ADVERB
a leithéid de
□ such nice people a leithéid de dhaoine deasa □ such a long journey a leithéid de thuras fada
■ **such a lot of** an oiread sin □ such a lot of work an oiread sin oibre
■ **such as** *(like)* cosúil le □ hot countries, such as India tíortha teo, cosúil leis an India
■ **not as such** ní go díreach □ He's not an expert as such, but ... Ní saineolaí é go díreach, ach ...
■ **There's no such thing.** Níl a leithéid de rud ann. □ There's no such thing as the yeti. Níl a leithéid de rud ann agus an yeti.

such-and-such ADJECTIVE
■ **at such-and-such a time** ag a leithéid seo d'am

to **suck** VERB
diúl
□ She still sucks her thumb. Bíonn sí fós ag diúl a hordóige.

sudden ADJECTIVE
tobann
□ a sudden change athrú tobann
■ **all of a sudden** go tobann

suddenly ADVERB
go tobann
□ Suddenly, the door opened. Go tobann, osclaíodh an doras.

suede NOUN
svaeid *fem2*
□ a suede jacket seaicéad svaeide

507

to **suffer** VERB
fulaing

□ She was really suffering. Bhí sí ag fulaingt go mór.

■ I suffer from hay fever. Tagann fiabhras léana orm.

to **suffocate** VERB
plúch

sugar NOUN
siúcra *masc4*

□ Do you take sugar? An gcaitheann tú siúcra?

to **suggest** VERB
mol

□ I suggested they set off early. Mhol mé dóibh imeacht go luath.

suggestion NOUN
moladh *masc*

□ to make a suggestion moladh a dhéanamh

suicide NOUN
féinmharú *masc*

■ to commit suicide lámh a chur i do bhás féin

suicide bomber NOUN
buamadóir féinmharaithe *masc3*

suit NOUN
▷ see also **suit** VERB
culaith *fem2*

to **suit** VERB
▷ see also **suit** NOUN
fóir do

□ What time would suit you? Cén t-am a d'fhóirfeadh duitse? □ That suits me fine. Fóireann sin go maith dom. □ That dress really suits you. Fóireann an gúna sin go maith duit.

■ Suit yourself! Bíodh agat féin!

suitable ADJECTIVE
fóirsteanach

□ a suitable time am fóirsteanach
□ suitable clothing éadaí fóirsteanacha

suitcase NOUN
mála taistil *masc4*

suite NOUN
sraith *fem2 (of rooms)*

to **sulk** VERB
pus a bheith ort

sulky ADJECTIVE
pusach

sultana NOUN
sabhdánach *masc1*

sultry ADJECTIVE
brothallach

sum NOUN
suim *fem2*

□ She's good at sums. Tá sí maith ag suimeanna. □ a sum of money suim airgid

to **sum up** VERB
coimrigh

to **summarize** VERB
achoimrigh

summary NOUN
achoimre *fem4*

summer NOUN
samhradh *masc1*

■ in summer sa samhradh
■ summer clothes éadaí an tsamhraidh
■ the summer holidays saoire an tsamhraidh
■ a summer camp (US) campa samhraidh

summertime NOUN
an samhradh *masc1*

■ in summertime sa samhradh

summit NOUN
barr *masc1*

sun NOUN
grian *fem2*

□ in the sun faoin ngrian

to **sunbathe** VERB
bolg le gréin a dhéanamh

sunblock NOUN
grianbhac *masc1*

sunburn NOUN
dó gréine *masc4*

sunburnt ADJECTIVE
griandóite

■ I got sunburnt. Fuair mé dó gréine.

Sunday NOUN
An Domhnach *masc1*

■ last Sunday Dé Domhnaigh seo caite
■ next Sunday De Domhnaigh seo chugainn
■ on Sunday Dé Domhnaigh
■ on Sundays ar an Domhnach

□ He comes on Sundays. Tagann sé ar an Domhnach.

■ every Sunday gach Domhnach

Sunday school NOUN
scoil Domhnaigh *fem2*

□ They never go to Sunday school. Ní théann siad riamh ar scoil Domhnaigh.

sunflower NOUN
lus na gréine *masc3*

sung VERB ▷ see **sing**

sunglasses PL NOUN
spéaclaí gréine *fem4 pl*

sunk VERB ▷ see **sink**

sunlight NOUN
solas na gréine *masc1*

S

sunny ADJECTIVE
grianmhar
□ a sunny morning maidin ghrianmhar
□ It's sunny. Tá sé grianmhar.

sunrise NOUN
éirí na gréine masc4

sunroof NOUN
díon gréine masc1

sunscreen NOUN
sciath ghréine fem2

sunset NOUN
luí na gréine masc4

sunshine NOUN
dealramh na gréine masc1

sunstroke NOUN
goin ghréine fem3
□ Be careful not to get sunstroke on holiday.
Seachain an mbuailfeadh goin ghréine thú
ar do laethanta saoire.

suntan NOUN
dath gréine masc3

suntan lotion NOUN
ionlach gréine masc1

suntan oil NOUN
ola ghréine fem4

super ADJECTIVE
ar fheabhas

superb ADJECTIVE
thar barr

supermarket NOUN
ollmhargadh masc1

supernatural ADJECTIVE
osnádúrtha

superstitious ADJECTIVE
piseogach

to **supervise** VERB
1 déan maoirseacht ar (work)
2 coinnigh súil ar (watch)

supervisor NOUN
maoirseoir masc3

supper NOUN
suipéar masc1

supplement NOUN
▷ see also **supplement** VERB
forlíon masc1

to **supplement** VERB
▷ see also **supplement** NOUN
cuir le

supplies PL NOUN
soláthairtí masc1 pl (food)

to **supply** VERB
▷ see also **supply** NOUN
soláthair
■ to supply somebody with something
rud a sholáthar do dhuine □ The centre

supplied us with all the equipment.
Sholáthair an t-ionad an trealamh uile
dúinn.

supply NOUN
▷ see also **supply** VERB
soláthar masc1
□ a supply of paper soláthar páipéir
■ the water supply (to town) an soláthar
uisce

supply teacher NOUN
múinteoir taca masc3

support NOUN
▷ see also **support** VERB
tacaíocht fem3 (backing)

to **support** VERB
▷ see also **support** NOUN
tabhair tacaíocht do
□ My mum has always supported me.
Thug mo mháthair tacaíocht riamh dom.
□ What team do you support? Cén
fhoireann a dtugann tú tacaíocht di?

supporter NOUN
■ a Dublin supporter tacadóir de chuid
Bhaile Átha Cliath

to **suppose** VERB
1 creid
□ I suppose you're right. Creidim go bhfuil
an ceart agat.
2 abair
□ Suppose you won the lottery. Abair gur
bhain tú an crannchur.
■ I suppose so. Is dócha é.
■ I suppose he went home. Is dócha go
ndeachaigh sé abhaile.

supposing CONJUNCTION
abair
□ Supposing you won the lottery …
Abair gur bhain tú an crannchur …

surcharge NOUN
formhuirear masc1

sure ADJECTIVE
cinnte
□ Are you sure? An bhfuil tú cinnte?
■ Sure! Cinnte!
■ to make sure that tabhairt do d'aire go
□ I'm going to make sure the door's locked.
Tá mé ag dul a chinntiú go bhfuil an doras
faoi ghlas.

surely ADVERB
cinnte
■ Surely you've been to Dublin?
Caithfidh go raibh tú i mBaile Átha Cliath?
■ The shops are closed on Sundays,
surely? Caithfidh go bhfuil na siopaí druidte
ar an Domhnach?

surf NOUN
▷ see also **surf** VERB
bruth masc3

to **surf** VERB
▷ see also **surf** NOUN
scimeáil

■ **to surf the Net** an tIdirlíon a scimeáil

surface NOUN
1 dromchla masc4 (of earth, road)
2 uachtar masc1 (of water)

surfboard NOUN
clár toinne masc1

surfing NOUN
marcaíocht toinne fem3
□ I love to go surfing. Is aoibhinn liom an mharcaíocht toinne.

surgeon NOUN
máinlia masc4
□ She's a surgeon. Is máinlia í.

surgery NOUN
clinic dochtúra masc4 (room)
■ **surgery hours** uaireanta an chlinic

surname NOUN
sloinne masc4

surprise NOUN
iontas masc1

surprised ADJECTIVE
■ I was surprised to see him. Bhí iontas orm é a fheiceáil.

surprising ADJECTIVE
iontach

to **surrender** VERB
géill

surrogate mother NOUN
máthair ionaid fem

to **surround** VERB
tar timpeall ar
■ **surrounded by** thart timpeall ar
□ The house is surrounded by trees. Tá crainn thart timpeall ar an teach.

surroundings PL NOUN
timpeallacht fem3
■ **a hotel in beautiful surroundings** ostán atá suite in áit álainn

survey NOUN
suirbhé masc4 (research)

surveyor NOUN
suirbhéir masc3

to **survive** VERB
mair

survivor NOUN
marthanóir masc3

suspect NOUN
▷ see also **suspect** VERB
■ **He is the main suspect.** Eisean an

príomhamhrastach.

to **suspect** VERB
▷ see also **suspect** NOUN
bheith san amhras ar

to **suspend** VERB
cuir ar fionraí (from job, team)
■ **to be suspended** (person) a bheith ar fionraí

suspenders PL NOUN (US)
gealasacha masc1 pl (braces)

suspense NOUN
beophianadh masc

suspension NOUN
fionraíocht fem3 (from school, team, job)

suspicious ADJECTIVE
amhrasach

SUV NOUN (= sport utility vehicle)
SUV fem

> LANGUAGE TIP The Irish translation is **feithicil áirge spóirt** but SUV is more commonly used.

to **swallow** VERB
slog

swam VERB ▷ see **swim**

swan NOUN
eala fem4

to **swap** VERB
rud a mhalartú
□ Do you want to swap? An bhfuil tú ag iarraidh malartú? □ to swap A for B A a mhalartú ar B

to **swat** VERB
smiot

to **sway** VERB
luasc

to **swear** VERB
1 eascainigh (use bad language)
2 glac mionn (take an oath)

swearword NOUN
eascaine fem4

sweat NOUN
▷ see also **sweat** VERB
allas masc1

to **sweat** VERB
▷ see also **sweat** NOUN
cuir allas

sweater NOUN
geansaí masc4

sweatshirt NOUN
léine aclaíochta fem4

sweaty ADJECTIVE
allasúil

Swede NOUN
Sualannach masc1

swede NOUN
svaeid masc4

Sweden NOUN
an tSualainn *fem2*
□ in Sweden sa tSualainn
Swedish ADJECTIVE
▷ *see also* **Swedish** NOUN
Sualannach
□ She's Swedish. Is Sualannach í.
Swedish NOUN
▷ *see also* **Swedish** ADJECTIVE
Sualainnis *fem2* *(language)*
to **sweep** VERB
scuab
■ **to sweep the floor** an t-urlár
a scuabadh
sweet NOUN
▷ *see also* **sweet** ADJECTIVE
1 milseán *masc1* *(candy)*
□ a bag of sweets mála milseán
2 milseog *fem2* *(pudding)*
□ What sweet did you have? Cén mhilseog
a bhí agat?
sweet ADJECTIVE
▷ *see also* **sweet** NOUN
1 milis *(not savoury)*
■ **sweet and sour pork** muiceoil mhilis
shearbh
2 cineálta *(kind)*
□ That was really sweet of you. Ba chineálta
an mhaise duit é.
3 gleoite *(cute)*
□ Isn't she sweet? Nach í atá gleoite?
sweetcorn NOUN
arbhar milis *masc1*
sweltering ADJECTIVE
brothallach
swept VERB ▷ *see* **sweep**
to **swerve** VERB
fiar
swim NOUN
▷ *see also* **swim** VERB
snámh *masc3*
■ **to go for a swim** dul ag snámh
to **swim** VERB
▷ *see also* **swim** NOUN
snámh
□ Can you swim? An bhfuil snámh agat?
swimmer NOUN
snámhóir *masc3*
□ She's a good swimmer. Is snámhóir
maith í.
swimming NOUN
snámh *masc3*
□ Do you like swimming? An maith leat an
snámh?
■ **to go swimming** *(in a pool)* dul ag snámh

swimming cap NOUN
caipín snámha *masc4*
swimming costume NOUN
culaith shnámha *fem2*
swimming pool NOUN
linn snámha *fem2*
swimming trunks PL NOUN
bríste snámha *masc4*
swimsuit NOUN
culaith shnámha *fem2*
swing NOUN
▷ *see also* **swing** VERB
luascán *masc1* *(in playground, garden)*
to **swing** VERB
▷ *see also* **swing** NOUN
1 luasc
□ The gate was swinging in the wind. Bhí an
geata ag luascadh sa ghaoth.
2 tiontaigh
□ The canoe swung round sharply.
Thiontaigh an canú thart go géar.
Swiss ADJECTIVE
▷ *see also* **Swiss** NOUN
Eilvéiseach
□ She's Swiss. Is Eilvéiseacha í.
Swiss NOUN
▷ *see also* **Swiss** ADJECTIVE
Eilvéiseach *masc1*
■ **the Swiss** *(people)* muintir na hEilvéise
switch NOUN
▷ *see also* **switch** VERB
lasc *fem2* *(for light, radio)*
to **switch** VERB
▷ *see also* **switch** NOUN
athraigh
□ We switched partners. D'athraigh muid
páirtnéirí.
to **switch off** VERB
múch
to **switch on** VERB
1 las *(light)*
2 tosaigh *(engine, machine)*
Switzerland NOUN
an Eilvéis *fem2*
□ in Switzerland san Eilvéis
swollen ADJECTIVE
ata *(arm, leg)*
to **swop** VERB
rud a mhalartú
□ Do you want to swop? An bhfuil tú ag
iarraidh malartú? □ to swop A for B
A a mhalartú ar B
sword NOUN
claíomh *masc1*
swore VERB ▷ *see* **swear**

sworn VERB ▷ see **swear**

to **swot** VERB
dianstaidéar a dhéanamh

□ I'll have to swot for my maths exam.
Beidh orm dianstaidéar a dhéanamh le
haghaidh mo scrúdú mata.

swum VERB ▷ see **swim**

swung VERB ▷ see **swing**

syllable NOUN
siolla *masc4*

syllabus NOUN
siollabas *masc1*

□ on the syllabus ar an siollabas

symbol NOUN
siombail *fem2*

sympathetic ADJECTIVE
tuisceanach *(understanding)*

to **sympathize** VERB
■ to sympathize with somebody
(understand) bheith tuisceanach do dhuine

sympathy NOUN
trua *fem4*

symptom NOUN
comhartha *masc4*

syringe NOUN
steallaire *masc4*

system NOUN
1 córas *masc1*

□ the decimal system an córas deachúlach
2 modh *masc3 (method)*

Tt

table NOUN
tábla *masc4*
□ Lay the table please. Ullmhaigh an tábla, le do thoil.

tablecloth NOUN
éadach boird *masc1*

table lamp NOUN
lampa boird *masc4*

tablemat NOUN
mata boird *masc4*

table of contents NOUN
clár ábhair *masc1*

tablespoon NOUN
spúnóg bhoird *fem2*
□ two tablespoons of sugar dhá spúnóg bhoird de shiúcra

tablet NOUN
táibléad *masc1* (*also computer*)

table tennis NOUN
leadóg bhoird *fem2*
□ I often play table tennis. Imrím leadóg bhoird go minic.

tabloid NOUN
táblóideach *masc1*

tack NOUN
tacóid *fem2* (*nail*)

tackle NOUN
▷ *see also* **tackle** VERB
greamú *masc* (*in football, rugby*)
■ **fishing tackle** trealamh iascaigh

to **tackle** VERB
▷ *see also* **tackle** NOUN
greamaigh (*in football, rugby*)
■ **to tackle a problem** dul i ngleic le fadhb

tact NOUN
cáiréis *fem2*

tactful ADJECTIVE
cáiréiseach

tactical ADJECTIVE
straitéiseach

tactics PL NOUN
straitéis *fem2*

tactless ADJECTIVE
■ **to be tactless** bheith gan deastuiscint
■ **a tactless remark** ráiteas gan deastuiscint

tadpole NOUN
torbán *masc1*

tag NOUN
lipéad *masc1*

to **tag along** VERB
lean

tail NOUN
eireaball *masc1*
■ **Heads or tails?** Ceann nó cúl?

tailback NOUN
scuaine tráchta *fem4* (*traffic*)

tailor NOUN
táilliúir *masc3*

to **take** VERB
1 glac
□ He took a plate from the cupboard. Ghlac sé pláta ón gcófra.
2 tabhair (*bring, carry*)
□ Are you taking your new camera? An mbeidh tú ag tabhairt do cheamara nua leat? □ I'm going to take my coat to the cleaner's. Tá mé a dhul a thabhairt mo chóta chuig na glantóirí. □ Don't take anything valuable with you. Ná tabhair rud ar bith luachmhar leat.
3 tóg (*require*)
□ That takes a lot of courage. Tógann sé sin cuid mhór misnigh. □ It takes about an hour. Tógann sé thart faoi uair an chloig.
■ **It takes a lot of money to do that.** Tógann sé cuid mhór airgid leis sin a dhéanamh.
4 déan (*exam, test*)
□ Have you taken your driving test yet? An ndearna tú do thriail tiomána go fóill?
■ **He can't take being criticized.** Ní féidir leis glacadh le cáineadh.
■ **When will you take me to London?** Cá huair a thógfaidh tú go Londain mé?

■ **I'm taking French instead of German.**
Tá mé ag déanamh Fraincise in áit na
Gearmáinise.

to **take after** VERB
bheith cosúil le
□ She takes after her mother. Tá sí cosúil
lena máthair.

to **take apart** VERB
bain as a chéile
■ **to take something apart** rud a bhaint as
a chéile

to **take away** VERB
■ **Take it away!** Tabhair leat é!
■ **to take something away** (confiscate) rud
a choigistiú

to **take back** VERB
1 tabhair ar ais (return)
□ I took it back to the shop. Thug mé ar ais
chuig an siopa é.
2 tarraing siar (one's words)

to **take down** VERB
1 bain anuas (tent, scaffolding)
2 tóg anuas (from shelf)
3 breac síos (notes)
□ He took down the details in his notebook.
Bhreac sé síos na sonraí ar fad ina leabhar
nótaí.

to **take in** VERB
tuig (understand)
□ I didn't really take it in. Níor thuig mé mar
is ceart é.

to **take off** VERB
éirigh de thalamh
□ The plane took off twenty minutes late.
D'éirigh an t-eitleán de thalamh fiche
bomaite mall.
■ **She took off her coat.** Bhain sí di a cóta.

to **take on** VERB
1 glac chugat (work)
2 fostaigh (employee)

to **take out** VERB
1 tóg amach (remove)
2 tabhair amach (invite)
□ He took her out to the theatre. Thóg sé
amach chuig an amharclann í.

to **take over** VERB
téigh i gceannas ar (business)
■ **He took over the factory.** Chuaigh sé
i mbun na monarchan.
■ **to take over from somebody** áit duine
a ghlacadh

takeaway NOUN
1 béile beir leat masc4 (meal)
2 bialann beir leat fem2 (shop)

taken VERB ▷ see **take**

takeoff NOUN
éirí de thalamh masc4 (of plane)

takeover NOUN
táthcheangal masc1 (of company)

talc NOUN
talcam masc1

talcum powder NOUN
púdar talcaim masc1

tale NOUN
scéal masc1 (story)

talent NOUN
bua masc4
□ She's got lots of talent. Tá a lán buanna
aici.
■ **to have a talent for something** bua ruda
a bheith agat □ He's got a real talent for
languages. Tá bua mór teangacha aige.

talented ADJECTIVE
éirimiúil
□ She's a talented pianist. Is pianódóir
éirimiúil í.

talk NOUN
▷ see also **talk** VERB
1 caint fem2 (a speech)
□ She gave a talk on rock climbing. Thug sí
caint ar ailleadóireacht.
2 comhrá masc4 (conversation)
□ I had a talk with my mum about it. Bhí
comhrá agam le mo mháthair faoi.
3 béadán masc1 (gossip)
□ It's just talk. Níl ann ach béadán.

to **talk** VERB
▷ see also **talk** NOUN
labhair
□ Don't talk to strangers. Ná labhair le
strainséirí.
■ **to talk about something** labhairt faoi rud
■ **to talk something over with somebody**
rud a phlé le duine

talkative ADJECTIVE
cainteach

talk show NOUN
seó agallaimh masc4

tall ADJECTIVE
ard
■ **to be six feet tall** (person) bheith sé
troithe ar airde
■ **to be 2 metres tall** (building) bheith
2 mhéadar ar airde

tall story NOUN
scéal an ghamhna bhuí masc1

tally NOUN
cuntas masc1

talon NOUN
ionga fem

tame ADJECTIVE
ceansa
□ They've got a tame hedgehog.
Tá gráinneog cheansa acu.

tampon NOUN
súitín masc4

tan NOUN
dath na gréine masc3
□ She's got an amazing tan. Tá dath iontach
na gréine aici.

tangerine NOUN
táinséirín masc4

tangle NOUN
aimhréidh fem2
□ Her hair was in a tangle. Bhí a cuid
gruaige in aimhréidh.

tank NOUN
1 umar masc1 (for water, petrol)
□ a fish tank umar éisc
2 tanc masc4 (military)

tanker NOUN
tancaer masc1 (truck)
■ an oil tanker tancaer ola
■ a petrol tanker tancaer peitril

tantrum NOUN
spadhar masc1

tap NOUN
▷ see also **tap** VERB
1 sconna masc4 (on sink, bath)
2 cniogóg fem2 (gentle blow)
■ on tap (resources) ar fáil

to **tap** VERB
▷ see also **tap** NOUN
■ to tap something cniogóg a bhualadh
ar rud
■ to tap a phone cúléisteacht ar ghuthán
duine

tap-dancing NOUN
cniogdhamhsa masc4
□ I do tap-dancing. Déanaim
cniogdhamhsa.

tape NOUN
▷ see also **tape** VERB
1 téip fem2 (cassette)
2 téip ghreamaitheach (sticky)

to **tape** VERB
▷ see also **tape** NOUN
1 taifead (record)
□ Did you tape that film last night?
Ar thaifead tú an scannán sin aréir?
2 greamaigh (stick with tape)

tape measure NOUN
ribín tomhais masc4

tape recorder NOUN
téipthaifeadán masc1

tapestry NOUN
taipéis fem2

target NOUN
1 sprioc fem2 (for shooting)
2 cuspóir masc3 (objective)

tarmac NOUN
tarramhacadam masc1

tarpaulin NOUN
tarpól masc1

tarragon NOUN
dragan masc1

tart NOUN
toirtín masc4
□ an apple tart toirtín úll

tartan ADJECTIVE
breacáin
□ a tartan scarf scaif bhreacáin

tartare sauce NOUN
anlann tartair masc1

task NOUN
cúram masc1

task force NOUN
tascfhórsa masc4

taste NOUN
▷ see also **taste** VERB
blas masc1
□ It's got a really strange taste. Tá blas
an-aisteach air.
■ to be in bad taste bheith míchuí

to **taste** VERB
▷ see also **taste** NOUN
blais
□ Would you like to taste it? Ar mhaith leat é
a bhlaiseadh? □ You can taste the garlic in
it. Is féidir an ghairleog a bhlaiseadh air.
■ to taste of something blas ruda a bheith
air □ It tastes of fish. Tá blas éisc air.

tasteful ADJECTIVE
cuibhiúil

tasteless ADJECTIVE
1 leamh (food)
2 míchuibheasach
□ a tasteless remark ráiteas míchuibheasach

tasty ADJECTIVE
blasta

tattoo NOUN
tatú masc4

taught VERB ▷ see **teach**

Taurus NOUN
An Tarbh masc1
□ I'm Taurus. Is mise An Tarbh.

tax NOUN
cáin fem

tax disc NOUN
diosca cánach masc4 (on car)

t

tax-free ADJECTIVE
saor ó cháin

taxi NOUN
tacsaí *masc4*

taxi driver NOUN
tiománaí tacsaí *masc4*

taxi rank, taxi stand NOUN
stad tacsaí *masc4*

tax payer NOUN
íocóir cánach *masc3*

TB NOUN
eitinn *fem2*

tea NOUN
tae *masc4*
□ a cup of tea cupán tae
■ It is tea time. *(evening meal)* Tá sé in am tae.

tea bag NOUN
mála tae *masc4*

tea break NOUN
sos tae *masc3*

to **teach** VERB
múin
□ She teaches physics. Múineann sí fisic.
□ My sister taught me to swim. Mhúin mo dheirfiúr snámh dom.
■ That'll teach you! Múinfidh sé sin thú!

teacher NOUN
múinteoir *masc3*
□ a maths teacher múinteoir mata
□ She's a teacher. Is múinteoir í. □ He's a primary school teacher. Is múinteoir bunscoile é.

teacher's pet NOUN
peata an mhúinteora *masc4*

teaching NOUN
múinteoireacht *fem3*

tea cloth NOUN
scaraoid tae *fem2*

tea cosy NOUN
púic tae *fem2*

teacup NOUN
cupán *masc1*

team NOUN
foireann *fem2*
□ a football team foireann peile □ She was in my team. Bhí sí ar fhoireann s'agamsa.

teapot NOUN
taephota *masc4*

tear NOUN
▷ see also **tear** VERB
deoir *fem2*
□ The music moved her to tears. Bhain an ceol na deora aisti.
■ She burst into tears. Bhris a gol uirthi.

to **tear** VERB
▷ see also **tear** NOUN
stróic
□ Be careful or you'll tear the page.
Bí cúramach nó stróicfidh tú an leathanach.
□ It won't tear, it's very strong. Ní stróicfear é, tá sé iontach láidir.

to **tear along** VERB
■ She was tearing along the road. *(rush)*
Bhí sí ag stróiceadh léi feadh an bhóthair.

to **tear up** VERB
stróic
□ He tore up the letter. Stróic sé an litir.

tear gas NOUN
deoirghás *masc1*

tearoom NOUN
seomra tae *masc4*

to **tease** VERB
1 spoch as *(jokingly)*
□ He's teasing you. Tá sé ag spochadh asat.
■ I was only teasing him. Ní raibh mé ach ag spochadh as.
2 ciap *(unkindly)*
□ Stop teasing that poor animal! Ná ciap an t-ainmhí bocht!

tea set NOUN
foireann tae *fem2*

teaspoon NOUN
1 taespúnóg *fem2*
2 lán taespúnóige *masc1 (as measurement)*
□ two teaspoons of sugar dhá lán taespúnóige de shiúcra

teatime NOUN
am tae *masc3*
□ It was nearly teatime. Am tae a bhí ann, beagnach. □ Teatime! Am tae!

tea towel NOUN
ceirt soithí *fem2*

technical ADJECTIVE
teicniúil
■ a technical college ceardcholáiste

technicality NOUN
1 teicniúlacht *fem3 (detail)*
2 pointe teicniúil *masc4 (point of law)*

technically ADVERB
go teicniúil

technician NOUN
teicneoir *masc3*

technique NOUN
teicníocht *fem3*

techno NOUN
technicheol *masc1 (music)*

technology NOUN
teicneolaíocht *fem3*

teddy bear NOUN
béirín masc4

tedious ADJECTIVE
leadránach

teenage ADJECTIVE
déagóra

■ **a teenage magazine** irisleabhar do
dhéagóirí

■ **She has two teenage daughters.** Tá
beirt iníonacha sna déaga aici.

teenager NOUN
déagóir masc3

teens PL NOUN

■ **She's in her teens.** Tá sí sna déaga.

tee-shirt NOUN
T-léine fem4

teeth PL NOUN
fiacla fem2 pl

to **teethe** VERB
fiacla a chur

teetotal ADJECTIVE
staontach (person)

■ **I'm teetotal.** Is staonaire mé.

teetotaller NOUN
staonaire masc4

telecommunications PL NOUN
teilachumarsáid fem2

telephone NOUN
guthán masc1

□ **on the telephone** ar an nguthán

telephone box NOUN
bosca gutháin masc4

telephone call NOUN
glao gutháin masc4

telephone directory NOUN
eolaí teileafóin masc4

telephone number NOUN
uimhir ghutháin fem

telesales PL NOUN
teilidhíolachán masc1

□ **She works in telesales.** Tá sí ag obair
sna teilidhíolacháin.

telescope NOUN
teileascóp masc1

television NOUN
1 teilifís fem2

□ **on television** ar an teilifís

■ **a television licence** ceadúnas teilifíse

■ **a television programme** clár teilifíse

2 teilifíseán masc1 (set)

to **tell** VERB
inis

□ **Did you tell your mother?** Ar inis tú do
do mháthair? □ **I told him that I would
be going on holiday.** D'inis mé dó go

mbeinn ag dul ar saoire.

■ **to tell somebody to do something** a rá le
duine rud a dhéanamh □ **He told me to wait
a moment.** Dúirt sé liom fanacht bomaite.

■ **to tell lies** bréaga a insint

■ **to tell a story** scéal a insint

■ **I can't tell the difference between
them.** Ní aithním an difear eatarthu.

to **tell off** VERB

■ **to tell somebody off** leadhbairt teanga
a thabhairt do dhuine

teller NOUN
áiritheoir masc3 (in bank)

telly NOUN
bosca masc4

□ **on the telly** ar an mbosca

■ **to watch telly** bheith ag amharc ar an
teilifís

temper NOUN
meon masc1

□ **He's got a terrible temper.**
Tá drochmheon aige.

■ **to be in a temper** drochspionn a bheith ort

■ **I lost my temper.** Fuair an fhearg an bua
orm.

temperature NOUN
teocht fem3

□ **The temperature was 30 degrees.** Bhí an
teocht 30 céim.

■ **He's got a temperature.** Tá fiabhras air.

temple NOUN
1 teampall masc1 (building)
2 uisinn fem2 (on head)

temporary ADJECTIVE
sealadach

to **tempt** VERB
meall

■ **to tempt somebody to do something**
duine a mhealladh chun rud a dhéanamh

■ **I'm very tempted!** Tá an-chathú orm!

temptation NOUN
cathú masc

tempting ADJECTIVE
cathaitheach

ten NUMBER
1 a deich

◌ **LANGUAGE TIP** a deich is used for
telling the time and for counting.

□ **at ten o'clock** ar a deich a chlog

□ **Five plus five is ten.** A cúig móide a
cúig sin a deich.

2 deich

◌ **LANGUAGE TIP** deich is used to give
the number of objects and is usually
followed by a singular noun.

t

□ ten bottles deich mbuidéal

> **LANGUAGE TIP** Some words, **bliain**, **uair**, **seachtain**, **pingin**, have a special plural for use with numbers.

□ ten years deich mbliana □ She's ten. Tá sí deich mbliana d'aois.

> **LANGUAGE TIP** To translate 'ten people', use the form **deichniúr**.

□ ten people deichniúr □ ten women deichniúr ban

tenant NOUN
tionónta *masc4*

to **tend** VERB
■ **to tend to do something** claonadh a bheith agat rud a dhéanamh □ He tends to arrive late. Bíonn claonadh aige teacht go mall.
■ **I tend to agree.** Bheinn ag teacht le sin.

tender ADJECTIVE
bog
■ **My feet are really tender.** Tá mo chosa iontach leochaileach.

tenement NOUN
tionóntán *masc1*

tennis NOUN
leadóg *fem2*
□ Do you play tennis? An imríonn tú leadóg?

tennis ball NOUN
liathróid leadóige *fem2*

tennis court NOUN
cúirt leadóige *fem2*

tennis player NOUN
imreoir leadóige *masc3*
□ He's a tennis player. Is imreoir leadóige é.

tennis racket NOUN
raicéad leadóige *masc1*

tennis shoe NOUN
bróg leadóige *fem2*

tenor NOUN
teanór *masc1* (music)

tenpin bowling NOUN
babhláil deich bpionnaí *fem3*
□ We went tenpin bowling last week. Chuamar ag bhabháil pionnaí an tseachtain seo caite.

tense ADJECTIVE
▷ see also **tense** NOUN
1 ar tinneall (nervous)
2 corraitheach (finish)

tense NOUN
▷ see also **tense** ADJECTIVE
aimsir *fem2*
□ the present tense an aimsir láithreach
□ the future tense an aimsir fháistineach

tension NOUN
teannas *masc1*

tent NOUN
puball *masc1*
■ **a tent peg** pionna pubaill
■ **a tent pole** cuaille pubaill

tentative ADJECTIVE
faichilleach (cautious)

tenth ADJECTIVE
deichiú
□ the tenth floor an deichiú hurlár
■ **the tenth of August** an deichiú lá de Lúnasa

term NOUN
téarma *masc4* (at school)
■ **a short-term solution** réiteach gearrthéarmach
■ **in the long term** go fadtéarmach
■ **to come to terms with something** glacadh le rud

terminal ADJECTIVE
▷ see also **terminal** NOUN
doleigheasta (illness)

terminal NOUN
▷ see also **terminal** ADJECTIVE
teirminéal *masc1*
■ **an oil terminal** teirminéal ola
■ **an air terminal** teirminéal aeir

terminally ADVERB
■ **to be terminally ill** a bheith tinn gan súil le biseach

terminus NOUN
stáisiún cinn aistir *masc1*

terrace NOUN
1 lochtán *masc1*
2 sraith *fem2* (row of houses)
3 ardán *masc1* (in street names)
■ **the terraces** (at stadium) na lochtáin

terraced ADJECTIVE
lochtánach (garden)
■ **a terraced house** teach sraithe

terrain NOUN
tír-raon *masc1*

terrible ADJECTIVE
uafásach
□ My French is terrible. Tá mo chuid Fraincise go huafásach.

terribly ADVERB
uafásach
□ He suffered terribly. D'fhulaing sé go huafásach.
■ **I'm terribly sorry.** Tá mé iontach buartha go deo.

terrier NOUN
brocaire *masc4*

terrific ADJECTIVE
iontach

□ That's terrific! Tá sé sin go hiontach!
□ You look terrific! Tá cuma iontach ort!

terrified ADJECTIVE
critheaglach

■ **I was terrified!** Bhí eagla an domhain orm!

territory NOUN
dúiche *fem4*

terror NOUN
sceimhle *masc4*

terrorism NOUN
sceimhlitheoireacht *fem3*

terrorist NOUN
sceimhlitheoir *masc3*

■ **a terrorist attack** ionsaí sceimhlitheoireachta

test NOUN
▷ *see also* **test** VERB
1 triail *fem*
□ nuclear tests trialacha núicléacha
2 scrúdú *masc*
□ I've got a test tomorrow. Beidh scrúdú agam amárach. □ a blood test scrúdú fola
□ They're going to do some more tests. Tá siad a dhul a dhéanamh tuilleadh scrúduithe.

■ **driving test** scrúdú tiomána □ He's got his driving test tomorrow. Beidh a scrúdú tiomána amárach aige.

to **test** VERB
▷ *see also* **test** NOUN
1 triail
□ I need to test out the new software. Caithfidh mé na bogearraí nua a thriail.
2 scrúdaigh
□ He tested us on the vocabulary. Chuir sé scrúdú focal orainn.
3 tástáil
□ She was tested for drugs. Cuireadh tástáil uirthi le haghaidh drugaí.

to **testify** VERB
fianaise a thabhairt *(in court)*

test match NOUN
teistchluiche *masc4*

test tube NOUN
promhadán *masc1*

tetanus NOUN
teiteanas *masc1*
□ a tetanus injection instealladh teiteanais

text NOUN
▷ *see also* **text** VERB
téacs *masc4*

to **text** VERB
▷ *see also* **text** NOUN
■ **to text someone** téacs a chur chuig duine

textbook NOUN
téacsleabhar *masc1*
□ a French textbook téacsleabhar Fraincise

text message NOUN
teachtaireacht téacs *fem3*

Thailand NOUN
an Téalainn *fem2*

than CONJUNCTION
ná
□ more than ten years níos mó ná deich mbliana □ more than once níos mó ná uair amháin □ She's taller than me. Tá sí níos airde ná mé. □ I've got more books than him. Tá níos mó leabhar agam ná aigesean.

to **thank** VERB
■ **to thank somebody** buíochas a ghabháil le duine □ Don't forget to write and thank them. Ná déan dearmad ar scríobh chucu agus buíochas a ghabháil leo.

■ **thank you** go raibh maith agat
■ **thank you very much** go raibh míle maith agat

thanks EXCLAMATION
go raibh maith agat
■ **thanks to** a bhuí le □ Thanks to him, everything went OK. A bhuí leis-sean, chuaigh gach rud i gceart.

Thanksgiving Day NOUN
Lá an Altaithe *masc*

that ADJECTIVE
▷ *see also* **that** PRONOUN, CONJUNCTION, ADVERB
an ... sin
□ that book an leabhar sin □ that man an fear sin □ that woman an bhean sin
□ that road an bóthar sin
■ **that one** an ceann sin
□ This man? — No, that one. An fear seo — Ní hé, an ceann sin. □ Do you like this photo? — No, I prefer that one. An maith leat an grianghraf seo? — Ní maith, is fearr liom an ceann sin.

that PRONOUN
▷ *see also* **that** ADJECTIVE, CONJUNCTION, ADVERB
é sin
□ You see that? An bhfeiceann tú é sin?
□ What's that? Cad é sin? □ That's what he said. Sin an rud a dúirt sé.
■ **Who's that?** Cé sin?
■ **Is that you?** An tú féin atá ann?
■ **That's ...** Sin ... □ That's my teacher. Sin mo mhúinteoir.

that CONJUNCTION
▷ *see also* **that** ADJECTIVE, PRONOUN, ADVERB
■ **He thought that I was ill.** Shíl sé go raibh

mé tinn.

■ **I know that she likes chocolate.** Tá a fhios agam go bhfuil dúil sa tseacláid aige.

that ADVERB

▷ see also **that** ADJECTIVE, PRONOUN, CONJUNCTION

■ **I didn't know it was that bad.** Ní raibh a fhios agam go raibh sé chomh dona sin.

■ **It's about that high.** Tá sé faoin airde sin.

■ **It's not that difficult.** Níl sé chomh doiligh sin.

thatched ADJECTIVE
tuí (roof)

■ **a thatched cottage** teach ceann tuí

the ARTICLE

1 an

□ the man an fear □ the street an tsráid □ the time an t-am □ the weather an aimsir

2 na (plural)

□ the children na páistí □ the songs na hamhráin

■ **the top of the window** barr na fuinneoige

■ **Elizabeth the First** (in titles) Eilís a hAon

■ **The more he works, the more he earns.** (in comparisons) Dá mhéad a oibríonn sé is amhlaidh is mó a shaothraíonn sé.

theatre NOUN

1 amharclann fem2

2 léachtlann fem2 (for lectures)

3 obrádlann fem2 (for operations)

theft NOUN
gadaíocht fem3

their ADJECTIVE
a

□ their house a dteach □ their parents a dtuismitheoirí □ their car a ngluaisteán

theirs ADJECTIVE
an ceann seo acusan

□ It's better than theirs. Is fearr é ná an ceann seo acusan.

■ **Whose is this? — It's theirs.** Cé leis é seo? — Is leosan é.

■ **a friend of theirs** cara leo

them PRONOUN
iad (direct object)

□ I didn't see them. Ní fhaca mé iad.

> **LANGUAGE TIP** To translate 'them' meaning 'to them', look at the examples below.

□ I gave them some brochures. Thug mé roinnt bróisiúr dóibh. □ I told them the truth. D'inis mé an fhírinne dóibh.

> **LANGUAGE TIP** To translate 'them' after 'with' or 'for', look at the examples below.

□ It's for them. Is dóibhsean é. □ Ann and Sophie came; Peter was with them. Tháinig Áine agus Sophie; bhí Peadar in éineacht leo.

theme NOUN
téama masc4

theme park NOUN
páirc théama fem2

themselves PRONOUN
iad féin

□ They hurt themselves. Ghortaigh siad iad féin.

then ADVERB

1 san am sin (at that time)

□ There was no electricity then. Ní raibh leictreachas ar bith ann san am sin.

2 ansin (next)

□ I get dressed. Then I have breakfast. Cuirim orm mo chuid éadaigh. Ithim mo bhricfeasta ansin.

3 mar sin (in that case)

□ My pen's broken. — Use a pencil then! Tá mo pheann briste. — Bain úsáid as peann luaidhe mar sin!

■ **now and then** anois agus arís □ Do you play chess? — Now and then. An mbíonn tú ag imirt fíchille? — Anois agus arís.

■ **By then it was too late.** Faoin am sin bhí sé rómhall.

theory NOUN
teoiric fem2

therapy NOUN
teiripe fem4

there ADVERB
ansin

□ Put it there, on the table. Cuir ansin é, ar an tábla.

■ **over there** thall ansin

■ **in there** istigh ansin

■ **on there** air sin

■ **up there** (position) thuas ansin

■ **down there** (position) thíos ansin

■ **There he is!** Sin ansin é!

■ **There is ...** Tá ... ann □ There's a factory near my house. Tá monarcha cóngarach do mo theach.

■ **There are ...** Tá ... ann □ There are five people in my family. Tá cúigear i mo theaghlach.

■ **I want that book there.** An leabhar sin atá uaim.

therefore ADVERB
dá bhrí sin

thermometer NOUN
teirmiméadar masc1

Thermos® NOUN
teirmeas *masc1 (flask)*

thermostat NOUN
teirmeastat *masc1*

these ADJECTIVE
▷ *see also* **these** PRONOUN
na ... seo
□ these books na leabhair seo □ these shoes na bróga seo

these PRONOUN
▷ *see also* **these** ADJECTIVE
1 siad seo *(subject)*
□ These are fine. Tá siad seo go breá.
2 iad seo *(object)*
□ I want these! Ba mhaith liom iad seo!
□ I'm looking for some sandals. Can I try these? Tá mé ar lorg cuarán. An bhfuil cead agam iad seo a thriail?

they PRONOUN
1 siad
□ They came in. Tháinig siad isteach.
□ Do you like those shoes? — No, they're horrible. An maith leat na bróga seo? — Ní maith, tá siad gránna.
2 iad *(with passive)*
□ They were injured. Gortaíodh iad.
3 siadsan *(for emphasis)*
□ They came and she stayed. Tháinig siadsan agus d'imigh sise.
■ **They say that ...** Deir siad go ...

thick ADJECTIVE
1 tiubh
■ **The walls are one metre thick.** Tá na ballaí méadar amháin ar tiús.
2 ramhar *(liquid)*
3 bómánta *(stupid)*

thickness NOUN
tiús *masc1*

thief NOUN
gadaí *masc4*
■ **Stop thief!** Stad, a ghadaí!

thigh NOUN
ceathrú *fem*

thimble NOUN
méaracán *masc1*

thin ADJECTIVE
1 tanaí *(person)*
2 scáinte *(hair, crowd)*

thing NOUN
rud *masc3*
□ beautiful things rudaí áille □ What's that thing called? Cad é a thugtar ar an rud sin?
■ **my things** *(belongings)* mo chuid giuirléidí
■ **You poor thing!** A chréatúir bhoicht!

to think VERB
1 smaoinigh
□ Think carefully before you reply. Smaoinigh go cúramach sula dtugann tú freagra. □ I'll think about it. Smaoineoidh mé air. □ What are you thinking about? Cad air a bhfuil tú ag smaoineamh? □ Think what life would be like without cars. Samhlaigh an saol gan charranna.
2 machnaigh *(reflect)*
□ I'll think it over. Déanfaidh mé mo mhachnamh air.
3 síl *(have opinion)*
□ I think you're wrong. Sílim go bhfuil tú contráilte. □ What do you think about the war? Cad é a shíleann tú faoin gcogadh?
■ **I think so.** Sílim é.
■ **I don't think so.** Ní shílim é.

third NOUN
▷ *see also* **third** ADJECTIVE
an tríú giar *(gear)*
■ **a third of the population** trian den phobal

third ADJECTIVE
▷ *see also* **third** NOUN
tríú
□ the third day an tríú lá □ the third time an tríú huair
■ **I came third.** Tháinig mé sa tríú háit.
■ **the third of March** an tríú lá de Mhárta

thirdly ADVERB
ar an tríú dul síos

Third World NOUN
■ **the Third World** an Tríú Domhan

thirst NOUN
tart *masc3*

thirsty ADJECTIVE
tartmhar
■ **to be thirsty** tart a bheith ort □ He is thirsty. Tá tart air.

thirteen NUMBER
trí ... déag
◯ LANGUAGE TIP **trí** is followed by a singular noun.
□ thirteen bottles trí bhuidéal déag
■ **thirteen people** trí dhuine dhéag
■ **I'm thirteen.** Tá mé trí bliana déag d'aois.

thirteenth ADJECTIVE
tríú ... déag
□ her thirteenth birthday a tríú breithlá déag
□ the thirteenth floor an tríú hurlár déag
■ **the thirteenth of August** an tríú lá déag de Lúnasa

thirty NUMBER
tríocha

t

LANGUAGE TIP tríocha is followed by a singular noun.

□ thirty bottles tríocha buidéal □ thirty people tríocha duine

■ **I'm thirty.** Tá mé tríocha bliain d'aois.

this ADJECTIVE

▷ *see also* **this** PRONOUN

an ... seo

□ this book an leabhar seo □ this man an fear seo □ this woman an bhean seo □ this road an bóthar seo

■ **this one** an ceann seo □ Pass me that pen. — This one? Cuir chugam an peann sin. — An ceann seo? □ Of the two photos, I prefer this one. Den dá ghrianghraf, is fearr liom an ceann seo.

this PRONOUN

▷ *see also* **this** ADJECTIVE

é seo

□ Who's this? Cé hé seo? □ What's this? Cad é seo? □ You see this? An bhfeiceann tú seo?

■ **This is my mother.** (*introduction*) Seo mo mháthair.

■ **This is Paul speaking.** (*on the phone*) Seo Pól ag caint.

thistle NOUN

feochadán *masc1*

thorn NOUN

dealg *fem2*

thorough ADJECTIVE

cruinn

□ She's very thorough. Bíonn sí iontach cruinn.

thoroughly ADVERB

go cruinn

those ADJECTIVE

▷ *see also* **those** PRONOUN

na ... sin

□ those books na leabhair sin □ those shoes na bróga sin

those PRONOUN

▷ *see also* **those** ADJECTIVE

1 siad sin (*subject*)

□ Those are fine. Tá siad sin go breá.

2 iad sin (*object*)

□ I want those! Ba mhaith liom iad sin! □ I'm looking for some sandals. Can I try those? Tá mé ar lorg cuarán. An bhfuil cead agam iad sin a thriail?

though CONJUNCTION, ADVERB

cé go

□ Though it's raining ... Cé go bhfuil sé ag cur ...

■ **He's a nice person, though he's not**

very clever. Is duine deas é, cé nach bhfuil sé róchliste.

thought NOUN

smaoineamh *masc1* (*idea*)

□ I've just had a thought. Rith smaoineamh liom ansin. □ It was a nice thought, thank you. Smaoineamh deas a bhí ann, go raibh maith agat.

thought VERB ▷ *see* **think**

thoughtful ADJECTIVE

1 machnamhach (*deep in thought*)

□ You look thoughtful. Tá cuma mhachnamhach ort.

2 tuisceanach (*considerate*)

□ She's very thoughtful. Tá sí iontach tuisceanach.

thoughtless ADJECTIVE

neamhthuisceanach (*inconsiderate*)

□ He's completely thoughtless. Tá sé go hiomlan neamhthuisceanach.

thousand NUMBER

míle

LANGUAGE TIP míle is followed by a singular noun.

□ two thousand houses dhá mhíle teach

□ a thousand euros míle euro

■ **thousands of people** na mílte duine

thousandth ADJECTIVE, NOUN

míliú

thread NOUN

snáithe *masc4*

threat NOUN

bagairt *fem3*

to **threaten** VERB

bagair

□ Mum threatened to stop my pocket money. Bhagair Mam orm go stopfadh sí mo chuid airgid phóca.

three NUMBER

1 a trí

LANGUAGE TIP a trí is used for telling the time and for counting.

□ at three o'clock ar a trí a chlog □ Three into seven won't go. Níl seacht inroinnte ar a trí.

2 trí

LANGUAGE TIP trí is used to give the number of objects and is usually followed by a singular noun.

□ three bottles trí bhuidéal

LANGUAGE TIP Some words, **bliain**, **uair**, **seachtain**, **pingin**, have a special plural for use with numbers.

□ three years trí bliana

■ **She's three.** Tá sí trí bliana d'aois.

LANGUAGE TIP To translate 'three people', use the form **triúr**.

□ three people triúr □ three women triúr ban

three-dimensional ADJECTIVE
tríthoiseach

threshold NOUN
tairseach *fem2*

threw VERB ▷ *see* **throw**

thrifty ADJECTIVE
tíosach

thrill NOUN
corráil *fem3* (excitement)

thrilled ADJECTIVE
■ **I was thrilled.** (pleased) Bhí áthas an domhain orm.

thriller NOUN
leabhar corraitheach *masc1* (book)

thrilling ADJECTIVE
corraitheach

throat NOUN
sceadamán *masc1*
□ I've got a sore throat. Tá sceadamán nimhneach agam.

to **throb** VERB
frithbhuail (with pain)
□ My head's throbbing. Tá mo cheann ag frithbhualadh.
■ **a throbbing pain** pian bhroidearnúil

throne NOUN
ríchathaoir *fem*

through PREPOSITION, ADVERB
▷ *see also* **through** ADJECTIVE
trí
□ through the window tríd an bhfuinneog □ I know her through my sister. Tá aithne agam uirthi trí mo dheirfiúr. □ through the mist tríd an gceo □ The window was dirty and I couldn't see anything through it. Bhí an fhuinneog salach agus ní thiocfadh liom a dhath a fheiceáil tríthi.
■ **through and through** amach agus amach

through ADJECTIVE
▷ *see also* **through** PREPOSITION, ADVERB
díreach (ticket, train, passage)
□ a through train traein dhíreach
■ **'no through road'** 'ní trébhóthar é seo'

throughout PREPOSITION
1 ar fud (place)
□ throughout Ireland ar fud na hÉireann
2 i rith (time)
□ throughout the year ar rith na bliana

to **throw** VERB
caith

□ He threw the ball to me. Chaith sé an liathróid chugam.
■ **to throw a party** cóisir a dhéanamh
■ **That really threw him.** Chuir sin dá threoir é.

to **throw away** VERB
caith uait

to **throw out** VERB
1 caith amach
□ I threw him out. Chaith mé amach é.
2 diúltaigh do (reject)

to **throw up** VERB
cuir amach

thrush NOUN
smólach *masc1* (bird)

thug NOUN
maistín *masc4*

thumb NOUN
ordóg *fem2*

thumb tack NOUN (US)
tacóid ordóige *fem2*

to **thump** VERB
buail
■ **to thump somebody** duine a bhualadh

thunder NOUN
toirneach *fem2*

thunderstorm NOUN
spéirling *fem2*

thundery ADJECTIVE
toirniúil

Thursday NOUN
An Déardaoin *masc4*
■ **last Thursday** Déardaoin seo caite
■ **next Thursday** Déardaoin seo chugainn
■ **on Thursday** Déardaoin
■ **on Thursdays** ar an Déardaoin □ He comes on Thursdays. Tagann sé ar an Déardaoin.
■ **every Thursday** gach Déardaoin

tick NOUN
▷ *see also* **tick** VERB
tic *masc4* (mark, of clock)
■ **in a tick** ar an toirt □ I'll be back in a tick. Beidh mé ar ais ar an toirt.

to **tick** VERB
▷ *see also* **tick** NOUN
ticeáil
□ Tick the appropriate box. An bosca cuí a thiceáil.

to **tick off** VERB
1 ticeáil (item on list)
□ He ticked off our names on the list. Thiceáil sé ár gcuid ainmneacha ar an liosta.
2 íde béil a thabhairt do (tell off)
□ She ticked me off for being late. Thug sí íde béil dom cionn is go raibh mé mall.

523

ticket NOUN
ticéad *masc1*
□ a parking ticket ticéad páirceála

ticket collector NOUN
bailitheoir ticéad *masc3*

ticket inspector NOUN
cigire ticéad *masc4*

ticket office NOUN
oifig ticéad *fem2*

to **tickle** VERB
cigil

ticklish ADJECTIVE
cigilteach *(person)*
□ Are you ticklish? An bhfuil tú cigilteach?

tidal wave NOUN
muirbhrúcht *masc3*

tide NOUN
taoide *fem4*
■ **high tide** lán mara
■ **low tide** lag trá
■ **to go against the tide** snámh in éadan
an tsrutha

tidy ADJECTIVE
▷ *see also* **tidy** VERB
slachtmhar
□ Your room's very tidy. Tá do sheomra
iontach slachtmhar. □ She's very tidy. Tá sí
iontach slachtmhar.

to **tidy** VERB
▷ *see also* **tidy** ADJECTIVE
■ **Go and tidy your room.** Gabh agus cuir
slacht ar do sheomra.

to **tidy up** VERB
slacht a chur ar
□ Don't forget to tidy up afterwards. Ná déan
dearmad ar shlacht a chur air ina dhiaidh.

tie NOUN
▷ *see also* **tie** VERB
1 carbhat *masc1 (with shirt)*
2 cluiche cothrom *masc1 (drawn game)*
□ It was a tie. Cluiche cothrom a bhí ann.

to **tie** VERB
▷ *see also* **tie** NOUN
1 ceangail *(ribbon, shoelaces)*
■ **to tie a knot in something** snaidhm
a cheangal i rud
2 críochnaigh ar comhscór *(in sport)*
□ They tied three all. Chríochnaigh siad ar
comhscór, a trí an duine.

to **tie up** VERB
1 ceangail *(parcel, dog)*
2 feistigh *(boat)*
3 socraigh *(arrangements)*
■ **to be tied up with something** *(busy)*
bheith gafa ag rud

tiger NOUN
tíogar *masc1*

tight ADJECTIVE
teann
□ tight clothes éadaí teanna □ This dress is
a bit tight. Tá an gúna seo cineál teann.

to **tighten** VERB
teann

tightly ADVERB
go daingean *(hold)*

tightrope NOUN
téad rite *fem2*

tights PL NOUN
riteoga *fem2 pl*

tile NOUN
tíl *fem2*

tiled ADJECTIVE
tílithe

till NOUN
▷ *see also* **till** PREPOSITION, CONJUNCTION
scipéad *masc1*

till PREPOSITION, CONJUNCTION
▷ *see also* **till** NOUN
go dtí
□ I waited till ten o'clock. D'fhan mé go dtí
a deich a chlog. □ It won't be ready till next
week. Ní bheidh sé réidh go dtí an
tseachtain seo chugainn. □ Till last year I'd
never been to France. Go dtí anuraidh ní
raibh mé riamh sa Fhrainc.
■ **till now** go dtí seo
■ **till then** go dtí sin

timber NOUN
adhmad *masc1 (material)*

time NOUN
1 am *masc3*
□ What time is it? Cén t-am é? □ What time
do you get up? Cén t-am a n-éiríonn tú?
□ I'm sorry, I haven't got time. Tá mé
buartha, ach níl an t-am agam.
■ **on time** in am □ He never arrives on
time. Ní thagann sé in am riamh.
■ **in time** in am □ I arrived in time for
lunch. Tháinig mé in am don lón.
■ **just in time** díreach in am
■ **no time** am ar bith □ It took no time to
get ready. Níor ghlac sé am ar bith le
hullmhú.
■ **for a long time** ar feadh i bhfad
□ He lived there for a long time. Bhí sé ina
chónaí ansin ar feadh i bhfad.
2 uair *fem2 (occasion)*
□ this time an uair seo □ next time
an chéad uair eile □ How many times
will he come back? Cá mhéad uair a

thiocfaidh sé ar ais?

■ **two at a time** beirt gach uair

■ **at times** uaireanta

■ **in a week's time** i gceann seachtaine

■ **to have a good time** am maith a bheith agat □ Did you have a good time? An raibh am maith agat?

■ **2 times 2 is 4.** 2 faoi 2 sin 4.

time bomb NOUN
buama ama *masc4*

time lag NOUN
idirlinn *fem2*

time off NOUN
am saor *masc3*

timer NOUN
amadóir *masc3*

timescale NOUN
achar ama *masc1*

time-share NOUN
sealbhaíocht thréimhsiúil *fem3*

timetable NOUN
clár ama *masc1*

time zone NOUN
crios ama *masc3*

tin NOUN
1 stán *masc1 (metal)*
2 canna *masc4 (can)*
□ a tin of soup canna anraith □ a biscuit tin canna brioscaí □ The bin was full of tins. Bhí an bosca bruscair lán cannaí.

tinfoil NOUN
scragall stáin *masc1*

tinned ADJECTIVE
stánaithe *(food)*
□ tinned peaches péitseoga stánaithe

tin opener NOUN
stánosclóir *masc3*

tinsel NOUN
tinsil *masc4*

tinted ADJECTIVE
fordhaite

tiny ADJECTIVE
bídeach

tip NOUN
▷ *see also* **tip** VERB
1 barr *masc1 (end)*
□ It's on the tip of my tongue. Tá sé ar bharr mo theanga.
2 gob *masc1 (of pen)*
3 séisín *masc4 (to waiter)*
4 nod *masc1 (advice)*
□ a useful tip nod úsáideach
■ **a rubbish tip** carnán bruscair
■ **This place is a complete tip!** Tá an áit seo ina cíor thuathail!

to tip VERB
▷ *see also* **tip** NOUN
séisín a thabhairt do *(waiter)*
□ Don't forget to tip the taxi driver. Ná déan dearmad séisín a thabhairt don tiománaí tacsaí.

tip-off NOUN
cogar *masc1*

Tipperary NOUN
Tiobraid Árann *fem*

tipsy ADJECTIVE
súgach

tiptoe NOUN
■ **on tiptoe** ar do bharraicíní

tire NOUN (US)
bonn *masc1*

tired ADJECTIVE
tuirseach
□ I'm tired. Tá mé tuirseach.
■ **to be tired of something** bheith bréan de rud

tiring ADJECTIVE
tuirsiúil

tissue NOUN
ciarsúr *masc1*
□ Have you got a tissue? An bhfuil ciarsúr agat?

tissue paper NOUN
páipéar síoda *masc1*

title NOUN
teideal *masc1*

title role NOUN
páirt theidil *fem2*

to PREPOSITION
1 go
  LANGUAGE TIP **go** is used before place names.
□ We went to Dublin. Chuamar go Baile Átha Cliath. □ the road to Belfast an bóthar go Béal Feirste
2 go dtí
  LANGUAGE TIP **go dtí** is used before nouns with an article or before numbers.
□ We went to the theatre last night. Chuamar go dtí an amharclann aréir. □ to count to ten comhaireamh go dtí a deich □ It's twenty to three. Tá sé fiche go dtí a trí.
3 an *(for, of)*
□ the key to the front door eochair an dorais tosaigh
■ **to talk to somebody** labhairt le duine
■ **ready to go** réidh le dul
■ **I've got things to do.** Tá rudaí le déanamh agam.

■ **from … to …** ó … go … □ from nine
o'clock to half past three ó a naoi a chlog
go leath i ndiaidh a trí
■ **to go to school** dul ar scoil
■ **to go to the doctor's** dul chuig an
dochtúir

toad NOUN
buaf *fem2*

toadstool NOUN
beacán bearaigh *masc1*

toast NOUN
1 tósta *masc4*
□ a piece of toast slisín tósta
2 sláinte *fem4 (drink, speech)*
□ We drank a toast to the bride and groom.
D'ólamar sláinte na lánúna nuaphósta.

toaster NOUN
tóstaer *masc1*

toastie NOUN
ceapaire tósta *masc4*
□ a cheese and ham toastie ceapaire tósta
cáise agus liamháis

tobacco NOUN
tobac *masc4*

tobacconist's NOUN
siopa tobac *masc4*

toboggan NOUN
sleamhnán *masc1*

tobogganing NOUN
■ **to go tobogganing** dul a thobaganáil

today ADVERB
inniu
□ What did you do today? Cad é a rinne tú
inniu?

toddler NOUN
tachrán *masc1*

toe NOUN
1 méar coise *fem2*
2 barraicín *masc4 (of shoe)*

toenail NOUN
ionga coise *fem*

toffee NOUN
taifí *masc4*

together ADVERB
le chéile
□ Are they still together? An bhfuil siad le
chéile go fóill? □ Don't all speak together!
Ná labhraígí uile le chéile!
■ **together with** *(with person)* in éineacht le

toilet NOUN
leithreas *masc1*

toilet paper NOUN
páipéar leithris *masc1*

toiletries PL NOUN
cóir ionnalta *fem3*

toilet roll NOUN
rolla leithris *masc4*

token NOUN
éarlais *fem2*
□ a book token éarlais leabhar □ a gift
token éarlais bhronntanais

told VERB ▷ see tell

tolerant ADJECTIVE
caoinfhulangach

to tolerate VERB
fulaing

toll NOUN
dola *masc4 (on road, bridge)*

tomato NOUN
tráta *masc4*
□ tomato sauce anlann trátaí □ tomato
soup anraith trátaí

tomb NOUN
tuama *masc4*

tomboy NOUN
geamstaire *masc4*
□ She's a real tomboy. Is geamstaire déanta í.

tomorrow ADVERB
amárach
□ tomorrow morning maidin amárach
□ tomorrow night oíche amárach
■ **the day after tomorrow** arú amárach

ton NOUN
tonna *masc4*
□ That old bike weighs a ton. Tá meáchan
tonna sa seanrothar sin.

tongs PL NOUN
1 tlú *masc4 (for coal)*
2 tlú gruaige *masc4 (for hair)*

tongue NOUN
teanga *fem4*
■ **tongue in cheek** agus do theanga i do
phluc agat

tongue twister NOUN
rabhlóg *fem2*

tonic NOUN
uisce íocshláinteach *masc4*
□ a gin and tonic jin agus uisce
íocshláinteach

tonight ADVERB
anocht
□ Are you going out tonight? An mbeidh tú
ag dul amach anocht? □ I'll sleep well
tonight. Codlóidh mé go sámh anocht.

tonsil NOUN
céislín *masc4*

tonsillitis NOUN
céislínteas *masc1*

too ADVERB
1 ró- *(excessively)*

□ The water's too hot. Tá an t-uisce róthe.
□ We arrived too late. Thángamar rómhall.

2 fosta *(also)*

□ My sister came too. Tháinig mo dheirfiúr fosta.

■ **too much 1** barraíocht □ too much talk barraíocht cainte □ At Christmas we always eat too much. Ithimid barraíocht um Nollaig. **2** *(too expensive)* ródhaor □ Fifty euros? That's too much. Caoga euro? Tá sé sin ródhaor.

■ **too many** barraíocht □ too many hamburgers barraíocht borga

■ **Too bad!** Is trua sin!

took VERB ▷ *see* **take**

tool NOUN
uirlis *fem2*

toolbar NOUN
barra uirlisí *masc4 (on computer)*

tool box NOUN
bosca uirlisí *masc4*

tooth NOUN
fiacail *fem2*

toothache NOUN
tinneas fiacaile *masc1*

□ I have terrible toothache. Tá tinneas fiacaile millteanach orm.

toothbrush NOUN
scuab fiacla *fem2*

toothpaste NOUN
taos fiacla *masc1*

top NOUN
▷ *see also* **top** ADJECTIVE

1 barr *masc1*

□ at the top of the page ar bharr an leathanaigh

■ **on top of** ar bharr □ on top of the fridge ar bharr an chuisneora

■ **There's a surcharge on top of that.** Tá formhuirear ar a bharr sin.

■ **from top to bottom** ó bhun go barr □ I searched the house from top to bottom. Chuardaigh mé an teach ó bhun go barr.

2 mullach *masc1 (of mountain, head)*

3 clár *masc1 (of box, jar)*

4 barrchóir *fem3 (garment)*

top ADJECTIVE
▷ *see also* **top** NOUN

1 uachtarach

□ the top floor an t-urlár uachtarach

2 príomh- *(in rank)*

3 is fearr *(best)*

□ the top surgeon an máinlia is fearr □ He always gets top marks in Irish. Faigheann sé na marcanna is fearr i gcónaí sa Ghaeilge.

to **top up** VERB
faigh breis *(mobile phone)*

top hat NOUN
hata ard *masc4*

topic NOUN
ábhar *masc1*

□ The essay can be written on any topic. Is féidir an aiste a scríobh ar ábhar ar bith.

topical ADJECTIVE
reatha *(current)*

□ a topical issue ceist reatha

topless ADJECTIVE
uchtnocht *(bather, model)*

□ to go topless bheith uchtnocht
□ I'd never go topless on the beach. Ní rachainn go deo ar an trá uchtnocht.

top-level ADJECTIVE

■ **top-level talks** díospóireacht ar an leibhéal is airde

top-secret ADJECTIVE
an-rúnda

□ top-secret documents cáipéisí an-rúnda

top-up NOUN
breis *fem2 (for mobile phone)*

top-up card NOUN
cárta breisithe *masc4 (for mobile phone)*

torch NOUN
lóchrann póca *masc1*

tore VERB ▷ *see* **tear**

torn VERB ▷ *see* **tear**

tornado NOUN
tornádó *masc4*

torpedo NOUN
toirpéad *masc1*

tortoise NOUN
toirtís *fem2*

torture NOUN
▷ *see also* **torture** VERB
céasadh *masc*

□ It was pure torture. Níor chéasadh go dtí é.

to **torture** VERB
▷ *see also* **torture** NOUN
céas

□ Stop torturing that poor animal! Éirigh as an ainmhí bocht sin a chéasadh!

Tory NOUN
▷ *see also* **Tory** ADJECTIVE
Tóraí *masc4*

■ **the Tories** na Tóraithe

Tory ADJECTIVE
▷ *see also* **Tory** NOUN
Tóraíoch

□ the Tory government an Rialtas Tóraíoch

to **toss** VERB
caith

527

- **to toss a coin** pingin a chaitheamh in airde
- **to toss and turn** bheith d'únfairt féin sa leaba
- **Shall we toss for it?** An gcaithfimid crainn air?

total ADJECTIVE
▷ *see also* **total** NOUN
go léir
□ the total amount an méid go léir

total NOUN
▷ *see also* **total** ADJECTIVE
iomlán *masc1*
□ the grand total an t-iomlán

totally ADVERB
go hiomlán
□ He's totally useless. Tá sé go hiomlán gan mhaith.

touch NOUN
▷ *see also* **touch** VERB
- **to get in touch with somebody** teagmháil a dhéanamh le duine
- **to keep in touch with somebody** teagmháil a choinneáil le duine
- **Keep in touch!** Coinnigh i dteagmháil!
- **to lose touch with somebody** teagmháil a chailleadh le duine

to **touch** VERB
▷ *see also* **touch** NOUN
bain do
□ Don't touch that! Ná bain dó sin!

touchdown NOUN
talmhú *masc*

touched ADJECTIVE
corraithe
□ I was really touched. Bhí mé iontach corraithe.

touching ADJECTIVE
corraitheach

touchline NOUN
taobhlíne *fem4*

touchy ADJECTIVE
goilliúnach *(person)*
□ She's a bit touchy. Tá sí cineál goilliúnach.

tough ADJECTIVE
1 crua
□ He thinks he's a tough guy. Síleann sé gur fear crua atá ann.
2 righin
□ The meat's tough. Tá an fheoil righin.
□ tough leather gloves lámhainní righne leathair
3 láidir
□ She's tough. She can take it. Tá sí láidir. Is féidir léi é a ghlacadh.

4 doiligh *(difficult)*
□ It was tough, but I managed OK. Bhí sé doiligh, ach d'éirigh liom maith go leor.
□ It's a tough job. Is jab doiligh é.
- **Tough luck!** Mí-ádh!

toupee NOUN
bréagfholt *masc1*

tour NOUN
▷ *see also* **tour** VERB
1 turas *masc1*
□ We went on a tour of the city. Chuamar ar thuras na cathrach. □ a package tour turas réamháirithe
2 cuairt *fem2 (by singer, group)*
□ on tour ar camchuairt

to **tour** VERB
▷ *see also* **tour** NOUN
- **U2 are touring Europe.** Tá U2 ar camchuairt na hEorpa.

tour guide NOUN
treoraí *masc4*

tourism NOUN
turasóireacht *fem3*

tourist NOUN
turasóir *masc3*
- **tourist information office** oifig fáilte

tourist office NOUN
oifig thurasóireachta *fem2*

tournament NOUN
comórtas *masc1*

tour operator NOUN
oibreoir turas *masc3*

towards PREPOSITION
i dtreo *(in the direction of)*
□ He came towards me. Tháinig sé i mo threo.
- **my feelings towards him** mo chuid mothúchán faoi

towel NOUN
tuáille *masc4*

towel rail (US **towel rack**) NOUN
ráille tuáillí *masc4*

tower NOUN
túr *masc1*

tower block NOUN
áraslann *fem2*

town NOUN
baile mór *masc4*
□ a town plan plean baile mhóir

town centre NOUN
lár an bhaile *masc1*

town council NOUN
comhairle baile *fem4*

town hall NOUN
halla baile *masc4*

tow truck NOUN (US)
trucail tarraingthe *fem2*

toy NOUN
bréagán *masc1*
□ a toy shop siopa bréagán
■ **a toy car** bréagcharr

trace NOUN
▷ *see also* **trace** VERB
rian *masc1*
□ There was no trace of the robbers.
Ní raibh rian ar bith de na robálaithe.

to trace VERB
▷ *see also* **trace** NOUN
1 rianaigh *(draw)*
2 lorg *(follow)*
3 aimsigh *(locate)*

tracing paper NOUN
rianpháipéar *masc1*

track NOUN
1 lorg *masc1 (mark, of animal)*
2 cosán *masc1 (path)*
□ They followed the track for miles. Lean siad an cosán ar feadh na mílte.
3 raon *masc1 (for sport, on record)*
□ This is my favourite track. Seo an raon is fearr liom. □ two laps of the track dhá chuaird den an raon

to track down VERB
■ **to track somebody down** teacht suas le duine □ The police never tracked down the killer. Níor tháinig na póilíní suas leis an dúnmharfóir.

tracksuit NOUN
raonchulaith *fem2*

tractor NOUN
tarracóir *masc3*

trade NOUN
ceird *fem2 (skill, job)*
□ He's learning a trade. Tá sé ag foghlaim ceirde.

trademark NOUN
trádmharc *masc1*

trader NOUN
trádálaí *masc4*

trade union NOUN
ceardchumann *masc1*

trade unionist NOUN
ceardchumannaí *masc4*

tradition NOUN
traidisiún *masc1*

traditional ADJECTIVE
traidisiúnta

traffic NOUN
trácht *masc3*
□ The traffic was terrible. Bhí an trácht

millteanach.

traffic circle NOUN (US)
timpeallán *masc1*

traffic jam NOUN
plódú tráchta *masc*

traffic lights PL NOUN
soilse tráchta *fem4 pl*

traffic warden NOUN
maor tráchta *masc1*

tragedy NOUN
1 tragóid *fem4*
□ They were shocked by the tragedy.
Bhí siad suaite go mór agan tragóid.
2 traigéide *fem4 (play)*

tragic ADJECTIVE
tragóideach

trail NOUN
1 lorg *masc1 (tracks)*
2 cosán *masc1 (path)*

trailer NOUN
1 leantóir *masc3 (for car)*
2 réamhbhlaiseadh *masc (film advert)*

trailer truck (US) NOUN
leoraí altach *masc4*

train NOUN
▷ *see also* **train** VERB
traein *fem*
■ **a train set** foireann traenach

to train VERB
▷ *see also* **train** NOUN
1 oil
□ to train as a teacher oiliúint a fháil mar mhúinteoir
2 traenáil *(sportsman)*
□ I'm training for the race next month.
Tá mé ag traenáil le haghaidh rás na míosa seo chugainn.

trained ADJECTIVE
oilte
□ She's a trained nurse. Is banaltra oilte í.

trainee NOUN
■ **She's a trainee.** Is oiliúnaí í.
■ **a trainee plumber** *(apprentice)* pluiméir faoi oiliúint

trainer NOUN
1 traenálaí *masc4 (coach)*
2 oiliúnóir *masc3 (of dogs, horses)*

trainers PL NOUN
bróga traenála
□ a pair of trainers péire de bhróga traenála

training NOUN
1 oiliúint *fem3 (at work)*
□ a training college coláiste oiliúna
2 traenáil *fem3 (sport)*
□ in training ag traenáil

training shoes PL NOUN
bróga traenála *fem2 pl*

traitor NOUN
fealltóir *masc3*

tram NOUN
tram *masc4*

tramp NOUN
bacach *masc1*

trampoline NOUN
trampailín *masc4*

tranquillizer (US **tranquilizer**) NOUN
suaimhneasán *masc1*
□ She's on tranquillizers. Tá sí ag glacadh suaimhneasán.

transfer NOUN
1 aistriú *masc (in sport)*
2 aistreog *fem2 (picture, design)*

to **transform** VERB
claochlaigh

transfusion NOUN
fuilaistriú *masc*

transit NOUN
idirthuras *masc1*
■ **in transit** faoi bhealach

transit lounge NOUN
tolglann idirthurais *fem2*

to **translate** VERB
aistrigh
□ Translate this sentence into English. Aistrigh an abairt seo go Béarla.

translation NOUN
aistriúchán *masc1*

translator NOUN
aistritheoir *masc3*
□ Anita's a translator. Is aistritheoir í Anita.

transparent ADJECTIVE
trédhearcach

transplant NOUN
trasphlandú *masc*
□ a heart transplant trasphlandú croí

transport NOUN
▷ *see also* **transport** VERB
iompar *masc1*
□ public transport córas iompair poiblí

to **transport** VERB
▷ *see also* **transport** NOUN
iompair

trap NOUN
dol *masc3*

trapeze NOUN
maide luascáin *masc4*

trash NOUN (US)
bruscar *masc1 (rubbish)*

trash can NOUN (US)
bosca bruscair *masc4*

trashy ADJECTIVE
gáirsiúil
□ a really trashy film scannán an-gháirsiúil

traumatic ADJECTIVE
coscrach
□ It was a traumatic experience. Rud coscrach a bhí ann.

travel NOUN
▷ *see also* **travel** VERB
taisteal *masc1*

to **travel** VERB
▷ *see also* **travel** NOUN
taistil
□ I prefer to travel by train. Is fearr liom taisteal leis an traein. □ I'd like to travel round the world. Ba mhaith liom taisteal thart ar an domhan. □ We travelled over 800 kilometres. Thaistealaíomar breis agus 800 ciliméadar.

travel agency NOUN
gníomhaireacht taistil *fem3*

travel agent NOUN
gníomhaire taistil *masc4*
□ She's a travel agent. Is gníomhaire taistil í.

travel card NOUN
cárta taistil *masc4*

traveller (US **traveler**) NOUN
taistealaí *masc4*

traveller's cheque (US **traveler's check**) NOUN
seic taistil *masc4*

travelling (US **traveling**) NOUN
taisteal *masc1*
□ I love travelling. Is breá liom taisteal.

travel sickness NOUN
tinneas taistil *masc1*

travesty NOUN
scigaithris *fem2*

trawler NOUN
trálaer *masc1*

tray NOUN
tráidire *masc4*

treacle NOUN
triacla *masc4*

to **tread** VERB
siúil
■ **She trod on my toes.** Sheas sí ar mo ladhracha.

treasure NOUN
stór *masc1*

treasurer NOUN
cisteoir *masc3*

treat NOUN
▷ *see also* **treat** VERB
féirín *masc4 (present)*

□ My parents gave me a treat for passing my exams. Thug mo thuismitheoirí féirín dom nuair a d'éirigh liom sna scrúduithe.

to **treat** VERB
▷ *see also* **treat** NOUN
caith le *(well, badly)*

■ **to treat somebody to something** rud a sheasamh do dhuine □ He treated us to an ice cream. Sheas sé uachtar reoite dúinn.

treatment NOUN
cóireáil *fem3 (medical)*

to **treble** VERB
méadaigh faoi thrí

□ The cost of living there trebled. Mhéadaigh an costas maireachtála faoi thrí.

tree NOUN
crann *masc1*

to **tremble** VERB
bheith ar crith

tremendous ADJECTIVE
1 ollmhór *(enormous)*
2 iontach *(excellent)*

■ **It was a tremendous success.** D'éirigh thar barr leis.

trend NOUN
1 claonadh *masc (tendency)*
2 nós *masc1 (fashion)*

trendy ADJECTIVE
faiseanta *(idea, person, clothes)*

to **trespass** VERB
■ **'no trespassing'** 'ná déantar treaspás'

trial NOUN
1 triail *fem (in court)*
□ He was on trial for murder. Bhí sé ar a thriail as dúnmharú.
2 tástáil *fem3 (test)*

■ **by trial and error** le tástáil agus le hearráid

trial period NOUN
tréimhse thrialach *fem4*

triangle NOUN
triantán *masc1*

tribe NOUN
treibh *fem2*

trick NOUN
▷ *see also* **trick** VERB
1 bob *masc4 (joke, prank)*
□ We often played a trick on the teacher. Is minic a bhuaileamar bob ar an múinteoir.
2 cleas *masc1 (magic trick, knack)*
□ It's not easy; there's a trick to it. Níl sé furasta; tá cleas leis.

to **trick** VERB
▷ *see also* **trick** NOUN

■ **to trick somebody** cleas a imirt ar dhuine

tricky ADJECTIVE
cáiréiseach *(problem)*

tricycle NOUN
trírothach *masc1*

trifle NOUN
traidhfil *fem4 (dessert)*

trigger NOUN
truicear *masc1*

trim ADJECTIVE
▷ *see also* **trim** NOUN, VERB
comair *(figure)*

trim NOUN
▷ *see also* **trim** ADJECTIVE, VERB
diogáil *fem3 (haircut)*
□ I went to the hairdresser's for a trim. Chuaigh mé chuig an ngruagaire ag iarraidh diogáil bheag.

to **trim** VERB
▷ *see also* **trim** ADJECTIVE, NOUN
diogáil *(cut)*

trip NOUN
▷ *see also* **trip** VERB
turas *masc1*
□ Have a good trip! Bíodh turas maith agat!
□ a day trip turas lae

to **trip** VERB
▷ *see also* **trip** NOUN
tuisligh

triple ADJECTIVE
triarach

triplets PL NOUN
trírín *masc4*

triumph NOUN
bua *masc4*

trivial ADJECTIVE
fánach

trod VERB ▷ *see* **tread**

trodden VERB ▷ *see* **tread**

trolley NOUN
tralaí *masc4*

trombone NOUN
trombón *masc1*
□ I play the trombone. Bím ag seinm ar an trombón.

troops PL NOUN
trúpaí *masc4 pl*
□ Irish troops trúpaí na hÉireann

trophy NOUN
trófaí *masc4*
□ to win a trophy trófaí a bhaint

tropical ADJECTIVE
teochreasach
□ The weather was tropical. Bhí an aimsir teochreasach.

to trot VERB
bheith ag sodar

trouble NOUN
trioblóid *fem2*
□ The trouble is, it's too expensive. An trioblóid atá ann, ná go bhfuil sé ródhaor.
□ What's the trouble? Cad é an trioblóid?
□ Don't worry, it's no trouble. Ná bí buartha, ní trioblóid ar bith é.
■ **He has stomach trouble.** Tá an goile ag cur air.
■ **to be in trouble** bheith i dtrioblóid
■ **to take a lot of trouble over something** cuid mhór trioblóide ghlacadh le rud

troublemaker NOUN
clampróir *masc3*

troubleshooter NOUN
eadránaí *masc4*

trousers PL NOUN
bríste *masc4*
□ a pair of trousers péire bríste

trout NOUN
breac *masc1*

truant NOUN
múitseálaí *masc4*
■ **to play truant** lá a chaitheamh faoin tor

truck NOUN
trucail *fem2*

truck driver NOUN
tiománaí trucaile *masc4*
□ He's a truck driver. Is tiománaí trucaile é.

trucker NOUN (US)
tiománaí trucaile *masc4*

true ADJECTIVE
fíor
■ **That's true.** Tá sin fíor.
■ **to come true** teacht isteach □ I hope my dream will come true. Tá súil agam go dtiocfaidh mo bhrionglóid isteach.
■ **true love** fíorghrá

truly ADVERB
dáiríre
■ **Yours truly.** Is mise, le meas.

trumpet NOUN
trumpa *masc4*
□ She plays the trumpet. Bíonn sí ag seinm ar an trumpa.

trunk NOUN
1 stoc *masc1* (of tree)
2 trunc *masc3* (of elephant)
3 cófra *masc4* (case)
4 cófra bagáiste *masc4* (US: of car)

trunks PL NOUN
bríste snámha *masc4*
□ a pair of trunks péire bríste snámha

trust NOUN
▷ see also **trust** VERB
muinín *fem2*
■ **to have trust in somebody** muinín a bheith agat as duine

to trust VERB
▷ see also **trust** NOUN
■ **to trust somebody** muinín a bheith agat as duine □ Don't you trust me? Nach bhfuil aon mhuinín agat asam? □ Trust me! Bíodh muinín agat ionam!

trustworthy ADJECTIVE
iontaofa

truth NOUN
fírinne *fem4*
□ Tell me the truth. Inis an fhírinne dom.

truthful ADJECTIVE
ionraic
□ She's a very truthful person. Is duine iontach ionraic í.

try NOUN
▷ see also **try** VERB
1 iarracht *fem3*
□ It's worth a try. Is fiú an iarracht é.
■ **to give something a try** iarracht a dhéanamh ar rud
2 úd *masc1* (in rugby)
□ his third try a thríú húd

to try VERB
▷ see also **try** NOUN
déan iarracht ar (attempt)
■ **He tried to cheat in the exam.** Rinne sé iarracht ar shéitéireacht sa scrúdú.
■ **Would you like to try some?** (taste) Ar mhaith leat blaiseadh de?

to try on VERB
féach ort (clothes)

to try out VERB
bain triail as

T-shirt NOUN
T-léine *fem4*

tub NOUN
folcadán *masc1* (bath)

tube NOUN
1 feadán *masc1*
2 traein faoi thalamh *fem* (underground)
3 tiúb *fem2* (for tyre)

tuberculosis NOUN
eitinn *fem2*

Tuesday NOUN
An Mháirt *fem2*
■ **last Tuesday** Dé Máirt seo caite
■ **next Tuesday** Dé Máirt seo chugainn
■ **on Tuesday** Dé Máirt
■ **on Tuesdays** ar an Máirt □ He comes on

t

Tuesdays. Tagann sé ar an Máirt.
- ■ **every Tuesday** gach Máirt

tug-of-war NOUN
tarraingt na téide *fem*

tuition NOUN
1 teagasc *masc1*
  □ private tuition teagasc príobháideach
2 táillí scoile *fem4 pl* (us: *school fees*)

tulip NOUN
tiúilip *fem2*

tumble dryer NOUN
triomadóir iomlasctha *masc3*

tumbler NOUN
timbléar *masc1* (*glass*)

tummy NOUN
goile *masc4*

tumour (us **tumor**) NOUN
sceachaill *fem2*

tuna NOUN
tuinnín *masc4*

tune NOUN
1 fonn *masc1* (*melody*)
2 tiúin *fem2*
  □ She's singing out of tune. Tá sí ag canadh as tiúin.

Tunisia NOUN
an Túinéis *fem2*
  □ in Tunisia sa Túinéis

tunnel NOUN
tollán *masc1*
  ■ **the Channel Tunnel** Tollán Mhuir nIocht

turf NOUN
1 scraith *fem2*
2 móin *fem3* (*peat*)

Turk NOUN
Turcach *masc1*

Turkey NOUN
an Tuirc *fem2*
  □ in Turkey sa Tuirsc □ to Turkey chun na Tuirce

turkey NOUN
turcaí *masc4*

Turkish ADJECTIVE
  ▷ *see also* **Turkish** NOUN
Turcach

Turkish NOUN
  ▷ *see also* **Turkish** ADJECTIVE
Tuircis *fem2* (*language*)

turn NOUN
  ▷ *see also* **turn** VERB
casadh *masc1*
  □ 'no left turn' 'cosc ar chasadh ar clé'
  ■ **It's my turn!** Seal s'agamsa atá ann!
  ■ **a good turn** gar

to **turn** VERB
  ▷ *see also* **turn** NOUN
cas
  □ Turn right at the lights. Cas ar dheis ag na soilse.
  ■ **to turn red** (*become*) iompú go dearg

to **turn back** VERB
fill
  □ We turned back. D'fhilleamar ar ais.

to **turn down** VERB
1 diúltaigh do (*refuse*)
2 ísligh (*radio, TV, heating*)
  □ Shall I turn the heating down? An ísleoidh mé an teas?

to **turn off** VERB
1 cas ó (*from road*)
2 múch (*light, radio*)
3 stop (*tap*)

to **turn on** VERB
1 las (*light*)
2 cuir ar siúl (*tap, radio, TV*)

to **turn out** VERB
1 múch (*light, gas*)
2 táirg (*produce*)
3 tarlaigh
  □ It turned out to be a mistake. Tharla sa deireadh gur meancóg a bhí ann. □ It turned out that she was right. Mar a tharla, bhí an ceart aici.

to **turn over** VERB
iompaigh (*person*)

to **turn round** VERB
cas thart

to **turn up** VERB
nocht (*appear*)
  ■ **Could you turn up the radio?** An dtiocfadh leat an raidió a chur suas?

turning NOUN
casadh *masc1*
  □ It's the third turning on the left. An tríú casadh ar clé atá ann. □ We took the wrong turning. Ghlacamar an casadh contráilte.

turnip NOUN
tornapa *masc4*

turnstile NOUN
geata casta *masc4*

turquoise ADJECTIVE
turcaidghorm

turtle NOUN
turtar *masc1*

tutor NOUN
1 teagascóir *masc3* (*in college*)
2 múinteoir príobháideach *masc3* (*private teacher*)

tuxedo NOUN (US)
casóg dinnéir *fem2*

TV NOUN
TV

tweed NOUN
bréidín *masc4*

to **tweet** VERB
tvuíteáil *(on Twitter)*

tweezers PL NOUN
pionsúirín *masc4*

twelfth ADJECTIVE
an dara ... déag
□ the twelfth floor an dara hurlár déag
■ **the twelfth of August** an dara lá déag de Lúnasa

twelve NUMBER
1 a dó dhéag

LANGUAGE TIP **a dó dhéag** is used for telling the time and for counting.

□ Two times six is twelve. A dó faoi a sé sin a dó dhéag.
■ **to put two and two together** tuiscint as
2 dhá ... dhéag

LANGUAGE TIP **dhá ... dhéag** is used to give the number of objects and takes a singular noun.

□ twelve bottles dhá bhuidéal déag
■ **twelve people** dháréag
■ **the twelve days of Christmas** achar an dhá lá dhéag
■ **She's twelve.** Tá sí dhá bhliain déag d'aois.
■ **twelve o'clock 1** *(midday)* meán lae
2 *(midnight)* meán oíche

twentieth ADJECTIVE
fichiú
□ the twentieth time an fichiú huair
■ **the twentieth of May** an fichiú lá de Bhealtaine

twenty NUMBER
fiche

LANGUAGE TIP **fiche** is followed by a singular noun.

□ It's over twenty kilos. Tá sé níos mó ná fiche cíleagram.
■ **She's twenty.** Tá sí fiche bliain d'aois.

twice ADVERB
faoi dhó
■ **twice as much** a dhá oiread □ He gets twice as much pocket money as me. Faigheann sé a dhá oiread airgead póca liomsa.

twin NOUN
leathchúpla *masc4*
□ my twin brother mo leathchúpla □ her

twin sister a leathchúpla
■ **a twin room** seomra dúbailte
■ **identical twins** cúpla comhionann

twinned ADJECTIVE
cúplaithe
□ This town is twinned with a town in France. Tá an baile seo cúplaithe le baile sa Fhrainc.

to **twist** VERB
cas
□ You're twisting my words. Tá tú ag casadh mo chuid cainte.

twit NOUN
bómán *masc1*

two NUMBER
1 a dó

LANGUAGE TIP **a dó** is used for telling the time and for counting.

□ at two o'clock ar a dó a chlog □ Two times two is four. A dó faoi a dó sin a ceathair.
2 dhá

LANGUAGE TIP **dhá** is used to give the number of objects and is followed by a singular noun.

□ two bottles dhá bhuidéal □ two weeks dhá sheachtain
■ **She's two.** Tá sí dhá bhliain d'aois.

LANGUAGE TIP To translate 'two people', use the form **beirt**.

□ two people beirt □ two women beirt bhan

type NOUN
▷ *see also* **type** VERB
cineál *masc1*
□ What type of camera have you got? Cén cineál ceamara atá agat?

to **type** VERB
▷ *see also* **type** NOUN
clóscríobh
□ Can you type? An féidir leat clóscríobh?

typewriter NOUN
clóscríobhán *masc1*

typical ADJECTIVE
tipiciúil
□ That's just typical! Tá sé sin tipiciúil!

typing NOUN
clóscríbhneoireacht *fem3*

typist NOUN
clóscríobhaí *masc4*

tyre (US **tire**) NOUN
bonn *masc1*
■ **tyre pressure** brú boinn

Tyrone NOUN
Tír Eoghain *fem*

U u

UFO NOUN
ÚFÓ masc4

ugh EXCLAMATION
ach!

ugly ADJECTIVE
gránna

UK NOUN (= United Kingdom)
RA fem3 (= an Ríocht Aontaithe)
□ from the UK as an RA □ in the UK sa RA
□ to the UK chuig an RA

ulcer NOUN
othras masc1
□ a mouth ulcer othras béil

Ulster NOUN
Cúige Uladh masc4
□ in Ulster i gCúige Uladh

ultimate ADJECTIVE
deiridh
□ the ultimate challenge an dúshlán deiridh
□ It was the ultimate adventure. Ba é an
dúshlán deiridh é.

ultimately ADVERB
ar deireadh
□ Ultimately, it's your decision. Ar deireadh,
is fútsa atá

umbrella NOUN
1 scáth fearthainne masc3
2 scáth gréine masc3 (for sun)

umpire NOUN
moltóir masc3

UN NOUN (= United Nations)
na Náisiúin Aontaithe masc1 pl

unable ADJECTIVE
■ to be unable to do something gan a
bheith ábalta rud a dhéanamh □ I was
unable to come. Ní raibh mé ábalta teacht.

unacceptable ADJECTIVE
do-ghlactha

unanimous ADJECTIVE
d'aon ghuth
□ a unanimous decision cinneadh d'aon
ghuth

unattended ADJECTIVE
gan feighil (car, child, luggage)
□ Never leave pets unattended in your car. Ná
fág peataí gan feighil i do charr in am ar bith.

unavoidable ADJECTIVE
dosheachanta

unaware ADJECTIVE
■ to be unaware (not know about) a bheith
ar an aineolas □ I was unaware of the
regulations. Bhí mé ar an aineolas faoi na
rialacháin.
■ He was unaware of the truth. Bhí sé
dall ar an bhfírinne.

unbearable ADJECTIVE
dofhulaingthe

unbeatable ADJECTIVE
dosháraithe

unborn ADJECTIVE
nár rugadh go fóill
□ the unborn child an leanbh sa bhroinn

unbreakable ADJECTIVE
dobhriste

uncanny ADJECTIVE
dochreidte (extraordinary)
□ That's uncanny! Tá sé sin dochreidte!
■ an uncanny resemblance cosúlacht
dhochreidte

uncertain ADJECTIVE
neamhchinnte
□ The future is uncertain. Tá an todhchaí
neamhchinnte.
■ in no uncertain terms gan fiacail a chur
ann

uncivilized ADJECTIVE
barbartha (person, behaviour)

uncle NOUN
uncail masc4
□ my uncle m'uncail

uncomfortable ADJECTIVE
míchompordach
□ The seats are rather uncomfortable. Tá na
suíocháin seo measartha míchompordach.

unconscious ADJECTIVE
gan mheabhair

■ **unconscious of** (unaware) gan eolas ar

uncontrollable ADJECTIVE
1 dosmachtaithe (forces, mob)
2 doshrianta (temper, laughter)

unconventional ADJECTIVE
as an ngnáth

under PREPOSITION
1 faoi
□ The cat's under the table. Tá an cat faoin tábla. □ The tunnel goes under the Channel. Téann an tollán faoi Mhuir nIocht.
■ **under there** thíos faoi sin □ What's under there? Cad é atá thíos faoi sin?
2 faoi bhun (less than)
□ under 20 people faoi bhun 20 duine
□ children under 10 páistí faoi bhun 10

underage ADJECTIVE
faoi aois (person)

undercover ADJECTIVE, ADVERB
faoi rún
□ She was working undercover. Bhí sí ag obair faoi rún. □ an undercover agent gníomhaire faoi rún

to underestimate VERB
meas faoina luach
□ I underestimated her. Mheas mé faoina luach í.

to undergo VERB
téigh trí
■ **to undergo an operation** obráid a bheith agat

underground NOUN
▷ see also **underground** ADJECTIVE, ADVERB
iarnród faoi thalamh masc1 (railway)
□ Is there an underground in Glasgow? An bhfuil iarnród faoi thalamh i nGlaschú?

underground ADJECTIVE, ADVERB
▷ see also **underground** NOUN
faoi thalamh
□ an underground car park carrchlós faoi thalamh □ Moles live underground. Cónaíonn na caocháin faoi thalamh.

to underline VERB
1 cuir líne faoi (write)
2 cuir béim ar (emphasize)

underneath ADVERB
▷ see also **underneath** PREPOSITION
thíos faoi
□ underneath the carpet faoin mbrat urláir

underneath PREPOSITION
▷ see also **underneath** ADVERB
faoi

□ I got out of the car and looked underneath. D'éirigh mé amach as an gcarr agus d'amharc mé faoi.

underpaid ADJECTIVE
ar ghannphá
□ I'm underpaid. Tá mé ar ghannphá.

underpants PL NOUN
fobhríste masc4

underpass NOUN
íosbhealach masc1

undershirt NOUN (US)
foléine fem4

underskirt NOUN
fosciorta masc4

to understand VERB
tuig
□ Do you understand? An dtuigeann tú?
□ I don't understand this word. Ní thuigim an focal seo. □ I understand that ... Tuigim go ...

understanding ADJECTIVE
tuisceanach
□ She's very understanding. Tá sí iontach tuisceanach.

understood VERB ▷ see **understand**

undertaker NOUN
adhlacóir masc3

underwater ADJECTIVE
faoi uisce
□ This part was filmed underwater. Scannánaíodh an chuid seo faoi uisce.
□ an underwater camera ceamara faoi uisce
□ underwater photography grianghrafadóireacht faoi uisce

underwear NOUN
fo-éadaí masc1 pl

underwent VERB ▷ see **undergo**

to undo VERB
scaoil (buttons, knot)

to undress VERB
bain díot
□ The doctor told me to undress. D'iarr an dochtúir orm baint díom.

uneconomic ADJECTIVE
neamheacnamaíoch

unemployed ADJECTIVE
dífhostaithe
□ He's unemployed. Tá sé dífhostaithe.
□ He's been unemployed for a year. Tá sé dífhostaithe le bliain.
■ **the unemployed** lucht dífhostaíochta

unemployment NOUN
dífhostaíocht fem3

unexpected ADJECTIVE
gan choinne

□ an unexpected visitor cuairteoir gan choinne

unexpectedly ADVERB
gan choinne
□ They arrived unexpectedly. Tháinig siad gan choinne.

unfair ADJECTIVE
leatromach
□ It's unfair to girls. Tá sí leatromach ar chailíní

unfamiliar ADJECTIVE
neamhaithnid
□ I heard an unfamiliar voice. Chuala mé guth neamhaithnid.

unfashionable ADJECTIVE
neamhfhaiseanta

unfit ADJECTIVE
neamhaclaí
□ I'm rather unfit. Tá mé cineál neamhaclaí.

to **unfold** VERB
oscail amach
□ She unfolded the map. D'oscail sí an léarscáil amach.

unforgettable ADJECTIVE
dodhearmadta

unfortunately ADVERB
ar an drochuair
□ Unfortunately, I arrived late. Ar an drochuair, tháinig mé mall.

unfriendly ADJECTIVE
míchairdiúil
□ The waiters are a bit unfriendly. Tá na freastalaithe sórt míchairdiúil.

ungrateful ADJECTIVE
míbhuíoch

unhappy ADJECTIVE
míshona
□ He was unhappy as a child. Bhí sé míshona ina leanbh dó.
■ **to look unhappy** cuma mhíshona a bheith ort

unhealthy ADJECTIVE
1 mífholláin (food)
2 easláinteach (person)

uni NOUN
ollscoil fem2 (university)
□ I go to uni in Belfast. Tá mé ar an ollscoil i mBéal Feirste.

uniform NOUN
éide fem4
□ school uniform éide scoile

uninhabited ADJECTIVE
neamháitrithe

union NOUN
ceardchumann masc1
■ **the Act of Union** Acht an Aontais

Unionist ADJECTIVE
▷ see also **Unionist** NOUN
Aontachtaí

Unionist NOUN
▷ see also **Unionist** ADJECTIVE
Aontachtaí masc4

unique ADJECTIVE
sainiúil
■ **a unique opportunity** seans iontach

unit NOUN
aonad masc1
□ a unit of measurement aonad tomhais
□ a kitchen unit aonad cistine

United Kingdom NOUN
an Ríocht Aontaithe fem3

United Nations NOUN
na Náisiúin Aontaithe masc1 pl

United States NOUN
na Stáit Aontaithe masc1 pl
□ in the United States sna Stáit Aontaithe
□ to the United States chuig na Stáit Aontaithe

universe NOUN
cruinne fem4

university NOUN
ollscoil fem2
□ She's at university. Tá sí ar an ollscoil.
□ Do you want to go to university? Ar mhaith leat dul ar an ollscoil?

unleaded ADJECTIVE
gan luaidhe (petrol)

unless CONJUNCTION
mura
□ unless he leaves mura n-imeoidh sé
□ I won't come unless you phone me. Ní thiocfaidh mé mura scairteann tú orm.

unlike PREPOSITION
murab ionann agus
□ Unlike him, I really enjoy flying. Murab ionann agus eisean, taitníonn bheith ag eitilt liom.

unlikely ADJECTIVE
neamhdhóchúil
□ It's possible, but unlikely. Is féidir é, ach tá sé neamhdhóchúil.
■ **It's unlikely that she'll come.** Ní dócha go dtiocfaidh sí.

unlisted ADJECTIVE (US)
neamhliostaithe (phone number)

to **unload** VERB
dílódáil
□ We unloaded the car. Dhílódálamar an carr.

to **unlock** VERB
oscail
□ He unlocked the car. D'oscail sé an carr.

unlucky ADJECTIVE
1 mí-ámharach *(person)*
　□ Did you win? — No, I was unlucky.
　Ar bhain tú? — Níor bhain, bhí mé
　mí-ámharach.
2 tubaisteach *(object, number)*
　□ They say thirteen is an unlucky number.
　Deirtear gur uimhir thubaisteach é trí déag.

unmarried ADJECTIVE
neamhphósta
　□ an unmarried mother máthair
　neamhphósta □ an unmarried couple cúpla
　neamhphósta

unnatural ADJECTIVE
mínádúrtha

unnecessary ADJECTIVE
neamhriachtanach

unofficial ADJECTIVE
neamhoifigiúil

to **unpack** VERB
díphacáil
　□ I unpacked my suitcase. Dhíphacáil mé
　mo chás. □ I haven't unpacked my clothes
　yet. Níor dhíphacáil mé mo chuid éadaigh
　go fóill.

unpleasant ADJECTIVE
míthaitneamhach

to **unplug** VERB
bain an phlocóid as

unpopular ADJECTIVE
míghnaíúil

unpredictable ADJECTIVE
guagach

unreal ADJECTIVE
1 neamhréadúil
2 iontach *(extraordinary)*
　□ It was unreal! Bhí sé go hiontach!

unrealistic ADJECTIVE
neamhréadúil

unreasonable ADJECTIVE
1 míréasúnta
　□ Her attitude was completely
　unreasonable. Bhí an dearcadh aici go
　hiomlán míréasúnta.
2 ainmheasartha *(demand)*

unreliable ADJECTIVE
neamhiontaofa
　□ It's a nice car, but a bit unreliable. Is carr
　deas é, ach tá sé giota neamhiontaofa.
　□ He's completely unreliable. Tá sé go
　hiomlán neamhiontaofa.

to **unroll** VERB
leath amach

unsatisfactory ADJECTIVE
míshásúil

to **unscrew** VERB
díscriúáil
　□ She unscrewed the top of the bottle.
　Dhíscriúáil sé barr an bhuidéil.

unshaven ADJECTIVE
gan bhearradh

unskilled ADJECTIVE
■ an unskilled worker oibrí neamhoilte

unstable ADJECTIVE
taghdach *(person)*

unsteady ADJECTIVE
corrach
　□ He was unsteady on his feet. Bhí sé
　corrach ar a chosa.

unsuccessful ADJECTIVE
1 in aisce *(attempt)*
2 nach bhfuil rath air *(person)*
　□ an unsuccessful artist ealaíontóir nach
　bhfuil rath air
　■ I was unsuccessful. *(in trying something)*
　Níor éirigh liom.

unsuitable ADJECTIVE
mífhóirsteanach

untidy ADJECTIVE
1 trí chéile *(room)*
　□ My bedroom's always untidy. Bíonn mo
　sheomra leapa trí chéile i dtólamh.
2 giobach *(appearance, person)*
　□ He's always untidy. Bíonn cuma ghiobach
　i gcónaí air.

to **untie** VERB
1 scaoil *(knot)*
2 oscail *(parcel)*
3 scaoil amach *(dog)*

until PREPOSITION, CONJUNCTION
go dtí
　□ I waited until ten o'clock. D'fhan mé go
　dtí a deich a chlog. □ We can't go out until
　he comes. Ní féidir linn dul amach go dtí go
　dtiocfaidh sé.
　■ until now go dtí seo □ It's never been a
　problem until now. Ní raibh fadhb ann go
　dtí seo.
　■ until then go dtí sin □ Until then I'd
　never been to France. Go dtí sin ní raibh mé
　riamh sa Fhrainc.

unusual ADJECTIVE
neamhghnách
　□ an unusual shape cruth neamhghnách
　□ It's unusual to get snow at this time of
　year. Tá sé neamhghnách sneachta a bheith
　ann ag an am seo den bhliain.

unwilling ADJECTIVE
■ to be unwilling to do something gan a
　bheith toilteanach rud a dhéanamh

□ He was unwilling to help me. Ní raibh se toilteanach cuidiú liom.

to **unwind** VERB
lig do scíth (relax)

unwise ADJECTIVE
dícheillí

□ That was unwise of you. Bhí sin dícheillí agat.

unwound VERB ▷ see **unwind**

to **unwrap** VERB
bain an clúdach de

□ After the meal we unwrapped the presents. I ndiaidh na béile baineamar na clúdaí de na bronntanais.

to **unzip** VERB
dízipeáil (file)

UP PREPOSITION
▷ see also **up** ADVERB

■ **He went up the stairs.** Chuaigh sé suas an staighre.

■ **The cat was up a tree.** Bhí an cat in airde i gcrann.

■ **They live further up the street.** Tá siad ina gcónaí níos faide suas an tsráid.

UP ADVERB
▷ see also **up** PREPOSITION

LANGUAGE TIP There are several ways of translating 'up'. Look at the examples to find one that is similar to what you want to say. For other expressions with 'up', see the verbs 'go', 'come', 'get', 'give' etc.

■ **up there** thuas ansin

■ **up north** sa tuaisceart

■ **to be up** (out of bed) bheith i do shuí
□ We were up at 6. Bhíomar inár suí ar a 6. □ He's not up yet. Níl sé ina shuí go fóill.

■ **to get up** (in the morning) éirigh □ What time do you get up? Cén t-am a éiríonn tú?

■ **up to now** go dtí seo

■ **up to** (as far as) suas le □ to count up to fifty cuntas suas go caoge □ up to three hours suas le trí huaire an chloig

■ **It's up to you.** Ar do chomhairle féin atá sé.

■ **What's up?** Cad é an scéal? □ What's up with her? Cad é an scéal léi?

■ **What's he up to?** Cad é atá ar siúl aige?

upbringing NOUN
tógáil fem3

uphill ADJECTIVE
▷ see also **uphill** ADVERB
1 crochta (path)
2 duaisiúil (task)

uphill ADVERB
▷ see also **uphill** ADJECTIVE

■ **to go uphill** dul in éadan na mala

to **upload** VERB
uaslódáil (computing)

upon PREPOSITION
ar

upper ADJECTIVE
uachtarach

□ on the upper floor ar an urlár uachtarach

upper sixth NOUN

■ **the upper sixth** ardrang a sé □ She's in the upper sixth. Tá sí in ardrang a sé.

upright ADJECTIVE
ina sheasamh

■ **to stand upright** seasamh suas

upset NOUN
▷ see also **upset** ADJECTIVE, VERB
suaitheadh masc

■ **a stomach upset** iompú goile

upset ADJECTIVE
▷ see also **upset** NOUN, VERB
trí chéile

□ She's still a bit upset. Tá sí rud beag trí chéile go fóill.

■ **I had an upset stomach.** Bhí iompú goile orm.

to **upset** VERB
▷ see also **upset** ADJECTIVE, VERB
goill ar (person)

upshot NOUN
deireadh masc1

□ The upshot was that ... Is é an deireadh a bhí air go ...

upside down ADVERB
bunoscionn

□ That painting is upside down. Tá an phéinteáil sin bunoscionn.

upstairs ADVERB
1 suas an staighre (going)

□ He went upstairs. Chuaigh sé suas staighre.

2 thuas an staighre (being there)

□ Where's your coat? — It's upstairs. Cá bhfuil do chóta? — Tá sé thuas staighre.

uptight ADJECTIVE
ar tinneall

□ She's really uptight. Tá sí ar tinneall go mór.

up-to-date ADJECTIVE
suas chun dáta

□ an up-to-date timetable clár ama suas chun dáta

■ **to bring something up to date** rud a thabhairt suas chun dáta

u

upwards ADVERB
suas
□ to look upwards amharc suas

urgent ADJECTIVE
práinneach
□ Is it urgent? An bhfuil sé práinneach?

urine NOUN
mún masc1

URL NOUN (= uniform resource locator)
URL masc

> **LANGUAGE TIP** The Irish translation is **aimsitheoir aonfhoirmeach acmhainne** but URL is more commonly used.

US NOUN (= United States)
SA masc1 pl (= na Stáit Aontaithe)

us PRONOUN
muid
□ They saw us. Chonaic siad muid.
□ They understood us. Thuig siad muid.

USA NOUN (= United States of America)
SAM masc1 pl (= Stáit Aontaithe Mheiriceá)

USB stick NOUN
méaróg USB fem2

use NOUN
▷ see also **use** VERB
úsáid fem2
■ **to make use of something** úsáid a bhaint as rud
■ **It's no use.** Níl maith ar bith ann.

to **use** VERB
▷ see also **use** NOUN
bain úsáid as
□ Can we use a dictionary in the exam? An bhfuil cead againn úsáid a bhaint as foclóir sa scrúdú?
■ **I used to live in London.** Ba ghnách liom bheith i mo chónaí i Londain.
■ **to be used to something** bheith cleachta le rud □ He wasn't used to driving on the right. Ní raibh sé cleachta le bheith ag tiomáint ar thaobh na láimhe deise.
□ Don't worry, I'm used to it. Ná bí buartha, tá mé cleachta leis.
■ **a used car** carr dara láimhe

to **use up** VERB
ídigh
□ We used up all the paint. D'ídíomar an phéint uile.

useful ADJECTIVE
úsáideach

useless ADJECTIVE
1 gan mhaith
□ This map is just useless. Tá an léarscáil seo gan mhaith.
■ **It's useless!** Níl aon mhaith ann!
2 beagmhaitheasach (person)
□ You're useless! Is tú atá beagmhaitheasach!

user NOUN
úsáideoir masc3

user-friendly ADJECTIVE
cúntach

username NOUN
ainm úsáideora masc4

usual ADJECTIVE
gnáth-
■ **as usual** mar is gnách

usually ADVERB
de ghnáth
□ I usually get to school at about half past eight. Bainim an scoil amach de ghnáth timpeall ar leath i ndiaidh a hocht.

utility room NOUN
seomra áise masc4

U-turn NOUN
U-chasadh masc
□ I had to do a U-turn. Bhí orm U-chasadh a dhéanamh.

Vv

vacancy NOUN
folúntas *masc1*
□ 'no vacancies' 'níl folúntas ar bith ann'

vacant ADJECTIVE
1 folamh *(seat)*
2 saor *(room)*

vacation NOUN (US)
saoire *fem4*
□ She's on vacation. Tá sí ar saoire.

to **vaccinate** VERB
vacsaínigh

to **vacuum** VERB
folúsghlan
□ She vacuumed the hall. D'fholúsghlan sí an halla.

vacuum cleaner NOUN
folúsghlantóir *masc3*

vagina NOUN
faighin *fem2*

vague ADJECTIVE
éiginnte

vain ADJECTIVE
giodalach *(conceited)*
□ He's so vain! Tá sé iontach giodalach!
■ in vain in aisce

Valentine card NOUN
cárta Vailintín *masc4*

Valentine's Day NOUN
Lá Fhéile Vailintín *masc*

valid ADJECTIVE
bailí *(document, ticket)*
□ This ticket is valid for three months.
Tá an ticéad seo bailí ar feadh trí mhí.

valley NOUN
gleann *masc3*

valuable ADJECTIVE
1 luachmhar
□ a valuable picture pictiúr luachmhar
2 tairbheach *(help)*
□ valuable help cuidiú tairbheach

valuables PL NOUN
airgí luachmhara *fem4 pl*

□ Don't take any valuables with you.
Ná tabhair airgí luachmhara leat.

value NOUN
1 luach *masc3*
2 fiúntas *masc1 (usefulness)*

van NOUN
veain *fem4*

vandal NOUN
loitiméir *masc3*

vandalism NOUN
loitiméireacht *fem3*

to **vandalize** VERB
■ to vandalize something loitiméireacht a dhéanamh ar rud

vanilla NOUN
fanaile *masc4*
□ vanilla ice cream uachtar reoite fanaile

to **vanish** VERB
téigh as radharc

variable ADJECTIVE
claochlaitheach

varied ADJECTIVE
éagsúil

variety NOUN
cineál *masc1*

various ADJECTIVE
1 difriúil *(different)*
2 éagsúil *(several)*
□ We visited various villages in the area.
Thugamar cuairt ar shráidbhailte éagsúla sa cheantar.

to **vary** VERB
éagsúlaigh

vase NOUN
vása *masc4*

VAT NOUN (= value added tax)
CBL *fem* (= cáin bhreisluacha)

Vatican NOUN
■ the Vatican an Vatacáin

VCR NOUN (= video cassette recorder)
taifeadán físchaiséad *masc1*

VDU NOUN (= *visual display unit*)
aonad amharcthaispeána *masc1*

veal NOUN
laofheoil *fem3*

vegan NOUN
veigeán
□ I'm a vegan. Is veigeán mé.

vegetable NOUN
glasra *masc4*
□ vegetable soup anraith glasraí

vegetarian ADJECTIVE
▷ see also **vegetarian** NOUN
feoilséantach
□ vegetarian sausages ispíní gan feoil

vegetarian NOUN
▷ see also **vegetarian** ADJECTIVE
feoilséantóir *masc3*
□ I'm a vegetarian. Is feoilséantóir mé.

vehicle NOUN
feithicil *fem2*

veil NOUN
fial *masc1*

vein NOUN
féith *fem2*

velvet NOUN
veilbhit *fem2*

vending machine NOUN
meaisín díola *masc4*

Venetian blind NOUN
dallóg lataí *fem2*

venison NOUN
fiafheoil *fem3*

verb NOUN
briathar *masc1*

verdict NOUN
breithiúnas *masc1*

version NOUN
leagan *masc1*

vertical ADJECTIVE
ingearach

vertigo NOUN
meadhrán *masc1*
□ I get vertigo. Tagann meadhrán orm.

very ADVERB
an-
□ very tall an-ard □ It's not very
interesting. Níl sé an-suimiúil.
□ She likes it very much. Tá an-dúil
aici ann.

vest NOUN
1 veist *fem2* (*underclothing*)
2 bástchóta *masc4* (us: *waistcoat*)

vet NOUN
tréidlia *masc4*
□ She's a vet. Is tréidlia í.

via PREPOSITION
trí
□ We went to Wexford via Wicklow.
Chuamar go Loch Garman trí Chill
Mhantáin.

vicar NOUN
biocáire *masc4*
□ He's a vicar. Is biocáire é.

vice NOUN
bís *fem2* (*for holding things*)

vice versa ADVERB
a mhalairt agus

vicious ADJECTIVE
1 fíochmhar
□ a vicious attack ionsaí fíochmhar
2 drochmhúinte (*dog*)
■ a vicious circle ciorcal lochtach

victim NOUN
íospartach *masc1*
□ I pity the victims. Tá trua agam do na
híospartaigh.

victory NOUN
bua *masc4*

video NOUN
▷ see also **video** VERB
1 físeán *masc1* (*film*)
□ a video of my family on holiday físeán de
mo theaghlach ar saoire
2 físchaiséad *masc1* (*video cassette*)
□ She lent me a video. Thug sí físchaiséad ar
iasacht dom.
3 taifeadán físchaiséad *masc1* (*video
recorder*)
□ Have you got a video? An bhfuil taifeadán
físchaiséad agat?
■ a video camera físcheamara
■ a video game físchluiche □ He likes
playing video games. Is maith leis
físchluichí a imirt.

to **video** VERB
▷ see also **video** NOUN
físigh (*from TV*)

videophone NOUN
físghuthán *masc1*

Vietnam NOUN
Vítneam *masc4*
□ in Vietnam i Vítneam

Vietnamese ADJECTIVE
Vítneamach

view NOUN
1 radharc *masc1*
□ There's an amazing view. Tá radharc
iontach ann.
2 dearcadh *masc1* (*opinion*)
■ in my view i mo thuairimse

viewer NOUN
breathnóir *masc3*

viewpoint NOUN
dearcadh *masc1*

vile ADJECTIVE
1 bréan *(smell)*
2 samhnasach *(food)*

villa NOUN
vile *masc4*

village NOUN
sráidbhaile *masc4*

villain NOUN
1 coirpeach *masc1 (criminal)*
2 bithiúnach *masc1 (in film, novel)*

vine NOUN
1 fíniúin *fem3*
2 féithleog *fem2 (climbing plant)*

vinegar NOUN
fínéagar *masc1*

vineyard NOUN
fíonghort *masc1*

viola NOUN
vióla *fem4*
□ I play the viola. Seinnim ar an vióla.

violence NOUN
foréigean *masc1*

violent ADJECTIVE
1 foréigneach *(attack)*
2 ainscianta *(person)*

violin NOUN
veidhlín *masc4*
□ I play the violin. Seinnim ar an veidhlín.

violinist NOUN
veidhleadóir *masc3*

VIP NOUN *(= very important person)*
duine mór le rá

viral ADJECTIVE
mearscaipthe *(computing)*

virgin NOUN
maighdean *fem2*
□ She's a virgin. Is maighdean í.

Virgo NOUN
An Mhaighdean *fem2*
□ I'm Virgo. Is mise An Mhaighdean.

virtual reality NOUN
réaltacht fhíorúil *fem3*

virus NOUN
víreas *masc1 (also computing)*

visa NOUN
víosa *fem4*

visible ADJECTIVE
le feiceáil

visit NOUN
▷ *see also* **visit** VERB
cuairt *fem2*

□ Did you enjoy your visit to France? Ar thaitin do chuairt ar an bhFrainc leat?

to **visit** VERB
▷ *see also* **visit** NOUN
tabhair cuairt ar
□ I often visit my grandmother. Is minic a thugaim cuairt ar mo sheanmháthair.
□ We'd like to visit the castle. Ba mhaith linn cuairt a thabhairt ar an gcaisleán.

visitor NOUN
cuairteoir *masc3*
□ You have a visitor. Tá cuairteoir agat.

visual ADJECTIVE
radharcach

to **visualize** VERB
samhlaigh

vital ADJECTIVE
riachtanach

vitamin NOUN
vitimín *masc4*

vivid ADJECTIVE
1 beoga *(account)*
2 beo *(imagination)*

V-neck NOUN
V-mhuineál *masc1*

vocabulary NOUN
stór focal *masc1*

vocational ADJECTIVE
gairm-
□ a vocational course gairmchúrsa

vodka NOUN
vodca *masc4*

voice NOUN
guth *masc3*

voice mail NOUN
glórphost *masc1*

volcano NOUN
bolcán *masc1*

volleyball NOUN
eitpheil *fem2*
□ She plays volleyball. Imríonn sí eitpheil.

volt NOUN
volta *masc4*

voltage NOUN
voltas *masc1*

voluntary ADJECTIVE
deonach *(unpaid)*
□ My mother does voluntary work. Déanann mo mháthair obair dheonach.

volunteer NOUN
▷ *see also* **volunteer** VERB
1 saorálaí *masc4*
2 óglach *masc1 (soldier)*

to **volunteer** VERB
▷ *see also* **volunteer** NOUN

V

■ **He volunteered to help me.** Thairg sé cuidiú liom.

to **vomit** VERB
cuir amach

to **vote** VERB
vótáil

voucher NOUN

dearbhán *masc1*
□ a gift voucher dearbhán bronntanais

vowel NOUN
guta *masc4*

vulgar ADJECTIVE
gráisciúil

Ww

wafer NOUN
abhlann *fem2 (at mass)*

to **wag** VERB
croith

wage NOUN
tuarastal *masc1*
□ He collected his wages. Bhailigh sé a thuarastal.

waist NOUN
coim *fem2*

waistcoat NOUN
bástcóta *masc4*

to **wait** VERB
fan
■ **to keep somebody waiting** duine a choinneáil ag fanacht □ They kept us waiting for hours. Choinnigh siad ag fanacht muid ar feadh uaireanta.
■ **to wait for somebody** fanacht le duine □ I'll wait for you. Fanfaidh mé leat.
■ **Wait a minute!** Fan bomaite!
■ **I can't wait for the holidays.** Is fada liom go dtoicfaidh na laethanta saoire.

to **wait up** VERB
fan i do shuí
□ My mum always waits up till I get in. Fanann mo mháthair ina suí i gcónaí go mbím istigh.

waiter NOUN
freastalaí *masc4*
■ **Waiter!** A fhreastalaí!

waiting list NOUN
liosta feithimh *masc4*

waiting room NOUN
seomra feithimh *masc4*

waitress NOUN
freastalaí *masc4*

wake NOUN
faire *fem4 (for dead person)*

to **wake up** VERB
múscail
□ I woke up at six o'clock. Mhúscail mé ar a

sé a chlog.
■ **to wake somebody up** duine a mhúscailt □ Please will you wake me up at seven o'clock? An músclóidh tú ar a seacht a chlog mé, le do thoil?

Wales NOUN
an Bhreatain Bheag *fem2*
□ in Wales sa Bhreatain Bheag □ to Wales chun na Breataine Bige □ I'm from Wales. Is as an mBreatain Bheag mé.

walk NOUN
▷ *see also* **walk** VERB
siúl *masc1*
■ **It's 10 minute walk from here.** Siúlóid 10 mbomaite atá ann ón áit seo.

to **walk** VERB
▷ *see also* **walk** NOUN
1 siúil
□ He walks fast. Siúlann sé go gasta. □ Let's walk. Siúlaimis. □ Are you walking or going by bus? An siúlfaidh tú nó an rachaidh tú leis an mbus?
2 déan spaisteoireacht *(for pleasure, exercise)*
□ We walked in the park. Rinneamar spaisteoireacht sa pháirc.
■ **to walk the dog** an madra a thabhairt ar shiúlóid

walkie-talkie NOUN
siúlscéalaí *masc4*

walking NOUN
coisíocht *fem3*
□ I did some walking in Wicklow last summer. Rinne mé roinnt coisíochta i gCill Mhantáin an samhradh seo caite.

walking stick NOUN
bata siúil *masc4*

Walkman® NOUN
Válcaire *masc4*

wall NOUN
balla *masc4*

wallet NOUN
vallait *fem2*

wallpaper NOUN
páipéar balla *masc1*

walnut NOUN
gallchnó *masc4*
□ a walnut tree crann gallchnó

to **wander** VERB
1 bheith ag falróid *(person)*
■ **to wander around** bheith ag fánaíocht
□ I was wandering around for a while. Bhí mé ag fánaíocht ar feadh tamaill.
2 bheith ar seachrán *(mind)*

to **want** VERB
■ I want a biscuit. Ba mhaith liom briosca.
■ **to want to do something** fonn a bheith ort rud a dhéanamh □ I want to go to the cinema. Tá fonn orm dul chun na pictiúrlainne.

war NOUN
cogadh *masc1*

ward NOUN
barda *masc4 (in hospital)*

warden NOUN
bardach *masc1*

wardrobe NOUN
vardrús *masc1*

warehouse NOUN
stóras *masc1*

warm ADJECTIVE
1 te
□ It's warm. Tá sé te. □ warm water uisce te
■ **to be warm** *(person)* bheith te □ I'm too warm. Tá mé róthe.
2 croíúil *(thanks, welcome)*
□ a warm welcome fáilte chroíúil

to **warm up** VERB
téigh suas *(food)*
□ I'll warm up some lasagne for you. Téifidh mé suas roinnt lasáinne duit.

to **warn** VERB
■ **to warn somebody** rabhadh a thabhairt do dhuine □ He warned me. Thug sé rabhadh dom. □ Well, I warned you! Anois, thug mé rabhadh duit!
■ **to warn somebody not to do something** rabhadh a thabhairt do dhuine gan rud a dhéanamh

warning NOUN
1 rabhadh *masc1*
□ It's just a warning. Níl ann ach rabhadh.
2 rabhchán *masc1 (signal)*

Warsaw NOUN
Vársá *masc4*

wart NOUN
faithne *masc4*

was VERB ▷ *see* be

wash NOUN
▷ *see also* **wash** VERB
□ I had a wash. Nigh mé mé féin.
■ **to give something a wash** rud éigin a ghlanadh □ He gave the windows a wash. Ghlan sé na fuinneoga.

to **wash** VERB
▷ *see also* **wash** NOUN
nigh
□ She washed the car. Nigh sí an carr.
□ Every morning I get up, wash and get dressed. Éirím gach maidin, ním mé féin agus cuirim orm mo chuid éadaigh.
■ **to wash one's hands** do lámha a ní
■ **to wash one's hair** do chuid gruaige a ní

to **wash up** VERB
nigh na soithí *(dishes)*

washbasin NOUN
doirteal *masc1*

washcloth NOUN (US)
ceirt níocháin *fem2*

washing NOUN
níochán *masc1*
□ dirty washing níochán salach □ Have you got any washing? An bhfuil níochán ar bith agat?
■ **to do the washing** an níochán a dhéanamh

washing machine NOUN
inneall níocháin *masc1*

washing powder NOUN
púdar níocháin *masc1*

washing-up NOUN
na soithí *masc1 pl*
■ **to do the washing-up** na soithí a ní

washing-up liquid NOUN
leacht níocháin *masc3*

wasn't = was not

wasp NOUN
foiche *fem4*

waste NOUN
▷ *see also* **waste** VERB
bruscar *masc1 (rubbish)*
■ **It's a waste of time.** Cur amú ama atá ann.
■ **nuclear waste** dramhaíl núicléach

to **waste** VERB
▷ *see also* [**waste** NOUN
cuir amú
□ I don't like wasting money. Ní maith liom airgead a chur amú.
■ **to waste time** am a chur amú □ There's no time to waste. Níl am ar bith ann le cur amú.

wastepaper basket NOUN
ciseán dramhpháipéir *masc1*

watch NOUN
▷ *see also* **watch** VERB
uaireadóir *masc3*

to **watch** VERB
▷ *see also* **watch** NOUN
1 amharc ar *(look at)*
□ I hardly ever watch television. Is annamh a amharcaim ar an teilifís.
2 coimhéad *(spy on, guard)*
□ The police were watching the house. Bhí na póilíní ag coimhéad an tí.

to **watch out** VERB
seachain
□ Watch out! Seachain!

water NOUN
▷ *see also* **water** VERB
uisce *masc4*

to **water** VERB
▷ *see also* **water** NOUN
cuir uisce ar *(plant, garden)*
□ He was watering his tulips. Bhí sé ag cur uisce ar a chuid tiúilipí.
■ **My eyes are watering.** Tá uisce le mo shúile.
■ **It makes my mouth water.** Cuireann sé uisce le mo chuid fiacla.

waterfall NOUN
eas *masc3*

Waterford NOUN
Port Láirge *masc*
■ **Waterford crystal** criostal Phort Láirge

watering can NOUN
fraschanna *masc4*

watermelon NOUN
mealbhacán uisce *masc1*

waterproof ADJECTIVE
díon a bheith ann
□ Is that coat waterproof? An bhfuil díon sa chóta sin?

water-skiing NOUN
sciáil ar uisce *fem3*
□ We went water-skiing at the weekend. Chuamar ag déanamh sciáil uisce ag an deireadh seachtaine.

wave NOUN
▷ *see also* **wave** VERB
1 tonn *fem2 (in water)*
2 croitheadh *masc (of hand)*
■ **We gave him a wave.** Chroitheamar lámh air.

to **wave** VERB
▷ *see also* **wave** NOUN
croith

□ She waved to me. Chroith sí lámh orm.
□ I waved her goodbye. Chroith mé slán chuichi.

wavy ADJECTIVE
camarsach *(hair)*
□ She has wavy hair. Tá a cuid gruaige camarsach.

wax NOUN
céir *fem*

way NOUN
1 dóigh *fem2 (manner)*
□ She looked at me in a strange way. D'amharc sí orm ar dhóigh aisteach.
□ You're doing it the wrong way. Tá tú á dhéanamh ar an dóigh chontráilte.
■ **a way of life** modh maireachtála
2 bealach *masc1 (road, path)*
□ Which way? — This way. Cén bealach? — An bealach seo. □ Do you know the way? An bhfuil eolas an bhealaigh agat?
■ **in a way** ar bhealach
■ **on the way** *(en route)* ar an mbealach
□ We stopped on the way. Stadamar ar an mbealach.
■ **It's a long way.** Bealach fada atá ann.
■ **to be on one's way** bheith ar do bhealach □ He's on his way. Tá sé ar a bhealach.
■ **to lose one's way** dul amú
■ **'way in'** 'isteach'
■ **'way out'** 'amach'
■ **by the way** ... dála an scéil ...
■ **Will you see him? — No way!** An mbuailfidh tú leis? — Ní bhuailfidh ná a shaothar orm!

we PRONOUN
1 muid
□ We are both teachers. Is múinteoirí muid beirt. □ We were injured. Gortaíodh muid.
2 muidne *(emphatic)*
□ It is we who ... Is muidne a ...

> LANGUAGE TIP With some verb forms 'we' is not translated separately but is shown in the verb.

□ We're staying here for a week. Beimid ag stopadh anseo go ceann seachtaine.

weak ADJECTIVE
lag

wealthy ADJECTIVE
saibhir

weapon NOUN
gléas troda *masc1*

to **wear** VERB
caith
□ She was wearing a hat. Bhí sí ag

w

caitheamh hata. □ She was wearing black clothes. Bhí éadaí dubha uirthi.

weather NOUN
aimsir *fem2*

□ What was the weather like? Cad é mar a bhí an aimsir? □ The weather was lovely. Bhí an aimsir go hálainn.

weather forecast NOUN
réamhaisnéis na haimsire *fem2*

web NOUN
1 líon damháin alla *masc1 (of spider)*
2 gréasán *masc1 (internet)*

web address NOUN
seoladh gréasáin *masc*

web browser NOUN
brabhsálaí gréasáin *masc4*

webcam NOUN
ceamara gréasáin *masc4*

webmaster NOUN
stiúrthóir gréasáin *masc3*

webpage NOUN
leathanach gréasáin *masc1*

website NOUN
líonláithreán *masc1*

webzine NOUN
iris ghréasáin *fem2*

we'd = we had, we should

wedding NOUN
1 pósadh *masc (ceremony)*
2 bainis *fem2 (reception)*
  ■ **wedding anniversary** comóradh pósta
  ■ **wedding dress** gúna pósta

Wednesday NOUN
An Chéadaoin *fem4*
  ■ **last Wednesday** Dé Céadaoin seo caite
  ■ **next Wednesday** Dé Céadaoin seo chugainn
  ■ **on Wednesday** Dé Céadaoin
  ■ **on Wednesdays** ar an gCéadaoin
  □ He comes on Wednesdays. Tagann sé ar an gCéadaoin.
  ■ **every Wednesday** gach Céadaoin

wee ADJECTIVE
beag

weed NOUN
fiaile *fem4*

□ The garden's full of weeds. Tá an gairdín lán fiailí.

week NOUN
seachtain *fem2*

□ last week an tseachtain seo caite □ every week gach seachtain □ next week an tseachtain seo chugainn □ in a week's time i gceann seachtaine □ a week ago today seachtain is an lá inniu

weekday NOUN
lá den tseachtain *masc*

weekend NOUN
deireadh seachtaine *masc1*

□ last weekend an deireadh seachtaine seo caite □ next weekend an deireadh seachtaine seo chugainn □ at weekends ag an deireadh seachtaine

weekly ADVERB
in aghaidh na seachtaine

to **weep** VERB
caoin

to **weigh** VERB
meáigh

□ First, weigh the flour. Ar dtús, meáigh an plúr.
  ■ **How much do you weigh?** Cén meáchan atá ionat?
  ■ **to weigh oneself** tú féin a mheá

weight NOUN
meáchan *masc1*
  ■ **to lose weight** meáchan a chailleadh
  ■ **to put on weight** meáchan a chur suas

weightlifter NOUN
tógálaí meáchan *masc4*

weightlifting NOUN
tógáil mheáchan *fem3*

weird ADJECTIVE
aisteach *(odd)*

welcome NOUN
▷ *see also* **welcome** VERB
fáilte *fem4*

□ They gave her a warm welcome. Chuir siad fearadh na fáilte roimpi.
  ■ **Welcome!** Fáilte! □ Welcome to Ireland! Fáilte go hÉirinn!

to **welcome** VERB
▷ *see also* **welcome** NOUN
  ■ **to welcome somebody** fáilte a chur roimh dhuine
  ■ **Thank you! — You're welcome!** Go raibh maith agat! — Níl a bhuíochas ort!

welder NOUN
táthaire *masc4*

well ADJECTIVE
▷ *see also* **well** ADVERB, NOUN
  ■ **to be well** bheith go maith □ I'm not very well at the moment. Níl mé an-mhaith i láthair na huaire.
  ■ **Get well soon!** Biseach chugat!

well ADVERB
▷ *see also* **well** ADJECTIVE, NOUN
go maith

□ You did that really well. Rinne tú sin go han-mhaith.

■ **to do well** déanamh go maith □ She's doing really well at school. Tá sé ag déanamh go han-mhaith ar scoil.
■ **Well done!** Maith thú!
■ **as well** chomh maith □ I decided to have dessert as well. Shocraigh mé ar mhilseog a ithe chomh maith.
■ **as well as** *(in addition to)* chomh maith le □ We went to York as well as London. Chuamar go hEabhrac chomh maith le Londain.
■ **to wish somebody well** rath a ghuí le duine

well NOUN
▷ *see also* **well** ADJECTIVE, ADVERB
tobar *masc1*

we'll = we will

well-behaved ADJECTIVE
dea-mhúinte

well-dressed ADJECTIVE
feistithe go maith

wellingtons PL NOUN
buataisí rubair *fem2 pl*

well-known ADJECTIVE
clúiteach *(person)*
□ a well-known film star réalta chlúiteach scannán

well-off ADJECTIVE
go maith as

Welsh ADJECTIVE
▷ *see also* **Welsh** NOUN
Breatnach
□ She's Welsh. Is Breatnach í.

Welsh NOUN
▷ *see also* **Welsh** ADJECTIVE
Breatnais *fem2 (language)*
■ **the Welsh** *(people)* na Breatnaigh

Welshman NOUN
Breatnach *masc1*

Welshwoman NOUN
Breatnach mná *masc1*

went VERB ▷ *see* **go**
wept VERB ▷ *see* **weep**
were VERB ▷ *see* **be**
we're = we are
weren't = were not

west NOUN
▷ *see also* **west** ADJECTIVE, ADVERB
iarthar *masc1*
□ in the west san iarthar
■ **the West** an tIarthar

west ADJECTIVE, ADVERB
▷ *see also* **west** NOUN
thiar
■ **the west coast** an cósta thiar

■ **a west wind** an ghaoth aniar
■ **west of** taobh thiar de □ It's west of London. Tá sé taobh thiar de Londain.
■ **We were moving west.** Bhíomar ag bogadh siar.

westbound ADJECTIVE
■ **The truck was westbound on the M5.** Bhí an trucail ag dul siar ar an M5.
■ **Westbound traffic is moving very slowly.** Tá an trácht siar ag bogadh go han-mhall.

western ADJECTIVE
▷ *see also* **western** NOUN
thiar
□ the western part of the island an taobh thiar den oileán

western NOUN
▷ *see also* **western** ADJECTIVE
scannán buachaillí bó *masc1 (film)*

West Indian ADJECTIVE
▷ *see also* **West Indian** NOUN
Iar-Indiach
□ She's West Indian. Is Iar-Indiach í.

West Indian NOUN
▷ *see also* **West Indian** ADJECTIVE
Iar-Indiach *masc1*

West Indies PL NOUN
na hIndiacha Thiar *fem pl*
□ in the West Indies sna hIndiacha Thiar

Westmeath NOUN
an Iarmhí *fem4*

wet ADJECTIVE
1 fliuch
□ wet clothes éadaí fliucha □ It was wet all week. Bhí sé fliuch an tseachtain ar fad.
■ **to get wet** éirí fliuch
■ **dripping wet** fliuch báite
■ **wet weather** aimsir fhliuch
2 tais *(damp)*
■ **'wet paint'** 'péint úr'

wetsuit NOUN
culaith thumtha *fem2*

Wexford NOUN
Loch Garman *masc*

we've = we have

whale NOUN
míol mór *masc1*

what ADJECTIVE
▷ *see also* **what** PRONOUN
■ **What colour is it?** Cén dath atá air?
■ **What books do you need?** Cad iad na leabhair atá uait?

what PRONOUN
▷ *see also* **what** ADJECTIVE
cad é

□ What are you doing? Cad é atá ar bun agat? □ What are you talking about? Cad é faoi a bhfuil tú ag caint? □ What's the matter? Cad é atá ort? □ What happened to you? Cad é a tharla duit?

■ **What's it called?** Cén t-ainm atá air?

■ **What?** *(what did you say)* Cad é a dúirt tú?

■ **What!** *(shocked)* Cad é!

■ **What a mess!** A leithéid de phrácás!

wheat NOUN
cruithneacht *fem3*

wheel NOUN
1 roth *masc3*
2 roth stiúrtha *masc3 (steering wheel)*
3 stiúir *fem (of ship)*

wheelchair NOUN
cathaoir rothaí *fem*

when ADVERB
▷ *see also* **when** CONJUNCTION
cá huair

□ When did it happen? Cá huair a tharla sé? □ When did he go? Cá huair a d'imigh sé?

when CONJUNCTION
▷ *see also* **when** ADVERB

■ **She was reading when I came in.** Bhí sí ag léamh nuair a tháinig mé isteach.

■ **on the day when I met him** *(on which)* an lá a casadh orm é

■ **I thought I was wrong when in fact I was right.** Shíl mé go raibh mé contráilte ach is amhlaidh a bhí an ceart agam.

where ADVERB, CONJUNCTION
1 an áit

□ That's where the the money was hidden. Sin an áit a raibh an t-airgead i bhfolach.
2 cá háit

□ Where's Emma today? Cá háit a bhfuil Emma inniu? □ Where do you live? Cá háit a bhfuil cónaí ort? □ Where are you going? Cá háit a bhfuil tú ag dul?

whereabouts ADVERB
cá

whether CONJUNCTION
cé acu

■ **I don't know whether to accept or not.** Níl a fhios agam cé acu ba chóir dom glacadh leis nó nár chóir.

■ **It's doubtful whether she will come.** Tá mé in amhras an dtiocfaidh sí.

which ADJECTIVE
▷ *see also* **which** PRONOUN
cé

□ Which picture do you want? Cén pictiúr atá de dhíth ort?

■ **Which one?** Cé acu ceann? □ I know his

brother. — Which one? Tá aithne agam ar a dheartháir. — Cé acu ceann?

■ **in which case** agus más amhlaidh atá

which PRONOUN
▷ *see also* **which** ADJECTIVE
1 a

□ the apple which you ate an t-úll a d'ith tú
□ the chair on which you are sitting an chathaoir a bhfuil tú i do shuí uirthi
2 ar

□ the book of which you spoke an leabhar ar labhair tú faoi

■ **He said he saw her, which is true.** Dúirt sé go bhfaca sé í, rud atá fíor.

■ **after which** agus ina dhiaidh sin

■ **I don't mind which.** Is cuma liom cé acu.

while NOUN
▷ *see also* **while** CONJUNCTION
tamall *masc1*

□ after a while i ndiaidh tamaill

■ **a while ago** tamall ó shin □ He was here a while ago. Bhí sé anseo tamall ó shin.

■ **for a while** ar feadh scaithimh □ I lived in London for a while. Bhí cónaí orm i Londain ar feadh scathaimh.

■ **quite a while** tamall maith □ quite a while ago tamall maith ó shin □ I haven't seen him for quite a while. Ní fhaca mé le tamall maith é.

while CONJUNCTION
▷ *see also* **while** NOUN

■ **while I was there** fad is a bhí mé ann

■ **You hold the torch while I look inside.** Beir thusa greim ar an tóirse a fhad is a bhreathnaím istigh.

■ **Isobel's shy, while Kay's outgoing.** Tá Isobel faiteach, ach tá Kay eisdíritheach.

whip NOUN
▷ *see also* **whip** VERB
fuip *fem2*

to **whip** VERB
▷ *see also* **whip** NOUN
1 fuipeáil
2 buail *(eggs)*

whipped cream NOUN
uachtar coipthe *masc1*

whisk NOUN
greadtóir *masc3*

whiskers PL NOUN
1 guairí *masc4 pl (of cat)*
2 féasóg leicinn *fem2 (beard and moustache)*

whiskey NOUN (US, IRELAND)
uisce beatha *masc4*

whisky NOUN
uisce beatha *masc4*

to **whisper** VERB
bheith ag cogarnach

whistle NOUN
▷ *see also* **whistle** VERB
1 fead *fem2 (sound)*
2 feadóg *fem2 (object)*
□ The referee blew his whistle. Shéid an réiteoir a fheadóg.

to **whistle** VERB
▷ *see also* **whistle** NOUN
bheith ag feadaíl

White ADJECTIVE
geal
■ **a White woman** bean gheal

white ADJECTIVE
bán
□ The house is white. Tá an teach bán.
■ **white coffee** caife bán
■ **white wine** fíon geal
■ **white bread** arán geal

Whitsun NOUN
An Chincís *fem2*

who PRONOUN
cé *(in questions)*
□ Who is it? Cé atá ann?

> LANGUAGE TIP In positive relative phrases use **a**.

□ the man who was here an fear a bhí anseo
□ the man who went an fear a d'imigh

> LANGUAGE TIP In relative phrases with negative use **nach** or **nár**.

□ the man who was not here an fear nach raibh anseo □ the man who did not go an fear nár imigh

whole ADJECTIVE
▷ *see also* **whole** NOUN
iomlán *(complete)*
□ the whole class an rang iomlán
□ the whole afternoon an tráthnóna iomlán
□ the whole world an domhan iomlán

whole NOUN
▷ *see also* **whole** ADJECTIVE
■ **the whole of** *(all)* iomlán □ You saw the whole of the moon. Chonaic tú iomlán na gealaí.
■ **on the whole** den chuid is mó
■ **as a whole** ina iomláine

wholemeal ADJECTIVE
■ **wholemeal bread** caiscín

whom PRONOUN
■ **Whom did you see?** Cé a chonaic tú?
■ **the man to whom I spoke** an fear ar labhair mé leis

whose ADJECTIVE
▷ *see also* **whose** PRONOUN

■ **Whose book is this?** Cé leis an leabhar seo?
■ **Whose pencil have you taken?** Cé leis an peann luaidhe a thug tú leat?
■ **the woman whose car was stolen** an bhean ar goideadh a carr

whose PRONOUN
▷ *see also* **whose** ADJECTIVE
■ **Whose is this?** Cé leis seo?
■ **I know whose it is.** Tá a fhios agam cé leis é.

why ADVERB
cén fáth
□ Why did you do that? Cén fáth a ndearna tú é sin? □ That's why he did it. Is é sin an fáth a ndearna sé é.
■ **the reason why** an fáth
■ **Tell me why.** Abair liom cad chuige.
■ **Will we go out? — Why not?** An rachaimid amach? — Cén fáth nach rachadh!

wicked ADJECTIVE
1 droch- *(person)*
2 mioscaiseach *(mischievous)*

wicket NOUN
geaitín *masc4 (cricket)*

Wicklow NOUN
Cill Mhantáin *fem*

wide ADJECTIVE, ADVERB
leathan
□ a wide road bóthar leathan
■ **wide open** ar leathadh □ The door was wide open. Bhí an doras ar leathadh.
■ **wide awake** i do lándúiseacht

widow NOUN
baintreach *fem2*
□ She's a widow. Is baintreach í.

widower NOUN
baintreach fir *fem2*
□ He's a widower. Is baintreach fir é.

width NOUN
leithead *masc1*

wife NOUN
bean chéile *fem*
□ She's his wife. Is í a bhean chéile í.

Wi-Fi NOUN
Wi-Fi

> LANGUAGE TIP The Irish translation is **dílseacht gan sreang** but Wi-Fi is more commonly used.

wig NOUN
bréagfholt *masc1*

wild ADJECTIVE
fiáin

□ a wild animal ainmhí fiáin □ She's a bit
wild. Tá sí rud beag fiáin.

■ **to make a wild guess** buille faoi thuairim
a thabhairt

wildlife NOUN
fiabheatha *fem4*

□ I'm interested in wildlife. Tá suim san
fhiabheatha agam.

will VERB
▷ *see also* **will** NOUN

  LANGUAGE TIP Use the Irish future
  tense to express what will happen.

□ I will finish it tomorrow. Críochnóidh mé
amárach é. □ I will have finished it by
tomorrow. Beidh sé críochnaithe agam
amárach. □ Will you do it? — Yes I will. An
ndéanfaidh tú é? — Déanfaidh.

■ **That will be the postman.** Is dócha gur
fear an phoist atá ann.

■ **Will you be quiet!** *(command)* Bí ciúin!

■ **Will you help me?** *(request)* An bhféadfá
cuidiú a thabhairt dom?

■ **Will you have a cup of tea?** *(offer)*
Ar mhaith leat cupán tae?

■ **I won't put up with it!** Ní chuirfidh mé
suas leis!

will NOUN
▷ *see also* **will** VERB
uacht *fem3* *(testament)*

□ He left me some money in his will.
D'fhág sé airgid le huacht agam.

willing ADJECTIVE
toilteanach

■ **He's willing to do it.** Tá sé sásta é
a dhéanamh.

win NOUN
▷ *see also* **win** VERB
bua *masc4*

to **win** VERB
▷ *see also* **win** NOUN
bain

□ Did you win? Ar bhain tú?

■ **to win a prize** duais a bhaint

wind NOUN
▷ *see also* **wind** VERB
gaoth *fem2*

□ There was a strong wind. Bhí gaoth láidir
ann.

■ **a wind instrument** gaothuirlis

■ **wind power** cumhacht ghaoithe

to **wind** VERB
▷ *see also* **wind** NOUN
cas

wind farm NOUN
feirm ghaoithe *fem*

windmill NOUN
muileann gaoithe *masc1*

window NOUN
fuinneog *fem2*

□ a broken window fuinneog bhriste
□ a shop window fuinneog shiopa

■ **a window pane** pána fuinneoige

windscreen (US **windshield**) NOUN
gaothscáth *masc3*

windscreen wiper NOUN
cuimilteoir gaothscátha *masc3*

windshield NOUN (US)
gaothscáth *masc3*

windshield wiper NOUN (US)
cuimilteoir gaothscátha *masc3*

windy ADJECTIVE
gaofar

■ **It's very windy.** Tá gaoth mhór ann.

wine NOUN
fíon *masc3*

□ a bottle of wine buidéal fíona □ a glass of
wine gloine fíona □ white wine fíon geal
□ red wine fíon dearg

■ **a wine bar** beár fíona

■ **the wine list** an liosta fíona

wing NOUN
sciathán *masc1*

to **wink** VERB
caoch

■ **to wink at somebody** caochadh ar
dhuine □ He winked at me. Chaoch
sé orm.

winner NOUN
buaiteoir *masc3*

winning ADJECTIVE
caithréimeach

■ **the winning team** an fhoireann a
bhuaigh

■ **the winning goal** an cúl a bhuaigh

winter NOUN
geimhreadh *masc1*

■ **in winter** sa gheimhreadh

winter sports PL NOUN
spóirt gheimhridh *masc1*

to **wipe** VERB
1 cuimil

■ **to wipe one's feet** do chosa a chuimilt
□ Wipe your feet! Cuimil do chosa!

2 glan *(erase tape)*

to **wipe up** VERB
glanadh suas

wire NOUN
sreang *fem2*

wireless ADJECTIVE
gan sreang

wisdom tooth NOUN
fiacail forais *fem2*

wise ADJECTIVE
1 críonna
2 céillí *(remark)*

wish NOUN
▷ *see also* **wish** VERB
mian *fem2 (desire)*
■ **She closed her eyes and made a wish.**
Dhún sí na súile agus rinne guí.
■ **'best wishes'** *(on greetings card)* 'go
maire tú an lá'
■ **'with best wishes, Máire'** 'le dea-mhéin,
Máire'

to **wish** VERB
▷ *see also* **wish** NOUN
■ **I wish ...** Is mian liom ... □ I wish you
were here! Ba mhian liom tú a bheith
anseo! □ I wish you'd told me! Ba mhian
liom é dá n-inseofá dom!
■ **to wish for something** súil a bheith agat
le rud □ What more could you wish for?
Cad é eile a bheadh uait?
■ **to wish to do something** fonn a bheith
ort rud a dhéanamh □ I wish to make a
complaint. Is mian liom gearán a dhéanamh.

wit NOUN
dea-chaint *fem2 (humour)*

witch NOUN
cailleach *fem2*

with PREPOSITION
1 in éineacht le
□ Come with me. Tar in éineacht liom.
2 ag
□ We stayed with friends. D'fhan muid ag
cairde.
■ **a room with a view** *(descriptive)* seomra
a bhfuil radharc uaidh
■ **to walk with a stick** siúl le bata
■ **to shake with fear** bheith ar crith le heagla
■ **to fill something with water** rud a
líonadh le huisce

within PREPOSITION
laistigh de
■ **It is within his reach.** Tá sé faoi fhad
láimhe de.
■ **within the week** faoi dheireadh na
seachtaine

without PREPOSITION
gan
□ without a coat gan chóta □ without
speaking gan labhairt
■ **to go without something** teacht gan rud

witness NOUN
finné *masc4 (person)*

□ There were no witnesses. Ní raibh
finnéithe ar bith ann.

witty ADJECTIVE
dea-chainteach

wives PL NOUN ▷ *see* **wife**

wizard NOUN
draíodóir *masc3*

wok NOUN
voc *masc4*

woke up, woken up VERB
▷ *see* **wake up**

wolf NOUN
mac tíre *masc1*

woman NOUN
bean *fem*
□ Some woman was looking for you. Bhí
bean éigin ar do lorg. □ The two women
look alike. Tá an bheirt bhan cosúil
le chéile.
■ **a woman doctor** bandochtúir

won VERB ▷ *see* **win**

to **wonder** VERB
■ **I wonder why she said that.** Ní mé cén
fáth a ndúirt sí é sin.
■ **I wonder what that means.** Ní mé cén
chiall atá leis.
■ **I wonder where Shannon is.** Ní mé an
áit a bhfuil Seáinín.
■ **to wonder at something** *(marvel)* ionadh
a dhéanamh de rud
■ **to wonder about** *(suspiciously)* bheith
amhrasach faoi

wonderful ADJECTIVE
iontach

won't = will not

wood NOUN
1 adhmad *masc1 (timber)*
□ It's made of wood. Tá sé déanta
d'adhmad.
2 coill *fem2 (forest)*
□ We went for a walk in the wood. Chuamar
ag siúl sa choill.

wooden ADJECTIVE
adhmaid
□ a wooden chair cathaoir adhmaid

woodwork NOUN
adhmadóireacht *fem3*
□ My hobby is woodwork. Is í an
adhmadóireacht an caitheamh aimsire atá
agam.

wool NOUN
olann *fem*
□ It's made of wool. Tá sé déanta d'olann.

word NOUN
focal *masc1*

w

□ a difficult word focal deacair □ What's the word for 'shop' in Irish? Cad é an focal Gaeilge ar 'shop'?

■ **in other words** i bhfocail eile

■ **to have a word with somebody** focal a bheith agat le duine

■ **the words** (lyrics) na focail □ I really like the words of this song. Is breá liom focail an amhráin seo.

word processing NOUN
próiseáil focal *fem3*

wore VERB ▷ see **wear**

work NOUN
▷ see also **work** VERB
obair *fem2*

□ She's looking for work. Tá sí ar lorg oibre. □ He's at work at the moment. Tá sé ag obair i láthair na huaire. □ It's hard work. Obair chrua atá ann.

■ **to be off work** (sick) bheith as láthair ón obair □ He's been off work for a week. Tá sé as láthair ón obair le seachtain.

■ **to be out of work** bheith as obair □ He's out of work. Tá sé as obair.

to **work** VERB
▷ see also **work** NOUN

1 bheith ag obair
□ She works in a shop. Bíonn sí ag obair i siopa.

■ **to work hard** bheith ag obair go crua

2 bheith i bhfeidhm (machine)
□ The heating isn't working. Níl an teas i bhfeidhm.

■ **It worked.** (plan) D'oibrigh sé.

to **work out** VERB

1 fuascail (problem)

2 oibrigh amach (figure out)
□ I couldn't work it out. Níor éirigh liom é a oibriú amach.

3 éirigh le (turn out)
□ In the end it worked out really well. Sa deireadh d'éirigh go geal leis.

■ **It works out at £100.** Céad punt an t-iomlán.

■ **I work out twice a week.** Déanaim dreas traenála dhá uair sa tseachtain.

worker NOUN
oibrí *masc4*
□ He's a factory worker. Is oibrí monarchan é. □ She's a good worker. Is oibrí maith í.

work experience NOUN
taithí oibre
□ I'm going to do work experience in a factory. Tá mé ag dul a dhéanamh taithí oibre i monarcha.

working-class ADJECTIVE
■ **a working-class family** teaghlach de chuid an lucht oibre

workman NOUN
oibrí *masc4*

works NOUN
oibreacha *fem2 pl*

worksheet NOUN
bileog oibre *fem2*

workshop NOUN
ceardlann *fem2*
□ a drama workshop ceardlann drámaíochta

workspace NOUN
achar oibre *masc1* (computing)

workstation NOUN
stáisiún oibre *masc1*

world NOUN
domhan *masc1*
■ **He's the world champion.** Is é curadh an domhain é.

■ **to think the world of somebody** an dúrud a shíleadh de dhuine

World-Wide Web NOUN
Gréasán Domhanda *masc1*

worm NOUN
péist *fem2*

worn ADJECTIVE
caite
□ The carpet is a bit worn. Tá an brat urláir giota beag caite.

■ **worn out** (tired) spíonta

worried ADJECTIVE
buartha
□ She looks worried. Tá cuma bhuartha air.

■ **I'm worried.** Tá imní orm.

■ **to be worried about something** imní a bheith ort faoi rud □ I'm worried about the exams. Tá imní orm faoi na scrúduithe.

to **worry** VERB
■ **She worries a lot.** Bíonn rud éigin i gcónaí ag cur as di.

■ **Don't worry!** Ná bí buartha!

■ **What's worrying you?** Cad é atá ag déanamh buartha duit?

worse ADJECTIVE
▷ see also **worse** ADVERB
níos measa
□ It was even worse than that. Bhí sé níos measa ná sin fiú. □ My results were bad, but his were even worse. Bhí mo chuid torthaí go holc, ach bhí a chuid siúd níos measa fós. □ I'm feeling worse. Mothaím níos measa.

worse ADVERB
> ▷ *see also* **worse** ADJECTIVE
- ■ **to get worse** dul in olcas

to **worship** VERB
adhair *(God)*
- ■ **He really worships her.** Síleann sé an dúrud di.

worst ADJECTIVE
> ▷ *see also* **worst** ADVERB, NOUN
1 is measa
  □ Maths is my worst subject. Is é an mata an t-ábhar is measa agam. □ my worst enemy an namhaid is measa agam
2 ba mheasa *(in the past)*
  □ He got the worst mark in the whole class. Fuair sé an marc ba mheasa sa rang iomlán.

worst ADVERB
> ▷ *see also* **worst** ADJECTIVE, NOUN
- ■ **the musician who performs worst** an ceoltóir is measa a sheinneann

worst NOUN
> ▷ *see also* **worst** ADJECTIVE, ADVERB
- ■ **the worst** an ceann is measa □ The worst of it is that … Is é an rud is measa ná …
- ■ **if the worst comes to the worst** má théann an chúis go cnámh na huillinne

worth ADJECTIVE
- ■ **It's worth …** Is fiú … é. □ It's worth a lot of money. Is fiú cuid mhór airgid é. □ What is it worth? Cad é is fiú é? □ It's worth it. Is fiú é. □ Is it worth it? An fiú é? □ It's not worth it. Ní fiú é.

would VERB
> LANGUAGE TIP Use the Irish conditional tense to express what would happen.
- □ If you asked him, he would do it. Dá n-iarrfá air dhéanfadh sé é. □ I said I would do it. Dúirt mé go ndéanfainn é.
- ■ **Would you like a biscuit?** *(offer)* Ar mhaith leat briosca?
- ■ **Would you close the door please?** *(request)* An ndruidfeá an doras, le do thoil?
- ■ **It would have been midnight.** An meán oíche a bhí ann is dócha.
- ■ **I'd like …** Ba mhaith liom … □ I'd like to go to America. Ba mhaith liom dul go Meiriceá. □ Shall we go and see a film? — Yes, I'd like that. An rachaimid chun scannán a fheiceáil? — Rachaidh, ba bhreá liom sin.

wound NOUN
> ▷ *see also* **wound** VERB
cneá *fem4*

to **wound** VERB
> ▷ *see also* **wound** NOUN
goin
- □ He was wounded in the leg. Goineadh sa chos é.

to **wrap** VERB
fill i bpáipéar
- □ She's wrapping her Christmas presents. Tá sí ag filleadh a cuid bronntanas Nollag i bpáipéar.
- ■ **Can you wrap it for me please?** *(in shop)* An dtiocfadh leat é a fhilleadh, le do thoil?

to **wrap up** VERB
fill i bpáipéar

wrapping paper NOUN
páipéar fillte *masc1*

wreck NOUN
> ▷ *see also* **wreck** VERB
1 long bhriste *fem2 (ship)*
2 carr scriosta *masc1 (vehicle)*
- ■ **That car is a wreck!** Tá an carr sin scriosta!
- ■ **After the exams I was a complete wreck.** Bhí mé traochta i ndiaidh na scrúduithe.

to **wreck** VERB
> ▷ *see also* **wreck** NOUN
scrios
- □ The explosion wrecked the whole house. Scrios an phléasc an teach iomlán. □ The trip was wrecked by bad weather. Scriosadh an turas ag an drochaimsir.

wreckage NOUN
raic *fem2*

wren NOUN
dreoilín *masc4*

wrestler NOUN
coraí *masc4*

wrestling NOUN
iomrascáil *fem3*
- ■ **all-in wrestling** iliomrascáil

wrinkled ADJECTIVE
roctha

wrist NOUN
caol na láimhe *masc1*

to **write** VERB
scríobh
- □ I wrote a letter to my friend. Scríobh mé litir chuig mo chara.
- ■ **to write to somebody** scríobh chuig duine □ I'm going to write to her in Irish. Tá mé ag dul a scríobh chuici as Gaeilge.

to **write down** VERB
scríobh síos
- □ I wrote down the address. Scríobh mé síos

an seoladh. □ Can you write it down for me, please? An dtiocfadh leat é a scríobh síos dom, le do thoil?

writer NOUN
scríbhneoir *masc3*
□ She's a writer. Is scríbhneoir í.

writing NOUN
scríobh *masc3*
□ I can't read your writing. Ní féidir liom do scríobh a léamh.
■ **in writing** i scríbhinn

written VERB ▷ *see* write

wrong ADJECTIVE
▷ *see also* **wrong** ADVERB
1 contráilte
□ The information they gave me was wrong. Bhí an t-eolas a thug siad dom contráilte.
□ the wrong answer an freagra contráilte
□ You've got the wrong number. Tá an uimhir chontráilte agat.

■ **to be wrong** *(mistaken)* bheith contráilte
□ You're wrong about that. Tá tú contráilte faoi sin.
2 olc *(morally bad)*
□ I think hunting is wrong. Sílim go bhfuil an tseilg go holc ó thaobh na moraltachta de.
■ **What's wrong?** Cad é atá cearr?
■ **What's wrong with her?** Cad é atá uirthi?

wrong ADVERB
▷ *see also* **wrong** ADJECTIVE
mícheart
□ You've done it wrong. Rinne tú mícheart.
■ **to go wrong** *(plan)* dul amú □ The robbery went wrong and they got caught. D'imigh rud éigin cearr leis an robáil agus gabhadh iad.

wrote VERB ▷ *see* write

WWW NOUN (= World-Wide Web)
Gréasán Domhanda *masc1*

Xerox® NOUN
▷ *see also* **xerox** VERB
xéaracs *masc4*

to **xerox** VERB
▷ *see also* **xerox** NOUN
xéaracsáil

Xmas NOUN *(= Christmas)*
Nollaig *fem*

X-ray NOUN
▷ *see also* **X-ray** VERB

x-ghathú *masc (photo)*
□ I had to have an X-ray. Bhí orm x-ghathú a fháil.

to **X-ray** VERB
▷ *see also* **X-ray** NOUN
x-ghathaigh
■ **to X-ray something** rud a X-ghathú
□ They X-rayed my arm. D'X-ghátháigh siad mo sciathán.

Yy

yacht NOUN
luamh *masc1*

yard NOUN
1 clós *masc1 (of building)*
  □ in the yard sa chlós
2 slat *fem2 (measure)*

to **yawn** VERB
déan méanfach

year NOUN
bliain *fem3*
  □ this year i mbliana □ next year an bhliain seo chugainn
  ■ **last year** anuraidh
  ■ **to be 8 years old** bheith 8 mbliana d'aois
  ■ **an eight-year-old child** páiste ocht mbliana
  ■ **She's in year 11.** Tá sí i mbliain a 11.
  ■ **He's a first-year.** Tá sé sa chéad bhliain.

to **yell** VERB
lig béic

yellow ADJECTIVE
buí

yes ADVERB
  LANGUAGE TIP To answer 'yes' to a question, repeat the verb from the question.
  □ Did you sleep well? — Yes. Ar chodail tú go maith? — Chodail. □ Will you take me there? — Yes. An dtabharfaidh tú ansin mé? — Tabharfaidh.
  ■ **Yes, can I help you?** Is ea anois, an bhféadaim cuidiú leat?
  ■ **Yes, I remember it well.** Is ea, is cuimhin liom go maith é. □ Do you like it? — Yes. An maith leat é? — Is maith.
  ■ **More wine? — Yes please.** An mbeidh tuilleadh fíona agat? — Beidh, le do thoil.

yesterday ADVERB
inné
  □ yesterday morning maidin inné
  □ yesterday afternoon iarnóin inné

  □ yesterday evening tráthnóna inné □ all day yesterday i rith an lae inné

yet ADVERB
go fóill
  □ Have you finished yet? An bhfuil tú réidh go fóill? □ It's not finished yet. Níl sé réidh go fóill.
  ■ **as yet** go dtí seo □ There's no news as yet. Níl scéal ar bith go dtí seo.

to **yield** VERB (US)
géill slí *(to other traffic)*

yob NOUN
amhsóir *masc3*

yoghurt NOUN
iógart *masc1*

yolk NOUN
buíocán *masc1*

you PRONOUN
1 tú *(singular)*
  □ Do you think it's a good idea? An síleann tú gur smaoineamh maith é? □ Are you all right? An bhfuil tú ceart go leor? □ How old are you? Cén aois thú? □ I don't believe you. Ní chreidim thú. □ I saw you. Chonaic mé thú.
  LANGUAGE TIP For emphasis, use **tusa** instead of **tú**.
  □ you and me mise agus tusa
  LANGUAGE TIP **tú** combines with prepositions such as **do** to become **duit**, and with **le** to become **leat**. The preposition used depends on the verb in the sentence.
  □ I gave it to you. Thug mé duit é. □ Can I help you? An féidir liom cuidiú leat? □ I'll help you. Cuideoidh mé leat. □ I'll come with you. Tiocfaidh mé leat.
  ■ **It's for you.** Is duitse é.
  ■ **Fresh air does you good.** Is mór an sochar duit an t-aer glan.
2 sibh *(plural)*
  □ You are both wrong. Tá sibh araon

contráilte. □ Did you enjoy yourselves at the party? Ar bhain sibh sult as an gcóisir?

○ **LANGUAGE TIP** For emphasis, use **sibhse** instead of **sibh**.

□ She's younger than you. Is óige í ná sibhse.

■ **both of you** an bheirt agaibh

young ADJECTIVE

óg

□ young people an t-aos óg

younger ADJECTIVE

níos óige

□ He's younger than me. Tá sé níos óige ná mé. □ my younger brother an deartháir is óige agam

youngest ADJECTIVE

is óige

□ my youngest brother an deartháir is óige agam □ She's the youngest. Is ise is óige.

your ADJECTIVE

1 do

○ **LANGUAGE TIP** Use **do** if something belongs to one person.

□ your car do charr □ your bag do mhála

2 bhur

○ **LANGUAGE TIP** Use **bhur** if something belongs to more than one person.

□ your car bhur gcarr □ your bag bhur mála

yours PRONOUN

1 an ceann seo agatsa *(singular)*

□ It's better than yours. Is fearr é ná an ceann seo agatsa.

■ **Whose is this? — It's yours.** Cé leis é seo? — Is leatsa é.

2 an ceann seo agaibhse *(plural)*

□ It's better than yours. Is fearr é ná an ceann seo agaibhse.

■ **Whose is this? — It's yours.** Cé leis é seo? — Is libhse é.

■ **a friend of yours 1** *(singular)* cara leat **2** *(plural)* cara libh

yourself PRONOUN

tú féin

□ Have you hurt yourself? Ar ghortaigh tú tú féin?

yourselves PRONOUN

sibh féin

□ Did you make it yourselves? An ndearna sibh féin é?

youth club NOUN

club óige *masc4*

youth hostel NOUN

brú óige *masc4*

Z

Zz

zany ADJECTIVE
craiceáilte

to **zap** VERB
scrios (delete)

zebra NOUN
séabra masc4

zebra crossing NOUN
trasrian síogach masc1

zero NOUN
nialas masc1

Zimbabwe NOUN
an tSiombáib fem2
▫ in Zimbabwe sa tSiombáib

zinc NOUN
sinc fem2

zip NOUN
▷ see also **zip** VERB
sip fem2

to **zip** VERB
▷ see also **zip** NOUN
1 dún an tsip

2 zipeáil (file)

zip code NOUN (US)
cód poist masc1

zip file NOUN
zipchomhad masc1

zipper NOUN (US)
sip fem2

zit NOUN
goirín masc4

zodiac NOUN
stoidiaca masc4
▫ the signs of the zodiac comharthaí na Stoidiaca

zone NOUN
crios masc3

zoo NOUN
zú masc4

zoom lens NOUN
féithlionsa masc4

zucchini NOUN (US)
cúirséid masc1 pl